DICTIONNAIRE
FRANÇAIS-LATIN

ISBN 2 - 218 - 00530 - 1

DICTIONNAIRE FRANÇAIS-LATIN

par

E. DECAHORS
Docteur ès Lettres

A. HATIER, 8, RUE D'ASSAS, PARIS-VIe

AVERTISSEMENT

Ce Lexique, sans avoir la prétention de remplacer les gros Dictionnaires, peut pratiquement y suppléer. Parce qu'il en contient l'essentiel, il rendra, pensons-nous, des services, dans leurs thèmes, aux élèves de la classe de Sixième à la classe de Première, en leur offrant une latinité sûre et précise.

On trouvera dans cet ouvrage les termes qui sont courants dans la langue française actuellement en usage et dans la langue latine des meilleurs auteurs. Très délibérément nous en avons supprimé tout ce qui n'est pas nécessaire : d'abord ces archaïsmes français de mots et d'expressions qui ne traînent plus depuis deux siècles que dans les colonnes de nos Dictionnaires; ensuite la définition de mots français et l'abondance des tournures latines. Les mots français ne sont définis que si à leurs sens divers correspondent des traductions latines différentes. Les tournures latines ne sont retenues que dans la mesure où — vrais latinismes — l'expression française n'en est pas un simple décalque.

Le vocabulaire latin est en général celui de Cicéron et de César; — celui de Plaute et de Térence, pour la langue populaire; — celui de Pline l'Ancien, de Sénèque, de Salluste, de Tite-Live, de Tacite pour les langues spéciales ou techniques (sciences, philosophie, histoire, art militaire...). L'orthographe que nous avons adoptée n'est ni médiévale ni archaïque. C'est celle qui fut en usage à Rome vers la fin du règne d'Auguste et que les travaux des grammairiens modernes ont reconstituée. Ce ne fut pas toujours l'orthographe des grands classiques (les archaïsmes de celle-ci, dans un ouvrage élémentaire, auraient dérouté l'élève); ce fut du moins l'orthographe qu'imposa à leur texte la génération qui vint après eux.

Choisir dans l'abondance des mots, des expressions et des formes mêmes; rapprocher les termes latins des termes français pour différencier les synonymes et présenter à l'élève, non plus le classique « embarras du choix », mais le mot précis qu'il cherche et qui s'impose : notre tâche, qui fut telle, était immense et minutieuse. Elle reste fort imparfaite. Aussi saurons-nous gré à nos collègues de vouloir bien nous aider à améliorer notre œuvre en nous signalant les lacunes qu'ils y pourront trouver et les corrections qu'il serait bon d'y faire.

***

Sous la forme la plus concise, nous avons cherché à rassembler le plus de mots, de sens et d'indications possible. Nous n'y sommes parvenu qu'en adoptant un dispositif dont nous croyons utile de faire connaître les grandes lignes. Les voici :

1° Les sens et les traductions — lorsqu'ils sont multiples — sont classés dans l'ordre suivant :

— du propre au figuré;
— du précis au général;
— de l'abstrait au concret;
— de l'action à son résultat (*munitio; munimentum*);
— de l'acte à l'état (*interfector; sicarius*).

2° Les expressions qui suivent la traduction d'un mot donné ne sont pas de simples exemples ou des applications superflues. Chacune d'elles apporte un fait nouveau : une précision, une construction, une nuance de sens.

3° Les verbes sont distingués par les terminaisons de l'infinitif et de la 1re personne du singulier de l'indicatif présent :

1re conjugaison	:	*are*
2e —	:	*ēre, eo*
3e —	:	*ĕre, o*
	:	*ĕre, io*
4e —	:	*ire.*

Les verbes irréguliers, les verbes défectifs et en général tous ceux qui ne se ramènent pas aux modèles simples (*amare*, — *delēre*, — *statuĕre*, — *audire*) sont marqués d'un astérisque. Une liste de tous ces verbes et de leurs temps primitifs se trouve à l'appendice.

4° On n'a pas cru devoir indiquer la voix réfléchie du verbe français, lorsqu'elle se rend par la voix réfléchie ou par la voix passive du verbe latin correspondant.

5° Les verbes latins donnés comme traduction de verbes français sont de même nature (*transitifs* ou *intransitifs*) que ces derniers.

Un verbe latin traduisant un verbe transitif français ou une expression verbale française ayant un sens transitif sera, si aucune indication n'est donnée, transitif direct, et se construira avec l'accusatif. S'il est transitif indirect, le cas de son régime est indiqué à la suite (gén.; dat.; abl.).

6° Après les prépositions et les conjonctions latines, nous avons rappelé la construction générale, mais non les exceptions ou précisions portées par la grammaire.

Ex. : Abl. avec *ab* ou *ex* n'exclut pas *rure*.
Cum (indic. ou subj.) ne précise pas les cas où le subjonctif s'impose.

Le Dictionnaire, qui au besoin complète la Grammaire (cf. les articles consacrés aux prépositions), ne la remplace pas, mais la suppose toujours.

7° Lorsqu'un mot latin déjà cité dans un article est répété dans le même article, les indications qui le concernent (déclinaison, genre, conjugaison, régime, etc.) ne sont généralement pas données de nouveau.

8° Dans un même article, le premier mot commande la série : les mots qui le suivent, si leur désinence n'est pas indiquée, appartiennent à la même déclinaison ou à la même conjugaison.

9° Après une série de verbes, le régime indirect, s'il est séparé du dernier verbe par un point, est commun à tous.

AVERTISSEMENT POUR LA DOUZIÈME ÉDITION

L'éloge de ce dictionnaire français-latin n'est pas à faire ou, plus exactement, il se traduit dans le succès qu'il rencontre depuis bientôt trente ans auprès de générations d'élèves qui trouvent en lui un instrument de travail commode, aisément maniable, propre à résoudre toutes les difficultés, dispensant de recourir à des ouvrages plus importants, partant plus dispendieux.

Aussi la tâche du réviseur chargé de présenter cette nouvelle édition, complètement recomposée dans une typographie plus aérée et plus lisible, a-t-elle été aisée. Son travail a consisté surtout à faciliter les recherches de nos élèves, en séparant plus nettement encore que précédemment les divers sens d'un mot et en les numérotant par des chiffres en gras qui s'imposeront tout de suite à l'œil. Chemin faisant, on ne s'est pas fait faute d'apporter quelques améliorations au fond même des articles, ne serait-ce déjà qu'en explicitant souvent les différents sens d'un mot.

Nous voulons croire qu'ainsi revu, ce dictionnaire pourra parcourir encore une longue carrière et continuer à bien mériter des lettres latines, dans la mesure où celles-ci, contre vents et marées, ne cesseront d'attirer à elles l'élite de notre jeunesse scolaire.

LES ÉDITEURS.

ABRÉVIATIONS

* renvoie à la liste des verbes irréguliers défectifs, etc., qui se trouve à l'Appendice. Cependant ce signe n'accompagne pas habituellement le verbe *Esse*, *sum*, qui est trop fréquent et trop connu.

◆ sépare les différents sens du mot.

— tient lieu du mot qui fait le sujet de l'article dans la forme imposée par le contexte (sg. ou pl., m. ou f., pour les noms et les adj.; inf. généralement pour les verbes).

= égale.

abl.	ablatif
abs.	absolument
acc.	accusatif
adj.	adjectif
adv.	adverbe et adverbial
anat.	anatomie
archit.	architecture
arithm.	arithmétique
astrol.	astrologie
astron.	astronomie
attr.	attribut
bot.	botanique
c.-à-d.	c'est-à-dire
ch.	chose.
chir.	chirurgie.
compar.	comparatif
compl.	complément
conj.	conjonction et conjonctif
constr.	construction
dat.	datif
dém.	démonstratif
dev.	devant
dir.	direct
div.	divers
dr.	droit
étym.	étymologie et étymologique
ex.	exemple
excl.	exclamatif
f.	féminin
fam.	familièrement
fig.	figuré
fut.	futur
fut. ant.	futur antérieur
gall.	gallicisme
gén.	génitif
génér.	généralement
géogr.	géographie
géom.	géométrie
gér.	gérondif
gr. ou **gramm.**	grammaire

hab.	habitant	**peint.**	peinture
hist.	histoire	**pf.**	parfait
impér.	impératif	**philos.**	philosophie
impers.	impersonnel	**phys.**	physique
impf.	imparfait	**pl.**	pluriel
indécl.	indéclinable	**pl.-q.-p.**	plus-que-parfait
ind. ou **indic.**	indicatif	**poét.**	poétique
indéf.	indéfini	**pop.**	populaire
indir.	indirect	**poss.**	possessif
inf.	infinitif	**p. passé.**	participe passé
interj.	interjection	**pr.** ou **pron.**	pronom
interr.	interrogation et interrogatif	**pr. pers.**	pron. personnel
intr.	intransitif	**prés.**	présent
jur.	langue juridique	**prép.**	préposition
loc.	locution	**prop.**	proposition
m.	masculin	**qq.**	quelque
mar.	marine	**qqch.**	quelque chose
math.	mathématiques	**qqf.**	quelquefois
méd.	médecine	**qqn.**	quelqu'un
milit.	art militaire	**qqns.**	quelques-uns
mor.	morale	**qqs.**	quelques
mouv.	mouvement	**r.**	réfléchi
mus.	musique	**rég.**	régime
n.	neutre	**rel.**	relatif
nég.	négation et négatif	**rhét.**	rhétorique
nom.	nominatif	**s.-e.**	sous-entendu
num.	numéral	**sg.**	singulier
obj.	objet	**simpl.**	simplement
opp.	opposition	**subj.**	subjonctif
ordin.	ordinaire et ordinairement	**superl.**	superlatif
parl.	(en) parlant (de)	**t.**	terme
part.	participe	**temp.**	temporel
péjor.	sens péjoratif	**tr.**	transitif
pers.	personne	**v.**	voir
		végét.	végétal
		voc.	vocatif

A

A, prép. **1°** DEVANT LE COMPLÉMENT D'UN NOM. *a*) Qualité : abl. Homme aux yeux terribles, *homo truculentis oculis*. ◆ *b*) Destination, usage : adj. Vases à huile, *vasa olearia*; maison à vendre, *domus venalis*. ◆ *c*) Avec un nom dérivé d'un verbe : le cas régi par ce verbe. L'obéissance aux lois, *obtemperatio legibus*; le retour au foyer, *domum reditio*.
2° DEVANT LE COMPLÉMENT D'UN ADJECTIF. *a*) Possession, désir, savoir : gén. ◆ *b*) Avantage, sympathie, voisinage : dat. ◆ *c*) Tendance, disposition, aptitude : *ad* et l'acc. ◆ *d*) Avec un inf. : le gérond. ou l'adj. verb. au cas ou avec la prépos. exigés par l'adj. Habile à gouverner l'Etat, *regendae rei publicae peritus*; propre à nager, *aptus natando;* le supin en *u*, après les adj. marquant une disposition, une possibilité (*facilis*, facile à ; *mirabilis*, admirable à, etc.); l'inf., après *paratus*, prêt à; *doctus*, formé à; *assuetus*, habitué à; *qui* et le subj. après *idoneus*, apte à, etc.
3° DEVANT LE COMPLÉMENT D'UN VERBE. *a*) Attribution : le dat. après les verbes tr. dir. ou indir. Accorder des récompenses à qqn, *alicui praemia tribuĕre;* obéir à qqn, *alicui oboedire*. ◆ *b*) Appartenance, convenance : après *esse*, le gén.; après *interest**, *refert**, le gén. du nom de pers.; l'accusatif du nom de ch. avec *ad; meā, tuā* avec les pr. personnels de la 1re ou de la 2e pers. A qui est ce livre, *cujus est hic liber?*; il appartient à un roi de protéger ses sujets, *est regis tueri* cives;* il importe à un jeune homme d'être laborieux, *interest* adulescentis esse impigrum;* il importe à notre honneur, *interest ad decus nostrum;* il m'importe, *meā refert**. ◆ *c*) Lieu : **1**. *Ubi :* Repos, situation : l'abl. sans prép. des noms de ville; le locatif ou gén. des noms de ville ou de petite île de la 1re ou de la 2e déclin. et au sing., et des noms *domus, humus, rus; ad* ou *apud* avec l'acc. pour marquer le rapport de proximité. ◆ **2**. *Quo :* Mouvement et tendance : *ad* (direction) ou *in* (pénétration dans) avec l'acc.; acc. seul des noms de ville, de petite île et des noms *rus, domus*. ◆ **3**. Distance : acc. La maison est à vingt pas, *domus viginti passus abest*;* être à vingt pieds l'un de l'autre, *pedes*

*viginti inter se distare**; à la portée d'un trait, *ad teli jactum.* ◆ *d*) Temps : abl. (temps précis); abl. avec *in*, *sub*, ou acc. avec *ad* (temps approximatif); il viendra à 3 heures. *veniet* horā tertiā;* à l'âge de 80 ans, *anno vitae octogesimo;* à l'approche de l'hiver, *ad hiemem;* au point du jour, *sub luce.* ◆ *e*) Origine : abl. avec *ab* ou *ex*. Demander qqch. à qqn., *petěre* aliquid ab aliquo;* puiser de l'eau à la fontaine, *haurire* aquam ex fonte.* ◆ *f*) Manière : abl. seul, parfois avec *ex*, *de;* qqf. *ad* et l'acc. A la façon des Grecs, *Graecorum more;* à grandes journées, *magnis itineribus;* à dessein, *de* ou *ex industriā.* ◆ *g*) Instrument, moyen : abl. Pêcher à l'hameçon, *hamo piscari.* ◆ *h*) Cause : abl. A sa prière, *ejus rogatu.* ◆ *i*) Prix : abl. ou gén. Acheter à bon marché, *emere* parvo;* vendre à prix d'or, *auro vendere*;* vendre à meilleur marché, *minoris vendere.* ◆ *j*) Partie : abl., parfois avec *in;* qqf. *ad* (acc.). Tenir à l'oreille, *tenēre* auribus;* avoir à la main, *in manu habēre*;* dire à l'oreille, *in* ou *ad aurem dicere**. ◆ *k*) Devant un inf. régime : l'inf. simple (après *juvare**, aider à; *amare*, aimer à; *studēre**, s'appliquer à; *incipere, io**, commencer à, etc.); *ut* et le subj. (après les verbes d'impulsion : *hortari*, exhorter à, *inducěre**, amener à; *impellěre**, pousser à, etc.); devant un inf. équivalent à un compl. de manière, de moyen, d'origine; le gér. ou l'adj. verbal à l'abl. : passer son temps à lire, *consuměre* tempus legendo;* prendre plaisir à étudier, *voluptatem ex discendo capěre, io*;* devant un inf. de destination : l'adj. verbal (après les verbes qui signifient donner ou recevoir : *dare**, *traděre**, *relinquere**, *suscipěre, io**, *mandare*, *curare*) : donner des messages à porter, *mandata portanda dare;* devant un inf. équivalent à une propos. finale : *ut* et le subj. : à vrai dire, *ut verum loquar*;* à une prop. consécutive : *ut* et le subj. (ou *qui* et le subj.) : il me reste à répondre, *restat* ut respondeam**; je ne suis pas homme à penser, *non is sum qui censeam*;* à une prop. conditionnelle : *si* ind. ou subj. selon le cas : à bien regarder, *si diligenter inspexeris**.

Aar, rivière de Suisse, *Arola, ae,* f.

abaissement, m. **1.** Diminution de hauteur. *Depressio, onis,* f. ◆ **2.** (Fig.) Affaiblissement. *Demissio, onis,* f. (Voix) *Remissio,* f. (Crédit) *Imminutio,* f. (Courage) *Infractio,* f. ◆ **3.** Avilissement, humiliation. *Demissio, onis,* f. *Abjectio, onis,* f.

abaisser, tr. **1.** Rendre moins haut. *Deprimere, o*. Demittere, o*.* ◆ **2.** (Fig.) Rendre moins élevé, affaiblir, diminuer. *Submittere, o*, Minuere, o. Levare.* Abaisser le prix des denrées, *annonam levare.* ◆ **3.** Humilier, ravaler. *Deprimere, o*. Imminuere, o. Frangere, o**. Abaisser l'orgueil de qqn, *alicujus superbiam frangĕre.*

S'ABAISSER **1.** Devenir plus bas. *Deprimi, or*.* (Fleuve) *Decrescere, o*.* (Colline) *Se subducĕre*.* (Soleil) *Se inclinare.* (Vent) *Cadere, o*.* ◆ **2.** (Fig.) Descendre à qqch. *Se demittĕre*. Descendĕre, o*.* S'abaisser jusqu'aux moindres choses, *ad minora se demittĕre.* ◆ **3.** S'avilir, se dégrader. *Se submittĕre. Descendĕre, o*. Se abjicĕre* (*io**). S'abaisser à, *descendĕre ad* (acc.); s'abaisser jusqu'à faire..., *eo prolabi** (ou *delabi**) *ut* et subj.

abandon, m. **1.** Action d'abandonner. *Relictio, onis,* f. Abandon de son poste, *desertio, onis,* f. ◆ **2.** (Jur.) Cession. *Cessio, onis,* f. Faire abandon de ses biens à qqn, *alicui possessiones cedĕre*.* ◆ **3.** État d'un être voué à la solitude. *Solitudo, inis,* f. ◆ **4.** État d'une chose abandonnée : laisser ses affaires à l'abandon, *res suas neglĕgere*.* ◆ **5.** (Fig.) Laisser aller, négligence. *Incuria, ae,* f. — du style, *candidum dicendi genus.* ◆ **6.** Confiance. *Simplicitas, atis,* f. Avec abandon, *simpliciter; remisse.*

abandonner, tr. **1.** Délaisser entièrement, renoncer à. *Deserere, o*. Relinquere, o*. Destituere, o*.* Abandonner le gouvernail, *clavum amittĕre*;* — son bien, *rem habēre pro derelicto;* — une entreprise, *rem susceptam deponĕre*;* — une guerre, *ab armis discedĕre*;* — un enfant, *puerum exponĕre*;* j'abandonne mon droit, *jure non utor*.* ◆ **2.** Céder à (Jur.) *Tradere, o*. Permittere, o*. Dare*.* Abandonner une ville au pillage, *urbem diripiendam tradĕre.* ◆ **3.** Quitter (qqn, un parti). *Deserĕre*. Ab aliquo discedĕre** ou *deficĕre, io*.* Abandonner les Stoïciens, *Stoicis renuntiare.* ◆ **4.** Trahir. *Prodere, o*.* ◆ **5.** Quitter (un lieu), se retirer de. *Relinquere, o*. Discedĕre** (*ab* ou *ex*). Abandonner son poste, *loco cedĕre*;* mes forces m'abandonnent, *vires me deficiunt*.*

S'ABANDONNER, r. **1.** Se laisser aller à, se livrer à. *Se dedĕre** (dat.). *Se tradĕre** (dat.). *Se dare** (dat.). ◆ **2.** Se confier à. *Se committĕre** (dat.). *Se credĕre** (dat.). ◆ **3.** Perdre courage. *Sibi deesse*. Animum abjicĕre, io*.*

abasourdir, tr. **1.** Étourdir par un grand bruit. *Obtundere, o*.* Abasourdir qqn, *aures alicui obtundĕre.* ◆ **2.** (Fig.) Consterner. *Percellere, o*. Perturbare. Commovere, eo*.*

abatage, m. **1.** D'arbres. *Arborum dejectus, us,* m. *Lignatio, onis,* f. ◆ **2.** De bestiaux. *Trucidatio, onis.* f. ◆ **3.** (Fig.) *Strages, is,* f.

abâtardir, tr. **1.** *Depravare.* ◆ **2.** (Fig.) *Corrumpere, o*.* ◆ **3.** Abâtardi, *Degener, degeneris.*

S'ABÂTARDIR, r. *Degenerare.*

abâtardissement, m. *Depravatio, onis,* f.

abatis, m. **1.** Amas de choses abattues. *Dejectus, us,* m. *Stra-*

ges, is, f. ◆ **2.** (Fig.) Carnage, massacre. *Caedes, is*, f. *Strages, is*, f.

abat-jour, m. **1.** Treillis pour amortir le jour. *Crates, is*, f. *Cancelli, orum*, m. pl. ◆. **2.** Fenêtre, soupirail. *Declivis* (*is*) *fenestra* (*ae*), f.

abattement, m. **1.** Affaiblissement. *Infirmitas, atis*, f. *Languor, oris*, m. ◆ **2.** Accablement. *Animi demissio, onis*, f. *Animi infractio*, f. *Animus demissus*. Être dans l'abattement, *fracto animo esse*. ◆ **3.** Réduction (abattement à la base). *Deminutio, onis*, f. *Tributi deminutio*.

abattoir, m. *Laniena, ae*, f.

abattre, tr. **1.** Jeter à bas. *Dejicere, io**. *Affligere, o**. (Arbres) *Caedere, o**. (Maisons) *Demoliri, ior*. ◆ **2.** (Fig.) Tuer. *Caedere, o**. *Excidere, o**. ◆ **3.** Oter les forces à. *Affligere, o**. *Frangere, o**. Se laisser abattre, *animo frangi;* se laisser — par la crainte, *metu frangi*.

S'ABATTRE, r. Tomber. *Corruĕre*. (Vent) *Concidĕre**. (Oiseau) *Devolare*.

abbatial, ale, adj. *Abbatialis, e*.

abbaye, f. *Abbatia, ae*, f. *Coenobium, ii*, n.

abbé, m. **1.** Supérieur d'un monastère. *Abbas, atis*, m. ◆ **2.** Prêtre séculier. *Sacerdos, otis*, m. *Presbyter, eri*, m.

abbesse. *Antistita, ae*, f. *Abbatissa, ae*, f.

a. b. c., m. **1.** L'alphabet. *Prima litterarum elementa*, npl. ◆ **2.** (Fig.) Le commencement d'une science. *Elementa*. *Prooemium, ii*, n.

abcès, m. *Abcessus, us*, m. *Vomica, ae*, f. Avoir un abcès, *vomica laborare*.

abdication, f. *Abdicatio, onis*, f.

abdiquer, tr. **1.** Renoncer à (une magistrature). *Se abdicare* (abl.). *Deponĕre** (acc.). Abdiquer une charge, *abdicare de magistratu; magistratum deponĕre*. ◆ **2.** (Fig.) *Deponere, o**. *Exuere, o*. Abdiquer toute haine, *omne odium deponĕre*.

abdomen, m. *Abdomen, inis*, n.

abdominal, ale, adj. *Abdominalis, e*.

abeille, f. *Apis, is*, f. (gén. pl. *apum* et *apium*). Petite abeille, *apicula, ae*, f.; celui qui élève des abeilles, *apiarius, ii*, m.; lieu où l'on élève des abeilles, *apiarium, ii*, n.

aberration, f. *Error, oris*, m.

abêtir, tr. *Hebetem efficere, io**. ◆ Intr. *Hebescere, o**.

S'ABÊTIR, r. *Hebescere, o**.

abhorrer, tr. *Detestari*. *Aversari*. *Abhorrere, eo** (acc. ou abl. avec *ab*). Se faire abhorrer de qqn, *in maximum odium alicujus pervenire**. ◆ Abhorré, *Exsecrabilis, e*. *Invisus, a, um*.

abîme, m. **1.** Gouffre profond. *Gurges, itis*, m. *Vorago, inis*, f. Les abîmes de la terre, *profunda terrarum;* être englouti dans un abîme, *gurgite absumi**. ◆ **2.** Ce qui est extrême. *Vorago. Gurges.* Un abîme de vices, *gurges vitiorum;* un abîme de détresse, *inopiae vorago;* un abîme de science, *homo omni doctrinā eruditus.* ◆ **3.** Ce qui est impénétrable. *Arcana, orum,* npl. *Latebra, ae,* f. Les abîmes de l'âme humaine, *latebrae magnae hominum vitae.* ◆ **4.** Ruine, perte. *Pernicies, ei,* f.

abîmer, tr. **1.** Précipiter dans un abîme. *Demergere, o*.* ◆ **2.** (Fig.) Perdre, ruiner. *Perdere, o*.* Abîmé dans sa douleur, *luctu perditus.* ◆ **3.** Gâter, endommager. *Corrumpere, o*.*

S'ABÎMER, r. **1.** Tomber dans un abîme. *Demergi*. Absumi*.* S'abîmer dans les flots, *fluctibus hauriri*.* ◆ **2.** Se plonger, s'adonner entièrement. *Se abdĕre*.* S'abîmer dans l'étude, *studiis se immergĕre*.* ◆ **3.** Se gâter, s'endommager. *Corrumpi*.*

abject, ecte, adj. *Sordidus, a, um. Contemptus. Despectus. Humilis, e.*

abjection, f. **1.** Bassesse, abaissement. *Animi abjectio, onis,* f. *Ignobilitas, atis,* f. ◆ **2.** Situation abjecte. *Foeda* ou *sordida condicio,* f. ◆ **3.** Désordre, débauche. *Turpitudo, inis,* f. Vivre dans l'abjection, *turpiter vivĕre*.*

abjuration, f. *Erroris detestatio, onis,* f.

abjurer, tr. *Exuere, o. Deponere, o*.*

ablatif, m. *Ablativus, i,* m.

able, ablette, f. *Alburnus, i,* m.

ablution, f. *Ablutio, onis,* f. Faire ses ablutions, *se abluĕre* ou *corpus abluĕre.*

abnégation, f. Abnégation de soi, de ses intérêts, *sui, suae utilitatis derelictio* ou *neglegentia.* f. Faire abnégation de, *neglegĕre** (acc.).

aboi, m. **1.** Cri du chien. *Latratus, us,* m. (Aboiement plaintif) *Ululatus, us,* m. ◆ **2.** (Fig.) Être aux abois, *ad summas angustias adduci*.*

abolir, tr. *Abolere, eo. Delere, eo.* (Une loi) *Abrogare.* (Des impôts) *Tollere, o*.* (Une coutume) *Exstinguere, o*.*

S'ABOLIR, r. *Obsolescere, o*. Exolescere, o*. Interire, eo*.*

abolition, f. *Abolitio, onis,* f. *Abrogatio,* f. Lettres d'abolition, *absolutoriae tabulae,* fpl.

abominable, adj. **1.** Détestable, horrible. *Abominandus, a, um. Detestabilis, e. Exsecrandus.* (Crime) *Nefandus.* ◆ **2.** Très laid. *Turpissimus, a, um. Foedissimus.* ◆ **3.** Très mauvais. *Pessimus, a, um. Teterrimus.*

abominablement, adv. **1.** *Nefarie. Indignissime.* ◆ **2.** Très mal. *Pessime.*

abomination, f. **1.** Détestation. *Exsecratio, onis.* f. Avoir en abomination, *detestari.* ◆ **2.** Chose abominable. *Nefas,* n. (indécl.).

abominer, tr. *Abominari.*

abondamment, adv. *Copiose. Abunde. Abundanter. Affatim.*

abondance, f. **1.** Grande quantité de. *Abundantia, ae,* f. *Copia, ae,* f. *Ubertas, atis,*

f. *Vis, vis*, f. Avoir en abondance, *abundare* (abl.); de l'eau en abondance, *magna vis aquae*. ◆ **2.** Absence de besoins, richesse. *Copiae, arum*, fpl. *Opes, opum*, fpl. Vivre dans l'abondance, *in omnium rerum abundantiā vivĕre;* qui vit dans l'abondance, *locuples, etis;* abondance excessive, *luxuria, ae*, f. ◆ **3.** (Fig.) — de style. *Ubertas, atis*, f. *Dicendi copia*.

abondant, ante, adj. **1.** Qui est en grande quantité. *Copiosus, a, um. Largus. Multus.* Moissons abondantes, *segetes laetae;* être très, trop abondant, *redundare; superesse, sum**. ◆ **2.** Qui a en abondance. *Abundans, antis*, (abl.). *Affluens, entis* (abl.). *Copiosus* (abl.). ◆ **3.** (Fig.) (Style). *Copiosus*. Parole abondante, *ampla eloquentia;* être abondant, *copiose dicĕre;* style trop abondant, *luxurians oratio*, f.

abonder, intr. **1.** Être en grande quantité. *Abundare. Affluere, o**. *Suppetere, o**. ◆ **2.** Avoir en grande quantité. *Abundare* (abl.). *Affluere** (abl.). *Circumfluere, o** (abl.). Abonder en fruits, *fructibus abundare*. ◆ **3.** (Fig.) Abonder dans son sens, *in sententiā stare**; *sibi placere**; abonder dans le sens de qqn., *alicujus sententiam amplecti**.

abord, m. **1.** Action d'approcher. *Accessus, us*, m. *Accessio, onis*, f. *Aditus, us*, m. *Ingressus, us*, m. (Vaisseaux) *Appulsus, us*, m. ◆ **2.** Endroit où l'on aborde. *Accessus. Aditus. Introitus, us*, m. Aux abords du temple, *in aditu templi*. ◆ **3.** Manière dont on aborde. *Accessus. Aditus.* Au premier abord, de prime abord, dès l'abord, *primo aspectu;* d'abord, *primum; primo;* tout d'abord, *statim*.

abordable, adj. **1.** Accessible (choses). *Portuosus, a, um.* ◆ **2.** Accessible (pers.). *Aditu facilis, e*.

abordage, m. **1.** Action d'aborder. *Appulsus, us*, m. Monter à l'abordage, *in hostium navem transcendĕre**. ◆ **2.** Choc de deux vaisseaux. *Concursus, us*, m. *Conflictus, us*, m.

aborder. I. Intr. Venir au bord. *Appellere, o** (*ad*). *Applicare** (*ad*). *Accedere, o** (*ad*). Ils abordèrent au rivage, *ad litus appulerunt*. ◆ **II.** Tr. **1.** S'approcher de qqn. *Accedĕre** (*ad*). *Adire, eo** (*ad*). *Convenire, io** (acc.). Personne ne peut l'aborder, *nemini ullus ad eum aditus patet;* aborder l'ennemi, *hostem adoriri**. ◆ **2.** (Fig.) En venir à, entamer (un sujet). *Aggredi, ior** (*ad*).

S'ABORDER, r. **1.** Se rencontrer. *Convenire, io**. *Congredi, ior**. ◆ **2.** Se heurter. *Concurrere, o**.

aborigènes, mpl. *Aborigenes, um*, mpl.

abouchement, m. *Colloquium, ii*, n.

aboucher, tr. *In colloquium adducere, o** (acc.).

S'ABOUCHER, r. *Sermonem ha-*

*bĕre** (*cum*). *In sermonem ingredi, ior**.

aboutir, intr. **1.** Se terminer à. *Pertinere, eo** (*ad*). *Pertingere, o** (acc.). *Contingere, o** (acc.). Chemin qui aboutit à la forêt, *via quae fert* ad silvam.* ◆ **2.** Se terminer en. *Desinere, o** (*in*, acc.). *Exire, eo**. Aboutir en pointe, *in minorem exire**. ◆ **3.** Avoir pour résultat, se terminer par. *Pertinere**. *Pervenire, io**. *Cadere, o** (*ad*). Cela n'aboutit à rien, *ad nullam rem hoc pertinet.*

aboutissant. I. Adj. Qui touche à. *Confinis, e* (dat.). *Finitimus, a, um* (dat.). ◆ **II.** Nom m. Les tenants et les aboutissants d'une terre, *vicinitates et confinia agri;* les tenants et les aboutissants d'une affaire, *causae et consecutiones rerum.*

aboyer, intr. **1.** Crier (en parl. du chien). *Latrare. Allatrare.* ◆ **2.** (Fig.) Invectiver. *Latrare. Allatrare* (acc.). *Oblatrare* (dat.). Aboyer à la lune, *nubila latrare.*

aboyeur, m. *Latrator, oris,* m. *Conviciator, oris,* m.

abrégé, m. *Compendium, ii,* n. *Epitome, es,* f. *Epitoma, ae,* f. En abrégé, *breviter; summatim.*

abréger, tr. **1.** Rendre plus court. *Contrahere, o**. *Breviare. Breviorem* (*ius*) *facere, io**. ◆ **2.** Faire court, s'exprimer brièvement. *Breve facĕre**. *Paucis* (s.-e. *verbis*) *absolvere, o**. En abrégeant, *expedite;* pour abréger, *ut paucis dicam*; ne plura dicam*; ne multa; quid multa?*

abreuver, tr. **1.** Faire boire (des animaux). *Adaquare. Ad aquam* ou *ad bibendum appellere, o**. ◆ **2.** (Fig.) Pénétrer d'eau. *Madefacere, io**. ◆ **3.** (Fig.) Combler, accabler. *Conficere, io**. *Onerare.*

S'ABREUVER, r. **1.** Se désaltérer. *Bibere, o** (acc.). *Potare* (acc.). *Satiari* (abl.). ◆ **2.** Être humecté, arrosé. *Madefieri, fio** (abl.). ◆ **3.** (Fig.) De science. *Imbui, or* (abl.). *Infici, ior** (abl.). (De douleur) *Confici, ior** (abl.). *Consumi, or** (abl.).

abreuvoir, m. *Aquarium, ii,* n.

abréviateur, m. *Breviator, oris,* m.

abréviation, f. *Arctatio, onis,* f. Écrire par abréviation, *notis scribĕre**.

abri, m. **1.** Lieu où l'on est à couvert. *Receptus, us,* m. Être à l'abri de, *tutum esse ab;* port à l'abri du vent, *portus a ventis tectus;* mettre à l'abri de, *defendĕre* ab;* se mettre à l'abri, *in tutum se recipere* (*io**)*;* placer à l'abri, *in tuto ponĕre*;* combattre à l'abri d'une muraille, *protectus muro pugnare.* ◆ **2.** (Fig.) Asile, refuge. *Refugium, ii,* n. *Receptus. Portus, us,* m. Abri contre le malheur, *perfugium salutis;* à l'abri, *in tuto.*

abricot, m. *Armeniacum, i.* n.

abricotier, m. *Armeniaca, ae,* f.

abriter, tr. (de ou contre). *Tegere, o* (ab). Tutari (contra). Defendere, o* (ab).* Abrité, *tutus (ab); munitus (contra).*

s'ABRITER, r. *Se protegĕre* (ab). Se tegĕre* (ab). Tegi* (ab).*

abrogation, f. *Abrogatio, onis,* f.

abroger, tr. *Abrogare. Antiquare. Tollere, o*.*

abrutir, tr. *Hebetem reddere, o* (aliquem). Efferare.* Abruti, *hebes, etis; stolidus, a, um.*

s'ABRUTIR, r. *Hebescere, o*.*

abrutissement, m. *Stupor, oris,* m. *Socordia, ae,* f.

absence, f. **1.** Éloignement momentané. *Absentia, ae,* f. En ton absence, *te absente.* ◆ **2.** Manque, privation. *Privatio, onis.* f. Absence de griefs, *criminum inopia, ae,* f. ◆ **3.** (Fig.) Distraction. Il a des absences, *evagatur; ejus animus interdum aberrat.*

absent, ente. I. Adj. Éloigné. *Absens, entis.* Être absent de, *abesse* ab* (abl. seul avec *domus, rus*). ◆ **II.** Nom m. Les absents, *qui absunt.*

s'ABSENTER, r. *Abesse, sum* (ab). Abscedere, o* (ab). Discedere, o* (ab).*

absinthe, f. *Absinthium, ii.* n. Vin d'absinthe, *absinthiatum vinum,* n.; *absinthites, ae,* m.

absolu, ue, adj. **1.** Indépendant, souverain. *Summus, a, um. Maximus. Supremus.* ◆ **2.** Impérieux, *Imperiosus, a, um. Superbus.* D'un ton absolu, *imperiose.*

absolument, adv. **1.** Souverainement, en soi. *Absolute. Per se. Summe.* Il commande absolument dans la ville, *summam imperii in urbe tenet*;* absolument parlant, *universe.* ◆ **2.** Tout à fait, entièrement. *Omnino. Plane.* Il refuse absolument, *omnino recusat.*

absolution, f. **1.** Action d'absoudre. *Absolutio, onis,* f. ◆ **2.** Rémission des péchés. *Absolutio.* Donner l'absolution, *peccata dimittĕre*.*

absorber, tr. **1.** Engloutir, boire entièrement. *Absorbere, eo*.* ◆ **2.** (Fig.) Consommer entièrement, épuiser, dissiper. *Exsorbere, eo*. Haurire, io*. Absumere, o*.* Absorber son patrimoine, *sua exhaurire*;* les intérêts absorbent le capital, *sortem usurae mergunt*.* ◆ **3.** Occuper exclusivement. *Detinere, eo*. Occupare.* Absorber l'attention, *cogitationem occupare;* absorbé par sa douleur, *dolori suo intentus;* absorbé dans ses réflexions, *totus in cogitationibus haerens.**

absorption, f. *Exhaustio, onis,* f.

absoudre, tr. **1.** Libérer d'une faute. *Absolvere, o*. Liberare.* Absoudre qqn d'un vol, *furti aliquem absolvĕre.* ◆ **2.** Remettre les péchés à. *Peccata dimittere, o** (dat.). On le renvoya absous, *liberatus discessit*.*

abstenir (s'), r. *Abstinere,*

*eo** (abl.). *Se abstinēre* (abl.). S'abstenir de (inf.), *abstinere ne* (subj.); ne pas s'abstenir de, *non abstinēre quin* ou *non temperare quin* (subj.); dans le doute, abstiens-toi, *quod dubitas, ne feceris**.

abstinence, f. *Abstinentia, ae,* f. *Temperantia, ae,* f. Faire abstinence, *cibo abstinēre**.

abstinent, ente, adj. *Temperans, antis* (gén.). *Sobrius, a, um.*

abstraction, f. **1.** Retranchement, exception. *Exceptio, onis,* f. Abstraction faite de ses défauts, *vitiis ejus exceptis.* **2.** (Fig.) Distraction, rêverie. *Animi evagatio, onis,* f. Il est plongé dans ses abstractions, *praesens non adest**. ◆ **3.** Opération de l'intelligence. *Cogitatio, onis,* f. Distinguer par l'abstraction les qualités d'un objet, *cogitatione proprietates confusas rei discernere**.

abstraire, tr. *Abstrahere, o** *(aliquid ab). Sejungĕre** *(aliquid ab aliquā re). Cogitatione separare (aliquid ab aliquā re).*

S'ABSTRAIRE, r. *In cogitatione defixum** *esse.* S'abstraire de qqch., *ab aliquā re cogitatione se sejungere**.

abstrait, aite, adj. **1.** Séparé par abstraction. *Abstractus, a, um (ab). Sejunctus (ab).* ◆ **2.** Difficile à comprendre. *Reconditus. Abditus. Subtilior, ius.* Sciences abstraites, *abditae doctrinae*; style abstrait, *subtilior dicendi ratio.* ◆ **3.** Distrait, préoccupé. *Vagus, a, um.*

abstrus, use, adj. *Abstrusus, a, um. Reconditus.*

absurde, adj. *Absurdus, a, um. Ineptus. Stultus.* Être absurde, *a sensu communi abhorrēre**.

absurdement, adv. *Absurde. Inepte.*

absurdité, f. *Insulsitas, atis,* f. *Stultitia, ae,* f. Chose absurde, *ineptiae, arum,* fpl.; dire des absurdités, *monstra dicĕre**.

abus, m. **1.** Mauvais usage. *Abusus, us,* m. Abus de la liberté, *immoderata libertas*; faire abus, commettre des abus, *intemperanter* ou *perverse uti** (abl.). ◆ **2.** Désordre, licence. *Vitiosa* ou *prava consuetudo,* f. *Corruptela, ae,* f. ◆ **3.** Erreur, *Error, oris,* m. ◆ **4.** Tromperie. *Fraus, dis,* f.

abuser. I. Intr. Faire un mauvais usage. *Abuti, or** (abl.). *Intemperanter* ou *perverse uti** (abl.). ◆ **II.** Tr. Tromper, séduire. *Decipere, io*. Fallere, o*. Ludere, o*. In errorem inducere, o**.

S'ABUSER, r. *Decipi, ior*. Errare. Falli, or**. Si je ne m'abuse, *nisi forte me animus fallit.*

abusif, ive, adj. *Perversus, a, um. Pravus. Nimius.*

abusivement, adv. *Perverse. Inordinate. Intemperanter.*

Abyssinie. *Abyssina* ou *Abassinia, ae,* f. Les Abyssins, *Abyssini* ou *Abassini, orum.*

acabit, m. *Indoles, is,* f.

acacia, m. *Acacia, ae, f.*

académicien, m. **1.** Disciple de l'Académie de Platon.

Academicus, i, m. ◆ **2.** Membre d'une société savante. *Docto concilio ascriptus.*

académie, f. **1.** Lieu de réunion jadis, à Athènes, des disciples de Platon; doctrine de Platon. *Academia, ae*, f. ◆ **2.** Lieu de réunion de savants ou d'artistes. *Museum, i*, n. ◆ **3.** École en général. *Schola, ae*, f. *Ludus, i*, m. ◆ **4.** Lieu où l'on se forme aux exercices du corps, *Palestra, ae*, f. *Gymnasium, ii*, n.

académique, adj. *Academicus, a, um.*

acajou, m. *Anacardium, ii*, n.

acanthe, f. *Acanthus, i*, m.

acariâtre, adj. *Morosus, a, um. Acerbus.* Humeur acariâtre, *morositas, atis*, f.

accablant, ante, adj. *Gravis, e.*

accablement, m. **1.** Affaissement physique. *Torpor, oris*, m. *Languor, oris*, m. ◆ **2.** Affaiblissement moral. *Afflictatio, onis*, f. Qui est dans l'accablement, plongé dans l'accablement, *fractus animo.* ◆ **3.** Grand nombre. *Moles, is*, f. *Onus, eris*, n.

accabler, tr. **1.** Écraser, opprimer. *Opprimere, o*. Obruere, o.* Être accablé d'affaires, de dettes, *negotiis, aere alieno obrui.* ◆ **2.** Affliger, peiner. *Conficere, io*. Affligere, o*. Premere, o*. Gravare. Urgere, eo*.* Être accablé de chagrin, *maerore confici*.* ◆ **3.** Combler. *Onerare. Vexare.* Accabler qqn d'injures, *in aliquem maledicta congerĕre*.*

accaparement, m. *Coemptio, onis*, f.

accaparer, tr. **1.** Acheter toutes les denrées. *Comprimere, o*.* ◆ **2.** (Fig.) Attirer à soi seul. *In se trahere, o*. In se vertere, o*.*

accapareur, m. *Coemptor, oris*, m.

accéder, intr. **1.** Avoir accès. *Accedere, o* (ad).* ◆ **2.** Acquiescer. *Annuere, o* (dat.) *Accedere (ad).* Accéder aux désirs de qqn, *voluntati alicujus obsequi*.*

accélération, f. **1.** Accroissement de vitesse. *Acceleratio, onis*, f. ◆ **2.** (Fig.) Prompte exécution. *Celeritas, atis*, f. *Maturatio, onis*, f.

accélérer, tr. *Accelerare. Properare.* Au pas accéléré, *citato gradu.*

accent, m. **1.** Élévation de la voix. *Sonus, i*, m. *Tenor, oris*, m. *Vocis flexus, us*, m. *Accentus, us*, m. Accent aigu, *acutus accentus;* accent grave, *gravis accentus;* accent circonflexe, *flexus accentus.* ◆ **2.** Signe orthogr. *Apex, icis*, m. ◆ **3.** Inflexions de voix particulières à certaines régions. Avoir l'accent étranger, *sonare* peregrinum.* ◆ **4.** Expression de la voix. *Inflexus, us*, m. *Vocis contentio, onis*, f. *Vox, vocis*, f. Rudesse d'accent, *soni asperitas;* délicatesse d'accent, *urbanus sonus;* accents plaintifs, *flebiles modi* ou *voces;* les accents de la trompette, *tubae sonus.* ◆ **5.** (Fig.) Accent du style, *orationis contentio;* accent de la vérité, *veritatis vox.*

accentuation, f. *Accentuum lex, legis,* f.

accentuer, tr. **1.** Faire sentir l'accent. *Vocem inflectĕre** ou *variare.* ◆ **2.** Mettre des accents. *Accentum* ou *apicem apponĕre** (dat.). ◆ **3.** (Fig.) Marquer qqch. avec force. *Vim addere, o* (alicui rei).*

acceptable, adj. *Accipiendus, a, um.*

acceptation, f. *Acceptatio, onis,* f.

accepter, tr. *Accipere, io*. Acceptare.* Accepter un présent de quelqu'un, *ab aliquo donum accipĕre;* accepter de (inf.), *annuĕre* (inf.); ne pas accepter de, *recusare ne* (subj.).

acception, f. **1.** Préférence. *Respectus, us,* m. *Discrimen, inis,* n. Faire acception des personnes, *personarum respectum habēre*;* sans faire acception de personnes, *sine personarum discrimine* ou *omni personarum discrimine remoto.* ◆ **2.** Signification, sens. *Sensus, us,* m. *Significatio, onis,* f. *Sententia, ae,* f. Ces mots ont la même acception, une double acception, *haec verba idem significant, dupliciter dicuntur*.*

accès, m. **1.** Entrée, abord. *Aditus, us,* m. D'un accès difficile, *aditu difficilis;* avoir accès dans une assemblée, auprès de qqn, *in concilium, ad aliquem aditum habēre*.* ◆ **2.** Attaque d'un mal. *Accessus, us,* m. *Accessio, onis, f.* Il a eu un accès de fièvre, *febris semel accessit*.* ◆ **3.** Mouvement subit et passager. *Impetus, us,* m. *Aestus, us,* m.

accessible, adj. **1.** Abordable. (Choses) *Pervius, a, um. Aditu facilis, e.* (Pers.) *Facilis, e. Obvius, a, um. Affabilis, e.* Rendre un lieu accessible, *locum facere (io*) pervium;* être accessible à tous, *se omnibus obvium praebēre*;* être peu accessible, *difficiliores aditus habēre*.* ◆ **2.** Qui se laisse toucher par. *Pervius.* Ou mieux un adj. correspondant au nom complément de ce mot : Accessible à l'envie, *invidus, a, um.*

accession, f. *Assensio, onis,* f. *Consensio, onis,* f.

accessit, m. Il a eu le premier, le second accessit, *primus, secundus ad palmam accessit*.*

accessoire. I. Adj. *Adjunctus, a, um. Assumptivus. Adventicius.* Termes accessoires, *assumpta verba.* ◆ **II.** Nom m. Ce qui accompagne le principal. *Accessio, onis,* f. *Appendix, icis,* f.

accessoirement, adv. *Quādam ex parte.*

accident, m. **1.** Hasard, aventure. *Casus, us,* m. *Fortuita, orum,* npl. Par accident, *casu fortuito;* le feu prit par accident, *fortuitum ortum* est incendium.* ◆ **2.** Malheur imprévu. *Casus. Calamitas, atis,* f. Il ne m'est arrivé aucun accident, *nihil mali mihi accĭdit*.* ◆ **3.** Crise fâcheuse dans une maladie. *Casus.*

Pourvu qu'il ne m'arrive point d'accident! *utinam mihi nihil accidat* !* ◆ **4.** Propriété non essentielle d'un corps. *Accidentia, ium,* npl. La couleur n'est dans les corps qu'un accident, *non naturā rebus inest* color.* ◆ **5.** Inégalités. Accidents de terrain, *loci iniquitas, atis,* f.

accidenté, ée, adj. *Iniquus, a, um.*

accidentel, elle, adj. **1.** Qui arrive par hasard. *Fortuitus, a, um.* ◆ **2.** Qui n'est point de l'essence d'un corps. *Adventicius, a, um.*

accidentellement, adv. *Casu. Fortuito.*

acclamation, f. *Acclamatio, onis,* f. *Plausus, us,* m. Saluer par des acclamations, *acclamare (alicui)*; provoquer des acclamations, *plausus excitare;* par acclamation, *omnium consensu.*

acclamer, tr. *Acclamare* (dat.).

acclimater, tr. *Caeli naturā assuefacere, io** (acc.). Être acclimaté, *caelum pati*.*

S'ACCLIMATER, r. *Caelo assuescere, o*.*

accointance, f. *Consuetudo, inis,* f.

accolade, f. *Complexus, us,* m. *Amplexus, us,* m.

accoler, tr. **1.** Attacher à. *Colligare. Adjungere, o*.* Accoler la vigne, *vitem palis adjungĕre; vitem pedare.* ◆ **2.** Embrasser. *Amplecti, or*. Complecti*.*

accommodable, adj. *Quod componi* potest*.*

accommodage, m. *Conditio, onis,* f. *Conditura, ae,* f.

accommodant, ante, adj. *Commodus, a, um. Facilis, e. Comis, e.* Se montrer accommodant, *se facilem praebēre*;* humeur accommodante, *facilitas, atis,* f.

accommodement, m. *Compositio, onis,* f. *Pactio,* f. *Reconciliatio,* f. (Homme) d'accommodement, *pronus ad compositionem;* faire un accommodement, *depecisci*;* entrer en accommodement, *ad pactionem venire*;* par voie d'accommodement, *per compositionem.*

accommoder, tr. **1.** Approprier, adapter. *Accommodare (aliquid alicui rei). Aptare* (même constr.). *Componere, o* (aliquid ad* ou *in aliquid).* Accommoder son discours au goût du peuple, *orationem auribus multitudinis accommodare.* ◆ **2.** Apprêter (un repas). *Parare. Condire, io.* Manière d'accommoder, *conditura, ae,* f.; accommoder qqch. à une sauce, *aliquid condire ex jure.* ◆ **3.** Mettre en bon état. *Ordinare. Instruere, o*. Accommodare.* Accommoder une route, une maison, *viam reparare; domum instruĕre.* ◆ **4.** Convenir à. *Convenire, io** (dat.). *Congruere, o** (dat.). Si cela t'accommode, *si id tibi commodum erit.* ◆ **5.** Terminer à l'amiable. *Componere, o*. Dirimere, o*. Sedare.* Accommoder des différends, *controversias dirimĕre.*

S'ACCOMMODER, r. **1.** Se mettre d'accord, s'entendre. *Convenire* (cum aliquo).* ◆ **2.** Se conformer, se plier à. *Se accommodare* (dat.). S'accommoder aux circonstances, *tempori servire* ou *parēre*;* s'accommoder à l'humeur de qqn, *alicujus studiis obsequi*.* ◆ **3.** Se contenter de. *Acquiescere, o** (dat.). Il ne s'accommode point de la solitude, *solitudo ei non convenit*.*

accompagnement, m. **1.** Action d'accompagner. *Comitatio, onis,* f. *Comitatus, us,* m. ◆ **2.** Ce qui accompagne. *Adjunctum, i,* n. *Accessio, onis,* f. Les soucis sont l'accompagnement ordinaire de l'ambition, *ambitionem plerumque sequuntur* curae.* ◆ **3.** (Mus.) Union des instruments et de la voix. *Concentus, us,* m. Chanter avec accompagnement de flûte, *ad tibicinem canĕre*;* chanter sans accompagnement, *assā voce cāntare.*

accompagner, tr. **1.** Aller de compagnie avec. *Comitari (aliquem). Comitem esse (alicui).* Accompagner en voyage, *comitem esse itinerum;* se faire accompagner, *sibi socium aliquem adjungĕre*.* ◆ **2.** Suivre par honneur. *Deducere, o*.* Accompagner un convoi funèbre, *exsequias prosequi*.* ◆ **3.** Joindre, ajouter. *Sequi, or*. Subsequi*.* Du vin accompagné de fleurs, *merum non sine floribus.*

accomplir, tr. Réaliser entièrement. *Absolvere, o*. Perficere, io*.* Accomplir des ordres, *mandata efficere, io*;* accomplir une promesse, un vœu, *promissum, votum solvĕre*;* accomplir son devoir, *officio fungi*;* accomplir sa trentième année, *tricesimum annum complere* ou *implere;* avoir trente ans accomplis, *triginta annos complēre;* accompli en tout, *in omni genere perfectus* ou *consummatus;* homme accompli, *vir ornatissimus.*

S'ACCOMPLIR r. S'effectuer. *Perfici, ior*. Effici, ior*. Evenire, io*.* Tout s'est accompli selon mes désirs, *omnia mihi ex voluntate successerunt*.*

accomplissement, m. **1.** Réalisation. *Peractio, onis,* f. Les malheurs prédits ont eu leur accomplissement, *praedictas calamitates eventus comprobavit;* vous verrez l'accomplissement de vos vœux, *votorum compotes eritis.* ◆ **2.** Perfection. *Perfectio, onis,* f.

accord, m. **1.** Conformité d'opinion ou de volonté. *Concordia, ae,* f. *Consensio, onis,* f. *Consensus, us,* m. L'accord des volontés, *voluntatum consensus;* l'accord entre les citoyens, *inter cives concordia;* être d'accord avec qqn sur qqch., *de re cum aliquo consentire*;* tous sont d'accord sur ce point, *hoc convenit*;* n'être pas d'accord avec, *dissentire* (ab), dissidēre* (ab);* mettre d'accord, *conciliare* (acc.); *ad concordiam adducĕre** (acc.); rétablir l'accord entre, *recon-*

ciliare (acc.); tomber d'accord avec, *assentire** ou *assentiri** (dat.); d'un commun accord, *ex omnium consensu.* D'accord (j'y consens, j'en conviens), *concedo*; assentio*.* ◆ **2.** Pacte, convention. *Pactum, i,* n. *Pactio, onis,* f. *Conventum, i,* n. *Foedus, eris,* n. En venir à un accord, *ad pactionem accedĕre*;* faire ou conclure un accord, *depecisci*; pactionem facere, io*; foedus sancire*;* par un accord, *ex pacto.* ◆ **3.** Proportion, rapport. *Consensus. Convenientia, ae,* f. Gestes en accord avec la voix, *motus cum voce congruentes*.* ◆ **4.** (Mus.) Harmonie des sons, chants, accents. *Concentus, us,* m. Les voix sont d'accord, *concinunt* voces;* accords de la lyre, *citharae sonus, i,* m.; accords joyeux, *laeti cantus* ou *modi.* ◆ **5.** Préliminaires des fiançailles. *Nuptialis pactio,* f.

accordailles, fpl. Fiançailles. *Sponsalia, ium,* npl.

accordée, f. *Sponsa, ae,* f.

accorder, tr. **1.** Mettre d'accord. *Componere, o*. Conciliare. Ad concordiam adducere, o*.* Accorder la théorie avec la pratique, *rationem cum usu conciliare.* ◆ **2.** Donner, permettre (par abandon), *concedere, o*;* — (par libéralité), *largiri, ior;* — (en partage), *impertire, io;* — (avec affectation spéciale), *tribuere, o.* Accorder une grâce à qqn, *alicui veniam tribuĕre;* accorder sa fille en mariage, *filiam suam alicui despondēre*;* accorder de ou que, *dare*, concedĕre*, permittĕre** ou *tribuere ut* (subj.). ◆ **3.** Reconnaître pour vrai, demeurer d'accord. *Concedĕre*. Dare*.* J'accorde qu'il est un homme de bien, *concedo ut vir bonus sit.* ◆ **4.** (Mus.) *Aptare.*

S'ACCORDER, **1.** Être d'accord (pers.). *Consentire, io*. Convenire, io** (*cum*). S'accorder avec qqn sur qqch., *consentire cum aliquo de aliquā re;* ne pas s'accorder avec qqn, *dissentire* ab aliquo; dissidēre* ab aliquo;* s'accorder à ou pour (inf.), *consentire in* (abl.) ou *ad* (acc.) (gér. ou adj. verb.). ◆ **2.** Être conforme (choses). *Convenire*. Congruere, o** (*cum*). *Consonare* (dat.). Le langage s'accorde avec la conduite, *oratio moribus consonat*;* les textes ne s'accordent pas, *exempla discrepant*.* ◆ **3.** (Mus.) *Concinere, o** (dat.). Les voix s'accordent aux instruments, *voces fidibus concinunt.*

accort, orte, adj. *Commodus, a, um. Obsequens, entis.*

accoster, tr. *Convenire, io** (*aliquem*).

accoter, tr. *Adminiculare. Applicare*.*

S'ACCOTER, r. *Se applicare** (*ad*).

accotoir, m. *Adminiculum, i,* n.

accouchée, f. *Puerpera, ae,* f. *Enixa, ae,* f. *Feta, ae,* f.

accouchement, m. *Partus, us,* m. *Enixus, us,* m.

accoucher, intr. **1.** Enfanter, *Parere, io** (acc.). ◆ **2.** (Fig.) Produire. *Gignere, o** (acc.). *Edere, o** (acc.). *Parĕre**.

accoucheuse, f. *Obstetrix, icis*, f.

accouder (s'), r. *Cubito inniti, or**.

accoudoir, m. *Cubital, alis*, n.

accouplement, m. Assemblage par couples. *Copulatio, onis*, f. Accouplement de bœufs à la charrue, *jugum, i*, n.

accoupler, tr. Assembler par couples. *Copulare. Jugare.* Accoupler des bœufs, *boves jungĕre**.

S'ACCOUPLER, r. *Jungi, or**.

accourcir, tr. *Curtare. Contrahere, o**. Accourcir un discours, *orationem contrahĕre**.

S'ACCOURCIR, r. *Contrahi, or**. *Coartari.* Les jours s'accourcissent, *minuunt dies.*

accourcissement, m. *Contractio, onis*, f. *Contractura, ae*, f.

accourir, intr. *Accurrere, o**. *Advolare.* Accourir vers qqn, *ad aliquem accurrĕre;* accourir au secours de qqn, *in alicujus auxilium accurrĕre;* accourir (en parl. d'une foule), *concurrĕre*; concursare.*

accoutrement, m. *Vestitus, us*, m. *Ornatus*, m. Qui est dans un misérable accoutrement, *pannis obsitus, a, um; pannosus.*

accoutrer, tr. *Induere, o**. *Ornare. Adornare.*

S'ACCOUTRER, r. *Indui.*

accoutumance, f. *Consuetudo, inis*, f.

accoutumer, tr. *Assuefacere*, io. Consuefacĕre**. Accoutumer qqn à la modestie, *aliquem assuefacĕre modestiā;* accoutumer qqn à obéir, *assuefacĕre aliquem parēre*;* être accoutumé à, *solēre** (inf.); accoutumé à la guerre, *militiā assuetus;* accoutumé à être vaincu, *assuetus superari;* qui n'est pas accoutumé à, *insuetus* ou *insolens* (gén.); à l'heure accoutumée, *horā solitā;* à l'accoutumée, *ut solet**.

S'ACCOUTUMER, r. *Suescere, o**. *Consuescĕre*. Assuescĕre*. Insuescēre**. S'accoutumer à la fatigue, *labore assuescĕre*;* s'accoutumer à vouloir, *assuescĕre velle.*

accréditer, tr. **1.** Mettre en crédit qqn. (*Alicui*) *gratiam* ou *auctoritatem tribuere, o.* Accrédité, *gratiosus, a, um;* être accrédité, *auctoritate* ou *gratiā valēre**. ◆ **2.** Rendre vraisemblable qqch.; donner autorité à qqch. (*Rei*) *auctoritatem afferre** ou *adjungĕre*;* (*rei*) *fidem tribuĕre;* accrédité, *vulgatus, a, um;* bruit accrédité, *constans fama;* c'est une opinion accréditée que, *constat** (prop. inf.).

accroc, m. **1.** Déchirure. *Scissura, ae*, f. *Laceratio, onis*, f. Faire un accroc à un habit, *vestem lacerare.* ◆ **2.** (Fig.) Tache, souillure. *Macula, ae*, f. ◆ **3.** Obstacle, embarras. *Impedimentum, i*, n.

accrocher, tr. **1.** Attacher à un

crochet. *Suspendere, o**. Accrocher au mur un tableau, *picturam muro* ou *ex muro suspendĕre.* ◆ **2.** Saisir avec un crochet, retenir en déchirant. *Unco apprehendere, o*. Unco retinere, eo*. Constringere, o**. Accrocher un vaisseau, *injectā manu ferreā navem retinēre**. ◆ **3.** Empêcher, retarder. *Impedimentum* ou *moram afferre**, *injicere (io*)* ou *interponĕre** (dat.).

s'ACCROCHER, r. **1.** Être retenu ou suspendu (en parl. des ch.). *Adhaerere, eo*. Inhaerere, eo** (dat.). ◆ **2.** Se cramponner à (en parl. des pers.). *Apprehendere, o** (acc.). *Manu retinere, eo** (acc.). *Uncis manibus prensare* (acc.). ◆ **3.** (Fig.) *Haerere, eo** (dat.). *Adhaerēre** (dat.). *Affixum esse* (dat.).

accroire, intr. Faire accroire à qqn qqch., *aliquem ducere* ad credendum aliquid*;* faire accroire qu'on est malade, *se esse aegrum simulare;* faire accroire à qqn qu'on l'aime, *in aliquem amorem fingere*;* en faire accroire à qqn, *alicui verba dare*, fucum facere, io*;* s'en faire accroire (présumer trop de soi), *nimium sibi placēre** ou *sumĕre**.

accroissement, m. *Incrementum, i,* n. Accroissement de richesses, *pecuniae amplificatio;* donner de l'accroissement à qqch., *alicui rei incrementum afferre*;* prendre de l'accroissement, *incrementum capĕre, io**.

accroître, tr. *Augere, eo*. Amplificare.* Accroître son patrimoine, *rem ampliare;* accroître un royaume, *fines imperii proferre** ou *dilatare.*

s'ACCROÎTRE, r. *Crescere, o*. Accrescere, o*. Augeri, eor**. Rome s'est accrue des ruines d'Albe, *Roma ruinis Albae crevit.*

accroupir (s'). *Sidere, o**. S'accroupir sur, *incubare** (dat).

accueil, m. Faire accueil, bon accueil à qqn, *aliquem bene, amice* ou *comiter accipere, io*;* faire mauvais accueil à qqn, *aliquem male* ou *durius accipĕre*;* recevoir un bon accueil, *comi hospitio excipi, ior*;* bon accueil, *sermonis comitas;* mauvais accueil, *asperitas, atis,* f.

accueillir, tr. **1.** Recevoir bien ou mal. *Accipere, io*. Excipĕre**. Accueillir chez soi, *domum recipere, io*; ad se recipĕre*;* accueillir sur un vaisseau, dans les cadres de l'armée, *in navem, in legionis numeros excipĕre;* accueillir avec des applaudissements, *plausu magno excipĕre;* accueillir des propositions, un bruit, un projet, *condicionibus assentiri*; rumorem credĕre*; consilium amplecti**. ◆ **2.** Surprendre, fondre sur (en parl. des choses). *Deprehendere, o** (acc.). *Invadere, o** (*in*, acc.).

acculer, tr. *In angustum cogĕre, o**.

s'ACCULER, r. *Adniti, or**. S'acculer contre un arbre, *se ad arborem applicare**.

accumulation, f. *Acervatio, onis,* f. *Congeries, ei,* f.
accumuler, tr. *Coacervare. Cumulare. Congerere, o**. Accumuler crime sur crime, *scelus scelere cumulare.*
accusable, adj. *Accusationi obvius, a, um.*
accusateur, trice, m. et f. *Accusator, oris,* m. *Accusatrix, icis,* f. Se comporter en accusateur, *accusatorie agĕre**; faire le métier d'accusateur, *accusationes exercēre**.
accusatif, m. *Accusativus, i,* m.
accusation, f. *Accusatio, onis,* f. *Criminatio,* f. Chef d'accusation, *crimen, inis,* n.; accusation d'empoisonnement, *veneficii crimen;* porter une accusation contre qqn, mettre qqn en accusation, *crimen alicui inferre**; dresser ou établir une accusation, *accusationem comparare, constituĕre* ou *instruĕre**; être mis en accusation, *reum fieri** ou *citari;* se laver d'une accusation, *crimen diluĕre.*
accusé, ée, m. et f. *Reus, i,* m. *Rea, ae,* f.
accuser, tr. **1.** Déférer en justice. *Accusare. Deferre, fero**. (Avec preuves) *Arguere, o.* (En articulant un grief) *Criminari.* (Faussement) *Insimulare.* Accuser qqn de vol, de trahison, de lèse-majesté, *furti, proditionis, majestatis aliquem accusare;* accuser de (inf.), *accusare quod* (ind. ou subj.). ◆ **2.** Blâmer, incriminer. *Insimulare. Accusare.* Accuser un absent, *absentem carpĕre**; accuser le destin, *fatum suum quĕri**. ◆ **3.** Annoncer, déceler. *Arguĕre. Declarare. Prodĕre, o**. Accuser réception d'une lettre, *acceptas litteras denuntiare.*
acerbe, adj. **1.** *Acerbus, a, um.* ◆ **2.** (Fig.) *Asper, era, erum.*
acerbité, f. *Acerbitas, atis,* f.
acéré, ée, adj. **1.** Tranchant. *Acutus, a, um.* ◆ **2.** (Fig.) Mordant, piquant. *Mordax, acis. Aculeatus, a, um.* Traits acérés, *aculei, orum,* mpl.
Achaïe, f. *Achaia, ae,* f. D'Achaïe, *Achaeus, a, um.*
achalandage, m. *Emptorum frequentia, ae,* f.
achalander, tr. *Emptores conciliare* (dat.). Achalander une boutique, *tabernam commendare;* marchand achalandé, *mercator emptorum frequentissimā celebritate florens**; boutique bien achalandée, *taberna emptorum frequentiā celebris.*
acharné, ée, part. et adj. **1.** Qui a de l'acharnement. *Pertinax, acis. Infensus, a, um* (dat.). Ennemi acharné, *infensus hostis;* acharné à qqch., *deditus, a, um* (dat.). ◆ **2.** Où il y a de l'acharnement. *Atrox, ocis. Acerrimus, a, um.*
acharnement, m. *Pertinacia, ae,* f. *Contentio, onis,* f. *Pervicacia, ae,* f. Acharnement à la persécution, à persécuter, *pertinacia ad persequendum;* avec acharnement, *pertinaciter; acerrime.*
acharner, tr. *Accendere, o**. Acharner des chiens contre

un taureau, *canes in taurum accendĕre.*

S'ACHARNER, r. **1.** Poursuivre, combattre. *Vehementer* ou *pertinaciter insectari* (acc.). *Instare** (dat.). ◆ **2.** S'appliquer à. *Incumbere, o** (dat.). S'acharner au jeu, *ludo incumbĕre;* s'acharner à vaincre un ennemi, *inimico vincendo incumbĕre.*

achat, m. **1.** Acquisition. *Emptio, onis,* f. Achat de blé, *comparatio frumenti;* faire un achat, *emptionem facĕre, io**. ◆ **2.** Chose achetée. *Emptum, i,* n.

ache, f. *Apium, ii,* n.

Achéens, mpl. *Achaei, orum,* mpl.

acheminement, m. *Via, ae,* f. *Iter, itineris,* n. *Gradus, us,* m.

acheminer, tr. *In iter inducere, o**.

S'ACHEMINER, r. *Iter habere, eo** (*ad*). *Tendere, o** (*ad*).

Achéron, m. *Acheron, ontis,* m. De l'Achéron, *Acheronteus, a, um.*

acheter, tr. **1.** Se procurer (à prix d'argent). *Emere, o**. *Comparare. Mercari.* (De ou à qqn, *de* ou *ab aliquo.*) Acheter au comptant, *praesenti pecuniā mercari;* acheter à bon marché, *emere parvo* ou *minimo;* acheter cher, *male emere;* acheter plus cher, *pluris emere;* aimer à acheter, *empturire;* acheter les votes, *pretio suffragia redimĕre**; acheter les juges, *judices pecuniā corrumpĕre**. ◆ **2.** (Fig.) Se procurer avec beaucoup de peine. *Emĕre**. *Mercari.* Acheter la gloire au prix de sa vie, *gloriam morte emĕre;* acheter cher une faveur, *gratiam multo labore impetrare.*

S'ACHETER, r. *Emi, or**. Qui peut s'acheter, *venalis, e; mercabilis, e.*

acheteur, euse, m. et f. *Emptor, oris,* m. *Emptrix, icis,* f. Acheteur (dans une vente publique), *manceps, ipis,* m; — de biens confisqués, *sector, oris,* m.; qui aime à acheter, *emax, acis.*

achèvement, m. *Consummatio, onis,* f. *Peractio,* f. *Absolutio,* f.

achever, tr. **1.** Finir. *Peragere, o**. *Perficere, io**. *Conficere, io**. *Consummare. Absolvere, o**. Achever sa course, *cursum peragĕre;* achever de payer, de parler, *reliquam pecuniam solvĕre*; reliquum sermonem conficĕre;* achever d'armer, de soumettre, de mûrir, *perarmare; perdomare*; permaturescĕre**. ◆ **2.** Perfectionner. *Absolvĕre**. *Perficĕre**. *Summam manum* (*operi*) *immittere, o**. Orateur achevé, *consummatus* ou *perfectus orator.* ◆ **3.** Porter le dernier coup à. *Conficĕre**. Ce coup-là m'achève, *nunc perii.**

Achille, *Achilles, is* (ou *i* ou *ei*), m.

achoppement, m. **1.** Heurt. *Offensio, onis,* f. ◆ **2.** (Fig.) Difficulté imprévue. *Offensio.* Pierre d'achoppement, *offendiculum, i,* n.; être une pierre d'achoppement pour qqn en qqch., *esse impedimento alicui in aliquā re.*

acide. **I.** Adj. *Acidus, a, um.* Un peu acide, *acidulus; subacidus.* ◆ **II.** Nom m. Les acides, *acida, orum,* npl.; *acria, ium,* npl.; tourner à l'acide, *acescĕre*.*

acidité, f. *Acor, oris,* m.

acidulé, adj. *Acidulus, a, um.*

acier, m. **I.** Combinaison du fer avec le charbon, *Acies, ei,* f. *Chalybs, ybis,* m. ◆ **II.** (Fig.) Dureté. Cœur d'acier, *animus ferro durior.*

acolyte, m. **1.** Clerc. *Acoluthus, i,* m. ◆ **2.** Celui qui accompagne. *Satelles, itis,* m.

aconit, m. *Aconitum, i,* n.

acoustique. **I.** Adj. *Ad sonos accipiendos aptus, a, um.* ◆ **II.** Nom f. *Sonorum doctrina, ae,* f.

acquéreur, m. *Emptor, oris,* m. Acquéreur (dans une vente publique), *manceps, ipis,* m.; — de biens confisqués, *sector, oris,* m.; se porter acquéreur de, *liceri, eor** (acc.).

acquérir, tr. **1.** Se procurer la possession de. *Parare. Comparare.* Acquérir à prix d'argent, *mercari;* acquérir illégalement, *usurpare;* bien mal acquis, *bona male parta.* ◆ **2.** (Fig.) *Adipisci, or*. Consequi, or*.* Acquérir de la gloire, *gloriam assequi*;* acquérir une grande notoriété, *pernotum fieri*; pernotescĕre*;* acquérir de l'éclat, *splendescĕre*.* ◆ **3.** Être acquis (être certain). *Certum esse.* Fait acquis, *res certa;* il est acquis que, *certum est* (prop. inf.). Être acquis (être dévoué), *deditum esse* (*alicui*).

S'ACQUÉRIR, r. **1.** Obtenir pour soi (en parl. des pers.). *Sibi acquirĕre*. Sibi comparare.* S'acquérir les bonnes grâces de qqn, *gratiam alicujus parare.* ◆ **2.** Être acquis (en parlant des choses). *Comparari. Parari.* Les principes s'acquièrent par l'expérience, *homines usu acquirunt* judicia.*

acquêt, m. *Acquisitio, onis,* f.

acquiescement, m. *Assensus, us,* m. *Assensio, onis,* f. Donner son acquiescement à, *assentiri, ior** (dat.).

acquiescer, intr. *Assentiri, ior** (dat.). Acquiescer à la volonté de qqn, *alicujus voluntati obsequi*.*

acquis, m. *Doctrina, ae,* f. *Scientia, ae,* f. Avoir beaucoup d'acquis, *esse abundanti doctrina.*

acquisition, f. **1.** Action d'acquérir. *Emptio, onis,* f. *Comparatio, onis,* f. Faire l'acquisition de, *parare* (acc.); *emĕre** (acc.). ◆ **2.** Chose acquise. *Res parta* ou *comparata* ou *empta,* f. Conserver ses acquisitions, *parta tuēri*.*

acquit, m. **1.** Quittance. *Acceptilatio, onis,* f. *Apocha, ae,* f. Payement. *Solutio, onis,* f. ◆ **2.** (Fig.) Par manière d'acquit, *dicis causā;* par acquit de conscience, *exonerandae conscientiae causā.*

acquittement, m. **1.** Action d'acquitter une dette. *Solutio, onis,* f. Acquittement d'une taxe, *muneris functio*, f. ◆ **2.** Renvoi d'un accusé. *Absolutio, onis*, f.

acquitter, tr. **1.** Rendre quitte qqn. *Liberare. Solvere, o**. Acquitter sa conscience, *fidem solvĕre.* ◆ **2.** Renvoyer absous. *Absolvere, o**. Être acquitté à l'unanimité, *omnibus sententiis absolvi.* ◆ **3.** Se rendre quitte de qqch. *Solvĕre. Exsolvĕre**. Acquitter une dette, *nomen solvĕre; aere alieno se liberare.* ◆ **4.** (Fig.) *Solvĕre**. *Persolvere, o**. Acquitter un vœu, *votum persolvĕre.*

S'ACQUITTER, r. **1.** Se rendre quitte. *Se liberare* (*aliqua re*). *Solvere, o** (*aliquid*). S'acquitter d'une dette envers qqn, *alicui satisfacere, io**; *alicui pecuniam solvĕre.* ◆ **2.** (Fig.) Accomplir. *Solvĕre. Exsolvĕre**. *Persolvĕre**. S'acquitter de sa promesse, *promissis satisfacĕre**.

acre, m. *Acnua, ae*, f.

âcre, adj. Piquant au goût. *Acer, acris, acre. Acerbus, a, um.* Très âcre, *peracerbus;* reprendre qqn d'un ton âcre, *asperius reprehendĕre* aliquem.*

âcreté, f. **1.** *Acrimonia, ae*, f. *Acerbitas, atis*, f. ◆ **2.** (Fig.) *Acerbitas. Amaritudo, inis*, f.

acrimonie, f. *Acrimonia, ae*, f. *Acerbitas, atis*, f.

acrimonieux, euse, adj. *Acerbus, a, um.*

acrobate, m. *Funambulus, i*, m.

acrostiche, m. *Parastichis, idis*, f. *Acrostichis, idis*, f.

acte, m. **1.** Action, opération. *Factum, i*, n. *Actus, us*, m. Faire des actes d'hostilité, *hostilia facĕre**, *io;* faire acte de citoyen, *se pro cive gerĕre*;* c'est un acte de sagesse de, *sapientis est* (inf.); faire acte de présence, *interesse*;* faire acte de soumission, *imperatum facĕre*;* faire acte d'autorité, *jus usurpare.* ◆ **2.** — d'un officier public. *Acta, orum*, npl. *Tabulae, arum*, fpl. Acte de mariage, *tabulae nuptiales;* consigner dans les actes publics, *in acta publica mittĕre*;* prendre acte de qqch., *aliquid testificari.* ◆ **3.** Partie d'une pièce de théâtre. *Actus.*

acteur, trice, m. et f. **1.** Qui joue un rôle dans une pièce de théâtre. *Actor, oris*, m. *Histrio, onis*, m. *Mimus, i*, m. *Mima, ae*, f. Les acteurs, les actrices, *scaenici, orum*, mpl.; *scaenicae, arum*, fpl., acteur tragique, *tragoedus, i*, m.; — comique, *comoedus, i*, m. ◆ **2.** (Fig.) Qui a part dans la conduite d'une affaire. *Actor, oris*, m. Il a été le principal acteur, *primas partes agebat**.

actif, ive, adj. **1.** Agissant, laborieux. *Strenuus, a, um. Industrius.* Homme actif à la guerre, *vir ad belli labores impiger;* correspondance active, *epistularum frequentia.* ◆ **2.** Qui opère avec énergie. *Efficiens, entis.* Le feu est une force active, *actuosus est ignis;* prendre une part active à, *interesse** (dat.). ◆ **3.** (Gramm.) *Activus.*

actif, m. *Creditum, i,* n.
action, f. **1.** Exercice de l'activité. *Actio, onis,* f. Le moment de l'action, *tempus agendi;* homme d'action, *vir promptus* ou *operosus;* l'action du feu, *vis ignis;* l'action de penser, *cogitatio, onis,* f.; avoir de l'action sur, *multum posse* in* (abl.). ◆ **2.** Résultat de l'activité. *Factum, i,* n. *Facinus, oris,* n. Une action d'éclat, *praeclarum facinus;* faire ou commettre une mauvaise action, *aliquid turpe gerĕre**. ◆ **3.** Combat. *Proelium, ii,* n. *Certamen, inis,* n. *Pugna, ae,* f. Engager l'action, *pugnam committĕre**. ◆ **4.** Gestes de l'orateur. *Actio.* Action oratoire, *orationis actus.* ◆ **5.** Recours en justice. *Actio. Lis, litis,* f. Intenter une action à qqn, *actionem in aliquem intendĕre*; in aliquem judicium constituĕre;* action criminelle, *actio* ou *lis capitis.* ◆ **6.** Sujet d'une pièce de théâtre. *Fabula, ae,* f. L'action se passe sur la scène, *in scaenis agitur* res.* ◆ **7.** Actions de grâces. *Gratiae, arum,* fpl.
actionner, tr. *In jus vocare* (*aliquem*).
activement, adv. **1.** *Strenue. Diligenter.* ◆ **2.** (Gramm.) *Active.*
Actium. *Actium, ii,* n. D'Actium, *Actiacus, a, um.*
activer, tr. **1.** Presser. *Urgere, eo**. Activer les travaux, *operi instare**. ◆ **2.** Exciter, animer. *Excitare.*
activité, f. **1.** Puissance d'agir. *Vis, vis,* f. *Virtus, utis,* f. *Motus, us,* m. L'activité du feu, *ignis vis.* ◆ **2.** Promptitude, diligence. *Diligentia, ae,* f. *Industria, ae,* f. Qui a de l'activité, *diligens;* avec activité, *prompte.* ◆ **3.** (Milit.) Être en activité (soldat), *militare; sub signis esse**.
actuel, elle, adj. *Praesens, entis.* L'affaire actuelle, *res de quā agitur**.
actuellement, adv. *Nunc.*
adage, m. *Adagium, ii,* n. *Proverbium, ii,* n. Selon l'adage, *ut dicitur**.
adapter, tr. *Aptare* (*aliquid alicui rei*). *Accommodare* (même constr.). Adapter aux lieux, au temps, *locis, temporibus aptare.*
S'ADAPTER, r. *Aptari. Accommodari. Convenire, io** (dat.). S'adapter aux circonstances, *tempori servire.*
addition, f. *Adjunctio, onis,* f. Addition d'un mot à un texte, *materiei adjunctio verbi;* faire une addition à, *aliquid addĕre** (*alicui rei*); addition arithmétique, *consummatio, onis,* f.
additionnel, elle, adj. *additicius, a, um.*
additionner, tr. *Addendo computare* (acc.).
adepte, m. et f. *Initiatus, a, um* (dat.).
adhérence, f. *Adhaesio, onis,* f. *Adhaesus, us,* m. L'adhérence des parties, *partium adhaesio.*
adhérent, ente. I. Adj. *Adhaerens, entis* (dat.). *Cohaerens* (dat.). Être adhérent à, *ad-*

*haerēre** (dat. ou *in re*). ◆ **II.** Nom m. *Sectator, oris,* m. *Socius, ii,* m.

adhérer, intr. **1.** Être joint à, tenir à. *Haerere, eo** (dat.). *Adhaerere, eo** (dat.). *Adhaerescere, o** (dat.). ◆ **2.** Acquiescer. *Assentiri, ior** (dat.). Adhérer aux avis, au parti de qqn, *sententiam, partes alicujus sequi**.

adhésion, f. **1.** Union de plusieurs choses. *Adhaesio, onis,* f. ◆ **2.** Approbation. *Assensus, us,* m. *Assensio, onis,* f. Donner son adhésion à, *assentiri** (dat.); adhésion générale ou unanime, *consensus, us,* m.

adieu. I. Loc. adv. *Vale* (à une pers.). *Valete* (à plus. pers.). ◆ **II.** Nom. **1.** Dire adieu, faire ses adieux à, *vale dicĕre** (dat.). ◆ **2.** (Fig.) Renoncement; risque ou danger. Disons adieu à tout cela, *ista valeant**; adieu (le malade !), *actum est de* (*eo*).

Adige. *Athesis, is,* m.

adipeux, euse, adj. *Pinguis, e.*

adjacent, ente, adj. *Adjacens, entis. Confinis, e. Proximus, a, um.* Être adjacent. *Adjacere, eo** (dat.).

adjectif, m. *Adjectivum* (*i*) *nomen* (*inis*), n. *Adjectivum, i,* n.

adjoindre, tr. *Adjungere, o** (*aliquem alicui*).

S'ADJOINDRE, r. — qqn. *Sibi adjungĕre**. ◆ — à qqn. *Se cum aliquo conjungĕre**. *Se socium alicui addĕre**.

adjoint, te. I. Adj. *Adjunctus, a, um.* ◆ **II.** Nom. *Socius, ii,* m. *Adjutor, oris,* m.

adjonction, f. **1.** *Adjunctio, onis,* f. Par l'adjonction d'un compagnon, *adjuncto socio.* ◆ **2.** (Droit) *Subscriptio, onis,* f.

adjudant, m. *Adjutor, oris,* m.

adjudicataire, m. et f. *Manceps, ipis,* m. Adjudicataire de travaux, *operum redemptor;* se rendre adjudicataire de, *redimere** (acc.).

adjudication, f. *Addictio, onis,* f. *Redemptio,* f. Acheter ou obtenir par adjudication, *redimĕre**; mettre en adjudication, vendre par adjudication, *auctione constituta vendĕre**.

adjuger, tr. **1.** Attribuer par autorité judiciaire. *Addicere, o** (*aliquid alicui*). ◆ **2.** Décerner, attribuer, *Decernere, o**. *Attribuere, o.*

S'ADJUGER, r. **1.** Être adjugé. *Adjudicari. Ascribi, or**. ◆ **2.** S'approprier. *Sibi assumĕre**. *Sibi arrogare.*

adjuration, f. **1.** Exorcisme. *Adjuratio, onis,* f. ◆ **2.** Prière instante. *Obsecratio, onis,* f. *Obtestatio,* f.

adjurer, tr. **1.** Commander au nom de la divinité. *Adjurare.* ◆ **2.** Supplier avec instance. *Obsecrare. Obtestari.* Je t'adjure de (inf.), *te oro ut* (subj.).

admettre, tr. **1.** Recevoir qqn. *Admittere, o**. *Recipere, io**. Admettre dans sa chambre, à sa table, *in cubiculum, ad cenam admittĕre;* admettre dans le conseil, *in consilium recipere;* admettre au nombre de ou parmi, *cooptare in* (acc.); *aggregare in* (acc.); admettre qqn à (faire qqch.), *alicui concedĕre* ut* (subj.). ◆ **2.** Agréer qqch. *Accipere, io**. N'admettre aucun délai, *nullam cunctationem pati, ior**; faire admettre, *approbare;* c'est une coutume admise que, *vulgatior consuetudo est* (inf.). ◆ **3.** Recevoir (qqch.) comme vrai. *Recipĕre**. *Asciscĕre**. *Probare*. Admettre une hypothèse, *opinionem suscipĕre, io**; admettons que, *fac* (prop. inf.); on admet que, *constat** (prop. inf.); c'est un fait admis que, *inter omnes convenit* ut* (subj.).

administrateur, m. **1.** Qui régit les affaires publiques ou privées. *Curator, oris,* m. *Procurator,* m. ◆ **2.** Chargé d'une partie du gouvernement. *Gubernator, oris,* m.

administratif, ive, adj. Science administrative, *rerum civilium scientia, ae,* f.

administration, f. *Administratio, onis.* f. *Procuratio,* f. Avoir l'administration de, *administrare* (acc.), *praeesse** (dat.); sous l'administration de César, *Caesare gubernante;* entrer dans l'administration, *ad rem publicam accedĕre**.

administrer, tr. **1.** Diriger les affaires publiques ou particulières. *Administrare. Curare. Procurare.* Mal administrer sa fortune, *male rem gerĕre**. ◆ **2.** Faire prendre à un malade. *Admovere, eo**. *Adhibere, eo**. ◆ **3.** (Droit) Fournir, produire. *Producere, o**. *Afferre, fero**.

admirable, adj. *Mirabilis, e. Admirabilis. Mirus, a, um, Admirandus.* Admirable en, *admirabilis in* (abl.); admirable à voir, *mirabilis visu.*

admirablement, adv. *Mire. Mirifice. Egregie.*

admirateur, trice, m. et f. *Admirator, oris,* m. *Laudator, oris,* m. *Miratrix, icis,* f. Être grand admirateur de, *vehementer admirari* (acc.).

admiratif, ive, adj. **1.** Qui exprime l'admiration. *Admirativus, a, um.* ◆ **2.** Que tout jette dans l'admiration. *Pronus ad admirandum.*

admiration, f. *Admiratio, onis,* f. *Miratio,* f. Regarder avec admiration, *mirari;* être saisi, ravi d'admiration, *admiratione obstupefieri**; être l'admiration de, faire l'admiration de, *esse* admirationi (alicui);* exciter l'admiration, *admirationem movēre**; remplir, transporter, saisir d'admiration, *ad magnam admirationem traducere**; digne d'admiration, *mirandus.*

admirer, tr. *Mirari. Admirari. Suspicere, io**. Admirer que, *mirari* (prop. inf. ou *quod* et le subj.); être admiré, *admirationem movēre** ou *obtinēre*; in admiratione esse**.

S'ADMIRER, r. *Sibi placēre.**

admissible, adj. **1.** (En parl. des pers.) *Admittendus, a, um. Accipiendus.* ◆ **2.** (En parlant des choses) *Probabilis, e.* Proposition admissible, *condicio justa.*

admission, f. Action d'admettre. *Admissio, onis,* f. Admission à un emploi, *ad munus admissio;* admission dans l'ordre des sénateurs, *in senatores cooptatio.*

admonestation, f. *Admonitio, onis,* f.

admonester, tr. *Admonere, eo*. Reprehendere, o*.*

admonition, f. *Admonitio, onis,* f.

adolescence, f. *Pueritia, ae,* f. Dans l'adolescence, *ineunte aetate;* dès l'adolescence, *ab ineunte aetate.*

adolescent, ente, m. et f. *Puer, i,* m. *Adulescentulus, i,* m. *Adulescentula, ae,* f. *Adulescens, entis.* A peine adolescent, *peradulescentulus.*

Adonis, m. *Adonis, idis,* m.

adonné, ée, part. et adj. *Deditus, a, um* (dat.). *Studiosus* (gén.) Adonné au jeu, au vin, *aleator; ebriosus.*

S'ADONNER, r. **1.** Se livrer à. *Se dare** (dat.). *Studere, eo** (dat.). *Incumbere, o** (dat.). S'adonner à l'étude, *se litteris dedĕre*.* ◆ **2.** Fréquenter. *Frequentare* (acc.).

adoptant, m. *Adoptator, oris,* m.

adopter, tr. **1.** Prendre légalement pour fils. *Adoptare.* Adopter qqn. pour fils, *aliquem sibi filium* ou *pro filio adoptare.* ◆ **2.** (Fig.) Admettre, choisir. *Ascicere, o*.* Adopter le parti de qqn, *in partes alicujus transire, eo*;* adopter l'opinion de qqn, *alicui assentiri*;* coutume adoptée, *consuetudo recepta;* adopté (formule de vote), *uti rogas;* faire adopter, *approbare.*

adoptif, ive, adj. Qui a ou qui est adopté. *Adoptivus, a, um.*

adoption, f. *Adoptio, onis,* f. Fils par adoption, *adoptivus filius.*

adorable, adj. **1.** Digne d'être adoré. *Adorandus, a, um. Colendus.* ◆ **2.** (Fig.) Digne d'amour ou d'amitié. *Amabilis, e.*

adorateur, trice, m. et f. **1.** Qui rend un culte à la divinité. *Adorator, oris,* m. *Cultor,* m. ◆ **2.** (Fig.) Celui qui aime passionnément. *Amantissimus, a, um* (gén.).*Studiosissimus* (gén.). *Amator, oris,* m.

adoration, f. **1.** Culte envers la divinité. *Adoratio, onis,* f. *Cultus, us,* m. ◆ **2.** (Fig.) Amour extrême. *Singularis (is) amor (oris),* m.

adorer, tr. **1.** Rendre un culte, *Colere, o*. Venerari.* ◆ **2.** (Fig.) Aimer avec passion. *Perdite amare. Prae omnibus diligere, o*.*

adosser, tr. **1.** Placer dos à dos. *Obversis tergis collocare.* ◆ **2.** Appuyer le dos contre. *Applicare** (dat. ou *ad*). Adossé. *Applicatus, a, um* (dat. ou *ad*); *acclinis, e* (dat.).

S'ADOSSER, r. *Se applicare** (dat. ou *ad*). *Inniti, or** (dat. ou *ad*). *Adniti** (même constr.).

adoucir, tr. **1.** Rendre plus doux. *Mitigare.* (Goût, température) *Temperare.* (Toucher, vue, ouïe) *Mollire, io.* Adoucir avec du sucre l'âpreté du vin, *saccharo vinum mitigare;* adoucir une pente, *clivum mollire.* ◆ **2.** (Fig.) Rendre moins vif. *Mollire.* Adoucir sa voix, son langage, la dureté d'un mot, *vocem, orationem, asperitatem verbi mollire.* ◆ **3.** Rendre moins âpre, moins sauvage. *Mitigare. Lenire, io. Sedare. Mulcere, eo**. Les arts adoucissent les mœurs, *artes mores emolliunt.*

S'ADOUCIR, r. **1.** Devenir plus doux. *Mitigari.* Le raisin s'adoucit en mûrissant, *uva maturata dulcescit.** ◆ **2.** (Fig.) Devenir moins rude, moins violent. *Mitescere, o**. S'adoucir à l'égard de qqn, *se alicui placare.*

adoucissant, ante. I. Adj. (Méd.) *Mitigatorius, a, um.* ◆ **II.** Nom m. *Lenimentum, i,* n.

adoucissement, m. **1.** Action d'adoucir. *Mitigatio, onis,* f. *Lenimentum, i,* n. Adoucissement de la température, *caeli mitigatio;* adoucissement de la voix, *vocis remissio;* adoucissement du chagrin, *aegritudinis sedatio.* ◆ **2.** (Fig.) Atténuation. *Laxamentum, i,* n. *Levamen, inis,* n. Apporter un adoucissement à la loi, *legi laxamentum dare**.

Adour. *Aturus, i,* m.

adresse, f. **1.** Dextérité du corps. *Sollertia, ae,* f. *Ars, artis,* f. Peindre avec adresse, *sollerter pingĕre**. ◆ **2.** Finesse d'esprit. *Sollertia. Prudentia,* f. *Calliditas, atis,* f. Un tour d'adresse, *versute factum;* tours d'adresse, *praestigiae, arum,* fpl.; user d'adresse, *consilio grassari;* avoir l'adresse de, *artem callēre** *quā* (subj.); avoir de l'adresse dans, *callidum esse in* (abl.). ◆ **3.** Suscription d'une lettre. *Indicium, ii,* n. *Nominis inscriptio, onis,* f. Mettre l'adresse d'une lettre, *litteris subscribēre**; une lettre à l'adresse de, *epistula inscripta* (dat.). ◆ **4.** (Fig.) Ceci est à notre adresse, *hoc ad nos dirigitur**.

adresser, tr. **1.** Diriger vers, *Mittere, o** (*aliquid alicui* ou *ad aliquem*). ◆ **2.** (Fig.) Adresser la parole à qqn, *aliquem compellare;* adresser quelques mots à l'assemblée, *paucis verbis conventum alloqui**; adresser des prières, *preces adhibēre**; adresser des questions à, *interrogare* (acc.).

S'ADRESSER, r. **1.** Être adressé. *Mitti, or**. (Lettre) *Inscribi, or** (dat. ou *ad*). ◆ **2.** Aller trouver. *Venire, io** (*ad*). *Accedere, o** (*ad*). *Confugere, io** (*ad*). S'adresser à un médecin, *medicum adire, eo**. ◆ **3.** Adresser la parole (à). *Compellare* (acc.). *Alloqui, or** (acc.). ◆ **4.** S'attaquer à. *Petere, o** (acc.).

Adriatique. *Hadriaticum* (*i*) *mare* (*is*), n. *Hadria, ae,* f. *Mare superum,* n.

Adrien. *Hadrianus, i,* m.

adroit, oite, adj. **1.** Qui a de l'adresse. *Callidus* (gén.). *Sollers, ertis* (gén.). ◆ **2.** (Fig.) Habile, rusé. *Sollers. Callidus. Versutus.* Adroit à surprendre son adversaire, *in adversario capiendo versutus.*

adroitement, adv. *Callide. Sollerter. Versute.*

adulateur, trice, m. et f. **I.** Nom. *Assentator, oris,* m. *Assentatrix, icis,* f. ◆ **II.** Adj. *Adulatorius, a, um.*

adulation, f. *Assentatio, onis*, f. Par adulation, *assentatorie*.
aduler, tr. *Adulari** (dat. ou acc.). *Assentiri, ior** (dat.).
adulte, adj. *Adultus, a, um*. L'âge adulte, *adulta aetas*; garçon adulte, *puer adultā aetate; puber, eris*, m.; fille adulte, *adulta virgo*.
1. adultère, adj. et subst. m. et f. *Adulter, era, erum*.
2. adultère, m. *Adulterium, ii*, n.
advenir, intr. *Accidere, o**. *Advenire, io**. *Evenire**. *Contingere, o**. Quoi qu'il advienne, *quidquid erit**; advienne que pourra, *omnia licet fiant**.
adventice, adj. *Adventicius, a, um*.
adverbe, m. *Adverbium, ii*, n.
adverbial, ale, adj. *Adverbialis, e*.
adverbialement, adv. *Adverbialiter. In modum adverbii*.
adversaire, m. et f. *Adversarius, i*, m. *Adversaria, ae*, f. (gén. ou dat.).
adverse, adj. *Adversus, a, um*. Partie adverse, *adversa pars*.
adversité, f. *Adversa fortuna*, f. *Adversae res*, fpl. *Adversi casus*, mpl. Être dans l'adversité, *adversis premi**; qui est dans l'adversité, *aerumnosus, a, um; calamitosus; miser, era, erum*.
aérer, tr. *Ventilare*. Aéré, *perflabilis, e; aeri apertus, a, um*.
aérien, enne, adj. **1.** Qui a rapport à l'air. *Aerius, a, um. Aetherius*. Fluide aérien, *aerius liquor*. ◆ **2.** (Fig.) Qui est comme l'air. *Spirabilis, e. Flabilis*. Démarche aérienne, *flabilis incessus*.
aérolithe, m. *Lapis de caelo delapsus*, m.
affabilité, f. *Comitas, atis*, f. *Affabilitas*, f. Avec affabilité, *comiter; benigne*.
affable, adj. *Comis, e. Affabilis. Facilis* (dat. ou *erga*, acc.).
affablement, adv. *Benigne. Comiter*.
affabulation, f. *Affabulatio, onis*, f.
affadir, tr. **1.** Rendre fade. *Infuscare*. Affadir son style, *putidius dicĕre*; affadi, *insulsus, a, um*. ◆ **2.** Inspirer de la répugnance. — le cœur, *fastidium movēre**.
affadissement, m. *Fastidium, ii*, n. *Nausea, ae*, f.
affaiblir, tr. **1.** *Debilitare. Infirmare. Frangere, o**. ◆ **2.** (Fig.) Diminuer. *Minuere, o. Frangĕre**. *Infirmare*. Affaiblir la puissance d'un État, *civitatis opes comminuĕre*; affaiblir la déposition d'un témoin, *testis fidem infirmare*.
S'AFFAIBLIR, r. *Debilitari. Frangi, or**. *Minui, or*.
affaiblissement, m. *Debilitatio, onis*, f. *Infractio*, f. Affaiblissement des forces, *virium defectio*.
affaire, f. **1.** Occupation. *Res, rei*, f. *Negotium, ii*, n. C'est une grande affaire de, *magnum opus est* (inf.); c'est ton affaire de, *est tuum* (inf.); c'est mon affaire, *hoc meā interest**; c'est leur affaire, *de ista re videbunt**; être à son affaire, *negotium suum agĕre**; il en fait son affaire, *id illi curae erit**; c'est l'affaire d'un jour, *unius*

diei negotium est. ◆ **2.** Chose qui agrée. Cela fait mon affaire, *hoc mihi commodum est;* faire l'affaire de, *convenire** (dat.). ◆ **3.** Marché. *Negotium. Res.* Hommes d'affaires, *negotiatores;* être dans les affaires, faire des affaires, *negotiari;* entreprendre une affaire, *negotium suscipĕre, io*;* conclure une affaire, faire affaire avec qqn, *negotium conficĕre, io*; cum aliquo pacisci*;* c'est à vous que j'ai affaire, *tecum mihi res est.* ◆ **4.** Intérêts particuliers. *Res,* f. *Negotia,* n. pl. S'occuper de ses propres affaires, *rem privatam agĕre*; rem familiarem administrare;* faire bien, faire mal ses affaires, *commode, male rem gerĕre*;* homme d'affaires de qqn, *procurator, oris,* m. ◆ **5.** Intérêts publics. *Res publica,* f. Être aux affaires, *in re publicā versari;* être à la tête des affaires, *rem publicam gerĕre*.* ◆ **6.** Contestation, procès. *Causa, ae,* f. *Lis, litis,* f. Les affaires du barreau, *forensia negotia;* dans l'affaire de Verrès, *in causa Verris;* se charger d'une affaire, plaider une affaire, *causam recipĕre, io*; causam agĕre*;* avoir affaire avec qqn, *rem habēre* cum aliquo.* ◆ **7.** Combat. *Proelium, ii,* n. *Pugna, ae,* f. *Res, rei,* f. Engager une affaire, *proelium committĕre*;* l'affaire fut brillante, *prospere pugnatum est.* ◆ **8.** Difficulté, embarras, danger. *Negotium. Molestia, ae,* f. Ce n'est pas une affaire de, *nihil est negotii* (inf.); se tirer d'affaire, *se expedire;* avoir affaire de qqch., *egēre** (abl.); j'ai — de qqch., *opus est mihi re.* ◆ **9.** Chose en général. *Res.* Où en est l'affaire? *ubi loci res est?* Cela ne fait rien à l'affaire, *hoc nihil ad rem pertinet*;* il faut tenter l'affaire, *experiendum* est;* c'est une affaire faite, *actum* est negotium;* son affaire est faite, *de illo actum est.*

affairé, ée, adj. **1.** Qui a beaucoup d'affaires. *Occupatus, a, um. Negotiosus.* ◆ **2.** Qui veut paraître occupé. *Ardelio, onis,* m. Faire l'affairé, *occupationes simulare.*

affaissement, m. **1.** *Depressio, onis,* f. Affaissement du sol, *agri labes, is,* f. ◆ **2.** (Fig.) *Languor, oris,* m. (Du corps) *Torpor, oris,* m. (De l'esprit) *Stupor, oris,* m.

affaisser, *Deprimere, o*.*

S'AFFAISSER, r. **1.** *Deprimi, or*. Desidere, o*.* S'affaisser sous le poids, *oneri succumbĕre*.* ◆ **2.** (Fig.) S'affaisser sous le poids des années, *annis ingravescĕre*.*

affamé, ée, adj. **1.** *Esuriens, entis. Fame confectus, a, um,* ou *consumptus. Jejunus.* Être affamé, *esurire.* ◆ **2.** (Fig.) Avide. *Avidus, a, um* (gén.). *Cupidus* (gén.). *Appetens, entis* (gén.).

affamer, tr. *Fame premere, o** ou *conficere, io** (*aliquem*). *Famem inferre, fero** (*alicui*). Affamer une ville, *urbem commeatibus privare.*

affectation, f. **1.** Manière d'être ou d'agir qui s'éloigne du naturel. *Affectatio, onis,* f. Affectation dans la parure, *munditia nimis exquisita;* parler avec affectation, *exquisitius loqui*;* sans affectation, *simpliciter.* ◆ **2.** Imitation, faux-semblant. *Simulatio, onis,* f. ◆ **3.** Attribution, destination. *Attributio, onis,* f.

affecter, tr. **1.** Rechercher avec trop de soin. *Affectare. Exquisitius consectari.* Langage affecté, *sermo putidus.* ◆ **2.** Feindre, simuler. *Simulare. Fingere, o*.* Affecter l'air distrait, de paraître distrait, *simulare se in alienis rebus occupatum;* douleur affectée, *fictus dolor.* ◆ **3.** Revêtir telle ou telle forme. *Induere, o.* ◆ **4.** Faire impression (sur un organe). *Afficere, io** (acc.). (Sur l'âme) *Movere, eo** (acc.). *Commovere, eo** (acc.). Être affecté de. *Moveri* (abl.). ◆ **5.** Attribuer, destiner à. *Assignare. Attribuere, o. Addicere, o*.* (à, dat.).

S'AFFECTER, **1.** Être feint, simulé. *Simulari. Fingi, or*.* ◆ **2.** Être touché, ému. *Affici, ior*. Moveri, eor*.*

affectif, ive, adj. *Qui, quae, quod animos afficit*.*

affection, f. **1.** Maladie. *Affectio, onis,* f. *Affectus, us,* m. *Morbus, i,* m. Affections de poitrine, *pectoris vitia,* npl. ◆ **2.** Mouvement de l'âme. *Affectus, us,* m. *Animi affectio, onis,* f. Affections déréglées, *animi perturbatio.* ◆ **3.** Inclination, tendresse, amour. *Amor, oris,* m. *Studium, ii,* n. Avoir de l'affection pour, *benevolentiam erga aliquem habēre*;* qui a de l'affection pour, *studiosus, a, um* (gén.); qui n'a pas d'affection pour, *alienus ab* (abl.).

affectionné, ée, part. et adj. **1.** Qui a de l'affection pour. *Amans, antis* (gén.). *Studiosus, a, um* (gén.). *Deditus* (dat.). ◆ **2.** Qui est aimé de. *Dilectus, a, um* (dat.). *Carus* (dat.).

affectionner, tr. Avoir de l'affection ou du goût pour. *Amare. Diligere, o*.* Affectionner le jeu, *ludi desiderio flagrare.*

S'AFFECTIONNER, r. S'attacher fortement à. *Se dedere* (*o**) (*alicui*). *Studere, eo** (*alicui rei*).

affectueusement, adv. *Benevole. Amice.*

affectueux, euse, adj. *Benignus, a, um. Benevolus. Amans, antis.*

afférent, ente, adj. Part afférente (à). *Rata pars,* f. *Pars quae redit * ad* (acc.). *Pars* (gén.).

affermer, tr. **1.** Donner à bail ou à ferme. *Locare.* ◆ **2.** Prendre à bail ou à ferme. *Conducere, o*. Redimere, o*.*

affermir, tr. *Firmare. Confirmare. Stabilire.*

S'AFFERMIR, r. *Firmari. Confirmari.* Si ta santé s'affermissait, *si firmior esses*.*

affermissement, m. *Stabilitas, atis,* f. *Firmitudo, inis,* f.

affété, ée, adj. *Putidus, a, um. Nimis exquisitus.*
afféterie, f. *Affectatio, onis,* f.
affiche, f. *Libellus, i,* m. *Tabula, ae,* f. Apposer une affiche, *tabulam poněre*.*
afficher, tr. **1.** Apposer une affiche. (*Tabulam*) *proscribere, o*.* (*Tabulam*) *proponere, o*.* Faire afficher une loi, *legem proscriběre**; faire afficher que l'on veut, *proscriběre* se velle...* ◆ **2.** (Fig.) Faire étalage de. *Profiteri, eor*. Prae se ferre*.* Afficher de ne croire à rien, *profitēri* se nihil credere.*
S'AFFICHER, r. **1.** Être affiché. *Proponi, or*. Proscribi, or*.* ◆ **2.** Se mettre en évidence. *Se in spectaculum dare*.*
afficheur, m. *Proscriptor, oris,* m.
affidé, ée. I. Adj. A qui on se fie. *Fidus, a, um. Certus.* ◆ **II.** Nom m. Homme de confiance. *Fidelis, is,* m.
affilé, ée, adj. **1.** *Acutus, a, um. Exacutus.* ◆ **2.** (Fig.) Avoir la langue bien affilée, *promptā esse linguā.*
affiler, tr. *Acuere, o. Exacuere, o.*
affiliation, f. *Cooptatio, onis,* f.
affilier, tr. *Cooptare.* Un affilié, *socius, ii,* m.
S'AFFILIER, r. *Consociari* (dat.).
affinage, m. *Excoctio, onis,* f.
affiner, tr. *Excoquere, o*. Purgare.*
affinité, f. **1.** Alliance, parenté. *Affinitas, atis,* f. *Cognatio, onis,* f. ◆ **2.** Rapport. *Convenientia, ae,* f. Affinités de goûts, *studiorum cognatio;* avoir de l'affinité avec, *esse* affinem* ou *cognatum* (dat.).
affiquets, mpl. *Munditiae, arum,* fpl.
affirmatif, ive, adj. **1.** Qui affirme. *Affirmans, antis. Asseverans.* Être très affirmatif, *firmissime asseverare;* faire un signe affirmatif, *annuere.* ◆ **2.** Par quoi on affirme. *Affirmativus, a, um.* Jugement affirmatif, *pronuntiatio, onis,* f.
affirmation, f. *Affirmatio, onis,* f. *Asseveratio,* f. *Pronuntiatio,* f.
affirmativement, adv. *Affirmate. Asseveranter.*
affirmer, tr. *Affirmare. Asseverare. Asserere, o*.* Affirmer avec serment, *jurejurando affirmare,* ou simpl. *jurare;* je n'oserais affirmer que, *non ausim* contendere* (prop. inf.); affirmer que ne... pas, *negare* (prop. inf.).
affleurer. I. Tr. **1.** Mettre de niveau. *Exaequare.* ◆ **2.** Toucher exactement. *Proxime contingere, o*.* ◆ **II.** Intr. Être de niveau, *esse* ad libram.*
afflictif, ive, adj. *Poena ad corpus pertinens.*
affliction, f. *Maeror, oris,* m. *Dolor,* m. Profonde affliction, *animi cruciatus, us,* m.; causer de l'affliction à qqn, *alicui dolorem inferre*.*
affligeant, ante, adj. *Molestus, a, um. Acerbus. Tristis, e.*
affliger, tr. Causer de l'affliction. *Angere, o*. Contris-*

*tare. Torquere, eo**. *Dolorem afferre, fero** (*alicui*). Affliger profondément. *Excruciare* (acc.); affligé, *maerens; maestus;* être affligé, *maerere**; être affligé de qqch., *moleste ferre** (acc.); être affligé que, *moleste ferre** *quod* (indic. ou subj.).

S'AFFLIGER, r. *Maerere, eo**. *Dolere, eo**. S'affliger de qqch., *dolere** *de aliquā re;* s'affliger de (inf.), *dolēre** (inf. ou *quod* et l'indic. ou le subj.).

affluence, f. **1.** Concours et chute d'eaux. *Corrivatio, onis,* f. *Corrivatae aquae,* fpl. ◆ **2.** (Fig.) Grande abondance. *Copia, ae,* f. *Affluentia,* f. En affluence, *abundanter; copiose.* ◆ **3.** Grand concours de monde. *Concursus, us,* m. *Celebritas, atis,* f. *Frequentia, ae,* f. Affluence extraordinaire, *celeberrimus conventus.*

affluent, ente, adj. *Influens, entis.* Les affluents, *influentes amnes* ou *rivi;* les affluents de la Seine, *amnes qui in Sequanam confluunt**.

affluer, intr. **1.** Couler vers. *Confluere, o** (*in,* acc.). *Affluere, o** (*in,* acc.). ◆ **2.** Venir en abondance ou en foule. *Affluere, o** (*ad*). *Conflŭere** (*ad*). *Concurrere, o**.

affoler, tr. *Fere insanientem reddere, o** (*aliquem*). J'étais affolé, *conturbatior eram.*

S'AFFOLER, r. *Turbari.*

affranchi, ie, Nom m. et f. *Libertus, i,* m. *Liberta, ae,* f. D'affranchi, *libertinus, a um;* fils, fille d'affranchi, *libertinus i,* m. *libertina, ae,* f.

affranchir, tr. **1.** Donner la liberté à. *Liberare (aliquem). Manumittere, o** *(aliquem).* ◆ **2.** Délivrer, exempter. *Liberare* (de, abl. ou *ex*). *Eximere, o** (de, abl. ou *ex*). Affranchir de la crainte, *terrore vindicare.*

S'AFFRANCHIR, r. **1.** Se rendre libre. *Se in libertatem vindicare.* ◆ **2.** Se débarrasser. *Se relaxare (ab).*

affranchissement, m. **1.** Action d'affranchir. *Manumissio, onis,* f. ◆ **2.** (Fig.) Délivrance. *Liberatio, onis,* f. Affranchissement des impôts, *a tributis immunitas.*

affres, f. pl. *Angor, oris,* m. *Angores, um,* mpl.

affrètement, m. *Navis conductio, onis,* f.

affréter, tr. (*Navem*) *conducere, o**.

affreusement, adv. **1.** D'une manière affreuse. *Foede.* ◆ **2.** Extrêmement. *Valde. Maxime.* Affreusement laid, *foedissimus a, um*

affreux, euse, adj. *Horrendus, a, um. Horribilis, e. Foedus, a, um. Immanis, e.* Chose affreuse à voir, *horrendum visu.*

affriander, tr. **1.** Rendre friand. *Subtiliorem gulam* (*alicujus*) *facere, io** ◆ **2.** (Fig.) Attirer. *Illecebris trahere, o** (acc.)

affront, m. *Contumelia, ae,* f. Faire affront à qqn, *contumeliam alicui imponĕre**; recevoir un affront, *contumeliam* *pati, ior**; faire affront à, *esse** *dedecori alicui;* qui fait affront, *contumeliosus, a, um;* qui ne peut souffrir un affront, *contumeliae impatiens;* avec affront, *contumeliose.*

affronter, tr. *Aggredi, ior**. Affronter le danger, *pericula adire, eo** ; *periculis obviam ire, eo**.

affublement, m. *Amictus, us,* m. *Vestitus,* m.

affubler, tr. *Vestire, io. Induere o.* (— de, abl.).

S'AFFUBLER, r. *Se induĕre* (abl.).

affût, m. **1.** Support. *Fulcrum, i,* n. ◆ **2.** Endroit où l'on se place pour attendre le gibier. *Insidiae, arum,* fpl. Être à l'affût, *insidiari* (dat.); être à l'affût de, *aucupari* (acc.); *inquirĕre** (acc.).

affûtage, m. **1.** Assortiment d'outils. *Instrumenta, orum,* npl. *Supellex, lectilis,* f. ◆ **2.** Action d'aiguiser. *Exacutio, onis,* f.

affûter, tr. *Acuere, o. Exacuere, o.*

afin de ou **que,** conj. finale. *Ut* ou *uti* (subj.) dans une prop. affirmat.; *quo* (subj.) dev. un compar.; *ne* (subj.) dans une prop. négative; *ad* (acc. du gér. ou de l'adj. verbal); *causa* ou *gratia* (gén. du gér. ou de l'adj. verbal).

africain, aine, adj. *Afer, Afra, Afrum. Africanus, a, um.*

Afrique, *Africa, ae, f.*

agaçant, ante, adj. **1.** Qui irrite. *Molestus, a, um.* ◆ **2.** Provocant. *Blandus, a, um. Procax, acis.*

agacement, m. **1.** *Irritatio, onis,* f. Agacement de dents, *dentium crepitus;* agacement des nerfs, *nervorum dolor.* ◆ **2.** (Fig.) Causer de l'agacement à qqn, *molestiam quamdam alicui inferre**.

agacer, tr. **1.** Irriter. *Irritare.* Agacer les nerfs, *nervos laedĕre**. ◆ **2.** Provoquer, exciter. *Provocare. Lacessere, o**. ◆ **3.** Attirer par des regards. *Allicere, io**.

agacerie, f. *Blanditiae, arum,* fpl. *Illecebrae,* fpl.

Agamemnon, *Agamemno, onis,* m.

agapes, fpl. *Agape, es,* f.

agaric, m. *Agaricum, i,* n.

agate, f. *Achates, ae,* m.f.

Agde. *Agatha, ae,* f.

âge, m. **1.** Différents degrés de la vie humaine, *Aetas, atis,* f. L'âge de l'enfance, le premier âge, *prima, tenera* ou *puerilis aetas; pueritia, ae,* f.; dès l'âge le plus tendre, *a pueritia; a pueris; ab ineunte aetate; primā aetate;* qui est en bas âge, *parvulus, a, um;* âge de raison, *aetas provida;* âge de puberté, *pubes aetas; pubertas, atis,* f.; l'âge de la jeunesse, le bel âge, *juventa, ae,* f.; la fleur de l'âge, *aetatis flos;* âge viril, *constans* ou *virilis aetas;* être dans la force de l'âge, *viribus vigĕre**; qui est entre deux âges, (*vir*) *aetatis mediae;* âge mûr, *matura aetas;* âge avancé, grand âge, le déclin de l'âge, *aetas* *provecta; senectus, utis*, f.; avancé en âge, *aetate provectus;* très avancé en âge, *senectute confectus;* avec l'âge, *progrediente aetate;* prendre de l'âge, *aetate procedĕre**. ◆ **2.** Durée de la vie. *Aetas.* Quel âge avez-vous? *quot annos natus es? quotum annum agis?* quel âge me donnez-vous? *quid aetatis tibi videor* ?* à l'âge de 50 ans, *quinquaginta annos natus; quinquagesimum annum agens;* l'âge d'un an, *annicula aetas;* l'âge de 2, de 3, de 4 ans, *bimatus, trimatus, quadrimatus, us*, m.; l'âge de six ans, *sex annorum aetas;* dans la vingtième année de son âge, *anno aetatis vicesimo;* qui est du même âge, *annis aequalis;* qui est de mon âge, du même âge que moi, *aequalis meus;* l'âge requis pour le service militaire, *aetas militaris;* l'âge requis par la loi pour (une fonction civile), *aetas legitima ad;* en âge de se marier (en parl. d'une femme), *nubilis.* ◆. **3.** Époque de la vie du monde. *Aetas. Tempus, oris*, n. *Saeculum, i*, n. *Aevum, i*, n. Age d'or, de fer, *aetas aurea, ferrea;* d'âge en âge, *in omne aevum;* les âges à venir, *posteritas, atis*, f.; *posteri, orum*, mpl.

âgé, ée, adj. **1.** *Natus, a, um.* Agé de 2, de 3, de 4 ans, *bimus, trimus, quadrimus, a, um;* (enfant) âgé de 5, de 10 ans, *puer quinque annorum* ou *quinquennis; decem annos natus* ou *decennis;* moins âgé, *natu minor;* plus âgé, *natu major;* le moins âgé, *natu minimus;* le plus âgé, *natu maximus.* ◆ **2.** Qui est d'un grand âge, *aetate provectus, a, um.*

agence, f. *Procuratio, onis*, f.

agencement, m. *Dispositio, onis*, f. *Compositio*, f.

agencer, tr. *Disponere, o*. Componĕre, o*. Concinnare.*

agenda, m. *Pugillares, ium*, mpl.

agenouillé, ée, adj. *Genu nixus, a, um.*

S'AGENOUILLER, r. *Genua flectere, o**. S'agenouiller devant qqn, *ad pedes alicujus procumbĕre**.

agent, m. **1.** Force qui agit. *Vis, vis*, f. La vapeur est un agent puissant, *in vapore est summa vis.* ◆ **2.** Chargé d'une fonction. *Minister, tri*, m. *Legatus, i*, m. ◆ **3.** Chargé d'affaires. *Procurator, oris*, m.

Agésilas. *Agesilaus, i*, m.

agglomération, f. *Conglobatio, onis*, f. *Frequentia, ae*, f.

agglomérer, tr. *Conglobare. Glomerare. Stipare.*

S'AGGLOMÉRER, r. *Glomerari.*

agglutinant, ante, adj. *Glutinans, antis. Glutinativus, a, um.*

agglutination, f. *Glutinatio, onis*, f.

agglutiner, tr. *Glutinare. Conglutinare.*

S'AGGLUTINER, r. *Glutinari. Conglutinari.*

aggraver, tr. *Augere, eo*. Aggravare.*

S'AGGRAVER, r. *Ingravescere, o**.

agile, adj. **1.** Prompt, *Celer, eris, ere.* ◆ **2.** Léger. *Pernix, icis.* ◆ **3.** Rapide. *Velox, ocis.*

agilement, adv. *Celeriter. Expedite.*

agilité, f. **1.** Promptitude. *Celeritas, atis,* f. ◆ **2.** Légèreté. *Pernicitas,* f. ◆ **3.** Rapidité. *Velocitas,* f.

agiotage, m. *Pecuniae nundinatio, onis,* f.

agioter, intr. *Nundinari.*

agioteur, m. *Nundinator, oris,* m.

agir, intr. **1.** Faire qqch. *Agere, o**. Le moment d'agir, *tempus agendi;* homme qui n'agit pas, *vir otiosus;* agir pour qqn, *in causam alicujus incumbere**. ◆ **2.** Se comporter de telle ou telle manière. *Agĕre**. *Se gerĕre**. Agir en ami, *amice agĕre; se pro amico gerĕre.* ◆ **3.** Faire impression, opérer un effet. *Agĕre**. *Efficere, io**. Agir sur, *tentare* (acc.). ◆ **4.** Intenter une action en justice. *Litem intendere, o** (*alicui*).

S'AGIR, r. *Agi**. Il s'agit d'une chose, *agitur* res* ou *de re;* il s'agit de notre intérêt, *res nostra agitur*;* il s'agit de savoir si, *res in discrimen adducta* est utrum* (subj.); *quaeritur num* (subj.).

agissant, ante, adj. *Operosus, a, um. Actuosus. Efficax, acis.*

agitateur, adj. et s. *Turbulentus, a, um. Seditiosus. Seditionis concitator, oris,* m.

agitation, f. **1.** Mouvement. *Agitatio, onis,* f. *Motus, us,* m. *Jactatio, onis,* f. Agitation de la mer, *maris impetus, us,* m. ◆ **2.** (Fig.) Trouble. *Commotio, onis,* f. *Perturbatio,* f. Être en proie à l'agitation, *fluctuari;* jeter qqn dans l'agitation, *mentem alicujus inquietare;* l'agitation d'une ville, *civitatis tumultus, us,* m.

agiter, tr. **1.** Remuer en divers sens. *Agitare. Movere, eo**. *Jactare.* Mer agitée, *mare aestuosum.* ◆ **2.** (Fig.) Troubler, bouleverser. *Agitare. Conturbare.* Agiter le peuple, *turbam concitare;* l'ambition agite les hommes, *animos hominum exercet* ambitio;* nuit agitée, *nox inquies;* ville agitée, *civitas turbulenta.* ◆ **3.** Examiner, discuter. *Agitare. Tractare.* Agiter dans son esprit, *animo agitare;* agiter la question de l'impôt, *de vectigali quaestionem habēre*; de vectigali agĕre**.

S'AGITER, r. **1.** Être agité. *Agitari. Jactari. Movēri**. ◆ **2.** Agir avec empressement. *Trepidare. Discurrere, o**. ◆ **3.** Être discuté. *Agitari. Tractari.*

agneau, m. **1.** Petit de la brebis. *Agnus, i,* m. Agneau femelle, *agna, ae,* f.; petit agneau, *agnellus, i,* m.; d'agneau, *agninus, a, um.* ◆ **2.** (Fig.) J'en fais un agneau, *tam placidum quam ovis est, reddo**.

agnelet, m. *Agnellus, i,* m.

agonie, f. *Extremus* (*i*) *spiri-*

tus (*us*) m. Être à l'agonie, *animam trahĕre** ou *efflare*.

agonisant, ante, adj. *Moribundus, a, um. Semianimis, e.*

agoniser, intr. *Animam efflare.*

agrafe, m. *Fibula, ae,* f.

agrafer, tr. *Fibula retinere, eo*. Fibulare.*

agraire, adj. *Agrarius, a, um.*

agrandir, tr. *Ampliare. Amplificare. Augere, eo*.* Agrandir son pays, *fines patriae prolatare* ou *propagare;* agrandir son patrimoine, *rem augēre*;* agrandir un sujet, *rem augēre*.* s'agrandir, r. *Amplificari. Augeri, eor*. Crescere, o*.* Étendre ses propriétés, *fundos continuare.*

agrandissement, m. Augmentation. *Amplificatio, onis,* f. Agrandissement d'une ville, *civitatis incrementum;* agrandissement du royaume, *finium prolatio.*

agréable, adj. **1.** Qui plaît (pers.) *Jucundus, a, um. Gratus. Acceptus.* Compagnon agréable, *jucundus comes;* être ou se rendre agréable à qqn, *placēre** (*alicui*); *se gratum facĕre* (*io**) (*alicui*). ◆ **2.** Qui plaît (choses). *Amoenus, a, um, Jucundus. Suavis, e. Dulcis.* Odeur agréable, *suavis odor;* être agréable à l'œil, *oculos delectare;* être agréable à l'oreille, *aures permulcēre*;* agréable à boire, à entendre, *jucundus potu, auditu;* il est agréable de, *juvat** (inf.). ◆ **3.** Nom m. *Dulce, is,* n. Joindre l'utile à l'agréable, *utile dulci miscēre*.*

agréablement, adv. *Jucunde. Suaviter.*

agréer. I. Tr. Recevoir favorablement. *Accipere, io*. Acceptum habere, eo*.* Agréer qqn pour gendre, *aliquem generum accipĕre*;* agréez mes hommages, *acceptam salutem habeas*;* faire agréer qqch. à qqn, *aliquid alicui probare;* agréez que je vous félicite, *sine* tibi gratuler.* ◆ **II.** Intr. Plaire, être agréable. *Placere, eo** (dat.). Ce projet m'agrée, *hoc consilium mihi cordi est.*

agrégation, f. **1.** Assemblage. *Coagmentatio, onis,* f. *Congeries, ei,* f. ◆ **2.** Admission dans un corps. *Cooptatio, onis,* f.

agréger, tr. *Cooptare. In numerum recipere, io*.*

agrément, m. **1.** Approbation. *Approbatio, onis,* f. *Assensus, us,* m. Donner son agrément à ou pour une chose, *aliquid assensu suo comprobare;* avec l'agrément de tous, *omnium consensu.* ◆ **2.** Qualité d'une personne ou d'une chose qui plaît. *Jucunditas, atis,* f. *Amoenitas,* f. *Suavitas,* f. L'agrément des lieux, *amoenitas locorum;* l'agrément de la voix, *vocis dulcedo;* les agréments de la conversation, *sermonis suavitas.* ◆ **3.** Plaisir qu'une chose procure. *Delectatio, onis,* f. *Oblectamentum, i,* n. *Voluptas, atis,* f. Avoir, trouver de l'agrément à, *gratum habēre** (*aliquid*); voyage d'agrément, *voluptaria peregrinatio;* arts d'agrément, *artes amoenae.* ◆ **4.** Ornement. *Venustas, atis,* f.

Les agréments du style, *orationis festivitates.*

agrès, mpl. *Armamenta, orum*, npl. *Navalia, ium*, npl. Vaisseaux munis de leurs agrès, *instructae* armataeque naves.*

agresseur, m. *Provocator, oris*, m. *Lacessens, entis.* Être l'agresseur, (*hostes*) *lacessere*; bellum ultro inferre** (*alicui* ou *in regionem*).

agression, f. *Impugnatio, onis*, f. *Injuria, ae*, f. Repousser une agression, *injuriae obviam ire, eo*.*

agreste, adj. *Agrestis, e. Rusticus, a, um.* Manières agrestes, *rusticitas, atis*, f.

agricole, adj. **1.** Adonné à l'agriculture. *Rebus rusticis deditus, a, um.* ◆ **2.** Qui a rapport à l'agriculture. *Agrestis, e.*

agriculteur, m. *Agricola, ae*, m. *Colonus, i*, m.

agriculture, f. *Agricultura, ae*, f. *Agrorum cultus, us*, m. *Res rusticae, rerum rusticarum*, fpl. S'adonner à l'agriculture, *agris colendis operam dare*.*

s'agriffer, r. *Unguibus retineri, eor*.*

agripper, tr. *Inuncare.*

agronome, m. *Rerum rusticarum peritus* (*a, um*) ou *magister, tri*, m.

agronomie, f. *Rusticarum rerum scientia, ae*, f.

aguerrir, tr. **1.** *Belli laboribus assuefacere, io*. Armis exercere, eo*.* Armée bien aguerrie, *exercitatissimus exercitus;* peu aguerri, *rei militaris rudis, e.* ◆ **2.** (Fig.) *Durare. Exercēre** (*in*, abl.). Aguerrir son âme, *animum contra fortunam firmare.*

S'AGUERRIR, r. **1.** *Bellis durari.* ◆ **2.** (Fig.) *Obdurescere, o*.*

aguets, mpl. Être, se tenir aux aguets, *aucupari.*

ah! interj. *A! O* (acc.). *Pro!* (Douleur) *Heu!* Ah! que je suis malheureux! *heu, me miserum;* ah! que vous êtes cruel de, *o te ferreum qui* (subj.).

aheurtement, m. *Pertinacia, ae*, f. *Pervicacia, ae*, f.

s'aheurter, r. *Se obfirmare. Perstare** (*in aliqua re*).

ahi ou **aïe!** Interj. *Ei!*

ahurir, tr. *Perturbare.*

aide, f. **1.** Secours. *Auxilium, ii*, n. *Subsidium, ii*, n. *Adjumentum, i*, n. Demander l'aide de qqn, *auxilium petĕre* ab aliquo;* appeler à l'aide, *auxilio vocare* (*aliquem*); venir en aide à, V. AIDER; avec l'aide des dieux, *juvantibus diis;* à l'aide de, *per* ou abl. ◆ **2.** (Pl.) Sortes d'impôts. *Auxiliaria tributa*, npl.

aide, m. et f. *Adjutor, oris*, m. *Adjutrix, icis*, f.

aider, tr. ou intr. ◆ **1.** Sens gén. *Adjuvare** (acc.). ◆ **2.** — de sa présence. *Adesse, sum** (dat.). ◆ **3.** — de ses forces. *Auxiliari* (dat.). ◆ **4.** — de ses ressources. *Opitulari* (dat.). ◆ **5.** — en accourant. *Subvenire, io** (dat.). *Succurrere, o* (dat.). Se faire aider par qqn, *aliquem sibi adjutorem assumĕre*;* aider à qqch., *esse* adjumento ad* (acc.).

s'AIDER, r. **1.** Faire effort. *Eniti, or**. ◆ **2.** Se servir de. *Uti, or** (abl.). *Adhibere, eo** (acc.).

aïeul, eule, m. et f. **1.** *Avus, i,* m. *Avia, ae,* f. ◆ **2.** Aïeux. *Avi, orum,* mpl. *Majores, um,* mpl.

1. aigle, m. Oiseau. *Aquila, ae,* f. D'aigle, *aquilinus, a, um;* pierre d'aigle, *aetites, ae,* m.

2. aigle, f. **1.** Enseigne. *Aquila, ae,* f. ◆ **2.** Celui qui porte l'aigle. *Aquilifer, eri,* m.

aiglon, m. *Aquilae pullus, i,* m.

aigre, adj. **1.** Acide. *Acidus, a, um. Acerbus.* Un peu aigre, *acidulus;* être aigre, *acēre*;* devenir aigre, *acescĕre**. ◆ **2.** (Sons) *Asper, era, erum.* Voix aigre, *stridula vox.* ◆ **3.** (Fig.) *Acerbus. Asper.* Esprit aigre, *acerbitas ingenii.*

aigre-doux, adj. Fruits aigres-doux, *poma suaviter aspera;* paroles aigres-douces, *subamara verba.*

aigrefin, m. *Veterator, oris,* m.

aigrelet, lette, adj. *Acidulus, a, um. Subamarus.*

aigrement, adv. *Acerbe. Aspere.*

aigrette, f. **1.** D'oiseau. *Cristula, ae,* f. Qui a une aigrette, *cristatus, a, um.* ◆ **2.** De casque. *Crista, ae,* f. Casque surmonté d'une aigrette, *cristata cassis.* ◆ **3.** Oiseau. *Ardeola, ae,* f.

aigreur, f. **1.** *Acerbitas, atis,* f. — (d'estomac), *acrimonia, ae,* f. ◆ **2.** (Fig.) *Acerbitas,* f. *Asperitas, atis,* f.

aigrir, tr. **1.** *Acidum facere, io** (*aliquid*). Aigri, *acidus, a, um.* ◆ **2.** (Fig.) *Exasperare. Exacerbare.* Aigrir les soldats contre leur chef, *in ducem milites accendĕre**.

aigu, uë, adj. **1.** Terminé en pointe. *Acutus, a, um. Mucronatus.* ◆ **2.** (Son) *Acutus. Acer, acris, acre.* Rendre un son aigu, *acute sonare**. ◆ **3.** (Fig.) *Acer. Acerbus, a, um.*

aiguade, f. *Aquatio, onis,* f.

aigue-marine, f. *Smaragdus, i,* m. et f.

aiguière, f. *Aquale, is,* n.

aiguille, f. Aiguille à coudre. *Acus, us,* f.; — de cadran, *gnomon, onis,* m.; — à cheveux, *acus crinalis;* — à broder, *acus Phrygia;* — à faire de la tapisserie, *acus Assyria;* fabricant d'aiguilles, *acuarius, ii,* m.; enfiler une aiguille, *lina per acum immittĕre*;* travaillé à l'aiguille, *sutilis, e;* de fil en aiguille, *ut aliud ex alio* (*dicam**).

aiguillée, f. *Acia, ae,* f.

aiguillette, f. *Ligula, ae,* f.

aiguillon, m. **1.** (Agric.) *Stimulus, i,* m. *Aculeus, i,* m. ◆ **2.** Dard des insectes. *Aculeus. Cuspis, idis,* f. Insecte armé d'un aiguillon, *animal aculentum.* ◆ **3.** (Fig.) *Stimulus.* L'aiguillon de la douleur, des sens, *dolorum, corporis faces.*

aiguillonner, tr. **1.** *Stimulare.* ◆ **2.** (Fig.) Inciter. *Incitare. Excitare. Stimulos admovere, eo** (*alicui*). Il a besoin d'être aiguillonné, *eget* calcaribus.*

aiguiser, tr. *Acuere, o. Exacuere, o.* Pierre à aiguiser, *cos,* *colis*, f. ◆ **2.** (Fig.) *Acuĕre.* Aiguiser l'appétit, *stomachum excitare.*

ail, m. *Alium, ii*, n. Ragoût à l'ail, *aliatum, i*, n.

aile, f. **1.** *Ala, ae*, f. *Penna*, f. Étendre les ailes, *alas pandere*;* battre des ailes, *alas quatere, io*;* voler à tire-d'aile, *perniciter volare.* ◆ **2.** (Fig.) *Ala.* Ailes d'un bâtiment, *alae domus;* ailes d'une armée, *exercitus alae* ou *cornua;* ceux qui sont sur les ailes d'une armée, *alares copiae*, fpl.; *alarii, orum*, mpl. La peur lui donne des ailes, *timor alas pedibus addit*;* il en a dans l'aile, *habet**.

ailé, ée, adj. *Alatus, a, um. Pennatus. Penniger, gera, gerum.*

aileron, m. **1.** Bout de l'aile. *Extrema ala*, f. ◆ **2.** Nageoire. *Pinna, ae*, f. ◆ **3.** Ais d'une roue de moulin. *Pinna.*

ailleurs, adv. (Sans mouv.) *Alibi.* (Avec mouv.) *Alio.* Partout ailleurs, *ubivis;* nulle part ailleurs (sans mouv.), *nusquam alibi;* (avec mouv.), *nusquam alio.*

ailleurs (d'), adv. **1.** D'un autre lieu. *Aliunde.* ◆ **2.** De plus. *Praeterea.* ◆ **3.** Du reste. *Ceterum.*

aimable, adj. *Amabilis, e. Suavis. Jucundus, a, um.* D'une manière aimable, *amabiliter.*

aimant, ante, adj. *Amans, antis.*

aimant, m. *Magnes, etis*, m. D'aimant, *magneticus, a, um.*

aimanter, tr. *Vi magneticā inficere, io* (aliquid).*

aimer, tr. **1.** (Qqn) Par inclination. *Amare.* Par choix. *Diligere, o*.* Aimer passionnément, éperdument qqn, *alicui jus amore ardēre*;* faire aimer qqn, *amorem alicui conciliare;* être aimé de, *carum esse** (dat.). ◆ **2.** (Qqch.) *Amare. Diligĕre*. Delectari* (abl.). *Studere, eo** (dat.). Aimer le jeu, *ludo indulgēre*;* il aime à lire, *amat legĕre*; lectione delectatur;* aimer que, *laetari* (prop. inf.). ◆ **3.** Aimer mieux. *Malle, malo*. Praeferre, fero*.* Si tu aimes mieux le vin de Falerne, *si Falernum te magis delectat.*

S'AIMER, r. **1.** Avoir de l'affection pour soi-même. *Se amare. Sibi carum esse*.* ◆ **2.** S'entr'aimer, *Inter se amare.*

aine, f. *Inguen, inis*, n.

aîné, ée, adj. *Natu maximus, a, um* (en parlant de plus de deux); *natu major, jus* (en parlant de deux).

aînesse, f. *Grandior aetas*, f. Droit d'aînesse, *primogenita, orum*, n. pl.

ainsi, adv. **1.** De cette manière. *Sic. Ita. Hoc modo.* S'il en est ainsi, puisqu'il en est ainsi, *quae cum ita sint;* ayant ainsi parlé, *haec locutus*;* qu'il en soit ainsi, *fiat*.* ◆ **2.** Ainsi donc. *Itaque. Ergo. Igitur. Ideo.* ◆ **3.** Ainsi que (loc. conj.). *Ut. Sicut. Quem ad modum.*

air, m. **1.** (Fluide) *Aer, aeris* (acc. *aera*), m. (Des régions élevées) *Aether, eris* (acc. *era*),

m. (Climat) *Caelum, i*, n. (En mouvement) *Flatus, us*, m. *Spiritus, us*, m. *Ventus, i*, m. De l'air, d'air, *aerius, a, um; flabilis, e;* changer d'air, *caelum mutare;* vivre de l'air du temps, *vento vivĕre;* à l'air, *sub divo;* en plein air, *in aperto;* dans l'air, dans les airs, en l'air, *in sublimi;* (avec mouv.) *in altum;* promesses en l'air, *vana promissa;* dire des paroles en l'air, *verba temere jacere, io**. ◆ **2.** Aspect. *Vultus, us*, m. *Species, ei*, f. *Oris habitus, us*, m. Air grave, *severus vultus;* d'un air méprisant, *arroganter;* prendre un air triste, *vultum ad tristitiam adducĕre*;* se donner l'air de, *agĕre** (acc.); *imitari* (acc.); *simulare* (acc. ou prop. inf.); prendre, se donner de grands airs, *magnifice se inferre*;* air du monde, le bel air, *urbanitas, atis*, f.; avoir l'air de (inf.), *videri** (inf.). ◆ **3.** (Mus.) Chant, mélodie. *Modi, orum*, mpl. *Modulus, i*, m. *Cantus, us*, m. Chanter un air, *carmen modulari;* je sais l'air, non les paroles, *numeros memini*, verba non teneo**.

airain, m. **1.** *Aes, aeris*, n. D'airain, en airain, *aheneus* ou *aereus, a, um;* recouvert d'airain, *aeratus;* ouvrier en airain, *aerarius, i*, m.; ustensiles d'airain, *aeramenta, orum*, npl. ◆ **2.** (Fig.) Front d'airain, *ferreum os* (*oris*).

aire, f. **1.** Place où l'on bat le blé. *Area, ae*, f. ◆ **2.** Nid des oiseaux de proie. *Nidus, i*, m.

ais, m. *Axis, is*, m. Assembler des ais, *coaxare*.

aisance, f. **1.** Facilité. *Facilitas, atis*, f. Avec aisance, *facile; expedite;* aisance dans les mouvements du corps, *mobilitas, atis*, f. ◆ **2.** État de fortune satisfaisant. *Copia, ae*, f. *Facultates, um*, fpl. Être dans l'aisance, *rem habēre*;* vivre dans l'aisance, *bene vivĕre**.

aise, f. **1.** Contentement. *Laetitia, ae*, f. *Gaudium, ii*, n. Ne pas se sentir d'aise, *laetitia efferri**. ◆ **2.** Commodité. *Commodum, i*, n. Qui est à l'aise, *expeditus, a, um;* à ton aise, *tuo commodo;* se mettre à l'aise, *suo arbitratu agĕre*;* mettre qqn à l'aise, *alicui libertatem largiri.* ◆ **3.** Etat de fortune satisfaisant. Être à l'aise, *bene vivĕre*; rem habēre**.

aise, adj. *Laetus, a, um*. Être bien aise de qqch., *gaudēre** (*re*); *laetari* (*re*); être bien aise que, *gaudēre** (inf. ou *quod*, indic. ou subj.); n'être pas bien aise de qqch., *graviter ferre* aliquid*.

aisé, ée, adj. **1.** Facile. *Facilis, e*. Aisé à faire, *facilis factu;* route très aisée, *expeditissima via;* style aisé, *oratio expedita.* ◆ **2.** Suffisamment riche. *Locuples, etis*.

aisément, adv. *Facile. Expedite*.

aisselle, f. *Ala, ae*, f. *Axilla, ae*, f.

aîtres ou **êtres**, mpl. Qui

connaît les —, *locorum gnarus, a, um.*

ajonc, m. *Ulex, icis,* m.

ajournement, m. **1.** Assignation à un certain jour. *Vadimonium, ii,* n. Comparaître à l'—, *vadimonium obire, eo*.* ◆ **2.** Délai, remise. *Dilatio, onis,* f. *Mora, ae,* f.

ajourner, tr. **1.** Assigner à un certain jour. *Diem dicere, o* (alicui).* ◆ **2.** Remettre, renvoyer. *Differre, fero*.* La sentence fut ajournée, *res prolata* est;* ajourner ses créanciers, *moram creditoribus facĕre, io*.*

ajouter. I. Tr. *Addere, o*. Adjungere, o*. Adjicere, io*;* (à, dat. ou *ad,* acc.). Ajoutez que, ajoutez à cela que, *adde huc quod* ou *adde quod* (indic.); *huc accedat* ou *adjice* (prop. inf.). ◆ **II.** Intr. Augmenter. *Augere, eo*.* Ajouter du sien, *de suo apponere*.*

ajustement, m. **1.** Action d'ajuster. *Compositio, onis,* f. *Dispositio,* f. ◆ **2.** Parure. *Ornatus, us,* m. *Cultus,* m.

ajuster, tr. **1.** Rendre juste, accommoder. *Aptare. Accommodare.* Ajuster une balance, *trutinam exigĕre*;* ajuster tout à ses intérêts, *omnia ad utilitatem suam referre*.* ◆ **2.** Orner, parer. *Ornare. Componere, o*.* Ajuster ses cheveux, *capillum comĕre*.* ◆ **3.** Concilier. *Conciliare. Componĕre*.* — un différend, des amis, *litem, amicos componĕre*.* ◆ **4.** Viser. *Petere, o*.* Ajuster qqn à la tête, *caput alicujus petĕre*.*

S'AJUSTER, r. **1.** S'adapter, s'accommoder, se conformer à. (Ch.) *Congruere, o** (dat.). *Convenire* (dat.). (Pers.) *Se accommodare* (dat.). ◆ **2.** Se parer. *Se ornare. Ornari. Comi, or*.*

alambiquer, tr. Alambiquer son esprit, *animum torquere, eo*.* Alambiqué, *subtilior, ius.*

alarme, f. **1.** Signal pour courir aux armes. *Ad arma conclamatio, onis,* f. Sonner l'alarme, *bellicum canĕre*.* ◆ **2.** Frayeur. *Tumultus, us,* m. *Trepidatio, onis,* f. A la première alarme, *inter primum tumultum;* être en alarme, *tumultuari;* jeter l'alarme, *terrorem jacere, io*;* donner l'alarme à qqn, *terrorem alicui injicere, io*.*

alarmer, tr. *Commovere, eo*. Conturbare. Terrere, eo*.* Alarmé, *trepidus, a, um.*

S'ALARMER, r. *Trepidare. Pavere, eo*. Conturbari.* S'alarmer sans sujet, *umbras timēre*;* pudeur qui s'alarme, *sollicitus pudor.*

alarmiste, m. et f. *Qui, quae metus spargit*.*

Albanie. *Albania, ae,* f.

albâtre, m. *Alabastrites, ae,* m. Vase d'albâtre, *alabaster, tri,* m.; d'albâtre (fig.), *niveus, a, um.*

Albe. *Alba, ae,* f. D'Albe, Albain, *Albanus, a, um.*

Albi. *Albiga, ae,* f. D'Albi, Albigeois, *Albigensis, e.*

album, m. *Codicilli, orum,* mpl. *Tabulae, arum,* fpl.

albumine, f. *Albumen, inis,* n.

alcôve, f. *Zotheca, ae,* f.

alcyon, m. *Alcyon, onis,* f.
aléatoire, adj. *Incertus, a, um. Fortuitus.*
alène, f. *Subula, ae,* f.
alentour, adv. *Circa. Circum.* D'alentour, *vicinus, a, um.*
alentours, mpl. **1.** Environs. *Circumjecta, orum,* npl. *Omnia circa.* ◆ **2.** (Fig.) Les familiers. *Familiares, ium,* mpl.
alerte, adj. **1.** Qui se tient sur ses gardes. *Vigilans, antis.* ◆ **2.** Leste. *Alacer, cris, cre. Expeditus, a, um. Promptus.*
alerte, f. *Tumultus, us,* m. Il fut pris dans une alerte, *in re subitā captus* est;* donner une alerte, *tumultum facĕre, io*.*
alerte! interj. *Eia, age!* ou *agite!*
alevin, m. *Piscium fetus, us,* m.
Alexandrie. *Alexandrea, ae,* f. D'Alexandrie, *Alexandrinus, a, um.*
alezan, adj. *Rufus, a, um.*
alèze, f. *Linteum, i,* n.
algarade, f. *Convicium, ii,* n. Faire une algarade à qqn, *aliquem conviciis consectari.*
Alger, *Icosium, ii,* n.
Algérie. *Mauretania, ae,* f.
algue, f. *Alga, ae,* f. Couvert d'algues, *algosus, a, um.*
alibi, m. Invoquer un alibi, *se non interfuisse* affirmare.*
aliénable, adj. *Mutabilis, e.*
aliénation, f. **1.** Transfert de propriété. *Alienatio, onis,* f. *Abalienatio,* f. ◆ **2.** (Fig.) — mentale. *Mentis alienatio. Amentia, ae,* f. *Dementia, ae,* f. Être atteint d'aliénation mentale, *in insaniam incĭdĕre*.*
aliéner, tr. **1.** Vendre la propriété d'une chose. *Alienare. Abalienare.* ◆ **2.** Éloigner de soi. *Alienare. A se avertĕre*.* ◆ **3.** Rendre fou. *Insanum reddere, o* (aliquem).* Aliéné, *amens, entis; insanus, a, um.* S'ALIÉNER, r. **1.** Être aliéné, vendu. *Alienari. Abalienari.* ◆ **2.** Perdre la bienveillance de qqn. *A se avertere, o** (*animos* ou *voluntates*).
alignement, m. **1.** Action d'aligner. *Lineae directio, onis,* f. ◆ **2.** Ligne qu'on tire pour aligner. *Linea, ae,* f. En alignement, *recta linea;* rues sans alignement, *enormes viae.*
aligner, tr. *Ad lineam derigere** ou *disponere, o* (aliquid). Demetiri** (acc.).
aliment, m. **1.** *Alimentum, i,* n. *Cibus, i,* m. — (préparé) *Esca, ae,* f. — (des esclaves) *Cibaria, orum* npl. — (des animaux) *Pastus, us,* m. *Pabulum, i,* n. ◆ **2.** (Fig.) *Alimentum. Nutrimentum, i,* n. *Materia, ae,* f. Fournir des aliments à, *materiam praebēre* ou subdĕre** (dat.).
alimentaire, adj. *Alimentarius, a, um.* Pension alimentaire, *alimenta, orum,* npl.
alimentation, f. *Victus, us,* m. *Cibaria, orum,* npl.
alimenter, tr. **1.** *Alere, o*. Nutrire.* **2.** (Fig.) Alimenter le feu, *igni materiam praebēre*;* alimenter les guerres, *bella fovēre*.*
aliter, tr. *Lecto affigere, o**

(*aliquem*). Alité, *cubans, antis;* il est alité, *in lecto jacet**.

alizé, adj. Les vents alizés, *ventorum stati flatus*, mpl.

allaitement, m. *Lactatio, onis*, f.

allaiter, tr. *Ubera praebere, eo** (dat.). Être allaité, *lacte ali**.

allant, ante, adj. **1.** Qui va. *Iens, euntis*. Les allants et venants, *praetereuntes, ium*, mpl. ◆ **2.** Qui aime la marche, le mouvement. *Alacer, cris, cre. Strenuus, a, um.*

allèchement, m. *Illecebrae, arum*, fpl.

allécher, tr. *Allicere, io**. *Allectare.*

allée, f. **1.** Trajet. *Itio, onis*, f. Les allées et venues, *concursationes, um*, fpl. ◆ **2.** Passage. *Iter, itineris*, n. ◆ **3.** Avenue. *Ambulatio, onis*, f.

allégation, f. *Prolatio, onis*, f. Faire de fausses allégations, *aliquid vani afferre**.

allégement, m. *Levatio, onis*, f. *Levamen, inis*, n.

alléger, tr. *Levare* ou *allevare* (*aliquem aliquā re*).

allégorie, f. *Allegoria, ae*, f. *Similitudo, inis*, f.

allégorique, adj. *Figuratus, a, um.*

allégoriquement, adv. *Per allegoriam. Per ambages.*

allègre, adj. *Alacer, cris, cre.*

allégrement, adv. *Alacriter.*

allégresse, *Laetitia, ae*, f. *Alacritas, atis*, f.

alléguer, tr. **1.** Citer à l'appui. *Laudare. Citare. Proferre, fero**. ◆ **2.** Mettre en avant, prétexter. *Proferre**. Alléguer pour excuse, *causari.*

Allemagne. *Germania, ae*, f. D'Allemagne, *Germanicus, a, um.*

Allemand. *Germanus, i*, m.

aller, intr. **1.** Marcher. *Ire, eo**. *Gradi, ior**. *Incedere, o**. Aller à grands pas, *pleno gradu incedĕre**; aller à pied, *pedibus ire**; aller à cheval, *equitare;* aller sur mer, *navigare;* aller devant, *anteire** (*aliquem*); aller et venir, *discursare;* aller au-devant, *obviam ire** (dat.); aller de pair, *in aequo esse**. ◆ **2.** Se rendre, se diriger vers. *Ire** (*ad* ou *in*, acc.). *Tendere, o** (*ad*). Je vais à la ville, vers la ville, à Rome, à la campagne, chez moi, chez mon père, *eo in urbem, ad urbem, Romam, rus, domum, ad patrem;* aller jouer, *ire* lusum;* aller trouver qqn, *aliquem adire**. ◆ **3.** Aller à la selle, *ventrem exonerare;* faire aller, *alvum levare* ou *solvĕre**. ◆ **4.** (Ch.) Tendre, aboutir à. *Ducere, o** (*ad*). *Tendĕre** (*ad*). Les grands fleuves vont à la mer, *ad mare pertinent* amnes*. ◆ **5.** Avancer. *Procedere, o**. *Progredi, ior**. L'affaire va son train, *res in cursu est;* aller jusqu'au bout, *ultima audēre**; tout ira de soi, *omnia faciliora erunt;* aller trop loin (en paroles), *nimium progredi**; aller jusqu'à (inf.), *eo progredi* ut* (subj.); *non dubitare* (inf.). ◆ **6.** Être dans tel ou tel état. *Se habēre, eo**. Aller bien, *recte* *valēre*;* aller de mal en pis, *ingravescĕre*;* tout va-t-il bien chez toi? *apud te est ut velis*?* voilà qui va bien, *bene est;* cela va sans dire, *non verbis opus est;* il en va bien autrement, *multo secus evenit*;* aller en pente, *vergĕre*;* chemin qui va en montant, *acclivis via.* ◆ **7.** Convenir, s'adapter. *Convenire** (dat.). *Decēre** (acc.). Soulier qui va bien au pied, *calceus ad pedem aptus.* ◆ **8.** Être sur le point de. *In eo esse ut** (subj.). Fut. simple ou périphrastique : il va venir, *mox venturus est;* je vais le dire, *dicam*.* ◆ **9.** N'aller pas s'abstenir de). N'allez pas croire, *noli* putare; cave* existimes;* ou simpl. *ne credideris*.* ◆ **10.** Allons! *age! agite!* Va donc, *i nunc;* il y va de la vie, *de capite agitur*;* il y va de ta réputation, *id ad tuam famam spectat;* il y va de tes intérêts, *tua res agitur*;* les siècles vont s'effaçant les uns les autres, *unum saeculum aliud delet.* ◆ **11.** Laisser aller. *Dimittere, o*.* Se laisser aller à la colère, *iracundiae parēre** ou *indulgēre*.*

S'EN ALLER, r. Partir, s'éloigner. *Abire, eo*. Discedere, o*.* Notre énergie s'en va, *animus nobis decrescit*;* la fièvre s'en est allée, *febris desiit*;* le malade s'en va, *deficit* aeger;* l'eau s'en va (déborde), *exundat aqua;* l'eau s'en va (coule à travers), *effluit* aqua.*

alleu, m. Franc alleu, *liberum praedium*, n.

alliage, m. *Temperatio, onis,* f. ◆ **2.** (Fig.) *Permixtio, onis,* f. Sans alliage, *merus, a, um.*

alliance, f. **1.** Union par mariage. *Affinitas, atis,* f. Uni à qqn par une alliance, *alicui connexus, a, um.* ◆ **2.** Union entre États, traité. *Foedus, eris,* n. *Societas, atis,* f. Alliance offensive et défensive, *belli societas;* traité d'alliance, *foedus;* conclure, former une alliance, *foedus facĕre, io** ou *ferire, io*;* rompre une alliance, *foedus frangĕre*.* ◆ **3.** Association, rapprochement. *Conjunctio, onis,* f. *Societas.* Alliance de mots, *verborum junctura, ae,* f.

allier, tr. **1.** Mélanger, combiner. *Permiscere, eo*. Temperare.* ◆ **2.** Unir par mariage. *Matrimonio conjungere, o*.* Être l'allié de, *affinem esse** (dat.). ◆ **3.** Joindre, unir. *Sociare* (à, *cum*). *Jungere, o** (à, *cum*). *Miscere, eo** (à, dat.). Les alliés, *foederati, orum,* mpl.; *socii, orum,* mpl.

S'ALLIER, r. **1.** S'unir par mariage ou par alliance. *Matrimonio se jungere** (*cum*). ◆ **2.** Faire un traité d'alliance. *Foedus ferire** (*cum*). *Foedere jungi, or** (*cum*). ◆ **3.** Être joint, exister ensemble. *Conjungi, or*.*

Allobroges, *Allobroges um,* mpl.

allocation, f. *Decretu (i) sumptus (us),* m.

allocution, f. *Contio, onis,* f.

Faire une allocution au peuple, *populum alloqui*; apud populum contionem habēre**.

allonge, f. *Additamentum, i*, n.

allongement, m. *Productio, onis*, f. *Extensio*, f. *Porrectio*, f.

allonger, tr. Rendre plus long. *Producere, o*. Protendere, o**. Allonger le bras, *brachium extendĕre**; allonger le pas, *accelerare;* allonger un discours, *orationem dilatare.*

S'ALLONGER, r. *Produci, or*. Extendi, or**.

allumer, tr. *Accendere, o*. Incendere, o*. Inflammare.* Passion allumée, *flagrans cupiditas.*

S'ALLUMER, r. **1.** *Accendi, or**. ◆ **2.** (Fig.) *Ardere, eo*. Flagrare.* Sa colère s'allume, *ira exardescit**.

allumette, f. *Sulphuratum, i*, n. Fabricant ou marchand d'allumettes, *sulphurarius, ii*, m.

allure, f. **1.** Démarche. *Ingressus, us*, m. *Incessus, us*, m. Avoir l'allure de, *incedĕre* tamquam;* ralentir son allure, *gradum suspendĕre**. ◆ **2.** Façons d'agir. *Habitus, us*, m.

allusion, f. Faire allusion à, *alludĕre* ad.*

alluvion, f. *Alluvio, onis*, f. *Fluminum invectus, us*, m.

almanach, m. *Ephemeris, idis*, f. *Calendarium, ii*, n.

aloès, m. *Aloe, es*, f.

aloi, m. De bon aloi, *probus, a, um;* de mauvais —, *adulterinus, a, um.*

alopécie, f. *Alopecia, ae*, f.

alors, adv. **1.** *Tum. Tunc. Id temporis.* L'homme le plus remarquable d'alors, *vir temporibus illis praeclarissimus;* même alors, alors même, *etiam; tum; hoc ipso tempore;* jusqu'alors, *ad id tempus.* ◆ **2.** ALORS QUE, loc. conj. V. LORSQUE.

alose, f. *Alausa, ae*, f.

alouette, f. *Alauda, ae*, f.

alourdir, tr. *Gravare. Praegravare.*

S'ALOURDIR, r. *Ingravescere, o**.

alourdissement, m. *Gravitas, atis*, f.

Alpes. *Alpes, ium*, fpl. Des Alpes, *Alpinus, a, um.*

alphabet, m. **1.** Ensemble des lettres d'une langue. *Litteratura, ae*, f. *Litterarum ordo, inis*, m. ◆ **2.** Livre qui contient la suite des lettres. *Elementa, orum*, npl.

alphabétique, adj. Par ordre alphabétique, *litterarum ordine.*

Alsace. *Elsatia*, ou *Alisacia, ae*, f. D'Alsace, *Alisacensis, e.*

altérable, adj. *Mutabilis, e.*

altérant, ante, adj. *Siticulosus, a, um.*

altération, f. **1.** Modification, changement. *Mutatio, onis*, f. ◆ **2.** Corruption, falsification. *Corruptio, onis*, f. *Depravatio*, f. ◆ **3.** Agitation intérieure. *Animi commotio, onis*, f. ◆ **4.** Soif. *Sitis, is* (acc. *im*, abl. *i*), f.

altercation, f. *Altercatio, onis*, f. *Jurgium, ii*, n. Avoir une altercation, *altercari.*

altérer, tr. **1.** Changer, modifier. *Mutare. Immutare.* ◆

2. Corrompre, falsifier. *Corrumpere, o*. Depravare.* ◆ **3.** Causer la soif. *Sitim facere, io** (dat.). Altéré, *sitiens, entis;* être altéré de (fig.), *sitire** (acc.); *avidum esse* (gén.).

alternatif, ive, adj. *Alternus, a, um.*

alternative, f. **1.** Option entre deux choses. *Optio, onis,* f. Être placé dans l'alternative de, *in eum locum adductum* esse ut* (subj.). ◆ **2.** Succession. *Vicissitudo, inis,* f. *Vices* (dat. *vicibus*), fpl. Alternatives de succès et de revers, *varia belli fortuna.*

alternativement, adv. *Alternis vicibus. Vicissim.*

alterne, adj. *Alternus, a, um.*

alterner, intr. *Alternare. Vices variare.*

altesse, f. *Celsitudo, inis,* f.

altier, ère, adj. *Ferox, ocis. Elatus, a, um.*

alun, m. *Alumen, inis,* n.

alvéoles, mpl. **1.** Cellules des ruches. *Loculamenta, orum,* npl. *Cellae, arum,* fpl. ◆ **2.** Cavités des dents. *Cavernae, arum,* fpl.

amabilité, f. *Comitas, atis,* f. *Amoenitas,* f. *Suavitas,* f. Paroles pleines d'amabilité, *amoenissima verba.*

amadou, m. *Fungus* (*i*) *aridus* (*i*), m.

amadouer, tr. *Mulcere, eo*. Delenire.*

amaigrir, tr. **1.** Rendre maigre. *Emaciare. Macie tenuare.* ◆ **2.** Diminuer l'épaisseur. *Attenuare.*

S'AMAIGRIR, r. *Macrescere, o*. Tabescere, o*.*

amaigrissement, m. *Tabes, is,* f.

amalgame, m. *Mixtura, ae,* f.

amalgamer, tr. *Miscere, eo*.*

S'AMALGAMER, r. *Misceri, eor*.*

amande, f. **1.** Fruit de l'amandier. *Amygdala, ae,* f. D'amande, *amygdalinus, a, um.* ◆ **2.** Semence de tous les arbres à noyau. *Nucleus, i,* m.

amant, ante, m. et f. **1.** *Amans, antis,* m. *Amator, oris,* m. *Amatrix, icis,* f. ◆ **2.** (Fig.) *Amator,* m. Un amant de la vérité, *veritatis cultor.*

amarante, f. *Amarantus, i,* m.

amarrage, m. **1.** Cordages. *Nautici funes,* mpl. ◆ **2.** Mouillage. *Appulsus, us,* m.

amarre, f. *Funes, ium,* mpl. *Retinacula, orum,* npl.

amarrer, tr. *Deligare.*

amas, m. **1.** Monceau. *Congeries, ei,* f. *Acervus, i,* m. Faire des amas de, *congerĕre** (acc.). ◆ **2.** (Fig.) *Vis, vis,* f. *Copia, ae,* f. Amas de paroles, *verborum profluentia, ae,* f.

amasser, tr. **1.** *Coacervare. Congerĕre, o*.* Amasser de l'argent, *pecuniam cogĕre*.* ◆ **2.** (Fig.) *Congerĕre*. Colligere, o*.* Amasser des connaissances, *doctrinam quaerĕre*.*

S'AMASSER, r. *Colligi, or*. Cogi, or*.*

amateur, m. *Amator, oris,* m. *Amans, antis,* m. Amateur de nouveauté, *novitatis avidus, a, um.*

amazone, f. **1.** Femme guerrière. *Amazon, onis,* f. ◆ **2.** (Fig.) Femme qui a des manières viriles. *Virago, inis,* f.
ambages, fpl. *Ambages, um,* fpl. Sans ambages, *haud per ambages.*
ambassade, f. *Legatio, onis,* f. Envoyer qqn en ambassade, *legationem alicui dare*; aller en ambassade, legationem agĕre*.*
ambassadeur, m. *Legatus, i,* m. *Orator, oris,* m.
ambassadrice, f. *Legata, ae,* f.
ambiant, ante, adj. *Circumfusus, a, um.*
ambigu, uë, adj. *Ambiguus, a, um. Anceps, ipitis.* Réponse ambiguë, *medium responsum;* en termes ambigus, *ambigue.*
ambigu, m. **1.** Repas. *Ambigua (ae) cena (ae),* f. ◆ **2.** (Fig.) C'est un — de vices et de vertus, *ex vitiis virtutibusque conflatus est.*
ambiguïté, f. *Ambiguitas, atis,* f. Sans ambiguïté. *Plane. Aperte.*
ambitieusement, adv. *Ambitiose. Per ambitionem.*
ambitieux, euse, adj. **1.** Qui a de l'ambition. *Ambitiosus, a, um. Honorum cupidus.* ◆ **2.** Affecté (style). *Ambitiosus. Affectatus.*
ambition, f. **1.** Désir d'honneur. *Ambitio, onis,* f. *Honorum cupiditas, atis,* f. Avoir de l'ambition, *ad honores tendĕre*;* qui n'a point d'ambition, *modestus, a, um;* avoir l'ambition de, *concupiscere** (acc.); *curiosum esse* (gén.). ◆ **2.** Désir ardent d'une chose. *Cupiditas, atis,* f. *Cupido, inis,* f. *Studium, ii,* n. Mettre son ambition à, *vehementer studēre** (dat. ou *ut,* subj.).
ambitionner, tr. *Appetere, o*. Cupere, io*.*
amble, f. *Tolutilis (is) gradus (us),* m. Cheval qui marche l'amble, *tolutarius equus;* aller l'amble, *tolutim gradi, ior*.*
ambre, m. Ambre jaune. *Sucinum, i,* n.
ambroisie, f. *Ambrosia, ae,* f. D'ambroisie, *ambrosius, a, um.*
ambulance, f. *Militare (is) valetudinarium (ii),* n.
ambulant, ante, adj. *Erraticus, a, um.* Marchand ambulant, *circulator, oris,* m.
âme, f. **1.** Principe de la vie. *Anima, ae,* f. *Animus, i,* m. *Spiritus, us,* m. Corps sans âme, *inane corpus;* rendre l'âme, *animam efflare;* se donner corps et âme, *se totum tradĕre*;* les âmes des morts, *manes, ium,* mpl.; *animae, arum,* fpl. ◆ **2.** Principe de la pensée. *Animus. Mens, mentis,* f. *Ingenium, ii,* n. ◆ **3.** Principe des affections et de la vie morale. *Animus. Mens. Pectus, oris,* n. *Cor, cordis,* n. Ame noble, *magnus animus;* je te connais au fond de l'âme, *te intus novi*;* âme tendre, *molle cor;* mon âme (t. de tendresse), *anime mi; mea vita; meum cor.* ◆ **4.** Individu. *Homo, inis,* m. *Caput, itis,* n. ◆ **5.** (Fig.) Principal moteur. *Caput, itis,*

n. *Principium, ii,* n. Être l'âme d'une entreprise, *rei caput esse**. ◆ **6.** Chaleur. *Vis, vis,* f. Avec âme, *animose.*

amélioration, f. *In melius mutatio, onis,* f.

améliorer, tr. *Meliorem (ius) facere, io**.

S'AMÉLIORER, r. *Meliorem (ius) fieri**.

aménager, tr. *Disponere, o**. *Componere, o**.

amendable, adj. *Emendabilis, e.*

amende, f. **1.** Peine. *Multa, ae,* f. *Multatio, onis,* f. Infliger une amende à qqn, *alicui multam irrogare.* ◆ **2.** Argent provenant des amendes. *Multaticia (ae) pecunia (ae),* f.

amendement, m. *Emendatio, onis,* f. *Correctio,* f. Amendement dans la conduite, *vitae mutatio,* f.; amendement à une loi, *derogatio, onis,* f.; amendement d'un sol, *stercoratio, onis,* f.

amender, tr. *Emendare. Corrigere, o**. *Meliorem (ius) facere, io**.

S'AMENDER, r. *Emendari. Meliorem (ius) fieri**.

amener, tr. **1.** Conduire en qq. lieu. *Ducere, o**. *Adducĕre**. Amener devant une assemblée, *producĕre**; amener par charroi ou par eau, *advehĕre**; amener chez soi, *domum deducĕre**. ◆ **2.** (Marine) Abaisser. *Submittere, o**. *Subducere, o**. ◆ **3.** (Fig.) Faire venir, attirer. *Adducĕre**. *Perducĕre**. *Inducĕre**. Amener à son avis, *in suam sententiam adducĕre**; amener qqn à (inf.), *deducĕre** ou *inducĕre* aliquem ut* (subj.) ou *ad* (gér. ou adj. verbal). ◆ **4.** Causer, donner lieu à. *Inducĕre**. *Afferre, fero**. *Parere, io**.

aménité, f. *Comitas, atis,* f. *Suavitas,* f. Paroles pleines d'aménité, *blanda verba.*

amenuiser, tr. *Attenuare.*

amer, ère, adj. *Amarus, a, um. Acerbus.* Un peu amer, *subamarus.*

amer, m. *Fel, fellis,* n. Les amers, *amara, orum,* npl.

amèrement, adv. *Amare. Acerbe.*

Américain, aine, adj. *Americanus, a, um.*

Amérique. *America, ae,* f.

amertume, f. **1.** *Amaritudo, inis,* f. ◆ **2.** (Fig.) *Amaritudo. Acerbitas, atis,* f.

améthyste, f. *Amethystus, i,* f. D'améthyste, *amethystinus, a, um.*

ameublement, m. *Supellex, ectilis,* f.

ameublir, tr. *Resolvere, o**.

ameuter, tr. **1.** Assembler des chiens pour la chasse. *Congregare (canes).* ◆ **2.** (Fig.) Exciter. *Concitare.*

ami, ie, adj. *Amicus, a, um* (dat.). Fortune amie, *prospera fortuna;* visage ami, *vultus benignus.*

ami, m. **1.** *Amicus, i,* m. (Intime) *Familiaris, is,* m. *Necessarius, ii,* m. Ami de cœur, *ex animo amicus;* ami de table, *compransor, oris,* m.; ami de bouteille ou de débauche, *compotor, oris*, m.; ami de jeu, *collusor, oris*, m.; conseil d'ami, *fidele consilium;* avoir qqn pour ami, *alicujus familiaritate uti**; devenir l'ami de qqn, *in familiaritatem alicujus venire*;* se faire des amis, *sibi amicos parare;* en ami, *amice;* mon cher ami, *amicule mi;* dites-moi, mon ami, *dic, sodes.* ◆ **2.** Qui a du goût pour. *Amicus* (dat.). *Studiosus* (gén.). Ami de la science, *scientiae amator;* ami de la vertu, *virtutis studiosus.* ◆ **3.** Partisan. *Sodalis, is*, m.

amiable. A l'amiable, *amice; benevole;* arrangement à l'amiable, *compositio cum bonā gratiā facta.*

amiante, m. *Amiantus, i*, m.

amical, ale, adj. *Amicus, a, um. Benignus.* Relations amicales, *gratiae conjunctio, onis*, f.

amicalement, adv. *Amice. Benigne.*

amidon, m. *Amylum, i*, n.

amie, f. **1.** Avec qui l'on est lié d'amitié. *Familiaris, is*, f. ◆ **2.** Amante. *Amica, ae*, f.

amincir, tr. *Tenuare.*

amincissement, m. **1.** Action d'amincir. *Extenuatio, onis*, f. ◆ **2.** État de ce qui est aminci. *Tenuitas, atis*, f.

amiral, m. *Classis praefectus, i*, m. Vaisseau amiral, *praetoria navis.*

amirauté, f. *Classis regimen, inis*, n.

amitié, f. **1.** Affection. *Amicitia, ae*, f. *Benevolentia, ae*, f. *Familiaritas, atis*, f. *Consuetudo, inis*, f. Mon amitié pour toi, *meus amor in te;* se lier d'amitié avec qqn, *amicitiam jungĕre* cum aliquo.* ◆ **2.** Bon office. *Officium, ii*, n. *Gratia, ae*, f. Faites-moi l'amitié de venir, *ad me velim* venias*.* ◆ **3.** Compliments. *Blanditiae, arum*, fpl. Faire des amitiés à qqn, *aliquem salutatione benigne accipĕre, io*;* mes amitiés à Paulus, *Paulo salutem dices*.*

ammoniac, aque, adj. *Ammoniacus, a, um.*

amnistie, f. *Abolitio, onis*, f. Loi d'amnistie, *oblivionis decretum.*

amnistier, tr. (*Crimen*) *abolere, eo**. (*Reum*) *absolvere, o**.

amoindrir, tr. *Minuere, o. Imminuere, o.*

S'AMOINDRIR, r. *Minui, or. Decrescere, o**.

amoindrissement, m. *Deminutio, onis*, f. *Imminutio*, f. *Extenuatio*, f.

amollir, tr. **1.** Rendre mou. *Mollire. Emollire.* ◆ **2.** (Fig.) Rendre faible ou efféminé. *Mollire. Frangere, o**.

S'AMOLLIR, r. **1.** Devenir mou. *Molliri. Mollescere, o**. (Par la cuisson) *Madēre**. ◆ **2.** (Fig.) S'énerver. *Mollescĕre**. *Frangi, or**. S' — dans le repos, *otio languēre**.

amonceler, tr. *Coacervare. Aggere, o**.

amont. En amont du fleuve, *parte superiore fluminis;* aller en amont, *adverso flumine ire, eo**.

amorce, f. **1.** Appât. *Esca, ae,*

f. *Illex, icis*, m. ◆ **2.** (Fig.) Charme, attrait. *Illecebra, ae*, f. *Invitamentum, i*, n. Présenter une amorce à, *spem objicĕre, io** (dat.).

amorcer, tr. *Inescare.*

amortir, tr. *Exstinguere, o*. Restinguere, o*. Temperare. Frangere, o**. Amortir des dettes, *debita exsolvĕre**.

S'AMORTIR, r. *Defervescere, o*. Exstingui, or*. Frangi, or**.

amortissement, m. — des passions, *cupidinum sedatio, onis*, f.; — d'une rente, *annui census redemptio*, f.

amour, m. **1.** Attachement. *Amor, oris*, m. *Caritas, atis*, f. *Benevolentia, ae*, f. Amour de soi, *amor sui;* — des parents pour leurs enfants, *parentum erga filios caritas;* — des enfants pour leurs parents, *pietas in parentibus* ou *in parentes;* mon — pour toi, *meus in te amor;* par amour de moi, *meā gratiā.* ◆ **2.** Passion d'un sexe pour l'autre. *Amor.* Lettre d'amour, *epistula amatoria;* mourir d'amour pour qqn, *amore alicujus deperire, eo**. ◆ **3.** Goût vif pour une chose. *Amor. Studium, ii*, n. L'amour des richesses, *divitiarum cupido;* avoir l'amour de, *cupidum esse* (gén.). ◆ **4.** Objet aimé. *Amor. Deliciae, arum*, fpl. ◆ **5.** Le Dieu de l'amour. *Cupido, inis*, m.

s'amouracher, r. *Amore capi, ior** (de, gén.).

amourette, f. *Amatio, onis*, f.

amoureux, euse. I. Adj. **1.** Qui aime avec passion. *Amore captus, a, um.* Devenir amoureux de, *amore alicujus capi, ior*;* être amoureux, *amore ardēre** ou *flagrare.* ◆ **2.** Qui exprime ou inspire l'amour. *Amatorius, a, um. Tener, era, erum.* ◆ **3.** Qui a une passion pour. *Cupidus, a, um* (gén.). *Appetens, entis* (gén.). *Studiosus* (gén.). Amoureux de l'antiquité, *antiquitatis amator.* ◆ **II.** Nom m. et f. *Amator, oris*, m. *Amatrix, icis*, f.

amphibie, adj. *Aquae et terrae communis, e. Anceps, cipitis.*

amphibologie, f. *Ambiguitas, atis*, f. *Amphibolia, ae*, f.

amphibologique, adj. *Ambiguus, a, um. Anceps, cipitis.*

amphibologiquement, adv. *Ambigue.*

Amphictyons, mpl. *Amphictyones, um*, mpl.

amphigouri, m. *Obscura (orum) dicta (orum)*, npl.

amphithéâtre, m. *Amphitheatrum, i*, n. D'amphithéâtre, *amphitheatralis, e.*

amphitryon, m. *Hospes, itis*, m. *Epuli dominus, i*, m.

amphore, f. *Amphora, ae*, f. Qui contient une amphore, *amphoralis, e.*

ample, adj. **1.** Étendu. *Amplus, a, um. Ingens, entis.* ◆ **2.** Abondant. *Copiosus, a, um. Largus.* Style ample, *lata oratio.*

amplement, adv. *Ample. Copiose. Large.*

ampleur, f. **1.** Étendue. *Amplitudo, inis*, f. ◆ **2.** Abondance. *Amplitudo. Copia, ae*, f.

amplificateur, m. *Amplificator, oris*, m.
amplification, f. *Amplificatio, onis*, f.
amplifier, tr. *Amplificare. Augere, eo*.*
ampoule, f. **1.** Fiole. *Ampulla, ae*, f. ◆ **2.** Tumeur. *Pustula, ae*, f. Qui a des ampoules, *pustulosus, a, um.*
ampoulé, ée, adj. Fig. *Tumidus, a, um. Tumens, entis.* S'exprimer dans un style ampoulé, *ampullari;* éviter le style ampoulé, *ampullas rejicĕre, io*.*
amputation, f. (Membres) *Excisio, onis*, f. *Exsectio*, f. (Arbres) *Amputatio, onis*, f.
amputer, tr. *Amputare. Excīdere, o*. Exsecare*.*
amulette, f. *Amuletum, i*, n.
amusant, ante, adj. *Festivus, a, um. Jucundus. Lepidus.* Homme amusant, *oblectator, oris*, m.
amusement, m. **1.** Distraction. *Delectamentum, i*, n. *Oblectamentum, i*, n. Prendre de l'amusement à qqch., *ludum sibi facĕre (io*) ex aliquā re.* ◆ **2.** Chose facile. *Nugae, arum*, fpl. C'est un amusement pour lui de, *ludus illi est* (inf.). ◆ **3.** Retard. *Mora, ae*, f. ◆ **4.** Prétexte, tromperie. *Ludificatio, onis*, f.
amuser, tr. **1.** Distraire. *Delectare. Oblectare.* ◆ **2.** Retenir. *Detinere, eo*. Morari.* ◆ **3.** Tromper. *Ludificari. Decipere, io*. Fallere, o*.*
amusette, f. **1.** *Crepundia, orum*, npl. ◆ **2.** (Fig.) *Nugae, arum*, fpl.
amygdales, fpl. *Tonsillae, arum*, fpl.
an, m. et **année**, f. **1.** Par rapport à la durée. *Annus, i*, m. L'an passé, l'an prochain, *annus superior* ou *prior; annus posterior;* au commencement, à la fin de l'année, *nascente, exeunte anno;* espace d'un an, de 2, de 3 ans, *annuum tempus; biennium, ii*, n.; *triennium, ii*, n.; qui dure un an, qui se fait tous les ans, *annuus, a, um;* qui dure deux ans, dix ans, *biennis, e; decennis, e;* tous les ans, tous les 2 ans, *quotannis* ou *singulis annis; alternis annis* ou *tertio quoque anno;* une fois l'an, deux fois, dix fois l'an, *semel in anno; bis in anno; decies in anno;* un an avant, trois ans après, dix ans après, *anno ante; triennio post; post decimum annum;* il y a trois ans qu'il est mort, il est mort depuis trois ans, *abhinc tres annos mortuus* est;* voilà trois ans qu'il règne, il règne depuis trois ans, *quartum jam annum regnat.* ◆ **2.** Par rapport à l'âge. Enfant d'un an, de 2, de 5 ans, *puer anniculus, bimus, quinquennis;* dans la vingtième année de son âge, *vicesimo aetatis anno;* dès ses premières années, *a prima aetate.* ◆ **3.** Par rapport aux productions de la terre. Qui donne du fruit toute l'année, *annifer, era, erum;* qui donne du fruit deux fois,

trois fois l'an, *bifer; trifer;* bon an mal an, *peraeque.*

anachorète, m. *Anachoreta, ae*, m.

anachronisme, m. *Error in temporibus computandis.*

Anacréon, *Anacreon, ontis*, m.

anacréontique, adj. *Anacreonteus, a, um.*

analogie, f. *Analogia, ae*, f. *Similitudo, inis*, f. Qui a de l'analogie avec, *vicinus, a, um* (dat.); *affinis, e* (dat.).

analogiquement, adv. *Per analogiam.*

analogue, adj. *Vicinus, a, um* (dat.). *Affinis, e* (dat.).

analyse, f. **1.** (Chimie) *Resolutio, onis*, f. ◆ **2.** (Littér.) *Rerum distributio, onis*, f. En dernière analyse, *ad extremum.*

analyser, tr. **1.** (Chimie) *Resolvere, o**. ◆ **2.** (Littér.) *Dividere*, o.*

anaphore, f. *Anaphora, ae*, f.

anarchie, f. *Rerum perturbatio* ou *confusio, onis*, f.

anarchique, adj. *Seditiosus, a, um. Turbulentus.*

anarchiste, m. *Vulgi turbator, oris*, m.

anathématiser, tr. *Anathematizare. Exsecrari* (*aliquem* ou *in aliquem*).

anathème. I. Nom. *Anathema, atis*, n. ◆ **II.** Adj. *Exsecrandus, a, um. Exsecratus.*

Anatolie, *Asia minor*, f.

anatomie, f. **1.** Dissection. *Consectio, onis*, f. *Anatomia, ae*, f. ◆ **2.** Science. *Anatomica, ae*, f.

anatomiser, tr. *Prosecare**.

anatomiste, m. *Anatomicus, i*, m.

ancêtres, mpl. *Patres, um*, mpl. *Majores, um*, mpl. Des ancêtres, *avitus, a, um.*

anche, f. *Ligula, ae*, f.

anchois, m. *Apua, ae*, f.

ancien, enne. I. Adj. **1.** Qui est depuis longtemps. *Vetus, eris.* ◆ **2.** Qui fut jadis. *Antiquus, a, um. Priscus.* ◆ **3.** Qui n'est plus en fonctions. Ancien préteur, *praetorius.* (On emploie l'adj. dérivé du titre de la fonction). ◆ **II.** Nom mpl. *Antiqui, orum*, mpl. *Veteres, um*, mpl. A la manière des anciens, *more majorum.*

anciennement, adv. *Antiquitus. Olim.*

ancienneté, f. *Antiquitas, atis*, f. *Vetustas*, f. De toute ancienneté, *ex omni memoria;* par droit d'ancienneté, *vetustatis jure;* par ordre d'ancienneté, *aetatis antecessione.*

anciles, mpl. *Ancilia, ium*, ou *iorum*, npl.

ancrage, m. *Statio, onis*, f.

ancre, f. *Ancora, ae*, f. Être à l'ancre, *consistĕre* ad ancoram;* lever l'ancre, *ancoras solvĕre*;* d'ancre, *ancorarius, a, um;* câble de l'ancre, *ancorarium, ii*, n.

ancrer, intr. *Ancoras jacere, io**.

S'ANCRER, r. Fig. *Firmari.*

Andalousie. *Baetica, ae*, f. Andalou, se, m.f. *Baeticola, ae*, mf.

andouille, f. *Hillae, arum*, fpl.

âne, m. *Asinus, i*, m. D'âne, *asininus, a, um.*

anéantir, tr. *Abolere, eo. Delere, eo. Exstinguere, o*. Tollere, o*.* Je suis anéanti, *nullus sum; exanimatus sum.*

S'ANÉANTIR. r. *Ad nihilum venire*. Aboleri, eor*.*

anéantissement, m. **1.** Destruction. *Interitus, us*, m. *Exilium, ii*, n. ◆ **2.** Abattement. *Animi demissio, onis*, f.

anecdote, f. *Fabula, ae*, f. *Fabella, ae*, f.

anecdotier, m. *Fabulator, oris*, m.

anémie, f. *Sanguinis debilitas, atis*, f.

anémone, f. *Anemona, ae*, f. *Anemone, es*, f.

ânerie, f. *Stultitia, ae*, f.

ânesse, f. *Asina, ae*, f. *Asella, ae*, f.

anévrisme, m. *Aneurysma, atis*, n.

anfractuosité, f. *Anfractus, us*, m. *Sinus, us*, m.

ange, m. *Angelus, i*, m. D'ange, *angelicus, a, um;* bon ange, *genius, ii*, m.; être aux anges, *in caelo esse*.*

angélique, adj. *Angelicus, a, um.*

angélique, f. *Angelica, ae*, f.

Angers. *Juliomagus, i*, m. D'Angers, Angevin, *Andecavus, a, um; Andecavensis, e.*

angine, f. *Angina, ae*, f.

angle, m. *Angulus, i*, m. Coupé à angle droit, *recto angulo sectus;* qui a trois angles, *triangulus, a, um.*

Angleterre. *Britannia, ae*, f. D'Angleterre, *Britannicus, a, um;* les Anglais, *Angli, orum*, mpl.; *Britanni, orum*, mpl.

angoisse, f. *Angor, oris*, m. Être dans l'angoisse, *angoribus confici, ior*.*

anguille, f. *Anguilla, ae*, f.

angulaire, adj. *Angularis, e.*

anguleux, euse, adj. *Angulatus, a, um. Angulosus.*

angusticlave, m. *Angustus (i) clavus (i)*, m. Qui porte l'angusticlave, *angusticlavius, a, um.*

anicroche, f. *Impedimentum, i*, n.

ânier, ière, m. et f. *Asinarius, ii*, m. *Asinaria mulier*, f.

animadversion, f. *Objurgatio, onis*, f.

animal, m. **1.** Être animé. *Animal, alis*, n. *Animans, antis*, n. (Être sans raison) *Bestia, ae*, f. Animal sauvage, *fera, ferae*, f. — féroce, *belua, ae*, f. — domestique, *pecus, udis*, f. ◆ **2.** Homme stupide. *Pecus, udis*, f. *Bestia, ae*, f.

animal, ale, adj. *Animalis, e.*

animalcule, m. *Bestiola, ae*, f.

animation, f. **1.** Action d'animer. *Animatio, onis*, f. ◆ **2.** Vivacité, éclat. *Nitor, oris*, m. ◆ **3.** Vivacité, emportement. *Vehementia, ae*, f. S'exprimer avec animation, *vehementer loqui.*

animer, tr. **1.** Donner une âme, vivifier. *Animare. Vitam infundere, o** (dat.). Être animé, *spirare.* ◆ **2.** Donner du mouvement. *Movere, eo*. Inflammare.* Dialogue animé, *vehemens sermo.* ◆ **3.** Irriter.

Incendere, o. Accendere, o*.* Animer qqn contre, *aliquem incitare in* (acc.); être animé contre, *infestum esse* (dat.). ◆ **4.** Exciter, encourager. *Accendere, o*. Excitare.* Animer le peuple au combat, *ad certamen populum incitare.*

S'ANIMER, r. **1.** Prendre de la vie. *Spirare.* Statue qui s'anime, *statua spirans.* ◆ **2.** Prendre de l'éclat. *Splendere, eo*. Nitere, eo*.* ◆ **3.** S'exciter, s'emporter. *Inflammari. Exardescere, o*.* Orateur qui ne s'anime jamais, *frigidus orator.*

animosité, f. **1.** Haine. *Simultas, atis,* f. Avec animosité, *infenso animo.* ◆ **2.** Violence. *Contentio, onis,* f. *Ira, ae,* f.

anis, m. *Anisum, i,* n.

annales, fpl. *Annales, ium,* mpl.

annaliste, m. *Annalium scriptor, oris,* m.

anneau, m. **1.** Cercle. *Anulus, i,* m. Petit anneau, *ansula, ae,* f. ◆ **2.** Bague. *Anulus.* Qui porte un anneau, *anulatus, a, um.* ◆ **3.** Boucle de cheveux. *Cincinnus, i,* m.

année, f. v. AN.

anneler, tr. (les cheveux). *Torquere, eo*.*

annelet, m. *Anulus, i,* m.

annexe, f. **I.** Nom. *Additamentum, i,* n. ◆ **II.** Adj. *Adjunctus, a, um.*

annexer, tr. *Adjungere, o*. Annectere, o*.*

annexion, f. *Adjunctio, onis,* f.

Annibal. *Hannibal, is,* m.

annihilation, f. *Exstinctio, onis,* f. *Interitus, us,* m.

annihiler, tr. *Exstinguere, o*. Abolere, eo*. Tollere, o*.*

anniversaire. I. Adj. *Anniversarius, a, um.* ◆ **II.** Nom m. *Anniversarius dies,* m. — de naissance, *natalis dies.*

annonce, f. **1.** Avis. *Denuntiatio, onis,* f. *Significatio,* f. Afficher une annonce, *proscrībĕre*.* ◆ **2.** (Fig.) Signe, indice. *Signum, i,* n. *Indicium, ii,* n.

annoncer, tr. **1.** Faire savoir, apprendre. *Nuntiare. Annuntiare. Denuntiare.* ◆ **2.** Prédire, présager. *Significare. Denuntiare.* ◆ **3.** Nommer pour introduire. *Nomen* (*alicujus*) *reddere, o*.* ◆ **4.** Être l'indice de. *Indicare. Significare. Ostendere, o*.*

S'ANNONCER, r. Se faire connaître. *Se prodĕre*. Denuntiari.*

annonciation, f. *Annuntiatio, onis,* f.

annotateur, m. *Commentator, oris,* m.

annotation, f. *Annotatio, onis,* f. *Nota, ae,* f.

annoter, tr. *Annotare.*

annuel, elle, adj. *Annuus, a, um.*

annuellement, adv. *Quotannis., Singulis annis.*

annulaire. I. Adj. *Anularis, e.* ◆ **II.** Nom m. *Digitus medicus* ou *medicinalis.*

annulation, f. *Abrogatio, onis,* f. *Antiquatio,* f.

annuler, tr. *Abrogare. Antiquare. Rescindere, o*.* Annuler un testament, *testamentum irritum facĕre, io*.*

anoblir, tr. *Nobilem facere, io** (*aliquem*). *Nobilitare.*
anoblissement, m. *In nobiles cooptatio, onis*, f.
anodin, ine, adj. *Lenis, e.*
anomalie, f. *Inaequalitas, atis*, f. *Anomalia, ae*, f.
ânon, m. *Asinae pullus, i*, m. *Asellus, i*, m.
ânonnement, m. *Linguae haesitantia, ae*, f.
ânonner, intr. *Linguā haesitare.*
anonyme, adj. *Sine certo nomine.* Auteur anonyme, *clancularius auctor;* garder l'anonyme, *nomen celare.*
anormal, ale, adj. *Enormis, e.*
anse, f. **1.** D'un vase. *Ansa, ae*, f. Qui a une anse, *ansatus, a, um.* ◆ **2.** Baie. *Sinus, us*, m.
antagoniste, m. *Adversarius, ii*, m. *Aemulus, i*, m.
antan, m. *Prior annus*, m.
antarctique, adj. *Australis, e.*
antécédent, ente, adj. *Antecedens, entis.*
antécédent, m. **1.** Fait passé. Les antécédents, *anteacta vita*, f. ◆ **2.** (Log.) Les antécédents et les conséquents, *antecedentia ac consequentia*, npl.
antéchrist, m. *Antichristus, i*, m.
antenne, f. **1.** (Marine) *Antenna, ae*, f. ◆ **2.** (Zoologie) *Cornicula, orum*, npl.
antérieur, eure, adj. *Prior, ius.*
antérieurement, adv. *Prius.*
antériorité, f. *Antecessio, onis*, f.
anthologie, f. *Anthologica, orum*, npl.
anthropophage, adj. *Anthropophagus, a, um.* Être anthropophage, *humanis carnibus vesci**.
antichambre, f. *Procoeton, onis*, m.
anticipation, f. *Antecessus, us*, m. *Anteoccupatio, onis*, f.
anticiper. I. Tr. *Anticipare. Anteoccupare.* ◆ **II.** Intr. — (sur). *Praecipere, io** (acc.). *Occupare* (acc.). Goûter une joie anticipée, *gaudium praegustare;* opinion anticipée, *praesumpta opinio.*
antidater, tr. *Antiquiorem diem inscribere, o** (*litteris*).
antidote, m. *Antidotum, i*, n.
antienne, f. *Antiphona, ae*, f.
Antilles. *Antillicae insulae*, fpl.
antimoine, m. *Stibium, ii*, n.
antinomie, f. *Antinomia, ae*, f.
Antioche. *Antiochea, ae*, f. D' —, *Antiochensis, e.*
antipathie, f. *Repugnantia, ae*, f. *Aversus* (*i*) *animus* (*i*), m. Avoir de l'antipathie pour qqn, *animos ab aliquo alienos habēre*;* avoir de l'antipathie pour qqch, *abhorrēre* ab aliquā re.*
antipathique, adj. *Adversus, a, um* (dat.). *Repugnans, antis* (dat.).
antiphonaire, m. *Antiphonarium, ii*, n.
antiphrase, f. *Antiphrasis, is*, f.
antipodes, mpl. **1.** *Antipodes, um*, mpl. ◆ **2.** Aux — de, *adversus, a, um* (dat.).
antiquailles, fpl. *Scruta, orum*, npl.

antiquaire, m. *Antiquitatis peritus, i,* m.
antique, adj. *Antiquus, a, um. Priscus. Vetus, eris.* D'un goût antique, *antiquitatem sapiens*; un habit à l'antique, *vestis antiqui moris.*
antiquité. 1. *Antiquitas, atis,* f. *Vetustas,* f. De toute antiquité, *ex omni memoriā.* ◆ **2.** Anciens. *Antiqui, orum,* mpl. *Veteres, um,* mpl.
antistrophe, f. *Antistrophe, es,* f. *Antistropha, ae,* f.
antithèse, f. *Antitheton, i,* n. Faire des antithèses, *contraria contrariis opponĕre*.*
Antoine. *Antonius, ii,* m.
Antonin. *Antoninus, i,* m.
antre, m. *Specus, us,* m. *Spelunca, ae,* f.
s'anuiter, r. *Se in noctem conjicere* (*io**).
anus, m. *Anus, i,* m. *Sedes, is,* f.
Anvers. *Antuerpia, ae,* f. D'Anvers, *Antuerpiensis, e.*
anxiété, f. *Anxietas, atis,* f. *Anxietudo, inis,* f.
anxieux, euse, adj. *Sollicitus, a, um.*
aoriste, m. *Aoristus, i,* m.
aorte, f. *Grandis vena* (f) *cordis.*
août, m. **1.** *Mensis augustus* ou *sextilis.* D'août, *sextilis, e.* ◆ **2.** L'août (la moisson), *messis, is,* f.
apaisement, m. **1.** *Placatio, onis,* f. **2.** Moyen d'apaisement, *placamen, inis,* n.
apaiser, tr. *Placare. Sedare. Flectere, o*.* Qu'on peut apaiser, *placabilis, e;* qu'on ne peut apaiser, *implacabilis, e.*

apanage, m. **I.** Patrimoine des princes. *Provincia principi data.* ◆ **II.** (Fig.) La prudence est l'apanage de la vieillesse, *prudentia est senescentis,* ou *proprium est senectutis.*
apathie, f. *Languor, oris,* m. *Inertia, ae,* f. Tirer qqn de son apathie, *torporem alicujus excitare.*
apathique, adj. *Iners, ertis. Ignavus, a, um.*
Apelle. *Apelles, is,* m.
Apennin. *Appenninus, i,* m.
apercevoir, tr. Découvrir. *Aspicere, io*. Conspicere, io*. Cernere, o*.* — de loin, *prospicere, io*.*
S'APERCEVOIR, r. (de). *Percipere, io** (acc.). *Intellegere** (acc.). *Deprehendere** (acc.). Il s'aperçut que..., *sensit* ou *intellexit* (prop. inf.).
aperçu, m. **1.** Première vue. *Aspectus, us,* m. *Visus,* m. ◆ **2.** Exposition sommaire. Donner un aperçu (de), *imaginem* (*rei*) *ostendĕre*; documentum* (*rei*) *dare*.*
apéritif, ive, adj. *Apertivus, a, um.*
apetisser, tr. *Minuere, o. Diminuere, o.*
aphorisme, m. *Aphorismus, i,* m.
aphtes, mpl. *Aphthae, arum,* fpl.
api, m. Pommes d'api. *Appiana mala,* npl.
apitoyer, tr. *Ad misericordiam allicere, io*.* Apitoyé, *misericors, ordis.*
S'APITOYER, r. *Misericordia moveri*.* S'apitoyer sur ou sur le

sort de, *sortem alicujus misereri**.
aplanir, tr. **1.** Rendre uni. *Aequare. Explanare.* ◆ **2.** Rendre facile. *Expedire.*
aplanissement, m. **1.** Action d'aplanir. *Exaequatio, onis*, f. ◆ **2.** État de ce qui est aplani. *Aequalitas, atis*, f.
aplatir, tr. *Complanare.* S'APLATIR, r. *Planum fieri**.
aplatissement, m. *Complanatio, onis*, f.
aplomb, m. **1.** Ligne verticale. *Perpendiculum, i*, n. D'aplomb, *ad perpendiculum; ad lineam; rectus, a, um*; être mieux d'aplomb, *stabiliorem (ius) esse.* ◆ **2.** (Fig.) Assurance. *Fidentia, ae*, f. Avoir de l'aplomb, *sibi confīdĕre**; avec aplomb, *fidenter.*
Apocalypse, f. *Apocalypsis, is*, f.
apocryphe, adj. *Subditicius, a, um.*
apogée, m. **1.** *Columen, inis*, n. ◆ **2.** (Fig.) *Cumulus, i*, m. Arriver à son apogée, *in summum perduci**.
Apollon. *Apollo, inis*, m.
apologétique, adj. Écrit ou discours apologétique. *Defensio, onis*, f.
apologie, f. *Defensio, onis*, f. *Apologia, ae*, f. Faire l'apologie de qqn, *aliquem defendere**; faire son apologie, *se purgare.*
apologiste, m. *Defensor, oris*, m.
apologue, m. *Apologus, i*, m.
apophthegme, m. *Dictum, i*, n.
apoplectique, adj. *Apoplecticus, a, um.*
apoplexie, f. *Apoplexia, ae*, f. *Sanguinis impetus, us*, m.
apostasie, f. *Apostasia, ae*, f. *A religione defectio, onis*, f.
apostasier, tr. *A religione deficere, io**.
apostat, m. *Apostata, ae*, m.
apostème, m. *Apostema, atis*, n. *Vomica, ae*, f.
aposter, tr. *Apponere, o**. *Subornare.*
apostille, f. *Nota, ae*, f.
apostiller, tr. *Notam ascribere, o** (dat.).
apostolat, m. *Apostolatus, us*, m.
apostolique, adj. *Apostolicus, a, um.*
apostrophe, f. **1.** Figure de rhét. *Compellatio, onis*, f. ◆ **2.** Signe d'écriture. *Apostrophus, i*, m.
apostropher, tr. *Compellare.*
apothéose, f. *Consecratio, onis*, f. *Apothesis, is*, f.
apothicaire, m. *Pharmacopola, ae*, m.
apothicairerie, f. **1.** Boutique. *Medicina, ae*, f. ◆ **2.** Art. *Pharmacia, ae*, f.
apôtre, m. **1.** *Apostolus, i*, m. ◆ **2.** (Fig.) Faire le bon apôtre, *Catonem simulare.*
apparaître, intr. **1.** *Apparere, eo**. *Videri, eor**. ◆ **2.** (Fig.) Se présenter à l'esprit. *Objici, ior**. *Animo observari.*
apparat, m. *Apparatus, us*, m. *Pompa, ae*, f. En grand —, *apparate.*
apparaux, mpl. *Armamenta, orum*, npl. *Navalia, ium*, npl.
appareil, m. **1.** Attirail. *Apparatus, us*, m. *Instrumentum, i*,

n. En grand appareil, *apparate; splendide.* ◆ **2.** Instrument, machine. *Machina, ae,* f. *Instrumentum, i,* n. ◆ **3.** Pansement. *Medicamenta, orum,* npl. Appliquer un appareil sur une plaie, *vulnus obligare.* ◆ **4.** Disposition des matériaux en architecture. *Structurae genus, eris,* n.

appareiller. I. Tr. Joindre. *Conjungere, o*. Componere, o*.* ◆ **II.** Intr. Mettre à la voile. *Ancoras solvere, o*. Armamenta componere, o*.*

apparemment, adv. *Scilicet. Sane.*

apparence, f. **1.** Extérieur. *Species, ei,* f. Avoir l'apparence de, *speciem praebere** (gén.); en—, *specie; in speciem;* en—,... en réalité, *verbo,... re vera.* ◆ **2.** Vraisemblance. *Veri similitudo, inis,* f. Il y a apparence que, *veri simile est* (prop. inf.). ◆ **3.** Signe, marque. *Indicium, ii,* n. *Vestigium, ii,* n. *Suspicio, onis,* f.

apparent, te, adj. **1.** Visible, *Conspicuus, a, um. Manifestus.* Il est apparent, *liquet*.* ◆ **2.** Spécieux, faux. *Falsus, a, um. Fictus. Fallax, acis.*

s'apparenter, r. *Affinitate se conjungĕre;* à, *cum,* abl.

appariement, m. *Compositio, onis,* f.

apparier, tr. **1.** Accoupler. *Conjungere, o*.* ◆ **2.** Mettre ensemble. *Componere, ŏ*.*

appariteur, m. *Apparitor, oris,* m. Fonctions d'—, *apparitio, onis,* f.; faire l'office d'—, *apparere*.*

apparition, f. **1.** Manifestation. *Visio, onis,* f. *Visum, i,* n. Faire une —, *exoriri*;* ne faire qu'une courte —, *paulisper commorari.* ◆ **2.** (Fig.) Commencement. *Ortus, us,* m.

apparoir, intr. *Apparere, eo*. Patere, eo*.* Il appert, *constat*; liquet*.*

appartement, m. *Tectum, i,* n. Appartement des hommes, *andronitis, idis,* f.; — des femmes, *gynaeconitis, idis,* f.; — d'hiver, *hibernacula, orum,* npl.

appartenir, intr. **1.** Être la propriété de. *Esse** (gén.). Ceci m'appartient, *hoc meum est;* rendre à chacun ce qui lui appartient, *sua cuique tribuere.* ◆ **2.** (Fig.) Être le propre d'une personne. *Esse* (gén.). (D'une chose) *Pertinere* (*eo**) *ad.*

appas, mpl. *Illecebrae, arum,* fpl.

appât, m. **1.** *Esca, ae,* f. ◆ **2.** (Fig.) *Illecebrae, arum,* fpl. *Incitamentum, i,* n. Prendre qqn à l'appât d'une récompense, *aliquem specie praemii allicĕre, io*.*

appâter, tr. **1.** Attirer avec un appât. *Inescare.* ◆ **2.** Mettre dans la bouche. *Cibum in os inserĕre** (gén. ou dat.).

appauvrir, tr. **1.** Rendre pauvre. *Inopem* (*aliquem*) *facere, io*. Ad inopiam* (*aliquem*) *redigere, o*.* ◆ **2.** (Fig.) Épuiser, diminuer. *Exhaurire*.*

appauvrissement, m. *Inopia, ae,* f. Appauvrissement du sol, *soli sterilitas, atis,* f.

appeau, m. *Illex, icis,* m.

appel, m. **1.** Action d'appeler.

Nomenclatio, onis, f. Faire l'appel de, *ad nomen citare* (acc.); répondre à l'appel, *ad nomen respondĕre*;* sonner un appel, *signum canĕre**. ◆ **2.** Demande, citation. *Appellatio, onis*, f. *Provocatio*, f. Faire appel au peuple, *ad populum provocare;* faire appel aux tribuns, *tribunos appellare;* interjeter appel, *appellationem interponĕre*;* faire appel à la pitié, *misericordiam exposcĕre**.

appelant, te, adj. **1.** Celui qui appelle. *Appellator, oris*, m. ◆ **2.** Oiseau. *Allector, oris*, m.

appeler, tr. **1.** Aborder en paroles. *Appellare.* (Désigner d'un mot) *Vocare.* (Désigner par son nom) *Nominare.* (Donner un nom) *Nuncupare.* Appeler qqn à haute voix, *aliquem inclamare;* appeler qqn par son nom, *nomine aliquem vocare;* appeler par signes, *nutu vocare.* ◆ **2.** Faire venir. *Vocare. Advocare. Arcessere, o**. Appeler à son secours, *auxilio aliquem vocare;* appeler à (inf.), *vocare ut* (subj.) ou *ad* (gér. ou adj. verb.); appeler de tous ses vœux, *votis* (*aliquid*) *arcessĕre*;* appeler le malheur sur qqn, *alicui malum imprecari;* un mensonge en appelle un autre, *mendacium aliud aliud sequitur*;* appeler le regard par sa beauté, *convertĕre* pulchritudine in se omnium oculos.* ◆ **3.** Réclamer. *Requirere, o*. Postulare.* Cette affaire appelle votre sévérité, *haec severitatem tuam desiderant.* ◆ **4.** Avoir recours à. *Appellare* (acc.). *Provocare* (*ad*, acc.). En appeler d'un jugement, *a judicibus provocare;* en appeler à la force, *ad vim confugere, io**.

S'APPELER, r. Se nommer. *Vocari. Nominari. Dici, or*. Est* (*mihi*) *nomen* (nom. ou dat.). Voilà qui s'appelle une belle action, *id re vera praeclarum est facinus.*

appellation, f. **1.** Action d'appeler. *Vocatio, onis*, f. ◆ **2.** Appel d'un jugement. *Appellatio, onis*, f. (à, gén.). *Provocatio*, f. (à, *ad*). ◆ **3.** Dénomination. *Nominatio, onis*, f. *Nomen, inis*, n.

appendice, m. *Appendix, icis*, f.

appendre, tr. *Appendere, o*. Suspendere, o**.

appentis, m. *Subgrunda, ae*, f.

appesantir, tr. *Gravare. Aggravare.* Yeux appesantis, *graves oculi;* appesantir son joug sur qqn, *aliquem jugo premere**.

S'APPESANTIR, r. **1.** Devenir plus pesant. ◆ **2.** (Fig.) Insister. *Insistere, o*. Immorari.*

appesantissement, m. *Gravitas, atis*, f.

appétissant, ante, adj. *Stomachum sollicitans, antis.*

appétit, m. **1.** Désir. *Appetentia, ae*, f. *Appetitus, us*, m. ◆ **2.** Désir de manger. *Cibi appetentia, ae*, f. *Fames, is*, f. *Esuries, ei*, f. Grand appétit, *edacitas, atis*, f. Avoir de l'appétit, *esurire*;* donner de l'appétit, *stomachum sollicitare;* manger avec appétit, *libenter edĕre*;* manque d'appétit, *ciborum fastidium;* manquer d'appétit, *cibum non appetĕre*;* contenter son appétit, *famem explēre.*

Appienne. Voie Appienne, *Via Appia*, f.

applaudir, intr. **1.** Témoigner bruyamment son approbation. *Plaudere, o*. Applaudere, o*.* Être applaudi, *plausibus comprobari.* ◆ **2.** Approuver. *Probare. Comprobare. Assentiri*.*

S'APPLAUDIR, r. Se glorifier, se féliciter. *Gloriari* (*aliquā re*). *Laetari* (abl.) de ce que, *quod* (indic. ou subj.).

applaudissement, m. Battement des mains. *Plausus, us,* m. *Assensus, us,* m. Aux applaudissements du peuple, *secundo populo;* provoquer les applaudissements, *plausus movēre*.*

applaudisseur, m. *Plausor, oris,* m.

applicable, adj. Choses qui sont applicables à tous, *quae in omnes incidunt*.*

application, f. **1.** Action d'appliquer une chose sur une autre. *Admotio, onis,* f. *Impositio, onis,* f. Application d'un cachet, *sigilli impressio.* ◆ **2.** (Fig.) Emploi que l'on fait d'une chose. *Usus, us,* m. Application d'une loi, *legis exsecutio;* maximes d'une application étendue, *praecepta late patentia*.* ◆ **3.** Attribution. *Addictio, onis,* f. Faire l'application d'une chose à une autre ou à qqn, *rem rei* ou *alicui attribuĕre.* ◆ **4.** Attention. *Animi contentio, onis,* f. *Studium, ii,* n. *Cura, ae,* f. *Diligentia, ae,* f. Mettre son application à, *toto animo incumbĕre* in* (acc.); avec application, *attento animo.*

appliqué, ée, part. et adj. **1.** Approché. *Applicatus, a, um. Admotus. Impressus.* ◆ **2.** (Fig.) Studieux, attentif. *Intentus, a, um. Studiosus.*

appliquer, tr. **1.** Mettre une chose sur une autre. *Applicare** (*rem rei*). *Admovere, eo** (*rem rei*). Appliquer des couleurs sur un tableau, *colores picturae inducĕre*;* appliquer un soufflet à qqn, ou sur la figure de qqn, *colaphum alicui incutĕre, io*.* ◆ **2.** Employer. *Admovere, eo*. Adhibere, eo*. Uti, or** (abl.). *Accommodare* (acc.). Appliquer un proverbe à propos, *opportune proverbium aptare.* ◆ **3.** Attribuer. *Assignare. Addicere, o*. Attribuere, o.* Appliquer un vers à qqn, *versum in aliquem conferre*.* ◆ **4.** Appliquer son esprit à. *Animum intendĕre* ad.*

S'APPLIQUER, r. **1.** Être appliqué. *Applicari.* ◆ **2.** Être applicable, convenir à. *Congruere, o** (*cum*). *Convenire* (*alicui**). *Cadere, o** (*in*, acc.). Ce terme peut s'appliquer aux beaux-arts, *id ad artes transferri* potest*.* ◆ **3.** S'attribuer. *Sibi attribuĕre* ou *assumĕre*.* ◆ **4.** Attacher son esprit à. *Animum intendĕre* ad. Operam dare** (dat.). *Incumbere, o** (*ad* ou *in*, acc.). *Studere, eo** (dat.). S'appliquer à ce que, *operam dare*, incumbĕre** ou *studēre** (*ut*, subj.).

appointements, mpl. *Stipendium, ii,* n. *Annua, orum,* npl.

appointer, tr. *Stipendium (alicui) dare*.*
apport, m. (Jur.). *Bona, orum,* npl.
apporter, tr. **1.** Porter en un lieu. *Afferre, fero*. Deferre*. Apportare.* Apporter dans, *inferre** ou *importare (in,* acc.); — par eau, par charroi, *advehere;* — la nouvelle que, *afferre** (prop. inf.). ◆ **2.** Employer. *Adhibere, eo*.* ◆ **3.** Causer. *Afferre*. Inferre*.* Apporter des dommages, *ferre* incommodum.* ◆ **4.** Alléguer. *Afferre*.* Apporter pour preuve, pour excuse, *argumentum afferre*.*
apposer, tr. *Apponere, o*.* Apposer son cachet sur, *obsignare (aliquid).*
apposition, f. **1.** *Appositio, onis,* f. Apposition d'un sceau. *Obsignatio,* f. ◆ **2.** (Gr.) *Appositum, i,* n.
appréciable, adj. *Aestimabilis, e.*
appréciateur, m. *Aestimator, oris,* m.
appréciation, f. *Aestimatio, onis,* f. *Judicium, ii,* n.
apprécier, tr. Évaluer. *Aestimare.* Apprécier beaucoup qqn, *magni aliquem facere, io*.*
appréhender, tr. **1.** Saisir. *Prehendere, o*. Comprehendere, o*.* ◆ **2.** Craindre. *Timere, eo*. Metuere, o.* J'appréhende pour ses jours, *de ejus vita vereor*.*
appréhension, f. **1.** Conception. *Apprehensio, onis,* f. ◆ **2.** Crainte. *Timor, oris,* m. *Metus, us,* m. Être dans l'appréhension, *expavescere*.*
apprendre, tr. **I. 1.** Acquérir la connaissance de qqch. *Accipere, io** (acc.). *Certiorem fieri* (rei* ou *de re).* — (Par ouï-dire) *Audire* (acc.). — (De source certaine) *Comperire** (acc.). Apprendre de qqn qqch., *aliquid ex* ou *ab aliquo discĕre** ou *audire; rei* ou *de re per aliquem certiorem fieri*;* ayant appris que, *audito* (prop. inf.); apprends que, *scito** (prop. inf.); il apprendra qui je suis, *sentiet* qui vir sim.* ◆ **2.** Acquérir des connaissances. *Discĕre, o*. Percipere, io*.* Apprendre par cœur, *ediscĕre*;* — facilement, *celeriter arripere, io*;* — à fond, *perdiscĕre*;* apprendre le latin, *Latine loqui discere*;* apprendre à, *discĕre** (inf.); apprendre de qqn, *discĕre* ab aliquo.* ◆ **3.** Acquérir la pratique de qqch. *Condiscere, o*. Assuescere, o** (abl.). Il a appris à supporter l'infortune, *assuevit* res adversas sustinēre*.* ◆ **4.** Apprendre par l'expérience. *Experiri*.* ◆ **II. 1.** Donner la connaissance de qqch. *Docere, eo* (aliquem rem). Certiorem facere, io* (aliquem). Admonere, eo* (aliquem rei* ou *de re).* Apprendre une chose à qqn, *rei* ou *de re aliquem certiorem facĕre*.* ◆ **2.** Donner à qqn la science de qqch. *Docere, eo*.* Apprendre qqch. à qqn, *aliquem aliquid docēre** ou *erudire; instituere aliquem ad aliquid;* homme bien appris, *homo liberaliter educatus;* mal appris, *rusticus, a, um.* ◆ **3.** Donner à qqn la pratique de qqch. *Docēre. Assuefacere, io* (aliquem re* ou inf.).

apprenti, ie, m. et f. **1.** Qui apprend un métier. *Tiro, onis,* m. *Tiruncula, ae,* f. ◆ **2.** (Fig.) Inexpérimenté. *Tiro. Imperitus, a, um. Rudis, e.*

apprentissage, m. *Tirocinium, ii,* n. *Rudimentum, i,* n. *Disciplina, ae,* f. Faire l'apprentissage de, *ediscĕre** (acc.); sortir d'apprentissage, *rudimentum ponĕre**.

apprêt, m. **1.** Préparatif. *Apparatus, us,* m. ◆ **2.** Assaisonnement. *Condimentum, i,* n. *Conditio, onis,* f. ◆ **3.** Affectation. *Apparatio, onis,* f. Sans apprêt, *simpliciter.*

apprêter, tr. **1.** Préparer. *Parare. Comparare. Ornare.* Apprêter des verges, *virgas expedire;* apprêter des laines, *lanas perficĕre, io**. ◆ **2.** Assaisonner. *Condire.* Apprêter à manger, *cibos condire.*

S'APPRÊTER, r. Se préparer. *Se parare* ou *comparare (ad). Se componere (ad).* S'apprêter à la lutte, *se ad proelium expedire;* s'apprêter à partir, *apparare iter;* un orage s'apprête, *tempestas nobis impendet**.

apprivoiser, tr. **1.** *Mansuefacere, io**. *Domare**. *Cicurare.* Apprivoisé, *cicur, uris; mansuefactus, a, um.* ◆ **2.** (Fig.) *Mansuefacĕre**. Apprivoisé, *mitigatus.*

S'APPRIVOISER, r. **1.** *Mansuefieri, fio**. ◆ **2.** (Fig.) *Mitigari. Mitescere, o**.

approbateur. I. Nom. *Probator, oris,* m. *Assensor, oris,* m. ◆ **II.** Adj. *Secundus, a, um.*

approbatif, ive, adj. *Secundus, a, um.* Signe approbatif, *nutus, us,* m. Faire un signe approbatif, *annuĕre.*

approbation, f. *Assensio, onis,* f. *Assensus, us,* m. *Approbatio, onis,* f. Donner son approbation à, *approbare* (acc.); obtenir l'approbation de, *probari ab;* soumettre qqch. à l'approbation de qqn, *aliquid alicui approbare;* avec l'approbation de tous, *omnibus assentientibus**.

approchant, ante. I. Adj. *Propinquus, a, um. Affinis, e.* ◆ **II.** Adv. Environ. *Circiter. Ferme.*

approche, 1. Action de s'approcher. *Accessus, us,* m. *Appropinquatio, onis,* f. A l'approche des ennemis, *hostium adventu;* à l'approche de l'hiver, *instante** ou *appropinquante hieme;* aux approches de la mort, *in conspectu mortis.* ◆ **2.** Abords (milit.). *Aditus, us,* m. Défendre les approches d'une ville, *hostes urbis aditu prohibēre**.

approcher. I. Tr. **1.** Mettre auprès. *Admovere, eo**. *Adducere, o**. *Appellere, o**. Approcher les échelles des murailles, *scalas moenibus admovēre**. ◆ **2.** Aborder. *Adire, eo** *(aliquem). Accedere, o** *(ad).* Approcher qqn, *ad aliquem accessum habēre.* * ◆ **II.** Intr. et

S'APPROCHER (de). **1.** *Appropinquare* (dat.). *Accedere, o** *(ad). Adventare (ad).* Approche-toi, *accede* huc.* ◆ **2.** Devenir proche. *Appropinquare. Instare**. *Imminere, eo**. La mort s'approchait, *instabat* mors.* ◆ **3.** Avoir de la ressemblance avec. *Accedĕre* ad* (acc.). Dont rien n'approche, *cui nihil est secundum.*

approfondir, tr. **1.** *Excavare.* ◆ **2.** (Fig.) Examiner, étudier à fond. *Excutere, io*. Perscrutari.* Approfondir un sujet, *rem indagare.*

appropriation, f. **1.** Action d'approprier. *Ornatio, onis,* f. ◆ **2.** Action de s'appropriprier. *Vindicatio, onis,* f.

approprier, tr. **1.** Rendre propre. *Mundare. Ornare.* ◆ **2.** Adapter. *Accommodare* (à, *ad*). *Aptare* (à, *ad*).

S'APPROPRIER, r. S'attribuer. *Sibi sumĕre*. Sibi arrogare*. Sibi vindicare.* S'approprier le bien d'autrui, *in rem suam alienam convertere*.*

approuver, tr. Agréer, consentir. *Assentiri** (dat.). *Probare* (acc.). *Approbare* (acc.). Approuver un avis, *sententiae favere*;* approuver un projet, *propositum ratum habere*;* faire approuver qqch. à qqn, *aliquid alicui probare;* approuver que, *probare* (prop. inf.).

approvisionnement, m. *Commeatus, us,* m. Approvisionnements en blé, *res frumentaria.*

approvisionner, tr. *Commeatum advehere, o** (*in* ou *ad*, acc.). Approvisionner d'eau une maison, *aquam aedificio suppeditare.*

S'APPROVISIONNER, r. *Colligere, o** (acc.). S'approvisionner en blé ou de blé, *rei frumentariae providere*.*

approximatif, ive, adj. *Conjecturalis, e.*

approximation, f. *Conjectio, onis,* f.

approximativement, adv. *Conjectura. Circiter. Fere.*

appui, m. **I.** Support. *Adminiculum, i,* n. *Fulmentum, i,* n. Appui d'une fenêtre, *fenestrae fulcrum;* appuie-main, *manus fulmentum;* prendre un point d'appui, *adminiculo inniti*;* servir d'appui, *pro fultura esse*.* ◆ **II.** (Fig.) Soutien, aide. *Firmamentum, i,* n. *Adjumentum, i,* n. *Praesidium, ii,* n. *Auxilium, ii,* n. Avoir de nombreux appuis, *multorum praesidio amicorum valēre*;* chercher un appui dans, *confugere,* (*io**) *ad;* être sans appui, *nullis amicorum praesidiis tegi;* prêter son appui à, *sublevare* (acc.); citer un exemple à l'appui, *rem exemplo tutari.*

appuyer. I. Tr. 1. Faire soutenir un objet par un autre. *Fulcire*.* Appuyer son coude sur, *cubitum fulcire** (abl.); appuyé sur le coude, *cubito nixus;* appuyer une échelle contre un mur, *muro scalam applicare*;* appuyer son camp à un fleuve, *flumini castra applicare*.* ◆ **2.** (Fig.) *Fulcire*.* Appuyer un précepte par le raisonnement, *sententiam argumentis confirmare;* appuyé sur la faveur du peuple, *gratiā populi fultus.* ◆ **3.** Soutenir, encourager. *Adjuvare*. Sublevare. Favere, eo** (dat.). Appuyer une loi, *legem suadēre**; appuyer un avis, *sententiae favēre**; appuyer qqn, *aliquem tueri**; appuyer qqn de son suffrage, *alicui suffragari*. ◆ **II.** Intr. Poser ou peser sur; insister, incliner. *Premere, o** (sur, acc.). Les charges qui appuient sur le mur, *onera quae pariete* ou *in parietem innituntur**; appuyer sur une syllabe, *syllabae incumbĕre**; appuyer sur un argument, *argumento insistĕre**; appuyer sur la gauche, *ad laevam flectĕre**.

S'APPUYER, r. **1.** S'aider comme d'un appui. *Niti, or** (*re* ou *in re*). *Incumbere, o** (dat. ou *in*, acc.). *Fulcire** (abl.). S'appuyer sur le coude, *cubitum premĕre**; s'appuyer contre un arbre, *se ad arborem applicare**. ◆ **2.** (Fig.) *Niti*. S'appuyer sur le crédit de ses amis, *amicorum auctoritate fulciri**.

âpre, adj. **1.** Raboteux, rude. *Asper, era, erum. Scaber, bra, brum*. Apre au goût, *gustu asper*; âpre au toucher, *tactu scaber*. ◆ **2.** (Fig.) Désagréable, pénible. *Asper. Durus, a, um*. Caractère âpre, *morum acerbitas*; vie âpre, *austera vita*. ◆ **3.** Avide. *Cupidus, a, um* (gén.). *Avidus* (gén.). Être âpre à, *studere** (dat.).

âprement, adv. *Aspere. Acerbe.*

1. après, prép. 1° *Devant un nom* ou *un pronom*. — a) Temps. *Post* (acc.). *A* ou *ab* (abl.). Après le combat, *post pugnam*; après ta préture, *post te praetorem*; après les jeux, *ab ludis*; après la mort de son ami, *amico ejus mortuo*; aimer qqn même après sa mort, *aliquem etiam mortuum amare*; six ans après la prise de Rome, *sexennio post captam Romam*; quatre ans après son exil, *post annum quintum quo expulsus* erat* ou *anno quinto postquam erat expulsus*; l'un après l'autre, *in vicem*; *ordine*; les uns après les autres, *singuli, ae, a*; après cela, *post haec*; après tout, *denique*; *ceterum*; ceux qui viendront après nous, *posteri, orum*, mpl. — b) Ordre, rang. *Secundum* (acc.). *Ab* (abl.). Le premier après le roi, *secundus a rege*; tout de suite après lui, *proxime illum*. — c) Lieu. *Post*. Fuir sans regarder après soi, *sine respectu fugere, io**. — d) Tendance. Courir après qqn, *aliquem insequi**; courir après les honneurs, *honores consectari*; soupirer après qqch., *aliquid exoptare*; aboyer après qqn, *aliquem allatrare*; crier après qqn, *aliquem objurgare*; être après qqn, *aliquem exagitare*; être après une affaire, *occupari in re*.

2° *Devant un verbe à l'inf.* et APRÈS QUE, conj. *Postquam. Posteaquam* (ou simpl. *quam*, après une expression de temps). *Cum*. Dix jours après t'avoir quitté, *undecimo die postquam a te discesseram**.

2. après (d'), prép. *Ex* (abl.). *Secundum* (acc.). *Juxta* (acc.). D'après l'avis de tous, *ex* ou *de omnium consensu;* d'après moi, *meā sententiā;* d'après votre conseil, *consilio tuo.*

3. **après,** adv. *Post. Postea. Deinceps. Deinde.* Quelques mois après, *paucis post mensibus* ou *post* (prép.) *aliquot menses;* peu de temps après, *paulo post;* eh bien après? *quid postea? quid tum?*

après-demain, adv. *Perendie. Perendino die.*

après-dînée, f. et **après-midi,** m. ou f. *Postmeridianum tempus,* n. Dans l' —, *post meridiem.*

âpreté, f. **1.** État de ce qui est âpre. *Asperitas, atis,* f. ◆ **2.** (Fig.) Sévérité, rudesse. *Asperitas. Duritia, ae,* f. ◆ **3.** Avidité. Apreté au gain. *Avaritia, ae,* f.

apte, adj. *Aptus, a, um* (dat. ou *ad,* acc.).

aptitude, f. *Habilitas, atis,* f. *Indoles, is,* f. Aptitude à la vertu, *virtutis indoles.*

apurement, m. *Rationum inspectio, onis,* f.

apurer, tr. *Putare. Purgare.* Apurer un compte, *rationes putare.*

aquatique, adj. *Aquaticus, a, um. Aquatilis, e.*

aqueduc, m. *Aquarum ductus, us,* m. *Aquae ductus, us,* m. Construire un aqueduc, *aquam ducĕre*.*

aqueux, euse, adj. *Aquosus, a, um. Aquatus, a, um.*

aquilin, adj. *Aduncus, a, um.*

aquilon, m. *Aquilo, onis,* m.

Aquitaine. *Aquitania, ae,* f. D'Aquitaine, *Aquitanicus, a, um;* habitant de l'Aquitaine, *Aquitanus, i,* m.

Arabe, m. *Arabs, abis,* m.

arabesques, fpl. *Arabica ornamenta,* npl.

Arabie, *Arabia, ae,* f.

arabique, adj. *Arabicus, a, um.*

arable, adj. *Arabilis, e.*

Aragon. *Aragonia, ae,* f. Aragonais, aise, *Aragonius, a, um.*

araignée, f. *Aranea, ae,* f. *Araneus, i,* m. Petite —, *araneola, ae,* f.; toile d'araignée, *araneum, i,* n.; *aranea, ae,* f.

aratoire, adj. *Aratorius, a, um.* Instruments aratoires, *instrumentum, i,* n.

arbalète, f. *Arcuballista, ae,* f.

arbalétrier, m. *Arcuballistarius, ii,* m.

arbitrage, m. *Arbitrium, ii,* n. *Arbitratus, us,* m.

arbitraire. **I.** Adj. **1.** Qui dépend de la volonté libre. *Liber, era, erum.* ◆ **2.** Tyrannique. *Impotens, entis.* ◆ **II.** Nom m. *Libido, inis,* f.

arbitrairement, adv. *Ex libidine.*

arbitral, ale, adj. *Arbitrarius, a, um. Arbitralis, e.*

arbitralement, adv. *Per arbitrum.*

arbitre, m. **1.** Juge. *Arbiter, tri,* m. *Judex, icis,* m. *Disceptator, oris,* m. *Disceptatrix, icis,* f. Prendre qqn pour arbitre, *arbitrum aliquem sumĕre*.* ◆ **2.** Maître absolu. *Arbiter. Dominus, i,* m. La fortune est l'arbitre de toutes choses, *in omni re* *fortuna dominatur.* ◆ **3.** Action de la volonté. Libre arbitre, *liberum arbitrium*, n.; jouir de son libre arbitre, *sui arbitrii esse**.

arbitrer, tr. *Arbitrari.*

arborer, tr. **1.** Planter. *Figere, o.** Arborer un drapeau, *vexillum proponĕre**. ◆ **2.** (Fig.) Faire profession de. *Profiteri, eor** (acc.).

arbousier, m. *Arbutus, i,* f. D'arbousier, *arbuteus, a, um;* arbouse, *arbutum, i,* n.

arbre, m. **1.** Végétal. *Arbor, oris,* f. D'arbre, *arboreus, a, um;* lieu planté d'arbres, *arboretum, i,* n.; arbre à fruits, *arbor frugifera;* lieu planté d'arbres à fruits, *pomarium, ii,* n. ◆ **2.** Pièce de bois. Arbre d'un vaisseau, *malus, i,* m.; d'une roue, *axis, is,* m.; d'un pressoir, *torcularia arbor.* ◆ **3.** Arbre généalogique. *Stemma, atis,* n.

arbrisseau, arbuste, m. *Arbuscula, ae,* f. *Frutex, icis,* m. Lieu planté d'arbrisseaux, *fruticetum, i,* n.; plein d'arbrisseaux, *fruticosus, a, um.*

arc, m. *Arcus, us,* m. Arc-en-ciel, *arcus caelestis;* arc de triomphe, *arcus triumphalis;* courbé en arc, *arcuatus, a, um;* tendre, bander un arc, *arcum intendĕre*;* arc débandé, *arcus remissus.*

arcade, f. *Fornix, icis,* m. Fait en arcade, *fornicatus, a, um.*

Arcadie. *Arcadia, ae,* f. Arcadien, *Arcas, adis,* m.; d'Arcadie, *Arcadicus, a, um.*

arc-boutant, m. **1.** Pilier. *Erisma, ae,* f. ◆ **2.** (Fig.) Soutien. *Columen, inis,* n.

arc-bouter, tr. *Fulcire**.

arceau, m. *Fornix, icis,* m.

archaïsme, m. *Priscum vocabulum,* n.

archange, m. *Archangelus, i,* m.

arche, f. **1.** (D'un pont) *Fornix, icis,* m. ◆ **2.** (De Noé) *Arca, ae,* f. ◆ **3.** (D'alliance) *Arca fœderis.*

archéologie, f. *Veterum monumentorum studium* (*ii*), n.

archer, m. *Sagittarius, ii,* m.

archet, m. *Plectrum, i,* n.

archétype, m. *Archetypum, i,* n.

archevêché, m. *Archiepiscopatus, us,* m.

archevêque, m. *Archiepiscopus, i,* m.

archidiacre, m. *Archidiaconus, i,* m.

archiduc, m. *Archidux, ucis,* m.

archiduché, m. *Archiducatus, us,* m.

archiépiscopal, adj. *Archiepiscopalis, e.*

Archimède. *Archimedes, is,* m.

archipel, m. *Mare insulis consitum.*

Archipel (l'), *Aegeum* (*i*) *mare* (*maris*), n.

archiprêtre, m. *Archipresbyter, eri,* m.

architecte, m. **1.** *Architectus, i,* m. ◆ **2.** (Fig.) *Opifex, icis,* m. *Conditor, oris,* m.

architecture, f. *Architectura, ae,* f.

architrave, f. *Epistylium, ii*, n.
archives, fpl. **1.** Papiers anciens. *Commentarii, orum*, mpl. *Chartae, arum*, fpl. *Acta, orum*, npl. *Tabulae publicae*, fpl. ◆ **2.** Lieu où on les garde. *Tabularium, ii*, n. Déposer aux archives, *in aerario condĕre**.
archiviste, m. *Chartarius, ii*, m.
archonte, m. *Archon, ontis*, m.
arçon, m. *Sellae arcus, us*, m.
arctique, adj. *Boreus, a, um. Arcticus.*
ardélion, m. *Ardelio, onis*, m.
ardemment, adv. *Ardenter. Vehementer.*
Ardennes. *Aduenna, ae*, f.
ardent, ente, adj. **1.** *Ardens, entis. Flagrans, antis.* Yeux ardents, *flagrantes oculi.* ◆ **2.** (Fig.) *Ardens. Fervidus, a, um. Acer, acris, acre.* Homme ardent ou d'un esprit ardent, *animi fervidi vir;* ardent à, *ardens* ou *inflammatus ad.*
ardeur, f. **1.** *Ardor, oris*, m. *Aestus, us*, m. Ardeur du soleil, *solis fervor.* ◆ **2.** (Fig.) *Ardor. Fervor.* Être plein d'ardeur pour l'étude, *flagrare discendi cupiditate;* s'appliquer avec ardeur à, *animum acriter intendĕre* ad;* exciter l'ardeur de, *accendĕre* (aliquem);* avec ardeur, *studiose; acri animo;* sans ardeur, *segniter.*
ardoise, f. *Lapis* (*idis*, m.) *sectilis* (*is*).
ardu, ue, adj. *Arduus, a, um.*
arène, f. *Arena, ae*, f.
Aréopage, m. *Areopagus, i*, m.
Aréopagite, m. *Areopagites, ae*, m.
arête, f. **1.** Os de poisson. *Spina, ae*, f. ◆ **2.** Barbe de l'épi. *Barbula, ae*, f. ◆ **3.** (Archit.) *Angulus, i*, m. ◆ **4.** Sommet d'une chaîne de montagnes. *Dorsum, i*, n.
argent, m. **1.** Métal. *Argentum, i*, n. D'argent, *argenteus, a, um;* argent en lingot, *argentum infectum;* argent monnayé, *argentum signatum.* ◆ **2.** Monnaie, richesse. *Pecunia, ae*, f. *Nummi, orum*, mpl. Affaire d'argent, *pecuniaria res;* amour de l'argent, *avaritia, ae*, f.; argent pour le voyage, *viaticum, i*, n.; argent gagné, *quaestus, us*, m.; argent dépensé, *sumptus, us*, m.; embarras ou manque d'argent, *difficultas pecuniaria; inopia rei pecuniariae;* argent en billets, *pecunia in nominibus;* argent comptant, *praesens* ou *numerata pecunia;* payer argent comptant, *solvĕre* numerato;* qui a beaucoup d'argent, *pecuniosus, a, um;* qui est sans argent, *pecunia exhaustus;* faire argent de tout, *omnia quaestui habēre*;* acquérir à prix d'argent, *auro comparare;* pour de l'argent, *pecuniā acceptā; quaestus causa;* prêter de l'argent à qqn, *alicui argentum credĕre*;* placer de l'argent, *pecuniam collocare.*
argenter, tr. *Argento inducere, o** (acc.). Argenté, *argentatus, a, um;* (blanc comme l'argent), *argenteus, a, um.*
argenterie, f. *Argentum, i*, n. *Argentea vasa*, npl.

argentifère, adj. *Argentosus, a, um.*

argentin, ine, adj. *Argenteus, a, um.*

argile, f. *Argilla, ae*, f. (Vase) d' —, *fictilis, e.*

argileux, euse, adj. *Argillosus, a, um.*

Argolide. *Argolis, idis*, f. D' —, *Argolicus, a, um.*

Argonautes. *Argonautae, arum*, mpl.

arguer. **I.** Tr. *Arguere, o.* Arguer de faux, *falsi arguĕre.* ◆ **II.** Intr. *Concludere, o**.

argument, m. **1.** Raisonnement. *Argumentum, i*, n. *Ratio, onis*, f. Établir qqch. par des arguments, *aliquid argumentari.* ◆ **2.** Preuve, indice. *Argumentum. Signum, i*, n. *Indicium, ii*, n. Tirer argument de, *in argumentum advocare* (acc.). ◆ **3.** Commentaire. *Commentarium, ii*, n.

argumentateur, m. *Argutator, oris*, m.

argumentation, f. *Argumentatio, onis*, f.

argumenter, intr. *Argumentari.*

Argus. **1.** Personnage mythologique. *Argus, i*, m. ◆ **2.** Espion. *Speculator, oris*, m.

argutie, f. *Argutiae, arum*, fpl.

aride, adj. **1.** *Aridus, a, um.* Devenir aride, *arescĕre**; être aride, *arēre**. ◆ **2.** (Fig.) *Aridus.* Style aride, *exsiccatum dicendi genus.*

aridité, f. *Ariditas, atis*, f. *Siccitas, atis*, f.

aristocrate, m. **1.** Membre d'une aristocratie. *Nobilis, is*, m. ◆ **2.** Partisan de l'aristocratie. *Nobilitatis fautor, oris*, m.

aristocratie, f. **1.** Gouvernement des grands. *Optimatium dominatus, us*, m. ◆ **2.** Classe des grands. *Nobilitas, atis*, f. *Optimates, um* ou *ium*, mpl.

aristoloche, f. *Aristolochia, ae*, f.

Aristophane. *Aristophanes, is*, m.

Aristote. *Aristoteles, is*, m. D'Aristote, *Aristotelicus, a, um.*

arithméticien, m. *Arithmeticus, i*, m.

arithmétique, f. *Arithmetica, orum*, npl. De l'arithmétique, *arithmeticus, a, um.*

arlequin, m. *Scurra, ae*, m.

arlequinade, f. *Scurrilitas, atis*, f.

Arles. *Arelas, atis*, f. D'Arles, *Arelatensis, e.*

armateur, m. *Navicularius, ii*, m.

arme, f. **1.** Instrument. (D'attaque) *Telum, i*, n. (De défense) *Arma, orum*, npl. Arme de trait, *missile, is*, n.; qui est en armes, *armatus, a, um*; sans armes, *inermis, e*; prendre les armes, *arma sumĕre** ou *capĕre, io**; être sous les armes, avoir les armes à la main, *in armis esse**; rester en armes, *arma tenēre**; crier, appeler aux armes, *ad arma vocare*; mettre bas les armes, *arma deponĕre**;

rendre les armes, *arma tradĕre**; à armes égales, *aequo marte*. ◆ **2.** Guerre, entreprise militaire. *Arma. Bellum, i*, n. Suspension d'armes, *induliae, arum*, fpl.; le métier, la carrière des armes, *militia, ae*, f.; faire ses premières armes, *militiae rudimentum facĕre, io**. ◆ **3.** (Escrime) Un maître d'armes, *lanista, ae*, m.; faire des armes, *arma tractare*. ◆ **4.** Armoiries. *Gentilicia stemmata*, npl. ◆ **5.** (Fig.) Tout moyen de défense ou d'attaque. *Telum*. Les armes de la prudence, *prudentiae arma;* donner une arme à qqn, *alicui telum tribuere;* faire arme de tout, *omnia arma advocare*.

armée, f. *Exercitus, us*, m. *Copiae, arum*, fpl. Armée rangée en bataille, *acies, ei*, f.; *instructa acies;* — en marche, *agmen, inis*, n.; armée de terre, *terrestris exercitus;* — de mer, *classis, is*, f.; *maritimae copiae*, fpl.; armée de réserve, *subsidium, ii*, n. ou *subsidiarii, orum*, mpl.

armement, m. *Belli apparatus, us*, m. *Belli instrumentum, i*, n.

Arménie. *Armenia, ae*, f. D'Arménie, *Armenius, a, um*.

armer, tr. **1.** Munir d'armes. *Armare*. On arme, *armatur;* armer contre qqn, *contra aliquem copias comparare;* force armée, *armati, orum*, mpl.; attaquer qqn à main armée, *vi* ou *armis aliquem aggredi, ior**; lutter à main armée, *proeliari;* soldat armé à la légère, pesamment armé, *levis, gravis armaturae miles;* qui n'est pas armé, *inermis, e*. ◆ **2.** Munir (en général). *Armare. Munire. Instruere, o** (de, abl.). Char armé de fer, *ferratus currus;* armé d'un bec, d'un éperon, *rostratus, a, um;* armé d'un dard, *verutus;* armé contre le froid, *a frigore munitus;* armé d'audace, *audaciā armatus*.

S'ARMER, r. **1.** Se munir d'armes. *Se armare. Armari. Telis accingi, or**. S'armer d'un glaive, *gladio accingi**. ◆ **2.** Se munir. *Se armare. Se munire* (de, abl.). S'armer de courage, *animum firmare*.

armistice, m. *Induliae, arum*, fpl.

armoire, f. *Armarium, ii*, n. *Arca, ae*, f.

armoiries, fpl. *Gentilicia stemmata*, npl.

armoise, f. *Artemisia, ae*, f.

armorial, m. *Insignium index, icis*, m.

armorier, tr. *Insignia pingere, o** (*in*, abl.).

Armorique. *Aremorica, ae*, f. De l' —, *Aremoricus, a, um*.

armure, f. *Armatura, ae*, f. *Arma, orum*, npl.

armurier, m. *Armorum faber, bri*, m.

aromate, m. *Aroma, atis*, n.

aromatique, adj. *Aromaticus, a, um*.

aromatiser, tr. *Aromatibus condire*. Vin aromatisé, *aromatites, ae*, m.

arome, m. *Odor, oris,* m.
aronde, f. Queue d' —. *Securicula, ae,* f. Disposé en queue d'aronde, *securiculatus, a, um.*
arpent, m. *Semijugerum, i,* n.
arpentage, m. *Metatio, onis,* f.
arpenter, tr. *Metiri*.*
arpenteur, m. *Mensor, oris,* m. *Finitor, oris,* m.
arquer, tr. *Arcuare. Curvare.* Qui a les jambes arquées, *varus, a, um.*
arrache-pied (d'), loc. adv. *Sine intermissione.*
arrachement, m. *Evulsio, onis,* f. (Plantes) *Exstirpatio,* f.
arracher, tr. **1.** Enlever avec effort. *Evellere, o*.* (En creusant) *Eruere, o.* (En tirant) *Elicere, io*.* (En tordant) *Extorquere, eo*.* (Jusqu'aux racines ou à la souche) *Eradicare. Exstirpare.* Arracher les fruits des arbres, *ex arboribus poma vellĕre*;* arracher un enfant à sa mère ou des mains de sa mère, *puerum a matre* ou *e matris manibus eripĕre, io*.* ◆ **2.** Obtenir avec peine. *Extorquĕre*. Elicĕre*, io*. Excutere, io*.* Arracher une promesse à qqn, *alicui promissum elicere*;* arracher des larmes, *lacrimas excutere*.* ◆ **3.** Détourner de, soustraire à. *Abstrahere, o** (de, *ab*). *Abducere, o** (de, *ab*). *Eripĕre, io** (*aliquem a re* ou *rem alicui*). Arracher qqn à ses occupations, *ab operibus aliquem divellĕre*.*
S'ARRACHER, r. **1.** S'éloigner, se séparer de. *Divelli, or*. Distrahi, or*. Sese eripĕre (io*).* ◆ **2.** Se disputer qqch. ou qqn. *Diripere, io** (acc.). *Rapere, io** (acc.).
arracheur, m. *Avulsor, oris,* m.
arrangement, m. **1.** Ordre, harmonie, *Ordo, inis,* m. *Dispositio, onis,* f. *Compositio,* f. Arrangement des mots, *verborum instructio;* arrangement de la coiffure, *comptus, us,* m. ◆ **2.** (Fig.) Dispositions, mesures prises. *Consilium, ii,* n. ◆ **3.** Conciliation. *Compositio. Pactum, i,* n. Entrer en arrangement, *ad pactionem venire*.*
arranger, tr. **1.** Mettre en ordre. *Disponere, o*. Componere, o*. Instruere, o*. Ordinare.* Arranger ses affaires, *suas res componere*;* arranger ses cheveux, *crines comĕre*;* arranger un habit, *vestem reficere, io*.* ◆ **2.** Convenir, agréer. *Placere, eo** (dat.). Cela m'arrange, *hoc mihi est commodum* ou *placet*.* ◆ **3.** Mettre d'accord. *Conciliare. Componĕre*.* Arranger des différends, *controversias componĕre*.* ◆ **4.** Maltraiter. *Ornare.* Arranger qqn de la belle manière, *aliquem probe versare.*
S'ARRANGER, r. **1.** Être mis en ordre. *Componi, or*.* **2.** Être mis d'accord. *Componi*. Convenire*.* Les choses pourront s'arranger, *res ad concordiam adduci poterunt*.* ◆ **3.** Prendre ses dispositions pour. *Providere, eo** (dat.). Qu'il s'arrange,

*ipse viderit**; il s'arrangea pour, *providit ut* (subj.)

arrérages, mpl. *Reliqua, orum*, npl.

arrestation, f. *Comprehensio, onis*, f. Procéder à l'arrestation de qqn, *aliquem prehendere**.

arrêt, m. **1.** Action de s'arrêter. *Statio, onis*, f. Temps d'arrêt. *Intermissio, onis*, f.; la lance en arrêt, *hasta protenta;* le cerf est en arrêt, *cervus defixus haeret**. ◆ **2.** Action d'arrêter (de retenir un mouvement). *Retentio, onis*, f. (Mise en arrestation) *Comprehensio, onis*, f. Mandat d'arrêt, *litterae, arum*, fpl.; mettre aux arrêts, *in custodiam dare** (*aliquem*). ◆ **3.** Ce qui sert à arrêter. *Retinaculum, i*, n. *Mora, ae*, f. ◆ **4.** Ce qui est arrêté, décret, sentence. *Decretum, i*, n. *Judicium, ii*, n. Rendre un arrêt, *judicium ferre**; prononcer un arrêt de mort, *mortem indicĕre**; c'est l'arrêt du destin, *sic fata poscunt**.

arrêté, m. *Decretum, i*, n. *Consultum, i*, n. Prendre un arrêté, *decernĕre**.

arrêter. I. Tr. **1.** Retenir, fixer, attacher. *Tenere, eo**. *Detinere, eo**. *Inhibere, eo**. Arrêter la fuite de l'ennemi, *fugam hostium reprimĕre**; arrêter ses regards sur qqch., *oculos in aliquid defigĕre**; arrêter le regard, l'attention (en parlant d'une œuvre d'art), *oculos demorari* ou *detinēre**; arrêter un cuisinier, une maison, *coquum, aedes conducĕre**. ◆ **2.** Mettre en état d'arrestation. *Comprehendere, o**. *In custodiā tenere, eo**. ◆ **3.** Faire cesser, réprimer. *Arcere, eo**. *Continere, eo**. Arrêter le sang, *sanguinem inhibēre**; arrêter l'incendie, *ignes reprimĕre**. ◆ **4.** Déterminer, régler. *Statuere, o*. *Decernere, o**. Arrêter des comptes, *rationes conficĕre, io**; arrêter un jour, *diem dicĕre**; arrêter que, *statuere* ou *decernere ut* (subj.); parti auquel on s'est arrêté, *consilium, ii*, n.; être bien arrêté (avec un suj. de choses), *stare**; *constare**; *firmum esse**. ◆ **II.** Intr. Cesser. Arrêtez! *State*!* arrêtez (taisez-vous), *tacēte**; il n'arrête pas, *opus non intermittit**.

s'ARRÊTER, r. **1.** Cesser de marcher. *Consistere, o**. *Haerere, eo**. Sans s'arrêter, *protinus*. ◆ **2.** Séjourner en qq. lieu. *Consistere**. *Morari*. *Commorari*. ◆ **3.** Cesser d'agir. *Desinere, o**. *Desistere, o**. Il s'arrêta (il se tut), *finem fecit**; ici, je m'arrête, *de hoc satis*. ◆ **4.** Insister. *Insistere, o** (*in*, acc. ou abl.). *Incumbere, o** (*in*, acc.). S'arrêter aux détails, *in singulis consistĕre**. ◆ **5.** Se déterminer à. *Stare* in* (abl.). *Amplecti, or** (acc.). ◆ **6.** Faire attention à. *Curare* (acc.). Je ne m'arrête pas à ses vols, *mitto* furta;* il ne faut pas s'arrêter à ce qu'il dit, *non spectandum quid dicat**.

arrhes, fpl. *Arrha, ae*, f.

arrière, m. (D'un vaisseau) *Puppis, is* (acc. *im*, abl. *i*), f.

arrière, en arrière. I. adv. *Retro. Retrorsum.* Marcher, aller en arrière, *recedĕre**; *retrocedĕre**; rester en arrière, *relinqui**; penché en arrière, *supinus, a, um; resupinus;* regarder en arrière, *respicĕre, io**. Vent arrière, *ventus qui surgit** *a puppi.* **II.** Exclamation. Arrière! *Apage. Procul esto. Vade retro.*

arriéré, m. *Reliqua, orum,* npl.

arrière-boutique, f. *Interior officina,* f.

arrière-garde, f. *Novissimi, orum,* mpl. *Postremi,* mpl. *Extremi,* mpl. (D'une armée en marche) *Novissimum* ou *extremum agmen,* n. (D'une armée en bataille) *Novissima* ou *extrema acies,* f. Être à l'arrière-garde, former l'arrière-garde, *agmen claudĕre** ou *cogĕre**.

arrière-goût, m. *Tardus* (*i*) *sapor* (*oris*), m.

arrière-neveu, m., **arrière-nièce,** f. *Nepos, otis,* m. *Neptis, is,* f. Arrière-neveux, *nepotes, um,* mpl.; *posteri, orum,* mpl.

arrière-pensée, f. *Secreta* (*ae*) *cogitatio* (*onis*), f. (Ruse) *Malus* (*i*) *dolus* (*i*), m. Sans arrière-pensée, *sine dolo malo.*

arrière-petit-fils, m., **arrière-petite-fille,** f. *Pronepos, otis,* m. *Proneptis, is,* f.

arriérer, tr. **1.** Laisser en arrière ou en retard. *Relinquere, o**. Arriéré, *reliquus, a, um;* dette arriérée, *vetus aes alienum.* ◆ **2.** (Fig.) Arriéré. *Tardus, a, um. Integer, gra, grum.*

S'ARRIÉRER, r. **1.** Rester en arrière. *Remanere, eo**. ◆ **2.** Rester débiteur. *Reliqua facere, io**.

arrière-saison, f. **1.** *Autumnus, i,* m. Fruits de l'automne, *serotini fructus.* ◆ **2.** (Fig.) *Aetatis flexus, us,* m.

arrivage, m. **1.** Des vaisseaux dans un port. *Appulsus, us,* m. ◆ **2.** Des marchandises. *Commeatus, uum,* mpl.

arrivée, f. *Adventus, us,* m. *Accessus, us,* m. (Par eau) *Appulsus, us,* m. A ton arrivée, *adventu tuo.*

arriver, intr. Venir en un lieu. *Advenire**. *Accedere, o**. Arriver au port, *ad portum appellĕre**; arriver à cheval, *equo advehi**; arriver à temps, *tempore adesse**; être sur le point d'arriver, *adventare.* ◆ **2.** Parvenir à. *Pervenire**. *Pervehi, or**. Arriver à ses fins, *propositum assequi, or**; arriver aux oreilles, *ad aures pervenire**; arriver à (un sujet dans le discours), *venire** *ad;* arriver à (faire telle ou telle chose), *pervenire** *ad* (gér. ou adj. verb.); en arriver à (un certain état), *venire** *in* (acc.); faire arriver à quelque dignité, *ad aliquam dignitatem producĕre* (o). ◆ **3.** Avoir lieu (par surprise ou par malheur). *Accidere, o**. (Comme on s'y attendait) *Evenire**. (Par bonne fortune) *Contingere, o**. S'il lui arrivait quelque malheur, *si quid mali ei accidat**; il arrive que, *evenit** ou *accidit* ut* (subj.); être sur le point d'arriver, *imminēre**; qui doit arriver, *futurus, a, um*; qui arrive par hasard, *adventicius*; il ne m'arrivera plus de dire..., *non posthac dicam**...; comme il arrive, *ut fit**.

arrogamment, adv. *Arroganter.*

arrogance, f. *Arrogantia, ae,* f. *Superbia, ae,* f. *Insolentia, ae,* f.

arrogant, ante, adj. *Arrogans, antis* (dat.).

arroger (s'), r. *Sibi arrogare. Sibi tribuere, o.*

arrondir, tr. **1.** *Rotundare.* Arrondi, *rotundatus, a, um; rotundus.* ◆ **2.** (Fig.) Arrondir son patrimoine, *rem augēre**; arrondir ses phrases, *verborum ordinem conclūdĕre**.

S'ARRONDIR, r. **1.** *Rotundari. Conglobari.* ◆ **2.** (Fig.) S'arrondir (s'enrichir). *Amplificari.*

arrondissement, m. **1.** Action d'arrondir. *Rotundatio, onis,* f. ◆ **2.** Circonscription territoriale. *Praefectura, ae,* f.

arrosage, m. *Irrigatio, onis,* f.

arrosement, m. *Aspersio, onis,* f.

arroser, tr. **1.** Mouiller. *Aspergere, o*. Perfundere, o*. Rigare.* Arroser de larmes, *lacrimis conspergĕre**. ◆ **2.** Baigner. *Alluere, o*. Irrigare.*

arrosoir, m. *Alveolus, i,* m.

arsenal, m. *Armamentarium, ii,* n. Arsenal maritime. *Navalia, um,* npl.

arsenic, m. *Arsenicum, i,* n.

art, m. **1.** Méthode, talent. *Ars, artis,* f. *Ratio, onis,* f. *Disciplina, ae,* f. Arts libéraux, beaux-arts, *artes liberales* ou *ingenuae*; arts mécaniques, *artes illiberales*; l'art oratoire, *ars dicendi*; l'art militaire, l'art de la guerre, *res militaris*; les hommes de l'art, *periti, orum,* mpl.; les principes de l'art, *artis ratio*; avec art, *artificiose*; selon les règles de l'art, *ex arte*; sans art, *inornatus, a, um; rudis, e.* ◆ **2.** Adresse, artifice. *Ars. Artificium, ii,* n.

artère, f. *Arteria, ae,* f. *Vena, ae,* f.

artériel, elle, adj. *Arteriosus, a, um.*

arthritique, adj. *Articularis, e.*

artichaut, m. *Cinara, ae,* f.

article, m. **1.** Jointure. *Articulus, i,* m. *Commissura, ae,* f. ◆ **2.** Division d'un ouvrage. *Articulus. Caput, itis,* n. Article de loi, *legis caput.* ◆ **3.** Objet. *Res, rei,* f. *Species, ei,* f. Articles de toilette, *vestis species.* ◆ **4.** A l'article de la mort, *in extremo spiritu.* ◆ **5.** (Gramm.) *Articulus.*

articulaire, adj. *Articularis, e.*

articulation, f. **1.** Jointure. *Articulus, i,* m. *Commissura, ae,* f. ◆ **2.** Prononciation distincte. *Explanata vocum impressio,* f.

articuler, tr. **1.** Diviser par articles, *Articulis distinguere, o**. ◆ **2.** Prononcer distinctement. *Exprimere, o*. Explanare.* ◆ **3.** Énoncer. *Enuntiare. Proferre, fero**.

S'ARTICULER, r. **1.** S'unir par articulation (avec). *Committi*, or**. ◆ **2.** Se prononcer. *Exprimi, or**.

artifice, m. **1.** Art, adresse. *Ars, artis*, f. *Artificium, ii*, n. ◆ **2.** Ruse, fraude. *Artificium. Dolus, i*, m. User d'artifice, *dolum adhibēre**; par toutes sortes d'artifices, *variis fallendi artibus;* avec artifice, *artificiose;* sans artifice, *sine fraude; ingenue.* ◆ **3.** Feux d'artifice, *artificiosi ignes*, mpl.

artificiel, le, adj. Fait par art. *Artificiosus, a, um. Arte factus, a, um.*

artificiellement, adv. *Artificiose.*

artificieusement, adv. *Astute. Dolose.*

artificieux, euse, adj. *Astutus, a, um. Dolosus.*

artillerie, f. *Bellica (orum) tormenta (orum)*, npl.

artimon, m. Voile d'—. *Artemon, onis*, m.

artisan, m. **1.** Qui exerce un métier. *Artifex, ficis*, m. *Faber, bri*, m. *Opifex, ficis*, m. *Operarius, ii*, m. ◆ **2.** (Fig.) Auteur. *Artifex. Causa, ae*, f.

artiste, m. *Artifex, ficis*, m.

artistement, adv. *Affabre. Artificiose.*

artistique, adj. *Artificiosus, a, um.*

aruspice, m. *Haruspex, icis*, m. Art des aruspices, *haruspicium, ii*, n.; qui concerne les aruspices, *haruspicinus, a, um.*

Arvales. *Arvales fratres*, mpl.

as, m. **1.** Monnaie. *As, assis*, m. ◆ **2.** Point unique dans son jeu. *Punctum, i*, n. *Unio, onis*, f.

Ascagne. *Ascanius, ii*, m.

ascaride, m. *Ascaridis, idis, f.*

1. ascendant, ante, adj. *Ascendens, entis.* Les ascendants, *majores, um*, mpl.

2. ascendant, m. *Auctoritas, atis*, f. *Pondus, eris*, n. Avoir de l'ascendant sur qqn, *apud aliquem valēre**; prendre de l'ascendant, *sibi auctoritatem comparare;* sur, *apud.*

ascension, f. *Ascensio, onis*, f. *Ascensus, us*, m.

ascète, m. *Asceta, ae*, m.

ascétique, adj. *Asceticus, a, um.*

asiatique, adj. *Asiaticus, a, um.*

Asie. *Asia, ae*, f.

asile, m. **1.** Lieu de refuge pour les criminels. *Asylum, i*, n. ◆ **2.** Lieu de refuge. *Perfugium, ii*, n. ◆ **3.** Demeure. *Tectum, i*, n. *Domus, us*, f.

aspect, m. **1.** Vue. *Aspectus, us*, m. *Conspectus, us*, m. Trembler à l'aspect d'une chose terrible, *re terribili objectā tremere**; au premier aspect, *primo aspectu.* ◆ **2.** Apparence, extérieur. *Aspectus. Facies, ei*, f. Avoir, présenter l'apparence de, *speciem habēre** (gén.).

asperge, f. *Asparagus, i,* m.
asperger, tr. *Aspergere, o**. *Conspergere, o**.
aspérité, f. *Asperitas, atis,* f. *Scabritia, ae,* f. Aspérité du caractère, *naturae acerbitas,* f.
aspersion, f. *Aspersio, onis,* f.
asphalte, m. *Asphaltus, i,* f.
Asphaltite. Lac Asphaltite. *Lacus Asphaltites,* m.
asphodèle, m. *Asphodelus, i,* m.
asphyxie, f. *Suffocatio, onis,* f.
asphyxier, tr. *Suffocare.*
aspic, m. *Aspis, idis,* f.
aspirant, m. *Candidatus, i,* m.
aspiration, f. **1.** Action d'aspirer. *Spiritus, us,* m. ◆ **2.** (Gramm.) *Aspiratio, onis,* f. ◆ **3.** Désir. *Appetitio, onis,* f.
aspirer. I. Tr. **1.** Absorber en respirant. *Spiritum trahere, o** ou *ducere, o**. ◆ **2.** (Gramm.) *Aspirare.* ◆ **II.** Intr. — à (désirer). *Appetere, o** (acc.). *Cupere, io** (acc.). *Contendere, o** (*ad*).
assa-fétida, m. *Laser, eris,* n.
assaillant, m. *Aggressor, oris,* m. Les assaillants, *impugnantes, ium,* mpl.
assaillir, tr. *Aggredi, ior** (acc.). *Impugnare* (acc.). *Irruere, o** (*in*, acc.). Nous fûmes assaillis par une tempête, *tempestate pressi* sumus.*
assainir, tr. *Salubrem* (*bre*) *facere, io**.
assaisonnement, m. **1.** Action, manière d'assaisonner. *Conditura, ae,* f. *Conditio, onis,* f. ◆ **2.** Substance. *Condimentum, i,* n. ◆ **3.** (Fig.) *Condimentum.*
assaisonner, tr. *Condire.*
assassin, m. *Interfector, oris,* m. (De profession). *Sicarius, ii,* m.
assassinat, m. *Caedes, is,* f.
assassiner, tr. **1.** *Interficere, io**. *Occīdere, o**. *Necare**. *Trucidare.* ◆ **2.** (Fig.) Importuner. *Vexare. Necare**. *Occīdĕre**.
assaut, m. **1.** Attaque. *Impetus, us,* m. *Oppugnatio, onis,* f. Donner l'assaut à, *aggredi** (acc.); *oppugnare* (acc.); emporter, prendre d'assaut, *expugnare* (acc.); repousser un assaut, *impetum propulsare.* ◆ **2.** (Fig.) *Impetus, us,* m. Ma patience a eu à soutenir de rudes assauts, *patientia* mea in discrimen adducta* est.* ◆ **3.** Lutte. *Certamen, inis,* n. *Contentio, onis,* f. Faire assaut de, *certare de* (abl.).
assemblage, m. **1.** Réunion de choses. *Compositio, onis,* f. *Coagmentatio,* f. *Compactio,* f. ◆ **2.** Réunion d'hommes. *Coetus, us,* m. ◆ **3.** (Fig.) *Concursus, us,* m. *Coetus, us,* m.
assemblée, f. *Conventus, us,* m. (— assise) *Consessus, us,* m. (— sur convocation) *Concilium, ii,* n. (— délibérante) *Consilium, ii,* n. (— du peuple pour une communication) *Contio, onis,* f. (— électorale) *Comitia, iorum,* npl. Tenir une —, *conventum agĕre*;*

être réuni en assemblée, *contionari.*

assembler, tr. **1.** Joindre. *Conjungere, o*.* (Ch.) *Coagmentare.* (Pers.) *Congregare. Colligere, o*.* ◆ **2.** Convoquer. *Convocare.*

S'ASSEMBLER, r. *Congregari. Convenire*.*

assener, tr. *Impingere, o*. Incutere, io*.*

assentiment, m. *Assensus, us,* m. *Assensio, onis,* f.

asseoir, **I.** Tr. *Collocare. Locare. Ponere, o*.* Asseoir des fondations, *fundamenta jacere, io*;* asseoir un empire, *imperium fundare;* asseoir son jugement sur, *judicium facere* (*io**) *ex.* ◆ **II.** Intr. Être assis. *Sedere, eo** (*in*, abl.).

S'ASSEOIR. *Considere, o** (*in*, abl.). *Assidere, o*.* S'asseoir à table, *mensis considĕre.*

assermenter, tr. *Jurejurando obstringere, o** (*aliquem*).

assertion, f. *Effatum, i,* n. Émettre une assertion, *effari,* (acc.).

asservir, tr. *In servitutem redigere, o*.* Asservir ses passions, *cupiditatibus imperare.*

S'ASSERVIR, r. **1.** *Servire.* S'asservir aux volontés de qqn, *se ad alicujus arbitrium accommodare.* ◆ **2.** S'asservir qqn, *sibi aliquem addicĕre*.*

asservissement, m. *Servitus, utis,* f. *Servitium, ii,* n.

assesseur, m. *Assessor, oris,* m. *Consessor,* m.

assez, adv. **1.** DEV. UN NOM, — *a*) de ch. qui se mesurent. *Satis magnus, a, um.* Assez d'argent, *satis magna pecunia;* — *b*) de ch. qui se comptent. *Satis multi, ae, a.* Assez de livres, *satis multi libri;* — *c*) de ch. qui ne se mesurent ni ne se comptent. *Satis* (gén.). Assez de forces, *satis roboris.* ◆ **2.** DEV. UN ADJ. OU UN ADV. *Satis.* Assez courageux, *satis fortis.* Avec le sens de : un peu, le comp. Assez obscur, *obscurior.* ◆ **3.** DEV. UN VERBE. *Satis.* (*Satis magni,* avec un verbe d'estime; *satis magno,* avec un verbe de prix). C'est assez, *satis est; satis verborum est;* c'est assez que, c'est assez de (inf.), *sat* ou *satis est* (inf.); ce n'est pas assez, *parum est;* en voilà assez sur, *satis de; satis dictum* de.* **4.** LOC. CONJ. Assez... pour. Avec un nom, *tantus, a, um,* ou *tantum* (gén.)... *ut* (subj.); avec un adj. ou un adv., *tam* ou *adeo... ut* (subj.); avec un verbe, *tantum* (*tanti,* avec un verbe d'estime; *tanto,* avec un verbe de prix)... *ut* (subj.).

assidu, ue, adj. **1.** *Assiduus, a, um.* Être assidu au forum, *in foro versari* (dat.); être assidu auprès, *assiduum esse cum.* ◆ **2.** Appliqué à. *Deditus, a, um* (dat.). Être assidu à (une étude), *vacare* (dat.). ◆ **3.** Continu. *Assiduus.*

assiduité, f. *Assiduitas, atis,* f. Montrer beaucoup d'assiduité auprès de qqn, *cum aliquo assiduum esse.*

assidûment, adv. *Assidue.*

assiéger, tr. **1.** Faire le siège de. *Obsidere, eo*. Circum-*

vallare. Oppugnare. Les assiégés, *obsessi, orum,* mpl.; les assiégeants, *obsidentes, ium,* mpl. ◆ **2.** Se presser autour de. *Obsidere. Circumsistere, o**. Assiéger les portes d'un théâtre, *ad fores theatri adsistĕre**. ◆ **3.** Importuner. *Obsidēre. Premere, o*. Urgere, eo**. Être assiégé de maux, *malis onerari;* assiéger qqn, *alicujus aures obsidēre.*

assiette, f. **1.** Situation. *Situs, us,* m. *Status,* m. Assiette d'un lieu, *loci natura.* ◆ **2.** (Fig.) Disposition d'esprit. *Status,* m. Garder son assiette, *in eodem habitu esse.* ◆ **3.** Répartition de l'impôt. *Vectigalium ratio, onis,* f. ◆ **4.** Vaisselle. *Catillus, i,* m.

assignation, 1. Attribution d'un fonds à un emploi. *Assignatio, onis,* f. ◆ **2.** Citation en justice. *Vadimonium, ii,* n. Envoyer une assignation à qqn, *aliquem vadari*; répondre à une assignation, *ad vadimonium venire**.

assigner, tr. **1.** Donner en partage, déterminer. *Assignare. Attribuere, o.* Assigner à qqn un rendez-vous pour un certain jour, *diem alicui constituĕre.* ◆ **2.** Citer en justice. *In jus vocare* (acc.). *Citare* (acc.). *Vadari* (acc.). *Diem dicĕre** (*alicui*).

assimiler, tr. **1.** Rendre semblable. *Assimilare.* ◆ **2.** Comparer. *Aequiperare. Conferre, fero**.

s'ASSIMILER, r. **1.** Se comparer à. *Se aequare* (*alicui*). ◆ **2.** S'incorporer (qqch). *In naturam suam vertĕre** (*aliquid*). **3.** (Fig.) *Mente capere, io** (acc.).

assise, f. *Pila, ae,* f.

assises, fpl. *Conventus, us,* m. Tenir les assises, *conventum agĕre**.

assistance, f. **1.** Présence. *Praesentia, ae,* f. ◆ **2.** Réunion. *Conventus, us,* m. *Frequentia, ae,* f. ◆ Aide. *Auxilium, ii,* n. *Praesidium,* n. Prêter assistance à qqn, *alicui opem ferre**.

assistant, ante, adj. *Praesens, entis. Spectator, oris,* m. *Spectatrix, icis,* f. Les assistants, *circumstantes, ium,* mpl.

assister. I. Intr. Être présent. *Adesse, adsum** (à, dat.). *Interesse, intersum** (dat. ou *in,* abl.). Assister à un spectacle, *spectaculo adesse;* assister en personne, *praesentem adesse.* ◆ **II.** Tr. Seconder, secourir. *Adesse* (dat.). *Auxilio esse* (*alicui*). *Praesto esse* (*alicui*). *Auxilium praebere, eo** (*alicui*).

association, f. *Societas, atis,* f. *Conjunctio, onis,* f.

associer, tr. **1.** *Consociare* (*aliquem alicui*). *Socium adjungere, o** (*aliquem alicui*). Associé à, *socius, a, um* (gén.); prendre pour associé, *socium sibi adjungĕre.* ◆ **2.** (Fig.) *Sociare. Conjungere, o**. Associer la modestie au savoir, *modestiam cum scientia jungĕre**.

s'ASSOCIER, r. **1.** S'— qqn. *Sibi adjungere, o** (*aliquem*). ◆ **2.** S'associer avec qqn. *Societatem cum aliquo facere* (*io**). ◆

3. (Fig.) Se joindre, prendre part. *Jungi, or**. *Conjungi, or**. Je m'associerai à tes pensées, *me tuarum sententiarum socium habebis**.

assombrir, tr. *Obscurare*. Assombrir son visage, *frontem adducere**.

assommant, ante, adj. *Permolestus, a, um*.

assommer, tr. **1.** *Sternere, o**. *Opprimere, o**. Assommer à coups de pierres, *lapidibus obruĕre*. ◆ **2.** (Fig.) Importuner. *Obtundere, o** *Enecare**. *Conficere, io**. Assommer qqn de questions, *rogitando aliquem enecare**.

assommoir, m. *Clava, ae*, f.

assonance, f. *Vocalium consonantia, ae*, f.

assortiment, m. **1.** Convenance. *Convenientia, ae*, f. ◆ **2.** Collection. *Instrumentum, i*, n.

assortir, tr. **1.** Grouper des objets qui se conviennent. *Aptare*. Assorti, *aptus, a, um* (dat. ou *ad*, acc.); *congruens, entis* (dat. ou *cum*, abl.). ◆ **2.** Fournir de. *Instruere, o**. *Ornare*. (De, abl.).

S'ASSORTIR, r. **1.** Se convenir. *Conjungi, or**. *Convenire**. *Congruere, o**. ◆ **2.** Se pourvoir de. *Colligere, o** (acc.).

assoupir, tr. **1.** Endormir. *Sopire*. Assoupi, *sopitus, a, um;* un peu assoupi, *semisopitus*. ◆ **2.** (Fig.) Affaiblir, diminuer. *Sedare*. *Mitigare*.

assoupissant, ante, adj. *Soporifer, era, erum*.

assoupissement, m. **1.** *Sopor, oris*, m. ◆ **2.** (Fig.) *Stupor, oris*, m. *Inertia, ae*, f. Tirer qqn de son assoupissement, *segnem excitare*.

assouplir, tr. **1.** *Mollire*. *Subigere, o**. ◆ **2.** (Fig.) *Mollire*. *Mitigare*.

assourdir, tr. **1.** *Exsurdare* (acc.). *Aures* (*alicujus*) *obtundere, o**. ◆ **2.** (Fig.) *Obtundĕre* (acc.).

assouvir, tr. *Satiare*. *Saturare*. *Explere, eo*.

assouvissement, m. *Expletio, onis*, f. *Satietas, atis*, *f*.

assujettir, tr. **1.** Soumettre. *Subigere, o**. ◆ **2.** Astreindre. *Astringĕre, o**. *Vincire, io**. Assujettir la prose à un rythme, *numeris orationem astringere*. ◆ **3.** Fixer. *Firmare*. *Figere, o**. *Deligare*. Assujettir les antennes aux mâts, *ad malos antennas destinare*.

S'ASSUJETTIR, r. Se soumettre. *Se subjicere* (*io**) (*alicui*).

assujettissement, m. *Servitus, utis*, f.

assumer, tr. — une charge, *onus suscipere, io*;* — la responsabilité de, *in se recipĕre* (*io**) (acc.).

assurance. 1. Confiance, sécurité. *Confidentia, ae*, f. *Fiducia, ae*, f. Être en assurance, *in tuto esse;* qui est en assurance, *securus, a, um;* donner de l'assurance à qqn, *alicui animum addĕre*;* avec assurance, *confidenter*. ◆ **2.** Conviction, certitude. *Fiducia*. Avoir l'assurance que, *confidĕre** (prop. inf.). ◆ **3.** Garantie, promesse. *Cautio, onis*, f.

Fiducia. Donner l'assurance de, *spondēre** (prop. inf.); s'étant donné de mutuelles assurances, *fide datā acceptāque.* ◆ **4.** Affirmation. *Asseveratio, onis,* f. Donner à qqn l'assurance de son amitié, *alicui benevolentiam asseverare.*

assurément, adv. **1.** Avec hardiesse. *Fidenter.* ◆ **2.** D'une manière certaine. *Certo. Profecto.*

assurer, tr. **1.** Affermir. *Firmare. Stabilire.* Assuré, *firmus, a, um; certus;* mal assuré, *instabilis, e.* ◆ **2.** Mettre en sûreté. *Firmare. Tutum reddere, o*.* Assurer qqn ou qqch. contre, *tutum aliquem* ou *aliquid efficĕre* (*io**) *ab.* ◆ **3.** Garantir, promettre. *Affirmare. Spondere, eo*.* Assurer du blé à l'armée, *frumentum exercitui providēre*.* ◆ **4.** Certifier. *Affirmare* ou *confirmare* ou *asseverare* (prop. inf.). Être assuré de qqch., *certum aliquid habēre*;* dont on est assuré, *spectatus, a, um; exploratus.*

s'ASSURER, r. **1.** Se fier à. *Fidere, o*.* S'assurer sur, dans, ou en, *fidĕre* (*alicui, de aliqua re*). ◆ **2.** Se garantir, *se tueri* (*eor**). S'assurer contre (qqn ou qqch.), *tutum se praestare ab* (abl.). ◆ **3.** Se rendre compte, prendre connaissance de. *Explorare.* S'assurer de qqn (de sa fidélité), *fidem alicujus perspectam habere*;* s'assurer de qqch., *aliquid explorare;* dont on s'est assuré, *spectatus, a, um; exploratus.* ◆ **4.** Se procurer. *Sibi conciliare* (acc.). *Providēre, eo** (acc.). ◆ **5.** Se saisir de. *Capere, io** (acc.). S'assurer de la personne de qqn, *aliquem comprehendere*.*

Assyrie. *Assyria, ae,* f. D'Assyrie, *Assyrius, a, um.*

astérisque, m. *Astericus, i,* m.

asthmatique, adj. *Asthmaticus, a, um.*

asthme, m. *Anhelitus, us,* m. *Anhelatio, onis,* f.

astral, ale, adj. *Sidereus, a, um. Sideralis, e.*

astre, m. *Astrum, i,* n. *Sidus, eris,* n. Des astres, *sidereus, a, um;* né sous un astre funeste, *malo astro natus;* porter qqn aux astres, *in astra aliquem tollere*.*

astreindre, tr. *Astringere, o*. Obstringere, o*.* Être astreint à, *astringi ad.*

astriction, f. *Astrictio, onis,* f.

astrologie, f. *Astrologia, ae,* f. *Mathematica* (*ae*) *ars* (*artis*).

astrologique, adj. *Mathematicus, a, um.*

astrologue, m. *Astrologus, i,* m. *Mathematicus, i,* m.

astronome, m. *Astrologus, i,* m. *Astronomus, i,* m.

astronomie, f. *Astrologia, ae,* f. *Astronomia, ae,* f.

astronomique, adj. *Astronomicus, a, um.*

astuce, f. *Astutia, ae,* f. *Dolus, i,* m.

astucieusement, adv. *Astute.*

astucieux, euse, adj. *Astutus, a, um. Dolosus, a, um.*

Asturies. *Asturia, ae,* f. Des

Asturies, *Astur, uris*, m. *Asturicus, a, um.*
atelier, m. *Officina, ae*, f. *Fabrica, ae*, f.
atellane, f. *Atellana, ae*, f.
atermoiement, m. *Prorogatio, onis*, f.
atermoyer. I. Intr. *Tempus differre, fero**. ◆ **II.** Tr. Atermoyer un paiement, *diem ad solvendum prorogare.*
athée, m. *Atheus, i*, m. *Qui deos* (ou *Deum*) *esse negat.*
Athénée, m. *Athenaeum, i*, n.
Athènes. *Athenae, arum*, fpl. D'Athènes, Athénien, *Atheniensis, e.*
athlète, m. *Athleta, ae*, m.
athlétique, adj. *Athleticus, a, um.*
Atlantique. Océan —, *Atlanticum* (*i*) *mare* (*is*), n.
1. Atlas, m. **1.** Montagne d'Afrique, *Atlas, antis*, m. ◆ **2.** Titan, *Atlas, antis*, m.
2. atlas, m. **1.** Vertèbre, *atlantion, ii*, n. ◆ **2.** Recueil de cartes, *tabulae, arum*, fpl.
atmosphère, f. *Caelum, i*, n. *Aer, eris*, m.
atmosphérique, adj. *Aerius, a, um.* Les conditions —, *caeli natura*, f.
atome, m. *Atomus, i*, m.
atours, mpl. *Ornatus, us*, m. Dame d'atours, *ornatrix, icis*, f.
atrabilaire, adj. *Melancholicus, a, um. Morosus, a, um.*
âtre, m. *Focus, i*, m.
atroce, adj. *Atrox, ocis. Immanis, e.*
atrocement, adv. *Atrociter.*
atrocité, f. *Immanitas, atis*, f.
atrophie, f. *Atrophia, ae*, f.
attabler (s'), r. *Mensae accumbere, o**. Attablé, *accubans, antis.*
attache, f. **1.** *Vinculum, i*, n. Les attaches des os, *ossium commissurae;* chien d'attache, *catenarius canis.* ◆ **2.** (Fig.) *Amor, oris*, m. *Studium, ii*, n.
attaché, ée. I. Part. et adj. **1.** Lié. *Ligatus, a, um. Astrictus.* ◆ **2.** (Fig.) *Defixus, a, um. Studiosus.* Attaché à l'étude, *doctrinarum studiosus.* ◆ **II.** Nom m. Un — d'ambassade, *legationis assecla, ae*, m.
attachement, m. *Studium, ii*, n. *Amor, oris*, m. Avoir de l'attachement pour qqn, pour qqch., *aliquem habēre* carum; alicujus rei studiosum esse.*
attacher, tr. **1.** Lier. *Ligare. Colligare. Vincire**. Attacher qqn au poteau, *ad palum aliquem deligare;* — (avec des clous), *configĕre**. ◆ **2.** (Fig.) Fixer. *Figere, o*. Defigere, o**. Rester attaché à, *inhaerēre* ad;* attacher qqn au service de, *aliquem ad* (*alicujus*) *ministerium adhibere*;* attacher son nom à, *nomen applicare* ad;* attacher de l'importance à, *magni aestimare* (acc.); attacher une peine à, *poenam constituĕre* (dat.). ◆ **3.** Lier par un attrait. *Tenere, eo*. Devincire**. Le jeu attache les enfants, *ludis tenentur* pueri;* attacher qqn par un bienfait, *beneficiis aliquem obstringĕre**.
S'ATTACHER, r. **1.** Attacher à soi. *Sibi conciliare.* ◆ **2.** S'— à.

Suivre. *Sequi, or** (acc.). S'attacher à la fortune de qqn, *fortunam alicujus sequi;* se tenir attaché à qqch, *haerēre** (*in*, abl.); s'attacher à la volupté, *se libidini tradĕre**. ◆ **3.** (Fig.) *Studere, eo** (dat.). *Incumbere, o** (dat ou *ad*, acc.). S'attacher à qqch. (v. insister), *in aliqua re morari.*

attaquable, adj. **1.** Une ville —, *oppidum quod aditum habet**. ◆ **2.** (Fig.) *Reprehendendus, a, um.*

attaque, f. **1.** *Impetus, us,* m. *Aggressio, onis,* f. *Incursio,* f. Attaque d'une place, *oppugnatio, onis,* f.; attaque d'apoplexie, *podagrae impetus.* ◆ **2.** (Fig.) Critique. *Oppugnatio, onis,* f.

attaquer, tr. *Aggredi, ior**. *Adoriri**. *Invadere, o**. Attaquer qqn à coups de pierres, *lapidibus aliquem petĕre*;* être attaqué d'une maladie, *morbo tentari;* attaquer l'honneur de qqn, *de alicujus honestate detrahĕre**.

S'ATTAQUER, r. **1.** S'attaquer à qqn, *aliquem provocare* ou *aggredi**. ◆ **2.** S'attaquer à une tâche, *opus suscipere, io**.

atteindre, tr. **1.** Toucher. *Attingĕre, o**. ◆ **2.** Rejoindre. *Assequi, or**. *Consequi, or**. ◆ **3.** Arriver, parvenir à. *Attingere* (acc.). *Assequi** (acc.). *Pervenire** (*ad*). Atteindre la vieillesse, *senectutem adipisci**. ◆ **4.** Égaler. *Assequi**. *Adaequare.* ◆ **5.** Frapper. *Ferire**. *Laedere, o**. Atteint de la foudre, *fulmine tactus*; atteint d'une blessure, *saucius, a, um;* atteint de maladie, *morbo tentatus.*

atteinte, f. *Ictus, us,* m. *Vulnus, eris,* n. Les atteintes de la douleur, *doloris impetus, us,* m.; porter atteinte à, *laedĕre** (*aliquem*); hors d'atteinte, *extra ictum;* hors des atteintes de, *tutus ab* (abl.).

attelage, m. *Jugum, i,* n. Attelage de deux chevaux, *bigae, arum,* fpl.; — de quatre chevaux, *quadrigae,* fpl.

atteler, tr. *Jungere, o**. *Conjungere, o**. Atteler des chevaux à un char, *equos ad currum jungere;* être attelé, *jugum ferre*;* s'atteler à une besogne, *se labore exercēre**.

attenant, ante, part. *Contingens, entis* (acc.). *Contiguus, a, um* (dat.).

attendant (en). **I.** Loc. adv. *Interim. Interea.* ◆ **II.** Loc. conj. En attendant que, *dum* ou *donec* (fait passé, indic.; possibilité ou intention, subj.).

attendre, tr. **1.** Être dans l'attente de. *Exspectare. Opperiri, ior**. Attendre pour, *exspectare ut* (subj.) ou *dum* (subj. ou indic. fut. ant.); attendez que je sois revenu, *exspecta dum rediero*;* attendu, non attendu, *exspectatus, a, um; inexspectatus;* faire attendre, se faire attendre, *morari* (acc.); *moram facere* (*io**) (dat.). ◆ **2.** Espérer ou craindre. *Exspectare. Sperare* ou *vereri, eor**. Attendre des récompenses de qqn, *praemia ab aliquo exspectare;* n'attendre son salut que de son courage, *omnem salutis spem in virtute ponĕre**. ◆ **3.** Être réservé à, menacer. *Manere, eo** (acc.).

S'ATTENDRE, r. Espérer, prévoir. *Sperare* (acc.). *Praesumere, o** (acc.). *Praevidere, eo** (acc.). S'attendre à (inf.); s'attendre que, *exspectare* (prop. inf.); *sperare fore ut* (subj.); qui ne s'y attend pas, *necopinans, antis;* sans qu'on s'y attende, *praeter exspectationem* ou *spem*.

attendrir, tr. *Mollire. Movere, eo**.

S'ATTENDRIR, r. **1.** Devenir tendre. *Molliri.* ◆ **2.** (Fig.) Se laisser fléchir. *Misericordia moveri**. S'attendrir sur, *commoveri** (abl.).

attendrissant, ante, adj. *Miserabilis, e.*

attendrissement, m. *Misericordia, ae,* f. *Miseratio, onis,* f. Avec —, *miserabiliter.*

attendu. I. Prép. *Propter* (acc.). *Ob* (acc.). *Pro* (abl.). *Causa* (gén.). ◆ **II.** Loc. conj. Attendu que. *Cum* (subj.). *Quando* (indic.).

attentat, m. *Scelus, eris,* n. *Facinus, oris,* n.

attentatoire, adj. *Qui, quae, quod laedit**.

attente, f. *Exspectatio, onis,* f. Répondre à l'attente de tous, *exspectationem* ou *spem omnium explēre;* tenir qqn dans l'attente, *alicui exspectationem commovere*;* contre l'—, *praeter exspectationem* ou *spem.* (Fig.) *opus inchoatum;* salle d'attente, *mansio, onis,* f.

attenter, intr. *Insidiari* (dat.). *Violare* (acc.). Attenter à ses jours, *manus sibi afferre*;* attenter à la vie de qqn, *vitam alicujus petĕre*;* — aux biens, *in fortunas invadĕre*;* — aux droits d'un citoyen, *libertatem alicujus minuĕre.*

attentif, ive, adj. *Attentus, a, um. Intentus.* Être attentif à qqch., *animum ad aliquid intendĕre*; alicui rei curam adhibēre*;* être attentif à ce que, *curare ut* (subj.).

attention, f. **1.** Application d'esprit. *Animi intentio, onis,* f. Porter son attention sur, *animum intendĕre* ad;* prêter son attention à, *attendĕre** (acc. ou *ad,* acc.); faire attention à, *attento animo considerare* (acc.); attirer l'—, *oculos inflectĕre*;* avec attention, *attente.* ◆ **2.** Soin. *Diligentia, ae,* f. *Cura,* f. Faire attention que, *curare ut* (subj.); faire attention à ne pas, *curare ne* (subj.); ne pas faire attention à. *neglegĕre* (acc.). ◆ **3.** (Au plur.) Égards. *Observantia, ae,* f. *Officium, ii,* n. Être plein d'attentions pour qqn, *aliquem colĕre**.

attentivement, adv. **1.** *Attente.* **2.** *Diligenter.*

atténuation, f. *Imminutio, onis,* f.

atténuer, tr. *Minuere, o. Extenuare.* Atténuer une faute, *culpam levare.*

atterrer, tr. *Affligere, o*. Prosternere, o**. Être atterré, *animo consternari.*

atterrir, intr. (*Navem*) *appellere, o**.
atterrissage, m. *Appulsus, us*, m.
atterrissement, m. (Alluvions) *Alluvio, onis*, f.
attestation, f. *Testificatio, onis*, f.
attester, tr. **1.** Rendre témoignage de qqch. *Testari* (acc.). Attesté, *testatus, a, um*. ◆ **2.** Prendre à témoin. *Testari* (acc.). *Testificari* (acc.). ◆ **3.** (Fig.) *Declarare. Ostendere, o**.
atticisme, m. *Atticismus, i*, m.
attiédir, tr. **1.** *Tepefacere, io*. Tepidum facere, io**. ◆ **2.** (Fig.) *Restinguere, o*. Sedare.* Zèle attiédi, *tepidus ardor*.
S'ATTIÉDIR, r. **1.** *Tepescere, o**. ◆ **2.** (Fig.) *Defervescere, o**.
attiédissement, m. **1.** *Tepor, oris*, m. ◆ **2.** (Fig.) *Languor, oris*, m. *Tepor*.
attifer, tr. *Ornare. Comere, o**.
Attique. *Attica, ae*, f. De l'Attique, *Atticus, a, um;* sel attique, *atticismus, i*, m.; à la manière, dans le goût attique, *attice*.
attirail, m. *Instrumentum, i*, n. *Apparatus, us*, m.
attirant, ante, adj. *Alliciens, entis. Blandus, a, um*.
attirer, tr. **1.** *Trahere, o*. Allicere, io**. L'aimant attire le fer, *magnes lapis ferrum ad se trahit*. ◆ **2.** (Fig.) *Trahĕre. Attrahere, o*. Allectare. Allicĕre.* Attirer à son opinion, *ad suam sententiam perducĕre*;* attirer dans son parti, *in partes suas aliquem trahĕre;* attirer les regards, *oculos omnium in se convertĕre**. ◆ **3.** Procurer, causer. *Afferre, fero*. Adducere, o**. Attirer sur qqn l'envie, *invidiam in aliquem concitare*.
S'ATTIRER, r. Attirer à soi. *Sibi conciliare.* S'attirer la haine de qqn, *in odium alicujus venire*;* s'attirer des désagréments, *molestias contrahĕre**.
attiser, tr. **1.** *Excitare*. ◆ **2.** (Fig.) Attiser le feu de, *ignem* ou *fasces subdĕre** (dat.).
attitré, ée, adj. **1.** Choisi, délégué. *Commissus, a, um*. ◆ **2.** Suborné. *Appositus, a, um*. ◆ **3.** Qui fait habituellement une chose. *Ordinarius, a, um*.
attitude, f. *Habitus, us*, m. — assise, *habitus sedentis;* — droite, *erectus status;* prendre l'— de, *se figĕre* in habitum* (gén.).
attouchement, m. *Tactus, us*, m.
attractif, ive, adj. *Trahens, entis. Attractivus, a, um*.
attraction, f. *Vis attractiva*, f.
attrait, m. *Illecebra, ae*, f. *Illecebrae, arum*, fpl. L'attrait des plaisirs, *voluptatum blanditiae;* l'— de la nouveauté, *novitatis gratia;* se sentir de l'— pour, *alicujus rei dulcedine commoveri*; alicujus rei studio teneri*;* n'avoir plus d'attrait, *sordēre*;* les attraits, *forma, ae*, f.: *facies, ei*, f.
attrape, f. *Fraus, fraudis*, f.
attraper, tr. **1.** Prendre. *Comprehendere. o*. Deprehendere*

*o**. Attraper de l'argent à qqn, *nummos ab aliquo exprimĕre**. ◆ 2. Atteindre. *Assequi, or**. *Consequi, or**. *Adipisci, or**. Attraper qqn dans sa fuite, *aliquem e fuga retrahĕre**; attraper une maladie, *morbo implicari**; attraper la manière de Cicéron, *imitando effingĕre* Ciceronem*. ◆ 3. Tromper. *Decipere, io**. *Ludere, o**. Chercher à attraper qqn, *alicui laqueos ponĕre**. ◆ 4. Surprendre. *Obstupefacere, io**.

attrapeur, m. *Deruscator, oris*, m.

attrayant, ante, adj. *Amoenus, a, um. Gratus. Jucundus.*

attribuer, tr. 1. Donner. *Tribuere, o. Dare**. *Adscribere, o**. ◆ 2. Imputer. *Tribuere. Attribuere, o. Assignare.*

S'ATTRIBUER, r. 1. Être attribué. *Tribui, or*. ◆ 2. S'arroger. *Sibi sumĕre** ou *attribuĕre* (*aliquid*). S'attribuer l'honneur de la victoire, *victoriae gloriam in se rapere* (*io**).

attribut, m. 1. Qui est propre à une chose. *Proprium, ii*, n. ◆ 2. Emblème. *Insigne, is*, n. ◆ 3. (Gr.) *Attributum, i*, n.

attribution, f. 1. Concession. *Attributio, onis*, f. *Concessio*, f. ◆ 2. Charge. *Munus, erĭs*, n. *Jus, juris*, n.

attristant, ante, adj. *Tristis, e.*

attrister, tr. *Contristare*. Attrister les esprits, *animos contrahĕre**; attristé, *maestus, a, um; maerens, entis.*

S'ATTRISTER, r. *Maerere, eo**. *Dolere, eo**.

attroupement, m. *Concursatio, onis*, f. *Concursus, us*, m. *Turba, ae*, f.

attrouper, tr. *Congregare. Conglobare.*

S'ATTROUPER, r. *Concursare*. En s'attroupant, *gregatim*.

aubade, f. 1. Concert. *Symphonia, ae*, f. Donner une aubade à, *occentare* (acc.). ◆ 2. Vacarme. *Canticum, i*, n.

aubaine. f. *Fortuitum* (*i*) *bonum* (*i*), n. Droit d'aubaine, *jus caduci*.

aube, f. *Diluculum, i*, n. *Aurora, ae*, f. A l'—, *primā luce*.

aubépine, f. *Alba* (*ae*) *spina* (*ae*), f.

auberge, f. *Deversorium, ii*, n. *Hospitium*, n. *Caupona, ae*, f.

aubergiste, m. *Caupo, onis*, m.

aubier, m. *Alburnum, i*, n.

aucun, une, adj. et pron. (Nég.) *Nullus, a, um*. (Semi-nég.) *Ullus, a, um*. Sans aucune hésitation, *sine ullā cunctatione*; plus cruel qu'aucun de ses prédécesseurs, *taetrior quam quisquam superiorum*; pour qu'il n'y eût aucun détournement, *ne qua deductio fieret**. ◆ Aucun des deux. *Neuter, tra, trum.*

aucunement, adv. *Minime.*

audace, f. 1. Hardiesse. *Audacia, ae*, f. *Confidentia, ae*, f. Avoir de l'audace, l'audace de, *audēre** (inf.); donner de l'audace, *animum dare**. ◆ 2. Impudence. *Impudentia, ae*, f. *Procacitas, atis*, f.

audacieusement, adv. **1.** *Audacter.* ◆ **2.** *Procaciter.*
audacieux, euse, adj. **1.** *Audax, acis. Fidens, entis.* ◆ **2.** *Procax, acis. Impudens, entis.*
audience, f. **1.** Action d'entendre qqn. *Audientia, ae,* f. ◆ **2.** Temps fixé pour entendre. *Admissio, onis,* f. Donner audience à qqn, *aliquem ad se admittĕre**. ◆ **3.** Séance d'un tribunal. *Audientia. Sessio, onis,* f. *Dies, ei,* f. Tenir audience, *forum agĕre*;* lever l'audience, *praetorium dimittĕre*;* salle d'audience, *auditorium, ii,* n.; *tribunal, alis,* n.
audiencier, m. *Praeco, onis,* m.
auditeur, m. *Auditor, oris,* m. Être l'auditeur de qqn, *aliquem audire.*
auditif, ive, adj. Le conduit auditif, *auditoriae cavernae,* fpl.
audition, f. *Auditio, onis,* f.
auditoire, m. **1.** Lieu. *Auditorium, ii,* n. ◆ **2.** Assemblée. *Coetus, us,* m. *Contio, onis,* f. *Auditores, um,* mpl. *Audientes, ium,* mpl.
auge, f. *Alveus, i,* m.
auget, m. *Canaliculus, i,* m.
augmentation, f. *Auctus, us,* m. *Accretio, onis,* f. *Incrementum, i,* n.
augmenter. I. Tr. *Augere, eo*. Amplificare.* Augmenter sa fortune, *rem* ou *patrimonium augĕre.* ◆ **II.** Intr. et S'AUGMENTER, r. *Augeri, eor*. Crescere, o*.* Le mal augmente de jour en jour, *in dies ingravescit* malum.*
augural, ale, adj. *Auguralis, e.*
augure, m. **1.** Prêtre. *Augur, uris,* m. Dignité d'augure, *auguratus, us,* m.; exercer les fonctions d'augure, *augurare* ou *augurari.* ◆ **2.** Présage. *Augurium, ii,* n. (Mauvais) *Omen, inis,* n. De mauvais augure, *dirus, a, um; infelix, icis; nefastus, a, um; infaustus;* de bon augure, *laetus, a, um; faustus; felix, icis;* j'en accepte l'augure, *augurium accipio*;* après avoir pris les augures, *augurato.*
augurer. I. Intr. Prendre les augures. *Augurare. Augurari.* ◆ **II.** Tr. Conjecturer. *Augurare. Ominari. Conjicere, io*.* Augurer bien de qqn, *de aliquo bene sperare.*
auguste, adj. *Augustus, a, um. Sanctus.*
aujourd'hui, adv. **1.** En ce jour. *Hodie.* ◆ **2.** En ce temps-ci. *Hodie. Nunc. Aetate nostra.* D'aujourd'hui, *hodiernus, a, um;* ce n'est pas d'aujourd'hui que, *jam pridem.*
aulique, adj. *Aulicus, a, um.*
aumône, f. *Stips, stipis,* f. *Eleemosyna, ae,* f. Faire à qqn l'aumône de qqch., *aliquid alicui largiri.*
aumônier, ère, adj. *Beneficus, a, um. Munificus.*
aumônier, m. *Eleemosynarius, ii,* m.
aumônière, f. *Sacculus, i,* m.
aunaie, f. *Alnetum,* n.
1. aune, m. (Arbre). *Alnus, i,* f. D'—, *alneus, a, um.*
2. aune, f. (Mesure). *Ulna, ae,* f. Mesurer les autres à son

aune, *suo modulo alios metiri**.
auner, tr. *Ad ulnam metiri**.
auparavant, adv. *Ante. Antea. Prius.* D'auparavant, *pristinus, a, um;* bien auparavant, *multo ante;* un an auparavant, *anno ante.*
auprès, adv. **1.** *Prope. Juxta.* Être ou se tenir auprès. *Astare, o**. Être situé auprès, *adjacere** (dat.).; *vicinum esse* (dat.). ◆ **2.** Auprès de, prép. *Prope* (acc.). *Juxta* (acc.). *Ad* ou *apud* (acc.). Il resta auprès du roi, *ad regem mansit*;* être en faveur auprès des hommes de bien, *apud bonos viros gratiam consequi**. ◆ **3.** (Au prix de). *Prae* (abl.). Heureux auprès de nous, *prae nobis beatus.*
auréole, f. *Nimbus, i,* m.
auriculaire, adj. *Auricularius, a, um.* Le doigt —, *minimus* (*i*) *digitus* (*i*), m.
aurifère, adj. *Aurifer, era, erum.*
aurore, f. **1.** *Aurora, ae,* f. Dès l'aurore, *primā luce;* couleur d'aurore, *luteus, a, um.* ◆ **2.** (Fig.) *Initium, ii,* n. *Ortus, us,* m.
ausculter, tr. *Aurem admovēre** (dat.).
auspice, m. *Auspicium, ii,* n. Prendre les auspices, *auspicari;* sous de bons, sous de mauvais auspices, *secundis, sinistris avibus;* sous les auspices de qqn, *alicujus auspiciis; aliquo duce;* après avoir pris les —, *auspicato;* sans avoir pris les —, *inauspicato.*
aussi. **I.** Adv. **1.** Pareillement. *Item. Quoque.* ◆ **2.** Encore, de plus. *Quoque. Et. Praeterea.* ◆ **3.** Tellement. *Adeo. Tam. Ita.* Après une bataille aussi glorieuse, *post tam praeclarum certamen.* ◆ **4.** Aussi... que (autant que...). *Tam... quam* (devant un adj. ou un adv.). Aussi longtemps que, *tamdiu... quamdiu;* aussi difficile que possible, *quam difficillime.* ◆ **II.** Conj. C'est pourquoi. *Ideo. Itaque.*
aussitôt. **I.** Adv. **1.** Sens local : *Statim. Ilico. Extemplo. E vestigio.* ◆ **2.** Sens temporel. *Confestim. Subito. Repente.* ◆ **3.** Sens fig. (continuité). *Continuo. Protinus.* ◆ **II.** Conj. Aussitôt que. *Ubi primum* (indic.). *Simul ac* (ou *atque*) (indic.).
auster, m. *Auster, tri,* m.
austère, adj. *Austerus, a, um. Severus. Asper, era, erum.*
austèrement, adv. *Austere. Severe.*
austérité, f. *Austeritas, atis,* f. *Asperitas,* f. *Severitas,* f.
austral, ale, adj. *Australis, e. Austrinus, a, um.*
Austrasie. *Austrasia, ae,* f.
autant, adv. **1.** *Tantum. Aeque.* Aimer autant, *amare tantum;* valoir autant, *tanti esse;* pas autant, *minus.* ◆ **2.** Autant... que. *Tantum... quantum* (dev. un nom de ch. qui ne se comptent ni ne se mesurent). *Tot... quot* ou *tam multi* (*ae, a*)... *quam multi* (*ae, a*) (dev. un nom de ch. qui se comptent). *Tantus*

(*a, um*)... *quantus* (*a, um*) (dev. un nom de ch. qui se mesurent). *Tantum... quantum* (dev. un verbe ordin.). *Tanti... quanti* (dev. un verbe d'estime ou de prix.). ◆ **3.** Autant... autant. (Se ramène à AUTANT... QUE). ◆ **4.** D'autant plus... que. *Eo... quo; hoc... quo; tanto... quanto* (quand les deux termes de la comparaison renferment chacun un comparatif). *Eo, hoc* ou *tanto... quod* (quand le premier terme seul renferme un comparatif). D'autant moins, *eo minus.* ◆ **5.** Autant que (en tant que, selon que). *Quantum. Quoad.* ◆ **6.** D'autant que (causal). *Quando* (indic.). *Cum* (subj.).

autel, m. *Ara, ae,* f. *Altaria, ium,* npl.

auteur, m. **1.** Cause première d'une chose, fondateur. *Conditor, oris,* m. *Creator,* m. Les auteurs de nos jours, *parentes, um* et *ium,* mpl. ◆ **2.** Inventeur, cause principale d'une chose. *Auctor, oris,* m. *Artifex, icis,* m. Ils sont les auteurs de leur fortune, *ipsi fortunam sibi finxerunt*.* ◆ **3.** Écrivain. *Scriptor, oris,* m.

authenticité, f. *Auctoritas, atis,* f. *Fides, ei,* f.

authentique. *Authenticus, a, um. Certus.*

authentiquement, adv. *Certa fide.*

autographe. **I.** Adj. *Autographus, a, um.* ◆ **II.** Nom m. *Autographum, i,* n.

automate, m. *Automatum, i,* n.

automnal, ale, adj. *Autumnalis, e.*

automne, m. et f. *Autumnus, i,* m.

autorisation, f. *Auctoritas, atis,* f. *Potestas,* f. Donner à qqn l'autorisation de, *alicui permittĕre* ut* (subj.); avec votre autorisation, *permissu tuo;* il est parti sans autorisation, *injussus abiit*.*

autoriser, tr. *Auctoritatem* où *potestatem* (gén. du gér.) *dare** (*alicui*). (*Aliquid*) *permittere, o** (*alicui*). Un écrivain autorisé, *scriptor probatus;* un langage autorisé, *licitus sermo.*

S'AUTORISER, r. S'— de qqch., *aliquid prae se ferre*.*

autorité, f. **1.** Puissance. *Auctoritas, atis,* f. *Potestas,* f. *Imperium, ii,* n. L'autorité souveraine, absolue, *summum imperium;* les autorités, *magistratus, uum,* mpl.; avoir autorité sur, *imperare* (dat.); sous l'autorité de, *sub* (abl.); de sa propre autorité, *sua sponte;* d'autorité, *vi* ou *per vim.* ◆ **2.** Crédit. *Auctoritas. Gravitas, atis,* f. *Momentum, i,* n. ◆ **3.** Témoignage d'un auteur. *Auctoritas. Pondus, eris,* n. *Testimonium, ii,* n. D'après l'autorité de Cicéron, *Cicerone auctore.* ◆ **4.** Homme qui fait —. *Auctor, oris,* m.

1. autour, m. *Accipiter, tris,* m.

2. autour. **I.** Adv. *Circum. Circa.* ◆ **II.** — de. Prép. *Circum* (acc.). *Circa* (acc.). Promener les yeux autour de soi, *circumspicere, io*.*

autre, adj. et pron. Différent. *Alius, a, ud* (en parl. de plusieurs). *Alter, era, erum* (en parl. de deux). Tous les autres, *ceteri, orum; reliqui.* Ils sont devenus autres, *alii facti* sunt;* une autre fois, à un autre moment, *alias;* dans un autre endroit (sans mouv.), *alibi;* autre part (avec mouv.), *alio;* d'une autre manière, *aliter;* d'autre part, *autem;* nous autres, *nos vero;* il n'en fait jamais d'autres, *sic solet*;* j'en ai vu bien d'autres, *passus* sum graviora;* autre que, *alius... atque* ou *ac;* non autre... que, *non alius... quam;* l'un... l'autre, *alius... alius;* (en parl. de deux seulement) *alter... alter;* les uns... les autres, *alii... alii;* (en parl. de deux groupes) *alteri... alteri;* les uns font une chose, les autres une autre, *alii alia agunt*;* ils se regardent l'un l'autre, *inter se aspiciunt*;* l'un et l'autre, *uterque, utraque, utrumque;* l'un ou l'autre, *alteruter, tra, trum;* ni l'un, ni l'autre, *neuter, tra, trum;* l'un après l'autre, *singuli, ae, a;* qui appartient à un autre, *alienus, a, um;* tu me prends pour un autre, *quaere* peregrinum.*

autrefois, adv. *Olim. Quondam.* D'autrefois, *antiquus, a, um.*

autrement, adv. **1.** D'une manière autre. *Aliter. Alio modo. Secus.* Tout autrement que, *aliter ac* ou *atque;* non autrement que, *non aliter quam.* ◆ **2.** Sinon, sans quoi. *Sin aliter. Sin minus.*

Autriche. *Austria, ae,* f. D'—, *Austriacus, a, um.*

autruche, f. *Struthiocamelus, i,* m. f.

autrui, m. *Alii, ae, a. Alter, era, erum.* D'autrui, *alienus, a, um;* le bien d'autrui, *alienum, i,* n.

auvent, m. *Subgrunda, ae,* f.

Auvergne. *Arvernia, ae,* **f.** De l'Auvergne, *Arvernus, a, um.*

auxiliaire. I. Adj. *Auxiliarius, a, um.* Troupes auxiliaires, *auxiliares, ium,* mpl.; *auxilia, iorum,* npl. ◆ **II.** Nom. *Adjutor, oris,* m. *Adjutrix, icis,* f.

avachir (s'), r. (Pop.). **1.** Devenir mou. *Laxari.* ◆ **2.** Devenir lâche. *Desidiā marcescĕre*.*

aval, m. **1.** *Pars inferior,* f. ◆ **2.** En —, *infra.* En aval d'une ville, *infra urbem.*

avalanche, f. *Nivium lapsus, us,* m.

avaler, tr. **I.** *Sorbere, eo*. Demittere, o*.* ◆ **II.** (Fig.) Avaler la pilule, des couleuvres, *accipĕre (io*) et mussitare injuriam.*

avance, f. **1.** Saillie. *Eminentia, ae,* f. *Projectura,* f. ◆ **2.** *Priorité.* Prendre l'avance sur qqn, *aliquem praegredi, ior*;* (fig.) *omnes procul a se relinquĕre*;* à l'avance, d'avance, par avance, *ante; prius;* dire d'avance, *praedicĕre*;* envoyer d'avance, *praemittĕre*;* être payé d'avance, *pecuniam praecipĕre,* *io*;* voir d'avance, *prospicĕre, io*;* avances d'argent, *promutuum, i,* n.; faire une avance, *commodare (pecuniam).* ◆ **3.** (Pl.) Premières démarches. *Officia, iorum,* npl. Faire des avances, *aliquem officiis provocare.*

avancé, ée, adj. **1.** Qui s'étend en avant. *Protentus, a, um. Projectus.* ◆ **2.** Porté en avant. *Promotus, a, um.* Ouvrages avancés, *propugnacula, orum,* npl. ◆ **3.** Qui a fait des progrès. *Progressus, a, um.* Peu avancé dans ses études, *integer, gra, grum.* ◆ **4.** Qui touche à son terme. *Affectus, a, um.* Avancé en âge, *aetate provectus;* à une heure avancée du jour, de la nuit, *multā die; serā nocte;* l'été étant déjà fort avancé, *prope exactā jam aestate.* ◆ **5.** Presque mûr. *Properatus, a, um.* Blés avancés, *maturatae segetes.* ◆ **6.** Trop mûr. *Nimis vietus, a, um.* Poisson avancé, *putridus piscis.*

avancement, m. *Progressus, us,* m. *Profectus,* m. *Progressio, onis,* f. Obtenir de l'avancement, *procedĕre* honoribus.*

avancer. I. Tr. **1.** Porter en avant (dans l'espace). *Promovere, eo*. Protendere, o*.* Avancer la main, *manum porrigĕre*;* avancer qqch. vers ou contre, *admovēre* (rem) (ad,* acc.; dat.). ◆ **2.** (Fig.) Enoncer, dire. *Ponere, o*. Proferre, fero*. Afferre, fero*.* Il ne prouve pas ce qu'il avance, *quae affert* nullis confirmat argumentis;* avancer faussement, *ementiri*.* ◆ **3.** Porter en avant (dans le temps), accélérer. *Maturare.* Avancer son départ, *maturius proficisci*;* avancer le jour ou l'époque, *diem repraesentare;* avancer un paiement, *ante diem dictum solvĕre*;* avancer de l'argent à qqn, *alicui pecuniam credĕre*.* ◆ **4.** (Fig.) Faire progresser. *Promovēre. Provehere, o*.* Avancer une entreprise, *inceptum promovēre;* cela n'avance pas mes affaires, *nihil proficiam*.* ◆ **II.** Intr. **1.** Faire saillie. *Projici, ior*. Prominere, eo*.* ◆ **2.** Aller en avant. *Procedere, o*. Progredi, ior*. Prodire, eo*.* Empêcher d'avancer, *a progressu arcēre*;* faire avancer, *promovēre;* faire avancer l'armée, *agmen agĕre*;* faire avancer à une dignité, *ad aliquam dignitatem promovēre* ou *provehĕre;* faire avancer les sciences, *incrementum afferre* doctrinarum studiis.* ◆ **3.** Faire des progrès. *Proficĕre, io*. Progredi.* Avancer dans l'étude, *in studiis proficere.* ◆ **4.** Décliner, vieillir. *Procedĕre. Progredi.* Le jour avance, *procedit dies;* avancer en âge, *aetate procedĕre; consenescere*.* ◆ **5.** (Fig.) Aller plus vite. *Procedere. Proficere, io*.* Cela n'avance à rien, *nihil promovet;* l'ouvrage avance, *procedit opus.*

S'AVANCER, r. **1.** Aller en avant. *Procedere, o*. Prodire, eo*. Progredi, ior*.* S' — (à pas comptés), *incedĕre**; (en courant), *incurrĕre**; (brusquement), *invadĕre**; (avec fracas), *irrumpĕre**; s'avancer vers, *accedĕre ad.* ◆ **2.** Faire saillie. *Prominere, eo**. S'avancer dans la mer, *in altum procurrĕre**. ◆ **3.** (Fig.) Faire des progrès. Marcher vers sa fin, *procedĕre.* La vieillesse s'avance, *adventat senectus.* ◆ **4.** Sortir de sa réserve. Je me suis trop avancé, *provectus sum* ou *progressus sum longe.*

avanie, f. *Injuria, ae,* f. *Contumelia, ae,* f.

1. avant. I. Prép. *Ante* (acc.). Passer avant qqn, *aliquem antegredi* (*ior*)*; mettre, faire passer avant, *praeferre** ou *anteponĕre** (*aliquem alicui*); avant tout, avant toutes choses, *in primis.* ◆ **II.** Adv. et EN AVANT, loc. adv. **1.** *Ante. Porro.* Aller en avant, *praecedĕre**; *progredi, ior**; se pencher, être penché en avant, *procumbĕre**; qui penche en avant, *pronus, a, um;* qui pend en avant, *propensus;* qui est en avant, *primus.* ◆ **2.** Auparavant. *Ante. Antea. Prius.* Quelques jours auparavant, *paucis diebus ante; ante paucos dies.* ◆ **3.** Profondément. *Alte.* Racines qui pénètrent bien avant, *radices altissimae;* entrer bien avant dans l'amitié de qqn, *in intimam alicujus amicitiam pervenire**; pénétrer bien avant dans l'esprit, *animo penitus haerēre**. ◆ **III.** Loc. conj. Avant de, avant que. *Antequam* ou *priusquam* (indic.; s'il y a une idée de prévision, subj.).

2. avant, m. (D'un navire). *Prora, ae, f.*

avantage, m. **1.** Supériorité. *Praestantia, ae,* f. Avoir l'avantage sur, *praestare** (dat.); Avoir sur l'ennemi l'avantage du nombre, de la valeur, *numero, virtute hostes superare;* ayant l'avantage de la fortune, *fortunā superior;* remporter un avantage, *superiorem in proelio esse; victoriam obtinēre**. ◆ **2.** Ce qui donne qq. supériorité. *Bonum, i,* n. Avantages physiques, *corporis bona;* avantages naturels et acquis, *naturae et doctrinae praesidia;* les avantages d'un terrain, *opportunitas loci;* l'avantage des circonstances, *occasio, onis,* f. cela est à votre avantage, *hoc tibi laudi est;* parler de qqn avec avantage, *de aliquo honorifice loqui**. ◆ **3.** Ce qui procure qq. profit. *Utilitas, atis,* f. *Commodum, i,* n. *Fructus, us,* m. Jouir des avantages de la paix, *pacis commodis frui**; offrir, présenter des avantages à, *prodesse** (dat.); *proficĕre, io** (dat); *commodum esse* (dat.); il y a beaucoup d'avantage à, c'est un grand avantage de, *maxime prodest** (inf.); retirer un avantage de qqch., *utilitatem* ou *fructum ex aliquā re capĕre* (*io**); pour en tirer un avantage, en vue d'un avantage, *compendii sui causā.* ◆

4. (Droit) Ce que l'on fait à qqn par donation ou par testament. *Praeceptio, onis,* f. *Praecipuum, i,* n.

avantager, tr. *Aliquid praecipui dare** (*alicui*). Être avantagé de (qqch.), *praecipĕre, io** (acc.); avantagé, *bonis praeditus, a, um.*

avantageusement, adv. 1. Avec avantage. *Commode. Utiliter.* ◆ 2. Honorablement. *Honorifice.* Parler avantageusement de soi-même, *de se multa praedicare.*

avantageux, euse, adj. 1. Excellent. *Praestans, antis. Eximius, a, um.* Figure avantageuse, *egregia forma;* avoir une idée avantageuse de qqn, *de aliquo optimum judicium facĕre* (*io**). ◆ 2. Commode, favorable. *Commodus, a, um. Opportunus.* Position avantageuse aux ennemis, *locus hostibus opportunissimus.* ◆ 3. Profitable, utile. *Utilis, e. Fructuosus, a, um.* Traité avantageux, *utile foedus;* travail avantageux, *quaestuosus labor;* être avantageux, *prodesse*; expedire.* ◆ 4. Présomptueux. *Gloriosus, a, um.*

avant-bras, m. *Brachium, ii,* n.

avant-coureur, m. 1. *Antecursor, oris,* m. ◆ 2. (Fig.) *Signum, i,* n. *Praenuntius, ii,* m.

avant-dernier, ière, adj. *Paenultimus, a, um.*

avant-garde, f. (D'une armée en marche) *Primum* (*i*) *agmen* (*inis*), n. (D'une armée en ordre de bataille) *Prima* (*ae*) *acies* (*ei*), f. *Prima* (*ae*) *frons* (*ontis*), f.

avant-goût, m. *Libamentum, i,* n. Avoir un avant-goût de qqch., *aliquid animo praecipĕre, io**.

avant-hier, adv. *Nudius tertius* (indécl.).

avant-poste, m. *Statio, onis,* f.

avant-propos, m. *Prooemium, ii,* n. *Praefatio, onis,* f.

avant-scène, f. *Proscaenium, ii,* n.

avant-veille, f. *Nudius tertius* (indécl.).

avare, adj. 1. Qui aime l'argent. *Avarus, a, um* (gén.). *Tenax, acis. Cupidus* (gén.). Être avare, *avaritiā ardēre**. ◆ 2. Ménager de. *Parcus, a, um* (gén.). Être avare de, *parcĕre** (dat.).

avarice, f. *Avaritia, ae,* f. *Tenacitas, atis,* f. *Cupiditas,* f. Avarice sordide, *sordes et avaritia;* avec avarice, *avare;* d'une basse avarice, *sordidus, a, um.*

avaricieux, euse, adj. *Avarus, a, um. Cupidus.*

avarie, f. *Damnum, i,* n. *Detrimentum, i,* n.

avarier, tr. *Corrumpere, o**. Avarié (marchandises), *corruptus, a, um;* (navire), *quassus.*

à vau-l'eau, loc. adv. *Secundo* ou *prono amne.* L'affaire est allée à vau-l'eau, *inane coeptum evasit**.

avec, prép. 1. Accompagnement ou opposition. *Cum* (abl.). S'entretenir avec qqn, *cum* *aliquo colloqui**; avec moi, avec toi, *mecum, tecum*; tunique avec des manches, *manicata tunica*; lutter avec qqn, *cum aliquo contendĕre**; se promener avec une épée, *cum gladio ambulare*. ◆ **2.** Manière. *Cum* (abl.) ou adv. Avec zèle, *cum curā*; avec ton aide, *te adjuvante*; gouverner la cité avec la plus grande autorité, *civitati maximā auctoritate praeesse**; avec soin, *sedulo*. ◆ **3.** Moyen ou instrument. (Abl.) Frapper avec l'épée, *ferire* gladio*; écrire avec une plume, *calamo scribĕre**. ◆ **4.** Eu égard à. *Pro* (abl.). Avec ma sensibilité, *quā mollitiā sum animi*. ◆ **5.** D'avec. *A* ou *ab* (abl.). Distinguer un flatteur d'avec un ami, *ab amico blandum secernĕre**. ◆ **6.** Avec tout cela. *Tamen. Nihilominus.*

aveline, f. *Abellana, ae,* f. *Abellana (ae) nux (nucis),* f.

avenant, te, adj. *Venustus, a, um.* A l'avenant, *perinde.*

avènement, m. *Regni principium, ii,* n. *Regni initia, iorum,* npl. A son avènement, *ubi regnare coepit**.

1. avenir, intr. *Evenire*. Advenire*. Accidere, o**.

2. avenir, m. *Futura, orum,* npl. A l'avenir, *in posterum*; j'espère un meilleur —, *spero meliora.*

aventure, f. *Casus, us,* m. *Fortuna, ae,* f. Courir les aventures, *fortunam tentare*; être témoin d'une amusante aventure, *mirificae rei interesse**; dire la bonne aventure, *hariolari*; diseur de bonne aventure, *divinus, i,* m.; à l'aventure, *temere*; d'aventure, *forte*; aller à l'aventure, *vagari.*

aventurer, tr. *In discrimen adducere, o**.

S'AVENTURER, r. *Fortunae se committĕre*. Se projicĕre (io*).*

aventureux, euse, adj. *Audax, acis. Audens, entis.* Existence aventureuse, *vita periculorum plena*; esprit aventureux, *ingenium vanum.*

aventurier, m. *Erro, onis,* m.

avenue, f. *Aditus, us,* m.

avérer, tr. *Comperire**. Avéré, *compertus, a, um; certus.*

averse, f. *Nimbus, i,* m. *Subitus (i) imber (bris),* m.

aversion, f. **1.** (Pers.) *Odium, ii,* n. *Aversus (i) animus (i),* m. Avoir de l'aversion pour qqn, *alienum animum ab aliquo habēre*; aliquem odisse**; qui a de l'aversion pour, *aversus, a, um (ab,* abl.); avoir de l'aversion pour qqch., *ab aliquā re abhorrēre**. ◆ **2.** (Ch.) *Repugnantia, ae,* f.

avertir, tr. **1.** Donner un avis. *Monere, eo*. Admonere, eo*. Commonere, eo**. Avertir qqn de qqch., *de aliquā re aliquem monēre*; il m'a averti de cela, *id me monuit*; avertir de (inf.), *monēre ut* (subj.). ◆ **2.** Informer. *Certiorem facĕre, io* (aliquem rei* ou *de re).*

avertissement, m. **1.** *Monitio, onis,* f. *Admonitio,* f. *Monitum, i,* n. Qui donne des avertissements, *monitor, oris,* m.; *admonitor, oris,* m. ◆ **2.** Avertissement (d'un livre). *Praefatio, onis*, f.

aveu, m. **1.** Confession. *Confessio, onis*, f. Faire l'aveu d'une faute, *de culpā* ou *culpam fatēri**; arracher un aveu, *confessionem exprimĕre**; de son aveu, *ut concessit**. ◆ **2.** Approbation. *Approbatio, onis*, f. *Assensus, us*, m. De l'aveu de tous, *ex omnium consensu;* sans l'aveu du peuple, *injussu populi;* homme sans aveu, *ejectus homo.*

aveugle, adj. **1.** *Caecus, a, um.* Être aveugle, *oculorum usu carēre**; aveugle-né, *caecus natus.* ◆ **2.** (Fig.) A l'aveugle, *temere;* fureur aveugle, *praeceps* ou *effrenatus furor;* juger en aveugle, *inscite judicium ferre**.

aveuglement, m. **1.** *Caecitas, atis*, f. ◆ **2.** (Fig.) *Caecitas. Error, oris*, m. *Amentia, ae*, f. Tirer qqn de son aveuglement, *aliquem ab errore avellĕre**.

aveuglément, adv. *Temere. Inconsulte.*

aveugler, tr. **1.** *Excaecare. Oculis privare.* ◆ **2.** *Caecare. Caecum efficere, io**. Être aveuglé par la passion, *caecā cupiditate rapi* (*ior**).

S'AVEUGLER, r. *Obcaecari.* S'aveugler sur ses défauts, *vitiorum suorum oblivisci**.

aveuglette (à l'), loc. adv. *In tenebris. Temere.*

avide, adj. *Avidus, a, um. Cupidus.*

avidement, adv. *Avide. Cupide.*

avidité, f. *Aviditas, atis*, f. *Cupiditas*, f. Avidité au gain *avaritia, ae f.*

avilir, tr. **1.** Avilir (l'or), *pretium (auro) detrahĕre**. ◆ **2.** (Fig.) *In contemptionem adducere, o**. Avilir son rang, *dignitatem suam frangĕre**.

S'AVILIR, r. **1.** Devenir à bas prix. *Evilescĕre**. ◆ **2.** Devenir méprisable. *Prolabi, or**.

avilissant, ante, adj. *Turpis, e.*

avilissement, m. **1.** Bas prix. *Vilitas, atis*, f. ◆ **2.** (Fig.) *Humilitas, atis*, f. *Turpitudo, inis*, f. *Dedecus, oris*, n.

aviner, tr. *Vino imbuere, o.* Aviné, *vinolentus, a, um; vino deditus.*

aviron, m. *Remus, i*, m.

avis, m. **1.** Avertissement. *Monitum, i*, n. ◆ **2.** Conseil. *Consilium, ii*, n. Prendre l'avis ou les avis de qqn, *ad consilium aliquem adhibēre**. ◆ ◆ **3.** Opinion. *Sententia, ae*, f. Dire ou donner son avis, *censēre**; changer d'avis, *sententiam mutare;* se ranger à l'avis de qqn, *in alicujus sententiam ire**; voici mon avis, *ita censeo**; à mon avis, *meā sententiā.*

avisé, ée, adj. *Cautus, a, um. Prudens, entis. Callidus.*

aviser. I. Tr. Avertir. *Monere, eo**. ◆ **II.** Intr. Songer à qqch. *Videre, eo** (acc.). *Cavere, eo** (acc.; dat.; *ab*, abl.). Aviser à un moyen, *rationem inire**; nous aviserons, *videbimus.*

S'AVISER, r. *Excogitare.* S'aviser d'un expédient, *rationem* *excogitare;* s'aviser de (inf.), *animum inducĕre* ut* (subj.).

aviver, tr. *Excitare.*

avocat, m. *Patronus, i,* m. *Causidicus,* m. Être avocat, *causas dicĕre** ou *defendĕre**; prendre qqn pour avocat, *aliquem ad defendendam causam advocare;* ministère d'avocat, *patrocinium, ii,* n.; méchant avocat, *rabula, ae,* m.

avoine, f. *Avena, ae,* f. Fait d'avoine, *avenaceus, a, um.*

1. avoir, tr. **1.** Posséder. *Habere, eo**. (Jur.) *Possidere, eo**. (Garder) *Tenere, eo**. J'ai un livre, *est mihi liber;* avoir avec soi, *esse cum* (abl.); n' — pas, *carēre* (abl.); ce qu'on a pour de l'argent, *quae parantur pecuniā;* avoir qqn pour ami, *aliquem amicum habere;* avoir qqn au-dessus, au-dessous de soi, *alicui subjectum esse; alicui praeesse* ou *praepositum esse.* ◆ **2.** (Fig.) Avoir une mauvaise santé, *valetudine non bonā uti*;* — les cheveux longs, *esse capillo promisso;* — un bon naturel, *esse egregiae indolis;* avoir le souverain pouvoir, *summā imperii potiri*;* avoir la paix, *pace uti*;* avoir mal à la tête, *dolorem capitis habēre;* avoir espoir, *in spe esse;* avoir trente ans, *triginta annos natum esse.* ◆**3.** Porter, tenir. *Habēre. Ferre, fero**. Avoir un anneau au doigt, *digito anulum habēre;* avoir la joie sur le visage, *vultu ferre* laetitiam.* ◆ **4.** Avoir à (inf.). *Habēre.* J'ai une terre à cultiver, *agrum colendum habeo;* je n'ai rien à t'écrire, *nihil habebam tibi scribĕre** ou *quod ad te scriberem;* avez-vous qqch. à dire? *num quid vis*?* ◆ **5.** Il y a. *Est* (en parl. d'un seul); *sunt* (en parl. de plusieurs). Il y a des gens qui, *sunt qui* (indic. ou subj.); il y a un an que, *annus est ex quo; abhinc uno anno;* il y a lieu de, *est ubi* (subj); il n'y a pas de raison pour, *non est cur* (subj.); il n'y a pas de danger, *non est periculum;* qu'y a-t-il? *quid id est? quid est rei?* il n'y a qu'à faire cela, *nihil aliud agendum**.

2. avoir, m. *Res* (*rei*) *familiaris* (*is*), f. *Bona, orum,* npl.

avoisiner, tr. *Esse finitimum* (dat.). *Contingere, o** (acc.).

avortement, m. *Abortus, us,* m.

avorter, intr. **1.** *Abortire.* ◆ **2.** (Fig.) L'entreprise avorta, *inane inceptum evasit**; faire avorter, *evertĕre** (acc.).

avorton, m. **1.** *Abortivus, i,* m. *Fetus, us,* m. ◆ **2.** (Fig.) *Homullus, i,* m.

avoué, m. *Advocatus, i,* m. *Actor, oris,* m.

avouer, tr. **1.** Confesser. *Fateri, eor**. *Confiteri, eor**. Avouer publiquement, *profitēri*;* il faut avouer que, *non est infitiandum* (prop. inf.); ne pas avouer, *infitiari.* ◆ **2.** Approuver. *Approbare. Ratum habere, eo**.

avril, m. *Aprilis, is*, m. D'avril, *aprilis, e.*
axe, m. *Axis, is*, m.
axiome, m. *Effatum, i*, n.
azur, m. *Caeruleum, i*, n. D'azur, *caeruleus, a, um.*
azuré, ée, adj. *Caeruleus, a, um.*
azyme, adj. *Azymus, a, um.* Pain azyme, *azyma, orum*, npl.

B

babil, babillage, m. *Garrulitas, atis*, f. *Loquacitas*, f.
babillard, arde, adj. *Garrulus, a, um. Loquax, acis.*
babiller, tr. *Garrire.*
babine, f. *Labrum, i*, n.
babioles. 1. *Crepundia, orum*, npl. ◆ **2.** (Fig.) *Nugae, arum*, fpl.
bâbord, m. *Navis sinistrum (tri) latus (eris)*, n.
babouin, m. *Cynocephalus, i*, m.
Babylone. *Babylon, onis*, f. De Babylone, *Babylonius, a, um.*
Babylonie. *Babylonia, ae*, f.
bac, m. *Ponto, onis*, m.
bacchanal, m. *Strepitus, us*, m.
bacchanales, fpl. *Bacchanalia, ium* ou *iorum*, npl.
bacchante, f. **1.** *Baccha, ae*, f. ◆ **2.** (Fig.) *Potrix, icis*, f.
Bacchus. *Bacchus, i*, m.
bâche, f. *Pellis, is*, f.
bachique, adj. *Bacchicus, a, um.* Transport bachique, *bacchatio, onis*, f.
bachot, m. *Cymbula, ae*, f.
bâcler, tr. *Levi brachio agere, o**. C'est une affaire bâclée, *confectum* est negotium.*
badaud, aude, adj. *Cessator, oris*, m. *Cessatrix, icis*, f.
badauder, intr. *Cessare.*
badigeonner, tr. *Dealbare,*
badin, ine, adj. *Jocosus, a, um.*
badinage, m. *Jocus, i*, m.
badine, f. *Virga, ae*, f.
badiner, tr. *Jocari.* En badinant, *per jocum.*
badinerie, m. *Jocus, i*, m.
bafouer, tr. *Illudere, o** (acc.). *Contumeliis vexare* ou *insequi, or** (acc.).
bâfrer, intr. *Helluari.*
bâfreur, m. *Helluo, onis*, m.
bagage, m. *Sarcina, ae*, f. *Impedimenta, orum*, npl. Plier bagages, *sarcinas colligere*;* cheval de bagage, *sarcinarius equus;* soldat chargé de bagages, *impeditus miles;* sans bagages, *expeditus, a, um;* partir avec armes et bagages, *sua secum ferens abire*.*
bagarre, f. *Turba, ae*, f.
bagatelle, f. *Nugae, arum*, fpl. Dire des bagatelles, *nugari;* c'est une bagatelle, *parva res est.*
bagne, m. *Ergastulum, i*, n.
bague, f. *Anulus, i*, m. Mettre une bague, *anulum induĕre.*
baguenauder, intr. *Nugari.*
baguette, f. *Virga, ae*, f. *Virgula, ae*, f. *Bacillum, i*, n. Obéir, marcher à la ba-

guette, *ad nulum praesto esse.*

bahut, m. *Abacus, i,* m.

bai, e, adj. *Badius, a, um.*

baie, f. **1.** Fruit. *Baca, ae,* f. ◆ **2.** Golfe. *Sinus, us,* m. ◆ **3.** Ouverture. *Lumen, inis,* n.

baigner. I. Tr. **1.** Mettre au bain. *Lavare*. Abluere, o.* Baigner qqn, *in balneum aliquem demittĕre*.* ◆ **2.** Mouiller. *Tingere, o*. Perfundere, o*.* Baigner qqn de ses larmes, *lacrimis aliquem conspergĕre*;* être baigné de sueur, *sudore madēre *.* ◆ **3.** Arroser. *Alluere, o. Subluere, o.* ◆ **II.** Intr. *Natare.* Baigner dans le sang, *sanguine natare.*

SE BAIGNER, r. **1.** Se mettre au bain. *Lavari*.* ◆ **2.** (Fig.) *Perfundi*. Se respergere.*

baigneur, euse, m. et f. **1.** Qui se baigne. *Natator, oris,* m. ◆ **2.** Qui a soin des bains. *Balneator, oris,* m. *Balneatrix, icis,* f.

baignoire, f. *Piscina, ae. Labrum, i,* n.

bail, m. (Du point de vue du bailleur) *Locatio, onis,* f. (Du point de vue du preneur) *Conductio, onis,* f. Donner à bail, *locare;* prendre à bail, *conducĕre*.*

bâillement, m. *Oscitatio, onis,* f.

bâiller, intr. **1.** *Oscitare.* ◆ **2.** (Fig.) *Hiscere, o*.*

bailler, tr. *Dare*. Tradere, o*.* Vous me la baillez belle, *me ludibrio habes*.*

bâilleur, m. *Oscitabundus, a, um.*

bailleur, m. *Locator, oris,* m.

bâillon, m. *Oris obturamentum, i,* n.

bâillonner, tr. **1.** *Os claudere, o* (alicui).* ◆ **2.** (Fig.) *Linguam occludere, o* (alicui).*

bain, m. **1.** Action de se baigner. *Lavatio, onis,* f. ◆ **2.** Eau dans laquelle on se baigne. *Aqua, ae,* f. Se mettre au bain, entrer dans le bain, *in aquam se* ou *corpus demittĕre*;* prendre un bain chaud, froid, *calidā, frigidā lavari*;* prendre un bain de siège, *in aquā desidēre** ou *insidēre*;* bain de vapeur, *assa sudatio;* bains (eaux thermales), *aquae, arum,* fpl. ◆ **3.** Récipient dans lequel on se baigne. *Solium, ii,* n. ◆ **4.** Installation privée. *Balneum, i,* n. ◆ **5.** Établissements publics. *Balneae, arum,* fpl. ◆ **6.** Bains chauds. *Thermae, arum,* fpl.

bain-marie. Faire chauffer au bain-marie, *per duplex vas coquere, o*.*

baïonnette, f. *Sica, ae,* f.

baisement, m. *Osculatio, onis,* f.

1. baiser, tr. *Osculari* (acc.). *Oscula dare** ou *ferre** (dat.).

SE BAISER, r. *Oscula jungĕre*.*

2. baiser, m. *Osculum, i,* n.

baisse, f. *Deminutio, onis,* f. Baisse des eaux, *decrescentes aquae;* baisse des denrées, *annonae laxatio.*

baisser. I. Tr. *Demittere, o*.* Baisser la tête, les yeux, la voix, *vultum, oculos, vocem submittĕre*;* se jeter tête baissée, *praecipiti impetu ruĕre.* ◆ **II.** Intr. *Decrescere, o**. Le jour baisse, *vergit* in noctem dies;* son crédit baisse, *ejus auctoritas cadit*;* faire baisser les prix, *pretia submittĕre*.*

SE BAISSER, r. Se courber. *Se demittĕre*. Se submittĕre*.*

bal, m. *Saltatio, onis,* f. Donner un bal, *saltationem instituere.*

baladin, ine, m. et f. *Saltator, oris,* m. *Saltatrix, icis,* f. *Scurra, ae,* m.

balafre, f. *Cicatrix, icis,* f.

balafrer, tr. *Cicatrice deformare* (*vultum*). Balafré, *cicatricosus, a, um.*

balai, m. *Scopae, arum,* fpl.

balance, f. **1.** Instrument. *Libra, ae,* f. Plateau de balance, *lanx, lancis,* f.; fléau de balance, *scapus, i,* m; aiguille de —, *examen, inis,* n. ◆ **2.** (Fig.) Examen. Mettre en balance, *examinare; pensare;* tenir la balance égale entre, *ex aequo temperare* (acc.); faire pencher, emporter la balance, *ponderis plus habēre*;* être en balance, *in suspenso esse;* tenir en balance, *aliquem suspensum tenēre*.* ◆ **3.** Balance d'un compte. *Compensatio, onis,* f. ◆ **4.** Équilibre des États. *Aequa civitatum libratio.* ◆ **5.** Signe du zodiaque. *Libra, ae,* f.

balancement, m. *Oscillatio, onis,* f. Balancement de tête, *nutatio, onis,* f.

balancer. I. Tr. **1.** Faire aller çà et là. *Librare. Jactare. Movere, eo*.* Balancer le bras, *brachium jactare.* ◆ **2.** (Fig.) Peser, examiner. *Pendere, o*. Expendere, o*. Examinare.* Cette question fut longtemps balancée, *haec quaestio diu fuit agitata.* ◆ **3.** Équilibrer. *Librare.* Balancer un compte, *rationes conferre*;* balancer les parties d'une période, *apte componĕre* verba;* succès balancé, *anceps proelium;* balancer qqn, *adaequare aliquem.* ◆ **II.** Intr. Être en suspens. *Dubitare. Haerere, eo*.* Qui balance, *incertus, a, um; dubius;* balancer (à faire), *dubitare* (inf.); sans balancer, *non dubitanter.*

SE BALANCER, r. **1.** *Se librare. Librari. Jactari. Vacillare.* ◆ **2.** Se compenser. *Pensari. Aequari.*

balancier, m. **1.** D'une balance. *Libramentum, i,* n. ◆ **2.** D'un acrobate. *Halter, eris,* m.

balançoire, f. *Oscillum, i,* n.

balayage, f. *Purgatio, onis,* f.

balayer, tr. **1.** *Verrere, o*.* ◆ **2.** (Fig.) *Pellere, o*. Depellere, o*.*

balayeur, m. *Scoparius, ii,* m.

balayures, fpl. *Purgamenta, orum,* npl.

balbutiement, m. *Linguae haesitantia, ae,* f.

balbutier, intr. et tr. *Balbutire* (acc.).

balcon, m. *Maeniana, orum,* npl.

baldaquin, m. *Aulaeum, i,* n.

Baléares. *Baleares* (*ium*) *insulae* (*arum*), fpl.

baleine, f. *Balaena, ae,* f.

baliste, f. *Ballista, ae,* f.

balivernes, fpl. *Nugae, arum*, fpl.

ballant, ante, adj. *Fluxus, a, um.* Avoir les bras ballants, *jactare brachia.*

balle, f. **1.** Boule à jouer. *Pila, ae*, f. Jeu de balle, *pilaris lusus;* joueur de balle, *lusor, oris*, m.; jouer à la balle, *pilā ludĕre*;* lancer, renvoyer la balle, *pilam mittĕre*; retorquēre*;* saisir la balle au bond, *occasionem arripĕre* (*io**). ◆ **2.** Projectile. *Glans, glandis*, f. Balle de plomb, *plumbea glans*, f. ◆ **3.** Paquet. *Fascis, is*, m. Porter la balle, *onera ferre* venalia.* ◆ **4.** Enveloppe du blé. *Gluma, ae*, f.

ballet, m. *Canticum, i*, n. *Pantomimus, i*, m.

ballonnement, m. *Inflatio, onis*, f.

ballonner, tr. *Inflare.*

SE BALLONNER, r. *Tumescere, o*.*

ballot, m. *Fasciculus, i*, m.

ballottement, m. *Jactatio, onis*, f.

ballotter. I. Tr. *Jactare. Agitare.* Être ballotté par les eaux, *fluctuare.* ◆ **II.** Intr. *Jactari.*

balourd, balourde, adj. *Bardus, a, um. Plumbeus.*

balourdise, f. *Ineptia, ae*, f.

balsamine, f. *Balsamina, ae*, f.

balsamique, adj. *Balsaminus, a, um.*

Baltique. *Balticum* (*i*) *mare* (*is*), n.

balustrade, f. *Cancelli, orum*, mpl.

balustre, f. *Columella, ae*, f. *Pulvinus, i*, m.

bambin, ine, m. et f. *Pusio, onis*, m. *Pupa, ae*, f.

bamboche, f. **1.** Marionnette. *Pupa, ae*, f. ◆ **2.** Enfant. *Pusio, onis*, m. *Pupa, ae*, f. ◆ **3.** Scène comique. *Mimicae* (*arum*) *ineptiae* (*arum*), fpl. ◆ **4.** Débauche. Faire des bamboches (pop.), *juvenari.*

ban, m. **1.** Proclamation. *Pronuntiatio, onis*, f. *Praeconium, ii*, n. Bans de mariage, *praeconia sponsalicia*, npl. ◆ **2.** Convoquer le ban et l'arrière-ban, *tumultum decernĕre*.* ◆ **3.** Exil. *Exsilium, ii*, n. Mettre au ban, *ejicere, io*;* (fig.) *infamare* (acc.).

banal, ale, adj. **1.** Public. *Publicus, a, um.* ◆ **2.** Commun. *Communis, e. Tritus, a, um.*

banalité, f. **1.** Défaut de ce qui est banal. *Vulgaritas, atis*, f. ◆ **2.** Chose banale. *Obsoletum, i*, n. Dire des banalités, *communia dicĕre*.*

banc, m. **1.** *Subsellium, ii*, n. *Scamnum, i*, n. ◆ **2.** (Fig.) Être sur les bancs, *sedēre* in scholis.* ◆ **3.** (Fig.) Banc de sable, *vadum, i*, n.; banc de poissons, *examen piscium.*

bancal, le, adj. et **bancroche,** adj. *Varus, a, um.*

bandage, m. **1.** Action de lier avec des bandes. *Colligatio, onis*, f. ◆ **2.** Appareil. *Fascia, ae*, f. *Ligamen, inis*, n. *Vinctura, ae*, f.

bande, f. **1.** Pièce coupée en long. — d'étoffe, *fascia, ae*, f.; — de papier, *taenia, ae*, f.; — de fer, *ferri lamina, ae*, f.; — de pourpre, *clavus, i*, m.

◆ **2.** Troupe. *Grex, gregis*, m. *Turba, ae*, f. *Manus, us*, f. Par bandes, *gregatim;* faire bande à part, *secedĕre**.

bandeau, m. **1.** *Fascia, ae*, f. Bandeau royal, *diadema, atis*, n. ◆ **2.** (Fig.) Ils ont un bandeau sur les yeux, *animis offusa* est caligo.*

bandelette, f. *Fasciola, ae*, f. Bandelette des prêtres, *infula, ae*, f.

bander, tr. **1.** Lier avec une bande. *Obligare. Vincire*.* Bander les yeux, *oculos obligare.* ◆ **2.** Tendre avec effort. *Tendere, o*.* Bander un arc, *arcum intendĕre**.

banderole, f. *Infula, ae*, f.

bandit, m. *Latro, onis*, m.

banlieue, f. *Suburbium, ii*, n.

bannière, f. *Vexillum, i*, n.

bannir, tr. **1.** Exiler. *In exsilium agere, o*. Ejicere, io*. Exterminare. Civitate expellere, o*.* Être banni, *exsulare;* un banni, *exsul, ulis*, m. ◆ **2.** Chasser. *Removere, eo*. Dimittere, o*.* Bannir la crainte, *metum tollĕre**.

bannissement, m. *Ejectio, onis*, f. *Exsilium, ii*, n. Condamner qqn au bannissement, *exsilio aliquem afficĕre, io**.

banque, f. *Argentaria, ae*, f. Faire la banque, *argentariam facĕre, io**; maison de banque, *argentaria* ou *mensa, ae*, f.

banqueroute, f. **1.** *Decoctio, onis*, f. Faire banqueroute, *decoquĕre*; foro cedĕre;* — publique, *tabulae novae*, fpl. ◆ **2.** (Fig.) Faire banqueroute à (décevoir, tromper). *Fallĕre, o** (acc.).

banqueroutier, m. *Decoctor, oris*, m.

banquet, m. *Epulae, arum*, fpl. *Convivium, ii*, n. Assister à un banquet, *epulari;* donner un banquet, *convivari.*

banqueter, intr. *Epulari.*

banquette, f. *Subsellium, ii*, n. *Scabellum, i*, n.

banquier, m. *Argentarius, ii*, m.

baptême, m. *Baptisma, atis*, n. *Baptismus, i*, m.

baptiser, tr. *Baptizare.*

baptistère, m. *Baptisterium, ii*, n.

baquet, m. *Alveus, i*, m. *Lacus, us*, m.

baragouin, m. *Barbarus* (*i*) *sermo* (*onis*), m.

baragouiner, intr. *Barbare loqui, or**.

baraque, f. *Tugurium, ii*, n. *Casa, ae*, f.

baratte, f. *Sinum, i*, n.

barbare, adj. **1.** Étranger à la civilisation. *Barbarus, a, um.* ◆ **2.** Inhumain. *Barbarus. Saevus. Immanis, e.*

barbarement, adv. *Barbare.*

barbarie. 1. Manque de civilisation. *Barbaria, ae*, f. *Barbaries, ei*, f. ◆ **2.** Cruauté. *Saevitia*, f. *Immanitas, atis*, f.

barbarisme, m. *Barbarismus, i*, m.

barbe, f. **1.** *Barba, ae*, f. Petite barbe, *barbula, ae*, f.; qui porte la barbe, *barbatus, a, um;* qui n'a pas encore de barbe, *imberbis, e;* se faire la barbe, raser sa barbe, *barbam tondēre** ou

*ponĕre**; faire la barbe à, *barbam abradĕre** (dat.); laisser pousser sa barbe, *barbam promittĕre** 2. (Fig.) Rire dans sa barbe, *secum ridēre**; à la barbe de qqn, *coram aliquo;* barbe de chèvre, *aruncus, i,* m.; barbe d'épi, *arista, ae,* f.
barbeau, m. *Barbus, i,* m.
barbier, m. *Tonsor, oris,* m. De barbier, *tonsorius, a, um;* boutique de barbier, *tonstrina, ae,* f.
barbon, m. *Vetulus, i,* m.
barboter, intr. **1.** *In luto esse.* ◆ **2.** (Fig.) *Impediri.*
barbouillage, m. *Infaceta (ae) pictura (ae),* f.
barbouiller, tr. **1.** Salir. *Oblinĕre, o*.* ◆ Peindre grossièrement. *Infacetissime pingere, o*.* ◆ **2.** (Fig.) Mal prononcer. *Balbutire.*
barbouilleur, m. *Malus (i) pictor* ou *scriptor (oris),* m.
barbu, ue, adj. *Barbatus, a, um.*
barbue, f. *Rhombus, i,* m.
bardane, f. *Lappa, ae,* f.
1. barde, m. *Bardus, i,* m.
2. barde, f. **1.** Armure. *Cataphracta, ae,* f. ◆ **2.** Barde de lard. *Offula, ae,* f.
barder, tr. **1.** Couvrir d'une barde. *Ferro munire.* ◆ **2.** Couvrir de lard. *Offulā obtegere, o*.*
bardot, m. *Hinnulus, i,* m.
barguigner, intr. *Cunctari. Haesitare.*
baril, m. *Doliolum, i,* n. *Cadus, i,* m.
bariolage, m. *Colorum varietas, atis,* f.
barioler, tr. *Variare.*
baroque, adj. *Incompositus, a, um. Insolitus.*
barque, f. *Cymba, ae,* f. *Scapha,* f. *Navicula,* f. Conduire la barque (diriger qqn), *clavum tenere*;* bien conduire sa barque, *bene rem gerĕre*.*
barrage, m. *Saeptum, i,* n.
barre, f. **1.** Barre de bois, *asser, eris,* m; — de fer, *ferrum, i,* n.; — d'une porte, *vectis, is,* m.; — d'appui, *pluteus, i,* m.; — de gouvernail, *clavus, i,* m.; — d'un fleuve, *vadum, i,* n.; — d'un tribunal, *cancelli, orum,* mpl.; faire comparaître qqn à la barre, *ad judicium aliquem vocare.* ◆ **2.** Barre, trait de plume, *linea, ae,* f. ◆ **3.** (Fig.) Avoir barre sur qqn, *alicui praevalēre*.*
barreau, m. **1.** Petite barre. *Cancelli, orum,* mpl. Garni de barreaux, *clatratus, a, um.* ◆ **2.** Enceinte d'un tribunal. *Subsellia, iorum,* npl. ◆ **3.** Profession d'avocat. *Forum, i,* n. La carrière du barreau, *forensis cursus.*
barrer, tr. **1.** Fermer avec une barre. *Claudĕre, o*. Obstruere, o*.* Barrer une porte, *fores repagulis claudere.* ◆ **2.** Effacer. *Eradere, o*. Expungere, o*.*
barricade, f. *Saepimentum, i,* n.
barricader, tr. *Praecludere, o*. Saepire*. Obstruere, o*.*
barrière, f. **1.** *Saeptum, i,* n. *Claustrum,* n. *Repagula, orum,* npl. ◆ **2.** Barrière dans les jeux de course. *Carceres, um,*

mpl. ◆ 3. (Fig.) *Obex, icis,* m. f. *Obstantia, ium,* npl.

barrique, f. *Dolium, ii,* n.

1. **bas, basse,** adj. 1. Qui a peu de hauteur. *Humilis, e. Depressus, a, um. Demissus.* Faire main basse sur, *injicĕre* (*io**) *manum in* (acc.). ◆ 2 (Fig.) Avoir l'oreille basse, *jacēre**; ciel bas, *nubilum caelum;* voix basse, *demissa vox.* ◆ 3. Inférieur. *Humilis. Inferior, ius.* Le bas peuple, *humiles, ium,* mpl.; d'une basse extraction, *loco infimo natus.* ◆ 4. Vil, méprisable. *Humilis. Abjectus, a, um. Sordidus.* Sentiments bas, *animus abjectus;* style bas, *oratio humilis;* bas prix, *pretium parvum;* qui est à bas prix, *vilis, e.*

2. **bas,** m. *Pars inferior,* f. *Imum, i,* m. *Imus* ou *extremus, a, um* (que l'on fait accorder avec le subst.). Le bas de la montagne, *imus mons;* du bas, d'en bas, *ab inferiore parte;* du haut en bas, *a summo ad imum;* en bas, par le bas, *deorsum;* des hauts et des bas, *alternae vices;* jeter bas ou à bas, *dejicĕre, io**; se jeter à bas de, *abjicĕre* (*io**) *se ex* (abl.); crier : à bas Ésope, *explaudĕre* Aesopum;* à bas les mains, *aufer* hinc manus.*

3. **bas,** adv. *Infra.* 1. Plus bas, *inferius.* ◆ 2. (Fig.) Tomber très bas, *in sordida usque descendĕre**; mettre bas les armes, *arma deponĕre**; mettre bas (en parl. des animaux), *parĕre, io**; *gignĕre**; parler bas, tout bas, *submisse loqui**; parler bas à qqn, *in aurem alicui dicĕre**; tout bas, *tacite.*

4. **bas,** m. Vêtement. *Fascia, ae,* f. *Tibiale, is,* n.

basalte, m. *Basaltes, ae,* m.

basane, f. *Aluta, ae, f.*

basané, ée, adj. *Aquilus, a, um. Fuscus. Adustus.*

bascule, f. *Libramentum, i,* n.

base, f. 1. Fondement. *Fundamentum, i,* n. La base d'une statue, *statuae basis, is,* f. ◆ 2. (Fig.) Jeter les bases d'un traité, *condiciones pacis jacĕre, io**.

baser, tr. *Fulcire**.

SE BASER, r. *Inniti, or** (sur, abl.).

bas-fond, m. 1. Terrain bas. *Locus jacens inter tumulos.* ◆ 2. Endroit où il y a peu d'eau. *Vadum, i,* n. *Brevia, ium,* npl.

basilic, m. 1. Reptile. *Basiliscus, i,* m. ◆ 2. Plante. *Ocimum, i,* n.

basilique, f. *Basilica, ae,* f.

Basques. *Vascones, um,* mpl.

bas-reliefs, mpl. *Anaglypta, orum,* npl.

basse-cour, f. *Cohors, tis,* f.

bassement, adv. *Abjecte. Humiliter.*

bassesse, f. (De naissance) *Humilitas, atis,* f. *Ignobilitas, atis,* f. (De sentiments) *Illiberalitas, atis,* f. *Abjectio, onis,* f. (De style) *Humilitas.* Commettre une bassesse, *aliquid sordidum facĕre, io**; c'est une bassesse de, *turpe est* (inf.); faire des bassesses auprès de qqn, *alicui humiliter servire.*

bassin, m. 1. Plat. *Pelvis, is,* f.

Patina, ae, f. ◆ **2.** Réservoir. *Lacus, us,* m. *Crater, eris,* m. Bassin d'un port, *sinus, us,* m.; bassin d'un fleuve, *alveus, i,* m.

bassine, f. *Patina, ae,* f.

bassiner, tr. **1.** Humecter. *Inungere, o*.* ◆ **2.** Chauffer. *Calefacere, io*.*

bastion, m. *Muri angulus, i,* m.

bas-ventre, m. *Abdomen, inis,* n.

bât, m. *Clitellae, arum,* fpl. Qui porte un bât, *clitellarius, a, um.*

bataille, f. *Pugna, ae,* f. *Proelium, ii,* n. *Certamen, inis,* n. Bataille sur terre, *terrestre proelium;* la bataille de Cannes, *pugna Cannensis* ou *ad Cannas*; donner, livrer bataille, *proelium committĕre*;* gagner la bataille, *vincĕre*;* ranger une armée en bataille, *aciem instruĕre*;* bataille rangée, *acies, ei,* f.; troupes en bataille, *acies instructa;* en ordre de bataille, *acie instructā;* abandonner le champ de bataille, *acie cedĕre*.*

batailler, intr. *Proeliari.*

batailleur, adj. *Pugnax, acis.*

bataillon, m. *Caterva, ae,* f. *Manus, us,* f.

bâtard, arde, adj. *Nothus, a, um.*

bâtardeau, m. *Arca, ae,* f.

Batave, adj. *Batavus, a, um.*

bateau, m. *Linter, tris,* f. *Navigium, ii,* n.

batelet, m. *Lintriculus, i,* m.

bateleur, m. *Ludius, ii,* m.

batelier, m. *Navicularius, ii,* m. *Nauta, ae,* m.

bâter, tr. *Clitellas imponere, o** (dat.). Bâté, *clitellarius, a, um.*

bâtiment, m. **1.** Edifice. *Aedificium, ii,* n. ◆ **2.** Navire. *Navis, is,* f. *Navigium, ii,* n.

bâtir, tr. **1.** *Aedificare. Exstruere, o*. Construere, o*.* ◆ **2.** (Fig.) Bâtir en l'air, *inepte aliquid moliri;* corps bien bâti, *corpus bene constitutum.*

bâtisse, f. *Aedificatio, onis,* f.

bâtisseur, m. *Aedificator, oris,* m.

bâton, m. **1.** Bâton servant d'appui. *Baculus, i,* m. *Baculum, i,* n. Petit bâton, *bacillum, i,* n.; bâton pour frapper, *fustis, is,* m.; — augural, *lituus, i,* m.; — de berger, *pedum, i,* n.; — d'ivoire, *scipio, onis,* m.; — de commandement, *sceptrum, i,* n.; donner à qqn des coups de bâton, *alicui fustem impingĕre*.* ◆ **2.** (Fig.) Bâton de vieillesse, *senectutis subsidium.* A bâtons rompus, *interrupte.*

bâtonner, tr. **1.** Donner des coups de bâton. *Fuste percutere, io** (*aliquem*). ◆ **2.** Biffer. *Cancellare.*

battage, f. *Tritura, ae,* f.

battant, m. **1.** Battant d'une cloche. *Pistillum, i,* n. ◆ **2.** Porte à battants, *valvae, arum,* fpl.; à deux battants, *biforis, e.*

batte, f. *Pavicula, ae,* f.

battement, m. *Pulsus, us,* m. — de mains, *plausus, us,* m.; — du cœur, *cordis palpitatio, onis,* f.; — du pouls, *venarum pulsus;* — d'ailes, *pennarum jactatus, us,* m.; battement

(musique), *ictus, us,* m.; *percussio, onis,* f.
batterie, f. **1.** Rixe. *Rixa, ae,* f. ◆ **2.** Canons. *Machinae, arum,* fpl. ◆ **3.** (Fig.) Moyen d'attaque. Dresser ses batteries contre qqn, *in aliquem intendĕre* ballistam.* ◆ **4.** Batterie de cuisine. *Coquinaria (iorum) vasa (orum),* npl.
batteur, m. **1.** Batteur en grange, *cudens, entis,* m.; — d'or, *bractearius, ii,* m. ◆ **2.** (Fig.) Batteur de pavé, *erro, onis,* m.
battre. I. Tr. **1.** Frapper. *Verberare. Caedere, o*.* Battre le grain, *spicas tundĕre*;* battre monnaie, *pecuniam ferire*.* ◆ **2.** (Fig.) Battre froid à qqn, *ad aliquem frigēre*;* chemin battu, *trita via;* par une pluie battante, *obstrepente pluviā;* mener qqn battant, *nullam alicui requiem dare*;* battre le fer pendant qu'il est chaud, *occasionem urgēre*;* battre la mesure, *modos dare*.* ◆ **3.** Agiter. *Agitare.* Battre des œufs, *ova miscēre*.* ◆ **4.** Assaillir, se briser contre. *Quatere, io*. Concutere, io*.* Être battu par les vents, *ventis vexari;* être battu par la tempête, *tempestate jactari;* la rivière bat les murs de la cité, *urbem alluit* flumen;* battre en brèche, *tormentis verberare;* (fig.) *labefactare.* ◆ **5.** Vaincre. *Vincere, o*. Profligare.* Battre l'ennemi à plate couture, *copias hostium fundĕre*.* ◆ **6.** Explorer, parcourir. *Peragrare. Percurrere, o*.* Battre le pavé, *in urbe vagari* ou *consursare.* ◆ **II.** Intr. **1.** S'agiter. *Micare*. Salire*.* Battre des mains, *plaudĕre*.* ◆ **2.** Battre en retraite, *se recipĕre (io*).*
SE BATTRE, r **1.** *Pugnare (cum,* abl., ou *in,* acc.). *Certare.* Se faire battre. *Vinci*. Superari.* **2.** (Fig.) Se battre les flancs, *multum sudare.*
battue, f. Faire une battue, *feras agitare.*
baudet, m. *Asinus, i,* m.
baudrier, m. *Balteus, i,* m.
bauge, f. **1.** Gîte du sanglier. *Volutabrum, i,* n. ◆ **2.** Mortier. *Paleatum (i) lutum (i),* n.
baume, m. *Balsamum, i,* n.
bavard, arde, adj. *Loquax, acis. Garrulus, a, um.*
bavardage, m. **1.** Action de bavarder. *Loquacitas, atis,* f. *Garrulitas, atis,* f. ◆ **2.** Propos de bavard. *Ineptiae, arum,* fpl. *Rumores, um,* mpl.
bavarder, intr. *Garrire.*
bave, f. *Saliva, ae,* f. Bave de serpent, *sanies, ei,* f.
baver, intr. *Salivam exspuere, o.*
baveux, euse, adj. *Salivosus, a, um.*
bayer, intr. *Inhiare.* Bayer aux corneilles, *hietare.*
béant, ante, adj. *Hians, hiantis.* Avoir la bouche béante, *hiare.*
béat, ate, adj. *Beatus, a, um.*
béatitude, f. *Beatitudo, inis,* f.
1. beau, bel, belle, adj. **1.** Agréable, remarquable de forme. *Pulcher, chra, chrum. Venustus, a, um. Formosus.* Se faire beau, ou belle, *formam*

*excolere**; un beau site, *amoenus locus;* un beau temps, *serenitas caeli;* il fait beau, *serenum est;* un beau discours, *praeclara oratio;* la belle société, *homines urbani;* un beau parleur, *disertus vir;* il en verra de belles, *malum habebit**; tu m'en contes de belles, *lapida sane memoras.* ◆ **2.** Noble, bienséant. *Pulcher. Decorus, a, um. Honestus.* Une belle âme, *ingenuus animus;* il est beau de, *pulchrum est* (inf.); on en dit de belles sur toi, *ex virtutibus tuis ornatus es.* ◆ **3.** Avantageux, favorable. *Pulcher. Commodus, a, um. Opportunus.* Une belle occasion, *opportuna occasio;* une belle année, *fructuosus annus;* ne voir que le beau côté des choses, *laeta tantum considerare;* avoir la partie belle, *omnia secundissima habere;* donner beau jeu à qqn, *opportunitatem alicui dare**; la bailler belle, *ansas dare**; avoir beau, *quamvis* ou *licet* (subj.); *nequiquam;* tu as beau faire, *nihil agis**; il l'a échappée belle, *summo periculo evasit**; de plus belle, *magis et magis;* bel et bien, *plane;* il y a beau jour que, *jam diu factum* est cum.*

2. beau, m. **1.** *Pulchrum, i,* n. *Pulchritudo, inis,* f. ◆ **2.** (Au moral) *Honestum, i,* n. *Decorum,* n.

beaucoup, adv. **1.** Dev. un nom. *Multum* (quantité). *Magnus, a, um* (grandeur). *Multi, ae, a* (nombre). — de vin, *multum vini:* — de courage, *magna virtus;* — de soldats, *multi milites.* ◆ **2.** Dev. un comp., un superl. ou un verbe de supériorité. *Multo. Longe.* Beaucoup plus savant, *multo doctior;* l'emporter de beaucoup, *longe superare.* ◆ **3.** Dev. un verbe. *Multum* (verbes ordin.). *Magni* (verbes d'estime). *Magno* (verbes de prix). Il lit beaucoup, *multum legit**; il estime beaucoup, *magni facit**; coûter —, *magno constare**.

beau-fils, m. **1.** Enfant né d'un mariage antérieur. *Privignus, i,* m. ◆ **2.** Mari de la fille. *Gener, eri,* m.

beau-frère, m. *Mariti* ou *uxoris frater, tris,* m. *Levir, iri,* m.

beau-père, m. **1.** Père du mari ou de la femme. *Socer, eri,* m. ◆ **2.** Mari de la mère remariée. *Vitricus, i,* m.

beauté, f. **1.** Qualité de ce qui est beau. *Pulchritudo, inis,* f. *Forma, ae,* f. (Grâce) *Venustas, atis,* f. D'une grande beauté, *forma praestans;* beauté d'un lieu, du temps, *loci, caeli amoenitas;* — d'un discours, *orationis elegantia.* ◆ **2.** Personne belle. *Formosa mulier.*

bec, m. **1.** Bec d'oiseau. *Rostrum, i,* n. Déchirer à coups de bec, *rostro lacerare;* avoir bec et ongles, *unguibus et rostro valēre**; tenir qqn le bec dans l'eau, *aliquem falsā spe lactare;* avoir bon bec, *lingua promptum esse;* donner un coup de bec à qqn, *aliquem carpĕre**. ◆ **2.** (Fig.) Bouche mignonne. *Osculum, i,* n. ◆ **3.** Bec d'un navire. *Rostrum.* ◆ **4.** Pointe de terre. *Ligula, ae,* f. ◆ **5.** Bec de grue. *Geranium, ii,* n.

bécasse, f. *Rusticula, ae,* f.

becfigue, m. *Fidecula, ae,* f.

bêche, f. *Pala, ae,* f.

bêcher, tr. *Fodere, io**.

becquée, f. *Esca, ae,* f.

becqueter, tr. *Rostro pungere, o** ou *appetere, o**.

SE BECQUETER, r. *Rostra pungere, o**.

bedaine, f. *Abdomen, inis,* n.

bégaiement, m. *Linguae haesitantia, ae,* f.

bégayer, intr. *Lingua haesitare. Balbutire.*

bègue, adj. *Balbus, a, um. Blaesus.*

béguin, m. *Calautica, ae,* f.

beige, adj. *Ravus, a, um.*

beignet, m. *Laganum, i,* n.

béjaune, m. (Fig.) *Tiro, onis,* m.

bêlement, m. *Balatus, us,* m.

bêler, intr. *Balare.*

belette, f. *Mustela, ae,* f.

Belgique. *Belgium, ii,* n. De Belgique, *Belgicus, a, um;* les Belges, *Belgae, arum,* mpl.

bélier, m. **1.** Mâle de la brebis. *Aries, elis,* m. ◆ **2.** (Fig.) Machine de guerre. *Aries.* Battre les murs à coups de bélier, *arietibus muros ferire**.

bélître, m. *Balatro, onis,* m.

bellâtre, m. *Pulchellus, i,* m.

belle-fille, f. **1.** Femme du fils. *Nurus, us,* f. ◆ **2.** Fille d'un autre lit. *Privigna, ae,* f.

bellement, adv. *Lente.*

belle-mère, f. **1.** Mère du mari ou de la femme. *Socrus, us,* f. ◆ **2.** Seconde femme du père, marâtre. *Noverca, ae,* f.

belle-sœur, f. Sœur du mari ou de la femme. *Glos, gloris,* f.

belligérant, ante, adj. Les parties belligérantes, *bellantes, ium,* mpl.

belliqueux, euse, adj. **1.** Qui aime la guerre. *Bellicosus, a, um. Bellandi cupiditate flagrans, antis.* ◆ **2.** Qui excite l'ardeur guerrière. *Bellicus, a, um.*

bénédiction, f. **1.** Consécration. *Consecratio, onis,* f. *Benedictio,* f. ◆ **2.** Vœux. *Vota, orum,* npl.

bénéfice, m. **1.** Gain. *Lucrum, i,* n. *Emolumentum, i,* n. *Fructus, us,* m. Avoir un bénéfice, jouir d'un bénéfice, *lucrari;* être un bénéfice, *lucri fieri**. ◆ **2.** Privilège. *Beneficium, ii,* n.

bénéficiaire, adj. *Beneficiarius, a, um.*

bénéficier, intr. *Lucrum facĕre (io*) ex* (abl.).

benêt, adj. *Stultus, a, um.*

bénévole, adj. *Benevolus, a, um.*

bénévolement, adv. *Benevole. Ultro.*

bénignement, adv. *Benigne.*

bénignité, f. *Benignitas, atis,* f.

bénin, igne, adj. *Benignus, a, um.*

bénir, intr. **1.** Louer. *Bene dicere, o** (dat.). ◆ **2.** Combler de faveurs. *Fortunare.* ◆ **3.** Consacrer. *Benedicere* (acc.).
bénitier, m. *Cantharus, i,* m.
Béotie. *Boeotia, ae,* f. De —, *Boeotus, a, um. Boeoticus.*
béquille, f. *Baculus, i,* m.
bercail, m. **1.** *Ovile, is,* n. ◆ **2.** (Fig.) Revenir au bercail, *in tecta reverti**.
berceau, m. **1.** Berceau d'enfant. *Cunae, arum,* fpl. *Cunabula, orum,* npl. Berceau de vigne, *vinearum protectum.* ◆ **2.** (Fig.) Dès le berceau, *ab incunabulis;* protéger la colonie au berceau, *nascentem coloniam tuēri**. ◆ **3.** Voûte en —. *Fornix, icis,* m.
bercer, tr. **1.** *Cunas movere, eo** (*alicujus*). ◆ **2.** (Fig.) *Lactare.* Bercer qqn d'un vain espoir, *falsā spe aliquem producĕre**.
SE BERCER, r. Se bercer de l'espoir de, *sibi persuadēre* fore ut* (subj.); se bercer d'une espérance, *spe duci**.
berceuse, f. *Cunaria, ae,* f.
berge, f. *Abrupta* (*ae*) *ripa* (*ae*), f.
berger, m. *Pastor, oris,* m. De berger, *pastoralis, e.*
bergère, f. *Ovium custos, odis,* f.
bergerie, f. *Ovile, is,* n. *Stabulum, i,* n.
bergeronnette, f. *Motacilla, ae,* f.
béril, m. *Beryllus, i,* m.
berlue, f. *Caligatio, onis,* f. Avoir la berlue, *caligare.*
berner, tr. **1.** *Sago jactare.* ◆ **2.** (Fig.) *Deridere, eo**.
Berry. *Bituricensis* (*is*) *ager* (*agri*), m. Les habitants du Berry, *Bituriges, um,* mpl.
besace, f. *Pera, ae,* f. Etre réduit à la besace, *mendicantem vivĕre**.
besogne, f. *Opus, eris,* n. *Labor, oris,* m. Donner de la besogne à qqn, *negotium alicui facessĕre*;* faute de besogne, *negotii inopiā.*
besogneux, euse, adj. *Inops, opis.*
besoin, m. **1.** Manque de. *Inopia, ae,* f. *Penuria,* f. ◆ **2.** Dénuement. *Indigentia, ae,* f. ◆ **3.** Nécessité. *Necessitas, atis,* f. Besoin de nourriture, *famēs, is,* f.; besoins naturels, *naturae requisita, orum,* npl.; être dans le besoin, *egēre*; indigēre*;* avoir besoin de, *egēre** (abl.); *desiderare* (acc.); j'ai besoin d'un ami, *mihi opus est amico;* au besoin, *si necesse sit;* suivant le besoin, *pro rei necessitate.*
bestiaire, m. *Bestiarius, ii,* m.
bestial, ale, adj. *Ferinus, a, um.*
bestialement, adv. *Pecudum ritu.*
bestialité, f. *Immanitas, atis,* f.
bestiaux, mpl. *Pecora, um.*
bestiole, f. *Bestiola, ae,* f.
bétail, m. *Pecus, oris,* n. Petit bétail, *pecus, udis,* f.; troupeau de gros bétail, *armentum, i,* n.; troupeau de petit bétail, *grex, gregis,* m.; de bétail, *pecuarius, a, um;*

éleveur de bétail, *pecuarius, ii*, m.; se livrer à l'élève du bétail, *pecuariam facĕre, io*;* gardien de gros bétail, *armentarius, ii*, m.; pays riche en bétail, *armentosa regio.*

1. bête, f. **1.** *Bestia, ae*, f. Bêtes à laine, *lanigerum (i) pecus (oris)*, n.; bêtes à cornes, *cornuta animalia*, npl.; bêtes de somme, *jumenta, orum*, npl.; grosse bête, *belua, ae*, f.; bête fauve, *fera, ae*, f.; petite bête, *bestiola, ae*, f.; de bête, *ferinus, a, um*; condamner aux bêtes, *ad bestias damnare.* ◆ **2.** (Fig.) Je n'ai été qu'une bête, *asinus germanus fui.*

2. bête, adj. *Stolidus, a, um.* Rendre bête, *stupidum facere, io* (aliquem).*

bêtement, adv. *Stulte.*

bêtise, f. **1.** *Stupiditas, atis*, f. *Stultitia, ae*, f. ◆ **2.** Actions d'un sot. *Ineptiae, arum*, fpl.

béton, m. *Rudus, eris*, n.

bette, f. *Beta, ae*, f.

beuglement, m. *Mugitus, us*, m.

beugler, intr. *Mugire.*

beurre, m. *Butyrum, i*, n.

beurrer, tr. *Butyro illinere, o*.*

bévue, f. *Erratum, i*, n. Commettre une bévue, *errare; labi, or*.*

biais, m. **1.** Obliquité. *Obliquitas, atis*, f. Qui est de biais, *obliquus, a, um*; en biais, de biais, *oblique.* ◆ **2.** Expédient. *Via, ae*, f. *Ratio, onis*, f.

biaiser, intr. ◆ **1.** Être de biais, *obliquari.* ◆ **2.** *Tergiversari.* Sans biaiser, *rectā viā.*

biberon, m. **1.** Qui aime à boire. *Potor, oris*, m. ◆ **2.** Petit vase. *Guttus, i*, m.

Bible, f. *Biblia (iorum) sacra (orum)*, npl.

bibliothécaire, m. *Bibliothecae custos, odis*, m., ou *praefectus, i*, m.

bibliothèque, f. *Bibliotheca, ae*, f.

biche, f. *Cerva, ae*, f. De biche, *cervinus, a, um.*

bichon, m. Petit chien. *Catellus, i*, m.

bicoque, f. **1.** Petite place. *Oppidulum, i*, n. ◆ **2.** Maisonnette. *Tugurium, ii*, n.

bidet, m. *Mannus, i*, m. *Mannulus, i*, m.

1. bien, m. **1.** Avantage, profit. *Bonum, i*, n. *Commodum*, n. Les biens (richesses), *res, rei*, f.; *bona, orum*, npl.; *opes, um*, fpl.; biens de la terre, *fruges, um*, fpl.; biens meubles, *res mobiles;* biens immeubles, *praedia, iorum*, npl.; faire du bien à qqn, *alicui bene facĕre, io*;* dire du bien de, *collaudare* (acc.); vouloir du bien à qqn, *alicui favēre**; mener à bien une affaire, *rem feliciter agĕre*.* ◆ **2.** Mérite, perfection. *Bonum. Rectum, i*, n. *Honestum*, n. Homme de bien, *vir bonus;* se porter au bien, *animum ad honestum applicare**; prendre en bien, *in bonam partem accipĕre (io*)*; en bien comme en mal, *in utramque partem.*

2. bien, adv. **I.** ADV. DE MANIÈRE. **1.** D'une manière avantageuse. *Bene. Commode. Belle.*

Être bien logé, *bene habitare;* vous avez été bien traité, *bene tecum actum* est*; bien vu de tout le monde, *apud omnes gratiosus, a, um;* les choses ont bien tourné, *res bene cessit**; c'est bien, en voilà assez, *bene habet**. ◆ **2.** D'une manière juste. *Bene. Recte. Merito.* Très bien, *pulcherrime;* c'est bien fait, *illud merito factum* est;* vous l'avez bien dit, *fuit ut dixisti**. ◆ **3.** Beaucoup. *Multum* (gén.) (dev. un nom de choses qui ne se comptent ni ne se mesurent). *Multus, a, um* (dev. un nom de choses qui se mesurent). *Multi, ae, a* (dev. un nom de choses qui se comptent). Dev. un adj., le superl. de l'adj. *Multo* (dev. un compar., un superl., un verbe de supériorité ou de prix). *Multum* (dev. un verbe ordin.). *Multi* (dev. un verbe d'estime). ◆ **II.** ADV. DE PENSÉE. Les choses sont bien comme il le dit, *ita est plane ut dicit*;* c'est bien lui, *ipse est;* bel et bien, *plane et probe;* j'avais bien entendu dire, *certe* ou *equidem audieram;* c'est bien la peine de, *tanti non est* (inf.); il en tua bien dix mille, *decem circiter milia occidit*;* peut-être bien, *forsan;* eh bien? hé bien? (interrogatif) *age; agite;* (dans les réponses) *nempe; ita sane.* ◆ **III.** ADV. CORRÉLATIF ET LOC. DIVERSES. Aussi bien... que, *et... et; tum... tum; cum... tum;* aussi bien, *utique;* tout aussi bien, *aeque;* si bien (tellement)... que, *ita... ut* (subj.); bien que, *etsi* (ind.), *quamvis* ou *licet* (subj.); quand bien même, *etiamsi;* ou bien... ou bien, *aut... aut.*

bien-aimé, ée, adj. *Dilectus, a, um.*

bien-être, m. *Vitae commoditas, atis,* f. *Copia, ae,* f. Vivre dans le bien-être, *bene vivĕre*;* bien-être moral, *voluptas, atis,* f.

bienfaisance, f. *Beneficentia, ae,* f. *Liberalitas, atis,* f.

bienfaisant, ante, adj. **1.** (Pers.) *Beneficus, a, um. Benignus;* pour, *in,* acc. ◆ **2.** (Ch.) *Salutaris, e. Utilis.*

bienfait, m. *Beneficium, ii,* n. *Meritum, i,* n. Les bienfaits que j'ai reçus de vous, *tua erga me beneficia.*

bienfaiteur, m. *Beneficus, i,* m. (*erga* ou *in,* acc.).

bienfaitrice, f. *Benefica, ae,* f.

bien-fonds, m. *Fundus, i,* m. *Praedium, ii,* n.

bienheureux, euse, adj. *Beatus, a, um.*

biennal, ale, adj. *Biennis, e.*

bienséance, f. *Decentia, ae,* f. *Decorum, i,* n. *Decus, oris,* n. Observer les bienséances, *decorum tenēre*;* contre les bienséances, *indecenter.*

bienséant, ante, adj. *Decorus, a, um. Decens, entis.*

bientôt, adv. *Mox. Jam. Brevi.* Depuis bientôt un an, *anno jam prope;* bientôt après, *brevi postea.*

bienveillance, f. *Benevolentia, ae,* f. *Humanitas, atis,* f.

Avec bienveillance, *benevole.*
bienveillant, ante, adj. *Benevolus, a, um. Benignus*; envers qqn, *in aliquem.*
bienvenu, ue, adj. *Acceptus, a, um* (dat.).
bienvenue, f. *Gratus* (*i*) *adventus* (*us*), m. Fêter la bienvenue de qqn, *alicujus adventu festum agĕre**; repas de bienvenue, *adventicia* (*ae*) *cena* (*ae*), f.
bière, f. **1.** Cercueil. *Capulus, i,* m. ◆ **2.** Boisson. *Cervisia, ae,* f.
biffer, tr. *Expungere, o*. Delere, eo.*
bifurcation, f. *Bifurcum, i,* n. Bifurcation d'une route, *bivium, ii,* n.
bifurquer (se), r. *Se in duas partes findere* (*o**). Bifurqué, *bifurcus, a, um.*
bigame, adj. *Bigamus, i,* m.
bigarreau, m. *Duracinum* (*i*) *cerasum* (*i*), n.
bigarrer, tr. *Variare.* Bigarré, *variatus, a, um; varius; versicolor, oris.*
bigarrure, f. *Colorum varietas, atis,* f.
bigle, adj. *Strabo, onis,* m.
bijou, m. **1.** *Aurum, i,* n. ◆ **2.** (Fig.) *Ocellus, i,* m.
bijoutier, m. *Aurarius, ii,* m.
bilan, m. *Accepti et expensi ratio, onis,* f. Déposer son bilan, *bonam copiam ejurare.*
bile, f. *Bilis, is,* f. Échauffer la bile, *bilem movēre*;* se faire de la bile, *bilem habēre*;* sa bile s'émeut, *facile irascitur*.*
bilieux, euse, adj. **1.** *Biliosus, a, um.* ◆ **2.** (Fig.) *Melancholicus.*
bille, f. *Globulus, i,* m.
billet, m. **1.** Petite lettre. *Litterulae, arum,* fpl. *Schedula, ae,* f. Billet doux, *epistula amatorie scripta.* ◆ **2.** Lettre d'invitation. *Libellus, i,* m. ◆ **3.** Carte d'admission à une réunion. *Tessera, ae,* f. ◆ **4.** Obligation. *Syngrapha, ae,* f. *Chirographus, i,* m. Billets à ordre, *perscriptiones, um,* fpl. ◆ **5.** Suffrage. *Tabella, ae,* f.
billevesée, f. *Nugae, arum,* fpl. *Somnia, iorum,* npl.
billon, m. *Signatum* (*i*) *aes* (*aeris*), n.
binage, m. *Repastinatio, onis,* f.
biner, tr. *Repastinare. Iterare.*
binette, f. *Bidens, entis,* m.
biographie, f. *Vita, ae,* f.
bipède, adj. *Bipes, edis.*
bique, f. *Capra, ae,* f.
birème, f. *Biremis, is,* f.
bis, ise, adj. *Ater, tra, trum.*
bisaïeul, eule, m. et f. *Proavus, i,* m. *Proavia, ae,* f.
bisannuel, elle, adj. *Bimus, a, um.*
biscornu, ue, adj. *Incompositus, a, um. Inconditus.*
biscuit, m. *Nauticus* (*i*) *panis* (*is*), m.
bise, f. *Aquilo, onis,* m.
biseau, m. *Obliqua* (*ae*) *ora* (*ae*), f.; — (des instruments à vent), *ligula, ae,* f.
bison, m. *Bison, ontis,* m.
bissac, m. *Mantica, ae,* f.
bissextil, ile, adj. Année —, *intercalarius* (*ii*) *annus* (*i*), m.
bistouri, m. *Scalpellum, i,* n.

Bithynie. *Bithynia, ae*, f.
bitume, m. *Bitumen, inis*, n.
bitumineux, euse, adj. *Bituminosus, a, um.*
bivouac, bivac, m. *Castra (orum) tumultuaria (iorum)*, npl.
bivouaquer, intr. *Sub divo pernoctare.*
bizarre, adj. **1.** Fantasque. *Mutabilis, e. Varius, a, um.* ◆ **2.** Extraordinaire. *Novus. Mirus.*
bizarrement, adv. *Insolite.*
bizarrerie, f. **1.** Mobilité. *Varietas, atis*, f. ◆ **2.** Étrangeté. *Novitas, atis*, f. *Insolentia, ae*, f.
blafard, arde, adj. *Pallidus, a, um.*
blaireau, m. *Meles, is*, f.
blâmable, adj. **1.** (Pers.) *Vituperabilis, e. Vituperandus, a, um.* Être —, *esse in culpā.* ◆ **2.** (Ch.) *Reprehendendus.*
blâme, m. *Vituperatio, onis*, f. *Reprehensio*, f. Encourir le blâme de qqn, *in alicujus vituperationem venire*.*
blâmer, m. *Vituperare. Reprehendere, o*.* Blâmer qqch. en qqn ou qqn de qqch., *vitio vertĕre* alicui aliquid;* être blâmé de ce que, *corripi (ior*) quod* (ind. ou subj.).
blanc, blanche, adj. *Albus, a, um. Candidus.* Blanc comme le lait, *lacteus;* barbe blanche, *cana barba;* linge blanc, *purum linteum;* nuit blanche, *insomnis nox;* être blanc, *albēre*;* être blanc de cheveux, d'un blanc gris, *canēre*;* devenir blanc, *albescĕre*;* rendre blanc, *dealbare;* donner carte blanche, *libertatem dare*.*
blanc, m. *Album, i*, n. Habillé, vêtu de blanc, *albatus, a, um;* chauffer à blanc, *percalefacere, io*;* être chauffé à blanc, *candēre*;* le blanc où l'on vise, *scopus, i*, m.; signer en blanc, *chartam puram subscribĕre*;* de but en blanc, *temere.*
blanc-bec, m. *Imberbus (i) juvenis (is)*, m.
blanchâtre, adj. *Subalbus, a, um.*
blancheur, f. *Candor, oris*, m.
blanchir, **I.** Tr. Rendre blanc. *Dealbare.* Blanchir du linge, *lintea lavare*.* ◆ **II.** Intr. Devenir blanc. *Albescere, o*. Candescere, o*.* Blanchir dans un emploi, *iisdem negotiis insenescere*;* les cheveux blanchissent, *canescunt* capilli.*
SE BLANCHIR, r. *Se purgare. A se culpam amovēre*.*
blanchissage, m. *Lavatio, onis*, f.
blanchissant, ante, adj. *Albescens, entis.*
blanchisseur, m. *Lotor, oris*, m.
blaser, tr. *Hebetare.* Blasé, *hebes, etis;* être blasé sur, *fastidire* (acc.).
SE BLASER, r. *Torpere, eo*.*
blason, m. *Gentilicia (iorum stemmata (um)*, npl.
blasphémateur, m. *Blasphemus, i*, m.
blasphème, m. *Blasphemia, ae*, f.
blasphémer, intr. *Blasphe-*

*mare. Impia verba proferre, fero** (*in*, acc.).

blatier, m. *Frumentarius, ii*, m.

blatte, f. *Blatta, ae*, f.

blé, m. Blé en herbe, *seges, etis*, f.; — sur pied, *frumenta, orum*, npl.; — en grain, *frumentum, i*, n.; *triticum*, n.; — de mars, *alicastrum, i*, n; — d'hiver, *arinca, ae*, f.; terre à blé, pays à blé, *frumentarius ager;* faire provision de blé, *frumentari*.

blême, adj. *Pallidus, a, um*.

blêmir, intr. *Pallescere, o**.

blessant, ante, adj. *Contumeliosus, a, um*.

blesser, tr. **1.** *Sauciare. Vulnerare. Laedere, o**. Blesser qqn grièvement, à mort, *grave, mortiferum vulnus alicui infligĕre*; qui n'est pas blessé, *integer, gra, grum*. ◆ **2.** (Fig.) *Laedĕre. Offendere, o**. Être blessé de qqch., *aliquid aegre ferre**.

blessure, f. **1.** *Vulnus, eris*, n. *Plaga, ae*, f. Criblé de blessures, *vulneribus confectus;* mourir d'une blessure, *ex vulnere perire**. ◆ **2.** (Fig.) *Vulnus*.

blette, f. *Blitum, i*, n.

bleu, eue. I. Adj. *Caeruleus, a, um*. Teint en bleu, *caeruleatus;* bleu foncé, *cyaneus, a, um;* bleu gris ou vert, *caesius, a, um;* entrer dans une colère bleue (pop.), *furenter irasci**. ◆ **II.** Nom m. **1.** *Caeruleus* (*i*) *color* (*oris*), m. Le bleu du ciel, *caelum caeruleum*. ◆ **2.** Bleu d'une meurtrissure. *Livor, oris*, m.

bleuâtre, adj. *Subcaeruleus, a, um*.

bleuet ou **bluet**. *Cyanus, i*, m.

bleuir. I. Tr. *Caeruleum reddere, o** (*aliquid*). ◆ **II.** Intr. *Caeruleum fieri**.

blinder, tr. Tour blindée, *ferrata* (*ae*) *turris* (*is*), f.

bloc, m. *Massa, ae*, f. *Moles, is*, f. *Acervus, i*, m. En bloc, *acervatim; summatim;* acheter, vendre en bloc, *aversione emĕre**.

blocaille, f. et **blocage**, m. *Statumen, inis*, n. *Caementum, i*, n.

blocus, m. *Obsidio, onis*, f. Faire le blocus d'une place, *urbem obsidēre**.

blond, blonde. I. Adj. *Flavus, a, um*. Un peu blond, *subflavus;* blond ardent, *rufus*. ◆ **II.** Nom m. *Flavus* (*i*) *color* (*oris*), m.

blondin, ine, m. et f. *Subflavus* (*i*) *puer* (*eri*), m. *Subflava* (*ae*) *puella* (*ae*), f.

blondir, intr. *Flavescere, o**.

bloquer, tr. *Obsidere, eo**. *Circumsidere, eo**.

blottir (se). *Se complicare**. Blotti, *latitans, antis*.

bluette, f. **1.** Étincelle. *Scintilla, ae*, f. ◆ **2.** Chose légère. *Nugae, arum*, fpl.

bluteau et **blutoir**, m. *Cribrum, i*, n.

bluter, tr. *Cribrare*.

boa, m. *Boa, ae*, f.

bobèche, m. *Tubulus, i*, m.

bobine, f. *Fusus, i*, m.

bocage, m. *Nemus, oris*, n.

bocager, ère, adj. *Silvestris, e.*
bocal, m. *Vitreum* (*i*) *vas* (*vasis*), n.
bœuf, m. **1.** *Bos, bovis,* m. Jeune bœuf, *buculus, i,* m.; de bœuf, *bubulus, a, um;* couple de bœufs, *boves bini,* mpl.; viande de bœuf, *bubula caro;* étable à bœufs, *bubile, is,* n.; gardien de bœufs, *bubulcus, i,* m. ◆ **2.** (Fig.) Mettre la charrue devant les bœufs, *primis ultima praeponĕre*.*
Bohême. *Boiohaemum, i,* n. Bohémien, *Boiohaemus, a, um.*
1. boire, intr. **1.** *Bibere, o*. Potare*.* Boire à petites gorgées*, *sorbillare;* boire à longs traits, *pocula trahĕre*;* boire à la santé de qqn, *alicui propinare;* donner, présenter à boire (à qqn), *pocula dare** (dat.); boire à une source, *ex fonte bibĕre;* vases à boire, *potatoria vasa;* qui aime à boire, *vinosus, a, um;* qui a bien bu, *potus, a, um;* mener boire le bétail, *ad aquam animalia compellere*.* ◆ **2.** (Fig.) Boire un affront, *contumeliam perferre*;* boire les paroles de qqn, *auribus alicujus verba bibĕre;* ce n'est pas la mer à boire, *nihil negotii est.*
2. boire, m. *Potus, us,* m. *Potio, onis,* f.
bois, m. **1.** Matière. *Lignum, i,* n. De bois, *ligneus, a, um;* bois de chauffage, *lignum;* bois vif, *viva arbor;* bois mort, *aridum lignum;* faire provision de bois, *lignari;* coupe de bois, *lignatio, onis,* f.; abattre du bois, *materiari;* bois de construction, *materia, ae,* f.; marchand de bois, *materiarius, ii,* m.; bois de lance, *hastile, is,* n.; bois de lit, *fulcrum, i,* n.; bois de cerf, *cornu, u,* n. ◆ **2.** Forêt. *Silva, ae,* f. *Nemus, oris,* n. Petit bois, *silvula, ae,* f.; bois sacré, *lucus, i,* m.; bois taillis, *caedua silva;* de bois, *silvestris, e.* ◆ **3.** (Fig.) Trouver visage de bois, *clausas portas pulsare;* faire flèche de tout bois, *nihil intentatum relinquĕre*;* être du bois dont (on fait...), *aptum esse* (dat. ou *ad,* acc.).
boiser, tr. **1.** Garnir de bois. *Ligno vestire* (acc.). ◆ **2.** Couvrir de forêts. *Silvis vestire* (acc.).
boiserie, f. *Intestinum* (*i*) *opus* (*eris*), n. Boiserie sculptée, *secamenta, orum,* npl.
boisseau, m. *Modius, ii,* m. Demi-boisseau, *semodius, ii,* m. Qui tient un boisseau, *modialis, e.*
boisson, f. *Potus, us,* m. *Potio, onis,* f.
boîte, f. *Capsula, ae,* f. *Pyxis, idis,* f.
boiter, intr. *Claudicare.* Le fait de boiter, *claudicatio, onis,* f.
boiteux, euse, adj. **1.** *Claudus, a, um. Claudicans, antis.* ◆ **2.** (Fig.) *Claudus.*
bol, m. **1.** Remède. *Globulus, i,* m. ◆ **2.** Vase à boire. *Scyphus, i,* m.
bombance, f. *Sagina, ae,* f. Faire bombance, *pergraecari.*

bombarder, tr. *Globos ignife-ros conjicere* (*io**) *in* (acc.).

bombe, f. *Ignifer* (*eri*) *globus* (*i*), m.

bomber. I. tr. *Curvare. Circinare.* ◆ **II.** Intr. *Circinari.*

1. bon, bonne, adj. **I.** (Ch.) **1.** Excellent, parfait, *Bonus, a, um.* Bon terrain, *fertilis ager;* de bonne naissance, *optimo* ou *honesto loco natus;* bonne idée, *vera sententia;* bonne grâce, *elegantia, ae,* f.; bonnes grâces, *gratia, ae,* f.; bon mot, *lepidum dictum;* le bon ton, *urbanitas, atis,* f.; de bonnes marchandises, *probae merces;* une bonne partie du jour, *aliquantum diei;* bon nombre de gens, *multi homines;* il y a un bon moment que, *jam diu est cum* (indic.). ◆ **2.** Utile, convenable. *Bonus. Utilis, e. Commodus. Aptus. Idoneus.* Au bon moment, *peropportune;* de bonne heure, *cito;* à la bonne heure, *optime; bene est*;* à quoi bon? *quid refert*? quid juvat*? quid opus est* (inf.)? il est bon de, *bonum est* ou *utile est* ou *prodest** (inf.); il n'est pas bon de, *non juvat** (inf.); n'être bon à rien, *nihil proficere, io*;* eau bonne à boire, *aqua potui idonea;* avoir bonne opinion de soi, *bene de se sentire*;* acheter à bon compte, *bene emĕre*;* se donner du bon temps, *jucunditati se dare*.* ◆ **II.** (Pers.) **1.** Excellent, honnête. *Bonus. Probus. Honestus. Rectus.* Bon orateur, *egregius orator;* une bonne vieille, *anicula, ae,* f.; un bon médecin, *medicus artis peritus;* les bonnes intentions, *bona consilia,* npl. ◆ **2.** Bienveillant, serviable. *Bonus. Benignus. Humanus.* Être trop bon pour qqn, *alicui nimium indulgēre*;* un bon vivant, *homo laetioris vitae;* mon bon, *bone.*

2. bon, m. **1.** Ce qui est honnête. *Bonum, i,* n. *Honestum,* n. ◆ **2.** Honnête homme. *Bonus, i,* m. ◆ **3.** Ordre écrit pour paiement. *Tessera, ae,* f.

3. bon, adv. *Recte. Bene.* Sentir bon, *bene olere*;* tenir bon, *resistĕre*;* trouver bon un mets, *cibum ducĕre* dulcem;* trouver bon, *approbare; bonum ducere** (*aliquid*); trouvez bon que, *placeat* tibi* (prop. inf.); il fait bon, *bonum est;* tout de bon, *plane;* pour de bon, *graviter; serio;* bon, *optime;* (avec ironie), *scilicet!*

bonace, f. *Malacia, ae,* f.

bonasse, adj. *Minime malus, a, um.*

bonbon, m. *Crustula, orum,* npl.

bond, m. *Saltus, us,* m. Faire des bonds, *exsilire*;* faire faux bond à, *deesse** (dat.); saisir la balle au bond, *occasionem arripere, io*.*

bonde, f. *Obturamentum, i,* n.

bondir, intr. **1.** *Salire*. Exsilire*.* ◆ **2.** S'ébattre (animaux). *Lascivire.*

bondissement, m. *Exsultatio, onis,* f. *Saltus, us,* m.

bonheur, m. *Felicitas, atis,* f. *Fortuna, ae,* f. Le comble du bonheur, *secundissima, orum,* npl.; j'ai eu le bonheur de, *mihi contigit* ut* (subj.); faire le bonheur de qqn, *aliquem beatum efficĕre, io*;* par bonheur, *opportune;* avec bonheur, *feliciter.*

bonhomie, f. *Simplicitas, atis,* f.

bonhomme, m. *Vir simplex,* m.

bonifier, tr. *Melius efficere, io** (*aliquid*).

bonjour. *Salve* (sg.). *Salvete* (pl.). Souhaiter, donner le bonjour à qqn, *aliquem jubēre* salvere.*

bonne, f. *Gerula, ae,* f.

bonnement, adv. *Simpliciter.*

bonnet, m. *Pileus, i,* m. Petit bonnet, *pileolus, i,* m.; qui a la tête près du bonnet, *stomachosus, a, um;* opiner du bonnet, *nutu sententiam dicĕre*;* il a mis son bonnet de travers, *morosus est.*

bonsoir. *Vale* ou *valeas* (sg.). *Valete* (pl.).

bonté, f. **1.** Excellence. *Bonitas, atis,* f. Bonté d'un remède, *remedii praestantia, ae,* f.; bonté d'une cause, *causae aequitas, atis,* f. ◆ **2.** Bienveillance, douceur. *Bonitas. Humanitas,* f. *Benignitas,* f. Actes de bonté. *Officia, iorum,* npl. Homme plein de bonté, *perhumanus vir;* votre bonté pour moi, *tua in me benevolentia;* avoir de la bonté pour qqn, *alicui benigne facĕre* (*io**).

borax, m. *Chrysocolla, ae,* f.

bord, m. **1.** Extrémité. *Ora, ae,* f. Bord d'un fleuve, *ripa, ae,* f.; — de la mer, *litus, oris,* n.; — d'un vase, d'un fossé, *labrum, i,* n.; — d'une fontaine, d'une plaie, *margo, inis,* m. et f.; couler à pleins bords, *pleno alveo fluĕre*;* qui est tout au bord, *extremus, a, um;* sur les bords de, *juxta* ou *ad* (acc.); être au bord de l'abîme, *in summo discrimine versari.* ◆ **2.** (Fig.) Navire. *Navis, is,* f. *Navigium, ii,* n. Vaisseaux de haut, de bas bord, *majores, minores naves;* monter à bord, *navem conscendĕre*;* prendre à son bord, *in navem recipere* (*io*)*;* bord d'un navire, *latus, eris,* n.

Bordeaux. *Burdigala, ae,* f. De —, *Burdigalensis, e.*

border, tr. **1.** Garnir le bord de. *Praetexere, o*.* ◆ **2.** S'étendre le long de. *Adjacere, eo** (dat.).

bordereau, m. *Schedula, ae,* f.

bordure, f. *Limbus, i,* m. Garni d'une bordure, *limbatus, a, um;* bordure en saillie, *crepido, inis,* f.

boréal, ale, adj. *Boreus, a, um.*

Borée. *Boreas, ae,* m.

borgne, adj. **1.** *Luscus, a, um.* ◆ **2.** (Fig.) Cabaret borgne, *obscura taberna,* f.

bornage, m. *Limitatio, onis,* f.

borne, f. **1.** *Terminus, i,* m. Bornes d'un empire, *imperii fines, ium,* mpl; borne dans un cirque, *meta, ae,* f.; borne milliaire, *lapis, idis,* m. ◆ **2.** (Fig.) Mettre des bornes à, *modum imponĕre** (dat.); passer les bornes, *modum excedere*;* sans bornes, *immensus, a, um.*

borner, tr. **1.** *Terminare. Defi-*

nire. Être borné, *continēri**. **2.** ◆ (Fig.) *Circumscribere, o*. Contrahere, o*. Coercere, eo*.* Borner ses désirs, *cupiditati modum imponĕre*;* être borné par le temps, *temporis angustiā excludi*;* avoir l'esprit borné, *hebeti ingenio esse.*

SE BORNER, r. *Modum servare. Modum retinere, eo*.* Se borner dans ses dépenses, *sumptibus modum facĕre (io*);* se borner à qqch., *aliquā re* ou *in aliquā re se continēre*;* se borner à (inf.), *satis habēre** (inf.).

Bosphore. *Bosporus, i,* m.

bosquet, m. *Viridarium, ii,* n.

bosse, f. **1.** Tumeur. *Gibbus, i,* m. (Effet d'un coup) *Tumor, oris,* m. Petite bosse, *tuberculum, i,* n.; ne rêver que plaies et bosses, *rixarum amatorem esse.* ◆ **2.** (Fig.) Bosse d'un terrain, *tumulus, i,* m.; bosse de sculpture, *eminentia, ae,* f.; qui est en bosse, *ectypus, a, um.*

bosseler, tr. *Ectypa facere, io** (*in*, acc.).

bossu, ue, adj. *Gibber, era, erum.*

bossuer, tr. Bossuer de la vaisselle, *vasa deterere, o*.*

botanique, f. *Ars herbaria,* f.

botte, f. **1.** Fagot. *Manipulus, i,* m. *Fascis, is,* m. Petite botte, *fasciculus, i,* m. ◆ **2.** Chaussure. *Ocrea, ae,* f. ◆ **3.** (Escrime) Coup. *Petitio, onis,* f. Porter une botte, *petitionem conjicĕre (io*).*

botteler, tr. *In manipulos colligare.*

bottine, f. *Caligula, ae,* f.

bouc, m. *Caper, pri,* m. Vieux bouc, *hircus, i,* m.; de bouc, *hircinus, a, um;* qui sent le bouc, *hircosus, a, um.*

bouche, f. **1.** *Os, oris,* n. Ouvrir la bouche, *hiare; hiscere, o*;* provisions de bouche, *cibaria, iorum,* npl. ◆ **2.** (Fig.) Faire venir l'eau à la bouche, *salivam movēre*;* fermer la bouche à qqn, *vocem alicui praecludĕre*;* avoir sans cesse à la bouche, *dictitare;* passer de bouche en bouche, *per ora hominum ferri*;* dire qqch. de bouche, *in linguā habēre*;* tenir de la bouche de qqn, *ab aliquo audire;* ne pas ouvrir la bouche, *tacēre*;* bouche d'un fleuve, *ostia, iorum,* npl.; bouches d'un volcan, *fauces, ium,* fpl.; bouche d'un four, *praefurnium, ii,* n.

bouchée, f. *Bucca, ae,* f.

boucher, tr. **1.** *Obstruere, o*. Occludere, o*. Obturare.* Boucher la vue, le jour, *prospectum prohibēre*.* ◆ **2.** (Fig.) Bouché, *obtusus, a, um; tardus.*

SE BOUCHER, r. Se boucher les oreilles, *clausas aures tenēre*;* se boucher le nez, *nares comprimĕre*.*

boucher, m. *Lanius, ii,* m.

boucherie, f. **1.** *Laniena, ae,* f. ◆ **2.** (Fig.) Carnage. *Caedes, is,* f. *Strages, is,* f.

bouche-trou, m. *Complementum, i,* n.

bouchon, m. *Obturamentum, i,* n. Bouchon de paille, *mani-*

pulus, i, m.; bouchon (taverne), *cauponula, ae,* f.

bouchonner, tr. *Defricare*.*

boucle, f. *Fibula, ae,* f. Boucles de cheveux (naturelles), *cirri, orum,* mpl.; (faites au fer chaud), *cincinni, orum,* mpl.; boucles d'oreilles, *inaures, ium,* fpl.

boucler. I. Tr. **1.** Attacher avec une boucle. *Fibulare.* ◆ **2.** Rouler en forme d'anneaux. *Crispare.* Qui a les cheveux bouclés, *cincinnatus, a, um.* ◆ **II.** Intr. *Crispari.*

bouclier, m. **1.** (Rectang.) *Scutum, i,* n. (Ovale) *Clipeus, i,* m. (Rond) *Parma, ae,* f. Petit bouclier, *parmula, ae,* f.; armé d'un bouclier, *scutatus, a, um;* faire une levée de boucliers, *bellum incipere* (*io**). ◆ **2.** (Fig.) Servir de bouclier à qqn, *aliquem tuēri*.*

bouder, intr. *Alienato esse animo.* Bouder contre son ventre, *bellum ventri indicĕre*.*

bouderie, f. *Ira, ae,* f.

boudeur, euse, adj. *Morosus, a, um.*

boudin, m. *Botulus, i,* m.

boudoir, m. *Zotheca, ae,* f.

boue, f. **1.** *Lutum, i,* n. *Caenum,* n. De boue, *luteus, a, um;* plein de boue, *lutosus.* ◆ **2.** (Fig.) Ame de boue, *luteus homo;* traîner qqn dans la boue, *aliquem caeno incessĕre*.*

boueux, euse, adj. *Lutosus, a, um. Caenosus.*

bouffée, f. **1.** (De vent) *Flatus, us,* m. (Halenée) *Halitus, us,* m. Bouffée de chaleur, *vapor, oris,* m. ◆ **2.** (Fig.) *Impetus, us,* m.

bouffer, intr. *Tumere, eo*.*

bouffir. I. Tr. *Inflare. Tumefacere, io*.* ◆ **II.** Intr. *Tumescere, o*. Turgere, eo*.* Être bouffi, *tumēre*;* bouffi, *tumidus, a, um; turgidus;* style bouffi, *tumidus sermo;* être bouffi de colère, *intumescere*.*

bouffissure, f. *Tumor, oris,* m.

bouffon, m. *Scurra, ae,* m. Faire le bouffon, *scurrari;* de bouffon, *scurrilis, e;* en bouffon, *scurriliter.*

bouffon, onne, adj. *Scurrilis, e.* Le style bouffon, *scurrilitas, atis,* f.

bouffonnerie, f. *Scurrilitas, atis,* f. *Scurrilis* (*is*) *jocus* (*i*), m.

bouge, m. *Ganea, ae,* f.

bouger, intr. *Se movere*. Moveri, eor*.* Ne pas bouger, *quiescere*;* ne pas bouger de, *assiduum esse.*

bougie, f. *Cereus, i,* m.

bouillant, ante, adj. **1.** *Fervens, entis.* ◆ **2.** (Fig.) Caractère bouillant, *animus fervidus;* être bouillant de colère, *irā ardēre*.*

bouilli, m. *Elixa* (*ae*) *caro* (*carnis*), f.

bouillie, f. *Puls, pultis,* f. *Pulticula, ae,* f. Mets en bouillie, *pulmentum, i,* n.; *pulmentarium, ii,* n.; se réduire en bouillie, *liquescĕre*.*

bouillir, intr. **1.** *Bullire. Fervere, eo*.* Commencer à bouillir, *effervescĕre*;* cesser de bouillir, *defervescĕre*;* faire

bouillir, *fervefacere, io**; bouilli, *coctus, a, um*; *elixus*. ◆ **2.** (Fig.) *Effervescĕre**.
bouilloire, f. *Pultarius, ii,* m.
bouillon, m. **1.** (Onde d'un liquide agité) *Bulla, ae,* f. (Suc) *Jus, juris,* n. Bouillir à gros bouillons, *bullare*. ◆ **2.** (Fig.) *Aestus, us,* m. *Fervor, oris,* m. Les bouillons de la colère, *furoris aestus*.
bouillonnement, m. *Fervor, oris,* m. *Aestus, us,* m.
bouillonner, intr. **1.** *Fervere, eo**. ◆ **2.** (Fig.) *Aestuare*.
boulanger, ère, m. et f. *Pistor, oris,* m. *Pistrix, icis,* f.
boulangerie, f. **1.** Métier. *Ars pistoria,* f. ◆ **2.** Établissement. *Pistrinum, i,* n.
boule, f. **1.** *Globus, i,* m. *Pila, ae,* f. Petite boule, *globulus, i,* m.; jouer à la boule, *globum rotare;* mettre en boule, *conglobare*. ◆ **2.** (Fig.) Se mettre en boule, *in pilae modum convolvi**.
bouleau, m. *Betulla, ae,* f.
boulet, m. *Ferreus (i) globus (i),* m.
boulette, f. *Globulus, i,* m.
boulevard, m. **1.** Fortification. *Agger, eris,* m. *Propugnaculum, i,* n. ◆ **2.** Promenade. *Ambulatio, onis,* f.
bouleversement, m. *Perturbatio, onis,* f. *Eversio,* f.
bouleverser, tr. *Perturbare. Evertere, o**. *Permiscere, eo**. Bouleversé par la peur, *metu commotus, a, um*.
boulon, m. *Cnodax, acis,* m.
bouquet, m. **1.** Bouquet d'arbres, *silvula, ae,* f.; bouquet de fleurs, *florum fasciculus, i,* m.; faire un bouquet, *flores nectĕre*. ◆ **2.** (Fig.) Bouquet du vin, *vini odor, oris,* m.; voilà le bouquet, *finis coronat opus*.
bouquetière, f. *Coronaria, ae,* f.
bouquetin, m. *Ibex, icis,* m.
bouquin, m. **1.** Vieux bouc. *Hircus, i,* m. ◆ **2.** Vieux livre. *Vetus (eris) liber (bri),* m. ◆ **3.** Cornet à bouquin. *Cornu, us,* n.
bouquiner, intr. *Veteres chartas evolvere, o**.
bouquiniste, m. *Libellio, onis.* m.
bourbe, f. *Caenum, i,* n.
bourbeux, euse, adj. *Caenosus, a, um*.
bourbier, m. *Lama, ae,* f. Être dans le bourbier, *in caeno esse*.
bourde, f. *Fabula, ae,* f. *Nugae, arum,* fpl. Dire des bourdes, *nugari*.
bourdon, m. Bâton de pèlerin. *Baculus, i,* m. ◆ **2.** Insecte. *Fucus, i,* m.
bourdonnement, m. *Murmur, uris,* n. *Fremitus, us,* m. *Bombus, i,* m.
bourdonner, intr. *Strepere, o**. *Mussitare. Fremere, o**.
bourg, m., **bourgade,** f. *Pagus, i,* m. *Vicus, i,* m. *Oppidulum, i,* n. Habitant d'un bourg, *paganus, i,* m.
bourgeois, oise, adj. et nom, m. f. *Urbanus, a, um. Civis, is,* m. f.
bourgeoisie, f. *Civitas, atis,* f. *Cives, tum,* mpl.

bourgeon, m. **1.** *Gemma, ae,* f. Petit bourgeon, *gemmula, ae,* f.; qui a des bourgeons, *gemmatus, a, um.* ◆ **2.** (Fig.) Bourgeon de visage, *papula, ae,* f.

bourgeonnement, m. *Gemmatio, onis,* f.

bourgeonner, intr. **1.** *Gemmare.* ◆ **2.** *Papulare.* Bourgeonné. *Pusulosus, a, um.*

Bourgogne. *Burgundia, ae,* f. Les Bourguignons, *Burgundiones, um,* mpl.

bourrache, f. *Buglossos, i,* f.

bourrade, f. **1.** *Pulsatio, onis,* f. Donner une bourrade à qqn, *aliquem pulsare.* ◆ **2.** (Fig.) *Insectatio, onis,* f.

bourrasque, f. *Turbo, inis,* m. *Procella, ae,* f.

bourre, f. *Tomentum, i,* n.

bourreau, m. **1.** *Carnifex, icis,* m. *Tortor, oris,* m. ◆ **2.** (Fig.) *Vexator, oris,* m.

bourrée, f. (Fagot). *Cremia, iorum,* npl.

bourreler, tr. *Cruciare. Vexare.* Être bourrelé de remords, *scelerum conscientia exagitari.*

bourrelet, m. **1.** Coussin. *Arculus, i,* m. ◆ **2.** Renflement à la base d'un arbre. *Pulvinus, i,* m.

bourrelier, m. *Helciarius, ii,* m.

bourrer, tr. **1.** Garnir de bourre, remplir. *Farcire*. Stipare.* ◆ **2.** Maltraiter. *Vellicare.*

bourriche, f. *Fiscina, ae,* f.

bourrique, f. *Asina, ae,* f.

bourriquet, m. *Asellus, i,* m.

bourru, ue, adj. *Asper, era, erum. Morosus, a, um.*

bourse, f. **1.** Petit sac où l'on met de l'argent. *Marsupium, ii,* n. *Crumena, ae,* f. *Loculi, orum,* mpl. Il loge le diable dans sa bourse, *ejus sacculus aranearum plenus est.* ◆ **2.** Argent. *Pecunia, ae,* f. Avoir la bourse bien garnie, *bene nummatum esse;* payer de sa bourse, *de suo pecuniam numerare;* tenir les cordons de la bourse, *pecuniam dispensare.* ◆ **3.** Lieu où se réunissent les négociants. *Forum, i,* n. ◆ **4.** Enveloppe des fruits. *Folliculus, i,* m.

boursouflage, m. *Tumor, oris,* m.

boursoufler, tr. *Inflare.* Boursouflé, *tumidus, a, um;* avoir un style boursouflé, *turgēre*.*

boursouflure, f. *Tumor, oris,* m.

bousculer, tr. *Jactare. Pulsare. Evertere, o*.*

bouse, f. *Fimum, i,* n.

bousillage, m. **1.** *Lutum paleatum,* n. ◆ **2.** (Fig.) *Opus inscite factum,* n.

bousiller, intr. **1.** *Luto struere, o*.* ◆ **2.** (Fig.) *Praefestinare.*

boussole, f. *Magnetica (ae)* ou *nautica (ae) pyxis (idis),* f.

bout, m. **1.** Extrémité. *Extremum, i,* n. *Ultimum,* n. *Extrema* ou *ultima pars,* f. *Extremitas, atis,* f. Le bout des doigts, *extremi digiti;* les deux bouts, *utraque pars;* le bon bout, *melior pars;* tenir le haut bout, *primum* ou *summum locum tenēre*;* savoir sur le bout du doigt, *bene aliquid memoriter tenēre*;* faire toucher du bout du doigt, (*rem*) *oculis subjicĕre, io**; ne toucher (à qqch.) que du bout des lèvres, *primoribus labris gustare* (*rem*); accorder du bout des lèvres, *aegre* (*aliquid*) *concedĕre**; montrer le bout de son nez, *os suum ostendĕre**; cela lui pend au bout du nez, *malum ei impendet**; montrer le bout de l'oreille, *se prodĕre**; lire d'un bout à l'autre, *perlegere*; d'un bout à l'autre de, *totus, a, um*; à tout bout de champ, *assidue*. ◆ **2.** (Fig.) *Finis, is*, m. *Exitus, us*, m. Au bout de l'année, *exeunte anno*; au bout de qqs jours, de cinq ans, *post aliquot dies*; *post quintum annum*; au bout du compte, *in summa*; être au bout de ses maux, *finem malorum invenire**; être à bout de forces, *deficĕre, io**; venir à bout de qqn, *aliquem vincĕre** ou *superare*; venir à bout de qqch., *aliquid peragĕre** ou *perficĕre, io**; venir à bout de (inf.), *perficĕre* ut* (subj.); pousser qqn à bout, *aliquem exacerbare*. ◆ **3.** Petite partie. Un bout de fil, *aliquid fili*; un bout de pain, *frustum panis*.

boutade, f. *Libido, inis*, f. Par boutades, *impetu*.

boutefeu, m. **1.** *Incendiorum fax, acis*, f. ◆ **2.** (Fig.) *Concitator, oris*, m.

bouteille, f. *Lagoena, ae*, f. Petite bouteille, *laguncula, ae*, f.; compagnon de bouteille, *combibo, onis*, m.

bouter, tr. V. METTRE.

boutique, f. **1.** (De marchand). *Taberna, ae*, f. Petite boutique, *tabernacula, ae*, f.; tenir boutique, *tabernam exercēre**. ◆ **2.** (D'artisan). *Officina, ae*, f.

boutiquier, m. *Tabernarius, ii*, m.

boutoir, m. **1.** *Rostrum, i*, n. ◆ **2.** (Fig.) Donner un coup de — à, *affligere, o** (acc.).

bouton, m. Bouton d'arbre, *gemma, ae*, f.; de fleur, *calyx, icis*, m.; d'habit, *globulus, i*, m.; *fibula, ae, f.*; de visage, *papula, ae*, f.; couvert de boutons, *pusulosus, a, um*; bouton de serrure, *pessulus, i*, m.

bouton d'or, m. *Ranunculus, i*, m.

boutonner. **I.** Tr. *Fibulis nectere, o**. ◆ **II.** Intr. *Gemmare*.

bouture, f. *Talea, ae*, f. Petite bouture, *taleola, ae*, f.

bouverie, f. *Bovile, is*, n.

bouvier, m. **1.** *Bubulcus, i*, m. ◆ **2.** (Constellation). *Bootes, ae*, m.

boyau, m. **1.** Intestin. *Intestinum, i*, n. Corde à boyau, *nervus, i*, m. ◆ **2.** (Fig.) Espace étroit. *Angustior* (*oris*) *locus* (*i*), m. *Cuniculus, i*, m.

bracelet, m. *Armilla, ae*, f. Paré d'un bracelet, *armillatus, a, um*; fabricant de bracelets, *armillarius, ii*, m.

braconnier, m. *Ferarum praedo, onis*, m.

brahmanes, mpl. *Brachmanae, arum*, mpl.

braies, fpl. *Bracae, arum*, fpl. Qui porte des braies, *bracatus, a, um*.

brailler, intr. *Clamitare. Vociferari.*

brailleur, m. *Blatero, onis,* m.

braiment, m. *Ruditus, us,* m.

braire, intr. *Rudere, o*.*

braise, f. *Pruna, ae,* f.

bramer, intr. *Clocitare.*

brancard, m. **1.** Bras d'une voiture. *Ames, itis,* m. ◆ **2.** Litière. *Lectica, ae,* f. *Libitina, ae,* f.

branchage, m. *Rami, orum,* mpl.

branche, f. **I.** *Ramus, i,* m. Petite branche, *ramulus, i,* m. Menues branches, *virgulta, orum,* npl. ◆ **II.** (Fig.) **1.** Être comme l'oiseau sur la branche (ne savoir que devenir), *pendēre* animo.* ◆ **2.** Branches d'un fleuve, *brachia, iorum,* npl.; branche d'un bois de cerf, *ramus;* — d'une artère, d'une veine, *ramex, icis,* m; — d'une famille, *ramus;* — d'une science, d'une administration, *pars, partis,* f.

brancher. I. Tr. Pendre. *De arbore suspendēre, o* (aliquem).* ◆ **II.** Intr. Percher. *In ramo sedere, eo*.*

branchies, fpl. *Branchiae, arum,* fpl.

branchu, ue, adj. *Ramosus, a, um.*

brandir, tr. *Vibrare. Librare. Quatere, io*.*

brandon, m. **1.** *Fax, acis,* f. ◆ **2.** (Fig.) Allumer le brandon de la guerre, *bello facem praeferre*.*

branlant, ante, adj. *Mobilis, e.*

branle, m. **1.** Mouvement. *Motus, us,* m. *Agitatio, onis,* f. Donner le branle à, *movēre** (acc.); *impellĕre** (acc.). ◆ **2.** Danse. *Orbis saltatorius.* Mener, ouvrir le branle, *praesultare;* celui qui mène le branle, *praesultator, oris,* m.

braquer, tr. *Dirigere, o*.*

bras, m. **I.** Membre. *Lacertus, i,* m. *Brachium, ii,* n. De bras, relatif au bras, *brachialis, e;* petit bras, bras charmant, *brachiolum, i,* n.; qui a de bons bras, *lacertosus, a, um;* à bras raccourcis, à tour de bras, *excussis lacertis;* prendre dans ses bras, *amplecti*;* dans les bras de qqn, *in alicujus amplexu;* bras dessus, bras dessous, *inter se amplexi;* saisir à bras-le-corps, *complexu occupare; medium aliquem arripere, io*;* donner le bras à qqn (s'appuyer sur lui), *in aliquem* ou *alicui inniti*.* ◆ **II.** (Fig.) **1.** Donner le bras à qqn (le soutenir), *aliquem manu ducĕre*;* avoir, se mettre qqn ou des ch. sur les bras, *aliquem in manibus habēre*; negotiis multis implicari*;* vivre de ses bras, *victum labore comparare;* la campagne manque de bras, *agricultoribus egent*;* être le bras droit de qqn, *alicujus dextellam esse;* par la force de son bras, *ejus dexterā.* ◆ **2.** Puissance. *Imperium, ii,* n. Avoir le bras long, *plurimum posse*.* ◆ **3.** Bras d'une rivière, *brachium;* — de mer, *fretum, i,* n.; voiture à bras,

manuale vehiculum; moulin à bras, *manuaria mola.*
brasier, m. *Pruna, ae,* f.
brassard, m. *Manica, ae,* f.
brasse, f. *Ulna, ae,* f.
brassée, f. *Manipulus, i,* m.
brasser, tr. **I. 1.** Fabriquer de la bière. *Cervisiam coquere, o*.* ◆ **2.** Remuer. *Permiscere, eo*.* ◆ **II.** (Fig.) Machiner. *Machinari. Moliri.* Brasser des affaires, *in multa negotia discurrĕre*.*
brasseur, m. *Alicarius, ii,* m.
bravade, f. *Ferox* (*ocis*) *dictum* (*i*), n.
brave, adj. **1.** Vaillant. *Fortis, e.* ◆ **2.** Honnête. *Honestus, a, um. Probus.* Les braves gens, *boni viri;* mon brave, *bone.*
bravement, adv. *Fortiter.*
braver, tr. *Lacessere, o*.* Braver la mort, *mortem oppetĕre*.*
bravo. *Bene. Recte. Pulchre.*
bravoure, f. *Virtus, utis,* f. *Fortitudo, inis,* f. Traits de bravoure, *virtutes.*
brebis, f. *Ovis, is,* f. De brebis, *ovillus, a, um;* petite brebis, *agna, ae,* f.; étable à brebis, *ovile, is,* n.
brèche, f. **1.** Ouverture. *Ruina, ae,* f. Faire une brèche dans un mur, *muri partem subruĕre;* battre en brèche (une ville), (*urbem*) *tormentis verberare.* ◆ **2.** (Fig.) Battre en brèche (qqn ou qqch.), (*aliquem* ou *aliquid*) *labefactare;* être toujours sur la brèche, *semper in acie versari.* ◆ **3.** Dommage. *Damnum, i,* n. Faire brèche à la réputation de, *laedĕre* famam* (gén.).
bredouillement, m. *Sermonis tumultus, us,* m.
bredouiller, intr. *Inexplanatae linguae esse.*
bref, brève. I. Adj. *Brevis, e.* Dans un bref délai, *brevi tempore;* être bref (dire en peu de mots), *presse loqui** ou *dicĕre;* parler bref, *imperiose loqui*;* rendre brève une syllabe, *syllabam contrahĕre*.* ◆ **II.** Adv. *Ne multa. Uno verbo.*
Brésil. *Brasilia, ae,* f.
brême, f. *Aurata, ae,* f.
Bretagne. *Aremorica, ae,* f. De —, *Aremoricus, a, um.* La Grande-Bretagne, *Britannia, ae,* f.; de la Grande Bretagne, *Britannus, a, um; Britannicus.*
bretelle, f. *Cingulum, i,* n.
brette, f. *Gladius, ii,* m.
bretteur, m. *Gladiator, oris,* m.
breuvage, m. *Potio, onis,* f. *Potus, us,* m.
brevet, m. *Diploma, atis,* n.
breveter, tr. *Diplomate ornare* (*aliquem*).
bribe, f. *Frustum, i,* n. *Reliquiae, arum,* fpl.
bric-à-brac, m. *Scruta, orum,* npl. Marchand de bric-à-brac, *scrutarius, ii,* m.
bride, f. **1.** *Habenae, arum,* fpl. *Lorum, i,* n. *Retinaculum, i,* n. Serrer la bride, *habenas adducĕre*;* lâcher la bride, *habenas remittĕre*;* tourner bride, *frenis equos circumagĕre*;* à toute bride, à bride abattue, *effusis habenis.* ◆ **2.** (Fig.) *Frenum, i,* n. (pl.

a, n. et *i*, m.). Lâcher la bride à, *solvĕre** (acc.); tenir en bride, *coercēre** (acc.).

brider, tr. **1.** *Frenare.* Se laisser brider, *frena recipĕre, io**. ◆ **2.** (Fig.) *Coercēre, eo**.

brièvement, adv. *Brevi. Breviter.*

brièveté, f. *Brevitas, atis*, f.

brigade, f. *Cohors, ortis*, f. *Caterva, ae*, f.

brigand, m. *Praedo, onis*, m.

brigandage, m. *Latrocinium, ii*, n. *Praedatio, onis*, f. Actes de brigandage, *latrocinia;* commettre des brigandages, *latrocinari; praedari;* vivre de brigandages, *rapto vivĕre**.

brigantin, m. *Myoparo, onis*, m.

brigue, f. **1.** Poursuite des honneurs. *Ambitus, us*, m. Par brigue, *ambitiose.* ◆ **2.** Cabale. *Factio, onis*, f.

briguer, tr. **1.** Rechercher par brigue. *Ambire. Petere, o**. ◆ **2.** Rechercher avec ardeur. *Affectare. Sectari.*

brillamment, adv. *Splendide. Egregie.*

brillant, ante, adj. *Splendidus, a, um. Fulgens, entis.* Brillant renom, *fama clara*; brillante situation de fortune, *res praeclara;* style brillant, *oratio ornata*; être brillant, *splendēre*;* devenir brillant, *splendescĕre*;* être brillant de santé, *nitēre**.

brillant, m. **1.** Éclat. *Splendor, oris*, m. *Nitor*, m. Qui a un faux brillant, *fucatus, a, um.* ◆ **2.** Diamant. *Gemma, ae*, f.

briller, intr. **1.** Étinceler. *Coruscare. Micare**. ◆ **2.** Rayonner. *Radiare. Fulgere, eo**. ◆ **3.** Luire. *Nitere, eo**. *Splendere, eo**. Faire briller, *illustrare* (acc.). ◆ **4.** (Fig.) *Fulgēre. Splendēre. Nitescere, o**. Chercher à briller, *jactationem petĕre**.

brimborions, mpl. *Quisquiliae, arum*, fpl.

brin, m. **1.** Brin d'herbe, *herbula, ae*, f.; — de paille, *festuca, ae*, f.; — de plume, *pennula, ae* f.; — de bois, *cremia, iorum*, npl. ◆ **2.** (Fig.) *Particula, ae*, f. Un beau brin d'arbre, *procera arbor.*

brindille, f. *Surculus, i*, m.

brioche, f. *Placenta, ae*, f.

brique, f. *Later, eris*, m. *Testa, ae*, f. Petite brique, *laterculus, i*, m.; en brique, de brique, *latericius, a, um;* de couleur brique, *testaceus.*

briquet, m. *Clavus, i*, m. Battre le briquet, *ignem e silice excudĕre**.

briqueterie, f. *Lateraria, ae*, f.

briquetier, m. *Laterarius, ii*, m.

bris, m. *Effractura, ae*, f.

brisants, mpl. *Scopuli, orum*, mpl.

brise, f. *Aura, ae*, f.

brisées, mpl. **1.** *Ramalia, ium*, npl. ◆ **2.** (Fig.) Marcher sur les brisées de qqn, *vestigiis alicujus insistĕre**.

brisement, m. Brisement de la mer, *maris illisus, us*, m.; brisement de cœur, *animi angor, oris*, m.

briser, tr. **1.** *Frangere, o*. Elidere, o*. Rumpere, o**. Briser en morceaux, *comminuĕre;* briser contre, *allidĕre* ad.* ◆ **2.** (Fig.) Briser de coups, *ictibus obtundere* ;* brisons là, *sed hactenus;* être brisé par la douleur, *dolore frangi**.

brisure, f. Action de briser. *Fractura, ae*, f.

broc, m. *Oenophorum, i*, n.

brocanteur, m. *Propola, ae*, m.

brocard, m. Trait piquant. *Dicterium, ii*, n. *Convicium*, n. Lancer un brocard à qqn, *in aliquem verbum infligĕre**.

brocart, m. *Sericus pannus auro distinctus.*

broche, f. Ustensile de cuisine. *Veru, us*, n.; pl. *verua, uum, ubus* ou *ibus*. Mettre à la broche, *veru transfigĕre** (*carnem*).

brocher, tr. **1.** Brocher d'or une étoffe, *aurum panno intexĕre*;* brocher un livre, *fibra librum compingĕre**. ◆ **2.** (Fig.) Faire négligemment. *Levi brachio* (*aliquid*) *agĕre**. Brochant sur le tout, *insuper.*

brochet, m. *Lucius, ii*, m.

brochette, f. *Veruculum, i*, n.

brocheur, m. *Librorum compactor, oris*, m.

brochure, f. *Libellus, i*, m.

brodequin, m. *Soccus, i*, m.

broder, tr. **1.** *Acu pingere, o**. Brodé d'or, *auro pictus;* broder des lettres sur une étoffe, *panno litteras intexĕre**. ◆ **2.** (Fig.) *Auditis astruere, o**.

broderie, f. **1.** Art. *Plumaria* (*ae*) *ars* (*artis*), f. ◆ **2.** Ouvrage. *Acu pictum* (*i*) *opus* (*eris*), n. ◆ **3.** (Fig.) Détails d'un récit. *Ornamenta, orum*, npl.

brodeur, m. *Phrygio, onis*, m.

broiement, m. *Tritus, us*, m.

broncher, intr. **1.** *Pedem offendere, o**. ◆ **2.** (Fig.) *Peccare.*

bronches, fpl. *Arteriae, arum*, fpl.

bronze, m. **1.** *Aes, aeris*, n. De bronze, *aereus, a, um;* ouvrage en bronze, *aeramentum, i*, n.; ouvrier en bronze, *aerarius, ii*, m.; fonderie de bronze, *aeraria* (*ae*) *officina* (*ae*), f.; couvert de bronze, *aeratus, a, um;* couler le bronze, *aera ducĕre**. ◆ **2.** (Fig.) Être de bronze, *ferreum esse.*

bronzé, ée, adj. *Adustus, a, um.*

brosse, f. *Peniculus, i*, m.

brosser, tr. *Peniculo tergere, eo** (acc.).

brou, m. *Culliola, orum*, npl.

brouet, m. *Intrita, ae*, f.

brouette, f. *Pabillus, i*, m.

brouhaha, m. *Murmur, uris*, n.

brouillard, m. **1.** Vapeur. *Nebula, ae*, f. *Caligo, inis*, f. Se couvrir de brouillard, *caligare.* ◆ **2.** Livre de commerce. *Adversaria, iorum*, npl.

brouille et **brouillerie**, f. *Discidium, ii*, n. *Discordia, ae*, f.

brouiller, tr. **1.** Mêler. *Miscere, eo*. Confundere, o**. ◆ **2.** (Fig.) Troubler l'union. *Perturbare. Alienare* (*aliquem ab aliquo*). *Disjungere, o**.

SE BROUILLER, r. **1.** Se troubler. *Misceri, eor**. ◆ **2.** (Fig.)

Cesser d'être ami. *Ab aliquo alienari.*

brouillon, onne. 1. Nom et adj. *Nebulo, onis,* m. *Turbator, oris,* m. *Turbatrix, icis,* f. ◆ **2.** Écrit. *Adversaria, iorum,* npl.

brouir, intr. *Urere, o*.*

brouissure, f. *Uredo, inis,* f.

broussailles, fpl. *Vepres, ium,* mpl. *Virgulta, orum,* npl. Couvert de broussailles, *virgultus, a, um.*

brouter. I. Tr. *Depascere, o*.* ◆ **II.** Intr. *Pasci, or*.*

broutilles, fpl. **1.** Menues branches. *Cremia, iorum,* npl. ◆ **2.** (Fig.) *Nugae, arum,* fpl.

broyer, tr. *Terere, o*. Conterere, o*. Tundere, o*.*

broyeur, m. *Tritor, oris,* m.

bru, f. *Nurus, us,* f.

bruine, f. *Pruina, ae,* f.

bruiner, intr. Il bruine, *cadit* pruina.*

bruire, intr. *Strepere, o*.*

bruissement, m. *Murmur, uris,* n. *Fremitus, us,* m.

bruit, m. **1.** Son. *Sonus, i,* m. *Sonitus, us,* m. (Bruit sec) *Crepitus, us,* m. (Bruit sourd) *Fremitus, us,* m. *Murmur, uris,* n. (Vacarme) *Strepitus, us,* m. *Fragor, oris,* m. Faire du bruit, *strepĕre*;* sans faire de bruit, *silentio.* ◆ **2.** Trouble. *Tumultus, us,* m. ◆ **3.** Nouvelle, rumeur. *Rumor, oris,* m. *Fama, ae,* f. Le bruit court, *fama est* (prop. inf.); faire grand bruit de qqch., *superbe aliquid jactare.*

brûlant, ante, adj. *Ardens, entis. Flagrans, antis. Fervidus.*

brûler. I. Tr. **1.** (A petit feu) *Urere, o*.* (Réduire en cendres) *Cremare*.* (Mettre le feu à) *Incendĕre*. Inflammare.* Brûler à la surface, *adurĕre*.* ◆ **2.** (Fig.) Brûler l'étape, *praeter locum transire, eo*;* brûler la politesse à qqn, *aliquem insalutatum relinquĕre*.* ◆ **II.** Intr. *Ardere, eo*. Flagrare.* Les pieds lui brûlent, *abire gestit;* brûler d'amour, d'un beau zèle pour qqn, *alicujus amore, studio flagrare;* brûler de faire qqch., *ardenter cupere, io** (inf.); *gestire* (inf.).

brûlot, m. *Incendiaria* (*ae*) *navis* (*is*), f.

brûlure, f. *Ustio, onis,* f. *Ambusta, orum,* npl. Brûlure par le soleil, *uredo, inis,* f.

brume, f. *Nebula, ae,* f. *Caligo, inis,* f.

brumeux, euse, adj. *Nebulosus, a, um. Caliginosus.*

brun, une, adj. *Fuscus, a, um. Pullus.* Avoir le teint brun, *adustioris coloris esse.*

brunâtre, adj. *Suffuscus, a, um.*

brune, f. A la brune, *sub noctem.*

brunet, ette, adj. *Subniger, gra, grum.*

brunir. I. Tr. *Infuscare. Colorare.* ◆ **II.** Intr. *Fuscari. Nigrescere, o*.*

brunissage, m. *Politura, ae,* f.

brunisseur, m. *Politor, oris,* m.

brusque, adj. **1.** Subit. *Subitus, a, um.* ◆ **2.** Rude. *Asper, era, erum.*

brusquement, adv. **1.** *Subito.* ◆ **2.** *Aspere.*

brusquer, tr. **1.** Faire brusquement. *Accelerare. Properare.* ◆ **2.** Offenser par des paroles rudes. *Aspere tractare.*

brusquerie, f. *Asperitas, atis,* f. *Petulantia, ae,* f.

brut, ute, adj. **1.** (Ch.) *Rudis, e.* ◆ **2.** (Pers.) *Ferus, a, um. Incultus.*

brutal, ale, adj. **1.** Qui tient de la brute. *Beluinus, a, um. Ferus.* ◆ **2.** Grossier. *Truculentus, a, um.*

brutalement, adv. *Ferociter.*

brutaliser, tr. *Aspere tractare.*

brutalité. 1. *Feritas, atis,* f. *Ferocitas,* f. ◆ **2.** Passion violente. *Libido, inis,* f.

brute, f. *Pecus, udis,* f.

Bruxelles. *Bruxellae, arum,* fpl.

bruyamment, adv. *Cum strepitu.*

bruyant, ante, adj. *Stridens, entis. Tumultuosus.*

bruyère, f. *Myrica, ae,* f.

buanderie, f. *Lavatrina, ae,* f.

bûche, f. *Stipes, itis,* m.

bûcher, m. *Lignaria (ae) cella (ae),* f. Bûcher funèbre, *rogus, i,* m.

bûcheron, m. *Lignarius, ii,* m.

bûchette, f. *Cremium, ii,* n.

bucolique, adj. *Bucolicus, a, um,* m.

budget, m. *Impensae, arum,* fpl.

buée, f. *Sudor, oris,* m.

buffet, m. *Abacus, i,* m.

buffle, m. *Urus, i,* m.

buis, m. *Buxus, i,* f. De buis, *buxeus, a, um;* endroit planté de buis, *buxetum, i,* n.

buisson, m. *Rubus, i,* m. *Dumus,* m. Lieu couvert de buissons, *dumetum, i,* n.

buissonneux, euse, adj. *Dumosus, a, um.*

buissonnier, ière, adj. Faire l'école buissonnière, *frangĕre* diem ludo.*

bulbe, m. *Bulbus, i,* m.

bulbeux, euse, adj. *Bulbosus, a, um.*

Bulgarie. *Bulgaria, ae,* f. De la Bulgarie, Bulgare, *Bulgarus, a, um.*

bulle, f. *Bulla, ae,* f.

bulletin, m. *Tabella, ae,* f.

bure, f. *Burra, ae,* f.

bureau, m. *Mensa, ae,* f. Bureau de banque, *argentaria taberna,* f.; bureau de recette, *statio, onis,* f.

burette, f. *Guttus, i,* m.

burin, m. *Caelum, i,* n.

buriner, tr. *Caelare.*

burlesque, adj. *Jocularis, e. Scurrilis.*

buse, f. **1.** *Buteo, onis,* m. ◆ **2.** (Fig.) *Caudex, icis,* m.

buste, m. **1.** Partie supérieure du corps. *Caput et summa pectoris.* ◆ **2.** Statue à demi-corps. *Hermes, ae,* m. *Caput, itis,* n.

but, m. **1.** *Scopus, i,* m. *Meta, ae,* f. Atteindre le but, *destinatum petĕre*;* manquer le but; *deerrare.* ◆ **2.** (Fig.) *Propositum, i,* n. *Finis, is,* m. Avoir, se proposer pour but de (en parl. de pers.), *sibi proponĕre* ut* (subj.); avoir pour but (en parl. des choses), *spectare ut* (subj.); quel est ton but? *quem ad finem? quo animo facis*?* parvenir au but, *propositum assequi*;* sans but, *sine consilio.*

buter. **I.** Intr. **1.** Heurter. *Offendere, o** (*ad*). ◆ **2.** Toucher au but. *Metam attingere, o**. ◆ **II.** Tr. Soutenir. *Fulcire, io**

SE BUTER, r. *Animo obstinare in* (abl.).

butin, m. *Praeda, ae,* f. Faire du butin, *praedari.*

butiner, intr. *Praedari.* (Abeilles) *Carpere, o*.*

butor, m. **1.** *Taurus, i,* m. ◆ **2.** (Fig.) *Rupex, icis,* m.

butte, f. **1.** Éminence. *Tumulus, i,* m. ◆ **2.** Lieu où l'on vise. *Meta, ae,* f. Être en butte à, *objici, ior** (dat.). *Patere, eo** (dat.).

buvable, adj. *Potulentus, a, um.*

buveur, euse, m. f. *Potor, oris,* m. *Potrix, icis,* f.

buvotter, intr. *Sorbillare.*

Byzance. *Byzantium, ii,* n. De Byzance, Byzantin, *Byzantinus, a, um.*

C

çà. 1. Adv. *Huc* (avec mouv.). Çà et là, *huc illuc; passim.* ◆ **2.** Interj. *Age. Agite.*

cabale, f. **1.** Science secrète des Juifs. *Arcana* (*ae*) *Hebraeorum doctrina* (*ae*), f. ◆ **2.** Intrigue. *Conspiratio, onis*, f. ◆ **3.** Faction. *Sodalitas, atis.* f. *Factio, onis*, f.

cabaler, tr. *Conspirare* (*contra* ou *in aliquem*).

cabalistique, adj. *Arcanus, a, um.*

cabane, f. *Tugurium, ii*, n. Petite cabane, *casula, ae*, f.

cabanon, m. **1.** Petite cabane. *Tuguriolum, i*, n. ◆ **2.** Cachot obscur. *Robur, oris*, n.

cabaret, m. *Caupona, ae*, f. Petit cabaret, *cauponula, ae*, f.: de cabaret, *cauponius, a, um*; pilier de cabaret, *popino, onis*, m.

cabaretier, ière, m. et f. *Caupo, onis*, m. *Caupona, ae*, f.

cabas, m. *Fiscus, i*, m. *Fiscina, ae*, f.

cabestan, m. *Ergata, ae*, m.

cabine, f. *Domuncula, ae*, f.

cabinet, m. **1.** Petite pièce retirée. *Cubiculum, i*, n. — de bains, *cella, ae*, f; — d'étude, *zotheca, ae*, f.; — d'aisances, *sella, ae*, f.; le travail du cabinet, *domesticus labor.* ◆ **2.** Lieu où l'on place des objets d'étude ou de curiosité. *Museum, i*, n. — de tableaux, *pinacotheca, ae*, f. ◆ **3.** — de verdure. *Trichila, ae*, f. ◆ **4.** Le gouvernement d'un pays. *Principis consilium, ii*, n.

câble, m. *Rudens, entis*, m.

cabotage, m. *Circumvectio, onis*, f. Bateau de cabotage, *oraria navis.*

caboter, intr. *Oram circumvectari.*

cabrer (se), r. **1.** *Pedes arrigere, o**. ◆ **2.** (Fig.) *Insurgere, o** (*in aliquem*).

cabri, m. *Capreolus, i*, m.

cabriole, f. *Saltus, us*, m.

cabrioler, intr. *Tripudiare.*

cabriolet, m. *Essedum, i*, n.

cachalot, m. *Physeter, eris*, m.

cacher, tr. **1.** Mettre dans un lieu secret. *Abdere, o*. Abscondere, o*. Occultare.* (Dans, *in*, acc. ou abl. selon qu'il y a mouvement, ou non). Être caché, *latēre**. ◆ **2.** Taire, dissimuler. *Celare. Dissimulare.* Cacher qqch. à qqn, *aliquem aliquid celare.*

SE CACHER, r. Se soustraire aux regards. *Se abdĕre*. Latere, eo*. Delitescere, o*.* Se cacher aux yeux de qqn, *ali-*

cujus conspectum fugĕre (io)*; on se cachait de moi, *celabar;* ne pas se cacher pour faire qqch., *palam et aperte rem facĕre (io*)*.

cachet, m. **1.** Petit sceau. *Sigillum, i,* n. Mettre son cachet sur une lettre, *signum tabulis imprimĕre*; litteras obsignare.* ◆ **2.** (Fig.) *Nota, ae,* f. Avoir un cachet de distinction, *aliquid elegantiae habĕre**.

cacheter, tr. *Obsignare. Signum* ou *anulum imprimere, o** (dat.). Cire à —, *cera signatoria.*

cachette, f. *Latebra, ae,* f. *Latibulum, i,* n. Plein de cachettes, *latebrosus, a, um;* en cachette, *clam; occulte.*

cachot, m. *Robur, oris,* n. *Carcer, eris,* m.

cachotterie, f. *Dissimulatio, onis,* f. Faire des cachotteries, *quadam dissimulatione aliquid tegere*; res occultare.*

cachottier, ière, adj. *Occultus, a, um.*

cachou, m. *Lycium, ii,* n.

cacophonie, f. (De voix) *Convicium, ii,* n.

cadastre, m. **1.** Registre des biens fonds. *Metatoriae (arum) tabulae (arum),* fpl. ◆ **2.** Opération de mesurage. *Metatio, onis,* f.

cadavéreux, euse, adj. *Cadaverosus, a, um.*

cadavre, m. *Cadaver, eris,* n.

cadeau, m. *Munus, eris,* n. Faire à qqn cadeau de qqch., *aliquem re donare.*

cadence, f. *Numerus, i,* m. *Modus, i,* m. Qui a de la cadence, *numerosus, a, um;* avec cadence, *numerose;* en cadence, *in numerum.*

cadencer, tr. *In numerum redigere, o**. Cadencé, *numerosus, a, um;* cadencer ses phrases, *verba in quemdam numerum exstruĕre**.

cadet, ette, adj. *Natu minor, oris.*

cadran, m. *Discus, i,* m. — solaire, *solarium, ii,* n.

cadre, m. **1.** Bordure d'un tableau. *Forma, ae,* f. Tableaux dans leurs cadres, *tabulae marginatae.* ◆ **2.** Plan d'un ouvrage. *Argumentum, i,* n. ◆ **3.** (Pl.) Chefs d'une organisation civile, *praefecti, orum,* m.; — militaire, *numeri, orum,* m.

cadrer, intr. *Respondere, eo* (ad)*. Faire cadrer qqch. avec, *aptare aliquid* (dat. ou *ad,* acc.).

caduc, uque, adj. *Caducus, a, um.* Murailles caduques, *ruinosi parietes;* mal —, *morbus (i) caducus (i),* m.; qui tombe du mal —, *caducus (i) homo (inis),* m.

caducée, m. *Caduceus, i,* m.

caducité, f. *Senium, ii,* n. *Aetatis imbecillitas, atis,* f. La caducité d'un bâtiment, *ruinosae aedes.*

café, m. **1.** Plante. *Cafeum, i,* n. ◆ **2.** Lieu où l'on débite des boissons. *Thermopolium, ii,* n.

cage, f. *Cavea, ae,* f. *Claustra, orum,* npl.

cagneux, euse, adj. *Varus, a, um.*

cahier, m. *Codex, icis*, m. *Volumen, inis*, n. Cahiers d'un écolier, *pugillares, ium*, mpl.; *commentarii, iorum*, mpl.; cahiers d'un livre, *quaterniones, um*, mpl.

cahot, m. *Jactatio, onis*, f.

cahoter. I. Tr. *Succutere, io**. *Jactare.* ◆ **II.** Intr. *Succuti**. *Jactari.*

cahute, f. *Casula, ae*, f.

caille, f. *Coturnix, icis*, f.

cailler, tr. *Coagulare. Densare.* SE CAILLER, r. *Coagulari. Densari. Concrescere, o**.

caillette, f. *Coagulum, i*, n.

caillot, m. Caillot de sang. *Sanguinis globulus, i*, m.

caillou, m. *Silex, icis*, m. *Calculus, i*, m. *Lapillus*, m. Rempli de cailloux, *calculosus, a, um.*

caisse, f. *Capsa, ae*, f. *Arca*, f. Caisse publique, *aerarium, ii*, n.; caisse d'une voiture, *capsus, i*, m.; — de tambour, *tympanum, i*, n.

caissier, m. *Tabularius, ii*, m. *Mensarius*, m.

caisson, m. *Capsa, ae*, f. Caisson d'un plafond, *lacus, us*, m.

cajoler, tr. *Blandiri* (dat.).

cajolerie, f. *Blanditiae, arum*, fpl.

cajoleur, euse, m. f. *Blandiloquus, a, um.*

cal. 1. Durillon. *Callum, i*, n. Plein de cals, *callosus, a, um;* avoir des cals, *callēre**. ◆ **2.** Soudure d'un os. *Callum, i*, n.

Calabre. *Calabria, ae*, f. De Calabre, Calabrais, *Calaber, bra, brum.*

calamité, f. *Calamitas, atis*, f. *Malum, i*, n.

calamiteux, euse, adj. *Miser, era, erum. Exitiosus, a, um.*

calandre, f. **1.** Insecte. *Curculio, onis*, m. ◆ **2.** Machine à calandrer. *Prelum, i*, n.

calandrer, tr. *Polire.*

calcédoine, f. *Chalcedonius (ii) lapis (idis)*, m.

calcination, f. *Adustio, onis*, f.

calciner, tr. *Comburere, o**. Pierres calcinées, *ardentes lapides.*

calcul, m. **1.** Petite pierre. *Calculus, i*, m. ◆ **2.** Compte. *Ratio, onis*, f. Faire un calcul, *computare.* ◆ **3.** Conjecture. *Ratio*, f. *Consilium, ii*, n. Se tromper dans ses calculs, *conjectura aberrare;* agir par calcul, *utilitati suae servire.*

calculable, adj. *Computabilis, e.*

calculateur, m. *Ratiocinator, oris*, m. *Computator*, m.

calculer, tr. et intr. **1.** Compter. *Computare* (acc.). *Ratiocinari* (acc.). **2.** (Fig.) Méditer. *Reputare* (acc.). *Cogitare* (*rem* ou *de re*).

cale, f. **1.** La partie la plus basse d'un vaisseau. *Caverna, ae*, f. *Ima (ae) navis (is)*, f. ◆ **2.** Crique. *Sinus, us*, m. ◆ **3.** Coin pour affermir. (Bois) *Assula, ae*, f. (Brique) *Testa, ae*, f. (Pierre) *Lapis, idis*, m.

calebasse, f. *Cucurbita, ae*, f.

calèche, f. *Carpentum, i*, n.

caleçon, m. **1.** Vêtement de dessous. *Subligaculum, i*, n.

◆ 2. Caleçon de lutteur. *Campestre, is*, n.
calendes, fpl. *Calendae, arum*, fpl.
calendrier, m. *Fasti, orum*, mpl.
caler, tr. **1.** Baisser (les voiles). *Contrahere, o**. ◆ **2.** Assujettir avec une cale. *Fulcire.*
calfat, m. **1.** Ouvrier. *Stipator, oris*, m. ◆ **2.** Outil. *Scalprum, i*, n.
calfater, tr. *Rimas (navis) stipare.*
calfeutrer, tr. *Rimas explere, eo.* Se — chez soi, *in occulto se continere**.
calibre, m. **1.** Diamètre d'un tube. *Modulus, i*, m. ◆ **2.** Volume d'une colonne. *Crassitudo, inis*, f.
calice, m. **1.** Coupe pour boire. *Calix, icis*, m. Boire le calice jusqu'à la lie, *calamitates haurire**. ◆ **2.** Enveloppe d'une fleur. *Calyx, ycis*, m.
câlin, ine, adj. *Blandus, a, um.*
câliner, tr. *Blandiri* (dat).
câlinerie, f. *Blanditiae, arum*, fpl.
calleux, euse, adj. *Callosus, a, um.*
calmant, ante. I. Adj. *Mitigatorius, a, um.* ◆ **II.** Nom m. *Delenimentum, i*, n.
calme, adj. *Tranquillus, a, um. Placidus. Quietus.*
calme, tr. *Tranquillitas, atis.* f. Avec calme, *tranquille.*
calmer, tr. *Tranquillare. Sedare. Placare.* Calmer les esprits, *pacem animis afferre**.
SE CALMER, r. *Sedari. Leniri. Mitigari.* Le vent s'est calmé, *cecĭdit* ventus;* la révolte se calma, *consedit* seditio.*
calomniateur, trice, m. et f. *Calumniator, oris*, m. *Calumniatrix, icis*, f.
calomnie, f. *Calumnia, ae*, f. *Falsum (i) crimen (inis)*, n.
calomnier, tr. *Falsum crimen inferre, fero** (dat).
calomnieusement, adv. *Falso.*
calomnieux, euse, adj. *Falsus, a, um.*
calorifère, m. *Hypocausis, is*, (acc. *in*), f.
calorique, m. *Calor, oris*, m.
calotte, f. **1.** *Pileolus, i*, m. ◆ **2.** (Fig.) Tape sur la tête. *Alapa, ae*, f.
calquer, tr. **1.** *Exprimere, o**. ◆ **2.** (Fig.) *Imitari.* Être calqué sur, *respondĕre* ad.*
calvitie, f. *Calvitium, ii*, n. *Calvities, ei*, f.
camaïeu, m. Peintures en camaïeu, *monochromata, um*, npl.; peindre en camaïeu, *unicolora pingĕre**.
camarade, m. et f. *Sodalis, is*, m. et f. — d'armes, *commilito, onis*, m.; — d'études, *condiscipulus, i*, m.; — d'esclavage, *conservus, i*, m.
camaraderie, f. *Sodalicium, ii*, n.
camard, arde, adj. *Simus, a, um.* Nez —, *collisus (i) nasus (i)*, m. (Fig.) La camarde (la mort), *acerba (ae) Libitina (ae).*
cambré, adj. *Repandus, a, um,*
camée, m. *Ectypa (ae) gemma, (ae)*, f.

caméléon, m. **1.** *Chamaeleon, onlis*, m. ◆ **2.** (Fig.) *Proteus, ei*, m.

camion, m. *Chamulcus, i*, m.

camisole, f. *Inducula, ae*, f.

camomille, f. *Anthemis, idis*, f.

camouflet, m. *Contumelia, ae*, f.

camp, m. **1.** Lieu où une armée dresse ses tentes. *Castra, orum*, npl. Camp volant, *mobile agmen;* camp permanent, *stativa castra*; camp d'hiver, *hiberna, orum;* — d'été, *aestiva, orum;* la vie des camps, *militia, ae*, f.; de camps, *castrensis, e;* fixer l'emplacement d'un camp, *castra metari;* établir un camp, *castra ponĕre**; lever le camp, *castra movere**. ◆ **2.** (Fig.) Parti, faction. *Pars, partis*, f. *Partes, ium*, fpl.

campagnard, arde, adj. *Rusticus, a, um. Agrestis, e.*

campagne, f. **1.** Plaine. *Campus, i*, m. En pleine campagne, *in campo;* battre la campagne, *vagari;* tenir la campagne, *in itineribus esse.* ◆ **2.** Champs. *Rus, ruris*, n. *Agri, orum*, mpl. Homme de la campagne, *rusticanus, i*, m.; biens de campagne, *praedia, iorum*, npl.; maison de campagne, *villa, ae*, f. ◆ **3.** Expédition. *Expeditio, onis*, f. Se mettre en campagne, *bellum inferre**; la campagne terminée, *aestivis confectis.* ◆ **4.** Année de service à la guerre. *Stipendium, ii*, n. Compter de nombreuses campagnes, *stipendia multa habere**.

Campanie. *Campania, ae*, f. De Campanie, *Campanus, a, um.*

campement, m. **1.** Action de camper. *Metatio, onis*, f. ◆ **2.** Camp. *Castra, orum*, npl.

camper, tr. *Castra ponere*, (*o**), *facere*, (*io**) ou *locare.* SE CAMPER, r. Il vint se — à la première place, *primam sedem occupavit.*

camus, use, adj. *Simus, a, um.*

canaille, f. **1.** *Colluvio, onis*, f. *Infimi* (*orum*) *homines* (*um*), mpl. ◆ **2.** En parl. d'une seule pers. *Caenum, i*, n.

canal, m. **1.** Conduit d'eau, tuyau. *Canalis, is*, m. Canal artificiel, *fossa, ae*, f.; *alveus, i*, m.; — de navigation, *navigabilis fossa;* — d'irrigation, *rivus, i*, m.; — de dérivation, *fluminum derivationes.* ◆ **2.** Détroit. *Fretum, i*, n. ◆ **3.** Conduit naturel. *Meatus, us*, m. Le canal de la respiration, *spirandi meatus.* ◆ **4.** (Fig.) Voie, moyen. *Via, ae*, f. Par ton canal, *tuā operā;* par le canal de, *per* (acc.).

canalisation, f. *Deductus, us*, m.

canard, m. *Anas, atis*, m. De canard, *anatarius, a, um;* chair de canard, *anatina, ae*, f.

cancer, m. *Cancer, cancri*, m.

cancéreux, euse, adj. *Canceraticus, a, um.*

cancre, m. **1.** *Cancer, cancri*, m. ◆ **2.** (Fig.) Homme méprisable. *Ignobilis.* (Ignorant) *Illiteratus, a, um.* (Avare) *Tenax, acis.*

candélabre, m. *Candelabrum, i,* n.
candeur, f. *Simplicitas, atis,* f. Avec —, *ingenue.*
candidat, m. *Candidatus, i,* m. Être candidat à la préture, *praeturam petere**; de candidat, *candidatorius, a, um.*
candidature, f. *Petitio, onis,* f. Poser sa candidature, *munere candidatorio fungi**.
candide, adj. *Ingenuus, a, um. Simplex, icis.*
candidement, adv. *Ingenue. Simpliciter.*
Candie. *Creta, ae,* f. De Candie, *Cretensis, e.*
cane, f. *Anas, anatis,* f.
canéphore, f. *Canephora, ae,* f.
caneton, m. *Anaticula, ae,* f.
canevas, m. **1.** Grosse toile. *Cannabina (ae) tela (ae),* f. ◆ **2.** (Fig.) *Linamentum, i,* n.
caniculaire, adj. *Canicularis, e.*
canicule. 1. Constellation. *Canicula, ae,* f. ◆ **2.** Saison. *Caniculares dies,* mpl.
canif, m. *Cultellus, i,* m.
canin, ine, adj. **1.** *Caninus, a, um.* ◆ **2.** (Fig.) Faim canine, *fames nimia* ou *rabida,* f.
caniveau, m. *Canaliculus, i,* m.
canne, f. **1.** Roseau. *Arundo, inis,* f. De canne, *arundineus, a, um.* ◆ **2.** Bâton. *Baculus, i,* m. Donner à qqn des coups de canne, *aliquem fustibus tundere**.
canneler, tr. *Striare.*
cannelle, f. **1.** Écorce du cannellier. *Casia, ae,* f. *Cinnamomum, i,* n. De cannelle, *cinnamominus, a, um.* ◆ **2.** Robinet. *Fistula, ae,* f.
cannellier, m. *Cinnamomum, i,* n. *Casia, ae,* f.
cannelure, f. *Stria, ae,* f.
Cannes. *Cannae, arum,* fpl. De —, *Cannensis, e.*
cannibale, m. (Fig.) Homme féroce. *Belua, ae,* f.
canon, m. **1.** Règle. *Canon, onis,* m. *Regula, ae,* f. ◆ **2.** Pièce d'artillerie. *Tormentum, i,* n. Canon d'un fusil, *fistula, ae,* f.
canonique, adj. *Canonicus, a, um. Regularis, e.*
canonner, tr. *Tormentis oppugnare* ou *subruere.*
canot, m. *Scapha, ae,* f.
cantatrice, f. *Cantrix, icis,* f.
cantharide, f. *Cantharis, idis,* f.
cantine, f. *Popina, ae,* f.
cantinier, m. *Lixa, ae,* m.
cantique, m. *Canticum, i,* n.
canton, m. *Pagus, i,* m. *Regio, onis,* f.
cantonnement, m. *Stativa (orum) castra (orum),* npl. *Stativa, orum,* npl. Avoir ses cantonnements d'hiver, être en cantonnement en qq. lieu, *aliquo loco hiberna habēre**.
cantonner, tr. *In praesidiis disponěre** *(milites). In hibernis collocare (milites).* Être cantonné, *in stativis esse; stativa habēre**.
SE CANTONNER, r. **1.** *In hiberna concedere, o**. ◆ **2.** (Fig.) *Secedere, o**.
canule, f. *Fistula, ae,* f.
cap, m. **1.** Tête. Armer de pied en cap, *perarmare.* ◆ **2.** Avant d'un navire. *Prora, ae,* f. ◆ **3.** Promontoire. *Promunturium, ii,* n.

capable, adj. **1.** Apte à. *Capax, acis* (gén.). *Idoneus, a, um* (dat. ou *ad*, acc.). *Aptus* (dat. ou *ad*, acc.). Être capable de, n'être pas capable de, *posse**, *non posse* (inf.). ◆ **2.** Instruit, habile. *Idoneus. Peritus.* Faire le capable, *se suspicĕre* (*io**).

capacité, f. **1.** Contenance. *Capacitas, atis*, f. ◆ **2.** Aptitude. *Facultas, atis*, f. *Calliditas, atis*, f. Qui a des capacités, *ingenio promptus, a, um.* ◆ **3.** (Droit) *Capacitas*, f.

caparaçon, m. *Stratum, i*, n.

caparaçonner, tr. *Sternere, o** (*equum*).

cape, f. *Cucullus, i*, m. *Cucullio, onis*, m. Rire sous cape, *secum ridēre**.

capeline, f. *Calyptra, ae*, f.

capillaire, adj. *Capillatus, a, um.* Vaisseaux capillaires, *fibrae, arum*, pl.

capitaine, m. **1.** Chef d'une compagnie. *Centurio, onis*, m. ◆ **2.** Général d'armée. *Dux, ucis*, m. Capitaine de vaisseau, *navis praefectus, i*, m.

capital, ale, adj. **1.** Où il y va de la vie. *Capitalis, e.* Condamner qqn à la peine capitale, *de aliquo supplicium sumĕre*;* accuser qqn d'un crime capital, *aliquem capitis accusare.* ◆ **2.** Principal, essentiel. *Praecipuus, a, um. Principalis, e.* Le point capital d'une chose, *rei summa; rei caput;* défaut capital, *gravissimum vitium.* ◆ **3.** Très grand. *Maximus, a, um.* Lettres —, *maximae litterae.*

capital, m. *Caput, itis*, n. *Sors, sortis*, f. Les intérêts absorbent le capital, *mergunt* sortem usurae.*

capitale, f. *Caput, itis*, n.

capitaliser, tr. *Pecunias congerere, o**. Capitaliser les revenus d'une somme, *usuram perscribĕre**.

capitaliste, m. *Homo pecuniosus* ou *nummatus.*

capitan, m. *Gloriosus, a, um.* Faire le capitan, *gloriari.*

capitation, f. *Capitum exactio, onis*, f.

capiteux, euse, adj. *Capiti noxius, a, um.*

Capitole, m. *Capitolium, ii*, n.

capitolin, adj. *Capitolinus, a, um.*

capitulaire. I. Adj. *Capitularis, e.* ◆ **II.** Nom mpl. *Capitularia, ium*, mpl.

capitulation, f. (Reddition). *Deditio, onis*, f.

capituler, intr. *Se dedĕre**.

caporal, m. *Decanus, i*, m. *Optio, onis*, m.

capote, f. *Paenula, ae*, f.

Capoue. *Capua, ae*, f. De —, *Capuensis, e.*

Cappadoce. *Cappadocia, ae*, f. De Cappadoce, *Cappadox, ocis.*

câpre, f. *Capparis, is* (acc. *im*, abl. *i*), f.

caprice, m. **1.** Fantaisie. *Libido, inis*, f. N'écouter que son caprice, *libidini inservire;* qui suit son —, *libidinosus, a, um;* par caprice, *ad libidinem suam.* ◆ **2.** Mobilité. *Mobilitas, atis*, f. *Levitas, atis*, f. Les caprices de la fortune, *fortunae temeritas, atis*, f.

capricieusement, adv. *Libidinose.*

capricieux, euse, adj. *Libidinosus, a, um. Mobilis, e.* Humeur capricieuse, *levitas, atis.*

captateur, m. *Captator, oris,* m.

captation, f. *Captatio, onis,* f.

capter, tr. *Captare.*

captieux, euse, adj. *Captiosus, a, um. Fallax, acis.*

captieusement, adv. *Captiose.*

captif, ive, adj. *Captivus, a, um.*

captiver, tr. **1.** Séduire. *Detinere, eo**. *Devincire**. ◆ **2.** Assujettir. *Astringere, o**.

captivité, f. *Captivitas, atis,* f. *Servitus, utis,* f. Sorti de captivité, *liberatus, a, um;* captivité des animaux, *custodia, ae,* f.

capture, f. **1.** *Comprehensio, onis,* f. Faire une capture, *capere, io** (acc.); *comprehendĕre** (acc.). ◆ **2.** Ce qu'on a capturé. *Praeda, ae,* f.

capturer, tr. *Comprehendere, o**. *Capere, io**.

capuchon, m. *Cucullus, i,* m.

caquet, m. *Loquacitas, atis,* f. *Garrulitas, atis,* f.

caqueter, tr. **1.** *Glocire.* ◆ **2.** (Fig.) *Garrire.*

caqueteur, euse, adj. *Loquax, acis.*

car, conj. *Nam. Namque. Enim* (se met après le premier mot). *Etenim.*

caracoler, intr. *Gyros edere, o** (en parl. du cheval). *In gyrum agere, o** (*equum*) (en parl. du cavalier).

caractère, m. **1.** Signe d'écriture. *Littera, ae,* f. ◆ **2.** Caractéristique. *Signum, i,* n. *Natura, ae,* f. *Forma, ae,* f. Caractère royal, *regia dignitas;* le caractère religieux d'une cérémonie, *caerimoniae religio;* qui a un caractère officiel, *publicus, a, um;* l'inconstance est le caractère propre de la fortune, *propria est fortunae varietas.* ◆ **3.** Physionomie morale. *Habitus, us,* m. *Indoles, is,* f. *Ingenium, ii,* n. *Mores, um,* mpl. Caractère ferme, fermeté de caractère, *constantia, ae,* f.; homme sans caractère, *homo ignavus;* différence de caractères, *morum dissimilitudo;* peinture des caractères, *naturarum imitatio;* créer un caractère (pour la scène), *personam novam formare.*

caractériser, tr. **1.** Dépeindre le caractère de. *Mores effingere, o** (gén.). ◆ **2.** Constituer le caractère de. *Esse proprium* (gén.). *Esse* (gén.).

caractéristique. 1. Adj. *Proprius, a, um* (gén. ou dat.). ◆ **2.** Nom f. *Nota, ae,* f. *Insigne, is,* n.

carafe, f. *Lagoena, ae,* f.

carapace, f. *Cortex, icis,* m. f.

caravane, f. *Commeatus, us,* m. *Comitatus, us,* m.

caravansérail, m. *Deversorium, ii,* n.

carcan, m. *Collare, is,* n. Mettre qqn au carcan, *aliquem ad palum alligare.*

carcasse, f. *Ossea (ae) forma (ae)*, f.
cardage, m. *Carminatio, onis*, f.
carde, f. **1.** Côte de l'artichaut. *Carduus, i*, m. ◆ **2.** Peigne de cardeur. *Carmen, inis*, n.
carder, tr. *Carminare.*
cardeur, m. *Carminator, oris*, m.
cardiaque, adj. *Cardiacus, a, um.* (Remède) —, *cordi utilis, e.*
cardinal, ale. 1. Adj. *Praecipuus, a, um.* Les points cardinaux, *caeli regiones quattuor;* les nombres cardinaux, *numeri cardinales.* ◆ **2.** Nom. *Cardinalis, is*, m.
carême, m. *Quadragesima, ae*, f. Carême prenant. *Saturnalia, ium*, npl.
carène, f. *Carina, ae*, f.
caressant, ante, adj. *Blandus, a, um.* D'une manière caressante, *blande.*
caresse, f. *Blanditiae, arum*, fpl. Obtenir à force de caresses, *eblandiri* (acc.); faire mille caresses à qqn, *in aliquem suavissime effundi*.*
caresser, tr. **1.** *Blandiri* (dat.). *Mulcere, eo** (acc.). Caresser de son souffle, *flatu permulcēre*.* ◆ **2.** (Fig.) Caresser le peuple, *plebi indulgēre*;* caresser un espoir, un amour, *spem, amorem fovēre*.*
cargaison, f. *Onus, eris*, n. *Merces, ium*, fpl.
carguer, tr. *Contrahere, o** (*vela*).
cariatides, fpl. *Caryatides, um*, fpl.
caricature, f. **1.** Représentation grotesque. *Comica (ae) tabella (ae)*, f. *Gryllus, i*, m. Une vraie caricature (en parl. d'une pers.), *facie ridiculus, a, um; ridiculum caput.* ◆ **2.** Imitation maladroite. *Nimia (ae)* ou *depravata (ae) imitatio (onis)*, f.
carie, f. *Caries, ei*, f.
carier, tr. *Corrumpere, o*.* Carier les dents, *dentes erodēre*;* carié, *cariosus, a, um.*
carillon, m. **1.** *Aeris tinnitus, us*, m. ◆ **2.** (Fig.) *Tumultus, us*, m. *Convicium, ii*, n.
carmin, m. *Minium, ii*, n.
carnage, m. *Caedes, is*, f. *Strages, is*, f.
carnassier, ière, adj. *Carnivorus, a, um.*
carnassière, f. *Reticulum, i*, n.
carnation, f. *(Cutis) color, oris*, m.
carnaval, m. *Bacchanalia, ium*, npl. *Saturnalia, ium*, npl.
carnet, m. *Pugillares, ium*, mpl. Carnet de notes, *adversaria, iorum*, npl.
carnivore, adj. *Carnivorus, a, um.*
carotte, f. *Daucus, i*, m. *Carota, ae*, f.
caroube, m. *Siliqua, ae*, f.
caroubier, m. *Siliqua, ae*, f.
carpe, f. *Carpa, ae*, f.
carquois, m. *Pharetra, ae*, f. Qui porte un carquois, *pharetratus, a, um.*
carré, ée. I. Adj. **1.** *Quadratus, a, um.* ◆ **2.** (Fig.) Un homme carré, *quadratus homo;* une réponse carrée, *responsum certum.* ◆ **II.** Nom m. *Quadratum, i*, n. Le carré d'un nombre, *circulus, i*, m.; le carré de neuf, *novem noviens*

multiplicata; dix pieds au carré, *deni in quadratum pedes;* présenter un carré, *quadrare;* disposer des troupes en carré, *orbem facere (io*);* marcher en carré, *quadrato agmine incedĕre*;* un carré de terre, *modus agri; area, ae,* f.; un carré (de mosaïque), *tessella, ae.*

carreau, m. **1.** Figure carrée. *Scutula, ae,* f. Qui a des carreaux, *scutulatus, a, um;* étoffe à carreaux, *scutulata, orum,* npl. ◆ **2.** Pavé. *Scutula, ae,* f. Rester sur le carreau, *humi jacēre*.* ◆ **3.** Coussin. *Pulvinus, i,* m. ◆ **4.** Carreau de terre, de légumes. *Area, ae,* f. ◆ **5.** Carreaux de la foudre. *Fulmen, inis,* n.

carrefour, m. *Trivium, ii,* n. *Quadrivium, ii* n. *Compitum, i,* n.

carrelage, m. *Pavimentum, i,* n.

carreler, tr. *Pavimentum facere, io*.* Carrelé, *pavimentatus, a, um.*

carrelet, m. **1.** Filet de pêche. *Quadratum (i) rete (is),* n. ◆ **2.** Poisson. *Scomber, bri,* m.

carreleur, m. *Pavimentarius, ii,* m.

carrément, adv. **1.** *In quadratum.* ◆ **2.** (Fig.) *Libere.*

carrer (se), r. *Magnifice incedere, o*.*

carrier, m. *Lapicida, ae,* m.

carrière, f. **1.** Espace à parcourir dans les courses. *Curriculum, i,* n. *Stadium, ii,* n. Entrée de la carrière, *carcer, eris,* m.; bout de la carrière, *calx, calcis,* f.; donner carrière à, *frena laxare* (dat.); se donner carrière, *excurrēre*.* ◆ **2.** Profession qui comporte des degrés à parcourir. *Cursus, us,* m. *Curriculum, i,* n. Choisir une carrière, *genus vitae* ou *genus vivendi sibi constituere;* suivre une carrière, *vitae cursum sequi*.* ◆ **3.** Cours de la vie. *Cursus, us,* m. *Curriculum, i,* n. Au terme de sa carrière, *decursā jam aetate.* ◆ **4.** Terrain d'où l'on tire la pierre. *Lapicidinae, arum,* fpl. Exploiter une carrière, *lapides e terrā excīdĕre*.*

carriole, f. *Carruca, ae,* f.

carrosse, m. *Carpentum, i,* n. *Pilentum,* n. *Raeda, ae,* f. Aller, rouler en carrosse, *in raedā vehi*.*

carrossier, m. *Raedarius, ii,* m. *Carpentarius, ii,* m.

carrousel, m. *Equiria, ium* ou *iorum,* npl.

carrure, f. D'une belle carrure, *latus (a, um) ab umeris.*

carte, f. **1.** Papier épais. *Charta, ae,* f. (Fig.) Carte blanche. *Licentia, ae,* f. ◆ **2.** Carte géographique. *Tabula, ae,* f. La carte d'un pays, *regionis forma;* dresser une carte, *terrarum situs depingĕre*;* perdre la carte, *mente commovēri*.* ◆ **3.** Cartes à jouer. *Lusoriae (arum) chartulae (arum),* fpl. Château de cartes, *nugae, arum,* fpl.; jouer cartes sur table, *nihil astute agĕre*;* brouiller les cartes, *res permiscere*;* tirer les cartes, *ex chartulis de futurā sorte alicujus conji-*

cĕre (*io**). Le dessous des cartes, *reconditiora, um*, npl.

cartel, m. **1.** Défi. *Provocatio, onis*, f. ◆ **2.** Association. *Societas, atis*, f.

Carthage. *Carthago, inis*, f. Carthaginois, de Carthage, *Carthaginiensis, e*; *Poenus, a, um; Punicus, a, um.*

carthame, m. *Cnecos, i*, m.

cartilage, m. *Cartilago, inis*, f.

cartilagineux, euse, adj. *Cartilaginosus, a, um.*

carton, m. **1.** *Spissior* (*oris*) *charta* (*ae*), f. ◆ **2.** Boîte. *Librarium, ii*, n.

cartouche, m. *Clipeus, i*, n.

cas, m. **1.** Circonstance. *Casus, us*, m. *Res, rei*, f. Le cas échéant, *si casus incĭderit**; dans les deux cas, *in utrāque re;* dans tous les cas, *quidquid est;* au cas où, *si forte;* en cas de succès, en cas d'échec, *si felicissime cesserit*; si hoc non contigerit**; en tout cas, *certe; quidem;* supposé le cas, *finge** (prop. inf.); n'être pas dans le cas (capable) de faire qqch., *non posse* aliquid facĕre;* c'est bien le cas de le dire, *ita fit**. Le cas ne s'est pas encore présenté, *hoc nondum accidit.* ◆ **2.** Action. C'est un cas pendable de, *capitale est* (inf.); cas juridique, *condicio, onis*, f.; cas de conscience, *religio, onis*, f.; cas médical, *causa, ae*, f. ◆ **3.** Estime. Faire cas de, *aestimare* (acc.); faire grand cas de, *magni facĕre, io** (acc.); faire le plus grand cas de, *plurimi facĕre;* faire peu de cas de, *parvi facere;* ne faire aucun cas de, *pro nihilo ducĕre** (acc.). ◆ **4.** Désinence grammat. *Casus, us*, m. Relatif au cas, *casualis, e.*

casanier, ière, adj. *Qui domi sedet* totos dies.*

casaque, f. **1.** *Sagum, i*, n. Vêtu d'une casaque, *sagatus, a, um.* ◆ **2.** (Fig.) Tourner casaque, *terga dare**.

cascade, f. *Aquae dejectus, us*, m. *Cataracta, ae*, f.

case, f. **1.** Cabane. *Casa, ae*, f. ◆ **2.** Division. *Loculus, i*, m. Garni de cases, *loculatus, a, um.*

casemate, f. *Tormentaria* (*ae*) *cella* (*ae*), f.

caser, tr. *Locare.*

caserne, f. *Stativum* (*i*) *praesidium* (*ii*), n.

casernement, m. *Stativa, orum*, npl.

caserner. I. Intr. *Stativa habere, eo**. ◆ **II.** Tr. *In stativis castris habere** (*milites*).

casier, m. *Loculamentum, i*, n. *Loculi, orum*, mpl.

Caspienne (mer). *Mare* (*is*) *Caspium* (*ii*), n.

casque, m. (De cuir) *Galea, ae*, f. (De métal) *Cassis, idis*, f.

casqué, ée, adj. *Galeatus, a, um.*

casquette, f. *Galerus, i*, m.

cassant, ante, adj. **1.** *Fragilis, e.* ◆ **2.** (Fig.) *Abruptus, a, um.*

cassation, f. *Rescissio, onis*, f.

casse, f. Plante. *Casia, ae*, f.

casse-noisette, m. *Nucifrangibulum, i*, n.

casser. I. Tr. **1.** Briser, rompre.

*Frangere, o**. ◆ **2.** (Fig.) Étourdir. *Rumpere, o**. *Obtundere, o**. Casser la tête à qqn, *alicujus aures obtundĕre*. ◆ **3.** (Fig.) Annuler. *Rescindere, o**. Casser un mariage, *nuptias dirimĕre**. ◆ **4.** Destituer. *Ex officio amovere, eo**. Casser un magistrat, *alicui magistratum abrogare*. ◆ **5.** Affaiblir. *Frangĕre*. D'une voix cassée, *quassā voce;* cassé par l'âge, *aetate confectus, a, um*. ◆ **II.** Intr. *Frangi, or**.

SE CASSER, r. **1.** *Frangi, or**. Se casser une jambe, *crus frangĕre*. ◆ **2.** (Fig.) Se casser la tête (à chercher qqch.), *meditatione torquēri**.

casserole, f. *Caccabus, i*, m.

cassette, f. **1.** *Arcula, ae*, f. ◆ **2.** Fortune du prince. *Arca, ae*, f.

cassier, m. *Casia, ae*, f.

cassolette, f. *Acerra, ae*, f.

cassure, f. *Fractura, ae*, f.

castagnettes, fpl. *Crotalum, i*, n.

caste, f. *Tribus, us*, f. *Grex, gregis*, m.

Castille. *Castella, ae*, f. *Castilia, ae*, f. De Castille, *Castellanus, a, um*.

castor, m. *Fiber, bri*, m. *Castor, oris*, m. De castor, *castoreus, a, um; fibrinus*.

casuel, elle. 1. Adj. *Fortuitus, a, um*. ◆ **2.** Nom m. *Adventicia (ae) pecunia (ae)*, f.

cataclysme, m. **1.** *Cataclysmos, i*, m. ◆ **2.** (Fig.) *Deflagratio, onis*, t.

catacombe, f. *Catacumba, ae*, f.

catalectes, fpl. *Analecta, orum*, npl.

catalepsie, f. *Catalepsis, is*, f.

cataleptique, adj. *Catalepticus, a, um*.

Catalogne. *Catalonia, ae*, f. De Catalogne, *Catalanus, a, um*.

catalogue, m. *Index, icis*, m.

cataplasme, m. *Cataplasma, atis*, n.

catapulte, f. *Catapulta, ae*, f.

cataracte, f. **1.** Chute d'eau. *Cataracta, ae*, f. ◆ **2.** Maladie des yeux. *Suffusio, onis*, f.

catarrhe, m. *Epiphora, ae*, f. Avoir un catarrhe, *rheumatizare*.

catarrheux, euse, adj. *Rheumaticus, a, um*.

catastrophe, f. *Tristis (is) eventus (us)*, m. *Clades, is*, f.

catéchiser, tr. *Catechizare*.

catéchisme, m. *Catechismus, i*, m.

catéchiste, m. *Catechista, ae*, m.

catéchumène, m. et f. *Catechumenus, i*, m. *Catechumena, ae*, f.

catégorie, f. *Species, ei*, f.

catégorique, adj. *Expressus, a, um*.

catégoriquement, adv. *Expresse*.

cathédrale, f. *Cathedralis (is)* ou *major (oris) ecclesia (ae)*, f.

catholicisme, m. *Catholica (ae) fides (ei)*, f.

catholicité, f. *Catholici (orum) populi (orum)*, mpl.

catholique, adj. *Catholicus, a, um*.

catholiquement, adv. *Catholice*.

catimini (en). *Clam. Secreto.*

Caton. *Cato, onis*, m.

Caucase. *Caucasus, i,* m.

cauchemar, m. **1.** *Nocturna (ae) suppressio (onis),* f. ◆ **2.** (Fig.) C'est mon cauchemar (en parl. de qqn), *mihi permolestus est.*

causal, ale; causatif, ive, adj. *Causativus, a, um.*

cause, f. **1.** Principe. *Causa, ae,* f. Cause finale, *finis, is,* m. ◆ **2.** Être cause de, *efficere, io** (acc.); être cause que, *in causā esse cur* ou *quare* (subj.). ◆ **3.** Motif. *Causa,* f. Sans cause, *immerito;* à cause de, *propter* (acc.); *ob* (acc.); pour cause de maladie, *morbi causā;* à cause de cela, *eā de causā; ob eam rem.* ◆ **4.** Procès. *Causa,* f. *Lis, litis,* f. Plaider une cause, *causam dicĕre** ou *defendĕre*;* obtenir gain de cause, *causam obtinēre*;* mettre qqn en cause, *litem alicui intendere*;* être cause de, *in quaestione versari;* être hors de cause, *extra judicium esse;* en tout état de cause, *utique;* qui agit en connaissance de cause, *sciens, entis.* ◆ **5.** Parti. *Causa,* f. *Partes, ium,* fpl. Faire cause commune avec qqn, *cum aliquo consentire*;* prendre fait et cause pour qqn, *alicujus defensionem suscipere, io*.*

causer. 1. Tr. Produire. *Efficere, io*. Afferre, fero*.* Causer du chagrin à qqn, *dolorem alicui afferre*; esse dolori alicui.* ◆ **2.** Intr. S'entretenir. *Colloqui, or*. Sermocinari (cum aliquo de aliquā re).* Assez causé, *sed hactenus.*

causerie, f. *Sermo, onis,* m.

causeur, euse, m. et f. *Loquax, acis. Garrulus, a, um.*

causticité, f. **1.** *Mordicitas, atis,* f. ◆ **2.** (Fig.) *Dicacitas, atis,* f.

caustique. I. Adj. **1.** *Causticus, a, um.* ◆ **2.** (Fig.) *Mordax, acis.* ◆ **II.** Nom m. *Causticum, i,* n.

cauteleusement, adv. *Astute.*

cauteleux, euse, adj. *Astutus, a, um.*

cautère, m. **1.** Remède brûlant. *Cauterium, ii,* n. ◆ **2.** Plaie qui résulte de l'application d'un cautère. *Ulcus cauterio factum,* n.

cautérisation, f. *Ustio, onis,* f.

cautériser, tr. *Urere, o*.*

caution, f. **1.** Garantie. *Sponsio, onis,* f. *Cautela, ae,* f. Donner caution, *satisdare** (pour, gén.); exiger, recevoir caution, *satis exigĕre*; satis accipere, io*;* sous caution, *satisdato.* ◆ **2.** Garant. *Sponsor, oris,* m. *Vas, vadis,* m. *Praes, praedis,* m. Se porter caution, *spondēre*; intercedĕre*.* ◆ **3.** (Fig.) Sujet à caution. *Suspectus, a, um.*

cautionnement, m. *Pignus, oris,* n.

cautionner, tr. *Praedem esse (pro). Fidem dare* (pro).*

cavalcade, f. *Transvectio, onis,* f. *Equitum turmae, arum,* fpl.

cavale, f. *Equa, ae,* f.

cavalerie, f. *Equitatus, us,* m. *Equites, um,* mpl. De cavalerie, *equester, tris, tre;* servir dans la cavalerie, *equo merēre*.*

cavalier. 1. Nom m. *Eques,*

itis, m. Être bon cavalier, *equo bene uti**. ◆ **2.** Adj. *Expeditus, a, um. Arrogans, antis.*

cavalièrement, adv. *Arroganter.*

1. cave, adj. *Cavus, a, um.*

2. cave, f. *Vinaria cella* (*ae*), f.

caveau, m. *Crypta, ae*, f.

caveçon, m. *Lupata, orum*, npl.

caver, tr. *Excavare. Suffodere, io**.

caverne, f. *Specus, us*, m. *Spelunca, ae*, f.

caverneux, euse, adj. *Cavernosus, a, um.* Voix caverneuse, *fusca vox.*

cavité, f. *Cavum, i*, n. *Caverna, ae*, f. *Sinus, us*, m.

ce, cet, cette, adj. dém. *Is, ea, id.* (1re pers.) *Hic, haec, hoc.* (2e pers.) *Iste, ista, istud.* (3e pers.) *Ille, illa, illud.*

Ce, pr. dém. **1.** Précédant un relatif. *Id. Hoc.* (Souvent reste sous-entendu). Ce qui est permis, *id quod licet**; je dirai ce que je pense, *dicam* quod sentio**; il lui demandait ce qu'il pensait, *ab eo quaerebat* quidnam judicaret;* tout ce que j'ai entrepris, *quidquid mihi susceptum* est;* à ce qu'on dit, *ut aiunt**. ◆ **2.** Compl. d'un verbe tr. Ce dit-on, *ut aiunt*;* ce faisant, *quod dum facit*;* sur ce, *his dictis* ou *factis.* ◆ **3.** Avant ou après le verbe *être.* Ce fut là la cause de la guerre, *ea causa belli fuit;* c'est une richesse d'avoir peu de désirs, *pecunia est, non esse cupidum;* c'est à moi de juger, *meum est judicare;* c'est aux autres à en décider, *aliorum est judicium;* ce sont eux-mêmes que je cherche, *eos ipsos quaero*;* c'est moi qui, *ego* ou *egomet;* c'est se tromper que de croire, *errat qui putat;* ce que je te demande, c'est de, *hoc te rogo, ut* (subj.); c'est peu de, *parum est* (inf.); c'est bien, c'est ainsi, *bene est; est vero;* est-ce vrai? *idne est verum?* est-ce que...? *ne*? est-ce que ne... pas? *nonne?* est-ce que par hasard? *num?* est-ce que... ou...? *ne* ou *utrum..., an*? Qu'est-ce? qu'est-ce à dire? *quid hoc rei est?* qui est-ce? *quis adest?** ce n'est pas que, *non quo, non quod* (subj.); c'est-à-dire, *id est.* C'est pourquoi, *quamobrem.*

céans, adv. *Hic* ou *intus* (sans mouv.). *Huc* ou *intro* (avec mouv.). De céans, *hinc.*

ceci, pr. dém. **1.** (Opposé à cela). *Hoc*, n. ◆ **2.** (Sans opp.). *Id*, n.

cécité, f. *Caecitas, atis*, f. Être frappé de cécité, *caecum fieri**.

céder. I. Tr. Abandonner. *Cedere, o*. Concedere, o** (*alicui rem* ou *de re*). *Decedere, o** (*de re*). Céder une propriété (pour un prix), *fundum tradĕre.* ◆ **II.** Tr. et intr. Être ou se reconnaître inférieur à. *Cedĕre.* Le céder à qqn en qqch., *cedĕre alicui aliquā re;* ne le céder à personne, *nemini concedĕre.* ◆ **III.** Intr. **1.** S'abandonner à qqch., à qqn.

Cedĕre. Concedĕre. Parere, eo. Obsequi, or**. Céder à l'amour, aux prières de qqn, *alicujus amori, precibus indulgere**; céder au sommeil, *somno vinci**; faire céder, *submittere** (acc.). ◆ **2.** Ne plus résister (ch.). *Cedĕre.* Tout cède à un travail opiniâtre, *labor improbus omnia vincit**; le mal cède aux remèdes, *vis morbi remediis remittitur**.

cèdre, m. *Cedrus, i,* f. De cèdre, *cedreus, a, um; cedrinus.*

cédule, f. *Syngrapha, ae,* f.

ceindre, tr. *Cingere, o*. Praecingere, o**. Ceindre une épée, *gladio cingi**; ceindre sa tête d'une couronne, *caput corona redimire.*

ceinture, f. **1.** *Cingulum, i,* n. *Zona, ae,* f. Petite ceinture, *zonula, ae,* f.; porter une épée à la ceinture, *gladio cingi**; qui n'a pas de ceinture, *discinctus, a, um;* ayant de l'eau jusqu'à la ceinture, *pectore exstans**. ◆ **2.** (Fig.) La ville est entourée d'une ceinture de collines, *oppidum collibus succinctum* est.*

ceinturon, m. *Cingulum, i,* n. *Balteus, i, m.*

cela, pr. dém. **1.** (Opposé à ceci) *Illud. Id. Haec res.* ◆ **2.** (Sans opp.) *Illud. Ea res.* Et cela, *atque id; idque;* c'est cela, *ea res est; sic res se habet**; pourquoi cela? *quid ita?* comme cela, *ita;* pour cela, *ideo;* sans cela, *secus; aliter.*

célébration, f. *Celebratio, onis,* f.

célèbre, adj. *Illustris, e. Nobilis, e. Clarus, a, um.* (Ch.) *Celeber, bris, bre.* Ce célèbre orateur, *ille orator;* être célèbre, *nomen habēre**; devenir célèbre, *gloriam assequi**; rendre célèbre, *illustrare;* se rendre célèbre, *famam sibi acquirĕre**.

célébrer, tr. *Celebrare.*

célébrité, f. *Fama, ae,* f. *Nomen, inis,* n. *Celebritas, atis,* f.

celer, tr. *Celare.* Celer qqch. à qqn, *aliquem aliquid celare;* à ne vous rien celer, *ut vera dicam**.

céleri, m. *Apium, ii,* n.

célérité, f. *Celeritas, atis,* f. *Festinatio, onis,* f.

céleste, adj. *Caelestis, e.*

célibat, m. *Caelibatus, us,* m. *Vita (ae) caelebs (libis),* f. Vivre dans le célibat, *caelibem vitam vivĕre**.

célibataire, m. et f. *Caelebs, ibis,* m. et f.

cellérier, m. *Cellarius, ii,* m.

cellier, m. *Cella, ae,* f.

cellule, f. *Cella, ae,* f. *Cellula, ae,* f. Cellule des ruches, *loculamentum, i,* n.

Celtes. *Celtae, arum,* mpl.

celtique, adj. *Celticus, a, um.* En langue celte, *Celtice.*

celui, celle, pron. dém. *Is, ea, id.* (Se sous-entend le plus souvent). Celui qui a l'habitude de mentir, *qui mentiri solet**; les traits de l'âme sont plus beaux que ceux du corps, *animi lineamenta sunt pulchriora quam corporis;* tu n'es pas de ceux qui ignorent, *non is es qui nescias.*

celui-ci, celle-ci, pr. dém. *Hic, haec, hoc.*
celui-là, celle-là, pr. dém. *Ille, illa, illud.*
cénacle, m. **1.** *Cenaculum, i,* n. ◆ **2.** (Fig.) *Sodalicium, ii,* n.
cendre, f. *Cinis, eris,* m. Cendre chaude, *favilla, ae,* f.; cendre des morts, *cineres, um,* mpl.; *reliquiae, arum,* fpl.; de cendre, *cinereus, a, um;* mettre ou faire cuire sous la cendre, *calido cinere percoquĕre*;* réduire en —, *in cinerem redigere, o*.*
cendré, ée, adj. *Cinereus, a, um.*
cendreux, euse, adj. *Cinerosus, a, um.*
cène, f. *Cena, ae,* f.
cénotaphe, m. *Cenotaphium, ii,* n.
cens, n. *Census, us,* m. Faire le cens, *censum habēre*;* se soumettre au cens, *censum accipere, io*.*
censé, ée, adj. *Habitus, a, um.*
censeur, m. **1.** Magistrat romain. *Censor, oris,* m. Relatif aux censeurs, de censeur, *censorius, a, um;* fonction de censeur, *censura, ae,* f. ◆ **2.** Critique. *Censor, oris,* m. *Reprehensor,* m.
censier, m. *Censuarius, ii,* m.
censitaire, adj. *Census, a, um.*
censurable, adj. *Reprehendendus, a, um.*
censure, f. **1.** Dignité de censeur. *Censura, ae,* f. ◆ **2.** Critique, reproche. *Reprehensio, onis,* f. Encourir la censure, *in vituperationem venire*;* échapper à la censure, *linguas vitare.*
censurer, tr. *Reprehendere, o*. Notare. Vituperare.*
cent, adj. num. **1.** *Centum.* Cent jours, *centum dies;* cent dix, *centum decem;* cent par cent, cent à la fois, *centeni, ae, a;* cent fois, *centiens;* de cent, *centenarius, a, um;* un poids de cent livres, *centenarium pondus;* un repas de cent as, *centenaria cena;* deux cents, trois cents, quatre cents, cinq cents, six cents, sept cents, huit cents, neuf cents, *ducenti, ae, a; trecenti; quadringenti; quingenti; sescenti; septingenti; octingenti; nongenti;* deux cents fois, trois cents fois, quatre cents fois, cinq cents fois, six cents fois, sept cents fois, huit cents fois, neuf cents fois, *ducentiens; trecentiens; quadringentiens; quingentiens; sescentiens; septingentiens; octingentiens; nongentiens.* ◆ **2.** Rapport de la terre, de l'argent. Le seigle produit cent pour un, *secale nascitur* cum centesimo grano;* intérêt de 12 % (par an, c.-à-d. de 1 % par mois), *centesimae, arum,* fpl.; prêter à 24 %, *binis centesimis fenerari;* intérêt à 3 %, à 4 %, à 5 %, à 6 %, à 7 %, à 8 %, *usura triens; usura quadrans; usura quincunx; usurae semisses; usura septunx; bes* (gén. *bessis*). ◆ **3.** Un grand nombre de. *Multi, ae, a. Sescenti, ae, a.* Faire cent projets, *multa agitare.*

centaine, f. *Centum. Centeni, ae, a.* Par centaines, *centuriatim;* atteindre la centaine, *centum annos conficĕre, io**.

centaure, m. *Centaurus, i,* m. De centaure, *Centaureus, a, um.*

centaurée, f. *Centaureum, i,* n.

centenaire, adj. *Centenarius, a, um.*

centenier, m. *Centurio, onis,* m.

centième. 1. Adj. ordin. *Centesimus, a, um.* Deux-centième, trois-centième, quatre-centième, cinq-centième, six-centième, sept-centième, huit-centième, neuf-centième, *ducentesimus, a, um; trecentesimus; quadringentesimus; quingentesimus; sescentesimus; septingentesimus; octingentesimus; nongentesimus;* pour la centième fois, *centesimum.* ◆ **2.** Nom m. Le centième, la centième partie, *centesima* (*ae*) *pars* (*partis*), f.

centon, m. *Cento, onis,* m.

central, ale, adj. *Centralis, e. Medius, a, um.*

centre, m. **1.** *Centrum, i,* n. *Medius* (*ii*) *locus* (*i*), m. Le centre de la ville, *media urbs;* le centre de l'armée, *media acies* ou *medium agmen.* ◆ **2.** (Fig.) Le centre des opérations, *sedes belli.*

centumvir, m. *Centumvir, viri,* m. De centumvir, *centumviralis, e.*

centuple. 1. Adj. *Centuplex, icis.* ◆ **2.** Nom m. *Centuplum, i,* n. Au centuple, *centuplicato.*

centupler, tr. *Centuplicare.*

centurie, f. *Centuria, ae,* f. Par centuries, *centuriatim;* diviser en centuries, *centuriare.*

centurion, m. *Centurio, onis,* m. Le grade de centurion, *centurionatus, us,* m.; les centurions, *ordines, um,* mpl.; être centurion, *ordinem ducĕre**.

cep, m. **1.** Cep de vigne. *Vitis, is,* f. ◆ **2.** (Au pl.) Fers. *Compedes, um,* fpl.

cépage, m. *Resectio, onis,* f.

cèpe, m. *Fungus, i,* m.

cépée, f. *Surculorum soboles, is,* f.

cependant, adv. **1.** Pendant ce temps. *Interim. Interea.* ◆ **2.** Pourtant. *Tamen. Attamen.*

céphalalgie, f. *Capitis dolores, um,* mpl.

céraste, m. *Cerastes, ae,* m.

cérat, m. *Ceratum, i,* n.

Cerbère. 1. *Cerberus, i,* m. De Cerbère, *Cerbereus, a, um.* ◆ **2.** (Fig.) *Janitor* ou *custos integerrimus.*

cerceau, m. *Circulus, i,* m.

cercle, m. **1.** Figure géométrique. *Circulus, i,* m. *Orbis, is,* m.; de cercle, *circularis, e;* en cercle, *circulatim;* décrire un cercle (en parlant d'un astre), *orbem ducĕre**; tracer un cercle, *orbem circumscribĕre**; tracer un cercle autour de qqn, de qqch. avec un compas, *circino aliquem, aliquid circumscribĕre**. ◆ **2.** Circonscription territoriale. *Regio, onis,* f. *Fines, ium,* mpl. ◆ **3.** Disposition en cercle. *Orbis,* m. Former le cercle, se former en cercle, *orbem facere, io*; in orbem consistere**; former le cercle autour de qqn, *corona aliquem cingere**. ◆ **4.** Assemblée. *Circulus*, m. *Corona, ae*, f. Se renfermer dans un petit cercle, *esse paucorum hominum.* ◆ **5.** Etendue, limites. *Orbis*, m. Le cercle des connaissances, *orbis doctrinae;* tourner dans le même cercle, *eodem revolvi**.

cercler, tr. *Circulis* ou *ferro vincire**.

cercueil, m. *Capulus, i*, m. *Loculus, i*, m.

céréales, fpl. *Cerealia, ium*, npl. *Fruges, um*, fpl. Commerce de céréales, *frumentaria, ae*, f.

cérébral, ale, adj. *Ad cerebrum pertinens, entis.*

cérémonial, ale. 1. Adj. *Ritualis, e.* ◆ **2.** Nom m. *Ritus, us*, m. Avec le cérémonial d'usage, *rite.*

cérémonie, f. **1.** Formes extérieures d'une action. *Caerimonia, ae*, f. *Apparatus, us*, m. *Pompa, ae*, f. Cérémonie religieuse, *sacrum, i*, n.; maître des cérémonies, *officiorum magister, tri*, m. ◆ **2.** Civilités. *Officium, ii*, n. Faire des cérémonies, *officiosius facere, io*;* ne pas faire de cérémonies, *bona fide agĕre*;* sans cérémonie, *nullo apparatu;* une visite de cérémonie, *salutatio, onis*, f.

cérémonieux, euse, adj. *Officiosior, ius.*

Cérès. *Ceres, Cereris*, f.

cerf, m. *Cervus, i*, m. De cerf, *cervinus, a, um.*

cerfeuil, m. *Caerefolium, ii*, n.

cerf-volant, m. *Scarabaeus (i) lucanus (i)*, m.

cerise, f. *Cerasum, i*, n.

cerisier, m. *Cerasus, i*, f.

cerne, m. *Circulus, i*, m.

cerneau, m. *Primum prodiens* nucula*, f.

cerner, tr. **1.** Entourer complètement. *Cingere, o*. Circumdare*. Claudere, o**. Cerner une ville, *obsidione ŭrbem claudere.* ◆ **2.** Couper à l'entour. *Circumcidere, o**. Cerner des arbres, *arbores circumcidĕre.* ◆ **3.** (Fig.) Yeux cernés, *oculi plumbeo orbe cincti.*

certain, aine. I. Adj. **1.** Indubitable. *Certus, a, um. Compertus. Minime dubius.* Il est certain que, *constat** (prop. inf.); donner pour certain, *pro comperto afferre*; pro certo ponĕre** (prop. inf.); tenir pour certain, *pro certo habere** (prop. inf.). ◆ **2.** Qui a la certitude de. *Certus.* Être certain de qqch., *certo scire aliquid.* ◆ **3.** Déterminé, fixé. *Certus, a, um. Status.* ◆ **4.** Quelque. *Quidam, quaedam, quoddam.* Pendant un certain temps, *aliquamdiu*; une certaine quantité de, *aliquantulum* (gén.); un certain nombre de, *aliquot; nonnulli, ae, a.* ◆. **II.** Nom m. *Certum, i*, n. Prendre le douteux pour le certain, *incerta pro certis mutare.*

certainement, adv. *Certo. Certe.*

certes, adv. *Certe. Quidem. Profecto.*
certificat, m. *Testimonium, ii,* n.
certifier, tr. *Testari. Confirmare.*
certitude, f. **1.** Assurance. *Certa rei cognitio,* f. *Fides, ei,* f. Avoir la certitude de ou que, *certum habēre** (prop. inf.); acquérir la certitude de qqch., *certiorem fieri* alicujus rei* ou *de aliquā re;* avec certitude, *certo.* ◆ **2.** Stabilité. *Stabilitas, atis,* f. S'il y a dans les choses humaines quelque certitude, *si quidquam humanorum certi est.*
céruse, f. *Cerussa, ae,* f.
cerveau, m; **cervelle,** f. **1.** *Cerebrum, i,* n. Rhume de cerveau, *destillatio narium;* le vin porte au cerveau, *vinum caput tentat.* ◆ **2.** (Fig.) *Cerebrum. Caput, itis,* n. *Mens, mentis,* f. Petit cerveau, *pusillus animus;* cerveau fêlé, *mota mens;* se creuser le cerveau, *sibi mentem excogitando torquēre*;* tourner la cervelle à qqn, *mentem alicui turbare.*
cervelet, m. *Cerebellum, i,* n.
cervelas, m. *Tomaculum, i,* n.
cervical, ale, adj. *Ad cervices attinens, entis.*
cervoise, f. *Cervisia, ae,* f.
César. *Caesar, aris,* m.
cessant, ante, adj. Toute affaire cessante, *rebus omnibus relictis.*
cessation, f. *Intermissio, onis,* f. *Remissio, onis,* f.
cesse, f. *Intermissio, onis,* f. *Requies, etis,* f. *Otium, ii,* n. N'avoir point de cesse que, *non intermittere** (inf.); sans cesse, *sine intermissione; perpetuo.*
cesser. I. Intr. *Desinere, o*. Cessare. Desistere, o*.* Cesser de travailler, *desinĕre* ou *desistĕre laborare;* cesser de haïr, *odium mittere*;* ne point cesser de parler, *sermonem non intermittĕre*; loquendi nullum finem facĕre, io*;* la tempête ne cesse point, *tempestas non remittitur*;* faire cesser, *tollere** (acc.); *supprimĕre** (acc.). ◆ **II.** Tr. *Desinĕre* (acc.). *Desistĕre* (*ab*). *Cessare* (*ab*).
cession, f. *Cessio, onis,* f. Faire cession de, *cedĕre** (*alicui aliquā re*).
cessionnaire, m. et f. **1.** Qui fait cession. *Qui possessione cedit*.* ◆ **2.** Qui accepte une cession. *Cessicius, a, um.*
ceste, m. **1.** Gantelet d'athlète. *Caestus, us,* m. ◆ **2.** Ceinture de Vénus. *Cestus, i,* m.
césure, f. *Caesura, ae,* f.
cétacé, m. *Cetus, i,* m. (pl. *cete,* n.).
chacal, m. *Thos, thois,* m.
chacun, une, pr. ind. *Quisque, quaeque, quidque. Unusquisque, unaquaeque, unumquidque.* Chacun des deux, *uterque, utraque, utrumque;* un pour chacun, *singuli, ae, a;* ils partirent chacun avec cent deniers, *abierunt* cum centenis denariis.*
chagrin, ine, adj. *Maestus, a, um.* Être chagrin, *in aegritudine esse;* humeur chagrine, *morositas, atis,* f.

1. chagrin, m. *Aegritudo, inis*, f. *Maeror, oris*, m. *Molestia, ae*, f. Avoir du chagrin, *maerēre, eo*;* avec chagrin, *aegre*.

2. chagrin, m. Cuir d'âne ou de mulet. *Asininum* ou *mulinum corium*, n.

chagrinant, ante, adj. *Molestus, a, um*.

chagriner, tr. *Maerorem* ou *maestitiam inferre, fero** (dat.). Être chagriné de, *maerēre** (abl.); être chagriné que, *perdolēre** (prop. inf.).

SE CHAGRINER, r. *Maerere, eo*. Torqueri, eor**. Se chagriner de qqch., *ex re molestiam trahĕre**.

chaîne, f. **1.** Lien. *Catena, ae*, f. Chaîne de cou, *catella, ae*, f.; chien à la chaîne, *canis catenarius;* chaînes aux pieds, *compedes, um*, fpl.; *pedicae, arum*, fpl.; charger qqn de chaînes, *aliquem catenis vincire*. ◆ **2.** (Fig.) Servitude. *Vinculum, i*, n. *Servitus, utis*, f. ◆ **3.** Suite, continuité. Chaîne de montagnes, *jugum, i*, n.; chaîne de malheurs, *calamitatum series, ei*, f.; la chaîne des causes, *causarum ordo* ou *nexus*. ◆ **4.** Fils étendus sur le métier du tisserand. *Stamen, inis*, n.

chaînette, f. *Catella, ae*, f.

chaînon, m. (*Catenae*) *anulus, i*, m.

chair, f. **1.** Substance. *Caro, carnis*, f. De chair, *carneus, a, um;* chair de bœuf, de veau, de poisson, *bubula, vitulina, piscium caro;* — des fruits, *pulpa, ae*, f.; qui se nourrit de chair, *carnivorus, a, um;* devenir bien en chair, *carnem facĕre, io**. ◆ **2.** Corps, opposé à l'esprit. *Corpus, oris*, n. *Caro*, f.

chaire, f. *Cathedra, ae*, f. *Sedes, is*, f.

chaise, f. *Sella, ae*, f. *Sedes, is*, f. Chaise curule, *curulis sella*; chaise à porteurs, *lectica, ae*, f.; chaise percée, *sella pertusa*.

1. chaland, ande, m. et f. *Emptor, oris*, m. *Emptrix, icis*, f.

2. chaland, m. *Ponto, onis*, m.

Chalcédoine. *Calchedon, onis*, f.

Chaldéens. *Chaldaei, orum*, mpl.

châle, m. *Amiculum, i*, n.

chalet, m. *Casula, ae*, f.

chaleur, f. **1.** Température élevée d'un corps. *Calor, oris*, m. Chaleur douce, *tepor, oris*, m.; grande chaleur, *aestus, us*, m.; *fervor, oris*, m.; chaleur desséchante, *ardor, oris*, m.; pendant les grandes chaleurs, *maximis caloribus; aestivo calore;* chaleur de la tête, *capitis ardor*. ◆ **2.** (Fig.) Ardeur. *Ardor. Fervor*. La chaleur des passions, *libidinum impetus, us*, m.; dans la chaleur du combat, *ardescente* pugna;* parler avec chaleur, *ferventer loqui**.

chaleureux, euse, adj. *Fervidus, a, um*.

châlit, m. *Fulcrum, i*, n.

chaloupe, f. *Lembus, i*, m. *Scapha, ae*, f.

chalumeau, m. *Calamus, i*, m.

chamade, f. Battre la chamade, *deditionem tuba significare*.

chamailler (se), r. *Jurgio contendere, o** *(cum). Litigare (cum).*
chamaillis, m. *Conflictus, us,* m. *Jurgium, ii,* n.
chamarrer, tr. *Praetexere, o*. Distinguere, o.*
chamarrure, f. *Segmenta, orum,* npl.
chambellan, m. *Cubiculo praepositus, i,* m.
chambranle, m. *Antepagmentum, i,* n.
chambre, f. **1.** Pièce d'une habitation. *Conclave, is,* n. *Cella, ae,* f. Chambre à coucher, *cubiculum, i,* n.; — où l'on mange, *cenaculum, i,* n.; — pour les amis, pour les hôtes, *hospitale cubiculum;* chambres garnies, *meritoria, iorum,* npl.; valet de chambre, *cubicularius, ii,* m.; femme de chambre, *ornatrix, icis,* f.; robe de chambre, *domestica vestis,* f.; garder la chambre, *domi se continēre*;* faire les chambres, *lectulos sterněre*.* ◆ **2.** Salle de délibération. *Curia, ae,* f.
chambrée, f. *Contubernium, ii,* n. Camarade de chambrée, *contubernalis, is,* m.
chambrette, f. *Cellula, ae,* f.
chambrière, f. *Ancilla, ae,* f.
chameau, m. *Camelus, i,* m. De —, *camelius, a, um.*
chamelier, m. *Camelarius, ii,* m.
chamelle, f. *Camelus, i,* f.
chamois, m. *Rupicapra, ae,* f.
chamoiseur, m. *Pellio, onis,* m.
champ, m. **1.** Pièce de terre. *Ager, agri,* m. (Cultivée) *Arvum, i,* n. Petit champ, *agellus, i,* m.; mener les bêtes aux champs, *in pascua greges mittěre*;* chemin qui va à travers champs, *agraria via;* en plein champ, *in aperto.* ◆ **2.** (Au pl.) La campagne. *Agri, orum,* mpl. *Rus, ruris,* n. Des champs, *agrestis, e; rusticus, a, um;* travaux des champs, *res rustica,* f.; maison des —, *villa, ae,* f. ◆ **3.** Terrain. *Campus, i,* m. Le champ de Mars, *campus Martius;* quitter le champ de bataille, *proelio exceděre*.* ◆ **4.** (Fig.) *Campus.* Laisser le champ libre à l'injure, *injuriae conceděre*;* laisser le champ trop libre, *majorem largiri libertatem;* sur-le-champ, *ilico; protinus;* à tout bout de champ, *usque.*
Champagne. *Campania, ae,* f. Champenois, *Campanensis, e.*
champêtre, adj. *Agrestis, e. Rusticus, a, um.* Mœurs champêtres, *rusticitas, atis,* f.
champignon, n. *Fungus, i,* m. (Comestible) *Boletus, i,* m. De champignon, *funginus, a, um.*
champion, m. *Propugnator, oris,* m. *Defensor,* m. Se déclarer ou être le champion de qqn, *pro aliquo propugnare.*
chance, f. *Alea, ae,* f. *Casus, us,* m. *Fortuna, ae,* f. Courir, risquer la chance, *aleam adire, eo*; rem fortunae committěre;* il y a chance de, *spes est* ou *ratio est* (gén.); avoir

de la chance, avoir la chance pour soi, *fortunā optimā esse;* n'avoir pas de chance, avoir la chance contre soi, *uti* adversariā fortunā;* bonne chance! *feliciter!* c'est une chance pour moi que de..., *bene mihi evenit* quod* (ind.).

chancelant, ante, adj. *Titubans, antis. Vacillans.* Etat chancelant, *labans imperium.*

chanceler, intr. *Titubare. Vacillare. Labare.* Faire chanceler qqn dans son opinion, *alicujus sententiam labefactare.*

chancelier, m. *Cancellarius, ii,* m.

chancellement, m. *Vacillatio, onis,* f.

chanceux, euse, adj. **1.** Incertain. *Anceps, cipitis. Incertus, a, um.* ◆ **2.** Heureux. *Felix, icis.*

chancre, m. *Cancer, cancri,* m.

chandelier, m. *Candelabrum, bri,* n.

chandelle, f. **1.** *Candela, ae,* f. ◆ **2.** (Fig.) Allumer la chandelle en plein midi, *in sole lucernam adhibēre*;* le jeu n'en vaut pas la chandelle, *non est congruens pretium cum opera;* brûler la chandelle par les deux bouts, *rem disperdĕre*.*

change, m. **1.** Échange. *Permutatio, onis,* f. ◆ **2.** Commerce d'argent. Change de la monnaie, *collybus, i,* m.; bureau de change, *argentaria, ae,* f.; lettre de change, *syngrapha, ae,* f.; adresser à qqn une lettre de change, *pecuniam perscribĕre* alicui.* ◆ **3.** (Fig.) Prendre le change, *errare;* faire prendre, donner le change à qqn, *aliquem deludĕre*;* pour donner le change, *in speciem.*

changeant, ante, adj. *Mutabilis, e. Mobilis, e.* Caractère changeant, *varius animus;* humeur changeante, *mobilitas, atis,* f.; *inconstantia, ae,* f.

changement, m. Action de changer. *Mutatio, onis,* f. *Immutatio,* f. *Conversio,* f. Changement de séjour, de mœurs, de gouvernement, *mutatio locorum, morum, status;* changement dans les goûts, dans la température, *studiorum, caeli mutatio;* changement politique, *rerum mutatio;* subir un changement, *mutari* ou *commutari;* sujet au changement, *mutabilis, e; mobilis;* aimer le changement, *novis rebus studēre*.*

changer. I. Tr. Rendre autre ou différent. *Mutare. Commutare. Permutare.* Changer une ch. pour ou contre une autre, *aliquid aliquā re mutare;* changer une ch. en une autre, *rem in aliam convertĕre*.* ◆ **II.** Intr. *Mutare. Variare.* Les mœurs ont changé, *mutaverunt mores;* changer d'avis, de conduite, *voluntatem, sententiam mutare;* changer de place, *se loco movēre*;* changer de vêtement avec qqn, *vestem mutare cum aliquo;* faire changer de place, *loco movēre*;* faire changer d'avis, de projet, *aliquem de sen-*

*tentiā demovēre** ou *a proposito deterrēre**.

SE CHANGER, r. *Mutari. Converti** (en, *in*, acc.).

changeur, m. *Argentarius, ii*, m. *Nummularius, ii*, m.

chanoine, esse, m. et f. *Canonicus, i*, m. *Canonica, ae*, f.

chanson, f. **1.** *Carmen, inis*, n. *Cantilena, ae*, f. Chanter une chanson, *canticum dicĕre**. ◆ **2.** (Fig.) Répéter la même chanson, *eamdem cantilenam canere**; chansons que tout cela! *fabulae!*

chansonnette, f. *Cantiuncula, ae*, f.

chant, m. **1.** Modulations de la voix. *Cantus, us*, m. L'art du chant, *ars canendi*. ◆ **2.** Chanson. *Canticum, i*, n. *Cantus, us*, m. Entonner un chant, *cantus movēre**. ◆ **3.** Division d'un poème. *Carmen, inis*, n.

chantant, ante, adj. Prononciation chantante, *resultans pronuntiatio*, f.

chanteau, m. Chanteau de pain, *panis angulus, i*, m.

chanter. I. Intr. *Canere, o**. Chanter souvent, *cantitare*; — à l'unisson, *concinĕre**; — en mesure, *modulari*; — avec la flûte, *ad tibicinem cantare*. ◆ **II.** Tr. *Cantare. Canere*. — la même chanson, *eamdem cantilenam canĕre*; — les louanges de qqn, *laudes alicujus cantu prosequi**; que me chantes-tu là? *cur istuc dicis*?*

chanterelle, f. Appeau. *Illex, icis*, f.

chanteur, euse, m. et f. *Cantor, oris*, m. *Cantrix, icis*, f. *Qui (quae) canit*. Un bon chanteur, *canendi peritus*.

chantier, m. **1.** De construction. *Navalia, ium*, npl. ◆ **2.** (Fig.) J'ai un ouvrage dans le chantier, *opus in manibus habeo**.

chantonner, intr. *Canturire. Cantilare*.

chantre, m. **1.** *Psalmista, ae*, m. ◆ **2.** (Fig.) Poète. *Vates, is*, m.

chanvre, m. *Cannabis, is* (acc. *im*, abl. *i*), f. De —, *cannabinus, a, um*; terrain planté de —, *cannabetum, i*, n.

chaos, m. **1.** *Chaos, i*, n. (acc. *chaos*). ◆ **2.** (Fig.) *Perturbatio, onis*, f. *Confusio*, f.

chape, f. *Paenula, ae*, f.

chapeau, m. *Petasus, i*, m. Mettre, garder son chapeau, *caput operire**; *capite operto esse*; mettre bas son —, *capite aperto esse*; coiffé d'un chapeau, *petasatus, a, um*; prendre son chapeau (pour s'en aller), *calceos poscĕre**.

chapelain, m. *Capellanus, i*, m.

chapelet, m. **1.** *Rosarium, ii*, n. ◆ **2.** (Fig.) Défiler son chapelet, *effundĕre* verba*.

chapelier, m. *Petasorum opifex, icis*, m., ou *mercator, oris*, m.

chapelle, f. **1.** Oratoire. *Sacellum, i*, n. ◆ **2.** Petit temple. *Aedicula, ae*, f.

chaperon, m. **1.** Coiffure. *Gale-*

rus, *i*, m. ◆ **2.** Chaperon de muraille. *Lorica*, *ae*, f. ◆ **3.** (Fig.) Servir de chaperon à qqn, *alicui comitari.*

chapiteau, m. *Capitulum*, *i*, n.

chapitre, m. **1.** Division d'un ouvrage. *Caput*, *itis*, n. ◆ **2.** Sujet d'un entretien. *Sermo*, *onis*, m. En voilà assez sur ce chapitre, *ergo haec hactenus.* ◆ **3.** Corps de chanoines. *Capitulum*, *i*, n.

chapitrer, tr. *Reprehendere*, *o**.

chapon, m. *Capus*, *i*, m.

chaque, adj. indéf. *Quisque*, *quaeque*, *quodque*. *Unusquisque*, *unaquaeque*, *unumquodque*. Chaque jour, *quotidie* ou *singulis diebus;* chaque fois que, *quotienscumque* (ind.); de chaque côté, *ab utroque latere.*

char, m. *Currus*, *us*, m. Char à deux chevaux, à quatre chevaux, *bigae*, *arum*, fpl.; *quadrigae*, *arum*, fpl.; char de guerre, *essedum*, *i*, n.; char armé de faux, *falcatus currus;* char rustique, *plaustrum*, *i*, n.

charançon, m. *Curculio*, *onis*, m.

charbon, m. **1.** Bois à demi brûlé. *Carbo*, *onis*, m. Charbon ardent, braise, *pruna*, *ae*, f.; — de terre, *fossilis carbo;* faire du charbon, *carbonem coquĕre*;* faire le commerce du charbon, *carbonarium negotium exercēre**. ◆ **2.** Maladie des animaux ou des blés. *Carbunculus*, *i*, m.

charbonner. I. Tr. **1.** Convertir en charbon. *In carbonem redigere*, *o**. ◆ **2.** Noircir. *Carbone infuscare.* ◆ **3.** Dessiner avec du charbon. *Carbone notare.* ◆ **II.** Intr. *Carbonescere*, *o**.

charbonnier, **ière**, m. et f. *Carbonarius*, *ii*, m. *Carbonaria*, *ae*, f. Charbonnier est maître chez soi, *gallus in sterquilinio suo plurimum potest**.

charcuterie, f. **1.** Viande. *Porcina*, *ae*, f. ◆ **2.** Boutique. *Porcinarii taberna*, *ae*, f.

charcutier, m. *Porcinarius*, *ii*, m.

chardon, m. *Carduus*, *i*, m. Chardon à carder, *dipsacus*, *i*, m.

chardonneret, m. *Carduelis*, *is*, f. *Acalanthis*, *idis*, f.

charge, f. **1.** Fardeau. *Onus*, *eris*, n. *Pondus*, *eris*, n. *Sarcina*, *ae*, f. Bête de charge, *jumentum*, *i*, n.; vaisseau de charge, *oneraria navis*, f. ◆ **2.** (Fig.) Être à charge à qqn, *oneri esse alicui; alicui gravem esse.* ◆ **3.** Fonction, emploi. *Munus*, *eris*, n. *Officium*, *ii*, n. Les charges publiques, *munera*, *um*, npl.; la charge de consul, *consulatus*, *us*, m.; entrer en charge, *magistratum inire*, *eo** ou *capĕre*, *io*;* être en charge, *magistratum gerĕre**; sortir de charge, *magistratum deponere**. ◆ **4.** Obligation, devoir. *Munus*. *Mandatum*, *i*, n. Donner à qqn charge de, *dare* alicui mandata ut* (subj.); tenir de qqn la charge de, *ab aliquo mandata habere*;* femme de charge, *dispensatrix*, *icis*, f.; à la charge ou à charge que, *eā lege ut* (subj.). ◆ **5.** Frais, dépenses. *Impensa, ae,* f. Qui est une charge, *onerosus, a, um;* prendre les frais à sa charge, *sumptus suscipere, io**; exemption des charges, *immunitas, atis,* f. ◆ **6.** Inculpation. *Crimen, inis,* n. Témoin à charge, *adversus testis;* ces faits sont à la charge de l'accusé, *haec rei causam premunt**. ◆ **7.** Attaque. *Impetus, us,* m. *Incursus, us,* m. Charge de cavalerie, *equestris procella,* f.; faire une charge, *irruĕre**; sonner la charge, *bellicum canĕre**; au pas de charge, *pleno gradu.* ◆ **8.** (Fig.) Revenir à la charge, *instare**. ◆ **9.** Caricature. *Ridicula (ae) imitatio (onis),* f.

chargé, m. Chargé d'affaires, *procurator, oris,* m.

charger, tr. **1.** Mettre un fardeau sur. *Onerare. Premere, o**. Charger un âne d'un paquet, *onerare asinum sarcinā.* ◆ **2.** Prendre en charge. *Tollere, o**. Charger sur les épaules, *aliquid in collum accipere, io**; vaisseau chargé de blé, *frumento onusta navis.* ◆ **3.** (Fig.) Combler. Charger qqn d'honneurs, de louanges, *aliquem honoribus, laudibus onerare;* être chargé de dettes, *aere alieno premi**; chargé d'occupations, *occupationibus distentus, a, um.* ◆ **4.** Donner ordre. (*Alicui*) *mandare* (*rem* ou *ut,* subj.). Être chargé de qqch., *alicui rei praeesse**. ◆ **5.** Inculper. *Premere, o** (*aliquem*). *Crimen* (*alicui*) *inferre, fero**. ◆ **6.** Attaquer. *Aggredi, ior** (acc.). *Impetum facere, io** (*in,* acc.). Faire charger la cavalerie, *equites immittere**. ◆ **7.** Amplifier, exagérer. Charger un compte, *summam pecuniae augēre**; charger un portrait, *personam infamare.* ◆ **8.** Épaissir. Ciel chargé, *nebulosum caelum.*

SE CHARGER, r. **1.** Se charger d'un fardeau, *onus tollĕre**. ◆ **2.** (Fig.) Prendre le soin de. *Suscipere, io** (acc.). Se charger d'un travail, *laborem excipere, io**; se charger de corriger qqn, *aliquem corripiendum suscipĕre.* ◆ **3.** S'assombrir. Le ciel se charge, *subeunt** *nebulae.*

chariot, m. *Plaustrum, i,* n. Petit chariot. *Plostellum, i,* n.

charitable, adj. *Beneficus, a, um. Benignus.*

charitablement, adv. *Benigne.*

charité, f. **1.** Amour. *Caritas, atis,* f. *Benevolentia, ae,* f. *Amor, oris,* m. (Envers, *in* ou *erga,* acc.). ◆ **2.** Aumône. *Eleemosyna, ae,* f. Demander la charité, *manum ad stipem porrigere, o**; faire la —, *stipem dare, do**.

charivari, m. *Convicium, ii,* n. Faire un charivari (à qqn), *ostium occentare* (gén. ou dat.).

charlatan, m. **1.** *Circulator, oris,* m. ◆ **2.** (Fig.) *Praestigiator, oris,* m.

charlatanerie, f. et **charlatanisme,** m. *Praestigiae, arum,* fpl.

charmant, ante, adj. (Au physique) *Venustus, a, um. Bellus.* (Au moral) *Dulcis, e.*

Suavis. (Ch.) *Amoenus, a, um. Jucundus.*

1. charme, m. **1.** Enchantement. *Cantio, onis,* f. *Fascinatio, onis,* f. ◆ **2.** Attrait. *Gratia, ae,* f. *Jucunditas, atis,* f. Les charmes du plaisir, *blanditiae voluptatum;* trouver du charme à qqch., *aliquā re delectari.* ◆ **3.** Beauté. *Forma, ae,* f. *Veneres, um,* fpl.

2. charme, m. Arbre. *Carpinus, i,* f. De charme, *carpineus, a, um.*

charmer, tr. **1.** Enchanter. *Fascinare. Incantare.* ◆ **2.** Plaire à. *Illicere, io*. Oblectare. Permulcere, eo**. Se laisser charmer par, *capi, ior** (abl.); être charmé que, *laetari* (prop. inf.); *gaudēre* quod* (indic. ou subj.).

charmille, f. *Trichila, ae,* f.

charnel, elle, adj. *Carnalis, e.* Les plaisirs charnels, *corporis voluptates,* fpl.; être esclave des appétits charnels, *corpori servire.*

charnier, m. **1.** Endroit où l'on conserve les viandes. *Carnarium, ii,* n. ◆ **2.** Ossuaire. *Ossuaria, iorum,* npl.

charnière, f. *Verticula, ae,* f.

charnu, ue, adj. *Carnosus, a, um. Torosus.*

charogne, f. **1.** *Morticinum, i,* n. **2.** (Fig.) *Morticinus, a, um.*

charpente, f. *Contignatio, onis,* f. Bois de charpente, *materia, ae,* f.; charpente du corps humain, *corporis compages, is,* f.; charpente d'un ouvrage, *textus, us,* m.

charpentier, m. *Tignarius (ii) faber (bri),* m.

charpie, f. *Linamentum, i,* n. Tomber en charpie, *dilabi*.*

charretée, f. *Vehes, his,* f.

charretier, m. *Plaustrarius, ii,* m.

charrette, f. *Plaustrum, i,* n.

charriage, m. *Vectio, onis,* f. *Vectura, ae,* f.

charrier, tr. **1.** *Vehere, o*.* La rivière charrie des glaces, *glaciem invehit* flumen.* ◆ **2.** (Fig.) Charrier droit, *recta sequi*.*

charron, m. *Carpentarius, ii,* m.

charronnage, m. *Carpentaria (ae) ars (artis),* f.

charrue, f. **1.** *Aratrum, i,* n. Soc de charrue, *vomer, eris,* m. ◆ **2.** (Fig.) Faire passer la charrue devant les bœufs, *primis ultima praeponĕre*.*

charte, f. *Charta, ae,* f.

chartrier, m. **1.** Recueil de chartes. *Chartarium, ii,* n. ◆ **2.** Celui qui garde les chartes. *Chartarius, ii,* m.

Charybde. *Charybdis, is* (acc. *im,* abl. *i*), f. Tomber de Charybde en Scylla, *de calcaria in carbonariam pervenire*.*

chas, m. *Acus foramen, inis,* n.

châsse, f. *Capsa, ae,* f.

chasse, f. *Venatus, us,* m. *Venatio, onis,* f. Chasse aux rats, *murium venatus;* — aux oiseaux, *aucupium, ii,* n.; de chasse, *venaticus, a, um;* aller à la chasse, *venari;* donner la chasse, faire la chasse à, *captare* (acc.); *insectari* (acc.).

chasser. I. Tr. **1.** Poursuivre

les animaux. *Venari.* ◆ **2.** Mettre dehors. *Pellere, o*. Depellere, o*. Expellere, o*. Ejicere, io*.* ◆ **3.** Pousser devant soi. *Agere. o*.* ◆ **II.** Intr. Être poussé en avant. Les nuages chassent, *vento pelluntur* nubes.*

chasseresse, f. *Venatrix, icis,* f.

chasseur, m. **1.** *Venator, oris,* m. De chasseur, *venatorius, a, um;* les chasseurs, *venantes, ium,* mpl. ◆ **2.** Troupes d'infanterie légère. *Velites, um,* mpl.

chassie, f. *Lema, ae,* f.

chassieux, euse, adj. *Lippus, a, um.* Être chassieux, *lippire.*

châssis, m. *Reptum, i,* n.

chaste, adj. *Castus, a, um. Pudicus.* Paroles chastes, *verecunda verba,* npl.

chastement, adv. *Caste. Pudice.*

chasteté, f. **1.** Vertu. *Castitas, atis,* f. *Pudicitia, ae,* f. ◆ **2.** Célibat des femmes. *Virginitas, atis,* f.

chasuble, f. *Capsula, ae,* f.

chat, m. *Feles, is,* f. De chat, *felinus, a, um;* éveiller le chat qui dort (fig.), *crabrones irritare;* à bon chat, bon rat, *par pari referre*;* il n'y a pas un chat, *nemo unus.*

châtaigne, f. *Castanea, ae,* f.

châtaigneraie, f. *Castanetum, i,* n.

châtaignier, m. *Castanea, ae,* f. De châtaignier, *castaneus, a, um.*

châtain, adj. m. *Murreus, a, um. Nigrescens, entis.*

château, m. **1.** Forteresse. *Castellum, i,* n. De château, *castellanus, a, um.* ◆ **2.** Maison de campagne. *Villa, ae,* f. ◆ **3.** Palais. *Domus regia,* f. Bâtir des châteaux en Espagne, *sibi somnia fingĕre*.* ◆ **4.** Château d'eau. *Castellum.*

chat-huant, m. *Bubo, onis,* m. f.

châtier, tr. **1.** Corriger. *Castigare* (acc.). *Animadvertere, o** (*in,* acc.). Celui qui châtie, *castigator, oris,* m. ◆ **2.** (Fig.) Polir. *Castigare. Emendare. Polire.*

châtiment, tr. *Castigatio, onis,* f. *Animadversio,* f. *Supplicium, ii,* n. *Poena, ae,* f. Infliger un — à qqn, *poenas ab aliquo repetĕre*;* subir un —, *poenas dare*.*

chaton, m. **1.** Petit chat. *Felis catulus, i,* m. ◆ **2.** Chaton d'un anneau. *Pala, ae,* f. ◆ **3.** Chaton du noisetier. *Iulus, i,* m.

chatouillement, m. *Titillatio, onis,* f. *Titillatus, us,* m.

chatouiller, tr. **1.** *Titillare.* ◆ **2.** (Fig.) *Titillare. Permulcere, eo*.*

chatouilleux, euse, adj. **1.** *Titillationis impatiens, entis.* ◆ **2.** (Fig.) Questions chatouilleuses, *res difficiles;* avoir l'oreille chatouilleuse, *superbas aures habēre*;* il est chatouilleux, *recalcitrat.*

chatoyant, ante, adj. *Versicolor, oris.*

chatoyer, intr. *Varie refulgere, eo*.*

chaud, e. I. Adj. **1.** *Calidus, a, um.* Très —, *fervidus;*

devenir chaud, *calescere*; calefieri**; être chaud, *calēre**; *fervēre**; manger chaud, *uti* calidis cibis**; étoffes chaudes, *spissae, arum*, fpl.; tenir chaud, *fovēre** (acc.); fièvre chaude, *ardentissima febris;* pleurer à chaudes larmes, *ubertim flēre;* si l'on ne bat le fer pendant qu'il est chaud, *nisi dum calet*, hoc agitur**. ◆ **2.** (Fig.) *Fervidus, a, um. Ardens, entis.* Une tête chaude, *iracundus homo;* jeune homme qui a le sang chaud, *calidus juventā;* chaud partisan de qqn, *alicujus studiosissimus;* être chaud à faire qqch., *diligentissime aliquid conficere, io**; l'affaire fut chaude, *acriter pugnatum est;* une parole chaude, *ardens oratio;* un coloris chaud, *nitor, oris*, m.; tout chaud, *recens, entis*. ◆ **II.** Nom m. *Calor, oris*, m. Il fait chaud, *calor est;* avoir chaud, *calēre**; avoir très chaud, *aestuare;* tenir au chaud, *fovēre**; au plus chaud du combat, *fervente pugnā;* cela ne me fait ni chaud ni froid, *illud non curo.*

chaudement, adv. **1.** Être chaudement vêtu, *spissā tunicā indui.* ◆ **2.** (Fig.) *Ardenter. Ferventer.* Recommander chaudement, *diligentissime commendare;* remercier chaudement, *ex animo gratias agĕre** (*alicui*).

chaudière, f. *Cortina, ae*, f.

chaudron, m. *Ahenum, i*, n.

chaudronnier, m. *Aerarius, ii*, m.

chauffage, m. Bois de chauffage. *Lignum, i*, n.

chauffer. I. Tr. **1.** *Calefacere, io**. Chauffer doucement, *tepefacĕre, io**; chauffer fortement, *fervefacere*, io**. ◆ **2.** (Fig.) Chauffer qqch., *instare* alicui rei.* ◆ **II.** Intr. *Calescere, o*. Calefieri, fio**.

SE CHAUFFER, r. **1.** Se chauffer au feu, *ad focum sedere**; se chauffer au soleil, *apricari.* ◆ **2.** (Fig.) Vous verrez de quel bois je me chauffe, *perspicies* quid possim**.

chaufferette, f. *Foculus, i*, m.

chauffeur, m. *Fornacator, oris*, m.

chauffoir, m. *Hypocaustum, i*, n.

chaufour, m. *Calcaria* (*ae*) *fornax* (*acis*), f.

chaufournier, m. *Calcarius, ii*, m.

chauler, tr. Chauler les semences, *semina calce perfundĕre**.

chaume, m. **1.** Tige. *Culmus, i*, m. ◆ **2.** Ce qui reste de la tige coupée. *Stipula, ae*, f. Toit de chaume, *stramentum, i*, n.

chaumière, f. *Tugurium, ii*, n.

chausse, f. **1.** Étoffe à filtrer. *Saccus, i*, m. Passer à la chausse, *saccare* ou *liquare.* ◆ **2.** (Pl.) *Bracae, arum*, fpl. Haut de —, *femoralia, ium*, npl.; bas de —, *fasciae, arum*, fpl.

chaussée, f. *Agger, eris*, m. *Moles, is*, f.

chausser, tr. **1.** *Inducere,*

*o** *calceos* (*sibi* ou *alicui*). Chausser l'étrier, *in equum ascendĕre**; souliers qui chaussent bien, *calcei ad pedem apti.* ◆ **2.** Chausser (un arbre), *terram circumaggerare.* SE CHAUSSER, r. *Calceos induere, o.* Se faire chausser, *alicui calceandos pedes committĕre**.

chausse-trape, f. **1.** Engin de guerre. *Murex, icis,* m. *Tribulus, i,* m. ◆ **2.** (Fig.) *Insidiae, arum,* fpl.

chaussette, f. *Tibiale, is,* n.

chausson, m. *Udo, onis,* m.

chaussure, f. **1.** *Calceamentum, i,* n. *Calceus, i,* m. Une paire de chaussures, *calcei, orum,* mpl.; fabricant de chaussures, *calceamentarius, ii,* m. ◆ **2.** (Fig.) Il a trouvé chaussure à son pied, *operculum invenit** *patella.*

chauve, adj. *Calvus, a, um.* Être chauve, *calvēre**; devenir chauve, *calvescere, o**.

chauve-souris, f. *Vespertilio, onis,* m.

chaux, f. *Calx, calcis,* f. De chaux, *calcarius, a, um.*

chavirer, intr. *Inverti, or**.

chef, m. **1.** Tête. *Caput, itis,* n. ◆ **2.** Celui qui dirige. *Dux, ducis,* m. *Princeps, ipis,* m. Etre le chef de, *praeesse** (dat.); donner qqn pour chef à, *praeficĕre, io** *aliquem* (dat.); fonctions de chef, *principatus, us,* m.; le commandement en chef, *summa* (*ae,* f.) *imperii* ou *belli.* ◆ **3.** (Fig.) Autorité personnelle. De son chef, *a se.* ◆ **4.** Point essentiel. *Caput.* Chef d'accusation, *crimen, inis,* n.

chef-d'œuvre, m. *Opus* (*operis,* n.) *perfectum* (*i*). *Artis miraculum, i,* n. Les chefs-d'œuvre des anciens, *antiqua exemplaria;* c'est un vrai chef-d'œuvre, *opus praestantissimum est;* tu as fait là un beau —, *bene a te factum!*

chef-lieu, m. *Caput, itis,* n.

chemin, m. **1.** *Iter, itineris,* n. *Via, ae,* f. Chemin de traverse, *transversa* (*ae*) *via* (*ae*), f.; *trames, itis,* m.; qui n'a pas de chemins frayés, *avius, a, um;* qui est en dehors du chemin, *devius, a, um;* endroit où passe un chemin, *locus pervius;* point où aboutissent deux chemins, trois chemins, *bivium, ii,* n.; *trivium, ii,* n.; se mettre en chemin, *viam carpĕre**; *iter ingredi* (*ior**) ou *habēre**; passer son chemin, *discedĕre**; à moitié chemin, *in medio cursu.* ◆ **2.** (Fig.) *Via. Iter. Ratio, onis,* f. Ouvrir à qqn le chemin des honneurs, *aditus ad honores alicui dare**; s'arrêter en chemin, *ab incepto desistĕre**; rentrer dans le droit chemin, *ad viam redire, eo**; montrer à qqn le chemin de, *alicui* (*ad aliquid*) *facem praeferre**; se frayer un chemin vers..., *munire sibi viam in* (acc.); ne pas y aller par quatre chemins, *non deverticula quaerĕre**; l'affaire est en bon chemin, *res est in cursu.*

cheminée, f. **1.** *Focus, i,* m.

Caminus, i, m. ◆ **2.** (Fig.) Sous le manteau de la cheminée. *Secreto. Occulte.*

cheminer, intr. *Iter habēre** ou *facĕre* (*io**). *Incedere, o**.

chemise, f. *Subucula, ae,* f. (De femme) *Inducula, ae,* f.

chemisier, ière, m. f. *Indusiarius, ii,* m. *Indusiaria, ae,* f.

chênaie, f. *Quercetum, i,* n.

chenal, m. *Alveus, i,* m.

chêne, m. *Quercus, us,* f. De chêne, *querneus, a, um;* chêne vert, *ilex, icis,* f.; de chêne vert, *iliceus, a, um;* chêne rouvre, *robur, oris,* n.; de chêne rouvre, *roboreus, a, um;* chêne-liège, *suber, eris,* n.

chéneau, m. *Arca, ae,* f.

chènevière, f. *Cannabetum, i,* n.

chènevis, m. *Cannabis semen, inis,* n.

chènevotte, f. *Cannabis caulis, is,* m.

chenil, m. *Canum cubile, is,* n.

chenille, f. *Eruca, ae,* f.

chenu, ue, adj. *Canus, a, um.*

chèque, m. *Perscriptio, onis,* f.

1. cher, ère, adj. **1.** Aimé. *Carus, a, um. Dilectus* (à, dat.). Ceux qui nous sont le plus chers, *carissimi nostri;* être cher à qqn, *ab aliquo diligi*;* être très cher à qqn, *alicui cordi esse; in oculis alicujus esse;* ô mon cher Atticus, *o mi Attice;* mon cher ! *o bone!* ◆ **2.** Coûteux. *Carus. Pretiosus, a, um.* Les vivres sont chers, *annona pretium habet*;* la vie devient chère, *annona ingravescit*;* quand le blé est cher, *in caritate.*

2. cher, adv. *Care. Magno pretio.* Coûter, acheter, vendre cher ou très cher, *constare*, emĕre*, vendĕre* magno* ou *permagno;* plus, moins cher, *pluris, minoris;* assez cher, trop cher, *satis magno, nimis magno;* combien l'avez-vous achetée? Pas cher; *quanti empta? Parvo.*

chercher, tr. **1.** Tâcher de découvrir. *Quaerĕre, o**. (Avec soin) *Conquirĕre, o*. Exquirĕre*. Perquirĕre**. (En fouillant) *Scrutari.* (En suivant une trace) *Investigare.* Chercher querelle à qqn, *jurgii causam alicui inferre*;* chercher une occasion, *locum quaerĕre.* ◆ **2.** Tâcher de se procurer, viser à. *Quaerĕre. Persequi, or*. Sectari.* Chercher son profit, *rebus suis inservire;* chercher la gloire, *gloriam petĕre**. ◆ **3.** Aller chercher. *Petĕre, o** (*aliquid*). *Adire, eo** (*aliquem* ou *ad aliquem*). Envoyer chercher qqn, *arcessĕre* aliquem.* ◆ **4.** Chercher à, tâcher de (inf.). *Tentare* (inf.). *Studēre, eo** (inf.). Chercher à obtenir, *appetĕre*;* — à prendre, à obtenir, à séduire, *captare;* — à découvrir, *inquirĕre**.

chercheur, euse, m. f. *Indagator, oris,* m. *Indagatrix, icis,* f.

chère, f. *Victus, us,* m. *Epulae, arum,* fpl. Faire bonne, maigre chère, *opipare epulari; parce vivĕre*;* faire bonne chère à qqn, *alicui convivium opipare apparare.*

chèrement, adv. **1.** Tendrement. *Amanter.* ◆ **2.** A haut prix. *Care. Magno.* Vendre chèrement sa vie, *haud inultum (am, um) mori**.

chéri, ie, adj. *Carus, a, um. Dilectus.*

chérir, tr. *Diligere, o** *(aliquem). (Alicujus rei) esse studiosum* ou *cupidum.* Chérir tendrement, *in oculis ferre**.

cherté, f. *Caritas, atis,* f. Diminuer la cherté des vivres, *annonam levare.*

chétif, ive, adj. *Tenuis, e.* (Condition) *Humilis, e.* (Apparence) *Exilis, e.*

chétivement, adv. *Tenuiter.* Vivre chétivement, *parce victitare.*

cheval, m. **1.** *Equus, i,* m. Petit cheval, *mannus, i,* m.; cheval de bataille, *militaris equus**; chevaux de poste, *paraveredi, orum,* mpl.; cheval hongre, *cantherius, ii,* m.; cheval de fatigue, *caballus, i,* m.; de cheval, *equinus, a, um;* aller, être à cheval, *equitare;* monter à cheval, descendre de cheval, *in equum ascenděre**; *ex equo descenděre**; apprendre à monter à cheval, *equo doceri**; apprendre à qqn à monter à cheval, *aliquem equo docere**; aller à cheval sur un bâton, *in arundine equitare;* chevau-légers, *levis armaturae equites;* cheval de frise, *ericius, ii,* m.; loger à pied et à cheval, *equos virosque recipěre, io**. ◆ **2.** (Fig.) Monter sur ses grands chevaux, *imperiose loqui**; être à cheval sur son droit, *tenacem juris sui esse*; c'est son cheval de bataille, *semper id recantat.*

chevaleresque, adj. *Equite dignus, a, um. Nobilis, e.*

chevalerie, f. *Dignitas (atis,* f.) *equestris (is).* Ordre de chevalerie, *equester ordo,* m.

chevalet, m. **1.** Instrument de torture. *Equuleus, ei,* m. ◆ **2.** Support. *Subvectio, onis,* f. — de scieur de long, *vara, ae,* f.; — des instruments de musique, *ponticulus, i,* m.

chevalier, m. **1.** *Eques, itis,* m. Faire qqn —, *ad equum rescriběre** *aliquem.* ◆ **2.** (Fig.) *Defensor, oris,* m. Chevalier d'industrie, *aeruscator, oris,* m.

chevaucher, intr. *Equitare.*

chevelu, ue, adj. *Crinitus, a, um. Capillatus. Comatus.* Le cuir chevelu, *cutis capillum gignens;* le chevelu d'une plante, *capillamenta, orum,* npl.

chevelure, f. **1.** *Coma, ae,* f. *Caesaries, ei,* f. ◆ **2.** Chevelure d'une comète, *Crinis, is,* m.

chevet, m. *Pulvinus, i,* m. *Cervical, alis,* n. Se tenir au chevet d'un malade, *aegro assiděre**.

cheveu, m. **1.** *Capillus, i,* m. *Crinis, is,* m. Cheveux blancs, *cani, orum,* mpl.; cheveux épars, *crines passi;* cheveux en désordre, *capillus passus;* chute des cheveux, *defluvium capilli;* boucle de cheveux, *cincinnus, i*, m.; qui a de longs cheveux, *comatus, a, um;* fait avec ou semblable à des cheveux, *capillaceus, a, um;* arranger ses cheveux, *capillum comĕre*;* couper les cheveux, *tondēre* capillum;* s'arracher les cheveux, *comam scindĕre*;* prendre l'occasion aux cheveux, *occasionem arripĕre, io*;* tirer qqch. par les cheveux, *aliquid altius petĕre*;* couper un cheveu en quatre, *subtilissime disserĕre**. ◆ **2.** Cheveu des plantes. *Capillamenta, orum*, npl.

cheville, f. **1.** *Clavus, i*, m. ◆ **2.** (Fig.) Être la cheville ouvrière, *praecipuas partes habēre**. ◆ **3.** Cheville du pied. *Talus, i*, m. Ne pas aller à la cheville de qqn, *alicui inferiorem esse.* ◆ **4.** Cheville, mot de remplissage. *Inane verbum.*

cheviller, tr. **1.** *Clavis conjungere, o**. ◆ **2.** (Vers.) *Inanibus verbis versum farcire, io**.

chèvre, f. **1.** Femelle du bouc. *Capra, ae*, f. *Capella, ae*, f. De chèvre, *caprinus, a, um;* étable à chèvres, *caprile, is*, n.; viande de chèvre, *caprina, ae*, f. ◆ **2.** (Fig.) Ménager la chèvre et le chou, *utrosque parietes linere**. ◆ **3.** Machine. *Artemo, onis*, m.

chevreau, m. *Haedus, i*, m. Petit chevreau, *haedillus, i*, m.; de chevreau, *haedinus, a, um.*

chèvrefeuille, m. *Periclymenos, i*, f.

chevrette, f., et **chevreuil,** m. *Caprea, ae*, f. *Capreolus, i*, m.

chevrier, m. *Caprarius, ii*, m.

chevron, m. *Capreolus, i*, m.

chevrotant, ante, adj. *Tremulus, a, um.*

chevrotement, m. *Tremula (ae) vox (vocis)*, f.

chevroter, intr. *Tremulā voce cantare.*

chevrotin, m. *Haedina (ae) pellicula (ae)*, f.

chez, prép. **1.** Dans la maison de. (Sans mouv.) *Apud* (acc.). (Avec mouv.) *Ad.* Être chez soi, aller chez soi, *esse domi; ire (eo*) domum;* je suis chez qqn, je vais chez moi, chez qqn, *sum in domo alicujus; eo* domum, in domum alicujus;* de chez soi, *domo;* il demeure loin de chez nous, *habitat procul a nostris aedibus;* passer par chez qqn, *devertĕre* ad aliquem.* ◆ **2.** Dans le pays de. *Apud* (acc.). *In* (abl. ou acc.). Porter la guerre chez les Romains, *in Romanos bellum inferre*;* chez les Grecs, *apud Graecos.* ◆ **3.** Parmi, dans (un auteur). *Apud.* Chez nos ancêtres, *apud majores nostros;* chez Homère, *apud Homerum.* ◆ **4.** Dans la pensée de. C'est une conviction chez moi, *apud animum meum statuo* (prop. inf.); c'est une habitude chez lui de, *est ejus consuetudinis* (inf.).

chicane, f. **1.** (En matière de procès). *Calumnia, ae*, f. Gens de chicane, *calumniatores, um*, mpl. ◆ **2.** (Fig.) *Calumnia.*

Cavillatio, onis, f. Chercher chicane à, *cavillari* (acc.); chicane de mots, *verborum disceptatio, onis*, f.

chicaner. **I.** Intr. **1.** Aimer les procès. *Calumniari.* ◆ **2.** Aimer contester. *Cavillari. Tricari.* ◆ **II.** Tr. Chicaner qqn, *cum aliquo tricari;* chicaner qqn ou qqch., *cavillari aliquem* ou *aliquid.*

chicaneur, euse, m. f. **1.** *Calumniator, oris*, m. ◆ **2.** (Badin) *Cavillator*, m. *Cavillatrix, icis*, f.

1. chiche, adj. *Parcus, a, um.* Très chiche, *praeparcus;* présent chiche, *tenue munus;* être chiche de, *parcĕre** (dat.); qui est chiche de, *parcus in* (abl.).

2. chiche, m. Pois chiche. *Cicer, eris*, n.

chichement, adv. *Parce.*

chicorée, f. *Cichoreum, i*, n. *Intibum, i*, n. Chicorée sauvage, *intibum erraticum.*

chicot, m. **1.** Reste de racine. *Stipes, itis*, m. ◆ **2.** Reste de dent. *Fracti dentis particula.*

chien, chienne, m. f. **1.** *Canis, is* (gén. pl. *um*), m. et f. Petit chien, *catulus, i*, m.; petite chienne, *catula, ae*, f.; de chien, *caninus, a, um;* chien de chasse, *venaticus canis;* — de berger, *canis pecuarius;* — d'attache, *canis catenarius;* — de garde, *excubitor canis.* ◆ **2.** (Fig.) Faire le chien couchant, *capite obstipo stare**.

chiendent, m. *Gramen, inis*, n. De chiendent, *gramineus, a, um.*

chiffon, m. **1.** Morceau d'étoffe sans valeur. *Panniculus, i*, m. ◆ **2.** (Fig.) Chose sans valeur. *Nugae, arum*, fpl.

chiffonner, tr. **1.** *Corrugare.* ◆ **2.** (Fig.) *Vexare.* Cela me chiffonne, *hoc me male habet**.

SE CHIFFONNER, r. *Rugare.*

chiffonnier, ière, m. f. *Qui, quae per vicos quisquilias scrutatur.*

chiffre, m. **1.** Signe des nombres. *Numeri nota, ae*, f. ◆ **2.** Écriture secrète. *Secretae* (*arum*) *notae* (*arum*), fpl. Écrire en chiffres, *notis secretioribus uti**.

chiffrer, tr. *Notis computare.*

chignon, m. **1.** Nuque. *Cervix, icis*, f. ◆ **2.** Cheveux relevés. *Crinis coactus in nodum.*

chimère, f. **1.** Monstre. *Chimaera, ae*, f. ◆ **2.** (Fig.) Imagination vaine. *Somnium, ii*, n. *Vanae* (*arum*) *imagines* (*um*), fpl. Se forger des chimères, *inanes cogitationes volvĕre**; craindre des chimères, *umbras timēre**.

chimérique, adj. *Vanus, a, um. Commenticius.* Esprit chimérique, *qui sibi somnia fingit**.

chimie, f. *Chymia, ae*, f.

Chine. *Sina, ae*, f. De Chine. *Sericus, a, um.* Les Chinois, *Seres, um*, mpl.

chiourme, f. *Remiges, um*, mpl.

chiquenaude, f. *Talitrum, i*, n.

chiromancie, f. *Chiromantia, ae*, f.

chiromancien, enne, m. f. *Divinus, i,* m. *Divina, ae,* f.

chirurgie, f. *Chirurgia, ae,* f. Qui concerne la —, *chirurgicus, a, um.*

chirurgien, m. *Chirurgus, i,* m.

chlamyde, f. *Chlamys, ydis,* f. Qui porte une chlamyde, *chlamydatus, a, um.*

choc, m. **1.** *Conflictus, us,* m. *Collisus,* m. *Ictus,* m. Choc des ennemis, *hostium impetus;* au premier choc, *primo concursu;* choc des opinions, *dissensio, onis,* f. ◆ **2.** (Fig.) Recevoir un choc, *plagam recipĕre, io*.*

chœur, m. **1.** *Chorus, i,* m. Chef de chœur, *choragus, i,* m.; chanter en chœur, *concinere*.* ◆ **2.** Chœur d'une église. *Chorus.*

choir, intr. *Cadere, o*.*

choisi, ie, part. et adj. *Lectus, a, um. Electus.* Se servir de termes choisis, *lecte dicĕre*;* qui parle en termes choisis, *elegans in dicendo;* le temps est mal choisi, *tempus alienum est;* morceaux choisis, *electa, orum,* npl.

choisir, tr. *Eligere, o*. Deligere, o*.* Donner à choisir, *optionem dare*.*

choix, m. *Delectus, us,* m. *Electio, onis,* f. *Optio,* f. Faire un choix de, *deligere** (acc.); laisser, donner le choix, *optionem dare*;* de choix, *electus, a, um;* à votre choix, *secundum tuum arbitrium;* avec choix, *electe.*

choléra, m. *Cholera, ae,* f.

cholérique, adj. *Cholericus, a, um.*

chômage, m. *Cessatio, onis,* f. *Feriae, arum,* fpl.

chômer, intr. *Cessare. Quiescere, o*. Vacare. Feriari.* Qui chôme, *feriatus, a, um;* jour chômé, *feriatus dies.*

chopine, f. *Sextarius, ii,* m.

chopper, intr. *Pedem offendĕre, o*.* Chopper contre qqch., *offendĕre* aliquid.*

choquant, ante, adj. *Molestus, a, um. Gravis, e.* Parole choquante, *contumelia, ae,* f.; d'une manière choquante, *incommode.*

choquer, tr. **1.** Heurter. *Offendere, o*. Collidere, o*.* Choquer qqch. contre, *allidĕre* aliquid ad.* ◆ **2.** (Fig.) Offenser. *Offendere. Laedere, o*.* Sans te choquer, *pace tuā;* cela choque le sens commun, *hoc abhorret* a sensu communi.*

SE CHOQUER, r. **1.** S'entre-heurter. *Concurrere, o*.* ◆ **2.** (Fig.) S'offenser. *Offendi, or** (*aliquā re*).

chorège, m. *Choragus, i,* m.

choriste, m. *Concentor, oris,* m.

chorus. Faire chorus avec, *assentire** (dat.).

chose, f. *Res, rei,* f. Souvent ce mot se traduit par le neutre de l'adj. Cette chose, *ea res; id;* c'est peu de chose, ce n'est pas grand'chose, *parum est;* homme de peu de chose, *homo haud magni pretii;* c'est autre chose, *alia ista quaestio est;* avant toute chose, *in primis;* en toute chose, *usquequaque;* se croire qqch., *aliquem se putare;*

faire de qqn sa chose, *aliquem suum facĕre, io** ; Lucius vous dit bien des choses, *Lucius tibi multam salutem impertit.*

chou, m. **1.** *Caulis, is,* m. *Brassica, ae,* f. Chou pommé ou cabus, *brassica cumana;* chou frisé, *brassica crispa;* chou-fleur, *cyma, ae,* f. ◆ **2.** (Fig.) Terme de tendresse. Mon petit chou, *mi pupe* (m.); *mea pupula* (f.)

choucas, m. *Monedula, ae,* f.

chouette, f. *Noctua, ae,* f. De chouette, *noctuinus, a, um.*

choyer, tr. *Fovere, eo**. *Colere, o**. Choyer sa petite personne, *pelliculam curare.* SE CHOYER. *Sibi indulgēre**.

chrême, m. *Chrisma, atis,* n.

chrétien, enne, subst. et adj. *Christianus, a, um.*

chrétiennement, adv. *Christiane.*

chrétienté, f. *Christianae* (*arum*) *gentes* (*ium*), fpl.

Christ (le). *Christus, i,* m.

christianisme, m. *Christiana* (*ae*) *fides* (*ei*), f.

chromatique, adj. *Chromaticus, a, um.*

1\. **chronique**, adj. *Chronicus, a, um.* Devenir chronique, *inveterare.*

2\. **chronique**, f. **1.** Histoire. *Chronica, orum,* npl. *Annales, ium,* mpl. ◆ **2.** Bruit public. *Fama, ae,* f. *Rumor, oris,* m.

chroniqueur, m. *Chronographus, i,* m.

chronologie, f. *Temporum ordo, inis,* m. Se tromper dans la chronologie, *temporibus errare.*

chronologique, adj. Suivant l'ordre chronologique, *servato temporis ordine.*

chrysalide, f. *Chrysallis, idis,* f. Être en chrysalide, *in nympha esse.*

chrysanthème, m. *Chrysanthemon, i,* n.

chrysolithe, f. *Chrysolithus, i,* m. et f.

chuchotement, m. *Susurrus, i,* m.

chuchoter, tr. et intr. *Insusurrare* (acc.).

chuchoteur, m. *Susurrator, oris,* m.

chut, interj. *St! Tace* (sg.). *Tacete* (pl.).

chute, f. **1.** *Casus, us,* m. (Glissement) *Lapsus,* m. (Écroulement) *Ruina, ae,* f. Chute d'un cours d'eau, *fluminis dejectus, us,* m.; chute des cheveux, *capilli defluvium, ii,* n.; à la chute des feuilles, *cum decĭdunt* folia;* à la chute du jour, *vergente* jam die;* faire une chute, *cadĕre*; labi*;* faire une chute de cheval, *ex equo cadĕre.* ◆ **2.** (Fig.) *Casus,* m. *Ruina,* f. Arrêter la chute de la république, *labentem* rem publicam sustinēre*.* ◆ **3.** Faute. *Lapsus. Peccatum, i,* n. ◆ **4.** Fin de phrase. *Clausula, ae,* f.

chyle, m. *Chymus, i,* m.

Chypre. *Cyprus, i,* f. De Chypre, *Cyprius, a, um.*

ci, adv. *Hic.* Cet homme-ci, *hic vir;* ci-gît, *hic jacet*;* ci-dessus, ci-dessous, *supra; infra;* ci-après, *postea; deinde;* ci-devant, *antea; supra;* de-

ci, de-là; par-ci, par-là, *hinc... illinc; passim.*
cible, f. *Scopus, i,* m.
ciboire, m. *Ciborium, ii,* n.
ciboule, f. *Cepula, ae,* f.
cicatrice, f. **1.** *Cicatrix, icis,* f. Petite cicatrice, *cicatricula, ae,* f.; couvert de cicatrices, *cicatricosus, a, um;* cicatrice fermée, *obducta cicatrix;* faire disparaître une cicatrice, *cicatricem* | *tollere**. ◆ **2.** (Fig.) *Cicatrix,* f.
cicatrisation, f. *Vulneris glutinatio, onis,* f.
cicatriser, tr. et
SE CICATRISER. **1.** *Cicatricem inducere, o**. ◆ **2.** (Fig.) Cicatriser les plaies de la guerre, *belli vulnera curare.*
Cicéron. *Cicero, onis,* m. De —, *Ciceronianus, a, um.*
cidre, m. *Vinum ex malis.*
ciel, m. **1.** Région stellaire. *Caelum, i,* n. Du ciel, *caelestis, e;* le feu du ciel, *fulmen, inis,* n.; bleu de ciel, *caeruleus, a, um;* à ciel ouvert, *apertus, a, um.* ◆ **2.** (Fig.) Remuer ciel et terre, *caelum ac terram miscere**; élever qqn ou qqch. jusqu'au ciel, *in caelum aliquem* ou *aliquid ferre**. ◆ **3.** Atmosphère, climat. *Aer, aeris,* m. *Caelum, i,* n. L'état du ciel, *caeli temperatio, onis,* f.; ciel serein, *serenum caelum;* ciel couvert, *nebulosus aer;* partir pour d'autres cieux, *ad alias regiones proficisci**. ◆ **4.** Séjour de la divinité. *Caelum, i,* n. Le ciel se déclare pour, *stant** *dii cum* (abl.); le ciel s'y oppose, *obstant** *fata;* plaise au ciel que, fasse le ciel que, *utinam* (subj.); ciel! *dii boni!*
cierge, m. *Cereus, i,* m.
cigale, f. *Cicada, ae,* f.
cigogne, f. *Ciconia, ae,* f.
ciguë, f. *Cicuta, ae,* f.
cil, m. (*Oculorum*) *pili, orum,* mpl.
cilice, m. *Cilicium, ii,* n.
Cilicie. *Cilicia, ae,* f. De Cilicie, *Ciliciensis, e.*
cillement, m. *Palpebratio, onis,* f.
ciller, intr. *Palpebrare.*
cimaise, f. *Cymatium, ii,* n.
Cimbres. *Cimbri, orum,* mpl.
cime, f. *Culmen, inis,* n. *Vertex, icis,* m. *Fastigium, ii,* n. La cime de la montagne, *summus mons.*
ciment, m. **1.** *Arenatum, i,* n. *Intrita, ae,* f. ◆ **2.** (Fig.) *Coagulum, i,* n.
cimenter, tr. **1.** *Conglutinare.* ◆ **2.** (Fig.) *Firmare.*
cimeterre, m. *Acinaces, is,* m.
cimetière, m. *Sepulcretum, i,* n.
cimier, m. *Apex, icis,* m.
cinabre, m. *Cinnabaris, is,* f.
cinéraire, adj. Urne cinéraire, *urna, ae.*
cingler, intr. **1.** Naviguer. *Cursum dirigĕre** ou *tenēre** (*in,* acc.). ◆ **2.** Frapper. *Verberare.*
cinq, adj. num. *Quinque,* indécl. Cinq par cinq, cinq à la fois, cinq pour chacun, *quini, ae, a;* une période de cinq ans, *lustrum, i,* n.; un espace de cinq ans, *quinquennium, ii,*

n.; tous les cinq ans, *sexto quoque anno;* qui a lieu tous les cinq ans, ou qui dure cinq ans, *quinquennalis, e;* cinq fois, *quinquiens;* cinq cents, *quingenti, ae, a;* cinq cents par cinq cents, *quingeni, ae, a;* cinq-centième, *quingentesimus, a, um;* cinq cents fois, *quingentiens.*

cinquantaine, f. *Quinquaginta,* indécl.

cinquante, adj. num. *Quinquaginta,* indécl. Cinquante par cinquante, *quinquageni, ae, a;* cinquante fois, *quinquagiens.*

cinquantième, adj. num. *Quinquagesimus, a, um.* Le cinquantième, *quinquagesima pars.*

cinquième, adj. num. *Quintus, a, um.* Pour la cinquième fois, *quintum;* le cinquième, *quinta pars.*

cinquièmement, adv. *Quinto.*

cintre, m. *Fornix, icis,* m. *Camera, ae,* f. Former un cintre, *arcum efficere, io*.*

cintrer, tr. *Camerare. Concamerare.*

cippe, m. *Cippus, i,* m.

Circé. *Circe, es* ou *ae* (acc. *am,* abl. *a*), f.

circoncire, tr. *Circumcidere, o*.*

circoncision, f. *Circumcisio, onis,* f.

circonférence, f. *Orbis, is,* m. *Ambitus, us,* m. *Circuitus, us,* m.

circonflexe, adj. *Circumflexus, a, um.*

circonlocution, f. *Circuitio, onis,* f. User de circonlocutions, *pluribus verbis aliquid exponĕre*.*

circonscription, f. *Circumscriptio, onis,* f. Circonscription administrative, *diocesis, is,* f.

circonscrire, tr. *Circumscribere, o*. Definire.*

SE CIRCONSCRIRE, r. Se circonscrire dans son sujet, *sibi certos fines constituĕre.*

circonspect, ecte, adj. *Consideratus, a, um. Cautus.* Être circonspect, *se continēre*.*

circonspection, f. *Cautio, onis,* f. *Prudentia, ae,* f. User de circonspection, *circumspicere, io*;* qui n'a point de circonspection, *inconsultus, a, um;* avec circonspection, *caute;* sans circonspection, *temere.*

circonstance, f. *Res, rei,* f. *Tempus, oris,* n. Les circonstances, *rerum adjuncta, orum,* npl.; les circonstances de temps et de lieu, *condiciones temporum vel locorum;* circonstance favorable, *opportunitas, atis,* f.; la force des circonstances, *rerum necessitas, atis,* f.; céder aux circonstances, *tempori cedĕre*;* épier les circonstances, *occasionem captare;* profiter des circonstances, *opportunitate temporis uti*;* prendre conseil des —, *ex tempore consilium capĕre, io*;* dans cette circonstance, en pareille circonstance, *tum; in tali re;* suivant la circonstance, eu égard à la circonstance, *pro tempore;* en toute circonstance, *utcumque res erit;*

en aucune circonstance, *nullo loco.*

circonstancier, tr. *Enarrare.*

circonvallation, f. *Circummunitio, onis,* f. Faire la circonvallation (d'un camp), *circumvallare (castra).*

circonvenir, tr. *Circumvenire** (acc.).

circonvoisin, ine, adj. *Finitimus, a, um.*

circonvolution, f. *Circumactus, us,* m. *Orbes, ium,* mpl.

circuit, m. *Circuitus, us,* m. *Ambitus,* m. Faire un circuit, *iter suum flectĕre**.

circulaire, adj. *Circumductus, a, um.* Forme, figure circulaire, *orbis, is,* m.; corps de forme circulaire, enceinte circulaire, *circulus, i,* m.; mouvement circulaire des astres, *siderum conversio, onis,* f.; lettre circulaire, *formalis (is) epistula (ae),* f.; *litterae passim missae;* faire un voyage circulaire, *circumire, eo** (acc.).

circulairement, adv. *In orbem.* Se mouvoir —, *volvi**.

circulation, f. *Motus, us,* m. Circulation du sang, *sanguinis cursus, us,* m.; circulation de l'air, *perflatus, us,* m.; circulation des passants, *discursio, onis,* f.; mettre en circulation des monnaies, *nummos edĕre**; mettre en circulation une nouvelle, *rem producĕre**.

circuler, intr. Le sang circule dans les veines, *sanguis per venas in omne corpus diffunditur**; l'air circule, *aer fluit**; les piétons ne circulent pas sans danger, *non sine periculo pedites discurrunt**; des bruits circulent, *vagatur fama;* faire circuler la coupe de vin, *mulsum circumferre**.

circumnavigation, f. *Navigationis ambitus, us,* m. Faire un voyage de circumnavigation, *nave* ou *classe circumvehi**.

cire, f. **1.** *Cera, ae,* f. De cire, *cereus, a, um;* de couleur de cire, *cerinus, a, um;* plein de cire, *cerosus, a, um;* enduit de cire, *ceratus, a, um;* cachet de cire, *cera;* peinture à la cire, *encaustica, ae,* f.; modeler en cire, *e cerā fingĕre**. ◆ **2.** (Fig.) Qui est une cire molle, *cereus, a, um.*

cirer, tr. *Cerare.*

cirier, m. *Cerarius, ii,* m.

ciron, m. *Vermiculus, i,* m.

cirque, m. *Circus, i,* m. De cirque, *circensis, e;* les jeux du cirque, *circenses, ium,* mpl.

cisailles, fpl. *Forfex, icis,* m. f.

cisalpin, ine, adj. *Cisalpinus, a, um.*

ciseau, m. **1.** *Scalprum, i,* n. Ciseau de sculpteur, *caelum, i,* n. ◆ **2.** (Fig.) Manière de travailler d'un sculpteur. *Manus, us,* f. ◆ **3.** (Pl.) *Forfex, icis,* m. f. Petits ciseaux, *forficula, ae,* f.

ciseler, tr. *Caelare.*

ciseleur, m. *Caelator, oris,* m.

ciselure, f. *Caelatura, ae,* f.

Orné de ciselures, *sigillatus, a, um.*

ciste, m. *Cisthos, i,* m.

citadelle, f. *Arx, arcis,* f.

citadin, m. *Urbanus, i,* m.

citation, f. **1.** Assignation en justice. *Vocatio, onis,* f. ◆ **2.** Texte d'un auteur. *Locus, i,* m. (Pl. *loci, orum*). Faire une citation, *aliquid proferre**.

cité, f. *Civitas, atis,* f. Droit de cité, *civitas.*

citer, tr. **1.** Assigner en justice. *In jus vocare* (acc.). *Diem (alicui) dicere, o**. Citer qqn en témoignage, *alicui testimonium denuntiare.* ◆ **2.** Alléguer, rapporter. Citer un auteur, *auctorem proferre** ou *laudare;* citer un passage, *locum proferre**.

citérieur, eure, adj. *Citerior, ius.*

citerne, f. *Cisterna, ae,* f. De citerne, *cisterninus, a, um.*

cithare, f. *Cithara, ae,* f. Jouer de la cithare, *citharizare;* joueur de cithare, *citharista, ae,* m.; joueuse de cithare, *citharistria, ae,* f.

citoyen, enne, m. et f. *Civis, is,* m. et f. De citoyen, *civilis, e;* devenir citoyen d'une ville, d'une autre ville, *civitatem assequi**, *civitatem mutare;* se comporter en bon citoyen, *civiliter se gerĕre**.

citron, m. *Malum (i) citreum (i),* n. Marchand de citrons, *citrarius, ii,* m.

citronnier, m. *Citrea, ae,* f.

citrouille, f. *Cucurbita, ae,* f.

civière, f. *Feretrum, i,* n.

civil, le, adj. **1.** De citoyen. *Civilis, e. Civicus, a, um.* Droits civils et politiques, *civitas, atis,* f.; jouir des droits civils, *pro cive esse;* perte des droits civils, mort civile, *capitis deminutio, onis,* f.; cause civile, *causa privata;* se porter partie civile, *res repetĕre**; s'habiller en civil, *togam induĕre;* un civil, *togatus, i,* m. ◆ **2.** Poli. *Urbanus, a, um.*

civilement, adv. **1.** *Civiliter.* ◆ **2.** Poliment. *Urbane.*

civilisateur, trice, m. f. *Qui, quae mores humaniores edocet**. *Morum magister, tri,* m.

civilisation, f. *Humanitas, atis,* f. *Vitae cultus, us,* m. Époque de civilisation, *exculta tempora;* étranger à toute civilisation, *moribus inconditus, a, um.*

civiliser, tr. *Ad humanitatem excolere, o**.

SE CIVILISER, r. *Excoli**. *Mitigari.*

civilité, f. *Urbanitas, atis,* f. Présenter, faire, rendre ses civilités à qqn, *alicui salutem dicĕre*; alicui plurimam salutem referre**.

civique, adj. *Civicus, a, um.*

civisme, m. *Pietas (atis,* f.) *in patriam.*

clabaudage, m. *Clamitatio, onis,* f.

clabauder, intr. *Clamitare. Latrare.*

clabaudeur, euse, m. et f. *Oblatrator,* m. *Oblatratrix, icis,* f.

claie, f. *Crates, is,* f.

1. clair, aire, adj. **I.** (Lumière)

1. Qui donne ou reçoit de la lumière. *Clarus, a, um. Lucidus.* Ciel, temps clair, *serenum caelum;* chambre claire, *lucidum cubiculum.* ◆ **2.** D'une teinte non foncée. *Clarus. Dilutus, a, um.* Rouge clair, *dilutus rubor, oris,* m. ◆ **3.** Dont rien ne ternit la pureté ou l'éclat. *Clarus. Purus, a, um. Nitens, entis. Fulgens.* Teint clair, *color suavis.* ◆ **4.** Transparent, peu épais. *Perlucidus, a, um. Rarus.* Membranes claires, *membranae perlucidae;* toile claire, *rarum linteolum;* cheveux clairs, *rari capilli.* ◆ **5.** Limpide. *Liquidus, a, um. Limpidus.* Devenir clair, *liquescĕre*.* ◆ **II.** (Son) Qui résonne bien. *Clarus. Canorus, a, um. Splendidus.* Rendre un son clair, *acute sonare*;* rendre la voix claire, *voci splendorem afferre*.* ◆ **III.** (Pensée) Qui est intelligible. *Clarus. Manifestus, a, um. Apertus.* Rendre clair, *planum facere, io*;* être clair, *lucēre*;* il est clair que, *liquet** (prop. inf.) ◆ **IV.** Locutions diverses. Il fait clair, *dies est; lucescit*;* il fait clair de lune, *luna lucet*;* accuser les clairs (d'un tableau), *collustrata excitare;* tirer une affaire au clair, *ad liquidum rem perducĕre*.*

2. clair, adv. **1.** *Clare.* Commencer à voir clair, *dispicere, io*.* ◆ **2.** (Fig.) Voir clair dans une affaire, *res dilucide perspicere, io*;* parler clair, *plane dicĕre*.*

clairement, adv. *Clare. Perspicue. Aperte.* Voir clairement, *perspicere, io*.*

clairet, adj. Vin clairet, *rubellum, i,* n.

claire-voie, f. *Clatri, orum,* mpl. Qui est à claire-voie, *rarus, a, um.*

clairière, f. *Rariores* (*um*) *silvae* (*arum*), fpl.

clair-obscur. 1. Adj. *Subobscurus, a, um.* ◆ **2.** Nom m. *Luminum umbrarumque ratio, onis,* f.

clairon, m. Instrument. *Lituus, i,* m. ◆ **2.** Celui qui en joue. *Liticen, inis,* m.

clairsemé, ée, adj. *Rarus, a, um.*

clairvoyance, f. *Ingenii acies, ei,* f. *Perspicientia, ae,* f. Avoir beaucoup de clairvoyance pour ou dans, *plurimum vidēre* in* (abl.); qui manque de clairvoyance, *hebetior, ius.*

clairvoyant, ante, adj. *Perspicax, acis.*

clameur, f. *Clamor, oris,* m. *Convicium, ii,* n. La clameur publique, *omnium vox, vocis,* f.

clandestin, ine, adj. *Clandestinus, a, um.*

clandestinement, adv. *Clam. Occulte.*

clandestinité, f. *Furtum, i,* n.

clapier, m. *Cuniculum, i,* n.

clapotage ou **clapotis,** m. *Tremulum mare,* n. *Strepitus, us,* m.

clapoter, intr. *Leviter succuti, io*.*

clapoteux, euse, adj. *Undosus, a, um.*

claque, f. **1.** Coup. *Colaphus, i,* m. ◆ **2.** Cabale. *Factio, onis,* f. *Plausores, um,* mpl.

claquement, m. Claquement de mains, *plausus, us,* m.; — de doigts, de dents, *digitorum, dentium crepitus, us,* m.

claquemurer, tr. *In carcerem includere, o*.*

SE CLAQUEMURER, r. *In occulto se continēre*.*

claquer. I. Intr. *Crepare*.* Claquer des dents, *dentibus crepitare;* claquer des mains, *manu plaudĕre** ou simpl. *plaudĕre*;* faire claquer ses doigts, *digitis concrepare*;* faire claquer un fouet, *flagello crepitum facĕre, io*.* ◆ **II.** Tr. *Colaphum* (*alicui*) *dare*.* (*Aliquem*) *palmā planā contundere, o*.*

claqueur, m. *Plausor, oris,* m.

clarification, f. *Percolatio, onis,* f.

clarifier, tr. *Percolare. Liquare.*

clarine, m. *Tintinnabulum, i,* n.

clarté, f. **1.** Lumière. *Claritas, atis,* f. *Lux, lucis,* f. (Éclat) *Splendor, oris,* m. A la clarté du jour, *lucente sole; luce;* clarté du teint, *coloris suavitas, atis,* f. ◆ **2.** (Fig.) Intelligibilité. *Claritas.* Jeter de la clarté sur les faits, *rebus lumen adhibēre*;* clarté (du style), *perspicuitas, atis,* f.

classe, f. **1.** Catégorie de citoyens. *Classis, is,* f. *Ordo, inis,* m. *Locus, i,* m. De la basse classe, *homines tenui loco orti;* les hautes classes, *optimates, ium* ou *um,* mpl.; cette classe de citoyens, *hoc genus civium.* ◆ **2.** Catégorie d'écoliers. *Classis.* Être le premier de sa classe, *classem ducĕre*;* faire la classe, *docēre*;* suivre la classe, *discĕre*;* être en classe, *in scholā esse.*

classement, m. *Partitio, onis,* f. *Descriptio,* f. Faire le classement de, *disponĕre** ou *describĕre** (acc.).

classer, tr. **1.** Distribuer par classes. *Ordinare. Discribere, o*. Disponere, o*.* ◆ **2.** Ranger dans une certaine catégorie. *Numerare.* Classer qqn, qqch. parmi, *aliquem, aliquid numerare in* (abl.).

classification, f. *Discriptio, onis,* f. *Distributio,* f.

classique, adj. *Classicus, a, um.* Les écrivains classiques, *probati scriptores.*

claudication, f. *Claudicatio, onis,* f.

clause, f. *Condicio, onis,* f.

claustral, ale, adj. *Claustralis, e.*

claveau, m. Pierre taillée en coin. *Cuneus, i,* m.

clavelée, f. *Clavi, orum,* mpl.

clayette, f. *Cuneolus, i,* m.

clavicule, f. *Jugulum, i,* n.

clayon, m. *Fiscella, ae,* f.

clef, f. **1.** *Clavis, is,* f. Fermer à clef, *obserare;* être sous clef, *sub clavi esse.* ◆ **2.** (Fig.) Cette ville est la clef du pays, *haec urbs regionis janua est* ou *claustra tenet*;* donner à qqn la clef d'un art, *ad scientiam aditum* ou *viam alicui aperire*.* ◆ **3.** Clef de voûte. *Conclusura, ae,* f. C'est là la clef de voûte de l'affaire, *hic est rei cardo.*

clématite, f. *Clematis, idis*, f.

clémence, f. *Clementia, ae*, f. *Mansuetudo, inis*, f. Faire acte de clémence, *mansuete res gerĕre*;* avec clémence, *clementer;* par la —, *ignoscendo**.

clément, ente, adj. *Clemens, entis.*

clepsydre, f. *Clepsydra, ae*, f. La clepsydre est arrêtée, *aqua haeret**.

clerc, m. **1.** — d'église. *Clericus, i*, m. ◆ **2.** — de notaire. *Scriba, ae*, m. ◆ **3.** (Fig.) Être grand clerc, *peritissimum esse;* faire un pas de clerc, *imperite agĕre; offendere, o**.

clergé, m. *Clerus, i*, m.

clérical, ale, adj. *Clericalis, e.*

cléricature, f. *Clericatus, us*, m.

client, ente, m. et f. *Cliens, clientis*, m. *Clienta, ae*, f. — d'un médecin, *is quem curat medicus;* — d'un avocat, *is pro quo quis dicit*; reus, i*, m.; — d'un marchand, *assuetus emptor.*

clientèle, f. D'un patricien, *clientela, ae*, f.; d'un avocat, *quos defendit* patronus;* d'un médecin, *quos perambulat medicus;* d'un marchand, *quos commeatu instruit* mercator.*

clignement, m. *Nictatio, onis*, f.

cligner, clignoter, intr. *Nictari.*

climat, m. *Caelum, i*, n. La nature du climat, *natura loci.*

climatérique, adj. *Climatericus, a, um.*

clin, m. Clin d'œil. *Nictatio, onis*, f. En un clin d'œil, *puncto temporis.*

clinique, **1.** Adj. Médecine clinique, *clinice, es*, f.; médecin clinique, *clinicus, i*, m. ◆ **2.** Nom f. *Nosocomium, ii*, n.

clinquant, n. **1.** (*Auri*) *bractea, ae*, f. ◆ **2.** (Fig.) Clinquant du style, *verborum praestigiae, arum*, fpl.; bonheur qui n'est que du clinquant, *felicitas bracteata.*

clique, f. *Grex, gregis*, m. Toi et ta —, *tu et gregales tui.*

cliqueter, intr. *Crepare**.

cliquetis, m. **1.** *Crepitus, us*, m. *Strepitus*, m. ◆ **2.** (Fig.) *Tinnitus, us*, m.

cliquette, f. *Crotalum, i*, n.

clisse, f. *Craticula, ae*, f.

cloaque, m. **1.** *Cloaca, ae*, f. ◆ **2.** (Fig.) *Sentina, ae*, f.

cloche, f. **1.** Cloche d'église. *Campana, ae*, f. La cloche tinte, *aes sonat**. ◆ **2.** (Fig.) Ampoule. *Vesica, ae*, f.

cloche-pied (à), loc. adv. *In uno pede stans.*

1. clocher, intr. *Claudicare.*

2. clocher, m. *Campanile, is*, n.

clochette, f. *Tintinnabulum, i*, n.

cloison, f. *Paries, etis*, m.

cloisonné, ée, adj. *Loculosus, a, um.*

cloître, m. *Claustrum, i*, n.

cloîtrer, tr. *Intra claustra* (*aliquem*) *tenēre**. Moine cloîtré, *claustralis, is*, m.

SE CLOÎTRER, r. (Fig.) *Se subducĕre* populo.*

clopiner, intr. *Claudicare.* Clopin-clopant, *claudicando.*

cloporte, m. *Oniscus, i*, m.
clore, tr. **1.** Fermer. *Claudere, o**. *Saepire**. A la nuit close, à huis clos, *secreto;* rester bouche close, *tacēre***;* c'est pour moi lettre close, *mihi tenebrae sunt.* ◆ **2.** Terminer. *Clauděre**. *Concludere, o**. Clore une session, *coetum dimittěre**.
clos, m. *Saeptum, i*, n.
clôture, f. **1.** (Mur) *Claustra, orum*, npl. (Haie, treillage) *Saeptum, i*, n. ◆ **2.** (Fig.) *Finis, is*, m. A la clôture de la séance, *coetu dimisso.*
clou, m. **1.** Morceau de fer pointu. *Clavus, i*, m. Enfoncer un clou dans un mur, *clavum in parietem figěre***;* mettre des clous à des souliers, *crepidas clavis suffigěre**. ◆ **2.** (Fig.) Un clou chasse l'autre, *clavus clavo ejicitur**. ◆ **3.** Furoncle. *Furunculus, i*, m.
clouer, tr. **1.** *Clavo* ou *clavis figere, o**. Clouer qqn à terre avec sa pique, *cuspide aliquem ad terram defigěre***;* clouer au poteau, *ad palum alligare.* ◆ **2.** (Fig.) *Defigere, o**. Être cloué sur place de peur, *pavore stare** *defixum.*
cloutier, m. *Clavarius, ii*, m.
club, m. *Concilium, ii*, n.
clystère, m. *Clyster, eris*, m.
coaccusé, m. *Correus, i*, m.
coaction, f. *Coactus, us*, m.
coadjuteur, m. *Adjutor, oris*, m.
coagulation, f. *Coagulatio, onis*, f.
coaguler, tr. *Coagulare. Densare.*
SE COAGULER, r. *Concrescere, o**.
coalisé, ée, adj. *Conjuratus, a, um.*
coaliser (se), r. *Coire, eo**. *Conjurare.*
coalition, f. *Coitio, onis*, f. *Conjuratio*, f.
coassement, m. *Ololygon, onis*, m.
coasser, intr. *Coaxare.*
coassocié, ée, m. et f. *Consocius, a, um.*
cocagne, f. Pays de cocagne. *Regio (onis) fortunata (ae)*, f.
cocasse, adj. *Ridiculus, a, um.*
coche, m. Char. *Raeda, ae*, f. Mouche du coche, *ardelio, onis*, m.
cochenille, f. *Coccum, i*, n. Couleur de cochenille, *coccineus, a, um.*
cocher, m. *Raedarius, ii*, m. — de cirque, *auriga, ae*, m.
cochère, f. Porte cochère, *fornix, icis*, m.
cochet, m. *Gallinaceus (i) pullus (i)*, m.
cochon, m. *Sus, suis*, m. *Porcus, i*, m. De cochon, *porcinus, a, um.*
cocon, m. *Tunica, ae*, f.
coction, f. *Coctura, ae*, f.
Cocyte. *Cocytus, i*, m.
code, m. **1.** *Codex, icis*, m. ◆ **2.** (Fig.) Ce qui fait loi. Le code de la politesse, *urbana officia*, npl.
codicille, m. *Codicillus, i*, m.
coercition, f. *Coercitio, onis*, f.
coéternel, elle, adj. *Coaeternus, a, um.*
cœur, m. **I. 1.** Organe. *Cor, cordis*, n. Maladie de cœur,

cordis dolor, oris, m. ◆ **2.** (Fig.) Expressions diverses. Avoir mal au cœur, *nauseare;* faire mal au cœur, *fastidium creare;* avoir le cœur serré, *dolore angi* ; avoir le cœur gros, *animo contrahi* ; ce que j'ai sur le cœur, *quod mihi aegre est;* faire la bouche en cœur, *os ducĕre* exquisitis modis;* presser sur son cœur, *aliquem ad pectus premĕre*.* ◆ **II.** Partie centrale. *Intima* (*ae*) *pars* (*tis*), f. Le cœur de la ville, *sinus* (*us*, m.) *urbis;* le cœur du sujet, *viscera* (*um*, npl.) *causae.* ◆ **III.** Ame, sentiment. *Animus, i*, m. *Voluntas, atis*, f. Aimer du fond du cœur, *ex animo diligĕre* ;* de bon cœur, *libenti animo;* à contre-cœur, *aegre;* de gaieté de cœur, *ultro;* qui agit de bon cœur, *libens, entis;* un ami de cœur, *ex animo amicus;* il a cela à cœur, *hoc illi cordi est;* avoir à cœur de (inf.), *laborare ut* (subj.); avoir cœur à qqch., *alicui rei toto animo se dedĕre* ;* s'en donner à cœur joie, *aliquā re plenissime frui* ;* gagner le cœur de qqn, *in amorem sui aliquem vertĕre* ;* donner son cœur à qqn, *amore aliquem prosequi* ;* mon cœur! mon petit cœur! *meum cor; meum corculum;* apprendre, savoir par cœur, *ad verbum ediscere* ; memoriā tenere* ;* aller au cœur de qqn, *in animam alicujus penetrare;* qui a un cœur de bronze, *ferreus, a, um;* sans cœur, *inhumanus, a, um;* aurez-vous bien le cœur de (inf.)? *nonne te pudet** (inf.)? ◆ **IV.** Courage. *Animus.* Montrer du cœur, *se virum praebēre* ;* manque de cœur, *ignavia, ae*, f.; qui manque de cœur, *ignavus, a, um;* avec cœur, *strenue;* avoir du cœur, *forti esse animo;* faire contre mauvaise fortune bon cœur, *necessitatibus cedĕre* ;* donner du cœur à qqn, *alicui animos addĕre*.*

coexister, intr. *Pariter vivere, o** (*cum*).

coffre, m. *Arca, ae*, f. *Capsa*, f. *Cista*, f. Coffre-fort, *arca;* les coffres de l'Etat, *aerarium, ii*, n.; coffre de voiture, *capsus, i*, m.

coffret, m. *Arcula, ae*, f. *Cistella*, f.

cognassier, m. *Cydonia, ae*, f.

cognée, f. **1.** *Securis, is*, f. ◆ **2.** (Fig.) Jeter le manche après la cognée, *hastas abjicere* (*io**).

cogner. **I.** Tr. *Tundere, o**. Cogner un clou, *clavum adigĕre* ;* cogner qqn, *aliquem tundĕre* ;* cogner (qqch.) contre, *allidĕre** (*aliquid*) *ad.* ◆ **II.** Intr. Cogner à la porte, *januam pulsare; pulsare.*

SE COGNER, r. Se cogner la tête (par inadvertance), *caput offensare;* se cogner la tête contre qqch. (sciemment), *in aliquid caput impingere*.*

cohabitation, f. *Contubernium, ii*, n.

cohabiter, intr. *Contubernalem esse* (*cum*).

cohérence, f. *Cohaerentia, ae*, f.

cohérent, ente, adj. *Cohaerens, entis. Continuus, a, um.* Être cohérent, *cohaerere, eo**.

cohéritier, ière, m. et f. *Coheres, edis*, m. et f. Être cohéritier avec qqn, *coheredem esse alicui.*

cohésion, f. *Cohaerentia, ae*, f.

cohorte, f. *Cohors, hortis*, f.

cohue, f. *Turba, ae*, f.

coi, coite, adj. *Quietus, a, um.* Demeurer coi, *quiescere, o**.

coiffe, f. *Cofea, ae*, f. *Calautica, ae*, f.

coiffer, tr. **1.** Couvrir la tête. (*Caput*) *tegere, o**. Coiffé d'un casque, *galeatus, a, um.* ◆ **2.** Arranger les cheveux. *Comere, o**. ◆ **3.** (Fig.) Homme qui est né coiffé, *fortunae filius, ii*, m*.

SE COIFFER, r. **1.** Se couvrir la tête. *Caput operire**. Se coiffer d'une perruque, *calauticam capiti accommodare.* ◆ **2.** Arranger ses cheveux. *Capillum componĕre**. Se faire coiffer, *capillum pectendum praebēre**. ◆ **3.** (Fig.) S'enticher de. Se coiffer d'une opinion, d'une idée, *opinionem imbibĕre* animo;* se coiffer de qqn, *in deliciis aliquem habēre**.

coiffeur, euse, m. et f. *Ciniflo, onis*, m. *Ornatrix, icis*, f.

coiffure, f. **1.** Ce qui sert à couvrir. *Capitis tegmentum, i*, n. Avoir un chapeau pour coiffure, *petaso caput tegĕre**. ◆ **2.** Manière d'arranger les cheveux. *Comptus, us*, m. Déranger la coiffure, *crines turbare;* réparer le désordre de sa coiffure, *disjectam comam restituĕre.*

coin, m. **1.** Angle. *Angulus, i*, m. **2.** (Fig.) Les quatre coins du ciel, *caeli partes quattuor;* tous les coins (de la maison), *omnis angulus;* un coin de terre, *agellus, i*, m.; regarder du coin de l'œil, *limis oculis spectare;* être assis au coin du feu, *ad focum sedēre**. ◆ **3.** Coin à fendre le bois. *Cuneus, i*, m. Petit coin. *Cuneolus, i*, m. Enfoncer un coin dans du bois, fendre du bois avec un coin, *lignum cuneare;* qui est en forme de coin, *cuneatus, a, um.* ◆ **4.** Coin à frapper les monnaies. *Typus, i*, m. *Forma, ae*, f. Monnaie marquée au coin de l'État, *nummus cui publica forma est.* ◆ **5.** (Fig.) Terme marqué au coin de l'usage, *praesente notā signatum nomen.* ◆ **6.** Ordre de bataille. Former le coin, *cuneum facere* (*io**) ou *agere*;* en forme de coin, *cuneatim.*

coincer, tr. *Figere, o**.

coïncidence, f. *Concursio, onis*, f.

coïncider, intr. **1.** Avoir lieu en même temps. *Concurrere, o** (*cum*). ◆ **2.** S'adapter exactement. *Congruere, o** (*cum*).

coing, m. *Cydonium* (*ii*) *malum* (*i*), n.

col, m. **1.** (Cou) *Collum, i*, n. ◆ **2.** (Fig.) D'un vase, d'une montagne. *Fauces, ium*, fpl.

colégataire, m. *Collegatarius, ii*, m.

coléoptère, m. *Scarabaeus, i,* m.
colère, f. (Acte) *Ira, ae,* f. (Penchant) *Iracundia, ae,* f. Accès de colère, *irae impetus, us,* m.; transport de colère, *irae fervor, oris,* m.; de colère, par colère, *prae irā; prae iracundiā;* avec colère, *iracunde;* porté à la colère, *iracundus, a, um;* qui est en colère contre, *iratus, a, um* (dat.); être dans une grande colère, *irā incendi** (*in aliquem*); se mettre en colère contre, *suscensēre** (dat.); décharger sa colère sur qqn, *iram in aliquem effundĕre*;* apaiser sa colère, *iram remittĕre*;* mettre qqn en colère (contre), *alicui iram movere** (*in,* acc.); calmer la colère (de qqn), *iram placare* (*alicujus*).
colère, adj.,
coléreux, euse, adj. et
colérique, adj. *Iracundus, a, um. Pronus ad iram.*
colifichet, m. **1.** *Nugae, arum,* fpl. ◆ **2.** (Fig.) — du style, *calamistri, orum,* mpl.
colique, f. *Tormina, um,* npl. Avoir une violente colique, *graviter ex intestinis laborare;* qui souffre de la colique, *torminosus, a, um.*
colis, m. *Sarcina, ae,* f. *Impedimenta, orum,* npl.
collaborateur, trice, m. et f. *Operis socius, ii,* m. ou *socia, ae,* f.
collaboration, f. *Cooperatio, onis,* f. Travailler en collaboration avec qqn, *laborem cum aliquo sociare.*
collaborer, intr. *Interesse** (*alicui in aliquā re*).
collage, m. *Glutinatio, onis,* f. Collage d'un papier, *glutinamentum, i,* n.
collant, ante, adj. *Glutinosus, a, um.* Vêtement collant, *vestis artus exprimens*.*
collatéral, ale. 1. Adj. Ligne collatérale. *Latus, eris,* n. Branche collatérale, *tramites, um,* mpl.; en ligne collatérale, *ex latere.* ◆ **2.** Nom. *Ex latere cognatus, i,* m. ou *cognata, ae,* f.
collation, f. **1.** Action de conférer. *Collatio, onis,* f. ◆ **2.** Action de comparer des écrits. *Recognitio, onis,* f. ◆ **3.** Léger repas. *Cenula, ae,* f. Faire une collation, *gustare.*
collationner, tr. **1.** Comparer. *Recognoscere, o*. Conferre, fero*.* ◆ **2.** Faire un léger repas. *Gustare.*
colle, f. *Gluten, inis,* n. *Glutinum, i,* n. Colle forte, *fabrile gluten,* n.
collecte, f. *Collatio, onis,* f. Faire une collecte, *stipem cogĕre*;* le produit d'une collecte, *aes collatum*.*
collecteur, m. *Exactor, oris,* m. *Coactor,* m.
collectif, ive, adj. *Collectivus, a, um.*
collection, f. (De choses) *Collectio, onis,* f. (De livres) *Bibliotheca, ae,* f. (D'écrits) *Collectanea, orum,* npl. (De tableaux) *Pinacotheca, ae,* f. (D'objets d'art) *Thesaurus, i,* m.
collectivement, adv. *Conjunc-*

te. Tous collectivement, *universi, ae, a.*
collège, m. **1.** Corporation. *Collegium, ii,* n. ◆ **2.** École. *Schola, ae,* f. *Gymnasium, ii,* n.
collègue, m. *Collega, ae,* m.
coller. I. Tr. Unir avec de la colle. *Glutinare. Conglutinare.* ◆ **II.** Intr. Rester attaché. *Cohaerere, eo*.*
SE COLLER, r. *Glutinari* (dat.). *Adhaerēre** (dat.).
collet, m. **1.** *Collare, is,* n. ◆ **2.** (Fig.) Mettre la main au collet de qqn, prendre qqn au collet, *alicui collum obstringĕre*; aliquem comprehendĕre*.* ◆ **3.** Piège à gibier. *Pedica, ae,* f.
colleter, tr. *Collo arripere, io*.*
SE COLLETER, r. *Luctari* (*cum*).
colleur, m. *Glutinator, oris,* m.
collier, m. **1.** Ornement. *Torques, is,* m. *Monile, is,* n. Qui porte un collier, *torquatus, a, um.* ◆ **2.** Lien d'attache. (D'esclave) *Collare, is,* n. (De chien) *Mellum, i,* n. (Des chevaux, des bœufs) *Torques.* ◆ **3.** (Fig.) Franc du collier, *impiger, gra, grum;* donner un coup de collier, *contentionem adhibēre* in* (acc.).
colliger, tr. *Colligere, o*.*
colline, f. *Collis, is,* m. De colline, *collinus, a, um.*
collision, f. (Choc) *Collisus, us,* m. (Bataille) *Conflictus, us,* m.
colloque, m. *Colloquium, ĭi,* n.
colloquer, tr. *Collocare.*
collusion, f. *Collusio, onis,* f. Qui use de collusion, *collusor, oris,* m.; avec collusion, *collusorie.*
collyre, m. *Collyrium, ii,* n.
colombe, f. *Columba, ae,* f.
colombier, m. *Columbarium, ii,* n.
colombin, ine, adj. *Columbinus, a, um.*
colon, m. *Colonus, i,* m.
colonel, m. (D'infanterie) *Militum tribunus, i,* m. (De cavalerie) *Alae praefectus, i,* m.
colonial, ale, adj. *Colonicus, a, um.*
colonie, f. *Colonia, ae,* f. Établir ou fonder une colonie, *coloniam deducĕre** ou *constituĕre.*
colonisation, f. *Coloniae deductio, onis,* f.
colonnade, f. *Peristylum, i,* n.
colonne, f. **1.** Pilier cylindrique. *Columna, ae,* f. Supporté par des colonnes, *columnatus, a, um.* ◆ **2.** Ce qui est en forme de colonne. Colonne d'armée, *agmen, inis,* n.; — de fumée, *columna ignis;* — d'un livre, *pagina, ae,* f.; — de chiffres, *versus, us,* m.; — vertébrale, *spina, ae,* f. ◆ **3.** (Fig.) Soutien. *Columen, inis,* n.
colonnette, f. *Columella, ae,* f.
coloquinte, f. *Colocynthis, idis* (acc. *ida*), f.
colorer, tr. **1.** *Colorare.* Visage coloré, *subrubicundus vultus.* ◆ **2.** (Fig.) *Tegere, o*.* Colorer sa faute de belles paroles, *splendida verba culpae suae praetendĕre*;* excuse colorée, *speciosa excusatio,* f.
colorier, tr. *Colores inducere, o** (*alicui rei*).

coloris, m. *Color, oris*, m.
coloriste, m. Mauvais coloriste, *durior in coloribus.*
colossal, ale, adj. *Immanis, e. Ingens, entis.*
colosse, m. *Colossus, i*, m. *Moles, is*, f.
colporter, tr. **1.** *Bajulare. Circumferre, fero**. ◆ **2.** (Fig.) *Differre, fero**.
colporteur, m. *Circitor, oris*, m.
coma, m. *Torpor, oris*, m.
combat, m. **1.** Action de se battre. *Pugna, ae*, f. *Proelium, ii*, n. *Certamen, inis*, n. Combat sur terre, combat naval, *pedestris, navalis pugna;* engager le combat, *proelium committĕre*;* aller, marcher au combat, *in pugnam proficisci*;* rétablir le combat, revenir au combat, *proelium restituĕre;* mettre hors de combat, *sauciare.* ◆ **2.** Jeux. Combat de gladiateurs, *gladiatorum compositiones;* combats de coqs, *pugna gallorum;* les combats du cirque, *circenses ludi*, mpl. ◆ **3.** (Fig.) Contestation. *Contentio, onis*, f. *Certamen*, n.
combattant, m. *Pugnator, oris*, m. Les combattants, *pugnantes, ium*, mpl.
combattre, tr. **1.** (Faire la guerre) *Pugnare (cum). Certare (cum). Decertare (cum).* (Livrer bataille) *Proeliari (cum).* ◆ **2.** (Fig.) *Pugnare. Contendere, o* (cum). Resistere, o** (dat.). Combattre les projets de qqn, *consiliis alicujus obsistĕre*;* combattre une maladie, *morbum impugnare.*
SE COMBATTRE, r. **1.** Être en lutte. *Dissidere, eo**. ◆ **2.** (Fig.) Être en opposition. *Repugnare.*
combattu, ue, adj. Irrésolu. *Incertus, a, um. Fluctuans, antis.* Avoir l'esprit combattu de pensées contraires, *variis cogitationibus agitari.*
combien, adv. **I.** Dev. un nom. (De ch. qui ne se comptent ni ne se mesurent) *Quantum* (gén.). (De ch. qui se comptent) *Quam multi, ae, a* ou *quot.* (De ch. qui se mesurent) *Quantus, a, um.* Combien d'eau, *quantum aquae;* combien de livres, *quot libri;* combien de sagesse, *quanta sapientia.* ◆ **II.** Dev. un adj. ou un adv. *Quam* (*quanto* dev. un compar.) ◆ **III.** Dev. un verbe. (Ordinaire) *Quantum.* (D'estime ou de prix) *Quanti.* (De comparaison) *Quanto.* De combien il l'emporte, *quanto praestat**. ◆ **IV.** Combien peu de, *quam parum* (gén.); *quam pauci, ae, a;* ou *quam parvus, a, um;* combien de temps, *quamdiu.*
combinaison, f. **1.** *Copulatio, onis*, f. ◆ **2.** (Chimie) *Temperatio*, f. ◆ **3.** (Fig.) Calculs, projets. *Ratio, onis*, f.
combiner, tr. **1.** *Componere, o*. Conjungere, o**. ◆ **2.** (Chimie) *Temperare (aliquid aliquā re).* ◆ **3.** Concerter. *Instruere, o*. Parare.*
1. comble, m. **1.** *Cumulus, i*, m. *Culmen, inis*, n. De fond en comble, *funditus.* ◆ **2.** (Fig.) *Summus, a, um.* Le comble de la joie, le comble des

honneurs, *summa laetitia; summa dignitas;* pour comble de malheurs, la faim, *super cetera, fames;* porter à son —, mettre le — à, *cumulare* (*rem aliquā re*).

2. comble, adj. **1.** *Cumulatus, a, um.* La mesure de sa haine est comble, *supra modum odium ejus crevit**. ◆ **2.** Rempli de monde. *Frequentissimus, a, um.*

combler, tr. *Cumulare. Complere, eo. Explere, eo.* Combler qqn d'honneurs, *honoribus aliquem amplificare.*

combustible, adj. *Qui, quae, quod facile accenditur**.

combustion, f. **1.** *Crematio, onis,* f. Être en combustion, *comburi**. ◆ **2.** (Fig.) *Tumultus, us,* m. Mettre tout en combustion, *omnia perturbare.*

comédie, f. **1.** *Comoedia, ae,* f. *Fabula,* f. De comédie, *comicus, a, um;* jouer une comédie, *fabulam agĕre**. ◆ **2.** (Fig.) *Fabula.* Donner la comédie, *ludibrio esse* ou *fabulam esse* (*alicui*); jouer la comédie, *simulatione uti*; alienam personam agĕre*;* c'est une vraie comédie, *res vere ridicula est.*

comédien, enne, m. et f. **1.** *Comoedus, i,* m. *Histrio, onis,* m. *Mima, ae,* f. Profession ou art de comédien, *scaena, ae,* f.; de comédien, *mimicus, a, um;* en comédien, *comice.* **2.** (Fig.) *Artifex, icis,* m.

comestible, adj. *Edulis, e.* Des comestibles, *esculenta, orum,* npl.

comète, f. *Cometes, ae* (acc., *em*), m.

comice, m. *Comitia, iorum,* npl. Endroit où se tenaient les comices, *comitium, ii,* n.; assemblée du peuple en comices, *comitiatus, us,* m.; qui concerne les comices, *comitialis, e.*

comique, adj. **1.** Relatif à la comédie. *Comicus, a, um.* Le genre comique, *comoedia, ae,* f.; le comique, *genus mimicum.* ◆ **2.** Plaisant. *Jocularis, e. Lepidus, a, um.*

comiquement, adv. *Comice.*

comité, m. *Consilium, ii,* n. En comité secret, *arcano;* en petit comité, *cum paucis.*

commandant, m. *Praefectus, i,* m. *Dux, ducis,* m.

commande, f. **1.** *Mandatum, i,* n. *Opus* (*eris*) *mandatum* (*i*), n. Faire une commande, *aliquid faciendum locare.* ◆ **2.** (Fig.) Tristesse de commande, *maestitia ficta;* larmes de commande, *jussae lacrimae.*

commandement, m. **1.** Pouvoir de commander. *Imperium, ii,* n. Avoir, exercer le commandement, *praeesse** (dat.); confier ou donner à qqn le commandement d'une province, *aliquem provinciae praeficĕre, io*;* sous le commandement de Pompée, *Pompeio duce.* ◆ **2.** Précepte, ordre. *Mandatum, i,* n. *Praeceptum,* n. *Jussum,* n. A commandement (à volonté), *ad arbitrium;* parler d'un ton de commandement, *imperiose loqui**.

commander. I. Tr. Ordonner,

imposer. *Imperare. Jubere, eo*. Praecipere, io**. Commander le dîner, *cenam imperare;* commander de (inf.), *jubēre* (prop. inf.); *praecipere ut* (subj.); commander le respect, *venerationem habēre*;* les circonstances le commandent, *res cogunt**. ◆ **II.** Tr. et intr. **1.** Diriger, gouverner. *Ducere, o** (acc.). *Praeesse** (dat.). Commander en chef, *summam rerum regĕre*;* commander à ses passions, *cupiditatibus imperare;* qui sait commander à, *potens, entis* (gén.); qui ne peut commander à, *impotens* (gén.). ◆ **2.** Faire une commande de qqch. *Locare* (*aliquid faciendum*). ◆ **3.** Dominer (en parlant d'un lieu). *Despectare* (acc.). *Imminere, eo** (dat.).

1. comme. I. Adv. **1.** De la même manière que. *Ut. Sicut. Quasi. Tamquam. More* ou *instar* (gén.). Traiter qqn comme un fils, *filii loco aliquem habere*;* comme font les Grecs, *Graecorum more;* on l'emporta comme mort, *pro mortuo sublatus* est;* se conduire comme une femme, *muliebriter se gerĕre**. ◆ **2.** A peu près. *Quasi. Quidam, quaedam, quoddam* (auprès d'un nom). *Fere* (devant un adj. ou un verbe). ◆ **3.** De la manière que. *Ut.* Comme on dit, *ut aiunt*;* furieux comme il était, *ut erat furiosus;* bon comme tu l'es, *quae tua est humanitas.* ◆ **4.** De quelle manière (discours indir.) *Quomodo* (subj.). *Quem ad modum* (subj.). Je vais te dire comment ces choses se passent, *haec negotia quomodo se habeant* dicam**. ◆ **II.** Exclam. A quel point. *Ut. Quam. Quomodo.* Comme il était humble! *ut demissus erat !* ◆ **III.** Comme si. *Quasi* ou *tamquam* (subj.).

2. comme, conj. **1.** Temporelle (marquant le moment) *Cum* (indic.). (Marquant l'enchaînement des faits) *Cum* (subj.). Comme il commençait à parler, *cum loqui incipiebat** ou *inciperet**. ◆ **2.** Causale. *Cum* (subj.). Comme tous ne le peuvent pas, *cum omnes non possint**.

commémoraison ou **commémoration,** f. *Commemoratio, onis,* f.

commençant, ante, m. et f. *Tiro, onis,* m. *Discens, entis.* Les commençants, *incipientes, ium,* mpl.

commencement, m. *Initium, ii,* n. *Principium,* n. Qui est à son commencement, *primus, a, um;* au commencement de l'année, *incipiente anno;* dès le commencement, *primo; ab initio;* dès le commencement du monde, *jam inde a principio mundi;* le commencement (d'un discours), *exordium, ii,* n.; les commencements (d'un art), *elementa, orum,* npl.

commencer. I. Tr. Faire le commencement de. *Incipere, io*. Inchoare. Ordiri**. Commencer un travail, *opus incipĕre;* commencer par qqch., *incipĕre ab; initium facĕre* (*io**) *ab; initium ducĕre* ex;* il commença par garder le silence, *primum obmutuit*;* commencer à ou de (inf.), *incipĕre* (inf.); *coepisse** (inf.); il commence à faire nuit, *advesperascit*;* on commença à combattre, *pugnari coeptum* est.* ◆ **II.** Intr. Débuter, prendre commencement. *Coepisse*. Incipĕre*.* Une querelle ayant commencé, *cum orta* esset controversia.*

commensal, m. *Convictor, oris,* m. Être le — de qqn, *convictum habere* cum aliquo.*

comment, adv. rel. et interrog. *Quomodo. Quem ad modum. Ut.* Comment allez-vous? *quomodo vales*?* comment se fait-il que, *quomodo fit* ut* (subj.); comment vous appelez-vous, *qui vocaris? quo nomine es?* comment dites-vous? *quid ais*?* comment? *quid?*

commentaire, m. **1.** Explication. *Enarratio, onis,* f. Cela se passe de commentaires, *hoc interpretatione non eget*.* ◆ **2.** Interprétation maligne. Donner lieu à des commentaires, *materiam sermonibus praebere*;* faire des commentaires sur, *sermonibus carpĕre** (acc.). ◆ **3.** Nom plur. Mémoires. *Commentarii, iorum,* mpl.

commentateur, m. *Interpres, etis,* m.

commenter, tr. **1.** Expliquer. *Explanare.* ◆ **2.** Critiquer. *Carpere, o*.*

commérage, m. *Rumusculi, orum,* mpl.

commerçant, ante. I. Adj. Ville commerçante, *emporium, ii,* n. ◆ **II.** Nom m. f. *Negotiator, oris,* m. *Negotiatrix, icis,* f. Commerçant en laines, *lanarius mercator.*

commerce, m. **1.** Trafic. *Commercium, ii,* n. *Mercatura, ae,* f. *Mercatus, us,* m. Commerce de gros, *mercatura magna; negotiatio, onis,* f.; commerce de détail, *tenuis mercatura;* commerce du charbon, de la soie, *carbonarium commercium; sericorum commercium;* article de commerce, *merx, mercis,* f.; liberté de commerce, *jus commercii;* faire le commerce avec, *mercaturas facĕre* (*io**) *cum;* faire commerce de qqch., *aliquid in quaestum conferre*.* ◆ **2.** Relation. *Societas, atis,* f. *Consuetudo, inis,* f. *Commercium.* Avoir commerce avec qqn, *aliquo familiariter uti*.* ◆ **3.** Fréquentation illicite. *Consuetudo.* Avoir — avec, *consuescĕre* cum* (abl.).

commercer, intr. *Negotiari. Mercaturas facere, io*.*

commercial, ale, adj. *Mercatorius, a, um.* Société —, *societas, atis,* f.

commère, f. *Lingulaca, ae,* f. Vieille commère, *garrula* (*ae*) *anus* (*us*), f.

commettre, tr. **1.** Faire. *Admittere, o*. Committere, o*.* Commettre une faute, *culpam committĕre.* ◆ **2.** Confier, préposer. *Mandare* (*rem alicui*). Commettre qqn au soin de, *constituere aliquem qui* (subj.).

SE COMMETTRE, r. Se commettre dans une dispute, *controversiae se committĕre**; se commettre avec qqn, *rationem habēre* cum aliquo.*

comminatoire, adj. *Minax, acis.*

commis, m. *Minister, tri,* m. Les commis, *ministeria, iorum,* npl.

commisération, f. *Miseratio, onis,* f.

commissaire, m. *Legatus, i,* m. Commissaire des vivres, *praefectus* (*i,* m.) *annonae;* le commissaire de police du quartier, *procurator* (*oris,* m.) *insulae.*

commission, f. **1.** Charge de faire une chose. *Mandatum, i,* n. *Procuratio, onis,* f. *Provincia, ae,* f. Charger qqn d'une commission pour ou auprès de, *dare* alicui mandata ad;* donner à qqn commission de, *mandatum dare* alicui ut* (subj.); s'acquitter d'une commission, *mandatum curare* ou *exsequi*.* ◆ **2.** Réunion de personnes. *Concilium, ii,* n. Commission de deux, de trois, etc., membres, *duumviri, orum,* mpl.; *triumviri,* etc.

commissionnaire, m. **1.** Qui exécute les ordres d'un autre. *Procurator, oris,* m. ◆ **2.** Portefaix. *Bajulus, i,* m.

commissionner, tr. *Mandatum dare** (*alicui*).

commissure, f. *Commissura, ae,* f.

1. commode, adj. **1.** *Commodus, a, um* (dat.). *Opportunus* (dat.). *Aptus* (dat. ou *ad,* acc.). ◆ **2.** (Fig.) *Commodus. Facilis, e.*

2. commode, f. *Arcula, ae,* f.

commodément, adv. *Commode.*

commodité, f. **1.** *Commodum, i,* n. *Commoditas, atis,* f. Avoir des commodités, *commode vivĕre*;* avec commodité, *commode;* à votre commodité, *commodo tuo.* ◆ **2.** Pl. Lieux d'aisances. *Latrina, ae,* f.

commotion, f. *Commotio, onis,* f.

commuer, tr. *Commutare* (*poenam altera*).

1. commun, une, adj. **1.** Qui appartient à tous. *Communis, e* (gén. ou dat.). D'un commun accord, *una mente;* faire cause commune avec qqn, *causam suam cum aliquo communicare;* avoir avec qqn des intérêts communs, *communione utilitatis cum aliquo sociatum esse;* mettre qqch. en commun, *aliquid in commune conferre*;* en commun, *communiter;* qu'y a-t-il de commun entre moi et...? qu'ai-je de commun avec...? *quid mihi cum...?* qui n'a rien de commun avec (en parl. des ch.), *sejunctus, a, um* (*ab*); vie en commun, *societas vitae; convictus, us,* m.; les intérêts communs des citoyens, *res* (*rei*) *publica* (*ae*), f. ◆ **2.** Qui se rencontre fréquemment. *Vulgaris, e. Usitatus, a, um.* Le sens commun, *sensus communis;* plante commune, *vulgaris herba;* style commun, *humilis oratio;* les lieux communs (rhét.), *loci, orum*, mpl.; c'est un lieu commun de dire, *vulgare est dicĕre;* tout ce qu'il y a de plus commun, *vilissimae res;* qui n'est pas commun, *singularis, e; rarus, a, um; eximius.*

2. **commun,** m. La foule. *Vulgus, i,* n. Un homme du commun, *unus e vulgo.*

communal, ale, adj. *Communis, e. Publicus, a, um.*

communauté, f. **1.** Caractère de ce qui est commun. *Communitas, atis,* f. *Societas,* f. Communauté d'intérêts, *utilitatum communicatio, onis,* f. ◆ **2.** Réunion de ceux qui vivent en commun. *Societas, atis,* f. *Consortio, onis,* f.

commune, f. *Commune, is,* n. *Civitas, atis,* f.

communément, adv. *Vulgo. Plerumque.* Comme on dit communément, *ut dici solet*.*

communicatif, ive. adj. **1.** (En parlant des ch.) *Qui (quae, quod) facile diffunditur*.* Le rire est —, *ridentibus arrident*.* ◆ **2.** (En parlant des pers.) *Obvius, a, um.* Peu communicatif, *taciturnus, a, um.*

communication, f. **1.** Action de communiquer qqch. à qqn. *Communicatio, onis,* f. Donner communication de qqch. à qqn, *aliquid alicui exponĕre*.* ◆ **2.** Action de communiquer avec qqn ou qqch. (En parl. des pers.) *Commercium, ii,* n. *Consuetudo, inis,* f. (En parl. des ch.) *Transitus, us,* m. Nous n'avons ensemble aucune communication, *nullum mihi cum illis est commercium;* couper les communications, *transitus* ou *iter intercludĕre*;* couper une armée de ses communications, *exercitui commeatus intercludĕre;* voies de communication, *meatus, us,* m.

communier, intr. **1.** Être en rapport (avec). *Communicare (cum).* ◆ **2.** Recevoir la communion. *Communicare altari. Corpus Christi accipere, io*.*

communion, f. *Communio, onis,* f.

communiquer. I. Tr. Donner communication de. *Communicare (rem cum aliquo). Impertire (alicui rem* ou *de re).* Communiquer des desseins à qqn, *aliquem consiliorum participem facĕre, io*;* l'aimant communique sa vertu au fer, *ferrum vi sua inficit* magnes;* communiquer une maladie, *morbum vulgare;* communiquer (par écrit) qqch. à qqn, *aliquid ad aliquem scribĕre*.* ◆ **II.** Intr. Avoir communication avec. (En parl. des pers.) *Commercium (cum aliquo) habēre, eo*.* (En parl. des ch.) *Pertinĕre, eo* (ad). Ducĕre, o* (ad).* — avec qqn, *ad aliquem referre*;* passage communiquant avec, *iter ferens* ad.*

SE COMMUNIQUER, r. **1.** Se transmettre, se répandre. *Diffundi* (in,* acc.). *Transire, eo* (in,* acc.). ◆ **2.** Entrer facilement en rapport avec. *Potestatem sui facere, io* (alicui).* ◆ **3.**

(Ch.) Être en communication avec. *Continentem esse* (dat.).

communisme, m. *Bonorum aequatio, onis,* f.

commutation, f. *Mutatio, onis,* f.

compact, acte, adj. **1.** *Densus, a, um. Spissus.* Rendre compact, *spissare;* devenir compact, *in solidum crescĕre*;* d'une manière compacte, *dense.* ◆ **2.** (Fig.) *Confertus, a, um.*

compagne, f. **1.** *Socia, ae,* f. *Comes, itis,* f. (Épouse) *Uxor, oris,* f. ◆ **2.** (Fig.) *Comes.*

compagnie, f. **1.** Présence. *Societas, atis,* f. Tenir compagnie à qqn, *cum aliquo esse; se alicui comitem addĕre*;* fausser compagnie à qqn, *aliquem deserĕre*;* en compagnie de, *cum aliquo; comitante aliquo;* de compagnie, *simul.* ◆ **2.** Réunion de personnes. *Coetus, us,* m. *Circulus, i,* m. De bonne compagnie, *bellus, a, um; urbanus;* de mauvaise compagnie, *molestus, a, um; rusticus;* les mauvaises compagnies, *improbi, orum,* mpl.; compagnie de soldats, *manipulus, i,* m.; compagnie commerciale, savante, etc..., *societas, atis,* f. ◆ **3.** Groupe d'animaux de même espèce. *Grex, gregis,* m.

compagnon, m. *Socius, ii,* m. Compagnon de voyage, *comes, itis,* m.; — d'armes, *commilito, onis,* m.; — de table, *convictor, oris,* m.; — de travail, *consors (ortis) laboris;* — d'études, *condiscipulus, i,* m.; — d'esclavage, *conservus, i,* m.; ouvrier compagnon, *sodalis, is,* m.; vivre de pair à compagnon, *ex aequo cum aliquo agĕre*;* un dangereux compagnon, *homo cavendus;* un gai compagnon, *vir jocosus.*

compagnonnage, m. *Collegium, ii,* n. *Sodalicium, ii,* n.

comparable, adj. *Conferendus, a, um (cum). Comparabilis, e.*

comparaison, f. *Comparatio, onis,* f. *Collatio,* f. Établir une comparaison entre, *comparare* ou *conferre** (acc.); mettre en comparaison, *in certamen deducĕre*;* en comparaison de, *prae* (abl.); par comparaison, *comparate;* qui ne soutient pas la comparaison, *non comparandus, a, um;* le plus beau sans —, *longe pulcherrimus, a, um.*

comparaître, intr. (En justice). *(Ad judicium) adesse*.* Ne pas comparaître, *vadimonium deserĕre*;* faire comparaître (en assignant un jour), *diem dicĕre* alicui;* faire comparaître (en faisant donner caution), *aliquem vadari;* faire comparaître des témoins, *testes producĕre*.*

comparatif, ive. I. Adj. *Comparativus, a, um.* ◆ **II.** Nom m. (Gr.) *Comparativus (i) gradus (us),* m.

comparativement, adv. *Comparate.*

comparer, tr. **1.** Confronter. *Comparare. Conferre, fero*. Componere, o** (qqn à qqn, *aliquem alicui* ou *cum aliquo*; qqch. à qqch., *aliquid cum aliquā re*). ◆ **2.** Égaler, mettre sur la même ligne. *Aequare* (*aliquem alicui, rem cum re*).

compartiment, m. *Loculus, i,* m. Distribué en compartiments, *loculatus, a, um.*

comparution, f. *Vadimonium, ii,* n.

compas, m. *Circinus, i,* m. Tracer au compas, *circinare.*

compassé, ée, part. et adj. *Compositus, a, um.* Avoir une démarche compassée, *gradus suos temperare.*

compassion, f. *Misericordia, ae,* f. *Miseratio, onis,* f. Avoir compassion de, avoir de la compassion pour, *miserari* (acc.); faire compassion, *misericordiam movēre**; être touché de compassion, *misericordiā movēri;* digne de compassion, *miserabilis, e.*

compatibilité, f. *Convenientia, ae,* f.

compatible, adj. *Congruens, entis* (*cum*). N'être pas compatible (en parl. de ch.), *repugnare.*

compatir, intr. **1.** (Ch.) Se concilier avec. *Congruere, o** (*cum*). *Concordare* (*cum*). ◆ **2.** (Pers.) Être sensible à la pitié. (*Me*) *miseret** (gén.). Compatir aux faiblesses de qqn, *alicujus peccatis indulgēre**.

compatissant, ante, adj. *Misericors, ordis* (*in aliquem*).

compatriote, m. et f. *Popularis, is,* m. f. *Civis,* m. f. Nos compatriotes, *nostrates, um,* mpl.

compensation, f. *Compensatio, onis,* f.

compenser, tr. *Compensare* (*rem cum re*). *Pensare* (*rem re*).

compère, m. Celui qui est d'intelligence avec qqn. *Collusor, oris,* m. Un rusé compère, *homo versutus.*

compétence, f. *Potestas, atis,* f. *Provincia, ae,* f. Ceci n'est point de ma compétence, *in hoc alienus sum.*

compétent, ente, adj. *Justus, a, um. Idoneus.* Être compétent, *competere, o**.

compétiteur, trice, m. et f. *Competitor, oris,* m. *Competitrix, icis,* f.

compétition, f. *Competitio, onis,* f.

compilateur, m. (Des lois) (*Juris*) *compositor, oris,* m.

compilation, f. *Collectio, onis,* f.

compiler, tr. *Excerpere, o**. *Colligere, o**.

complainte, f. Chanson. *Nenia, ae,* f.

complaire, intr. *Obsequi, or** (*alicui*). *Indulgere, eo** (*alicui* ou *alicujus voluntati*).

SE COMPLAIRE, r. *Delectari* (*re* ou *in re*). *Gaudere, eo** (*re*).

complaisamment, adv. *Obsequenter. Indulgenter.*

complaisance, f. *Obsequium, ii,* n. *Obsequentia, ae,* f. *Indulgentia,* f. Avoir de la complaisance pour, *indulgēre** (*alicui*); *morem gerĕre* (*alicui*); avoir des complaisances pour, *officiosum esse in* (acc.); ayez la complaisance de, *hoc age**, *ut* (subj.); faites cela par complaisance pour moi, *hoc fac** *meā causā;* mensonge de complaisance, *misericors mendacium;* avec complaisance (pour autrui), *indulgenter;* (pour soi), *libenter;* c'est trop de complaisance! *humane facis**.

complaisant, ante. I. Adj. *Obsequens, entis* (dat.). *Indulgens* (dat.). ◆ **II.** Nom m. *Assentator, oris,* m.

complément, m. *Complementum, i,* n.

complémentaire, adj. *Additicius, a, um.*

complet, ète, adj. *Absolutus, a, um. Perfectus.* Au complet, *integer, gra, grum; ad numerum;* mettre au complet, *numerum supplēre* (gén.).

complètement, adv. *Absolute. Omnino.*

compléter, tr. *Complere, eo. Explere, eo. Supplere, eo.*

complétif, ive, adj. *Completivus, a, um.*

complexe, adj. *Multiplex, icis.*

complexion, f. *Corporis habitus, us,* m. Qui est de forte complexion, *cui corpus bene constitutum est;* qui est de complexion délicate, *qui infirmā valetudine est.*

complexité, f. *Multiplicitas, atis,* f.

complication, f. *Nodus, i,* m. Complications politiques, *rerum publicarum implicatio, onis,* f.

complice, adj. et nom. *Conscius, a, um* (gén.).

complicité, f. *Sceleris societas, atis,* f. *Sceleris conscientia, ae,* f. Être de complicité dans un crime, *esse sceleris conscium.*

compliment, m. **1.** Paroles obligeantes ou flatteuses. *Gratulatio, onis,* f. *Officiosa (orum) verba (orum),* npl. Faire à qqn des compliments de qqch., complimenter qqn de qqch., *aliquid alicui gratulari.* ◆ **2.** Civilités. *Salus, utis,* f. Faire, présenter ses compliments à qqn, *aliquem salutare; salutem alicui dicĕre*; envoyer, transmettre ses — à qqn (par écrit), *salutem alicui scribĕre*;* faire dire des compliments à qqn, *jubēre* aliquem salvēre.*

complimenteur, euse. I. Nom m. et f. *Laudator, oris,* m. *Laudatrix, icis,* f. ◆ **II.** Adj. *Blandus, a, um.*

compliqué, ée, part. et adj. *Implicatus, a, um. Impeditus.*

compliquer, tr. *Implicare**.

complot, m. *Conjuratio, onis,* f. *Conspiratio,* f. Former un complot contre, *conspirare in* (acc.).

comploter, tr. et intr. Comploter la mort de qqn, *in aliquem* ou *in alicujus mortem conspirare* ou *conjurare;* comploter de (inf.), *conspirare* ou *conjurare ut* (subj.).

componction, f. *Compunctio, onis,* f. Être touché de —, *compungi**.

comporter, tr. *Ferre, fero*. Pati, ior*.* Autant que le comporte la nature humaine, *quantum natura humana patitur**.

SE COMPORTER, r. *Se gerĕre**. Se comporter en citoyen, *se pro cive gerĕre.*

composé, m. **1.** Assemblage.

Compages, is, f. ◆ **2.** Mélange. *Permixtio, onis*, f.

composer. I. Tr. **1.** Assembler, combiner. *Componere, o*. Conficere, io**. Composer des livres, *libros conficĕre* ou *scribĕre**; être composé de, *constare* ex*. ◆ **2.** Façonner, arranger. *Fingere, o*. Componere*. Composer son visage et sa démarche, *sibi vultum et incessum fingere*. ◆ **II.** Intr. Transiger. *Pacisci, or*. Transigere, o**.

SE COMPOSER, r. **1.** Être composé. *Constare** (*re* ou *ex re*). *Conflari* (*ex*). ◆ **2.** Se régler sur. *Se regĕre* ad*.

compositeur, m. **1.** Compositeur de musique, *musicus, i*, m.; — d'imprimerie, *litterarum dispositor, oris*, m. ◆ **2.** Qui accommode. *Transactor, oris*, m.

composition, f. **1.** Assemblage, mélange. *Compositio, onis*, f. Un médicament de sa composition, *medicamentum quod composuerat**. ◆ **2.** Travail de l'esprit. *Scriptio, onis*, f. Le travail de la composition, *scribendi* opera, ae*, f.; la composition d'un livre, *libri confectio, onis*, f.; la composition (d'un tableau), *dispositio, onis*, f.; la composition (en imprimerie), *litterarum dispositio*; la composition (en musique), *modorum faciendorum labor, oris*, m. ◆ **3.** Ouvrage de l'esprit. *Scriptum, i*, n. *Opus, eris*, n. Sujet de composition, *scribendi argumentum*. ◆ **4.** Accord. *Pactio, onis*. Recevoir à composition, *in deditionem accipere, io**; qui est de bonne composition, *facilis, e*.

compote, f. *Conditura, ae*, f.

compréhensible, adj. *Clarus, a, um*. Ce que je dis est très compréhensible, *quod dico* facile intellegi potest**.

compréhension, f. *Comprehensio, onis*, f. *Intellegentia, ae*, f.

comprendre, tr. **1.** Contenir. *Complecti, or*. Comprehendere, o*. Continere, eo**. Être compris dans un traité, *foedere tenēri**; y compris, *cum* (abl.); non compris, *praeter* (acc.). ◆ **2.** Concevoir dans son esprit. *Comprehendĕre* animo. Mente recipere, io*. Intellegere, o**. Faire comprendre qqch., *manifestum facere* (*io**) *aliquid*; comprendre que, *intellegĕre** (prop. inf.); se faire comprendre, *sui intellectum facĕre* (*io*).

compresse, f. *Linamentum, i*, n.

compression, f. *Compressio, onis*, f.

comprimer, tr. *Comprimere, o**.

compromettre, tr. *In discrimen adducere, o**. Compromettre la réputation de qqn, *famam alicujus laedĕre**; être compromis dans une affaire, *in aliquā re versari*; au risque de compromettre..., *cum periculo* (gén.).

SE COMPROMETTRE, r. *In discrimen venire*. Infamiae periculum adire, eo**.

compromis, m. Transaction.

Compromissum, i, n. Passer un compromis, *compromissum facere* (*io**).

comptabilité, f. *Rationes, um*, fpl. Livres de comptabilité, *tabulae* (*arum*, fpl.) *accepti et expensi;* être chargé de la comptabilité, *rationes curare.*

comptable, m. **1.** *Ratiocinator, oris*, m. ◆ **2.** (Fig.) Être comptable de, *debēre** (*rem alicui*).

comptant, adj. **1.** Argent comptant, *praesens* ou *numerata pecunia*, f.; payer comptant, *solvĕre* numerato;* payement au comptant, *repraesentatio, onis*, f. ◆ **2.** (Fig.) Prendre une chose pour argent comptant, *aliquid pro certo habēre**.

compte, m. **1.** Calcul, dénombrement. *Ratio, onis*, f. *Numerus, i*, m. Livre de comptes, *rationum liber, bri*, m.; établir, faire un compte, *rationem subducĕre*;* faire le compte de, *numerare* (acc.).; tenir les comptes, *rationes conficĕre* (*io**); être en compte avec qqn, *pecuniae rationem habēre* cum aliquo;* porter une dépense au compte de qqn, *alicui expensum ferre*;* trouver son compte à qqch., *in aliquā re quaestum facĕre* (*io**). ◆ **2.** (Fig.) Faire compte de, *aestimare* (acc.); prendre à son compte qqch. (se charger de qqch.), *suscipere* (*io**) *aliquid;* mettre qqch. sur le compte de, *conferre* aliquid in* (acc.); tenir compte de qqch., *alicujus rei rationem habēre*;* ne pas tenir compte, *neglegĕre** (acc.); demander à qqn compte de qqch., *alicujus rei rationem ab aliquo exigĕre*;* rendre compte de qqch. à qqn, *alicujus rei rationem alicui reddĕre*;* un compte rendu, *relatio, onis*, f.; faire un compte rendu, *aliquid referre** (*ad aliquem*); devoir des comptes à qqn, avoir des comptes à lui rendre, *rationem alicui debēre*;* être loin de compte, *sua spe fraudari;* à votre compte (suivant votre appréciation), *tuā opinione;* à ce compte, *si ita est;* acheter à bon compte, *bene emere*;* au bout du compte, en fin de compte, *ad summum;* tout compte fait, *perpensis omnibus rebus;* sur son compte, *de illo;* pour son compte (pour lui-même), *sibi;* (pour sa part) *pro virili parte.*

compter. I. Tr. **1.** Dénombrer, mettre au nombre de, posséder. *Numerare.* Compter les syllabes sur les doigts, *digitis syllabas numerare;* à compter de ce jour, *abhinc;* à compter du jour où, *ex quo* (indic.); compter de l'argent à qqn, *pecuniam alicui numerare;* compter au nombre de, —, parmi, *in numerum* (gén.) *referre**. ◆ **2.** Estimer, priser. Compter pour rien, *pro nihilo putare, habēre** ou *ducĕre** (*aliquid*); *flocci non facere* (*io**) (*aliquid*); compter pour beaucoup, *magni aestimare* (*aliquid*). ◆ **II.** Intr. **1.** Calculer. *Ratiocinari. Numerare.*

◆ **2.** Être du nombre de, entrer en ligne de compte. *In numero esse* (gén.). *Haberi, eor**. Ne pas compter, *pro nihilo esse.* ◆ **3.** Avoir confiance dans. *Confidere, o** (dat. ou abl.). Compter sur la disposition du terrain, *naturā loci confidĕre;* ne pas ou ne plus compter sur la victoire, *victoriae diffidĕre*;* je compte (inf.), je compte bien que, *spero* (inf. fut.) ou *spero fore ut* (subj.).

SE COMPTER, r. **1.** Être compté. *Numerari.* ◆ **2.** Se nombrer les uns les autres. *Vires suas respicĕre* (*io**). ◆ **3.** S'estimer soi-même. *Se habēre**.

comptoir, m. **1.** Bureau. *Mensa, ae,* f. ◆ **2.** Agence de commerce à l'étranger. *Emporium, ii,* n.

compulser, tr. *Evolvere, o**.

comte, m. *Comes, itis,* m.

comté, m. *Comitatus, us,* m.

comtesse, f. *Comitissa, ae,* f.

concasser, tr. *Terere, o**. *Conterere, o**.

concave, adj. *Concavus, a, um.*

concavité, f. *Concavum, i,* n.

concéder, tr. *Concedere, o**.

concentration, f. *Conglobatio, onis,* f. Concentration de troupes, *junctae copiae,* fpl.

concentrer, tr. *Cogere, o**. *Contrahere, o**. Concentrer son attention sur qqch., *in* ou *ad aliquid animum intendere*;* concentrer sa colère, *iram premĕre*;* qui est d'un caractère concentré, *obtegens sui.*

SE CONCENTRER, r. **1.** Se rassembler. *Cogi, or**. ◆ **2.** Se borner. Le combat se concentre sur un seul point, *in unum locum inclinat pugna.* ◆ **3.** Se concentrer en soi-même. *Se contrahĕre**.

concentrique, adj. Opérer un mouvement concentrique, *in orbem coire, eo**.

conception, f. **1.** *Conceptio, onis,* f. *Conceptus, us,* m. ◆ **2.** (Fig.) *Rerum perceptio, onis,* f. Avoir la conception prompte, lente, *esse ingenio celeri, tardo;* une belle conception, *res egregie excogitata.*

concernant, prép. *De* (abl.).

concerner, intr. *Pertinere, eo** (*ad*). *Spectare* (*ad*). Pour ce qui me concerne, en ce qui me concerne, *quod ad me attinet**.

concert, m. **1.** Accord. *Consensus, us,* m. *Consensio, onis,* f. *Concordia, ae,* f. De concert, *ex composito;* agir de concert avec qqn, *concordi agĕre* voluntate.* ◆ **2.** (Musique) *Concentus, us,* m. Un concert de musique, *symphonia, ae,* f.; salle de concert, *odeum, i,* n. ◆ **3.** (Fig.) Un concert de louanges, *laudantium concentus.*

concerter, tr. *Componere, o**. Affaire concertée, *consociata res;* d'après un plan concerté, *ex composito.*

SE CONCERTER, r. *Consulere, o**.

concession, f. *Concessio, onis,* f. *Gratia, ae,* f. Faire une concession, *concedĕre** (acc.); ne faire aucune concession, *omnia negare.*

concessionnaire, m. *Locator, oris,* m.

concetti, mpl. *Sententiae, arum*, fpl.

concevable, adj. *Comprehensibilis, e. Qui (quae, quod) intellegi potest**.

concevoir, tr. **1.** *Concipere, io**. ◆ **2.** (Fig.) *Concipere. Perspicere, io*. Animo* ou *mente comprehendere, o**. Lettre conçue en termes obligeants, *humanissime scriptae litterae.*

concierge, m. et f. *Janitor, oris*, m. *Janitrix, icis*, f.

conciergerie, f. **1.** Fonction. *Janitoris munus, eris*, n. ◆ **2.** Lieu. *Janitoris cella, ae*, f.

concile, m. *Concilium, ii*, n. *Synodus, i*, f. Tenir un concile, *concilium habēre**.

conciliable, adj. *Conveniens, entis (cum).*

conciliabule, m. *Conventiculum, i*, n.

conciliant, ante, adj. *Temperandis animis aptus, a, um. Placidus.*

conciliateur, trice, m. et f. *Pacis sequester, tri*, m. ou *sequestra, ae*, f. Jouer un rôle de conciliateur, *medium se gerĕre**.

conciliation, f. *Conciliatio, onis*, f.

concilier, tr. *Conciliare. Conjungere, o**.

SE CONCILIER, r. **1.** Gagner, s'attacher. *Sibi conciliare.* ◆ **2.** S'accorder (en parl. de choses). *Convenire*. Conjungi, or**.

concis, ise, adj. *Concisus, a, um. Brevis, e.* Avoir un style concis, *astricte scribĕre**.

concision, f. (*In dicendo*) *brevitas, atis*, f. Qui manque de concision, *non satis pressus, a, um;* avec concision, *presse.*

concitoyen, enne, m. et f. *Civis, is*, m. f. *Popularis, is*, m. f.

conclave, m. *Conclave, is*, n.

concluant, ante, adj. *Ad probandum firmus, a, um.* Être concluant, *magno esse argumento.*

conclure, tr. **1.** Amener à son dénouement. *Concludere, o*. Absolvere, o**. Conclure une affaire, *rem conficĕre, io*;* — un discours, *perorare.* ◆ **2.** Tirer une conclusion. *Concludĕre** (de, *ex*). *Colligere, o*. Inferre, fero** (de, *ex*). Conclure à une amende, *pecuniā anquirĕre**.

conclusion, f. **1.** Fin. *Conclusio, onis*, f. *Confectio*, f. *Exitus, us*, m. La conclusion d'une affaire, *negotium perfectum;* la conclusion d'un discours, *peroratio, onis*, f.; formule de conclusion, *clausula, ae*, f. ◆ **2.** Conséquence. *Conclusio. Illatio, onis*, f. Tirer une conclusion de, *concludĕre** (*ex*); mes conclusions sont que, *censeo** (prop. inf.); telle est ma conclusion, *haec est mea sententia.*

concombre, m. *Cucumis, is* (acc. *im*, abl. *i*), m.

concomitance, f. *Comitatus, us*, m.

concordance, f. **1.** *Convenientia, ae*, f. ◆ **2.** (Gr.) *Consequentia, ae*, f.

concordat, m. *Pactio, onis*, f.

concorde, f. *Concordia, ae*, f.

Ramener la concorde, *concordiam reconciliare.*

concorder, intr. (Pers.) *Consentire** (*cum*). ◆ **2.** (Choses) *Congruere, o** (*cum*).

concourir, intr. **1.** Converger vers un même point. *Competere, o**. ◆ **2.** Coopérer à. *Conspirare* (*ad aliquid cum aliquo*). *Adjuvare** (*aliquem ad aliquid*). ◆ **3.** Rivaliser avec. *Certare* (*cum*). *Contendere, o** (*cum*).

concours, m. **1.** Affluence. *Concursus, us,* m. ◆ **2.** Réunion (de ch.). *Concursus.* Concours de circonstances, *omnes res in unum congruentes.* ◆ **3.** Coopération. *Opera, ae,* f. *Auxilium, ii,* n. Avec le concours de qqn, *alicujus auxilio; aliquo adjuvante*;* sans le concours de, *sine ministerio* (gén.). ◆ **4.** Compétition. *Certamen, inis,* n. Présenter au —, *in certamen deferre**.

concret, ète, adj. *Concretus, a, um.*

concrétion, f. *Concretio, onis,* f.

concupiscence, f. *Libido, inis,* f.

concurremment, adv. *Una* (*cum,* abl.).

concurrence, f. **1.** Coïncidence. *Concursus, us,* m. Jusqu'à concurrence de, *ad numerum* (gén.) ou simpl. *ad* (acc.). ◆ **2.** Rivalités d'intérêts. *Aemulatio, onis,* f. *Contentio,* f. Faire concurrence à qqn, entrer en concurrence avec qqn, *cum aliquo* (*de aliquā re*) *contendĕre**.

concurrent, ente. I. Adj. Qui coïncide. *Concurrens, entis.* ◆ **II.** Nom m. f. Compétiteur. *Competitor, oris,* m. *Competitrix, icis,* f. *Aemulus, i,* m. *Aemula, ae,* f.

concussion, f. *Peculatus, us,* m. *Pecuniae* (*arum*) *repetundae* (*arum*), fpl. Accuser qqn de concussion, *aliquem accusare de repetundis.*

concussionnaire. *Peculator, oris,* m.

condamnable, adj. *Damnandus, a, um. Vituperandus.*

condamnation, f. *Damnatio, onis,* f. De condamnation, *damnatorius, a, um;* passer condamnation sur qqch., *aliquid fatēri**.

condamner, tr. **1.** Déclarer coupable. *Damnare. Condemnare.* Condamner qqn pour vol, *aliquem furti* ou *de furto damnare;* condamner aux galères, à mort, à l'exil, à l'amende, *ad triremes, capite* ou *capitis damnare; exsilio, multa multare.* ◆ **2.** Blâmer. *Improbare. Vituperare.* ◆ **3.** Déclarer un malade voué à la mort. *Desperare* (*de aliquo*). ◆ **4.** Mettre hors de service (une porte, etc.). *Obserare. Obstruĕre, o**.

SE CONDAMNER, r. **1.** Reconnaître sa faute. *Crimen agnoscĕre** ou *confitēri**. ◆ **2.** Se soumettre à. Se condamner à un exil volontaire, *exilium sibi consciscĕre**.

condensation, f. *Densatio, onis,* f. La condensation de l'air, *densatus aer,* m.

condenser, tr. *Densare. Condensare.*

SE CONDENSER, r. *Densari.* L'air se condense en nuage, *aer in nubes cogitur*.*

condescendance, f. *Obsequium, ii,* n. *Obsequentia, ae,* f. Avoir de la condescendance pour qqn, *obsequi* alicujus voluntati;* par condescendance pour, *in obsequium* (gén.).

condescendant, ante, adj. *Obsequens, entis* (dat.). *Indulgens* (dat.).

condescendre, intr. *Obsequi, or** (dat.). *Indulgere, eo** (dat.). Faire condescendre qqn à ses désirs, *in sententiam suam aliquem trahĕre*.*

condiment, m. *Condimentum, i,* n.

condisciple, m. *Condiscipulus, i,* m.

condition, f. **1.** État. *Condicio, onis,* f. *Sors, sortis,* f. ◆ **2.** Extraction. *Locus, i,* m. *Genus, eris,* n. ◆ **3.** Clause. *Condicio.* Condition d'un traité, *lex, legis,* f.; à condition que, *ea lege ut* (subj.); *modo* ou *dum modo* (subj.). ◆ **4.** Service. *Famulatus, us,* m. Être en condition. *Servire. Famulari,* dat.

conditionné, ée, adj. Bien, mal conditionné, *probus, a, um; improbus.*

conditionnel, elle, adj. *Condicionalis, e.*

conditionnellement, adj. *Condicione adjectā.*

conditionner, tr. *Constituere, o. Conficere, io*.*

condoléance, f. Exprimer ses sentiments de condoléances à qqn, *solari maestitiam alicujus;* lettre de condoléance, *litterae consolatoriae.*

conducteur, trice, m. et f. (En général) *Dux, ucis,* m. et f. *Rector, oris,* m. *Rectrix, icis,* f. (D'une voiture) *Auriga, ae,* m. (D'une barque) *Gubernator, oris,* m. (De travaux, contremaître) *Exactor, oris,* m.

conduire, tr. **1.** Diriger. *Ducere, o*. Deducere, o*.* Conduire un troupeau, *pecus agĕre*;* conduire une tranchée jusqu'à, *cuniculos agĕre* ad;* conduire à bonne fin, *ad exitum perducĕre*.* ◆ **2.** (Fig.) *Regere, o*. Gubernare. Administrare.* Conduire une armée, *exercitum ducĕre;* conduire une affaire, *rem tractare.*

SE CONDUIRE, r. *Se gerĕre*. Agĕre*.* Se conduire en citoyen, *se pro cive gerĕre;* se laisser conduire par qqn, *alicujus consilio regi*;* se laisser conduire par qqch., *aliquā re movēri*.*

conduit, m. *Ductus, us,* m. *Meatus,* m. *Canalis, is,* m. Petit conduit, *canaliculus, i,* m.

conduite, f. **1.** Direction. *Ductus, us,* m. Faire la conduite à qqn, *aliquem ducĕre*;* sous la conduite de qqn, *alicujus ductu; aliquo duce;* être sous la conduite de qqn, *consilio alicujus regi*.* ◆ **2.** (Fig.) Direction morale. *Administratio, onis,* f. *Curatio,* f. Avoir la conduite d'une affaire, *negotio praeesse*;* confier à qqn la conduite d'une guerre, *aliquem bello praeponĕre** ou *bello gerendo praeficĕre* (*io**). ◆ **3.** Manière de se conduire. *Agendi modus, i,* m. *Mores, um,* mpl. Changer sa conduite, *mutare mores;* il a tenu une telle conduite que, *ita se tractavit ut* (subj.); un homme sans conduite, *inconsultus homo.* ◆ **4.** Disposition (d'un poème). *Oeconomia, ae,* f.

cône, m. *Conus, i,* m. *Meta, ae,* f.

confection, f. *Confectio, onis,* f.

confectionner, tr. *Conficere, io**.

confédération, f. *Societas, atis,* f. *Foedus, eris,* n.

confédéré, ée, adj. *Foedere sociatus, a, um* ou *conjunctus.* Les confédérés, *socii, iorum,* mpl.

confédérer (se), r. *Societatem* ou *foedus facere, io** (*cum*).

conférence, f. **1.** Entretien. *Colloquium, ii,* n. *Sermo, onis,* m. Être en conférence avec, *cum aliquo colloqui*;* entrer en conférence avec, *in colloquium ad aliquem venire*.* ◆ **2.** Leçons publiques. *Disputationes, um,* fpl. Faire des conférences sur, *disputare de* (abl.).

conférer. I. Tr. **1.** Comparer, *Conferre, fero** (*rem cum re*). ◆ **2.** Attribuer. *Deferre, fero*. Decernere, o*.* (Qqch. à qqn, *aliquid alicui*). ◆ **II.** Intr. S'entretenir. *Colloqui, or** (*cum*). *Sermonem habere, eo** (*cum*).

confesse, f. Aller à confesse, *sua peccata sacerdoti patefacĕre* (*io**).

confesser, tr. **1.** Avouer. *Fateri, eor*. Confiteri, eor*.* ◆ **2.** Confesser qqn (recevoir sa confession), *aliquem confitentem audire.* ◆ **3.** (Fig.) Confesser qqn (lui arracher son secret), *confessionem exprimĕre* alicui.*

SE CONFESSER, r. *Sua peccata sacerdoti patefacere, io*.*

confesseur, m. *Confessor, oris,* m.

confession, f. *Confessio, onis,* f.

confessionnal, m. *Paenitentiae tribunal, alis,* n.

confiance, f. *Fiducia, ae,* f. *Fides, ei,* f. Confiance en soi, *confidentia, ae,* f.; avoir confiance dans, *confidĕre** (*alicui* ou *re*); donner de la confiance à qqn, *alicui confidentiam afferre*;* avoir la confiance que, *sperare* (inf. fut.); abus de confiance, *perfidia, ae,* f.; abuser de la confiance, *per fidem fallĕre*;* avec confiance, *confidenter; audacter.*

confiant, ante, adj. **1.** Assuré, sans crainte. *Fidens, entis.* ◆ **2.** Disposé à la confiance. *Credulus, a, um.* ◆ **3.** Présomptueux. *Confidens, entis.*

confidemment, adv. *Secreto.*

confidence, f. (*Consilii*) *communicatio, onis,* f. Être dans la confidence de qqn, *esse intimum alicui* ou *consiliis alicujus;* faire confidence de qqch. à qqn, faire une confidence à qqn, *aliquid alicui* *credĕre** ; en confidence, *secreto;* qui est dans la —, *conscius, a, um.*

confident, ente, m. et f. *Conscius, ii,* m. (gén.). *Conscia, ae,* f. (gén.). Intime —, *consiliis intimus, a, um.*

confidentiel, elle, adj. *Arcanus, a, um.*

confidentiellement, adv. *Secreto.*

confier, tr. *Credere, o**. *Committere, o**. (Qqch. à qqn, *rem alicui*).

SE CONFIER. r. *Se credĕre** (*alicui*). *Confidere** (*alicui* ou *re*).

configuration, f. *Forma, ae,* f.

confiner. I. Intr. Toucher les bornes de. *Contingere, o** (acc.). *Pertinere, eo** (*ad*). *Finitimum esse* (dat.). ◆ **II.** Tr. Reléguer. *Relegare. Detrudere, o** (dans, *in*, acc.).

SE CONFINER, r. *Discedere, o** (*in*, acc.). *Secedere, o** (*in*, acc.).

confins, mpl. *Fines, ium,* mpl.

confire, tr. **1.** *Condire.* Confire au vinaigre, *in aceto condire.* ◆ **2.** (Fig.) Confit en dévotion, *pietate imbutus, a, um.*

confirmation, f. *Confirmatio, onis,* f.

confirmer, tr. *Firmare. Confirmare.* Confirmer qqn dans ses espérances, dans son erreur, *alicujus spem, errorem confirmare;* confirmer une loi, *legem sancire**.

confiscation, f. **1.** Au profit de l'État. *Publicatio, onis,* f. ◆ **2.** Au profit du prince. *Confiscatio,* f. ◆ **3.** Par jugement. *Multatio,* f. ◆ **4.** Saisie d'un objet non déclaré. *Commissum, i,* n. Encourir la confiscation, *in commissum venire**.

confiseur, m. *Dulciarius, ii,* m.

confisquer, tr. **1.** *Publicare. In publicum addicere, o**. ◆ **2.** *Fisco addicere, o**. ◆ **3.** *Multare* (*aliquem re*). ◆ **4.** Être confisqué, *pro commisso tenēri**.

confiture, f. *Conditura, ae,* f. Confiture de coings, *ex cydoniis conditura.*

conflagration, f. **1.** *Conflagratio, onis,* f. **2.** (Fig.) *Incendium, ii,* n.

conflit, m. *Conflictus, us,* m. *Certamen, inis,* n. *Contentio, onis,* f. Être en conflit, *certare* ou *contendĕre* (*cum aliquo de aliquā re*).

confluent, m. *Confluens, entis,* m. *Confluentes* (*amnes*), mpl. Au confluent des deux fleuves, *ubi duo amnes in unum confluunt**.

confluer, intr. *Confluere, o**.

confondre, tr. 1. Mêler, brouiller. *Confundere, o**. *Miscere, eo**. *Permiscere, eo**. Confondre le vrai avec le faux, *vera falsis miscere;* confondre qqn avec un autre, *aliquem alium esse putare;* ne pas confondre, *discernĕre**. ◆ **2.** (Fig.) Déconcerter, perdre. *Confundĕre.* Confondre l'audace de qqn, *alicujus audaciam frangĕre** ; que le ciel te confonde, *dii te perdant**. ◆ **3.** Convaincre. *Confutare. Ratione vincĕre**. Être confondu par l'évidence, *re premī**. ◆ **4.** Étonner, couvrir de honte. *Confundĕre.*

SE CONFONDRE, r. **1.** Se mêler *Confundi*. Miscēri*.* ◆ **2.** Se confondre en remerciements, *gratias maximas agĕre*.*

conformation, f. **1.** *Conformatio, onis,* f. ◆ **2.** (Fig.) Défaut de conformation, *corporis vitium, ii,* n.

conforme, adj. *Similis, e* (gén. ou dat.). *Consentaneus, a, um* (dat.). *Congruens, entis* (dat. ou *cum,* abl.). Être conforme à, *congruĕre* (cum); respondēre** (dat. ou *ad,* acc.); n'être pas conforme à, *abhorrēre* (ab).*

conformément, adv. — (à). *Congruenter* (dat. ou *cum,* abl.). *Pro* (abl.). *Ex* (abl.). *Secundum* (acc.).

conformer, tr. *Conformare. Accommodare* (à, dat. ou *ad,* acc.). *Fingere, o** (à, *ad*).

SE CONFORMER, r. *Se accommodare (ad). Se fingere* (ad).* Se conformer aux circonstances, *tempori servire.*

conformité, f. *Convenientia, ae,* f. *Similitudo, inis,* f. Être en conformité de sentiments avec qqn, *cum aliquo consentire*.*

confort, m. **1.** Secours. *Auxilium, ii,* n. ◆ **2.** Bien-être. (*Vitae*) *commoditates, um,* fpl. *Commoda* (*ae*) *vita* (*ae*), f.

confortable, adj. *Commodus, a, um. Delicatus.*

confortablement, adv. *Commode. Delicate.*

conforter, tr. *Confirmare. Corroborare. Reficere, io*.*

confraternel, elle, adj. *Sodalicius, a, um.*

confraternité, f. *Sodalitas, atis,* f.

confrère, m. *Sodalis, is,* m.

confrérie, f. *Sodalicium, ii,* n.

confrontation, f. *Comparatio, onis,* f. Confrontation de témoins, *testium compositio,* f.

confronter. I. Tr. *Componere, o** (*aliquem cum aliquo*). ◆ **II.** Intr. *Contingere, o** (acc.).

confus, use, adj. **1.** Mêlé. *Inconditus, a, um.* Cris confus, *dissoni clamores,* mpl. ◆ **2.** (Fig.) Obscur. *Confusus, a, um.* Esprit obscur, *ingenium obscurum;* avoir un style confus, *perturbate dicere*.* ◆ **3.** Honteux. *Pudore confusus.* Je suis confus de qqch., *me pudet** (gén.); je suis confus de ce que, *me pudet* quod* (indic. ou subj.).

confusément, adv. *Incondite. Confuse. Obscure.*

confusion, f. **1.** Mélange confus. *Confusio, onis,* f. *Perturbatio,* f. Mettre la confusion dans, *perturbare* (acc.). ◆ **2.** Méprise, *Confusio.* Faire une confusion de noms, *errare in nomine.* ◆ **3.** Obscurité. *Obscuritas, atis,* f. ◆ **4.** Honte, embarras. *Pudor, oris,* m. Éprouver de la confusion, *rubore suffundi*;* couvrir qqn de confusion, *alicui pudorem incutĕre, io*.*

conge, m. Mesure pour les liquides. *Congius, ii,* m. Qui contient un conge, *congiarius, a, um.*

congé, m. **1.** (Milit.) Permission de partir. *Commeatus,* *us*, m. Congé définitif, *missio, onis*, f.: être en congé, *in commeatu esse*. ◆ **2.** (Fig.) Prendre congé, *abire, eo**; *discedĕre**; prendre congé de qqn, *alicui vale dicĕre**. ◆ **3.** Renvoi. *Dimissio, onis*, f. Donner congé à qqn, *aliquem dimittere**; donner congé d'un logement, *hospitium renuntiare*. ◆ **4.** Vacances. *Feriae, arum*, fpl.

congédier, tr. *Dimittere, o**. *Missum facere, io** (*aliquem*).

congélation, f. *Congelatio, onis*, f.

congeler, tr. *Congelare*.

congénère, adj. *Congener, eris* (gén.).

congénital, ale, adj. *Innatus, a, um. Nativus*.

congestion, f. *Sanguinis impetus, us*, m.

congloumérer, tr. *Conglobare*.

conglutination, f. *Glutinatio, onis*, f.

conglutiner, tr. *Conglutinare*.

congratulation, f. *Gratulatio, onis*, f. Lettre de congratulation, *gratulatoria* (*ae*) *epistula* (*ae*), f.

congratuler, tr. *Gratulari* (*aliquid alicui*).

congre, m. *Conger, gri*, m.

congréganiste. I. Adj. *Sodalicius, a, um*. ◆ **II.** Nom m. et f. *Sodalis, is*, m. f.

congrégation, f. *Sodalitas, atis*, f. *Congregatio, onis*, f.

congrès, m. *Conventus, us*, m. *Concilium, ii*, n.

congru, ue, adj. *Congruens, entis*. Portion congrue, *justa* (*ae*) *pars* (*partis*), f.

congrument, adv. *Congruenter. Ut decet**.

conifère, adj. *Conifer, fera, ferum*.

conique, adj. *Turbinatus, a, um. Metae similis, e*.

conjectural, ale, adj. *Conjecturalis, e*. Être —, *conjecturā continēri**.

conjecturalement, adv. *Conjecturā*.

conjecture, f. *Conjectura, ae*, f. Tirer une conjecture de, *conjecturam facere* (*io**) ou *ducĕre* ex*; le champ reste ouvert aux conjectures, *libera conjectura est*.

conjecturer, tr. *Conjicere, io**. *Conjecturam facere, io**; de ou d'après, *ex* ou *de*.

conjoindre, tr. *Conjungere, o** (*aliquem alicui* ou *cum aliquo*).

conjoint, ointe, adj. *Conjunctus, a, um*. Les conjoints, *conjuges, um*, mpl.

conjointement, adv. *Conjunctim. Una*.

conjonctif, ive, adj. *Conjunctivus, a, um*.

conjonction, f. **1.** D'astres. *Concursus, us*, m. ◆ **2.** (Gr.) *Conjunctio, onis*, f.

conjoncture, f. *Tempus, oris*, n. *Rerum status, us*, m. *Rerum concursus*, m. *Res, rei*, f. Dans cette conjoncture, *in tali tempore*; conjonctures favorables, *opportunitates, um*, fpl.

conjugaison, f. *Conjugatio, onis*, f.

conjugal, ale, adj. *Conjugalis, e*. Couche conjugale, *genialis* (*is*) *lectus* (*i*), m.;

union conjugale, *conjugium, ii*, n.

conjuguer, tr. **1.** Unir. *Jungere, o**. ◆ **2.** (Gr.) *Declinare. Flectere, o**.

conjuration, f. **1.** Conspiration. *Conjuratio, onis*, f. Découvrir une conjuration, *conjurationem deprehendĕre**. ◆ **2.** Paroles magiques. *Incantamentum, i*, n. *Carmen, inis*, n. ◆ **3.** Prières instantes. *Obsecrationes, um*, fpl.

conjuré, m. *Conjuratus, i*, m. *Conjurationis conscius, a, um*.

conjurer, tr. **1.** Résoudre, tramer. *Conjurare* (*de*). *Conspirare* (*de*). Conjurer la perte de qqn, *de interficiendo aliquo conjurare*. ◆ **2.** Détourner, éloigner. *Avertere, o**. Conjurer les démons, *spiritus nequissimos expellĕre** ou *fugare;* conjurer la foudre, *fulmina procurare;* conjurer un malheur, *periculum averruncare*. ◆ **3.** Prier instamment. *Obtestari. Obsecrare*. Je vous conjure de (inf.), de ne pas (inf.), *te obsecro ut* (subj.), *ne* (subj.); je t'en conjure, *quaeso**.

connaissable, adj. *Qui* (*quae, quod*) *nosci potest**.

connaissance, f. **1.** Idée ou notion de qqch. *Notitia, ae*, f. *Scientia, ae*, f. (Faculté) *Intellegentia, ae*, f. (Action) *Cognitio, onis*, f. *Notio*, f. Avoir la connaissance de qqch., *alicujus rei notitiam habere** ou *esse peritum;* avoir connaissance de qqch., *de aliqua re certiorem factum* esse;* prendre connaissance de, *rem* ou *de re cognoscĕre*;* porter qqch. à la connaissance de qqn, *aliquem rei certiorem facĕre* (*io*); en connaissance de cause, *re cognitā;* qui agit en connaissance de cause, *prudens ac sciens;* avoir sa pleine connaissance, *suae mentis esse compotem*. ◆ **2.** Conscience de vivre. Perdre connaissance, *animo linqui*;* reprendre connaissance, *ad sensum sui redire* (*eo**). ◆ **3.** (Pl.) Science, savoir. *Scientia*, f. *Doctrina, ae*, f. *Disciplinae, arum*, fpl. Qui a de nombreuses connaissances, *doctus, a, um*. ◆ **4.** Liaison. *Consuetudo, inis*, f. *Usus, us*, m. Faire connaissance avec qqn, *consuetudinem cum aliquo jungĕre*;* faire faire connaissance, *consuetudinem facĕre* (*io**) *alicui cum aliquo*. ◆ **5.** (Pl.) Personnes avec qui on est lié. *Familiares, ium*, mpl. Nous sommes gens de connaissance, *noti sumus;* nous sommes d'anciennes connaissances, *multā familiaritate inter nos conjuncti* sumus*.

connaisseur, euse, adj. *Peritus, a, um* (gén.). *Intellegens, entis* (gén.). En fin connaisseur, *perite*.

connaître. I. Tr. **1.** Avoir appris, savoir. *Noscere, o**. *Cognoscere, o**. *Scire*. Connaître le droit, *jus novisse*;* connaître à fond qqch., *aliquid pernoscĕre*;* apprendre à connaître, *experiri*;* ne pas connaître l'amitié, *amicitiae expertem esse;* leur fureur ne connaît point de bornes, *furor illis supra modum est;* faire connaître qqn (avec, pour sujet, un nom de pers.), *aliquem in medium proferre*; (avec, pour sujet, un nom de ch.), *nobilitare;* faire connaître à qqn qqch. (l'instruire), *aliquem aliquid docēre*;* (l'informer), *aliquem certiorem facĕre (io*) alicujus rei* (ou *de aliquā re* ou prop. inf.); faire connaître (révéler), *patefacĕre, io** (acc.). ◆ **2.** Avoir des relations avec qqn. (*Cum aliquo*) *familiariter versari. Uti** (*aliquo*). ◆ **II.** Intr. Avoir autorité pour juger. *Cognoscĕre* (*de*).

SE CONNAÎTRE, r. **1.** Avoir la connaissance de soi. Connais-toi toi-même, *nosce* te;* il ne se connaît plus, *sui impotens est.* ◆ **2.** Être reconnu. *Cognosci*. Patere, eo*.* ◆ **3.** Être divulgué. *Palam fieri*. Vulgari.* ◆ **4.** Être versé dans. *Intellegere, o*.* Je ne me connais pas beaucoup à tout cela, *in istis rebus non multum intellego;* se connaître en droit, *intellegentiam juris habēre**.

connétable, m. *Stabuli comes, itis,* m.

connexe, adj. *Connexus, a, um.*

connexion et **connexité,** f. *Cognatio, onis,* f.

connivence, f. *Collusio, onis,* f. Ils sont de connivence, *consentiunt*;* agir de connivence avec qqn, *cum aliquo colludĕre**.

connu, ue, part. et adj. **1.** Qui est à la connaissance de (en parl. des pers.). *Notus, a, um* (dat.). *Cognitus* (dat.). Un homme connu, *vir notissimus.* ◆ **2.** Qui est à la connaissance de (en parl. des choses). *Notus* (dat.). *Haud ignotus* (dat.). Ces choses sont connues, *res illae sunt pervulgatae.* ◆ **3.** Célèbre, fameux. *Clarus, a, um. Nobilis, e.* Connu pour ses vices, *vitiis infamis;* Ennius ce poète si connu, *Ennius ille;* être très connu, *percelebrari;* peu connu, *ignobilis, e.*

conque, f. *Concha, ae,* f.

conquérant, m. **1.** *Gentium victor, oris,* m. ◆ **2.** (Fig.) Il a l'air conquérant, *altus incedit**.

conquérir, tr. **1.** Soumettre. *Subigere, o*. Domare*. Sub potestatem redigere, o*.* Qui peut être conquis, *expugnabilis, e.* ◆ **2.** (Fig.) Se procurer. *Parare.* Conquérir ses droits, *jura sibi parare.* ◆ **3.** Gagner. *Capere, io*. Pellicere, io*.* Conquérir les cœurs, *animos sibi devincire**.

conquête, f. **1.** Action de conquérir. *Occupatio, onis,* f. Après la conquête du pays, *post occupatam regionem.* ◆ **2.** Pays conquis. *Bello parta, orum,* npl. Faire des conquêtes, *imperium bello augēre**. ◆ **2.** (Fig.) Faire la conquête de qqn, *aliquem sibi devincire**.

consacrer, tr. **1.** Rendre sacré. *Dicare. Consecrare.* Consacré par la religion, *sacer, cra, crum;* formule consacrée, *sollemnia verba,* npl. ◆ **2.** (Fig.) Employer. *Dicare. Conferre,* *fero**. *Dare**. Consacrer son temps à qqch., *dies in re consumĕre**; *tempus in rem conferre**; consacrer sa vie au vrai, *vitam impendere** *vero*. ◆ **3.** Sanctionner. *Consecrare*. *Confirmare*. Consacrer un souvenir, *aliquid memoriae mandare;* mots consacrés par l'usage, *dicta usu recepta*.

SE CONSACRER, r. *Se dedĕre*. *Se tradĕre**. *Se dare**. Se consacrer tout entier à qqn, *alicui se dicare*.

consanguin, ine, adj. *Consanguineus, a, um*.

consanguinité, f. *Consanguinitas, atis*, f.

conscience, f. **1.** *Conscientia, ae*, f. Remords de conscience, *conscientiae angor, oris*, m.; fort du témoignage de sa conscience, *conscientiā fretus, a, um;* examiner sa conscience, *in mentem suam introspicere* (*io**); qui a conscience de, *conscius, a, um* (gén.); j'ai la conscience que, *mihi conscius sum* (prop. infin.). ◆ **2.** Scrupule. *Religio, onis*, f. En conscience, *bona fide;* un homme sans conscience, *homo nequissimus;* être sans conscience, *nihil religioni sibi habēre**; je me fais un scrupule de conscience de, *religioni habeo** (acc. ou inf.).

consciencieusement, adv. *Probe*. *Bona fide*.

consciencieux, euse, adj. *Religiosus, a, um*. *Diligens, entis*. Accomplissement consciencieux du devoir, *religio officii;* peu —, *dolosus, a, um*.

conscient, ente, adj. *Sibi conscius, a, um* (gén.).

conscription, f. *Delectus, us*, m. Exempt de la conscription, *militiae immunis, e*.

conscrit. I. Adj. Les Pères conscrits. *Patres conscripti*, mpl. ◆ **II.** Nom m. *Tiro, onis*, m. *Novus* (*i*) *miles* (*itis*), m.

consécration, f. *Consecratio, onis*, f.

consécutif, ive, adj. *Continuus, a, um*.

consécutivement, adv. *Continenter*.

conseil, m. **1.** Avis donné ou reçu. *Consilium, ii*, n. Prendre conseil de qqn, de qqch., *aliquem consulĕre**; *consilium capĕre* (*io**) *ex re;* donner à qqn le conseil de, *alicui suadēre** *ut* (subj.); celui qui donne un conseil, *consultor, oris*, m.; un homme de bon conseil, *vir consilii optimi;* sur mes conseils, *me auctore;* sur le conseil de qqn, *alicujus consilio*. ◆ **2.** Assemblée. *Consilium*, n. *Concilium, ii*, n. Réunir le conseil, *consilium convocare;* tenir conseil, *consilium habēre**; lever la séance du conseil, *consilium dimittĕre**. ◆ **3.** Lieu où se tient le conseil. *Curia, ae*, f.

1. conseiller, tr. *Consilium dare** (*alicui*). *Suadere, eo** (*aliquid alicui*). Conseiller de, de ne pas (inf.), *suadēre, hortari* (*ut, ne*, subj.).

2. conseiller, ère, m. et f. Qui donne des conseils. *Suasor, oris*, m. *Auctor*, m. f. La faim, mauvaise conseillère, *male,* *suada* (*ae*) *fames* (*is*), f.; membre d'un conseil, *consiliarius, ii*, m.

consentant, ante, adj. *Volens, entis. Libens, entis.* Non consentant, *invitus, a, um.*

consentement, m. f. *Assensus, us*, m. *Consensus, us*, m. Donner son consentement à*, *assentire** (dat.); refuser son consentement à, *renuĕre* (acc.); *recusare* (acc.); avec ton consentement, *tua voluntate;* sans le consentement de, *injussu* (gén.).

consentir. I. Intr. *Assentire* (dat). *Annuere, o* (dat.). Consentir à (inf.), *non recusare* (prop. inf.); j'y consens, *per me licet*;* ne pas consentir, *nolle**. ◆ **II.** Tr. *Concedere, o**. *Accipere, io**. Consentir des conditions, *condiciones accipĕre**.

conséquemment, adv. **1.** *Convenienter.* ◆ **2.** Par conséquent. *Quapropter.*

conséquence, f. **1.** Suite logique. *Consequentia, ae*, f. *Consequentia, ium*, npl. Être la conséquence de, *consequi** (acc.); on en tire cette conséquence que, *ex quo efficitur* ut* (subj.); cet accident aura des conséquences fâcheuses, *ex hoc casu mala consequentur**; en conséquence, *igitur;* en conséquence de, *secundum* ou *propter* (acc.). ◆ **2.** (Fig.) Importance. *Momentum, i*, n. Une personne de conséquence, *vir auctoritate gravis;* une affaire de conséquence, *res magni momenti.*

conséquent, ente, adj. **1.** *Consentaneus, a, um.* Être conséquent avec soi-même, *sibi constare*;* ne pas être conséquent avec soi-même, *sibi dissentire**. ◆ **2.** Par conséquent. *Quapropter.*

conservateur, trice. I. Nom m. et f. *Custos, odis*, m. f. *Conservator, oris*, m. *Conservatrix, icis*, f. Conservateur d'une bibliothèque, des forêts, *magister a bibliothecā, a silvis tuendis.* ◆ **II.** Adj. Le parti conservateur, *fautores optimatum.*

conservation, f. **1.** Action de conserver. *Conservatio, onis*, f. *Custodia, ae*, f. *Salus, utis*, f. Instinct de la conservation, *appetitus ad vitam tuendam;* veiller à la conservation de qqn ou de qqch., *curare ut aliquis* ou *aliquid servetur;* pour la conservation de qqch., *ad servandum aliquid;* en bon état de conservation, *integer, gra, grum.* ◆ **2.** Charge de conservateur. *Cura, ae*, f. *Tutela*, f.

conservatoire. I. Adj. (Droit) Prendre des mesures conservatoires, *de tuendo rerum statu consulĕre**. ◆ **II.** Nom m. Établissement. *Museum, i*, n. Conservatoire de musique. *Musicus* (*i*) *ludus* (*i*), m.

conserve, f. **1.** (Marine) Naviguer de conserve, *una navigare.* ◆ **2.** Ce qui est conservé. *Conditura, ae*, f. Faire des conserves, *condire* (acc.).

conserver, tr. *Servare. Conservare. Tueri, eor**. Conserver le souvenir d'un bienfait, *beneficii memoriam tenēre**.

SE CONSERVER, r. **1.** Veiller à sa conservation. *Se tuēri**. *Saluti consulĕre**. ◆ **2.** Rester dans le même état. *Integrum manēre**. *Permanēre**. *Durare.*

considérable, adj. **1.** Qui a de l'importance. (En parl. des ch.) *Amplus, a, um. Luculentus.* (En parl. des pers.) *Clarus, a, um. Illustris, e. Insignis.* ◆ **2.** Qui est nombreux, vaste. *Magnus, a, um. Ingens, entis.* Peu considérable, *tenuis, e.*

considérablement, adv. *Valde. Maxime.*

considérant. I. Part. prés. — que..., *cum* (subj.). ◆ **II.** Nom m. Les considérants (d'un décret). *Praefatio, onis, f.*

considération, f. **1.** Examen, pensée. *Consideratio, onis,* f. Encore une considération, *accedit* illud.* ◆ **2.** Égard. *Ratio, onis,* f. *Causa, ae,* f. Prendre qqch. en considération, *alicujus rei rationem habēre*;* pour ces considérations, *quibus ex causis;* en considération de vous, par considération pour vous, *tuā causā.* ◆ **3.** Estime. *Existimatio, onis,* f. *Nomen, inis,* n. Considération pour qqn, *observantia in aliquem;* la considération qu'on a pour vous, *existimatio tua;* jouir d'une grande considération, *maximo honore* ou *maximā auctoritate esse* (*apud aliquem*); donner de la considération, *dignitatem afferre*;* avoir de la considération pour qqn, *aliquem colĕre** ou *observare.*

considéré, ée, part. et adj. **1.** Examiné. *Consideratus, a, um.* Tout bien considéré, *ad summam.* ◆ **2.** Estimé. *Probatus, a, um. Spectatus.* Être considéré de qqn, *ab aliquo bene audire.* ◆ **3.** — comme. *Habitus, a, um.*

considérément, adv. *Considerate. Caute.*

considérer, tr. **1.** Examiner. *Considerare. Inspicere, io*. Intueri, eor*.* ◆ **2.** Avoir égard à. *Rationem habere, eo** (*alicujus rei*). ◆ **3.** Estimer. *Magni* (*aliquem*) *facere, io*. Revereri, eor** (acc.). Il est considéré de tous, *ab omnibus probatus est.* ◆ **4.** — comme. *Habere, eo*. Ducere, o*.* Considérer qqn comme un ennemi, *aliquem hostem habēre.*

consignation, f. **1.** Action de consigner. *Depositio, onis,* f. ◆ **2.** Dépôt. *Depositum, i.* n. (En justice) *Vadimonium, ii,* n. Faire une consignation, *aliquid deponĕre** (*in,* abl.); receveur des consignations, *depositarius, ii,* m.

consigne, f. Ordre. *Jussum, i,* n. Observer la consigne, *jusso parēre*;* forcer la consigne, *jussa detrectare.*

consigner, tr. **1.** Déposer une somme. *Deponere, o*.* ◆ **2.** Mentionner. *Mandare. Referre, fero*.* Consigner pour la postérité un événement, *rem posteris mandare.* ◆ **3.** Empêcher de sortir. (*Domi* ou *in castris*) *tenere, eo**. Consigner qqn à sa porte, *aliquem janua prohibēre**.

consistance, f. **1.** Épaississement, cohésion. *Densitas, atis*, f. *Crassitudo, inis*, f. Prendre de la consistance, *crassescĕre**; donner de la consistance à, *cogĕre** (acc.). ◆ **2.** Stabilité, constance. *Stabilitas, atis*, f. *Firmitas*, f. Donner de la consistance à, *firmare* (acc.); prendre de la consistance, *firmari;* esprit sans consistance, *vanum ingenium;* bruit qui a de la consistance, sans consistance, *rumor firmus* ou *constans; rumor inanis*.

consistant, te, adj. **1.** *Firmus, a, um. Solidus.* ◆ **2.** (Fig.) *Stabilis, e. Constans, antis.*

consister, intr. *Consistere, o** (*in*, abl.). *Constare** (*ex*). Faire consister qqch. dans, *ponĕre** *aliquid in* (abl.).

consistoire, m. *Consistorium, ii*, n. *Synodus, i*, f.

consolable, adj. *Consolabilis, e.*

consolant, ante, adj. *Ad consolandum accommodatus, a, um.*

consolateur, trice, m. et f. *Consolator, oris*, m. *Consolatrix, icis*, f.

consolation, f. *Consolatio, onis*, f. *Solacium, ii*, n. C'est une consolation pour moi de, *hoc mihi est solacio* (inf.); apporter qq. consolation à, *aliquid levationis afferre** (dat.); lettre de consolation, *consolatoriae litterae*, fpl.

console, f. *Ancon, onis* (acc. *ona*), m.

consoler, tr. *Consolari* (*aliquem* ou *rem*). *Solacium praebēre** ou *afferre** (*alicui*). Les études consolent dans l'adversité, *studia ab adversis rebus solacia praebent*;* être consolé, *levari.*

SE CONSOLER, r. *Se consolari.* Je me console en pensant que..., *hoc solacio utor* quod* (ind. ou subj.).

consolidation, f. **1.** (Médecine) *Glutinatio, onis*, f. ◆ **2.** (Droit) *Consolidatio, onis*, f. ◆ **3.** Solidité. *Confirmatio, onis*, f.

consolider, tr. **1.** (Médecine) *Glutinare.* ◆ **2.** (Droit) *Consolidare.* ◆ **3.** Rendre plus solide. *Firmare. Stabilire.*

consommateur, m. **1.** Qui achève. *Consummator, oris*, m. ◆ **2.** Qui achète. Les consommateurs, *emptores, um*, mpl.

consommation, f. **1.** Achèvement. *Consummatio, onis*, f. ◆ **2.** Usage. *Absumptio, onis*, f. Fournir la consommation journalière, *victum quotidianum praebēre**.

consommé, ée, adj. Orateur consommé, *perfectus orator;* homme d'une sagesse et d'une expérience consommées, *vir sapientiā usuque praestans.*

consommer, tr. **1.** Achever. *Absolvere, o**. *Perficere, io**. *Conficere, io**. ◆ **2.** User de. *Absumere, o**.

consomption, f. **1.** Par le feu. *Combustio, onis*, f. ◆ **2.** Par la maladie. *Tabes, is*, f.

consonance, f. **1.** Accord de sons. *Concentus, us*, m. Former une consonance, *concordare*. ◆ **2.** Rapprochement de syllabes. *Consonantia, ae*, f. Finales qui ont la même —, *similiter cadentia, ium*, npl.

consonne, f. (*Littera, ae*) *consonans, antis*, f.

consorts, mpl. *Gregales, ium*, mpl.

conspirateur, m. *Conjuratus, i*, m.

conspiration, f. **1.** Complot. *Conjuratio, onis*, f. *Conspiratio*, f. ◆ **2.** Accord. *Consensus, us*, m.

conspirer, tr. et intr. *Conspirare* (*de*). *Conjurare* (*de*). Conspirer contre qqn, conspirer la mort de qqn, *in aliquem, de aliquo interficiendo conspirare*.

conspuer, tr. *Conspuere, o*.

constamment, adv. *Constànter. Perpetuo*.

constance, f. **1.** En parl. de pers. *Constantia, ae*, f. *Animi firmitas, atis*, f. ◆ **2.** En parl. de ch. *Stabilitas, atis*, f. *Assiduitas*, f.

constant, e, adj. **1.** En parl. de pers. *Constans, antis. Firmus, a, um*. Être constant dans, *perseverare in* (abl.); *perstare* in* (abl.) ◆ **2.** En parl. de ch. *Constans*. Humeur toujours constante, *idem semper vultus*. ◆ **3.** Assuré, certain. *Certus, a, um*. Il est constant que, *constat** (prop. inf.).

constatation, f. *Testificatio, onis*, f. *Exploratio*, f.

constater, tr. *Comperire*. Explorare*.

constellation, f. *Sidus, eris*, n. *Signum, i*, n.

consternation, f. *Consternatio, onis*, f. *Pavor, oris*, m. Être dans la consternation, *animo consternari;* jeter la consternation dans les cœurs, *animos demittĕre** ou *conterrĕre**.

consterner, tr. *Consternare. Percellere, o**.

constipation, f. *Alvus* (*i*) *compressa* (*ae*), f.

constiper, tr. (*Alvum*) *comprimere, o** ou *astringere, o**.

constituant, ante, adj. Les éléments d'une chose, *ex quibus res constat**.

constituer, tr. Établir. *Constituere, o. Instituere, o*. Constituer qqn juge, *judicem constituĕre aliquem;* constituer qqn en dignité, *honoribus aliquem ornare;* être constitué en dignité, *in dignitate esse;* les autorités constituées, *magistratus, uum*, mpl.; constituer un gouvernement, *rem publicam componĕre*;* constituer à qqn une pension, une rente, *annuam pecuniam alicui statuĕre*.

constitutif, ive, adj. Propriété constitutive d'une chose, *ipsa rei natura*.

constitution, f. **1.** Composition. *Constitutio, onis*, f. — du corps, *corporis habitus, us*, m.; avoir une bonne constitution, *valēre**. ◆ **2.** Lois fondamentales. Constitution d'un

État, *civitatis forma, ae*, f.; *res publica, rei publicae*, f.; donner une constitution à l'État, *rem publicam constituĕre*. ◆ **3.** Constitution de rentes, *fenus, oris*, n.

constitutionnel, elle, adj. *Legitimus, a, um.*

constriction, f. *Constrictio, onis*, f.

constringent, te, adj. *Constrictivus, a, um.*

constructeur, m. *Structor, oris*, m. *Fabricator*, m.

construction, f. **1.** Action de construire. *Aedificatio, onis*, f. *Exstructio*, f. *Fabricatio*, f. Travailler à la construction d'un édifice, *exstruendis aedibus operam dare**; bassin de construction, *navalia, ium*, npl.; mur en construction, *murus immolitus*. ◆ **2.** Édifice. *Aedificium, ii*, n. *Opus, eris*, n. Construction énorme, *moles, is*, f. ◆ **3.** (Fig.) Arrangement. Construction d'une figure géométrique, *delineatio, onis*, f.; — des mots, *structura, ae*, f.

construire, tr. **1.** *Construere, o**. *Instruere, o**. *Exstruere, o**. (Une ville) *Condere, o**. (Une maison) *Aedificare*. (Un gros œuvre) *Moliri*. (Un rempart) *Munire*. (Un mur) *Ducere, o**. ◆ **2.** (Gr.) *Struere, o**. *Ordinare*. ◆ **3.** (Géométrie). *Delineare*. *Describere, o**.

consul, m. **1.** Magistrat romain. *Consul, ulis*, m. De consul, *consularis, e*; être consul, *consulatum gerĕre**; qui a été consul, ancien consul, *consularis, is*, m.; être nommé —, *consulatum inire, eo**. ◆ **2.** Agent commercial. *Recuperator, oris*, m. ◆ **3.** Agent diplomatique. *Legatus, i*, m.

consulaire, adj. *Consularis, e.*

consulat, m. **1.** Charge de consul romain. *Consulatus, us*, m. Exercer le consulat, *consulatum gerere**; pendant le consulat de Cicéron, *Cicerone consule*. ◆ **2.** Charge d'agent. *Legatio, onis*, f.

consultant, m. **1.** Qui donne un avis. *Consiliarius, ii*, m. *Responsor, oris*, m. ◆ **2.** Qui consulte. *Consultor*, m.

consultatif, ive, adj. Avoir voix consultative, *jus dicendae sententiae habēre**.

consultation, f. **1.** Conférence. *Deliberatio, onis*, f. ◆ **2.** Avis. *Consultatio, onis*, f. Donner une consultation (sur), (*de re*) *respondēre**.

consulter. **I.** Tr. **1.** Prendre l'avis de. *Consulere, o** (acc.). *Consilium petere, o** (*ab*, abl.) ◆ **2.** (Fig.) *Consulĕre*. Consulter son intérêt, *rationem utilitatis habēre**; ne consulter que sa colère, *irae obsequi**; consulter un livre, *ad librum adire, eo**. ◆ **II.** Intr. *Consulere*. *Consultare* (*cum aliquo de re*).

consumer, tr. **1.** User. *Consumere, o**. *Conficere, io**. ◆ **2.** Brûler. *Comburere, o**. *Exurere, o**. *Cremare*. Être consumé par les flammes, *comburi**. ◆ **3.** (Fig.) *Exu-*

*rere**. *Torrere, eo**. Être consumé de soif, de regrets, *siti, desideriis confici**; consumer son temps, son argent, *consumĕre** *diem, pecuniam.*

contact, m. **1.** *Contactus, us,* m. Être en contact avec qqch., *aliquid contingĕre**; mettre en contact, (*rem rei*) *admovēre**; prendre contact avec, *attingĕre** (acc.). ◆ **2.** (Fig.) Avoir des points de contact avec qqn, *cum aliquo conjunctissimum esse.*

contagieux, euse, adj. **1.** *Contagiosus, a, um.* Maladie contagieuse, *pestilentia, ae,* f.; *pestis, is,* f. ◆ **2.** (Fig.) Les vices sont contagieux, *vitia serpunt**.

contagion, f. **1.** Caractère contagieux de la maladie. *Contagio, onis,* f. *Contagium, ii,* n. ◆ **2.** La maladie elle-même. *Pestilentia, ae,* f. ◆ **3.** (Fig.) *Contagio. Lues, is,* f. La contagion de l'exemple, *contagio.*

contamination, f. *Contaminatio, onis,* f. *Labes, is,* f.

contaminer, tr. *Contaminare. Polluere, o.*

conte, m. Récit pour amuser. *Fabula, ae,* f. *Commentum, i,* n. Faire un conte à qqn, *fabulam alicui imponĕre**; des contes à dormir debout, *ineptiae, arum,* fpl.; débiter des contes sur qqn, *fabulari de aliquo.*

contemplateur, trice, m. et f. *Contemplator, oris,* m. *Contemplatrix, icis,* f.

contemplatif, ive, adj. *Contemplativus, a, um.*

contemplation, f. *Contemplatio, onis,* f.

contempler, tr. *Contemplari. Intueri, eor**.

contemporain, aine. I. Adj. *Aequalis, e* (gén.). ◆ **2.** Nom. Les contemporains, *praesens aetas;* tous ses contemporains, *omnes ejusdem aetatis.*

contempteur, trice, m. et f. *Contemptor, oris,* m. *Contemptrix, icis,* f.

contenance, f. **1.** Propriété de contenir. *Capacitas, atis,* f. De la contenance de, *qui* (*quae, quod*) *continet** (acc.). ◆ **2.** Maintien. *Habitus, us,* m. Prendre une contenance, se donner une contenance, *vultum componĕre**; perdre contenance, *sine suo vultu consistĕre**; avoir une contenance embarrassée, *haerere**; faire bonne contenance, *pulcherrime stare**.

contenant, ante. I. Adj. *Capax, acis* (gén.). ◆ **II.** Nom m. *Vas, vasis,* n.

contenir, tr. **1.** Renfermer. *Continere, eo**. *Capere, io**. *Complecti, or**. Tout ce que le monde contient, *omnia quae insunt** *in mundo.* ◆ **2.** Retenir. *Continere**. *Cohibere, eo**. Contenir sa douleur, son ressentiment, *dolorem, iracundiam tenēre**; contenir qqn dans le devoir, *in officio aliquem continēre.*

SE CONTENIR r. *Sibi imperare.* Ne pouvoir plus se —, *de potestate exire, eo**.

content, te, adj. *Contentus, a, um* (abl.). Être content de, *gaudēre** (abl.); être content de soi, *sibi placēre*;* être content que, *laetari* (prop. inf.; *quod,* indic. ou subj).

contentement, m. *Gaudium, ii,* n. Donner du contentement à, *satisfacere, io** (dat.); au grand contentement de tous, *mirifica omnium laetitia.*

contenter, tr. **1.** (Qqn) *Satisfacere, io** (dat.). ◆ **2.** Assouvir. *Explere, eo* (acc.).

SE CONTENTER, r. Se contenter de qqch, *contentum esse re;* se contenter de peu, *parce vivere*;* se contenter de (inf.), *satis habēre** (inf. ou *si,* subj.).

contentieux, euse, adj. *Litigiosus, a, um.*

contention, f. **1.** Application. (*Animi*) *contentio, onis,* f. Avec contention, *contenter.* ◆ **2.** Débat. *Contentio.*

1. contenu, ue, part. et adj. **1.** Renfermé dans. *Inclusus, a, um.* ◆ **2.** Retenu. *Repressus, a, um.* ◆ **3.** Réservé. *Verecundus, a, um.*

2. contenu, m. **1.** Le contenu d'une amphore, *quod continet* amphora.* ◆ **2.** (Fig.) Le contenu d'une lettre, *epistulae summa, ae,* f.

conter, tr. *Narrare. Enarrare.* En conter de belles, *lepida memorare;* en conter à qqn, *verba alicui dare*.*

contestable, adj. *Controversus, a, um. Ambiguus.*

contestant, m. *Litigator, oris,* m.

contestation, f. *Controversia, ae,* f. *Lis, litis,* f. Être en contestation, *litigare* (*de*)*;* avoir une contestation, *in certamen venire*;* l'objet de la contestation, *hoc de quo ambigitur*;* le premier sans contestation, *facile princeps.*

contester, tr. **1.** Être en contestation. *Litigare* ou *contendere, o** (*cum aliquo de re*). Celui, celle qui conteste, *disceptator, oris,* m.; *disceptatrix, icis,* f. ◆ **2.** Refuser de reconnaître. *Infitiari* (acc. ou prop. infin.). Ne pas contester que, *non infitiari quin* (subj.).

conteur, m. *Narrator, oris,* m. *Fabulator,* m. C'est un conteur de sornettes, *hic nugas garrit.*

contexte, m. *Textus, us,* m.

contexture, f. **1.** *Structura, ae,* f. ◆ **2.** (Fig.) *Textus, us,* m.

contigu, uë, adj. *Continens, entis* (dat. ou *cum,* abl.). Être — à, *attingĕre** (acc.).

contiguïté, f. *Continuitas, atis,* f. La contiguïté de deux maisons, *continentia tecta,* npl.

continence, f. *Castimonia, ae,* f.

1. continent, ente, adj. *Abstinens, entis. Castus, a, um.*

2. continent, m. *Continens* (*entis*) *terra* (*ae*), f.

contingence, f. **1.** Occurrence. *Fortuitus* (*i*) *casus* (*us*), m. *Fortuita, orum,* npl. ◆ **2.** (Géom.) Point de contact. *Contactus, us,* m.

1. contingent, ente, adj. *Fortuitus, a, um.*

2. contingent, m. *Rata* (*ae*) *pars* (*partis*), f. Contingents de troupes, *milites conscripti; numerus* (*i*, m.) *militum.*

continu, ue, adj. *Continuus, a, um.*

continuation, f. **1.** Action de continuer. *Continuatio, onis,* f. ◆ **2.** Suite. *Series, ei,* f.

continuel, elle, adj. *Continuus, a, um. Perpetuus. Assiduus.*

continuellement, et **continûment**, adv. *Assidue. Perpetuo.* S'agiter —, *non desinĕre* moveri;* source qui coule —, *fons* (*fontis*, m.) *perennis* (*is*).

continuer. I. Tr. *Persequi, or*. Continuare. Perseverare* (*in,* abl.). Continuer un travail, *opus persequi;* continuer à un général son commandement, *imperium duci prorogare;* continuer à ou de (inf.), *pergĕre** (inf.). ◆ **II.** Intr. *Pergere, o*. Permanēre, eo*. Non desinere, o*.*

SE CONTINUER, r. **1.** Se poursuivre, durer. *Permanēre, eo*.* ◆ **2.** S'étendre. *Continuari.* La forêt se continue jusque-là, *silva illuc pertinet*.*

continuité, f. **1.** Durée. *Perpetuitas, atis,* f. ◆ **2.** Étendue. *Continuatio, onis,* f. Faire une solution de continuité, *continuationem scindĕre*;* où il y a solution de —, *interruptus, a, um.*

contondant, e, adj. Instrument —, *telum, i,* n.

contorsion, f. *Distortio, onis,* f. Contorsion du visage, *vultus* (*us*, m.) *distortus* (*i*); faire des contorsions, *os distorquēre.*

contour, m. **1.** *Circuitus, us,* m. *Ambitus,* m. ◆ **2.** (En peint.) *Extrema* (*orum*) *lineamenta* (*orum*), npl.

contourner, tr. **1.** Façonner le contour. *Extrema* (*corporum*) *facere, io*.* ◆ **2.** Déformer. *Intorquere, eo*.* Taille contournée, *membra prava,* npl. ◆ **3.** Faire le tour de. *Circumire, eo*.*

SE CONTOURNER, r. *Implecti*.*

contractant, te, adj. et nom m. et f. *Contrahens, entis. Paciscens, entis.*

contracter, tr. **1.** Resserrer, tendre. *Contrahere, o*.* ◆ **2.** (Fig.) Passer un contrat. *Contrahĕre*. Pacisci, or*.* Contracter alliance avec qqn, *foedus cum aliquo ferire*;* contracter mariage, *matrimonio jungi*.* ◆ **3.** Prendre. *Contrahĕre*.* Contracter une maladie, *morbo tentari;* contracter une habitude, *malam consuetudinem capĕre* (*io**); contracter des dettes, *aes alienum facĕre* (*io**).

contraction, f. *Contractio, onis,* f.

contractuel, elle, adj. *Chirographarius, a, um.*

contracture, f. **1.** (Architect.) *Contractura, ae,* f. ◆ **2.** (Médec.) *Contractio, onis,* f.

contradicteur, m. *Contradictor, oris,* m.

contradiction, f. **1.** Action de contredire. *Contradictio, onis,* f. Esprit de contradiction, *concertationis studium;* sans

—, *nullo refellente**. ◆ 2. Opposition, incompatibilité. *Repugnantia, ae*, f. *Discrepantia*, f. Être en contradiction avec soi-même, *secum pugnare;* être en — avec qqn, *discrepare* cum aliquo.*

contradictoire, adj. *Repugnans, antis. Contrarius, a, um.*

contradictoirement, adv. *Contrarie.* Entendre les parties —, *coram disceptantes audire.*

contraindre, tr. (Par la force) *Cogere, o**. (Par une pression morale) *Adigere, o**. Contraindre à (inf.), *cogere* (inf. ou *ut*, subj.); être contraint de (inf.), *cogi* (inf.).

SE CONTRAINDRE, r. *Sibi imperare.*

contraint, te, part. et adj. *Coactus, a, um. Invitus.* Se voir contraint à (inf.), *necessario cogi** (inf.).

contrainte, f. **1.** Action de contraindre, état de celui qui est contraint. *Vis, vis*, f. *Necessitas, atis*, f. User de contrainte contre qqn, *alicui vim afferre**. ◆ **2.** Retenue. *Pudor, oris*, m. *Verecundia, ae*, f. ◆ **3.** Gêne. Sans —, *solute*: *liber, era, erum.*

contraire. I. Adj. Opposé. *Adversus, a, um* (dat.). *Contrarius* (dat.). En sens contraire, *in adversum;* dans le cas contraire, *sin minus; sin aliter;* au contraire, *contra;* au contraire, bien au contraire (dans les réponses), *immo; immo vero;* être d'avis contraire, *dissentire**. ◆ **II.** Nom m. **1.** *Contrarium, ii*, n. Les contraires (philos.), *contraria, iorum*, npl.; *inter se repugnantia, ium*, npl.; dire le contraire (de), *refellĕre** (acc.); j'écris tout le — de ce que je pense, *aliter scribo* ac sentio**. ◆ **2.** Hostile. *Adversus. Infensus, a, um* (dat.). *Inimicus* (dat.). Se montrer contraire à qqn, *alicui adversari;* le vin est contraire aux malades, *vinum aegrotis noxium est* ou *nocet**.

contrairement. I. Adv. *Contra.* ◆ **II.** Loc. prép. Contrairement à, *contra* (acc.); — à la raison, à l'avis de qqn, *ratione repugnante; aliquo adversante;* — à ce que, *contra ac, atque* ou *quam* (indic.).

contrariant, e, adj. *Odiosus, a, um. Importunus. Molestus.*

contrarier, tr. *Adversari* (dat.). *Obstare** (dat.). Si cela ne vous contrarie pas, *nisi tibi molestum est;* j'en suis contrarié, *hoc aegre fero**.

SE CONTRARIER, r. *Repugnare. Inter se dissidere, eo**.

contrariété, f. **1.** Opposition. *Repugnantia, ae*, f. ◆ **2.** Ennui. *Molestia, ae*, f. Susciter à qqn des contrariétés, *alicui molestiam exhibēre**. ◆ **3.** Obstacle. *Impedimentum, i*, n.

contraste, m. *Dissimilitudo, inis*, f. Filles dont le caractère offre un contraste, *filiae dispares moribus.*

contraster, intr. *Pugnare* ou *discrepare** (*inter se* ou *cum aliquā re*).

contrat, m. *Pactum, i*, n. Passer un contrat, *pactionem facĕre, io** (*cum*); aux termes du contrat, *ex pacto*.

contravention, f. *Delictum, i*, n. Être en — avec une loi, *legem neglegĕre**.

contre, prép. **1.** Près de. *Ad* (acc.). Presser contre son cœur, *ad pectus admovēre**; tout contre, *prope* (acc.); *juxta* (acc.). ◆ **2.** A l'opposé de. *Contra* (acc.). *Adversus* (acc.). Contre toute attente, *praeter opinionem*; guerre contre les Perses, *bellum contra Persas gestum;* être contre, *adversari* (dat.); les ennemis sont cent contre un, *cum centenis hostibus singuli pugnant;* protéger, abriter, défendre contre le froid, *a frigoribus tegĕre**, *munire, defendĕre** (*aliquem*); discuter le pour et le contre, *in contrarias partes disserĕre**; par contre, *rursus; contra;* là-contre, *contra*.

contre-allée, f. *Semita, ae*, f.

contrebalancer, tr. *Compensare* (*rem cum re*).

contrebande, f. **1.** Faire la contrebande, *merces clam importare*. ◆ **2.** (Fig.) Introduire en contrebande, *clam inserĕre**.

contre-bas (en), loc. adv. *Deorsum*.

contrecarrer, tr. *Adversari* (*alicui*). Contrecarrer les desseins de qqn, *obsistĕre* alicujus consiliis*.

contre-cœur (à), loc. adv. *Aegre. Invitus, a, um*. Je l'ai fait à contre-cœur, *invitus feci**.

contre-coup, m. **1.** *Repercussus, us*, m. ◆ **2.** (Fig.) Atteindre qqn par contre-coup, *ad aliquem recidĕre**.

contredire, tr. *Redarguere, o* (acc.). *Contra* (*aliquem* ou *aliquid*) *dicere, o**.

SE CONTREDIRE, r. Se contredire soi-même, *secum pugnare; pugnantia loqui**; se contredire les uns les autres, *inter se obloqui**; se contredire (en parl. de ch.), *inter se pugnare*.

contredisant, e, adj. *Perpugnax, acis*.

contredit, m. *Contradictio, onis*, f. Sans contredit, *sine controversia; longe*.

contrée, f. *Regio, onis*, f. *Ora, ae*, f.

contrefaçon, f. **1.** *Furtiva* (*ae*) *imitatio* (*onis*), f. ◆ **2.** (D'un livre) *Furtiva* (*ae*) *editio* (*onis*), f.

contrefaire, tr. **1.** Imiter, reproduire, par artifice. *Fingere, o**. Contrefaire la démarche de qqn, *incessum alicujus exprimĕre**; contrefaire la folie, *furere se simulare*; contrefaire son écriture, *scripturae figuram componĕre**. ◆ **2.** Imiter, reproduire pour tromper. *Adulterare*. Contrefaire une signature, *chirographum imitari;* contrefaire un livre, *librum furto edere**.

SE CONTREFAIRE, r. *Fingĕre* se. Fingĕre sibi* (*vultum, incessum*).

contrefait, e, part. et adj.

1. Feint. *Fictus, a, um. Simulatus.* ◆ **2.** Difforme. *Deformis, e. Distortus, a, um.*

contrefort, m. **1.** (Archit.) *Erisma, ae,* f. ◆ **2.** Chaîne de montagnes. *Promunturium, ii,* n.

contremaître, m. *Monitor, oris,* m.

contremander, tr. *Renuntiare.* Ayant contremandé la réunion, *remissā* contione.*

contremarche, f. *Regressus, us,* m. *Superventus, us,* m. Faire une contremarche, *convertĕre* signa.*

contre-marée, f. *Aestus regressus, us,* m.

contre-miner, tr. *Cuniculis transversis (hostium) cuniculos excipere, io*.*

contre-ordre, m. Donner contre-ordre, *mandatum rescindĕre*.*

contre-partie, f. *Adversa (ae) sententia (ae),* f.

contre-pied, m. Prendre le contre-pied de, *retexere, o* (rem).*

contrepoids, m. **1.** *Aequipondium, ii,* n. Contrepoids d'une horloge, *libramentum, i,* n.; — des danseurs, *halter, eris,* m. ◆ **2.** (Fig.) *Compensatio, onis,* f. Faire contrepoids, *contra niti*;* servir de contrepoids à, *objici (ior*)* ou *opponi* (alicui rei).*

contre-poil (à), loc. adv. **1.** *Adverso capillo.* ◆ **2.** (Fig.) Prendre qqn à contre-poil, *adverso tempore aliquem interpellare.*

contre-pointer, tr. *Acu variare.*

contrepoison, m. *Antidotum, i,* n.

contre-projet, m., **contre-proposition,** f. *Contraria (ae) sententia (ae),* f.

contre-révolution, f. *Commutati status restitutio, onis,* f.

contre-sceller, tr. *Sigillum apponere, o** (dat.).

contreseing, m. *Signum, i,* n.

contresens, m. *Verbi depravatio, onis,* f. Faire un contresens, *verba distorquēre*;* à contresens, *perverse;* qui agit à contresens, *praeposterus, a, um.*

contresigner, tr. *Subscribere, o*.*

contretemps, m. *Casus, us,* m. A contretemps, *intempestive;* qui est fait à contretemps, *intempestivus, a, um.*

contrevallation, f. Établir une contrevallation autour de, *circumvallare* (acc.).

contrevenir, intr. *Non parere, eo** (dat.).

contrevent, m. *Foricula, ae,* f.

contre-vérité, f. *Dissimulatio, onis,* f. *Antiphrasis, is,* f.

contribuable, m. *Stipendiarius, ii,* m.

contribuer, intr. *Conferre, fero*. Contribuere, o* (dat.) Contribuer au succès d'un ami, *fortunae amici prodesse*;* contribuer de ses deniers à, *aes conferre* ad;* contribuer beaucoup à (inf.) (pers.), *esse magno adjumento ad* (gér.); (ch.), *esse magno momento ad* (gér.).

contribution, f. **1.** Impôt. *Tributum, i,* n. *Vectigal, alis,* n. Receveur des contributions, *vectigalium exactor, oris,* m. **2.** Concours. *Collatio, onis,* f. Apporter sa contribution à, *conferre* (aliquid) ad;* mettre qqn à contribution, *officium* ou *onus alicui imponĕre*;* mettre qqch. à contribution, *ex re fructum capĕre (io*).*

contrister, tr. *Contristare. Tristitiam afferre, fero* (alicui).*

contrit, ite, adj. *Contritus, a, um.*

contrition, f. *Contritio, onis,* f.

contrôle, m. **1.** Registre. *Antigraphum, i,* n. ◆ **2.** État nominatif. *Album, i,* n. ◆ **3.** (Fig.) Examen, critique. *Censura, ae,* f.

contrôler, tr. **1.** Porter sur le registre de contrôle. *Contrascribere, o*.* ◆ **2.** Examiner. *Inspicere, io*.*

contrôleur, m. **1.** Qui tient le contrôle. *Antigraphiarius, ii,* m. ◆ **2.** (Fig.) Censeur. *Censor, oris,* m.

controuvé, ée, part. et adj. *Commenticius, a, um.*

controuver, tr. *Fingere, o*.*

controverse, f. *Controversia, ae,* f.

controversé, ée, part. et adj. *Controversus, a, um.* Être controversé, *in controversiam deductum* esse.*

controverser, tr. *Disceptare (cum aliquo de re). Controversari (de re).*

contumace, f. *Contumacia, ae,* f. Condamner qqn par contumace, *absentem damnare.*

contumax, adj. *Contumax, acis*

contus, use, adj. (Médec.) *Contusus, a, um.*

contusion, f. *Contusio, onis,* f. *Plaga, ae,* f.

convaincant, te, adj. Preuve convaincante, *argumentum gravissimum,* n.

convaincre, tr. **1.** Persuader. *Persuadere, eo* (rem alicui).* Je suis bien convaincu que, *mihi exploratum est* (prop. inf.) ◆ **2.** Démontrer la culpabilité de qqn. *Convincere, o** ou *coarguere, o (aliquem rei* ou *re);* être convaincu d'un vice, *in vitio deprehendi*.*

SE CONVAINCRE, r. *Comperire* (de, acc.).

convalescence, f. *(Ab aegritudine) recreatio, onis,* f. Entrer en convalescence, *convalescere, o*.*

convalescent, te, adj. *Ex morbo recreatus, a, um.*

convenable, adj. **1.** Propre à. *Conveniens, entis* (dat.). *Congruens* (dat.). *Aptus, a, um* (dat. ou *ad,* acc.) ◆ **2.** Décent. *Decorus, a, um. Dignus.* Il est convenable, *decet** (inf.). ◆ **3.** Utile. *Idoneus, a, um. Commodus.* Je crois convenable de, *non puto esse alienum* (prop. inf.).

convenablement, adv. *Convenienter. Apte.*

convenance, f. **1.** Rapport. *Convenientia, ae,* f. ◆ **2.** Décence. *Decorum, i,* n. *Decus, oris,* n. Avoir le sentiment des convenances, *sentire* quid deceat*. ◆ **3.** Utilité. *Commoditas, atis,* f. *Commodum, i,* n. A la convenance de, *commodus, a, um* (dat.).

convenir, intr. **1.** Être propre, décent, utile à. *Convenire** (dat.). *Decēre, decet** (acc.). *Aptum esse* (dat.). La colère ne convient pas à l'orateur, *oratorem non decet* irasci;* il convient de (inf.), *expedit, oportet** ou *decet* (inf.). ◆ **2.** Être d'accord. *Convenire** (*cum*). Nous sommes convenus que, *inter nos convenit* (prop. inf.); j'en conviens, *fateor*;* convenir d'un salaire avec qqn, *pacisci* praemium cum aliquo.* ◆ **3.** Plaire. *Placere, eo** (dat.).

conventicule, m. *Conventiculum, i,* n.

convention, f. **1.** Pacte. *Pactio, onis,* f. *Pactum, i,* n. *Conventum, i,* n. Faire une convention, *cum aliquo pacisci*;* selon la convention, *ex pacto.* ◆ **2.** Ce qui est établi par l'usage. *Institutum, i,* n. Les conventions sociales, *instituta* (*orum*) *civilia* (*ium*), npl.; de convention, *compositus, a, um; simulatus.* ◆ **3.** Assemblée. *Concilium, ii,* n.

conventionnel, elle, adj. **1.** Établi par convention. *Pactus, a, um.* ◆ **2.** Établi par l'usage. *Usu receptus, a, um.*

conventionnellement, adv. *Ex pacto.*

conventuel, elle, adj. *Monasterialis, e.*

convenu, ue, part. et adj. *Pactus, a, um.* C'est une affaire convenue, *pactam rem habeo*;* au jour convenu, *ad diem.*

convergence, f. *Linearum concursus, us,* m.

converger, intr. *Ad unum vergere, o*.*

conversation, f. *Colloquium, ii,* n. *Sermo, onis,* m. Entrer en conversation avec, *sermonem conferre** ou *habēre** (*cum*).

converser, intr. *Colloqui, or** (*cum*). *Sermonem habere, eo** (*cum*).

conversion, 1. *Conversio, onis,* f. *Mutatio,* f. Faire une conversion (milit.), *circumagi*.* ◆ **2.** (Fig.) *Emendatio, onis,* f. (*vitae, morum*). *Conversio* (*ad Deum*).

convertir, tr. **1.** Transformer. *Mutare. Convertere, o*.* (En, *in*, acc.). ◆ **2.** (Fig.) Amener à. *Convertĕre*.* Convertir qqn à ses idées, *ad se aliquem convertĕre.*

SE CONVERTIR, r. **1.** Se changer. *Mutari* (*in*, acc.). ◆ **2.** Se corriger. *Ad bonam frugem se recipĕre* (*io**). *Converti** (*ad Deum*).

convexe, adj. *Convexus, a, um.*

convexité, f. *Convexitas, atis,* f. La convexité du ciel, *convexum caelum,* n.

conviction, f. **1.** Croyance. *Conscientia, ae,* f. *Fides, ei,*

f. Conviction profonde, *opinio firma;* j'ai la conviction que, *mihi persuasum* est* (prop. inf.); avec conviction, *ex animi sententiā.* ◆ **2.** Preuve. *Evidens (entis) argumentum (i),* n. Produire la conviction de son repentir, *paenitentiae fidem facĕre (io*);* pièces à conviction, *certissimum (de re) argumentum.*

convier, tr. *Invitare. Vocare.*

convive, m. *Conviva, ae,* m.

convocation, f. *Convocatio, onis,* f.

convoi, m. **1.** Convoi funèbre. *Exsequiae, arum,* fpl. *Funus, eris,* n. ◆ **2.** Convoi de chariots, de vivres, *commeatus, us,* m.

convoitable, adj. *Appetendus, a, um.*

convoiter, tr. *Concupiscere.*

convoiteux, euse, adj. *Cupidus, a, um* (gén.). *Appetens, entis* (gén.).

convoitise, f. *Cupiditas, atis,* f. *Appetentia, ae,* f. Avec convoitise, *cupide;* jeter un regard de — sur, *cupiditatis oculos adjicere (io*) ad.*

convoler, intr. *Ad alias nuptias migrare.*

convoquer, tr. *Convocare. Advocare.*

convoyer, tr. **1.** Transporter. *Stipare* (acc.). ◆ **2.** Escorter. *Praesidio esse* (dat.).

convoyeur, m. Navire convoyeur, *praesidiaria (ae) navis (is),* f.

convulsif, ive, adj. *Palpitans, antis.* (Toux) *Anhelus, a, um.* (Rire). *Effusus, a, um.*

convulsion, f. *Convulsa, orum,* npl. Convulsions nerveuses, *nervorum distentio, onis,* f.

convulsivement, adv. *Distentis nervis.*

coopérateur, trice, m. f. *Adjutor, oris,* m. *Adjutrix, icis,* f.

coopératif, ive, adj. Société coopérative, *societas, atis,* f.; *consortio, onis,* f.

coopération, f. *Opera, ae,* f. *Auxilium, ii,* n. Avec la coopération de qqn, *aliquo adjuvante*.*

coopérer, intr. *Interesse, sum* (alicui rei). Adjuvare* (aliquem in aliquā re).*

cooptation, f. *Cooptatio, onis,* f.

coopter, tr. *Cooptare.*

coordination, f. *Ordinatio, onis* f.

coordonner, tr. *Ordinare.*

copartageant, te, adj. *Particeps, cipis* (gén.). Héritier —, *coheres, edis,* m.

copeau, m. *Assula, ae,* f.

copie, f. **1.** *Exemplar, aris,* n. *Exemplum, i,* n. Faire prendre ou tirer une copie de, *describĕre** (acc.). ◆ **2.** (Fig.) Être la copie de qqn, *aliquem exscribĕre*.*

copier, tr. **1.** Transcrire. *Describere, o*. Transcribere, o*.* Faire copier, donner à copier qqch., *dare* describendum aliquid.* ◆ **2.** Imiter. *Imitari. Exprimere, o*.*

copieusement, adv. *Copiose. Abundanter. Laute.*

copieux, euse, adj. *Copiosus,*

a, um. Uber, eris. Repas copieux, *lauta cena*, f.

copiste, m. **1.** Qui transcrit. *Librarius, ii*, m. ◆ **2.** Qui imite. *Imitator, oris*, m.

copropriétaire, m. *Compossessor, oris*, m.

copropriété, f. Avoir la copropriété d'une maison, *cum altero domus possessorem esse.*

1. coq, m. *Gallus, i*, m. De coq, *gallinaceus, a, um;* coq de bruyère, *tetrao, onis*, m.; l'heure où chante le coq, *gallicinium, ii*, n.; être rouge comme un coq, *rubore suffundi*;* être comme un coq en pâte, *omnibus bonis affluĕre**.

2. coq, m. Maître-coq. *Coquus, i*, m.

coq-à-l'âne, m. *Ineptiae, arum*, fpl.

coque, f. **1.** Coque de l'œuf. *Calyx, icis*, m. Œuf à la coque, *ovum molle* ou *sorbile.* ◆ **2.** Cocon, *folliculus, i*, m. ◆ **3.** Coque d'un fruit, *putamen, inis*, n.; *siliqua, ae*, f. ◆ **4.** (Fig.) — de navire, *alveus, i*, m.; — de cheveux, de rubans, *cincinnus, i*, m.

coquelicot, m. *Rhoeas, adis*, f.

coqueluche, f. **1.** *Crebra (ae) tussis (is)*, f. ◆ **2.** (Fig.) Tu es la coqueluche du beau monde, *te diripiunt* potentiores.*

coquet, ette, adj. **1.** Désireux de plaire. *Placendi studiosus, a, um.* ◆ **2.** Joli. (Pers.) *Pulchellus, a, um. Venustus.* (Ch.) *Venustus.*

coquetier, m. **1.** Marchand d'œufs. *Ovorum negotiator, oris*, m. ◆ **2.** Vase pour manger les œufs. *Cochleare, is*, n.

coquetterie, f. **1.** Recherche des moyens de plaire. *Lenocinium, ii*, n. ◆ **2.** Élégance. *Elegantia, ae*, f. (Dans les vêtements) *Nitor, oris*, m.

coquillage, m. *Conchylium, ii*, n.

coquille, f. **1.** (Des mollusques) *Concha, ae*, f. *Testa, ae*, f. ◆ **2.** (D'œufs, de noix) V. COQUE. ◆ **3.** (Fig.) Rentrer dans sa coquille, *se contrahĕre*; contrahi**.

coquin, ine, adj. *Nequam* (indécl.). *Improbus, a, um.*

coquinerie, f. **1.** Vice. *Nequitia, ae*, f. ◆ **2.** Action. *Maleficium, ii*, n.

cor, m. **1.** Instrument. *Cornu, us*, n. *Bucina, ae*, f. Sonner du cor, *bucinare;* celui qui sonne du cor, *cornicen, inis*, m. ◆ **2.** (Fig.) Demander à cor et à cri, *clamore magno petĕre**. ◆ **3.** Durillon. *Clavus, i*, m. ◆ **4.** (Pl.) Andouillers du cerf. *Rami, orum*, mpl.

corail, m. **1.** *Corallium, ii*, n. ◆ **2.** (Fig.) Une bouche de corail, *os purpureum.*

corbeau, m. **1.** Oiseau. *Corvus, i*, m. De corbeau, *corvinus, a, um;* cri du corbeau, *crocitus, us*, m. ◆ **2.** Grappin. *Corvus, i*, m. ◆ **3.** (Archit.) *Mutulus, i*, m.

corbeille, f. *Corbis, is*, f. *Sporta, ae*, f. Petite corbeille, *corbicula, ae*, f.

corbillard, m. *Libitina, ae*, f.

corbillon, m. *Corbula, ae,* f.
corbin, m. *Corvus, i,* m.
cordage, m. *Rudens, entis,* m.
corde, **1.** *Funis, is,* m. Petite corde, *funiculus, i,* m.; corde de potence, *laqueus, i,* m.; mettre ou passer la corde au cou d'un criminel, *sonti laqueum injicere (io*)*; danseur de corde, *funambulus, i,* m; corde à mesurer le bois, *funiculus;* corde (du drap), *licium, ii,* n.; — d'arc, *nervus, i,* m.; — d'instrument de musique, *chorda, ae,* f.; *nervus;* instrument à cordes, *fides, ium,* fpl.; corde, figure de géométrie, *basis, is,* f. ◆ **2.** (Fig.) Homme de sac et de corde, *furcifer, eri,* m.; se mettre la corde au cou, *collum in laqueum inserĕre*;* avoir deux cordes à son arc, *duplici spe niti*;* toucher une —, la — sensible, *locum attingere*; ulcus tangere*.*
cordeau, m. *Funiculus, i,* m. Cordeau pour aligner, *linea, ae,* f.; tirer, tracer au cordeau, *lineare;* au —, *ad lineam; ad amussim.*
cordelette, f. *Funiculus, i,* m.
corder, tr. **1.** Mettre en corde. *Torquere, eo*.* ◆ **2.** Mesurer. *Dimetiri*.*
cordial, ale, adj. **1.** Qui réconforte. *Stomacho utilis, e.* ◆ **2.** Qui part du cœur. *Benignus, a, um. Sincerus.*
cordialement, adv. *Ex animo.*
cordialité, f. *Amor, oris,* m.
cordier, m. *Restio, onis,* m.
cordon, m. **1.** Petite corde. *Funiculus, i,* m. Cordon qui entre dans la composition d'une corde, *licium, ii,* n.; — de soulier, *corrigia, ae,* f. ◆ **2.** (Fig.) — de troupes, *ordo, inis,* m.; — d'un ordre de chevalerie, *fascia, ae,* f. Serrer les cordons de la bourse, *exigue sumptum praebēre*.*
cordonner, tr. *Torquere, eo*.*
cordonnerie, f. *Sutrina, ae,* f.
cordonnier, m. *Sutor, oris,* m. De cordonnier, *sutorius, a, um.*
coriace, adj. *Durus, a, um.*
coreligionnaire, m. *Eadem sacra colens, entis.*
Corinthe. *Corinthus, i,* f. De Corinthe, *Corinthius, a, um.*
corme, f. *Sorbum, i,* n.
cormier, m. *Sorbus, i,* f.
cormoran, m. *Truo, onis,* m.
cornac, m. *Elephanti rector, oris,* m.
cornage, m. *Anhelitus, us,* m.
cornaline, f. *Sarda, ae,* f.
corne, f. **1.** *Cornu, us,* n. Petite corne, *corniculum, i,* n.; de corne, en corne, dur comme la corne, *corneus, a, um;* qui a des cornes, *cornutus, a, um;* bêtes à cornes, *cornigera, orum,* npl.; qui n'a qu'une corne, *unicornis, e;* à deux, à trois cornes, *bicornis; tricornis;* corne d'abondance, *cornu.* ◆ **2.** Corne du cheval. *Ungula, ae,* f. ◆ **3.** (Fig.) Prendre le taureau par les cornes, *alicui rei obviam ire (eo*).*
corné, ée, adj. *Corneus, a, um.*
cornée, f. *Album (i, n.) oculi.*

corneille, f. *Cornix, icis,* f. Petite corneille, *cornicula, ae,* f. Bayer aux corneilles, *hietare.*

cornemuse, f. *Utriculus, i,* m. Joueur de cornemuse, *utricularius, ii,* m.

corner. I. Intr. **1.** Sonner du cornet ou du cor. *Cornu canere, o*. Bucinare.* ◆ **2.** (Fig.) Corner aux oreilles, *aures obtundĕre*;* les oreilles me cornent, *mihi aures tinniunt.* ◆ **3.** Râler (en parl. du cheval). *Anhelare.* ◆ **II.** Tr. Recourber. *Signare.*

SE CORNER, r. Devenir dur comme la corne. *Cornescere, o*.*

cornet, m. **1.** Instrument à vent. *Cornu, us,* n. ◆ **2.** Cornet à dés. *Fritillus, i,* m. ◆ **3.** Cornet de papier. *Cucullus, i,* m.

cornette, f. **1.** Coiffe. *Caliptra, ae,* f. ◆ **2.** Enseigne. *Vexillum, i,* n. ◆ **3.** Porte-étendard. *Signifer, eri,* m.

corniche, f. *Corona, ae,* f.

cornichon, m. *Tortus (i) cucumis (is,* acc. *im),* m.

cornouille, f. *Cornum, i,* n.

cornouiller, m. *Cornus, i,* f. De cornouiller, *corneus, a, um.*

cornu, ue, adj. *Cornutus, a, um.*

cornue, f. (*Cornuta, ae*) *ampulla, ae,* f.

corollaire, m. *Corollarium, ii,* n.

corolle, f. *Corolla, ae,* f.

corporation, f. *Collegium, ii,* n.

corporel, elle, adj. *Corporeus, a, um.* Infirmité corporelle, *corporis vitium, ii,* n.; recevoir une punition corporelle, *tergo puniri.*

corporellement, adv. *Corporaliter.* Punir corporellement, *fustibus castigare.*

corps. 1. m. Organisme. *Corpus, oris,* n. De corps, *corporeus, a, um;* corps mort, *cadaver, eris,* n.; avoir un corps robuste, *robusto corpore esse;* se donner à qqn, à qqch. corps et âme, *se penitus alicui tradĕre*; totum rei incumbĕre*;* combattre corps à corps, *comminus pugnare;* saisir à bras-le-corps, *medium aliquem arripere (io*);* prendre du corps, *corpus facere (io*);* prise de corps, *comprehensio, onis,* f. ◆ **2.** (Fig.) A son corps défendant, *invitus, a, um;* le drôle de corps! *festivum caput!* les gardes du corps, *corporis stipatores, um,* mpl. ◆ **3.** Matière, substance, partie principale d'une chose. *Corpus.* Un corps simple, *individuum corpus;* un corps étranger, *externa res;* qui a du corps, *crassus, a, um;* (en parl. du vin) *validus;* qui n'a pas de corps, *tenuis, e;* corps de logis, *domus, us,* f.; corps d'une lettre, *litterarum caput;* — du délit, *noxa, ae,* f.; faire corps, *concrescĕre*.* ◆ **4.** Groupe. *Corpus.* Corps de troupes, *ordo, inis,* m.; *manus, us,* f. Diviser son armée en trois corps, *copias in tres partes distribuĕre;* corps de réserve, *subsidium, ii,* n.; — de bataille, *media acies;* — de garde, *statio, onis,* f.;

esprit de corps, *sodalicium, ii*, n.: en corps, *universi, ae, a.*

corpulence, f. *Corporis habitudo, inis*, f.

corpulent, te, adj. *Corpulentus, a, um.*

corpuscule, m. *Corpusculum, i*, n.

correct, te, adj. *Emendatus, a, um.*

correctement, adv. *Emendate. Pure.*

correcteur, trice, m. et f. *Emendator, oris*, m. *Emendatrix, icis*, f.

correctif, m. *Temperatio, onis*, f. Apporter, donner un correctif à. *Temperare* (acc.).

correction, f. **1.** Réprimande. *Correctio, onis*, f. *Castigatio*, f. Maison de correction, *ergastulum, i*, n. ◆ **2.** Rectification. *Emendatio, onis*, f. *Correctio*, f. ◆ **3.** Pureté. Correction du langage, *purus sermo.*

corrélatif, ive, adj. *Reciprocus, a, um.*

corrélation, f. *Convenientia, ae*, f. Être en corrélation, *reciprocari.*

correspondance, f. **1.** Conformité. *Convenientia, ae*, f. ◆ **2.** Commerce de lettres. *Epistularum consuetudo, inis*, f.

correspondant, te. I. Adj. *Conveniens, entis.* ◆ **II.** Nom. *Qui* (*quae*) *litteras dat* et accipit*.*

correspondre, intr. **1.** Être en rapport de convenance. *Congruere, o* (dat.). *Respondere, eo** (dat). ◆ **2.** Être en rapport de lettres. *Per litteras communicare* (*cum aliquo*).

corridor, m. *Fauces, ium*, fpl.

corriger, tr. **1.** Enlever les fautes, ramener au bien. *Corrigere, o*. Emendare.* ◆ **2.** Réprimander, punir. *Castigare.* ◆ **3.** (Fig.) Adoucir, tempérer. *Mitigare. Temperare.*

corrigible, adj. *Emendabilis, e.*

corroborer, tr. *Confirmare. Roborare.*

corroder, tr. *Erodere, o*. Corrodere, o*.*

corrompre, tr. **1.** *Corrumpere, o*. Depravare.* ◆ **2.** (Fig.) Corrompre un juge, *judicis fidem pecuniā corrumpĕre.*

SE CORROMPRE, r. **1.** Se gâter. *Corrumpi*. Vitiari.* ◆ **2.** (Fig.) *In pejus ruĕre.* Se laisser corrompre, *pecuniā capi* (*ior**).

corrompu, ue, part. et adj. *Corruptus, a, um.* Air corrompu, *vitiatus aer;* homme de mœurs corrompues, *homo perditus;* texte corrompu, *textus* (*us*) *depravatus.*

corrosif, ive, adj. *Rodens, entis.* Être —, *pungere, o*.*

corrosion, f. *Erosio, onis*, f.

corroyer, tr. *Subigere, o** (*pelles*).

corroyeur, m. *Coriarius, ii*, m.

corrupteur, trice. I. Nom m. et f. *Corruptor, oris*, m. *Corruptrix, icis*, f. ◆ **II.** Adj. *Perniciosus, a, um. Exitiosus.*

corruptibilité, f. *Corruptibilitas, atis*, f.

corruptible, adj. **1.** *Corruptio-*

ni obnoxius, a, um. ◆ **2.** (Fig.) *Venalis, e.*

corruption, f. **1.** *Corruptio, onis,* f. *Tabes, is,* f. Corruption de l'air, *aeris vitium;* corruption d'un mot, *verbi depravatio.* ◆ **2.** (Fig.) *Corruptio. Corruptela, ae,* f. Corruption des mœurs, *morum pravitas; corrupti mores;* corruption d'un juge, *judicii corruptela;* tentative de corruption, *ambitus, us,* m.

corsage, m. **1.** Taille. *Pectus, oris,* n. ◆ **2.** Partie supérieure du vêtement. *Thorax, acis,* m.

corsaire, m. **1.** *Pirata, ae,* m. ◆ **2.** Navire. *Praedatoria (ae) navis (is),* f.

Corse. *Corsica, ae,* f. De la Corse, *Corsus, a, um.*

corselet, m. **1.** *Lorica, ae,* f. ◆ **2.** Corselet des insectes, *crusta, ae,* f.

corset, m. *Strophium, ii,* n.

cortège, m. *Comitatus, us,* m. *Comites, um,* mpl. Faire cortège à qqn, *aliquem deducere*.*

corvéable, adj. *Angariis obnoxius, a, um.*

corvée, f. **1.** *Angaria, ae,* f. Corvée militaire, *militaris (is) labor (oris),* m. ◆ **2.** (Fig.) *Onus, eris,* n.

corvette, f. *Celox, ocis,* m. f.

corybante, m. *Corybas, antis,* m.

coryphée, m. *Coryphaeus, i,* m.

coryza, m. *Gravedo, inis,* f.

cosmétique, m. *Medicamen, inis,* n. Être un cosmétique, *cutem levigare.*

cosmique, adj. *Ad mundi universitatem pertinens, entis.* Matière cosmique, *elementa, orum,* npl.

cosmogonie, f. *Rerum natura, ae,* f.

cosmographe, m. *Cosmographus, i,* m.

cosmographie, f. *Mundi descriptio, onis,* f.

cosmopolite, m. *Mundanus, i,* m.

cosse, f. *Siliqua, ae,* f.

cosser, intr. *Coniscare. Arietare.*

cossu, ue, adj. *Bene nummatus, a, um. Dives, itis.*

costal, ale, adj. *Lateralis, e.*

costume, m. *Vestitus, us,* m.

costumer, tr. *Vestire.*

SE COSTUMER, r. Se costumer en berger, *pastoralem habitum induĕre.*

cote, f. Cote d'impôt, *vectigal, alis,* n.

côte, f. **1.** Os. *Costa, ae,* f. ◆ **2.** Côté. *Latus, eris,* n. Marcher côte à côte, *ex aequo incedĕre*.* ◆ **3.** Colline. *Clivus, i,* m. ◆ **4.** Bord de la mer. *Litus, oris,* n. (*Maritima, ae*) *ora, ae,* f. Suivre la côte, *litora legĕre*;* vaisseaux jetés à la —, *naves ejectae*.*

côté, m. **1.** Partie du corps humain. *Latus, eris,* n. De côté, *lateralis, e;* point de côté, *lateris dolor, oris,* m.; être toujours aux côtés de qqn, *alicujus lateri adhaerēre*.* ◆ **2.** Face quelconque d'un objet, partie de l'espace. *Latus. Pars, partis,* f. D'un côté, de l'autre (sans mouv.), *hic, illic;* du côté droit, du côté gauche, *dextrorsus, sinistrorsus;* des deux côtés, *utrimque;* de quel côté vas-tu ? *quo vadis ?* d'un côté et de l'autre, *utroque;* de quelque côté que ce soit (avec mouv.), *quocumque;* ils partent chacun de son côté, *diversi abeunt*; alii alio dilabuntur;* ils s'enfuient de tous côtés, *in diversas partes fugiunt* ◆ **3.** (Fig.) Moi, de mon côté, *ego vero;* chacun de son côté, *pro virili parte;* la comédie est notre côté faible, *comoediā maxime claudicamus;* prendre qqch. du bon côté, *aliquid in bonam partem accipĕre* (*io**). ◆ **4.** Parti. *Partes, ium*, fpl. Être du côté de qqn, *ab aliquo stare*;* mettre qqn de son côté, *aliquem suum facĕre* (*io**). ◆ **5.** Ligne de parenté. *Latus. Genus, eris*, n. Le côté maternel, *genus maternum.* ◆ **6.** Loc. A côté de (auprès de), *prope* (acc.); *juxta* (acc.); *ad* (acc.); à côté de (en comparaison de), *prae* (abl.); (fig.) être à côté de la question, *aberrare;* du côté de (dans la direction de), *versus* (acc.); du côté de (de la part de), *ab* (abl.); de l'autre côté de, *ultra* (acc.); *trans* (acc.); de côté (obliquement), *oblique;* placé de côté, *obliquus, a, um;* se mettre de côté (pour laisser passer), *de viā secedĕre*;* mettre qqch. de côté (en réserve), *aliquid seponĕre*;* avoir de l'argent de côté, *pecuniam habēre* sepositam;* laisser de côté, *omittĕre*; praeterire* (*eo**).

coteau, m. **1.** Colline. *Collis, is*, m. ◆ **2.** Penchant d'une colline. *Clivus, i*, m.

côtelette, f. *Costa, ae*, f.

coter, tr. **1.** Marquer de lettres ou de chiffres. *Numeris annotare* (*aliquid*). ◆ **2.** Marquer le prix des denrées. *Pretium imponere, o** (dat.). Être coté, *licēre** (abl. ou gén. de prix).

coterie, f. **1.** Société. *Sodalicium, ii*, n. ◆ **2.** Cabale. *Factio, onis*, f.

cothurne, m. *Cothurnus, i*, m.

côtier, ière, adj. *Orarius, a, um.*

cotillon, m. *Castula, ae*, f.

cotisation, f. **1.** Action de se cotiser. *Pecuniae collatio, onis*, f. ◆ **2.** Argent recueilli. *Collecta* (*ae*) *pecunia* (*ae*), f. Quote-part. *Rata* (*ae*) *pars* (*partis*), f.

cotiser (se), r. *Pecuniam conferre*.*

coton, m. **1.** *Xylon, i*, n. ◆ **2.** (Fig.) Duvet. *Lanugo, inis*, f.

cotonner (se), r. *Lanugine vestiri.*

cotonneux, euse, adj. *Lanuginosus, a, um.*

cotonnier, m. *Xylon, i*, n.

côtoyer, tr. Aller le long de. *Praeterire, eo*. Legere, o*.*

cotret, m. Petit fagot. *Lignorum fasciculus, i*, m.

cottage, m. *Villula, ae*, f.

cotte, f. **1.** Robe. *Tunica, ae*, f. ◆ **2.** Cotte de mailles, *lorica, ae*, f.

cou, m. *Collum, i*, n. Devant du cou, *jugulum, i*, n.; derrière du cou, *cervix, icis*, f.; avoir de l'eau jusqu'au —, *capite solo ex aquā exstare*;*

sauter au cou de qqn, *collum alicujus invadĕre*;* prendre ses jambes à son cou, *se in pedes conjicĕre* (*io**); tendre le —, *cervices praebēre*;* se rompre le cou, *sibi cervices defringĕre*;* (fig.) *suas res perfringĕre**.

couard, adj. *Ignavus, a, um.*

couardise, f. *Ignavia, ae,* f.

couchant, te, adj. **1.** Le soleil couchant, ou le couchant, *occidens, entis,* m. ◆ **2.** (Fig.) Chien couchant, *palpator, oris,* m.; faire le chien couchant, *subblandiri* (dat.).

couche, f. **1.** Lit. *Cubile, is,* n. *Lectus, i,* m. Couche nuptiale, *genialis* (*is*) *torus* (*i*), m. ◆ **2.** (Pl.) Accouchement. *Partus, us,* m. Femme en couches, *puerpera, ae,* f.; faire ses couches, *parturire.* ◆ **3.** (Fig.) Tranche horizontale. *Pars, partis,* f. Couche de fumier, *stratura, ae,* f.; — de mortier, *crusta, ae,* f. ◆ **4.** Enduit (de couleur). *Inductio, onis,* f. ◆ **5.** Couche de jardin. *Pulvinus, i,* m. ◆ **6.** Couche pour les enfants. *Linteolum, i,* n.

couchée, f. *Mansio, onis,* f.

coucher. I. Tr. **1.** Mettre au lit. *In lectum collocare.* Chambre à coucher, *cubiculum, i,* n. ◆ **2.** Renverser, abattre. *Dejicere, io*.* Coucher par terre, *sternĕre*;* la pluie avait couché les blés, *procubuerant* imbribus frumenta.* ◆ **3.** Étendre (de la couleur sur qqch.). *Inducere, o** (*colore aliquid*). ◆ **4.** Coucher qqn en joue, *telo aliquem petĕre*.* ◆ **5.** Coucher au jeu, sur table. *Deponere, o*. Conferre, fero*.* ◆ **6.** Coucher par écrit. *Scriptis mandare.* Coucher qqn sur son testament, *aliquem heredem scribĕre*.* ◆ **II.** Intr. **1.** *Cubare*. Jacere, eo*.* Coucher sur ou dans, *incubare* in* (abl.). ◆ **2.** Passer la nuit. *Pernoctare.*

SE COUCHER, r. **1.** Se mettre au lit. *Lectum petĕre*.* Se coucher sur ou dans, *recumbĕre* in* (abl.); aller se coucher, *cubitum discedĕre*.* ◆ **2.** (Fig.) Va te coucher (fig.), *abi* in malam rem.* ◆ **3.** S'étendre. *Procumbere, o*. Recumbere, o*.* (A terre, *humi*). ◆ **4.** (En parl. du soleil). *Occidere, o*.*

coucher, m. **1.** Action de se coucher. *Cubitura, ae,* f. ◆ **2.** Logement de nuit. *Mansio, onis,* f. ◆ **3.** Le coucher du soleil, *solis occasus, us,* m.; au coucher du soleil, *sole occidente.*

couchette, f. *Lectulus, i,* m.

coucheur, m. **1.** *Cubitor, oris,* m. ◆ **2.** (Fig.) Un mauvais coucheur, *homo (inis) trux (trucis); truculentus.*

couci-couci, loc. adv. *Quoquo modo.*

coucou, m. *Cuculus, i,* m.

coude, m. **1.** Partie du bras. *Cubitus, i,* m. Être coude à coude, *haerēre* lateri;* donner un coup de coude à qqn, *cubito aliquem tangĕre*.* ◆ **2.** Angle. *Angulus, i,* m. *Flexus, us,* m. Former un coude, *flecti**. ◆ **3.** Bout de tuyau. *Geniculus, i,* m.

coudée, f. *Cubitus, i,* m. Avoir ses coudées franches, *laxius stare*;* (fig.) *liberius vivĕre**. Qui est long ou haut d'une coudée, *cubitalis, e.*

cou-de-pied, m. *Talus, i,* m.

couder, tr. *Flectere, o**.

coudoyer, tr. *Cubito ferire** ou *tangere, o**.

coudraie, f. *Coryletum, i,* n.

coudre, tr. **1.** *Suere, o. Consuere, o.* Coudre dans, *insuĕre in* (acc.); coudre une plaie, *oras vulneris suturis committĕre**. ◆ **2.** (Fig.) Un homme cousu d'or, *homo bene nummatus;* malices cousues de fil blanc, *vitrea (ae) techna (ae),* f.; coudre ensemble des passages d'auteurs, *scriptorum fragmenta contexĕre**.

coudrier, m. *Corylus, i,* f.

couenne, f. *Tergilla, ae,* f.

couette, f. *Culcita, ae,* f.

coulage, m. **1.** Déperdition par écoulement. *Abitus, us,* m. ◆ **2.** Fusion. *Fusio, onis,* f. ◆ **3.** Gaspillage. *Intertrimentum, i,* n.

coulant, ante, adj. **1.** *Fluens, entis. Manans, antis.* Nœud coulant, *laqueus, i,* m. ◆ **2.** (Fig.) Style coulant, *fluens oratio;* caractère coulant, *facilis indoles,* f.

coulée, f. **1.** Sorte d'écriture. *Currens (entis) scriptura (ae),* f. ◆ **2.** Coulée de fontes. *Fusorium, ii,* n. ◆ **3.** Chemin tracé par une bête. *Transitus, us,* m.

couler. I. Intr. **1.** Se mouvoir avec fluidité. *Fluere, o*. Manare.* Couler vers, *profluĕre* ad;* couler en bas, *defluĕre*;* couler autour, *circumfluĕre** (acc.); couler de tous côtés, *diffluĕre*;* couler par-dessus, *superfluĕre;* couler goutte à goutte, *stillare;* laisser couler, *effundĕre** (acc.); couler de source, *profluĕre**. ◆ **2.** Disparaître, s'écouler, glisser. *Effluere, o*. Evadere, o*. Praeterire, eo**. Le temps coule : *tempus fluit*;* le bateau coule, *sidit* navis.* ◆ **II.** Tr. **1.** Clarifier, liquéfier. *Colare. Liquare.* Couler en bronze la statue de qqn, *aliquem aere ducĕre*;* couler des métaux, *metalla fundĕre**. ◆ **2.** Faire descendre. Couler bas un vaisseau, *navem deprimĕre*;* un homme coulé, *homo eversus.* ◆ **3.** Introduire. *Insinuare.* Couler à qqn qqch. à l'oreille, dans le tuyau de l'oreille, *aliquid alicui insusurrare;* couler sa main dans, *manum inserere* in* (acc.). ◆ **4.** Passer. *Agere, o**. Couler d'heureux jours, *vitam felicem ducĕre**.

SE COULER, r. **1.** S'insinuer. *Subrepere, o* (in,* acc.). ◆ **2.** Se ruiner. *Mergi**.

couleur, m. **1.** Sensation visuelle. *Color, oris,* m. D'une seule couleur, de deux couleurs, *unicolor, oris; bicolor;* de plusieurs couleurs, *multicolor;* de diverses couleurs, *versicolor;* de même couleur, *concolor;* fort, haut en couleur, *coloratus, a, um; rubicundus;* changer de couleur, *vultum* *mutare;* prendre de la couleur, *colorari.* ◆ **2.** (Fig.) Caractère apparent des choses. *Color. Species, ei,* f. Donner couleur à, *rationem obtendĕre** (dat.); sous couleur de, *per speciem* (gén.). ◆ **3.** Substance colorée. *Color. Pigmentum, i,* n. Couleur pâle, foncée, *languidus, satur color;* marchand de couleurs, *pigmentarius, ii,* m. ◆ **4.** (Fig.) Couleur du style, *orationis colores* ou *pigmenta.* Porter les couleurs de qqn, *partes alicujus defendĕre**.

couleuvre, f. *Coluber, bri,* m. *Colubra, ae,* f.

coulis, m. Vent coulis. *Afflatus, us,* m. *Perflatus,* m.

coulisse, f. **1.** D'un théâtre. *Postscaenium, ii,* n. ◆ **2.** (Fig.) Dans la coulisse, *post siparium;* les yeux en coulisse, *limis oculis.*

couloir, m. **1.** Passage. *Fauces, ium,* fpl. *Via, ae,* f. ◆ **2.** Tamis. *Colum, i,* n.

coulpe, f. *Culpa, ae,* f.

coulure, f. **1.** De la vigne. *Roratio, onis,* f. ◆ **2.** Du métal en fusion. *Fusio, onis,* f.

coup, m. **1.** Blessure ou meurtrissure. *Ictus, us,* m. *Plaga, ae,* f. *Vulnus, eris,* n. D'un coup d'épée, *gladio;* d'un coup de pied, *calce;* de coups de fouet, *verberibus;* à coups de pierres, *lapidibus;* recevoir des coups, *percuti, ior*; vapulare;* sans coup férir, *sine ulla dimicatione;* coup de soleil, *solis ictus;* coup de sang, *sanguinis ictus;* coup de fortune, *fortunae vulnus;* coup de grâce, *letalis ictus.* ◆ **2.** (Fig.) Atteinte morale. *Plaga. Ictus. Damnum, i,* n. Donner un coup (en parl. d'un événement), *pungĕre** (acc.); porter un coup à qqn, *damnum alicui inferre*;* être sous le coup de*, *esse sub ictu* (gén.); *tenēri* (abl.); qui tombe sous le coup de, *obnoxius, a, um* (dat.); sous le coup de la crainte, *terrore coactus.* ◆ **3.** Machination, entreprise. *Facinus, oris,* n. Faire un mauvais coup, *scelus edĕre*;* tenter un coup hardi, *audacter facinus aggredi* (*ior**). ◆ **4.** Mouvement d'un organe ou d'un instrument. Coup de dent, *morsus, us,* m.; coup d'œil, *oculorum conjectus, us,* m.; (fig. : jugement), *ingenii acies, ei,* f.; (aspect sous lequel se présente une chose) *prospectus, us,* m.; avoir du coup d'œil (pr. et fig.), *plurimum cernĕre*;* donner un coup de main, un coup d'épaule à qqn, *aliquem adjuvare*;* donner un coup de pinceau, *penicillo lineam ducĕre*;* donner un coup de balai, *verrĕre** (acc.); coup de filet, *jactus, us,* m.; — d'archet, *plectrum, i,* n.; — de cloche, *aeris ictus;* — de sifflet, *sibilus, i,* m.; — de vent, *venti ictus;* — de foudre *fulmen, inis,* n. ◆ **5.** Combinaison des actions d'un joueur. *Jactus, us,* m. Le coup du roi, *basilicus, i,* m.; le coup du chien, *canis, is,* m.; faire un beau coup de cartes, *dextere ludĕre**. ◆ **6.** (Fig.) Faire un coup de tête, *inconsulte agĕre*;* coup de maître, *egregie factum;* faire un coup d'État, *rem publicam vi mutare;* coup de théâtre, *scaena, ae,* f. ◆ **7.** Gorgées. *Haustus, us,* m. Boire à petits coups, *sorbillare* (acc.). ◆ **8.** Loc. D'un seul coup, *semel;* du premier coup, *primo; primus, a, um;* à coup sûr, *certo;* encore un coup, *rursus; iterum;* après coup, *post tempus;* tout à coup, *subito;* coup sur coup, *saepius; crebro;* à tous coups, *assidue;* faire d'une pierre deux coups, *uno saltu duos apros capĕre* (*io**).

coupable, adj. *Nocens, entis. Sons, sontis. Noxius, a, um.* Coupable de, *conscius* (gén.); être coupable, *esse in culpā.*

coupe, f. **1.** Action de couper. La coupe d'un arbre, *arboris caesura, ae,* f.; — des cheveux, *capilli sectio, onis,* f.; — d'un habit, *vestis habitus, us,* m.; — d'un visage, *habitus oris;* — d'une phrase, *verborum concisio, onis,* f. ◆ **2.** (Fig.) Tomber sous la coupe de qqn, *sub dentem alicujus venire*.* ◆ **3.** Vase à boire. *Poculum, i,* n.

coupé, ée, part. et adj. *Sectus, a, um. Caesus.* Pont coupé, *pons ruptus;* vin coupé d'eau, *vinum aquā mixtum.*

coupé, m. *Pilentum, i,* n.

coupe-gorge, m. *Deverticulum, i,* n.

coupe-jarret, m. *Sicarius, ii,* m.

coupelle, f. Or de coupelle, *aurum ad obrussam.*

couper, tr. **1.** *Secare*. Exsecare*. Abscidere, o*. Excīdĕre*.* Couper un arbre, *arborem caedĕre*;* couper les cheveux, *capillum tondĕre*;* couper en morceaux, *frustatim concidĕre*.* ◆ **2.** (Fig.) Couper court (en marchant), *transversis tramitibus transgredi* (*ior**); (à qqch.) *brevi praecidere*.* Couper les vivres à, *commeatum intercludĕre** (dat.); couper la parole à qqn, *alicui obloqui*;* couper bras et jambes à qqn, *omnem spem praecidĕre** (dat.); couper la respiration, la voix, la fièvre, *animam intercludĕre*; vocem, febrim praecludĕre*;* couper (en parlant du froid), *mordere*;* couper du lait avec de l'eau, *lac aquā diluĕre;* couper les cartes, *folia lusoria dividĕre*;* le fleuve coupe la ville en deux, *flumen medio oppido fluit*;* donner sa tête à couper, *caput vovĕre*.*

SE COUPER, r. **1.** Se faire une coupure. *Sese vulnerare.* ◆ **2.** Se tailler. Se couper les ongles, *sibi ungues subsecare*.* ◆ **3.** (Fig.) Se croiser. *Dividi*.* ◆ **4.** Se contredire. *Contraria dicĕre*. Non sibi constare*.*

couperet, m. *Culter, tri,* m.

couperose, f. **1.** Sulfate de cuivre. *Chalcanthon, i,* n. ◆ **2.** Maladie. Visage couperosé, *ulcerosa facies,* f.

coupeur, m. *Sector, oris,* m. Coupeur de bourse, *zonarius sector,* m.

couple, f. ou m. **1.** *Par, paris,* n. Couple de bœufs, *boves* *bini; jugum, i*, n. ◆ **2.** f. Lien. *Lorum, i*, n.

coupler, tr. *Copulare.*

couplet, m. *Stropha, ae*, f.

coupole, f. *Tholus, i*, m.

coupon, m. **1.** D'étoffe. *Pannus, i*, m. ◆ **2.** De rente. *Usurarum schedula, ae*, f. ◆ **3.** Billet. *Tessera, ae*, f.

coupure, f. **1.** *Sectio, onis*, f. *Incisio*, f. Coupure à la peau, *insecta (ae) cutis (is)*, f. ◆ **2.** (Fig.) *Divisio, onis*, f.

cour, m. **1.** Espace enclos. *Area, ae*, f. Basse-cour, *cohors, cohortis*, f. ◆ **2.** Résidence d'un souverain. *Aula, ae*, f. La cour, les courtisans, *aulici, orum*, mpl. ◆ **3.** Cour de justice. *Curia, ae*, f. ◆ **4.** Hommages. *Cultus, us*, m. Faire la cour à qqn, *aliquem colĕre**.

courage, m. *Animus, i*, m. *Virtus, utis*, f. *Fortitudo, inis*, f. Avoir du courage, *animo forti esse;* perdre courage, *deficĕre (io*) animo;* avec courage, *fortiter;* sans courage, *ignavus, a, um;* courage! *age! agite!* avoir le courage de, *audēre** (inf.).

courageusement, adv. *Fortiter. Strenue.*

courageux, euse, adj. *Fortis, e. Strenuus, a, um.*

couramment, adv. **1.** Rapidement. *Expedite.* ◆ **2.** Ordinairement. *Vulgo.*

1. courant, ante, adj. **1.** *Currens, entis.* Eau courante, *aqua fluens.* ◆ **2.** (Fig.) Estimer au prix courant, *consuetudine et annonā aestimare;* l'année courante, *annus vertens* ou *praesens.*

2. courant, m. **1.** D'une rivière. *Flumen, inis*, n. La violence du courant, *vis aquae;* suivre le courant, *secundā aquā ferri*;* remonter le courant, *adverso flumine ire (eo*).* ◆ **2.** De la mer. *Aestus, us*, m. ◆ **3.** De l'air. *Afflatus, us*, m. ◆ **4.** (Fig.) Le courant des affaires, *continua negotia*, npl.; dans le courant de l'année, *anno vertente;* être au courant de, *scire* (acc.); tenir qqn au courant de, *aliquem certiorem facĕre, io* (rei* ou *de re);* qui est au courant, *gnarus, a, um* (gén.).

courbature, f. *Lassitudo, inis*, f.

courbe. I. Adj. *Curvus, a, um. Incurvus.* ◆ **II.** Nom f. *Flexura, ae*, f. Former une courbe, *flecti*;* plein de courbes, *flexuosus, a, um.*

courber. I. Tr. **1.** *Curvare. Incurvare. Inflectere, o*.* Facile à courber, *flexibilis, e;* courbé vers, *pronus, a, um (in*, acc.); courbé sous le poids des armes, *gravi armorum pondere pressus*;* être courbé sur les livres, *libris incumbĕre*.* ◆ **2.** (Fig.) Courber la tête, *jugum accipĕre, io*.* ◆ **II.** Intr. et

SE COURBER. *Incurvari.* Courber sous la volonté de qqn, *se ad alicujus nutum fingĕre** ou *accommodare;* se courber sous le joug, *jugo colla submittĕre*.*

courbette, f. Faire des courbettes devant qqn, *fasces alicui submittĕre**.

courbure, f. *Curvatura, ae,* f. *Flexus, us,* m.

coureur, euse, m. et f. **1.** Léger à la course. *Cursor, oris,* m. Bon coureur, *pernix, icis,* adj. ◆ **2.** Messager. *Celeripes, edis,* m. *Servus* ou *puer a pedibus.* ◆ **3.** Éclaireur. *Explorator, oris,* m. ◆ **4.** Vagabond. *Vagus, i,* m. *Erro, onis,* m.

courge, f. *Cucurbita, ae,* f.

courir. I. Intr. **1.** Aller avec vitesse. *Currere, o**. Courir de tous les côtés, *discurrĕre*;* courir en foule, *concurrĕre*;* sortir en courant, *excurrĕre*;* courir au devant de, *occurrĕre** (dat.); courir en avant, *praecurrĕre*;* courir sus à qqn, *impetum in aliquem facĕre* (*io**); se mettre à courir, *cursum capere* (*io**); courir après qqn, *cursim aliquem persequi**. ◆ **2.** (Fig.) Courir après la fortune, *opes consectari; pecuniam expetĕre*;* en courant, *cursu; cursim;* faire courir (qqn), *in cursum cogĕre** (*aliquem*); courir à sa perte, *inopiam sibi parare;* courir à la mort, *ad mortem ruĕre.* ◆ **3.** Se répandre. *Manare. Discurrĕre**. Le bruit court que, *rumor est* ou *fama est* (prop. inf.); faire courir un bruit, *rumorem spargere**. ◆ **4.** S'étendre, suivre son cours. *Currere**. Le chemin court à travers la campagne, *limes per agrum currit;* l'année qui court, *annus vertens;* les intérêts courent, *currunt usurae;* les intérêts ne courent plus, *consistunt* usurae.* ◆ **II.** Tr. **1.** Poursuivre à la course. Courir le lièvre, *leporem venari;* courir deux lièvres à la fois, *utrumque simul agĕre**. ◆ **2.** (Fig.) *Sectari. Consectari.* Courir un prix, *stadium currĕre*;* courir une place, *munus petĕre*;* être fort couru, *florēre**. ◆ **3.** Parcourir, fréquenter. *Percurrere, o**. *Pererrare.* Courir les rues, *in publicum procurrĕre*;* courir le monde, *vagari per orbem terrarum;* qui court le monde, *peregrinabundus;* une histoire qui court les rues, *omnibus notum;* courir la carrière des affaires publiques, *rei publicae viam sequi**. ◆ **4.** S'exposer à, être exposé à. Courir un danger, *in periculum venire**.

couronne, f. **1.** *Corona, ae,* f. Petite couronne, *corolla, ae,* f.; fabricant ou marchand de couronnes, *coronarius, ii,* m.; marchande de couronnes, *coronaria, ae,* f.; de couronne, *coronarius, a, um;* couronne de laurier, *laurea, ae,* f. ◆ **2.** (Fig.) La puissance royale. *Regnum, i,* n. *Imperium, ii,* n. Les biens de la couronne, *publica praedia*; renoncer à la couronne, *regno se abdicare.* ◆ **3.** Paturon du cheval. *Corona.*

couronnement, m. **1.** Action de couronner. *Coronae im-*

positio, onis, f. ◆ **2.** (Archit.) *Corona, ae*, f. *Fastigium, ii*, n. ◆ **3.** (Fig.) Achèvement. *Rei absolutio, onis*, f. ou *perfectio*, f. Mettre le couronnement à, *tamquam fastigium imponĕre** (*alicui rei*).

couronner, tr. **1.** Orner d'une couronne. *Coronare. Coronam imponere, o** (*alicui*). Couronner de roses, *rosis redimire*; couronné de laurier, *laureatus, a, um;* couronner un auteur, *praemio aliquem donare;* une tête couronnée, *rex, regis*, m. ◆ **2.** Ceindre, entourer. *Cingere, o**. *Circumdare**. ◆ **3.** Mettre le comble à. *Absolvere, o**. *Perficere, io**. Couronner les vœux, *vota implēre*. La fin couronne l'œuvre, *finis coronat opus*.

SE COURONNER, r. **1.** Se mettre une couronne. *Sibi coronam imponĕre**. ◆ **2.** Se blesser à la couronne (en parl. du cheval). *Cernuari*.

courre, intr. et tr. V. COURIR. Chasser à courre, *equis venari*.

courrier, m. **1.** Messager. *Cursor, oris*, m. *Nuntius, ii*, m. ◆ **2.** Lettres. *Tabellae, arum*, fpl. *Litterae*, fpl.

courroie, f. *Lorum, i*, n. — de soulier, *corrigia, ae*, f.; — pour lancer des traits, *amentum, i*, n.

courroucer, tr. **1.** *Iram movere, eo** (*alicui*). *Iratum facere, io** (*aliquem*). ◆ **2.** (Fig.) Être courroucé (en parl. de la mer), *aestu fervēre**.

SE COURROUCER, r. *Stomachari. Irasci, or**.

courroux, m. *Ira, ae*, f. *Iracundia*, f.

cours, m. **1.** Flux, écoulement. *Cursus, us*, m. *Decursus*, m. Un cours d'eau, *flumen, inis*, n.; *fluvius, ii*, m.; en remontant, en suivant le cours du fleuve, *adverso, secundo flumine;* donner libre cours à ses larmes, *lacrimas non tenēre**. ◆ **2.** Parcours. *Cursus.* Voyage au long cours, *longa* (*ae*) *navigatio* (*onis*), f. ◆ **3.** Révolution d'un astre. *Cursus. Curriculum, i*, n. ◆ **4.** Marche ou suite des choses, durée. *Cursus.* Le cours du temps, *temporis decursus*; le cours de l'année, *annus vertens;* achever son cours, *cursum conficĕre, io**; arrêter le cours du mal, *malo occurrĕre**; le cours de la vie, *vitae curriculum;* durant le cours de ma vie, *in omni vitā meā; me vivente;* dans le cours de, au cours de, *inter* (acc.); être en cours d'exécution, *in effectu esse;* l'affaire suit son cours, *res in cursu est; res procedit**. ◆ **5.** Crédit. *Usus, us*, m. Avoir cours, *in usu esse; circumferri**; n'avoir plus cours, *non jam valēre**; donner cours à un bruit, *auctoritatem alicui rei afferre**. ◆ **6.** Taux, prix actuel. (De l'argent) *Pretium, ii*, n. (Des denrées) *Annona, ae*, f. ◆ **7.** Leçon. *Praelectiones, um*, fpl. Ouvrir, fermer son cours, *scholam aperire**, *dimittĕre**; suivre les cours de qqn, *aliquem audire;* faire un cours sur qqn, *praelegĕre* aliquem;* faire un cours de qqch, *explicare* de aliquā re.* ◆ **8.** Promenade publique. *Spatium, ii,* n.

course, f. **1.** Action de courir. *Cursus, us,* m. Au pas de course, *cursu; currendo;* léger à la course, *velox, ocis;* prendre sa course, *decurrere*;* disputer une course, *stadium currĕre*;* champ de courses, *spatium, ii,* n. ◆ **2.** Allée et venue. *Ambulatio, onis,* f. Une course en voiture, *vectatio, onis,* f.; faire des courses, *cursare.* ◆ **3.** Voyage. *Iter, itineris,* n. Faire une longue course, *longam ire* (*eo**) *viam.* ◆ **4.** Incursion (en pays ennemi). *Excursio, onis,* f. *Incursio,* f. Faire des courses sur ou dans un territoire, *regionem incurrĕre*.* ◆ **5.** Cours des astres. Carrière. *Cursus. Curriculum, i,* n. Terminer sa course, *vitae finem imponĕre*.*

coursier, m. V. CHEVAL.

1. court, te, adj. *Brevis, e.* Prendre le plus court, *compendiariam sequi*;* faire passer par le plus court, *compendiariā ducĕre*;* avoir la vue courte, *non multum prospicere, io*;* être court de mémoire, *memoriā esse hebeti;* avoir la respiration courte, *anhelare.*

2. court, adv. Faire court (être court à parler), *brevi facere, io*;* s'arrêter court, *haerēre*;* (fig.) il demeura court, *obmutuit* totus;* je vous le dis tout court, *praecise dico*;* couper court à, *abrumpere** (acc.); être à court d'argent, *pecuniā indigēre*.*

courtage, m. **1.** Opération. *Cocionatura, ae,* f. Faire le courtage, *cocionari.* ◆ **2.** Rétribution. *Interpretium, ii,* n.

courtaud, de, adj. *Brevis, e. Breviculus, a, um.*

courte-pointe, f. *Puncta* (*ae*) *culcita* (*ae*), f.

courtier, m. *Cocio, onis,* m. *Intercessor, oris,* m.

courtine, f. Rideau. *Velum, i,* n.

courtisan, m. **1.** Homme de cour. *Aulicus, i,* m. ◆ **2.** (Fig.) Flatteur. *Assentator, oris,* m. *Adulator,* m.

courtisane, f. *Meretrix, icis,* f. De courtisane, *meretricius, a, um.*

courtisanerie, f. *Assentatio, onis,* f. *Obsequium, ii,* n.

courtiser, tr. *Ambire. Colere, o*.*

courtois, oise, adj. *Urbanus, a, um. Comis, e.*

courtoisement, adv. *Urbane. Comiter.*

courtoisie, f. *Urbanitas, atis,* f. *Comitas,* f.

1. cousin, ine, m. et f. *Consobrinus, i,* m. *Consobrina, ae,* f.

2. cousin, m. Insecte. *Culex, icis,* m.

cousinage, m. *Cognatio, onis,* f.

cousiner, intr. *Nomen cognationis usurpare.*

coussin, m. *Pulvinus, i,* m.

coussinet, m. *Pulvillus, i,* m.

coût, m. *Pretium, ii,* n. *Impensa, ae,* f.

coûtant, adj. Vendre au prix coûtant, *rem tantidem emptam tradĕre** (*alicui*).

couteau, m. **1.** *Culter, tri,* m. Petit couteau, *cultellus, i,* m.; donner des coups de couteau à, *cultro percutere, io** (acc.). ◆ **2.** (Fig.) Mettre le couteau sur la gorge à qqn, *faucibus aliquem urgēre**; être à couteaux tirés avec qqn, *capitali odio inter se dissidēre**.

coutelas, m. *Machaera, ae,* f.

coutelier, m. *Cultrarius, ii,* m.

coutellerie, f. **1.** Métier. *Cultrarii ars, artis,* f. ◆ Fabrique. *Cultrarii officina, ae,* f.

coûter, intr. **1.** *Constare**. Coûter cher, plus cher, moins cher, *magno, majoris, minoris constare;* ce dont on a besoin ne coûte jamais trop cher, *bene emitur* quod necesse est;* ne rien coûter, *gratis constare;* combien coûte? *quanti constat?* coûte que coûte, *quanti quanti.* ◆ **2.** (Fig.) Coûter beaucoup de sang, *multo sanguine stare*;* coûter beaucoup de peine, *esse multi laboris;* il m'en coûte beaucoup de, *mihi grave* ou *acerbum est* (inf.); il m'en coûte de parler, *invitus dico**.

coûteux, euse, adj. *Carus, a, um. Pretiosus.* Peu coûteux, *vilis, e;* être coûteux (occasionner des frais), *sumptui esse.*

coutil, m. *Bilix* (*icis*) *pannus* (*i*), m.

coutre, m. *Culter, tri,* m.

coutume, f. **1.** Habitude. *Consuetudo, inis,* f. ◆ **2.** Usage. *Mos, moris,* m. *Usus, us,* m. J'ai coutume de, *soleo** ou *mihi mos est* (inf.); c'est la coutume de (inf.), *more fit** ou *sollemne est* (inf.); passer en coutume, *in morem venire**; rester fidèle à une coutume, *consuetudinem* ou *morem tenere*;* faire passer en coutume, *morem perducere** (gén.); selon la coutume, comme de coutume, *more; pro more; ex more; ut mos est; ut fieri solet*;* les coutumes d'un pays, *instituta, orum,* npl.

coutumier, ière, adj. *Solitus, a, um.* Être coutumier de qqch., *solere* aliquid facere; assuevisse** (*aliquā re* ou inf.); droit coutumier, *jus* (*juris,* n.) *consuetudinis.*

couture, f. **1.** Action de coudre. *Sutura, ae,* f. Art de coudre. *Suendi ars, artis,* f.; ouvrage de couture, *consutum, i,* n. ◆ **2.** (Fig.) Battre à plate couture, *magnam cladem afferre** (*hostibus*). ◆ **3.** Cicatrice. *Cicatrix, icis,* f.

couturier, ière, m. et f. *Sarcinator, oris,* m. *Sarcinatrix, icis,* f.

couvain, m. *Fetus, us,* m.

couvaison, f. *Incubatio, onis,* f.

couvée, f. *Pulli, orum,* mpl. *Pullities, ei,* f.

couvent, m. **1.** Communauté. *Conventus, us,* m. ◆ **2.** Édifice. *Monasterium, ii,* n.

couver. I. Tr. **1.** *Incubare**. *Fovere, eo**. Faire couver des œufs, une poule, *gallinae ova* *supponĕre**. ◆ **2.** (Fig.) Couver qqn des yeux, *in oculis aliquem habēre*;* couver un projet, *aliquid in pectore fovēre;* couver une maladie, *morbum concipĕre, io**. ◆ **II.** Intr. Feu qui couve sous la cendre, *ignis cineri suppositus;* la révolte couve, *seditio instat** ou *tumescit**.

couvercle, m. *Operculum, i,* n.

couvert, m. **1.** Retraite. *Tectum, i,* n. Donner le couvert à qqn, *aliquem tecto ac sedibus suis excipere (io*);* à couvert, *in operto;* à couvert du froid, *a frigore tutus, a, um;* mettre à couvert de, *protegĕre* (ab); defendĕre* (ab)*. ◆ **2.** Ombre. *Umbra, ae,* f. ◆ **3.** Couvert de table. Mettre le couvert, *mensam sternĕre**.

couverture, f. **1.** *Tegmen, inis,* n. *Tegmentum, i,* n. Couverture de maison, *tectum, i,* n.; — de lit, *stragulum, i,* n.; troupes de couverture, *stationes, um,* fpl. ◆ **2.** (Fig.) *Tegmentum. Involucrum, i,* n. (Prétexte) *Nomen, inis,* n. Sous la — du zèle, *simulato studio*.

couvre-chef, m. *Petasus, i,* m.

couveuse, f. Poule couveuse, *matrix, icis,* f.

couvre-feu, m. *Signum lumina exstinguendi**.

couvre-pied, m. *Stragulum, i,* n.

couvreur, m. *Scandularius, ii,* m.

couvrir, tr. **1.** *Tegere, o**. Galerie couverte, *tecta porticus;* avoir la tête couverte, *capite operto esse*; couvert de haillons, *pannosus, a, um; pannis indutus;* la neige couvrait tout le pays, *nives omnia oppleverant;* couvrir la plaine de cadavres, *complēre strage campos;* lit à peine couvert, *torus vix instratus*. ◆ **2.** (Fig.) Couvert de gloire, *gloria circumfluens*;* couvrir qqn (de sa protection), *aliquem tuēri* ac defendĕre*;* couvrir qqn d'un bouclier, *aliquem scuto protegere*;* couvrir les frontières, *fines tutari;* allée couverte, *obumbrata (ae) ambulatio (onis),* f.; chemin couvert (milit.), *cuniculus, i,* m.; lieux couverts, *loca impedita;* couvrir le feu, *ignem obruĕre;* couvrir une dépense, *impensam vincĕre*;* couvrir une perte, *damnum resarcire*;* couvrir sa fuite, *fugam occultare;* couvrir de belles paroles ses honteuses actions, *facta turpia oratione tegĕre;* à mots couverts, *obscure; perplexe;* couvrir la voix de qqn, *alicui obstrepĕre*;* un brouillard couvrait le ciel, *nebula caelum obscurabat;* temps couvert, *caelum nubilum*.

SE COUVRIR, r. **1.** Se vêtir. *Se induĕre. Indui.* Se couvrir la tête, *caput operire*;* se couvrir des dehors de l'amitié, *amicitiam simulare*. ◆ **2.** (Fig.) Se protéger. *Se protegere*. Protegi**. Se couvrir du crédit de qqn, *nomen alicujus opponĕre**. ◆ **3.** Être recouvert, rempli de. *Operiri*. Indui.* Se couvrir d'écorce, *obduci* cortice;* se couvrir de gloire, *maximam gloriam capĕre* (*io**); *gloriam consequi**. ◆ **4.** S'obscurcir. *Obscurari.* Le temps se couvre, *obscuratur caelum; nubilare coepit.**

crabe, m. *Carabus, i,* m.

crachat, m. *Sputum, i,* n.

crachement, m. *Exscreatio, onis,* f.

cracher, tr. et intr. *Exspuere, o. Exscreare.* Cracher au visage, *in faciem spuĕre.*

cracheur, m. *Sputator, oris,* m.

crachoter, tr. et intr. *Sputare.*

craie, f. *Creta, ae,* f. De craie, *cretarius, a, um;* blanchi à la craie, *cretatus.*

craindre, tr. **I. 1.** Prévoir un mal. *Metuere, o.* ◆ **2.** Éprouver un malaise. *Timere, eo**. ◆ **3.** Être effrayé. *Formidare.* ◆ **4.** Frissonner. *Horrere, eo**. ◆ **5.** Être abattu. *Pavere, eo**. ◆ **6.** Respecter. *Vereri, eor**. ◆ **II.** Loc. div. Craindre pour les jours de qqn, *de aliquo metuĕre;* sans rien craindre, *fortiter; animose;* n'avoir rien à craindre de, *esse tutum ab;* qui est à craindre, *timendus, a, um; metuendus;* craindre de, craindre que, *timēre ne* (subj.); craindre de ne pas, que ne pas, *timēre ne non* (subj.); il est à craindre que, *timendum est* ou *periculum est ne* (subj.); qui craint le froid, *frigoris non patiens;* craindre un peu, *sublimēre*;* craindre beaucoup, *pertimescere**. ◆ **III.** Hésiter à. *Dubitare.* Il ne craint pas de mentir, *mentiri non dubitat.*

crainte, f. **I. 1.** Prévision d'un mal. *Metus, us,* m. ◆ **2.** Impression de malaise. *Timor, oris,* m. ◆ **3.** Effroi. *Formido, inis,* f. ◆ **4.** Frisson. *Horror, oris,* m. ◆ **5.** Abattement. *Pavor, oris,* m. ◆ **6.** Respect. *Verecundia, ae,* f. Crainte religieuse, *religio, onis,* f. **II.** Loc. div. Avoir de grandes craintes, *magno timore affici* (*ior**); inspirer de la crainte à, *metum inferre** (dat.); être sans crainte, *nihil metuĕre;* qui est sans crainte, *impavidus, a, um;* avec crainte, *timide;* la crainte de voir revenir l'ennemi, *timor ne hostes redeant*;* dans la crainte de ou que, *ne* (subj.).

craintif, ive, adj. *Timidus, a, um.*

craintivement, adv. *Timide.*

cramoisi, ie. I. Adj. *Coccineus, a, um.* ◆ **II.** Nom m. *Rubor, oris,* m.

crampe, f. *Spasmus, i,* m. Avoir une crampe, *spasmo vexari;* sujet aux crampes, *spasticus, a, um.*

crampon, m. *Fibula, ae,* f. *Uncus, i,* m.

cramponner, tr. *Fibulis* ou *uncis vincire** (*aliquid*).

SE CRAMPONNER, r. *Adhaerescere, o** (à, *ad,* acc.).

cran, m. **1.** *Incisura, ae,* f. Cran d'une crémaillère, *dens, dentis,* m. ◆ **2.** (Fig.) Avoir du cran, *fortem* ou *impavidum esse.*

1. crâne, m. *Calva, ae,* f. *Calvaria, ae,* f.
2. crâne, adj. *Gloriosus, a, um. Petulans, antis.* Air crâne, *vigor in vultu.*
crapaud, m. *Bufo, onis,* m.
crapaudine, f. **1.** Pierre précieuse. *Batrachites, ae,* m. ◆ **2.** Soupape. *Obturamentum, i,* n. ◆ **3.** Plante. *Sideritis, idis,* f.
crapule, f. **1.** Excès. *Crapula, ae,* f. ◆ **2.** Populace. *Plebecula, ae,* f.
crapuleux, euse, adj. **1.** Qui vit dans la crapule. *Ganeo, onis,* m. ◆ **2.** Qui a rapport à la crapule. *Spurcus, a, um.*
craquelé, ée, adj. *Fissus, a, um.*
craquement, m. *Crepitus, us,* m. — (des articulations), *strepitus, us,* m.
craquer, intr. *Crepare*.*
craqueter, intr. *Crepitare.*
crasse. I. Adj. *Crassus, a, um.* ◆ **II.** Nom f. *Sordes, ium,* fpl. *Squalor, oris,* m. Crasse des métaux, *scoria, ae,* f.
crasseux, euse, adj. *Squalidus, a, um. Sordidus.* Être crasseux, *sordēre*;* devenir crasseux, *sordescĕre*.*
cratère, m. **1.** Bouche d'un volcan. *Crater, eris,* m. ◆ **2.** Coupe. *Cratera, ae,* f.
cravache, f. *Flagellum, i,* n.
cravate, f. *Focale, is,* n.
crayon, m. **1.** (Blanc) *Creta, ae,* f. (Noir) *Carbo, onis,* m. (Rouge) *Rubrica, ae,* f. ◆ **2.** (Fig.) Esquisse. *Adumbratio, onis,* f.
crayonner, tr. *Delineare. Adumbrare.*
créance, f. **1.** Croyance. *Fides, ei,* f. Ajouter créance à, *fidem* ou *auctoritatem facĕre, io** (dat.); lettre de créance, *litterae fiduciariae.* ◆ **2.** Argent prêté. *Nomen, inis,* n. *Creditum, i,* n. Créance sûre, *bonum nomen;* exiger le paiement de ses créances, *nomina appellare.*
créancier, ière, m. et f. *Creditor, oris,* m. *Creditrix, icis,* f.
créateur, trice. I. Nom m. et f. **1.** *Creator, oris,* m. *Creatrix, icis,* f. Le créateur de l'univers, *mundi artifex, icis,* m. ou *conditor, oris,* m. ◆ **2.** (Fig.) *Auctor, oris,* m. *Inventor,* m. Les créateurs de cette doctrine sublime, *qui ista praeclara pepererunt*.* ◆ **II.** Adj. *Ingeniosus, a, um. Fecundus.* Esprit créateur, *ingenii vis, vis,* f.; imagination créatrice, *excogitatio, onis,* f.
création, f. **1.** Action de créer. *Creatio, onis,* f. Depuis la création du monde, *ab origine mundi.* ◆ **2.** L'univers. *Mundus, i,* m. ◆ **3.** Invention. *Inventio, onis,* f. La création de mots nouveaux, *verba ficta.* ◆ **4.** Institution. *Creatio.* La création de nouvelles dignités, *creati magistratus.* ◆ **5.** Ouvrage d'art. *Inventum, i,* n. *Opus, eris,* n. Cet ouvrage est la création de, *hoc opus profectum* est ab.*
créature, f. **1.** (Chose) *Creata (ae) res · i),* f. (Être animé) *Animal, alis,* n. (Homme ou femme) *Homo, inis,* m. *Mu-*

lier, eris, f. Chère créature, *carissima anima.* ◆ **2.** (Fig.) Qui bénéficie de la faveur de qqn. *Cliens, entis*, m.

crécelle, f. *Crepitaculum, i*, n.

crécerelle, f. *Tinnunculus, i*, m.

crèche, f. *Praesaepe, is*, n.

crédence, f. *Abacus, i*, m.

crédit, m. **1.** Considération. *Gratia, ae*, f. *Auctoritas, atis*, f. Avoir du crédit, *valēre** ou *posse** (*apud aliquem*); hommes fort en crédit, *homines excellenti gratiā.* ◆ **2.** Solvabilité. *Fides, ei*, f. *Existimatio, onis*, f. Acheter à crédit, *emĕre* non praesentibus nummis;* vendre à crédit, *fide* (*alicujus*) *vendere*;* donner à crédit, *credĕre** (*aliquid alicui*); lettre de crédit, *permutatio, onis*, f.

créditer, tr. *Expensum ferre, fero*;* — qqn, *alicui.*

créditeur, m. *Creditor, oris*, m.

crédule, adj. *Credulus, a, um.* Être trop crédule, *temere assentire*;* peu crédule, *segnis ad credendum.*

crédulité, f. *Credulitas, atis*, f.

créer, tr. *Creare.* (Engendrer) *Gignere, o**. (Inventer) *Efficere, io**. Créer un consul, *consulem eligĕre*;* créer des mots nouveaux, *verba parĕre, io** ou *fingĕre*;* créer un rôle, *primum discĕre* partes;* créer des embarras à qqn, *alicui molestiam exhibēre*;* se créer des soucis, *sibi sollicitudines struĕre**.

crème, f. **1.** *Lactis spuma, atis*, n. ◆ **2.** (Fig.) *Flos, oris*, m.

crémerie, f. *Lactaria* (*ae*) *taberna* (*ae*), f.

crémier, m. *Lactarius, ii*, m.

créneau, m. *Pinna, ae*, f.

créneler, tr. Créneler un mur, *pinnis murum distinguere, o**.

crénelure, f. *Denticulus, i*, n.

crêpe, m. **1.** Étoffe. *Pannus, i*, m. ◆ **2.** Gâteau. *Laganum, i*, n.

crêper, tr. *Crispare* (*capillum*).

crépi, m. *Trullissatio, onis*, f. *Tectorium, ii*, n.

crépin, m. Attirail de cordonnier. *Sutorium* (*ii*) *instrumentum* (*i*), n.

crépir, tr. *Trullissare* (acc.). *Tectorium inducere, o** (*alicui rei*). Crépir au plâtre, *gypsare* (acc.).

crépitation, f. *Crepitus, us*, m.

crépu, ue, adj. *Crispus, a, um.*

crépusculaire, adj. *Sublustris, e. Sublucanus, a, um.* Lumière crépusculaire, *lux incerta.*

crépuscule, m. (Du soir) *Crepusculum, i*, n. (Du matin) *Diluculum, i*, n.

cresson, m. (De fontaine) *Nasturcium, ii*, n. (Alénois) *Lepidium, ii*, n. (Des prés) *Cardamina, ae*, f.

Crésus. *Croesus, i*, m.

crétacé, ée, adj. *Cretaceus, a, um.*

crête, f. **1.** Excroissance charnue. *Crista, ae*, f. Qui a une crête, *cristatus, a, um.* ◆ **2.** (Fig.) Sommet. *Vertex, icis*, m. *Fastigium, ii*, n. La crête des vagues, *summa aequora*, npl.; la crête d'un casque, *apex*, *icis*, m.

Crète. *Creta*, *ae*, f. De Crète, *Cretensis*, *e*.

crêté, ée, adj. *Cristatus*, *a*, *um*.

crétin, m. **1.** *Tumore gutturis affectus*, *a*, *um*. ◆ **2.** (Fig.) *Stupidus*, *a*, *um*.

crétinisme, m. **1.** *Gutturis tumor*, *oris*, m. ◆ **2.** (Fig.) *Stupor*, *oris*, m.

creusement, m. *Fossio*, *onis*, f.

creuser, tr. **1.** *Cavare*. *Excavare*. *Fodere*, *io**. ◆ **2.** (Fig.) Creuser son tombeau, *mortem sibi approperare;* creuser un sujet, *rem perscrutari* ou *excutere*, *io**.

SE CREUSER, r. **1.** Devenir creux. *Cavari*. ◆ **2.** (Fig.) Se creuser la tête, *ingenium suum torquēre**.

creuset, m. *Caliculus*, *i*, m. *Aeraria* (*ae*) *fornax* (*acis*), f. Faire passer l'or au creuset, *aurum experiri*;* l'épreuve du creuset, *obrussa*, *ae*, f.; or passé au creuset, *aurum ad obrussam*.

1. creux, euse, adj. **1.** *Cavus*, *a*, *um*. *Concavus*. Yeux creux, *oculi cavati;* ventre creux, *inanis venter*. ◆ **2.** (Fig.) *Vanus*, *a*, *um*. Idées creuses, *somnia*, *iorum*, npl.

2. creux, m. *Cavum*, *i*, n. *Caverna*, *ae*, f. Le creux d'un arbre, *cava arbor;* le creux de la main, *cava manus;* plein de creux, *cavernosus*, *a*, *um;* graver en creux, *incīdĕre**.

crevasse, f. Fente. *Rima*, *ae*, f. *Fissura*, f.

crevasser, tr. *Findere*, *o**. Crevassé, *rimosus*, *a*, *um*.

SE CREVASSER, r. *Hiare*. *Fatiscĕre**.

crève-cœur, m. *Cordolium*, *ii*, n.

crever. I. Tr. **1.** *Rumpĕre*, *o**. Crever un œil à qqn, *alicui oculum effodĕre*, *io**. ◆ **2.** (Fig.) Cela crève les yeux, *hoc in oculis incurrit*;* cela me crève le cœur, *hoc me exanimat;* crever un cheval, *equum lassitudine conficĕre* (*io**); crever qqn de nourriture, *cibo aliquem replēre*. ◆ **II.** Intr. **1.** *Rumpi*, *or**. *Dirumpi*, *or**. *Dissilire**. L'abcès crève, *rumpitur vomica*. ◆ **2.** Mourir (animaux). *Emori*, *ior**. ◆ **3.** (Fig.) Crever de faim, de soif, *fame*, *siti enecari*;* crever de jalousie, *invidiā rumpi*;* crever de rire, *risu dissilire**.

SE CREVER. r. **1.** Se fendre. *Rumpi**. ◆ **2.** (Fig.) Se gorger. *Cibo se obruĕre*. ◆ **3.** S'épuiser. *Rumpi*. Se crever de travail, *se labore frangĕre**.

crevette, f. *Cammarus*, *i*, m.

cri, m. **1.** Son perçant. *Clamor*, *oris*, m. Cris redoublés, *vociferatio*, *onis*, f.; cris d'improbation, *convicium*, *ii*, n.; cri de douleur, *ejulatus*, *us*, m.; cris d'enfant, *vagitus*, *us*, m.; le cri : au feu, *conclamatum incendium;* pousser un cri, *clamorem edĕre*;* pousser de grands cris, *vociferari;* pousser des cris à l'adresse de qqn, *acclamare* (*alicui*)*;* demander à grands cris, *clamitare* (en parl. d'une seule pers.); *clamore magno petĕre** (en parl. de plusieurs); jeter les hauts cris, *latrare;* pousser des cris de joie, de douleur, *jubilare; ejulare.* ◆ **2.** (Fig.) Il n'y a qu'un cri pour demander la paix, *unā voce pacem petunt*;* c'est le cri public, *haec una vox omnium est;* le cri de la conscience, *conscientia, ae,* f. ◆ **3.** Voix des animaux. *Clamor. Vox, vocis,* f. (Cheval) *Hinnitus, us,* m. (Bœuf) *Mugitus, us,* m. (Brebis) *Balatus, us,* m. (Grue, aigle) *Clangor, oris,* m. (Chien) *Latratus, us,* m. (Poulet) *Singultus, us,* m. (Poussins) *Pipatus, us,* m. (Lion) *Fremitus, us,* m. (Oie) *Gingritus, us,* m. (Corbeau) *Crocitus, us,* m. (Ane) *Ruditus, us,* m. ◆ **4.** Bruit de certains objets. Cri d'une scie, *stridor, oris,* m.; cri d'une plume, *crepitus, us,* m.

criailler, intr. *Clamitare.*

criaillerie, f. *Clamitatio, onis,* f.

criailleur, euse, m. et f. *Clamosus, a, um.*

criant, ante, adj. (Fig.) *Indignus, a, um.* Injustice criante, *insignis injuria,*

criard, arde, adj. *Clamosus, a, um.* Son criard, *acutus sonus;* dette criarde, *exigenda* (*orum*) *nomina* (*um*), npl.

crible, m. *Cribrum, i,* n.

cribler, tr. **1.** *Cernere, o*. Cribrare.* ◆ **2.** (Fig.) Criblé de trous, *confossus, a, um*;* criblé de dettes, *aere alieno pressus*;* visage criblé de petite vérole, *cicatricosa facies.*

criblure, f. *Excreta, orum,* npl.

cric, m. *Ergata, ae,* m.

criée, f. *Praeconium, ii,* n. *Auctio, onis,* f. Vendre à la criée, *sub praecone* ou *per praeconem vendĕre*.*

crier. I. Intr. **1.** *Clamare. Clamorem edere, o*.* Crier fort, *vociferari;* crier en chantant, *stridēre*;* dire en criant, *conclamare;* crier à tue-tête, *magno clamare blaterare;* crier contre, *allatrare* (acc.); crier à l'aide, *quiritare;* crier après qqn, *aliquem increpare*;* crier victoire, crier aux armes, *victoriam, ad arma conclamare;* crier gare, *praeclamare;* crier famine, *inopiam conquĕri*;* crier vengeance, *ultionem petĕre*.* ◆ **2.** (En parl. des animaux). *Clamare* (Poule) *Canere, o** (Corbeau) *Crocire.* (Oie) *Gingrire.* (Éléphant) *Barrire.* ◆ **3.** (En parl. de certains objets : scie, roue, porte) *Stridere, eo*. Crepare*.* ◆ **II.** Tr. *Clamitare. Praedicare. Nuntiare.*

crierie, f. *Vociferatio, onis,* f.

crieur, euse, m. et f. *Clamosus, a, um. Clamator, oris,* m. *Oblatratrix, icis,* f.

crime, m. *Scelus, eris,* n. (Forfait) *Facinus, oris,* n. (Grief) *Crimen, inis,* n. Faire un crime à qqn de qqch., *aliquid crimini alicui dare** ou *vertĕre*;* c'est un crime de, *nefas est* (inf.).

criminalité, f. *Sceleritas, atis,* f.

criminel, elle, adj. **1.** Qui constitue un crime. *Scelestus, a, um. Sceleratus.* (Sacrilège) *Nefarius. Impius.* Guerre criminelle, *impium bellum;* desseins criminels, *nefanda consilia.* ◆ **2.** Qui a rapport au crime. *Publicus, a, um. Capitalis, e.* Affaire criminelle, *quaestio publica;* intenter une action criminelle, *causam ad capitis judicium revocare.* ◆ **3.** Coupable d'un crime. *Scelestus. Sceleratus.*

criminellement, adv. *Scelerate. Sceleste. Nefarie.* Poursuivre criminellement, *capitis anquirĕre** *(aliquem).*

crin, m. *Pilus, i,* m.

crinière, f. *Juba, ae,* f. Qui a une —, *jubatus, a, um.*

crique, f. *Sinus, us,* m.

criquet, m. *Mannulus, i,* m.

crise, f. **1.** *Crisis, is,* f. ◆ **2.** (Fig.) *Discrimen, inis,* n. Traverser une crise, *in ancipili esse.*

crispation, f. *Contractio, onis,* f.

crisper, tr. **1.** *Contrahere, o**. Avoir les nerfs crispés, *convelli**. ◆ **2.** (Fig.) *Enecare**.

crisser, intr. *Stridere, eo**.

cristal, m. **1.** *Crystallus, i,* f. De cristal, *crystallinus, a, um;* des cristaux, *crystallina, orum,* npl. ◆ **2.** (Fig.) Le cristal des rivières, *liquores perlucidi amnium.*

cristallerie, f. **1.** Fabrication. *Ars (artis, f.) crystallina fingendi.* ◆ **2.** Fabrique. *Crystallina (ae) officina (ae),* f.

cristallin, ine. I. Adj. *Crystallinus, a, um. Perlucidus.* ◆ **2.** Nom m. Le cristallin de l'œil, *lumen, inis,* n.

cristalliser, tr. *Congelare.*

critiquable, adj. *Vituperabilis, e.*

critique, f. adj. **1.** Dangereux, difficile. *Lubricus, a, um. Anceps, ipitis.* Position critique, *dubiae res,* fpl.; moment critique, *discrimen, inis,* n. ◆ **2.** Porté à la critique. *Censorius, a, um.* Esprit critique, *subtile judicium;* examen critique, *expensum, i,* n.

critique, m. *Censor, oris,* m. *Criticus, i,* m.

critique, f. **1.** Art de critiquer. *Critica (ae) ars (artis),* f. ◆ **2.** Examen. *Judicium, ii,* n. *Censura, ae,* f. Tomber entre les mains de la critique, *in arbitrium existimantium venire.* ◆ **3.** Censure. *Vituperatio, onis,* f.

critiquer, tr. **1.** Examiner. *Judicare (de). Judicium facere, io* (de).* ◆ **2.** Censurer. *Reprehendere, o** (acc.). *Vituperare** (acc.).

croassement, m. *Crocitus, us,* m.

croasser, intr. *Crocire.*

croc, m. **1.** Instrument. *Uncus, i,* m. ◆ **2.** Croc de batelier. *Contus, i,* m. ◆ **3.** Dent des animaux. *Dens, dentis,* m.

croc-en-jambe, m. **1.** *Supplantatio, onis,* f. Donner un croc-en-jambe à, *supplantare (aliquem).* ◆ **2.** (Fig.) *Fraus, audis,* f. Donner un croc-en-jambe à, *avertĕre** *(aliquem).*

crochet, m. **1.** Petit croc. *Hamus, i,* m. *Uncus, i,* m. Petit crochet, *uncinus, i*, m.; muni d'un crochet, *hamatus, a, um; uncinatus.* ◆ **2.** Dent des animaux. *Dens, dentis*, m. ◆ **3.** Crochet de commissionnaire. *Furca, ae*, f. ◆ **4.** Changement de direction. *Circuitus, us*, m. ◆ **5.** (Fig.) Vivre aux crochets de qqn, *alicujus quadrā vivere**.

crocheter, tr. *Effringere, o**.

crocheteur, m. **1.** Portefaix. *Bajulus, i*, m. ◆ **2.** Crocheteur de portes. *Effractor, oris*, m.

crochu, ue. 1. adj. *Aduncus, a, um. Uncinatus.* Nez crochu, *aduncus nasus.* ◆ **2.** (Fig.) Mains crochues, *furaces manus.*

crocodile, m. *Crocodilus, i*, m. De crocodile, *crocodilinus, a, um.*

croire. I. Tr. **1.** Admettre qqch. comme véritable ou possible. *Credere, o*. Existimare. Ducere, o**. Nous le croyons coupable, *illum esse reum existimamus;* croire fermement, *certa fide credĕre;* faire croire à qqn, *alicui persuadēre*;* je ne puis croire que, *non possum* adduci ut credam** (prop. inf.); à ce que je crois, *ut ego existimo; ut mihi visus* sum;* je crois voir, *videre videor*;* cela est plus difficile qu'on ne croit, *opinione asperius est.* ◆ **2.** Considérer qqn comme véridique. *Credĕre** (dat.). Croire qqn sur ce qu'il dit, *credere alicui de aliquā re;* en croire qqn, *alicui accredĕre*;* si j'en crois mes yeux, *nisi me frustrantur oculi.* ◆ **II.** Intr. Croire en Dieu, *Deum esse credĕre;* croire (à qqch.), *credĕre* (dat.); croire (en qqn), *confidĕre** (dat.).

SE CROIRE, r. **1.** Ajouter foi à soi-même. *Sibi credĕre**. ◆ **2.** Avoir une certaine opinion de soi. Se croire qqch., *putare se esse aliquid.*

croisade, f. *Bellum (i) sacrum (i)*, n.

croisée, f. **1.** Fenêtre. *Fenestra, ae*, f. ◆ **2.** Croisée de chemins. *Bivium, ii*, n.

croisement, m. **1.** *Decussatio, onis*, f. ◆ **2.** (Fig.) Croisement de races, *miscellum (i) genus (eris)*, n.

croiser. I. Tr. **1.** Disposer en croix. *Decussare.* Mains croisées, *intermutatae manus;* jambes croisées, *compliciti pedes;* (fig.) rester les bras croisés, *otiosum sedēre*; desidem esse;* croiser l'épée, *gladium stringere**. ◆ **2.** Accoupler. *Animalia diversi generis conjungere, o**. Croisé, *miscellus, a, um.* ◆ **II.** Intr. Aller et venir sur (mer). *Vagari.* Croiser devant les côtes, *praetervehi* navibus oram.*

SE CROISER, r. **1.** Se rencontrer. *Inter se occurrĕre**. ◆ **2.** Partir pour la croisade. *Ad bellum sacrum proficisci**.

croiseur, m. *Catascopus, i*, m.

croisière, f. Être en croisière, *maria percurrĕre*;* flotte en croisière, *speculatoriae (arum) naves (ium)*, fpl.

croisillon, m. *Transversum, i*, n.

croissance, f. *Incrementum, i,*

n. Être dans sa croissance, *in incremento esse.*

croissant, m. **1.** Forme échancrée de la lune. *Cornua, uum,* npl. La lune est dans son croissant, *luna crescit**. ◆ **2.** (Fig.) En forme de croissant, *lunatus, a, um.* ◆ **3.** Instrument pour tailler les arbres. *Lunatum* (*i*) *ferramentum* (*i*), n.

croître, intr. *Crescere, o**. *Increscere, o**. Laisser croître sa barbe, *barbam promittere**; la fièvre croît, *augetur** *febris;* le mal croît de jour en jour, *malum in dies ingravescit**.

croix, f. **1.** *Crux, ucis,* f. Mettre en croix, *in crucem tollere**; *cruci affigere**; faire le signe de la croix, *cruce se signare.* **2.** (Fig.) Affliction. *Cruciatus, us,* m. ◆ **3.** Disposer en croix, *decussare;* faire une croix sur un livre, *librum obelo signare.*

croquant, m. *Homo* (*inis,* m.) *nihili.*

croque-mort, m. *Pollictor, oris,* m. *Vespillo, onis,* m.

croquer. I. Intr. Faire un bruit sec. *Crepare**. ◆ **II.** Tr. **1.** Broyer sous la dent. *Frangere, o**. Croquer à belles dents, *devorare.* ◆ **2.** (Fig.) Croquer le marmot (fam.), *ante ostium diu stare**. ◆ **3.** Esquisser. *Adumbrare.*

croquet, m. *Crustulum, i,* n.

croquignole, f. **1.** Chiquenaude. *Talitrum, i,* n. ◆ **2.** Pâtisserie. *Crustulum, i,* n.

croquis, m. *Adumbratio, onis,* f. Faire un croquis, *adumbrare* (*aliquid*).

crosse, f. Bout recourbé. *Aduncitas, atis,* f. Crosse d'évêque, *pastoralis* (*is*) *baculus, i,* m.; — de fusil, *manubrium, ii,* n.

crosser, tr. **1.** *Baculo pellere, o**. ◆ **2.** (Fig.) *Conculcare.*

crossette, f. *Malleolus, i,* m.

crotale, m. **1.** Tambour. *Crotalum, i,* n. ◆ **2.** Serpent. *Crotalus, i,* m.

crotte, f. (Boue) *Lutum, i,* n. (Fiente) *Fimum, i,* n. Où il y a de la crotte, *lutosus, a, um.*

crotter, tr. *Luto inquinare.*

crottin, m. *Stercus, oris,* n. *Fimum, i,* n.

croulant, ante, adj. *Ruinosus, a, um.*

croulement, m. *Ruina, ae,* f.

crouler, intr. *Corruere, o.*

croup, m. *Angina, ae,* f.

croupe, f. **1.** Partie postérieure d'un animal. *Tergum, i,* n. *Clunes, ium,* fpl. Prendre qqn en croupe, *in equum suum aliquem accipere, io**; monter en croupe, *post equitem sedēre**; croupe d'une montagne, *dorsum, i,* n. ◆ **2.** Intérêts dans les bénéfices. *Pars, partis,* f.

croupier, m. *Aleator, oris,* m.

croupière, f. **1.** Partie du harnais d'un cheval. *Postilena, ae,* f. ◆ **2.** (Fig.) Tailler des croupières à qqn, *negotium alicui exhibēre**.

croupion, m. *Orthopygium, ii,* n.

croupir, intr. **1.** *Stagnare.* Eau croupie, *corrupta aqua.* ◆ **2.** (Fig.) Croupir dans l'oisiveté, *otio tabescĕre**.

croustilleux, se, et **croustillant, te,** adj. (Fig.) *Improbus, a, um.*

croûte, f. **1.** *Crusta, ae,* f. ◆ **2.** (Fig.) Vivre de croûtes, *parce vivĕre**; la croûte terrestre, *summa (ae) cutis (is,* f.) *terrae.*

croûton, m. *Crustula, ae,* f.

croyable, adj. *Credibilis, e. Probabilis, e. Veri similis, e.* Qui n'est pas croyable, *incredibilis, e;* il est à peine croyable que, *vix credendum* est* (prop. inf.).

croyance, f. *Fides, ei,* f. *Opinio, onis,* f.

1. cru, ue, adj. **1.** *Crudus, a, um.* A moitié cru, *semicrudus;* monter à cru, *ephippio non uti**. ◆ **2.** (Fig.) (Dur) *Asper, era, erum. Durus, a, um.* (Grossier) *Improbus.*

2. cru, m. **1.** *Solum, i,* n. Vin d'un bon cru, *generosum vinum.* ◆ **2.** (Fig.) Donner qqch. de son cru, *de suo aliquid proferre**.

cruauté, f. *Crudelitas, atis,* f. *Immanitas,* f. *Saevitia, ae,* f. Commettre des cruautés, *atrocius saevire* (in aliquem);* c'est une cruauté de, *immane est* (inf.); avec cruauté, *crudeliter; inhumane.*

cruche, f. **1.** *Urna, ae,* f. *Seria, ae,* f. ◆ **2.** (Fig.) *Bardus (i) homo (inis),* m.

cruchon, m. *Urnula, ae,* f. *Seriola, ae,* f.

crucifiement, m. *Crucifixio, onis,* f. *Suspendium, ii,* n.

crucifier, tr. *Cruci figere, o** *(aliquem).*

crucifix, m. *Crux (crucis,* f.) *Christi.*

crudité, f. **1.** *Cruditas, atis,* f. Manger des crudités, *cruda edĕre*;* corriger la crudité de l'eau, *rigorem aquae frigidae infringĕre**. ◆ **2.** (Fig.) Propos choquants, *improba verba,* npl.

crue, f. Crue (des eaux), *auctus, us,* m.; — (d'un arbre, des impôts), *incrementum, i,* n.

cruel, elle, adj. **1.** (En parl. des pers.) *Crudelis, e. Saevus, a, um. Immanis, e.* ◆ **2.** (En parl. des ch.) *Crudelis. Gravis, e. Acerbus, a, um.*

cruellement, adv. *Crudeliter. Atrociter. Gravissime.*

crûment, adv. (Fig.) *Libere. Dure.*

crural, le, adj. *Cruralis, e.*

crustacé, ée, adj. *Crustatus, a, um.*

crypte, f. *Crypta, ae,* f.

cubage, m. *Mensura, ae,* f.

cube, m. **1.** *Cubus, i,* m. ◆ **2.** (Arithm.) Le cube d'un nombre, *solidus (i) numerus (i),* m.

cubique, adj. *Cubicus, a, um.*

cueillette, f. *Lectio, onis,* f. *Perceptio,* f. Faire la cueillette de, *legĕre** (acc.).

cueillir, tr. *Legere, o*. Colligere, o*. Carpere, o*.*

cuiller, f. *Cochlear, aris,* n. Cuiller à pot, *trua, ae,* f.

cuillerée, f. *Cochlear, aris,* n.

cuir, m. **1.** Peau de bête. *Corium, ii,* n. *Tergus, oris,* n. *Pellis, is,* f. Tanner le cuir, *coria perficere, io**. ◆ **2.**

Peau de l'homme, *Cutis, is*, f.

cuirasse, f. *Lorica, ae*, f. *Thorax, acis*, m. Le défaut de la cuirasse, *nuda pars corporis.*

cuirasser, tr. *Loricare. Lorica tegere, o**.

SE CUIRASSER, r. (Fig.) *Animum indurare.*

cuirassier, m. *Loricatus* (*i*) *eques* (*itis*), m.

cuire. I. Tr. *Coquere, o**. Faire cuire, *excoquĕre*; concoquere*;* une terre cuite, *fictile signum.* ◆ **II.** Intr. **1.** *Coqui, or*. Excoqui, or**. Cuire à l'eau bouillante, *ferventi aqua incoqui**. ◆ **2.** (Fig.) Causer une douleur. *Urere, o*. Pungere, o**. Il lui en cuira, *illi dolebit**.

cuisant, te, adj. (Fig.) *Mordax, acis.* Froid cuisant, *acre frigus.*

cuisine, f. **1.** Endroit. *Coquina, ae*, f. ◆ **2.** Fourneau. *Culina, ae*, f. De cuisine, *coquinarius, a, um;* batterie de cuisine, *vasa coquinaria*, npl.; valets de cuisine, *coquorum discipuli.* ◆ **3.** Art d'apprêter les aliments. *Coquinaria* (*ae*) *ars* (*artis*), f. Faire la —, *alimenta coquere, o**. ◆ **4.** Les aliments apprêtés. *Cibus, i*, m. Bonne cuisine, *popina, ae*, f.

cuisiner, intr. *Coquitare.*

cuisinier, ère, m. et f. *Coquus, i*, m. *Coqua, ae*, f.

cuissard, m. *Feminalia, ium*, npl.

cuisse, f. *Femur, oris* et *inis*, n. Le haut de la cuisse, *coxa, ae*, f.

cuisson. 1. f. Action de cuire. *Coctura, ae*, f. ◆ **2.** (Fig.) Brûlure. *Uredo, inis*, f. *Morsus, us*, m.

cuissot, m. *Femur, oris*, n.

cuistre, m. **1.** *Famulus, i*, m. ◆ **2.** (Fig.) *Scholasticus, i*, m.

cuite, f. Action de cuire. *Coctura, ae*, f.

cuivre, m. *Aes, aeris*, n. Cuivre rouge, *cyprium aes*, n.; jaune, *orichalcum, i*, n.; fait de cuivre, *aeratus, a, um;* garni de cuivre, *aereus* et *aheneus, a, um;* objet en —, *aeramentum, i*, n.; mine de cuivre, *aerifodina, ae*, f.; graver sur cuivre, *in aes incīdĕre*;* les cuivres (d'un orchestre), *aera, um*, npl.

cuivré, ée, adj. *Aeri similis, e.* Teint cuivré, *facies rubida*, f.

cul, m. **1.** *Anus, i*, m. (Fesses) *Nates, ium*, fpl. ◆ **2.** (Fig.) Fond de qqch. *Fundus, i*, m. Cul-de-sac, *fundula, ae*, f.; cul-de-lampe, *crepido, inis*, f.; cul-de-jatte, *trunci corporis homo.*

culbute, f. **1.** Saut. *Saltus, us*, m. ◆ **2.** Chute en avant. *Prolapsio, onis*, f.

culbuter. I. Tr. *Dejicere, io*. Evertere, o**. ◆ **II.** Intr. *Dejici, ior*. Prolabi**.

culée, f. *Fornicum cervices, um*, fpl.

culinaire, adj. *Coquinarius, a, um.*

culminant, te, adj. *Summus, a, um.* Point culminant, *culmen, inis*, n.

culotte, f. **1.** Vêtement. *Bracae, arum*, fpl. Qui porte culotte, *bracatus, a, um.* ◆ **2.**

(Fig.) Porter culotte, *imperium exercēre**. ◆ **3.** Partie de derrière des animaux. *Clunes, ium*, fpl.

culpabilité, f. *Conscientia* (*ae*, f.) *de culpā. Noxa, ae*, f.

culte, m. **1.** Adoration. *Cultus, us*, m. Rendre un culte à. *Venerari* (acc.); être l'objet d'un culte, *coli**. ◆ **2.** Pratique. *Ritus, us*, m. *Sacra, orum*, npl.

cultivable, adj. *Arabilis, e.*

cultivateur, m. *Cultor, oris*, m. *Agricola, ae*, m.

cultiver, tr. **1.** Travailler la terre. *Colere, o**. Cultiver avec soin, *excolĕre**. ◆ **2.** (Fig.) Former, développer. *Excolĕre**. Cultiver sa mémoire, *memoriae studēre**; esprit cultivé, *doctrinā excultus, a, um;* qui n'est point cultivé, *incultus.* ◆ **3.** Pratiquer, entretenir. *Colĕre**. Cultiver les bonnes grâces de qqn, *alicui inservire.*

culture, f. **1.** Action de cultiver. *Cultura, ae*, f. *Cultus, us*, m. Qui vient sans culture, *sponte editus, a, um;* qui est laissé sans culture, *incultus.* ◆ **2.** (Fig.) *Cultus.* (Esprit) sans culture, *rudis artium;* la culture des lettres, *litterarum tractatio, onis*, f.; *bonarum artium studia*, npl.

cumin, m. *Cuminum, i*, n. De cumin, *cumininus, a, um;* mêlé de cumin, *cuminatus.*

cumul, m. *Coacervatio, onis*, f. Le cumul des places, *multorum munerum gestio, onis*, f.; le cumul des intérêts, *renovatio fenoris.*

cumuler, tr. Cumuler les places, *munera multa simul explere;* cumuler des intérêts, *in singulos annos fenus renovare.*

cunéiforme, adj. *Cuneatus, a, um.*

cupide, adj. *Avidus, a, um* (gén.). *Cupidus argenti.*

cupidité, f. *Avaritia, ae*, f. *Cupiditas, atis*, f. Avec cupidité, *avare.*

Cupidon. *Cupido, inis*, m.

curable, adj. *Sanabilis, e.*

curage, m. *Purgatio, onis*, f.

curatelle, f. *Cura, ae*, f. *Curatio, onis*, f.

curateur, m. *Curator, oris*, m.

curatif, ive, adj. Moyen curatif, *medicina, ae*, f.; traitement curatif, *curandi ratio, onis*, f.

1. cure, f. **1.** Souci, *Cura, ae*, f. Je n'en ai cure, *nihil meā interest**. ◆ **2.** Traitement d'une maladie. *Curatio, onis*, f.

2. cure, f. Paroisse. *Parochia, ae*, f.

curé, m. *Parochus, i*, m.

cure-dent, m. *Dentiscalpium, ii*, n.

curée, f. **1.** Portion de la bête abandonnée aux chiens. *Canibus data* (*ae*) *praeda* (*ae*), f. ◆ **2.** (Fig.) Faire curée, *praedari* (acc.); âpre à la curée, *lucri avidus, a, um.*

cure-oreille, f. *Auriscalpium, ii*, n.

curer, tr. *Purgare.* — les dents, *dentes perfodere, io**.

cureur, m. *Purgator, oris*, m.

Cureur d'égouts, *cloacarius, ii*, m.
curie, f. *Curia, ae*, f. De curie, *curiatus, a, um;* de la même curie, *curialis, e.*
curieusement, adv. *Curiose. Studiose.*
curieux, se, adj. **1.** Désireux de voir, de connaître. *Curiosus, a, um* (gén.). *Studiosus* (gén.). Être curieux de (inf.), *cupere, io** (inf.). ◆ **2.** Indiscret. *Curiosus.* ◆ **3.** Intéressant à voir, à connaître. *Notandus, a, um. Mirus.* Faire voir ce qu'il y a de curieux, *ducĕre* ad ea quae visenda sunt.*
curion, m. *Curio, onis*, m.
curiosité, f. **1.** Désir de savoir. *Videndi* ou *noscendi studium, ii*, n. Avoir la curiosité de, *studiosum esse* (gén. du gér.); exciter, piquer la curiosité, *exspectationem movere** (*alicui*). ◆ **2.** Indiscrétion. *Importuna* (*ae*) *curiositas* (*atis*), f. *Mala* (*ae*) *visendi* ou *noscendi cupido, inis*, f. ◆ **3.** Objet curieux. *Res visenda*, f. *Res notanda*, f. Cette ville offre bien des curiosités, *haec urbs multa visenda habet*;* (cette femme) est une curiosité, *rara avis in terris.*
cursif, ive, adj. Écriture —, *currens scriptura*, f.
curule, adj. *Curulis, e.*
cutané, ée, adj. *Ad cutem pertinens, entis.* Maladie cutanée, *cutis vitium, ii*, n.; éruption cutanée, *impetigo, inis*, f.
cuve, f. *Labrum, i*, n. *Lacus, us*, m.
cuveau, m. *Labellum, i*, n.
cuver. **I.** Intr. *Fervescere, o**. ◆ **2.** Tr. Cuver son vin, *vinum concoquĕre**.
cuvette, f. Petit vase. *Labellum, i*, n.
cuvier, m. *Cupa, ae*, f.
Cyclades. *Cyclades, um*, fpl.
cyclamen, m. *Cyclaminum, i*, n.
cycle, m. *Cyclus, i*, m.
cyclique, adj. *Cyclicus, a, um.*
cyclone, m. *Turbo, inis*, m. *Vortex, icis*, m.
Cyclope. *Cyclops, opis*, m. Des Cyclopes, cyclopéen, *Cyclopeus, a, um.*
cygne, m. *Cycnus, i*, m. De cygne, *cycneus, a, um.* Le chant du cygne, *cycnea vox.*
cylindre, m. *Cylindrus, i*, m.
cylindrique, adj. *Cylindratus, a, um.*
cymbale, f. *Cymbalum, i*, n. Joueuse de cymbales, *cymbalistria, ae*, f.
cymbalier, m. *Cymbalista, ae*, m.
cynégétique, adj. *Venaticus, a, um.*
cynique, adj. **1.** *Cynicus, a, um.* En —, *cynice.* ◆ **2.** (Fig.) *Procax, acis.*
cynisme, m. **1.** *Cynicorum ratio, onis*, f. ◆ **2.** (Fig.) *Procacitas, atis*, f.
cynocéphale, m. *Cynocephalus, i*, m.
cyprès, m. *Cupressus, i*, f. De —, *cupressinus, a, um;* de bois de —, *cupresseus;* lieu planté de —, *cupressetum, i*, n.
Cyrène. *Cyrenae, arum*, fpl. De —, *Cyrenaeus, a, um.*
Cythère. *Cythera, orum*, npl. De —, *Cythereus, a, um.*
cytise, m. *Cytisus, i*, m. f.

D

da. Oui-da. *Ita vero.* Non-da, *minime vero.*
Dacie. *Dacia, ae,* f. Dace, *Dacus, a, um.*
dactyle, m. *Dactylus, i,* m.
dada, m. **1.** *Equus, i,* m. ◆ **2.** (Fig.) *Deliciae, arum,* fpl. Enfourcher son dada, *ineptiis suis plaudĕre*.*
dadais, m. *Ineptus, i,* m.
dague, f. *Sica, ae,* f.
daguet, m. *Subulo, onis,* m.
daigner, intr. *Dignari.*
daim, m. *Damma, ae,* m.
daine, f. *Damma, ae,* f.
dais, m. *Umbraculum, i,* n. *Umbella, ae,* f. Dais de verdure, *trichila, ae,* f.
dallage, m. *Pavimentum, i,* n.
dalle, f. *Pavimentum, i,* n.
daller, tr. *Pavimento tegere, o*.*
Dalmatie. *Dalmatia, ae,* f. De Dalmatie, Dalmate, *Dalmata, ae,* m. *Dalmaticus, a, um.*
dalmatique, f. *Dalmatica (ae) vestis (is),* f.
dam, m. **1.** Dommage. *Damnum, i,* n. ◆ **2.** Damnation. *Damnatio, onis,* f.
Damas. *Damascus, i,* f. De —, *Damascenus, a, um.*
damasquiné, adj. Ouvrage —, *picturatum metallis opus eris,* n.
dame, f. **1.** Femme mariée. *Matrona, ae,* f. ◆ **2.** Maîtresse de maison. *Domina, ae,* f. ◆ **3.** (Jeu) *Calculus, i,* m.
dameret, m. *Pulchellus, i,* m.
damier, m. *Tabula, ae,* f.
damnable, adj. *Damnabilis, e. Nefandus, a, um.*
damnation, f. *Damnatio, onis,* f.
damner, tr. **1.** *Damnare.* ◆ **2.** (Fig.) Faire damner, *obtundĕre** (acc.).
dandiner (se), r. *Cerviculam jactare.*
danger, m. *Periculum, i,* n. — de mort, *periculum vitae;* être en —, *periclitari;* il y a — à, *periculosum est* (inf.); il y a — que, *periculum est ne* (subj.); affronter les dangers, *pericula adire, eo*; pericula tentare;* mettre en danger, faire courir des dangers, *in periculum adducĕre** (*aliquem*).
dangereusement, adv. *Periculose.*
dangereux, euse, adj. *Periculosus, a, um.* Il est dangereux de, *periculosum est* (inf.); être dans une situation dangereuse, *in ancipiti* ou *in angustiis esse.*

dans, prép. I. Sens local; marque : **1.** Le lieu où on va. *In* et l'acc.; l'acc. seul des noms de ville, de petites îles et des mots *rus*, *domus*. Entrer dans la ville, *in urbem intrare;* je vais dans ma maison, *eo* domum.* ◆ **2.** Le lieu où l'on est. *In* et l'abl.; l'abl. seul des noms de ville et petites îles, ou des noms accompagnés de *totus*, *omnis*, les gén. loc. sg., *ruri*, *domi*, et des noms de villes et petites îles de la 1re et de la 2e décl. Se promener dans le jardin, *in horto ambulare;* on fit des levées dans toute l'Italie, *delectus tota Italia habiti* sunt.* ◆ **3.** Le lieu par où l'on passe. *Per* et l'acc. Passer dans la place, *per forum ire*.* ◆ **4.** L'origine. *Ex* et l'abl. Manger dans, *vesci* ex;* boire dans, *bibĕre* ex;* choisir dans, *eligĕre* ex.*
II. Sens temporel; marque : **1.** La date. *In* et l'abl.; l'abl. seul avec les noms de temps. Il viendra dans le courant du mois prochain, *veniet* mense proximo;* dans la deuxième guerre punique, *in secundo bello Punico;* dans ces circonstances, *in hoc tempore;* trois fois dans l'année, *ter in anno.* ◆ **2.** L'espace de temps. Abl. Il a fait cela dans quatre jours, *id fecit* quattuor diebus.* ◆ **3.** Le délai. *Post* et l'acc. Je partirai dans trois jours, *post tres dies proficiscar*.*
III. Loc. div. Plonger dans l'eau, *aquis mergĕre*;* considérer dans sa sagesse, *pro sua prudentia considerare;* garder dans sa mémoire, *memoriā retinēre*;* dans Xénophon, *apud Xenophontem;* il me vient dans l'esprit, *mihi in mentem venit*;* être dans l'intention de, *eo consilio uti* ut* (subj.).

danse, f. *Saltatio, onis*, f. Art de la danse, *saltandi ars;* ouvrir la danse, *choreas ducĕre*.*

danser, intr. **1.** *Saltare.* ◆ **2.** (Fig.) Ne savoir sur quel pied danser, *exspectando pendēre* animi.*

danseur, euse, m. et f. *Saltator, oris*, m. *Saltatrix, icis*, f. Danseur, danseuse de corde, *funambulus, i*, m.; *funambula, ae*, f.

Danube. *Danubius, ii*, m. *Hister, tri*, m.

dard, m. **1.** Arme de trait. *Jaculum, i*, n. *Telum*, n. ◆ **2.** Aiguillon. *Aculeus, i*, m. Dard du scorpion, *acumen, inis*, n.

darder, tr. **1.** *Jaculari. Torquere, eo*.* Le serpent darde sa langue, *serpens linguam vibrat.* ◆ **2.** (Fig.) *Emittere, o*.*

dartre, f. *Impetigo, inis*, f.

dartreux, euse, adj. *Impetiginosus, a, um.*

date, f. Date d'une lettre, *dies, ei*, f.; — d'un événement, *tempus, oris*, n.; lettre de date ancienne, de fraîche date, *epistula vetus, recens.*

dater, tr. Dater une lettre, *diem in epistulā ascribĕre** ou *apponĕre*;* lettre datée d'Épire, *ex Epiro data epistula;* qui date de loin, *antiquus, a, um;* à dater de, *ab* (abl.).

datif, m. *Dativus* (*i*) *casus* (*us*), m.

datte, f. *Palmae pomum, i,* n. *Caryola, ae,* f.

dattier, m. *Palma, ae,* f.

dauber, tr. **1.** *Contundere, o*.* ◆ **2.** (Fig.) *Lacerare. Vellicare.*

dauphin, m. *Delphinus, i,* m.

davantage, adv. *Magis. Amplius.* Je n'en demande pas davantage, *nihil ultra requiro*;* estimer davantage, *pluris facĕre, io*;* en écrire davantage, *plura scribĕre*;* s'éloigner davantage, *longius discedĕre*.*

de, prép., introduisant : **I.** Le complément d'un nom, marque : **1.** Possession, dépendance, objet, mesure, prix, etc. Gén. Le livre de Pierre, *liber Petri;* la crainte des ennemis, *metus hostium;* une grande partie des soldats, *maxima pars militum;* un fossé de cent pieds, *fossa centum pedum.* ◆ **2.** Qualité. Gén. ou abl. Enfant d'un bon naturel, *puer egregiae indolis* ou *egregiā indole.* ◆ **3.** Matière. *E* ou *ex* (abl.); ou un adj. Une statue d'or, *statua aurea* ou *ex auro.* ◆ **4.** Point de vue. Abl. Mède de naissance, *natione Medus.* ◆ **5.** Apposition. Nom au même cas; ou adj. La ville de Rome, *urbs Roma;* le nom de mère, *nomen maternum.* ◆ **6.** Lieu. *Ad; apud* (acc.); ou un adj. La bataille de Cannes, *pugna ad Cannas* ou *Cannensis.* ◆ **7.** Origine. *Ex* (abl.); ou un adj. Milon de Crotone. *Milo Crotoniates.* ◆ **8.** Temps, Gén. Voyage d'un jour, *unius diei iter;* la première année de la fondation de Rome, *primus annus post Romam conditam.* ◆ **9.** Avec un inf. Gén. du gér. ou de l'adj. verbal. Le temps de lire, *tempus legendi*.*

II. Le complém. d'un adj. exprimant : **1.** Possession, désir, savoir, ignorance. Gén. Avide de louanges, *avidus laudum.* ◆ **2.** Utilité, affection, voisinage. Dat. Ami des hommes, *amicus hominibus.* ◆ **3.** Ressemblance ou différence. Gén. ou dat. Différent de lui-même, *dissimilis sui.* ◆ **4.** Abondance, privation, satisfaction, éloignement. Abl. Digne de louange, *dignus laude.* ◆ **5.** Mesure. Acc. avec *altus,* haut; *longus,* long; *latus,* large, etc. ◆ **6.** Origine. Abl. avec ou sans *ab* ou *ex* (selon les règles de la question *unde*), après *natus, ortus, oriundus,* né de. ◆ **7.** Avec un superl. Gén. ou *ex* (abl.). Le plus haut des arbres, *altissima arborum.* ◆ **8.** Avec un inf. le gér. ou l'adj. verbal au cas et avec la prép. exigés par l'adj. Incapable de supporter un fardeau, *impar ferendo* oneri.*

III. Le complém. d'un pronom. Gén. La vie des hommes est plus courte que celle des corneilles, *brevior est hominum vita quam cornicum;* aucun des hommes, *nemo mortalium;* qu'y a-t-il de nouveau? *quid novi?*

IV. LE COMPL. D'UN VERBE. **1.** Gén. avec les verbes de souvenir et les impersonnels *me paenitet*, pudet*, taedet*, piget*, miseret**. ◆ **2.** Abl. avec les verbes de sentiment, de disette, d'abondance. ◆ **3.** Abl. habituellement avec *ex* (en sortant de); *ab* (en s'éloignant de); *de* (du haut de), si le verbe marque éloignement (v. question *unde*), séparation, origine. Sortir de la ville, *ex urbe exire, eo**; s'éloigner de la ville, *ab urbe discedĕre*;* d'Athènes, de la maison, *Athenis, domo;* j'ai reçu une lettre de mon père, *accepi* litteras a patre meo.* ◆ **4.** Après les verbes passifs. *Ab* et l'abl. (compl. d'agent). Aimé de Dieu, *a Deo amatus.* ◆ **5.** Compl. de cause. Abl., parfois avec *ex* : accablé de chagrin, *maerore confectus;* mourir de ses blessures, *ex vulneribus mori**. ◆ **6.** Compl. de moyen, manière, prix. Abl. Frapper de la main, *manu ferire**. ◆ **7.** Avec un inf. : l'inf. simple après la plupart des verbes d'activité; *ut* (subj.) après la plupart des verbes de volonté; *ne, quominus* ou *quin* (subj.) après les verbes de crainte ou d'empêchement; *quod* (indic. ou subj.) après les verbes de sentiment ou de justice. ◆ **8.** Loc. div. Mais les Romains de se hâter, *at Romani festinare;* bats-toi plutôt que d'être esclave, *depugna potius quam servias;* c'est une erreur de penser, *errat qui putat.*

dé m. **1.** Dé à jouer. *Tessera, ae,* f. *Talus, i,* m. Jeu de dés, *ludus* (*i*) *talarius* (*ii*), m.; jouer aux dés, *tesseris ludĕre*;* le dé en est jeté, *alea jacta* est.* ◆ **2.** Dé à coudre. *Digitale, is,* n.

débâcle, f. **1.** *Glaciei solutio, onis,* f. ◆ **2.** (Fig.) *Rerum perturbatio, onis,* f.

déballer, tr. (*Merces*) *exponere, o**.

débandade, f. *Confusio, onis,* f. Marcher à la débandade, *effuse ire, eo*;* armée en débandade, *milites effusi**.

débander, tr. Débander un arc, *arcum remittĕre** ou *laxare.*

SE DÉBANDER, r. Marcher en désordre. *Dilabi*. Vagari.*

débarbouiller, tr. *Colluere, o.*

SE DÉBARBOUILLER, r. *Lavari. Ablui.*

débarder, tr. (*Lignum*) *exonerare.*

débardeur, m. *Exonerator, oris,* m.

débarquement, m. *Exscensio, onis,* f. Lieu de débarquement, *locus ad egrediendum* idoneus;* procéder au débarquement, *exscensionem facĕre, io**.

débarquer. I. Tr. *Exponere, o**. ◆ **II.** Intr. *E navi egredi, ior** ou *exire, eo**.

débarras, m. C'est pour nous un grand —, *magno incommodo liberamur.*

débarrasser, tr. *Expedire, io. Exonerare. Exsolvere, o** (*aliquem aliquā re*).

SE DÉBARRASSER, r. *Se expedire* (abl.).

débat, m. *Contentio, onis,* f. *Certamen, inis,* n. *Controversia, ae,* f. Débat sur un point de droit, *juris disceptatio;* l'objet d'un débat, *quod in controversiā est;* engager un débat avec qqn, *cum aliquo in certamen venire*;* les débats d'une affaire civile, *actio civilis,* f.; les débats d'une assemblée, *deliberatio, onis,* f.

débâter, tr. (*Asino*) *clitellas detrahere, o**.

débattre, tr. *Agitare* (*aliquid*). *Contendere, o** (*aliquid contra aliquem*). *Disputare. Disceptare* (*aliquid* ou *de aliquā re*). Affaire à débattre, *controversia, ae,* f.; qui est débattu, *controversus, a, um;* le point débattu, *quaestio, onis,* f.; débattre en justice, *litigare;* débattre le prix d'un objet, *de mercede agĕre*.*

débauche, f. **1.** Débauche de table, *perpotatio, onis,* f.; faire la débauche, *perpotare;* débauche de mœurs, *libidines, um,* fpl.; *flagitia, iorum,* npl.; habitudes de débauche, *intemperantia* (*ae,* f.) *libidinum.* ◆ **2.** (Fig.) Débauche d'esprit, *lascivia, ae,* f.

débauché, ée, part. et adj. *Dissolutus, a, um. Corruptus.* Un débauché, *ganeo, onis,* m.; une débauchée, *meretrix, icis,* f.

débaucher, tr. **1.** Corrompre. *Corrumpere, o**. ◆ **2.** Détourner d'un engagement, d'une occupation. *Avocare. Abducere, o** (*aliquem ab aliquā re*).

débaucheur, euse, m. et f. *Corruptor, oris,* m. *Corruptrix, icis,* f.

débile, adj. *Infirmus, a, um. Imbecillus, a, um.*

débilement, adv. *Infirme.*

débilitation, f. *Debilitatio, onis,* f.

débilité, f. *Infirmitas, atis,* f. *Imbecillitas,* f.

débiliter, tr. *Debilitare* (*aliquem* ou *aliquid*). *Infirmum facĕre, io**.

débit, m. **1.** Ce qui est dû par qqn. *Debitum, i,* n. Livre de débit, *codex accepti atque expensi;* porter au débit de qqn, *alicui expensum ferre*.* ◆ **2.** Vente au détail. *Venditio, onis,* f. ◆ **3.** Boutique où l'on vend. *Taberna, ae,* f. Un débit de vin, *popina, ae,* f. ◆ **4.** Débit oratoire. *Actio, onis,* f. *Locutio,* f. Débit facile, *facundia, ae,* f.; qui a un débit lent, *lentus in dicendo.* ◆ **5.** Débit d'un arbre. *Desectio, onis,* f. ◆ **6.** Débit d'un fleuve. *Aquarum fluxus, us,* m. ou *delapsus, us,* m.

débitant, m. *Institor, oris,* m.

débiter, tr. **1.** Inscrire comme débiteur. Débiter qqn d'une somme, *expensas pecunias ad nomen alicujus referre*.* ◆

2. Vendre. *Vendere, o**. Se débiter, *commode venire, eo.** ◆ 3. Réciter. *Dicere, o**. *Pronuntiare.* ◆ 4. Exploiter. *Secare**. Débiter des planches, *ligna in tabulas scindĕre**.

débiteur, trice, m. et f. **1.** Qui doit. *Debitor, oris,* m. *Debitrix, icis,* f. Être un débiteur solvable, *bonum nomen existimari;* être le débiteur de qqn, *alicui debēre**. ◆ **2.** Qui débite des nouvelles. *Famigerator, oris,* m. — de sornettes, *nugator, oris,* m.

déblai, m. **1.** Action d'ôter de la terre. *Terrarum egestio, onis,* f. ◆ **2.** Terre ôtée. *Regesta (ae) terra (ae),* f. ◆ **3.** Ruines. *Rudera, um,* npl.

déblatérer, intr. *Deblaterare.* — contre qqn, *invehi, or** (*in aliquem*).

déblayer, tr. **1.** Débarrasser. *Purgare* (*locum*). ◆ **2.** Enlever des terres. *Regerere, o** (acc.).

débloquer, tr. Débloquer une ville, *obsidione urbem eximĕre**.

déboire, m. *Molestia, ae,* f. *Taedium, ii,* n.

déboiser, tr. *Silvas caedere* (*o**) *in* (abl.).

déboîtement, m. *Luxatura, ae,* f.

déboîter, tr. *Luxare. Extorquere, eo**.

SE DÉBOÎTER, r. *Elabi, or**.

débonder, tr. Débonder un réservoir, *lacum emittĕre**.

SE DÉBONDER, r. En parl. des eaux. *Exundare.*

débonnaire, adj. *Placidus, a, um. Lenis, e.*

débonnairement, adj. *Placide. Leniter.*

débonnaireté, f. *Lenitas, atis,* f. *Facilitas,* f.

débordé, ée, part. et adj. **1.** *Exundans, antis. Superfusus, a, um.* ◆ **2.** (Fig.) Dissolu. *Dissolutus, a, um. Perditus.*

débordement, m. (Eaux) *Exundatio, onis,* f. *Inundatio,* f. (Humeurs) *Effluentia, ae,* f. (Foule) *Irruptio, onis,* f. (Mœurs) *Libido, inis,* f. Débordement de plaintes, *tempestas querelarum;* — d'éloquence, *orationis flumen.*

déborder, intr. **1.** Dépasser le bord. *Exundare.* Le fleuve déborde, *fluvius extra ripas diffluit**. ◆ **2.** (Fig.) S'avancer en dehors. *Excedere, o**. *Erumpere, o**. Laisser déborder sa joie, *laetitiam effundĕre**. ◆ **3.** Être débordé par les affaires, *negotiis obrui.*

SE DÉBORDER, r. (Fig.) Se déborder en, *erumpĕre* in* (acc.).

débouché, m. **1.** *Exitus, us,* m. *Fauces, ium,* fpl. ◆ **2.** (Fig.) *Via, ae,* f.

déboucher. I. Tr. Oter ce qui bouche. *Retinere, o**. *Aperire**. ◆ **II.** Intr. **1.** Sortir en masse. *Erumpere, o**. ◆ **2.** Avoir son embouchure. *Influere, o** (*in,* acc.). *Prodire, eo**.

déboucler, tr. *Solvere, o**.

débourber, tr. Débourber un étang, *lacum purgare;* débourber une voiture, *currum e caeno extrahĕre**.

débours et **déboursé,** m. *Impensa, ae,* f. *Expensum, i,* n.

débourser, tr. (*Pecuniam*) *impendere, o**.
debout, adv. Être, rester debout, *stare**; qui est debout, *rectus, a, um; erectus;* mettre qqch. debout, *erigere* aliquid;* se mettre debout, *surgĕre*;* debout! *surge*! surgite!*
débouter, tr. (*Actione suā aliquem*) *excludere, o**. Être débouté, *formulā excīdĕre*;* être débouté de ses prétentions, *repulsam ferre**.
déboutonner, tr. *Laxare vincula* (*vestis*).
SE DÉBOUTONNER, r. *Sibi laxare vincula.*
débrailler (se), r. *Pectus nudare. Tunicam diducere, o**. Débraillé, *discinctus, a, um.*
débrider, tr. Débrider un cheval, *equo frenos detrahĕre*;* débridé, *effrenatus, a, um;* débrider une plaie, *vulnus ferro aperire*;* sans débrider, *continenti cursu;* (fig.) *assiduo labore.*
débris, m. **1.** *Fragmentum, i,* n. ◆ **2.** Pl. *Ruinae, arum,* fpl. *Reliquiae, arum,* fpl.
débrocher, tr. *Verubus detrahere, o**.
débrouillement, m. *Explicatio, onis,* f. *Enodatio,* f.
débrouiller, tr. *Explicare**. *Expedire.*
SE DÉBROUILLER, r. *Se expedire.*
débucher, et **débusquer**, tr. *Depellere, o** (de, abl.).
début, m. *Initium, ii,* n. *Principium, ii,* n. Au début, *initio;* au début de la vie, *ineunte* aetate;* être à ses débuts, faire ses débuts, *inire, eo*; incipere, io*;* dès le début, *in principio;* début d'un discours, *exordium, ii,* n.
débutant, ante, adj. *Rudis, e. Tiro, onis,* m.
débuter, intr. *Incipere, io**. Débuter dans la carrière des armes, *armorum initium facĕre, io*;* débuter dans un discours par, *exordium ducĕre** (*ab*).
deçà. I. Adv. *Hinc. Ab hāc parte.* En deçà, *citra;* qui est en deçà, *citerior, ius.* ◆ **II.** Prép. En deçà de. *Cis* (acc.). *Citra* (acc.). En deçà des Alpes, *cisalpinus, a, um.*
décacheter, tr. *Resignare. Solvere, o**. Lettre non décachetée, *litterae integris signis.*
décade, f. *Decas, adis,* f.
décadence, f. *Rerum inclinatio, onis,* f. Tomber en décadence, *concīdĕre**.
décamper, tr. **1.** *Castra* ou *signa movere, eo**. *Vasa colligere, o**. Donner l'ordre de décamper, *signa ferri jubēre*; vasa conclamare.* ◆ **2.** (Fig.) Faire —, *foras ejicĕre, io**.
décanter, tr. *Deliquare.*
décapitation, f. *Detruncatio, onis,* f.
décapiter, tr. **1.** (*Alicujus*) *caput praecīdĕre, o** ou *abscīdere, o**. Être décapité, *capite puniri.* ◆ **2.** (Fig.) *Detruncare.*
décéder, intr. *Decedere, o**. *De vitā decedere, o.* Décédé, *vitā functus, a, um*; defunctus**.
décèlement, m. *Patefactio, onis,* f. *Indicium, ii,* n.
déceler, tr. *Prodere, o**. *Pate-*

*facere, io**. *Ostendere, o**. *Indicare.*

SE DÉCELER, r. *Se aperire**. *Ostendi**. *Prodi**. *Apparere, eo**.

décembre, m. *December, bris,* m. De —, *December, bris, bre.*

décemment, adv. *Decenter. Honeste.*

décemvir, m. *Decemvir, viri,* m.

décemviral, e, adj. *Decemviralis, e.*

décemvirat, m. *Decemviratus, us,* m.

décence, f. *Decorum, i,* n. *Verecundia, ae,* f. *Modestia, ae,* f.

décennal, ale, adj. *Decennis, e.*

décent, ente, adj. *Decorus, a, um. Verecundus.* Il est décent de, *decet** (inf.).

déception, f. *Captio, onis,* f. Avoir une déception, *falli**; *frustra esse.*

décerner, tr. *Decernere, o**. *Tribuere, o.*

décès, m. *Obitus, us,* m. *Decessus, us,* m. Actes de décès, *annales funesti,* mpl.

décevant, ante, adj. *Fallax, acis.*

décevoir, tr. *Fallere, o**. *Decipere, io**. *Frustrari.*

déchaînement, m. *Effrenatio, onis,* f. Le déchaînement de la colère, de la passion, *ira, libido effrenata.*

déchaîner, tr. **1.** *Solvere, o**. ◆ **2.** (Fig.) *Incitare. Immittere, o**; (contre, *in,* acc.). Déchaîné, *effrenatus, a, um; saevus.*

SE DÉCHAÎNER. r. (Éléments) *Prorumpĕre**. *Saevire.* Se déchaîner (en paroles), *invehi, or** (*in aliquem*); *insectari* (*aliquem*).

déchanter, intr. *Animos ponere, o**. Faire déchanter qqn, *spem alicujus minuĕre; alicujus superbiam comprimĕre**.

décharge, f. **1.** Décharge d'un poids. *Exoneratio, onis,* f. ◆ **2.** Décharge d'un compte, d'une dette, *liberatio, onis,* f.; donner décharge de, *acceptum facere, io** (acc.); décharge d'un impôt, *immunitas, atis,* f. ◆ **3.** Décharge en faveur d'un accusé. *Purgatio, onis,* f. Témoignage à décharge, *laudatio, onis,* f.; témoin à décharge, *laudator, oris,* m. ◆ **4.** Soulagement. *Levamen, inis,* n. *Levatio, onis,* f. ◆ **5.** Décharge d'une arme. *Emissio, onis,* f. *Conjectus, us,* m. ◆ **6.** Écoulement des eaux. *Manatio, onis,* f. Tuyau de décharge, *tubulus, i,* m. Décharge d'un lac. *Emissarium* (*i*) *lacus* (*us*).

déchargement, m. *Exoneratio, onis,* f.

décharger, tr. **1.** Oter un fardeau. *Exonerare. Onere levare.* ◆ **2.** (Fig.) Délivrer, débarrasser. *Levare. Solvere, o**. Décharger d'une dette, d'un souci, *pecuniā, curā liberare;* décharger sa colère, *iram effundĕre**; décharger son cœur, *animum aperire**; décharger d'une accusation, *crimine liberare.* ◆ **3.** Assener. Décharger un coup de bâton sur, *fustem impingĕre** *in* (acc.); décharger (une arme), *emittere** (*telum*).

SE DÉCHARGER, r. **1.** Déposer un fardeau. *Onus deponĕre**.

◆ **2.** (Fig.) Se débarrasser de. Se décharger du soin des affaires, *a rerum cura se liberare*; se décharger sur qqn d'une faute, *in aliquem culpam transferre**; se décharger sur qqn du soin de (inf.), *alicui committĕre* curam* (gén. du gérond.).

déchargeur, m. *Exonerator, oris*, m.

décharner, tr. **1.** Oter la chair. (*Ossa*) *delegere, o**. ◆ **2.** Amaigrir. *Ad maciem perducere, o**. Décharné, *macie confectus, a, um.*

déchausser, tr. **1.** Déchausser les pieds, *pedes excalceare.* ◆ **2.** (Fig.) Déchausser des arbres, *arbores ablaqueare;* déchausser les dents, *dentes circumscarificare.*

SE DÉCHAUSSER, r. *Excalceari.* Qui est déchaussé, *excalceatus, a, um.*

déchéance, f. **1.** (*Juris*) *ademptio, onis*, f. Déchéance des droits de citoyen, *civitatis ademptio;* prononcer la déchéance d'un souverain, *imperium regi abrogare.* ◆ **2.** État de celui qui est déchu. *Dejectio, onis*, f.

déchet, m. *Decessio, onis*, f. *Imminutio, onis*, f.

déchiffrer, tr. *Explicare**. *Interpretari.*

déchiqueter, tr. *Concīdere, o**.

déchirant, ante, adj. *Miserandus, a, um.*

déchirement, m. **1.** *Laceratio, onis*, f. ◆ **2.** (Fig.) Déchirement de cœur, *animi angor, oris*, m. ou *cruciatus, us*, m.; les déchirements de la république, *distracta res publica.*

déchirer, tr. **1.** *Lacerare. Dilacerare. Laniare. Dilaniare. Discindere, o**. ◆ **2.** (Fig.) *Lacerare.* Déchirer qqn à belles dents, *aliquem dictis concerpere**.

SE DÉCHIRER r. **1.** *Scindi**. ◆ **2.** (Fig.) *Lacerari. Divelli**.

déchirure, f. *Scissura, ae*, f.

déchoir, intr. *Concīdĕre, o**. *Prolabi, or.* Déchoir de ses espérances, de sa réputation, *spe labi, famam amittere ;* déchu, *dejectus, a, um ; imminutus ;* être déchu de ses droits de citoyen, *capite deminui.*

décidé, ée, part. et adj. **1.** Conclu. *Decretus, a, um. Certus.* ◆ **2.** Ferme. *Firmus, a, um.* Air décidé, *in vultu vigor ;* caractère décidé, *promptus animus.*

décidément, adv. *Certo. Haud ambigue.*

décider. I. Tr. **1.** Terminer, trancher. *Decīdere, o**. Décider un différend, *controversiam judicare.* ◆ **2.** Porter un jugement. *Statuere, o. Decernere, o**. Décider une chose, *rem statuĕre;* décider que, *sancire* ut* (subj.). ◆ **3.** Déterminer qqn. *Impellere, o**. *Inducere, o** (à, *ut*, subj.) ◆ **II.** Intr. Décider (de qqch.). (*De aliquā re*) *statuĕre* ou *decernĕre**.

SE DÉCIDER, r. **1.** Être décidé, fixé. *Decerni**. ◆ **2.** Prendre un parti. *Statuĕre.* Se décider à, *decernĕre** (inf.).

décimable, adj. *Decumanus, a, um.*

décimateur, m. *Decumanus, i,* m.
décimation, f. *Decimatio, onis,* f.
décime, m. *Decima (ae) pars (partis),* f. Des décimes, *decumae, arum,* fpl.
décimer, tr. **1.** *Decumare.* Ils furent décimés, *decimus quisque ad supplicium lecti (sunt).* ◆ **2.** (Fig.) Armée décimée par la peste, *exercitus pestilentiā laceratus.*
décisif, ive, adj. *Decretorius, a, um.* Combat décisif, moment décisif, *discrimen, inis,* n.
décision, f. **1.** *Decretum, i,* n. *Sententia, ae,* f. ◆ **2.** Décision de caractère, *audacia, ae,* f.
déclamateur, m. **1.** *Declamator, oris,* m. ◆ **2.** (En mauv. part) *Clamator,* m.
déclamation, f. **1.** Action de déclamer. *Pronuntiatio, onis,* f. ◆ **2.** Discours emphatique. *Declamatio, onis,* f. ◆ **3.** Discours injurieux. *Insectatio, onis,* f.
déclamatoire, adj. **1.** *Declamatorius, a, um.* ◆ **2.** (En mauv. part) *Tumidus.*
déclamer, tr. et intr. **1.** Réciter à haute voix. *Declamare. Pronuntiare.* ◆ **2.** Invectiver. *(In aliquem) declamare* ou *invehi*.*
déclaration, f. *Declaratio, onis,* f. *Denuntiatio,* f. *Significatio,* f. Faire la déclaration de qq. chose, *aliquid profitēri*.*
déclarer, tr. *Declarare. Profiteri, eor*. Denuntiare. Significare.* Déclarer sa faute, son amour, *peccatum, amorem suum fatēri*;* déclarer la valeur d'une propriété, *aliquid in censu declarare;* déclarer qqn traître à la patrie, *aliquem hostem judicare;* déclarer la guerre à qqn, *bellum alicui indicĕre*.*
SE DÉCLARER. *Se profitēri*.* Se déclarer contre qqn, l'ennemi de qqn, *alicui adversari;* se déclarer pour qqn, *ad alicujus partes transire, eo*;* la fièvre s'est déclarée, *erupit* febris.*
déclin, m. **1.** Le déclin du jour, *dies praeceps;* le déclin de la lune, *luna decrescens;* qui est sur son déclin, *inclinatus, a, um.* ◆ **2.** (Fig.) Le déclin de l'âge, *aetatis flexus, us,* m.; le déclin de la maladie, *decrescens morbus;* le déclin de la fièvre, *febris remissio, onis,* f.
déclinable, adj. *Declinabilis, e.* Mots déclinables, *declinantia verba.*
déclinaison, f. **1.** (Astron.) *Inclinatio, onis,* f. ◆ **2.** (Gr.) *Declinatio, onis,* f. *Flexus, us,* m.
décliner. I. Intr. Déchoir. *Inclinare. Vergere, o*. Decrescere, o*.* ◆ **II.** Tr. **1.** Refuser. *Rejicere, io*. Renuere, o.* Décliner toute responsabilité, *(culpam) praestare nolle*.* ◆ **2.** (Gr.) *Declinare.* ◆ **3.** Dire. Décliner son nom. *Nomen suum profitēri*.*
déclive, adj. *Declivis, e.*
déclivité, f. *Declivitas, atis,* f.
déclouer, tr. *Refigere, o*.*
décocher, tr. **1.** *Emittere, o*. Jacere, io*. Torquere, eo*.* ◆

2. (Fig.) *Intorquere, eo*. Stringere, o*.*
décoction, f. *Decoctum, i,* n.
décoiffer, tr. **1.** Enlever la coiffure. *Capitis tegmen detrahere, o*.* ◆ **2.** Déranger les cheveux. *Capillum turbare.*
décollation, f. *Detruncatio, onis,* f.
décoller, tr. **1.** Détacher. *Deglutinare.* ◆ **2.** Décapiter. *Detruncare.*
décolleter (se), r. *Sibi pectus et collum denudare.*
décoloration, f. *Decoloratio, onis,* f.
décolorer, tr. *Decolorare* (acc.). *Colorem auferre, fero** (dat.).
SE DÉCOLORER, r. *Dilui.* (Teint) *Colorem mutare.* (Substance) *Decolorari.* (Feuilles) *Flavescĕre*.*
décombres, mpl. *Rudera, um,* npl.
décomposer, tr. *Solvere, o*.*
SE DÉCOMPOSER, r. **1.** *Tabescere*. Resolvi*.* ◆ **2.** (Fig.) Avoir les traits décomposés, *turbato vultu esse.*
décomposition, f. **1.** *Dissolutio, onis,* f. ◆ **2.** (Fig.) Décomposition des traits, *pallor, oris,* m.
décompte, m. *Deductio, onis,* f.
décompter, tr. *Deducere, o*.*
déconcerter, tr. *Turbare. Perturbare. Confundere, o*.*
SE DÉCONCERTER, r. *Mente turbari. Perturbari.* Sans se déconcerter, *intrepide;* ne pas se laisser déconcerter, *mente consistĕre*.*
déconfire, tr. **1.** *Profligare.* ◆ **2.** (Fig.) Déconfit, *turbatus, a, um.*
déconfiture, f. **1.** *Clades, is,* f. ◆ **2.** (Fig.) Être en déconfiture, *rem creditoribus recoquĕre*.*
déconforter, tr. *Animum (alicui) frangere, o*.*
SE DÉCONFORTER, r. *Animum abjicĕre (io*).*
déconseiller, tr. *Deterrere, eo* (aliquem a re).*
déconsidération, f. *Infamia, ae,* f.
déconsidérer, tr. *Infamem (aliquem) facere, io*.* Cette maison déconsidère son maître, *haec domus domino dedecori est;* être déconsidéré, *jacēre*; sperni*.*
SE DÉCONSIDÉRER, r. *Famam amittĕre*.*
décontenancer, tr. *Percellere, o*. Perturbare.* Qui est tout à fait décontenancé, *attonitus, a, um.*
SE DÉCONTENANCER, r. *Obstupescĕre*.*
déconvenue, f. *Repulsa, ae,* f.
décor, m. *Ornatus, us,* m. Changer le décor, *mutare ornationis speciem.*
décorateur, m. *Scaenae instructor, oris,* m.
décoration, f. **1.** Action de décorer. *Ornatio, onis,* f. ◆ **2.** Ce qui décore. *Ornatus, us,* m. Décoration de théâtre, *spectaculi apparatus, us,* m.; être chargé de la décoration d'un palais, *aedibus ornandis praepositum esse;* décorations militaires, *militaria insignia,* npl.
décorer, tr. **1.** *Decorare. Ornare. Exornare.* ◆ **2.** (Fig.) Il

décore sa faiblesse du nom de santé, *imbecillitati appellationem sanitatis obtendit**.

décortiquer, tr. *Decorticare.*

décorum, m. *Decorum, i,* n. *Quod decet**. Garder le décorum, *decorum servare.*

découcher, intr. *Foris pernoctare.*

découdre, tr. **1.** *Dissuere, o.* ◆ **2.** (Fig.) Il faut en découdre, *res ad arma deducenda est.* SE DÉCOUDRE, r. *Hiare. Hiscere**

découler, intr. **1.** *Effluere, o**. *Defluere, o**. *Manare (ab* ou *ex).* ◆ **2.** (Fig.) *Manare (ab* ou *ex). Proficisci, or* (ab* ou *ex). Oriri* (ab).*

découper, tr. *Secare**. *Concīdere, o**.

découpler, tr. *Abjungere, o**.

découpure, f. **1.** Action de découper. *Exsectio, onis,* f. ◆ **2.** Division dans une feuille. *Incisura, ae,* f.

découragement, m. *Animi infractio, onis,* f., *abjectio* ou *demissio.*

décourager, tr. *Animum (alicujus) frangere, o**. *Spem (alicui) auferre, fero**. Être découragé, *fracto esse animo.* SE DÉCOURAGER, r. *Animum demittere**. *Animo cadere** ou *frangi**.

découronner, tr. **1.** Détrôner. *Regno expellere, o**. ◆ **2.** Dépouiller de ce qui couronne. *Cacumen decutere, io** (dat.).

décours, m. *Decrescentia, ae,* f.

décousu, ue, adj. **1.** *Dissutus, a, um.* ◆ **2.** (Fig.) Style décousu, *dissoluta (ae) oratio (onis),* f.; avoir un style décousu, *amputata loqui**; tenir des propos décousus, *hiantia loqui**.

découvert, erte, adj. *Apertus, a, um. Detectus.* A découvert (au grand jour, en plein air), *in aperto;* (sans défense), *sine praesidio;* la tête découverte, *aperto capite;* ciel découvert, *caelum apertum* ou *serenum;* ville découverte, *urbs nuda praesidio.*

découverte, f. **1.** Action de découvrir. *Inventio, onis,* f. *Patefactio,* f. *Proditio,* f. La découverte du complot, *conjuratio deprehensa;* aller à la découverte (explorer), *explorare;* envoyer à la découverte, *exploratum mittĕre**. ◆ **2.** Chose découverte. *Inventum, i,* n. Faire une découverte, *aliquid deprehendere**.

découvrir, tr. **1.** Enlever ce qui couvre ou protège. *Delegere, o**. *Nudare. Aperire**. ◆ **2.** Révéler, manifester. *Patefacere, io**. Découvrir ses sentiments, *sensus aperire**. ◆ **3.** Apercevoir. *Prospicere, io**. De la ville on découvrait la plaine, *ex oppido despectus erat in campum.* ◆ **4.** Trouver, parvenir à connaître. *Invenire**. *Reperire**. *Deprehendere, o**. Découvrir qq. expédient, *aliquid reperire;* découvrir les intrigues de qqn, *alicujus conatus consequi**. SE DÉCOUVRIR, r. **1.** Oter ce qui couvre. *Nudare se. Vestem rejicere (io*). Capui delegĕre**. Le temps se découvre, *disserenat;* se découvrir (en parl. d'un combattant), *latus prae-*

bĕre;* sans se découvrir, *tecte.* ◆ **2.** Dévoiler ses sentiments. *Aperire* sensus.* ◆ **3.** Devenir visible. *Apparēre*.* ◆ **4.** Devenir public. *Patefieri*. Prodi*. Proferri*.* La ruse se découvrit, *fraus patefacta est.*

décrasser, tr. **1.** *Eluere, o. Detergere, eo*.* ◆ **2.** (Fig.) (*Aliquem*) *polire* ou *erudire.*

décréditer, tr. *Fidem* ou *auctoritatem* (*alicujus* ou *alicui*) *imminuĕre.* Cette erreur le décrédita beaucoup, *hic error multum ei detraxit*.*

décrépit, ite, adj. *Aetate confectus, a, um.*

décrépitude, f. *Decrepita* (*ae*) *aetas* (*atis*), f.

décret, m. **1.** *Decretum, i,* n. Décret du sénat, *senatus consultum, i,* n.; — du peuple, *plebis scitum, i,* n.; rendre un décret, *decretum facĕre, io*.* ◆ **2.** (Fig.) Décret des dieux. *Fatum, i,* n.

décréter, tr. *Decernere, o*. Sancire*.* Décréter que, *sancire* ou *decernĕre ut* (subj.); le sénat décréta que, *senatui placuit** (prop. inf.).

décri, m. **1.** En parl. des pers. *Infamia, ae,* f. ◆ **2.** En parl. des ch. *Vilitas, atis,* f.

décrier, tr. **1.** Interdire l'usage. *Prohibere, eo*.* ◆ **2.** Déprécier. *Notare* (*aliquem*). *Detrahere, o** (*de,* abl.). Être décrié, *male audire;* décrié, *famosus, a, um; infamis, e.*

décrire, tr. **1.** Représenter par la parole. *Describere, o*. Depingere, o*.* ◆ **2.** Tracer. *Deducere, o*.*

décrocher, tr. *Refigere, o*.*

décroissance, f. *Deminutio, onis,* f. *Decrescentia, ae,* f. Entrer en décroissance, *deficĕre, io*; imminui, or.*

décroître, intr. *Decrescere, o*. Minui, or.*

décrotter, tr. *Detergere, eo*.*

décrue, f. (*Aquae*) *recessus, us,* m.

décuple, adj. *Decemplex, icis.* Le décuple, *decuplum, i,* n.

décupler, tr. **1.** *Decuplare.* ◆ **2.** (Fig.) Décupler les forces, *vires augere*.*

décurie, f. Groupe de dix, *decuria, ae,* f.; division par décurie, *decuriatio, onis,* f.; répartir en décuries, *decuriare.*

décurion, m. *Decurio, onis,* m.

dédaigner, tr. *Despicere, io*. Spernere, o*. Contemnere, o*. Parvi facere, io*.* Dédaigner de, *nolle** (inf.). Qui n'est pas à —, *non spernendus, a, um.*

dédaigneusement, adv. *Superbe. Fastidiose.*

dédaigneux, euse, adj. *Fastidiosus, a, um* (envers qqn, *in,* acc.; de qqch., gén.). D'un air, d'un ton dédaigneux, *fastidiose.*

dédain, m. *Fastidium, ii,* n. *Contemptus, us,* m. Avoir du dédain pour, *fastidire* (acc.); avec dédain, *fastidiose.*

Dédale. *Daedalus, i,* m. De —, *Daedaleus, a, um.*

dédale, m. **1.** Labyrinthe. *Labyrinthus, i,* m. ◆ **2.** (Fig.) *Ambages, um,* fpl. Le dédale des jugements, *anfractus* (*us,* m.) *judiciorum.*

dedans. I. Adv. **1.** (Sans mouv.) *Intus. Intra.* (Avec mouv.) *Intro*. ◆ 2. (Fig.) Mettre qqn dedans (le tromper), *aliquem fallere**; donner dedans (être trompé), *decipi, ior**. ◆ II. Loc. adv. Là-dedans (sans mouv.), *intus*; (avec mouv.), *intro*; en dedans, *interius*; qui est en dedans (concentré), *abstrusus, a, um*; du dedans, *ex interiore parte*. ◆ III. Loc. prép. En dedans de, au dedans de, *intra* (acc.). ◆ IV. Nom m. Le dedans de la maison, *domus interior*, f.

dédicace, f. **1.** D'un temple. *Dedicatio, onis*, f. Faire la dédicace d'un temple, *dedicare templum*. ◆ **2.** D'un ouvrage. *Nuncupatio, onis*, f.

dédicatoire, adj. *Nuncupatorius, a, um*.

dédier, tr. **1.** Dédier un temple à, *dedicare templum* (dat.). ◆ **2.** Dédier un livre à, *librum mittĕre** *ad*, acc.

dédire (se), r. *Se revocare*. Se dédire d'un marché, *emptionem renuntiare*.

dédit, m. **1.** Rétractation. *Retractatio, onis*, f. *Verbi revocatio*, f. ◆ **2.** Paiement à effectuer. *Pensatio, onis*, f. *Multa, ae*, f.

dédommagement, m. **1.** *Restitutio, onis*, f. ◆ **2.** (Fig.) C'est pour moi un dédommagement, *hoc mihi solacio est*.

dédommager, tr. **1.** *Damnum* (*alicui*) *restituĕre*. ◆ **2.** (Fig.) — de. *Supplere, eo* (*rem*). *Compensare*.

dédoubler, tr. *Dividere, o**. *In duas partes scindere, o**.

déduction, f. **1.** Énumération. *Series, ei*, f. ◆ **2.** Conséquence déduite. *Demonstratio, onis*, f. ◆ **3.** Soustraction. *Deductio, onis*, f. Déduction faite de cette somme, *hac summā deductā*.

déduire, tr. **1.** Enumérer. *Recensere, eo**. *Exponere, o**. ◆ **2.** Inférer. *Inferre, fero**. *Colligere, o** (*de, ex*). *Demonstrare*. ◆ **3.** Soustraire. *Deducere, o** (*aliquid de*). *Detrahere, o** (*aliquid de*).

déesse, f. *Dea, ae*, f.

défaillance, f. *Defectio, onis*, f. Tomber en défaillance, *animo linqui**.

défaillant, ante. I. Adj. *Languens, entis*. Forces défaillantes, *vires deficientes*. ◆ **II.** Nom m. Celui qui fait défaut. *Qui non respondet**.

défaillir, intr. *Animo linqui, or**. *Deficere, io**.

défaire, tr. **1.** Faire qu'une chose ne soit plus. *Dissolvere, o**. *Destruere, o**. Défaire un tissu, *texta solvĕre**; défaire un mariage, *nuptias dirimĕre**. ◆ **2.** Dénouer, détacher. *Solvere, o**. Défaire un nœud, *nodum solvĕre*; défaire ses cheveux, *comam excutĕre, io**. ◆ **3.** Débarrasser. *Liberare*. ◆ **4.** Vaincre, tuer. *Caedere, o**. *Profligare*. *Fundere, o**.

SE DÉFAIRE, r. **1.** Cesser d'être noué, uni. *Dissolvi**. *Solvi**. ◆ **2.** Se débarrasser. Se défaire de qqn (en l'éloignant), *aliquem amovēre**; *aliquem a se dimittĕre**; se défaire de qqn (en le tuant), *aliquem de* *medio tollere*;* se défaire d'un bien, *fundum exigĕre** ou *vendĕre*;* se défaire d'un défaut, d'une habitude, *vitium, morem ponĕre** ou *exuĕre;* se défaire d'une charge, *magistratum deponĕre*.*

défait, te, adj. **1.** Dénoué. *Solutus, a, um.* ◆ **2.** Décomposé, troublé. *Turbatus, a, um.* ◆ **3.** Pâle, amaigri. *Pallidus, a, um. Macilentus.* ◆ **4.** Battu. *Caesus, a, um. Profligatus.*

défaite, f. **1.** Action de se défaire de qqch. Marchandise de défaite, de bonne défaite, *vendibilis merx,* f. ◆ **2.** Prétexte. *Latebra, ae,* f. *Causa,* f. *Ambages, um,* fpl. ◆ **3.** Déroute. *Clades, is,* f. Essuyer une défaite, *cladem accipere, io*.*

défalcation, f. *Deductio, onis,* f.

défalquer, tr. (*De summa aliquid*) *deducere, o*.*

défaut, m. **1.** Absence, manquement. *Penuria, ae,* f. *Inopia,* f. Défaut d'approvisionnements, *inopia frumentaria;* faire défaut, *deesse*; deficere, io*; non suppetĕre*.* ◆ **2.** Manquement à l'assignation donnée. Faire défaut, *non adesse*; non respondēre*;* condamner par défaut, *aliquem absentem damnare.* ◆ **3.** Imperfection. *Vitium, ii,* n. Qui a des défauts (physiques), *mendosus, a, um;* (moraux), *vitiosus;* (ouvrage) sans défaut, *emendatus, a, um.* ◆ **4.** Mettre en défaut (les chiens), (*canes*) *eludĕre*;* (fig.) *ludificari;* trouver qqn en défaut, *aliquem peccantem invenire*;* sa mémoire est en défaut, *eum memoria deficit*.* ◆ **5.** Loc. prép. A défaut de. *Loco* (gén.).

défaveur, f. *Offensio, onis,* f. *Offensa, ae,* f. Tomber en défaveur, (*apud aliquem*) *offendĕre*.*

défavorable, adj. *Iniquus, a, um. Alienus. Adversus.* Circonstances défavorables, *res adversae,* fpl.; dispositions défavorables, *mentes infensae.*

défavorablement, adv. *Animo iniquo* ou *alieno. Maligne.* Interpréter qqch. défavorablement, *in deterius trahĕre** (*aliquid*).

défectif, ive, adj. (Gr.) *Defectivus, a, um.*

défection, f. *Defectio, onis,* f. Faire défection, *ab aliquo deficere, io*.*

défectueusement, adv. *Vitiose.*

défectueux, euse, adj. *Vitiosus, a, um. Mendosus. Pravus.*

défectuosité, f. *Vitium, ii,* n.

défendable, adj. Ville —, *oppidum* (*i,* n.) *munitum* (*i*).

défendant, part. A son corps défendant, *invitus, a, um.*

défendeur, deresse, m. et f. *Reus, i,* m. *Rea, ae,* f.

défendre, tr. **1.** Protéger. (En abritant) *Protegere, o*. Tueri, eor*.* (En repoussant) *Defendere, o*. Propugnare.* Défendre sa vie contre ses ennemis, *ab inimicis vitam defendĕre.* ◆ **2.** Soutenir (une cause), plaider pour. *Defendĕre** (acc.). *Dicere, o** (*pro aliquo*). Défendre la cause de qqn, *causam alicujus agere*.* ◆ **3.** Interdire.

*Velare**. *Prohibere, eo**. *Interdicere, o**. Défendre de, *interdicĕre ne* (subj.); *velare* (inf.); *prohibēre* (inf. ou *ne*, subj.).

SE DÉFENDRE, r. **1.** Se protéger. *Se defendĕre. Se tueri**. ◆ **2.** Se justifier. *Causam suam defendĕre**. Se défendre d'une accusation, *crimen a se removēre**. ◆ **3.** Refuser de. *Recusare.* ◆ **4.** Nier. *Negare.* Se défendre de faire, d'avoir fait qqch. *Negare se aliquid facturum esse, fecisse**. ◆ **5.** S'abstenir. *Abstinēre* (*ab aliquā re*). Je ne puis me défendre de, *non possum* non* (inf.).

défense, f. **1.** Protection. *Defensio, onis,* f. *Praesidium, ii,* n. Défenses d'une ville, *munimenta, orum,* npl.; — d'un sanglier, *apri dentes, ium,* mpl.; moyen de défense, *arma, orum,* npl.; sans défense, *indefensus, a, um;* se mettre en défense, *defensionem parare.* ◆ **2.** Plaidoyer, apologie. *Patrocinium, ii,* n. *Advocatio, onis,* f. Se charger de la défense de qqn, *causam alicujus suscipĕre, io*;* charger qqn de sa défense, *ad aliquem causam deferre*;* prendre la défense de, *defendĕre** (acc.). ◆ **3.** Interdiction. *Prohibitio, onis,* f. *Vetitum, i,* n. Faire défense de, *vetare** (prop. inf.).

défenseur, m. **1.** *Defensor, oris,* m. *Propugnator,* m. ◆ **2.** Avocat. *Patronus, i,* m.

défensif, ive. I. Adj. Armes défensives, *arma ad tegendum* ou simpl. *arma, orum,* npl.; alliance offensive et défensive, *belli societas, atis,* f.; faire une guerre défensive, *bellum illatum defendĕre**. ◆ **II.** Nom f. La défensive, attitude défensive, *defensio, onis,* f.; être ou se tenir sur la défensive, *resistĕre*;* qui se tient sur la défensive, *munitus, a, um.*

déférence, f. *Obsequium, ii,* n. *Observantia, ae,* f. *Reverentia,* f. Avoir, montrer de la déférence pour qqn, *aliquem verēri*;* plein de déférence pour, *obsequens, entis* (dat.).

déférer. I. Tr. **1.** Attribuer. *Deferre, fero**. *Addicere, o*;* (qqch. à qqn, *rem alicui.*) ◆ **2.** Proposer. *Deferre**. ◆ **3.** Dénoncer. *Deferre**. Dénoncer un crime au juge, *ad judicem crimen deferre.* **II.** Intr. Condescendre. *Cedere, o** (dat.). *Obsequi, or** (dat.). Déférer à la volonté de qqn, *alicujus voluntati obsequi.*

déferler. I. Tr. (*Vela*) *pandere, o**. ◆ **II.** Intr. *Aestuare.* Déferler sur, *allidi* ad.*

déferrer, tr. **1.** Déferrer un cheval, *equo soleas avellere, o**. ◆ **2.** (Fig.) *Perturbare.*

défi, m. *Provocatio, onis,* f. Porter un défi à qqn, *aliquem provocare;* accepter, relever un défi, *condicionem accipere, io*; provocationi cedĕre**.

défiance, f. (Manque de confiance) *Diffidentia, ae,* f. (Soupçon) *Suspicio, onis,* f. Entrer en défiance, montrer, concevoir de la défiance pour, *diffidĕre** (dat.); qui éveille, inspire la défiance, *suspiciosus, a, um* (dat.); par défiance pour, *diffisus* (dat.); sans défiance, *imprudens, entis;* avec défiance, *diffidenter.*

défiant, ante, adj. *Suspiciosus, a, um* (dat.). Être défiant, *diffidĕre** (dat.).

déficit, m. *Lacuna, ae,* f. *Id quod deest**.

défier, tr. *Provocare. Lacessere, o**. Défier le danger, *periculum adire, eo**.

SE DÉFIER, r. **1.** *Diffidere, o** (dat.). *Cavere, eo** (*ab*). ◆ **2.** Se douter de. *Suspicari* (acc.).

défigurer, tr. **1.** *Deformare.* ◆ **2.** (Fig.) Défiguré, *falsus, a, um.*

défilé, m. **1.** Passage étroit. *Angustiae, arum,* fpl. *Fauces, tum,* fpl. ◆ **2.** Action de défiler. *Decursus, us,* m.

défiler, intr. *Decurrere, o**.

définir, tr. **1.** Déterminer. *Definire. Statuere, o. Constituere, o.* ◆ **2.** Expliquer. *Definire. Dicere, o**.

définitif, ive. I. Adj. *Decretorius, a, um.* Victoire —, *victoriae summa, ae,* f. ◆ **II.** Loc. adv. En définitive. *Postremo. In summā.*

définition, f. *Definitio, onis,* f. *Descriptio,* f.

définitivement, adv. *Ad summum.*

déflagration, f. *Deflagratio, onis,* f.

défleurir. I. Tr. *Florem decutere, io** (*ex*). ◆ **II.** Intr. *Deflorescere, o**. *Florem amittere, o**.

défloraison, f. *Tempus quo deflorescit* arbor.*

déflorer, tr. *Delibare.*

défonçage, m. et **défoncement,** m. *Fossio, onis,* f.

défoncer, tr. **1.** Oter le fond. *Fundum* (gén.) *effringere, o**. ◆ **2.** Dégrader. *Dirumpere, o**. Chemin défoncé, *corrupta via.* ◆ **3.** Retourner (le sol). *Fodere, io**. *Subigere, o**.

déformation, f. *Depravatio, onis,* f.

déformer, tr. *Depravare.*

défrayer, tr. **1.** (*Alicui*) *sumptus suppeditare.* ◆ **2.** (Fig.) Défrayer la compagnie, *ludos praebere**.

défrichement, m. *Cultura, ae,* f.

défricher, tr. *Colere, o**. *Extricare**.

défricheur, m. *Cultor, oris,* m.

défriser, tr. *Capillum turbare.*

défroncer, tr. *Erugare.* Défroncer le sourcil, *frontem exporrigere**.

défroque, f. *Scruta, orum,* npl.

défunt, unte, adj. et nom. *Defunctus, a, um.*

dégagement, m. **1.** Action de retirer ce qui est en gage. *Liberatio, onis,* f. Dégagement de sa parole, *exonerata fides.* ◆ **2.** Action de débarrasser. *Expeditio, onis,* f. Dégagement d'une voie, *liberatum iter;* porte de dégagement, *posticum ostium.* ◆ **3.** Production. Dégagement de vapeur, *vaporatio, onis,* f.; dégagement de chaleur, *calor, oris,* m.

dégager, tr. *Liberare. Ex-*

*pedire. Solvere, o**. Dégager sa parole, *fidem liberare;* dégager une route, *viam patefacere* (*io**); dégager la poitrine, *pectus purgare;* dégager qqn (qui est en danger), *ex periculo extrahĕre* aliquem;* dégager une odeur, *odorem emittĕre*;* qui a un air dégagé, *expeditus, a, um*; taille dégagée, *justa natura.*

SE DÉGAGER, r. Se libérer. Se dégager d'une promesse, *promissa exuĕre;* se dégager de la foule, *a turbā se expedire;* il se dégage de la chaleur, *calor fit**.

dégaine, f. *Corpus habitus, us,* m.

dégainer, tr. **1.** *Stringere, o**. *Educere, o** (*e vaginā*). ◆ **2.** (Fig.) *Proeliari.*

déganter (se), r. *Manus nudare.*

dégarnir, tr. *Nudare. Vacuare.* Dégarnir une table, *detergĕre* mensam;* arbres dégarnis de feuillage, *arbores nudae;* tête dégarnie de cheveux, *caput calvum;* ville dégarnie de défense, *urbs praesidio nuda;* dégarni d'argent, *pecunia nudus.*

SE DÉGARNIR, r. *Vacuum fieri**.

dégât, m. Dommage. *Injuria, ae,* f. *Intertrimentum, i,* n. *Detrimentum, i,* n. Faire des dégâts, *detrimentum afferre, fero*;* sans commettre aucun dégât, *sine ullo maleficio;* sans éprouver de dégât, *sine injuriā.*

dégauchir, tr. *Corrigere, o**.

dégel, m. Lors du dégel, *solutā glacie.*

dégeler. I. Tr. *Glaciem solvere, o**. ◆ **II.** Intr. Il dégèle, *solvitur* glacies.*

dégénérer, intr. *Degenerare* (de, *ab;* en, *in,* acc.). Qui a dégénéré, *degener, era, erum.*

dégénérescence, f. *Depravatio, onis,* f.

dégingandé, ée, adj. *Incessu incompositus, a, um.*

déglutition, f. *Haustus, us,* m.

dégonfler, tr. *Exinanire.*

SE DÉGONFLER, r. *Detumescere, o**.

dégorgement, m. **1.** Des humeurs. *Effusio, onis,* f. ◆ **2.** Des égouts. *Eluvies, ei,* f.

dégorger, tr. *Purgare.*

SE DÉGORGER, r. *Effluĕre**. *Se effundĕre**.

dégourdir, tr. **1.** *Fovere, eo**. Dégourdir de l'eau, *egelare aquam.* ◆ **2.** (Fig.) *Verecundiam* (*alicujus*) *excutere, io**. Dégourdi, *alacer, cris, cre;* (avec une nuance défavorable) *protervus, a, um.*

SE DÉGOURDIR, r. **1.** Devenir tiède. *Intepescĕre**. ◆ **2.** Se donner du mouvement. *Trepidare.* ◆ **3.** (Fig.) *Verecundiam excutere* (*io**).

dégoût, m. **1.** *Fastidium, ii,* n. *Satietas, atis,* f. Prendre en dégoût qqch., *fastidire aliquid.* ◆ **2.** (Fig.) *Fastidium. Taedium, ii,* n. J'ai du dégoût pour, *me taedet** (gén.); avec dégoût, *fastidiose.*

dégoûtant, ante, adj. **1.** Qui

inspire du dégoût. *Fastidiosus, a, um.* ◆ **2.** Malpropre. *Sordidus, a, um. Foedus.* ◆ **3.** Ennuyeux. *Molestus, a, um.*

dégoûter, tr. *Fastidium movere, eo** ou *afferre, fero** (dat.). Dégoûter qqn de qqch., *alicujus rei odium alicui facere, io**; je suis dégoûté de qqch., *me taedet** (gén.); faire le dégoûté, être dégoûté, *fastidire* (acc.); dégoûté, *fastidiosus, a, um.*

SE DÉGOÛTER, r. (de). *Fastidire* (acc.).

dégouttant, ante, adj. *Stillans, antis.* Dégouttant de sueur, *sudore manans, antis.*

dégoutter, intr. *Stillare.* Dégoutter de sang, *sanguine manare.*

dégradation, f. **1.** Destitution. *De honoris gradu dejectio, onis,* f. *Honoris imminutio, onis,* f. ◆ **2.** (Fig.) Avilissement. *Animi dejectio, onis,* f. Tomber dans la dégradation, *se abjicĕre* (*io**). ◆ **3.** Détérioration. *Damnum, i,* n. ◆ **4.** (Peint.) Affaiblissement des couleurs. *Colorum transitus, us,* m.

dégrader, tr. **1.** Destituer. *De gradu dejicere, io**. Dégrader (un sénateur), *senatu movēre** (*aliquem*). ◆ **2.** Avilir. *Deformare. Abjicere, io**. Dégradé, *corruptus, a, um; dejectus.* ◆ **3.** Détériorer. *Corrumpere, o**. *Deterius* (*aliquid*) *facere, io**. ◆ **4.** Diminuer progressivement la couleur. *Gradatim colores distribuere, o.*

SE DÉGRADER, r. **1.** S'avilir. *Prolabi**. ◆ **2.** Être en mauvais état. *Corrumpi**.

dégrafer, tr. *Uncinos solvere, o** (dat).

dégraissage, dégraissement, m. *Lavatio, onis,* f. *Purgatio,* f.

dégraisser, tr. **1.** *Pinguitudinem lavare**. — (une étoffe), *elutriare* (acc.). ◆ **2.** (Fig.) *Emungere, o**.

dégraisseur, m. *Fullo, onis,* m.

degré, m. **1.** *Gradus, us,* m. Qui a des degrés, *gradatus, a, um;* par degrés, *gradatim.* ◆ **2.** (Fig.) *Gradus.* Degré de parenté, *cognationis gradus;* être parent au quatrième degré, *quarto gradu alicui sociari;* le dernier degré de l'avilissement, *summa ignominia;* à un haut degré, *valde; magno opere;* au plus haut degré, *maxime;* à un moindre degré, *minus;* à un degré tel que, *adeo ut* (subj.); au même degré que, *tantum quantum.*

dégréer, tr. *Exarmare.*

dégrèvement, m. *Remissio, onis,* f. *Deminutio,* f.

dégrever, tr. *Deminuere, o.*

dégringolade, f. *Casus, us,* m.

dégringoler, intr. *Praecipitem dari**.

dégriser, tr. **1.** *Crapulam excutere, io** (dat.). ◆ **2.** (Fig.) *Errorem eripere, io** (*alicui*).

dégrossir, tr. **1.** *Dolare.* ◆ **2.** (Fig.) *Deformare.* Dégrossi, *eruditus, a, um.*

déguenillé, ée, adj. *Pannosus, a, um.*

déguerpir, intr. **1.** Abandonner un bien. *Possessione cede-*

*re, o** (*alicui*). Faire déguerpir, *de possessione dejicere, io**. ◆ 2. (Fam.) *Aufugere, io**.

déguerpissement, m. 1. *Cessio, onis*, f. ◆ 2. *Fuga, ae*, f.

déguisement, m. 1. Travestissement. *Mutata (ae) vestis (is)*, f. Sous un déguisement de berger, *pastoris habitu*. ◆ 2. (Fig.) Feinte. *Simulatio, onis*, f. Sans déguisement, *sine fuco; aperte*.

déguiser, tr. 1. Travestir. *Vestitum dare** (*alicui*). Déguisé en esclave, *veste famulari*. ◆ 2. Dissimuler. *Celare. Tegere, o**. *Simulare*. Le visage déguise souvent la pensée, *saepe vultus mentitur*.

SE DÉGUISER, r. 1. Se travestir. *Alienum habitum induere, o*. ◆ 2. Dissimuler ses sentiments. *Dissimulare* (*sensus*). Qui se déguise, *personatus, a, um*; ne pas se déguiser, *sensus suos ostendĕre**.

dégustateur, m. *Praegustator, oris*, m.

dégustation, f. *Degustatio, onis*, f.

déguster, tr. *Degustare. Praegustare*.

déhancher, tr. *Delumbare*. Déhanché (qui a les hanches rompues), *delumbis, e*; déhanché (qui se tient mal), *discinctus, a, um; claudus*.

SE DÉHANCHER, r. *Claudicare*.

déhonté, ée, adj. *Impudens, entis*.

dehors. I. Adv. (Sans mouv.) *Foris*. (Avec mouv.) *Foras*. Mettre, jeter dehors, *ejicĕre, io*; excludĕre*; extrudĕre**; mettre toutes voiles dehors, *omnia vela pandĕre**; au dehors, de dehors, en dehors, par dehors, *extrinsecus*. ◆ **II.** Loc. prép. En dehors de, *extra* (acc.); rester en dehors de, *abstinēre* se ab*. ◆ **III.** Nom m. 1. *Exterior (oris) pars (partis)*, f. Qui est de dehors, *extraneus, a, um; externus*; qui vient du dehors (en parl. des ch.), *adventicius, a, um*. ◆ 2. (Fig.) *Species, ei*, f. Avoir les dehors de, *prae se ferre* speciem* (gén.); garder les dehors, *decorum servare*.

déification, f. *Consecratio, onis*, f.

déifier, tr. *In deorum numerum ascribere, o**. *Consecrare*.

déité, f. *Numen, inis*, n.

déjà, adv. 1. Dès maintenant, dès lors. *Jam. Jam nunc*. Il y a déjà longtemps, *jam dudum; jam diu*. ◆ 2. Auparavant. *Antea*.

déjection, f. 1. *Dejectio, onis*, f. ◆ 2. Pl. *Excrementa, orum*, npl.

déjeter (se), r. *Incurvari. Inflecti, or**. Qui est déjeté, *depravatus, a, um*.

déjeuner, intr. *Jentare* ou *jantare. Prandere, eo**.

déjeuner, m. (Petit déjeuner) *Jentaculum, i*, n. (Déjeuner de midi) *Prandium, ii*, n. Donner à déjeuner, inviter à déjeuner, *prandium dare** (*alicui*); prendre son déjeuner, *prandēre**; sans avoir déjeuné, *impransus, a, um*; après mon déjeuner, *pransus*.

déjouer, tr. 1. Qqch. *Distur-*

bare. Discutere, io. Frangere, o**. ◆ **2.** Qqn. *Ludificari.*

déjuger (se), r. *Sententiā desistere, o**.

delà. I. Adv. *Ultra.* Deçà, delà, *huc et illuc;* qui est au delà, *ulterior, ius;* au delà, en delà, *ulterius.* ◆ **II.** Loc. prép. Au delà de, *ultra* (acc.); *trans-* (acc.). Aller au delà de, *transire, eo** (acc.); (fig.) *progredi* (*ior**) *ultra* (acc.); être au delà de, *superare* (acc.).

délabrement, m. **1.** *Ruinae, arum,* fpl. ◆ **2.** (Fig.) Le délabrement de la santé, *valetudinis imbecillitas, atis,* f.

délabrer, tr. **1.** *Labefacere, io**. Édifice délabré, *aedificium labans* ou *dilabens;* vêtements délabrés, *vestis lacera.* ◆ **2.** (Fig.) *Labefacere, io**. Santé délabrée, *valetudo perdita;* affaires délabrées, *eversae res,* fpl.

SE DÉLABRER, r. *Dilabi**.

délai, m. *Mora, ae,* f. *Cunctatio, onis,* f. *Dilatio,* f. Sans délai, dans le plus bref délai, *sine morā; hic et nunc;* après trois jours de délai, *triduo intermisso;* demander un délai, *dilationem petĕre*;* obtenir un délai de qqs jours, ou qqs jours de délai, *paucos dies auferre*;* accorder un délai, *tempus dare**.

délaissement, m. **1.** *Relictio, onis,* f. ◆ **2.** (Droit) *Cessio, onis,* f.

délaisser, tr. *Derelinquere, o**. *Deserere, o**.

délassement, m. **1.** (Physique) *Refectio, onis,* f. ◆ **2.** (Moral) *Relaxatio,* f.

délasser, tr. **1.** *Reficere, io**. ◆ **2.** *Relaxare* (*animum*). Se délasser de, *requiescere, o** (*ab*).

délateur, trice, m. et f. *Delator, oris,* m. *Accusatrix, icis,* f. De délateur, *delatorius, a, um.*

délation, tr. *Delatio, onis,* f. Faire une délation, *alicujus nomen deferre**.

délaver, tr. *Diluere, o.*

délayer, tr. **1.** *Diluere, o.* ◆ **2.** (Fig.) *Diffundere, o**.

délectable, adj. *Jucundissimus, a, um.*

délectation, tr. *Delectatio, onis,* f.

délecter, tr. *Delectare. Oblectare.*

SE DÉLECTER, r. *Delectari* (*re* ou *in re*).

délégation, f. **1.** Commission. *Delegatio, onis,* f. ◆ **2.** Assemblée. *Concilium, ii,* n.

délégué, m. *Legatus, i,* m.

déléguer, tr. **1.** Députer. *Delegare.* ◆ **2.** Transmettre une créance à qqn. *Nomen transcribere, o** (*alicui*).

délester, tr. *Exonerare.*

délétère, adj. *Perniciosus, a, um. Pestifer, era, erum.*

délibérant, ante, adj. Assemblée délibérante, *concilium, ii,* n.; *curia, ae,* f.

délibératif, ive, adj. **1.** Appelé à délibérer. Avoir voix délibérative, *obtinēre* jus sententiae dicendae* ou *jus suffragii.* ◆ **2.** Qui a pour objet la délibération. *Deliberativus, a, um.*

délibération, f. **1.** Consultation. *Deliberatio, onis,* f. Mettre une affaire en délibération, *de re referre**; admettre à une délibération, *in concilium adhibēre** (*aliquem*); après mûre délibération, *circumspectis omnibus rebus.* ◆ 2. Décision, *Decretum, i,* n. *Sententia, ae,* f.

délibéré, ée, adj. 1. Décidé. *Deliberatus, a, um. Constitutus.* De propos délibéré, *consulto.* ◆ 2. Hardi. *Audax, acis.* Avoir l'air délibéré, *strenuo vultu esse;* d'un air délibéré, *confidenter.*

délibérément, adv. *Haud dubitanter. Audacter.*

délibérer, intr. *Deliberare* (*cum aliquo de re*). Sans délibérer, *sine cunctatione.*

délicat, te, adj. 1. Exquis. *Delicatus, a, um. Exquisitus.* Repas délicat, *lautae epulae,* fpl.; couleur délicate, *suavis color.* ◆ 2. Qui présente des nuances subtiles. *Difficilis, e. Lubricus, a, um.* Un point délicat, *locus anceps;* être dans une situation délicate, *in lubrico versari.* ◆ 3. Très sensible aux impressions extérieures. *Tenuis, e. Tener, era, erum. Mollis, e.* Ouïe délicate, *mollissimae aures;* complexion délicate, *tenuitas, atis,* f. ◆ 4. Sensible aux moindres nuances. *Subtilis, e. Elegans, antis.* Goût délicat, *exquisitum judicium;* d'une sensibilité délicate, *animo mollissimo;* esprit délicat, *elegans ingenium.* ◆ 5. Susceptible sur les moindres choses. *Delicatus. Superbus.* Être délicat, faire le délicat, *fastidire.* ◆ 6. Consciencieux, scrupuleux. *Religiosus, a, um. Honestus.*

délicatement, adv. 1. *Delicate.* ◆ 2. *Molliter.* ◆ 3. *Eleganter.* ◆ 4. *Subtiliter.* ◆ 5. *Religiose.*

délicatesse, f. 1. Finesse exquise. Délicatesse des mets, *cibus delicatus; exquisitae epulae.* ◆ 2. Subtilité de nuances. *Subtilitas, atis,* f. (Fig.) Délicatesse du style, *sermonis subtilitas, atis,* f.; *verborum lepores, um,* mpl. ◆ 3. Sensibilité aux impressions extérieures. *Tenuitas, atis,* f. *Mollitia, ae,* f. Être doué d'une grande délicatesse d'organes, *sensu acerrimo esse;* délicatesse de la santé, *corporis imbecillitas.* ◆ 4. Sensibilité aux moindres nuances. *Elegantia, ae,* f. La délicatesse des procédés, *humanitas atque urbanitas.* ◆ 5. Susceptibilité. *Fastidium, ii,* n. Être en délicatesse avec qqn, *in aliquo offendĕre**. ◆ 6. Scrupule, probité. *Religio, onis,* f. *Pudor, oris,* m. Un homme plein de délicatesse, *vir integerrimus.*

délice, m. *Voluptas, atis,* f. *Delicium, ii,* n.

délices, fpl. *Deliciae, arum,* fpl. *Magna* (*ae*) *voluptas* (*atis*), f. Vie de délices, *vitae jucunditates, um,* fpl.; vivre dans les délices, *luxuriose vivĕre**; pays de délices, *locus amoenissimus;* faire ses délices de qqch., *in re delectari;* faire es délices de qqn, *in alicujus deliciis esse;* mon amour, mes délices! *meae deliciae!*

délicieusement, adv. **1.** Très agréablement. *Suaviter. Jucundissime.* Émouvoir délicieusement, *jucunditate sensus perfundere**. ◆ **2.** Merveilleusement. *Divine.* Se porter délicieusement bien, *belle se habere**.

délicieux, euse, adj. *Suavis, e. Jucundus, a, um. Amoenus.*

délictueux, euse, adj. Fait délictueux, *delictum, i,* n.

délié, ée, adj. **1.** Détaché. *Solutus, a, um.* ◆ **2.** Menu, mince. *Tenuis, e.* Taille déliée, *corporis gracilitas, atis,* f. ◆ **3.** (Fig.) *Subtilis, e.* Esprit délié, *ingenium acutum;* avoir la langue déliée, *solutum esse in dicendo.*

délier, tr. **1.** *Solvere, o**. Sans bourse délier, *gratuito.* ◆ **2.** (Fig.) Délier d'un serment, *jure jurando liberare* (*aliquem*).

délimitation, f. **1.** *Determinatio, onis,* f. ◆ **2.** (Fig.) *Discrimen, inis,* n.

délimiter, tr. (Par des bornes) *Terminare. Definire.* (Par des lignes) *Delimitare.* (Par un tracé circulaire) *Circumscribere, o**.

délinquant, te, adj. *Maleficus, i,* m. Être délinquant, *peccare.*

déliquescence, f. *Tabes, is,* f. Tomber en déliquescence, *tabescere, o**.

déliquescent, ente, adj. *Tabidus, a, um.*

délirant, ante, adj. **1.** Qui est en délire. *Delirus, a, um.* Joie délirante, *laetitia exsultans.* ◆ **2.** Qui excite le fou rire. *Maxime ridiculus, a, um.*

délire, m. **1.** *Delirium, ii,* n. Avoir le délire, *delirare.* ◆ **2.** (Fig.) *Vesania, ae,* f. *Furor, oris,* m. En délire, *demens, entis; delirus, a, um;* être en délire, *insanire.*

délirer, intr. **1.** *Delirare.* ◆ **2.** (Fig.) *Insanire. Furere, o**.

délit, m. *Delictum, i,* n. Commettre un délit, *delinquĕre**; être pris en flagrant délit, *in manifesto scelere deprehendi**.

délivrance, f. **1.** Affranchissement. *Liberatio, onis,* f. ◆ **2.** Accouchement. *Partus, us,* m. ◆ **3.** Livraison, remise. *Traditio, onis,* f.

délivrer, tr. **1.** Affranchir. *Liberare* (*aliquem re* ou *ab aliquo*). *Eximere, o** (*aliquem re* ou *ex aliquā re*). ◆ **2.** Accoucher (une femme). *Partus solvere, o** (gén.). Elle est délivrée, *peperit**. ◆ **3.** Remettre, livrer. *Dare**. *Tradere, o**.

SE DÉLIVRER, r. **1.** Se rendre libre. *Se liberare. Se eximĕre**. Se délivrer de toute préoccupation, *omni sollicitudine se expedire.* ◆ **2.** Enfanter. *Parere, io** (acc.). ◆ **3.** Être accordé. *Tribui. Dari**.

déloger. I. Intr. **1.** Déménager. *Migrare* (*e loco in locum*). ◆ **2.** Décamper. *Proficisci, or**. Déloger sans tambour ni trompette, *silentio discedĕre**.

◆ II. Tr. Expulser. *Ejicere, io**. *Depellere, o** (*aliquem ex aliquo loco*).

Délos. *Delos, i*, f. De Délos, *Deliacus, a, um.*

déloyal, ale, adj. *Perfidus, a, um.* Être déloyal, *fidem frangere**; être déloyal à l'égard de qqn, *fidem alicui datam fallĕre**.

déloyalement, adv. *Perfide.* Agir, se conduire déloyalement, *male agĕre**.

déloyauté, f. *Perfidia, ae*, f. *Mala* (*ae*) *fides* (*ei*), f. Agir avec déloyauté, *perfide agĕre**.

delta, m. *Delta*, n. indécl.

déluge, m. **1.** *Diluvium, ii*, n. Remonter au déluge, *ab ultimā antiquitate repetĕre**. ◆ **2.** (Fig.) *Inundatio, onis*, f. Un déluge de larmes, *vis lacrimarum*; un déluge de paroles, *profluens loquacitas.*

démagogie, f. **1.** Art de flatter la multitude. *Popularis* (*is*) *ratio* (*onis*), f. ◆ **2.** Les menées du démagogue. *Seditiosa* (*ae*) *vita* (*ae*), f.

démagogique, adj. *Popularis, e. Seditiosus, a, um.*

démagogue, m. Flatteur du peuple. *Plebicola, ae*, m. *Seditiosus, i*, m.

démailloter, tr. (*Infantulum*) *fasciis expedire.*

demain. I. Adv. *Cras.* ◆ **II.** Nom m. *Crastinus* (*a*) *dies*, m. f. De demain, *crastinus, a, um.*

démancher, tr. *Manubrium detrahere, o** (*alicui rei*).

SE DÉMANCHER, r. **1.** Sortir du manche. *Manubrio exire, eo**. ◆ **2.** Aller mal. *Claudicare.*

demande, f. **1.** *Petitio, onis*, f. *Postulatio*, f. Demande pressante, *efflagitatio, onis*, f.; demande par écrit, *libellus, i*, m.; à la demande de, *postulante* ou *postulantibus* (abl. absolu). ◆ **2.** Requête devant les tribunaux. *Petitio.* Intenter une demande, *actionem instituĕre.* ◆ **3.** Question. *Interrogatio, onis*, f. Faire une demande, *interrogare* (*aliquem aliquid* ou *de re*).

demander, tr. **1.** Faire une requête. *Petere, o** (*aliquid ab aliquo*). (Comme une grâce) *Implorare* (*aliquid ab aliquo*). *Rogare* (*aliquem aliquid*). (Comme un droit) *Poscere, o** (*aliquid ab aliquo*). *Postulare* (*aliquid ab aliquo*). *Exigere, o** (*aliquid ab aliquo*). (Avec instance) *Efflagitare* (*aliquid ab aliquo*). Demander en mariage, *poscere*; demander à ou de (inf.), demander que, *petĕre, postulare* ou *poscĕre ut* (subj.); ne demander qu'à faire qqch., *cupidissimum esse alicujus rei.* ◆ **2.** Faire une requête devant les tribunaux. *Poscĕre**. *Exposcĕre, o**. *Petĕre**. ◆ **3.** Avoir besoin (en parl. des choses). *Poscĕre**. *Quaerere, o**. *Requirere, o**. *Indigere, eo** (gén. ou abl.). L'amitié demande que, *est amici* (inf.). ◆ **4.** S'informer de. *Quaerĕre**. *Requirĕre**. *Sciscitari. Percontari* (qqch. auprès de qqn, *aliquid ab aliquo*).

SE DEMANDER, *dubitare, deliberare, mirari, verēri.* Je me

demande (avec crainte) ce que c'est, *vereor quid sit.*

demandeur, euse ou **eresse,** m. et f. *Petitor, oris,* m. *Petitrix, icis,* f.

démangeaison, f. **1.** *Prurigo, inis,* f. Éprouver des démangeaisons, *prurire**. ◆ **2.** (Fig.) *Scabies, ei,* f. *Libido, inis,* f. Démangeaison de parler, *studium immane loquendi**.

démanger, intr. **1.** *Prurire**. ◆ **2.** (Fig.) La langue me démange, *studio dicendi flagro.*

démantèlement, m. *Murorum demolitio, onis,* f.

démanteler, tr. *Moenia* (*urbis*) *diruere, o.*

démantibuler, tr. *Perfringere, o**. *Comminuere, o.*

démarcation, f. *Limitatio, onis,* f. Ligne de démarcation, *limes, itis,* m.; *termini, orum,* mpl.

démarche, f. **1.** Allure. *Incessus, us,* m. *Ingressus,* m. Démarche compassée, *suspensi gradus,* mpl. ◆ **2.** (Fig.) Action. *Factum, i,* n. Faire des démarches pour qqn, *pro aliquo discurrĕre**; faire de nombreuses démarches, *cursitare;* faire une fausse démarche, *errare.*

démarque, m. *Demarchus, i,* m.

démarquer, tr. *Signa apposita eximere, o** (*alicui rei*).

démarrer, intr. **1.** *Solvĕre, o**. *Ancoram* ou *navem solvere**. ◆ **2.** *Decedere, o**.

démasquer, tr. **1.** *Personam demere, o** (*alicui*). ◆ **2.** (Fig.) *Aperire**. *Patefacere, io**. SE DÉMASQUER, r. *Personam deponere, o**.

démâter, tr. *Malo exarmare* (*navem*).

démêlé, m. *Contentio, onis,* f. *Controversia, ae,* f. Avoir des démêlés avec qqn, *jurgio contendĕre** *cum aliquo.*

démêler, tr. **1.** Débrouiller. *Extricare.* Démêler une intrigue, des affaires, *fallaciam, negotia expedire.* ◆ **2.** (Fig.) Discerner. *Discernere, o**. *Explicare**. Démêler le vrai du faux, *verum a falso internoscĕre**. ◆ **3.** Débattre. *Dirimere, o**. Avoir à démêler avec, *contendĕre** *cum.*

démêloir, m. *Pecten, inis,* m.

démembrement, m. *Disjunctio, onis,* f. *Distractio,* f.

démembrer, tr. **1.** *Membra distrahere, o** (*alicui* ou *alicujus*). ◆ **2.** (Fig.) *Discerpere, o**.

déménagement, m. *Migratio, onis,* f. *Demigratio,* f.

déménager. I. Tr. Transporter son mobilier ailleurs. (*Res*) *transferre, fero**. ◆ **II.** Intr. **1.** Changer de demeure. *Aedes commutare. Domo emigrare**. Faire déménager qqn, *expellĕre** *aliquem.* ◆ **2.** (Fig.) Sa tête déménage, *delirat.*

démence, f. *Dementia, ae,* f. *Insania,* f. Être en démence, *delirare; insanire.*

démener (se), r. **1.** *Se jactare.* ◆ **2.** (Fig.) *Aestuare.*

démenti, m. **1.** *Infitiatio, onis,* f. Donner un démenti à qqn, *redarguĕre aliquem; infitiari aliquid alicui.* ◆ **2.**

(Fig.) Échec. Avoir le démenti de qqch., *repulsam ferre** *in* (abl.).

démentir, tr. **1.** Convaincre de mensonge. *Refellere, o** (*aliquem*). *Redarguere, o* (*aliquem*). ◆ **2.** (Fig.) Tromper. *Fallere, o**. Démentir sa réputation, *a famā deflectĕre**; ne pas démentir l'attente, *ad spem respondere**. ◆ **3.** Nier. *Negare. Infitiari.* Je démens ces paroles, *haec verba pernego.* ◆ **4.** Ne pas être d'accord avec. *Dissentire** (*cum* ou *ab*). Ses actes démentent ses paroles, *facta ejus cum dictis discrepant**.

SE DÉMENTIR, r. **1.** Se contredire. *Pugnantia loqui**. *Secum pugnare.* Ne pas se démentir, *sibi constare**. ◆ **2.** Cesser. *Cessare.* Sa fidélité ne s'est pas démentie, *in fide mansit**.

démérite, m. *Noxa, ae*, f. Faire à qqn un démérite de qqch., *alicui aliquid vitio vertĕre**.

démériter, intr. *Male mereri, eor** (*de aliquo*).

démesuré, ée, adj. **1.** *Immensus, a, um.* ◆ **2.** (Fig.) *Immoderatus.*

démesurément, adv. **1.** *Enormiter.* ◆ **2.** (Fig.) *Praeter modum.*

démettre, tr. **1.** Disloquer. *Luxare.* ◆ **2.** (Fig.) Destituer. *A munere removere, eo** (*aliquem*).

SE DÉMETTRE, r. **1.** Se luxer. *Prolabi**. Se démettre l'épaule, *armum sibi luxare.* ◆ **2.** (Fig.) Renoncer à. *Abdicare se* (abl.). *Deponĕre** (acc.).

démeubler, tr. *Supellectilem auferre, fero** (*ex*).

demeurant, ante, adj. *Habitans, antis.* Au demeurant, *ceterum.*

demeure, f. **1.** Habitation. *Domicilium, ii*, n. *Domus, us*, f. Faire, établir sa demeure, *sedem* ou *domicilium collocare;* changer de demeure, *sedem mutare;* être établi à demeure, *manēre**. ◆ **2.** Retard. *Mora, ae*, f. Mettre qqn en demeure de (inf.), *instare** *alicui ut* (subj.).

demeurer, intr. **1.** Habiter. *Habitare* (acc.; ou *in*, abl.; abl. seul des noms de villes et de petites îles; locatif). *Incolere, o** (acc.). Aller demeurer, *demigrare* (*in*, acc.; acc. seul des noms de villes et de petites îles). ◆ **2.** Séjourner. *Manere, eo**. *Commorari.* ◆ **3.** Rester dans un état. *Manere, eo**. Demeurer fidèle, *in fide stare**; demeurer en chemin, *in itinere subsistĕre**; (fig.) *cessare*; demeurer en arrière, *remanēre**; — court, *obmutescere**; — d'accord, *assentire**; en demeurer là, *nihil am plius facere, io** ou *dicĕre**; ne pas demeurer en reste avec qqn., *alicui nihil debēre**. ◆ **4.** Être de reste. *Superesse**.

demi, ie, adj. **1.** Qui forme la moitié d'un tout. *Dimidius, a, um. Semi* (suivi du subst. ou de l'adj.). Un demi-verre, *dimidium poculum;* une demi-heure, *semihora, ae*, f.; une demi-livre, *semilibra, ae,* f.; un demi-cercle, *semicirculus, i,* m.; une demi-douzaine, *seni, senae, sena;* un demi-setier, *hemina, ae,* f.; demi-mort, *semivivus, a, um;* qui est en demi-deuil, *semiatratus;* qui a la mesure d'un demi-pied, d'un demi-doigt, *semipedalis, e; semi-digitalis.* ◆ **2.** Incomplet **(demi et à demi).** Un demi-jour, *lux dubia;* où règne un demi-jour, *sublustris, e;* un demi-sommeil, *levis somnus;* demi-mesures, *languida consilia;* ne prendre que des demi-mesures, *molliter agĕre**; ne faire une chose qu'à demi, *aliquid molli brachio agĕre**; entendre à demi-mot, *ex paucis intellegĕre** *multa.* ◆ **3. Et demi.** *Et dimidius, a, um. Sesqui* (suivi du subst. ou de l'adj.). Un et demi, *unus et dimidiatus;* une heure et demie, *sesquihora, ae,* f.; un pied et demi, *sesquipes, edis,* m.; d'un pied et demi, *sesquipedalis, e;* une livre et demie, *sesquilibra, ae,* f.; une journée et demie de travail, *sesquiopera, ae,* f.; quatre et demi pour cent, *annua usura semicentesima et singulis mensibus trientaria.*

démission, f. *Abdicatio, onis,* f.

démissionnaire, m. *Qui munus sponte deposuit**.

démocrate, m. *Qui populi causam agit**.

démocratie, f. *Popularis (is) civitas (atis),* f.

démocratique, adj. *Popularis, e.*

démocratiquement, adv. *Populariter.*

demoiselle, f. **1.** Jeune fille. *Nobilis (is) virgo (inis),* f. ◆ **2.** Insecte. *Libella, ae,* f. ◆ **3.** Instrument de paveur. *Fistuca, ae,* f.

démolir, tr. *Demoliri. Diruere, o. Evertere, o**.

démolisseur, m. *Eversor, oris,* m.

démolition, f. *Demolitio, onis,* f. *Eversio,* f. Matériaux de démolition, *rudera, um,* npl.

démon, m. **1.** Génie. *Genius, ii,* m. *Daemon, onis,* m. ◆ **2.** Diable. *Daemonium, ii,* n. *Diabolus, i,* m. ◆ **3.** (Fig.) Le démon du jeu, *aleae furor, oris,* m.; cet homme est un démon (sens péjoratif), *hic homo est nefarius;* c'est un démon d'esprit, *ingeniosissimus est.*

démonétiser, tr. **1.** *Pretium (nummis) detrahere, o**. ◆ **2.** (Fig.) *Detrectare.*

démoniaque, adj. **1.** *Daemoniacus, a, um.* ◆ **2.** (Fig.) *Lymphatus, a, um.*

démonstratif, ive, adj. **1.** *Demonstrativus, a, um.* ◆ **2.** (Fig.) *Blandus, a, um. Effusus (in,* acc.).

démonstration, f. **1.** *Argumentatio, onis,* f. Faire une démonstration, *rationem afferre**. ◆ **2.** (Fig.) *Significatio, onis,* f. Démonstrations affectueuses, *blanditiae, arum,* fpl. ◆ **3.** (Milit.) Faire une démonstration, *lacessĕre* pugnam.*

démontage, m. *Dissolutio, onis*, f.

démonter, tr. **1.** Jeter à bas d'un cheval. *Equo dejicere, io**. Démonter son cavalier (en parl. du cheval), *equitem excutere, io**; être démonté, *equo decidĕre**. ◆ **2.** Désassembler. *Solvere, o*. Dissolvere, o**. ◆ **3.** Déconcerter. *Perturbare.*

SE DÉMONTER, r. **1.** Pouvoir être désassemblé. *Solutilem esse.* ◆ **2.** Se déconcerter. *Perturbari.* ◆ **3.** Une mer démontée, *turbatius mare.*

démontrable, adj. *Qui* (*quae, quod*) *probari potest**.

démontrer, tr. *Probare. Demonstrare.*

démoralisateur, trice, adj. et nom m. et f. *Morum corruptor, oris*, m. ou *corruptrix, icis*, f.

démoralisation, f. **1.** Corruption des mœurs. *Morum corruptela, ae*, f. ◆ **2.** Découragement. *Animi infractio, onis*, f.

démoraliser, tr. **1.** Corrompre. *Corrumpere, o**. ◆ **2.** Décourager. *Animum frangere, o** (gén. ou dat.).

démordre, intr. **1.** Cesser de mordre. *Morsus resolvere, o**. ◆ **2.** (Fig.) Se départir de. *Decedere, o** (abl.). Qui ne démord pas de, *tenax, acis* (gén.); sans vouloir en démordre, *mordicus.*

démunir, tr. *Praesidiis nudare.*

SE DÉMUNIR, r. (de). *Omittere, o** (*aliquid*).

dénaire, adj. *Denarius, a, um.*

dénatter, tr. *Detexere, o** (*capillum*).

dénaturer, tr. **1.** Altérer qqch. *Mutare. Corrumpere, o**. Dénaturer les faits, *res convertĕre**. ◆ **2.** Dépouiller qqn des bons sentiments naturels. *Inhumanum* (*am*) *reddere, o** (acc.). Être dénaturé, *omnem humanitatem exuisse.*

dénégation, f. *Negatio, onis*, f. *Infitiatio*, f. Opposer une dénégation formelle, *pernegare.*

déni, m. *Recusatio, onis*, f. Déni de justice, *injuria, ae*, f.

déniaiser, tr. (*Simplicem*) *recoquere, o**.

dénicher. I. Tr. **1.** Enlever du nid. *Nido detrahere, o**. ◆ **2.** Déloger. *Extrudere, o**. ◆ **3.** (Fig.) Découvrir. *Detegere, o**. ◆ **II.** Intr. *Nido migrare;* (fig.) *loco abire, eo**.

dénicheur, m. *Auceps, aucupis*, m.

dénier, tr. **1.** Nier. *Negare. Infitiari.* ◆ **2.** Refuser. *Negare. Abnuere, o.*

denier, m. **1.** Monnaie romaine. *Denarius, ii*, m. ◆ **2.** (Pl.) Somme d'argent. *Pecunia, ae*, f. *Nummi, orum*, mpl. A beaux deniers comptants, *praesenti pecuniā;* de ses propres deniers, *impendio privato;* deniers publics, *aerarium, ii*, n.; denier à Dieu, *mercedula, ae*, f. ◆ **3.** Intérêt. *Usura, ae*, f. Prêter au denier douze, *duodenis assibus fenerari.*

dénigrement, m. *Obtrectatio onis*, f.

dénigrer, tr. *Obtrectare* (*alicui*). *Detrahere, o** (*de aliquo*).

dénombrement, m. *Enumeratio, onis,* f. Faire le dénombrement des citoyens, *censum habere**.

dénombrer, tr. *Enumerare. Censere, eo**.

dénominateur, m. *Index, icis,* m.

dénomination, f. *Nuncupatio, onis,* f. *Nomen, inis,* n.

dénommer, tr. *Nuncupare. Nominare.*

dénoncer, tr. **1.** Signifier officiellement. *Denuntiare.* ◆ **2.** Signaler à la justice. *Ad judicem deferre, fero** (*aliquem*).

dénonciateur, m. *Delator, oris,* m. *Index, icis,* m.

dénonciation, f. **1.** Déclaration. *Denuntiatio, onis,* f. ◆ **2.** Délation. *Indicium, ii,* n. *Delatio, onis,* f.

dénoter, tr. *Designare. Indicare.*

dénouement, m. **1.** Action de dénouer. *Solutio, onis,* f. ◆ **2.** Fin, résultat. *Exitus, us,* m. ◆ **3.** Ce qui termine une pièce de théâtre. *Clausula, ae,* f. *Exitus.*

dénouer, tr. **1.** Défaire un nœud. *Solvere, o**. ◆ **2.** Amener l'événement final d'une action dramatique. (*Fabulam*) *peragere, o**. ◆ **3.** Rendre plus souple. *Laxare.*

denrée, f. *Merx, mercis,* f. *Annona, ae,* f. Arrivage, transport des denrées, *commeatus, uum,* mpl.; faire baisser le prix des denrées, *annonam levare.*

dense, adj. *Densus, a, um. Spissus.*

densité, f. *Densitas, atis,* f.

dent, f. *Dens, entis,* m. Dents canines, *dentes canini;* dents incisives, *dentes adversi;* dents molaires, *dentes genuini;* qui a les dents saillantes, *brocchus, a, um;* qui a des dents, *dentatus;* qui n'a pas de dents, *edentatus;* qui n'a plus de dents, *edentulus;* faire ses dents, *dentire;* avoir de bonnes dents, *bonis dentibus esse;* arracher les dents, *dentes evellĕre**; saisir avec les dents, *mordicus comprehendĕre**; il n'a rien à se mettre sous la dent, *nihil habet* quod edat**; ne pas desserrer les dents, *ne verbum quidem proferre**; parler entre ses dents, *mussare;* avoir une dent contre qqn, *in aliquo offendĕre**; déchirer à belles dents, *carpĕre**; être sur les dents, *confici, ior**; être armé jusqu'aux dents, *omni armorum genere instrui**.

dentaire. I. Adj. *Dentarius, a, um.* ◆ **II.** Nom f. *Dentaria, ae,* f.

dental, ale, adj. *Dentalis, e.*

denté, ée, adj. *Dentatus, a, um.*

dentelé, ée, ad. *Denticulatus, a, um.*

denteler, tr. *Denticulis instruere, o**.

dentelle, f. *Denticulatus* (*i*) *limbus* (*i*), m.

dentelure, f. *Denticulus, i,* m.

dentier, m. *Dentes* (*ium*) *empti* (*orum*).

dentifrice, m. *Dentifricium, ii,* n.
dentiste, m. *Dentium medicus, i,* m.
dentition, f. *Dentitio, onis,* f.
denture, f. *Dentium ordo, inis,* m.
dénudation, f. *Nudatio, onis,* f.
dénuder, tr. *Nudare.*
dénuement, m. *Inopia, ae,* f.
dénuer, tr. *Nudare. Denudare.* Être dénué de, *carēre* (abl.); *egēre* (abl. ou gén.).
dépaqueter, tr. *Expedire.*
dépareillé, ée, adj. Objets dépareillés, *res inter se dissimiles.*
déparer, tr. *Deformare.*
déparler, intr. Ne pas déparler, *loqui non cessare.* Qui ne déparle pas, *loquacissimus.*
départ, m. **1.** Action de partir. *Profectio, onis,* f. *Abitūs, us,* m. *Discessus,* m. A son départ de Rome, *ut ab Urbe discessit**; être sur son départ, faire ses préparatifs de départ, *ad iter se parare.* ◆ **2.** (Fig.) Le point de départ. *Initium, ii,* n. *Principium,* n. Prendre une chose pour point de départ, *ab aliquā re ordiri**. ◆ **3.** Action de partager. Faire le départ, *sejungere, o;** de, (*aliquid*) *ab aliquā re.*
départager, tr. — les suffrages, *inclinare rem.*
département, m. **1.** Attribution. *Distributio, onis,* f. ◆ **2.** Partie de l'administration attribuée à un fonctionnaire. *Provincia, ae,* f. *Munus, eris,* n. ◆ **3.** Division territoriale. *Regio, onis,* f.
départir, tr. *Partiri.*
SE DÉPARTIR, r. *Desistere, o** (*de*). *Decedere, o** (*de*). *Deesse, desum** (dat.).
dépasser, tr. **1.** Aller au-delà. *Praeterire, eo**. *Transgredi, ior**. ◆ **2.** (Fig.) Devancer. *Antecedere, o**. *Praecurrere, o**. ◆ **3.** S'élever au-dessus de. *Excedere, o** (acc.). *Exstare** (*ex*). Qui dépasse, *eminens, entis.* ◆ **4.** (Fig.) Surpasser. *Superare* (acc.). *Vincere, o** (acc.). Ceci dépasse les forces humaines, *id supra vires humanas est.* Dépasser les bornes, *modum transire, eo**.
dépaver, tr. *Pavimentum tollere, o** (*ex*).
dépayser, tr. **1.** *Exterminare.* Être dépaysé, *patriā carēre**. ◆ **2.** (Fig.) Dérouter. *De viā deducere, o**. *Disturbare.* Se trouver tout dépaysé (embarrassé), *trepidare.*
SE DÉPAYSER, r. *Solum mutare.*
dépècement, m. *Laniatus, us,* m.
dépecer, tr. *Discerpere, o**.
dépêche, f. *Litterae, arum,* fpl. *Epistula, ae,* f.
dépêcher, tr. **1.** Hâter. *Expedire. Properare.* ◆ **2.** Envoyer. *Mittere, o**. ◆ **3.** Faire mourir. *Mortem properare* (*alicui*).
SE DÉPÊCHER, r. *Properare.*
dépeigner, tr. Chevelure dépeignée, *capillo passo.*
dépeindre, tr. **1.** *Depingere, o**. ◆ **2.** (Fig.) *Describere, o**. *Effingere, o**.
dépenaillé, ée, adj. En guenilles. *Pannosus, a, um.*

dépendance, f. **1.** Sujétion. *Servitus, utis,* f. Être dans la dépendance de qqn, *in alicujus potestate esse;* mettre, tenir qqn sous sa dépendance, *aliquem sibi obnoxium facĕre* (*io**). ◆ **2.** Lien, rapport (en parl. des ch.) *Conjunctio, onis,* f. Être sous la dépendance de, *pendere** *ex.* ◆ **3.** Ce qui tient à qqch. comme appendice. *Appendix, icis,* f. Les dépendances (d'une maison), *adjuncta, orum,* npl.

dépendant, ante, adj. **1.** (Pers.) Subordonné. *Obnoxius, a, um* (dat.). *Subjectus.* Être dépendant, *non sui juris esse.* ◆ **2.** (Ch.) Lié. *Pendens, entis* (*ex*). *Positus, a, um* (*in,* abl.). ◆ **3.** Annexé. *Continens, entis* (dat. ou *cum*).

dépendre. I. Tr. *Pendentem* (*aliquem*) *solvere, o**. ◆ **II.** Intr. **1.** Être sous l'autorité de. *Obnoxium esse* (*alicui*). *In potestate esse* (*alicujus*). Ne dépendre que de soi, *sui mancipii esse.* ◆ **2.** Être lié nécessairement (en parl. des ch.). *Pendere, eo** (*ex*). Ma vie dépend de vous, *mea in vestrā manu vita est posita**; cela dépend des circonstances, *pro tempore agendum** *est;* il dépend de vous de (inf.), *in manu tuā est* (inf.); il ne dépend que de vous de (inf.), *totum est positum in te* (inf.); il n'a pas dépendu de lui que... ne..., *per eum non stetit** *quin...* (subj.). ◆ **3.** Être rattaché à (en parl. des ch.). *Adjunctum esse* (dat.). *Pertinere, eo** (*ad*). Faire dépendre de, *conjungere, o** (*aliquid*) *cum,* abl.

dépens, mpl. **1.** Frais. *Sumptus, us,* m. *Impensa, ae,* f. A mes dépens, *impensā meā;* aux dépens de qqn, *alicujus sumptu;* être condamné aux dépens, *impendiis* ou *dispendiis damnari.* ◆ **2.** Détriment. *Damnum, i,* n. *Detrimentum,* n. Faire rire à ses dépens, *risum facere, io**.

dépense, f. **1.** Argent employé. *Impensa, ae,* f. *Sumptus, us,* m. Qui concerne la dépense, *sumptuarius, a, um;* qui aime la dépense, *sumptuosus, a, um;* faire de grandes dépenses pour qqch., *magnum sumptum in aliquid facere, io**; causer des dépenses à qqn, *sumptui esse* ou *sumptum afferre** *alicui;* porter en dépense, *expensum ferre**. ◆ **2.** (Fig.) *Impendium, ii,* n. ◆ **3.** Lieu où l'on serre les provisions. *Penaria* (*ae*) *cella* (*ae*), f.

dépenser, tr. **1.** *Impendere, o** (acc.). *Impensas* ou *sumptus facere, io**. Dépenser follement, *comedĕre** (acc.); — libéralement, *profundĕre** (acc.); dépenser à qqch., *insumĕre** *in rem.* ◆ **2.** (Fig.) *Impendĕre. Consumere, o**. Se dépenser en pure perte, *frustra operam insumĕre**.

dépensier, ière. I. Adj. Qui aime à dépenser. *Sumptuosus, a, um. Profusus.* ◆ **II.** Nom m. et f. Qui tient la dépense. *Promus, i,* m. *Cella-*

rius, ii, m. *Cellaria, ae,* f.
déperdition, f. *Intertrimentum, i,* n.
dépérir, intr. (Hommes) *Senescere, o**. *Tabescere, o**. (Végétaux) *Languescere, o**. (Bâtiment) *Dilabi, or**.
dépérissement, m. *Sentum, ii,* n. *Tabes, is,* f. *Consumptio, onis,* f.
dépêtrer, tr. *Expedire* (de, *ex*).
dépeuplement, m. **1.** Action. *Vastatio, onis,* f. ◆ **2.** Etat. *Vastitas, atis,* f.
dépeupler, tr. *Vastare* (acc.). *Solitudinem facere, io**. Qui est dépeuplé, *desertus, a, um.*
SE DÉPEUPLER, r. *Vacuefieri**.
dépiler (se), r. *Pilos amittere, o**. *Calvescere, o**.
dépiquer, tr. Battre (le grain). *Terere, o** (*spicas, frumentum, messem*).
dépister, tr. **1.** Trouver la piste de. *Investigare. Indagare.* ◆ **2.** Détourner de la piste. *Eludere, o**.
dépit, m. **I.** *Stomachus, i,* m. *Bilis, is,* f. Marques, mouvements de dépit, *indignationes, um,* fpl.; plein de dépit, *stomachosus, a, um;* avoir du dépit de qqch., *indigne ferre* aliquid;* crever de dépit, *dirumpi**. ◆ **II.** Loc. div. Avec dépit, *aegre; moleste.* En dépit de. **1.** (Pers.) *invitus, a, um* (à l'abl. absolu): en — du sénat, *invito senatu.* ◆ **2.** (Ch.) *Quamquam* et un verbe à l'ind. En — de ses efforts, *quamquam nititur.*
dépiter, tr. *Stomachum (alicui) movere, eo**. Dépité, *stomachans, antis.*
SE DÉPITER, r. (de). *Stomachari* (abl.).
déplacement, m. **1.** Action de déplacer. *Translatio, onis,* f. ◆ **2.** Action de se déplacer. *Locorum mutatio, onis,* f. Frais de déplacement, *sumptus* (*us,* m.) *itineris; viaticum, i,* n.
déplacer, tr. **1.** *Loco movere, eo**. ◆ **2.** Déplacer la question, *rem alio transferre*;* il est déplacé de, *dedecet** (inf.); d'une manière déplacée, *inepte;* être déplacé (dans un milieu), *minime aptum esse* (*ad*)*;* ces paroles sont déplacées, *non est hic locus.*
SE DÉPLACER, r. *Locum mutare.*
déplaire, intr. *Displicere, eo** (dat.). Qui déplaît, *ingratus, a, um; molestus;* ne vous en déplaise, *pace tuā;* il me déplaît que, *mihi molestum est* (prop. inf.).
SE DÉPLAIRE, r. **1.** Se déplaire à soi-même. *Sibi displicēre**. ◆ **2.** S'ennuyer. *Taedium capere* (*io**) (*alicujus rei*).
déplaisance, f. *Fastidium, ii,* n.
déplaisant, ante, adj. *Molestus, a, um. Gravis, e.*
déplaisir, m. **1.** Chagrin. *Molestia, ae,* f. *Dolor, oris,* m. J'ai du déplaisir à, *mihi molestum est* (inf.); avec déplaisir, *invitus, a, um.* ◆ **2.** Mécontentement. *Offensio, onis,* f. Voir sans déplaisir, *libens vidēre*;* causer du déplaisir à qqn, *offensioni esse alicui.*
déplanter, tr. *Deplantare.*
déplier, tr. *Explicare**.

déplisser, tr. *Erugare.*
déploiement, m. *Explicatio, onis*, f.
déplorable, adj. *Miserabilis, e. Miserandus, a, um.* Il est — de, *miserum est* (inf.).
déplorablement, adv. *Miserabiliter. Misere.*
déplorer, tr. **1.** *Deplorare. Lugere, eo**. ◆ **2.** (Fig.) *Conqueri, or**. *Lamentari.*
déployer, tr. **1.** Déplier. *Explicare**. *Pandere, o**. Enseignes déployées, *infestis signis;* rire à gorge déployée, *effuse ridēre**. ◆ **2.** (Fig.) Montrer. *Ostendere, o**. *Exhibere, eo**. Déployer son activité, *strenue agĕre**.
déplumer, tr. *Pennas eripere, io** (dat.).
SE DÉPLUMER, r. *Plumas amittere, o**.
dépolir, tr. *Nitorem demere, o** (*alicui rei*).
déponent, adj. Verbes déponents, *deponentia verba*, npl.
dépopulation, f. *Vastitas, atis*, f.
déportation, f. *Relegatio, onis*, f.
déportement, m. **1.** Conduite. *Vitae ratio, onis*, f. ◆ **2.** Mauvaise conduite. *Flagitia, iorum*, npl.
déporter, tr. *Relegare.*
déposant, ante, m. et f. Qui fait un dépôt. *Depositor, oris*, m. ◆ Qui fait une déposition. *Index, icis*, m. *Testis, is*, m. et f.
déposer. **I.** Tr. **1.** Quitter. *Ponere, o**. *Deponere, o**. Déposer à terre, *exponĕre**; déposer ses ressentiments, *inimicitias deponĕre.* ◆ **2.** Mettre en dépôt, confier. *Committere, o**. Déposer de l'argent chez qqn, *apud aliquem pecuniam ponĕre**. Déposer une plainte, *alicujus nomen deferre, fero**. ◆ **3.** Oter l'autorité à. *Magistratu* ou *imperio removere, eo** (acc.). ◆ **II.** Intr. Déposer en justice. *Testimonium dicere, o**. *Testificari.* ◆ **III.** Tr. et intr. Laisser du dépôt. *Limum* ou *sedimentum relinquere, o**. Ce qui a déposé, *quod subsedit**.
dépositaire, m. **1.** *Custos, odis*, m. et f. *Depositarius, ii*, m. *Sequester, tri*, m. Être dépositaire de, *custodire* (*aliquid*). ◆ **2.** (Fig.) *Particeps, cipis* (gén.). *Conscius, a, um* (gén.). Être dépositaire du pouvoir, *imperium tenere, eo**.
déposition, f. **1.** Témoignage. *Testimonium, ii*, n. ◆ **2.** Destitution. (*Ordinis*) *amotio, onis*, f.
déposséder, tr. (*Bonis*) *exuere, o* (*aliquem*). *Possessionibus expellere, o** (*aliquem*).
dépossession, f. *Detractio, onis*, f.
dépôt, m. **1.** Chose confiée à autrui. *Depositum, i*, n. Mettre qqch. en dépôt chez qqn, *aliquid alicui credĕre**. ◆ **2.** Lieu où l'on dépose qqch. *Custodia, ae*, f. Dépôt de blé. *Horreum, i*, n. ◆ **3.** (Droit) Mandat de dépôt, *edictum de aliquo custodiendo.* ◆ **4.** Résidu, amas. *Limus, i*, m. *Faex, faecis*, f. ◆ **5.** (Méd.) *Collectio, onis*, f.
dépoter, tr. **1.** Déplanter. *Transferre, fero**. ◆ **2.** Transvaser. *Transfundere, o**.

dépouille, f. **1.** Peau. *Spolium, ii,* n. *Exuviae, arum,* fpl. La dépouille mortelle, *corpus, oris,* n.; *cadaver, eris,* n. ◆ **2.** Butin. *Spolia, iorum,* npl. *Manubiae, arum,* fpl.

dépouillement, m. **1.** Action de dépouiller. *Spoliatio, onis,* f. ◆ **2.** Dépouillement du scrutin, *diribitio, onis,* f.; — d'un dossier, *litis cognitio,* f. ◆ **3.** Simplicité (du style, du langage). *Subtilitas, atis,* f.

dépouiller, tr. **1.** Enlever la peau (d'un animal). *Pellem detrahere, o** (*animali*). ◆ **2.** Dégarnir. *Nudare.* Dépouillé de ses feuilles, *foliis nudatus, a, um.* (Fig.) Style dépouillé, *subtilis oratio* (*onis,* f.). ◆ **3.** Déposséder. *Spoliare* (*aliquem aliquā re*). ◆ **4.** Renoncer à qqch. *Abjicere, io*. Exuere, o.* Dépouiller toute réserve, *omnem verecundiam excutĕre, io*.* ◆ **5.** Recenser. *Evolvere, o*.* Dépouiller un scrutin, *suffragia diribēre*.*

SE DÉPOUILLER, r. **1.** Quitter sa peau. *Pelle exui.* ◆ **2.** Se dévêtir, se dégarnir. *Se exuere* (*aliquā re*). Se dépouiller de sa tunique, *tunicam ponĕre*.* ◆ **3.** Renoncer à. *Abjicere, io** (acc.). *Deponere, o*.* ◆ **4.** Perdre sa couleur (en parl. du vin). *Colorem amittĕre*.*

dépourvoir, tr. *Nudare.*

dépourvu, ue, part. et adj. *Nudus, a, um* (abl.). *Inops, opis* (gén.). Être dépourvu de qqch., *indigēre** (*aliquā re*); au dépourvu, *improviso;* pris au dépourvu, *imparatus, a, um; improvidus.*

dépravation, f. *Depravatio, onis,* f. *Pravitas, atis,* f. *Corruptela, ae,* f.

dépraver, tr. *Depravare. Corrumpere, o*.* Qui a des mœurs dépravées, *vitiis inquinatus, a, um.*

déprécation, f. *Deprecatio, onis,* f.

dépréciation, f. *Vilitas, atis,* f.

déprécier, tr. **1.** *Pretium detrahere, o** (*alicui rei*). ◆ **2.** (Fig.) *Detractare* (acc.). *Detrahere, o** (*de*).

SE DÉPRÉCIER, r. **1.** *Viliorem* (*ius*) *fieri.* ◆ **2.** (Fig.) *Obtrectare sibi.*

déprédateur, m. *Praedator, oris,* m.

déprédation, f. *Expilatio, onis,* f. *Direptio,* f.

déprendre (se), r. **1.** *Se expedire* (abl. ou *ex*). ◆ **2.** (Fig.) Se déprendre d'un sentiment, *ex corde amorem evellĕre*.*

dépression, f. **1.** Abaissement de niveau. *Depressio, onis,* f. Dépression de terrain, *demissa loca,* npl. ◆ **2.** Baisse, dépréciation. *Vilitas, atis,* f. ◆ **3.** (Méd.) Affaissement. *Depressio.* ◆ **4.** Abattement. *Abjectio, onis,* f.

déprier, tr. Déprier les invités, *vocatis renuntiare.*

déprimer, tr. **1.** Faire baisser de niveau. *Deprimere, o*.* ◆ **2.** Déprécier. *Vilius* (*aliquid*) *facere, io*.* ◆ **3.** Affaisser. *Deprimĕre*.* Pouls déprimé, *languidus* (*i*) *venarum ictus* (*us*), m. ◆ **4.** Abattre moralement. *Abjicere, io**. Être —, *abjecto animo esse.*

SE DÉPRIMER, r. **1.** S'abaisser. *Deprimi**. ◆ **2.** Se déprécier. *Viliorem* (*ius*) *fieri**. ◆ **3.** S'affaisser. *Deprimi**.

depuis. I. Prép. *A* ou *ab* (abl.). *E* ou *ex* (abl.). Depuis sa censure, *post eum censorem;* depuis peu, *non ita pridem;* depuis longtemps, *jam diu; jam pridem;* depuis quand? *quam pridem? quam dudum?* ◆ **II.** Adv. *Post. Postea.* Je ne l'ai pas vu depuis, *non vidi* postea.* ◆ **III.** Conj. Depuis que. *Ex quo* (indic.).

dépurer, tr. *Expurgare.*

députation, f. **1.** Envoi de députés. *Legatio, onis,* f. ◆ **2.** Corps de députés. *Legati, orum,* mpl. Être envoyé en députation, *legatum mitti*;* être à la tête de la délégation, *legationis principem esse.*

député, m. *Legatus, i,* m.

députer, tr. *Legare. Mittere, o**.

déracinement, m. *Exstirpatio, onis,* f.

déraciner, tr. **1.** *Exstirpare.* ◆ **2.** (Fig.) *Exstirpare. Radicitus* (adv.) *extrahere, o**.

déraison, f. *Stultitia, ae,* f. *Insipientia, ae,* f.

déraisonnable, adj. **1.** Sans raison. *Insipiens, entis. Stultus, a, um.* Être déraisonnable, *desipere, io**. ◆ **2.** Contraire à la raison. *Absurdus, a, um.* Il est déraisonnable de, *ratio non est* (inf.).

déraisonnablement, adv. *Insane. Stulte.*

déraisonner, intr. *Insanire. Desipere, io**.

dérangement, m. **1.** *Perturbatio, onis,* f. *Turbatio,* f. ◆ **2.** Gêne. *Molestia, ae,* f.

déranger, tr. **1.** Déplacer. (*De loco*) *demovere, eo** (*aliquid*). ◆ **2.** Gêner. Déranger qqn (pour passer), *aliquem movēre*;* déranger qqn (dans ses habitudes), *aliquem commovēre*;* si cela ne vous dérange pas, *nisi molestum est.* ◆ **3.** Troubler. *Pervertere, o**. *Turbare.* Déranger les projets, *consilia perturbare;* cerveau dérangé, *inordinatum ingenium.* ◆ **4.** (Méd.) Avoir le corps dérangé, *profluvio laborare, o.*

SE DÉRANGER, r. **1.** Se déplacer. *Se movēre**. ◆ **2.** Se désorganiser. *Turbari. Vitiari.* ◆ **3.** Se débaucher. *Corrumpi**.

derechef, adv. *Iterum.*

dérèglement, m. *Turbatio, onis,* f. Dérèglement de langage, *verborum immoderatio, onis,* f.; dérèglement des mœurs, *effrenatae libidines,* fpl.

déréglément, adv. *Incomposite. Effrenate.*

dérégler, tr. **1.** Déranger. *Turbare. Perturbare.* Imagination déréglée, *mens inordinata.* ◆ **2.** Corrompre. *Corrumpere, o**. *Depravare.* Mener une vie déréglée, *immoderate et intemperate vivere*;* d'une manière déréglée, *libidinose.*

SE DÉRÉGLER, r. **1.** Se déranger. *Turbari.* ◆ **2.** Se débaucher. *In luxuriam effundi**.

dérider, tr. **1.** *Erugare.* ◆ **2.** (Fig.) *Frontem* (*alicujus*) *explicare*.*

SE DÉRIDER, r. (Fig.) *Vultum remittĕre*.*

dérision, f. *Irrisio, onis,* f. *Irrisus, us,* m. Tourner en dérision, *deridēre** (*aliquem*); être tourné en dérision, être un objet de dérision, *ludibrio esse* (*alicui*)*;* par dérision, *ad ludibrium.*

dérisoire, adj. *Ridiculus, a, um.*

dérivatif, m. Un dérivatif à la douleur, *levamentum doloris.*

dérivation, f. **1.** Action de dériver. *Derivatio, onis,* f. *Deductio,* f. Canal de dérivation, *fossa, ae,* f. ◆ **2.** (Gramm.) Origine. *Declinatio, onis,* f.

dérive, f. *Declinatio, onis,* f. Aller à la dérive, *suo cursu decedĕre*.*

dériver. I. Intr. **1.** S'écarter de sa route. *Suo cursu decedere, o*.* ◆ **2.** (Fig.) (Gramm.) *Fluere, o** (*a* ou *ex*). *Manare* (*ex*). *Oriri** (*ex*). ◆ **II.** Tr. **1.** Détourner (des eaux). *Derivare. Deflectere, o*.* ◆ **2.** (Fig.) (Gramm.) Faire sortir un mot d'un autre mot. *Derivare.*

derme, m. *Cutis, is,* f.

dernier, ière, adj. **1.** Dans l'espace. *Ultimus, a, um. Extremus. Postremus.* ◆ **2.** (Dans le temps) *Proximus. Ultimus. Novissimus.* ◆ **3.** Loc. div. Le dernier des deux, *posterior* ou *propior;* ce dernier (celui dont on vient de parler), *hic, haec, hoc;* le dernier arrivé, *qui novissimus venit*;* le dernier à fuir, *in fuga postremus;* rendre les derniers devoirs à, *suprema solvĕre** (*alicui*)*;* tenir le dernier rang dans l'Etat, *locum civitatis infimum tenēre*;* c'est mon dernier mot, *nihil amplius addam*;* affaire de la dernière importance, *res maximi momenti;* au dernier point, *maxime;* tous jusqu'au dernier, *omnes ad unum;* en dernier lieu, *postremo; novissime;* pour la dernière fois, *extremum.*

dernièrement, adv. *Novissime.*

dérobé, ée, part. et adj. **1.** Pris en cachette. *Subreptus, a, um.* Heures dérobées aux occupations, *subsiciva tempora.* ◆ **2.** Caché. *Occultus, a, um.* Porte dérobée, *posticum, i,* n.; à la dérobée, *furtim;* qui se fait à la dérobée, *furtivus, a, um.*

dérober, tr. **1.** Voler. *Furari. Subripere, io*.* Enclin à dérober, *furax, acis.* ◆ **2.** (Fig.) Cacher, soustraire. *Condere, o*. Subtrahere, o*.* Dérober ses fautes, *errata obtegĕre*;* dérober aux regards, *ab oculis amovēre*.*

SE DÉROBER, r. **1.** Se soustraire à. *Se subducĕre** (dat.). Se dérober aux regards, *e conspectu abire* (*eo**)*;* — au danger, *periculum fugĕre* (*io**)*;* qui se dérobe à, *fugax, acis* (gén.). ◆ **2.** S'affaisser. *Labi*.* Mes genoux se dérobent sous moi, *genua succīdunt*.*

dérogation, f. *Derogatio, onis*, f.
déroger, intr. Déroger à la loi, *de lege derogare;* déroger à un usage, *morem non servare;* déroger à sa dignité, *a dignitate deflectěre*.*
dérouiller, tr. **1.** *Rubiginem exterere, o** (gén.). ◆ **2.** (Fig.) *Polire.*
dérouler, tr. *Evolvere, o*. Explicare*.* La plaine qui se déroulait (à leurs yeux), *subjecta late planities.*
déroute, f. **1.** Défaite. *Fuga, ae,* f. Être en déroute, *fugěre, io*;* mettre en déroute, *fugare.* ◆ **2.** (Fig.) *Clades, is,* f. Déroute dans les affaires, *res perditae,* fpl.
dérouter, tr. **1.** *De viā deducere, o*.* ◆ **2.** (Fig.) *Disturbare.*
derrière. I. Prép. *Post* (acc.). *Pone* (acc.). Regarder derrière soi, *respicere, io*;* laisser derrière soi, *anteceděre.* ◆ **II.** Adv. *Post. Retro.* Par derrière, *a tergo;* prendre, attaquer par derrière, *aversos hostes aggredi, ior*;* de derrière, qui est de derrière, *posterior, ius;* porte de derrière, *posticum, i,* n. ◆ **III.** Nom m. *Aversa (ae) pars (partis),* f. *Tergum, i,* n. Les derrières d'une armée, *novissimum agmen;* le derrière (de l'homme, des animaux), *clunes, ium,* m. ou f. pl.
dès. I. Prép. *A* ou *ab* (abl.). *E* ou *ex* (abl.). Dès l'enfance, *a pueris;* dès lors, *jam tum;* dès à présent, *jam nunc.* ◆ **II.** Conj. Dès que. **1.** (Temporel) *Ut primum* (ind.). *Simul ac* (ind.). ◆ **2.** (Causal) *Quando* (ind.).
désabuser, tr. *Ab errore avertere, o* (aliquem).* Être désabusé, *errorem deponěre*.*
désaccord, m. **1.** En parl. de pers. *Discordia, ae,* f. Être en désaccord, *inter se discordare;* être en désaccord avec, *dissiděre* ab;* qui est en désaccord avec, *discors, (cordis) cum.* ◆ **2.** (En parl. de choses) *Discrepantia, ae,* f. Être en désaccord, *discrepare* (cum* ou *ab);* il y a désaccord sur, *discrepat* de.*
désaccorder, tr. **1.** *Discordiam ferre, fero* (inter).* ◆ **2.** (Mus.) *Dissonum reddere, o* (aliquid).*
désaccoupler, tr. *Disjungere, o*.*
désaccoutumance, f. *Desuetudo, inis,* f.
désaccoutumer, tr. *A consuetudine (alicujus rei aliquem) abstrahere, o*.* Qui est désaccoutumé, *desuefactus, a, um (ab).*
SE DÉSACCOUTUMER, r. (de). *Desuescěre* (ab).*
désachalander, tr. **1.** *(Ab aliquo) emptores removere, eo*.* ◆ **2.** (Fig.) *(Alicui) auctoritatem deměre, o*.*
désaffecter, tr. *Alienare. Profanare.*
désaffection, f. *Alienatio, onis,* f. *Aversus animus,* m.
désagréable, adj. *Injucundus, a, um. Molestus. Gravis, e. Ingratus.* Être désagréable, *displicěre*;* être désa-

gréable à qqn, *voluntatem offendĕre** (*alicujus*).

désagréablement, adv. *Injucunde. Moleste.*

désagréer, intr. *Displicere, eo** (dat.).

désagrégation, f. *Dissolutio, onis*, f.

désagréger, tr. *Dissolvere, *o.* Qui se désagrège facilement, *dissolubilis, e.*

désagrément, m. *Incommodum, i*, n. *Molestia, ae*, f. Causer des désagréments à, *molestiam exhibēre** (dat.).

désajuster, tr. *Turbare.*

désaltérer, tr. *Sitim explere. eo* (*alicujus*).

désancrer, tr. et intr. *Ancoras solvere, o**.

désappointement, m. Déception. *Frustratio, onis*, f.

désappointer, tr. Décevoir. *Frustrari* (*aliquem*). *Spem fallĕre** (*alicujus*). Être désappointé, *a spe destitui.*

désapprendre, tr. Oublier. *Dediscere, o** (*aliquid*).

désapprobateur. I. Nom m. *Improbator, oris*, m. ◆ **II.** Adj. *Objurgatorius, a, um.* Murmure désapprobateur, *indignantium fremitus, us*, m.

désapprobation, f. *Improbatio, onis*, f. Cris de désapprobation, *indignationes, um*, fpl.; témoigner sa désapprobation de qqch., *aliquid explodĕre**.

désapprouver, tr. *Improbare. Non probare.*

désarçonner, tr. **1.** *Equo dejicere, io** (*aliquem*). (En parl. du cheval) *Excutere, io** (*aliquem*). ◆ **2.** (Fig.) *Conturbare.*

désargenté, tr. Être désargenté (être sans argent), *pecuniā egere**.

désarmé, ée, adj. *Inermis, e.*

désarmement, m. Le désarmement des troupes, *dimissio, onis*, f.

désarmer. I. Tr. **1.** Oter les armes. *Armis exuere, o* (*aliquem*). Désarmer un navire, *navem exarmare.* ◆ **2.** (Fig.) Fléchir. *Placare. Lenire.* Désarmer qqn, *aliquem flectĕre**. ◆ **II.** Intr. *Arma ponere, o**.

désarroi, m. *Perturbatio, onis*, f. Être en désarroi, *perturbari;* mettre partout le désarroi, *omnia turbare.*

désassembler, tr. *Dissolvere, o**.

désastre, m. *Clades, is*, f. *Calamitas, atis*, f. Essuyer un désastre, *cladem accipere, io*;* causer un désastre, *calamitatem inferre** (dat. ou *in*, acc.).

désastreusement, adv. *Calamitose.*

désastreux, euse, adj. *Calamitosus, a, um.*

désavantage, m. **1.** Infériorité. *Iniquitas, atis*, f. Désavantage d'une position, *iniquitas loci* ou *iniquus locus*; combattre avec désavantage, *alieno Marte pugnare.* ◆ **2.** Préjudice. *Incommodum, i*, n. *Damnum, i*, n. Tourner au désavantage de qqn, *damnosum esse* (*alicui*); sans désavantage pour moi, *sine incommodo meo;* sans désavantage pour le devoir, *salvo officio;* à notre désavantage, *magno nostro incommodo.*

désavantager, tr. (Jur.) *Condicionem (alicujus) iniquiorem facere, io*.*

désavantageusement, adv. *Inique. Incommode.* Parler désavantageusement de qqn, *de aliquo male loqui*.*

désavantageux, euse, adj. *Incommodus, a, um. Iniquus.* Position désavantageuse, *iniquus locus;* opinion désavantageuse qu'on a de qqn, *opinio mala de aliquo;* être désavantageux à, *damno esse* (dat.).

désaveu, m. **1.** De qqch. *Negatio, onis,* f. ◆ **2.** De qqn. *Improbatio, onis,* f.

désavouer, tr. **1.** Nier. *Negare. Infitiari.* ◆ **2.** Renier. *Abnuere, o. Improbare. Abdicare.*

desceller, tr. **1.** Défaire un sceau. *Sigillum detrahĕre, o** (dat.). ◆ **2.** Défaire un scellement. *Refigere, o*.*

descendance, f. **1.** Le fait de descendre de qqn. *Origo, inis,* f. *Stirps, stirpis,* f. ◆ **2.** Ceux qui descendent de qqn. *Progenies, ei,* f. *Nepotes, um,* mpl.

descendant, ante. I. Adj. *Descendens, entis.* Qui va en descendant, *declivis, e.* ◆ **II.** Nom m. et f. *Prognatus, i,* m.; et *prognata, ae,* f. (abl. ou *ab*). *Oriundus, a, um* (abl. ou *ab*). Les descendants, *posteri, orum,* mpl.; *nepotes, um,* mpl.

descendre. I. Intr. **1.** Aller de haut en bas. *Descendere, o** (*de* ou *ex*). Descendre de cheval, *ex equo descendĕre;* laisser, faire descendre, *demittĕre** (acc.); le fleuve qui descend de la montagne, *flumen monte defluens;* la colline descend vers la mer, *collis ad mare vergit*;* le reste descend au fond (en parlant d'un liquide), *quod superest* ad ima defertur*;* la marée commence à descendre, *reciprocari coepit* mare;* la voix descend, *descendit vox;* descendre chez qqn, dans une ville (pour y demeurer), *apud aliquem, in civitatem devertĕre*;* l'armée descendit sur le territoire romain, *romanos agros incursavit exercitus;* descendre chez qqn (pour y perquisitionner), *apud aliquem inquirĕre*;* descendre à terre (d'un navire), *navi* ou *e navi egredi, ior*.* ◆ **2.** (Fig.) Descendre en soi-même, *in sese descendĕre*;* descendre au tombeau, *ad manes ire** ou *concedĕre*;* descendre dans le détail des choses, *ad singula venire*;* faire descendre du trône, *a summo fastigio detrahĕre** (acc.); descendre de qqn (par filiation), *ab aliquo descendĕre*.* **II.** Tr. Descendre une pente, un escalier, *per clivum, per scalarum gradus descendĕre*;* en descendant le fleuve, *secundo amni;* descendre tous les degrés de la misère, *ad extremam inopiam delabi*;* descendre (des passagers), *in terram deponĕre** (acc.); descendre qqn d'une croix, *de cruce detrahĕre* aliquem.*

descente, f. **1.** Action. *Descensio, onis*, f. *Descensus, us*, m. ◆ **2.** Débarquement. *Excensio, onis*, f. ◆ **3.** Irruption. *Incursio*, f. ◆ **4.** Pente. *Clivus, i*, m. *Declivitas, atis*, f. ◆ **5.** (Perquisition) *Inquisitio, onis*, f. ◆ **6.** Tuyau. *Fistula, ae*, f.

description, f. *Descriptio, onis*, f. Faire une description de qqch., *describĕre* aliquid.*

désemparer, intr. *Loco decedere, o**. Sans désemparer, *protinus* (adv.) ; navire désemparé, *exarmata navis.*

désemplir, tr. *Deplere, eo.* Ma maison ne désemplit pas, *domus mea celebratur.*

désenchanter, tr. **1.** *Fascinationem repercutere, io** (gén.). ◆ **2.** (Fig.) *Gratum errorem demere, o** (*alicui*).

désenclouer, tr. *Clavum extrahere, o** (*ex*).

désencombrer, tr. *Expedire.*

désenfler. I. Tr. *Tumorem discutere, io** (gén.). ◆ **II.** Intr. *Detumescere, o**.

désenivrer, tr. *Ebrietatem solvere, o** (gén.). *Crapulam discutere, io** (gén.).

SE DÉSENIVRER, r. *Crapulam edormire.*

désennuyer, tr. *Taedium levare* (*alicujus* ou *alicui*).

SE DÉSENNUYER, r. *Animum relaxare.*

désenrhumer, tr. *Gravedinem levare* (*alicui*).

désenrouer, tr. *Raucitatem extenuare* (*alicujus*).

désensorceler, tr. *Fascinationem repercutere, io** (*alicujus*).

désentraver, tr. *Compedes detrahere, o** (dat.). *Expedire* (acc.).

déséquilibré, ée, adj. (Fig.) *Amens, entis.*

désert, te, adj. *Desertus, a, um. Vastus.* Rendre désert, *vastare.*

désert, m. **1.** *Solitudo, inis*, f. *Desertus* (*i*) *locus* (*i*), m. Faire un désert (de), transformer en désert, *solitudinem facĕre, io** (acc.). ◆ **2.** (Fig.) Parler dans le désert, *vana surdis auribus canĕre*.*

déserter. I. Tr. *Deserere, o*. Linquere, o**. ◆ **II.** Intr. *Exercitum deserĕre**. Déserter à l'ennemi, *transfugere, io**.

déserteur, m. *Desertor, oris*, m. *Transfuga, ae*, m.

désertion, f. *Desertio, onis*, f. Désertion à l'ennemi, *transfugium, ii*, n.

désespérant, ante, part. *Luctuosus, a, um. Acerbus.*

désespéré, ée, adj. **1.** Dont on n'espère plus rien. *Desperatus, a, um. Deploratus.* Affaire désespérée, *negotium perditum;* être dans un état désespéré (situation matérielle), *in extremo stare*;* être dans un état désespéré (santé), *a medicis desertum* esse;* une résolution désespérée, *ultimum consilium.* ◆ **2.** Qui désespère. *Spe orbatus, a, um. Ab omni spe derelictus.* En désespéré, comme un désespéré, *desperanter;* être désespéré de ou que, *aegre ferre* quod* (ind. ou subj.).

désespérément, adv. *Desperanter.*

désespérer. I. Intr. *Desperare* (dat. ou *de*, abl.). Désespérer de (inf.), *nullam habēre* spem* (gén. du gér.); faire désespérer de, *spem adimĕre* (alicujus rei); spem auferre* (aliquid faciendi).* ◆ **II.** Tr. **1.** *Spem omnem auferre, fero* (alicui).* ◆ **2.** Affliger, *Angere, o** (acc.).

SE DÉSESPÉRER, r. *Desperatione affici (ior*). Animo angi*.*

désespoir, m. *Desperatio, onis,* f. Être au désespoir, *desperatione affici (ior*);* être au désespoir de qqch., *aliquid graviter maerēre*;* être au désespoir de ce que, *maerore se conficere (io*) quod* (ind. ou subj.); mettre qqn au désespoir, *ad desperationem aliquem adducĕre*;* en désespoir de cause, *omni spe abscisā;* faire le désespoir de (en parl. des choses), *negotia facessere** (dat.).

déshabiller, tr. *Veste exuere, o (aliquem).*

SE DÉSHABILLER, r. *Vestem deponere*.*

déshabituer, tr. *A consuetudine (alicujus rei) avocare (aliquem).* Déshabitué, *desuetus (ab).*

SE DÉSHABITUER, r. *Desuescĕre* (ab). Desuefieri (fio*) (ab).*

déshérence, f. Qui est tombé en —, *caducus, a, um.*

déshériter, tr. **1.** *Exheredare (aliquem).* Qui est déshérité, *exheres, edis* (gén.). ◆ **2.** (Fig.) *Orbare.*

déshonnête, adj. *Turpis, e. Obscenus, a, um.*

déshonnêtement, adv. *Obscene. Turpiter.*

déshonnêteté, f. *Turpitudo, inis,* f.

déshonneur, m. **1.** *Dedecus, oris,* n. *Ignominia, ae,* f. *Infamia,* f. ◆ **2.** (En parl. d'une femme) *Stuprum, i,* n.

déshonorant, ante, adj. *Ignominiosus, a, um. Turpis, e.* Action déshonorante, *flagitium, ii,* n.

déshonorer, tr. **1.** En parl. d'une pers. *Dedecorare* (acc.). *Infamiam inferre, fero* (alicui).* ◆ **2.** Ravir l'honneur à une femme. *Vitiare. Stuprare.* ◆ **3.** En parl. des choses. *Dedecorare. Dedecori esse (alicui).*

SE DÉSHONORER, r. **1.** *Dedecus admittere*.* ◆ **2.** (En parl. d'une femme) *Stuprum admittĕre*.*

desideratum, m. *Quod desideratur.*

désignation, f. **1.** D'un objet. *Significatio, onis,* f. ◆ **2.** D'un magistrat. *Designatio, onis,* f.

désigner, tr. *Designare.* Désigner par un nom, *nominare;* désigner qqn comme consul, *aliquem consulem designare.*

désillusionner, tr. *Errorem demere, o** (dat.).

SE DÉSILLUSIONNER, r. *Errorem deponere, o*.*

désinence, f. *Exitus, us,* m. *Terminatio, onis,* f. Avoir la

même désinence, *similiter cadĕre**.
désinfecter, tr. *Mephitim* ou *foetores* (*alicujus rei*) *tollere, o**.
désinfection, f. *Purgatio, onis,* f.
désintéressé, ée, adj. **1.** (En parl. des pers.) *Abstinens, entis* (gén.). *Omni cupiditate carens, entis.* Être désintéressé, *suae utilitati non inservire;* homme désintéressé, *homo integer;* je suis tout à fait désintéressé dans l'affaire, *ea nihil ad me attinent**. ◆ **2.** (En parl. des choses) *Gratuitus, a, um.*
désintéressement, m. *Abstinentia, ae,* f. *Integritas, atis,* f. Montrer du désintéressement, *abstinentem se gerĕre**.
désintéresser, tr. *Damnum compensare* (*alicui*).
SE DÉSINTÉRESSER, r. (de). *Non* (*amplius*) *curare* (acc.).
désinviter, tr. Il les désinvita, *eos cum invitasset, rogavit ne venirent**.
désinvolte, adv. *Expeditus, a, um. Liber, era, erum.*
désinvolture, f. *Liber* (*eri*) *habitus* (*us*), m. Avec —, *libere.*
désir, m. *Cupiditas, atis,* f. *Cupido, inis,* f. *Studium, ii,* n. *Desiderium, ii,* n. Vif désir, *libido, inis,* f.; *amor, oris,* m.; avoir le désir de, (*alicujus rei*) *desiderio tenēri**; *gestire* (inf.).
désirable, adj. *Expetendus, a, um. Optandus.*
désirer, tr. *Cupere, io**. *Appetere, o**. *Concupiscere, o**. Désirer vivement, *percupere, io**; désirer que, *cupere* (prop. inf.); *optare* (*ut* et le subj.); faire désirer qqch à qqn, *cupiditatem afferre** (*alicui*); se faire désirer, *desiderium sui facĕre* (*io**); *morari.*
désireux, euse, adj. *Cupidus, a, um* (gén.). *Appetens, entis* (gén.).
désistement, m. *Concessio, onis,* f.
désister (se), r. *Desistere, o** (*ab*). *Decedere, o** (*de*).
désobéir, intr. *Non parere, eo** (dat.). Être désobéi, *obsequentem non habēre* (*aliquem*).
désobéissance, f. *Contumacia, ae,* f.
désobéissant, ante, adj. *Dicto non audiens, entis.* Désobéissant par habitude, *contumax, acis.*
désobligeamment, adv. *Inhumane. Parum humane.*
désobligeance, f. *Inhumanitas, tis,* f.
désobligeant, ante, adj. *Inofficiosus, a, um* (*in aliquem*). Une parole désobligeante, *durum verbum.*
désobliger, tr. *Offendere, o** (acc.). *Molestum esse* (*alicui*).
désobstruer, tr. **1.** *Expedire.* ◆ **2.** (Méd.) *Purgare.*
désoccupé et **désœuvré, ée,** adj. *Otiosus, a, um.* Être désœuvré, *otiari.*
désœuvrement, m. *Desidia, ae,* f. *Otium, ii,* n.
désolant, ante, adj. *Luctuosus, a, um.*
désolation, f. **1.** Ravage. *Depopulatio, onis,* f. *Vastitas, atis,* f. ◆ **2.** Deuil. *Maeror, oris,* m. *Luctus, us,* m.

désoler, tr. **1.** Ravager. *Vastare. Populari.* ◆ **2.** Affliger. *Angere, o*. Maerore conficere, io*.*

SE DÉSOLER, r. *Maerere, eo*.*

désopiler, tr. *Purgare.* Désopiler la rate à, *risu qualĕre, io** (acc.); se désopiler la rate, *ilia risu dissolvĕre*.*

désordonné, ée, adj. **1.** Sans ordre. *Inordinatus, a, um. Incompositus.* ◆ **2.** Qui n'a pas d'ordre. *Negligens, entis.* ◆ **3.** Immoral. *Dissolutus, a, um.* ◆ **4.** Excessif. *Immoderatus, a, um. Immodicus.*

désordonnément, adv. *Inordinate. Immoderate.*

désordre, m. **1.** Confusion. *Perturbatio, onis,* f. *Confusio,* f. Désordre dans l'armée ou armée en désordre, *perturbata acies;* en désordre, *incomptus, a, um; incompositus;* mettre, jeter le désordre dans, *turbare* (acc.). ◆ **2.** Trouble. *Tumultus, us,* m. *Turba, ae,* f. Causer du désordre, *tumultuari;* qui met le désordre, *turbulentus;* qui est en désordre, *turbidus, a, um.* ◆ **3.** Excès. *Lascivia, ae,* f. *Effrenatio, onis,* f. Vivre dans le désordre, *flagitiose vivĕre*.*

désorganisation, f. **1.** *Dissolutio, onis,* f. ◆ **2.** (Fig.) *Disturbatio, onis,* f.

désorganiser, tr. **1.** *Dissolvere, o*.* ◆ **2.** (Fig.). *Disturbare.*

désorienter, tr. **1.** *A rectā viā abducere, o*.* Être désorienté, *errare.* ◆ **2.** (Fig.) *Haerere, eo*.* Je suis tout désorienté, *incertus sum quid agam*.*

désormais, adv. *Posthac. In posterum. Jam.*

désosser, tr. *Exossare.*

désourdir, tr. *Retexere, o** (*telam*).

despote, m. *Tyrannus, i,* m.

despotique, adj. **1.** *Tyrannicus, a, um.* ◆ **2.** (Fig.) *Superbus.*

despotiquement, m. **1.** *Tyrannice.* ◆ **2.** (Fig.) *Impotenter.*

despotisme, m. **1.** *Regnum, i* n. *Dominatio, onis,* f. ◆ **2.** (Fig.) *Superbia, ae,* f.

dessaisir, tr. *Retinere, eo*.*

SE DESSAISIR, r. *Amittere, o** (acc.).

dessaisissement, m. *Cessio, onis,* f.

dessaler, tr. *Salem eximere, o** (dat. ou *ex*, abl.).

desséchant, ante, adj. *Aridus, a, um.*

dessèchement, m. **1.** Action de dessécher. *Siccatio, onis,* f. ◆ **2.** État de ce qui est desséché. *Siccitas, atis,* f.

dessécher, tr. *Siccare. Exsiccare.* Desséché, *siccus, a, um; aridus.*

SE DESSÉCHER, r. **1.** *Arescere, o*.* ◆ **2.** (Fig.) *Tabescere, o*.*

dessein, m. *Consilium, ii,* n. *Propositum, i,* n. J'ai le dessein de, *cogito* (inf.); *mihi in animo est* (inf.); former le dessein de, *consilium capĕre* (*io**) (inf. ou gén. du gér.); exécuter un dessein, *cogitatum perficĕre* (*io**); dans quel dessein? *quem ad finem?* dans le dessein de, *eā mente ut* (subj.); *eo consilio ut* (subj.); à dessein, *consulto; de industria;* qui agit à dessein, *sciens, entis.*

desseller, tr. — un cheval, *ephippium equo detrahĕre*.*

desserre, f. Dur à la desserre, *tenax, acis.*

desserrer, tr. *Laxare.* Desserrer les dents, *labra diducĕre*.*

dessert, m. *Bellaria, iorum,* npl. *Secunda (ae) mensa (ae),* f.

desserte, f. *Reliquiae, arum,* fpl.

desservant, m. *Vicarius, ii,* m.

desservir, tr. **1.** Enlever ce qui a été servi sur la table. *Mensam auferre, fero*.* ◆ **2.** Nuire à qqn. *Male merēri, eor** (*de aliquo*). ◆ **3.** Être affecté au service de. *Servire* (dat.).

dessiccation, f. *Siccatio, onis,* f.

dessiller, tr. (Fig.) *Errorem eripere, io** (*alicui*). Mes yeux se dessillèrent, *resipui*.*

dessin, m. **1.** Image. *Imago, inis,* f. *Forma, ae,* f. *Descriptio, onis,* f. ◆. **2.** Art. *Graphice, es,* f. *Linearis (is) pictura (ae),* f.

dessinateur, m. *Delineandi peritus, a, um.*

dessiner, tr. **1.** *Delineare. Describere, o*.* ◆ **2.** (Fig.) *Exprimere, o*.*

SE DESSINER, r. **1.** *Formari.* ◆ **2.** (Fig.) *Exprimi*.* ◆ **3.** Apparaître. *Apparere, eo*.*

dessouder, tr. *Replumbare.*

dessous. I. Adv. **1.** *Subter. Infra.* Au-dessous, en dessous, par-dessous, *subter; infra;* ci-dessous, *infra;* là-dessous, *subter;* qui est en dessous, *inferior, ius; subjectus, a, um;* vêtement de dessous, *subucula, ae,* f.; mettre dessous, *subjicere* (*io**) ou *subdere** (*aliquid alicui* ou *alicui rei*); ôter, retirer de dessous, *subducĕre*;* couler en dessous, *subterfluĕre*;* attacher en dessous, *subligare;* écrire au dessous, *subscribĕre*;* être en dessous, *subesse*.* ◆ **2.** (Fig.) Être en dessous, *reconditā naturā esse;* agir en dessous, *dissimulanter facere* (*io*); regarder en dessous, *limis oculis aspicere* (*io*); homme, caractère en dessous, *tectus homo.* ◆ **II.** Loc. prép. Au-dessous de. *Sub* (abl. à la question *ubi;* acc. à la question *quo*). *Subter* (acc.). *Infra* (acc.). Mettre une chose au-dessous d'une autre, *rem rei postponĕre*;* au-dessous de vingt ans, *minor viginti annis.* ◆ **III.** Nom m. *Pars* (*partis,* f.) *inferior* (*ioris*). Le dessous de la main, *aversa (ae) manus (us),* f.; avoir le dessous, *vinci** (*ab*)*; cedere, o** (dat.).

dessus. I. Adv. **1.** Dessus, au-dessus, en dessus, par-dessus. *Supra. Insuper.* De dessus, *desuper;* ci-dessus, *supra; superius;* qui est au-dessus, *superior, ius; superpositus, a, um;* se tenir dessus, *superstare*;* être étendu par-dessus, *superjacēre*;* passer par-dessus, *transgredi, ior** (acc.); revêtir par-dessus (d'autres vêtements), *superinduĕre* (acc.). ◆ **2.** (Fig.) Là-dessus (sur ce sujet), *hāc de re;* (à ce moment-là), *tum;* par-dessus (par-dessus le marché), *praeterea.* ◆ **II.** Loc. prép. **1.** Au-dessus de. *Supra* (acc.). *Super* (acc. et abl.). S'élever au-dessus du sol, *e terrā eminēre.* **2.** (Fig.) Être au-dessus de, *antecedĕre** ou *superare* (*aliquem* ou *aliquid*)*;* être au-dessus de tout, *omnia subter se habēre*;* mettre au-dessus de, *anteponĕre** (*aliquem alicui*)*;* au-dessus de vingt ans, *supra viginti annos.* ◆ **3.** Par-dessus. *Super* (acc.). Par-dessus tout, *ante omnia;* aimer par-dessus tout, *unice diligĕre*;* ce qui est donné par-dessus le marché, *corollarium, ii,* n. ◆ **III.** Nom m. *Pars* (*partis,* f.) *superior* (*ioris*). Le dessus de l'eau, *summa aqua;* avoir le dessus (dans une lutte, une concurrence), *vincĕre*; superare;* prendre, reprendre le dessus, *praevalēre*; resurgĕre*.*

destin, m. **1.** Fatalité. *Fatum, i,* n. Arrêt du destin, *fatum;* amené, déterminé par le destin, *fatalis, e;* selon l'ordre du destin, *fataliter;* contre l'ordre du destin, *praeter fatum.* ◆ **2.** Sort particulier de chacun. *Fatum. Vitae cursus, us,* m.

destinataire, m. et f. *Qui* (*quae*) *accipit** ou *cui datur*.*

destination, f. **1.** Emploi. *Destinatio, onis,* f. Donner à qqch. une autre destination, *aliquid in aliud destinare.* ◆ **2.** Lieu. *Locus, i,* m. Ma destination, *locus quo tendo*;* denrées à destination de l'Italie, *merces quae in Italiam mittuntur*.*

destinée, f. *Fatum, i,* n. Il était dans sa destinée de, *fatum erat ei* (inf.); fixer la destinée de qqn, *de aliquo statuĕre;* telle est notre destinée, *eā condicione nati* sumus;* être appelé à de hautes destinées, *ad majora genitum* esse.*

destiner, tr. *Destinare* (à, *ad*). *Addicere, o** (à, dat.). Destiné à, *reservatus, a, um* (*ad*). *Natus* (*ad* ou dat.).

SE DESTINER, r. *Parari* (*ad* ou dat.). Qui se destine à, *cui animus est se conferre ad.*

destituer, tr. *Ex officio amovere, eo** (acc.). Destituer un préfet, *praefectura aliquem dejicere, io*.*

destitution, f. *Ordinis amotio, onis,* f.

destrier, m. *Equus, i,* m.

destructeur, trice. I. Nom m. et f. *Eversor, oris,* m. *Deletrix, icis,* f. ◆ **II.** Adj. *Exitiosus, a, um.*

destruction, f. *Eversio, onis,* f. *Pernicies, ei,* f.

désuet, ète, adj. *Obsoletus, a, um. Insolens, entis.*

désuétude, f. *Desuetudo, inis,* f. Tomber en désuétude, *obsolescere, o*.*

désunion, f. **1.** Séparation. *Sejunctio, onis,* f. *Discidium, ii,* n. ◆ **2.** (Fig.) Désaccord. *Discordia, ae,* f. *Dissensio, onis,*

f. Mettre la désunion parmi, *dissociare* (acc.).

désunir, tr. **1.** Séparer. *Sejungere*, o*. *Disjungĕre*, o*. ◆ **2.** (Fig.) Rompre la bonne intelligence. *Disjungere**. Désunir deux personnes, *aliquem ab aliquo abalienare.*

détachement, m. **1.** Liberté d'esprit. *Liber* (*eri*) *animus* (*i*), m. ◆ **2.** Troupe de soldats. *Manus, us*, f.

1. détacher, tr. Oter les taches de. *Maculas delere, eo* (gén.).

2. détacher, tr. **1.** Délier, séparer. *Solvere, o**. Détacher une branche d'un arbre, *ramum ex arbore abrumpĕre** ou *decerpĕre;* détacher de la légion deux cohortes, *duas cohortes a legione detrahĕre*;* détacher de la cavalerie, *equites praemittĕre**. ◆ **2.** (Fig.) *Abstrahere, o**. Détacher de l'alliance romaine, *a societate romanā avertere**. Esprit détaché, *animus liber* ou *alienus* (*ab*); mots détachés, *excerpta, orum*, npl.

SE DÉTACHER, r. **1.** Se délier, se séparer. *Solvi**. Les feuilles se détachent des arbres, *ex arboribus cadunt* folia;* des troupes se détachèrent pour attaquer, *procucurrerunt* copiae.* ◆ **2.** (Fig.) *Divelli**. Se détacher de qqn, *ab aliquo se abalienare;* se détacher de la vie, *vitae blandimenta abrumpere**; objets qui se détachent sur, *res quae prominent* ex* (abl.).

détail, m. **1.** *Singulae* (*arum*) *res* (*rerum*), fpl. *Singula, orum*, npl. Vendre au détail, *singulas merces venditare;* marchand au détail, *institor, oris*, m. ◆ **2.** (Fig.) En détail, *particulatim; singillatim;* donner des détails sur, *accuratius perscribĕre* de;* entrer dans les moindres détails, *res minimas enarrare.*

détaillant, m. *Institor, oris*, m.

détailler, tr. **1.** Diviser par portions. *In partes dividere*, o*. Vendre au détail, *divendere**. ◆ **2.** Examiner ou raconter en détail. *Singillatim dicĕre, o** (*de*). Détaillé, *accuratus, a, um.*

dételer, intr. *Sarcinulas colligere, o**.

déteindre. I. Tr. *Decolorare.* Qui est déteint, *decolor, oris.* ◆ **II.** Intr. *Decolorari.* Il a déteint sur eux, *colorem ejus duxerunt**.

dételer, tr. *Disjungere, o**.

détendre, tr. **1.** *Remittere, o**. ◆ **2.** (Fig.) *Laxare.*

SE DÉTENDRE, r. *Laxari. Remitti**. *Mitescere, o** (en parl. de la température). *Aliquid iracundiae remittĕre** (en parlant des rapports entre deux personnes).

détenir, tr. *Retinere, eo**. Détenir en prison, *custodire.*

détente, f. *Relaxatio, onis*, f. *Remissio, onis*, f.

détenteur, m. *Detentor, oris*, m. Être détenteur de, *retinēre** (acc.).

détention, f. **1.** Action de détenir. *Detentio, onis*, f. ◆ **2.** Captivité. *Custodia, ae*, f.

détenu, ue, adj. *Vinctus, a, um.*
détérioration, f. *Injuria, ae,* f. *Situs, us,* m.
détériorer, tr. *Corrumpere, o*.* *Deteriorem facere, io** (*rem*).
déterminant, ante, adj. Motif déterminant, *causa, ae,* f.; *momentum, i,* n.
détermination, f. **1.** Action de déterminer. *Definitio, onis,* f. ◆ **2.** Résolution. *Consilium, ii,* n. *Propositum, i,* n. Prendre la — de, *in animum inducĕre* ut* (subj.).
déterminer, tr. **1.** Fixer. *Definire. Constituere, o.* ◆ **2.** Amener, causer. *Efficere, io*.* Déterminer un retard, *moram inferre*.* ◆ **3.** Décider. *Adducere, o** (à, *ad*, gér. ou *ut*, subj.). *Impellere, o** (à, *ad* ou *ut*). Déterminé à, *paratus, a, um* (inf. ou *ad*); un homme déterminé, *vir audax.*
SE DÉTERMINER, r. Prendre un parti. *Statuere, o. Constituere, o. Consilium capere, io** (à, *ut*, subj.).
déterrer, tr. **1.** *Effodere, io*.* ◆ **2.** Exhumer. *Detegere, o*.* (Fig.) Une mine de déterré, *cadaverosa facies,* f. ◆ **3.** (Fig.) *Eruere, o.*
détestable, adj. **1.** Qui doit être détesté. *Detestabilis, e. Detestandus, a, um.* ◆ **2.** Très mauvais. *Pessimus, a, um. Deterrimus.*
détestablement, adv. *Nefarie. Pessime.*
détestation, f. *Detestatio, onis,* f.
détester, tr. *Detestari. Exsecrari. Odisse, odi*.* Être détesté, *in odio esse;* se faire détester de, *in maximum odium venire** (dat.).
détirer, tr. *Deducere, o*.*
détisser, tr. *Retexere, o*.*
détonation, f. *Sonitus, us,* m. *Fragor, oris,* m.
détoner, intr. *Intonare*.*
détonner, intr. **1.** En parl. d'un chanteur. *Absurde canere, o*.* ◆ **2.** En parl. de la musique. *Discrepare*.* ◆ **3.** En parl. du langage, du style. *Absonum (am, um) esse.*
détordre, tr. et **détortiller,** tr. *Evolvere, o*.*
détour, m. **1.** *Circuitus, us,* m. *Deverticulum, i,* n. Détour d'une route, *flexus* (*us,* m.) *viae;* qui a beaucoup de détours, rempli de détours, *flexuosus, a, um;* faire un détour, *viam flectĕre*.* ◆ **2.** (Fig.) *Anfractus, us,* m. *Ambages, um,* fpl. Qui s'exprime au moyen de détours, *flexiloquus, a, um; ambiguus;* qui est sans détours, *simplex, icis;* sans détour, *aperte.*
détournement, m. **1.** D'un cours d'eau. *Deductio, onis,* f. *Derivatio,* f. ◆ **2.** D'argent. *Suppressio, onis,* f. ◆ **3.** De mineur. *Corruptio, onis,* f. *Perversio,* f.
détourner, tr. **1.** *Avertere, o*.* *Deflectere, o*.* *Detorquere, eo*.* Détourner les yeux de qqn, *oculos ab aliquo deflectĕre;* chemin détourné, *devium iter.* ◆ **2.** (Fig.) Détourner qqn de qqch., *ab aliquā re aliquem avocare;* détourner qqn de (faire qqch.), *aliquem deterrēre*

ne (subj.); détourner qqch. sur qqn, *aliquid in aliquem transferre**; détourner le sens d'une phrase, *loci sensum detorquĕre**; expression détournée, *inflexum verbum*; moyens détournés, *ambages, um*, fpl.; détourner (un malheur) par des prières, par des sacrifices, *deprecari* (*aliquid*); détourner de l'argent, *supprimĕre* pecuniam.*

SE DÉTOURNER, r. **1.** *Declinare. Deflectĕre**. ◆ **2.** (Fig.) La conversation s'est détournée sur, *deflexit* sermo ad*; se détourner de qqn, *ab aliquo se devertĕre**.

détracter, tr. et intr. *Detrahere, o** (*de aliquo*).

détracteur, m. *Obtrectator, oris*, m.

détraction, f. *Obtrectatio, onis*, f.

détraquer, tr. **1.** *Turbare.* ◆ **2.** (Fig.) Cerveau détraqué, *mens alienata.*

détremper, tr. *Diluere, o. Madefacere, io**.

détresse, f. **1.** Angoisse. *Angor, oris*, m. ◆ **2.** Situation malheureuse. *Inopia, ae*, f. Être dans la détresse, *in angustiis esse*; cri de détresse, *pavidus clamor.*

détriment, m. *Detrimentum, i*, n. *Damnum, i*, n. A mon détriment, *meo incommodo*; au détriment de, *cum detrimento* (gén.).

détritus, m. *Rudera, um*, npl.

détroit, m. **1.** Bras de mer. *Fretum, i*, n. ◆ **2.** Espace resserré. *Angustiae, arum*, fpl. *Fauces, ium*, fpl.

détromper, tr. *Errorem eripere, io** (*alicui*).

SE DÉTROMPER, r. *Errorem deponĕre**.

détrôner, tr. *Regno pellere, o** (*aliquem*).

détrousser, tr. **1.** Détrousser une robe, *cinctam vestem resolvĕre**. ◆ **2.** Voler. *Spoliare. Depilare.*

détrousseur, m. *Latro, onis*, m.

détruire, tr. **1.** Abattre, ruiner. *Diruere, o. Destruere, o**. Détruire de fond en comble, *funditus evertĕre**; détruire une lettre, *epistulam delere.* ◆ **2.** (Fig.) *Destruĕre**. *Confringere, o**. *Delere, eo.* Détruire le crédit de qqn, *gratiam alicujus convellĕre**; détruire une accusation, *crimen diruĕre.* ◆ **3.** Tuer. *Interficere, io**.

SE DÉTRUIRE, r. *Interire* (*eo**). *Perire* (*eo**). *Labi**.

dette, f. **1.** *Debitum, i*, n. *Aes* (*aeri*, n.) *alienum* (*i*). Qui a des dettes, *obaeratus, a, um*; avoir des dettes, *aere alieno laborare*; n'avoir pas de dettes, *in aere alieno nullo esse*; être perdu de dettes, *aere alieno premi**; faire ou contracter une dette, *aes alienum contrahĕre**; payer ou acquitter ses dettes, *aes alienum dissolvĕre**; payer les dettes de qqn, *aere alieno aliquem liberare*; se charger des dettes de qqn, *aes alienum alicujus suscipere, io**; remettre une dette, *creditam pecuniam condonare* (*alicui*). ◆ **2.** (Fig.) *Debitum.* Payer sa dette à un bienfaiteur, *solvĕre* beneficia alicui;* payer sa dette à la patrie, *patriae satisfacĕre, io*.*

deuil, m. **1.** Affliction. *Luctus, us,* m. Être en deuil de qqn. *Lugere, eo** (acc.). ◆ **2.** Habits de deuil. *Lugubris (is) ornatus (us),* m. *Lugubria, ium,* npl. Être en deuil, *squalere*;* vêtu de deuil, *atratus, a, um;* prendre le deuil, *lugubrem vestem induĕre;* porter le deuil de qqn, *lugēre* aliquem.* ◆ **3.** Funérailles. Conduire le deuil, *funera ducĕre*;* chant de deuil, *lugubris cantus; naenia, ae,* f. ◆ **4.** (Fig.) Deuil de la nature, *naturae squalor;* faire son deuil de qqch., *amissum aliquid aestimare.*

deux, adj. num. *Duo, duae, duo.* Un ou deux, *unus aut alter;* deux camps, *bina castra;* deux fois deux, *bis bini (ae, a);* deux ensemble (une paire), deux à deux, *bini, ae, a;* deux pour chacun, chacun deux, *bini, ae, a;* les deux, tous deux, *ambo, ae, o;* chacun des deux, tous les deux, *uterque, utraque, utrumque;* qui dure deux mois, deux ans, *bimestris, e; biennis, e;* tous les deux jours, de deux jours l'un, *alternis diebus; tertio quoque die;* lequel des deux? *uter, utra, utrum?* l'un des deux, *alteruter, tra, trum;* aucun des deux, *neuter, tra, trum;* deux fois, *bis;* deux fois autant, *duplum, i,* n., deux fois plus grand, *duplo major;* des deux côtés, *utrimque;* dans les deux endroits, dans les deux cas, *utrobique;* le deux du mois, *altero* ou *secundo die mensis;* espace de deux jours, de deux ans, *biduum, i,* n.; *biennium, ii,* n.; espace entre deux, *intervallum, i,* n.; qui pèse deux livres, *bilibris, e;* qui a deux pieds, deux têtes, *bipes, edis; biceps, cipitis;* âgé de deux ans, *bimus, a, um;* plié, fendu, divisé en deux, *curvatus, a, um; bifidus; bipartito divisus;* piquer des deux, *equo calcar addĕre*;* s'aider des deux mains, *utraque manu uti*;* dire deux fois la même chose, *verba iterare;* j'ai deux mots à vous dire, *te tribus (verbis) volo* (alloqui).**

deuxième, adj. *Alter, era, erum. Secundus, a, um.* Être le deuxièmc, *secundum locum detinēre*;* pour la deuxième fois, *iterum; secundum.*

deuxièmement, adv. *Secundo.*

dévaler. I. Tr. *Demittere, o*.* ◆ **II.** Intr. *Descendere, o*.*

dévaliser, tr. *Spoliare.*

devancer, tr. **I.** Arriver avant. **1.** Dans l'espace. *Antecedĕre, o*.* ◆ **2.** Dans le temps. *Praecurrere, o*. Praevenire*.* ◆ **II.** Surpasser. *Superare. Vincere, o*. Praestare** (dat.).

devanciers, mpl. **1.** Prédécesseurs. *Superiores, um,* mpl, ◆ **2.** Ancêtres. *Majores, um.* mpl.

devant. I. Prép. *Ante* (acc.). *Pro* (abl.). *Prae* (abl.). *Coram* (abl.). Se tenir devant la porte, *prae foribus stare**; porter qqch. devant qqn, *alicui praeferre* aliquid;* placer qqch. devant qqn, *alicui anteponĕre* aliquid;* marcher devant qqn, *aliquem antecedĕre*; alicui praeire, eo*;* passer devant qqn, *aliquem praeterire, eo*;* mettre, pousser, envoyer devant soi, *prae se agĕre*; praemittĕre*;* mettre devant les yeux, *oculis proponĕre**. ◆ **II.** Par-devant, *coram;* au-devant de, *obviam* (dat.); qui est ou qui vient au-devant de, *obvius, a, um* (dat.); de devant qqn, *e conspectu alicujus.* ◆ **III.** Adv. *Ante. Antea. Prius.* Marcher, courir devant, *praegredi, ior*; praecurrĕre*;* par-devant, *a fronte; adversus, a, um;* attacher par-devant, *praeligare;* ci-devant, *antea.* ◆ **IV.** Nom m. *Prior* (*oris*) ou *anterior* (*oris*) *pars* (*partis*), f.; prendre les devants (sur), *praeoccupare* (acc.); *praevenire** (acc.); sur le devant de, *pro* (abl.).

devanture, f. *Frons, ontis,* f.

dévastateur, trice. I. Nom m. et f. *Populator, oris,* m. *Populatrix, icis,* f. ◆ **II.** Adj. *Exitiosus, a, um.*

dévastation, f. *Vastitas, atis,* f. *Populatio, onis,* f.

dévaster, tr. *Vastare. Populari.*

déveine, f. (Fam.) *Adversa fortuna,* f.

développement, m. **1.** Déploiement. *Explicatio, onis,* f. ◆ **2.** Progrès. *Incrementum, i,* n. *Auctus, us,* m. Prendre du développement, *crescĕre**. ◆ **3.** (Fig.) Etendue. *Explicatio, onis,* f. Le développement d'une action dramatique, *ductus, us,* m.; entrer dans de longs développements, *fusius dicĕre**; donner du — à un sujet, *edisserĕre* aliquid.*

développer, tr. **1.** Oter l'enveloppe. *Explicare*. Expedire.* ◆ **2.** Etendre, déployer. *Evolvere, o*. Pandere, o*. Extendere, o*.* ◆ **3.** (Fig.) Faire paraître. *Ostendere, o*.* ◆ **4.** Faire croître. *Alere, o*. Augere, eo*.* L'étude développe l'intelligence, *mens hominis discendo alitur**. ◆ **5.** (Fig.) Exposer (dans le discours). *Explicare*. Disserere, o*.*

SE DÉVELOPPER, r. **1.** Se déployer. *Explicari**. ◆ **2.** Croître. *Ali*. Crescĕre**. ◆ **3.** S'étendre (par le discours). *Explicari**.

devenir, intr. *Fieri, fio*. Evadere, o*.* Que deviens-tu? *quid agis*?* Il ne savait que devenir, *quo se verteret* non habebat**.

dévergondage, m. *Propudium, ii,* n.

dévergondé, ée, adj. *Inverecundus, a, um.*

dévergonder (se), r. *Pudorem ponere, *o.*

déverrouiller, tr. *Reserare* (*januam*).

devers, prép. *Versus* (acc.). Par-devers, *penes* (acc.). Avoir qqch. par-devers soi, *aliquid in promptu habĕre**.

déverser. I. Intr. Incliner. *Inclinare.* ◆ **II.** Tr. Répandre.

*Effundere, o** (dans, *in*, acc.).

déversoir, m. *Emissarium, ii*, n.

dévêtir, tr. *Veste exuere, o* (acc.).

SE DÉVÊTIR, r. *Vestem exuĕre. Corpus nudare.*

déviation, f. *Deflexio, onis*, f. Déviation des membres, *prava membra*, npl.

dévider, tr. *Evolvere, o**.

dévidoir, m. *Girgillus, i*, m.

dévier, intr. *A viā declinare.* Faire dévier de ses principes, *de fide deducĕre**; qui dévie, *transversus, a, um.*

devin, m. *Vates, is*, m. *Hariolus, i*, m.

deviner, tr. **1.** Prédire. *Vaticinari* (acc. étym. ou prop. inf.). ◆ **2.** (Fig.) Conjecturer. *Conjicere, io**. *Prospicere, io**. *Praesagire**. Tu devines juste, *rem attingis**; deviner un songe, *somnium interpretari;* deviner une énigme, *aenigma solvĕre**.

devineresse, f. *Vates, is*, f. *Hariola, ae*, f.

devinette, f. *Aenigma, atis*, n.

devis, m. **1.** Conversation. *Confabulatio, onis*, f. *Sermo, onis*, m. ◆ **1.** État du prix d'un ouvrage. *Aestimatio, onis*, f.

dévisager, tr. **1.** Défigurer. *Vultum deformare (alicui).* ◆ **2.** Regarder en face. *Oculis intentis* ou *in faciem intueri, eor** *(aliquem).*

devise, f. *Sententia, ae*, f. *Dictum, i*, n.

deviser, intr. *Confabulari. Colloqui, or**.

dévisser, tr. *Retorquere, eo**.

dévoiement, m. (Médec.) *Ventris fluxio, onis*, f.

dévoilement, m. *Revelatio, onis*, f.

dévoiler, tr. **1.** *Detegere, o**. *Revelare.* ◆ **2.** (Fig.) *Aperire**. *Detegere, o**. *Prodere, o**. Être dévoilé, *erumpĕre**.

SE DÉVOILER, r. *Se ostendēre**. *Apparere**. *Manifestum fieri**.

1. devoir, tr. Être débiteur de. *Debere, eo**. Devoir de l'argent à qqn, *alicui pecuniam debēre**. ◆ **2.** Être redevable de. *Debēre**. C'est à toi que nous devons la vie, *nobis saluti fuisti;* c'est à moi que tu dois de, *mihi gratiam habes* quod* (indic.); devoir le jour à, *oriundum esse ex.* ◆ **3.** Être obligé de. (Nécessité physique) *Necesse esse. Oportēre** (impers.). (Nécessité morale) *Debēre**. *Esse* et adj. verb. en *dus.* L homme doit mourir, *homini necesse est mori;* nous devons pratiquer la vertu, *nobis colenda* est virtus;* que dois-je faire? *quid faciam?** tu devrais, tu aurais dû le demander, *id poscere debes**, *debebas.* ◆ **4.** Paraître. Il doit être coupable, *reus esse videtur**. ◆ **5.** Être sur le point de. Fut. périphrastique. Je dois aller à la ville, *in urbem iturus* sum.*

SE DEVOIR, r. **1.** Devoir soi-même. *Se debēre** *(alicui).* ◆ **2.** Être juste. Comme cela se devait, *ut par* ou *aequum erat.*

2. devoir, m. **1.** Obligation morale. *Officium, ii*, n. Fonction. *Munus, eris*, n. Remplir, faire son devoir, *officium praestare*; munere perfungi**; manquer à son devoir, s'écarter de son devoir, *officio deesse**; le devoir d'un jeune homme est de, *est adulescentis* (inf.); il est de mon devoir de, c'est mon devoir de, *meum est* (inf.); se mettre en devoir de, *se parare ad*; devoir d'écolier, *pensum, i*, n. ◆ **2.** (Pl.) *Officium*. Rendre ses devoirs à qqn, *aliquem salutare*; rendre les derniers devoirs à, *justa reddĕre** (dat.).

dévolu, ue. I. Adj. Être dévolu à, *obtingĕre** (dat.). ◆ **II.** Nom m. Jeter son dévolu sur, *eligĕre** (acc.).

dévolution, f. *Hereditatis jus, juris*, n.

dévorant, ante, adj. *Vorax, acis. Edax.* Un appétit dévorant, *edacitas, atis*, f.

dévorer, tr. **1.** *Vorare. Devorare.* Le feu dévore tout, *omnia ignis absumit**. ◆ **2.** (Fig.) Dévorer son patrimoine, *patrimonium devorare*; dévorer qqn des yeux, *oculis aliquem comedĕre**; dévorer son chagrin, ses larmes, *dolorem, lacrimas premere**; dévorer un livre, *librum vorare*; dévorer l'espace, *viam corripere, io**; être dévoré par la fièvre, *febre peruri**; être dévoré (d'une passion), *flagrare* (abl.).

dévot, ote, adj. *Pius, a, um.*

dévotement, adv. *Pie.*

dévotion, f. **1.** Piété. *Pietas, atis*, f. ◆ **2.** Pratique religieuse. *Religio, onis*, f. ◆ **3.** Dévouement. Je suis tout à ta dévotion, *totus sum tuus.*

dévouement, m. **1.** Sacrifice de sa vie. *Devotio, onis*, f. ◆ **2.** Attachement, zèle. *Voluntas, atis*, f. *Studium, ii*, n. Avec dévouement, *summo studio.*

dévouer, tr. *Devovere, eo**. Dévoué, *devotus, a, um* (dat.); *deditus* (dat.). Être très dévoué à qqn, *alicui inservire*; je suis votre tout dévoué, *totus sum vester*; sentiments dévoués, *impensa voluntas* (*erga aliquem*).

SE DÉVOUER, r. *Se devovĕre** (*alicui*). *Deservire* (*alicui*). *Se dedere** (*alicui rei*).

dévoyer, tr. **1.** Écarter de la voie. *De viā deducere, o**. Dévoyé, *devius, a, um*; (fig.) *de rectā viā depulsus.* ◆ **2.** Écarter de la verticale. *Obliquare.* ◆ **3.** (Médec.) *Alvum solvere, o**.

SE DÉVOYER, r. *De viā declinare.*

dextérité, f. *Sollertia, ae*, f. (Fig.) *Dexteritas, atis*, f. Qui a de la dextérité, *sollers, ertis.*

dextre. I. Adj. *Dexter, tera, terum.* ◆ **II.** Nom f. *Dextera* (*ae*) *manus* (*us*), f.

dextrement, adv. *Sollerter.*

diable, m. *Diabolus, i*, m. Se démener comme un diable dans un bénitier, faire le diable à quatre, *bacchari*; avoir le diable au corps, *intemperiis agitari*; envoyer qqn au diable, à tous les diables, *diris devovĕre* aliquem*; va-t'en au diable, *abi**

ad Acherontem; envoyer tout au diable, *valēre omnia dicĕre**; se donner un mal du diable, *laborem exsudare;* tirer le diable par la queue, *vix se sustentare;* instruit en diable, *doctissimus, a, um;* un pauvre diable, *homo nihili;* que diable (juron)! *malum!* que diable faites-vous là? *pro, quid agis*?*

diablement, adv. *Multum. Valde.*

diablerie, f. Sortilège. *Maleficium, ii,* n. *Dolus, i,* m.

diablesse. *Nequam bestia, ae,* f.

diablotin, m. (Fig.) *Nebulo, onis,* m.

diabolique, adj. **1.** *Diabolicus, a, um.* ◆ **2.** (Fig.) *Nefarius, a, um. Deterrimus.*

diaboliquement, adj. *Nefarie. Pessime.*

diaconat, m. *Diaconatus, us,* m.

diaconesse, f. *Diaconissa, ae,* f.

diacre, m. *Diaconus, i,* m.

diadème, m. *Diadema, atis,* n. Qui porte le diadème, *diadematus, a, um;* poser le diadème sur la tête de qqn, *diadema alicui imponĕre**.

diagnostic, m. *Cognitio, onis,* f.

diagnostiquer, tr. *Dignoscere, o**.

diagonal, ale, adj. *Obliquus, a, um. Diagonalis, e.* En diagonale, *per transversum.*

dialecte, m. *Dialectos, i,* f.

dialecticien, m. *Dialecticus, i,* m.

dialectique, adj. **1.** *Dialecticus, a, um.* ◆ **2.** Nom f. *Dialectica (ae) ars (artis),* f.

dialogue, m. *Dialogus, i,* m. *Sermo, onis,* m. (Théâtre) *Diverbium, ii,* n.

dialoguer, intr. *Sermocinari. Colloqui, or**.

diamant, m. *Adamas, antis* (acc. *anta*), m. De diamant, *adamantinus, a, um.*

diamantaire, m. *Gemmarius, ii,* m.

diamétralement, adv. **1.** *Ad diametron.* ◆ **2.** (Fig.) *Longe.*

diamètre, m. *Diametros, i,* f. Qui a un pied de diamètre, *pedalis, e.*

Diane. *Diana, ae,* f. De — *Dianius, a, um.*

diane, f. *Quarta (ae) vigilia (ae),* f. Sonner la diane, *ad quartam vigiliam signum dare**.

diantre, interj. *Papae! Malum!* Diantre soit de..., *apage!* (acc.) V. DIABLE.

diapason, m. *Vocum mensio, onis,* f.

diaphane, adj. *Perlucidus, a, um.*

diaphragme, m. *Praecordia, iorum,* npl.

diaprer, tr. *(Coloribus) distinguere, o**.

diaprure, f. *Varii (iorum colores (um),* mpl.

diarrhée, f. *Alvi profluvium, ii,* n. Avoir la diarrhée, *profluvio laborare.*

diatribe, f. *Convicium, ii,* n.

dictame, m. *Dictamnus, i,* f.

dictateur, m. *Dictator, oris,* m. De dictateur, *dictatorius, a, um.*

dictature, f. *Dictatura, ae,* f.

dictée, f. **1.** Action de dicter. *Dictatio, onis,* f. ◆ **2.** (Fig.) Chose dictée. *Dictata, orum.* npl.

dicter, tr. **1.** *Dictare.* ◆ **2.**

(Fig.) Suggérer. *Praeire, eo**. Dicter une formule (à qqn), *praeire** (*alicui*). ◆ **3.** Inspirer. *Injicere, io**. La crainte dicte leurs résolutions, *metum in consilio habent** ◆ **4.** Prescrire. *Imponere, o**. Dicter des lois aux vaincus, *dicĕre* leges victis*.

diction, f. *Elocutio, onis,* f.

dictionnaire, m. *Glossarium, ii,* n.

dicton, m. *Dictum, i,* n. *Proverbium, ii,* n.

didactique, adj. *Praeceptivus, a, um.*

dièse, m. *Diesis, eos* (acc. *in*, abl. *i*), f.

1. diète, f. **1.** Manière de vivre. *Diaeta, ae,* f. ◆ **2.** Abstinence. *Inedia, ae,* f. *Jejunium, ii,* n. Être à la diète, *inediam sustinere**; mettre à la diète, *inediam indicĕre** (*alicui*).

2. diète, f. Assemblée. *Consilium, ii,* n. Tenir la diète, *conventus agĕre**.

Dieu, m. *Deus, i,* m. Les dieux, *dei, deorum,* mpl. Grands dieux! *pro dii immortales!* plaise aux dieux que, Dieu veuille que, *utinam* (subj.); que Dieu m'en préserve, *quod Deus avertat**; Dieu me soit en aide, *ita me Deus adjuvet**; grâce à Dieu, Dieu merci, *gratias Deo;* Dieu vous garde, *salvus sis;* jurer ses grands dieux, prendre Dieu à témoin (que), *deos* ou *Deum testari* (prop. inf.); mettre au rang des dieux, *in deorum numerum referre** (*aliquem*); se faire un dieu de son ventre, *ventri servire;* ce poète qui est mon dieu, *poeta ille deus meus.*

diffamant, ante, adj. et **diffamatoire,** adj. *Contumeliosus, a, um. Probrosus.*

diffamateur, m. *Obtrectator, oris,* m.

diffamation, f. *Obtrectatio, onis,* f. *Calumnia, ae,* f.

diffamer, tr. *Maledicere, o** (dat.). *Obtrectare* (dat.). *Fama spoliare* (*aliquem*). Être diffamé, *infamiā opprimi**; diffamé, *infamis, e.*

différemment, adv. *Aliter. Secus.*

différence, f. *Differentia, ae,* f. *Dissimilitudo, inis,* f. *Discrimen, inis,* n. Faire, établir une différence entre, *distinguĕre** (*rem a re*); il y a de la différence entre, *interest* inter* (acc.); à la différence près que, *praeterquam quod* (indic.).

différencier, tr. *Discriminare.*

différend, m. *Contentio, onis,* f. *Lis, litis,* f. Avoir un différend, être en différend avec qqn, *controversiam cum aliquo habēre** (*de*); *cum aliquo contendĕre** (*de*).

différent, ente, adj. **1.** Dissemblable. *Dissimilis, e* (gén. ou dat.). Ils sont tous d'un avis différent, *inter se dissident**; être différent de soi-même, *sibi non constare**. ◆ **2.** Au plur. Plusieurs. Différentes personnes, *nonnulli, ae, a.*

différer. I. Tr. Retarder. *Differre, fero**. *Proferre**. *Prolatare.* Différer de jour en jour, *diem ex die ducĕre**;

sans différer, *sine cunctatione*. ◆ **II.** Intr. Être dissemblable. *Differre** (*ab*). *Distare** (*ab*). *Abesse, absum** (*ab*). Différer d'opinion avec qqn, sur, *cum* ou *ab aliquo dissentire** *de* (abl.).

difficile, adj. **1.** Malaisé. *Difficilis, e. Arduus, a, um.* Entreprise fort difficile, *perdifficilis res;* il est difficile de, *arduum est* (inf.); difficile à dire, *dictu difficilis;* temps difficiles, *impedita tempora.* ◆ **2.** Exigeant. *Difficilis.* Humeur difficile, *morositas, atis,* f.; faire le difficile, *fastidiosum se gerĕre**.

difficilement, adv. *Aegre.* Faire difficilement qqch., *aliquid aegre* (ou *invitum*) *facere, io**.

difficulté, f. **1.** Manque de facilité. *Difficultas, atis,* f. ◆ **2.** Obstacle. *Impedimentum, i,* n. Avoir de la difficulté à marcher, *non valēre* pedibus;* l'affaire présente de grandes difficultés, *res est in magnā difficultate;* créer des difficultés à qqn, *negotium alicui facessĕre*;* lever les difficultés, *rem expedire;* faire des difficultés pour, *cunctari* ou *gravari* (inf.); il n'y a aucune difficulté de ma part, *nihil in me est morae;* avec difficulté, *aegre;* sans difficulté, *nullo negotio; haud gravate.* ◆ **3.** Démêlé. *Controversia, ae,* f.

difficultueux, euse, adj. (Pers.) *Scrupulosus, a, um.*

difforme, adj. *Deformis, e. Pravus, a, um.*

difformité, f. *Deformitas, atis,* f. *Pravitas,* f. Difformité physique, *corporis vitium, ii,* n.

diffus, use, adj. **1.** *Diffusus, a, um.* ◆ **2.** (Fig.) *Verbosus, a, um.*

diffusément, adv. *Fuse. Verbose.*

diffusion, f. **1.** Extension, distribution. *Propagatio, onis,* f. La diffusion de la lumière, *diffusa lux.* ◆ **2.** Prolixité. *Redundantia, ae,* f. *Oratio latior,* f.

digérer, tr. **1.** *Concoquere, o**. Difficile à digérer, *stomacho onerosus.* ◆ **2.** (Fig.) *Concoquere, o**. *Devorare.* Digérer une lecture, *rem lectam conficĕre, io*;* digérer une insulte, *contumeliam ferre**.

digestion, f. **1.** *Concoctio, onis,* f. Qui est de digestion facile, difficile, *coquibilis, e; gravis.* ◆ **2.** (Fig.) Qui est de dure digestion, *aegre ferendus, a, um.*

digitale, f. *Digitalis* (*is*) *flos* (*floris*), m.

digne, adj. *Dignus, a, um* (abl.). Digne d'obtenir, *dignus qui impetret;* un digne homme, *vir gravis;* attitude digne, *gravis* (*is*) *habitus* (*us*), m.

dignement, adv. *Digne. Graviter.*

dignitaire, m. Les dignitaires, *dignitates, um,* fpl.

dignité, f. **1.** Grandeur. *Dignitas, atis,* f. *Gravitas,* f. Se comporter avec dignité, *graviter agĕre*;* sans dignité, *indecore.* ◆ **2.** Charge. *Dignitas. Munus, eris,* n. *Honos, oris,* m. Être constitué en dignité, *in honoribus versari.*

digression, f. *Digressio, onis*

f. *Digressus, us*, m. Faire une digression, *devertere*; digredi, ior**.

digue, f. **1.** *Moles, is*, f. ◆ **2.** (Fig.) *Impedimentum, i*, n. *Mora, ae*, f. Opposer une digue à, *obsistĕre** (dat.).

dilapidateur, m. *Helluo, onis*, m.

dilapidation, f. *Dilapidatio, onis*, f.

dilapider, tr. *Profundere, o**.

dilatation, f. **1.** *Dilatatio, onis*, f. ◆ **2.** (Fig.) *Effusio, onis*, f.

dilater, tr. *Dilatare. Extendĕre, o**.

SE DILATER, r. **1.** *Dilatari.* ◆ **2.** (Fig.) *Diffundi**.

dilatoire, adj. *Dilatorius, a, um. Moratorius.*

dilection, f. *Dilectio, onis*, f. *Caritas, atis*, f.

dilemme, m. *Complexio, onis*, f. *Dilemma, atis*, n.

dilettante, n. *Homo artium studiosus.*

diligemment, adv. *Diligenter. Accurate.*

diligence, f. **1.** Soin. *Diligentia, ae*, f. *Cura*, f. *Sedulitas, atis*, f. ◆ **2.** Célérité. *Celeritas, atis*, f. Faire diligence, *festinare; properare;* en diligence, *propere.* ◆ **3.** Voiture publique. *Publica* (*ae*) *raeda* (*ae*), f.

diligent, ente, adj. **1.** Soigneux. *Diligens, entis. Sedulus, a, um.* Soins diligents, *cura atque diligentia.* ◆ **2.** Prompt. *Celer, eris, ere.*

diluer, tr. *Diluere, o.*

diluvien, enne, adj. **1.** *Diluvialis, e.* ◆ **2.** (Fig.) Pluie diluvienne, *copiosus imber.*

dimanche, m. *Dominicus* ou *dominica dies*, m. f. Habits de dimanche, *festus vestitus.*

dîme, f. *Decuma, ae*, f. Soumis à la dîme, *decumanus, a, um.*

dimension, f. *Mensura, ae*, f. *Modus, i*, m. De même dimension, *aequus, a, um.*

dîmer, intr. *Decumas exigĕre, o**.

dîmeur, m. *Decumanus, i*, m.

diminuer. I. Tr. *Minuere, o. Imminuere, o.* Diminuer ses dépenses, *sumptus extenuare.* ◆ **II.** Intr. *Deminui, or. Imminui, or. Minorem* ou *minus fieri**. Le fleuve diminue, *decrescit* flumen;* le prix des denrées diminue, *levatur annona.*

diminutif, ive. I. Adj. *Deminutivus, a, um.* ◆ **II.** Nom m. *Deminutivum* (*i*) *nomen* (*inis*), n.

diminution, f. *Deminutio, onis*, f. *Imminutio*, f. *Levatio*, f.

dinde et **dindon**, m. *Indica* (*ae*) *gallina* (*ae*), f. *Indicus* (*i*) *gallus* (*i*), m.

dînée, f. et **dîner**, m. *Cena, ae*, f. Pendant le dîner, *inter cenam.*

dîner, intr. *Cenare.* Donner à dîner, *cenam dare** (*alicui*); dîner de légumes, avec des légumes, *holus cenare;* dîner souvent en ville, *foris cenitare;* qui a dîné, qui n'a pas dîné, *cenatus, a, um; incenatus;* qui a bien dîné, *satur, ura, urum;* qui dort dîne, *pro cibo somnus.*

dînette, f. *Cenula, ae*, f.

dîneur, m. *Cenator, oris*, m. Les dîneurs, *cenantes, ium*, mpl. Un beau dîneur, *helluo, onis*, m.

diocèse, m. *Dioecesis, eos*, f.

Dionysiaques, fpl. *Dionysia, torum*, npl.

diphtongue, f. *Diphtongus, i*, f.

diplomate, m. *Legatus, i*, m. (Fig.) C'est un diplomate, *dextere agit**.

diplomatie, f. **1.** *Juris gentium scientia, ae*, f. ◆ **2.** (Fig.) *Calliditas, atis*, f.

diplomatique, adj. **1.** De diplomate. Agent diplomatique, *legatus, i*, m.; corps diplomatique, *legatorum corpus, oris*, n.; par voie diplomatique, *per legatos.* ◆ **2.** (Fig.) Adroit. *Callidus, a, um.* ◆ **3.** Relatif aux diplômes. *Diplomaticus, a, um.*

diplôme, m. *Diploma, atis*, n. *Codicillus, i*, m.

1. dire, tr. *Dicere, o**. Dire oui, dire non, *aio**, *negare;* dit-il, *inquit**; dire souvent, *dictitare;* — à haute voix, *clamare;* — à voix basse, *mussitare;* — brièvement, *paucis dicĕre;* ne rien dire, *tacēre**; *silēre**; ne savoir que dire, *haesitare;* on dit, *dicitur**; *ferunt**; *aiunt**; se moquer des on-dit, *rumores vulgi spernĕre**; soi-disant, *verbo;* qu'en dis-tu? *quid tibi videtur*?* dire que, *dicere* (prop. inf.); dites-lui de, *dic* ei ut* (subj.); faire dire à qqn de, *mittĕre* ad aliquem* ou *alicui ut* (subj.); entendre dire, *ab aliquo audire* (prop. inf.); il se dit que, *secum reputavit* (prop. inf.); se dire avocat, *advocatum se ferre** ou *profitēri**; aussitôt dit, aussitôt fait, *dictum ac factum;* dire du bien de qqn, *bene alicui dicĕre;* c'est-à-dire, *id est;* c'est tout dire, *ut uno verbo complectar**; à qui le dites-vous? *doctum doces**; cela va sans dire, *id facile intellegitur**; qu'est-ce à dire? *quid hoc rei est?* pour ainsi dire, *ut ita dicam;* à vrai dire, *ut vere dicam;* dire bonjour, *ave dicere;* tenez-vous-le pour dit, *illud pro rato habeas**; ce n'est pas à dire que, *non ideo;* est-ce à dire que? *an ideo?* si le cœur vous en dit, *si hoc tibi cordi est;* cela ne me dit rien, *hoc mihi nullo placet* modo.*

2. dire, m. *Dictum, i*, n. A leur dire, *ut solent* dicĕre;* au dire des connaisseurs, *eruditorum judicio.*

direct, ecte, adj. *Rectus, a, um. Directus.* Le discours direct, *oratio recta.*

directement, adv. *Directo. Rectā viā.*

directeur, trice, m. et f *Rector, oris*, m. *Moderator*, m. *Rectrix, icis*, f. *Moderatrix*, f. Directeur d'une administration, *societatis* ou *in societate magister, tri*, m.; directeur de travaux, *operum curator, oris*, m.

direction, f. **1.** Conduite. *Rectio, onis*, f. *Moderatio*, f. Avoir la direction de, *praeesse** (dat.); *curare* (acc.); être sous la direction de, *regi* ab* (*aliquo*). ◆ **2.** Côté vers lequel on se dirige. *Regio, onis*, f. Dans la direction de, *versus* (acc.); qui est dans une direction différente, *diversus, a, um;* faire changer de direction, *deflectĕre** (acc.).

diriger, tr. **1.** Gouverner. *Regere, o*. Moderari. Curare.* ◆ **2.** Tourner vers. *Dirigere, o*. Convertere, o*.* Diriger ses pensées vers, *animum intendere* ad.*

SE DIRIGER, r. **1.** Se conduire. *Se gerĕre**. Se diriger dans la vie, *vitam gubernare.* ◆ **2.** Aller vers. *Tendere, o** (*ad*). *Iter facere, io** (*in*, acc.). *Petere, o** (acc.).

dirimant, ante, adj. *Rescissorius, a, um.*

discernement, m. **1.** Action. *Distinctio, onis*, f. ◆ **2.** Faculté. *Judicium, ii*, n. Avoir du discernement, *intellegenti judicio esse;* manquer de discernement, *imprudentem esse.*

discerner, tr. *Discernere, o*.* Discerner une chose d'une autre, *rem ab aliā discernere.*

disciple, m. *Discipulus, i*, m. *Auditor, oris*, m. Être le disciple de qqn, *aliquem audire;* les disciples d'Épicure, *qui ab Epicuro sunt.*

disciplinable, adj. *Tractabilis, e.*

discipline, f. **1.** Instruction. *Disciplina, ae*, f. *Doctrina*, f. ◆ **2.** Règle de conduite. *Disciplina.* Sans discipline, *turbate; incomposite.* ◆ **3.** Fouet de cuir. *Scutica, ae*, f.

discipliner, tr. *Instituere, o. Temperare.* Soldats disciplinés, *milites duci oboedientes.*

discobole, m. *Discobolus, i*, m.

discontinuation, f. *Intermissio, onis*, f.

discontinuer. I. Tr. *Intermittere, o** (acc.). ◆ **II.** Intr. *Cessare.* Ne pas discontinuer de, *pergĕre** ou *perseverare* (inf.); sans discontinuer, *sine intermissione.*

disconvenance, f. *Discrepantia, ae*, f.

disconvenir, intr. **1.** Ne pas convenir à. *Dissentire** (*ab* ou *cum aliquo*). *Abhorrere, eo** (*ab aliquā re*). ◆ **2.** Ne pas convenir de. *Discrepare* de.* Ne pas disconvenir que, *non infitiari* (prop. inf.); je n'en disconviens pas, *non diffiteor**.

discordance, f. *Discrepantia, ae*, f. *Discordia*, f. La discordance des sentiments, des opinions, *dissensio, onis*, f.; — des sons, *absurdi soni.*

discordant, ante, adj. *Discors, cordis. Discrepans, antis.* Voix discordante, *dissona vox.*

discorde, f. *Discordia, ae*, f. (Mésintelligence) *Dissensio, onis*, f. (Démêlé) *Controversia, ae*, f. Être en discorde, *dissidēre**.

discoureur, euse, adj. *Garrulus, a, um. Loquax, acis.*

discourir, intr. *Disserere, o** (*de re cum aliquo*).

discours, m. **1.** Conversation. *Sermo, onis*, m. Tenir un discours à qqn, *sermonem habēre* cum aliquo;* trêve de discours, *sed satis verborum est.* ◆ **2.** Développement oratoire. *Oratio, onis,* f. (Harangue) *Contio,* f. Petit discours, *oratiuncula, ae,* f.; prononcer un discours, *orationem habēre*.*

discourtois, oise, adj. *Inurbanus, a, um.*

discrédit, m. *Imminuta (ae) auctoritas (atis),* f.

discréditer, tr. *Auctoritatem (alicujus) imminuere, o.* Être discrédité, *frigere, eo*.*

discret, ète, adj. **1.** Réservé. *Moderatus, a, um. Consideratus.* ◆ **2.** Qui sait se taire. *Tacitus, a, um.* Être discret, *tacitum aliquid tenēre*;* porte discrète, *ostium secretum.*

discrètement, adv. **1.** Avec réserve. *Moderate.* ◆ **2.** En gardant le secret. *Tacite.*

discrétion, f. **1.** Réserve. *Moderatio, onis,* f. *Verecundia, ae,* f. ◆ **2.** Fidélité à garder un secret. *Taciturnitas, atis,* f. *Fides, ei,* f. ◆ **3.** Pouvoir de décider. *Arbitrium, ii,* n. Être à la discrétion de qqn, *in potestatem alicujus esse;* se rendre à discrétion, *se permittĕre* in fidem alicujus.* ◆ **4.** Liberté de satisfaire ses désirs. Avoir à sa discrétion, *aliquā re abundare;* être à discrétion, *suppetĕre*;* à discrétion, *affatim; pro suo arbitrio.*

discrétionnaire, adj. *Arbitrarius, a, um.* Pouvoirs —, *auctoritas, atis,* f.; *liberum arbitrium,* n.; qui a des pouvoirs —, *arbiter, tri,* m.

disculper, tr. *Culpā liberare (aliquem).*

SE DISCULPER, r. *Purgare se* (abl.).

discussion, f. **1.** Examen. *Disputatio, onis,* f. *Disceptatio,* f. Qui prête à la discussion, *controversiosus, a, um.* ◆ **2.** Débat. *Contentio, onis,* f. Avoir une discussion, *litigare.*

discutable, adj. *Controversiosus, a, um. Ambiguus.*

discuter, tr. *Disputare (rem* ou *de re). Disceptare (de re). Agere, o* (de re).*

disert, erte, adj. *Disertus, a, um. Facundus.*

disertement, adv. *Diserte.*

disette, f. *Inopia, ae,* f. *Penuria, ae,* f. *Egestas, atis,* f.

diseur, euse, m. et f. Diseur de bons mots, *cavillator, oris,* m.; — de riens, *nugator, oris,* m.; diseur, diseuse de bonne aventure, *hariolus, i,* m.; *hariola, ae,* f.; beau diseur, *putidus, a, um.*

disgrâce, f. **1.** Perte de la faveur. *Offensa, ae,* f. *Offensio, onis,* f. Tomber en disgrâce auprès de qqn, *apud aliquem offendĕre*.* ◆ **2.** Malheur. *Res adversae,* f. *Casus, us,* m. *Infortunium, ii,* n.

disgracier, tr. **1.** *Ab amicitiā removere, eo* (aliquem).* Être disgracié, *in offensā esse apud aliquem.* ◆ **2.** (Fig.) Disgracié de la nature, *ad deformitatem insignis, e.*

disgracieusement, adv. *Invenuste.*

disgracieux, euse, adj. *Injucundus, a, um. Invenustus.*

disjoindre, tr. *Disjungere, o*.*

disjonction, f. *Disjunctio, onis,* f.

dislocation, f. **1.** *Luxatura, ae,* f. ◆ **2.** (Fig.) *Distractio, onis,* f.

disloquer, tr. *Luxare.* ◆ (Fig.) *Laxare.*

disparaître, intr. **1.** Cesser d'être visible. *Oculis subduci, or*.* Faire disparaître, *e conspectu removēre*.* ◆ **2.** Cesser d'être. *Evanescere, o*. Decedere, o*.* Faire disparaître, *tollĕre** (acc.).

disparate. I. Adj. *Dissentaneus, a, um.* ◆ **II.** Nom f. *Dissimilitudo, inis,* f. Qui forme — avec, *contrarius, a, um* (dat.).

disparité, f. *Inaequalitas, atis,* f.

disparition, f. *Fuga, ae,* f. *Abitus, us,* m.

dispendieux, euse, adj. *Sumptuosus, a, um.*

dispensateur, m. *Distributor, oris,* m.

dispensation, f. *Dispensatio, onis,* f.

dispense, f. *Immunitas, atis,* f. Dispense du service militaire, *militiae vacatio, onis,* f.

dispenser, tr. **1.** Distribuer. *Distribuere, o. Dispertire.* ◆ **2.** Exempter. *Eximere, o** (*aliquem aliquā re*). *Remittere, o** (*aliquid alicui*). Dispensé du service militaire, *militia immunis, e;* dispenser qqn de (inf.), *concedĕre* alicui ne* ou *ut* (subj.); être dispensé de, *vacare* (abl.); *vacationem habēre* quominus* (subj.).

SE DISPENSER, r. *Omittĕre** (*aliquid*). Je ne peux me dispenser de parler, *non possum* non loqui.*

disperser, tr. **1.** *Dispergere, o*.* Disperser l'ennemi, *hostes fundĕre** ou *fugare.* ◆ **2.** (Fig.) *Distringere, o** (*animum in,* acc.).

SE DISPERSER, r. *Dispergi*. Diffugere, io*.*

dispersion, f. **1.** *Dissipatio, onis,* f. ◆ **2.** (Fig.) Dispersion de l'esprit, *districtus animus.*

disponible, adj. *Promptus, a, um.* Être disponible, *praesto esse.*

disponibilité, f. **1.** Mettre (un militaire) en —, *exauctorare* (acc.). ◆ **2.** Le fait d'être disponible, *in promptu esse, praesto esse* (dat. ou *ad aliquid faciendum*).

dispos, adj. *Promptus, a, um. Alacer, cris, cre.*

disposer. I. Tr. **1.** Mettre en ordre. *Disponĕre, o*.* Disposer une armée en bataille, *aciem instruĕre*.* ◆ **2.** Préparer. *Parare. Comparare.* Disposer les esprits à, *animos allicere* (*io**) *ad;* disposé à, *propensus, a, um* (*ad*); *paratus* (*ad* ou inf.); être disposé à, *inclinare ad;* bien disposé pour qqn, *amicus* ou *benevolus* (dat.); mal disposé pour, *alienus* ou *aversus ab;* tout disposé à, *promptus ad.* ◆ **II.** Intr. **1.** User. *Uti, or** (abl.). ◆ **2.** Régler. *Disponĕre** (acc.). Les dieux en ont disposé autre-

ment, *aliter diis visum est**.
SE DISPOSER, r. *Se comparare ad.* Se disposer à partir, *parare proficisci.*
dispositif, m. **1.** D'un jugement. *Pronuntiatio, onis,* f. ◆ **2.** Agencement. *Machinatio, onis,* f.
disposition, f. **1.** Arrangement. *Dispositio, onis,* f. *Compositio,* f. Prendre ses dispositions pour, *parare* (acc. ou inf.); dispositions testamentaires, *suprema voluntas.* ◆ **2.** État du corps ou de l'âme. *Affectio, onis,* f. *Habitus, us,* m. Dispositions naturelles, *indoles, is,* f.; dispositions d'esprit, *animus, i,* m.; disposition favorable envers qqn, *benevolentia in aliquem.* ◆ **3.** Inclination. *Proclivitas, atis,* f. Avoir des dispositions pour, *aptum esse ad.* ◆ **4.** Pouvoir. *Arbitrium, ii,* n. *Potestas, atis,* f. A la disposition de, *penes* (acc.); qui est à la disposition, *promptus, a, um;* être à la disposition de, *praesto esse* (*alicui*)*;* avoir à sa disposition, *in promptu habēre*;* mettre à la disposition de, (*aliquid alicui*) *subjicere, io*;* se mettre à la disposition de, *potestatem sui* (*alicui*) *facĕre, io*;* les dispositions de la loi, *praescriptum, i,* n.
disproportion, f. *Inaequalitas, atis,* f.
disproportionné, adj. *Inaequalis, e.* Taille disproportionnée, *justo major statura.*
dispute, f. *Disputatio, onis,* f. *Jurgium, ii,* n. Être en dispute, avoir dispute avec, *concertare cum.*
disputer. I. Tr. Lutter pour. *Certare* (*de*). Disputer qqch. à qqn, *de aliquā re cum aliquo contendĕre**. ◆ **II.** Intr. **1.** Discuter. *Disputare* (*de*). *Concertare* (*de*). Disputer de littérature avec qqn, *de litteris cum aliquo disputare.* ◆ **2.** Le disputer (rivaliser). *Aemulari* (*alicui*). *Non cedere, o** (*alicui*). Le disputer à qqn en, *cum aliquo certare de.*
SE DISPUTER, r. *Altercari. Jurgare.*
disputeur, euse, m. et f. *Rixator, oris,* m. *Perpugnax, acis.*
disqualifier, tr. *Infamem facere, io** (acc.). Se —, *famam amittĕre**.
disque, m. *Discus, i,* m. Disque (des astres), *orbis, is,* m.
dissection, f. *Laceratio, onis,* f. Salle de —, *laniolum, i,* n.
dissemblable, adj. *Dissimilis, e* (dat.).
dissemblance, f. *Dissimilitudo, inis,* f.
disséminer, tr. *Disjicere, io**. *Spargere, o**.
dissension, f. *Dissensio, onis,* f.
dissentiment, m. *Dissensio, onis,* f. *Discidium, ii,* n. Être en dissentiment avec, *dissentire** *cum* ou *ab aliquo.*
disséquer, tr. **1.** *Prosecare**. *Rescindere, o**. ◆ **2.** (Fig.) *Persecare**.
dissertation, f. *Commentatio, onis,* f.
disserter, intr. *Disserere, o** (*de*).

dissidence, f. *Discidium, ii,* n.
dissident, ente, adj. *Adversus, a, um.*
dissimulateur, m. *Simulator, oris,* m.
dissimulation, f. *Dissimulatio, onis,* f. Avec dissimulation, *dissimulanter;* sans dissimulation, *sincere.*
dissimuler, tr. *Dissimulare. Tegere, o*.* Dissimuler sa colère, *iram celare;* caractère dissimulé, *natura recondita.*
SE DISSIMULER, r. **1.** Être dissimulé. *Dissimulari. Tegi*.* ◆ **2.** Ne pas s'avouer qqch. Je ne me dissimule pas que, *non me fallit** (prop. inf.).
dissipateur. I. Nom m. *Decoctor, oris,* m. *Profligator,* m. ◆ **II.** Adj. *Prodigus, a, um.*
dissipation, f. **1.** Prodigalité. *Dissipatio, onis,* f. ◆ **2.** Amusement. *Luxuria, ae,* f. ◆ **3.** Distraction. *Mentis aberratio, onis,* f.
dissiper, tr. **1.** Disperser. *Dispellere, o*. Dispergere, o*.* Dissiper des rassemblements, *coetus discutere, io*.* ◆ **2.** Prodiguer. *Profundere, o*. Consumere, o. Haurire*.* ◆ **3.** Distraire. *Distrahere, o*.* Esprit dissipé, *animus vagus.*
SE DISSIPER, r. **1.** Être dispersé. *Dispelli*. Discuti (ior*).* ◆ **2.** Être dépensé. *Dissipari. Consumi*.* ◆ **3.** Se distraire. *Animum relaxare.* ◆ **4.** Se livrer à la dissipation. *Luxuriose vivĕre*.*
dissolu, ue, adj. *Dissolutus, a, um. Luxuriosus.*
dissolution, f. **1.** Décomposition. *Dissolutio, onis,* f. Faire une dissolution de qqch. dans, *aliquid dissolvĕre** (abl.); tomber en dissolution, *dissolvi*.* ◆ **2.** Corruption. *Libidines, um,* fpl.
dissonance, f. *Dissonans (antis) sonus (i),* m.
dissonant, ante, adj. *Dissonus, a, um.*
dissoudre, tr. *Dissolvere, o*.* Faire dissoudre dans l'eau, *liquefacere, io** (acc.); (fig.) dissoudre un mariage, *matrimonium dirimĕre*.*
dissuader, tr. *Dissuadere, eo** (*aliquid*). *Deterrere, eo** (*aliquem a re* ou *ne quid faciat**).
dissuasion, f. *Dissuasio, onis,* f.
distance, f. *Intervallum, i,* n. *Spatium, ii,* n. Être à peu de distance de, à une grande distance de, à égale distance de, *haud procul, longe, aequali spatio abesse** (ou *distare**) *ab;* être à une distance de cinq milles de la ville, *ab urbe quinque milia distare*;* tenir à distance, *arcēre** (*aliquem*).
distant, ante, adj. *Distans, antis* (*ab*). Être distant d'une journée de marche, *distare* unius diei spatio.*
distendre, tr. *Distendere, o*.*
distillation, f. *Liquandi opera, ae,* f.
distiller. I. Intr. *Stillare.* ◆ **II.** Tr. **1.** Laisser couler goutte à goutte. *Stillare.* Distiller son venin, *omne acerbitatis virus evomĕre*.* ◆ **2.** Extraire le suc. *Decoquere, o*.*
distinct, te, adj. **1.** Différent.

Separatus, a, um. Singularis, e. ◆ **2.** Clair. *Clarus, a, um. Explanatus.*

distinctement, adv. **1.** *Distincte.* ◆ **2.** *Clare.*

distinctif, ive, adj. *Proprius, a, um. Singularis, e.* Le caractère distinctif, *insigne, is,* n.

distinction, f. **1.** Séparation, différence. *Distinctio, onis,* f. *Discrimen, inis,* n. Faire une distinction, *distinguĕre** (acc.); sans distinction, *sine discrimine.* ◆ **2.** Honneur. *Honos, oris,* m. Traiter avec distinction, *honorare* (*aliquem*). ◆ **3.** Mérite. *Dignitas, atis,* f. Exercer avec distinction un emploi, *munere clare fungi*;* personnage de distinction, *vir conspicuus;* distinction dans les manières, *elegantia, ae,* f.; s'exprimer avec distinction, *exquisite dicĕre*;* sans —, *sordide.*

distinguer, tr. **1.** Discerner, percevoir. *Discernere, o*. Dignoscere, o*.* Distinguer (les objets), *visu discernere;* distinguer le bien du mal, *prava ac recta dijudicare.* ◆ **2.** Séparer. *Distinguere, o*. Sejungere, o*.* ◆ **3.** (Fig.) Distingué, *conspicuus, a, um; eximius; nobilis, e;* manières distinguées, *morum elegantia, ae,* f.

SE DISTINGUER, r. **1.** Être discerné, perçu (en parl. des choses). *Discerni*.* ◆ **2.** Être différent. *Differre*.* ◆ **3.** L'emporter sur. *Excellere, o** (dat.). *Praestare** (dat.).

distique, m. *Distichon, i,* n.

distraction, f. **1.** Séparation. *Distractio, onis,* f. ◆ **2.** Inapplication. (*Mentis*) *aberratio, onis,* f. *Vagus* (*i*) *animus* (*i*), m. ◆ **3.** Délassement. *Laxamentum, i,* n. *Ludus, i,* m.

distraire, tr. **1.** Détourner. *Avertere, o** (de, *ab*). ◆ **2.** Rendre inattentif. *Animum avocare* (*ab*). Être distrait, avoir l'esprit distrait, *alias res agĕre*;* distrait, *vagus, a, um.* ◆ **3.** Divertir. *Oblectare. Recreare.*

SE DISTRAIRE, r. *Animum rĕlaxare.* Se distraire de ses maux, *a miseriis animum abducĕre*.*

distraitement, adv. *Non attente.*

distribuer, tr. **1.** Partager, répartir. *Distribuere, o. Dividere, o*. Partiri.* ◆ **2.** Disposer. *Disponere, o*. Distribuere.*

distributeur, m. *Largitor, oris,* m. — de vivres, *erogator,* m.

distributif, ive, adj. *Distributivus, a, um.* Justice distributive, *aequum* (*i*) *jus* (*juris*), n.

distribution, f. **1.** Répartition. *Distributio, onis,* f. *Partitio,* f. — de vivres, d'argent, *largitio,* f. ◆ **2.** Disposition. *Dispositio, onis,* f. *Discriptio,* f.

district, m. *Regio, onis,* f. *Provincia, ae,* f.

dit, m. *Dictum, i,* n.

dithyrambe, m. *Dithyrambus, i,* m.

dithyrambique, adj. *Dithyrambicus, a, um.*

diurétique, adj. *Diureticus, a, um.*

diurne, adj. *Diurnus, a, um.*

divagation, f. **1.** Action de divaguer. *Evagatio, onis,* f. ◆

2. Digression. *Digressio, onis,* f. ◆ **3.** Extravagances. *Deliramenta, orum,* npl.

divaguer, intr. **1.** Errer. *Evagari.* ◆ **2.** S'écarter de la question. *Digredi, ior*. Aberrare.* ◆ **3.** Extravaguer. *Delirare.*

divan, m. *Pulvinar, aris,* n.

divergence, f. **1.** (Géom.) *Divergium, ii,* n. **2.** (Fig.) *Dissensio, onis,* f.

divergent, ente, adj. *Diversus, a, um.*

diverger, intr. **1.** *Divertere, o*.* ◆ **2.** (Fig.) *Dissentire*.*

divers, erse, adj. **1.** *Diversus, a, um. Varius.* ◆ **2.** (Pl.) *Nonnulli, ae, a. Plures, a.*

diversement, adv. *Diverse. Varie.*

diversifier, tr. *Variare.*

diversion, f. **1.** (Milit.) Attaque sur un autre point. Faire une diversion, occuper l'ennemi par une diversion, *hostem distinēre*.* ◆ **2.** Distraction. *Avocatio, onis,* f. Faire diversion à ses peines, *aberrare a miseriā.*

diversité, f. *Varietas, atis,* f. *Diversitas,* f.

divertir, tr. **1.** Détourner. *Abducere, o*. Avocare.* ◆ **2.** Amuser. *Delectare. Oblectare.*

SE DIVERTIR, r. *Animum relaxare.* Se divertir aux dépens de qqn, *aliquem ludificari.*

divertissant, ante, adj. *Jucundus, a, um.* Être divertissant, *oblectationem habēre*.*

divertissement, m. **1.** Détournement. *Avocatio, onis,* f. ◆ **2.** Amusement. *Oblectatio, onis,* f. *Ludus, i,* m.

dividende, m. **1.** (Arithm.) *Dividendus (i) numerus (i),* m. ◆ **2.** (Finances) *Portio, onis,* f. *Pars, partis,* f.

divin, ine, adj. *Divinus, a, um.* Notre — Platon, *deus ille noster Plato.*

divination, f. *Divinatio, onis,* f. Par une sorte de —, *divine.*

divinatoire, adj. Art divinatoire, *divinatio, onis,* f.

divinement, adv. *Divinitus.*

diviniser, tr. *In deos referre, fero*.*

divinité, f. **1.** Nature divine. *Divinitas, atis,* f. ◆ **2.** Dieu. *Numen, inis,* n.

diviser, tr. **1.** Partager. *Dividere, o*. Partiri.* Diviser en deux parties, en plusieurs parties, *bipartito, in multas partes dividĕre.* ◆ **2.** Désunir. *Dividĕre*. Distrahere, o* (aliquem ab aliquo).* Être divisé, *dissentire*.*

SE DIVISER, r. **1.** Être partagé. *Dividi*.* ◆ **2.** Être désuni. *Dissidĕre*. Distrahi*.*

diviseur, m. *Divisor (oris) numerus (i),* m.

divisible, adj. *Dividuus, a, um.* Être divisible à l'infini, *infinite dividi posse*.*

division, f. **1.** Partage. *Divisio, onis,* f. *Partitio,* f. La division (arithm.), *divisio;* la division d'un sujet, *distributio, onis,* f.; division d'armée, *pars (partis,* f.) *exercitus.* ◆ **2.** Désunion. *Discordia, ae,* f. *Dissensio, onis,* f.

divorce, m. **1.** *Divortium, ii,*

n. ◆ 2. (Fig.) *Discidium, ii,* n. Faire divorce avec, *discedere* ab (aliquo).*

divorcer, intr. *Divortium facere, io* (cum). Nuntium remittere, o* (uxori* ou *marito).*

divulgation, f. *Patefactio, onis,* f.

divulguer, tr. *Vulgare. Patefacere, io*.*

dix, adj. num. *Decem* (indécl.). Dix par dix, dix pour chacun, *deni, ae, a;* le nombre dix, *numerus denarius;* un groupe de dix, *decuria, ae,* f.; un espace de dix ans, *decennium, ii,* n.; qui dure dix ans, *decennis, e;* dix fois, *deciens;* dix fois autant, dix fois plus grand, *decemplex, icis;* attelé de dix chevaux, *decemjugis, e;* dix-sept, *septem et decem;* dix-septième, *decimus et septimus;* dix-huit, *duodeviginti;* dix-huitième, *duodevicesimus;* dix-neuf, *undeviginti;* dix-neuvième, *undevicesimus.*

dixième, adj. num. *Decimus, a, um.* Pour la dixième fois, *decimum;* soldat de la dixième légion, *decumanus, i,* m.; le dixième, *decima pars.*

dixièmement, adv. *Decimo.*

dizaine, f. Groupe de dix. *Decuria, ae,* f.

dizenier, m. *Decanus, i,* m.

docile, adj. *Docilis, e. Facilis, e.* Se montrer docile, *parēre** (dat.).

docilement, adv. *Oboedienter. Obsequenter.*

docilité, f. *Docilitas, atis,* f. *Obsequentia, ae,* f.

dock, m. *Navale, is,* n.

docte, adj. *Doctus, a, um. Eruditus.*

doctement, adv. *Erudite. Docte.*

docteur, m. *Doctor, oris,* m. Docteur ès lettres, *litterarum doctor.*

doctoral, ale, adj. Parler d'un ton doctoral, *imperiose loqui*.*

doctorat, m. *Doctoris gradus, us,* m.

doctrine, f. *Doctrina, ae,* f. *Disciplina,* f. Enseigner une doctrine, *praecepta dare*.*

document, m. *Documentum, i,* n. *Tabulae, arum,* fpl.

documentaire, adj. A titre —, *documento.*

documenter, tr. *Edocere, eo* (rem aliquem).*

dodeliner, tr. et intr. *Movere, eo** (acc.). — de la tête, *cerviculam jactare.*

Dodone. *Dodona, ae,* f. De Dodone, *Dodonaeus, a, um.*

dodu, ue, adj. *Crassus, a, um.*

dogmatique, adj. *Dogmaticus, a, um.* Ton dogmatique, *imperiosa vox.*

dogmatiser, intr. (Fig.) *Fidenter loqui, or*.*

dogme, m. *Dogma, atis,* n.

dogue, m. *Molossus (i) canis (is),* m.

doigt, m. 1. *Digitus, i,* m. Le gros doigt, *pollex, icis,* m.; le petit doigt, *minimus digitus;* du bout des doigts, *extremis digitis;* montrer du doigt, *digito monstrare.* ◆ 2. (Fig.) Mettre le doigt dessus, *rem acu tangĕre*;* être à deux doigts de sa perte, *in extre-*

mo stare; un doigt de vin, modicum vini.*

doigté, m. (Fig.) *Judicium, ii*, n.

doit, m. *Debita, orum*, npl. Doit et avoir, *debita et credita*, npl.

dol, m. *Dolus, i*, m. *Fraus, fraudis*, f.

doléance, f. *Querimonia, ae*, f. Faire des doléances sur, *conqueri* de.*

dolemment, adv. *Dolenter.*

dolent, ente, adj. *Dolens, entis. Maestus, a, um.*

doloire, f. *Dolabra, ae*, f.

domaine, m. **1.** Propriété. *Possessio, onis*, f. ◆ **2.** Biens-fonds. *Fundus, i*, m. *Praedium, ii*, n. Grand domaine, *latifundium, ii*, n. **3.** (Fig.) Être du domaine public, *in medio positum* esse;* être du domaine de la philosophie, *philosophiae esse.*

domanial, ale, adj. *Publicus, a, um.*

dôme, m. *Tholus, i*, m.

domesticité, f. **1.** État des serviteurs. *Famulatus, us*, m La domesticité, *famuli, orum*, mpl. ◆ **2.** État des animaux apprivoisés. *Mansuetudo, inis*, f.

domestique. I. Adj. *Domesticus, a, um. Familiaris, e.* (Animal) domestique, *domitus, a, um; mansuetus.* ◆ **II.** Nom m. et f. *Famulus, i*, m. *Famula, ae*, f.

domestiquer, tr. *Mansuefacere, io*.*

domicile, m. *Domicilium, ii*, n. *Domus, us*, f. A domicile (sans mouv.), *domi;* (avec mouv.) *domum;* sans domicile fixe, *sine sede.*

domiciliaire, adj. Faire une visite domiciliaire, *domum scrutari.*

domicilié, ée, part. *Incola, ae*, m. et f. (à, gén.), Être domicilié à, *habitare* (*in*, abl.; abl. seul des noms de villes et de petites îles; locatif).

dominant, ante, adj. **1.** Plus élevé. *Imminens, entis* (dat.). ◆ **2.** Qui prévaut ou veut prévaloir. *Praestans, antis.*

dominateur, trice. I. Nom m. et f. *Dominator, oris*, m. *Dominatrix, icis*, f. ◆ **II.** Adj. *Imperiosus, a, um.*

domination, f. *Dominatio, onis*, f. *Dominatus, us*, m. *Imperium, ii*, n. Tenir sous sa domination, *in dicione habēre*;* exercer sa domination sur, *dominari in* (acc.); être sous la domination de, *sub dicione esse* (*alicujus*).

dominer. I. Intr. **1.** Commander. *Dominari* (*in*, acc.). *Imperare* (dat.). ◆ **2.** Prévaloir. *Praevalēre, eo*.* ◆ **II.** Tr. **1.** Être plus élevé. *Imminēre, eo** (dat.). ◆ **2.** Maîtriser. *Imperare* (dat.). Être dominé par, *tenēri, eor** (abl.); savoir se dominer, *sibi imperare;* se laisser dominer par ses passions, *se totum libidinibus dedĕre*.*

dominical, ale, adj. *Dominicus, a, um.*

domino, m. Jeu. *Latrunculi, orum*, mpl.

dommage, m. *Damnum, i*, n. *Detrimentum*, n. *Noxa, ae*, f.

Qui cause du dommage, *damnosus, a, um;* causer du dommage à, *detrimentum afferre, fero** (dat.); éprouver un dommage, *detrimentum accipere, io*;* intenter à qqn une action en dommages-intérêts, *de injuriā petĕre* ab aliquo;* payer des dommages-intérêts, *de injuriis satisfacere, io*.*

dommageable, adj. *Damnosus, a, um.*

domptable, adj. *Domabilis, e.*

dompter, tr. **1.** *Domare*. Mansuefacere, io*.* ◆ **2.** (Fig.) *Coercere, eo*. Frenare. Frangere, o*.*

dompteur, euse, m. et f. *Domitor, oris,* m. *Domitrix, icis,* f.

don, m. **1.** Volontaire. *Donum, i,* n. ◆ **2.** Exigé par la fonction. *Munus, eris,* n. Faire don à qqn de qqch., *aliquem aliquā re donare.* ◆ **3.** (Fig.) Les dons de la nature, *naturae munera;* le don de la parole, *facultas dicendi.*

donataire, m. *Donatarius, ii,* m.

donateur, trice, m. et f. *Donator, oris,* m. *Donatrix, icis,* f.

donation, f. *Condonatio, onis,* f.

donc, conj. (Marquant une conclusion, une injonction) *Ergo.* (Un étonnement) *Igitur.* Quoi donc? *quid ergo?* qu'y a-t-il donc? *quid tandem novi?*

donjon, m. *Turris, is* (acc. *im,* abl. *i*), f.

donnant, ante, adj. *Munificus, a, um.*

donnée, f. *Argumentum, i,* n.

donner. I. Tr. **1.** Abandonner la propriété de, céder. *Dare*. Donare. Largiri. Concedere, o*.* Donner pour vingt mines, *viginti minis vendĕre*;* donner son sang pour la patrie, *sanguinem pro patriā profundĕre*.* ◆ **2.** Procurer qqch. à qqn. *Dare*. Praebere, eo*. Praestare*. Afferre, fero*.* Donner trois heures de repos à l'armée, *exercitui tres horas ad quietem dare;* donner le jour à, *gignere** (acc.); faire donner qqch. à qqn, *attribuĕre aliquid alicui;* donner la mort à qqn, *mortem afferre* alicui;* donner une maladie, *morbum adducĕre*;* donner le bonjour à, *salutare* (acc.); donner des forces, *vires addĕre*.* ◆ **3.** Mettre à la disposition de. *Dare*. Tradere, o*.* Donner à qqn sa fille en mariage, *alicui filiam in matrimonium dare;* donner à qqn un livre à lire, *librum legendum alicui dare;* donner le bras à qqn, *aliquem manu ducĕre*;* donner son temps à, *tempus insumĕre** (dat.); donner à qqn le moyen de, *facultatem alicui facere, io** (gén. du gér.); donner à qqn de, *dare alicui ut* (subj.). ◆ **4.** Locutions diverses. Quel âge me donnez-vous? *quid tibi aetatis videor*?* donner qqn pour homme de bien, *aliquem probum habēre*.* ◆ **II.** Intr. Avoir tel ou tel effet. La vigne a beaucoup donné cette année, *uberior uvis fuit annus;* le vent donne, *flat ventus;* l'armée tout entière a donné, *omnis exercitus impetum fecit**; faire donner la cavalerie, *equites in hostem mittĕre**; donner dans un piège, *in laqueum incidĕre**; donner de la tête contre un mur, *caput parieti impingĕre**; donner contre une colonne, *in columnam incurrĕre**; donner sur la rue, *in viam verti**; *viam prospicere,io**.

SE DONNER, r. **1.** Être cédé. *Dari**. Le sucre se donne au poids, *pondere emitur* saccharum*; le blé se donne, *frumentum vilius est.* ◆ **2.** Se livrer (à qqn). *Se dare** (dat.). *Se dedĕre** (dat.). *Se tradĕre** (dat.). ◆ **3.** Se consacrer (à qqch.). *Se dare** (dat.). *Se addicĕre** (dat.). *Incumbere, o** (dat.). ◆ **4.** Se faire passer pour. *Se profiteri.* Se donner pour sage, *se sapientem esse profiteri.* ◆ **5.** Avoir lieu. *Fieri**. C'est ici que se donna la bataille, *hic acie dimicatum est* ◆ **6.** Donner à soi. *Sibi dare**. Se donner du mal, *laborem capere, io**; s'en donner à cœur joie, *se toto animo dare voluptati.*

donneur, euse. **I.** Nom m. et f. *Dator, oris,* m. *Donator,* m. *Largitor,* m. ◆ **II.** Adj. *Largus, a, um.*

dont, pr. rel. v. QUI.

donzelle, f. *Muliercula, ae,* f.

dorade, f. *Aurata, ae,* f.

dorénavant, adv. *Posthac. Deinceps.*

dorer, tr. *Inaurare. Auro integere, o** (*aliquid*). Le ciel se dore, *aurescit* aer*; la moisson se dore, *flavescit* messis;* dorer la pilule, *fucum facere, io**; jeunesse dorée, *elegantior juventus;* blond doré, *flavus, a, um.*

doreur, m. *Inaurator, oris,* m.

Doride. *Doris, idis,* f. Les Doriens, *Dores, um,* mpl. Dorien, Dorique, *Doricus, a, um.*

dorloter, tr. *Fovere, eo** (*in sinu*) (acc.).

SE DORLOTER, r. *Sibi indulgĕre**.

dormant, ante, adj. **1.** *Dormiens, entis. Sopitus, a, um.* ◆ **2.** (Fig.) *Stagnans, antis.*

dormeur, euse. **I.** Adj. Qui aime à dormir. *Dormitor, oris,* m. *Somno deditus, a, um.* ◆ **II.** Nom. **1.** Chaise longue. *Dormitoria (ae) sella (ae),* f. ◆ **2.** Voiture de voyage. *Dormitoria (ae) carruca (ae),* f.

dormir, intr. **1.** *Dormire.* Avoir envie de dormir, *dormitare;* aller dormir, *dormitum ire* (*eo**); tâcher de dormir, *somnum captare*; faire dormir, *somnum afferre** (*alicui*); empêcher de dormir, (*alicui*) *somnum auferre**; en dormant, *per somnum* ou *in somnis;* passer la nuit sans dormir, *noctem insomnem ducĕre**. ◆ **2.** (Fig.) *Dormire. Quiescĕre, o**. Dormir sur sa tâche, *alicui rei indormire;* l'eau dort, *stagnat aqua;* argent qui dort, *jacens pecunia.*

dormir, m. *Somnus, i,* m.

dormitif, ive, adj. *Somnifer, era, erum.*

dorsal, ale, adj. *Dorsualis, e.* L'épine dorsale, *dorsi spina, ae,* f.

dortoir, m. *Dormitorium, ii*, n.
dorure, f. *Auratura, ae*, f.
dos, m. **1.** *Dorsum, i*, n. (De l'homme) *Tergum, i*, n. (De l'animal) *Tergus, oris*, n. Tourner le dos à, *se* ou *vultum avertĕre* ab;* tourner le dos à l'ennemi, *terga vertere*;* porter sur le dos, *umeris gestare;* à dos d'homme, à dos de mulet, *hominum umeris; mulis clitellariis;* dos à dos, *obversis tergis;* qui est couché sur le dos, *resupinus, a, um;* faire le gros dos, *cervices curvare;* avoir qqn à dos, *aliquem infensum habēre*;* mettre tout sur le dos de qqn, *omne malum in aliquem transferre*;* se mettre qqn à dos, *offendĕre* aliquem;* avoir bon dos, *placide ferre, fero** (*injurias*). ◆ **2.** (Fig.) Dos d'une montagne, *montis dorsum;* le dos de la main, *inversa manus.*
dose, f. **1.** *Haustus, us*, m. ◆ **2.** (Fig.) *Portio, onis*, f.
doser, tr. *Examinare.*
dossier, m. **1.** Dossier d'un siège. *Reclinatorium, ii*, n. ◆ **2.** Liasse de pièces. *Capsa, ae*, f.
dot, f. *Dos, dotis*, f. Fille sans dot, *indotata virgo.*
dotal, ale, adj. *Dotalis, e.*
dotation, f. *Dotatio, onis*, f.
doter, tr. **1.** *Dotem dare** (*alicui*). ◆ **2.** (Fig.) *Instruĕre** (*aliquem aliquā re*).
douane, f. **1.** Droit. *Portorium, ii*, n. ◆ **2.** Administration. *Portitores, um*, mpl. ◆ **3.** Bureau. *Telonium, ii*, n.
douanier, m. *Portitor, oris*, m.
double. I. Adj. **1.** *Duplex, icis. Geminus, a, um.* Mot à double sens, *ambiguum verbum;* double péril, *anceps periculum.* ◆ **2.** (Fig.) *Versutus, a, um. Vafer, fra, frum.* ◆ **II.** Nom m. *Duplum, i*, n. Au double, *duplicato;* le double d'un écrit, *exemplar, aris*, n.
1. doublement, adv. *Dupliciter.*
2. doublement, m. *Duplicatio, onis*, f.
doubler. I. Tr. **1.** Rendre double. *Duplicare.* Doubler le pas, *gradum addĕre*.* ◆ **2.** Naviguer au-delà de. *Praetervehi, or** (acc.). ◆ **3.** Mettre une doublure à. Doubler un vêtement, *pannum vestimento intus assuĕre.* ◆ **II.** Intr. Devenir double. *Duplicari. Geminari.*
doublure, f. **1.** Doublure d'habit. *Subsutus* (*i*) *pannus* (*i*), m. ◆ **2.** (Fig.) Suppléant. *Adjutor, oris*, m.
douceâtre, adj. *Subdulcis, e.*
doucement, adv. **1.** Avec douceur. *Dulciter. Leniter. Blande.* ◆ **2.** Modérément. *Placide. Lente.* ◆ **3.** A voix basse. *Tacite.* Parler —, *susurrare.*
doucereux, euse, adj. **1.** Un peu doux. *Subdulcis, e.* ◆ **2.** Flatteur. *Blandus, a, um.*
douceur, f. **1.** (Goût) *Dulcedo, inis*, f. (Odorat, vue, ouïe) *Suavitas, atis*, f. (Toucher) *Lenitas, atis*, f. Douceur de la température, *caeli clementia, ae*, f. ◆ **2.** (Fig.) *Dulcedo.* Douceur du caractère, *morum mansuetudo, inis*, f.; douceur du langage, *suaviloquentia, ae*,

f.; prendre qqn par la douceur, *aliquem leniter tentare.* ◆ **3.** (Pl.) Agréments, paroles flatteuses. *Blanditiae, arum,* fpl. Dire des douceurs à qqn, *alicujus auribus blandiri.*
douche, f. Prendre une douche, *canalibus (frigidae) aquae corpus subjicere, io*.*
douer, tr. *Ornare (aliquem aliquā re).* Doué de, *praeditus, a, um* (abl.).
douillet, ette, adj. *Tenellus, a, um.*
douillettement, adv. *Molliter.*
douleur, f. **1.** Souffrance physique. *Dolor, oris,* m. Cruelle douleur, *cruciatus, us,* m. N'éprouver aucune douleur, *sensu doloris carēre** ◆ **2.** Souffrance morale. *Dolor, oris,* m. *Maeror,* m. Avoir de la douleur, *dolēre**; être plongé dans la douleur, *in maerore jacere*.*
douloureusement, adv. *Cum dolore.* (Au moral) *Dolenter.*
douloureux, euse, adj. **1.** Qui cause de la douleur. (Physique) *Crucians, antis.* (Morale) *Dolendus, a, um.* ◆ **2.** Qui éprouve de la douleur. *Dolens, entis.* ◆ **3.** Qui marque la douleur. *Acerbus, a, um.*
doute, m. *Dubitatio, onis,* f. *Dubium, ii,* n. Être dans le doute, avoir des doutes, *fluctuare; dubitare;* être hors de doute, *nihil dubitationis habēre*;* mettre qqch. en doute, *in dubio ponĕre* aliquid;* il n'y a pas de doute que, *non est dubium quin* (subj.); sans doute, *sine dubio.*
douter, intr. **1.** *Dubitare (de).* Douter que, *dubitare an* (subj.); ne pas douter que, *non dubitare quin* (subj.); à n'en pas douter, *certo.* ◆ **2.** Se défier de. *Diffidere, o** (dat.).
SE DOUTER, r. *Suspicari* (acc. ou prop. inf.). Sans qu'on s'en doute, *praeter opinionem.*
douteusement, adv. *Dubie.*
douteux, euse, adj. **1.** *Dubius, a, um. Incertus.* Il est douteux que, *dubium est* (prop. inf.); il n'est pas douteux que, *non est dubium quin* (subj.); combat douteux, *certamen anceps.* ◆ **2.** Suspect. *Ambiguus, a, um.*
douve, f. **1.** Planche. *Lamina, ae,* f. ◆ **2.** Fossé. *Fossa, ae,* f.
doux, douce, adj. **1.** Qui flatte les sens. (Goût) *Dulcis, e.* (Vue, odorat, ouïe) *Suavis, e.* (Toucher) *Lenis.* ◆ **2.** (Fig.) Agréable. *Dulcis, e. Jucundus, a, um. Blandus.* ◆ **3.** Non violent. *Lenis. Mitis. Mansuetus, a, um.* Tout doux, *lente;* filer doux, *non obniti*.*
douzaine, f. et **douze,** adj. num. *Duodecim,* indécl.
douzième, adj. num. *Duodecimus, a, um.* Pour la douzième fois, *duodecimo;* le douzième, *duodecima pars,* f.
doyen, m. *Decanus, i,* m. Doyen d'âge, *natu maximus, a, um.*
drachme, f. *Drachma, ae,* f.
draconien, enne, adj. *Gravissimus, a, um.*
dragée, f. **1.** Amande sucrée. *Tragemata, um,* npl. ◆ **2.**

Grains mêlés. *Farrago, inis,* f.

drageon, m. *Surculus, i,* m.

dragon, m. **1.** Serpent fabuleux. *Draco, onis,* m. ◆ **2.** (Fig.) Femme sévère. *Oblatratrix, icis,* f. ◆ **3.** Soldat. *Dimacha, ae,* m.

drague, f. *Verriculum, i,* n.

drainer, tr. *Aquam deducĕre, o** (*ex*).

dramatique, adj. **1.** Qui a rapport au drame. *Dramaticus, a, um.* ◆ **2.** Émouvant. *Miserabilis, e.*

dramaturge, m. *Fabularum scriptor, oris,* m.

drame, m. *Fabula, ae,* f.

drap, m. **1.** *Pannus, i,* m. ◆ **2.** Drap de lit, *cadurcum, i,* n. ◆ **3.** (Fig.) Être dans de mauvais draps, *in pessimis rebus versari.*

drapeau, m. **1.** Étendard. *Vexillum, i,* n. *Signum, i,* n. Être sous les drapeaux, *stipendia merēre*.* ◆ **2.** Celui qui porte le drapeau. *Vexillarius, ii,* m. *Signifer, feri,* m.

draper, tr. *Pannis tegere, o*.*

SE DRAPER, r. **1.** *Amictum componĕre*.* ◆ **2.** (Fig.) *Gravitatem affectare.*

draperie, f. **1.** Fabrique. *Textrina, ae,* f. ◆ **2.** Commerce. *Pannaria* (*ae*) *negotiatio* (*onis*), f. ◆ **3.** Étoffe. *Textilia, ium,* npl. ◆ **4.** Ornements. *Vestes, ium,* fpl. ◆ **5.** Tenture. *Palla, ae,* f.

drapier, m. **1.** Fabricant. *Pannorum textor, oris,* m. ◆ **2.** Marchand. *Pannorum propola, ae,* m.

dressage, m. *Domitura, ae,* f.

dresser. I. Tr. **1.** Rendre droit. *Erigere, o*.* Dresser contre, *erigĕre ad.* ◆ **2.** Élever. *Erigere*.* *Statuere, o.* Dresser une statue, *statuam ponĕre*.* ◆ **3.** Préparer. *Parare. Instruere, o*. Ornare.* Dresser un lit, *lectum sternĕre*;* dresser des embûches, *insidias ponere*.* ◆ **4.** Dompter. *Infrenare. Domare*. Instruĕre** (à, *in*, acc.). Dresser les bœufs au labour, *ad aratra boves instituĕre.* ◆ **II.** Intr. Les cheveux me dressent sur la tête, *stant* comae.*

dresseur, m. *Domitor, oris,* m.

dressoir, m. *Abacus, i,* m.

drogue, f. **1.** *Medicamentum, i,* n. ◆ **2.** (Fig.) *Vilis* (*is*) *res* (*rei*), f.

droguer, tr. *Medicamentum adhibere, eo** (*alicui*).

SE DROGUER, r. *Medicamentis uti*.*

droguiste, m. *Pharmacopola, ae,* m.

droit, oite, adj. **1.** Sans déviation. *Rectus, a, um. Directus.* En ligne droite, *directo;* se diriger droit vers, *rectā viā tendĕre* ad;* aller droit à qqn, *in adversum aliquem ire* (*eo**); rendre droit, *corrigĕre*.* ◆ **2.** Debout. *Rectus. Erectus. Stans, antis.* Se tenir bien droit, *stare* recte.* ◆ **3.** A droite. *Dexter, era, erum.* Du côté droit, *a dextra;* à droite, *ad dexteram.*

droit, m. **1.** Ce qui appartient à chacun. *Jus, juris,* n. *Aequum, i,* n. *Rectum, i,* n. Faire ou donner droit à, *jus* *dare** ou *reddĕre** (dat.); faire valoir ses droits sur, *pro suo jure (aliquid) vindicare;* j'ai le droit de, *mihi fas est* (inf.); on a le droit de, *licet** (inf.); tu es en droit de croire, *putare vere potes*;* à bon droit, *jure;* contre tout droit, *injuriā;* être dans son droit, *pro jure suo agĕre**. ◆ **2.** Pouvoir d'agir. *Jus. Potestas, atis,* f. Droit de cité, *civitas,* f.; avoir droit sur, *jus habēre* in* (acc.). ◆ **3.** Législation. *Jus.* Droit civil, *jus civile;* droit des gens, *jus gentium;* versé dans la science du droit, *juris peritus, a, um.* ◆ **4.** Impôt. *Vectigal, alis,* n. Acquitter les droits (d'entrée), *portorium solvĕre**.

droitement, adv. *Recte.*

droiture, f. **1.** Ligne droite. En droiture, *recta.* ◆ **2.** (Fig.) Justice. *Rectum, i,* n. *Integritas, atis,* f. Avec droiture, *recte;* qui a de la droiture, *aequus, a, um; integer, gra, grum.*

1. drôle, adj. *Ridiculus, a, um. Facetus.* C'est drôle! *mirum!*

2. drôle, drôlesse, m. et f. Un drôle, *homo nequam,* m.; une drôlesse, *pessima, ae,* f.

drôlement, adv. *Facete. Ridicule.*

drôlerie, f. *Jocus, i,* m. Dire des —, *ridicula effundĕre**.

dromadaire, m. *Dromas, adis,* m.

dru, drue, adj. **1.** Prêt à s'envoler (oiseaux). *Volatui maturus, a, um.* ◆ **2.** Épais. *Spissus, a, um. Densus.* Semer dru, *artissime serĕre**.

druides, mpl. *Druidae, arum,* mpl.

Dryade, f. *Dryas, adis,* f.

dû, m. *Debitum, i,* n. Rendre à chacun son dû, *cuique suum tribuĕre.*

dubitatif, ive, adj. *Dubitativus, a, um.* D'une manière dubitative, *dubitative.*

duc, m. **1.** Titre. *Dux, ducis,* m. ◆ **2.** Oiseau. *Bubo, onis,* m.

ducal, ale, adj. *Ducalis, e.*

duché, m. *Ducatus, us,* m.

duchesse, f. *Ducissa, ae,* f.

ductile, adj. *Ductilis, e.*

duègne, f. *Senior (oris) mulier (eris),* f.

duel, m. *Singulare (is) certamen (inis),* n.

dûment, adv. *Rite.* Qui est dûment fait, *justus, a, um.*

dune, f. *Collis, is,* m. Les dunes, *litoris arenae,* fpl.

duo, m. *Bicinium, ii,* n.

dupe, f. *Illusus, a, um.* Être la dupe de qqn, *ab aliquo illudi*;* être la dupe de qqch., *propter aliquid deludi**.

duper, tr. *Illudere, o*. Ludificari. Verba dare* (alicui).*

duperie, f. *Fraus, fraudis,* f.

dupeur, m. *Ludificator, oris,* m.

duplicité, f. *Mala (ae) fides (ei),* f. *Fraus, fraudis,* f.

dur, dure, adj. **1.** Résistant. *Durus, a, um. Solidus.* Devenir dur, *durescĕre*;* coucher sur la dure, *humi cubare*;* dur au travail, *patiens laboris;* avoir la vie dure, *vivacem esse.* ◆ **2.** (Fig.) Apre. *Asper, era, erum. Durus.* Voix dure, *aspera vox;* qui a le style dur, *oratione durus;* auteur dur, *ferreus scriptor.* ◆ **3.** Insensible (physiquement). *Durus.* Avoir l'oreille dure, être dur d'oreille, *gravius audire; surdastrum esse;* (fig.) avoir la tête dure (ne pouvoir rien comprendre), *duri ingenii esse;* avoir la tête dure (être obstiné), *pertinacem esse.* ◆ **4.** Insensible (moralement, en parl. des pers.). *Durus. Ferreus, a, um. Inhumanus.* Dur à la détente, *tenax, acis;* être dur à émouvoir, *duro animo esse.* ◆ **5.** Rigoureux (en parl. des ch.). *Asper. Durus.* Mener une vie dure, *duriter vitam agĕre*;* rendre à qqn la vie dure, *nimis graviter aliquem cruciare;* en faire voir de dures à qqn, *duras* (s.-e. *partes*) *alicui dare*;* il est dur de, *acerbum est* (inf.).

durable, adj. *Firmus, a, um. Stabilis, e. Diuturnus.* Rendre durable, *firmare;* peu durable, *caducus, a, um.*

durant, prép. *Per* (acc.). Durant l'hiver, *hieme;* durant mon absence, *me absente;* durant sa préture, *cum praetor esset.*

durcir. I. Tr. *Durare.* Durci, *induratus, a, um; concretus.* **II.** Intr. et SE DURCIR, r. *Durescĕre*.*

durcissement, m. *Concretio, onis,* f.

durée, f. *Continuatio, onis,* f. *Spatium, ii,* n. Qui est de longue, de courte durée, *diuturnus, a, um; brevis, e.*

durement, adv. **1.** *Dure. Duriter.* ◆ **2.** *Acerbe. Atrociter.*

dure-mère, f. *Cerebri membrana, ae,* f.

durer, intr. *Durare. Manere, eo*.* Faire durer, *continuare; trahĕre*;* le temps lui dure; *tardum illi videtur* tempus.*

dureté, f. **1.** Résistance. *Duritia, ae,* f. ◆ **2.** (Fig.) Insensibilité (physique). *Duritia.* Dureté d'oreille, *aurium gravitas, atis,* f. ou *tarditas.* ◆ **3.** Insensibilité (morale). *Duritia.* Montrer de la dureté à qqn, *durum se praebēre* alicui; aliquem aspere tractare;* avec dureté, *dure; aspere.* ◆ **4.** Apreté. Rigueur (en parl. des choses). *Asperitas, atis,* f. *Austeritas,* f. Dureté des temps, *temporis acerbitas;* dureté d'un commandement, *imperii severitas.*

durillon, m. *Callum, i,* n. Avoir des durillons, *callĕre*;* qui a des —, *callosus, a, um.*

duumvir, m. *Duumvir, viri,* m.

duumvirat, m. *Duumviratus, us,* m.

duvet, m. *Lanugo, inis,* f. *Pluma, ae,* f. Couvert de duvet, *lanuginosus, a, um.*

dynastie, f. (*Regia, ae*) *domus, us,* f.

dysenterie, f. *Tormina, um,* npl. Qui a la dysenterie, *torminosus, a, um.*

E

eau, f. **1.** Élément liquide. *Aqua, ae,* f. Jet d'eau, *aqua saliens;* conduite d'eau, *aquae ductus, us,* m.; porteur d'eau, *aquarius, ii,* m.; qui ne boit que de l'eau, *abstemius, a, um;* eau rouge, vin étendu d'eau, *vinum aquatissimum;* cours d'eau, *flumen, inis,* n.; nappe d'eau, *stagnum, i,* n.; plein d'eau, qui tient de la nature de l'eau, *aquosus, a, um;* d'eau, qui vit dans l'eau, *aquatilis, e;* couleur d'eau, vert d'eau, *aquaticus color;* faire eau, prendre eau, *aquam accipere, io*;* faire de l'eau (aller en chercher, s'en pourvoir), *aquari;* aller par eau, *navigare;* mettre un navire à l'eau, *navem deducĕre*;* le temps est à l'eau, *imminet* imber.* ◆ **2.** (Fig.) Ils se ressemblent comme deux gouttes d'eau, *inter se tam similes sunt quam lac lacti;* mettre de l'eau dans son vin, *pertinacia desistere, o*;* faire venir l'eau à son moulin, *lucris locupletare domum;* revenir sur l'eau, *emergĕre*;* donner des coups d'épée dans l'eau, *in aquā scribĕre*;* être comme le poisson dans l'eau, *facillime agĕre*;* aller à vau-l'eau, *in cassum abire* (*eo**); tenir qqn le bec dans l'eau, *aliquem frustrari;* il n'est pire eau que l'eau qui dort, *suspicionem taciturnitas affert**. ◆ **3.** Eaux minérales. *Aquae, arum,* fpl. Être aux eaux, *ad aquas esse.* ◆ **4.** Humeur, sérosité. Faire venir l'eau à la bouche, *salivam* (*alicui*) *movēre*;* être en eau, *sudore manare;* suer sang et eau, *multum sudare.* ◆ **5.** Liqueur artificielle. Eau de rose, *rosacea aqua.* ◆ **6.** Éclat, brillant. *Fulgor, oris,* m. *Nitor,* m.

ébahir, tr. *Obstupefacere, io*.* S'ÉBAHIR, r. *Stupescere*.*

ébahissement, m. *Stupor, oris,* m.

ébarber, tr. *Circumcidere, o*.*

ébat, m. *Ludus, i,* m.

ébattre (s'), r. *Ludere, o*.*

ébaubi, ie, adj. *Stupefactus, a, um.*

ébauche, f. *Adumbratio, onis,* f. *Delineatio,* f. Faire une ébauche de, *primas ducĕre* lineas* (gén.); l'ébauche d'un ouvrage, *opus inchoatum.*

ébaucher, tr. **1.** *Adumbrare. Delineare.* Qui n'est qu'ébauché, *rudis, e;* qui est ébauché, *inchoatus, a, um.* ◆ ◆ **2.** (Fig.) *Inchoare.*

ébauchoir, m. *Scalprum, i*, n.
ébaudir (s'), r. *Lascivire.*
ébaudissement, m. *Lascivia, ae*, f.
ébène, f. *Ebenus, i*, f. D'ébène, *ebeninus, a, um.*
ébéniste, m. *Intestinarius, ii*, m.
ébénisterie, f. *Intestinarii ars, artis*, f.
éblouir, tr. **1.** *Oculos praestringĕre, o** (gén.). Être ébloui, *caligare.* ◆ **2.** (Fig.) *Praestringĕre.* Se laisser éblouir (être séduit), *capi (ior*); decipi (ior*);* se laisser éblouir (s'enorgueillir), *efferri*.*
éblouissant, ante, adj. *Splendidus, a, um.*
éblouissement, m. *Caligo, inis*, f. *Caligatio, onis*, f.
éborgner, tr. *Oculum eruere, o* (alicui).* Éborgné, *luscus, a, um.*
ébouillanter, tr. *Calidā aquā perfundere, o*.*
ébouillir, intr. *Decoqui, or*.*
éboulement, m. *Lapsus, us*, m. *Ruina, ae*, f.
ébouler (s'), r. *Corruĕre, o*.*
éboulis, m. *Rudera, um*, npl.
ébourgeonner, tr. *Pampinare.*
ébouriffant, ante, adj. *Horrendus, a, um. Inauditus.*
ébouriffer, tr. **1.** *Comam turbare* ou *disjicere, io* (alicui).* Ébouriffé, *horridus, a, um.* ◆ **2.** (Fig.) *Turbare.*
ébrancher, tr. *Interlucare* (acc.). *Ramos amputare* (gén.).
ébranlement, m. *Quassatio, onis*, f.
ébranler, tr. *Quatere, io*. Labefacere, io*.* Être ébranlé, se laisser ébranler, *labare.*
S'ÉBRANLER, r. **1.** *Labefactari.* ◆ **2.** (Milit.) Marcher en avant. *Signa movēre*. Cooriri*.*
ébrécher, tr. **1.** *Aciem hebetare (alicujus rei).* S'ébrécher une dent, *dentem frangĕre*.* ◆ **2.** (Fig.) *Comminuere, o.*
ébriété, f. *Ebrietas, atis*, f.
ébrouer (s'), r. *Fremĕre, o*.*
ébruiter, tr. *Divulgare. In vulgus efferre, fero*.*
ébullition, f. *Aestus, us*, m. Être en ébullition, *fervēre*;* entrer en ébullition, *effervescĕre*.*
écaille, f. *Squama, ae*, f. Couvert d'écailles, *squamosus, a, um;* écaille de tortue, *testudo, inis*, f.
écailler, tr. *Desquamare.*
S'ÉCAILLER, r. *In tenues laminas secari*.*
écailler, ère, m. et f. *Ostrearius, ii*, m. *Ostrearia, ae*, f.
écailleux, euse, adj. *Squamosus, a, um.*
écale, f. *Cortex, icis*, m. et f.
écaler, tr. *Decorticare.*
écarlate, f. *Coccum, i*, n. Rouge comme l'écarlate, *coccineus, a, um;* vêtu, couvert d'écarlate, *coccinatus, a, um;* visage écarlate, *subrubicundus vultus.*
écarquiller, tr. *Diducere, o*. Distendere, o*.*
écart, m. **1.** Éloignement. *Declinatio, onis*, f. A l'écart, *secreto;* aller à l'écart, *secedĕre*;* tirer à l'écart, *seducĕre*;* rester à l'écart, *se a ceteris segregare;* mettre qqch., qqn à l'écart, *aliquid omit-*

*tĕre**; *aliquem praetermittĕre**. ◆ **2.** Digression. *Digressus, us,* m. ◆ **3.** Dérèglement. *Effrenatio, onis,* f. Faire des écarts, *ab officio recedĕre**.

écarteler, tr. *Distrahere, o**.

écartement, m. **1.** Séparation. *Diductio, onis,* f. *Distractio,* f. ◆ **2.** Intervalle. *Intervallum, i,* n.

écarter, tr. **1.** Séparer. *Diducere, o**. ◆ **2.** Éloigner. *Amovere, eo** *Arcere, eo**. *Repellere, o**. *Avertere, o**. Écarter qqn de son chemin, *de viā deducēre** *aliquem;* être écarté de son chemin, *devium esse;* lieux écartés, *loca remota,* npl.; écarter un imposteur, *molestum demovēre**. ◆ **3.** Passer sous silence. *Praetermittere, o**.

S'ÉCARTER, r. **1.** Se séparer. *Diduci**. Empêcher de s'écarter, *continēre** (acc.). ◆ **2.** S'éloigner. *Deflectere, o**. *Discedere, o**. *Secedere, o**. S'écarter de sa route, *deerrare;* s' — de son sujet, *ab argumento degredi* (*ior**).

ecchymose, f. *Vibix, icis,* f.

ecclésiastique. I. Adj. *Ecclesiasticus, a, um.* ◆ **II.** Nom m. *Clericus, i,* m.

écervelé, ée, adj. *Excors, ordis.*

échafaud, m. **1.** Gradins pour spectateurs. *Spectaculum, i,* n. ◆ **2.** Plate-forme. *Tabulatum, i,* n. Finir sur l'échafaud, *publice capite plecti**.

échafaudage, m. **1.** *Tabulatio, onis,* f. ◆ **2.** (Fig.) *Moles, is,* f.

échafauder. I. Intr. Dresser un échafaud. *Tabulatum exstruere, o**. ◆ **II.** Tr. **1.** Construire. *Aedificare.* ◆ **2.** Consolider. *Fulcire**.

échalas, m. **1.** *Pedamen, inis,* n. *Adminiculum, i,* n. ◆ **2.** (Fig.) *Longurio, onis,* m.

échalassement, m. *Pedatio, onis,* f.

échalasser, tr. *Adminiculare. Impedare.*

échalier, m. *Saeptum, i,* n.

échalote, f. *Ascalonia* (*ae*) *cepa* (*ae*), f.

échancrer, tr. *Circumcīdere, o**. Bouclier échancré, *lunata pelta.*

échancrure, f. *Lacinia, ae,* f.

échange, m. **1.** Troc. *Mutatio, onis,* f. *Permutatio,* f. Faire un échange, *aliquid aliquā re permutare;* donner en échange, *retribuĕre;* en échange de, *pro* (abl.); libre échange, *liberum commercium;* commerce d'échange, *mutatio mercium.* ◆ **2.** Communication réciproque. *Mutatio, onis,* f. *Commercium, ii,* n. Échange de lettres, *epistularum commercium.*

échangeable, adj. *Commutabilis, e.*

échanger, tr. **1.** Troquer. *Commutare. Permutare* (*aliquid aliquā re*). ◆ **2.** (Fig.) Communiquer réciproquement. *Commutare.* Échanger de bons offices, *officia mutuo exercēre**; ayant échangé leur parole, *fide acceptā datāque.*

échanson, m. *Pincerna, ae,*

m. Servir d' —, *pocula ministrare.*

échantillon, m. *Exemplum, i,* n. *Specimen, inis,* n. Servir d'échantillon, *exemplum praebēre*.*

échappatoire, f. *Effugium, ii,* n. *Deverticulum, i,* n.

échappée, f. **1.** Escapade. *Effugium, ii,* n. Faire une échappée, *effugĕre, io*.* ◆ **2.** Imprudence. Échappée de conduite. *Temere factum.* ◆ ◆ **3.** Perspective. *Prospectus, us,* m. Avoir une échappée sur, *prospectare* (acc.). ◆ **4.** Intervalle. Avoir des échappées de bon sens, *intermissionem habēre*;* par échappées, *per intervalla.*

échapper, intr. et tr. **1.** Éviter. *Evadere, o** (*ex*). *Vitare* (acc.). *Effugere, io** (acc.). Échapper à la mort, *ex morte evadĕre;* nous l'avons échappée belle, *ex hoc malo sat feliciter emersimus*;* laisser échapper qqn, *aliquem amittĕre*.* ◆ **2.** Ne pouvoir être retenu. *Elabi, or*. Excīdere, o*.* Échapper des mains, *e manibus excīdere;* si l'affaire venait à lui échapper, *si res ab eo abiret*;* cette parole m'a échappé, *hoc ex ore elapsum est*;* cela m'échappe, *id me fugit*; id ex memoriā elabitur*;* laisser échapper l'occasion, *occasionem amittĕre*;* laisser échapper des plaintes, *questus effundĕre*;* la patience m'échappe, *non me teneo*.* ◆ **3.** Ne pas être remarqué ou perçu. *Fugere, io** (acc.). Échapper aux yeux, à la vue, *oculos, visum effugĕre*.*

s'ÉCHAPPER, r. **1.** S'esquiver. *Evadere, o** (*ex*). *Fugĕre, io** (*ex* ou acc.). S'échapper des mains, *de manibus elabi*;* chercher à s'échapper, *fugam quaerĕre** ou *meditari.* ◆ **2.** Sortir (en parl. des ch.). *Exire, eo*. Erumpĕre, o*.*

écharde, f. *Surculus, i,* m.

échardonner, tr. *Carduos evellere, o** (*ex*).

écharpe, f. **1.** Étoffe. *Fascia, ae,* f. Écharpe de chevalier, *balteus, i,* m; — de femme, *palla, pallae,* f. ◆ **2.** Bandage. *Mitella, ae,* f. Porter le bras en écharpe, *manum suspendĕre*.* ◆ **3.** (Archit.) Tirant de fer. *Retinaculum, i,* n. ◆ **4.** Direction oblique. En écharpe, *oblique.*

écharper, tr. **1.** Mettre en pièces. *Caedere, o*. Discerpere, o*.* ◆ **2.** Balafrer. *Vulnus in adversum os inferre, fero** (*alicui*).

échasses, fpl. **1.** *Grallae, arum,* fpl. Qui marche sur des échasses, *grallator, oris,* m. ◆ **2.** (Fig.) Être monté sur des échasses (en parl. d'un écrivain), *ampullari.*

échauder, tr. **1.** Passer à l'eau chaude. *Excaldare.* ◆ **2.** Brûler avec de l'eau chaude. *Aquā fervente perfundere, o*.* ◆ **3.** (Fig.) Être échaudé, *male mulcari.*

échauffaison, f. *Papula, ae,* f.

échauffant, ante, adj. **1.** Qui échauffe. *Excalfactorius,* *a, um.* ◆ 2. Qui constipe. *Astringens, entis.*

échauffement, m. 1. Action d'échauffer. *Excalfactio, onis,* f. Échauffement du sang, *ardor sanguinis.* ◆ 2. (Fig.) Emportement. *Aestus, us,* m. ◆ 3. Constipation. *Alvus suppressa,* f.

échauffer, tr. 1. Rendre chaud. *Calefacere, io*.* Échauffer la bile, le sang, les oreilles à qqn, *alicui bilem, stomachum movēre*.* ◆ 2. (Fig.) Animer. *Accendere, o*.* ◆ 3. Constiper. *Calefacĕre, io*.*

S'ÉCHAUFFER, r. 1. Devenir chaud. *Calescere, o*. Calefieri, fio*.* S'échauffer par la marche ou la fatigue, *aestuare;* ma bile s'échauffe, *mea confervet* ira.* ◆ 2. (Fig.) S'animer. *Effervescere, o*. Exardescere,* o*. Il s'échauffe difficilement, *tarde commovetur*.*

échauffourée, f. *Calidum* (*i*) *consilium* (*ii*), n. *Leve* (*is*) *proelium* (*ii*), n.

échauguette, f. *Specula, ae,* f.

échéance, f. *Dies, ei,* f. Payer à l'échéance, *pecuniam ad diem solvĕre*.*

échéant, ante, adj. *Qui* (*quae, quod*) *incĭdit*.* Le cas échéant, *si casus incĭderit*.*

échec, m. 1. Insuccès. *Offensio, onis,* f. *Detrimentum, i,* n. (D'un candidat) *Repulsa, ae,* f. Subir un échec, *repulsam accipere, io*.* ◆ 2. Défaite. *Clades, is,* f. *Plaga, ae,* f. ◆ 3. (Fig.) Terme du jeu d'échecs. Mettre en échec qqn, faire échec à qqn, *in angustias compellĕre* aliquem.*

échecs, mpl. *Latrunculi, orum,* mpl. Jouer aux échecs, *latrunculis ludĕre*.*

échelle, f. 1. *Scalae, arum,* fpl. Dresser des échelles contre les remparts, *ad moenia scalas admovēre*;* faisant la courte échelle, *innixi humeris;* après, il faut tirer l'échelle, *nihil supra.* ◆ 2. (Fig.) L'échelle des êtres, *rerum gradus, uum,* mpl. ◆ 3. Mesure. *Mensura, ae,* f. Expérimenter sur une grande échelle, *in multis experimenta facĕre, io*.*

échelon, m. *Gradus, us,* m. Les échelons (t. milit.), *ordines, um,* mpl.

échelonner, tr. *Disponere, o*.*

écheniller, tr. *Erucas decidere, o** (*in* ou *ex,* abl.).

écheveau, m. 1. *Filaceus* (*i*) *orbis* (*is*), m. ◆ 2. (Fig.) *Nodus, i,* m.

échevelé, ée, adj. *Crinibus passis.*

échevin, m. *Scabinus, i,* m.

échine, f. 1. *Spina , ae,* f. *Lumbi, orum,* mpl. ◆ 2. (Fig.) Courber l'échine devant qqn, *se alicui submittĕre*.*

échiner, tr. 1. *Delumbare.* ◆ 2. (Fig.) *Tundere, o*.*

échiquier, m. *Alveolus, i,* m.

écho, m. 1. Réflexion du son. *Repercussa* (*ae*) *vox* (*vocis*), f. *Imago, inis,* f. Faire écho, *respondēre** (à, dat.). ◆ 2. (Fig.) Imitation. *Imago, inis,* f. Se faire l'écho de qqn, *aliena verba subsequi*.*

échoir, intr. **1.** Arriver. *Evenire**. *Obtingere, o**. ◆ **2.** Avoir telle échéance, *Cadere, o**.

échoppe, f. *Tabernula, ae*, f.

échouer. I. Intr. **1.** (En parl. d'un navire) *Offendere, o** (*in*, abl. ou acc.; *ad*). *Haerere, eo* (*in*, abl.; *ad*). (En parl. d'un passager) *Ejici, ior** (*in*, acc.) ◆ **2.** (Fig.) *Offendĕre**. *Corruere, o. Decĭdere, o**. Échouer (en parl. d'un candidat), *praeteriri* (*eor**); faire échouer (une affaire), *evertĕre** (acc.); *discutĕre, io** (acc.). ◆ **II.** Tr. Échouer (un vaisseau), (*navem*) *ejicere, io** ou *evertĕre**.

écimer, tr. *Decacuminare*.

éclabousser, tr. **1.** *Aspergere, o** (*aliquem luto*). ◆ **2.** (Fig.) *Respergere, o**.

éclaboussure, f. *Respersus, us*, m. (à l'abl. sg. seulement). *Lutum, i*, n.

éclair, m. **1.** *Fulgur, uris*, n. Il fait des éclairs, *fulgurat;* lancer des éclairs, *fulgurare*. ◆ **2.** (Fig.) *Fulgor, oris*, m. *Flamma, ae*, f. Briller comme un éclair, *affulgēre*;* un éclair de liberté, *breve libertatis tempus*.

éclairage, m. *Illuminatio, onis*, f. Qui a un bon éclairage, *illustris, e*.

éclaircie, f. **1.** Ciel plus clair. Pendant une éclaircie, *liquidā jam luce*. ◆ **2.** Clairière. *Rariores silvae*, fpl.

éclaircir, tr. **1.** Rendre clair. *Illustrare*. Éclaircir la vue, la voix, *oculis claritatem, voci splendorem afferre**. ◆ **2.** Rendre moins dru. *Dirarare*. Éclaircir un bois, *lucum coercēre*;* éclaircir les rangs d'une armée, *ordines laxare*. ◆ **3.** (Fig.) Rendre plus intelligible. *Explanare. Enodare. Illustrare*. Éclaircir les doutes de qqn, *alicui dubitationem tollĕre**. ◆ **4.** Instruire (qqn). (*Aliquem*) *certiorem facĕre, io** (*alicujus rei* ou *de aliquā re*). S'ÉCLAIRCIR, r. **1.** Devenir moins serré. *Rarescĕre**. ◆ **2.** Devenir clair ou plus évident. *Clarescĕre**. Tout est éclairci, *omnia illustrantur*. ◆ **3.** S'instruire. Je m'en suis éclairci, *de hāc re certior factus* sum*.

éclaircissement, m. *Explanatio, onis*, f. *Explicatio, onis*, f. Donner des éclaircissements sur, *explanare* (acc.).

éclairer. I. Tr. **1.** *Illustrare. Illuminare*. Éclairer qqn, *alicui praelucēre** ou *lumen praeferre*;* bien éclairé, *luminosus, a, um*. ◆ **2.** (Fig.) *Illustrare*. Éclairer qqn de ses conseils, *lucem consilii alicui praeferre*;* esprit éclairé, *perspicax ingenium*. ◆ **3.** Surveiller. *Observare*. Eclairer sa marche, *exploratores praemittĕre**. ◆ **II.** Intr. Briller. *Lucere, eo**.

éclaireur, m. *Speculator, oris*, m.

éclat, m. **1.** Fragment. *Fragmentum, i*, n. *Assula, ae*, f. Voler en éclats, *in multas partes dissilire*;* faire voler en éclats, *effringĕre** (acc.). ◆ **2.** Bruit. *Fragor, oris*, m. *Strepitus, us*, m. Éclat de rire, *cachinnus, i,* m; rire aux éclats, *cachinnum tollĕre*;* faire rire aux éclats, *cachinnos commovēre**. ◆ 3. Agitation. *Tumultus, us,* m. Faire un éclat, *tumultum movēre**. ◆ 4. Lueur brillante. *Fulgor, oris,* m. *Splendor,* m. Style plein d'éclat, *splendida oratio;* avoir de l'éclat, *clarescĕre*;* donner de l'éclat à son style, *orationem illustrare.* ◆ 5. Gloire. Action d'éclat. *Egregium facinus;* donner de l'éclat à, *illustrare* (acc.); recevoir de l'éclat, *splendescĕre**.

éclatant, ante, adj. **1.** *Clarus, a, um. Fulgens, entis.* Avoir une couleur éclatante, *splendēre**. ◆ **2.** (Fig.) *Splendidus, a, um. Illustris, e.* D'un mérite éclatant, *praeclarus.*

éclater, intr. **1.** Se rompre. *Frangi, or*. Dissilire**. Faire éclater, *diffindĕre** (acc.). ◆ **2.** Faire un grand bruit. *Sonare**. Éclater en reproches contre qqn, *verba edĕre* in aliquem;* éclater de rire, *cachinnum tollĕre**. ◆ **3.** Paraître soudain. *Erumpere, o*. Cooriri**. Faire éclater, *effundĕre** (acc.); *patefacĕre, io** (acc.). ◆ **4.** Resplendir. *Fulgēre, eo*. Splendere, eo**. C'est dans la guerre que son courage éclata, *in bello virtus ejus enituit*;* faire éclater, *illustrare* (acc.).

éclipse, f. **1.** (*Solis* ou *lunae*) *defectus, us,* m. Il y a éclipse de lune, *luna deficit**. ◆ **2.** (Fig.) *Defectio, onis,* f.

éclipser, tr. *Obscurare.*

S'ÉCLIPSER, r. **1.** *Deficĕre (io*).* ◆ **2.** (Fig.) *Obsolescĕre**. ◆ **3.** S'esquiver. *Se subducĕre**.

écliptique, f. *Ecliptica (ae) linea (ae),* f.

éclisse, f. **1.** Plaque de bois. *Ferula, ae,* f. ◆ **2.** Rond d'osier. *Fiscella, ae,* f.

éclopé, ée, adj. *Claudus, a, um. Debilis, e.*

éclore, intr. **1.** Sortir de l'œuf. *Excludi, or*. Nasci, or**. Faire éclore, *excludĕre** (acc.). ◆ **2.** S'épanouir (en parl. des fleurs). *Dehiscere, o*. Erumpere, o**. ◆ **3.** Naître, *Nasci, or**.

éclosion, f. *Fetus, us,* m.

écluse, f. *Cataracta, ae,* f.

écœurer, tr. *Taedium afferre, fero* (alicui). Torquere, eo** (acc.).

école, f. **1.** Établissement où l'on enseigne. *Ludus, ī,* m. *Schola, ae,* f. *Gymnasium, ii,* n. D'école, *scholasticus, a, um;* maître d'école, *ludi magister, tri,* m.; tenir école, *scholam habēre*;* être à bonne école, *salubribus praeceptis instrui*;* à l'école de la pauvreté, *paupertate magistrā.* ◆ **2.** Secte. *Schola, ae,* f. *Secta, ae,* f. *Disciplina,* f. ◆ **3.** (Fig.) Sottise. Faire une école, *inepte aliquid agere* (*o**) ou *loqui* (*or**).

écolier, ière, m. et f. **1.** *Discipulus, i,* m. *Discipula, ae,* f. D'écolier, *scholasticus, a, um.* ◆ **2.** (Fig.) *Tiro, onis,* m.

éconduire, tr. *Rejicere, io*. Excludere, o**.

économat, m. *Dispensatio, onis,* f.

économe. **I.** Adj. *Parcus, a, um.* ◆ **II.** Nom m. et f. *Dispensator, oris,* m. *Dispensatrix, icis,* f.

économie, f. **1.** Ordre dans la conduite et la dépense. *Rerum domesticarum cura, ae,* f. ou *disciplina, ae,* f. Économie politique, *civitatis temperatio, onis,* f. ◆ **2.** (Fig.) Harmonie, plan. *Temperatio, onis,* f. ◆ **3.** Épargne. *Parsimonia, ae,* f. Avoir de l'économie, *sumptui parcĕre**; faire économie de, *parcĕre** (dat.). ◆ **4.** Argent épargné. *Compendium, ii,* n. *Peculium, ii,* n. Faire des économies, *parcĕre**.

économique, adj. **1.** Qui concerne l'économie. *Oeconomicus, a, um.* ◆ **2.** Qui demande peu de frais. Être très — *minimo sumptui esse.*

économiquement, adv. *Parce.*

économiser, tr. et intr. *Parcere, o** (dat.). Économiser son temps, *tempus parce dispensare.*

écorce, f. **1.** *Cortex, icis,* m. et f. D'écorce, *corticeus, a, um;* garni d'écorce, *corticatus, a, um.* ◆ **2.** (Fig.) *Species, ei,* f. *Facies,* f.

écorcer, tr. *Decorticare. Corticem detrahere, o** (dat.).

S'ÉCORCER, r. *Delibrari.*

écorcher, tr. **1.** Oter la peau. *Deglubere, o**. *Cutem detrahere, o** (*alicui*). ◆ **2.** Érafler la peau. *Radere, o**. *Desquamare.* ◆ **3.** (Fig.) Écorcher les oreilles à qqn, *aurem radĕre alicui;* écorcher un mot, *verbum mutilare.*

écorcheur, m. *Lanius, ii,* m.

écorchure, f. *Vibix, icis,* f. *Cutis laceratio, onis,* f.

écorner, tr. **1.** *Cornua frangere, o** (dat.). Écorné, *cornibus mutilus, a, um.* ◆ **2.** (Fig.) *Mutilare.*

écornifler, tr. — des dîners, *parasitari.*

écornifleur, m. *Parasitus, i,* m.

Écossais, e, adj. *Scotus, a, um.*

Écosse. *Scotia, ae,* f.

écosser, tr. *Excutere, io**.

écot, m. *Collecta, ae,* f. *Symbola,* f. Qui ne paye pas son écot, *asymbolus, a, um.*

écoulement, m. *Fluxus, us,* m. *Profluvium, ii,* n. Écoulement (d'une foule), *discessus, us,* m.; écoulement (de marchandises), *venditio, onis,* f.; qui n'a pas d'écoulement (eau), *stagnans, antis;* (marchandise), *invendibilis, e.*

écouler. **I.** Tr. Vendre. *Vendere, o**. ◆ **II.** Intr. et S'ÉCOULER, r. *Effluere, o**. (Liquide) *Defluere, o**. (Foule) *Dilabi, or**. (Temps) *Transire, eo**. *Praeterire, eo**. Faire écouler, *deducĕre** (acc.).

écourter, tr. *Curtare.* Écourter un discours, *orationem contrahĕre**.

1. écoute, f. Lieu où on écoute. Être aux écoutes, *verba aucupari;* celui qui est aux écoutes, *sermonum captator, oris,* m.

2. écoute, f. (Marine) *Pes, pedis,*

m. Larguer les écoutes, *pedes proferre**.

écouter, tr. **1.** Donner attention à. *Audire. Auscultare. Aures praebēre* (*alicui*). Se faire écouter, *audientiam sibi facĕre, io**. ◆ **2.** Obtempérer à. *Obsequi, or** (dat). *Audire* (acc.). N'écouter que ses intérêts, *suis tantum commodis inservire*.

s'ÉCOUTER, r. **1.** Parler lentement. S'écouter parler, *se dicentem ipsum mirari*. ◆ **2.** Être attentif à sa santé. *Sibi indulgēre**.

écouteur, m. *Sermonum captator, oris*, m.

écoutille, f. *Ostiolum, i*, n.

écouvillon, m. *Scopae, arum*, fpl.

écran, m. *Umbraculum, i*, n.

écrasant, ante, adj. *Gravissimus, a, um*.

écrasement, m. *Tritus, us*, m.

écraser, tr. **1.** Aplatir. *Opprimere, o**. ◆ **2.** Broyer. *Obterere, o**. *Elidere, o**. ◆ **3.** (Fig.) Accabler. *Premere, o**. *Opprimere, o**. Être écrasé de dettes, *aere alieno obrui*. ◆ **4.** L'emporter sur. *Obruere, o* (acc.). Écraser l'ennemi, *hostes proterĕre**.

écrémer, tr. **1.** *Spumam* (*lactis*) *auferre, fero**. ◆ **2.** (Fig.) *Excellentissima quaeque libare* (*ex*).

écrevisse, f. *Cancer, cri*, m.

écrier (s'), r. *Exclamare. Conclamare*.

écrin, m. *Locellus, i*, m.

écrire, tr. **1.** Tracer des lettres. *Scribere, o**. Écrire dans ou sur une ch., *inscribĕre* rem*; écrire souvent, *scriptitare;* apprendre à écrire, *litterarum formas discĕre**; écrire à qqn, *alicui* ou *ad aliquem epistulam scribĕre;* écrire en réponse, *rescribĕre**; écrire contre qqn, *in aliquem scribĕre*. ◆ **2.** Composer. *Scribĕre, o**. *Litteris mandare. Componere, o**. Écrire qqch. sur un sujet, *aliquid de aliquā materiā componĕre*.

écrit, m. *Scriptum, i*, n. Mettre qqch. par écrit, *aliquid perscribĕre** ou *litteris mandare;* par écrit, *litteris; per litteras*.

écriteau, m. *Tabula, ae*, f. *Titulus, i*, m. Mettre un écriteau à, *titulum impingĕre** (dat.).

écritoire, f. **1.** Le nécessaire pour écrire. *Calamaria* (*ae*) *theca* (*ae*), f. ◆ **2.** Encrier. *Atramentarium, ii*, n.

écriture, f. **1.** Action d'écrire. *Scriptio, onis*, f. ◆ **2.** Art d'écrire. *Litteratura, ae*, f. *Litterae, arum*, fpl. Caractère d'écriture, *littera, ae*, f. ◆ **3.** Manière d'écrire. *Manus, us*, f. Avoir une belle écriture, *lepidā manu scribĕre**. ◆ **4.** Pièces écrites, registres. *Tabulae, arum*, fpl. Commis aux écritures, *a rationibus;* faire des écritures, *tabulas conficere, io**; passer écriture, *perscribĕre**. ◆ **5.** L'Écriture Sainte. *Scriptura* (*ae*) *sacra* (*ae*), f.

écrivailleur et **écrivassier**, m. *Insanus* (*i*) *scriptor* (*oris*), m.

écrivain, m. **1.** Copiste. *Scriba, ae*, m. ◆ **2.** Auteur. *Scriptor, oris*, m.
écrou, m. **1.** Pièce percée en spirale où tourne une vis. *Cochlea, ae*, f. ◆ **2.** Registre de prison. *Carceris ratio, onis*, f. Lever l'écrou, (*aliquem*) *dimittĕre**.
écrouelles, f. *Struma, ae*, f. Qui a les écrouelles, *strumosus, a, um*.
écrouer, tr. *In carceris rationem referre** (*aliquem*).
écrouir, tr. *Procudere, o**.
écroulement, m. *Ruina, ae*, f. *Lapsus, us*, m.
écrouler (s'), r. **1.** *Corruere, o. Labi, or**. ◆ **2.** (Fig.) *Concĭdere, o**.
écru, ue, adj. *Crudus, a, um. Rudis, e.*
écu, m. **1.** Bouclier. *Scutum, i*, n. ◆ **2.** Pièce de monnaie. *Nummus, i*, m. Avoir des écus, *in nummis esse* ou *versari*.
écueil, m. **1.** *Scopulus, i*, m. Plein, semé d'écueils, *scopulosus, a, um*. ◆ **2.** (Fig.) *Scopulus*. Donner contre un écueil, *allidi**.
écuelle, f. *Scutra, ae*, f.
écumant, ante, adj. *Spumans, antis. Spumeus, a, um.*
écume, f. **1.** *Spuma, ae*, f. D'écume, *spumeus, a, um*. ◆ **2.** (Fig.) *Faex, faecis*, f. *Sordes, ium*, fpl.
écumer. I. Intr. Jeter de l'écume. *Spumare. Spumescere, o**. Écumer de rage, *in ore spumas agĕre**. ◆ **II.** Tr. **1.** Oter l'écume. *Despumare* (acc.). *Spumam auferre, fero** (dat.). **2.** ◆ (Fig.) Écumer les mers, *piraticam facĕre, io**.
écumeur, m. (De mer) *Pirata, ae*, m.
écumeux, euse, adj. *Spumosus, a, um.*
écumoire, f. *Trulla, ae*, f.
écurer, tr. *Eluere, o.*
écureuil, m. *Sciurus, i*, m.
écurie, f. *Stabulum, i*, n. (De chevaux) *Equile, is*, n.
écusson, m. **1.** *Scutulum, i*, n. ◆ **2.** (Fig.) *Emplastrum, i*, n. Greffe en écusson, *emplastratio, onis*, f.
écussonner, tr. *Emplastrare.*
écuyer, m. **1.** Qui porte les armes d'un guerrier. *Armiger, eri*, m. ◆ **2.** — tranchant. *Carptor, oris*, m. *Scissor*, m. ◆ **3.** Maître d'équitation. *Equiso, onis*, m.
écuyère, f. *Mulier equitandi perita.*
eczéma, m. *Impetigo, inis*, f.
éden, m. *Eden*, n. indécl.
édenter, tr. *Edentare.* Édenté, *edentulus, a, um.*
édicter, tr. *Edicere, o**. Édicter une peine, *poenas proponĕre**.
édifiant, ante, adj. *Probatus, a, um. Decorus.*
édification, f. **1.** Construction. *Aedificatio, onis*, f. ◆ **2.** Bon exemple. *Pietatis exemplum, i*, n.
édifice, m. **1.** *Aedificium, ii*, n. ◆ **2.** (Fig.) Bâtir l'édifice de sa coiffure, *caput aedificare.*
édifier, tr. **1.** Bâtir. *Aedificare.* ◆ **2.** Donner de bons exemples. *Bono exemplo esse* (*alicui*). ◆ **3.** Renseigner. *Cer-*

*tiorem facĕre, io** (*aliquem rei* ou *de re*).
édile, m. *Aedilis, is*, m. D'édile, *aedilicius, a, um;* un ancien édile, *aedilicius, ii*, m.
édilité, f. *Aedilitas, atis*, f.
édit, m. *Edictum, i*, n. Ordonner, défendre par édit de, *edicĕre* ut* (subj.); *edicĕre ne** (subj.).
éditer, tr. *Edere, o**.
édition, f. *Editio, onis*, f.
édredon, m. *Plumeum* (*i*) *stragulum* (*i*), n.
éducateur, trice, m. et f. *Educator, oris*, m. *Educatrix, icis*, f.
éducation, f. **1.** Culture morale. *Educatio, onis*, f. *Institutio*, f. *Disciplina, ae*, f. La bonne éducation, *urbanitas, atis*, f.; qui manque d'éducation, *inhumanus, a, um; inurbanus.* ◆ **2.** Élevage (d'animaux). *Educatio. Cura, ae*, f.
édulcorer, tr. *Temperare.*
Eduens, mpl. *Aedui, orum*, mpl.
éduquer, tr. *Instituere, o.*
effacement, m. **1.** *Deletio, onis*, f. ◆ **2.** (Fig.) *Humilitas, atis*, f. *Modestia, ae*, f.
effacer, tr. **1.** Faire disparaître. *Delere, eo. Abolere, eo.* Effacer en grattant, *exsculpĕre, o**; effacer par un trait de plume, *inducĕre**. ◆ **2.** (Fig.) Faire oublier. *Delere, eo. Oblitterare.* Effacer qqch. de son souvenir, *memoriam rei tollĕre**; effacer sa faute par le repentir, *errorem paenitendo corrigĕre**. ◆ **3.** Eclipser, obscurcir. *Obscurare. Vincere, o**. ◆ **4.** (Escrime) *Inflectere, o**. Effacer les épaules, *umeros inflectĕre**.
S'EFFACER, r. **1.** Disparaître. *Deleri, eor.* ◆ **2.** (Fig.) *Obsolescere, o**. S'effacer de la mémoire, *memoriā elabi**. ◆ **3.** (Escrime) *Se subducĕre**. ◆ **4.** S'effacer devant qqn, *alicui cedĕre**.
effarement, m. *Perturbatio, onis*, f.
effarer, tr. *Perturbare. Conturbare.*
effaroucher, tr. **1.** *Consternare. Efferare.* ◆ **2.** (Fig.) Le seul nom de philosophie effarouche qqs gens, *quibusdam philosophiae nomen est invisum;* qui s'effarouche, *pavidus, a, um;* prompt à s'effaroucher, *timidus; pudibundus.*
effectif, ive. I. Adj. *Verus, a, um.* ◆ **II.** Nom m. L'effectif d'une armée, *militum numerus, i*, m.
effectivement, adv. *Re verā. Re ipsā.*
effectuer, tr. *Efficere, io**. *Perficere, io**. Effectuer un débarquement, *milites exponĕre**.
efféminer, tr. *Mollire. Effeminare.* Efféminé, *delicatus, a, um* ou *mollis, e* (en parl. de pers.); *muliebris, e* (en parl. de choses).
effervescence, f. **1.** *Fervor, oris*, m. ◆ **2.** (Fig.) *Fervor. Aestus, us*, m. Être dans l'effervescence, *effervescĕre**.
effervescent, ente, adj. *Aestuans, antis.*
effet, m. **1.** Résultat. *Effectus,*

us, m. La rougeur est souvent l'effet de la pudeur, *pudorem saepe consequitur* rubor;* être l'effet de qqch., *ab aliquā re proficisci*;* être l'effet du hasard, *casu fieri*; fortuitum esse;* avoir, recevoir son effet, *fieri*; effici, ior*;* être sans effet, ne pas recevoir son effet, *effectu carēre*; irritum esse;* produire de l'effet, *efficacem esse;* l'effet d'une médecine, *medicinae vis;* sans effet, *vanus, a, um.* ◆ **2.** Action. *Res, rei,* f. *Factum, i,* n. Mettre une chose à effet, *rem ad effectum adducĕre*.* ◆ **3.** Impression. *Vis, vis,* f. Produire, faire de l'effet à l'œil, sur les esprits, *oculos, animos movēre*;* qui fait de l'effet, *conspicuus, a, um;* effets de lumière, *lumina, um,* npl.; faire l'effet de, *vidēri** (suivi d'un attribut); *speciem habēre** (gén.). ◆ **4.** Effets mobiliers. *Res, rerum,* fpl. ◆ **5.** Effets de commerce. *Chirographum, i,* n. Effets publics, *publicae chartae,* fpl.; *syngraphae, arum,* fpl. ◆ **6.** Loc. div. En effet (en réalité), *re ipsā;* (car) *enim; etenim;* à cet effet, pour cet effet, *ad id efficiendum*;* à l'effet de, *ut* (subj.).

effeuillaison, f. *Frondatio, onis,* f.

effeuiller, tr. *Folia stringere, o** (*arbori*).

S'EFFEUILLER, r. *Folia dimittĕre*.*

efficace, adj. *Efficax, acis.* Être efficace, *valēre*; pollēre*;* remède efficace contre, *praesens remedium contra* (acc.).

efficacement, m. *Efficaciter. Efficienter.*

efficace, f. et **efficacité**, f. *Efficacitas, atis,* f. *Efficientia, ae,* f. *Vis, vis,* f.

efficient, ente, adj. *Efficiens, entis.*

effigie, f. *Effigies, ei,* f. *Imago, inis,* f. A l' — de, *effigie* (gén.).

effiler, tr. **1.** Effilocher. *Filatim detrahere, o*.* ◆ **2.** Amincir. *Tenuare.* Effilé, *tenuis, e.*

efflanquer, tr. *Tenuare.* Efflanqué, *strigosus, a, um.*

effleurer, tr. **1.** *Delibare. Stringere, o*.* ◆ **2.** (Fig.) *Delibare. Praestringere, o*.* Effleurer un sujet, *rem tangĕre*;* en effleurant, *strictim; summatim.*

efflorescence, f. **1.** Début de la floraison. *Flos, floris,* m. ◆ **2.** Moisissure. *Situs, us,* m.

effluve, m. *Exhalatio, onis,* f. *Afflatus, us,* m.

effondrement, m. **1.** Action de fouiller. *Fossio, onis,* f. ◆ **2.** Action de s'effondrer. *Ruina, ae,* f.

effondrer, tr. **1.** Fouiller. *Fodere, io*.* ◆ **2.** Rompre. *Effringere, o*.*

S'EFFONDRER, r. *Collabi, or*. Ruere, o.*

effondrilles, fpl. *Faex, faecis,* f.

efforcer (s'), r. *Conari.* (Contre une résistance) *Niti, or*.* S'efforcer de, s'efforcer de ne pas, *conari* (inf.); *niti* (inf. ou *ut, ne,* subj.).

effort, m. **1.** Emploi intensif

des forces. *Conatus, us*, m. Efforts de voix, efforts d'attention, *vocis, animi contentio, onis*, f.; faire effort, *conari; niti**; faire tous ses efforts pour, *omni spe adniti* ut* (subj.); porter, concentrer ses efforts sur, *laborem impendĕre** (acc.); exiger, coûter beaucoup, peu d'efforts, *esse magni, parvi laboris;* avec effort, *enixe;* sans effort, *sine intentione;* soutenir l'effort de, *impetum ferre** (gén.). ◆ **2.** Lésion. *Convulsa, orum*, npl.

effraction, f. *Effractura, ae*, f. Ouvrir avec effraction, pénétrer dans une maison par effraction, *domus fores effringĕre**.

effrayant, ante, adj. *Terribilis, e. Formidolosus, a, um.*

effrayer, tr. *Terrere, eo**. *Exterrere, eo**. *Perterrere, eo**. Se laisser effrayer par la peine, *labore permovēri**.

effréné, adj. *Effrenatus, a, um. Immoderatus.*

effriter, tr. Rendre stérile. *Exhaurire** *(solum).*

S'EFFRITER, r. **1.** Devenir stérile. *Fatiscere, o**. ◆ **2.** Devenir friable. *Resolvi, or**.

effroi, m. *Formido, inis*, f. *Pavor, oris*, m. Causer de l'effroi, *terrorem injicĕre, io** ou *incutĕre, io** *(alicui);* être saisi d'effroi, *terrorem concipĕre, io**.

effronté, ée, adj. (Sans pudeur) *Impudens, entis.* (Sans respect) *Inverecundus, a, um.* (Hardi) *Procax, acis.*

effrontément, adv. *Impudenter.*

effronterie, f. *Impudentia, ae*, f. *Procacitas, atis*, f. Quelle effronterie! *quod os!*

effroyable, adj. *Formidolosus, a, um. Horribilis, e.*

effroyablement, adv. *Horrendum in modum.*

effusion, f. **1.** *Effusio, onis*, f. Sans effusion de sang, *incruentus, a, um.* ◆ **2.** Prodiguer à qqn des effusions de tendresse, *in aliquem suavissime effundi**; avec effusion, *effuse.*

égal, ale. I. Adj. **1.** Entièrement semblable. *Aequus, a, um. Aequalis, e. Par, paris.* Égal en mérite à qqn, *virtute par alicui;* une quantité égale (d'une ch.), *tantumdem* (gén.); (de choses), *totidem* (suivi du pl.); combattre avec des avantages égaux, *pugnare aequo Marte;* être l'égal de qqn, *in aequo esse* ou *stare** *cum aliquo;* rendre égal, regarder comme égal, *aequare* (acc.); qui est sans égal, *unicus, a, um;* n'avoir point d'égal pour, *ceteris praestare** (abl.); d'égal à égal, *aequo* ou *pari jure;* à l'égal de, *prae* (abl.). ◆ **2.** Uni, plan. *Aequus, a, um. Planus.* ◆ **3.** (Fig.) Constant, uniforme. *Aequabilis, e. Aequus.* Humeur égale, *aequus animus;* d'un pas toujours égal, *constanti gradu.* ◆ **4.** Indifférent. *Aequus.* Cela m'est égal, *hoc me non movet** (*quod*, indic.); il m'est égal que, *meā nihil interest** *utrum* (subj.)... *an* (subj.). ◆ **II.** Nom m. *Aequalis, is,* m. *Par, is,* m. Bienveillant envers ses égaux, *in pares benevolus, a, um.*

également, adv. *Aeque. Aequaliter.*

égaler, tr. **1.** Rendre égal à. *Aequare* ou *parem facĕre, io** (*aliquem alicui*). ◆ **2.** Comparer. *Exaequare.* ◆ **3.** Être égal à. *Adaequare. Assequi, or**. Égaler qqn en qqch., *aliquem aliquā re aequare.*

S'ÉGALER, r. *Aequare se* (*cum*). *Adaequare se* (dat.).

égalisation, f. *Aequatio, onis,* f. *Exaequatio,* f.

égaliser, tr. **1.** Aplanir. *Aequare. Inaequare.* ◆ **2.** Rendre égal. *Aequare. Aequabiliter dispertire.*

égalité, f. **1.** Similitude, conformité. *Aequalitas, atis,* f. *Aequabilitas,* f. *Aequatio, onis,* f. Égalité de condition, *par condicio civium;* égalité de droits, égalité civile et politique, *juris aequabilitas;* égalité d'âge, *aequalitas;* égalité de poids, *aequipondium, ii,* n.; sur un pied d'égalité, *ex aequo.* ◆ **2.** Nivellement. *Aequalitas.* ◆ **3.** Constance, uniformité. *Aequabilitas.* Égalité de caractère, *aequitas animi; aequus animus;* égalité du style, *orationis aequalitas.*

égard, m. **1.** Attention donnée à qqn ou à qqch. *Ratio, onis,* f. *Respectus, us,* m. Avoir égard à, *respicĕre, io** (*aliquem*); *consulĕre** (*alicui rei*); n'avoir aucun égard pour, *neglegĕre** (*aliquem*); *nihil curare* (*aliquid*); eu égard à, *pro* (abl.); *habitā ratione* (gén.); par égard pour, *respectu* (gén.); sans égard pour, *sine respectu* (gén.); à l'égard de (envers), *erga* (acc.); à l'égard de (au sujet de), *de; quod attinet* ad;* à cet égard, *de hoc;* à tous égards, *omnibus partibus.* ◆ **2.** Déférence pour qqn. *Observantia, ae,* f. *Officium, ii,* n. Avoir des égards pour qqn, *aliquem observare;* les égards que l'on a pour moi, pour lui, *observantia mea; observantia in eum;* qui a des égards pour, *officiosus, a, um* (*in,* acc.); qui est rempli d'égards pour, *observantissimus* (gén.).

égarement, m. **1.** *Erratio, onis,* f. ◆ **2.** (Fig.) Égarement de l'esprit, *error, oris,* m.; égarement d'esprit, *amentia, ae,* f.; égarements de conduite, *errores, um,* mpl.; *flagitia, torum,* npl.

égarer, tr. **1.** *De viā deducere, o**. Egaré, *devius, a, um; errabundus;* j'ai égaré mon livre, *librum amisi**. ◆ **2.** (Fig.) Égarer les soupçons, *suspiciones quaerentium declinare;* égarer qqn (le tromper), *aliquem in errorem inducĕre**; (troubler son esprit), *mentem alicujus alienare;* (l'entraîner au mal), *aliquem transversum agĕre**.

S'ÉGARER, r. **1.** *Errare. A viā deflectere, o**. S'égarer de son sujet, *a proposito aberrare;*

votre lettre s'est égarée en route, *epistula tua in viā excĭdit**. ◆ 2. (Fig.) *Errare.* S'égarer dans ses conjectures, *conjecturā aberrare;* son esprit s'égare, *in errorem inducitur*; vagatur; delirat.*

égayer, tr. 1. Rendre gai. *Hilarare.* ◆ 2. Détendre. *Laxare.* ◆ 3. (Fig.) Égayer son style, *orationem festivitate condire;* qui égaye (en parl. des pers.), *ridiculus, a, um;* (en parl. des ch.), *hilaris, e.*

S'ÉGAYER, r. *Hilarem se facĕre (io*). Hilarari. Se oblectare. Gaudere, eo*.* S'égayer aux dépens de qqn, *in aliquem jocari.*

Égée (Mer). *Aegeum (i) mare (is),* n.

Égérie. *Egeria, ae,* f.

égide, f. 1. Bouclier de Pallas. *Aegis, idis,* f. ◆ 2. (Fig.) Sauvegarde. *Praesidium, ii,* n.

églantier, m. *Silvestris (is) rosa (ae),* f.

églantine, f. *Silvestris (is) rosa (ae),* f.

église, f. *Ecclesia, ae,* f.

églogue, f. *Ecloga, ae,* f.

égoïsme, m. *Sui amor, oris,* m.

égoïste, adj. *Sese diligens, entis.*

égorgement, m. *Jugulatio, onis,* f. *Caedes, is,* f.

égorger, tr. 1. Couper la gorge. *Jugulare.* Se laisser égorger, *jugulum praebēre*.* ◆ 2. Massacrer. *Trucidare. Caedere, o*.*

égorgeur, m. *Jugulator, oris,* m.

égosiller (s'), r. *Ad ravim clamare.*

égout, m. 1. Écoulement. *Stillicidium, ii,* n. ◆ 2. Conduit, *Cloaca, ae,* f. ◆ 3. (Fig.) *Sentina, ae,* f.

égoutier, m. *Cloacarius, ii,* m.

égouttement, m. *Stillatio, onis,* f.

égoutter. I. Intr. *Stillare.* Faire égoutter, *percolare* (acc.). II. Tr. *Exsiccare.*

S'ÉGOUTTER, r. *Stillari. Desiccari.*

égratigner, tr. 1. *Radere, o*.* ◆ 2. (Fig.) *Perstringere, o*. Vellicare.*

égratignure, f. 1. Faire une —, *cutem abradere, o*.* ◆ 2. (Fig.) *Vellicatio, onis,* f.

égrener, tr. *Excutere, io*.*

égrillard, arde, adj. 1. Vif. *Alacer, cris, cre.* ◆ 2. Lascif. *Petulans, antis. Protervus, a, um.*

égrugeoir, m. *Mortariolum, i,* n.

égruger, tr. *Terere, o*.*

Égypte. *Aegyptus, i,* f. D' —, *Aegyptius, a, um.*

eh! interj. *A! O!* Eh quoi? *quid? quid vero?* eh bien, *age; agite.*

éhonté, ée, adj. *Impudens, entis.*

élaboration, f. *Confectio, onis,* f.

élaborer, tr. 1. *Conficere, io*.* Aliments élaborés, *cibus concoctus.* ◆ 2. (Fig.) *Elaborare.*

élagage, m. *Interlucatio, onis,* f. *Amputatio,* f.

élaguer, tr. *Interlucare. Amputare.*

élagueur, m. *Frondator, oris,* m. *Putator,* m.

1. élan, m. **1.** *Impetus, us*, m. Prendre son élan, *impetum colligere**. ◆ **2.** (Fig.) *Impetus*. Réprimer les élans de la joie, *laetitiam exsultantem comprimĕre**.

2. élan, m. (Animal) *Alces, is*, f.

élancé, ée, adj. Svelte. (Pers.) *Gracilis, e*. (Arbre) *Celsus, a, um*.

élancement, m. Douleur aiguë. *Punctio, onis*, f. *Aculeus, i*, m.

élancer, intr. *Pungere, o**.

S'ÉLANCER, r. *Irrumpere, o**. *Irruere, o. Se proripĕre (io*)*; — sur, *in* (acc.). Qui s'est élancé, *concitatus, a, um*.

élargir, tr. **1.** Étendre. *Dilatare. Ampliare*. ◆ **2.** Mettre au large. Élargir un prisonnier, *aliquem e vinculis eximĕre**.

S'ÉLARGIR, r. *Dilatari. Latiorem (jus) patēre**.

élargissement, m. **1.** Agrandissement. *Laxamentum, i*, n. ◆ **2.** Renvoi d'un prisonnier. *Relaxatio, onis*, f.

élasticité, f. **1.** *Intensio, onis*, f. ◆ **2.** (Fig.) *Agilitas, atis*, f.

élastique, adj. *Mollis, e*. Être élastique, *reniti**.

électeur, m. *Qui jus suffragii habet**.

électif, ive, adj. *Qui suffragio deligitur**.

élection, f. **1.** Choix. *Electio, onis*, f. Faire élection de, *eligĕre** (acc.). ◆ **2.** D'un magistrat. *Creatio, onis*, f. Droit d'élection, *jus suffragii*; les élections, *comitia, iorum*, npl.; un jour d' —, *comitialis dies*; procéder à l' — de, *suffragia ferre* de*.

électoral, ale, adj. Droit électoral, *jus suffragii; suffragium, ii*, n.; assemblée électorale, *comitia, iorum*, npl.

électricité, f. *Electrica (ae) vis (vis)*, f.

électrique, adj. *Electricus, a, um*.

électriser, tr. **1.** *Vi electricā imbuere, o*. ◆ **2.** (Fig.) *Incendere, o**. *Inflammare*.

électuaire, m. *Electarium, ii*, n.

élégamment, adv. *Eleganter. Ornate*.

élégance, f. (Formes) *Elegantia, ae*, f. *Venustas, atis*, f. (Style) *Concinnitas, atis*, f. *Ornatus, us*, m. (Parure) *Cultus, us*, m. (Manières) *Urbanitas, atis*, f. Qui est sans élégance, *inelegans, antis; inconcinnus, a, um*; *inurbanus*.

élégant, ante, adj. (Formes) *Elegans, antis. Venustus, a, um*. (Style) *Concinnus, a, um. Ornatus*. (Parure) *Mundus. Cultus*. (Manières) *Urbanus*.

élégiaque, adj. **1.** *Elegiacus, a, um*. Vers élégiaques, *elegi, orum*, mpl. ◆ **2.** (Fig.) *Flebilis, e*.

élégie, f. *Elegia, ae*, f. *Elegi, orum*, mpl.

élément, m. **1.** Principe constitutif. *Elementum, i*, n. Il est dans son élément (fam.), *in hāc re libentissime versatur*. ◆ **2.** Partie d'un tout. *Elementum. Natura, ae*, f. Composé de plusieurs éléments, *ex pluribus naturis* *concretus**; les mots sont les éléments du discours, *oratio ex verbis conficitur**. ◆ **3.** Principes d'une science. *Elementa, orum*, npl. *Rudimenta*, npl. En être aux premiers éléments, *primas litteras discĕre**.

élémentaire, adj. **1.** Constitutif. *Primus, a, um.* ◆ **2.** Maître élémentaire, *grammatista, ae*, m.; *qui primas litteras docet**; qui n'a qu'une instruction élémentaire, *elementis litterarum imbutus.* ◆ **3.** (Fig.) Facile. Cela est élémentaire, *hoc etiam pueri sciunt.*

éléphant, m. *Elephantus, i*, m. f. D'éléphant, *elephantinus, a, um*; cri d'éléphant, *barritus, us*, m.; crier comme l' —, *barrire.*

éléphantiasis, f. *Elephantiasis, is*, f.

Éleusis. *Eleusin, inis*, f. D'Éleusis, *Eleusinius, a, um.*

élevage, m. et **élève**, f. *Pastio, onis*, f. *Pecuaria* (*ae*) *res* (*rei*), f.

élévation, f. **1.** Exhaussement. *Levatio, onis*, f. *Elatio*, f. L'élévation des eaux, *expressa aqua*; élévation du prix des denrées, *annonae caritas*; élévation de la voix, *vocis contentio.* ◆ **2.** Hauteur. *Altitudo, inis*, f. *Excelsitas, atis*, f. L'élévation du terrain, *editus locus*; une élévation de terrain, *tumulus, i*, m.; qui a peu d'élévation, *jacens, entis.* ◆ **3.** (Fig.) Rang. *Amplificatio, onis*, f. *Amplitudo, inis*, f. Devoir son élévation à sa justice, *dignitatem justitiā consequi**. ◆ **4.** (Fig.) Noblesse morale. *Elatio* ou *excelsitas* (*animi*). Avoir de l'élévation dans ses pensées, *excelsius sentire**; avoir de l'élévation dans le style, *elate dicĕre**; orateur qui a de l'élévation, *sublimis orator*; s'exprimer sans —, *submisse dicĕre**.

élève, m. et f. **1.** Enfant qu'on éduque. *Alumnus, i*, m. *Alumna, ae*, f. ◆ **2.** (Disciple d'un maître) *Discipulus, i*, m. *Discipula, ae*, f. Être ton élève, *te uti* magistro.* ◆ **3.** (Pl.) Petits des bestiaux qu'on nourrit. *Pulli, orum*, mpl. ◆ **4.** Plantes qu'on sème. *Semina, um*, npl.

élevé, ée, adj. **1.** *Altus, a, um. Excelsus.* ◆ **2.** (Fig.) (Rang, talent) *Praestans, antis. Eminens, entis.* (Sentiments) *Altus. Magnus. Sublimis, e.* (Style) *Sublimis. Grandis.* (Prix) *Magnus. Amplus.* ◆ **3.** Bien élevé, *liberaliter educatus*; les hommes bien élevés, *homines belli*; un homme mal élevé, *petulans, antis*; en homme mal élevé, *rustice.*

élever, tr. **1.** Porter en haut. *Tollĕre, o*. Extollere, o*. Erigere, o**. Élever à la hauteur d'une tour, *in altitudinem turris efferre**; lieu élevé, *locus altus* ou *editus.* ◆ **2.** (Fig.) Élever qqn à une dignité, *aliquem ad dignitatem producĕre**; élever les cœurs vers les choses d'en haut, *animos ad caelestia erigĕre*;* élever qqn jusqu'aux nues, *aliquem laudibus ad caelum tollĕre**. ◆ **3.** Bâtir, édifier. *Erigere, o*. Exstruere, o**. Élever un temple à, *templum ponĕre** (dat.). ◆ **4.** (Fig.) Élever le prix d'une marchandise, *mercis pretium augēre*;* élever la voix, le ton du discours, *vocem, orationem attollĕre*;* élever des doutes, *in dubium aliquid vocare;* élever ~~la voix~~ en faveur de qqn, *vocem pro aliquo mittĕre**. ◆ **5.** Faire croître. *Tollere, o*. Nutrire.* Élever des animaux, des chiens, *bestias pascĕre*; canes alĕre**. ◆ **6.** (Fig.) *Instituere, o. Educare.* Bien élever ses enfants, *liberaliter pueros instituĕre.*

s'ÉLEVER, r. **1.** Se porter en haut, être haut. *Exsurgere, o*. Erigi, or**. S'élever en l'air, *in aera tolli*;* s'élever au-dessus de l'eau, *eminēre* ex aquā.* ◆ **2.** (Fig.) S'élever aux honneurs, *ad honores ascendĕre*;* s'élever au-dessus des autres, *inter omnes eminēre*; omnibus praestare*;* s'élever (sentiments, style), *assurgĕre*; crescĕre*;* s'élever (s'enorgueillir), *se extollĕre*; extolli.* ◆ **3.** Se bâtir. *Surgĕre, o*. Consurgere, o**. ◆ **4.** (Fig.) S'élever à (un prix, un nombre), *efficĕre, io** (acc.); s'élever (voix), *ascendĕre*;* le temps s'élève, *disserenat;* s'élever pour, contre qqn, *pro aliquo vocem mittĕre*; in aliquem invehi**. ◆ **5.** Se former, naître. *Oriri*. Nasci, or**. ◆ **6.** Le vent s'élève, *cooritur* ventus.*

éleveur, m. **1.** De bestiaux. *Pecuarius, ii,* m. ◆ **2.** D'abeilles. *Mellarius, ii,* m.

élider, tr. *Elidere, o**.

éligibilité, f. *Jus honores petendi**.

éligible, adj. *Qui potest* eligi.*

élimer, tr. *Obterere, o**.

élimination, f. *Remotio, onis,* f.

éliminer, tr. *Removere, eo**.

élire, tr. *Legere, o*. Deligere, o**. Élire domicile, *domicilium collocare.*

élision, f. *Elisio, onis,* f.

élite, f. *Delectus, us,* m. L'élite des soldats, *delecti milites;* l'élite de la jeunesse, *flos juventutis;* l'élite des citoyens, *optimus quisque.*

elle, pr. f. (Ne se traduit généralement pas). *Illa, illius. Ea, ejus.*

ellébore, m. *Elleborum, i,* n.

ellipse, f. **1.** (Gramm.) *Detractio, onis,* f. ◆ **2.** (Géom.) *Ellipsis, is,* f.

élocution, f. *Dictio, onis,* f. *Dicendi genus, eris,* n. Avoir une élocution facile, soignée, rude, *diserte, eleganter, aspere dicĕre**.

éloge, m. *Laus, laudis,* f. *Praeconium, ii,* n. Faire l'éloge de, *laudare* (acc.); se répandre en éloges sur, *(aliquem) summis laudibus efferre*;* qui est au-dessus de tout éloge, *omnem laudem supergressus*;* digne d'éloge, *laudabilis, e; laudandus, a, um.*

élogieux, ieuse, adj. *Laudatorius, a, um.*

éloignement, m. **1.** Action d'éloigner. *Amotio, onis,* f. (Exil) *Relegatio,* f. ◆ **2.** Action de s'éloigner, départ. *Abscessio, onis,* f. *Abscessus, us,* m. ◆ **3.** Séparation, distance. *Longinquitas, atis,* f. *Spatium, ii,* n. ◆ **4.** Aversion. *Alienatio, onis,* f. Avoir de l'éloignement pour, *abhorrere* ab; alienum esse ab.*

éloigner, tr. **1.** Écarter, envoyer au loin. *Amovere, eo*. Arcere, eo*.* (Pour longtemps) *Ablegare.* Éloigné, *longinquus, a, um; remotus;* être éloigné, *abesse*; distare*.* ◆ **2.** (Fig.) Détourner. *Rejicere, io*. Repellere, o*.* Éloigner des affaires, *a rebus gerendis avocare.* ◆ **3.** Différer. *Differre, fero*. Prolatare.* Nous sommes bien éloignés de ce temps, *ab eo tempore nos longe absumus*.* ◆ **4.** Aliéner. *Disjungere, o*. Abalienare.* Éloigner qqn d'un autre, *aliquem ab aliquo alienare.*

S'ÉLOIGNER, r. **1.** Partir. *Discedere, o*.* ◆ **2.** (Fig.) *Decedere, o*. Se subtrahĕre*. Digredi, ior*.* ◆ **3.** Avoir de l'aversion. *Recedere, o* (ab). Abhorrere, eo* (ab).*

éloquemment, adv. *Eloquenter. Facunde.*

éloquence, f. *Eloquentia, ae,* f. (Faculté) *Facundia, ae,* f. (Genre littéraire) *Ars (artis, f.) dicendi.* Avoir de l'éloquence, *eloquentem esse; diserte loqui*.*

éloquent, ente, adj. (Qui parle bien) *Eloquens, entis.* (Qui parle facilement) *Facundus, a, um.* (Qui parle avec justesse) *Disertus.* Peu, assez, très éloquent, *infacundus; non indisertus; in dicendo* perfectus.*

élu, ue, m. et f. *Electus, i,* m. *Electa, ae,* f.

élucider, tr. *Explanare. Manifestum facĕre, io* (aliquid).*

élucubration, f. **1.** Veilles laborieuses. *Lucubratio, onis,* f. ◆ **2.** Ouvrage. *Lucubratum (i) opus (eris),* n.

élucubrer, tr. *Lucubrare.*

éluder, tr. *Eludere, o*. Effugere, io*.*

Élysées (Champs-), mpl. *Elysii (iorum) campi (orum),* mpl.

émacier, tr. *Tenuare. Macie conficere, io*.*

émail, m. **1.** *Smaltum, i,* n. D'émail, *smaltinus, a, um.* ◆ **2.** (Fig.) L'émail des fleurs, *variae florum picturae.*

émailler, tr. *Pingere, o*. Distinguere, o*. Variare.*

émanation, f. **1.** *Exspiratio, onis,* f. *Emissio, onis,* f. ◆ **2.** (Fig.) *Pars, partis,* f.

émancipation, f. *Emancipatio, onis,* f. *Manumissio,* f.

émanciper, tr. **1.** *Emancipare.* ◆ **2.** (Fig.) S'émanciper, *sibi indulgēre*.*

émaner, intr. *Emanare (ex).*

emballer, tr. *Stipare.*

embarcation, f. *Navicula, ae,* f.

embargo, m. Mettre l'embargo sur un navire, *navem retinēre*.*

embarquement, m. *In navem conscensio, onis,* f.

embarquer, tr. *In navem imponere, o**.

S'EMBARQUER, r. **1.** *In navem conscendere, o**. S'embarquer pour, *conscendĕre in* (acc.). ◆ **2.** (Fig.) *Se implicare**. *Se impedire.*

embarras, m. **1.** Obstacle. *Impedimentum, i,* n. *Difficultas, atis,* f. Embarras domestiques, *domesticae tricae* ou *curae;* embarras d'argent, *rei pecuniariae difficultas;* causer de l'embarras à qqn, *alicui molestiam exhibēre*;* qui donne de l'embarras, *operosus, a, um;* être un embarras pour, *impedire* (acc.); qui est sans embarras, *expeditus;* faire des embarras (auprès de), *se venditare* (dat.). ◆ **2.** Trouble dans une fonction. *Difficultas.* Embarras de la respiration, *spirandi difficultas;* embarras de langue, *linguae obligatio.* ◆ **3.** Situation perplexe. *Difficultas. Nodus, i,* m. Mettre qqn dans l'embarras, *in angustias aliquem conjicĕre, io*;* se tirer d'embarras, *se expedire.* ◆ **4.** Indécision. *Cura, ae,* f. *Sollicitudo, inis,* f. Embarras d'esprit, *anxietas animi;* mettre dans l'embarras, *conturbare;* se trouver dans l'embarras, *haerēre**.

embarrassant, ante, adj. *Molestus, a, um. Gravis, e. Impeditus.* Il est embarrassant de, *grave est* (inf.); être embarrassant, *oneri esse* (*alicui*).

embarrasser, tr. **1.** Gêner. *Impedire. Implicare*. Oneri esse* (dat.). Embarrassé, *impeditus, a, um.* ◆ **2.** (Méd.) Obstruer. *Gravitatem facĕre, io** (dat.). ◆ **3.** Mettre dans une situation perplexe. *Impedire. Implicare*. Impedimentum inferre, fero** (dat.). Embarrrassé, *incertus; dubius;* être embarrassé, *haerēre**.

S'EMBARRASSER, r. **1.** Se mettre dans une position de gêne. *Se impedire.* S'embarrasser dans, *irretiri* (abl.). ◆ **2.** (Méd.) Ne pas remplir ses fonctions. *Labare.* ◆ **3.** Se mettre dans une situation difficile. *Se implicare** (de ou dans, abl.). S'embarrasser dans sa défense, *defensione suā implicari**. ◆ **4.** Se mettre en peine de. *Laborare* (*de re* ou *ut*, subj.). *Curare* (acc. ou *ut*, subj.). Ne s'embarrasser de rien, *nihil curare.*

embâter, tr. *Clitellas imponere, o** (dat.).

embauchage, m. (De soldats) *Conquisitio, onis,* f. (D'ouvriers) *Conductio,* f.

embaucher, tr. *Conquirere, o*. Conducere, o**.

embaucheur, m. *Conquisitor, oris,* m. *Conductor,* m.

embaumement, m. *Conditura, ae,* f.

embaumer. I. Tr. *Condire.* ◆ **II.** Intr. *Bene olere, eo**.

embellir. I. Tr. *Ornare. Exornare.* ◆ **II.** Intr. et S'EMBELLIR, r. *Pulchriorem* (*ius*) *fieri**.

embellissement, m. **1.** Action d'embellir. *Exornatio, onis,* f. ◆ **2.** Ce qui embellit. *Ornamentum, i,* n. *Ornatus, us,* m.

emblée (d'), adv. *Primo impetu. Haud cunctanter.*

emblématique, adj. Figure emblématique, *signum, i,* n.; *imago, inis,* f.

emblème, m. *Simulacrum, i,* n. Être un emblème de, *significare* (acc.).

emboîtement, m. *Coagmentatio, onis,* f.

emboîter, tr. *Coagmentare* (*rem alicui rei*). *Inserere, o** (*rem rei* ou *in rem*).

S'EMBOÎTER, r. *Coagmentari.* (En parl. d'un os) *Inseri**.

embonpoint, m. *Corpulentia, ae,* f. *Opimus* (*i*) *corporis habitus* (*us*), m. Avoir de l'embonpoint, *corpore amplo esse;* prendre de l'embonpoint, un léger embonpoint, *corpus, corpusculum facere, io**.

embosser, tr. *In ancoris tenere, eo** (*navem*).

emboucher, tr. **1.** Mettre en bouche. *Labris admovere, eo**. Emboucher la trompette, *tubam inflare;* (fig.) *magna sonare*;* emboucher un cheval, *equo frenos adhibēre**. ◆ **2.** (Fig.) Instruire. *Edocere, eo**. Mal embouché, *inurbanus, a, um.*

S'EMBOUCHER, r. Avoir son embouchure dans. *Influere, o** (*in,* acc.).

embouchure, f. **1.** D'un instrument. *Os, oris,* n. ◆ **2.** D'un cours d'eau. *Ostium, ii,* n. Avoir son embouchure dans, *influĕre* in* (acc.).

embourber, tr. **1.** *In lutum deducere, o**. ◆ **2.** (Fig.) *Intricare.*

S'EMBOURBER, r. **1.** *In luto haerere, eo**. ◆ **2.** (Fig.) *Impediri. Implicari**.

embranchement, m. **1.** *Ramus, i,* m. Embranchement de deux routes, *itinerum divortium.* ◆ **2.** (Fig.) *Genus, eris,* n.

embrasement, m. **1.** *Incendium, ii,* n. *Deflagratio, onis,* f. ◆ **2.** (Fig.) *Incendium.*

embraser, tr. *Incendere, o**. Être embrasé, *ardēre*; flagrare.*

embrassade, f. et **embrassement,** m. *Complexus, us,* m. *Amplexus, us,* m.

embrasser, tr. **1.** Serrer entre ses bras. *Amplecti, or**. *Complecti, or**. Être embrassé par qqn, se laisser embrasser par qqn, *complexum alicujus accipere, io**. ◆ **2.** (Fig.) S'attacher à qqch. *Complecti**. Embrasser la cause de qqn, *causam alicujus complecti;* embrasser un genre de vie, *vitam ingredi, ior**. ◆ **3.** Contenir. *Capere, io**. *Complecti**. *Continere, eo**. ◆ **4.** (Fig.) Saisir un ensemble. *Amplecti**. *Comprehendere, o**. Embrasser du regard, *conspicere, io*;* embrasser dans son esprit, *animo complecti **.

embrasure, f. *Fenestra, ae,* f. *Lumen, inis,* n.

embrocher, tr. **1.** Mettre à la broche. *Veru figere, o**. ◆ **2.** Transpercer. *Per medium corpus adigere, o** (*gladium alicui*).

embrouillement, m. *Implicatio, onis,* f. *Confusio,* f.

embrouiller, tr. **1.** *Implicare**. *Intricare.* ◆ **2.** (Fig.) *Impli-*

*care**. *Miscere, eo**. Embrouiller l'esprit, *animum perturbare;* embrouillé, *intricatus, a, um.*

S'EMBROUILLER, r. **1.** *Implicari**. *Impediri.* ◆ **2.** (Fig.) S'embrouiller dans une affaire, *negotio implicari** ; s'embrouiller en parlant, *verba confundĕre** ; *haerēre**.

embrumé, adj. *Nebulosus, a, um.*

embrun, m. **1.** Ciel sombre. *Nebulosum* (*i*) *caelum* (*i*), n. ◆ **2.** Pluie fine. *Ros, roris,* m.

embryon, m. *Fetus, us,* m.

embûches, fpl. *Insidiae, arum,* fpl. Dresser des embûches à, *insidiari* (dat.); plein d'embûches, *insidiosus, a, um.*

embuscade, f. *Insidiae, arum,* fpl. Tomber dans une embuscade, *in insidias incĭdere**; dresser une embuscade, *insidiari* (dat.).

embusquer, tr. *In insidiis ponere, o**. Etre embusqué, *occultum* (*am, um*) *subsistĕre**.

S'EMBUSQUER, r. *In insidiis subsistere, o**. *Insidiari.*

émeraude, f. *Smaragdus, i,* m. f. D'émeraude, *smaragdinus, a, um.*

émerger, intr. *Emergere, o**.

émeri, m. *Smyris, idis,* m.

émerillon, m. *Aesalon, onis,* m.

émérite, adj. *Emeritus, a, um.*

émersion, f. *Emersus, us,* m.

émerveillement, m. *Stupor, oris,* m.

émerveiller, tr. *Admirationem movēre, eo** (*alicui*). Émerveillé, *mirabundus, a, um; stupens, entis.*

S'ÉMERVEILLER, r. *Mirari* (*rem*). *Obstupescere, o** (*re*).

émettre, tr. **1.** *Producere, o**. *Proferre, fero**. Émettre un son, *vocem emittĕre**. ◆ **2.** (Fig.) Émettre une opinion, un vote, *sententiam dicĕre** ou *ferre**.

émeute, f. *Seditio, onis,* f. *Tumultus, us,* m. Provoquer une émeute, *seditionem movēre**.

émeutier, m. *Turbator, oris,* m.

émietter, tr. **1.** *In micas friare* (*aliquid*). ◆ **2.** (Fig.) *Comminuĕre, o.*

émigrant, ante, adj. *Migrans, antis.*

émigration, f. (Animaux) *Abitus, us,* m. *Peregrinatio, onis,* f. (Hommes) *Migratio, onis,* f. *Demigratio,* f.

émigré, e, m. et f. *Migrator, oris,* m. *Profugus, a, um.*

émigrer, intr. **1.** Animaux. *Migrare.* ◆ **2.** Hommes. *Migrare. Emigrare. Solum mutare.*

émincer, tr. *Concĭdere, o**.

éminemment, adv. *Egregie. Eximie.*

éminence, f. **1.** *Tumulus, i,* m. *Collis, is,* m. ◆ **2.** (Fig.) *Dignitas, atis,* f. Votre Eminence, *tu, vir eminentissime.*

éminent, ente, adj. **1.** *Eminens, entis. Excelsus, a, um.* ◆ **2.** (Fig.) *Excellens, entis. Praestans, antis. Eximius, a, um.*

émissaire. I. Adj. *Emissarius, a, um.* ◆ **II.** Nom m. *Excursor, oris,* m.

émission, f. *Emissio, onis*, f. Émission de voix, *prolatio, onis*, f.; d'une seule émission de voix, *uno tenore*.

emmagasiner, tr. *Condere, o**.

emmailloter, tr. *Pannis involvere, o**.

emmancher, tr. **1.** *Manubrium aptare* (dat.). ◆ **2.** (Fig.) L'affaire est mal emmanchée, *male id commissum* est*.

emménager, intr. et S'EMMÉNAGER, r. *Domum suam instruĕre**.

emmener, tr. *Abducere, o**. Emmener de force, *abstrahĕre*; abripĕre, io**.

emmenotter, tr. *Manicas injicere, io* (alicui)*.

emmieller, tr. **1.** *Melle illinere, o* (aliquid)*. ◆ **2.** (Fig.) *Blandiri* (dat.). *Delenire* (acc.).

émoi, m. *Trepidatio, onis*, f. *Tumultus, us*, m. Mettre en émoi, *perturbare;* être en émoi, *trepidare*.

émollient, ente. I. Adj. *Malacticus, a, um*. ◆ **II.** Nom m. *Lenimentum, i*, n. Être un émollient, *emollire*.

émolument, m. **1.** *Emolumentum, i*, n. ◆ **2.** (Pl.) *Stipendium, ii*, n.

émondage, m. *Amputatio, onis*, f. *Interlucatio*, f.

émonder, tr. *Amputare. Interlucare*.

émondes, fpl. *Ramalia, ium*, npl.

émondeur, m. *Putator, oris*, m.

émotion, f. **1.** Agitation populaire. *Motus, us*, m. Calmer l'émotion de la foule, *animos concitatos flectĕre**. ◆ **2.** Agitation de l'âme. *Motus. Commotio, onis*, f. *Conturbatio*, f. Causer de l'émotion à, *movēre** (acc.); éprouver de l'émotion, *movēri**.

émoucher, tr. *Muscas abigere, o* (ex)*.

émoudre, tr. **1.** *Acuere, o*. ◆ **2.** (Fig.) Frais émoulu (de), *recens (ex)*.

émousser, tr. **1.** *Retundere, o*. Hebetare*. ◆ **2.** (Fig.) *Obtundere, o*. Hebetare*. Émousser l'esprit, *mentem obtundĕre;* avoir l'intelligence émoussée, *hebeti ingenio esse;* émoussé, *hebetatus, a, um; hebes, etis*.

S'ÉMOUSSER, r. *Hebescere, o**.

émoustiller, tr. *Alacritatem afferre, fero* (alicui)*. Émoustillé, *alacer, cris, cre*.

émouvoir, tr. **1.** Agiter, exciter. *Movere, eo*. Commovere, eo**. Émouvoir la bile, *bilem movēre*. ◆ **2.** Troubler (l'âme). *Movēre*. Commovēre*. Concitare*. Émouvoir les esprits, *animos commovēre;* chercher à émouvoir les cœurs, *misericordiam captare;* se laisser émouvoir par qqch., *movēri** (abl.).

S'ÉMOUVOIR, r. *Moveri, eor*. Concitari*. Il s'émut une grande tempête, *maxima tempestas coorta* est;* sans s'émouvoir, *aequo animo*.

empailler, tr. (Objets) *Stramento tegere, o**. (Plantes) *Stramento vestire*. (Chaises) *Stramentis intexere, o**. (Animaux) *Stramentis farcire**.

empaler, tr. *Per medium (hominem) stipitem adigere, o*.*
empanacher, tr. **1.** *Cristā ornare.* ◆ **2.** (Fig.) Empanaché. *Celsus, a, um. Magnificus.*
empaqueter, tr. *Stipare.*
emparer (s'), r. (de). *Occupare* (acc.). *Potiri* (abl., gén. ou acc.). S'emparer le premier ou d'abord de, *praeoccupare* (acc.).
empâter, tr. *Saginare.*
empaumer, tr. **1.** (*Pilam*) *retorquere, eo*.* ◆ **2.** (Fig.) *Occupare* (*aliquem*). *Suscipere, io** (*aliquid*).
empêchement, m. *Impedimentum, i,* n. *Mora, ae,* f. Y a-t-il qq. empêchement à ce que...? *est aliquid in mora quominus* ou *ne* (subj.)? Apporter un empêchement à, *moram facere, io** (dat.); je n'y vois aucun empêchement, *non repugno.*
empêcher, tr. (Mettre obstacle à) *Impedire* (acc.). *Impedimento esse* (*alicui*). (Défendre) *Prohibere, eo*.* Empêcher de ou que, *impedire ne* ou *quominus* (subj.); les larmes m'empêchent de, *prae lacrimis non possum** (inf.); rien n'empêche (de), *nihil obstat* quin* ou *quominus* (subj.).
S'EMPÊCHER, r. *Se continēre** (*quin,* subj.). Je ne puis m'empêcher de, *facere non possum* quin* (subj.); *non possum non* (inf.); s'empêcher de rire, *risum continēre.*
empeigne, f. *Obstragulum, i,* n.
empenner, tr. *Pennis instruere, o*.* Empenné, *pennatus, a, um.*
empereur, m. *Imperator, oris,* m. *Princeps, cipĭs,* m. D'empereur, *imperatorius, a, um.*
empeser, tr. **1.** *Amylare.* ◆ **2.** (Fig.) Style empesé, *putida oratio.*
empester. I. Tr. *Pestilentiam afferre, fero** (dat.). (*Peste*) *inficere, io** (acc.). ◆ **II.** Intr. *Foetere, eo*.*
empêtrer, tr. *Implicare** ou *intricare* (*aliquem aliquā re*).
S'EMPÊTRER, r. *Implicari** (abl.). *Irretiri* (abl.). *Haerēre** (*in,* abl.).
emphase, f. *Tumor, oris,* m. Avec emphase, *tumide;* parler avec emphase, *ampullari;* qui parle avec emphase, *grandiloquus, a, um.*
emphatique, adj. *Inflatus, a, um. Tumidus.* Être emphatique (style), *tumēre*;* devenir emphatique, *turgescĕre*.*
emphatiquement, adv. *Tumide.*
emphytéose, f. *Emphyteusis, is,* f.
emphytéotique, adj. *Emphyteuticus, a, um.*
empiétement, f. *Injuria, ae,* f.
empiéter, intr. *Usurpare* (*aliquid*). Empiéter sur les droits de qqn, *jus alicujus praecipere, io*.*
empiffrer, tr. *Saginare.*
S'EMPIFFRER, r. *Helluari.*
empiler, tr. *Struere, o*.*
empire, m. **1.** Autorité. *Imperium, ii,* n. *Auctoritas, atis,* f. *Dominatus, us,* m. Avoir de l'empire sur soi-même,

sibi imperare. ◆ **2.** Les pays d'un Etat. *Imperium.* ◆ **3.** Règne. *Imperium. Regnum, i,* n. ◆ **4.** (Fig.) Sous l'empire de, *pulsus, a, um* (abl.).

empirer. **I.** Tr. *Deteriorem (ius) facere, io*.* ◆ **II.** Intr. *Deteriorem (ius) fieri*. Ingravescere, o*. In pejus mutari.*

empirique, adj. Médecin —, *empiricus, i,* m.; doctrine —, *empirica, orum,* npl.

empiriquement, adv. *Usu.*

emplacement, m. *Locus, i,* m. *Area, ae,* f. Déterminer l'emplacement, *locum finire.*

emplâtre, m. *Emplastrum, i,* n.

emplette, f. **1.** Achat. *Emptio, onis,* f. ◆ **2.** Ce qu'on achète. *Emptum, i,* n.

emplir, tr. *Implere, eo (rem re). Replere, eo (rem re).*

S'EMPLIR, r. *Impleri, eor. Repleri, eor.*

emploi, m. **1.** Usage. *Usus, us,* m. *Usurpatio, onis,* f. Faire emploi de, *uti** (abl.); faire double emploi, *bis eamdem rem referre*.* ◆ **2.** Occupation, charge. *Negotium, ii,* n. *Munus, eris,* n. *Officium, ii,* n. Avoir un emploi, *munere fungi*;* donner un emploi, *munus deferre*.*

employé, m. *Minister, tri,* m.

employer, tr. **1.** Faire usage. *Uti, or** (abl.). *Adhibere, eo** (acc.). Employer son temps à, *tempus consumĕre* in* (abl. ou abl. du gér.); employer ses soins à, *operam insumĕre* in* (acc. ou acc. du gér.); être employé, *in usu esse.* ◆ **2.** Occuper. *Adhibere, eo*.* Employer qqn à qqch., *aliquem ad aliquid adhibēre.*

S'EMPLOYER, r. **1.** S'employer pour, *operam navare (alicui); diligentiam adhibēre* ut* (subj.). S'employer tout entier à, *omni studio incumbĕre* in* (acc. ou acc. du gér.). ◆ **2.** Être en usage. *Usurpari. In usu esse.*

emplumer, tr. *Plumis tegere, o*.*

empocher, tr. *In crumenam condere, o*. In loculos demittere, o*.*

empoigner, tr. *Prehendere, o*.*

empois, m. *Amylum, i,* n.

empoisonnement, m. *Veneficium, ii,* n. Victime d'un empoisonnement, *veneno sublatus, a, um;* mourir d'empoisonnement, *veneno interimi*.*

empoisonner. **I.** Tr. **1.** Tuer par le poison. *Venenum dare* (alicui).* Empoisonné, *veneno sublatus.* ◆ **2.** Infecter de poison. *Veneno inficere, io* (aliquid).* Empoisonné, *venenatus, a, um.* ◆ **3.** (Fig.) Corrompre. *Inficere, io*. Corrumpere, o*.* Empoisonner la vie, *vitam turbare.* ◆ **II.** Intr. Sentir mauvais. *Foetere, eo*.*

S'EMPOISONNER, r. *Veneno sibi mortem consciscere, o*.*

empoisonneur, euse, m. et f. *Veneficus, i,* m. *Venefica, ae,* f.

empoisser, tr. *Picare.*

empoissonner, tr. *Frequentare (lacus* ou *piscinam).*

emportement, m. *(Animi) impetus, us,* m. *Iracundia, ae,* f. Avec emportement, *impotenter;* sujet à l'emportement, *in* ou *ad iram praeceps, cipitis;* se laisser aller à l'emportement, *iracundiā exardescĕre**.

emporte-pièce, m. **1.** *Excisorium (ii) scalprum (i),* n. ◆ **2.** (Fig.) A l'—, *aculeatus, a, um; mordax, acis.*

emporter. I. Tr. **1.** Porter hors de. *Auferre, fero**. Emporter par voiture ou par eau, *avehĕre***;* emporter hors de, *efferre**. ◆ **2.** Ravir, obtenir. *Tollere, o**. *Abripere, io**. *Auferre.* Emporter de vive force, d'assaut, *expugnare;* emporter le prix, *praemium auferre.* ◆ **3.** Entraîner, chasser. *Auferre**. *Agere, o**. *Rapere, io**. Le vent emporte les nuages, *venti nubes abigunt***;* le torrent emporte les terres, *torrens terras abluit;* la colère l'emporte, *iracundia effertur***;* caractère emporté, *iracundus, vehemens* ou *impotens animus.* ◆ **II.** Intr. L'emporter (sur). *Vincere, o** (acc.). *Superare* (acc.). *Praestare** (dat.). L'emporter sur qqn en qqch., *alicui aliquā re praestare.*

S'EMPORTER, r. **1.** En parl. d'un cheval. *Consternari.* ◆ **2.** En parl. d'une pers. *Irasci** (dat.).

empoté, ée, adj. (Fig.) *Tardus, a, um.*

empourprer, tr. *Purpurā tingere, o**. Empourpré, *purpureus, a, um;* être empourpré, *purpurare.*

empreindre, tr. *Imprimere, o**.

empreinte, f. **1.** *Nota, ae,* f. *Signum, i,* n. Empreinte de pas, *vestigium, ii,* n.; empreinte d'une roue, *orbita, ae,* f. ◆ **2.** (Fig.) *Nota.* Le génie a laissé son empreinte, *formam suam ingenium impressit**.

empressé, ée, adj. **1.** En parl. des pers. *Alacer, cris, cre. Diligens, entis. Studiosus, a, um.* Être empressé à faire qqch., *festinanter aliquid agĕre**; être empressé auprès de qqn, *officiosum esse in aliquem;* qui n'est pas ou qui est peu empressé à, *lentus, a, um* (*in,* abl.); faire l'empressé, *sedulum agĕre***;* homme qui fait l'empressé, *ardelio, onis,* m. ◆ **2.** En parl. des choses. *Obsequiosus, a, um.* Soins empressés, *sedulitas, atis,* f.; air empressé, *alacritas, atis,* f.; civilités empressées, *officia, iorum,* npl.

empressement, m. **1.** Hâte. *Festinatio, onis,* f. ◆ **2.** Zèle, *Diligentia, ae,* f. *Studium, ii,* n. *Sedulitas, atis,* f. Mettre de l'empressement à, *diligentiam adhibēre** *ut* (subj.); témoigner de l'empressement auprès de qqn, *aliquem fovēre***;* avec empressement, *sedulo;* qui agit avec empressement, *strenuus, a, um; alacer, cris, cre;* qui met peu d'empressement à, *lentus in* (abl.).

empresser (s'), r. *Festinare* (inf.). Ils s'empressèrent de donner, *statim dederunt**.

emprisonnement, m. **1.** Action de mettre en prison. *Comprehensio, onis,* f. ◆ **2.** Captivité. *Captivitas, atis,* f. *Vincula, orum,* npl.

emprisonner, tr. **1.** *In carcerem* ou *in vincula conjicere, io**. Être emprisonné, *in custodiā tenēri**. ◆ **2.** (Fig.) *Includere, o**. Emprisonner sa pensée dans des vers, *versibus sententiam includĕre.*

emprunt, m. **1.** Action d'emprunter. *Mutuatio, onis,* f. Faire l'emprunt de, *mutuari* (acc.); faire un emprunt d'argent, *versuram facere, io*; mutuam pecuniam* (*ab aliquo*) *sumĕre**. ◆ **2.** Chose empruntée. *Mutuum, i,* n. Recevoir de l'argent à titre d'emprunt, *mutuam pecuniam praecipere, io*;* un emprunt d'Etat, *publica versura.* ◆ **3.** (Fig.) *Mutuatio.* Faire des emprunts à un auteur, *aliquid a scriptore sumĕre*;* d'emprunt, *alienus, a, um; simulatus.*

emprunter, tr. **1.** Faire un emprunt. *Mutuari* (*aliquid ab aliquo*). Emprunter de l'argent à qqn, *ab aliquo mutuam pecuniam sumĕre*;* demander, chercher à emprunter de l'argent, *mutuum argentum exorare, quaerĕre**. ◆ **2.** (Fig.) *Mutuari. Sumere, o** (*aliquid ab aliquo*). Emprunter les talents de qqn, *ingenio alicujus uti*;* briller d'un éclat emprunté, *luce lucere alienā;* homme emprunté, *inscitus homo;* langage emprunté, *coactus sermo.*

emprunteur, euse, m. et f. **1.** Qui fait un emprunt. *Mutuans, antis,* m. et f. ◆ **2.** (Fig.) Plagiaire. *Imitator, oris,* m. *Imitatrix, icis,* f.

empuantir, tr. *Foetore inficere, io**. Empuanti, *foetidus, a, um.*

S'EMPUANTIR, r. *Putescere, o**.

empuantissement, m. *Foetor, oris,* m. Empuantissement de l'air, *pestilentia, ae,* f.; — de l'eau, *situs, us,* m.

empyrée, m. *Aethra, ae,* f.

émulation, f. *Aemulatio, onis,* f. Avoir de l'émulation, *aemulari* (acc. ou dat.); avec émulation, *certatim.*

émule, m. et f. *Aemulus, i,* m. *Aemula, ae,* f.

1. en, prép. **I.** Lieu. **1.** *In* (avec mouv., acc.; sans mouv., abl.). Jeter qqn en prison, *aliquem in carcerem conjicĕre, io*;* rester en place, *in loco consistĕre*;* avoir en mains, *in manibus habēre**. ◆ **2.** (Fig.) *In* (acc. ou abl.). Espérer en qqn, *in aliquo spem collocare;* avoir (un projet) en tête, *in animo habēre*;* descendre en soi-même, *in sese descendĕre*;* entrer en matière, en guerre, en charge, *rem ordiri*; bellum incipĕre, io*; magistratum inire, eo**. ◆ **II.** Temps. Abl. sans *in* (date, espace de temps) : en l'an 1000, *anno millesimo;* en été, en hiver, *aestate, hieme;* en six jours, *sex diebus.* Abl. avec *in* dans qqs cas (termes généraux); en chemin, *in itinere.* Acc. avec *post* (délai) : d'aujourdhui en huit, *post septimum diem.* ◆ **III.** État. *In* (acc. ou abl.). Être en fuite, *in fugā esse;* être en sûreté, *in tuto esse;* être en faveur, *in gratiā esse;* être en cheveux, *nudo capite esse;* être en bonne santé, *optimā valetudine uti*;* mettre en fuite, *in fugam convertĕre*;* révoquer en doute, *in dubium vocare;* diviser en parties, *in partes dividĕre*.* ◆ **IV.** Manière et point de vue. Se conduire en esclave, *serviliter agĕre*;* prendre en bonne part, *in bonam partem accipere, io*;* donner en récompense, *mercedis loco dare* ;* écouter en silence, *silentio audire;* avancé en âge, *aetate provectus;* riche en terres, *dives agris;* instruit en médecine, *a medicinā instructus;* arbres en fleurs, *florentes* arbores.* ◆ **V.** Matière. *E* ou *ex* (abl.). Adj. Statue en marbre, *signum e marmore; marmoreum signum.* ◆ **VI.** Dev. un participe prés. **1.** Simultanéité. Participe prés. *Dum* (ind.). Platon mourut en écrivant, *Plato scribens mortuus* est.* ◆ **2.** Cause. Abl. du gérondif. L'esprit se nourrit en étudiant, *mens discendo* alitur*;* en dînant, *inter cenam;* en passant, *obiter.*

2. en. I. Pron. pers. Se traduit par le dém. mis au cas exigé par le verbe, l'adj. ou le subst. dont il est le complément. Il s'en souvient, *horum meminit*;* je m'en réjouis, *de hāc re laetor.* ◆ **II.** Adv. *Inde. Hinc. Istinc. Illinc.* Ceux qui en viennent, *qui inde veniunt*;* s'en aller, s'en retourner, *abire, eo*; redire, eo*;* vous m'en êtes devenu plus cher, *propterea carior mihi factus* es.* ◆ **III.** Explétif. En vouloir à qqn, *alicui suscensēre*;* à en croire Homère, *si credis* Homero;* il m'en coûte de parler, *invitus loquor*;* c'en est fait de lui, *actum* est de illo;* je sais ce qui en est, *scio illud cujus modi sit.*

enamourer, tr. *Amore incendere, o** (*aliquem*).

S'ENAMOURER, r. *Amore* (*alicujus*) *capi, ior*.*

encadrement, m. *Margo, inis*, f.

encadrer, tr. **1.** Entourer d'un cadre. *Marginare.* ◆ **2.** (Milit.) Répartir. *Distribuere, o.* ◆ **3.** Intercaler. *Interponere, o*.* Encadrer un récit dans une lettre, *narrationem in epistulam includĕre*.*

encager, tr. **1.** *Caveā includere, o*.* ◆ **2.** (Fig.) *In carcerem includĕre*.*

encaissement, m. **1.** D'une somme. (*Aeris*) *numeratio, onis*, f. ◆ **2.** D'un fleuve. *Praealtae ripae*, fpl.

encaisser, tr. **1.** Toucher de l'argent. *Accipere, io*.* Argent encaissé, *numerata pecunia.* ◆ ◆ **2.** Rendre profond. *Aggere cingere, o** (*aliquid*). Encaissé, *ripis coercitus, a, um* (en parl. d'un fleuve); *inter tumulos jacens, entis* (en parl. d'une localité).

encan, m. *Auctio, onis*, f. *Hasta, ae*, f. D'encan, *auctionarius, a, um;* vendre à l'encan, *auctionari; sub hastā vendĕre*.*

encapuchonner, r. *Cucullo tegere, o** (*caput*).

encaustique, f. *Encaustum,*

t, n. Peint à l'encaustique, *encaustus, a, um.*

enceindre, tr. *Saepire*. Circumdare** (*urbem vallibus*).

1. **enceinte,** adj. f. *Praegnans, antis.* Être enceinte, *partum gerĕre*.*

2. **enceinte,** f. *Circuitus, us,* m. *Saeptum, i,* n. Dans l'enceinte des murs, *intra muros;* tracer l'enceinte d'un camp, *castra metari.*

encens, m. **1.** *Tus, turis,* n. D'encens, *tureus, a, um;* qui produit de l'encens, *turifer, fera, ferum.* ◆ **2.** (Fig.) *Laudes, um,* fpl. Donner de l'encens à qqn, *laudibus ornare aliquem.*

encenser, tr. **1.** *Tura dare** (dat.). ◆ **2.** (Fig.) *Blandiri* (dat.).

encenseur, euse, m. et f. *Adulator, oris,* m. *Adulatrix, icis,* f.

encensoir, m. **1.** *Turibulum, i,* n. ◆ **2.** (Fig.) Casser l'encensoir sur le nez de qqn, *ore pleno laudare aliquem.*

enchaînement, m. *Connexio, onis,* f. *Series, ei,* f. L'enchaînement des faits, *rerum series* ou *ordo;* l'enchaînement des causes, *colligatio causarum.*

enchaîner, tr. **1.** Lier avec des chaînes. *Vincire*. Constringere, o*.* Être enchaîné, *catenā tenēri*.* ◆ **2.** (Fig.) Attacher. *Alligare.* Enchaîner par un traité, *foedere constringĕre*.* ◆ **3.** Faire dépendre. *Nectere, o*. Connectere, o*.*

S'ENCHAÎNER, r. **1.** Se lier. *Se obligare.* ◆ **2.** Être dépendant. *Necti, or*.* Tout s'enchaîne, *nectitur aliud ex alio.*

enchantement, m. **1.** Charme magique. *Cantio, onis,* f. *Fascinatio, onis,* f. *Incantamentum, i,* n. ◆ **2.** (Fig.) Séduction. *Illecebrae, arum,* fpl. ◆ **3.** Grande joie. *Laetitia, ae,* f. Être dans l'enchantement, *vehementer laetari.*

enchanter, tr. **1.** Ensorceler. *Fascinare. Incantare.* ◆ **2.** (Fig.) Séduire, captiver. *Allicere, io*. Delenire.* Lieux enchantés, *loca amoenissima.* ◆ **3.** Réjouir. *Vehementer delectare.* J'en suis enchanté, *hoc mihi summae voluptati est.*

enchanteur, eresse. I. Nom m. et f. Qui ensorcelle. *Veneficus, i,* m. *Venefica, ae,* f. ◆ **2.** (Fig.) Qui séduit. *Illex, icis,* m. f. La volupté, cette puissante enchanteresse, *voluptates, blandissimae dominae.* ◆ **II.** Adj. *Illecebrosus, a, um.* Style enchanteur, *perelegans oratio.*

enchâsser, tr. **1.** *Includere, o** (*aliquid in aliquam rem*). ◆ **2.** (Fig.) *Inserere, o** (*aliquid alicui rei*).

enchère, m. **1.** Offre supérieure. *Adjectio, onis,* f. Mettre enchère, *licēri*.* ◆ **2.** Vente aux enchères. *Auctio, onis,* f. *Licitatio,* f. Mettre, vendre à l'enchère, *auctionari; sub hastā* ou *sub coronā vendĕre*.* ◆ **3.** (Fig.) Mettre tout à l'enchère, *omnia venalia habēre*.*

enchérir. I. Tr. et intr. **1.** Mettre une enchère. *Liceri, eor**

(acc.). *Digitum tollĕre**. — sur qqn, *contra licēri*. ◆ **2.** (Fig.) *Augere, eo** (acc.). ◆ **II.** Tr. Rendre plus cher. *Caritatem inferre** (dat.). Enchéri, *carior, ius*. ◆ **III.** Intr. Devenir plus cher. *Cariorem (ius) fieri**.

enchérissement, m. *Caritas, atis,* f. L'enchérissement des denrées, *carior annona.*

enchérisseur, m. *Licens, tis,* m. Être le dernier —, *licitatione vincĕre**.

enchevêtrer, tr. **1.** Mettre un licou à. *Capistrare* (acc.). ◆ **2.** (Fig.) Embarrasser. *Implicare**. Enchevêtré, *implicatus, a, um; impeditus;* avoir le style enchevêtré, *contorte dicĕre**.

enchifrènement, m. *Gravedo, inis,* f.

enclave, f. *Appendix, icis,* f.

enclaver, tr. **1.** Engager dans une autre pièce. *Immittere, o** (*aliquid in,* acc.). ◆ **2.** Faire dépendre comme enclave. *Concludere, o**. *Adjungere, o**. Être enclavé dans, *immitti* in* (acc.); *incurrĕre* in* (acc.).

enclin, ine, adj. *Propensus, a, um* (*ad*). *Proclivis, e* (*ad*).

enclore, tr. *Saepire**.

enclos, m. *Saeptum, i,* n. Hors de l'enclos, *extra clausum.*

enclume, f. **1.** *Incus, udis,* f. ◆ **2.** (Fig.) Remettre sur l'enclume (un ouvrage), *incudi reddĕre*;* je suis entre le marteau et l'enclume, *ego inter sacrum saxumque sto**.

encocher, tr. *Nervo aptare* (*sagittam*).

encoffrer, tr. *In arcam condere, o** (*aliquid*).

encognure et **encoignure,** f. *Angulus, i,* m.

encoller, tr. *Glutinare.*

encolure, f. **1.** Des animaux. *Cervix, icis,* f. ◆ **2.** De l'homme. *Collum, i,* n. ◆ **3.** (Fig.) Apparence. *Species, ei,* f.

encombre, m. *Impedimentum, i,* n. Sans encombre, *incolumis, e.*

encombrement, m. *Interclusio, onis,* f. L'encombrement des rues, *obstructae viae,* fpl.

encombrer, tr. *Impedire. Obstruere, o**. Route encombrée, *iter turbā refertum.*

encontre (à l'), loc. adv., et A L'ENCONTRE DE, loc. prép. *Contra* (acc.). *Adversus* (acc.). Aller à l'encontre de, (*alicui*) *adversum ire, eo*;* (fig.) *obstare** (dat.).

encorbellement, m. (Archit.). *Crepido, inis,* f.

encore. I. Adv. **1.** Jusqu'à présent. *Adhuc. Usque adhuc.* Pas encore, *nondum;* encore une fois, *iterum; rursus.* ◆ **2.** De plus. *Etiam. Amplius. Insuper.* ◆ **3.** Même. *Etiam.* ◆ **II.** Loc. conj. Encore que. *Quamquam* (indic.). *Licet* (subj. prés. ou pf.).

encorné, ée, adj. *Cornutus, a, um.*

encouragement, m. *Incitamentum, i,* n. *Stimulus, i,* m.

encourager, tr. *Animum addere, o** (*alicui*). Encourager par des paroles, *exhortari;* encourager à, *incitare ad* (gér.);

encourager les lettres, *litteras fovēre**.

encourir, tr. *Suscipere, io**. Encourir le blâme, la haine des hommes, *in reprehensionem, in odia hominum incurrĕre** ou *cadĕre**; encourir une amende, *multam committĕre**.

encrasser, tr. *Inquinare*.

S'ENCRASSER, r. *Sordescere, o**.

encre, f. **1.** *Atramentum, i*, n. Encre de Chine, *sepia, ae*, f.; encre rouge, *minium, ii*, n. ◆ **2.** (Fig.) Écrire de bonne encre à qqn, *asperius alicui scribĕre**.

encrier, m. *Atramentarium, ii*, n.

encroûter, tr. *Incrustare*.

S'ENCROÛTER, r. **1.** *Obdurescere, o**. ◆ **2.** (Fig.) *Torpescere, o**.

encuver, tr. *In labrum inferre, fero**.

encyclopédie, f. *Encyclios disciplina, ae*, f. *Doctrinae orbis, is*, m.

encyclopédique, adj. *Omnia complectens, entis*.

endémique, adj. *Proprius, a, um*.

endenté, ée, adj. *Dentatus, a, um*.

endetter, tr. *Aere alieno obstringere, o**. Être endetté, *in aere alieno esse*.

S'ENDETTER, r. *Aes alienum contrahere, o**.

endêver, intr. *Ringi, or**. Faire endêver qqn, *aliquem angĕre**.

endiablé, ée, adj. *Rabiosus, a, um*. Je suis d'un entrain endiablé pour, *mirā sum alacritate ad*.

endiguer, tr. *Molem opponere, o** (dat.).

endimanché, ée, adj. *Dierum sollemnium ornatum habens, entis*.

endive, f. *Intibum, i*, n.

endoctriner, tr. *Condocefacere, io**. Endoctriné, *condoctus, a, um*.

endolorir, tr. *Dolorem afferre, fero** (dat.). Être endolori, *dolēre**. S'endolorir, *indolescĕre**.

endommager, tr. *Laedere, o** (acc.). *Damnum afferre, fero** (dat.). Non endommagé, *integer, gra, grum; intactus, a, um*. Être endommagé, *laborare; vitiari*.

endormant, ante, adj. *Somnifer, fera, ferum*.

endormeur, m. (Fig.) *Assentator, oris*, m.

endormir, tr. **1.** Faire dormir. *Sopire. Consopire*. Endormi, *sopitus, a, um; somno oppressus*. ◆ **2.** (Fig.) Engourdir. *Sopire* (acc.). *Torporem afferre, fero** (dat.). Endormir ses peines, *curas lenire*; endormi (ch.), *torpens, entis*; (pers.), *veternosus, a, um*. ◆ **3.** Amuser, tromper. *Ludificari*. Endormir par de belles paroles, *dictis lenibus lactare*. ◆ **4.** Ennuyer. *Somnum afferre, fero** (*alicui*).

S'ENDORMIR, r. **1.** *Obdormiscere, o**. *In somnum labi, or**. ◆ **2.** (Fig.) *Torpescere, o**. Une sagesse qui s'endort, *dormitans sapientia*; ne pas s'endormir, *vigilare*.

endosser, tr. **1.** Mettre sur son

dos. *Induere, o.* ◆ **2.** (Fig.) Prendre sous sa responsabilité. *In se recipĕre* (*io**). ◆ **3.** Mettre au dos. *Conscribere, o**. Endosser une dette, *in aes alienum se transferre**.

endroit, m. **1.** Lieu. *Locus, i,* m. En cet endroit (sans mouv.), *hic; istic; ibi;* (avec mouv.), *huc; istuc; eo.* ◆ **2.** Partie. *Pars, partis,* f. A l'endroit de, *erga* (acc.); ou abl. sans prép. (abl. de point de vue). ◆ **3.** Passage d'un livre. *Locus, i,* m. (pl. *loci, orum*). ◆ **4.** Côté extérieur. *Exterior facies,* f.

enduire, tr. *Illinere, o** (*aliquid aliquā re*).

enduit, m. *Tectorium, ii,* n. *Crusta, ae,* f.

endurance, f. *Patientia, ae,* f.

endurant, ante, adj. *Patiens, entis* (gén.). Peu endurant, *impatiens.*

endurcir, tr. **1.** Rendre dur. *Durare. Indurare.* ◆ **2.** (Fig.) Rendre insensible. *Durare. Firmare.* Endurci, *durus, a, um.* S'ENDURCIR, r. **1.** *Durescere, o**. ◆ **2.** (Fig.) *Obdurescere, o** (*ad*).

endurcissement, m. **1.** En parl. du corps. *Duritia, ae,* f. *Patientia,* f. ◆ **2.** En parl. de l'âme. *Obduratio, onis,* f.

endurer, tr. *Pati, ior**. *Ferre, fero**. *Tolerare. Sustinere, eo**.

Énée. *Aeneas, ae,* m.

Énéide. *Aeneis, idis,* f.

énergie, f. *Vis, vis,* f. *Virtus, utis,* f. *Robur, oris,* n. Corps sans énergie, *languidum* ou *molle corpus;* donner de l'énergie, *addĕre* animum;* montrer de l'énergie, *strenuum se praebēre** (*in aliquā re*); caractère sans énergie, *animus ignavus* ou *socors;* parler avec énergie, *nervose dicĕre**.

énergique, adj. *Validus, a, um. Fortis, e. Strenuus.*

énergiquement, adv. *Fortiter. Vehementer. Acriter.*

énergumène, m. **1.** *Energumenos, i,* m. ◆ **2.** (Fig.) *Impos* (*otis*) *animi.*

énervant, ante, adj. *Corporis* (ou *animi*) *vires frangens, entis.*

énerver, tr. *Enervare. Frangere, o**. Énervé, *mollis, e.* S'ÉNERVER, r. *Frangi, or**. *Mollescere, o**. S'énerver dans l'oisiveté, *otio languēre**.

enfance, f. **1.** (Jusqu'à 6 ans) *Infantia, ae,* f. (De 7 à 16 ans) *Pueritia, ae,* f. Dès l'enfance, *a pueritiā; a pueris; ab initio aetatis;* un ami d'enfance, *amicus a puero;* on doit du respect à l'enfance, *pueris reverentia debetur**; sortir à peine de l'enfance, *vix a pueris excedĕre**. ◆ **2.** (Fig.) L'enfance du monde, *prima aetas mundi;* l'enfance de l'art, *prima initia,* npl.; tomber en enfance, *ad alteram infantiam revolvi**.

enfant, m. et f. **1.** (Jusqu'à 6 ans) *Infans, antis* (gén. pl. *antium*), m. f. *Parvulus, i,* m. (De 7 à 16 ans) *Puer, eri,* m. *Puella, ae,* f. D'enfant, *puerilis, e;* en enfant, *pueriliter;* redevenir enfant, *repuerascĕre**; enfant gâté, *delicatus puer;* ne plus être un enfant, *adolevisse**. ◆ 2. Fils, fille. *Filius, ii,* m. *Filia, ae,* f. Avoir des enfants (en parl. de l'homme), *gignĕre** (*liberos*); (en parl. de la femme), *parĕre, io** (acc.); qui a perdu ses enfants, qui n'a plus d'enfants, *orbus, a, um.* ◆ 3. (Fig.) Enfant gâté de la fortune, *fortunae filius;* un enfant de l'Achaïe, *ex Achaiā oriundus;* les petits-enfants, *nepotes, um,* mpl.

enfantement, m. 1. *Partus, us,* m. ◆ 2. (Fig.) *Fetus, us,* m.

enfanter, tr. 1. *Parere, io** (acc.). *Partum edere, o**. ◆ 2. (Fig.) *Parere, io**. *Gignere, o**. L'uniformité enfante le dégoût, *similitudo est satietatis mater.*

enfantillage, m. *Puerilitas, atis,* f. *Puerilia, ium,* npl. Faire des enfantillages, *pueriliter facĕre, io**.

enfantin, ine, adj. *Puerilis, e.*

enfariner, tr. *Farinā aspergere, o**. S'. —, *se farinā involvĕre**.

enfer, m. 1. *Inferi, orum,* mpl. Aux enfers, dans les enfers, *apud inferos* (sans mouv.); *ad inferos* (avec mouv.); de l'enfer, des enfers, *infernus, a, um.* ◆ 2. (Fig.) Mener une vie d'enfer, *vitam miserrimam agĕre**.

enfermer, tr. 1. Mettre dans un lieu fermé. *Includere, o** ou *concludere, o** (*in,* acc. ou abl.). Enfermer à part, *discludĕre**; enfermer complètement, sous clef, *condĕre**; enfermer le camp, *castra saepire**. ◆ 2. Contenir. *Concludĕre**. *Continere, eo**.

enferrer, tr. (*Gladio*) *transfigere, o**.

S'ENFERRER, r. 1. (*Hastis*) *se induĕre.* ◆ 2. (Fig.) *Indui. In mucronem incurrĕre**.

enfiévrer, tr. 1. *Febrem movere, eo** (dat.). Enfiévré, *febricitans, antis.* ◆ 2. (Fig.) *Animum* (*alicujus*) *accendere, o**.

enfilade, f. *Series, ei,* f.

enfiler, tr. 1. *Filum inserere, o,* (*in,* acc.). ◆ 2. (Fig.) Enfiler une route, *viam capessĕre**; enfiler un discours, *longiorem sermonem instituĕre.*

enfin, adv. 1. Après une énumération. *Denique. Postremo.* ◆ 2. Après une longue attente. *Tandem.*

enflammer, tr. 1. *Inflammare. Succendere, o**. *Incendere, o**. Enflammé, *ardens, entis.* ◆ 2. (Fig.) *Inflammare. Accendere, o**. Être enflammé de, *ardēre** (abl.).

S'ENFLAMMER, r. *Ardescere, o**.

enfler, tr. 1. *Inflare. Tumefacere, io**. Être enflé, *tumēre**; enflé, *tumidus, a, um; tumens, entis.* ◆ 2. (Fig.) *Inflare.* Être enflé (style), *turgēre**; enflé, *turgidus, a, um; turgens, entis.*

S'ENFLER, r. 1. *Tumescere, o**. *Intumescere, o**. ◆ 2. (Fig.) *Turgescere, o**. S'enfler d'orgueil, *superbiā efferri**.

enflure, f. *Tumor, oris,* m. Parler avec enflure, *tumide dicĕre**; *ampullari.*

enfoncement, m. **1.** Action d'enfoncer, de rompre. *Effractura, ae,* f. ◆ **2.** Lieu retiré. *Recessus, us,* m. Présenter, former un enfoncement, *recedĕre**.

enfoncer. I. Tr. **1.** Faire aller jusqu'au fond. *Defigere, o*. Deprimere, o*. Adigere, o*.* (dans, *in,* acc.). Enfoncer dans l'eau, *in aquam mergĕre*;* yeux enfoncés, *oculi conditi.* ◆ **2.** (Fig.) *Figere, o*. Infigere, o*.* Chose enfoncée dans le cerveau, *res memoriae infixa;* être enfoncé, *haerēre*.* ◆ **3.** Rompre, mettre en déroute. *Frangere, o*. Effringere.* Enfoncer les bataillons ennemis, *acies hostium perfringĕre*.* ◆ **II.** Intr. Entrer profondément. *Subsidere, o*. Penetrare.*

S'ENFONCER, r. **1.** Descendre, entrer profondément. *Desidere, o*. Deprimi, or*. Defigi, or*.* S'enfoncer dans une épaisse forêt, *in silvam densam se abstrudĕre*.* ◆ **2.** (Fig.) *Descendere, o*. Penetrare. Inhaerescere, o*.* ◆ **3.** Se donner tout entier à. *Se totum abdĕre** (*in,* acc.). S'enfoncer dans ses réflexions, *intentum esse meditationi.*

enfouir, tr. *Defodere, io*. Obruere, o. Tegere, o*.*

S'ENFOUIR, r. **1.** *Se condĕre*.* ◆ **2.** (Fig.) *Se abstrudĕre*.*

enfouissement, m. *Infossio, onis,* f.

enfourcher, tr. **1.** Percer d'une fourche. *Furcā transfigere, o*.* ◆ **2.** Monter (à cheval). *Conscendere, o** (*equum*).

enfourner, tr. *In furnum condere, o*.*

enfreindre, tr. *Violare. Perrumpere, o*.*

enfuir (s'), r. **1.** *Fugere, io*. Aufugere, io*. Diffugere, io*.* S'enfuir devant qqn, *aliquem fugĕre;* s'enfuir auprès de qqn., *ad aliquem confugĕre*.* ◆ **2.** (Fig.) *Fugere, io*. Effluere, o*.* Mon espoir s'est énfui, *spes mea evanuit*;* le lait s'enfuit, *circumfunditur* lac.*

enfumer, tr. **1.** Emplir de fumée. *Fumo imbuere, o.* Enfumé, *fumosus, a, um.* ◆ **2.** Exposer à la fumée. *Fumigare.* Enfumer des ruches. *fumum ad alveos admovēre*.*

engageant, ante, adj. *Blandus, a, um. Alliciens, ientis.*

engagement, m. **1.** Action de mettre en gage. *Pigneratio, onis,* f. ◆ **2.** Promesse, lien. *Obligatio, onis,* f. Prendre ou contracter un engagement, *se obligare;* faire honneur à ses engagements, *fidem servare;* manquer à ses engagements, *fidem prodĕre*.* ◆ **3.** Combat. *Proelium, ii,* n. *Dimicatio, onis,* f. ◆ **4.** Enrôlement. *Sacramentum, i,* n.

engager, tr. Mettre en gage. **1.** *Oppignerare. Pignori dare*.* Engager sa signature, *obligare se chirographo;* — sa parole, *obligare fidem suam.* ◆ **2.** Lier moralement. *Obligare. Obstringere, o*.* ◆ **3.** Exhorter. *Inducere, o*. Impellere, o** (à, *ad,* acc.; *ut,* subj.). ◆ **4.** Introduire. Exposer. *Inserere, o**. *Immittere, o** (dans, *in*, acc.). Engager deux légions, *duas legiones committĕre**; engager le combat, *proelium committĕre*. ◆ **5.** Enrôler. *Conscribere, o**.

S'ENGAGER, r. **1.** S'obliger. *Se eobligare*. *Spondere, eo**. S' — à, *pollicēri** (prop. inf. au fut.); s' — réciproquement, *inter se conjurare* (prop. inf. au fut.). ◆ **2.** S'enrôler. *Nomen* (ou *nomina*) *dare**. ◆ **3.** Entrer dans. Commencer. *Se demittĕre**. *Ingredi, ior**. *Oriri**.

engeance, f. *Genus, eris*, n.

engelure, f. *Pernio, onis*, m.

engendrer, tr. **1.** *Generare*. *Gignere, o**. ◆ **2.** (Fig.) *Gignĕre**. *Parere, io**. ◆ **3.** Être engendré par. *Nasci** (abl. avec ou sans *ex*). *Oriri** (abl. avec ou sans *ex*).

ngerber, tr. *In manipulos econvolvere, o**.

ngin, m. *Instrumentum, i*, n. Engins de guerre, *machinamenta, orum*, npl.

englober, tr. *Coercere, eo**. *Complecti, or**.

engloutir, tr. **1.** Avaler. *Vorare*. *Absumere, o**. ◆ **2.** Absorber dans un gouffre. *Absorbere, eo**. *Mergere, o** (*in aquam*). ◆ **3.** (Fig.) Dépenser. *Devorare*. *Haurire**.

engluer, tr. **1.** Enduire de glu. *Viscare*. Englué, *viscatus, a, um; viscosus*. ◆ **2.** Prendre à la glu. *Visco ligare* (*pennas avium*). Englué, *tactus visco*. S'engluer, *in visco inhaerescĕre**.

engorgement, m. **1.** *Interclusio, onis*, f. ◆ **2.** Gonflement des jambes. *Suffusio, onis*, f.

engorger, tr. Obstruer. *Obstruere, o**. Engorgé (aux jambes gonflées), *suffusus, a, um*.

engouement, m. *Insanus* (*i*) *amor* (*oris*), m.

engouer (s'), r. *Insanire amore* (*alicujus*). *Ardere, eo** (*studio rei*).

engouffrer (s'), r. **1.** Se perdre sous terre. *Terrae hiatibus hauriri**. ◆ **2.** Entrer violemment. *Ruere, o** (*in*, acc.).

engoulevent, m. *Caprimulgus, i*, m.

engourdir, intr. **1.** *Torporem obducere, o** (dat.). Engourdi, *torpidus, a, um*; être —, *torpēre**. ◆ **2.** (Fig.) *Languorem afferre** (dat.). Engourdi, *languidus, a, um; iners, ertis; tardus*; être —, *torpēre**; *languēre**.

S'ENGOURDIR, r. *Torpescere, o**.

engourdissement, m. **1.** *Torpor, oris*, m. ◆ **2.** (Fig.) *Torpedo, inis*, f. *Languor, oris*, m. Sortir de son —, *expergisci, or**; tirer de son —, *excitare torpentem* (*aliquem*).

engrais, m. **1.** Pâturage. *Pascua, orum*, npl. ◆ **2.** Amendement du sol. *Laetamen, inis*, n. *Stercus, oris*, n.

engraisser. I. Tr. **1.** Amender le sol. *Stercorare*. ◆ **2.** Élever (certains animaux). *Saginare*. *Pinguefacere, io**. Oie qu'on engraisse, *fartilis anser*. ◆ **II.** Intr. et

S'ENGRAISSER, r. **1.** Devenir

gras. *Saginari. Pinguescere, o**. Après s'être —, *corpore aucto.* ◆ **2.** (Fig.) *Saginari.*

engraisseur, m. *Fartor, oris,* m.

engranger, tr. *Condere, o** (*frumenta*).

engraver, tr. v. ENSABLER.

enhardir, tr. *Animum addere, o** (*alicui*). *Erigere, o** (*aliquem ad*).

S'ENHARDIR, r. *Animum* ou *se erigĕre**. *Audere, eo**. Les nôtres s'enhardirent, *nostris animus accessit**.

énigmatique, adj. *Ambiguus, a, um. Perplexus.*

énigmatiquement, adv. *Ambigue. Per ambages.*

énigme, f. **1.** *Aenigma, atis,* n. ◆ **2.** (Fig.) Les énigmes des songes, *obscuritates somniorum;* c'est pour moi une —, *mihi tenebrae sunt;* j'ai le mot de l' —, *rem perspexi**.

enivrant, part. et adj. **1.** *Inebrians, antis. Temulentos faciens, entis.* ◆ **2.** (Fig.) *Blandissimus, a, um.*

enivrement, m. **1.** *Ebrietas, atis,* f. ◆ **2.** (Fig.) L' — de l'âme, *sublatio animi;* l' — de la victoire, *victoriae ferocitas.*

enivrer, tr. **1.** *Inebriare. Ebrium* (ou *temulentum*) *facere, io**. ◆ **2.** (Fig.) *Efferre, fero**. Être enivré par sa fortune, *habēre* magnam rerum suarum fiduciam;* s'enivrer du sang des premiers citoyens, *sanguinem principum exsorbēre**.

enjambée, f. *Saltus, us,* m.

enjamber, tr. et intr. *Transilire** (acc. et *in*, acc.).

enjeu, m. *Pignus, oris,* n. Mettre pour enjeu, *deponĕre** (acc.).

enjoindre, tr. *Injungere, o**. *Jubere, eo**.

enjôler, tr. *Pellicere, io**.

enjôleur, euse, m. et f. *Veterator, oris,* m. *Veteratrix, icis,* f.

enjolivement, m. *Ornamentum, i,* n.

enjoliver, tr. *Concinnare.* Enjolivé, *concinnus, a, um.*

enjoué, ée, adj. *Facetus, a, um.* Humeur —, *hilaris animus;* conversation —, *festivus sermo.*

enjouement, m. *Lepos, oris,* m. *Hilaritas, atis,* f. Avec —, *facete.*

enlacement, m. *Implicatio, onis,* f.

enlacer, tr. **1.** Passer deux liens l'un dans l'autre. *Conserere, o**. En enlaçant leurs bras, *implexu brachiorum.* ◆ **2.** Etreindre. *Implicare**. ◆ **3.** *Irretire.*

enlaidir. I. Tr. *Turpare. Deformare.* ◆ **II.** Intr. *Formam perdere, o**.

enlaidissement, m. *Deformatio, onis,* f.

enlèvement, m. *Raptus, us,* m.

enlever, tr. **1.** Soulever. *Tollere, o**. (Fig.) *Rapere, io**. ◆ **2.** Retirer (sans violence). *Demere, o**. *Adimere, o**. *Eximere, o**. Enlever en essuyant, *detergĕre**. ◆ **3.** Emporter (de force). *Auferre, fero**. *Eripere, io**. Enlever (une jeune fille), *rapĕre, io**; — (une place), *expugnare;* une maladie l'enleva, *morbo absumptus* est.*

enluminer, tr. **1.** *Pingere, o**. ◆ **2.** (Fig.) Farder. *Fucare.* ◆ **3.** Rendre (le visage) rouge. *Rubefacere, io**. Qui a le teint enluminé, *rubicundus, a, um.*

enluminure, f. **1.** *Pictura, ae,* f. ◆ **2.** (Fig.) Fard. *Fucus, i,* m. *Pigmenta, orum,* npl.

ennemi, ie, adj. et nom m. et f. **1.** Qui veut du mal à. *Infensus, a, um* (dat.). ◆ **2.** Qui s'oppose à (pers. et ch.). *Aversus, a, um* (*ab*). *Abhorrens, entis* (*ab*). ◆ **3.** Adversaire. *Adversarius, a, um.* (Ennemi privé) *Inimicus, a, um.* (Ennemi de guerre) *Hostis, is,* m. Se faire des ennemis, *inimicitias suscipĕre, io*;* se faire un — de qqn, *alienare a se aliquem;* dans la crainte de se faire des —, *invidiae metu;* cesser d'être —, *inimicitias ponĕre*;* traiter qqn en —, *inimice cum aliquo agĕre**. ◆ **4.** Qui concerne l' —, *hostilis, e.*

ennoblir, tr. *Honestare.* S' —, *nitescere, o**.

ennui, m. **1.** Dégoût. *Taedium, ii,* n. *Fastidium, ii,* n. Causer de l' — (à), *esse taedio* (dat.). ◆ **2.** Importunité. *Odium, ii,* n. Tu me fais mourir d'ennui, *odio enecas**. ◆ **3.** Contrariété. *Molestia, ae,* f. *Cura, ae,* f. Les — domestiques, *domesticae tricae,* fpl.; donner de l'ennui à, *negotium exhibēre** (dat.).

ennuyer, tr. **1.** Dégoûter. *Taedium* ou *fastidium afferre, fero** (dat.). La vie m'ennuie, *taedet* me vitae.* ◆ **2.** Importuner. *Molestum esse* (dat.). Tu m'ennuies, *odio es* (*mihi*); *me obtundis**; ennuyé de soi-même, *sibi molestus, a, um.*

S'ENNUYER, r. Je m' —, *taedet* me* (gén.); sans s' —, *citra fastidium.*

ennuyeusement, adv. **1.** *Fastidiose.* ◆ **2.** *Moleste.*

ennuyeux, euse, adj. **1.** *Taedio plenus, a, um. Fastidiosus.* ◆ **2.** *Molestus. Gravis, e.*

énoncé, m. *Enuntiatio, onis,* f. *Enuntiatum, i,* n.

énoncer, tr. *Enuntiare. Pronuntiare.* S' — (parler), *eloqui, or**.

énonciation, f. **1.** Action d'énoncer. *Enuntiatio, onis,* f. ◆ **2.** Manière de s'énoncer. *Elocutio, onis,* f.

enorgueillir, tr. *Extollere, o**. *Superbiorem* (*ius*) *facere, io**. Enorgueilli, *elatus, a, um.*

S'ENORGUEILLIR, r. *Superbire** (abl.). *Gloriari* (*re; de aliquo;* prop. inf.).

énorme, adj. *Immanis, e.* Pour une somme —, *grandi pecuniā.*

énormément, adv. *Immaniter. Praeter modum.*

énormité, f. **1.** *Immanitas, atis,* f. ◆ **2.** Chose abominable. *Immane nefas,* n. ◆ **3.** Chose étrange. Dire des —, *monstra dicĕre**.

enquérir (s'), r. *Quaerere, o** (*rem ex aliquo*). *Sciscitari* (*rem ex aliquo* ou *aliquem* *de re*). S'enquérir avec soin, *perquirĕre**.

enquête, f. *Quaestio, onis,* f. *Inquisitio, onis,* f. Faire une —, *inquirĕre** ou *cognoscĕre** (*de*, abl.); qui est chargé d'une —, *inquisitor, oris,* m.

enraciner, r. *Radices agere, o**. Être enraciné, *radicibus niti*;* enraciné, *radicibus defixus, a, um;* (fig.) *insitus; inveteratus.*

enrageant, adj. *Molestissimus, a, um.*

enrager, intr. **1.** Avoir la rage. Enragé, *rabidus, a, um;* rendre enragé, *in rabiem agĕre**. ◆ **2.** (Fig.) Éprouver un sentiment violent. (Dépit) *Subringi, or**. *Dirumpi, or**. Enragé, *rabiosus;* faire enrager, *torquere** (acc.). (Douleur) *Cruciari.* (Désir) Il enrage de parler, *studium immane loquendi* est illi;* une passion enragée, *furiosa cupiditas.*

enrayer, tr. et intr. **1.** Empêcher de tourner. *Sufflaminare* (acc.). ◆ **2.** (Fig.) Retenir. *Inhibere, eo** (acc.). ◆ **3.** Tracer (le premier sillon). (*Primum sulcum*) *ducere, o**.

enrégimenter, tr. *Centuriare. Legioni ascribere, o**.

enregistrement, m. *Perscriptio, onis,* f.

enregistrer, tr. *Perscribere, o**. *Tabulis publicis mandare.*

enrhumer, tr. *Gravedinem afferre, fero** (dat.). S'enrhumer, être enrhumé, *tussire**.

enrichir, tr. **1.** *Locupletare.* Enrichi par la guerre, *refertus bellorum praemiis.* ◆ **2.** (Fig.) Orner. *Exornare.*

S'ENRICHIR, r. *Locupletari. Ditescere, o**. *Pecuniam facere, io**. S'enrichir aux dépens de l'État, *habēre* rem publicam quaestui;* qui trouvent bons tous les moyens de s'enrichir, *quibus omnia quaestui sunt;* qui cherche à s'enrichir, *quaestuosus, a, um.*

enrichissement, m. *Rei familiaris amplificatio, onis,* f.

enrôlement, m. *Delectus, us,* m.

enrôler, tr. *Conscribere, o**. Enrôler des soldats, *conscribĕre milites; delectum habēre*;* — des matelots, *classem efficĕre, io*;* — des étrangers, *militem conducĕre**.

S'ENRÔLER, r. **1.** *Nomen* (*nomina*) *edere, o** (dat.). *In verba jurare* (gén.). S'enrôler en masse, *conjurare;* refuser de s'enrôler, *detrectare sacramentum.* ◆ **2.** (Fig.) *Se adjungĕre** (dat.).

enrôleur, m. *Conquisitor, oris,* m.

enrouement, m. *Ravis, is,* (acc. *im*), f. *Raucitas, atis,* f.

enrouer, tr. *Fauces exasperare* (*alicujus*). Être enroué, *ravire*;* enroué, *raucus, a, um; ravus;* un peu —, *subraucus; ravulus.*

S'ENROUER, r. *Raucum fieri**. *Irraucescere, o**. Jusqu'à s' —, *usque ad raucam ravim.*

enroulement, m. **1.** Action d'enrouler. *Involutio, onis,* f. ◆ **2.** Chose enroulée. *Voluta, ae,* f.

enrouler, tr. *Involvere, o**.

S'ENROULER, r. *Obvolvi**. *Implicari**. S'enrouler autour de, *circumjici, ior** (acc.).

ensablement, m. (D'un cours d'eau) *Vadum, i*, n. (Tas de sable) *Arenarum congeries, ei*, f.

ensabler, tr. — (un vaisseau), (*navim*) *in arenas deprimere, o**. S'ensabler, *sidere, o**.

ensanglanter, tr. *Cruentare*. Ensanglanté, *cruentus, a, um;* victoire ensanglantée, *haud incruenta victoria*.

enseigne, f. *Signum, i*, n. A bonnes enseignes, *exploratius;* à telles — que, *ita ut* (subj.); aubergiste à l'enseigne du coq, *hospitalis a gallo gallinaceo;* enseignes déployées, *sub signis;* enseigne de la légion, *aquila, ae*, f.; — de la cavalerie, *vexillum, i*, n.

enseigne, m. *Signifer, eri*, m. *Aquilifer, eri*, m. *Vexillarius, ii*, m.

enseignement, m. **1.** Action d'enseigner. *Institutio, onis*, f. L' — de la philosophie, *professio sapientiae*. ◆ **2.** Instruction. *Disciplina, ae*, f. *Doctrina, ae*, f. Servir d' — à qqn, *esse documento alicui*.

enseigner, tr. **1.** Indiquer. *Monstrare*. ◆ **2.** Montrer (une science). *Tradere, o**. *Docere, eo**. Cet art enseigne à, *ars ea docet* (inf.). ◆ **3.** Instruire (qqn.). *Instituere, o*. *Docere, eo** (*aliquem rem*). *Erudire* (*aliquem re, in re* ou *ad rem*). Enseigner qqn à monter à cheval, *docēre* aliquem equo ;* enseigné, *edoctus, a, um*.

1. ensemble, adv. (Conjointement) *Conjuncte*. *Una*. (En même temps) *Simul*. (De front) *Pariter*. Toutes choses mises ensemble, *omnia in unum locum collata;* choses liées —, *res inter se colligatae;* quand nous sommes —, *inter nos;* ce que nous avons dit —, *quod inter nos locuti* sumus;* nous n'avons eu — aucun différend, *mihi cum eo controversiae nihil est;* ces choses vont —, *haec concinunt**.

2. ensemble, m. **1.** *Totum, i*, n. *Corpus, oris*, n. *Universus, a, um*. L' — des choses, *rerum universitas*, f.; l' — (d'un ouvrage), *summa, ae*, f.; l' — du discours, *tota oratio*. ◆ **2.** Accord. *Consensus, us*, m. Avec —, *communi consilio;* morceau d' —, *concentus, us*, m.

ensemencement, m. *Sementis, is*, f.

ensemencer, tr. *Serere, o**. *Conserere, o**. *Sementem facere, io**.

enserrer, tr. *Comprehendere, o**.

ensevelir, tr. **1.** *Sepelire**. Non enseveli, *insepultus, a, um*. ◆ **2.** (Fig.) *Sepelire**. *Obruere, o*. Ensevelir son chagrin dans le silence, *dolorem taciturnitate celare;* être enseveli dans l'oubli, *jacere* in oblivione*.

S'ENSEVELIR, r. (Fig.) S'ensevelir dans l'étude, *se abdĕre* litteris*.

ensevelissement, m. *Sepultura, ae*, f.

ensevelisseur, m. *Sepultor, oris,* m.
ensorceler, tr. *Fascinare.* Ensorcelé, *praeligatus, a, um; defixus.*
ensorceleur, m. *Fascinans, antis,* m.
ensorcellement, m. **1.** *Fascinatio, onis,* f. ◆ **2.** Sort. *Fascinum, i,* n.
ensuite, adv. *Deinde. Deinceps. Postea.* Et —? *quid fit* deinde? Porro loquere*!* Il dit — que, *addit** (prop. inf.).
ensuivre (s'), r. *Sequi, or*.* Jusqu'à ce que la mort s'ensuive, *usque ad necem;* il s'ensuit que, *sequitur* (prop. inf., ou *ut,* subj.); il ne s'ensuit pas que, *non continuo* (indic.); que s'ensuit-il? *quid postea?*
entablement, m. **1.** D'un édifice. *Corona, ae,* f. ◆ **2.** D'une colonne. *Epistylium, ii,* n.
entacher, tr. *Inficere, io*. Inquinare.* Entaché de nullité, *irritus, a, um.*
entaille, f. **1.** Dans le bois. *Incisura, ae,* f. ◆ **2.** Dans les chairs. *Rima, ae,* f.
entailler, tr. *Incidere, o*;* — les chairs, *resolvere* cutem.*
entamer, tr. **1.** Déchirer, blesser. *Praestringere, o*.* Entamer la réputation, *famam carpĕre*;* — l'ennemi, *perrumpĕre* hostem.* ◆ **2.** Prendre une partie d'une chose entière. *Delibare. Attingere, o*.* Il n'entame pas le capital, *nihil detrahit* de vivo;* non entamé, *integer, gra, grum.*
◆ **3.** (Fig.) Commencer. *Inchoare. Inire, eo*.*
entassement, m. *Acervatio, onis,* f. *Congestus, us,* m.
entasser, tr. **1.** *Coacervare. Aggerere, o** ◆ **2.** (Fig.) *Congerere, o*.* Entasser crime sur crime, *cumulare scelus scelere.*
ente, f. *Insitum, i,* n.
entendement, m. (Intelligence) *Intellegentia, ae,* f. *Mens, mentis,* f. (Bon sens) *Judicium, ii,* n.
entendeur, m. A bon —, demi-mot, *intellegenti pauca.*
entendre, tr. et intr. **1.** Ouïr. *Audire. Auribus percipere, io*.* Entendre dire (à qqn), *audire* (*ab* ou *ex,* abl.); *accipere, io** (*ex*); je ne le sais que pour l'avoir entendu dire, *nihil praeter auditum habeo*;* je lui ai entendu raconter, *eum audivi narrantem*;* à l'entendre, *ait** (prop. inf.); entendre parler de, *audire* (*rem* ou *de re*); ne vouloir pas — parler de paix, *pacem abnuere;* faire — des paroles, *vocem fundĕre*;* faire — sa voix en faveur de qqn, *mittĕre* vocem pro aliquo;* faire — des accents pathétiques, *miserationem adhibēre*;* faire — des témoins, *testes producĕre*;* se faire —, *audiri.* ◆ **2.** Écouter. *Audire. Aures suas* (*alicui*) *dare*.* Condamner qqn sans l'—, *indictā causā aliquem damnare.* ◆ **3.** Exaucer. *Audire. Exaudire.* Que les dieux vous entendent! *utinam ita dii faxint*!* Refuser d'entendre

qqn, *a sermone alicujus se avertĕre**. ◆ **4.** Comprendre. *Intellegere, o**. *Animo percipere, io**. Il faut — par là, *ex quo intellegendum est* (prop. inf.); faire —, donner à —, *significare* (acc. ou prop. inf.); j'entends (la mort) de ta femme, non la tienne, *uxoris dico**, *non tuam* (*mortem*); bien entendu, bien entendu que, *scilicet;* une vie bien entendue, *apta vita;* une modestie mal entendue, *pudor paene subrusticus*. ◆ **5.** Connaître. *Intellegere, o** (*in re*). *Callere, eo** (*rem* ou *in re*). Qui entend l'agriculture, *rerum rusticarum peritus, a, um*; qui n'entend rien à, *rudis, e* (gén.); ils font les entendus, *se graves putant*. ◆ **6.** Vouloir. *Cogitare* (inf.). *Velle** (prop. inf., ou subj.). Ce qu'il entendait faire, *quae agĕre destinaverat ;* vivre comme on l'entend, *vivĕre* ad suum arbitrium ;* que chacun fasse comme il l'entend, *quisque faciat* quod libuerit*;* je l'entends ainsi, *sic jubeo*;* je n'entends pas que, *nolo** (prop. inf., ou subj.).

S'ENTENDRE, r. **1.** On ne pouvait même plus s'entendre, *ne aurium quidem usus erat.* ◆ **2.** S'entend, *dico*; scilicet.* ◆ **3.** S'entendre à. *Intellegere, o** (*in re*). ◆ **4.** S'accorder. *Consentire** (*cum aliquo*). S'ils s'entendent pour ne pas vendre, *si non vendĕre consenserint*;* des témoins qui s'entendent, *conjurati testes;* ne pas s'entendre avec qqn, *dissentire* cum* ou *ab aliquo;* caractères qui s'entendent, *concordes animi.*

entente, f. **1.** Interprétation. *Intellectus, us*, m. Mot à double —, *ambiguum nomen.* ◆ **2.** Connaissance. *Intellegentia, ae*, f. ◆ **3.** Accord (sur un point). *Consensus, us*, m. (Accord général et durable). *Concordia, ae*, f.

enter, tr. *Inserere, o**.

entériner, tr. *Consignare.*

enterrement, m. **1.** Inhumation. *Humatio, onis*, f. *Sepultura, ae*, f. ◆ **2.** Convoi. *Funus, eris*, n.

enterrer, tr. **1.** Enfouir. *Obruere, o. Infodere, io**. ◆ **2.** Inhumer. *Humare. Sepelire**. (Par euphém.) *Condere, o**. Faire — qqn, *corpus alicujus ad sepulturam dare*;* qui n'a pas été enterré, *inhumatus, a, um.* ◆ **3.** Faire les funérailles de. *Efferre, fero**. Être enterré avec pompe, *efferri* cum funere;* je les ai tous enterrés, *omnes composui**. ◆ **4.** (Fig.) Être enterré sous les ruines de sa patrie, *communi ruinā patriae opprimi*;* enterrer son secret, *secretum interius premĕre**.

S'ENTERRER, r. (Fig.) *Latere, eo**. *Abdĕre* se* (*in*, acc.).

entêtement, m. *Pertinacia, ae*, f. *Pervicacia, ae*, f.

entêter, tr. **1.** Étourdir. *Caput aggravare* (*alicujus* ou *alicui*). ◆ **2.** (Fig.) Enorgueillir. *Inflare* (acc.). ◆ **3.** Rendre favorable (à). *Conciliare* (*aliquem alicui*).

S'ENTÊTER, r. **1.** S'— de. *Favere, eo** (dat.). *Indulgere, eo** (*alicui*). Entêté d'une opinion, *opinione imbutus, a, um;* entêté de son mérite, *de se magnifice sentiens, ientis.* ◆ **2.** S' — dans. *Haerere, eo** (*in*, abl.). *Perstare** (*in*, abl.). S'— à, *pertinaciter tendĕre** *in* (abl. du gér.). Entêté, *pertinax, acis; pervicax, acis.*

enthousiasme, m. **1.** Inspiration. *Furor, oris,* m. Dans un accès d'—, *instinctu divino.* ◆ **2.** Vivacité d'émotion. *Ardor, oris,* m. Agir avec —, *impetu agĕre**; plus par — que par raison, *majore studio quam consilio;* exciter l'—, *maximam admirationem movēre**; marques d'—, *admirationes, um,* fpl.

enthousiasmer, tr. *Maximam admirationem movere, eo** (*in aliquo;* pour, dat. ou *in*, acc.). Il est enthousiasmé, *mirā alacritate est.*

S'ENTHOUSIASMER, r. *Incendi, or**. On s'enthousiasme pour, *magna est admiratio* (dat.).

enthousiaste, adj. ou subst. m. f. **1.** Inspiré. *Fanaticus, a, um.* Comme des enthousiastes, *quasi mente incitati.* ◆ **2.** Admirateur —, *nimius admirator;* admirateur — de son propre mérite, *sui immodicus aestimator;* applaudissements —, *maximus plausus.*

enticher, tr. (Fig.) *Imbuere, o* (*aliquem re*). Ils sont entichés de leur nom, *nomine superbiunt.*

entier, ière. I. Adj. **1.** *Totus, a, um. Integer, gra, grum.* Tout entier à ces pensées, *totus in illis;* (je suis) tout — à toi, *totus tuus sum;* confiance entière en qqch., *summa fides in re;* la question reste entière, *res est integra* ou *in integro;* un nombre entier, *totus numerus.* ◆ **2.** Opiniâtre. *Pervicax, acis. Sublimis, e.* ◆ **II.** Nom. *Totum, i,* n. En entier, *ex toto;* qui est dans son entier, *integer; illibatus, a, um.*

entièrement, adv. (De tous points) *Omnino.* (A fond) *Penitus. Funditus.* Ignorer —, *plane nescire;* presque —, *magnā ex parte;* je suis — à Pompée, *ego Pompeii totus sum;* — absurde, *perabsurdus, a, um.*

entonner, tr. **1.** Verser (dans). *Infundere, o**. Entonner à qqn un verre de vin, *vini calicem impingĕre** *alicui.* ◆ **2.** Chanter. *Praecinere, o**. *Canere, o**.

entonnoir, m. *Infundibulum, i,* n. *Cornu, u,* n. Petit —, *corniculum, i,* n.

entorse, f. **1.** Se donner une entorse au pied, *talum torquere, eo**. ◆ **2.** (Fig.) Donner une entorse au bon droit, *pervertĕre jura**.

entortillement, m. **1.** *Involutio, onis,* f. ◆ **2.** (Fig.) *Contortio, onis,* f.

entortiller, tr. **1.** *Circumvolvere, o**. Entortiller sa main gauche dans son sayon, *in-*

*volvĕre** *sinistram sago;* entortillé, *intortus, a, um.* ◆ **2.** (Fig.) *Obscurare. Perplexe dicere, o**. Entortillé, *contortus, a, um;* discours entortillés, *ambages, um,* fpl.; d'une manière entortillée, *contorte.*

S'ENTORTILLER, r. (Autour de) *Circumvolvĕre* se* (dat.). *Circumplicare** (acc.). S'entortiller dans sa toge, *togā se obvolvere**.

entour, m. *Circumjecta, orum,* npl.

entourage, m. *Apparatus, us,* m. (D'un arbre) *Cavea, ae,* f. (D'une personne) *Stipatio, onis,* f. *Qui circum* (*aliquem*) *sunt.*

entourer, tr. **1.** Mettre autour. *Circumdare** (*rem re* ou *rem rei*). *Cingere, o** (acc.; de, abl.). *Saepire** (acc.; de, abl.). Entourer une place de troupes, *circumjicĕre* (*io**) *exercitum moenibus.* ◆ **2.** Se mettre autour. *Circumstare**. *Circumsistere, o**. *Stipare.* — (une place, une armée) *Circumsedere, eo**. ◆ **3.** Être autour. *Cingere, o**. (Fig.) *Circumstare**. Être entouré de montagnes, *montibus continēri*;* entouré de dangers, *undique cinctus periculis.* ◆ **4.** Vivre autour. *Circum* (*aliquem*) *esse. Familiariter vivĕre* cum* (abl.). Ceux qui vivent autour de qqn, *familiares alicujus.*

S'ENTOURER, r. **1.** (D'un vêtement) *Se obvolvĕre** (abl.). ◆ **2.** (D'une société) *Se stipare* (abl.). *Asciscere, o** (acc.).

entracte, m. Chanter qqch. dans les —, *aliquid medios intercinĕre* actus.*

entraider (s'), r. *Mutuas operas sibi tradĕre**. En s'entraidant, *mutuis officiis.*

entrailles, fpl. **I. 1.** (Intestins) *Intestina, orum,* npl. *Alvus, i,* f. ◆ **2.** (Les viscères supérieurs) *Exta, orum,* npl. ◆ (Tous les viscères) *Viscera, um,* npl. ◆ **II.** (Fig.) **1.** Affection. *Viscera, um,* npl. *Animus, i,* m. Qui a des —, *mollis, e;* sans —, *ferreus, a, um.* ◆ **2.** Profondeurs. *Viscera, um,* npl.

entrain, m. **1.** *Alacritas, atis,* f. ◆ **2.** — au combat. *Impetus, us,* m.

entraînement, m. **1.** *Impetus, us,* m. *Aestus, us,* m. Par —, *pronus, a, um.* ◆ **2.** (Séduction) Nous cédons à l'— des passions, *ad omnes affectus rapimur**. ◆ **3.** Exercices préparatoires (armée, sport). *Exercitationes, um,* fpl.

entraîner, tr. **1.** Traîner avec soi. *Trahere, o**. Entraîner dans son cours, *proluere.* ◆ **2.** Emmener de force. *Abstrahere, o**. *Rapere, io**. Être entraîné par son poids, *ponderi cedĕre**. ◆ **3.** (Fig.) Porter à. *Trahere, o**. *Rapere, io**. *Impellere, o**. *Inducere, o**. Entraîner qqn à sa perte, *in exitium praecipitare aliquem;* entraîné (par la vue d'un bien), *illectus, a, um* (abl.). ◆ **4.** Avoir pour conséquence. *Trahere, o**. Entraîner de graves inconvénients pour, *magno detrimento esse* (dat.); la condamnation entraîne une peine, *poena damnationem consequitur**.

S'ENTRAÎNER, r. *Exercēri** (*re, in re* ou *ad rem*). S'entraîner à la course, *exercēri** *currendo**.

entrave, f. **1.** *Compedes, um,* fpl. ◆ **2.** (Fig.) *Vinculum, i,* n. *Impedimentum, i,* n. Sans entraves, *solute.*

entraver, tr. **1.** *Compedes* (*alicui*) *impingere, o**. ◆ **2.** (Fig.) *Impedimentum inferre** ou *impedimento esse* (dat.). *Impedire* (acc.).

entre, prép. **1.** Dans l'intervalle de (sens local et sens temporel). *Inter* (acc.). Il prit place entre eux, *medius discubuit** *inter illos;* situé entre eux, *eis interjectus, a, um;* il n'y a pas entre eux la moindre différence, *inter eos ne minimum quidem interest**. ◆ **2.** Parmi. *Ex* (abl.). Remarquable entre tous, *praestans omnibus;* prendre sa place entre les orateurs, *in oratorum numerum venire**; beaucoup de choses, entre autres..., *cum multa, tum...* ◆ **3.** Marque la réciprocité. *Inter* (acc.). Soit dit entre nous, *quod inter nos liceat** *dicĕre.* Ils s'(aiment) entre eux, ou ils S'ENTR' (aiment), *inter se* (*amant*) (qui est la forme de la voix RÉCIPROQUE latine).

entre-bâiller, tr. *Paulum aperire**. Entre-bâillé, *semi-apertus, a, um.*

entre-choquer (s'), r. **1.** *Collidi, or**. (Animaux) *Arietare. Coniscare.* (Armées) *Confligere, o**. ◆ **2.** (Fig.) *Digladiari.*

entrecouper, tr. **1.** *Intercidere, o**. ◆ **2.** Interrompre. *Interrumpere, o**.

entre-deux, m. *Intervallum, i,* n. — (des épaules), *interscapulum, i,* n.; — (des nœuds), *internodium, ii,* n.; — (des colonnes), *intercolumnium, ii,* n.

entre-donner (s'), r. *Accipere* (*io**) *et reddere* (*o**). Après s'être entre-donné leur parole, *fide datā acceptāque.*

entrée, f. **1.** Endroit par où l'on entre. *Introitus, us,* m. Entrée d'un port, *fauces, ium,* fpl. ◆ **2.** Accès. *Aditus, us,* m. Ouvrir aux Dardaniens l'entrée de la Macédoine, *Dardanis iter in Macedoniam patefacĕre, io**; donner entrée à l'ennemi, *hostem immittĕre**; ils ont leur entrée libre dans l'assemblée, *eis semper adeundi** *concilium potestas fit**; l'entrée des charges lui est ouverte, *ei patent** *honores.* ◆ **3.** Action d'entrer. *Introitus. Ingressus, us,* m. (Fig.) *Ingressio, onis,* f. Faire son entrée dans, *introire, eo** (acc.); dès mon entrée au barreau, *ut primum forum attigi**; entrée en matière, *aditus causae;* — en possession, *admissio,* f. ◆ **4.** Commencement. *Initium, ii,* n. ◆ **5.** Importation. *Invectio, onis,* f. Défendre l'entrée du vin, *vinum importari non sinere**; droit d'—, *portorium, ii,* n. ◆ **6.** Plat d'entrée, *promulsis, idis,* f.

entrefaites, fpl. Sur ces —, *interea*.

entrelacement, m. *Implicatio, onis,* f. *Implexu* (à l'abl.).

entrelacer, tr. *Implicare**. Les doigts entrelacés, *digitis inter se implexis*.

entremêler, tr. **1.** *Intermiscere, eo**. Les soldats de marine, entremêlés d'indigènes, *classici, mixtis paganis*. ◆ **2.** (Fig.) Entremêler les vers à la prose, *versus orationi admiscĕre**; — la joie aux soucis, *laeta tristibus intexĕre**.

S'ENTREMÊLER, r. *Miscēri**.

entremetteur, m. **1.** Qui s'entremet. *Interpres, etis,* m. ◆ **2.** (Péjor.) *Leno, onis,* m. Faire le métier d'—, *lenocinium facĕre, io**.

entremetteuse, f. **1.** et **2.** *Conciliatrix, icis,* f.

entremettre (s'), r. *Operam interponĕre, o** (*pro aliquo*). *Se interponĕre* (*in rem*). *Interesse, sum** (dat.).

entremise, f. *Opera, ae,* f. *Intercessio, onis,* f. Par l'— de Pison, *per Pisonem;* user de l'entremise de qqn pour obtenir..., *deprecatore aliquo uti* ad impetrandum...;* fournir par l'— d'autrui, *suppeditare ab aliquo*.

entrepôt, m. *Emporium, ii,* n. *Receptaculum, i,* n.

entreprenant, ante, adj. *Audax, acis*. *Promptus, a, um*. Homme très —, *homo paratissimus*.

entreprendre. I. Tr. **1.** Prendre en mains. *Suscipere, io**. *Adoriri**. (Une chose difficile) *Moliri*. *Conari*. Entrepris, *inceptus, a, um;* entreprendre un voyage, *iter ingredi, ior*;* ne rien entreprendre contre, *nihil facĕre* (*io**) *contra* (acc.); entreprendre de, *instituĕre* (inf.). ◆ **2.** Se charger d'un ouvrage. *Conducere, o**. *Redimere, o**. — l'exécution d'une colonne, *columnam faciendam* conducĕre*. ◆ **3.** (Fig.) Quereller. *Jurgio adoriri** (*aliquem*). ◆ **4.** Rendre perclus. *Debilitare*. ◆ **II.** Intr. **1.** Empiéter (sur les droits de qqn). *Detrahere, o** (*aliquid alicui*). ◆ **2.** Attenter (à la vie de qqn). (*Alicui*) *periculum moliri*.

entrepreneur, m. *Conductor, oris,* m. *Redemptor, oris,* m. — de théâtre, *choragus, i,* m.

entreprise, f. **1.** *Inceptum, i,* n. *Susceptum, i,* n. (Difficile) *Conatus, us,* m. Former une —, *rem suscipere, io*;* exécuter une —, *instituta perficĕre, io*;* mener à terme une —, *rem feliciter gerĕre**. ◆ **2.** *Redemptio, onis,* f. Donner l'entreprise de l'habillement de l'armée, *vestimenta exercitui praebenda* locare*. ◆ **3.** Violence. *Injuria, ae,* f.

entrer. I. Intr. **1.** Pénétrer dans. *Intrare*. *Introire, eo**. (A pas réguliers) *Ingredi, ior**. (Violemment) *Irrumpere, o**. (Tous ces verbes se construisent avec l'acc., ou *in* et l'acc.). Faire ou laisser —, *introducĕre** (acc.); *intromittĕre** (acc.); empêcher d'—, *ab aditu prohibēre** (acc.); entrer dans le port, *in por-*

*tum pervehi**. (Fig.) Entrer dans la vie, *vitam introire* (*eo**); — bien avant dans, *penitus intrare in* (acc.); — en lice, en possession, *in certamen venire* cum* (abl.); *in possessionem venire** (gén.); — dans les idées de, *assentire** (dat.); faire — qqn dans son sentiment, *ad suam sententiam aliquem perducĕre**. ◆ **2.** Être admis. *Venire**. Faire —, *inducĕre** (acc.). (Être contenu) *Continēri**. *Capi, ior**. (Prendre part) *In partem venire** (gén.). *Interesse, sum** (dat.). Je n'entre pas dans tout cela, *nihil ad me*. (Contribuer) *Conferre** (*aliquid in*, abl.). *Esse causae* (dat.). Faire entrer en ligne de compte, *annumerare* (acc.). ◆ **3.** Commencer. *Inire, eo** (acc.). Entrer dans les affaires publiques, *ad rem publicam accedĕre**; — en guerre, *bellum incipere, io**; — en pourparlers, *in colloquium venire**; — en matière, *exordiri* dicĕre;* entré dans sa neuvième année, *ingressus* nonum annum*. ◆ **4.** S'enfoncer. *Intrare. Penetrare.* Faire — un clou, *clavum adigĕre**. (Fig.) Entrer dans l'esprit, *in mentem intrare; animos penetrare;* faire — dans l'esprit, *inculcare* (acc.); faire — dans un discours, *includĕre* orationi;* entrer dans les vues de, *aptum esse consilio* (gén.). ◆ **II.** Tr. Introduire. *Inferre, fero**.

entre-temps, m. *Intervallum, i*, n.

entretenir, tr. **1.** Maintenir. *Tueri, eor**. Entretenir ses forces, *vim alĕre**; bâtiment bien entretenu, *integrum aedificium*. ◆ **2.** (Fig.) *Sustinere, eo**. Entretenir l'amitié, l'amour, *amicitiam colĕre*; amorem fovēre**; — qqn dans une illusion, *opinione oblectare aliquem;* être entretenu dans, *versari in* (abl.). ◆ **3.** Fournir le nécessaire à qqn. *Alere, o**. *Sustinere, eo**. *Victum et vestitum praebere** (dat.). Entretenir qqn de qqch., *suppeditare aliquid alicui*. ◆ **4.** Converser avec. *Colloqui, or** (*cum*). Venir — qqn, *convenire* aliquem*.

S'ENTRETENIR, r. **1.** *Permanere, eo**. ◆ **2.** (Fig.) *Perseverare*. ◆ **3.** *Ali**. *Sustinēri**. ◆ **4.** (Fig.) S'entretenir de bonnes pensées, *honestis cogitationibus immorari*. ◆ **5.** *Colloqui, or** (*cum*). Je n'ai personne avec qui m'entretenir, *colloquio hominum carĕo**; s'— avec soi-même, *secum loqui*.

entretien, m. **1.** Soin. *Tutela, ae*, f. Entretien d'un jardin, *horticultus, us*, m. ◆ **2.** Nécessaire. (Subsistance) *Victus, us*, m. (Habillement) *Vestitus, us*, m. (Dépense) *Sumptus, us*, m. Maison d'un grand —, *domus sumptuosa*. ◆ **3.** Conversation. *Sermo, onis*, m. *Colloquium, ii*, n. Les soldats ont des entretiens, *milites inter se colloquuntur**; demander un —, *postulare de colloquio;* fuir l'— de qqn, *auribus respuĕre aliquem;* être l'objet de l'— général, *esse in ore omnium.*

entretoise, f. *Interpensivum, i,* n.

entrevoir, tr. Ne faire qu'entrevoir, *per transennam aspicere* (*io**); *vidēre* tantum.* Entrevoir les desseins de, *mentes* (gén.) *perspicĕre*, io**; j'entrevois dans l'avenir..., *prospicio** ou *vidēre mihi videor** (acc.). Laisser entrevoir, *ostendere** (acc.).

entrevue, f. *Congressus, us,* m. Avoir une — (avec), *congredi, ior** (*cum*); *capita conferre*;* avoir une — secrète (avec), *colloqui* clam* (*cum*).

entrouvrir, tr. *Paulum aperire**. Entrouvrir les yeux, *oculos allevare.*

S'ENTROUVRIR, r. *Hiare. Dehiscere, o**. La terre s'entrouvrit, *terra discessit**. Entrouvert, *semiapertus, a, um; semihians, antis.*

énumération, f. *Enumeratio, onis,* f. *Commemoratio, onis,* f. Faire l'— de, *commemorare* (acc.); *describĕre** (acc.).

énumérer, tr. *Enumerare. Colligere, o**.

envahir, tr. *Occupare* (acc.). *Invadere, o** (acc. ou *in*, acc.).

envahissement, m. *Occupatio, onis,* f.

envahisseur, m. *Ereptor, oris,* m.

enveloppe, f. *Involucrum, i,* n.

envelopper, tr. **1.** Couvrir d'une enveloppe. *Involvere, o**. ◆ **2.** Entourer. *Cingere, o**. L'air enveloppe la terre, *terram circumfundit* aer.* ◆ **3.** Cerner. *Circumvenire**. ◆ **4.** (Fig.) Envelopper qqn dans son malheur, *aliquem secum trahĕre* in calamitatem eamdem;* être enveloppé dans ma ruine, *uno meo fato corruĕre.* ◆ **5.** Cacher. *Tegere, o**; — de ténèbres les choses les plus claires, *tenebras obducĕre* rebus clarissimis;* quel homme plus enveloppé ? *quis tectior?* esprit enveloppé dans la matière, *hebes ingenium.*

envenimer, tr. **1.** *Venenare.* ◆ **2.** (Une plaie) *Exasperare.* ◆ **3.** (Fig.) Les esprits. *Exulcerare.*

envergure, f. **1.** D'un navire. *Antennarum amplitudo, inis,* f. ◆ **2.** D'un oiseau. *Tensura, ae,* f. ◆ **3.** (Fig.) *Captus, us,* m.

1. envers, prép. *Erga* (acc.). *In* (acc.). *Adversus* (acc.). Être défiant — qqn, *ab aliquo cavēre*;* se conduire très bien — qqn, *optime agĕre* cum aliquo;* — et contre tous, *omnibus renitentibus**.

2. envers, m. *Altera* (*ius*) *pars* (*partis*), f. L'— d'une tunique, *interior tunica;* mis à l'—, *perversus, a, um;* n'est-ce pas le langage d'un esprit à l'—? *quid dici* potest* perversius?*

envi (à l'), loc. adv. *Certatim.* Tous à l'— cherchent à s'échapper, *quisque certat evadĕre.*

envie, f. **1.** Jalousie. *Invidia, ae,* f. (Exprimée) *Obtrectatio, onis,* f. Être rongé d'—, *invidiā dirumpi*;* porter — à, *invidēre** (dat.); exciter l'—, *invidiam habēre; invidiam* (*alicui*) *facĕre, io**. ◆ **2.** Désir. *Cupiditas, atis,* f. (Violent) *Libido, inis,* f. Avoir — de, *cupĕre, io** (acc. ou inf.); *avere, eo** (même constr.); avoir bien — de, *gestire* (inf.); mourir d'—, *flagrare cupiditate* (gén.); contenter son —, *animum explēre;* donner l'— de, *cupiditatem injicĕre, io** (gén.); donner — de rire, *risus excitare;* ôter l'envie d'écrire, *deterrēre* a scribendo;* jeter des regards d'— sur des richesses, *inhiare opibus;* faire envie, *appeti*;* — de manger, *ciborum appetentia, ae,* f.; j'ai grande — de dormir, *somnus me urget**; — de vomir, *nausea, ae,* f. ◆ **3.** Tache de naissance, *Naevus, i,* m.

envier, tr. **1.** Jalouser, refuser, ravir. *Invidere, eo** (dat.). ◆ **2.** Désirer. *Cupere, io**.

envieux, euse. I. Adj. **1.** Qui porte envie à. *Invidus, a, um* (gén.). *Invidens, entis* (dat.). ◆ **2.** Désireux de. *Avidus* (gén.). ◆ **II.** Nom m. *Obtrectator, oris,* m. Tes —, *tui invidi.*

environ. I. Adv. *Circiter. Fere. Ad* (acc.). ◆ **II.** Nom mpl. *Vicinitas, atis,* f. Qui est dans les —, *vicinus, a, um*; aux — de la ville, *apud oppidum;* aux — des calendes, *prope calendas.*

environner, tr. **1.** Mettre autour. *Circumdare** (*rem re* ou *rem alicui rei*). *Cingere, o** (*aliquem* ou *rem re*). ◆ **2.** Être autour. *Circumstare** (acc.). *Circumdare** (acc.). *Cingere** (acc.).

envisager, tr. **1.** *Ad faciem* (*alicujus*) *aspicere, io**. ◆ **2.** (Fig.) *Intueri*, eor* (acc.). — l'avenir, *futura prospicere, io*;* — comme une perte, *habēre* in damno;* faire —, *ostentare* (acc.); *proponĕre** (acc.).

envoi, m. **1.** Action d'envoyer. *Missio, onis,* f. Faire l'— de, *mittĕre** (acc.); envoi en possession, *possessio, onis,* f. ◆ **2.** Ce qui est envoyé, *quod mittitur**.

envoler (s'), r. **1.** *Evolare.* Faire envoler, *proturbare* (acc.). ◆ **2.** (Fig.) *Avolare.* S'— vers, *pervolare ad* ou *in* (acc.).

envoyer, tr. *Mittere, o** (à, dat. ou *ad*, acc.). — de différents côtés, *dimittĕre*;* — contre, *immittere* in* (acc.); — souvent, *missitare;* — en exil, *in exsilium pellĕre*;* — chercher qqn, *arcessĕre* aliquem;* — en avant, *praemittĕre*;* — en secret, *submittĕre*;* — dans l'autre monde, *demittĕre* ad mortem;* — des injures à qqn, *maledicta conjicere* (*io**) *in* (acc.).

Éole. *Aeolus, i,* m.

Éolie. *Aeolia, ae,* f. D'—, *Aeolius, a, um.* Les Éoliens, *Aeoles, um,* mpl.

épais, aisse, adj. *Crassus, a, um.* Revêtir d'une couche —, *crasse oblinĕre*;* vin —, *pingue vinum;* esprit épais, *ingenium pingue;* langue —, *inexplanata lingua;* chevelure —, *spissa coma;* blés

—, *densa seges;* semer —, *spisse serĕre**.

épaisseur, f. *Crassitudo, inis,* f. L'— d'un doigt, *digitus patens;* poutres d'un pied d'—, *pedales in latitudinem trabes;* l'épaisseur (du feuillage), *densitas, atis,* f.

épaissir. I. Tr. *Spissare.* Épaissi, *concretus, a, um.* ◆ **II.** Intr. et S'ÉPAISSIR, r. *Crassescere, o**. La langue s'—, *lingua tardescit*;* l'esprit s'—, *mentis acies hebescit**.

épaississement, m. *Densatio, onis,* f.

épamprer, tr. *Pampinare.*

épanchement, m. **1.** *Suffusio, onis,* f. — de bile, *suffusa bilis;* ceux qui ont un — de bile, *bile suffusi.* ◆ **2.** (Fig.) (*Animi*) *effusio, onis,* f.

épancher, tr. *Effundere, o**.

S'ÉPANCHER, r. **1.** *Effundi**. ◆ **2.** (Méd.) *Suffundi**.

épandre, tr. *Diffundere, o**.

épanouir, tr. *Relaxare* (*tristem vultum*).

S'ÉPANOUIR, r. **1.** *Dehiscere, o**. ◆ **2.** (Fig.) *Diffundi** (*in risum*).

épanouissement, m. **1.** *Apertio, onis,* f. ◆ **2.** (Fig.) *Sublatio, onis,* f.

épargne, f. **1.** *Parsimonia, ae,* f. Vivre d'—, *parce vivĕre**. Les épargnes de l'esclave, du soldat, *peculium, ii,* n.; petites —, *vindemiola, ae,* f. ◆ **2.** Le Trésor. *Aerarium, ii,* n.

épargner, tr. *Parcere, o** (dat.). Sans —, *plenā manu;* — les enfants (dans un massacre), *abstinēre* infantibus necandis;* — qqn (le traiter avec douceur), *remisse agĕre* cum aliquo;* épargner un chagrin à qqn, *privare aliquem molestiā.*

S'ÉPARGNER, r. **1.** *Operae parcĕre**. ◆ **2.** S'— la peine d'un voyage, *supersedēre* labore itineris.*

éparpillement, m. *Dissipatio, onis,* f.

éparpiller, tr. *Dissipare. Dispergere, o**.

épars, arse, adj. *Dispersus, a, um. Disjectus.* Cheveux —, *passi crines.*

épaté, ée, adj. Nez —, *collisus nasus;* qui a le nez —, *simus, a, um.*

épaule, f. *Umerus, i,* m. (Jointure de l'—) *Armus, i,* m. Charger sur ses —, *in umeros tollĕre*;* large d'—, *latus, a, um;* gare à mes —! *vae tergo meo!* mettre qqn à la porte par les deux —, *capite protrudĕre* foras aliquem;* il a toujours son créancier sur ses épaules, *stat* super caput creditor;* lever les —, *fastidire;* plier les —, *demittĕre* auriculas;* regarder par-dessus l'—, *despicĕre, io**.

épaulement, m. Rempart. *Lorica, ae,* f.

épauler, tr. Aider. *Praesto esse* (dat.). *Adjuvare** (acc.).

épeautre, m. *Far, farris,* n.

épée, f. **1.** *Ensis, is,* m. *Gladius, ii,* m. Avoir l'— au côté, *gladio cingi*;* tirer l'—, *gladium destringĕre*; gladium educĕre** (*e vaginā*); remettre l'— dans le fourreau, *gladium in vaginam recondĕre*;* se faire jour l'— à la main, *sibi iter ferro aperire**; à la pointe de l'épée, *vi et armis;* (fig.) *per vim;* on les passa au fil de l'épée, *caesi* sunt;* se jeter sur son —, *incumbĕre* in gladium;* que l'épée cède à la toge, *cedant* arma togae;* mettre son droit dans son —, *in armis jus ferre**. ◆ **2.** Épée de mer (poisson). *Gladius, ii,* m.

épeler, tr. *Litteras computare* (gén.).

éperdu, ue, adj. (*Animo*) *consternatus, a, um. Vix mentis compos, otis.*

éperdument, adv. *Perdite.* Aimer —, *deperire* (*eo**) *amore* (*alicujus*).

éperon, m. **1.** *Calcar, aris,* n. Éperonner, ou donner de l'—, *calcaria* (*equo*) *subdĕre**; (fig.) *calcaria adhibēre** (*alicui*); *stimulos admovere**; gagner ses —, *belli rudimentum ponĕre**. ◆ **2.** (Fig.) Ergot (du coq). *Calcar.* ◆ **3.** Éperon de vaisseau. *Rostrum, i,* n. Vaisseau garni d'—, *rostrata navis.* ◆ **4.** Contrefort. *Dens, dentis,* m.

épervier, m. **1.** Oiseau. *Accipiter, tris,* m. ◆ **2.** Filet. *Jaculum, i,* n.

éphèbe, m. *Ephebus, i,* m.

éphémère. I. Adj. **1.** *Diurnus, a, um.* ◆ **2.** Passager. *Caducus, a, um.* ◆ **II.** Nom m. Les —, *bestiolae quae unum diem vivunt**.

éphémérides, fpl. *Ephemeris, idis,* f.

Ephèse. *Ephesus, i,* f. D'—, *Ephesius, a, um.*

éphores, mpl. *Ephori, orum,* mpl.

épi, m. *Spica, ae,* f. D'—, *spiceus, a, um;* en épi, *spicatus.*

épices, fpl. *Aromata, um,* npl.

épicier, m. *Condimentarius, ii,* m.

Épictète. *Epictetus, i,* m.

Épicure. *Epicurus, i,* m. D'—, *Epicureus, a, um.*

épicurisme, m. *Epicureorum philosophia, ae,* f.

épidémie, f. *Pestilentia, ae,* f.

épiderme, m. **1.** *Summa* (*ae*) *cutis* (*is*), f. ◆ **2.** (Bot.) *Liber, bri,* m.

1. épier, intr. Monter en épis. *Spicari.*

2. épier, tr. Observer secrètement. *Speculari.* — l'ennemi, *hostes explorare;* — l'occasion, *tempus* ou *occasionem aucupari;* faire — qqn, *ponĕre* alicui custodes.*

épierrer, tr. *Elapidare* (*solum*). *Lapides egerĕre, o** (*ex*).

épieu, m. *Venabulum, i,* n.

épigramme, f. **1.** *Epigramma, atis,* n. D'—, *epigrammaticus, a, um.* ◆ **2.** Mot mordant. *Dicterium, ii,* n. Epigrammatique, *mordax, acis.*

épigraphe, f. *Inscriptio, onis,* f.

épilepsie, f. *Comitialis* (*is*) *morbus* (*i*), m. Avoir une attaque d'—, *comitiali morbo corruere, o**.

épileptique, m. *Comitialis, is,* m.

épiler, tr. *Levare.* — la tête, *capillos evellĕre**; se faire —, *velli**; épilé, *lēvis, e;* (à la

pierre ponce) *pumicatus, a, um;* (onguent) à épiler, *rapax, acis.*
épilogue, m. *Conclusio, onis,* f.
épiloguer, intr. *Calumniari. Carpere, o** (acc.). Qui épilogue sur les mots, *verborum cavillator, oris,* m.
épilogueur, m. *Calumniator, oris,* m.
épine, f. *Spina, ae,* f. Haies d'—, lieu planté d'—, *vepres, ium,* mpl.
épineux, euse, adj. *Spinosus, a, um.* (L'orateur) est à un endroit —, *in lubrico versatur.*
épine-vinette, f. *Appendix (icis) spina (ae),* f.
épingle, f. **1.** *Fibula, ae,* f. ◆ **2.** (Fig.) Se battre à coups d' —, *pugnare volsellis;* tiré à quatre —, *totus de capsulā;* tirer son — du jeu, *se expedire.* ◆ **3.** (De tête) *Acus, us,* f.
épinière, adj. f. Moelle —, *medulla spinalis,* f.
épique, adj. *Epicus, a, um.* Le vers —, *versus herous.*
Épire. *Epirus, i,* f. D'—, *Epiroticus, a, um.* Épirote, *Epirota, ae,* m. f.
épiscopal, ale, adj. *Episcopalis, e.*
épiscopat, m. *Episcopatus, us,* m.
épisode, m. Incident. *Casus, us* m.
épistolaire, adj. *Epistularis, e.*
épitaphe, f. *Epitaphium, ii,* n.
épithalame, m. *Carmen (inis) nuptiale (is),* n.
épithète, f. *Epithetum, i,* n. Vous leur donnez l'— d'insensés, *eos insanos esse dicitis**.
épître, f. *Epistula, ae,* f.
épizootie, f. *Pestilentia, ae,* f.
éploré, adj. *Lacrimabundus, a, um. Flens, entis.*
épluchage, et **épluchement**, m. *Purgatio, onis,* f.
éplucher, tr. **1.** *Purgare.* — la laine, *lanam putare.* ◆ **2.** (Fig.) *Excutere, io**.
éplucheur, m. (Fig.) *Discussor, oris,* m.
épluchures, fpl. *Purgamenta, orum,* npl.
épode, f. *Epodos, i,* m.
épointer, tr. *Retundere, o**.
éponge, f. *Spongia, ae,* f. Passer l'— (sur), *delēre* (acc.).
éponger, tr. *(Spongiā) extergere, eo**. Action d'—, *extersus, us,* m.
épopée, f. **1.** Genre. *Epicum (i) carmen (inis),* n. ◆ **2.** Poème. *Epicum (i) poema (atis),* n.
époque, f. *Tempus, oris,* n. *Aetas, atis,* f. — d'un paiement, *dies pecuniae;* à cette —, pour l'époque, *temporibus illis; tunc;* à l' — même où, *cum quidem* (indic.); trente ans après l' — où, *triginta annis postquam* (indic.); qui fait —, *quod maxime est ad memoriam.*
époumoner, tr. *Vocem frangere, o** (gén.).
S'ÉPOUMONER, r. *Dirumpĕre* se.*
épousailles, fpl. *Nuptiae, arum,* f. pl.
épouse, f. *Uxor, oris,* f. *Conjux, ugis,* f. Avoir pour —, *habēre** (aliquam) *in matrimonio.*

épousée, f. *Nupta* (*ae*) *puella* (*ae*), f.
épouser, tr. **1.** Prendre pour épouse. *Uxorem ducĕre** ou *in matrimonium ducĕre* (*aliquam*). Faire — sa sœur à qqn, *alicui sororem in matrimonium dare**. ◆ **2.** Prendre pour époux. *Nubere, o** (*alicui* ou *cum aliquo*). ◆ **3.** (Fig.) *Sequi, or** (acc.). *Favere, eo** (dat.). Épouser les intérêts de qqn, *commodis alicujus servire;* — une cause, *litem suam facĕre, io*;* — la cause de la plèbe, *plebem amplecti*;* — les sentiments de qqn, *alicui assentire**.
S'ÉPOUSER, r. *Nuptiis jungi**.
épouseur, m. *Procus, i,* m.
épousseter, tr. *Pulverem excutere, io** (*ex*).
épouvantable, adj. **1.** *Formidolosus, a, um.* ◆ **2.** (Fig.) *Immanis, e.*
épouvantablement. Adv. **1.** *Formidolose.* ◆ **2.** (Fig.) *Mirum in modum.*
épouvantail, m. *Formido, inis,* f. Pour servir d' — à, *in terrorem* (gén.).
épouvante, f. *Formido, inis,* f. Causer de l' — à, *in terrorem conjicĕre, io** (*aliquem*).
épouvanter, tr. *Perterrere, eo**. *Conturbare.*
S'ÉPOUVANTER, r. *Horrescere, o**. S' — à la vue de, *expavescere** (acc.); qui ne s' — de rien, *impavidus, a, um.*
époux, m. **1.** *Maritus, i,* m. Prendre un —, *nubĕre** (dat. ou *cum,* abl.). ◆ **2.** Les époux. *Conjuges, um,* mpl. ◆ **3.** L'Époux (J.-C.). *Sponsus, i,* m.
épreindre, tr. *Premere, o**.
épreinte, f. *Tenesmos, i,* m.
éprendre (s'), r. *Amore capi, ior** (gén.).
épreuve, f. **1.** *Experimentum, i,* n. *Periculum, i,* n. Épreuve de l'or, *obrussa, ae,* f.; à toute épreuve, *spectatus, a, um;* à l' — de, *invictus ab* (abl.). ◆ **2.** (Pl.) *Labores, um,* mpl. Passer par des —, *multa perpeti, ior*;* soumettre à de rudes —, *dure tentare;* qui supporte des —, *laboriosus, a, um.*
éprouver, tr. **1.** Mettre à l'épreuve. *Experiri**. *Tentare.* Éprouver la fidélité de qqn, *fidem alicujus probare;* pour l'avoir éprouvé, *expertus, a, um.* ◆ **2.** Ressentir. *Percipere, io**. *Capere, io**. — de la douleur, *dolore affici, ior*;* — du chagrin de, *trahĕre* molestiam ex;* faire —, *afferre** (acc.); il éprouva un scrupule, *oblata* est ei religio.* ◆ **3.** Souffrir. *Experiri**. *Pati, ior**. — un refus, *ferre* repulsam;* — un malheur, *calamitatem accipĕre, io**.
éprouvette, f. *Specillum, i,* n.
épuisement, m. **1.** *Exhaustio, onis,* f. ◆ **2.** Du sol. (*Soli*) *lassitudo, inis,* f. ◆ **3.** Des finances. *Inopia, ae,* f. (*aerarii*). ◆ **4.** Des forces. *Defectio, onis,* f. (*virium*). *Languor, oris,* m.
épuiser, tr. *Exhaurire**. Épuiser sa fortune à, *pecuniam profundĕre* in* (abl.); j'épuiserai tous les moyens, *tentabo omnia;* la question est épuisée,

profligata jam quaestio est; être épuisé de fatigue, *lassitudine confici, ior*;* forces épuisées, *vires absumptae.*
s'ÉPUISER, r. **1.** Se tarir. *Arescere, o*.* ◆ **2.** (Fig.) *Consumi*.* ◆ **3.** Se fatiguer. *Consumi*. Tabescere, o*.* S' —-à, *dirumpĕre paene se in* (abl.).
épuration, f. *Purgatio, onis,* f. L'— des mœurs, *emendatio morum.*
épurer, tr. *Purgare.* — les mœurs, *mores castigare.*
équarrir, tr. Tailler à angles droits. *Quadrare.*
équateur, m. *Aequinoctialis (is) circulus (i),* m.
équerre, f. *Norma, ae,* f. A l' —, *ad normam.*
équestre, adj. *Equester, tris, tre.*
équilatéral, ale, adj. *Aequilateralis, e.*
équilibre, m. **1.** *Aequilibritas, atis,* f. Mettre en —, *librare;* être en —, *librari.* ◆ **2.** (Fig.) L' — entre les droits, *aequabilis compensatio juris;* maintenir l' — entre, *pari jure retinere** (acc.); rétablir l' — (dans le combat), *rem inclinantem aequare;* il y a — entre ces parties, *ea congruunt* inter se;* l' — de l'âme, *aequus animus;* déranger l' — de l'âme, *mentem e suā sede et statu demovēre*.*
équilibrer, tr. **1.** *Librare.* ◆ **2.** Égaliser. *Aequare.*
équinoxe, m. *Aequinoctium, ii,* n. D' —, *aequinoctialis, e.*
équipage, m. **1.** Train, attirail. *Instrumentum, i,* n. Troupe sans —, *expediti, orum,* mpl. ◆ **2.** Voiture. *Raeda, ae,* f. ◆ **3.** Matelots. *Nautae, arum,* mpl. *Remiges, um,* mpl. Navire avec son —, *instructa remigio navis.* ◆ **4.** Vêtements. *Vestitus, us,* m.
équipée, f. *Calidum (i) consilium (ii),* n. *Temere factum, i,* n.
équipement, m. *Ornatus, us,* m. — d'un navire, *armamenta, orum,* npl.
équiper, tr. **1.** *Ornare. Instruere, o*.* ◆ **2.** Habiller. *Vestire.*
équitable, adj. *Aequus, a, um.* Qui n'est pas —, *iniquus, a, um.*
équitablement, adv. *Recte.*
équitation, f. *Equitatio, onis,* f. Ils enseignent l' —, *equitare docent*.*
équité, f. *Aequum, i,* n. *Aequitas, atis,* f. Juger, se conduire avec —, *recte judicare, facere (io*);* contre l' —, *praeter aequum et bonum;* manquer à toutes les règles de l' —, *aequitatem omnem rejicere, io*.*
équivalence, f. *Aequalitas, atis,* f.
équivalent, ente, adj. *Par, paris. Aequalis, e.* Mettre des mots —, *submittĕre* verba pro verbis;* rendre l' —, *rem pro re dare*.*
équivaloir, intr. *Idem valere, eo* (ac). Esse pro* (abl.).
équivoque. I. Adj. *Ambiguus, a, um. Anceps, cipitis. Incertus.* D'une manière —, *ambigue, obscure;* il y a qqch. d'— dans le traité, *foedus aliquam dubitationem habet*;* homme

d'une réputation —, *minus probatus vir;* non —, *certissimus.* ◆ **II.** Nom f. *Ambiguitas, atis,* f. Les —, *ambigue dicta, orum,* npl.; s'il y a —, *si quid ambigitur**.

équivoquer, intr. *Ambigue loqui, or**.

érable, m. *Acer, eris,* n. D' —, *acernus, a, um.*

érafler, tr. *Praestringere, o**.

éraflure, f. *Vibix, icis,* f.

éraillé, ée, adj. Yeux —, *erosi oculi,* mpl.

ère, f. *Aera, ae,* f. De l' — romaine, *ab Urbe conditā;* avant l'ère chrétienne, *ante Christum natum.*

érection, f. **1.** *Erectio, onis,* f. ◆ **2.** (Fig.) *Institutio, onis,* f.

éreinter, tr. **1.** *Delumbare.* — à coups de bâton, *lumbos fuste dolare.* ◆ **2.** (Fig.) *Frangere, o**.

érésipèle, m. *Erysipelas, atis,* n. Atteint d' —, *pustulosus, a, um.*

ergastule, m. *Ergastulum, i,* n.

ergot, m. **1.** *Calcar, aris,* n. Les —, *pollices, um,* mpl. ◆ **2.** (Fig.) Se dresser sur ses —, *se tumidius efferre**.

ergoter, intr. *Tricari. Cavillari* (acc.).

ergoterie, f. *Verborum cavillatio, onis,* f.

ergoteur, euse, m. et f. *Cavillator, oris,* m. *Cavillatrix, icis,* f.

ériger, tr. **1.** *Statuere, o. Erigere, o**. ◆ **2.** (Fig.) — une province en..., *ex provinciā facere, io** (acc.).

S'ÉRIGER, r. S'ériger en sage, *arrogare sibi sapientiam;* s'— en arbitre, *arbitrum agĕre**.

ermitage, m. **1.** *Cella, ae,* f. ◆ **2.** (Fig.) *Secessus, us,* m.

ermite, m. *Eremita, ae,* m.

érosion, f. *Erosio, onis,* f. Produire une —, *erodere** (acc.).

érotique, adj. *Amatorius, a, um.*

errant, ante, adj. *Vagus, a, um.* Errant dans les montagnes, *montivagus;* qui mène une vie —, *erro, onis,* m.

erre, f. **1.** *Cursus, us,* m. Aller grand'erre, *currĕre**. ◆ **2.** (Pl.) *Vestigia, iorum,* npl.

errement, mpl. (Fig.) *Institutum, i,* n. Suivre toujours les mêmes —, *tenēre* idem institutum in omnibus.*

errer, intr. **1.** Aller çà et là. *Errare. Vagari.* ◆ **2.** Se tromper. *Errare. Falli, or**.

erreur, f. **1.** *Erratio, onis,* f. ◆ **2.** *Error, oris,* m. Il y a erreur de ta part, *tui errati est;* sauf —, *nisi quid (me) fallit*;* c'est une — de croire, *errat qui putat;* tomber dans l' —, *errore capi, ior*;* induire en —, *decipĕre, io*;* qui peut induire en —, *fallax, acis;* tirer qqn d' —, *errorem eripĕre (io*) alicui;* revenir d'une —, *errorem deponĕre*.* ◆ **3.** Méprise, faute. *Erratum, i,* n. Commettre une —, *labi*;* erreurs de jeunesse, *flagitia, iorum,* npl.

erroné, ée, adj. *Falsus, a, um.* D'une manière —, *fallaciter.*

éructation, f. *Ructus, us,* m.

érudit, m. *Eruditus, a, um. Doctus, a, um.*

érudition, f. *Eruditio, onis,* f. *Litterae, arum,* fpl. Faire preuve d'une grande — en discutant, *eruditius disputare.*

éruption, f. *Eruptio, onis,* f.

escabeau, m. *Scabellum, i,* n.

escadre, f. *Classis, is,* f.

escadron, m. *Turma, ae,* f. Par escadrons, *turmatim.*

escalade, f. *Escensus, us,* m. Tenter l' —, *scalas admovēre*.*

escalader, tr. (*Scalis*) *scandere, o*.*

escale, f. *Statio, onis,* f.

escalier, m. *Scalae, arum,* fpl. En montant un —, *contra scalas;* jeter en bas de l' —, *per gradus dejicĕre, io*;* — tournant, *cochlea, ae,* f.

escamoter, tr. (Fig.) *Suppilare.*

escamoteur, m. *Pilarius, ii,* m.

escapade, f. **1.** *Fuga, ae,* f. ◆ **2.** (Fig.) Faire une —, *aliquid licenter facere, io*.*

escarbot, m. *Scarabeus, i,* m.

escarboucle, m. *Carbunculus, i,* m.

escarcelle, f. *Manticula, ae,* f.

escargot, m. *Cochlea, ae,* f.

escarmouche, f. **1.** *Procursatio, onis,* f. *Leve* (*is*) *proelium* (*ii*), n. (De gladiateurs) *Praelusio, onis,* f. ◆ **2.** (Fig.) *Prolusio, onis,* f.

escarmoucher, intr. **1.** *Procursare. Leve certamen inire, eo*.* ◆ **2.** (Fig.) *Proludere, o*.*

escarmoucheur, m. *Procursator, oris,* m.

escarpé, ée, adj. *Praeruptus, a, um.* — de tous côtés, *circumcisus.*

escarpement, m. *Praeceps, cipitis,* n. *Praerupta, orum,* npl.

escarpolette, f. *Oscillum, i,* n.

escarre, f. *Crusta, ae,* f.

Eschyle. *Aeschylus, i,* m. D'—, *Aeschyleus, a, um.*

escient, m. A bon —, à (mon) —, *sciens, entis; sciens prudensque.*

esclandre, m. **1.** *Turpe* (*is*) *facinus* (*oris*), n. ◆ **2.** Bruits. *Turba, ae,* f.

esclavage, m. *Servitus, utis,* f. Être en —, *servire;* l' — des passions, *libidinum vincula, orum,* npl.

esclave, m. *Servus, i,* m. (Propriété) *Mancipium, ii,* n. (Né dans la maison) *Verna, ae,* m. (Jeune —) *Puer, eri,* m. (Une —) *Serva, ae,* f. Les esclaves, *servitium, ii,* n.; *familia, ae,* f.; d' —, *servilis, e;* en —, *serviliter;* être —, *servire* (dat.); se faire l' — de qqn, *se alicui in servitutem dicare;* — (à vendre), *venalis, is,* m.; marchand d' —, *venalicius, ii,* m.; marché d' —, *venalicium, ii,* n.; — de ses plaisirs, *voluptati obnoxius, a, um;* être — de la raison, *rationi oboedire.*

escompte, m. *Deductio, onis,* f. Payer sans —, *solidum solvĕre*.*

escompter, tr. *Deductionem ex pecuniā facere, io*.*

escorte, f. *Praesidium, ii,* n. *Comitatus, us,* m.

escorter, tr. **1.** Pour protéger.

Stipare. Esse praesidio (dat.). ◆ **2.** Par honneur. *Assectari.* Bien escorté, *bene comitatus, a, um.*

escouade, f. *Manus, us,* f.

escrime, f. *Armorum tractatio, onis,* f. Maître d' —, *lanista, ae,* m.; apprendre l' — à qqn, *aliquem armis docēre*.*

escrimer, intr. **1.** *Arma tractare.* ◆ **2.** (Fig.) et s'ESCRIMER, r. *Eniti** (*in re*). (Disputer) *Digladiari.*

escroc, m. *Fraudator, oris,* m. *Aeruscator,* m.

escroquer, tr. **1.** Qqch. *Subripere, io*.* ◆ **2.** Qqn. *Attondere, eo*.*

escroquerie, f. *Furtum, i,* n. *Suppressio, onis,* f.

escroqueur, m. *Harpago, onis,* m.

Esope. *Aesopus, i,* m. D' —, *Aesopeus, a, um.*

espace, m. **1.** Étendue. *Spatium, ii,* n. Espace entre deux points, *intervallum, i,* n.; assez d' — pour, *satis loci* (dat.); j'ai peu d' — pour m'asseoir, *anguste sedeo*.* ◆ **2.** (Fig.) *Campus, i,* m. Espace étroit, *angustiae, arum,* fpl. ◆ **3.** Durée. *Spatium.* L' — d'une demi-heure, *semihorae curriculum, i,* n.; dans l'espace de dix jours, *decem diebus* (question QUANTO TEMPORE); *inter decem dies* [DÉLAI].

espacement, m. *Intervallum, i,* n.

espacer, tr. *Intervalla dare** (dat.). Espacé, *distans, antis.*

espadon, m. **1.** Épée. *Spatha, ae,* f. ◆ **2.** Poisson. *Gladius, ii,* m.

Espagne. *Hispania, ae,* f. D' —, *Hispanus, a, um; Hispaniensis, e.*

espalier, m. Arbre en espalier, *arbor parieti applicata.*

espèce, f. **1.** *Species, ei,* f. De la même —, *congener, eris;* par espèces, *generatim.* ◆ **2.** Genre, race, sorte. *Genus, eris,* n. De cette —, *ejus modi; ejus generis; ex eo genere; id genus;* quelle — de femme? *quid mulieris?* une — de filet, *quasi rete;* une — de société naturelle, *naturalis quaedam societas.* ◆ **3.** (Pl.) Monnaie. *Numeratum, i,* n. *Pecunia, ae,* f. Payer en —, *numerato solvĕre*.*

espérance, f. et **espoir,** m. *Spes, ei,* f. Ferme —, *fiducia, ae,* f.; avoir bon espoir, *bono animo esse; confidĕre*;* avoir les plus belles espérances, *omnia summa sperare;* perdre tout espoir, *spem abjicere, io*;* je n'ai pas une lueur d'espérance, *ne spes quidem ulla mihi ostenditur*;* les médecins avaient peu d'espoir, *medici diffidebant*;* perdre tout espoir de paix, de garder la ville, *desperare pacem, oppido;* faire concevoir des espérances, *spem facere, io** (prop. inf. au fut.); ranimer l'espérance, *redintegrare spem;* ôter l'espérance, *spem adimĕre** (*alicui*); tromper l' —, *spem fallere*;* trompé dans son —, *spe dejectus, a, um;* mettre son — en qqn, en qqch., *spem ponĕre* in aliquo, in re;* en —, *in spe; speratus, a, um;* au delà de toute —, *supra votum;* contre toute —, *contra spem; insperatus, a, um;* dont le talent donne les plus belles espérances, *eximiā spe ingenii praeditus.*

espérer, tr. *Sperare.* Espérer en, *sperare in* (abl.); — que, *sperare* (prop. inf. au fut.) — fermement, *confidĕre*;* plus tôt qu'on n'espérait, *exspectato maturius;* j'espère que tu te portes bien, *spero te valere*;* j'en viens à espérer, *inducor* in spem* (prop. inf. au fut.); ne plus espérer, *desperare;* faire —, *spem dare*;* rien à espérer des Romains, *a Romanis spes nulla.*

espiègle, adj. *Lascivus, a, um. Alacer, cris, cre.*

espièglerie, f. *Nequitia, ae,* f.

espion, onne, m. et f. **1.** *Explorator, oris,* m. *Speculator, oris,* m. *Speculatrix, icis,* f. ◆ **2.** (Fig.) *Conquisitor, oris,* m.

espionnage, m. *Exploratio, onis,* f.

espionner, tr. *Speculari.*

esplanade, f. *Spatium, ii,* n.

esprit, m. **1.** Substance spirituelle. *Spiritus, us,* m. Le Saint-Esprit, *Spiritus sanctus;* l'esprit familier (de qqn), *genius, ii,* m.; esprits (des morts), *umbrae, arum,* fpl.; *lemures, um,* mpl.; — malfaisants, *larvae, arum,* fpl.; rempli de l'esprit prophétique, *divino spiritu tactus.* ◆ **2.** Ame. *Animus, i,* m. (Intelligence) *Mens, mentis,* f. (Dispositions naturelles) *Ingenium, ii,* n. (Caractère) *Indoles, is,* f. Un bon esprit, *vir acris judicii;* rendre l' —, *animam agĕre*;* — solide, *judicium firmum;* la force de l' —, *vis ingenii;* pénétrer dans l' —, *in pectus descendĕre*;* appliquer son — à, *animum adhibēre* (ad);* se mettre dans l' —, *in animum inducĕre* (aliquid);* venir à l' — de qqn, *succurrĕre* alicui;* revenir à l' —, *redire (eo*) in memoriam;* perdre l'esprit, *a mente deseri*;* avoir perdu l' — *desipĕre, io*;* qui a perdu l' —, *demens, entis;* toucher l'esprit des juges, *commovēre* judices;* pouvoir sur l' — de qqn, *valēre* apud aliquem;* reprendre ses esprits, *animum recipĕre, io*.* ◆ **3.** Finesse d'intelligence. (*Ingenii*) *acumen, inis,* n. *Urbanitas, atis,* f. Homme d' —, *urbanus, a, um; salsus;* qui est sans —, *insulsus;* pensées pleines d' —, *argutae sententiae;* avec —, *salse; argute;* sans —, *insulse;* jeux d' —, *urbani sales; argutiae, arum,* fpl.; faire de l' —, *lascivire;* le bel —, *urbanitas;* un bel —, *perurbanus.* ◆ **4.** Intention, sens. *Mens. Sensus, us,* m. J'ai agi dans cet —, *eā mente feci*;* influer sur l' — public, *interesse* ad opinionem;* c'est là l' — du temps, *sic vivitur*;* l'ancien esprit de rivalité, *vetus certamen;* par esprit de vengeance, *inimici ulciscendi* causā;* l' — de la loi, *voluntas legis;* s'attacher à l' — (de la loi), *sententiam sequi**. ◆ 5. Signe. Esprit doux, *spiritus tenuis;* — rude, *spiritus asper.*

esquif, m. *Scapha, ae,* f.

esquille, f. *Ossis fragmentum, i,* n.

esquinancie, f. *Angina, ae,* f.

esquisse, f. *Adumbratio, onis,* f.

esquisser, tr. *Adumbrare.*

esquiver, tr. **1.** *Declinare. Effugere, io**. ◆ **2.** (Fig.) *Eludere, o**.

S'ESQUIVER, r. *Se subducĕre**. *Dare* se in pedes.*

essai, m. *Experimentum, i,* n. *Periculum, i,* n. Essai (des métaux), *indicium, ii,* n.; — (de l'or), *obrussa, ae,* f.; — de résistance, *resistendi conatus, us,* m.; donner qqch. à l'essai, *experiendum dare* aliquid;* coup d' —, *rudimentum, i,* n.; faire son coup d' —, *rudimentum ponĕre*;* il n'en est pas à son coup d' —, *in hāc re non tiro est.*

essaim, m. *Examen, inis,* n.

essaimer, tr. *Examinare.*

essayer, tr. **1.** Faire l'essai de. *Tentare. Experiri**. (Avec une idée de danger) *Periclitari.* Essayer tout, *nil intentatum linquĕre*;* j'ai essayé mes forces, *tentavi quid possem**. ◆ **2.** Tâcher. *Tentare* (inf.). *Conari* (inf. ou *si,* subj.). Essayer de corrompre qqn, *aliquem aggredi, ior*;* essayer de s'ouvrir un chemin, *iter tentare.*

essence, f. **1.** (Philos.) *Natura, ae,* f. *Vis, vis,* f. ◆ **2.** Espèces de bois. *Species, ei,* f. ◆ **3.** Huile aromatique. *Oleum, i,* n. Des —, *odores, um,* mpl.

essentiel, elle, adj. **1.** (Philos.) *Naturalis, e.* ◆ **2.** Nécessaire. *Necessarius, a, um.* Chose —, *res maximi momenti;* le point —, l'essentiel, *caput, capitis,* n.; *summa, ae,* f.; aborder le point — de la cause, *invadĕre* in arcem causae;* il est essentiel que..., *multum interest** (prop. inf.); être l' — de la cause, *continĕre* causam;* l'essentiel est que, *totum est quod** (indic.); l'essentiel est de, *totum est in eo, st* (subj.).

essentiellement, adv. **1.** Par essence. *Naturā.* ◆ **2.** Particulièrement. *Praecipue.* ◆ **3.** Extrêmement. *Magno opere.*

essieu, m. *Axis, is,* m.

essor, m. **1.** *Volatus, us,* m. Prendre son —, *evolare.* ◆ **2.** (Fig.) *Impetus, us,* m. Prendre son —, *evolare;* donner l' — à son éloquence, *pandĕre* vela orationis;* arrêter l' — de, *premĕre* cursum* (gén.).

essorer, tr. Sécher à l'air. *Expandĕre, o**.

essoufflement, m. *Anhelitus, us,* m.

essouffler, tr. *Anhelitum movēre* (alicui).* S'—, et être essoufflé, *anhelare;* tout essoufflé, *exanimatus, a, um.*

essuie-main, m. *Linteum, i,* n.

essuyer, tr. **1.** *Tergere, eo**. *Extergere, eo**. *Abstergere, eo**. ◆ **2.** (Fig.) *Pati, ior**. Essuyer un refus, *repulsam ferre*;* — des maux, *mala sustinēre**.

est, m. *Oriens, entis,* m.

D'est. *Orientalis, e.* Vent d' —, *Eurus, i,* m.

estafette, f. *Celeripes, edis,* m. *Nuntius, ii,* m.

estafilade, f. **1.** Blessure. *Vulnus, eris,* n. ◆ **2.** Marque. *Cicatrix, icis,* f.

estampille, f. *Signum, i,* n.

estampiller, tr. *Signum imprimĕre** (dat. ou *in,* acc.).

estimable, adj. *Probabilis, e. Laudandus, a, um.*

estimation, f. *Aestimatio, onis,* f.

estime, f. *Existimatio, onis,* f. L' — (dont on jouit), *fama, ae,* f.; jouir de l' — publique, *omnibus probatum esse;* gagner l' — de qqn, *probare se alicui;* l'estime (que l'on fait d'une chose), *pretium, ii,* n.; être en —, *esse in laude.*

estimer, tr. **1.** Évaluer. *Aestimare.* — très bas, *aestimare tenuissime;* — la distance, *de itinere judicare.* ◆ **2.** (Fig.) Estimer beaucoup, *facere (io*) magni;* davantage, *pluris;* au plus haut point, *plurimi;* peu, *parvi;* très peu, *minimi;* aucunement, *nihili;* être estimé, *probari; esse in laude;* estimer plus, moins (que), *anteponĕre*, postponĕre* (rem alicui rei);* n' — que l'argent, *omnia in pecuniā ponĕre*.* ◆ **3.** Penser. *Existimare. Arbitrari.* Ceux qu'il estimait capables, *quos idoneos ducebat*.*

S'ESTIMER, r. *De se bene existimare.* Qui s' — beaucoup, *de se bene fidens, entis.*

estival, adj. *Aestivus, a, um.*

estoc, m. *Acies, ei,* f. D' —, *punctim.*

estomac, m. **1.** *Stomachus, i,* m. Aliment qui charge l' —, *cibus gravis;* dérangement d' —, *stomachi injuria, ae,* f.; qui a l' — chargé, *onustus cibo;* avoir l' — large, *esse plurimi cibi.* ◆ **2.** Poitrine. *Pectus, oris,* n.

estomaquer (s'), r. *Offendi** (abl.).

estrade, f. **1.** Chemin. Battre l' —, *procursare;* batteur d' —, *procursator, oris,* m.; (fig.) *erro, onis,* m. ◆ **2.** Plancher exhaussé. *Suggestus, us,* m.

estropier, tr. **1.** *Debilitare.* (Mutiler) *Mutilare.* ◆ **2.** (Fig.) *Mutilare.*

esturgeon, m. *Acipenser, eris,* m.

et, conj. *Et. Que* (placé après le mot). *Atque* (ou *ac*). Les jours et les nuits, *noctes et dies;* l'ensemble des jours et des nuits, *noctes diesque;* les nuits et, qui plus est, les jours, *noctes atque dies.* Et ne... pas, *nec* (ou *neque*); et aucun, *nec ullus, a, um;* et personne, *neque quisquam;* et ne... pas encore, *necdum;* et cet autre trait, *jam illud;* et pourtant, *atqui;* et si, *quod si;* et toi, prends... *at tu, sume*...;* et voilà que, *ecce autem.*

étable, f. *Stabulum, i,* n. — à bœufs, *bovile, is,* n.; — à brebis, *ovile, is,* n.; — à porcs, *hara, ae,* f.

établir, tr. **1.** Poser. *Statuere, o. Constituere, o.* — un camp, *castra poněre**. ◆ **2.** Fonder. *Condere, o*. Instituere, o.* Établir (une colonie, une dot, sa fille, son domicile), *collocare (coloniam, dotem, filiam, domicilium)*. ◆ **3.** (Fig.) *Confirmare.* Établir un compte, *rationem poněre**.

S'ÉTABLIR, r. **1.** Placer sa demeure. *Considere, o* (loco* ou *in loco).* ◆ **2.** (Fig.) Prendre de la force. *Invalescere, o*.*

établissement, m. **1.** Action d'établir. *Constitutio, onis*, f. ◆ **2.** D'une charge. *Institutio, onis*, f. ◆ **3.** D'une fille. *Collocatio, onis*, f. ◆ **4.** (Pl.) Institutions. *Instituta, orum*, npl. ◆ **5.** Action de s'établir. *Sedes, is*, f.

étage, m. **1.** *Tabulatum, i*, n. Tours à plusieurs —, *contabulatae turres;* le dernier —, *superior domus*, f. ◆ **2.** (Fig.) *Gradus, us*, m. De bas —, *infimus, a, um.*

étager, tr. *Ordinatim struere, o*.* — les cheveux, *aedificare caput.*

étagère, f. *Repositorium, ii*, n.

étai, m. *Fultura, ae*, f.

étain, m. *Stannum, i*, n. D' —, *stanneus, a, um.*

étal, m. *Laniena, ae*, f.

étalage, m. **1.** *Venales (ium) merces (ium)*, fpl. ◆ **2.** (Fig.) *Venditatio, onis*, f.

étaler, tr. **1.** Exposer. *Proponere, o*.* ◆ **2.** Déployer. *Explicare*.* ◆ **3.** (Fig.) Faire étalage de. *Ostentare. Venditare.*

S'ÉTALER, r. **1.** Se déployer. *Diffundi*.* ◆ **2.** Se coucher. *Extendi*.* ◆ **3.** Tomber. *Corruere, o.*

étalon, m. **1.** Cheval. *Admissarius, ii*, m. ◆ **2.** Mesure. *Legitima (ae) mensura (ae)*, f.

étalonner, tr. *Exaequare (mensuras).*

étamer, tr. *Stannum illiněre** (dat.).

étamine, f. Passer par l' —, *colare* (acc.); (fig.) *excutere, io** (acc.).

étancher, tr. *Supprimere, o*.* — la soif, *sitim explēre.*

étançon, m. *Adminiculum, i*, n.

étançonner, tr. *Adminiculare.*

étang, m. *Stagnum, i*, n.

étape, f. (Lieu) *Statio, onis*, f. (Distance) *Justum (i) iter (itineris)*, n.

état, m. **1.** Situation. *Status, us*, m. (Manière d'être) *Habitus, us*, m. Notre état, *res nostrae;* état de faiblesse, *imbecillitas, atis*, f.; — de nature, *feritas*, f.; en état d'ivresse, *ebrius, a, um;* rester dans le même —, *suo statu manēre*;* en bon —, *integer, gra, grum;* remettre en —, *reficěre, io*;* tel est l'état de, *ita est* (nom.); dans cet — de choses, *quae cum ita sint;* tu vois l' — des choses, *rem vides* quo modo se habeat*;* les choses étant dans leur premier —, *integrā re;* remettre dans son premier —, *restituěre in integrum;* l' — de la question, *constitutio, onis*, f.; en tout — de cause, *utique*; être en — de, *posse** (inf.);

*valēre** (inf.); *eum esse qui* (subj.); être en — de payer, *esse solvendo;* mettre en — de défense, *praesidiis munire;* mettre en — de, *afficĕre* (*io**) *ut* (subj.); l'état des esprits, *mens, mentis,* f.; *animus, i,* m. ◆ **2.** Position sociale. *Condicio, onis,* f. Déclarer l' — de (sa fortune), *profitēri** (acc.); actes de l'état civil, *acta, orum,* npl. (Profession) *Vivendi genus, eris,* n. *Ars, artis,* f. (Train de maison) *Domus, us,* f. ◆ **3.** Compte. *Ratio, onis,* f. Dresser l' — de, *indicem scribĕre** (gén.); faire — de, *magni putare* (acc.). ◆ **4.** Nation. *Res* (*rei*) *publica* (*ae*), f. *Civitas, atis,* f. Tenir le timon de l'**Etat**, *clavum imperii tenēre*;* homme d' —, *rei publicae moderator;* grand homme d'—, *rei publicae peritus;* affaire d'—, *summa res;* crime d'—, *perduellio, onis,* m.; coup d'—, *audax consilium;* l'intérêt de l'—, *communis utilitas;* il est utile à l'—, *e republicā est* (inf.); au nom, aux frais de l'—, *publice;* agrandir ses Etats, *regnum* ou *imperium amplificare;* tenir les états (généraux), *conventus agĕre**. Un État dans l'État, *imperium in imperio.*

état-major, m. *Proceres, um,* mpl.

étager, tr. *Fulcire**.

etc. *Et cetera* (*generis ejusdem*).

été, m. *Aestas, atis,* f. D'—, *aestivus, a, um;* au commencement de l'—, *ineunte** *aestate;* au cœur de l'—, *summa aestate;* passer l'été dans, *aestivare in* (abl.).

éteindre, tr. *Exstinguere, o**. *Restinguere, o**.

S'ÉTEINDRE, r. **1.** *Exstingui**. *Restingui**. ◆ **2.** S'affaiblir. *Senescere, o**. ◆ **3.** Mourir. S'— de vieillesse, *senectā mortem obire, eo**.

étendard, m. *Vexillum, i,* n. *Signum, i,* n. Lever l' —, *vexillum tollĕre*;* (fig.) *signum tollĕre*;* lever l' — de la révolte, *rebellare;* se ranger sous les étendards de qqn, *partes alicujus tenēre**.

étendre, tr. **1.** Agrandir. *Dilatare. Prolatare.* — les limites de, *proferre* fines* (gén.); étendu (grand), *amplus, a, um;* homme d'un esprit très étendu, *vir summo ingenio.* ◆ **2.** Déplier. *Pandere, o**. *Extendere, o**. — ses membres, *porrigĕre* membra.* ◆ **3.** Prolonger (dans le temps). *Producĕre, o**. *Extendĕre**. ◆ **4.** Renverser. *Prosternere, o** (*humi*). Être étendu, *jacere, eo**.

S'ÉTENDRE, r. **1.** *Extendi**. (Fig.) *Serpere, o**. (En bâillant) *Pandiculari.* ◆ **2.** *Pandi**. ◆ **3.** *Durare. Procedere, o** (*ad*). ◆ **4.** *Sterni**. ◆ **5.** Occuper un espace. *Patere, eo**. S'étendre entre, *jacēre* inter* (acc.); s' — jusqu'à, *pertinēre* ad.* ◆ **6.** Parler longuement. *Immorari* (*in re*). *Multa dicĕre* de* (abl.). Qui s'étend sur, *multus, a, um* ou *uber, eris* (*in*, abl.).

étendue, f. **1.** *Amplitudo, inis*, f. *Spatium, ii*, n. Grande —, *magnitudo*, f.; avoir de l' —, *late patēre**; dans une grande —, *longe lateque;* le peu d' —, *exiguitas, atis*, f. ◆ **2.** (Fig.) — (d'une science), *vastitas, atis*, f.; — (d'un discours), *perpetuitas*, f.; avec —, *fuse;* — des voix, *vocum mensio, onis*, f.; songe à toute l' — de ton malheur, *cogita in quantā calamitate sis.*

éternel, elle, adj. **1.** *Aeternus, a, um. Sempiternus.* ◆ **2.** (Fig.) *Perennis, e.*

éternellement, adv. **1.** Sans commencement. *Ex aeternitate.* ◆ **2.** Sans fin. *In aeternum.* ◆ **3.** Sans interruption. *Perpetuo.*

éterniser, tr. **1.** Rendre éternel. *Immortalitati mandare.* — (un souvenir), *consecrare* (acc.); pour — ce souvenir, *ad perpetuam rei memoriam.* ◆ **2.** Prolonger. *Longius protrahere, o*. Ducere, o**. S' —, *invalescere, o**.

éternité, f. **1.** *Aeternitas, atis*, f. ◆ **2.** *Aeternitas. Sempiternum* (*i*) *tempus* (*oris*), n. ◆ **3.** *Perpetuitas, atis*, f. ◆ **4.** (Fig.) *Saeculum, i*, n.

éternuer, intr. *Sternuere, o**. — souvent, *sternutare;* faire —, *sternutamentum movēre*;* herbe à —, *achillea, ae*, f.

éternuement, m. *Sternutamentum, i*, n.

étésien, adj. m. *Etesius, a, um.* Vents —, *etesiae, arum*, fpl.

étêter, tr. *Decacuminare.*

éther, m. *Aethra, ae*, f. *Aether, eris* (acc. *era*), m.

éthéré, ée, adj. *Aethereus, a, um.*

Éthiopie. *Aethiopia, ae*, f. D' —, *Aethiopicus, a, um.* Les Éthiopiens, *Aethiopes, um* mpl.

éthique, f. *Ethice, es*, f.

étiage, m. *Tenuis* (*is*) *amnis* (*is*), m.

étinceler, intr. *Scintillare. Micare**. Ses yeux étincellent, *oculi ardent**.

étincelle, f. *Scintilla, ae*, f.

étincellement, m. *Fulgor, oris*, m.

étiolement, m. *Tabes, is*, f.

étioler, tr. *Tabem afferre, fero** (dat.).

S'ÉTIOLER, r. **1.** *Languescere, o**. ◆ **2.** (Fig.) *Tabescere, o**.

étique, adj. *Macie confectus, a, um.*

étiqueter, tr. *Pittacium affigere, o** (dat. ou *ad*, acc.). Étiqueté, *litteratus, a, um.*

étiquette, f. **1.** *Pittacium, ii*, n. *Titulus, i*, m. ◆ **2.** Cérémonial. *Sollemnia, ium*, npl.

étirer, tr. *Producere, o**.

Etna. *Aetna, ae*, f. De l' —, *Aetnaeus, a, um.*

étoffe, f. **1.** *Textile, is*, n. Pièce d' — *vestis, is*, f. ◆ **2.** (Fig.) *Materia, ae*, f. *Indoles, is*, f. Gens de la même —, *ejusdem generis homines.*

étoffé, ée, adj. Bien —, *lautus, a, um.*

étoile, f. **1.** *Stella, ae*, f. L' — du matin, *Lucifer, eri*, m.; l' — du soir, *Hesperus, i*, m.; à la belle —, *sub divo.* ◆ **2.**

(Astrol.) *Sidus, eris*, n. *Astrum, i*, n. Nés sous la même —, *eodem caeli statu nati.* ◆ 3. (Fig.) *Fortuna, ae, f.* ◆ 4. Étoile de mer. *Stella.* ◆ 5. Signe en étoile. *Stella.* (Astérisque) *Stellula, ae, f.*

étoilé, ée, adj. *Astris distinctus, a, um. Stellans, antis. Stellatus, a, um.* Être —, *stellare.*

étole, f. *Stola, ae*, f.

étonnamment, adv. *Mire. Mirum in modum.*

étonnant, adj. *Mirus, a, um. Mirificus.* Il est — combien, *mirabile est quam* ou *quomodo* (subj.); dire des choses fort étonnantes, *monstra dicĕre**.

étonnement, m. *Miratio, onis*, f. *Admiratio*, f. Je ne puis revenir de mon —, *satis mirari nequeo**; on ne pourrait voir sans —, *miraretur qui cerneret**.

étonner, tr. *Obstupefacere, io** (acc.). *Admirationem movere, eo** (dat.). Cela m'étonne, *quod demiror quidem.*

S'ÉTONNER, r. *Mirari* (acc.). *Demirari* (acc.). (Stupeur) *Stupere, eo** (acc.). *Obstupescere, o**. Je m'étonne que, *miror* (prop. inf.; *quod*, ind. ou subj.; *si*, ind. ou subj.; *cur*, subj.).

étouffement, m. *Suffocatio, onis*, f.

étouffer. I. Tr. 1. *Suffocare. Exanimare.* ◆ 2. (Fig.) *Opprimere, o*. Comprimere, o*. Exstinguere, o**. ◆ II. Intr. 1. *Suffocari.* — de chaleur, *aestuare.* ◆ 2. (Fig.) *Dirumpi, or**.

étoupe, f. *Stuppa, ae*, f. D' —, *stuppeus, a, um.*

étourderie, f. *Temeritas, atis*, f. *Levitas*, f.

étourdi, ie, adj. *Inconsultus, a, um. Levis, e.*

étourdiment, adv. *Inconsulte. Temere.*

étourdir, tr. 1. *Obtundere, o**. ◆ 2. Étonner. *Conturbare.*

S'ÉTOURDIR, r. (Fig.) *Aberrare.* S' — sur, *avocare animum* (*ab*).

étourdissement, m. 1. *Vertigo, inis*, f. ◆ 2. (Fig.) *Stupor, oris*, m.

étourneau, m. *Sturnus, i*, m.

étrange, adj. *Insolitus, a, um. Inauditus.* Trouver —, *mirari.*

étrangement, adv. *Incredibiliter.* Se tromper —, *vehementer errare.*

étranger, ère, adj. 1. D'un autre pays. *Externus, a, um. Barbarus.* (Importé) *Advecticius.* Air, accent —, *peregrinitas, atis*, f. ◆ 2. D'autrui. *Alienus, a, um.* ◆ 3. (Fig.) Étranger à. *Alienus* (*ab re* ou dat.). *Expers, ertis* (gén.). Être — à (pers.), *abesse** (dat.); (ch.), *abhorrēre* ab* (abl.); — à (une connaissance), *ignarus, a, um* (gén.); *inscius* (gén.); *rudis, e* (gén.).

étranger, m. 1. Personne. (D'origine) *Alienigena, ae*, m. (Qui voyage) *Peregrinus, i*, m. (Qui se fixe dans le pays) *Advena, ae*, m. (De passage) *Hospes, itis*, m. Étrangère, f. *Hospita, ae*, f. ◆ 2. Pays. *Exterae* (*arum*) *gentes* (*ium*), fpl. Être à l' —, *peregrinari.*

étrangeté, f. *Novitas, atis,* f. Une —, *monstrum, i,* n.

étranglement, m. **1.** *Suffocatio, onis,* f. ◆ **2.** (Fig.) *Strangulatio, onis,* f.

étrangler, tr. **1.** Tuer. *Strangulare. Suffocare.* S' —, *collum in laqueum inserĕre**. ◆ **2.** (Fig.) Rétrécir. *Strangulare.*

1. être. I. VERBE INTR. **1.** (Marquant l'existence) Exister. *Esse**. *Exsistere, o**. Il est des gens qui, *sunt qui* (ind. ou subj.); ce que tu dis n'est pas, *falsa dicis**; n'était ton absence, *excepto quod non esses simul.* ◆ **2.** (Marquant l'événement) Arriver. *Esse. Evenire**. Que sera-ce si? *quid fiet** *si...?* Il est des circonstances où..., *incidunt** *tempora cum;* soit! *esto*; *fiat!* ◆ **3.** (Avec détermination du lieu ou du temps) Se trouver. *Esse. Versari.* (Séjourner) *Commorari. Manēre, eo**. Y être, *adesse**; n'y être pas, *abesse**; n'y être pas pour qqn, *alicui occupatum esse;* être dans, *inesse** (dat.); être sous, *subesse** (dat.); être entre, *interesse* (*inter*, acc.). (Fig.) Tu y es! *Habes**! être dans sa 80ᵉ année, *octogesimum annum agĕre**; être au moment de partir, *profecturum** *esse.* **II.** VERBE ATTRIBUTIF. (Unit au nom l'attribut ou le complément du nom) *Esse.* Il est malade, *aeger est.* (Parfois ÊTRE et l'attr. se rendent en latin par un seul verbe : v. le mot qui est attr.). Ce livre est à moi, à Pierre, *hic liber est meus, Petri;* être pour qqn, *esse pro* ou *ab aliquo;* être pour une opinion, *favēre** *sententiae;* être pour (partir), *in eo esse ut* (subj.); il est en moi (il dépend de moi), *in me est*; être plus que (qqn), (*alicui*) *praestare**; être plus dans l'opinion, *pluris esse;* il est à souhaiter que, *optandum est ut* (subj.); il est à craindre que, *timendum** *est ne* (subj.). ◆ **III.** VERBE AUXILIAIRE (sert à conjuguer un verbe intr., passif ou réfléchi. Traduire le verbe à la voix, au temps, au mode voulus.) ◆ **IV.** GALLICISMES. **1.** En être. *Esse.* Voilà ce qui en est, *sic est; ita res se habet**. Il en est de la vie comme..., *ita est vita hominum ut...* Les choses en sont à ce point, *in eo loco res sunt;* j'en suis à me demander si, *dubito an* (subj.); je n'en suis pas à m'en apercevoir, *animadverti**. ◆ **2.** Aller (au passé simple). *Ire, eo**. Je fus à Tarse. *Tarsum veni**.

2. être, m. **1.** *Natura, ae,* f. L'Être souverain, *Deus, i,* m.; être animé, *animal, alis,* n.; les êtres inanimés, *res, rerum,* fpl.; les êtres terrestres, *terrena, orum,* npl. ◆ **2.** Individu. *Homo, inis,* m. Il n'y a pas d'— plus doux, *nihil eo tractabilius.* ◆ **3.** Existence. *Vita, ae,* f. ◆ **4.** Pl. Êtres ou AITRES. Qui connaît les —, *locorum gnarus, a, um.*

étreindre, tr. **1.** Serrer. *Constringere, o**. ◆ **2.** Embrasser. *Amplecti, or**. ◆ **3.** (Fig.) Qui trop embrasse mal étreint, *difficile est continere quod capere non possis**.

étreinte, f. **1.** *Constrictio, onis*, f. — d'un serpent, *amplexus, us*, m. ◆ **2.** Embrassement. *Complexus, us*, m.

étrenne, f. *Strenae, arum*, fpl.

étrenner, tr. **1.** Donner des étrennes, *strenas dare** (*alicui*). ◆ **2.** Être le premier acheteur. *Primum emptorem esse.* ◆ **3.** (Fig.) *Imbuere, o.* — une charge nouvelle, *novum honorem delibare.*

étrille, f. *Strigilis, is*, f.

étriller, tr. **1.** *Strigili radere, o** ◆ **2.** (Fig.) *Mulcare.* — l'ennemi, *hostes caedĕre**.

étriper, tr. *Exenterare.*

étriqué, ée, adj. **1.** *Substrictus, a, um.* ◆ **2.** (Fig.) *Decurtatus.*

étrivière, f. *Scutica, ae*, f. Donner les — à qqn, *loris aliquem caedĕre**.

étroit, oite, adj. **1.** *Angustus, a, um. Artus.* Espace —, *angustiae, arum*, fpl.; à l' —, *anguste*; mettre à l' —, *in angustias compellĕre**; se mettre à l' —, *angustius se habēre**; qui se trouve à l' — dans le monde, *quem vix terrarum capit** *orbis.* ◆ **2.** (Fig.) *Angustus.* Cœur —, *animus pusillus.* (Intime) *Artus.* Vivre avec qqn dans une étroite amitié, *cum aliquo conjunctissime vivĕre**.

étroitement, adv. **1.** *Anguste. Arte.* Serrer —, *constringĕre**. ◆ **2.** (Fig.) Intimement. *Conjuncte.* ◆ **3.** A la rigueur. *Stricte.*

Étrurie. *Etruria, ae*, f. D' —. *Etruscus, a, um.*

étude, f. **1.** *Studium, ii*, n. Faire ses études, *discĕre**; se livrer à l' —, *doctrinae se dedĕre**; goût de l'—, *studium;* les —, *litterae, arum*, fpl.; *artes, ium*, fpl.; *disciplinae, arum*, fpl.; gens d' —, *viri litterati;* cabinet d' —, *studium.* ◆ **2.** Soin. *Cura, ae*, f. *Opera, ae*, f. Mettre son — à, *incumbĕre** (*ad* ou *in*, acc.); *studēre** (inf.).

étudiant, m. *Auditor, oris*, m. Les —, *studiosi*, mpl.

étudier, tr. *Studere, eo** (dat.). Envoyer —, *mittĕre* in studia;* — sous qqn, *aliquo magistro uti**; — un art, *artem prosequi**; — (par cœur), *ediscĕre**; — une cause, *causam discĕre**; plaider des causes sans les avoir étudiées, *causas dicĕre* incognitas;* — (qqn), *perspicere, io**; — (sa conduite), *componĕre**.

S'ÉTUDIER, r. **1.** *Se perspicere* (*io**). ◆ **2.** S' — à. *Studere** (inf.). *Dare* operam ut* (subj.).

étui, m. **1.** *Theca, ae*, f. ◆ **2.** (Des coléoptères) *Crusta, ae*, f.

étuve, f. *Calidarium, ii*, n. *Laconicum, i*, n. Les —, *assa, orum*, npl.

étuver, tr. *Fovere, eo**.

étymologie, f. **1.** *Etymologia, ae*, f. Donner l' — des mots, *nomina enodare.* ◆ **2.** Science. *Etymologice, es*, f.

étymologique, adj. *Etymologicus, a, um.*
Eucharistie, f. *Eucharistia, ae,* f.
eunuque, m. *Eunuchus, i,* m.
euphémisme, m. *Deminutio,* (*onis,* f.) *in dicendo.*
euphonie, f. *Vocalitas, atis,* f.
euphorbe, m. *Euphorbia, ae,* f.
Euphrate. *Euphrates, ae* et *is,* m. De l' —, *Euphrataeus, a, um.*
Euripide. *Euripides, is,* m. D' —, *Euripideus, a, um.*
Europe. *Europa, ae,* f. D' —, *Europaeus, a, um.*
eurythmie, f. *Eurythmia, ae,* f.
évacuation, f. **1.** D'une place. *Discessus, us,* m. (*ex urbe*). ◆ **2.** Des humeurs. *Egestus, us,* m.
évacuer, tr. **1.** *Discedere, o** (*ex* ou *ab*). — une place, *praesidium educĕre* ex oppido;* faire —, *vacuefacĕre, io** (acc.). ◆ **2.** *Egerere, o**. Faire —, *alvum solvĕre**.
évader (s'), r. *Evadere, o* (*ex*).
évaluation, f. *Aestimatio, onis,* f. S'en rapporter à l' — de qqn, *rem aestimandam alicui permittĕre**.
évaluer, tr. *Aestimare.* — au-dessous, *minoris aestimare;* — en argent, *adaerare;* — la distance, *de itinere judicare.*
évangéliser, tr. *Euangelizare.*
évangéliste, m. *Euangelista, ae,* m.
Evangile, m. *Euangelium, ii,* n. De l' —, *euangelicus, a, um.*
évanouir (s'), r. **1.** Disparaître. *Evanescere, o**. Espérance évanouie, *delusa* spes;* faire évanouir, *tollere** (acc.). ◆ **2.** Défaillir. *Animo linqui**. Tomber évanoui, *corruĕre.*
évanouissement, m. *Animi defectus, us,* m. Revenir d'un —, *animum recipĕre, io**.
évaporation, f. *Evaporatio, onis,* f.
évaporé, ée, adj. (Fig.) Inconsidéré. *Vappa, ae,* f.
évaporer, tr. *Evaporare.*
S'ÉVAPORER, r. **1.** *Vaporare. Evanescere, o**. (Parfums) *Exstingui, or**. ◆ **2.** (Fig.) Se dissiper. *Evanescĕre**.
évasé, ée, adj. *Patulus, a, um.*
évaser, tr. (*Os*) *laxare.* (Un arbre) *Diffundere, o**.
évasif, ive, adj. *Ambiguus, a, um. Incertus.*
évasion, f. *Fuga, ae,* f.
évêché, m. **1.** Diocèse. *Dioecesis, is,* f. ◆ **2.** Dignité épiscopale. *Episcopatus, us,* m. ◆ **3.** Résidence de l'évêque. *Episcopalis domus,* f.
éveil, m. **1.** *Intentior* (*oris*) *cura* (*ae*), f. Tenir en —, *attentum facĕre* (*io*)* ou *intentum tenēre** (*aliquem*); je suis en —, *excubo* animo.* ◆ **2.** Avis. *Monitum, i,* n. Donner l' —, *commonēre** (*aliquem rei* ou *de re*).
éveiller, tr. **1.** *Expergefacere, io**. *E somno suscitare.* ◆ **2.** (Fig.) Rendre plus actif. *Excitare.* D'un caractère éveillé, *alacer, cris, cre.* ◆ **3.** Causer. *Excitare.* — un souvenir, *memoriam commovēre**.
S'ÉVEILLER, r. *Expergisci, or**.

événement, m. **1.** Tout ce qui arrive. *Casus, us,* m. *Eventum, i,* n. Événements humains, *humana, orum,* npl.; — douloureux, *res luctuosae,* fpl.; au milieu de ces —, *dum haec geruntur*;* à tout —, *quodcumque acciderit*;* prêt à tout —, *ad omnem eventum paratus;* tenter l' —, *rem fortunae committĕre*.* ◆ **2.** Résultat. *Eventus, us,* m. *Exitus, us,* m. Comme l' — le fit voir, *ut ipsa res declaravit;* l' — trompa son attente, *res aliter ac ratus* erat evenit*.* ◆ **3.** Surprise. Faire —, *maximam admirationem movēre*.*
éventail, m. *Flabellum, i,* n.
éventer, tr. **1.** Faire du vent. *Ventulum facere, io* (alicui).* ◆ **2.** Mettre à l'air. *Perflare.* ◆ **3.** Gâter par le contact de l'air. *Exanimare.* Vin éventé, *vappa, ae,* f. ◆ **4.** Déboucher. — des mines, *cuniculos aperire*.* ◆ **5.** Flairer (propre et fig.). *Odorari.* ◆ **6.** (Fig.) Divulguer. *Patefacere, io*.* La mèche est éventée, *patent* praestigiae.* ◆ **7.** Éventé (inconsidéré), *inconsultus, a, um.*
éventrer, tr. *Eviscerare.*
éventualité, f. Les —, *fortuita, orum,* npl.
éventuel, elle, adj. *Fortuitus, a, um.*
éventuellement, adv. *Casu.*
évêque, m. *Episcopus, i,* m.
évertuer (s'), r. *Eniti, or* (ut,* subj.).
évidemment, adv. *Manifesto.*
évidence, f. **1.** Être en —, *conspici, ior*.* ◆ **2.** (Fig.) *Evidentia, ae,* f. Être convaincu par l' —, *manifestis in rebus tenēri*;* il faudra se rendre à l' —, *id cuique spectatissimum erit;* mettre (qqch.) en évidence, *(aliquid) proferre* in lucem.*
évident, ente, adj. *Manifestus, a, um. Apertus.* Être —, *lucēre*;* il est — que, *liquet** ou *patet** (prop. inf.); rendre —, *aperire*.*
évider, tr. *Interradere, o*.* Évidé, *interrasilis, e.*
évier, m. *Confluvium, ii,* n.
évincer, tr. *Evincere, o*.* — qqn de, *movēre* aliquem ex.*
évitable, adj. *Evitabilis, e.*
éviter, tr. *Vitare. Evitare. Devitare.* Éviter un coup, *ictum fugĕre, io*;* — les jugements, *judicia defugere, io*;* chercher à éviter, *fugitare;* pour éviter que, *ne* (subj.); éviter de, *cavēre* ne* (subj.).
évocation, f. *Evocatio, onis,* f.
évolution, f. **1.** *Decursus, us,* m. Faire des — (troupes), *decurrĕre*;* (à cheval), *variare gyros;* (sur le théâtre), *discursare.* ◆ **2.** (Fig.) *Motus, us,* m.
évoquer, tr. **1.** *Evocare.* — (les morts), *excitare ab inferis.* ◆ **2.** (Droit) *Cognitionem excipere, io** (gén.).
ex. Ex-questeur, *ex quaestore; quaestorius, ii,* m.; ex-consul, *consularis, is,* m.; ex-préteur, *praetorius, ii,* m.
exact, acte, adj. **1.** Conforme à la réalité. *Verus, a, um. Certus.* Définition —, *definitio*

subtilis; nombre —, *exactus numerus*. ◆ **2.** Soigné. *Accuratus, a, um.* ◆ **3.** Soigneux, ponctuel. *Diligens, entis* (gén. ou *ad*, gér.). *Sedulus, a, um.* Être — à un rendez-vous, *praesto esse ad horam.*

exactement, adv. **1.** *Apte. Vere.* Traduire —, *ad verbum exprimĕre**. ◆ **2.** et **3.** *Diligenter. Accurate. Sedulo.*

exacteur, m. *Peculator, oris*, m.

exaction, f. *Exactio, onis*, f. Commettre des — chez les alliés, *expilare socios.*

exactitude, f. **1.** *Veritas, atis*, f. Par l' — des mesures, *certis mensuris.* ◆ **2.** et **3.** *Diligentia, ae*, f. *Sedulitas, atis*, f. — à remplir ses devoirs, *officii religio;* mettre son — à, *diligentiam conferre* ad.*

ex aequo. *Ex aequo.*

exagération, f. *Amplificatio, onis*, f. Parler avec —, *nimis magnifice dicere**.

exagérer, tr. (*Verbis*) *augere, eo**. Nous nous exagérons nos forces, *plus nobis videmur* posse quam possumus**. Exagéré (excessif), *immoderatus, a, um; nimius;* (qui exagère), *immodicus.*

exaltation, f. Transport. *Impetus, us*, m. *Impotens animus*, m.

exalter, tr. **1.** Louer. *Laudibus efferre, fero**. ◆ **2.** Exciter. *Inflammare.*

examen, m. Observation attentive. *Recognitio, onis*, f. *Consideratio, onis*, f. Après mûr —, *re consultā et exploratā;* — de conscience, *recognitio sui;* faire son — de conscience, *se diligenter excutere* (*io**); être soumis à l'—, *poni* in disquisitione;* — (comparatif), *dijudicatio, onis*, f.; sans —, *extemplo;* qui mérite —, *considerandus, a, um;* — critique, *judicium, ii*, n.; — d'une cause, *inquisitio, onis*, f.; — (d'un candidat), *interrogatio, onis*, f.; *periculum, i*, n.

examiner, tr. **1.** *Considerare* (*rem* ou *de re*). *Recognoscere, o** (acc.). — attentivement, *perspicere, io*;* — une chose elle-même, *rem momento suo ponderare;* — des comptes, *rationes putare;* — si... ou si..., *quaerĕre* utrum* (subj.) *an* (subj.) : s'— soi-même, *se circumspicĕre** (*io**). ◆ **2.** Examiner (en commun ou dans un livre). *Disputare.* — (une cause), *cognoscere** (*rem*); — (un candidat), *interrogare.* ◆ **3.** Regarder attentivement. *Inspicere, io**.

exaspération, f. *Excandescentia, ae*, f. *Furor, oris*, m.

exaspérer, tr. *Exulcerare. Incendere, o**. Être exaspéré, *ardere* ira.*

exaucer, tr. *Audire. Exaudire.* Voir ses prières exaucées, *precibus* (*aliquid*) *assequi**.

excavation, f. **1.** Action de creuser. *Fossio, onis*, f. ◆ **2.** Creux. *Cavum, i*, n.

excaver, tr. *Cavare.*

excédent, m. *Excurrens summa*, f. *Quod redundat de* (abl.).

excéder, tr. **1.** Dépasser. *Excedere, o**. *Exsuperare.* Sa générosité excède ses moyens, *benignior est quam res patitur**. ◆ **2.** (Fig.) Importuner. *Enecare**. ◆ **3.** Harasser. *Frangere, o**.

excellemment, adv. *Eximie. Egregie.*

excellence, f. **1.** *Excellentia, ae,* f. *Praestantia, ae,* f. Par —, *unus omnium.* ◆ **2.** Titre d'honneur. *Sublimitas, atis,* f.

excellent, ente, adj. **1.** *Eximius, a, um. Egregius. Optimus.* Poète —, *poeta summus;* raison —, *justissima causa.* ◆ **2.** Doux. *Humanissimus.*

excellentissime, adj. *Praestantissimus, a, um.*

exceller, intr. *Excellere, o** (en, abl.). — dans la peinture, *egregie pingĕre*;* qui excelle, *praestans, antis; summus, a, um.*

excentricité, f. (Fig.) *Insolentia, ae,* f.

excentrique, adj. (Fig.) *Abnormis, e.*

excepté, prép. *Praeter* (acc.). — que, *tantum quod; nisi quod;* — si, *extra quam.*

excepter, tr. *Excipere, io*. De numero excerpere, o**.

exception, f. *Exceptio, onis,* f. Sans —, *sine ullā exceptione; utique.* Tous sans —, *universi, ae, a.*

exceptionnel, elle, adj. *Rarus, a, um.*

excès, m. **1.** Ce qui excède la mesure. *Nimium, ii,* n. *Nimius, a, um.* Évitons l'—, *ne quid nimis;* tomber dans l'—, *modum excedere*;* modérer l'— de, *modum facĕre, io** (gén.); avec —, ou à l'—, *nimis; immoderate;* sans —, *modice.* ◆ **2.** Intempérance. *Intemperantia, ae,* f. Se livrer à toutes sortes d'—, *immoderate et intemperanter vivere*;* les — de la table, *ganea, ae,* f.; — de boisson, *intemperantissimae perpotationes;* faire des — de boisson, *perpotare;* les — (la débauche), *flagitia, iorum,* npl.; se livrer à des —, *luxuriari.* ◆ **3.** Outrage. *Vis, vis,* f. Se porter à des — envers qqn, *vim alicui adhibere**.

excessif, ive, adj. **1.** (Ch.) *Nimius, a, um. Intemperatus.* ◆ **2.** (Pers.). *Immoderatus. Intemperans, antis.*

excessivement, adv. *Immoderate. Nimis. Plus aequo.*

exciper, intr. *Excipere, io** (acc.).

excitable, adj. *Irritabilis, e.*

excitation, f. **1.** (Action) *Impulsio, onis,* f. *Impulsus, us,* m. ◆ **2.** (Etat) *Concitatio, onis,* f. *Motus, us,* m.

exciter, tr. **1.** Animer. *Excitare. Concitare. Stimulare.* (Par des paroles) *Hortari;* (à, *ad,* acc.; *ut,* subj.). ◆ **2.** Irriter. *Irritare.* ◆ **3.** Provoquer. *Excitare. Concitare. Ciere, eo*. Movere, eo**. — l'indignation (en parl. des ch.), *invidiam habēre**.

exclamation, f. *Exclamatio, onis,* f.

exclamer (s'), r. *Exclamare.*

exclure, tr. **1.** Renvoyer ou ne pas admettre. *Excludere, o** (de, abl.). ◆ **2.** Excepter. *Excipere, io**. ◆ **3.** Être incompatible avec. *Non recipere, io**. (Choses) qui s'excluent l'une l'autre, *pugnantia secum*.

exclusif, ive, adj. Cet amour est sa préoccupation —, *in amore totus est*.

exclusion, f. *Exceptio, onis*, f. — (d'un candidat), *repulsa, ae*, f.; à l'— des premiers, *exclusis prioribus;* à l'— des maux, *secretis omnibus malis*.

exclusivement, adv. **1.** A l'exclusion de. V. EXCLUSION. ◆ **2.** Uniquement. *Unice. Maxime*. Se consacrer — à, *totum se conferre* ad*. Qui appartient — à qqn, *proprius, a, um* (gén. ou dat.); qui n'appartient — à personne, *communis, e*.

excommunication, f. *Excommunicatio, onis*, f. *Anathema, atis*, n.

excommunier, tr. *Excommunicare. Anathematizare*.

excorier, tr. *Desquamare*.

excrément, m. **1.** *Excrementa, orum*, npl. ◆ **2.** (Fig.) *Caenum, i*, n. *Faex, faecis*, f.

excroissance, f. *Exuberatio, onis*, f. Former une —, *excrescere**.

excursion, f. *Excursio, onis*, f. Faire une —, *excurrĕre**.

excusable, adj. Ils sont —, l'amitié est —, *iis, amicitiae venia danda* est* ou *dari potest**.

excuse, f. *Excusatio, onis*, f. *Causa, ae*, f. Tes occupations sont pour moi une bonne —, *tuis occupationibus ignosco*;* faire ses — à qqn, *veniam petĕre* ab aliquo;* donner pour —, *causam afferre** (*quod*, indic. ou subj.); ne pas admettre l'— de qqn, *causam alicujus neglegĕre*;* faire agréer ses — (à qqn), *excusationem approbare* (*alicui*)*;* demander —, *praefari honorem;* je t'en demande —, *pace tuā;* fais —, *immo*.

excuser, tr. **1.** Disculper. *Excusare*. ◆ **2.** Être une excuse. *Excusationem habēre** (dat.). ◆ **3.** Agréer une excuse. *Ignoscere, o** (dat.). *Indulgere, eo** (dat.).

S'EXCUSER, r. **1.** Alléguer une excuse. *Se excusare. Excusatione uti**. Chercher à s'—, *excusationem quaerĕre*;* chercher à s'— d'une faute, *erratum defendĕre*;* s'— sur, *excusare* (acc.); *causari* (acc.); *afferre** (acc.). **2.** Refuser. *Recusare*.

exécrable, adj. **1.** *Detestabilis, e. Nefandus, a, um*. ◆ **2.** (Fig.) *Deterrimus*.

exécrablement, adv. **1.** *Nefarie*. ◆ **2.** (Fig.) *Pessime*.

exécration, f. **1.** Imprécation. *Exsecratio, onis*, f. ◆ **2.** Horreur. *Acerbissimum* (*i*) *odium* (*ii*), n. Être en — auprès de, ou l'— de, *odio esse* (dat.).

exécrer, tr. *Detestari. Exsecrari*.

exécutant, m. (Musicien) *Symphoniacus, i*, m. (Chanteurs) *Canentes, ium*, mpl.

exécuter, tr. **1.** Faire. *Conficere, io**. (Des ordres) *Exsequi, or**. ◆ **2.** Jouer. *Canere, o**. ◆ **3.** Mettre à mort. *Supplicium sumere, o** (*de aliquo*).

S'EXÉCUTER, r. **1.** *Fieri, fio**.

*Confici, tor**. ◆ 2. Se résoudre. *Concedere, o**.

exécuteur, m. *Patrator, oris*, m. *Actor, oris*, m. — des hautes œuvres, *carnifex, icis*, m.

exécutif, ive, adj. Pouvoir —, *administratio rei publicae;* (à Rome) *consulare imperium.*

exécution, f. 1. *Effectus, us*, m. Dans l'—, *in exsequendo**; après l'—, *re gesta;* les moyens d'—, *facultas faciendi**; poursuivre l'— de ses desseins, *incepta persequi**; (homme) d'—, *efficax, acis;* l'exécution (en art), *manus, us*, f. ◆ 2. Supplice. *Supplicium, ii*, n.

exemplaire. I. Adj. *Spectatus, a, um.* Innocence —, *exemplum innocentiae.* ◆ II. Nom m. *Exemplar, aris*, n.

exemple, m. 1. Échantillon (propre et fig.) *Exemplum, i*, n. *Specimen, inis*, n. Donner un —, *exemplum ponere**; être un — de, *praebēre spectaculum* (gén.); sans —, *inauditus, a, um; novus;* à l'— de, *ad exemplum* (gén.); *ut;* par —, *exempli causā; verbi gratiā; ut;* par —! *ain'tu! Immo!* ◆ 2. Modèle. *Exemplum. Documentum, i*, n. Proposer en —, *in exemplum proponěre**; *proferre**; être pris pour —, servir d'—, *exemplo esse;* suivre l'— de, *imitari* (acc.); donner l'— à, *praeesse** (dat.); qui donne le bon, le mauvais —, *exemplo utilis, gravis;* — (d'écriture), *praescriptum, i*, n.; faire un — (punition), *eděre** *exemplum* (gén.).

exempt, empte, adj. *Immunis, e* (abl.). Être — de, *vacare* (abl.); — de soucis, *molestiis vacuus.*

exempter, tr. *Liberare* (de, abl. avec ou sans *ab* ou *ex*). *Immunitatem* ou *vacationem* (*alicujus rei*) *dare** (*alicui*). Exempté, *liberatus, a, um; solutus* (*ab*); (privilégié) *eximius.*

exemption, f. 1. *Immunitas, atis*, f. — du service militaire, *vacatio, onis*, f. ◆ 2. (Fig.) *Vacuitas, atis*, f. (*rei* ou *ab re*).

exercer, tr. *Exercere, eo**. Exercer sa mémoire, *studēre** *memoriae;* — la patience de qqn, *tentare patientiam alicujus;* — la piraterie, *piraticam facěre, io**; — une charge, *magistratum gerěre**; — son droit, *jure suo uti**.

S'EXERCER, r. *Se exercēre**. *Exercēri* (à, *re, in re* ou *ad rem*).

exercice, m. *Exercitatio, onis*, f. L'— de la parole, *assiduitas dicendi;* — militaire, *exercitium, ii*, n.; faire l'—, *luděre**; prendre de l'—, *exercitatione uti**; l'— de ces fonctions, *muneris illius functio;* entrer en —, (*magistratum*) *inire, eo**; sortir d'—, (*magistratum*) *deponěre**.

exfolier (s'), r. *Desquamari.*

exhalaison, f. *Exhalatio, onis*, f. *Vapor, oris*, m.

exhaler, tr. 1. *Exhalare. Efflare.* — une odeur, *odorem emittěre**; — le dernier soupir, *animam efflare.* ◆ 2.

(Fig.) *Effundere, o**. S'—, *erumpĕre**.

exhaussement, m. *Elatio, onis,* f.

exhausser, tr. *Elevare. Extollere, o**.

exhiber, tr. *Exhibere, eo**.

exhibition, f. *Exhibitio, onis,* f. *Ostentatio, onis,* f.

exhortation, f. **1.** *Hortatio, onis,* f. ◆ **2.** Exercice de rhétorique. *Suasio, onis,* f.

exhorter, tr. *Hortari. Exhortari. Cohortari* (à, *ad,* gér. ou *ut,* subj.). Qui exhorte, *hortator, oris,* m.; *hortatrix, icis,* f.

exhumer, tr. **1.** (*Mortuum*) *eruere, o.* ◆ **2.** (Fig.) *Eruere. Renovare.*

exigeant, ante, adj. *Difficilis, e. Durus, a, um.* Peu —, *facilis.*

exigence, f. *Expostulatio, onis,* f. *Difficultas, atis,* f. Se plier aux — de qqn, *ad arbitrium alicujus se fingĕre**; les — de la nature, *naturae requisita, orum,* npl.

exiger, tr. **1.** (Pers.) *Expostulare. Exigere, o**. Ne pas — son dû, *de jure suo decedĕre**. ◆ **2.** (Ch.) *Requirere, o**. *Desiderare.* (Savoir) ce que les circonstances exigeront, *quid tempus ferat**; — beaucoup de travail, *multi sudoris esse;* ce qu'exigent les bienséances, *quod famae dandum** *est.*

exigible, adj. Être —, *debĕri**.

exigu, uë, adj. *Exiguus, a, um. Parvus.*

exiguïté, f. *Exiguitas, atis,* f.

exil, m. *Exsilium, ii,* n. Rappeler de l'—, *reducĕre** *de exsilio;* retour d'—, *reditus, us,* m.

exiler, tr. **1.** *Exsilio multare. In exsilium pellere, o**. Faire —, *ex civitate exturbare.* Exilé, *exsul, ulis,* m.; *expulsus, a, um;* être exilé, *exsulare.* ◆ **2.** (Fig.) *Ablegare.*

S'EXILER, r. **1.** *Profugere, io**. ◆ **2.** (Fig.) *Se abdĕre**.

existence, f. **1.** Le fait d'être. Croire à l'— de Dieu, *Deum esse opinari;* révéler l'— d'un complot, *conjurationem patefacĕre, io**. ◆ **2.** Vie. *Vita, ae,* f. Passer son —, *aetatem agĕre**; les moyens d'—, *necessaria, iorum,* npl. ◆ **3.** Mode de vie. *Condicio, onis,* f.

exister, intr. **1.** Être. *Esse**. *Existere, o**. *Constare**. Exister dans la pensée, *intellegi**; la bonté n'existe plus, *bonitas funditus tollitur**. ◆ **2.** Vivre. *Esse. Vivere, o**. Tant que j'existerai, *me vivo;* je n'existe plus ! *nullus sum!*

exonérer, tr. *Exonerare.*

exorbitant, ante, adj. *Immoderatus, a, um. Nimius.* Intérêt —, *fenus iniquissimum;* devenir — (prix), *exardescĕre**.

exorciser, tr. *Exorcizare. Daemonia ejicere, io** (*ex*).

exorcisme, m. *Exorcismus, i,* m.

exorciste, m. *Exorcista, ae,* m.

exorde, m. *Exordium, ii,* n. *Dicendi** *principium, ii,* n. Emprunter son — à, *exordiri** *ab.*

exotique, adj. *Advecticius, a, um. Aliunde arcessitus.*

expansif, ive, adj. (Fig.) *Obvius, a, um.* Être peu —, *naturā reconditā esse.*

expansion, f. *Prolatio, onis,* f.

expatrier (s'), r. *De finibus suis exire, eo*.*

expectative, f. *Exspectatio, onis,* f.

expectoration, f. *Exscreatio, onis,* f.

expectorer, tr. *Exscreare. Exspuere, o.*

expédient, ente. **I.** Adj. *Aptus, a, um. Utilis, e.* Il est —, *expedit* (inf.). ◆ **II.** Nom m. *Ratio, onis,* f. *Via, ae,* f. Trouver un —, *aliquid excogitare;* fertile en —, *versutus, a, um.*

expédier, tr. **1.** Exécuter promptement. *Properare. Expedire.* ◆ **2.** Faire une copie. *Describere, o*.* ◆ **3.** Faire partir. *Mittere, o*.* ◆ **4.** Faire mourir vite. *Mortem properare (alicui).*

expéditif, ive, adj. *Strenuus, a, um. Navus. Celer, eris, ere.*

expédition, f. **1.** *Maturatio, onis,* f. ◆ **2.** Diligence. *Diligentia, ae,* f. ◆ **3.** Copie. *Exemplum, i,* n. ◆ **4.** *Missio, onis,* f. ◆ **5.** Entreprise militaire. *Expeditio, onis,* f. *Res militaris,* f. ◆ **6.** Voyage. *Excursio, onis,* f. Expédition maritime, *navigatio, onis,* f.

expéditivement, adv. *Strenue. Celeriter.*

expérience, f. **1.** Epreuve. *Experimentum, i,* n. *Experientia, ae,* f. Faire l'—, *experiri** (acc.); crois-en mon —, *experto mihi crede*.* ◆ **2.** Connaissance acquise. *Usus, us,* m. *Experientia.* Qui a de l'—, ou l'— de, *exercitatus usu* (gén.); avoir peu d'—, *usu non satis posse*;* sans —, *omnium rerum rudis, e;* qui n'a pas l'— de, *inscius, a, um* (gén.).

expérimental, ale, adj. D'une manière —, *experiendo.*

expérimenter, tr. *Experiri*.*

expert, erte, adj. *Peritus, a, um* (gén.).

expertise, f. *Probatio, onis,* f.

expiation, f. *Expiatio, onis,* f. (Cérémonie) *Piaculum, i,* n. S'offrir en — de, *se offerre* piaculum* (gén.); purifier par des —, *expiare.*

expiatoire, adj. *Piacularis, e.* Sacrifice ou peine —, *piaculum, i,* n.; victime —, *piamentum, i,* n.

expier, tr. *Expiare. Poenas (rei) luere, o*.* Faire —, *poenas (rei ab aliquo) expetĕre*.*

expiration, f. **1.** *Respiratio, onis,* f. ◆ **2.** (Fig.) Échéance. *Consummatio, onis,* f. A l'— de la trêve, *cum induciarum dies exiret*.*

expirer, intr. **1.** Rejeter l'air aspiré. *Reddere, o* (animum).* ◆ **2.** Mourir. *Animam efflare. Vitam edere, o*. Mori, ior*.* ◆ **3.** (Fig.) Finir. *Exire, eo*.*

explicable, adj. *Qui (quae, quod) explicari potest*.*

explication, f. **1.** Eclaircissement. *Explicatio, onis*, f. *Explanatio, onis*, f. Donner une — complète de, *edisserĕre** (acc.). ◆ 2. Indication de la cause. *Explicatio. Causa, ae*, f. ◆ 3. Leçon. *Praelectio, onis*, f. ◆ 4. Débat. *Jurgium, ii*, n.

explicite, adj. *Expressus, a, um.*

explicitement, adv. *Expresse.*

expliquer, tr. 1. *Explicare**. *Explanare. Interpretari.* ◆ 2. *Explicare**. *Exponere, o**. *Rationem reddere, o** (*rei* ou *cur*, subj.). ◆ 3. *Praelegere, o**.

s'EXPLIQUER, r. 1. Expliquer sa pensée. *Eloqui, or**. S'— clairement, *aperte dicĕre**. ◆ 2. Devenir clair. *Apparere, eo**. Cela s'explique, *causa manifesta est.*

exploit, m. 1. *Facinus, oris*, n. Les —, *res gestae*, fpl.; se signaler par ses —, *maximas res in bello gerĕre**. ◆ 2. Acte d'assignation. *Interpellatio, onis*, f.

exploitation, f. 1. Des terres. (*Agrorum*) *cultus, us*, m. ◆ 2. Ferme. *Villa, ae*, f.

exploiter, tr. 1. *Exercere, eo**. — des terres, *praedia colĕre**; *villicari.* ◆ 2. (Fig.) *Abuti, or** (abl.). *Proficere, io** (*re*). — l'ignorance, *quaestum ex errore exercĕre**.

explorateur, m. *Explorator, oris*, m.

exploration, f. *Exploratio, onis*, f.

explorer, tr. *Scrutari. Speculari. Explorare.*

explosion, f. 1. *Eruptio, onis*, f. *Fragor, oris*, m. ◆ 2. (Fig.) *Impetus, us*, m. ◆ 3. Faire —, *erumpĕre**.

exportateur, m. *Exportator, oris*, m.

exportation, f. *Exportatio, onis*, f.

exporter, tr. *Exportare. Efferre, fero**.

exposé, m. *Expositio, onis*, f. Faire un —, *exponĕre** (acc.).

exposer, tr. 1. Mettre en vue. *Exponere, o**. *Offerre, fero**. — aux yeux, *ponĕre* ante oculos*; — en vente, *exponĕre**; — (rendre public), *palam facere, io**; — au soleil, *in apricum proferre**; être exposé aux regards, *in oculis esse*; être exposé à (tourné du côté de), *spectare in* (acc.). ◆ 2. Abandonner (un enfant). *Exponĕre**. ◆ 3. Livrer aux attaques. *Objicere, io**; — au danger, *periculo offerre**; qui n'est pas exposé, *qui extra periculum est*; être exposé, *periclitari.* ◆ 4. Expliquer. *Exponere. Ostendere, o**. (Un fait) *narrare.* — son avis, *sententiam aperire**.

s'EXPOSER, r. 1. *Palam se ferre**. ◆ 2. *Se projicere* (*io**). S'— au danger, à la mort, *periculo, morti se offerre**; s'— à la haine, *subire* (*eo**) *inimicitias*; s'— à ce que, *committĕre* ut* (subj.).

exposition, f. 1. *Propositio, onis*, f. ◆ (Situation) *Situs, us*, m. Avec — au nord, *aquilonis situ.* ◆ 2. *Expositio, onis*, f. ◆ 3. *Explicatio, onis*, f.

Exact dans l'— des faits, *in docendo subtilis.*

1. exprès, esse, adj. *Expressus, a, um.* En termes —, *verbo.*

2. exprès, m. Messager. *Nuntius, ii,* m.

3. exprès, adv. *Consilio. Consulto.* Qui fait —, *sciens prudensque;* sans le faire —, *imprudenter; imprudens, entis;* tout —, *ad id ipsum.*

expressément, adv. *Expresse. Plane.*

expressif, ive, adj. *Significans, antis.* D'une manière —, *significanter;* yeux —, *oculi arguti.*

expression, f. **1.** *Expressio, onis,* f. Réduit à sa plus simple —, *ad minimum deductus, a, um.* ◆ **2.** L'— du visage, *vultus, us,* m.; l'— de sa bouche, *oris ductus, us,* m. ◆ **3.** Mot, langage. *Verbum, i,* n. *Vocabulum, i,* n. Suivant ses —, *ut ipse dicĕre solebat**; passez-moi l'—, *pace tuā dixerim**; l'énergie de l'—, *dicendi vis, vis,* f.

exprimable, adj. *Enarrabilis, e.*

exprimer, tr. **1.** Faire sortir en pressant. *Exprimere, o**. ◆ **2.** Manifester ou représenter un sentiment. *Exprimĕre**. Ses traits expriment la cruauté, *eminet* ex ore crudelitas;* — (par la peinture], *penicillo imitari;* — (par la parole), *verbis effingĕre**. **3.** Énoncer sa pensée. *Eloqui, or**. *Significare.* (*Verbis*) *exprimĕre**.

s'EXPRIMER, r. *Eloqui**. Bien s'—, *bene loqui*;* facilité à s'—, *sermonis facilitas, atis,* f.; il s'exprima ainsi, *sic locutus* est;* s'— par gestes, *nutu significare.*

expropriation, f. *Dejectio, onis,* f.

exproprier, tr. *De possessione dejicere, io**.

expugnable, adj. *Expugnabilis, e.*

expulser, tr. **1.** *Expellere, o**. ◆ **2.** (Du corps) *Ejicere, io**. ◆ **3.** (Les eaux) *Emittere, o**.

expulsion, f. **1.** *Expulsio, onis,* f. *Exactio, onis,* f. ◆ **2.** *Egestio, onis,* f.

expurger, tr. *Expurgare.*

exquis, ise, adj. *Exquisitus, a, um. Eximius.*

extase, f. **1.** *Exstasis, is* (abl. *i*), f. ◆ **2.** (Fig.) *Stupor, oris,* m.

extasier (s'), r. *Stupere, eo**. S'— devant qqch., *suscipĕre** (*io**) *aliquid;* qui s'est extasié, *stupidus, a, um.*

extatique, adj. *Fanaticus, a, um.*

extensible, adj. *Ductilis, e.*

extension, f. *Porrectio, onis,* f. *Distentio, onis,* f. Sens donné par —, *communicata significatio.*

exténuation, f. *Debilitas, atis,* f.

exténuer, tr. *Debilitare. Conficere, io**.

extérieur, eure. I. Adj. *Exterior, ius. Extraneus, a, um. Externus.* ◆ **II.** Nom m. **1.** *Exterior pars,* f. (Du corps) *Species, ei,* f. *Habitus, us,* m.

◆ **2.** Apparence. *Species.* — trompeur, *pellis, is,* f. ◆ **3.** Pays. *Externi populi,* mpl.

extérieurement, adv. **1.** *Extrinsecus.* ◆ **2.** (Fig.) *In frontem.*

exterminateur, m. *Perditor, oris,* m. *Exstinctor, oris,* m.

extermination, f. **1.** *Occidio, onis,* f. Guerre d'—, *bellum internecivum.* ◆ **2.** (Fig.) *Exstirpatio, onis,* f.

exterminer, tr. **1.** *Exstinguere, o*.* — (une armée), *occidione occidĕre*; delere.* ◆ **2.** (Fig.) *Exstirpare.*

externe, adj. *Externus, a, um.*

extinction, f **1.** *Exstinctus, us,* m. (à l'abl. sg. seulement). — de voix, *vocis amputatio, onis,* f. ◆ **2.** (Fig.) (Mort) *Exstinctio, onis,* f. ◆ **3.** Fin; rémission. *Abolitio, onis,* f.

extirpateur, m. *Exstirpator, oris,* m.

extirpation, f. *Exstirpatio, onis,* f.

extirper, tr. *Exstirpare.*

extorquer, tr. *Extorquere, eo* (rem ab aliquo).*

extorsion, f. *Concussio, onis,* f.

extraction, f. De l'argile. *Exemptio, onis,* f. (*cretae*). ◆ **2.** D'une dent. *Evulsio, onis,* f. (*dentis*). ◆ **3.** (Fig.) Origine. *Stirps, stirpis,* f. *Genus, eris,* n. Noble —, *nobilitas, atis,* f.

extradition, f. *Traditio, onis,* f. Demander l'— de qqn, *exposcĕre* aliquem.*

extraire, tr. **1.** Tirer. *Extrahere, o*.* — une dent, *dentem ejicere, io*;* — des pierres, *lapides excidere* e terrā;* — (un suc), *exprimĕre*.* ◆ **2.** Faire sortir de prison. *Educĕre* e custodiā.* ◆ **3.** Choisir dans un livre. *Excerpere, o* (rem ex).* ◆ **4.** Faire un abrégé, *in breve cogĕre*.*

extrait, m. **1.** D'une fleur. *Expressus (flore) sucus.* — de rose, *oleum rosae.* ◆ **2.** Morceau choisi. *Excerptum, i,* n. ◆ **3.** Abrégé. *Epitoma, ae,* f.

extraordinaire, adj. **1.** *Extraordinarius, a, um. Insolitus.* Être —, *insolenter evenire*.* ◆ **2.** Remarquable. *Rarus, a, um. Mirificus.* ◆ **3.** Bizarre. *Portentosus, a, um.*

extraordinairement, adv. **1.** *Insolenter.* ◆ **2.** Extrêmement. *Magno opere.*

extravagance, f. **1.** Bizarrerie. *Insipientia, ae,* f. *Insania, ae,* f. Il l'accuse d'—, *illum delirare dicit*;* avec —, *stulte.* ◆ **2.** Paroles ou actes extravagants. *Deliramenta, orum,* npl.

extravagant, ante, adj. *Insipiens, entis. Vesanus, a, um. Praeposterus.*

extravaguer, intr. *Insanire. Desipere, io*.*

extravaser (s'), r. *Suffundi*.*

extrême. I. Adj. **1.** Qui est au bout. *Extremus, a, um. Postremus.* Prendre une résolution —, *summis rebus consilium capere, io*.* ◆ **2.** Au plus haut degré. *Summus, a, um. Maximus.* J'ai une envie — de, *vehementer cupio** (inf.). ◆ 3. Excessif (pers.). *Immoderatus, a, um.* ◆ II. Nom m. Pousser les choses à l'—, *immodicum esse;* le vice et la vertu sont deux —, *vitia sunt virtutum contraria.*

extrêmement, adv. 1. 2. *Plurimum. Summo opere.* ◆ 3. *Immoderate.*

extrême-onction, f. *Inunctio, onis,* f.

extrémité, f. 1. *Extremum, i,* n. *Summum,* n. *Extremus, a, um,* adj. Les — de la terre, *ultimae terrae,* fpl. ◆ 2. La mort. *Ultimum tempus,* n. Qui est à l'— (mourant), *spiritum ultimum trahens, entis**. ◆ 3. (Fig.) Dernière nécessité. *Extremum, i,* n. *Summae angustiae,* fpl. Dans cette —, *in perditis rebus;* être réduit à la dernière —, *omnia ultima pati, ior** ; en venir aux dernières —, *ultima experiri**. ◆ 4. Violence. *Vis, vis,* f. Se porter contre qqn aux plus odieuses —, *mulcare aliquem.*

extrinsèque, adj. *Externus, a, um.*

exubérance, f. (De végétation) *Luxuria, ae,* f. (De mots) *Redundantia, ae,* f.

exubérant, ante, adj. *Superfluus, a, um.* (Végétation) *Luxurians, antis;* être —, *luxuriare**. (Style) *Superfluens, entis.*

ex-voto, m. *Votiva (ae) tabella (ae),* f. En —, *ex voto.*

F

fable, f. **1.** Sujet d'entretien. *Fabula, ae,* f. Être la — de tout le monde, *in omnium sermone esse.* ◆ **2.** Sujet d'un poème. *Fabella, ae,* f. *Res, rei,* f. ◆ **3.** Allégorie. *Apologus, i,* m. *Fabula. Fabella.* ◆ **4.** Mythologie. *Fabulosa, orum,* npl. ◆ **5.** Mensonge. *Fabula.* — que tout cela! *fabulae!*

fabricant, m. *Faber, bri,* m. — de, *faber ab* (abl.).

fabrication, f. **1.** Art. *Fabrica, ae,* f. Main-d'œuvre. *Artificium, ii,* n. ◆ **2.** (Fig.) *Fabricatio, onis,* f.

fabrique, f. **1.** Usine. *Officina, ae,* f. — d'étoffes, *textrinum, i,* n. ◆ **2.** Construction. *Fabrica, ae,* f.

fabriquer, tr. *Fabricari.*

fabuleusement, adv. *Fabulose.*

fabuleux, euse, adj. **1.** *Fabulosus, a, um.* Paraître —, *in fabularum numero reponi*.* ◆ **2.** (Fig.) *Incredibilis, e.*

fabuliste, m. *Fabulator, oris,* m.

façade, f. *Frons, frontis,* f.

face, f. **1.** Visage. *Facies, ei,* f. *Vultus, us,* m. ◆ **2.** Côté. *Latus, eris,* n. Sur toutes les faces, *omni ex parte.* ◆ **3.** Etat. *Status, us,* m. Le combat changea de —, *fortuna pugnae versa* est.* ◆ **4.** Loc. div. A la — de l'assemblée, *pro contione;* jeter à la — de, *objicĕre, io** (*rem alicui*); face à face, en face, *coram*; regarder quelqu'un en —, *contra intuēri* aliquem;* ne blesser personne en —, *nulli laedĕre* os;* en — de qqn, *coram* (abl.); *in conspectu* (gén.); intrépide en — du danger, *ad pericula fortis, e;* de face, ou en face (vis-à-vis), *adversus, a, um;* être en — de, *aspectare* (acc.); faire face, *respondĕre* (dat.); faire — (à l'ennemi), *obsistĕre** ou *occurrĕre** (dat.); faire — de tous côtés, *orbem facĕre, io*;* faire — au danger, *pericula obire, eo*;* faire — à tout, *ad omnia praesto esse;* faire — aux dépenses, *sustinēre* sumptum.* Perdre la —, *irridēri* (*irridēre*, eo**).

facétie, f. *Jocus, i,* m. *Facetiae, arum,* fpl.

facétieusement, adv. *Jocose. Facete.*

facétieux, euse, adj. *Jocosus, a, um. Facetus.* Un homme —, *cavillator, oris,* m.

facette, f. *Latusculum, i,* n.

fâcher, tr. **1.** Déplaire à. *Offendere, o** (acc.). Être fâché de ou contre, *dolēre** (*re, de aliquo,* ou prop. inf.); *aegre ferre** (*rem* ou prop. inf.); je suis fâché de venir, *invitus venio**. ◆ **2.** Irriter. *Pungere, o**. *Stomachum facere, io** (*alicui*). Fâcher qqn, *alienare a se animum alicujus.* Être fâché et

SE FÂCHER, r. *Stomachari* (*cum aliquo* ou *re*). *Suscensere, eo** (dat.). *Irasci** (dat.). Se fâcher un peu, *subirasci**; se — tout rouge, *excandescĕre**; ils se sont fâchés (brouillés), *inter se dissident**.

fâcherie, f. *Discidium, ii,* n. *Ira, ae,* f.

fâcheusement, adv. *Injucunde.*

fâcheux, euse. I. Adj. *Molestus, a, um. Incommodus.* Circonstance —, *grave tempus.* ◆ **II.** Nom m. *Interpellator, oris,* m. *Musca, ae,* f.

facile, adj. **1.** Aisé à faire. *Facilis, e.* Tout me sera — si..., *omnia erunt expedita si...;* — à connaître, *facile cognitu;* — à manier, *tractabilis, e;* il serait bien — de dire, *obvium proximumque esset dicere**. ◆ **2.** Où il y a de la facilité. *Facilis.* Style —, *oratio expedita;* qui a la parole —, *promptus ad dicendum.* ◆ **3.** Accommodant. *Facilis.* Trop —, *indulgentissimus;* mœurs —, *commodi mores.*

facilement, adv. *Facile. Expedite.* Apprendre —, *cito discĕre**; s'exprimer —, *solute dicĕre**; qui prête —, *benignus ad commodandum.*

facilité, f. **1.** Aisance. *Facilitas, atis,* f. *Copia, ae,* f. Avec la plus grande —, *facillime;* les — de la vie, *copia;* — (de paiement), *retentio, onis,* f. ◆ **2.** Aptitude. *Facultas, atis,* f. — à apprendre, à parler, *celeritas ad discendum, dicendi* ou *in dicendo.* ◆ **3.** Complaisance. *Facilitas. Indulgentia, ae,* f.

faciliter, tr. *Facilem* (*rem*) *facere, io**. *Expedire.* — la vertu, *prodesse** *ad virtutem;* les servantes ont — son évasion, *ancillarum beneficio emissus** *est.*

façon, f. **1.** Travail. *Opera, ae,* f. *Manus, us,* f. (Prix) *Manus pretium, ii,* n. (Travail de la terre) *Aratio, onis,* f. Donner une première — à (la terre), *pastinare* (acc.); donner une seconde —, *repastinare.* ◆ **2.** Composition. (*Libri*) *confectio, onis,* f. Je n'ajouterai rien de ma —, *nihil addam** *de meo.* ◆ **3.** Manière. *Modus, i,* m. *Ratio, onis,* f. De cette —, *hoc modo;* à la — des bêtes, *pecudum ritu;* de — que, *ita ut* (subj.); — de parler, *locutio, onis,* f. ◆ **4.** Mine. *Habitus, us,* m. *Species, ei,* f. ◆ **5.** (Pl.) Manière d'agir. *Mos, moris,* m. Faire des —, *officiosius facere, io**; sans —, *libere;* un peu sans —, *subrustice*; un dîner sans —, *cena expedita;* faire bien des

— (pour se déterminer), *tergiversari.*

faconde, f. *Loquentia, ae,* f.

façonner, tr. **1.** *Fingere, o*.* — (la terre), *subigere*; pastinare.* ◆ **2.** (Fig.) *Fingĕre*.* — à, *accommodare ad.* Se — (à), *assuescere, o** (*re* ou inf.).

façonnier, ière, adj. *Officiosior, ius.*

fac-similé, m. *Simulacrum, i,* n. *Exemplum, i,* n.

facteur, m. **1.** D'orgues. *Organorum artifex, icis,* m. ◆ **2.** Représentant. *Procurator, oris,* m. ◆ **3.** Postier. *Tabellarius, ii,* m.

factice, adj. **1.** *Fictitius, a, um.* ◆ **2.** (Fig.) *Fictus, a, um.*

factieux, euse, adj. *Factiosus, a, um. Seditiosus.* D'une manière —, *seditiose.*

faction, f. **1.** Parti. *Partes, ium,* fpl. *Factio, onis,* f. La — du roi, *fautores regis.* ◆ **2.** Sédition. *Seditio, onis,* f. État déchiré par les —, *turbulenta res publica.* ◆ **3.** Veille. *Statio, onis,* f. *Excubiae, arum,* fpl. Être en —, *excubare*.*

factionnaire, m. *Excubitor, oris,* m.

facture, f. **1.** Façon. *Ars, artis,* f. ◆ **2.** Note. D'après —, *ex empto.*

facultatif, ive, adj. *Licitus, a, um.*

faculté, f. **1.** Pouvoir de faire. *Facultas, atis,* f. *Copia, ae,* f. Pour avoir la — de converser, *ut colloqui liceat*;* donner à qqn la — de, *potestatem alicui facĕre, io** (gen. du gérondif). ◆ **2.** Fonction physique ou morale. *Vis, vis,* f. *Virtus, utis,* f. La — de voir, *videndi vis;* les — intellectuelles, *mens, mentis,* f.; *animus, i,* m.; jouir de toutes ses —, *constare* mente;* ne plus jouir de ses —, *desipere, io*;* esprit qui jouit de toutes ses —, *mens vegeta.* ◆ **3.** Propriété. *Vis.* Qui a une — purgative, *qui valet* purgare.* ◆ **4.** (Pl.) Ressources. *Copia. Facultates, um,* fpl. Selon ses —, *pro facultate.*

fadaise, f. *Ineptiae, arum,* fpl. Dire des —, *nugari.*

fade, adj. *Fatuus, a, um. Insulsus.* Se sentir le cœur —, *nauseare.*

fadement, adv. *Insulse.*

fadeur, f. **1.** *Sapor obtusus,* m. ◆ **2.** (Fig.) *Insulsitas, atis,* f.

fagot, m. (*Virgarum*) *fascis, is,* m.

fagoter, tr. *Componere, o*.*

1. faible, adj. **1.** Sans force physique. (Par nature) *Infirmus, a, um. Imbecillus.* (Par accident) *Invalidus.* (Par épuisement) *Languidus.* Côté faible, *partes imbelles.* ◆ **2.** Sans force morale. *Imbecillus. Ignavus.* (Trop sensible) *Tener, era, erum.* (Trop indulgent) *Perindulgens, entis.* Se montrer faible, *languescĕre*.* ◆ **3.** Sans valeur intellectuelle. *Tardus, a, um.* Pensée faible, *enervata sententia;* vers faibles, *versus inertes;* être — sur (un point), *claudicare in* (abl.). ◆ **4.** Petit. *Parvus, a, um. Tenuis, e.* Pour le plus — motif, *tenuissimā de causā.* (Nom m.) Les faibles, *humiles, ium,* mpl.

2. faible, m. **1.** Côté faible. *Partes imbelles,* pl. ◆ **2.** Défaut. *Vitium, ii,* n. Chercher à prendre qqn par son —, *imbecillitatem alicujus aucupari.* ◆ **3.** Penchant. *Studium, ii,* n. Avoir un — pour, *indulgēre** (dat.).

faiblement, adv. **1.** *Remisse.* ◆ **2.** Peu. *Parum. Leviter.*

faiblesse, f. **1.** (Physique) *Infirmitas, atis,* f. *Imbecillitas.* Avoir une —, *animo linqui**. ◆ **2.** (Morale) (*Animi*) *imbecillitas* ou *mollities, ei,* f. Montrer de la —, *abjectiore esse animo;* avec ou par —, *ignave;* supporter avec —, *immoderatius ferrē*;* sans —, *non demisse; impigre;* avoir une — (faire une faute), *ab officio recedĕre**. ◆ **3.** Excès d'affection. *Facilitas, atis,* f. Avoir beaucoup de — pour (qqn), *nimium indulgēre** (*alicui*); par —, *nimis indulgenter;* aimer sans —, *fortiter amare.* ◆ **4.** (Intellectuelle) *Ingenium debilius,* n. ◆ **5.** Petitesse. *Exiguitas, atis,* f. — (du nombre), *paucitas, atis,* f.

faiblir, intr. **1.** *Deficere, io**. *Languescere, o**. ◆ **2.** Lâcher pied. *Inclinari.*

faïence, f. *Figulina, orum,* npl.

failli, m. *Decoctor, oris,* m.

faillible, adj. Être —, *posse* falli.*

faillir, intr. **1.** Pécher. *Peccare. Delinquere, o**. S'il vient à —, *si quid offenderit**. ◆ **2.** Se tromper. *Errare. Labi, or**. Faire défaut. *Deficere, io**. ◆ **3.** (Au passé) : avoir risqué de. Il faillit mourir, *non longe afuit* quin occideretur*; paene interiit**. ◆ **4.** Faire faillite. *Decoquere, o**. *Solvendo non esse.*

faillite, f. *Decoctio, onis,* f. Déclarer sa —, *bonam copiam ejurare.*

faim, f. **1.** *Fames, is,* f. (Inanition) *Inedia, ae,* f. Avoir —, *esurire;* mourir de —, *fame interire, eo*;* donner —, *stomachum sollicitare;* apaiser la —, *famem explēre;* qui n'a plus —, *satur, ura, urum.* ◆ **2.** (Fig.) Pauvreté. *Fames. Paupertas, atis,* f. Mourir de —, *omnibus rebus egēre*;* un meurt-de-faim, *esuritor, oris,* m. ◆ **3.** Désir. *Fames. Sitis, is* (acc. *im;* abl. *i*), f.

faîne, f. *Fagina* (*ae*) *glans* (*andis*), f.

fainéant, ante, f. *Deses, idis. Segnis, e.* Un —, *cessator, oris,* m.

fainéanter, intr. *Desidere, eo**.

fainéantise, f. *Desidia, ae,* f.

1. faire, tr. **I.** MARQUE L'ACTION. **1.** Créer. Fabriquer. Exécuter. *Facere, io**. ◆ **2.** Agir. *Agere, o**. Faire pour (qqn), *facĕre cum;* faire en sorte que, *facĕre* ou *efficĕre, io** (*ut,* subj.); que ne pas, *ne* (subj...); faire faire, *curare ut... fiat*; facĕre;*

je ne fais que, *nihil ago nisi...; tantum;* je ne fais que d'(arriver), *modo (venio*).* ◆ **3.** Rendre. Transformer. *Facĕre*. Efficere, io*. Reddere, o*.* Ils furent faits consuls, *consules facti* sunt;* que ferais-tu d'un tel homme? *quid hoc homine facias?* je n'ai que faire de, *nihil ad me attinet** (nom. ou inf.). ◆ **4.** Procurer. *Facĕre*. Parare.* Qui font argent de tout, *quibus omnia quaestui sunt;* se faire des amis, *amicitias parare;* se faire du chagrin, *molestiam capere, io*;* faire du chagrin à qqn, *molestiam afferre* alicui*.* ◆ **5.** Exercer une profession. Jouer un rôle. *Gerere, o*.* Faire le commerce, *facĕre* mercaturas;* faire le (paillasse), *partes agĕre** (gén.); il fait le bon citoyen, *bonum civem ludit*.*

II. Marque l'état. **1.** Constituer. *Facĕre*.* Cela fait un an, *sic annuum tempus conficitur**; c'est là ce qui fait la solide amitié, *ea firma amicitia est;* à la guerre la renommée fait tout, *famā bella constant;* s'il veut faire un homme, *si vir esse volet*.* ◆ **2.** Présenter. Faire saillie, *exstare*;* faire un coude, *flecti*;* faire mine de, *prae se speciem ferre** (gén.). ◆ **3.** Importer. *Interesse, sum*. Referre, fero*.* Que me fait cela? *quid ad me?* que font les lois? *quid leges proficiunt*?* ◆ **4.** (Impers.) *Esse.* Il fait chaud, beau, *est calor; est sudum;* il fait jour, *lucet*;* il fait bon, *bonum est.*

III. Locutions dans lesquelles *FAIRE* remplace un autre verbe. **1.** Parcourir. *Percurrere, o*.* Faire route, *iter facĕre*;* faire son chemin (fig.), *gerĕre* bene rem.* ◆ **2.** Dire. *Dicere, o*.* Faire un plaidoyer, *dicĕre causam;* qu'est-ce? fera qqn, *quid? inquiet* quisquam.* ◆ **3.** Évaluer. Combien on a fait le parc (dans une vente), *de hortis quanti licuisset*.* ◆ **4.** Évacuer. *Reddere, o*.* ◆ **5.** Faire (naufrage, une perte, des progrès, attention, semblant, cas, etc...), v. ces divers substantifs. ◆ **6.** Remplace le verbe qui précède. Il le traînait, comme on ferait une bête, *agebat* ut si bestiam feram duceret*;* je l'ai aimé comme on fait son enfant, *hunc amavi pro meo.*

se faire, r. **1.** Mûrir. *Maturari. Coqui*.* ◆ **2.** S'accoutumer. *Se fingĕre* (ad). Assuescere, o** (*re* ou inf.). Qui ne se fait pas à, *impatiens, entis* (gén.). ◆ **3.** Devenir. *Fieri, fio*. Evadere, o*.* ◆ **4.** Contrefaire. *Fingĕre. Simulare*.* ◆ **5.** Avoir lieu. *Fieri. Effici, ior*. Evenire*.* Il se fait tard, *advesperascit*.* ◆ **6.** Se faire voir, *dare* se conspiciendum* ou *in conspectum;* se faire haïr, *in odium pervenire*;* se faire porter, *vehi*;* se faire vomir, *vomere*.*

2. faire, m. **1.** *Factum, i,* n. ◆ **2.** Façon. *Manus, us,* f.

faisable, adj. *Qui fieri potest**. Très —, *factu facilis*.
faisan, m. *Phasianus, i,* m. De —, *phasianinus, a, um*.
faisander (se), r. *Corrumpi, or**. Faisandé, *rancidus, a, um*.
faisandier, m. *Phasianarius, ii,* m.
faisane, f. *Phasiana, ae,* f.
faisceau, m. *Fascis, is,* m. En —, *manipulatim;* mettre en —, *vinculo copulare;* (fig.) *cogĕre in unum**.
faiseur, m. *Effector, oris,* m. *Opifex, icis,* m. — de nouvelles, *famigerator, oris,* m.; d'embarras, *ardelio, onis,* m. ◆ Faiseuse, f. *Effectrix, icis,* f.
1. fait, aite, part. et adj. (V. Faire). **1.** Qui a telle forme. *Factus, a, um.* Bien fait de sa personne, *formā decorus, a, um;* esprit mal fait, *prava mens;* il est ainsi fait, *ita est homo;* fait (arrangé), *ornatus.* ◆ **2.** Achevé. *Actus, a, um. Confectus.* Je regarde cela comme une affaire faite, *istuc jam pro facto habeo*;* aussitôt dit, aussitôt fait, *dictum factum;* il n'y a rien de fait, *res est in integro;* un assez grand pas de fait, *satis profectum** (*esse*); si fait! *immo!* c'en est fait (de), *acta* est* (*res*); *actum est* (*de*). ◆ **3.** Accoutumé. *Usitatus, a, um.* — à, *assuetus, a, um* (*re* ou *alicui*); qui n'est pas fait à, *insuetus* (gén. ou *ad*, acc.). ◆ **4.** Propre (à). *Factus* (*ad*). *Natus* (dat. ou *ad*). ◆ **5.** Mûr. *Maturus, a, um.* Trop fait, *putridus, a, um.*
2. fait, m. **1.** Acte. *Factum, i,* n. *Res, rei,* f. Si tu nies le fait, *si negas;* y a-t-il un fait plus honteux? *quid hoc turpius?* prendre sur le fait, *deprehendĕre* in manifesto scelere;* par le fait de qqn, *per aliquem;* pour le fait de qqch., *ob* ou *propter* (acc.); voies de fait, *injuriae, arum,* fpl. ◆ **2.** Événement. *Res. Eventus, us,* m. Voici le fait, *sic res se habet*;* maintenant, au fait! *nunc quod instat*;* question de fait, *conjecturalis causa;* en fait de, *quod attinet* ad.* ◆ **3.** Réalité. *Res.* Il est de fait que, *constat** (prop. inf.); je mets en fait que, *pono** (prop. inf.); en fait, par le fait, *re; re ipsā;* et de fait, *enimvero;* au fait, *at etiam;* un fait sensible, *quod sub tactum cadit*;* les faits physiques, *physica, orum,* npl. ◆ ◆ **4.** Connaissance. Qui est au fait de, *sciens, scientis* (gén.); je te tiendrai au fait de tout, *faciam* omnia tibi nota;* peu au fait de, *rudis, e* (gén.); je suis sûr de mon fait, *hoc certum habeo**. ◆ **5.** Ce qui est propre à chacun. Mentir n'est pas mon fait, *mentiri non est meum;* c'est le fait d'un homme de bien, *viri boni est* (inf.); il lui a dit son fait, *nihil reticuit*;* prendre le fait de qqn, fait et cause pour qqn, *suscipĕre* (*io**) *defensionem alicujus.* ◆ **6.** Tout a fait, loc. adv. *Omnino.*

faîte, m. et **faîtage**, m. *Fastigium, ii*, n. *Culmen, inis*, n. Le faîte de la gloire, *summa gloria*.
faîtière, f. **1.** (Poutre) *Culmen, inis*, n. ◆ **2.** (Tuile) *Imbrex, icis*, m. f.
faix, m. *Onus, eris*, n. Plier sous le faix, *ponderi cedĕre**; (fig.) *onere opprimi**; porter le faix de, *sustinēre** (acc.).
falaise, f. *Rupes, is*, f.
Falerne. *Falernus* (*ager*), m.
fallacieusement, adv. *Fallaciter*.
fallacieux, euse, adj. *Fallax, acis. Fraudulentus, a, um*.
falloir, intr. **1.** (Être de nécessité) *Necesse est* (inf. ou subj.). *Opus est* (abl.). (Être de convenance) *Oportet** (inf. ou subj.). *Decet** (inf.). Il faut que je, *non possum* non* (inf.); *facere non possum* quin* (subj.); il faut que je pratique la vertu, *mihi colenda* est virtus;* fallait-il que j'acceptasse...! *egone ut accepissem*...!* quand il le faut, *tempore;* plus qu'il ne faut, *plus aequo;* comme il faut, *apte;* les gens comme il faut, *belli homines*. ◆ **2.** Il s'en faut, *abest**. Il s'en faut de beaucoup, *plurimum abest;* tant s'en faut que... que..., *tantum abest ut* (subj.)... *ut* (subj.); peu s'en fallut que ne..., *vix* ou *paene;* tant s'en faut! *minime!*
1. falot, m. *Laterna, ae*, f.
2. falot, ote, adj. *Festivus, a, um*.
falsificateur, m. *Adulterator, oris*, m. (D'écritures) *Falsarius, ii*, m.
falsification, f. *Adulteratio, onis*, f.
falsifier, tr. *Adulterare. Corrumpere, o**. Falsifié, *adulterinus, a, um; falsus*.
famé, ée, adj. Mal famé, *infamis, e;* être mal —, *male audire;* être bien —, *bene audire*.
famélique. I. Adj. *Jejunus, a, um*. ◆ **II.** Nom m. *Esuritor, oris*, m.
fameux, euse, adj. **1.** *Inclutus, a, um. Insignis, e*. (En mauv. part) *Famosus, a, um*. ◆ **2.** Très grand. *Summus, a, um*.
familiariser, tr. **1.** Rendre familier. *Familiarem facere, io** (avec, dat.). ◆ **2.** Accoutumer. *Assuefacere, io* (*aliquem re* ou inf.). Peu familiarisé avec l'art de l'orateur, *inexercitatus ad dicendum*.
SE FAMILIARISER, r. **1.** *Fieri* familiarem* (dat.). ◆ **2.** *Assuescere, o** (*re* ou inf.).
familiarité, f. **1.** *Familiaritas, atis*, f. *Consuetudo, inis*, f. Avoir de la — avec qqn, *familiariter aliquo uti**. ◆ **2.** (De manières) *Licentia, ae*, f. Qui prend des —, *liberior, ius*.
familier, ère. I. Adj. **1.** Qui vit avec. *Familiaris, e* (dat.). Être — avec, *familiariter vivĕre* cum;* génie — (de qqn), *genius, ii*, m. ◆ **2.** Habituel. *Familiaris. Notus, a, um*. Peu —, *alienus* (*ab*). ◆

II. Nom m. *Familiaris, is,* m. Ses —, *sui, orum,* mpl.

familièrement, adv. *Familiariter.*

famille, 1. *Familia, ae,* f. *Gens, gentis,* f. Ta —, *tui, orum,* mpl. Père, mère, fils de —, *pater, mater, filius familias;* qui est de la —, *domesticus, a, um;* nommer un conseil de —, *ad agnatos et gentiles deducĕre*.* ◆ **2.** Race. *Gens. Genus, eris,* n. Prendre mari dans une —, *in familiam nubĕre*;* propre à une —, *gentilicius, a, um;* de bonne —, *generosus, a, um.* ◆ **3.** (D'êtres, de mots) *Genus.*

famine, f. *Fames, is,* f.

fanaison, f. *Fenisicia, ae,* f.

fanal, m. *Lumen, inis,* n. *Fax, facis,* f.

fanatique, adj. *Fanaticus, a, um.* Je suis — de, *vehementer admiror* (acc.).

fanatiser, tr. *Vehementius incendere, o*.*

fanatisme, f. **1.** *Fanaticus furor,* m. ◆ **2.** (Fig.) *Summa admiratio,* f.

fanes, fpl. (*Desidua*) *folia,* npl.

faner, tr. **1.** Retourner (l'herbe fauchée). *Convertere, o*.* ◆ **2.** Flétrir. *Marcidum facere, io*.* Se faner, *marcescere, o*;* (fig.) *deflorescere, o*;* fané, *languidulus, a, um.*

faneur, m. *Fenisex, ecis,* m.

fanfare, m. **1.** Sonnerie militaire. *Tubarum sonitus, us,* m. ◆ **2.** Musiciens qui l'exécutent. *Tubicines, um.*

fanfaron, adj. et nom m. *Jactans, antis.* Un —, *miles gloriosus.*

fanfaronnade, f. *Gloriatio, onis,* f.

fange, f. *Lutum, i,* n. *Caenum, i,* n.

fangeux, euse, adj. *Lutosus, a, um. Caenosus.*

fanon, m. (Du bœuf) *Palearia, ium,* npl.

fantaisie, f. **1.** Imagination. *Mens, mentis,* f. ◆ **2.** Humeur. *Arbitrium, ii,* n. Vivre à sa —, *vivĕre* more suo;* suivre sa —, *sibi obtemperare;* à ta —, *ut voles*;* satisfaire ses —, *animum explēre.* ◆ **3.** Désir. *Cupiditas, atis,* f. (Caprice) *Libido, inis,* f. J'ai eu — d'écrire, *libitum* est mihi scribĕre;* des —, *levitates, um,* fpl.; selon ses —, *ad libidinem suam* ou *ex libidine.*

fantasque, adj. **1.** Capricieux. *Libidinosus, a, um. Mobilis, e.* ◆ **2.** Bizarre. *Insolens, entis.*

fantasquement, adv. **1.** *Libidinose.* ◆ **2.** *Insolenter.*

fantassin, m. *Pedes, itis,* m. Servir comme —, *merēre* pedibus.*

fantastique, adj. *Commenticius, a, um. Vanus.*

fantôme, m. *Umbra, ae,* f. *Imago, inis,* f. Se forger des —, *inanes species animo figurare.*

faon, m. *Hinnuleus, i,* m.

faquin, m. *Nebulo, onis,* m.

farce, f. **1.** Hachis. *Minutal, alis,* n. ◆ **2.** Comédie. *Satura, ae,* f. *Mimus, i,* m. ◆ **3.** Bouffonnerie. (*Mimicus, i*) *jo-*

cus, i, m. *Ineptiae, arum*, fpl. Faire des — à qqn, *ludibrio habēre* aliquem;* on me fait des —, *ludificor.*

farceur, m. *Scurra, ae*, m. *Sannio, onis*, m.

farcir, tr. *Farcire**.

fard, m. **1.** *Fucus, i.* m. — blanc, *cerussa, ae*, f.; — rouge, *rubrica*, f.; mettre du —, *fuco tingĕre** (*faciem*). ◆ **2.** (Fig.) *Fucus.* Sans —, *sine fuco ac fallaciis;* parler sans —, *aperte loqui*;* (homme) sans —, *simplex, icis.*

fardeau, m. **1.** *Onus, eris*, n. *Pondus, eris*, n. ◆ **2.** (Fig.) *Onus. Moles, is*, f. Être un — pour, *esse oneri* (dat.); le — est trop lourd pour toi, *tanto oneri impar es;* se charger, se décharger d'un —, *onus suscipĕre, io*, deponĕre**.

farder, tr. *Fucare.* Fardé de blanc, *cerussatus, a, um;* — de rouge, *purpurissatus.*

fardier, m. *Sarracum, i*, n.

farfadet, m. *Larva, ae*, f.

faribole, f. *Nugae, arum*, fpl.

farine, f. **1.** *Farina, ae*, f. Fleur de —, *pollen, inis*, n. ◆ **2.** (Fig.) De même —, *ejusdem generis* ou *farinae.*

farineux, euse, adj. *Farinulentus, a, um.*

farouche, adj. **1.** Sauvage. *Ferus, a, um.* Bête —, *fera, ae*, f.; rendre —, *efferare.* ◆ **2.** Cruel. *Ferus. Trux, trucis. Dirus, a, um.* Naturel —, *feritas, atis*, f. ◆ **3.** Dur (en parlant de ch.). *Trux. Truculentus, a, um.*

farrago, m. *Farrago, inis*, f.

fascicule, m. *Fasciculus, i*, m.

fascination, f. **1.** *Fascinatio, onis*, f. *Fascinum, i*, n. ◆ **2.** (Fig.) *Praestigiae, arum*, fpl.

fascine, f. (*Virgultorum*) *fascis, is*, m.

fasciner, tr. **1.** *Fascinare.* Fasciné, *defixus, a, um.* ◆ **2.** (Fig.) *Illicere, io**.

1. faste, m. *Luxuries, ei*, f. *Lautitiae, arum*, fpl. *Apparatus, us*, m. Pour le —, *ad ostentationem.*

2. faste. I. Adj. *Fastus, a, um.* ◆ **II.** Nom mpl. *Fasti, orum*, mpl.

fastidieusement, adv. *Fastidiose.*

fastidieux, euse, adj. **1.** (Ch.) *Fastidiosus, a, um. Molestus.* ◆ **2.** (Pers.) *Odiosus, a, um. Gravis, e.*

fastueusement, adv. *Laute. Magnifice.*

fastueux, euse, adj. *Lautus, a, um. Magnificus.*

fat, adj. et subst. m. **1.** Sot. *Fatuus, a, um.* ◆ **2.** Prétentieux. *Praefidens* (*entis*) *sibi.*

fatal, ale, adj. **1.** Fixé par le destin. *Fatalis, e.* ◆ **2.** Funeste. *Funestus, a, um. Exitiosus.* Être — à, *exitio esse* (dat.).

fatalement, adv. **1.** *Fataliter. Fato.* ◆ **2.** *Miserrime.*

fataliste, m. Les Stoïciens sont —, *Stoïci omnia fato fieri dicunt**.

fatalité, f. **1.** Destin. *Fatum, i*, n. *Necessitas, atis*, f. C'était une — que, *fatale erat ut* (subj.). ◆ **2.** Malheur. *Fatum. Pernicies, ei,* f.

fatidique, adj. *Fatidicus, a, um.*

fatigant, ante, adj. **1.** Lassant. *Laboriosus, a, um. Gravis, e.* ◆ **2.** Importun. *Odiosus, a, um. Molestus.*

fatigue, f. **1.** Travail. *Labor, oris,* m. S'endurcir à la —, *firmare corpus labore;* cela est d'une grande —, *hoc multi sudoris est.* ◆ **2.** Peine. *Defatigatio, onis,* f. Tomber de —, *lassitudine confici, ior*.*

fatiguer, tr. **1.** Causer de la fatigue à. *Fatigare. Defatigare.* Être — (de), *fessum esse* (abl. ou *de*); fatiguer (un organe), *laedĕre*.* ◆ **2.** Causer du tourment à. *Vexare.* (De l'ennui) *Obtundere, o*.* Je suis — de (la vie), *taedet* me* (*vitae*). ◆ **3.** Intr. et

SE FATIGUER, r. **1.** *Defatigari. Laborare.* ◆ **2.** Se dégoûter de. *Fastidire* (acc.).

fatras, m. **1.** *Congeries, ei,* f. ◆ **2.** (Fig.) *Confusio,* onis, f.

fatuité, f. Prétention. *Jactantia, ae,* f. Avoir de la —, *amare se;* je n'ai pas la — de croire, *non tantum mihi arrogo ut putem.*

faubourg, m. *Suburbium, ii,* n. Dans un —, *sub urbe;* qui est dans un —, *suburbanus, a, um.*

fauchage, m., **fauche,** f. et **fauchaison,** f. *Fenisicia, ae,* f. *Fenisicia, iorum,* npl.

faucher, tr. (*Falce*) *secare*.* — les prés, *prata desecare*.*

faucheur, m. *Fenisex, ecis,* m.

faucille, f. *Falcicula, ae,* f.

faucon, m. *Falco, onis,* m.

faufiler (se), r. *Obrepere, o*.*

faune, m. *Faunus, i,* m.

faussaire, m. *Falsarius, ii,* m. Poursuivi comme —, *falsarum tabularum reus.*

faussement, adv. *Falso.* Imputer faussement, *fingĕre** (*crimen*).

fausser, tr. **1.** Rendre faux. *Depravare. Corrumpere, o*.* ◆ **2.** Enfreindre. (*Fidem*) *fallere, o** ou *laedere, o*.* Fausser compagnie, *se proripĕre, io*; abesse*.* ◆ **3.** Courber. (Un métal) *Retundere, o*.* (Une lame) *Hebetare.*

fausset, m. Voix de —, *tinnula* (*ae*) *vox* (*vocis*), f.

fausseté, f. **1.** Absence de vérité ou de justesse. *Pravitas, atis,* f. Montrer la — de..., *ostendĕre* quam falsum sit...* ◆ **2.** Chose fausse. *Falsum, i,* n. *Commentum, i,* n. Dire des — sur qqn, *in aliquem mentiri.* ◆ **3.** Duplicité. *Fraus, fraudis,* f. Il n'y avait en lui que —, *in eo nihil erat nisi falsum.*

faute, f. **1.** Manque. *Defectio, onis,* f. *Inopia, ae,* f. Faire —, *deficere, io** (acc.); avoir — de, *carere** (abl.); ne pas se faire — de, *non parcĕre** (dat.); faute de (qqch.), *inopia* ou *propter inopiam* (*rei*); faute de savoir, *propter inscitiam; ignorans, antis* (acc.); sans —, *haud dubie.* ◆ **2.** Manquement à la loi morale. *Culpa, ae,* f. (Par acte positif) *Peccatum, i,* n. (Par omission) *Delictum, i,* n. Commettre une

—, *peccare; delinquĕre*;* qui a commis une —, *lapsus, a, um;* être en —, *esse in culpa;* n'être pas en —, *carēre* culpā;* prendre en —, *deprehendĕre**. ◆ **3.** Erreur. *Error, oris,* m. *Erratum, i,* n. *Peccatum.* Faire une —, *errare; labi*; peccare;* faute de copiste, *mendum, i,* n. ◆ **4.** Culpabilité. *Culpa. Peccatum. Vitium, ii,* n. Ce n'est pas ma faute, *non est ista mea culpa;* rejeter la — sur, *culpam conferre* in* (acc.).

fauteuil, m. *Cathedra, ae,* f.

fauteur, m. *Fautor, oris,* m. *Fautrix, icis,* f. Être — de, *favēre** (dat.).

fautif, ive, adj. **1.** Sujet à faillir. *Pravus, a, um.* ◆ **2.** Où il y a des fautes. *Vitiosus, a, um. Mendosus.*

fautivement, adv. *Mendose. Vitiose.*

fauve, adj. *Fulvus, a, um.* Bête —, *fera, ae,* f.

1. faux, fausse. I. Adj. **1.** Contraire à la vérité. *Falsus, a, um. Fictus. Mendax, acis.* Faux-semblant, *simulatio, onis,* f. ◆ **2.** Contraire aux règles. *Pravus, a, um. Malus.* Voix fausse, *vox absona;* rendre un son faux (en parl. d'une monnaie), *mendosum tinnire.* ◆ **II.** Adv. Chanter —, *absurde canĕre*;* raisonner —, *inepte disserĕre*;* à faux, *in cassum;* (fig.) *falso.*

2. faux, m. *Falsum, i,* n. Faire un —, *falsum committĕre*;* faire un — en écriture publique, *commentarios actorum corrumpĕre*;* s'inscrire en — contre, *accusare* (acc.); (fig.) *infitiari* (acc.).

3. faux, f. *Falx, falcis,* f.

faux-fuyant, m. *Deverticulum, i,* n. User de —, *tergiversari.*

faveur, f. **1.** Bienfait. *Beneficium, ii,* n. *Munus, eris,* n. A titre de —, *in beneficii causā;* regarder comme une —, *in lucris ponĕre**. ◆ **2.** Bienveillance. *Gratia, ae,* f. *Voluntas, atis,* f. *Studium, ii,* n. Jouir de la — publique, *in maximā gratiā esse apud omnes;* rechercher la —, *gratiam sequi*;* gagner la — de, *gratiam inire* (*eo**) *ab;* de manière à gagner la — du peuple, *populariter;* implorer la — des dieux, *pacem petĕre* a diis;* accueillir avec —, *benigne excipĕre, io**. ◆ **3.** Crédit. *Gratia.* Être en —, *in gratiā esse* (*apud*)*;* qui est en —, *gratiosus, a, um;* obtenir de la —, *valere*;* les études ne sont pas en —, *jacent* studia.* ◆ **4.** Partialité. *Gratia.* Par —, *beneficio;* de —, *gratiosus, a, um.* ◆ **5.** Loc. prép. EN FAVEUR DE. *Pro* (abl.). Cela est en ma —, *hoc mecum facit*;* prévenir en sa —, *benevolentiam parĕre, io**. A LA FAVEUR DE. *Per* (acc.). A la — de la nuit, *noctis auxilio;* à la — du tumulte, *inter tumultum.*

favorable, adj. **1.** Bien disposé. *Propitius, a, um. Favens, entis.* Être — à, *favēre** (dat.); trouver le sénat très —, *libentissimo senatu uti*;* peu —, *alienus*

(*ab*); se rendre qqn —, *sibi conciliare aliquem;* fortune —, *fortuna secunda*, f.; *secundae res*, fpl. ◆ **2.** Propre à. *Idoneus, a, um* (dat. ou *ad*, acc.).
favorablement, adv. **1.** *Benigne.* ◆ **2.** Avantageusement. *Commode.*
favori, ite. **I.** Adj. C'est son mot —, *hoc in ore habet**. ◆ **II.** Nom m. **1.** *Gratiosus* (dat. ou *apud*, acc.). ◆ **2.** (Fig.) *Carissimus.* Notre —, *noster;* le — de la fortune, *fortunae filius.*
favoriser, tr. **1.** *Favere, eo** (dat.). ◆ **2.** Aider. *Fovere, eo** (acc.). ◆ **3.** Complaire à. *Indulgere, eo** (dat.). Favorisé par le vent, *secundis ventis.*
fébrile, adj. **1.** Chaleur —, *febris ardor*, m. ◆ **2.** (Fig.) *Vehemens, entis.*
fécial, m. *Fetialis, is*, m.
fécond, onde, adj. **1.** *Fecundus, a, um.* ◆ **2.** (Fig.) *Fecundus. Uber, eris.* — en pensées, *sententiis creber.*
fécondant, ante, adj. *Fecundus, a, um.*
fécondation, f. *Seminatio, onis*, f.
féconder, tr. **1.** *Fecundare.* ◆ **2.** (Fig.) — l'imagination, *ingenium alĕre**.
fécondité, f. *Fecunditas, atis*, f. *Ubertas*, f.
fécule, f. *Amylum, i*, n.
fédéral, ale, adj. *Socialis, e.*
fédéraliser, tr. **1.** *Foederare.* ◆ **2.** Se —, *in societatem coire, eo**.
fédératif, ive, adj. *Foederatus, a, um.*
fédération, f. *Societas, atis*, f. *Foedus, eris*, n.
fédéré, ée, adj. *Socius, a, um. Foederatus.*
fée, f. **1.** Déesse. *Diva, ae*, f. *Fata, ae*, f. Mauvaise —, *mania, ae*, f. ◆ **2.** Magicienne. *Saga, ae*, f.
féerie, f. (Merveilleux). *Miraculum, i*, n.
féerique, adj. *Mirus, a, um.*
feindre, tr. *Simulare. Fingere, o**. En feignant d'être fou, *simulatione stultitiae;* feint, *fictus, a, um; falsus.*
feinte, f. et **feintise**, f. *Simulatio, onis*, f. *Fraus, fraudis*, f. Par une — ou réellement, *fronte aut mente;* avec —, *simulate;* sans —, *sincere.*
fêler, tr. *Findere, o**. Se —, *fatiscĕre**; fêlé, *quassus, a, um;* (fig.) tu as la tête fêlée, *non tibi sanum est sinciput.*
félicitation, f. *Gratulatio, onis*, f.
félicité, f. *Felicitas, atis*, f. Au temps de ma —, *bonis meis rebus.*
féliciter, tr. *Gratulari* (*alicui rem* ou *quod*, indic. ou subj.). SE FÉLICITER, r. *Sibi gratulari. Sibi gaudĕre**. J'ai eu à me —, *laetatus sum* (prop. inf.; *quod*, indic. ou subj.).
félin, ine, adj. *Felinus, a, um.*
félon, onne, adj. *Perfidus, a, um.*
félonie, f. *Perfidia, ae*, f.
felouque, f. *Actuariolum, i*, n.
fêlure, f. *Rimula, ae*, f.
femelle, adj. et nom, f. *Femina, ae*, f.

féminin, ine, adj. **1.** *Femineus, a, um.* ◆ **2.** (Gr.) *Femininus.*
féminiser, tr. *Effeminare.*
femme, f. *Femina, ae,* f. *Mulier, eris,* f. (Nubile) *Nubilis, is,* f. (Mariée) *Uxor, oris,* f. *Conjunx, ugis,* f. (Servante) *Famula, ae,* f. De —, *muliebris, e;* — de qualité, *matrona, ae,* f.; petite —, *muliercula, ae,* f.; comme une —, *muliebriter;* descendance par les —, *obliquum genus,* n.; vieille —, *anus, us,* f.; de vieille —, *anilis, e;* une maîtresse femme, *virago, ginis,* f.; sage-femme, *obstetrix, icis,* f.; prendre —, *uxorem ducĕre*;* prendre pour —, *matrimonio sibi jungĕre** (acc.); avoir pour —, *habēre* in matrimonio* (acc.); être la — de, *tenēre* matrimonium* (gén.); — de chambre, *ornatrix, icis,* f.
femmelette, f. **1.** *Muliercula, ae,* f. ◆ **2.** (Fig.) *Mulier, eris,* f.
fémur, m. *Femur, oris,* n.
fenaison, f. *Fenisicia, ae,* f. *Fenisicia, iorum,* npl.
fendiller (se), r. *Rimas agere, o*.*
fendre, tr. **1.** *Findere, o*. Diffindere, o*. Discindere, o*.* Aisé à —, *fissilis, e.* ◆ **2.** (Fig.) Tu me fends la tête, *me obtundis*.* ◆ **3.** Intr. et
SE FENDRE, r. *Findi*.* Faire —, *rumpĕre** (acc.); le cœur me fend, *discrucior.*
fenêtre, f. **1.** *Fenestra, ae,* f. Petite —, *fenestrella, ae,* f.; qui a des —, *fenestratus, a, um;* regarder par les —, *ex fenestris prospectare;* avoir des — au midi, *lumina capere (io*) a meridie.* ◆ **2.** (Fig.) Jeter l'argent par les —, *egurgitare domo argentum.*
fenil, m. *Fenile, is,* n.
fenouil, m. *Feniculum, i,* n.
fente, f. *Rima, ae,* f. Petite —, *rimula, ae,* f.; qui a des —, *rimosus, a, um.*
fer, m. **1.** Métal. *Ferrum, i,* n. De —, *ferreus, a, um;* garni de —, *ferratus;* mine de —, *ferraria, ae,* f.; minerai de —, *strictura, ae,* f.; outils de —, *ferramenta, orum,* npl. (Fig.) Cœur de —, *durus animus,* m.; qui a un cœur de —, *ferreus.* ◆ **2.** Objets en fer. Pointe de pique, de flèche. *Acies, ei,* f. (Épée) *Ferrum,* n. *Telum, i,* n. Porter le fer et la flamme dans, *ferro atque igni vastare* (acc.). (Hache) *Ferrum.* (Bistouri) *Scalprum, i,* n. Fer chaud, *ignea lamina,* f.; marqué d'un fer rouge, *litteratus.* Fer à cheval, *solea, ae,* f.; en fer à cheval, *lunatus.* ◆ **3.** (Pl.) Chaînes. *Vincula, orum,* npl. *Catenae, arum,* fpl. (Aux pieds) *Compedes, um,* fpl. Mettre aux fers, *in vincula conjicĕre, io*;* avoir les fers aux pieds, *compedibus tenēri*;* briser les fers, *eximĕre* (aliquem) ex vinculis.* ◆ **4.** (Fig.) *Servitus, utis,* f. Être dans les fers, *servire;* briser les fers de, *servitute liberare* (acc.).
férié, adj. m. *Feriatus, a, um.* Jour —, *feriae, arum,* fpl.
férie, f. *Feria, ae,* f.

férir, tr. Sans coup —, *sine ullā dimicatione;* (fig.) *sine ullo negotio.*

fermage, m. *Locatio, onis*, f.

fermant, ante, adj. *Clusilis, e.*

1. ferme, **I.** Adj. **1.** *Firmus, a, um. Stabilis, e.* D'un pas ferme, *pleno gradu;* de pied —, *stabili gradu;* regard —, *recti oculi;* prunes —, *pruna solida*, npl.; la terre —, *continens terra*, f. ◆ **2.** (Fig.) *Firmus. Constans, antis.* Ame —, *animus fortis;* demeurer — dans son sentiment, *in sententiā constare**; n'être pas —, *fluctuare;* d'un ton —, *voce confirmatā;* avoir un style plus —, *nervosius dicĕre**. ◆ **II.** Adv. *Firmiter.* Tenir —, *constanter pugnare;* ferme! *bono animo esto!*

2. ferme, f. **1.** Louage. (Du point de vue du bailleur) *Locatio, onis*, f. (Du point de vue du preneur) *Conductio, onis*, f. Donner à —, *locare;* prendre à —, *conducĕre**. ◆ **2.** — des revenus publics. *Redemptурае, arum*, fpl. (Administration) *Vectigalium societas, atis*, f. ◆ **3.** Bien rural. *Praedium, ii*, n. (Maison) *Villa, ae*, f. Petite —, *praediolum, i*, n.; exploitation d'une —, *villicatio, onis*, f.; exploiter une —, *villicare.*

fermement, adv. *Firmiter.* Je suis — résolu à, *certum est deliberatumque* (inf.).

ferment, m. **1.** *Fermentum, i*, n. ◆ **2.** (Fig.) *Semen, inis*, n.

fermentation, f. **1.** *Fervor, oris*, m. (De la terre) *Fermentum, i*, n. ◆ **2.** (Fig.) *Fervor. Aestus, us*, m. (Sédition) *Motus, us*, m.

fermenter, intr. **1.** *Fermentari. Confervescere, o**. Faire —, *fermentare.* ◆ **2.** (Fig.) *Effervescere, o**. *Exardescĕre, o**.

fermer. I. Tr. *Claudere, o**. *Occludere, o**. Fermer sa porte, *domi se includĕre**; fermer sa porte à qqn, *excludĕre** *aliquem;* fermer sa porte à qqch., *habēre** *domum clausam ad;* — la main, *pugnum facĕre, io**; — les (ses) yeux, *connivēre**; — une lettre, *epistulam obsignare;* — la bouche à qqn, *vocem alicui includĕre**; — le chemin, *iter intercludĕre**; — l'accès à, *excludĕre** (acc.); se — l'accès du sénat, *sibi curiam praecludĕre**; — la marche, *agmen cogĕre**; qui a la main fermée (fig.), *parcus donandi;* fermé (enclos), *saeptus, a, um.* ◆ **II.** Intr. Fermer mal, *hiare.*

fermeté, f. **1.** *Stabilitas, atis*, f. *Firmitas, atis*, f. ◆ **2.** (Fig.) *Constantia, ae*, f. (*Animi*) *firmitas, virtus* (f.) ou *robur* (n.). Agir avec —, *animo forti magnoque esse;* je manque de —, *animi nihil habeo**.

fermeture, f. **1.** *Claustra, orum*, npl. Après la — de la porte, *clausis portis.* ◆ **2.** (Fig.) Après la — des débats, *diremptā controversiā.*

fermier, m. **1.** — des revenus publics, *publicanus, i*, m.; — des dîmes, *decumanus, i*, m.; — d'un port, *portitor, oris*, m. ◆ **2.** — (d'une terre).

Villicus, i, m. Fermière, *villica, ae*, f.
fermoir, m. *Offendix, icis*, f.
féroce, adj. *Ferus, a, um. Immanis, e.* Bête —, *fera, ae*, f.
férocité, f. *Immanitas, atis*, f.
ferrer, tr. **1.** *Ferro munire.* Ferré, *ferratus, a, um.* — (un cheval), *soleas induěre* (dat.). ◆ **2.** (Fig.) Être ferré sur, *callēre** (acc.). ◆ **3.** — une route, *viam munire;* route ferrée, *stratum iter.*
ferrement, m. *Ferramentum, i*, n.
ferrugineux, euse, adj. *Ferrugineus, a, um.* Eaux —, *ferratae aquae*, fpl.
fertile, adj. **1.** *Fertilis, e. Ferax, acis.* — en blé, *frumentarius, a, um.* ◆ **2.** (Fig.) *Ferax. Uber, eris.*
fertilement, adv. *Fertiliter.*
fertiliser, tr. *Fertilem efficere, io**. — (un sol inculte), *mitigare.*
fertilité, f. **1.** *Fertilitas, atis*, f. *Ubertas, atis*, f. ◆ **2.** (Fig.) *Ubertas. Copia, ae*, f.
férule, f. *Ferula, ae*, f. Recevoir des coups de —, *ferulis vapulare.*
fervent, ente, adj. *Fervens, entis.*
ferveur, f. *Fervor, oris*, m. Avec —, *ardente pietatis affectu.*
fescennin, ine, adj. *Fescenninus, a, um.*
fesse, f. *Clunis, is*, m. f.
festin, m. *Epulae, arum*, fpl. — public, *epulum, i*, n.; faire un —, *epulari;* donner un —, *convivari;* celui qui donne un —, *convivator, oris*, m.; de —, *epularis, e.*
feston, m. **1.** *Serta, orum*, npl. ◆ **2.** (Arch.) *Encarpa, orum*, npl.
festoyer, tr. *Festive excipere, io**.
fête, f. **1.** (Religieuse) *Feriae, arum*, fpl. *Sollemne, is*, n. Les — de Bacchus, *Liberalia, ium*, npl. ◆ **2.** (Profane) *Festus dies*, m. Célébrer des jours de —, *dies festos agěre**; en fête, *festus, a, um.* ◆ **3.** (Fig.) Troubler la —, *gaudium contaminare;* on se fait une — de, *juvat** (inf.); faire — à, *comiter accipěre, io** (acc.); ce ne sera pas toujours —, *non semper erunt Saturnalia.*
fétide, adj. *Foetidus, a, um. Taeter, tra, trum.* Avoir une odeur —, *foetēre**.
fétidité, f. *Foetor, oris*, m.
fétu, m. *Festucula, ae*, f.
1. feu, m. **I. 1.** Elément. *Ignis, is*, m. De —, *igneus, a, um;* tirer du —, *ignem elicere, io** (*ex*); prendre —, *ignem concipěre, io**; *accendi**; (fig.) *incendi** (*in*, acc.); être en —, *ardēre**; mettre au —, *in ignem inferre**; mettre le feu à, *ignem admovēre** (dat.); divination par le —, *ignispicium, ii*, n.; jeter de l'huile sur le —, *camino oleum adděre**; jeter feu et flamme, *excandescěre**. ◆ **2.** Foyer. *Focus, i*, m. *Ignis.* Le feu de la cheminée, *caminus, i*, m.; qui n'a ni feu ni lieu, *ejectus*

homo; erro, onis, m. ◆ 3. Incendie. *Flamma, ae*, f. *Incendium, ii*, n. *Ignis*. Mettre le feu à, *incendĕre** (acc.); mettre tout à feu et à sang, *omnia cruore et flammā delēre;* être en feu (propre et fig.), *ardēre*; conflagrare;* crier au feu, *conclamare incendium*. ◆ 4. Lumière et chaleur célestes. (Des astres) *Ignis*. (Du soleil) *Ardor, oris*, m. (De la foudre) *Ignes, ium*, mpl. ◆ II. (Fig.) 1. Vivacité. *Ardor. Impetus, us*, m. Avec plus de —, *ardentius;* avoir du —, *calēre*;* parler avec —, *ferventer loqui**. ◆ 2. Amour. *Flamma. Ignis*. ◆ 3. Éclat. *Fulgor, oris*, m. Le feu du regard, *oculorum ignis*.

2. feu, feue, adj. *Defunctus, a, um*.

feuillage, m. *Frons, frondis*, f.

feuille, f. 1. D'arbre. *Folium, ii*, n. Mettre des —, *frondescĕre*;* être en —, *frondēre**. ◆ 2. (De papier) *Charta, ae*, f. *Scida, ae*, f. (De métal ou de bois) *Lamina, ae*, f. (De cuivre) *Tabella, ae*, f. (D'or, d'argent) *Bractea, ae*, f. (De marbre) *Crusta, ae*, f.

feuillée, f. *Frons, frondis*, f.

feuiller, intr. *Frondescere, o**.

feuillet, m. 1. (De papier) *Scida, ae*, f. ◆ 2. (De plancher) *Loricatio, onis*, f. ◆ 3. (De ruminant) *Fendicae, arum*, fpl.

feuilleter, tr. *Evolvere, o**. — assidûment, *pervolutare*.

feuillu, ue, adj. *Frondens, entis. Foliosus, a, um*.

feutre, m. *Coacta, orum*, npl. De —, *coactilis, e*.

fève, f. *Faba, ae*, f. De —, *fabaceus, a, um;* purée de —, *fabacia, ae*, f.; — d'Égypte, *colocasia, ae*, f.

février, m. *Februarius mensis*, m. De —, *Februarius, a, um*.

fi ! interj. *Phui!* Fi donc ! *Turpe dictu!* Fi de, *apage* (acc.); faire fi de, *pro nihilo ducĕre** (acc.).

fiacre, m. *Raeda, ae*, f.

fiançailles, fpl. *Sponsalia, ium*, npl.

fiancer, tr. *Despondere, eo**. Se — à, *despondēre sibi* (acc.); fiancé, *desponsatus, a, um*.

fiancé, m. *Sponsus, i;* fiancée, *sponsa, ae*, f.

fibre, f. *Fibra, ae*, f.

fibreux, euse, adj. *Fibratus, a, um*.

fic, m. *Ficus, i*, m.

ficeler, tr. (*Funiculo*) *colligare*.

ficelle, f. *Funiculus, i*, m.

fiche, f. (De fer) *Scapus, i*, m.

ficher, tr. *Figere, o**.

fichu, m. *Strophium, ii*, n.

fictif, ive, f. *Fictus, a, um. Commenticius*.

fiction, f. 1. *Commentum, i*, n. Les —, *ficta, orum*, npl. ◆ 2. (Jur.) *Fictio, onis*, f.

fictivement, adv. *Ficte. Simulate*.

fidéicommis, m. *Fideicommissum, i*, n. Confier par —, *fideicommittere, o**.

fidéicommissaire, m. *Fideicommissarius, ii*, n.

fidèle. **I.** Adj. *Fidelis, e* (dat. ou *in*, acc.). *Fidus, a, um* (dat.). — à ses devoirs, *omnis officii diligentissimus;* rester — à, *fidem retinēre** (gén.); *in fide stare** (gén.); être — (à l'amitié, à l'honneur), (*amicitiam*) *servare,* (*honestatem*) *retinēre*;* témoin —, *testis integer;* son portrait —, *sui similis species, f.* ◆ **II.** Nom m. *Fidelis, is,* m.

fidèlement, adv. *Fideliter.*

fidélité, f. *Fidelitas, atis,* f. *Fides, ei,* f. — envers qqn, *fides erga aliquem;* — au devoir, *religio officii;* ébranler la — de, *sollicitare* (acc.); prêter serment de — à, *jurare in verba* (gén.).

fiduciaire, adj. *Fiduciarius, a, um.*

fief, m. *Beneficium, ii,* n.

fieffé, ée, adj. (Fig.) *Insignis, e.*

fiel, m. **1.** *Fel, fellis,* n. ◆ **2.** (Fig.) *Fel. Virus, i,* n. Fielleux, *veneni plenus, a, um; amarus.*

fiente, f. *Stercus, oris,* n.

fier (se), r. *Fidere, o** (*alicui* ou *re*). Qui se fie à, *fretus, a, um* (*re*); ne pas se fier à, *diffidĕre** (dat.); à qui l'on peut, l'on ne peut pas se fier, *tutus; infidus.*

fier, ère, adj. **1.** Hautain. *Superbus, a, um.* Être —, *elato animo esse;* rendu —, *sublatus;* fier de, *elatus* (abl.); être — (de), *superbire* (abl.); *ferocem esse quod* (indic. ou subj.). ◆ **2.** Noble. *Generosus, a, um. Magnanimus.* ◆ **3.** Grand. *Ingens, entis.*

fier-à-bras, m. (*Miles*) *gloriosus,* m.

fièrement, adv. **1.** *Superbe. Insolentius.* ◆ **2.** *Alto vultu.* (Grandement) *Summe.*

fierté, f. **1.** *Superbia, ae, f.* Avec la — que je te connais, *quae tua est gloria;* éviter la —, *fastidium fugere, io**. ◆ **2.** *Magnanimitas, atis,* f. Conserver sa —, *excelso animo esse.*

fièvre, f. **1.** *Febris, is,* f. — intermittente, *febris vaga;* accès de —, *febris impetus, us,* m.; fièvre légère, *febricula, ae,* f.; avoir la —, *febricitare;* prendre la —, *in febrim incĭdĕre*;* la — est tombée, *febris decessit*;* déclin de la —, *febris remissio, onis,* f.; donner la —, *febrim adducĕre**. ◆ **2.** (Fig.) *Aestus, us,* m.

fiévreux, euse, adj. *Febriculosus, a, um.*

fifre, m. *Gingrina, ae,* f. Joueur de —, *fistulator, oris,* m.; *gingrinator,* m.

figer, tr. *Coagulare.* Se —, *concrescere, o**.

figue, f. *Ficus, us* et *i,* f.; — verte, *grossus, i,* m. f.; — sèche, *carica, ae,* f.

figuier, m. *Ficus, us* et *i,* f. De —, *ficulneus, a, um;* lieu planté de —, *ficetum, i,* n.; — sauvage, *caprificus, i,* f.

figure, f. **1.** Forme. *Figura, ae,* f. *Species, ei,* f. — géométrique, *forma, ae,* f. ◆ **2.** Visage. *Os, oris,* n. (Contenance) *Habitus, us,* m. Faire bonne —, *florere**. (Représentation, allégorie) *Effigies, ei,*

f. ◆ 3. — de gr. ou de rhét. *Figura. Tropus, i,* m. Parler sans figure, *recte loqui**.

figuré, m. (Parler) au figuré, *imagine uti**.

figurer. I. Tr. 1. *Describere, o**. ◆ 2. En peinture. *Pingere, o**. ◆ 3. Être la représentation de. *Effingere, o**. ◆ II. Intr. Être présent. *Esse. Adesse**.

SE FIGURER, r. (*Sibi*) *fingĕre** (acc. ou inf.). Je me — voir, *videor* mihi vidēre;* il se figurait qu'il avait le droit..., *induxit* animum sibi licēre...*

figurine, f. *Sigillum, i,* n. Orné de —, *sigillatus, a, um.*

fil, m. 1. *Filum, i,* n. Fil à plomb, *linea, ae,* f.; (fig.) ne tenir qu'à un —, *tenui filo pendēre*;* donner du fil à retordre, *negotium exhibēre** (dat.). ◆ 2. Tranchant. *Acies, ei,* f. Faire perdre le —, *aciem praestringĕre*;* passer au — de l'épée, *ferro trucidare.* ◆ 3. Courant. *Secunda aqua,* f. Contre le —, *adverso flumine.* ◆ 4. (Fig.) Suite. *Contextus, us,* m. *Series, ei,* f. Sans interrompre le — des idées, *non interrupte;* il perd le —, *ei mens effluit**.

filage, m. *Lanificium, ii,* n.

filament, m. et **filandres,** fpl. *Filum, i,* n. *Fibra, ae,* f.

filamenteux, euse, adj. et **filandreux, euse,** adj. *Capillosus, a, um.*

filandière, f. *Lanifica, ae,* f.

filant, ante, adj. Étoile —, *stella transvolans,* f.; (pl.) *stellarum trajectiones,* f.

filasse, f. *Stuppa, ae,* f.

filateur, m. *Lanarius, ii,* m.

filature, f. (De laine) *Lanaria, ae,* f.

file, f. *Ordo, inis,* m. Sur une seule —, *simplici ordine;* marchant en file, *agmine continuo;* faire par file à droite, *retorquēri* agmen ad dexteram.*

filer. I. Tr. *Nere, neo.* Occupé à —, *lanae deditus, a, um;* filer une corde, *funem exordiri*;* filer (une scène), *deducĕre*;* filer (une voile), *laxare.* ◆ II. Intr. 1. S'allonger. *Fila mittere, o**. ◆ 2. Se défiler. *Abire* (*eo**). Faire —, *traducĕre** (acc.); filer doux, *non obniti**. Une étoile file, *stella transvolat.*

filet, m. 1. Petit fil. *Praetenue filum,* n. (Racine) *Radicula, ae,* f. (Filet de la langue) *Membrana, ae,* f. Ceux qui ont le —, *quorum linguae inhaerent**. (Filet de liquide) *Vena, ae,* f. Un filet d'eau, *aquula, ae,* f.; un — de voix, *exilis vox,* f. ◆ 2. Rets. *Reticulum, i,* n. (Pour la pêche) *Rete, is,* n. (Pour la chasse) *Plagae, arum,* fpl. ◆ 3. (Fig.) Prendre dans les filets, *irretire.* ◆ 4. Partie du dos. *Lumbuli, orum,* mpl. *Pulpae, arum,* fpl.

fileur, euse, m. et f. *Lanarius, ii,* m. *Lanifica, ae,* f.

filial, ale, adj. Piété —, *pietas in parentes.*

filialement, adv. *Filii more.*

filiation, f. 1. *Filiatio, onis,* f. ◆ 2. (Fig.) *Genus, eris,* n.

filière, f. (Fig.) Faire passer

par la —, *exercere, eo** (acc.).

fille, f. **1.** (Parenté) *Filia, ae,* f. Fille de, *nata* (abl.); fille toute jeune, *filiola, ae,* f.; petite-fille, *neptis, is,* f.; belle-fille, *privigna, ae,* f.; (femme du fils) *nurus, us,* f. (Fig.) L'amitié est fille du besoin, *amicitia ex inopiā nata* est,* ◆ **2.** (Sexe) Jeune fille. *Puella, ae,* f. *Virgo, inis,* f. De —, *virginalis, e;* elle resta —, *fuit perpetua virgo.* ◆ **3.** Fille de service, *ancilla, ae,* f. Fille publique, *meretrix, icis,* f.

fillette, f. *Puellula, ae,* f.

filleul, eule, m. et f. *Filiolus, i,* m. *Filiola, ae,* f.

filon, m. *Vena, ae,* f.

filoselle, f. *Placium, ii,* n.

filou, m. *Furunculus, i,* m.

filouter, tr. *Subripere, io**.

filouterie, f. *Furtum, i,* n.

fils, m. **1.** (Parenté) *Filius, ii,* m. Les fils, *filii; liberi, orum,* mpl.; fils de, *natus* (abl.); fils tout jeune, *filiolus, i,* m.; petit-fils, *nepos, otis,* m.; beau-fils, *privignus, i,* m.; (gendre) *gener, eri,* m. ◆ **2.** (Fig.) Fils de ses œuvres, *faber suae fortunae.* ◆ **3.** (Sexe) *Filius. Puer, eri,* m.

filtration, f. *Percolatio, onis,* f.

filtre, m. *Colum, i,* n.

filtrer, tr. *Percolare.* ◆ Intr. *Perfluere, o**.

1. fin, f. **1.** Extrémité. *Finis, is,* m. (qqf. f. au sg.). *Extremus, a, um.* Attendre la fin, *ultima exspectare;* à la fin de la lettre, *in extremā epistulā;* à la fin de la 5ᵉ année, *quinto anno exeunte;* avant la fin de l'hiver, *nondum hieme confecta;* l'hiver tirait à sa fin, *hiems praecipitaverat;* la fin d'un discours, *orationis clausula, ae,* f.; lire du commencement à la fin, *deinceps legĕre*;* qui n'a ni commencement ni fin, *aeternus, a, um;* mouvement sans fin, *motio perennis,* f.; qui a une fin, *mortalis, e;* mettre fin à, *finem facĕre, io** (gén. ou dat.); mettre fin au doute, *dubitationem tollĕre*;* à la fin, *postremo.* ◆ **2.** Issue. *Exitus, us,* m. Toucher à la fin, *in effectu esse;* on n'en voit pas la fin, *explicari res non potest*.* ◆ **3.** Mort. *Finis. Exitus.* Toucher à sa fin, *naturā jam occĭdere*;* faire une triste fin, *misere perire* (*eo**); la fin du monde, *mundi ruina, ae,* f.; à la fin du monde, *supremo tempore mundi.* ◆ **4.** But. *Finis. Propositum, i,* n. Arriver à ses fins, *propositum assequi*;* à cette fin, *ad id ipsum;* fin de non-recevoir, *exceptio, onis,* f.

2. fin, ine, adj. **1.** (Corps) *Exilis, e.* Qui a une taille fine, *gracilis, e;* écrire fin, *minute scribĕre*;* pierreries fines, *gemmae non fictitiae.* ◆ **2.** (Sens) *Acer, acris, acre. Acutus, a, um.* Une bouche fine, *magister cenandi;* mets fins, *delicatus cibus.* ◆ **3.** (Esprit) *Subtilis, e. Acutus.* (Rusé) *Versutus, a, um.* Fine mouche, *mulier dolosa,* f.; tromper plus fin que soi, *cornici oculum configĕre*.*

final, ale, adj. *Terminalis, e.* Cause —, *finis, is,* m.

finalement, adv. *Ad extremum.*

finances, fpl. **1.** L'état de mes —, *rationes meae sumptuariae.* ◆ **2.** — publiques. *Aerarium, ii,* n. Organiser les —, *rem nummariam constituere.*

financer, intr. *Numerare (pecuniam).*

financier, ère, I. Adj. *Nummarius, a, um.* ◆ **II.** Nom m. *Argentarius, ii,* m.

finasser, intr. *Nimis callide agere, o*.*

finasserie, f. *Versutia, ae,* f.

finasseur, euse, et **finassier, ère,** adj. *Veterator, oris,* m. *Veteratrix, icis,* f.

finaud, aude, adj. *Vafer, fra, frum. Vafellus, a, um.*

finement, adv. **1.** *Tenuiter.* ◆ **2.** et **3.** *Subtiliter.* (Avec ruse) *Callide.*

finesse, f. **1.** (Corps) *Tenuitas, atis,* f. *Gracilitas, atis,* f. ◆ **2.** (Sens). *Acies, ei,* f. ◆ **3.** (Esprit) *Subtilitas, atis,* f. *Acumen, inis,* n. Parler avec —, *argute loqui*.* (Plaisanterie) *Sal, is,* m. (Ruse) *Calliditas, atis,* f. *Dolus, i,* m.

fini, m. *Perfectio, onis,* f. Manquer de —, *non plane perfectum* esse.*

finir. I. Tr. **1.** Terminer. *Finire.* ◆ **2.** Accomplir entièrement. *Conficere.* ◆ **3.** Être à la fin de. *Concludere, o*.* **4.** Polir. *Expolire.* **II.** ◆ Intr. **1.** Cesser de faire. *Desinere, o** (abl.). Finir de poursuivre, *absistĕre* sequendo;* en finir avec, *conficĕre, io* (de re);* je n'en finirais pas, *longum est* (infin.); finir de parler, *dicendi finem facĕre, io*;* pour en finir, *ne plura.* ◆ **2.** Cesser d'être. *Finiri. Finem habere, eo*.* Une vie qui finit, *vita occĭdens.* ◆ **3.** Avoir une issue. *Evadere, o*.* Il finit par tout bouleverser, *vertit* ad extremum omnia;* qui finit mal, *male cedens.* ◆ **4.** Mourir. *Mori, ior*. Perire, eo*.*

fiole, f. *Ampulla, ae,* f.

firmament, m. *Firmamentum, i,* n.

fisc, m. *Fiscus, i,* m. Adjuger au —, *publicare.*

fiscal, ale, adj. *Fiscalis, e.*

fissure, f. *Fissura, ae,* f.

fistule, f. *Fistula, ae,* f. — lacrymale, *aegilops, opis* (acc. *opa*), f.

fixation, f. *Definitio, onis,* f.

fixe, adj. **1.** *Fixus, a, um.* D'un œil —, *oculis intentis.* ◆ **2.** (Fig.) *Status, a, um. Certus.* Qui a une idée —, *intentus (ad).*

fixement, adv. Regarder —, *figĕre* oculos in* (abl.).

fixer, tr. **1.** Assujettir. *Figere, o*.* Fixer les regards (d'autrui), *oculos inflectĕre*.* (Fig.) — qqch. dans l'esprit, *defigĕre aliquid in mentibus;* — son attention (sur), *defigĕre* animum (in re* ou *in rem).* ◆ **2.** Établir. *Constituere, o.* Être fixé à, *habitare (in,* abl.; abl. seul des noms de villes et de petites îles; locatif); fixé, *incola, ae,* m.

et f. ◆ 3. Déterminer. *Finire.* — un jour, *diem dicĕre**; fixé par la loi, *legitimus, a, um.*

SE FIXER, r. **1.** S'établir. *Considere, o**. ◆ **2.** Se déterminer. *Haerere, eo** (*in*, abl.). Fixé, *certus, a, um;* qui n'est pas —, *dubius* (gén.).

fixité, f. **1.** — du regard, *intentio* (*onis*, f.) *oculorum.* ◆ **2.** (Fig.) *Constantia, ae,* f.

flacon, m. *Laguncula, ae,* f. — d'odeur, *olfactorium, ii,* n.

flagellation, f. *Flagellatio, onis,* f.

flageller, tr. **1.** *Flagellis caedere, o**. ◆ **2.** (Fig.) *Lacerare.*

flageoler, intr. *Talipedare.*

flageolet, m. *Gingrina, ae,* f.

flagorner, tr. *Scurrari,* intr. *Adulari* (acc.).

flagornerie, f. *Adulatio, onis,* f.

flagorneur, m. *Assentator, oris,* m. *Scurra, ae,* m.

flagrant, ante, adj. *Manifestus, a, um.* En flagrant délit, *in manifestā re;* prendre en — délit, *deprehendĕre** *in manifesto scelere;* être pris en — délit, *manifesto tenēri**.

flair, m. *Nares, ium,* fpl.

flairer, tr. *Olfacere, io**.

flamant, m. *Phoenicopterus, i,* m.

flambeau, m. **1.** *Taeda, ae,* f. ◆ **2.** (Fig.) (Astres) *Fax, acis,* f. (Représentant éminent) *Lumen, inis,* n.

flamber. **I.** Intr. *Flammas spargere, o**. Qui —, *luculentus, a, um.* ◆ **II.** Tr. *Ustulare.*

flamboyant, ante, adj. *Flammeus, a, um.*

flamboyer, intr. *Effulgere, eo**.

flamine, m. *Flamen, inis,* m.

flamme, f. **1.** *Flamma, ae,* f. Petite —, *flammula, ae,* f. ◆ **2.** Incendie. *Incendium, ii,* n. Livrer aux —, *inflammare.* ◆ **3.** Banderole. *Vexillum, i,* n.

flammèche, f. *Scintilla, ae,* f.

flanc, m. **1.** Côté. *Latus, eris,* n. (De la mère) *Alvus, i,* f. ◆ **2.** (Fig.) Se battre les — *multum sudare;* prêter le —, *latus* ou *materiam praebēre** (dat.); en flanc, sur les flancs (milit.), *a latere.*

Flandre. *Flandrae, arum,* fpl. De —, *Flandrensis, e.*

flâner, intr. *Cessare.*

flânerie, f. *Desidia, ae,* f.

flâneur, euse, m. et f. *Cessator, oris,* m. *Cessatrix, icis,* f.

flanquer, tr. **1.** Garnir. *Munire.* ◆ **2.** Assener, *Impingĕre, o**.

flaque, f. *Stagnum, i,* n. *Alluvies, ei,* f.

flasque, adj. *Flaccidus, a, um.* Devenir —, *flaccescĕre**; être —, *flaccēre**.

flatter, tr. **1.** Caresser. *Blandiri* (dat.). ◆ **2.** Louer. (Par complaisance) *Blandiri.* (Par bassesse) *Adulari* (acc.). (Par hypocrisie) *Assentari* (dat.). Chercher à obtenir en flattant, *eblandiri* (acc.); flatter les passions de la plèbe, *plebi indulgēre**. ◆ **3.** Causer un plaisir à. *Delenire* (acc.). *Blandiri* (dat.). Flatter les oreilles, les yeux, *permulcēre**. ◆ **4.** Embellir. Le peintre l'a flatté, *aberrat in melius effigies*. ◆ **5.** Tromper. Flatter (qqn) d'une espérance, *spem ostentare* (*alicui*).

SE FLATTER, r. **1.** Avoir une trop haute idée de soi. *Sibi assentari. Sibi blandiri.* ◆ **2.** Se — de (espérer). *Oblectari* (*spe*). *Confidere, o** (prop. inf. au fut.).

flatterie, f. *Blanditiae, arum,* fpl. *Adulatio, onis,* f. *Assentatio, onis,* f. *Obsequium, ii,* n. Par —, *adulatorie*.

flatteur, euse. I. Adj. **1.** *Assentatorius, a, um.* ◆ **2.** (Fig.) (Agréable) *Gratus, a, um.* (Favorable) *Secundus, a, um. Honorificus.* Il est — de, *honori ducitur** (inf.). **II.** Nom m. et f. *Assentator, oris,* m. *Assentatrix, icis,* f.

flatteusement, adv. **1.** *Blande.* ◆ **2.** (Fig.) *Honorifice.*

flatuosité, f. *Inflatio, onis,* f. *Flatus, us,* m.

fléau, m. **1.** *Pertica, ae,* f. ◆ **2.** (D'une balance) *Scapus, i,* m. ◆ **3.** (Fig.) *Pestis, is,* f.

flèche, f. **1.** *Sagitta, ae,* f. Lancer des —, *sagittare*. ◆ **2.** D'une voiture. *Temo, onis,* m.

fléchir. I. Tr. **1.** *Inflectere, o**. ◆ **2.** (Fig.) *Flectere, o**. *Placare.* Qui se laisse —, *exorabilis, e* ◆ **II.** Intr. **1.** *Incurvari.* ◆ **2.** (Fig.) *Cedere, o** (dat.). *Vinci, or**.

fléchissement, m. *Flexio, onis,* f.

flegmatique, adj. Fig. *Lentus, a, um.*

flegme, m. *Phlegma, atis,* n. ◆ (Fig.) *Praesens* (*entis*) *animus* (*i*), m.

flegmon, m. *Phlegmone, es,* f.

flétrir, tr. **1.** Faner. *Decolorare.* Flétri, *marcidus, a, um.* ◆ **2.** (Fig.) *Deflorare.* ◆ **3.** Déshonorer. *Infamare. Maculare.* Flétri, *infamis, e.*

SE FLÉTRIR, r. **1.** *Marcescere, o**. ◆ **2.** (Fig.) *Deflorescere, o**.

flétrissant, ante. *Ignominiosus, a, um.*

flétrissure, f. **1.** *Marcor, oris,* m. ◆ **2.** Déshonneur. *Nota, ae,* f. *Dedecus, oris,* n.

fleur, f. **1.** *Flos, oris,* m. Suivre un chemin semé de —, *per laeta procedĕre**. ◆ **2.** (Fig.) Éclat. *Flos.* Être dans la fleur de l'âge, *florēre* aetate*. ◆ **3.** (Ornement du style) *Flos. Ornamenta, orum,* npl. ◆ **4.** (Élite) *Flos.* ◆ **5.** Duvet des fruits. *Lanugo, inis,* f. ◆ **6.** (Moisissure du vin) *Flos* (*vini*). ◆ **7.** Loc. prép. A FLEUR DE (terre), *summo* (*solo*); yeux à — de tête, *oculi prominentes*.

fleurer, intr. *Olere, eo**.

fleuret, m. *Rudis, is,* f.

fleurette, f. **1.** *Flosculus, i,* m. ◆ **2.** (Fig.) *Blanditiae, arum,* fpl.

fleurir. I. Intr. **1.** *Florere, eo**. Commencer à —, *florescere, o**. Fleuri, *floridus, a, um.* ◆

2. (Fig.) Briller. *Florēre. Vigere, eo**. Fleuri, *nitidus, a, um;* (style) *florens, entis.* ◆ **II.** Tr. *Floribus vestire* (acc.).

fleuriste, m. et f. **1.** Qui cultive les fleurs. *Florum cultor, oris,* m. ◆ **2.** Qui vend des fleurs. *Coronarius, ii,* m. *Coronaria, ae,* f.

fleuron, m. *Flos, oris,* m.

fleuve, m. **1.** Grand cours d'eau. *Amnis, is,* m. ◆ **2.** Cours d'eau. *Fluvius, ii,* m. *Flumen, inis,* n. Qui vit dans un —, *fluviatilis, e.* ◆ **3.** Divinité. *Fluvius, ii,* m.

flexible, adj. **1.** *Flexibilis, e.* ◆ **2.** (Fig.) *Mollis, e.*

flexion, f. *Inflexio, onis,* f. *Flexus, us,* m.

flibustier, m. *Pirata, ae,* m.

flocon, m. *Floccus, i,* m.

floconneux, euse, adj. *Floccosus, a, um.*

floraison, f. *Conceptus, us,* m. Avant la —, *ante florem.*

floral, ale, adj. *Floralis, e.*

flore, f. *Flora, ae,* f.

Florence. *Florentia, ae,* f. De —, *Florentinus, a, um.*

florissant, ante, adj. *Florens, entis.* Être —, *florēre**; *vigēre**.

flot, m. **1.** *Fluctus, us,* m. Mettre à flot, *deducĕre** (acc.). ◆ **2.** Marée montante. *Aestus, us,* m. ◆ **3.** (Fig.) Flots de sang, *cruor undans;* à flots, *ubertim;* les flots de la multitude, *turba fluctuantis populi.*

flotte, f. *Classis, is,* f. De la —, *classicus, a, um;* équiper une —, *classem instituĕre.* — marchande, *cataplus, i,* m.

flotter, intr. **1.** *Fluctuare.* Flottant, *fluitans, antis.* ◆ **2.** (Fig.) Laisser — ses cheveux, *crinem effundĕre**; laisser — les rênes, *habenas remittĕre**. ◆ **3.** Être errant. *Vagari.* ◆ **4.** Être irrésolu. *Fluctuare.* Flottant, *incertus, a, um;* flottant entre, *anceps inter* (acc.).

flottille, f. *Classicula, ae,* f.

flouer, tr. *Deludere, o**.

fluctuation, f. *Fluctuatio, onis,* f.

fluet, ette, adj. *Exilis, e.*

fluide. I. Adj. *Fluidus, a, um.* Devenir —, *fluescĕre**. ◆ **II.** Nom m. *Liquor, oris,* m. Les —, *liquida, orum,* npl.

fluidité, f. *Liquor, oris,* m. Perdre sa —, *crassescĕre**.

flûte, f. *Tibia, ae,* f. Au son de la —, *ad tibicinem;* art de jouer de la —, *tibicinium, ii,* n.; flûte de Pan, *fistula, ae,* f.

flûter, intr. *Tibiis cantare.*

flûteur, euse, m. et f., et **flûtiste,** m. *Tibicen, inis,* m. *Tibicina, ae,* f.

fluvial, ale et **fluviatile,** adj. *Fluvialis, e.*

flux, m. **1.** Marée. *Aestus, us,* m. Le — et le reflux, *aestus reciproci,* mpl.; (fig.) *vices,* fpl. ◆ **2.** Écoulement. *Fluxio, onis,* f. ◆ **3.** (Fig.) *Profluentia, ae.*

fluxion, f. **1.** Des yeux. *Tumor* (*oris,* m.) *oculorum* ◆ **2.** De poitrine. *Peripneumonia, ae,* f.

foi, f. **1.** Fidélité. *Fides, ei,* f. S'en remettre à la foi de, *fidem sequi** (gén.); manquer à sa foi, *fidem fallĕre**; (homme) sans foi, *fallax, acis;* sur la foi de, *confisus* (*alicui* ou *aliquā re*); par ma foi, *mehercule; me dius fidius.* ◆ **2.** Loyauté. Bonne foi, (*bona*) *fides;* les hommes de bonne foi, *justi et fidi homines;* surprendre la bonne foi de qqn, *captare aliquem.* Mauvaise foi, *mala fides; perfidia, ae,* f.; de mauvaise foi, *malitiose;* faire preuve de mauvaise foi, *tergiversari.* ◆ **3.** Croyance. *Fides.* Ajouter foi à, *fidem habēre** (dat.); faire ajouter foi à, *fidem facĕre, io** (dat.); auteur digne de foi, *bonus auctor;* rendre digne de foi, *auctoritatem dare** (dat.); faire foi, *fidem facĕre, io*; fidem habēre*.* ◆ **4.** Croyance religieuse. *Fides.*

foie, m. *Jecur, oris,* n. Du —, *hepaticus, a, um.*

foin, m. **1.** *Fenum, i,* n. Meule de —, grenier à —, *fenile, is,* n. ◆ **2.** (Fig.) Manger du foin, *fenum esse* (ou *edĕre*)*. Foin de! *apage* (acc.)!

foire, f. **1.** Marché. *Nundinae, arum,* fpl. ◆ **2.** Diarrhée. *Foria, ae,* f.

fois, f. *Vicis* [gén.; acc. *em,* abl. *e;* pl. nom. acc. *es,* dat.-abl. *ibus*], f. Une —, en une —, une bonne —, *semel;* pour la première —, *primum;* deux —, *bis;* pour la seconde —, *iterum;* cinq —, six —, etc..., *quinquiens, sexiens,* etc...; plus d'une —, *non semel; saepe;* autant de — que, *totiens quotiens;* combien de —, *quotiens;* toutes les — que, *quotienscumque;* pour la dernière —, *ultimum;* une autre —, *alias;* d'autres —, *interdum;* de — à autre, *identidem;* une — (jadis), *quondam;* une — que, *ut semel* (indic.); deux — plus grand, *duplo major;* à la fois (en même temps), *simul; uno tempore;* — (conjointement), *unā; conjuncte;* tous à la —, *universi, ae, a.*

foison, f. A foison, *copiose.* Avoir à —, *abundare* (abl.).

foisonner, intr. *Abundare.* (Pulluler) *Pullulare.*

folâtre, adj. *Ludibundus, a, um. Lascivus.*

folâtrer, intr. *Lascivire.*

folâtrerie, f. *Lascivia, ae,* f.

folie, f. **1.** Aliénation d'esprit. *Insania, ae,* f. *Amentia, ae,* f. *Dementia, ae,* f. (— furieuse) *Vecordia, ae,* f. *Furor, oris,* m. (Accès de —) *Deliratio, onis,* f. A la —, *insane.* ◆ **2.** Extravagance. *Insania. Amentia. Dementia. Stultitia, ae,* f. Folies, *ineptiae, arum,* fpl.; — de jeunesse, *adulescentiae errata,* npl. ◆ **3.** Gaîté. *Lascivia, ae,* f. Faire des —, *desipere, io*;* débiter cent —, *fluĕre* facetiis.* ◆ **4.** Passion. *Libido, inis,* f.

follement, adv. *Insane. Dementer. Stulte.*

follet, ette, adj. **1.** *Lascivulus, a, um.* ◆ **2.** Esprit —, *larva, ae,* f. Poil —, *barbula, ae,* f. Feu —, *igniculus, i,* m.

fomenter, tr. **1.** *Fovere, eo*.* ◆ **2.** (Fig.) *Alere, o*.*

foncer. I. Tr. (Une couleur)

Saturare. Foncé, *crassus, a, um;* (teint) *fuscus, a, um.* ◆ **II.** Intr. Charger. *Irruere, o** (*in*, acc.).

foncier, ère, adj. Propriété foncière, *fundus, i,* m.

foncièrement, adj. *Funditus.*

fonction, f. **1.** *Munus, eris,* n. *Munia, iorum,* npl. Remplir une —, *munere fungi**; les — de tribun, *tribunicia potestas,* f.; nommer aux — de, *constituĕre in officio* (gén.); arriver aux — publiques, *magistratum assequi**; entrer en —, *magistratum inire* (*eo**) ou *capĕre* (*io**); cesser ses —, *magistratum deponĕre**. ◆ **2.** Du corps. *Munus. Munia.*

fonctionnaire, m. *Magistratus, us,* m. Les hauts —, *principes civitatis,* mpl.

fonctionner, intr. *Munere fungi, or**.

fond, m. **1.** *Fundus, i,* m. Le fond de, *imus, a, um;* du — de la gorge, *ab imis faucibus;* au fond de l'eau, *in profundo aquae;* couler à —, *mergi**; couler à — (un vaisseau), *deprimĕre** (*navem*); couler à — qqn (fig.), *evertĕre** (*aliquem*). ◆ **2.** Sol, terrain. *Solum, i,* n. De — en comble, *funditus;* faire — sur (fig.), *confidĕre** (*alicui* ou *aliquā re*); il n'y a pas grand — à faire, *haud multum spei est in* (abl.). ◆ **3.** La partie la plus reculée. *Recessus, us,* m. Le fond de, *intimus, a, um;* le fond de l'âme, *viscera, um,* npl.; le fond des choses, *natura rerum;* le fond de l'affaire, *summa judicii;* aller au fond des choses, *interiora vidēre**; au —, dans le —, *re* ou *re ipsā;* à fond, *penitus;* instruire à fond, *edocēre**.

fondamental, ale, adj. (Fig.) *Praecipuus, a, um.*

fondateur, trice, m. et f. *Conditor, oris,* m. *Conditrix, icis,* f.

fondation, f. **1.** *Substructio, onis,* f. Les —, *fundamenta, orum,* npl. ◆ **2.** (Fig.) Depuis la — de Rome, *post Romam conditam*;* il était de — que, *sollemne fuit* (prop. inf.).

fondé, m. (De pouvoir) *Procurator, oris,* m.

fondement, m. **1.** *Fundamenta, orum,* npl. Jeter les — de, *fundamenta* (gén.) *jacĕre, io**. ◆ **2.** (Fig.) Base. *Fundamentum, i,* n. *Firmamentum, i,* n. ◆ **3.** Vérité, motif. *Causa, ae,* f. Avec —, *jure; merito;* sans —, *temere;* qui est sans —, *vanus, a, um; inanis, e.*

fonder, tr. **1.** *Condere, o**. Fondé sur, *positus in* (abl.) ◆ **2.** (Fig.) *Constituere, o**. Fonder son espérance sur, *spem collocare in* (abl.). ◆ **3.** Fondé (juste), *justus, a, um; verus.* Non — *iniquus; inanis, e.* ◆ **4.** Être fondé à prétendre, *jure contendĕre**.

SE FONDER, r. (sur). *Inniti, or** (abl.).

fonderie, f. **1.** Lieu. *Conflatorium, ii,* n. — (de bronze), (*aeraria*) *fabrica,* f. ◆ **2.** Travail. *Fusio, onis,* f.

fondeur, m. *Excusor, oris*, m. (— en bronze), *aerarius, ii*, m.

fondre. I. Tr. **1.** *Fundere, o**. (Par la chaleur) *Coquere, o**. Fondre la glace, *liquefacere* (*io**) *glaciem*. ◆ **2.** (Fig.) Fondre ensemble. *Miscere, eo*; jungere, o**. ◆ **II.** Intr. **1.** Tomber sur. *Irrumpere, o** (*in*, acc.). ◆ **2.** (Fig.) *Ingruere, o*. ◆ **3.** et

SE FONDRE, r. **1.** Devenir fluide. *Liquescere, o*. Liquefieri, fio**. Fondre en larmes, *vim lacrimarum profundĕre**. ◆ **2.** Maigrir. *Macescere, o**. ◆ **3.** Disparaître. *Vanescere, o*. Dilabi, or**. ◆ **4.** S'affaisser. *Desidere, o**. ◆ **5.** S'unir. *Coalescere, o*. Misceri, eor**.

fondrière, f. **1.** *Vorago, inis*, f. ◆ **2.** Terrain marécageux. *Eluvies, ei*, f.

fonds, m. **1.** Terre. *Ager. agri*, m. Un bien-fonds, *fundus, i*, m.; *praedium, ii*, n. ◆ **2.** Somme d'argent. *Pecunia, ae*, f. Être en —, *esse in nummis*. ◆ **3.** Capital. *Vivum, i*, n. ◆ **4.** (Fig.) Tirer qqch. de son propre fonds, *aliquid ex se efferre**; un grand fonds de, *copia, ae*, f. (gén.); un si grand fonds de tendresse, *tantus amor*.

fontaine, f. *Fons, fontis*, m. Borne-fontaine, *lapis manalis*, m.

fontainier et **fontenier**, m. *Aquarius, ii*, m.

fonte, f. **1.** Action de fondre. *Fusura, ae*, f. A la — des neiges, *liquescente nive*. ◆ **2.** Fer fondu. *Ferrum fusum*, n.

fonts, mpl. — baptismaux, *baptisterium, ii*, n.

for, m. Dans son for intérieur, *se judice*.

forage, m. *Foratus, us*, m.

forain, aine, adj. *Extraneus, a, um*. Marchand —, *circitor, oris*, m.

forban, m. *Praedo, onis*, m.

forçat, m. *Remex, igis*, m.

force, f. **1.** Physique. *Vires, ium*, fpl. (Intellectuelle) *Ingenii vis* ou *acies*. Être dans sa —, *vigēre**; qui est dans sa —, *vegetus, a, um*; qui est sans —, *invalidus, a, um*; prendre des —, *invalescĕre**; selon ses —, *pro viribus*; de toutes ses forces, à toute force, *summā vi*; avoir la — de, *valēre** (*ad* ou inf.); faire — de, *contendĕre** (abl.). ◆ **2.** Morale. *Fortitudo, inis*, f. (Endurance) *Robur, oris*, n. (Fermeté) *Firmitas, atis*, f. ◆ **3.** Collective. *Vires. Opes, um*, fpl. *Copiae, arum*, fpl. (Défensive) *Munimentum, i*, n. Armée en —, *validus numero exercitus*; la — armée, *urbana praesidia*, npl. ◆ **4.** (Philos.) Puissance. *Vis, vis*, f. (Energie) *Virtus, utis*, f. (Impétuosité) *Impetus, us*, m. (Violence) *Vis*. Repousser la force par la force, *vim vi repellĕre**; de —, *vi*; prendre (une ville) de vive —, *expugnare* (*oppidum*); user de force, *vim afferre** (dat.). (Nécessité) *Vis. Necessitas, atis*, f. Par —, *necessitate*; céder à la — des choses, *necessitati parē-*

re;* force est de, *necesse est* (inf.); — majeure, *sontica causa.* ◆ **5.** (Du style). *Vis. Nervi, orum,* mpl. Avec —, *graviter;* perdre sa —, *enervari.* ◆ **6.** (Loc. div.) A force de soins, *maximā curā;* à force de courage, *virtute;* force disciples, *multi discipuli;* force argent, *magna vis argenti.*

forcément, adv. *Per vim. Necessario. Invitus, a, um.*

forcené, ée, adj. *Vesanus, a, um.*

forcer, tr. **1.** Contraindre. *Cogere, o** (à, inf. ou *ut,* subj.). Être forcé de, *cogi** (inf.); *necesse habēre* (inf.); sans y être forcé, *sponte;* forcer la main à qqn, *cogere aliquem.* ◆ **2.** Enfoncer. *Effringere, o*.* Forcer la porte, *portam perrumpĕre*;* — un camp, *castra expugnare.* ◆ **3.** Presser. — un lièvre, *leporem rumpĕre*;* — un cheval, *equum ex lassitudine exanimare;* — le pas, *gradum celerare.*

SE FORCER, r. **1.** Faire plus qu'on ne peut. *Eniti, or*.* ◆ **2.** Se contraindre. *Sibi necessitatem imponĕre*.*

forer, tr. *Forare.*

forestier, ère, adj. *Silvestris, tre.* Garde —, *saltuarius, ii,* m.

foret, m. *Terebra, ae,* f.

forêt, f. **1.** *Silva, ae,* f. ◆ **2.** Hauteur boisée. *Saltus, us,* m. Forêt de haute futaie, *silva procera.* ◆ **3.** (Fig.) Forêt de dards, *densa tela,* npl.

forfaire, intr. **1.** *A fide discedere, o*.* ◆ **2.** (En parl. d'un magistrat) *Praevaricari.*

forfait, m. **1.** Crime. *Facinus, oris,* n. *Nefas,* n. indécl. ◆ **2.** Prix convenu. A —, *aversione.*

forfaiture, f. *Praevaricatio, onis,* f.

forfanterie, f. *Vaniloquentia, ae,* f.

forge, f. *Fornax, acis* (gén. pl. *acium*), f.

forger, tr. **1.** *Fabricari.* ◆ **2.** (Fig.) Préparer. *Parare.* ◆ **3.** Inventer. *Fabricari. Fingere, o*.*

forgeron, m. *Faber ferrarius,* m.

forgeur, m. (Fig.) — de mots, *verborum architectus, i,* m.

forligner, intr. *Degenerare.*

formaliser (se), r. *Offendere, o** (*in,* abl.). Il s'en formalisa, *moleste tulit*.*

formaliste, adj. *Leguleius, ii,* m.

formalité, f. *Formula, ae,* f. Les —, *justa, orum,* npl.; *ritus, us,* m.

format, m. Feuille de grand —, *macrocolum, i,* n.; — in-8, *quaterniones, um,* mpl.; de petit —, *contractus, a, um.*

formateur, m., **trice,** f. *Creator, oris,* m. *Effector, oris,* m. *Effectrix, icis,* f.

formation, f. *Formatio, onis,* f. (D'une institution) *Institutio, onis,* f.

forme, f. **1.** D'un corps. *Forma, ae,* f. *Conformatio, onis,* f. (Apparence) *Species, ei,* f. Donner une — à, *formare* (acc.); *figurare* (acc.); recevoir une —, *formari;* prendre la — de, *se conferre* in* (acc.); vêtement qui dessine les —, *vestis artus exprimens**. ◆ **2.** (Fig.) (D'un mot) *Figura, ae,* f. (Du style) *Species.* (De l'esprit) *Forma.* (D'un gouvernement) *Modus, i,* m. Sous forme de, *tamquam.* ◆ **3.** Formalités. *Ritus, us,* m. *Formula, ae,* f. Suivant les —, *rite;* en bonne —, *justus, a, um;* sans aucune — de procès, *indictā causā;* pour la —, *ad speciem.* ◆ **4.** Modèle. *Forma.*

formel, elle, adj. *Expressus, a, um.*

formellement, adv. *Expresse.*

former, tr. **1.** Façonner. *Formare. Fingere, o*. Facere, io**. Talent formé, *matura facultas.* ◆ **2.** Constituer. *Efficere, io**. Être formé de, *constare** (*re* ou *ex re*). ◆ **3.** Instruire. *Formare. Instituere, o.* Former son âme, *conformare animum;* — un orateur, *oratorem perficĕre* (*io**): former à, *condocefacĕre* (*io**) *ut* (subj.); formé à, *eruditus ad.* ◆ **4.** Concevoir. *Fingĕre* animo. Concipere, io**.

SE FORMER, r. **1.** Prendre forme. *Formari.* (Prendre naissance) *Exsistere, o*. Fieri, fio**. ◆ **2.** Prendre telle disposition. L'armée se forme en bataille, *instruitur* acies.* ◆ **3.** S'instruire. *Informari* (*ad*). *Fingi, or**.

formidable, adj. *Formidandus, a, um.*

formulaire, adj. *Exemplum.*

formule, f. *Exemplum, i,* n. *Certa verba,* npl. (Religieuse) *Carmen, inis,* n. (Juridique) *Formula, ae,* f. Suivant la —, *verbis conceptis;* dicter une — (religieuse), *praeire* (*eo**) *verba* ou *carmen;* réciter une formule de serment, *in certa verba jurare.*

formuler, tr. *Concipere, io**.

forniquer, intr. *Fornicari.*

fors, prép. *Praeter* (acc.).

1. fort, forte, adj. **1.** (Physiquement) *Robustus, a, um. Validus.* (Gros) *Crassus, a, um.* Être —, *viribus valēre*;* devenir — (grandir), *adolescĕre*;* place —, *oppidum munitum,* n.; une — troupe, *magna* ou *firma manus,* f.; c'est plus — que moi, *facĕre non possum* quin* (*faciam*). ◆ **2.** (Moralement) *Fortis, e.* (Constant) *Firmus, a, um.* Fort de sa conscience, *fretus conscientiā.* ◆ **3.** (Intellectuellement) *Peritus, a, um.* Se faire fort de, *profitēri** (prop. inf.); se porter fort pour un autre, *de altero affirmare.* ◆ **4.** (Style, éloquence, argument) *Fortis. Vehemens, entis. Valens, entis.* A plus forte raison, *adeo; quanto magis.* ◆ **5.** Violent, intense, grand. *Magnus, a, um. Ingens, entis.* Voix forte, *vox magna;* odeur —, *odor gravis;* vent —, *ventus vehemens;* forte somme, *grandis pecunia;* vin fort en couleur, *pingue vinum,* n.; il est trop fort de dire, *nimis violentum* *est dicĕre.* ◆ **6.** Qui passe les forces. *Difficilis, e.* (Qui passe la croyance) *Mirus, a, um.*

2. fort, m. **1.** Celui qui a la force. *Valentior, oris,* m. Fort de la halle, *bajulus, i,* m. ◆ **2.** La partie forte ou principale. *Praecipuum, i,* n. ◆ **3.** (Fig.) Le fort de l'hiver, *summa hiems;* au fort de ma douleur, *in medio maerore.* ◆ **4.** Ouvrage fortifié. *Castellum, i,* n.

3. fort, adv. et **fortement,** adv. ◆ **1.** Avec force. *Vehementer.* Sentir fort, *foetēre*.* ◆ **2.** Beaucoup. *Valde. Vehementer. Multum.*

forteresse, f. *Arx, arcis,* f. *Propugnaculum, i,* n.

fortifiant, ante, adj. *Corporativus, a, um.*

fortification, f. **1.** Action de fortifier. *Munitio, onis,* f. ◆ **2.** Ouvrage. *Munimentum, i,* n.

fortifier, tr. **1.** Rendre fort. *Confirmare.* ◆ **2.** Munir de fortifications. *Munire. Communire.* Non fortifié, *opportunus, a, um.*

SE FORTIFIER, r. **1.** *Corroborari. Invalescere, o*.* ◆ **2.** *Se munire.*

fortin, m. *Castellum, i,* n.

fortuit, ite, adj. *Fortuitus, a, um. Qui (quae, quod) fit* casu.*

fortuitement, adv. *Fortuito. Casu.*

fortune, f. **1.** Chance. *Fortuna, ae,* f. *Fors* (abl. *forte*), f. (Hasard) *Casus, us,* m. Tenter, courir la —, *fortunam tentare* ou *experiri*;* en cas de —, *si fors tulerit*;* la Fortune (divinité), *Fortuna;* la bonne fortune, *secundae res,* fpl.; la mauvaise —, *adversae res,* fpl. ◆ **2.** Condition. *Fortuna.* (Biens) *Fortunae, arum,* fpl. *Divitiae, arum,* fpl. Faire —, *pecuniam facĕre, io*;* augmenter sa —, *rem augēre*;* qui a peu de —, *parvis opibus praeditus, a, um.*

fortuné, ée, adj. **1.** Heureux. *Fortunatus, a, um. Felix, icis.* ◆ **2.** Riche. *Dives, itis.*

forum. *Forum, i,* n. Du —, *forensis, e.*

fosse, f. **1.** *Fossa, ae,* f. (Funèbre) *Sepulcrum, i,* n. Qui a un pied dans la fosse, *cujus aetati mors propior est.* ◆ **2.** Fosses nasales, *antra narium.*

fossé, m. *Fossa, ae,* f. Creuser un —, *fossam ducĕre*.*

fossette, f. *Lacuna, ae,* f.

fossile, adj. *Fossilis, e.*

fossoyeur, m. *Fossor, oris,* m.

fou et **fol, folle. I.** Adj. **1.** (Pers.) (Fou au propre et au fig.) *Insanus, a, um. Amens* ou *demens, entis.* (Furieux) *Vecors, dis. Furiosus.* Être —, *insanire; furĕre*;* être — de joie, *nimio gaudio desipere, io*;* être — de qqn, *deperire* (*eo**) *aliquem* ou *amore alicujus;* devenir —, *mente capi, ior*;* rendre —, *mentem exturbare* (*alicujus*). ◆ **2.** (Ch.) *Insanus. Stultus.* Un fou rire, *miri risus.*

mpl.; à des prix fous, *grandi pecuniā;* une joie folle, *profusa hilaritas.* ◆ **II.** Nom m. f. *Insanus, i,* m. *Insana, ae,* f. Un fou de cour (bouffon), *scurra, ae,* m.

foudre, f. **1.** *Fulmen, inis,* n. De la —, *fulguralis, e;* être frappé de la foudre, *tangi* de caelo;* lieux frappés de la —, *obstita, orum,* npl. ◆ **2.** (Fig.) *Fulmen.* Coup de foudre, *fulmen.*

foudroyant, ante, adj. **1.** *Fulminans, antis.* ◆ **2.** (Fig.) *Fulmineus, a, um. Gravis, e.*

foudroyer, tr. **1.** *Fulmine percutere, io*. Fulminare.* ◆ **2.** (Fig.) *Conterrere, eo*.*

fouet, m. *Flagellum, i,* n. Coups de fouet, *verbera, um,* npl.

fouetter. I. Tr. *Verberare. Flagellare.* Fouetté, *verberis caesus, a, um;* fouetter (corriger) un enfant, *flagellis objurgare puerum.* ◆ **II.** Intr. *Ingruere, o** (dat.).

fouetteur, m. *Virgator, oris,* m.

fougère, f. *Filix, icis,* f.

fougue, f. *Impetus, us,* m. *Ardor, oris,* m.

fougueux, euse, adj. *Vehemens, entis.*

fouille, f. *Fossio, onis,* f.

fouiller, tr. *Effodere, io*. Scrutari.*

fouine, f. *Mustela, ae,* f.

fouir, tr. *Fodere, io*.*

foule, f. (Nombre) *Multitudo, inis,* f. (Agitation) *Turba, ae,* f. (Populace) *Vulgus, i,* n. Foule assemblée, *corona, ae,* f.; attirer la —, *concursum facĕre, io*;* une foule d'hommes, *multi* ou *sescenti viri;* en —, *gregatim; frequenter;* rassembler en —, *frequentare;* accourir en —, se présenter en —, *confluĕre, o*; concurrĕre, o*;* un homme de la foule, *unus de multis.*

fouler, tr. **1.** *Calcare. Proterere, o*.* — le (drap), *durare.* ◆ **2.** Luxer. *Luxare.* ◆ **3.** (Fig.) Fouler aux pieds, *conculcare; obterĕre, o*.*

foulerie, f. *Fullonica, ae,* f.

foulon, m. *Fullo, onis,* m. De —, *fullonicus, a, um.*

foulure, f. *Luxatum membrum,* n.

four, m. *Furnus, i,* m. Cuit au four, *furnaceus, a, um.* (Four portatif) *Clibanus, i,* m. (Four à chaux) *Fornax calcaria,* f.

fourbe. I. Adj. *Fraudulentus, a, um. Dolosus. Vafer, fra, frum.* ◆ **II.** Nom m. *Veterator, oris,* m.

fourberie, f. *Fraus, audis,* f. *Dolus, i,* m. Avec —, *dolose.*

fourbir, tr. *Polire.*

fourbu, ue, adj. **1.** *Orthocolus, a, um.* ◆ **2.** (Fig.) *Fractus, a, um.*

fourche, f. *Furca, ae,* f. *Fuscina, ae,* f. Petite —, *furcilla, ae,* f.

fourchette, f. *Fuscinula, ae,* f.

fourchu, ue, adj. *Bifurcus, a, um* ou *trifurcus.* Chemin —, *trivium, ii,* n.

fourgon, m. *Carrus, i,* m.

fourmi, f. *Formica, ae,* f.

fourmilière, f. **1.** *Formica-*

rum caverna, ae, f. ◆ **2.** (Fig.) *Grex, gregis,* m.

fourmillement, m. *Formicatio, onis,* f.

fourmiller, intr. **1.** Être en foule. *Scatere, eo** (abl.). *Redundare* (abl.). ◆ **2.** Démanger. *Formicare.*

fournaise, f. et **fourneau,** m. *Fornax, acis* (gén. pl. *acium*), f.

fournée, f. *Coctura, ae,* f.

fournier, m. *Furnarius, ii,* m.

fournil, m. *Pistrinum, i,* n.

fournir. I. Tr. **1.** *Praebere, eo**. (En abondance) *Suppeditare.* Fournir de, *instruĕre** (*aliquem re*). ◆ **2.** (Fig.) — une carrière, *emetiri** ou *peragĕre* iter.* ◆ **II.** Intr. **1.** — aux dépenses, *sumptus suppeditare.* ◆ **2.** Fourni (épais), *densus, a, um.*

fournisseur, m. *Praebitor, oris,* m.

fourniture, f. *Suppeditatio, onis,* f. Les —, *praebita, orum,* npl.

fourrage, m. *Pabulum, i,* n.

fourrager, tr. **1.** *Pabulari.* ◆ **2.** (Fig.) *Populari.*

fourragère, adj. f. *Pabularis, e.*

fourrageur, m. *Pabulator, oris,* m.

fourreau, m. *Vagina, ae,* f.

fourré, ée. I. Adj. Touffu. *Spissus, a, um.* ◆ **II.** Nom m. *Virgulta, orum,* npl.

fourrer, tr. **1.** Introduire. *Inserere, o**. Se fourrer dans l'esprit, *in mentem inducĕre** (que, prop. inf.; de, *ut,* subj.); fourrer (qqn) dans une affaire, *negotio implicare** (*aliquem*). ◆ **2.** Garnir de fourrure. *Pellibus induere, o**.

fourreur, m. *Pellio, onis,* m.

fourrure, f. *Pellis, is,* f.

fourvoyer, tr. *De viā deducere, o**. Se —, *errare.*

foyer, m. **1.** *Focus, i,* m. (Maison) *Penates, ium,* mpl. *Domus, us,* f. ◆ **2.** (Fig.) Centre, siège. *Caput, itis,* n. *Sedes, is,* f.

fracas, m. **1.** *Fragor, oris,* m. ◆ **2.** Tumulte. *Turba, ae,* f. Faire beaucoup de fracas, *turbam dare**. ◆ **3.** (Fig.) *In ore omnium esse.*

fracasser, tr. *Frangere, o**. *Comminuere, o.*

fraction, f. **1.** Action de diviser. *Fractio, onis,* f. ◆ **2.** Partie. *Pars, partis,* f.

fractionner, tr. *Dividere, o**.

fracture, f. **1.** Rupture violente. *Fragor, oris,* m. ◆ **2.** (Chir.) *Fractura, ae,* f.

fracturer, tr. *Frangere, o**.

fragile, adj. **1.** *Fragilis, e.* ◆ **2.** (Fig.) Sujet à faillir. *Imbecillus, a, um.*

fragilité, f. **1.** *Fragilitas, atis,* f. ◆ **2.** *Imbecillitas, atis,* f.

fragment, m. **1.** *Fragmentum, i,* n. ◆ **2.** (D'un livre) *Locus, i,* m. (pl. *i, orum*).

fraîchement, adv. **1.** (Fig.) Récemment. *Novissime.* ◆ **2.** Avec froideur, *frigide.* Être accueilli — par qqn. *Frigere* (*eo**) *ad,* acc.

fraîcheur, f. **1.** *Frigus, oris,* n. ◆ **2.** (Fig.) *Nitor, oris,* m.

fraîchir, intr. Le vent —, *ventus gliscit**.

frais, fraîche, adj. **1.** *Frigidus, a, um. Gelidus.* (Nom m.) *Frigus, oris,* n. ◆ **2.** (Fig.) (Brillant) *Nitidus, a, um.* (Récent) *Recens, entis.* Qui n'est pas frais (poisson), *foetidus;* (œuf) *requietus.* (Non fatigué) *Recens. Integer, gra, grum.* Frais et dispos, *strenuus, a, um.*

frais, mpl. **1.** *Sumptus, us,* m. Faire les frais, *impensam praestare*;* mettre en frais qqn, *sumptui esse alicui;* à ses frais, *sumptu suo;* aux frais de l'État, *publice;* à peu de frais, *parvo;* à grands frais, *magno pretio; sumptuose.* ◆ **2.** (Fig.) Se mettre en frais de, *exserĕre** (acc.); je fais les frais de, *multus sum in* (abl.); faire beaucoup de frais pour plaire à, *summā ope inservire* (dat.); sur nouveaux frais, *ex integro.*

fraise, f. et **fraisier,** m. *Fraga, orum,* npl.

framboise, f. *Idaeum fragum,* n.

framboisier, m. *Idaeus rubus,* m.

framée, f. *Framea, ae,* f.

franc, anche, adj. **1.** Libre. *Liber, era, erum* (de, abl. avec ou sans *ab*). Avoir son franc parler, *libere loqui**. ◆ **2.** Sincère. *Sincerus, a, um. Apertus.* ◆ **3.** Vrai (Ch.) *Merus, a, um. Germanus. Integer, gra, grum.* De franc jeu, *sine insidiis.* ◆ **4.** Qui n'est pas greffé. *Nitidus, a, um.*

français, aise, adj. et nom m. f. *Gallicus, a, um.* Parler —, *gallice loqui*;* je te le dis en bon français, *libere dico**. ◆ Les Français, *Galli, orum,* mpl. *Franci, orum,* mpl.

France. *Gallia, ae, f. Francia, ae,* f.

franchement, adv. **1.** *Libere.* ◆ **2.** *Sincere. Aperte.* Avouer —, *plane fatēri**.

franchir, tr. **1.** Sauter par-dessus. *Transilire**. ◆ **2.** Passer au delà de. *Transire, eo*. Transgredi, ior*. Transmittere, o**. Faire —, *trajicere, io** (double acc.).

franchise, f. **1.** Exemption. *Immunitas, atis,* f. ◆ **2.** Sincérité. *Sinceritas, atis,* f. Il y a de la — à, *ingenui est* (inf.); nulle —, *nihil sincerum.*

francisque, f. *Francisca, ae,* f.

François. *Franciscus, i,* m.

frange, f. *Fimbria, ae,* f.

frangé, ée, part. *Fimbriatus, a, um.*

frappant, ante, adj. **1.** Remarquable. *Insignis, e.* ◆ **2.** Ressemblant. *Vivus, a, um.*

frapper, tr. **1.** *Ferire**. (De taille) *Caedere, o**. (De verges) *Verberare.* (A coups redoublés) *Tundere, o**. (Ébranler, blesser) *Percutere, io**. (Maltraiter) *Pulsare.* Frapper des mains, *plaudĕre*;* frapper à la porte, *januam pulsare;* frapper un grand coup (fig.), *plagam gravem facĕre* (*io**); frapper (une médaille), *signare;* frapper de mort, *tollĕre*;* d'un impôt, *onerare tributo.* ◆ **2.**

(Fig.) Faire impression sur. *Ferire. Percellere, o*. Tangere, o*. Movere, eo**. Être frappé ou se frapper, *pavēre*;* frappé (préoccupé), *in cogitatione defixus.* ◆ **3.** Concerner. *Pertinere, eo** (*ad*).

fraternel, elle, adj. *Fraternus, a, um.*

fraternellement, adv. *Fraterne.*

fraterniser, intr. *Conjunctissime vivere* (*o**) *cum* (abl.).

fraternité, f. *Fraternitas, atis,* f. *Germanitas, atis,* f.

fratricide, m. **1.** Crime. *Fraternum parricidium,* n. ◆ **2.** Criminel. *Fratricida, ae,* m.

fraude, f. *Fraus, fraudis,* f. *Dolus malus,* m.

frauder, tr. *Fraudare. Frustrari.*

frauduleusement, adv. *Fraudulenter. Dolo malo.*

frauduleux, euse, adj. *Fraudulentus, a, um.*

frayer. I. Tr. — un chemin, *viam munire;* chemin frayé, *via trita,* f. ◆ **II.** Intr. **1.** (Poissons) *Felificare.* ◆ **2.** (Fig.) — avec, *commercium habēre* cum* (abl.).

frayeur, f. *Formido, inis,* f. *Pavor, oris,* m.

fredaine, f. *Nequitia, ae,* f. Faire des —, *luxuriari.*

fredon, m. *Tremula* (*ae*) *vox* (*vocis*), f.

fredonner, tr. *Susurrare. Modulari.*

frégate, f. *Navis, is,* f.

frein, m. **1.** *Frenum, i,* n. (pl. génér. *i, orum,* m.) Mettre un frein à, *frenare* (acc.); ronger son frein (fig.), *frenos mordēre**. ◆ **2.** (Fig.) *Frenum. Vinculum, i,* n. Mettre un frein à, *frenos injicere, io** (dat.).; *continēre* (acc.); qui n'a pas de frein, *effrenatus, a, um;* sans frein, *effrenate.*

frelater, tr. *Adulterare.*

frêle, adj. *Fragilis, e.*

frelon, m. *Crabro, onis,* m.

freluquet, m. *Trossulus, i,* m.

frémir, intr. **1.** (Ch.) Trembler. *Tremere, o**. Mer frémissante, *mare tremulum.* ◆ **2.** (Pers.) Trembler d'émotion. *Horrescere, o**. Frémissant de rage, *frendens, entis.*

frémissement, m. **1.** *Fremitus, us,* m. ◆ **2.** *Horror, oris,* m. (D'une foule) *Fremitus.*

frêne, m. *Fraxinus, i,* f. De —, *fraxineus, a, um.*

frénésie, f. *Furor, oris,* m. Avec —, *rabide.*

frénétique, adj. *Furiosus, a, um.* Être — (fig.), *bacchari;* applaudissements —, *infinitus plausus,* m.

fréquemment, adv. *Crebro.*

fréquence, f. *Frequentia, ae,* f.

fréquent, ente, adj. *Creber, bra, brum.* Ce qui est —, *quod persaepe fit*;* peu —, *rarus, a, um.*

fréquentation, f. *Conversatio, onis,* f. *Usus, us,* m.

fréquenter, tr. et intr. **1.** (Qqn) *Conversari cum* (abl.). *Uti multum* (abl.). ◆ **2.** (Un lieu) *Celebrare* (acc.). *Versari* (*in,* abl.). Fréquenté, *frequens, entis; celeber, bris, bre.*

frère, m. *Frater, tris*, m. Jeune —, *fraterculus, i*, m.; — de lait, *collactaneus (a, um)*; (de même race) *consanguineus (a, um)*.
fresque, f. Peindre à la —, *udo tectorio colores inducĕre**.
fret, m. **1.** Louage. *Exercitatio, onis*, f. ◆ **2.** Cargaison. *Onus, eris*, n.
fréter, tr. **1.** Louer un navire. (*Navem*) *locare*. ◆ **2.** Équiper un navire. (*Navem*) *ornare* ou *instruĕre**.
frétiller, intr. *Lascivire*. Frétillant, *turbulentus*.
fretin, m. **1.** *Pisciculi, orum*, mpl. ◆ **2.** (Fig.) (Pers.) *Plebecula, ae*, f. (Ch.) *Quisquiliae, arum*, fpl.
friable, adj. *Putris, e*. Rendre —, *subigĕre**; devenir —, *resolvi**.
friand, ande, adj. **1.** (Pers.) *Ligurritor, oris*, m. Être — de, *libenter appetĕre** (acc.). ◆ **2.** (Ch.) *Exquisitus, a, um*.
friandise, f. **1.** (Pers.) *Ligurritio, onis*, f. ◆ **2.** Pl. (Ch.) *Cuppedia, ae*, f. Aimer les —, *ligurrire*.
fricasser, tr. *Condire*.
friche, f. *Veteretum, i*, n. *Incultus ager*, m.
fricot, m. *Pulmentarium, ii*, n.
friction, f. *Frictio, onis*, f. (Avec un liniment) *Unctio, onis*, f.
frictionner, tr. *Fricare**. (Avec un liniment) *Ungere, o**.
frileux, euse, adj. *Alsiosus, a, um*. *Frigoris impatiens, entis*.
frimas, m. *Pruina, ae*, f. Se couvrir de —, *horrere**.
fringale, f. *Bulimus, i*, m.
fringant, ante, adj. *Alacer, cris, cre*.
friper, tr. *Corrugare*.
friperie, f. **1.** Vieux habits. *Scruta, orum*, npl. ◆ **2.** Boutique de fripier. *Campsaria, ae*, f.
fripier, m. *Scrutarius, ii*, m.
fripon, onne, adj. et nom m. f. **1.** Voleur. *Furax, acis*, m. f. ◆ **2.** De mauvaise foi. *Fraudulentus, a, um*. ◆ **3.** Éveillé. *Lascivus, a, um*.
friponnerie, f. *Fraus, fraudis*, f.
frire, tr. *Frigere, o**.
frise, f. *Zoophorus, i*, m. Cheval de —, *ericius, ii*, m.
friser, tr. **1.** *Crispare*. Fer à —, *calamister, tri*, m.; frisé (naturellement), *crispus, a, um*; (au fer), *calamistratus*. ◆ **2.** (Fig.) *Praestringere, o**.
frisson, m. **1.** De fièvre. *Horror, oris*, m. ◆ **2.** D'émotion. *Horror. Tremor, oris*, m.
frissonner, intr. *Horrere, eo**. *Exhorrescere, o**. (A la vue de, acc.) Faire —, *in horrorem agĕre** (acc.).
friture, f. (Huile) *Oleum, i*, n. (Poisson) *Piscis ex oleo coctus*.
frivole, adj. *Levis, e*. *Vanus, a, um*.
frivolité, f. *Futilitas, atis*, f. Des —, *nugae, arum*, fpl.
1. froid, oide, adj. **1.** *Frigidus, a, um*. (Refroidi) *Tepidus*. Très froid, *gelidus*; le temps est —, *hiemat*. ◆ **2.** (Fig.)

(Flegmatique) *Frigidus. Lentus.* (Peu amical) *Languidus.* (Peu spirituel) *Frigidus. Insulsus.* Être — (pr. et fig.), *frigēre**.

2. froid, m. **1.** *Frigus, oris*, n. (Grand froid) *Algor, oris*, m. Avoir —, *frigēre*;* avoir grand —, *algēre*;* prendre —, *perfrigescĕre*;* le — de la fièvre, *horror, oris*, m. ◆ **2.** (Fig.) *Frigus.* Jeter du —, *frigus afferre*;* battre — à qqn, *frigēre* alicui*; il y a du — dans la conversation, *friget sermo;* cela ne me fait ni chaud ni —, *non curo.*

froidement, adv. (Fig.) *Frigide. Lente.* Recevoir qqn —, *satis male accipĕre* (*io**) *aliquem.*

froideur, f. **1.** *Frigus, oris*, n. ◆ **2.** (Fig.) *Frigus.* (Apathie) *Lentitudo, inis*, f.

froidir, intr. *Frigescere, o**.

froissement, m. **1.** *Collisus, us*, m. ◆ **2.** (Fig.) *Offensa, ae*, f.

froisser, tr. **1.** Frotter. *Collidere, o**. ◆ **2.** Chiffonner. *Corrugare.* ◆ **3.** (Fig.) *Offendere, o**.

frôlement, m. *Attactus, us*, m.

frôler, tr. *Stringere, o**.

fromage, m. *Caseus, i*, m.; — à la crème, *colostra, ae*, f.

froment, m. *Triticum, i*, n. De —, *triticeus, a, um.*

froncement, m. *Contractio, onis*, f.

froncer. I. Tr. *Contrahere, o** (*supercilia*). ◆ **II.** Intr. et se —. *Corrugari.*

fronde, f. *Funda, ae*, f.

fronder, tr. **1.** *Fundā* (*saxa*) *librare.* ◆ **2.** (Fig.) *Vituperare.*

frondeur, m. **1.** *Funditor, oris*, m. ◆ **2.** (Fig.) *Detractor, oris*, m.

front, m. **1.** *Frons, tis*, f. (Visage) *Os, oris*, n. *Vultus, us*, m. (Tête) *Caput, itis*, n. ◆ **2.** (Fig.) Effronterie. *Os.* Front d'airain, *ferreum os;* aie le — de nier, *aude* negare.* ◆ **3.** Façade d'un édifice, face d'une armée. *Frons.* Front de bataille, *acies, ei*, f.; — d'une colonne, *primum agmen;* opérer un changement de —, *aciem circumagĕre**. ◆ **4.** Loc. adv. DE FRONT. (Par devant) *A fronte. Adversus, a, um.* (Fig.) *Aperte.* (Côte à côte) *Pariter.* Mener de —, *simul agĕre**.

frontal et **fronteau**, m. *Frontale, is*, n.

frontière, f. *Fines, ium*, mpl.

frontispice, m. *Frons, frontis*, f.

fronton, m. *Fastigium, ii*, n.

frottement, m. *Attritus, us*, m.

frotter, tr. **1.** *Fricare*. Perfricare**. Frotter deux morceaux de bois l'un contre l'autre, *duo ligna inter se terĕre* :* frotter de, *ungĕre** (abl.). (Nettoyer) *Detergēre**. ◆ **2.** (Fig.) Frotter les côtes (à qqn), *fuste dolare lumbos* (gén. ou dat.); je te frotterai les oreilles, *vapulabis.*

SE FROTTER, r. (Fig.) Se — à. *Attentare* (acc.). Ne te frotte pas au chien, *cave* canem.*

frotteur, m. *Tractator, oris*, m.

fructifier, intr. *Fructum edere, o**.

fructueux, euse, adj. *Fructuosus, a, um.*

frugal, ale, adj. **1.** (Pers.) *Frugi* (indécl.). *Sobrius, a, um.* ◆ **2.** (Ch.) *Modicus, a, um. Parcus.*

frugalement, adv. **1.** *Frugaliter. Sobrie.* ◆ **2.** *Parce.*

frugalité, f. *Frugalitas, atis,* f.

fruit, m. **1.** *Fructus, us,* m. (Des arbres) *Poma, orum,* npl. (Tout ce que la terre produit) *Fruges, um,* fpl. (Revenus) *Fructus,* mpl. (Fig.) Fruit défendu, *vetitum, i,* n. ◆ **2.** Profit. *Fructus. Praemium, ii,* n. *Pretium, ii,* n. ◆ **3.** Résultat. *Effectus, us,* m. Qui est le — de l'étude, *studio partus, a, um.*

fruitier, ère, adj. *Frugifer, era, erum.* Jardin —, *pomarium, ii,* n.

fruitier, m. (Marchand) *Pomarius, ii,* m.

fruste, adj. *Attritus, a, um.*

frustrer, tr. *Frustrari* (*aliquem re*). Se voir — du triomphe, *triumpho despoliari;* être — dans ses espérances, *spe deturbari.*

fugitif, ive, adj. **1.** *Fugitivus, a, um.* ◆ **2.** (Fig.) *Fugax, acis.*

fuir. I. Intr. **1.** *Fugere, io**. *Profugere, io**. *Effugere, io**. Empêcher de —, *fugam intercludĕre**; faire —, *fugare* (acc.); laisser —, *emittĕre** (acc.); fuir devant qqn, *decedĕre** *alicui.* ◆ **2.** (Fig.) *Elabi, or**. (Ne pas garder l'eau) *Perfluĕre**. ◆ **II.** Tr. **1.** *Fugĕre, io** (*aliquem, rem* ou *a re*). ◆ **2.** Éviter. *Effugĕre** (acc.). *Cavere, eo** (*ab*). *Praetermittere, o** (acc.). ◆ **3.** Être oublié. *Excĭdere, o** (*alicui*).

fuite, f. **1.** *Fuga, ae,* f. Chercher son salut dans la —, *fugā salutem petĕre**. ◆ **2.** (Fig.) Échappatoire. *Effugium, ii,* n. ◆ **3.** La fuite du mal, *a malis declinatio, onis,* f.

fuligineux, euse, adj. *Fuligineus, a, um. Nigrescens, entis.*

fulminer, intr. **1.** *Fulminare.* ◆ **2.** (Fig.) *Irā detonare**.

fumage, m. et **fumure**, f. *Stercoratio, onis,* f.

fumée, f. **1.** *Fumus, i,* m. (Des viandes) *Nidor, oris,* m. (Des corps humides) *Vapor, oris,* m. Noir de —, *fuligo, inis,* f.; s'en aller en —, *evanescĕre**. ◆ **2.** Pl. Les — du vin, *vini anhelitus,* mpl. ou *vapores,* mpl.; les — de la colère, *irae aestus,* mpl.; les — de l'orgueil, *tumidi flatus,* mpl. ◆ **3.** (Fig.) Repaître qqn de —, *inanibus aliquem inflare;* se repaître de —, *gloriolā suā perfrui**; tout n'est que —, *omnia vanitas.*

fumer, intr. et tr. **1.** Jeter de la fumée. *Fumare,* intr. Fumer du tabac, *fumum herbae Nicotianae haurire**. ◆ **2.** Exposer à la fumée. *Fumigare* (acc.). ◆ **3.** Engraisser avec du fumier. *Stercorare* (acc.). Fumer la vigne, *stercus ingerĕre** *vitibus.*

fumet, m. *Nidor, oris,* m. *Vapor, oris,* m.
fumeux, euse, adj. (Fig.) Capiteux. *Capiti noxius, a, um.*
fumier, m. **1.** *Fimum, i,* n. *Stercus, oris,* n. Tas de —, *sterquilinium, ii,* n. ◆ **2.** (Fig.) Extrême misère. *Sordes, ium,* fpl.
fumigation, f. *Suffimentum, i,* n.
fumiger, tr. *Fumigare (corpus). Suffire (locum).*
fumoir, m. *Fumarium, ii,* n.
funambule, m. *Funambulus, i,* m.
funèbre, adj. **1.** *Funebris, e.* Lit —, *libitina, ae,* f.; les pompes —, *libitina,* f.; oraison —, *laudatio, onis,* f.; prononcer l'oraison — de qqn, *alicui mortuo laudationem dicĕre*;* chant —, *nenia, ae,* f. ◆ **2.** (Fig.) *Funebris, e. Lugubris, e.*
funérailles, fpl. *Funus, eris,* n. (Cortège) *Exsequiae, arum,* fpl. Faire les — de, *funus facere, io** (gén. ou dat.); assister aux — de, *prosequi** (acc.).
funéraire, adj. *Funestus, a, um.* Appareil —, *funebria, ium.* npl.
funeste, adj. *Funestus, a, um. Exitialis, e.* Être — à, *nocere* (dat.); *obesse** (dat.); *esse exitio (alicui).*
funestement, adv. *Calamitose. Misere.*
fur, m. Au fur et à mesure que, *ut* (indic.); (avec un comparatif) *quo* (indic.).
furet, m. *Viverra, ae,* f.
fureter, intr. (Fig.) *Perscrutari* (acc.). *Rimari* (acc.).
fureteur, m. *Scrutator, oris,* m. *Rimator, oris,* m.
fureur, f. **1.** Folie furieuse. *Furor, oris,* m. *Vecordia, ae,* f. Être en —, *furĕre*.* ◆ **2.** Violente colère. *Furor. Rabies, ei,* f. Être en —, *furĕre*; stomachari; bacchari;* (animaux) *saevire;* se mettre en — contre, *incendi* in* (acc.); avec —, *rabiose.* ◆ **3.** Violence des passions. *Rabies. Insania, ae,* f. La — des passions, *impetus libidinum;* aimer avec —, *insanire ex amore (alicujus);* la fureur de parler, *studium immane loquendi;* que mes écrits fassent —, *ferveat* mihi lector.* ◆ **4.** Agitation des éléments. *Vis, vis,* f. *Saevitia, ae,* f. Les — de la guerre, *belli aestus,* mpl.
furibond, onde, adj. *Furibundus, a, um.*
furie, f. **1.** Violente colère. *Furor, oris,* m. *Rabies, ei,* f. ◆ **2.** Violence des éléments. *Vis, vis,* f. *Saevitia, ae,* f. La mer est en —, *furit* mare;* dans la — du combat, *in medio ardore pugnae.* ◆ **3.** Divinité. Les Furies, *Furiae, arum,* fpl. ◆ **4.** (Fig.) Une furie, *furia, ae,* f.
furieusement, adv. **1.** Avec furie. *Furiose. Rabide. Effrenate.* ◆ **2.** Extrêmement. *Insane. Magno opere.*
furieux, euse, adj. **1.** Pris de folie. *Furens, tis. Vecors, dis.* ◆ **2.** Transporté de colère. *Furens. Rabiosus, a, um.* Ren-

dre —, *efferare; incendĕre*;* air —, *aspectus rabidus;* ce furieux, *haec furia.* ◆ **3.** Violent. *Saevus, a, um.* Vent —, *ventus vehemens;* passion —, *cupiditas furiosa,* f. ◆ **4.** Excessif. *Insanus, a, um. Immanis, e.*
furoncle, m. *Furunculus, i,* m.
furtif, ive, adj. *Furtivus, a, um.*
furtivement, adv. *Furtim.* S'introduire —, *irrepĕre, o*.*
fusain, m. **1.** Plante. *Euonymos, i,* f. ◆ **2.** (A dessiner) *Carbo, onis,* m.
fuseau, m. *Fusus, i,* m. Tourner le —, *fusum torquēre*.*
fusée, f. Le fil du fuseau. *Stamen, inis,* n.
fusil, m. **1.** Pierre à —, *silex, icis,* m. ◆ **2.** Arme à feu. *Sclopetum, i,* n.
fusion, f. **1.** *Fusura, ae,* f. Entrer en —, *liquescere, o*.* ◆ **2.** Mélange. *Permixtio, onis,* f. ◆ **3.** (Fig.) *Conjunctio, onis,* f.
fusionner, intr. *Conjungi, or*.*
fustiger, tr. *Fustibus male mulcare. Flagellare.*
fût, m. (De colonne) *Scapus, i,* m. (Tonneau) *Cadus, i,* m.
futaie, f. *Procera silva,* f.
futaille, f. *Cadus, i,* m.
futé, ée, adj. *Catus, a, um.*
futile, adj. *Futilis, e. Levis, e.*
futilité, f. *Futilitas, atis,* f. *Vanitas, atis,* f. Des —, *nugae, arum,* fpl.
futur, ure, I. Adj. *Futurus, a, um.* Les événements —, *futura, orum,* npl.; les races —, *posteri, orum,* mpl. ◆ **II.** Nom m. et f. Le —, *sponsus, i,* m.; la future, *sponsa, ae,* f.
fuyard, arde. I. Adj. *Fugax, acis.* ◆ **II.** Nom m. Les —, *fugientes, ium,* mpl.

G

gabare, f. *Corbita, ae,* f.
gabelle, f. *Ex salariā annonā vectigal, alis,* n.
gâche, f. *Ascia, ae,* f.
gâcher, tr. **1.** *Asciare. Subigere, o**. ◆ **2.** (Fig.) *Deformare. Corrumpere, o**.
gâchis, m. **1.** *Lutum, i,* n. ◆ **2.** (Fig.) Être dans le —, *in medio luto esse.*
gaffe, f. *Uncus, i,* m.
gage, m. **1.** Garantie. Enjeu. *Pignus, oris,* n. Mettre en —, *oppignerare;* être un —, *pignori esse.* ◆ **2.** (Fig.) *Pignus. Praes, praedis,* m. Recevoir en —, *pignerari* (acc.). ◆ **3.** (Pl.) Salaire. *Merces, edis,* f. Prendre à —, *conducĕre*;* qui est aux — de (fig.), *mancipium* (gén.).
gager, tr. et intr. **1.** Faire une gageure. *Sponsionem facere, io** (*cum aliquo, de re* ou *ne,* subj.). Je gage mon manteau, *pono* pallium.* ◆ **2.** Donner des gages à qqn (pour un service). *Conducere, o** (acc.).
gageure, f. *Sponsio, onis,* f. Gagner une —, *sponsionem vincĕre*.*
gagiste, m. *Mercennarius, ii,* m.
gagnant, m. *Victor, oris,* m.
gagner, tr. **1.** Faire un gain. *Lucrari. Lucrum* ou *quaestum facere, io* ;* — de l'argent, *pecuniam quaerĕre*;* où l'on gagne beaucoup, *quaestuosissimus, a, um.* (Fig.) Que gagne-t-on à? *quid lucri est* ou *quid prodest**? (inf.) Chercher à gagner du temps, *tempus ducĕre*.* ◆ **2.** Obtenir. *Assequi, or*. Adipisci, or*.* Gagner un procès, *causam* ou *litem obtinēre** ou *vincĕre*;* — la bataille, *victoriā potiri;* gagner sur qqn que ou de, *aliquem exorare ut* (subj.); gagner sur soi de, *imperare sibi ut* (subj.); gagner (par ses mérites), *merēri*;* gagner (les bonnes grâces, l'esprit...), *conciliare* (*sibi* ou *alicui*) (*gratiam, animum...*); se laisser gagner, *capi, ior*;* chercher à gagner la bienveillance, *benevolentiam captare;* gagner par des présents, par l'appât de l'or, *donis allicere, io*; auro corrumpĕre*;* chercher à — qqn par la corruption, *sollicitare* (*aliquem*). ◆ **3.** Prendre. Gagner une maladie, *morbo corripi, ior*;* gagner des vaisseaux, *naves capere, io*;* gagner les devants, *praecurrĕre*.* ◆ **4.** Atteindre. Ga-

gner l'Asie, *attingĕre* Asiam;* — le port, *in portum pervenire*;* gagner (s'étendre), *invadĕre** (*in*, acc.); — de proche en proche, *serpĕre*;* gagner de vitesse, *praecurrĕre** (*aliquem*).

SE GAGNER, r. **1.** Être obtenu. *Conciliari.* ◆ **2.** Être contracté. *Contrahi, or**.

gai, gaie, adj. *Hilaris, e. Laetus, a, um.* Être —, *gaudēre*;* (naturellement), *esse animo hilari;* rendre —, *hilarare;* les caractères —, *remissi, orum,* mpl.; gai (un peu ivre), *ebriolus, a, um.*

gaiement, adv. *Hilare. Laete.* De bon cœur, *alacriter.*

gaieté, f. *Hilaritas, atis,* f. De — de cœur, *ultro.*

gaillard, arde. I. Adj. **1.** Gai. *Festivus, a, um.* ◆ **2.** Dispos. *Alacer, cris, cre.* ◆ **3.** Un peu libre. *Improbus.* ◆ **II.** Nom m. Huit forts —, *homines octo validi.*

gaillard, m. (Mar.) *Castellum, i,* n.

gaillardement, adv. **1.** Gaiement. *Jocose.* ◆ **2.** Hardiment. *Strenue.*

gaillardise, f. **1.** Gaieté. *Hilaritas, atis,* f. ◆ **2.** Hardiesse. *Alacritas, atis,* f. ◆ **3.** Propos libres. *Improba verba,* npl.

gain, m. **1.** *Lucrum, i,* n. (Gain attendu; et fig.) *Quaestus, us,* m. (Gain réalisé) *Emolumentum, i,* n. Petit —, *lucellum, i,* n. ◆ **2.** Action d'obtenir. Gain d'une bataille, *victoria, ae,* f.; avoir gain de cause, *causam vincĕre*;* donner gain de cause à qqn, *causam alicui adjudicare.*

gaine, f. *Vagina, ae,* f.

gala, m. **1.** Fête. *Festus dies,* m. ◆ **2.** Festin. *Epulae, arum,* fpl. Faire —, *epulari.*

galamment, adv. **1.** De bonne grâce. *Urbane.* ◆ **2.** Avec goût. *Concinne.*

galant, ante, adj. **1.** (Pers.) Galant homme (honnête), *vir probus,* m.; (de bonne compagnie) *urbanus, a, um.* Nom m. (Habile) *Homo callidus,* m. ◆ **2.** (Ch.) Agréable. *Concinnus, a, um. Venustus.* ◆ **3.** Qui concerne l'amour. (Pers.) *Amator, oris,* m. (Ch.) *Amatorius, a, um.*

galanterie, f. **1.** Agrément dans les manières. *Urbanitas, atis,* f. ◆ **2.** Flatteries aux femmes. *Blanditiae, arum,* fpl.

gale, f. *Scabies, ei,* f.

galère, f. **1.** *Triremis, is,* f. Il fut condamné aux —, *remo publicae triremis affixus* est.* ◆ **2.** (Fig.) Ramer sur la même —, *in eodem pistrino vivĕre*.*

galerie, f. **1.** Portique. *Xystus, i,* m. — (à colonnes), *porticus, us,* f. — (de tableaux), *pinacotheca, ae,* f. ◆ **2.** — (de mine). *Cuniculus, i,* m. ◆ **3.** Les spectateurs. *Corona, ae,* f. ◆ **4.** Partie supérieure du théâtre. *Ultima* (*ae*) *cavea* (*ae*), f.

galet, m. *Teres* (*etis*) *silex* (*icis*), m.

galetas, m. *Cenaculum, i,* n.

galette, f. *Placenta, ae,* f.

galeux, euse, adj. **1.** *Scaber,*

bra, brum. ◆ **2.** (Fig.) C'est une brebis —, *hic niger est.*
galimatias, m. *Quaestionum nebulae, arum,* fpl.
galle, f. et **noix de** —. *Galla, ae,* f.
galon, m. *Limbus, i,* m.
galop, m. *Cursus* (*us*) *incitatissimus* (*i*), m. Au —, *citato equo.*
galoper. I. Intr. **1.** *Cursu incitatissimo ferri*.* ◆ **2.** (Fig.) *Cursitare.* ◆ **II.** Tr. *Incursare* (*in,* acc.).
galoubet, m. *Gingrina, ae,* f.
gambade, m. *Tripudium, ii,* n.
gambader, intr. *Tripudiare.*
gamelle, f. *Scutra, ae,* f.
gamin. I. Nom m. *Pusio, onis,* m. ◆ **II.** Adj. *Lascivulus, a, um.*
gamme, f. **1.** *Diagramma, atis,* n. *Septem discrimina vocum.* ◆ **2.** (Fig.) — des couleurs. *Colorum transitus, us,* m. ◆ **3.** Changer de —, *mutari.*
gangrène, f. *Gangraena, ae,* f.
gangrener (se), r. *Gangraenā vitiari.*
gangreneux, euse, adj. *Tabidus, a, um.*
ganse, f. *Torus, i,* m.
gant, m. **1.** *Manicae, arum,* fpl. Avec des —, *velatā manu;* sans —, *nudā manu.* ◆ **2.** (Fig.) Souple comme un —, *tractabilis, e;* jeter le — à qqn, *provocare* (acc.).
gantelet, m. *Manica, ae,* f.
garance, f. *Rubia, ae,* f.
garant, m. **1.** Qui donne une caution. *Sponsor, oris,* m. *Vas, vadis,* m. Se porter — pour qqn, *spondēre* pro aliquo.* ◆ **2.** (Fig.) *Auctor, oris,* m. Être — d'une chose, *spondēre* rem.* ◆ **3.** Défenseur. *Tutor, oris,* m.
garantie, f. **1.** Engagement. *Cautio, onis,* f. Donner sa —, *praestare*;* avoir une —, *satis accipĕre, io*;* avec —, *mancipio;* en —, *satisdato.* ◆ **2.** Sûreté. *Obses, idis,* m.f. Sous la garantie de la foi publique, *fide publicā;* avec la — des dieux, *diis auctoribus.*
garantir, tr. **1.** Répondre de. *Spondere, eo** (*pro aliquo, rem* ou prop. inf.). ◆ **2.** Assurer. *Confirmare. Asseverare* (*de re*). ◆ **3.** Protéger. *Tueri, eor*. Vindicare* (de ou contre, *ab*).
SE GARANTIR, r. *Se tuēri**(*ab*). *Cavere, eo** (*ab*).
garçon, m. **1.** Enfant. *Puer, eri,* m. Petit —, *puerulus, i,* m.; tout petit —, *infans, antis,* m.; grand —, *adulescens, entis,* m.; devenir grand —, *adolescĕre*;* joli —, *bellus, a, um;* mon —, *mi homo.* ◆ **2.** Enfant mâle. *Mas, maris,* m. ◆ **3.** Qui n'est pas marié. *Caelebs, ibis,* m. ◆ **4.** Serviteur. *Puer,* m.
garde, f. **1.** Action de garder. *Custodia, ae,* f. (Protection) *Tutela, ae,* f. Prendre sous sa —, *in fidem accipere, io*;* faire bonne —, *custodiam agĕre*;* confier à qqn la — de, *praeficere* (*io**) *aliquem* (dat.); chien de —, *canis custos,* m. ◆ **2.** (Milit.) (Sentinelles) *Excubiae, arum,*

fpl. (Troupe) *Custodiae, arum*, fpl. (Garnison) *Praesidium, ii*, n. (Garde d'un prince) *Satellites, um*, mpl. Monter la —, *excubare**; relever la —, *custodias deducĕre**; corps de garde, *statio, onis*, f.; gardes de nuit, *vigiliae, arum*, fpl. ◆ **3.** Attention. Prendre — (faire attention), *animadvertĕre** (*rem* ou *ut*, subj.); *vidēre** (*quid*, subj.; *ut*, subj.); (se défier) *cavēre** (acc. ou *ab*, abl.; *ne*, subj.); sans y prendre —, *imprudens, entis;* se mettant en —, *expeditis armis;* se mettre en — (fig.), se tenir sur ses —, *vigilare; cavēre**; qui se tient sur ses —, *cautus, a, um.* ◆ **4.** Poignée de l'épée. *Capulus, i*, m.

garde, m. f. *Custos, odis*, m. f. — champêtre, *saltuarius, ii*, m.; — malade, *medica, ae*, f.; gardes de nuit, *vigiles, um*, mpl.; garde (d'un prince), *satelles, itis*, m.

garde-fou, m. *Margo, inis*, m. f.

garde-manger, m. *Penaria cella*, f.

garder, tr. **1.** Surveiller. *Custodire.* Garder à vue, *asservare;* faire — qqn, *in custodiam dare* aliquem;* faire — (les lieux), *custodiis claudĕre** (acc.). ◆ **2.** Ne pas quitter. Garder la maison, *domi sedēre**; — le lit, *cubare.* **3.** Conserver. *Servare.* (Réserver) *Reservare.* Garder près de soi, *retinēre**; garder son bien, *suum tenēre**; garder pour soi, *habēre* sibi;* garde cela pour toi, *haec tecum tene**; garder la mémoire, *memoriam conservare;* garder un commandement, *observare praeceptum.* ◆ **4.** Prendre soin de. Garder un malade, *assidēre* aegro;* garder (un troupeau), *pascĕre**. ◆ **5.** Protéger. *Custodire. Tuēri, eor**.

SE GARDER, r. (de) **1.** Se tenir en garde contre. *Cavēre, eo** (*re* ou *a re*). ◆ **2.** S'abstenir de. *Se abstinēre* (abl.). *Cavēre* (*ne*, subj.).

garde-robe, f. **1.** Chambre pour les habits. *Vestiarium, ii*, n. ◆ **2.** Habits. *Vestis, is*, f. ◆ **3.** Cabinets d'aisances. *Latrina, ae*, f. Aller à la —, *desidēre, eo**.

gardeur, m. *Pastor, oris*, m.

gardien, enne, m. et f. **1.** *Custos, odis*, m. et f. ◆ **2.** (Jur.) *Sequester, tri*, m.

1. **gare !** Interj. Gare à toi! *cave!* gare à mon dos! *vae tergo meo!* gare le chien! *cave canem!* crier gare, *praeclamare.*

2. **gare,** f. *Statio, onis*, f.

garenne, f. *Vivarium, ii*, n.

garer (se), r. (de). *Cavēre, eo** (*rem* ou *a re*).

gargariser, tr. *Os colluere, o* (abl.).

gargote, f. *Popina, ae*, f. *Gurgustium, ii*, n.

gargotier, m. *Popinarius, ii*, m.

gargouille, f. *Fistula, ae*, f.

garnement, m. *Nebulo, onis*, m.

garnir, tr. *Instruere, o**. Garni de feuillage, *fronde vestitus, a, um;* maisons garnies, *meritoria, iorum*, npl.

garnison, f. *Praesidium, ii*,

n. Tenir — à, *esse in praesidio* (gén.).

garniture, f. *Ornamentum, i*, n. (De lit) *Stragula vestis*, f. (Frange) *Limbus, i*, m.

Garonne. *Garumna, ae*, m. Les riverains de la —, *Garumni, orum*, mpl.

garrot, m. **1.** Anatomie. *Mercurius, ii*, m. ◆ **2.** Morceau de bois. *Fustis, is*, m. ◆ **3.** Supplice. *Suffocatio, onis*, f.

garrotter, tr. *Constringere, o**.

Gascogne. *Vasconia, ae*, f. Gascon, *Vasco, onis*, m.

gaspillage, f. *Dissipatio, onis*, f.

gaspiller, tr. **1.** *Effundere, o**. *Profundĕre, o**. ◆ **2.** (Fig.) — son temps, *tempus perdĕre**.

gaspilleur, m. *Profusus, a, um.*

gastrique, adj. Causer un embarras —, *ventrem turbare.*

gastronome, m. *Helluo, onis*, m.

gâteau, m. *Libum, i*, n. (De cire) *Favus, i*, m.

gâter, tr. **1.** Détériorer. *Vitiare. Corrumpere, o**. Viande gâtée, *putida caro*, f. ◆ **2.** (Fig.) *Inficere, io**. *Depravare.* Cela ne gâte rien, *quid nocet*?* ◆ **3.** Être trop indulgent pour. *Nimium indulgere, eo* (dat.). Enfant gâté, *puer delicatius tractatus.*

gâteries, fpl. *Deliciae, arum*, fpl.

gauche, adj. **1.** (Côté) *Sinister, tra, trum. Laevus, a, um.* La gauche, *sinistra, ae*, f.; *laeva, ae*, f.; à — (sans mouv.) *a sinistrā;* (avec mouv.) *sinistrorsus.* ◆ **2.** Maladroit. *Laevus. Pravus.*

gauchement, adv. *Laeve. Inepte.*

gaucher, adj. *Scaeva, ae*, m.

gaucherie, f. *Scaevitas, atis*, f. (Fig.) *Inscitia, ae*, f. Faire une —, *imperite agere, o**.

gauchir, intr. **1.** *Declinari.* ◆ ◆ **2.** (Fig.) *Tergiversari.*

gauchissement, m. *Declinatio, onis*, f.

gaude, f. **1.** (Plante) *Lutum, i*, n. ◆ **2.** Bouillie de maïs. *Polenta, ae*, f.

gaufre, f. Rayon de miel. *Favus, i*, m.

gaule, f. *Pertica, ae*, f. (Houssine) *Flagellum, i*, n.

Gaule. *Gallia, ae*, f. De —, *Gallicus, a, um.* ◆ Les Gaulois. *Galli, orum*, mpl. ◆ En gaulois, *gallice.*

gausser (se), r. (de). *Deridēre, eo** (acc.).

gaz, m. *Vapor, oris*, m.

gaze, f. *Linea nebula*, f.

gazelle, f. *Oryx, ygis*, m. *Dorcas, adis* (acc. *ada*), f.

gazer, tr. *Velare.*

gazon, m. *Gramen, inis*, n. De —, couvert de —, *gramineus, a, um;* pièce de —, *caespes, itis*, m.

gazouillement et **gazouillis**, m. *Garrulitas, atis*, f. (D'un ruisseau) *Susurrus, i*, m.

gazouiller, intr. **1.** (Oiseaux) *Fritinnire. Pipilare.* ◆ **2.** (Ruisseaux) *Susurrare.* ◆ **3.** Qui —, *garrulus, a, um.*

geai, m. *Graculus, i*, m.

géant, m. *Gigas, antis*, m. A pas de —, *longis passibus.*

1. **geindre**, intr. *Queritari;* (de, *abl.*).
2. **geindre**, m. Ouvrier boulanger. *Pistorius opifex* (*icis*), m.
gelée, f. **1.** *Gelus, us,* n. — blanche, *pruina, ae,* f. ◆ **2.** (Fig.) — (de viande), *garimatium, ii,* n.; — (de fruits), *liquamen, inis,* n.
geler. **I.** Tr. **1.** Durcir par le froid. *Gelare.* ◆ **2.** Brûler par le froid. *Urere, o*.* ◆ **II.** Intr. et se —, r. **1.** Il gèle, *gelat.* ◆ **2.** Avoir froid. *Algēre*;* gelé, *gelidus, a, um.* ◆ **3.** Être durci par le froid. *Gelari. Rigēre* frigore.*
gémir, intr. *Gemere, o*.* — sur ou de ce que, *ingemiscĕre* in re* ou prop. inf.; gémissant, *queribundus, a, um.*
gémissement, m. *Gemitus, us,* m. *Lamenta, orum,* npl.
gemme, adj. Sel —, *sal montanus,* m.
gémonies, fpl. *Gemoniae, arum,* fpl.
gênant, ante, adj. *Incommodus, a, um. Molestus.*
gencive, f. *Gingiva, ae,* f.
gendarme, m. *Miles rei publicae custos,* m.
gendarmer (se), r. *Stomachari* (contre qqn, *cum aliquo;* contre qqch., *re*).
gendre, m. *Gener, eri,* m.
gêne, f. **1.** Embarras. *Onus, eris,* n. *Molestia, ae,* f. ◆ **2.** Hésitation. *Difficultas, atis,* f. ◆ **3.** Contrainte. *Verecundia, ae,* f. Sans gêne, *libere;* un peu trop sans —, *subrustice.* ◆ **4.** Embarras d'argent. *Angustiae, arum,* fpl.

généalogie, f. *Stirps, pis,* f. *Genus, eris,* n.
généalogique, adj. Arbre —, *stemma, atis,* n.
gêner, tr. **1.** Empêcher. *Impedire. Obstare** (dat.). ◆ **2.** (Fig.) Embarrasser. *Impedire.* ◆ **3.** Incommoder. *Offendere, o*.* ◆ **4.** Être à charge. *Gravem esse alicui.* Dans une position très gênée, *in perditis rebus; in angustiis.*
SE GÊNER, r. *Se continēre*.*
1. **général, ale. I.** Adj. **1.** Qui concerne le genre. *Generalis, e.* ◆ **2.** Qui concerne tout le monde. *Universus, a, um. Communis, e.* L'intérêt —, *summa* (*ae,* f.) *rei publicae;* c'est le sentiment — que, *omnes consentiunt** (prop. inf.) ◆ **II.** EN GÉNÉRAL, loc. adv. **1.** *Generatim. Summatim.* ◆ **2.** Ordinairement. *Plerumque.*
2. **général**, m. *Dux, ducis,* m. *Imperator, oris,* m. — de cavalerie, *equitum magister, tri,* m.; de —, *imperatorius, a, um.* Être —, *praeesse** (dat.); nommer —, *praeficĕre, io** (*aliquem*) (dat.).
généralat, m. *Imperium, ii,* n.
généralement, adv. *Generalim.* (Ordinairement) *Vulgo. Plerumque.*
généraliser, tr. *Dicere* (*o**) *de universo.*
SE GÉNÉRALISER, r. (Se répandre). *Increbrescere, o*.*
généralissime, m. *Militiae magister, tri,* m.
généralité, f. **1.** *Universitas, atis,* f. ◆ **2.** La — des hommes,

plerique, mpl. ◆ **3.** Des —, *loci communes*, mpl.

génération, f. **1.** Action d'engendrer. *Procreatio, onis*, f. *Generatio, onis*, f. ◆ **2.** Degré de descendance. *Stirps, pis*, f. ◆ **3.** Durée de la vie. *Aetas, atis*, f. ◆ **4.** Descendants. *Progenies, ei*, f. *Posteri, orum*, mpl.

généreusement, adv. **1.** Noblement. *Generosius.* ◆ **2.** Libéralement. *Munifice.*

généreux, euse, adj. **1.** De noble race. *Generosus, a, um.* ◆ **2.** Libéral. *Munificus, a, um.* — envers qqn., *beneficus in aliquem.*

générosité, f. **1.** Grandeur d'âme. *Magnanimitas, atis*, f. ◆ **2.** Libéralité. *Munificentia, ae*, f.

genet, m. (Cheval). *Mannus, i*, m.

genêt, m. (Plante). *Genista, ae*, f. (D'Espagne) *Cytisus, i*, m. f.

genévrier, m. et **genièvre**, m. *Juniperus, i*, f.

génie, m. **1.** Divinité. *Genius, ii*, m. — tutélaire, *praesidium, ii*, n. ◆ **2.** Facultés éminentes. *Ingenium, ii*, n. Avoir du —, *ingenio valēre**. ◆ **3.** Caractère. *Indoles, is*, f. ◆ **4.** Homme doué de génie. *Ingenium.* (*Summo*) *ingenio praeditus vir.*

génisse, f. *Bucula, ae*, f. *Juvenca, ae*, f.

genou, m. *Genu, us*, n. Se mettre à —, *flectĕre* genua;* se mettre à — devant qqn, *genua ponĕre* alicui;* à —, *nixus* (*a, um*) *genu;* se jeter aux — de qqn, *ad pedes alicujus se abjicĕre* (*io**)*;* être aux — de, *jacēre* ad pedes* (*alicujus*).

genre, m. *Genus, eris*, n. De ce —, *ejus modi;* qqch. de ce —, *aliquid id genus;* en tout —, *omnibus in rebus;* genre de vie, *vivendi ratio, onis*, f. Tous les genres de mort, *omnes mortes.*

gent, f. **1.** *Gens, tis*, f. ◆ **2.** (Pl. m. f.) Hommes. *Homines, um*, mpl. Il y a des — qui, *sunt qui* (subj. ou indic.); bien des —, *multi, orum;* les — de bien, *probi homines*, mpl.; les jeunes —, *adulescentes*, mpl.; les — de lettres, *docti*, mpl.; nos gens (soldats, partisans), *nostri*, mpl. ◆ **3.** Domestiques. *Familia, ae*, f. *Domestici, orum*, mpl. Mes —, *mei*, mpl. ◆ **4.** Nations. Le droit des —, *jus gentium.*

gentiane, f. *Gentiana, ae*, f.

gentil, ille, f. *Venustus, a, um. Pulchellus.*

gentil, m. Païen. Les —, *gentes, ium*, fpl.

gentilhomme, m. (*Homo*) *nobilis*, m.

gentillesse, f. *Lepos, oris*, m. (D'esprit) *Facetiae, arum*, fpl.

gentiment, adv. *Festive. Lepide.*

géographie, f. *Geographia, ae*, f.

géographique, adj. *Geographicus, a, um.*

geôle, f. *Carcer, eris*, m.

geôlier, m. *Carceris custos, odis*, m. ou *janitor, oris*, m.

géomètre, m. *Geometres, ae*, m.

géométrie, f. *Geometria, ae*, f.

géométrique, adj. *Geometricus, a, um.*

gérant, m. *Procurator, oris*, m.
gerbe, f. *Manipulus, i*, m.
gercer. I. Tr. *Findere, o**. ◆ **II.** Intr. et se —, r. *Rimas agere, o**.
gerçure, f. *Rima, ae*, f.
gérer, tr. *Administrare. Procurare.*
germain, aine, adj. *Germanus, a, um.*
Germanie. *Germania, ae*, f. De —, *Germanicus, a, um.* Les Germains, *Germani, orum*, mpl.
germe, m. **1.** *Germen, inis*, n. ◆ **2.** (Fig.) *Semen, inis*, n. Étouffer les germes de, *comprimĕre initia* (gén.).
germer, intr. **1.** *Germinare.* ◆ **2.** (Fig.) *Crescere, o**.
germination, f. *Germinatio, onis*, f.
gésier, m. *Gizeria, iorum*, npl.
gésir, intr. **1.** *Jacere, eo**. ◆ **2.** (Fig.) *Situm (am, um) esse.* Ci-gît, *hic situs (a, um) est.*
gesse, f. *Cicera, ae*, f.
geste, m. **1.** *Gestus, us*, m. *Motus, us*, m. (Signe de tête) *Nutus, us*, m. ◆ **2.** (Pl.) *Gesta, orum*, npl. *Facta, orum*, npl. Les faits et gestes, *actus, uum*, mpl.
gesticuler, tr. *Gestum agere, o**.
gestion, f. *Gestio, onis*, f. *Procuratio, onis*, f.
gibecière, f. *Pera, ae*, f.
gibet, m. *Patibulum, i*, n.
gibier, m. **1.** *Ferae, arum*, fpl. Faire lever le —, *feras excitare.* ◆ **2.** Venaison. *Venatio, onis*, f. ◆ **3.** (Fig.) Gibier de potence, *trifurcifer, eri*, m.
giboulée, f. *Nimbus, i*, m.
giboyeux, euse, adj. *Feris frequens, entis.*
gifle, f. *Alapa, ae*, f. *Colaphus, i*, m.
gifler, tr. *Colaphizare.*
gigantesque, adj. *Giganteus, a, um. Immanis, e.*
gigot, m. *Vervecis coxa, ae*, f.
girafe, f. *Camelopardalis, is* (acc., *im*), f.
girandole, f. *Lychnuchus, i*, m.
giroflée, f. *Leucoion, ii*, n.
giron, m. *Gremium, ii*, n.
girouette, f. **1.** *Ventorum index, icis*, m. ◆ **2.** (Fig.) *Volaticus, a, um. Mobilis, e.*
gîte, m. **1.** Des animaux. *Cubile, is*, n. ◆ **2.** De l'homme. *Sedes, is*, f. ◆ **3.** D'étape. *Hospitium, ii*, n.
gîter, intr. *Deversari.*
givre, m. *Pruina, ae*, f.
glabre, adj. *Glaber, bra. brum.*
glaçant, ante, et **glacial, ale**, adj. **1.** *Glacialis, e. Gelidus, a, um.* ◆ **2.** (Fig.) *Frigidus.*
glace, f. **1.** *Glacies, ei*, f. ◆ **2.** (Fig.) Être de —, *frigĕre**; les — de la mort, *leti frigus, oris*, n.; rompre la —, *viam aperire**.
glacer, tr. **1.** Congeler. *Glaciare.* Être glacé, *frigore rigĕre**. ◆ **2.** Causer un froid très vif. *Astringere, o** (acc.). Glacé, *frigidus, a, um.* ◆ **3.** (Fig.) Glacer de stupeur, *exanimare.*
glacier, m. *Nivalia juga*, npl.
glacis, m. *Clivus, i*, m.
glaçon, m. *Glaciei fragmentum, i*, n.
gladiateur, m. *Gladiator, oris*, m. De —, *gladiatorius, a, um;*

donner un combat de —, *gladiatores dare**.

glaïeul, m. *Gladiolus, i*, m.

glaire, f. *Pituita, ae*, f. (D'œuf) *Ovi albumen, inis*, n.

glaise, f. *Argilla, ae*, f.

glaive, m. *Gladius, ii*, m.

gland, m. *Glans, glandis*, f. Qui porte des —, *glandifer, era, erum*.

glande, f. *Glandula, ae*, f. (Tumeur accidentelle) *Tuberculum, i*, n.

glaner, tr. **1.** (*Spicas*) *colligere, o**. ◆ **2.** (Fig.) *Racemari. Colligĕre**.

glapir, intr. *Gannire*.

glapissement, m. *Gannitus, us*, m.

glas, m. *Campanae funebris tinnitus*, m.

glauque, adj. *Glaucus, a, um*.

glèbe, f. *Gleba, ae*, f.

glissade, f. *Prolapsio, onis*, f. *Lapsus, us*, m.

glissant, ante, adj. *Lubricus, a, um*.

glisser. I. Intr. **1.** Être glissant. *Lubricum (am, um) esse*. ◆ **2.** Faire un faux pas. *Lapsare*. ◆ **3.** Passer légèrement. *Labi, or** (sur, *per*, acc.). — sur un sujet (fig.), *rem praestringĕre**; — (faire une impression légère), *sensum leviter movēre**. ◆ **3.** Glisser de (s'échapper). *Elabi, or** (*e manibus*). ◆ **II.** Tr. *Insinuare* (dans, *in*, acc.). — dans la conversation, *in sermone injicere, io** (prop. inf.); — à l'oreille, *ad aurem dicĕre**.

globe, m. *Globus, i*, m. *Orbis, is*, m.

globule, m. *Globulus, i*, m.

gloire, f. **1.** *Gloria, ae*, f. *Nomen, inis*, n. Un peu de —, *gloriola, ae*, f.; travailler pour la —, *gloriā duci**; être comblé de —, *gloriā florēre**; (qui vit) sans —, *inglorius, a, um*; faire la gloire de, *honestare* (acc.); *esse honori* (dat.); c'est une — de, *gloriosum est* (inf.); titres de —, *laudes, um*, fpl.; sujet de —, *decus, oris*, n. ◆ **2.** Orgueil. *Gloria. Superbia, ae*, f.

glorieusement, adv. *Gloriose. Egregie*.

glorieux, euse, adj. **1.** (Pers.) *Clarus, a, um. Praeclarus*. ◆ **2.** (Vaniteux) *Gloriosus*. ◆ **3.** (Ch.) *Gloriosus. Decorus*.

glorifier, tr. *Glorificare. Clarificare*.

SE GLORIFIER, r. (de). *Gloriari* (*re, de aliquo*, ou prop. inf.). *Ostentare* (acc.). *Jactare* (acc.).

gloriole, f. *Gloria, ae*, f.

gloser, tr. et intr. (Fig.) Critiquer. *Carpere, o** (acc.).

glossaire, m. *Glossarium, ii*, n.

glouglou, m. *Glutglut*, indécl. La bouteille fait —, *bilbit* amphora*.

gloussement, m. *Singultus, us*, m.

glousser, intr. *Glocire*.

glouton, onne. I. Adj. *Vorax, acis*. ◆ **II.** Nom m. *Helluo, onis*, m.

gloutonnement, adv. *Voraciter*. Manger —, *vorare*.

gloutonnerie, f. *Voracitas, atis*, f.

glu, f. *Viscum, i*, n.

gluant, ante, adj. *Viscosus, a, um.*
gluau, m. *Viscatum, i,* n.
glume, f. *Gluma, ae,* f.
gnomon, m. *Gnomon, onis,* m. De —, *gnomonicus, a, um.*
gobelet, m. *Calix, icis,* m. (D'escamoteur) *Acetabulum, i,* n.
gobe-mouches, m. Niais. *Stultus, i,* m.
gober, tr. *Sorbere, eo*. Vorare.*
godet, m. *Acetabulum, i,* n.
goguenard, arde, adj. *Dicax, acis. Cavillator, oris,* m.
goguenarder, intr. *Cavillari.*
goguenarderie, f. *Cavillatio, onis,* f.
goinfre, m. *Helluo, onis,* m.
goinfrer, intr. *Helluari.*
goinfrerie, f. *Helluatio, onis,* f.
goitre, m. *Tumidum guttur,* n.
goitreux, euse, adj. *Gutturosus, a, um.*
golfe, m. *Sinus, us,* m.
gomme, f. *Cummis, is* (acc. *im*, abl. *i*), f. et m.
gommer, tr. *Cummi linere, o*.*
gommeux, euse, adj. *Cumminosus, a, um.*
gond, m. **1.** *Cardo, inis,* m. ◆ **2.** (Fig.) Sortir de ses —, *iracundiā efferri*.*
gondole, f. *Cymbula, ae,* f.
gonflement, m. *Tumor, oris,* m. *Inflatus, us,* m.
gonfler. I. Tr. *Inflare.* ◆ **2.** Intr. et se —, r. *Turgescere, o*.* ◆ **3.** Gonflé, *inflatus, a, um; tumidus;* être —, *tumēre*.*
goret, m. *Porculus, i,* m.
gorge, f. *Jugulus, i,* m. (Gosier) *Fauces, ium,* fpl. (Sein) *Pectus, oris,* n. (Défilé) *Fauces.* Tendre la —, *dare* cervices;* mettre le couteau sur la —, *vim adhibēre** (*alicui*)*;* faire des — chaudes de, *jocari in* (acc.); rire à — déployée, *cachinnari;* j'ai la — sèche, *areo* siti;* (odeur qui) prend à la —, *spiritum praecludit*;* rendre —, *pecuniam evomere*.*
gorgée, f. *Haustus, us,* m. Boire à petites —, *sorbillare.*
gorger, tr. *Farcire*. Saturare.* Gorgé de vin, d'or, *oneratus vino; onustus auro.*
Gorgone. *Gorgo, onis* (acc. *ona*), f. De —, *Gorgoneus, a, um.*
gosier, m. **1.** *Fauces, ium,* fpl. ◆ **2.** (Fig.) Il a un beau —, *praeclare canit*.*
goudron, m. *Pix, icis,* f.
goudronner, tr. *Picare.*
gouffre, m. *Gurges, itis,* m. *Vorago, inis,* f.
gouge, f. Ciseau, *Gubia, ae,* f.
goujat, m. Valet d'armée. *Calo, onis,* m.
goujon, m. **1.** *Gobius, ii,* m. ◆ **2.** Cheville. *Fibula, ae,* f.
goulet, m. (*Portus*) *fauces, ium,* fpl.
goulot, m. *Fauces, ium,* fpl.
goulu, ue, adj. *Vorax, acis.*
goulûment, adv. *Voraciter.*
gourd, de, adj. *Torpens, entis.*
gourde, f. *Lagoena, ae,* f.
gourdin, m. *Fustis, is,* m.
gourmand, ande. I. Adj. *Edax, acis.* ◆ **II.** Nom m. **1.** Vorace. *Edo, onis,* m. ◆ **2.** Friand. *Ligurritor, oris,* m.
gourmander, tr. **1.** *Increpare*. Objurgare.* ◆ **2.** (Fig.) *Domare*.*

gourmandise, f. **1.** Voracité. *Gula, ae,* f. *Helluatio, onis,* f. ◆ **2.** Friandise. *Ligurritio, onis,* f. (Ch. friande) *Cuppedia, ae,* f.

gourme, f. **1.** *Pituita, ae,* f. ◆ **2.** (Fig.) Il a jeté sa —, *adulescentia ejus deferbuit*.*

gourmé, ée, adj. (Fig.) *Vultu et incessu ficto.*

gourmer, tr. *Pugnis caedĕre, o*.* Se —, r. *Certare pugnis.*

gourmet, m. *Magister* (*tri,* m.) *cenandi.*

gousse, f. *Siliqua, ae,* f. — d'ail, *alii spica, ae,* f.

gousset, m. **1.** Creux de l'aisselle. *Ala, ae,* f. ◆ **2.** Poche. *Marsupium, ii,* n.

goût, m. **1.** Saveur. *Sapor, oris,* m. Avoir bon —, *jucunde sapĕre, io*;* avoir un goût de mer, *sapĕre mare.* ◆ **2.** Sens. *Gustus, us,* m. Il manque de —, *palatum non habet*.* ◆ **3.** Appétit. *Cibi appetentia, ae,* f. Réveiller le —, *palatum suscitare.* ◆ **4.** Inclination. *Studium, ii,* n. Avoir du — pour qqn, *homine delectari;* avoir du — pour qqch., *studiosum* (*am, um*) *esse* (gén.); *studēre** (dat.); avoir beaucoup de — pour, *adamare* (acc.); n'avoir pas de — pour, *abhorrēre* ab;* être du — de qqn, *in studio esse alicui; probari ab aliquo* ou *alicui;* vivre à mon —, *vivĕre* meo more;* par —, *studii causā;* avec —, *studiose;* la conformité des —, *idem velle*.* ◆ **5.** Manière de voir. *Sensus, us,* m. *Judicium, ii,* n. A mon —, *meo judicio;* le bon —, *judicium; urbanitas, atis,* f.; avoir du —, *intellegĕre*;* qui n'a pas de —, *rudis, e;* avec —, *scite.* ◆ **6.** Caractère d'un ouvrage. *Forma, ae,* f. Le bon —, *elegantia, ae,* f.; *munditia, ae,* f.; d'un — pur, *elegans, antis;* d'un — commun, *vulgaris, e;* le goût antique, *antiquitas, atis,* f.; dans le même —, *ejusdem generis;* qqch. dans le — de Sophocle, *aliquid Sophocleum.*

1. goûter, tr. et intr. **1.** *Gustare* (*rem* ou *de re*). ◆ **2.** Éprouver. *Gustare* (acc.). *Sentire** (acc.). *Experiri** (acc.). — du repos, *quietem capere, io*;* — de grandes joies, *perfrui* amoenitate summā.* ◆ **3.** Trouver à son goût. *Probare* (acc.). *Delectari* (abl.). Ne pas goûter, *abhorrēre* ab;* n'être pas goûté de, *displicēre** (dat.); faire goûter qqch. à qqn, *probare rem alicui.*

2. goûter, m. *Merenda, ae,* f.

1. goutte, f. Globule de liquide. *Gutta, ae,* f. (Qui tombe) *Stilla, ae,* f. Tomber — à —, *stillare;* verser — à —, *instillare* (acc.); suant à grosses —, *sudore diffluens, entis;* boire jusqu'à la dernière —, *totum exhaurire*;* ne ... goutte, *nihil.*

2. goutte, f. Maladie. *Artuum dolor, oris,* m.; — aux pieds, *podagra, ae,* f.; — aux mains, *cheragra, ae,* f.

gouttelette, f. *Guttula, ae,* f.

goutteux, euse, adj. (Atteint de la goutte) *Arthri-*

ticus, a, um. (Aux pieds) *Podagrosus, a, um.* (Aux mains) *Cheragricus.*

gouttière, f. *Suggrunda, ae,* f. Les eaux de —, *stillicidia, iorum,* npl.

gouvernail, m. **1.** *Gubernaculum, i,* n. **2.** (Fig.) *Gubernacula, orum,* npl. *Clavus, i,* m.

gouvernante, f. *Paedagoga, ae,* f.

gouvernants, mpl. *Gubernatores rei publicae. Ii qui rei publicae praesunt*.*

gouverne, f. Pour ma —, *ad meam institutionem.*

gouvernement, m. **1.** Action de gouverner. *Administratio, onis,* f. *Rectio, onis,* f. *Gubernatio, onis,* f. Prendre le —, *rerum potiri*;* entrer dans le —, *ad rem publicam accedĕre*;* être dans le —, *in re publicā versari;* éloigner, s'éloigner du —, *a gubernaculis repellĕre*, recedĕre*;* habile dans la science du —, *peritus rerum civilium;* qui concerne le —, *politicus, a, um.* (Fig.) Le — de l'enfance, *disciplina puerilis.* ◆ **2.** Constitution d'un État. *Res publica, rei publicae,* f. Forme de —, *civitatis forma,* f.; le — monarchique, *regnum, i,* n.; — populaire, *popularis civitas,* f. ◆ **3.** Ceux qui gouvernent. *Gubernatores rei publicae.* Au nom du —, *publice.* ◆ **4.** Charge de gouverneur; province. *Provincia, ae,* f. *Praefectura, ae,* f. Avoir le — d'une province, *provinciam obtinēre*;* confier à qqn le — d'une province, *aliquem provinciae praeponĕre** ou *praeficere, io*.*

gouverner, tr. **1.** *Administrare. Gubernare. Moderari* (dat. ou acc.). ◆ **2.** (Fig.) Diriger. *Regere, o*. Moderari.* Gouverner les esprits, *tractare animos;* — un vaisseau, *navem gubernare.*

SE GOUVERNER, r. **1.** *Sui juris esse.* ◆ **2.** (Fig.) Se conduire. *Regĕre* se* ou *semetipsum.* Je me gouvernerai de telle sorte que, *ita me tractabo ut* (subj.). ◆ **3.** (Sur mer) *Dirigĕre* cursum.*

gouverneur, m. **1.** D'une province. *Praefectus, i,* m. Être — de, *praeesse** (dat.). ◆ **2.** D'un enfant. *Paedagogus, i,* m.

grabat, m. *Grabatus, i,* m.

grabuge, m. *Jurgium, ii,* n.

grâce, f. **1.** Agrément. *Lepos, oris,* m. *Venustas, atis,* f. Avec —, *eleganter;* qui n'a pas de —, *invenustus, a, um;* sans —, *ineleganter;* qui a bonne —, *decorus;* l'orateur a mauvaise — à, *oratorem minime decet** (inf.); de bonne —, *aequo animo; belle;* de mauvaise —, *repugnanter;* les Grâces, *Gratiae, arum,* fpl. ◆ **2.** Faveur. *Gratia, ae,* f. Une —, *beneficium, ii,* n. Rentrer en —, *in gratiam redire, eo*;* faites-nous la — de, *date* nobis hanc veniam ut* (subj.); je te demande en —, *te oro atque obtestor ut* (subj.); de —, *quaeso*;* se mettre dans les bonnes — de qqn, *gratiam alicujus conciliare sibi;* être dans les bonnes — de, *esse in gratiā cum* (abl.); *gratiosum esse apud* (acc.); perdre les bonnes — de, *amittĕre* studia* (gén.); la — divine, *gratia, ae,* f.; avec la — de Dieu, *si Deus juvabit**. ◆ **3.** Pardon. *Venia, ae,* f. Faire — à qqn en considération d'un autre, *condonare aliquem alicui;* grâce! *ignosce*!* faire — de, *condonare* (acc.); (omettre), *remittĕre** (acc.); demander — pour qqn, *deprecari vitam alicujus* (*ab aliquo*); demander — pour qqch. (s'excuser), *excusare aliquid* (*alicui*); coup de —, *plaga extrema,* f. ◆ **4.** Remerciements. *Gratiae, arum,* fpl. Rendre —, *gratias agĕre** (dat.); — à moi, *meā operā*.

gracier, tr. *Ignoscere, o** (dat.). *Parcere, o** (dat.). *Veniam dare** (*alicui*).

gracieusement, adv. **1.** Avec grâce. *Venuste. Decore.* ◆ **2.** Obligeamment. *Belle. Officiose.* Gratuitement. *Gratuito.*

gracieuseté, f. *Officium, ii,* n.

gracieux, euse, adj. **1.** Qui a de la grâce. *Venustus, a, um. Lepidus.* ◆ **2.** Poli. *Urbanus. Comis, e.* A titre —, *gratuito; gratuitus, a, um.*

gracilité, f. *Exilitas, atis,* f.

gradation, f. *Gradus, us,* m. Il y a gradation de... à ..., *gradibus venitur* ab* (abl.) *ad* (acc.); faire une —, *ascendere, o**.

grade, m. *Ordo, inis,* m. *Gradus, us,* m. Élevé à un — supérieur, *traductus, a, um* (*ex,* abl.; *ad,* acc.).

gradé, adj. m. *Militari officio praepositus;* non —, *gregarius* (*miles*).

gradin, m. *Gradus, us,* m. Les — de l'amphithéâtre, *cunei, orum,* mpl.

graduel, elle, adj. Qui va par degrés. *Lentus, a, um.*

graduellement, adv. *Gradatim. Gradibus.*

graduer, tr. **1.** Diviser. *Dividere, o**. ◆ **2.** Augmenter par degrés. *Gradibus augere, eo**.

grain, m. **1.** *Granum, i,* n. (De fruit à grappe) *Acinus, i,* m. (Pl.) (Céréales) *Fruges, um,* fpl. ◆ **2.** Parcelle de substance solide. *Mica, ae,* f. *Granum.* ◆ **3.** (Fig.) Avoir un grain de folie, *dubiae sanitatis esse;* un — d'amour-propre, *nonnihil superbiae.* ◆ **4.** Ondée. *Nimbus, i,* m.

graine, f. *Semen, inis,* n. *Granum, i,* n.

grainetier, m. *Frumentarius, ii,* m.

graisse, f. *Adeps, ipis,* m. f.

graisser, tr. **1.** (*Adipe*) *perungere, o**. ◆ **2.** (Fig.) Graisser la patte au juge, *judicem pretio corrumpĕre**.

graisseux, euse, adj. *Pinguis, e.* (Graissé) *Unctus, a, um.*

grammaire, f. *Grammatica, ae,* f. De —, *grammaticus, a, um.*

grammairien, m. *Grammaticus, i,* m. (En mauv. part) *Grammatista, ae,* m.

gramme, m. *Scripulum, i,* n.

grand, ande, adj. **1.** *Magnus, a, um.* (De taille) *Procerus.*

Celsus. (Adolescent; avancé en âge) *Grandis, e.* (Spacieux) *Amplus.* (Long) *Longus.* ◆ **2.** (Fig.) Éminent, insigne. *Magnus. Summus.* Grand par le génie, *praestans ingenio;* un — homme, *vir magnus;* grand ami, *amicissimus, a, um;* de grand cœur, *ultro.* (Nom mpl.) Les —, *optimates, ium* et *um,* mpl. ◆ **3.** Considérable. *Magnus. Ingens, entis.* Si —, *tantus, a, um;* quel —, *quantus;* si — qu' (il soit), *quantuscumque* (*est*); trop —, *nimius;* le — point de l'art, *caput artis.* ◆ **4.** Magnifique. (Pers.) *Lautus.* (Ch.) *Excelsus.* Trancher du grand, *laute vivĕre*.*

grandement, adv. **1.** Spacieusement. *Laxe.* ◆ **2.** Avec faste. *Laute.* ◆ **3.** Beaucoup. *Valde.*

grandeur, f. **1.** *Magnitudo, inis,* f. *Amplitudo, inis,* f. (Hauteur) *Proceritas, atis,* f. (Longueur) *Longitudo, inis,* f. ◆ **2.** (Fig.) Grandeur d'âme. *Magnanimitas, atis,* f. (Dans les procédés) *Magnificentia, ae,* f. (Dans le langage) *Magniloquentia, ae,* f. Avec —, *magnifice.* ◆ **3.** Rang élevé. *Amplitudo. Majestas, atis,* f. Les grandeurs, *honores, um,* mpl.

grandiose, adj. *Excelsus, a, um. Grandis, e.*

grandir. I. Tr. **1.** *Majorem* (*majus*) *facere, io*.* ◆ **2.** (Fig.) *Augere, eo*.* Se —, *se extollere*.* ◆ **II.** Intr. **1.** *Crescere,- o*.* ◆ **2.** Croître en âge. *Adolescĕre, o*.*

grand-mère, f. *Avia, ae,* f.

grand-oncle, m. **1.** Du côté paternel. *Patruus magnus,* m. ◆ **2.** Du côté maternel. *Avunculus magnus,* m.

grand-père, m. *Avus, i,* m.

grand-tante, f. **1.** Du côté paternel. *Amita magna,* f. ◆ **2.** (Du côté maternel) *Matertera magna,* f.

grange, f. *Horreum, i,* n.

granit, m. — rouge, *syenites lapis,* m.

grappe, f. *Uva, ae,* f.

grappiller, intr. *Racemari.*

grappin, m. **1.** *Harpago, onis,* m. ◆ **2.** (Fig.) Mettre le — sur qqn, *manus injicere* (*io**) *alicui.*

gras, asse, adj. **1.** *Pinguis, e.* ◆ **2.** Graissé. *Unctus, a, um.* ◆ **3.** Qui a de l'embonpoint. *Opimus.* ◆ **4.** (Fertile) *Crassus.* ◆ **5.** Glissant. *Lubricus.* ◆ **6.** LOC. DIV. Être —, *nitēre*;* avoir la langue grasse, *esse inexplanatae linguae;* dormir la — matinée, *in medios dies dormire;* le gras de la jambe, *sura, ae,* f.; faire —, *carnes edĕre*.*

gras-double, m. *Omasum, i,* n.

grassement, adv. *Opime.* (Libéralement) *Large.*

grasset et **grassouillet, ette,** adj. *Suppinguis, e.*

gratification, f. *Largitio, onis,* f. *Munus, eris,* n.

gratifier, tr. *Largiri* (*rem alicui*). *Donare* (*aliquem re*).

gratis, adv. *Gratis.*

gratitude, f. *Gratia, ae,* f.

Gratus animus, m. Avec —, *grate*.

gratter, tr. et intr. *Scabere, o** (acc.). (Effacer) *Radere, o** (acc.). Gratter à la porte, *pollicem limini incutĕre, io**; se gratter contre, *se affricare** (dat.); se gratter l'oreille de la main gauche, *caput perfricare* sinistrā manu*.

gratuit, ite. **1.** *Gratuitus, a, um*. ◆ **2.** (Fig.) *Vanus*.

gratuitement, adv. **1.** *Gratuito*. ◆ **2.** (Fig.) *Frustra*.

gravats, mpl. *Rudera, um*, npl.

grave, adj. *Gravis, e*.

gravement, adv. *Graviter*.

graver, tr. **1.** *Insculpere, o**. — une inscription sur, *inscribere** (*in*, abl.). ◆ **2.** (Fig.) *Imprimere, o** (dans, *in*, abl.). Graver dans sa mémoire, *mandare memoriae*.

graveur, m. *Scalptor, oris*, m.

gravier, m. *Glarea, ae*, f.

gravir, tr. *Scandere, o**. (Péniblement) *Conniti, or** (*in*, acc.).

gravité, f. *Gravitas, atis*, f. (Importance) *Pondus, eris*, n.

gravure, f. *Scalptura, ae*, f.

gré, m. **1.** Volonté. *Voluntas, atis*, f. *Arbitrium, ii*, n. A ton gré, *ut velis**; de bon gré, *ultro; libens, entis*; de mauvais gré, *aegre; invitus, a, um*; bon gré, mal gré, *velim* nolim** (*velis, nolis*, etc. suivant la personne et le nombre); au gré du hasard, *prout fors tulit**; au gré du destin, *ut fata trahunt*. ◆ **2.** Sentiment. A mon gré, *ex sententiā; meo quidem judicio*; être au gré de, *placēre** (dat.); savoir bon gré à, *habēre* gratias alicui*; je te sais bon gré de ce que, *te amo quod* (indic. ou subj.); savoir peu de gré à qqn, *suscensēre* alicui quod* (indic. ou subj.).

Grèce. *Graecia, ae*, f. Grec, *Graecus, a, um*. Parler grec, *Graece loqui**; savoir le grec, *Graece scire*.

gredin, ine, m. et f. *Scelestus, a, um*.

gredinerie, f. *Flagitĭum, ĭi*, n.

gréement, m. *Armamenta, orum*, npl.

gréer, tr. *Armare*. *Ornare*.

1. greffe, f. *Insitio, onis*, f. *Insitus, us*, m.

2. greffe, m. *Tabularium, ii*, n.

greffer, tr. *Inserere, o**.

greffier, m. *Scriba, ae*, m.

1. grêle, adj. *Exilis, e*.

2. grêle, f. **1.** *Grando, inis*, f. ◆ **2.** (Fig.) Une grêle de. *Vis, vis*, f. *Multus, a, um*.

grêler. **I.** Intr. Il —, *grandinat*. ◆ **II.** Tr. *Grandine vexare*.

grelot, m. *Tintinnabulum, i*, n.

grelotter, intr. *Algere, eo**.

grenade, f. (*Malum*) *granatum*, n.

grenadier, m. Arbre. *Punica malus*, f.

grenat, m. *Carbunculus, i*, m.

grener, intr. *In semen exire, eo**.

grenier, m. *Horreum, i*, n.

grenouille, f. *Rana, ae*, f.

grésil, m. *Gelicidium, ii*, n.

grève, f. *Litus, oris*, n. *Harena, ae*, f.

grever, tr. **1.** *Onerare.* ◆ **2.** (Fig.) *Laedere, o**.

grief, m. **1.** Dommage. *Injuria, ae,* f. ◆ **2.** Plainte. *Crimen, inis,* n. Exposer ses —, *queri, or**.

griffe, f. **1.** *Unci ungues,* mpl. A coups de —, *unguibus.* ◆ **2.** (Fig.) Donner des coups de griffe à, *vellicare* (acc.); s'échapper des griffes de, *elabi, or** (abl.).

griffer, tr. *Ungues conjicere* (*io**) *in* (acc.).

griffon, m. *Gryps, ypis,* m.

grignoter, tr. *Circumrodere, o**.

gril, m. **1.** *Craticula, ae,* f. ◆ **2.** (Fig.) Être sur le —, *angi**.

grillade, f. *Assaturae, arum,* fpl.

grillage, m. *Cancelli, orum,* mpl.

grille, f. *Clatri, orum,* mpl.

griller, tr. **1.** Fermer. *Clatrare.* ◆ **2.** Cuire. *In craticulā assare.* ◆ **3.** (Fig.) *Exurere, o**. ◆ **4.** Griller de. *Gestire* (inf.).

grillon, m. *Grillus, i,* m.

grimace, f. **1.** *Oris pravitas, atis,* f. *Sanna, ae,* f. ◆ **2.** Feinte. *Simulatio, onis,* f.

grimacer, intr. **1.** *Os distorquere, eo**. ◆ **2.** Faire des plis. *Rugare.*

grimper, intr. *Scandere, o** (acc.).

grincement, m. *Stridor, oris,* m.

grincer, intr. *Frendere, o**. *Stridere, eo**.

grippe, f. **1.** Maladie. *Gravedo, inis,* f. ◆ **2.** (Fig.) Prévention. *Offensa, ae,* f. Prendre en —, *alienari ab.*

grippe-sou, m. *Qui nummos inuncat.*

gris, ise, adj. **1.** *Pullus, a, um.* (Grisâtre) *Cinereus.* Cheveux —, *canities, ei,* f.; temps —, *caelum nubilum.* ◆ **2.** Ivre. *Ebriolus.*

griser, tr. *Inebriare.*

grison, adj. *Canus, a, um.*

grisonner, intr. *Canere, eo**.

grive, f. *Turdus, i,* m.

grivois, oise, adj. Libre. *Improbus, a, um.*

grognard; grogneur, euse; grognon. I. Adj. *Querulus, a, um.* ◆ **II.** Nom m. *Mussitator, oris,* m.

grognement, m. *Grunnitus, us,* m.

grogner, intr. **1.** *Grunnire.* ◆ **2.** (Fig.) *Gannire.*

groin, m. *Rostrum, i,* n.

grommeler, intr. *Mutire.*

grondement, m. *Murmur, uris,* n.

gronder. I. Intr. **1.** (Pers.) *Obmurmurare.* ◆ **2.** (Éléments) *Tonare**. ◆ **II.** Tr. *Objurgare.*

gronderie, f. *Objurgatio, onis,* f.

grondeur, euse, adj. *Querulus, a, um. Objurgator, oris,* m.

1. gros, grosse. I. Adj. **1.** *Crassus, a, um. Grandis, e.* ◆ **2.** Grossi. *Turgidus. Tumidus.* La mer est —, *mare aestuat;* gros rire, *risus solutus,* m. ◆ **3.** (Fig.) *Magnus. Ingens, entis.* Un — capitaliste, *homo pecuniosissimus;* faire sa grosse voix, *vocem contendĕre*;* gros mots, *contumeliae, arum,* fpl. ◆ **II.** Adv. Écrire gros, *grandibus litteris scribĕre*;* gagner gros, *multum lucri facĕre, io*;*

ils donneraient gros pour, *magno mercentur* (acc.).

2. gros, m. **1.** Le gros de l'armée, *summa exercitus;* un gros de cavalerie, *equitum globus, i,* m. ◆ **2.** (Fig.) Le gros de l'affaire, *summa rei.* ◆ **3.** Acheter, vendre en gros, *aversione emĕre*, vendĕre*;* marchand en gros, *magnarius, ii,* m. ◆ **4.** (Fig.) En gros, *summatim;* tout en gros, *tantum.*

gros-bec, m. *Fringilla, ae,* f.

groseillier, m. *Rhamnus, i,* f.

grossesse, f. *Graviditas, atis,* f.

grosseur, f. **1.** (Épaisseur) *Crassitudo, inis,* f. (Volume) *Magnitudo, inis,* f. ◆ **2.** Tumeur. *Tumor, oris,* m.

grossier, ère, adj. **I.** *Crassus, a, um.* ◆ **II.** (Fig.) (Pers.) **1.** Sans finesse. *Hebes, etis.* ◆ **2.** Sans éducation. *Incultus. Rusticus.* ◆ **III.** (Ch.) **1.** Sans art. *Rudis, e.* ◆ **2.** Énorme. *Summus. Impudens, entis.*

grossièrement, adv. **1.** Incivilement. *Rustice.* ◆ **2.** Sans art. *Incondite.* ◆ **3.** Grandement. *Valde.* Se tromper —, *turpissime labi*.*

grossièreté, f. **1.** *Crassitudo, inis,* f. ◆ **2.** (Fig.) Manque d'éducation. *Inhumanitas, atis,* f.; — de manières, *rusticitas, atis,* f.; c'est une preuve de — que de, *agreste quiddam est* (inf.).

grossir. I. Tr. *Augere, eo*.* ◆ **II.** Intr. *Crescere, o*.*

grossissement, adv. *Auctio, onis,* f. *Amplificatio,* f.

grotesque, adj. *Ridiculus, a, um.*

grotesquement, adv. *Ridicule.*

grotte, f. *Spelunca, ae,* f.

grouiller, intr. **1.** Remuer. *Se movēre*.* ◆ **2.** Fourmiller. *Scatēre, eo** (abl.).

groupe, m. **1.** *Circulus, i,* m. *Globus, i,* m. *Turma, ae,* f. ◆ **2.** (Art) *Symplegma, atis,* n.

grouper, tr. *Glomerare.*

grue, f. **1.** Oiseau. *Grus, is,* f. ◆ **2.** Machine. *Machina, ae,* f.

gruger, tr. **1.** Briser. *Frendere, o*.* ◆ **2.** Manger. *Comedere, o*.* ◆ **3.** Dépouiller (qqn). *Exedere, o*. Emungere, o*.*

gué, m. *Vadum, i,* n. Passer à gué, *vado transire, eo*.*

guéable, adj. *Vadosus, a, um.*

guenille, f. **1.** *Pannus, i,* m. En —, *pannosus, a, um.* ◆ **2.** (Fig.) *Res nihili.*

guenon, f. *Simia, ae,* f.

guêpe, f. *Vespa, ae,* f.

guêpier, m. **1.** *Vesparum nidus, i,* m. ◆ **2.** (Fig.) Tomber dans un —, *in dumeta correpĕre*.*

guère ou **guères,** adv. **1.** Ne... guère. *Non multum. Parum.* ◆ **2.** Guère de. *Parum* (gén.). *Pauci, ae, a.*

guéret, m. *Novale, is,* n.

guéridon, m. *Orbis, is,* m.

guérir. I. Tr. **1.** (En parl. du médecin) *Sanare* (*aliquem*). *Mederi, eor** (*alicui*). Guérir la fièvre, *febrim submovēre*.* ◆ **2.** (En parl. du remède) *Prodesse** (*alicui*). *Esse remedio* (*alicui*). Guérir la fièvre, *febres tollĕre*.* ◆ **3.** (Fig.) *Recreare.* Guérir qqn de sa douleur, *sanare dolorem alicujus.* ◆ **II.** Intr. et SE GUÉRIR, r. **1.** (En parl. du malade) *Convalescere, o**. Guérir d'une maladie, *morbo liberari.* ◆ **2.** (En parl. de la maladie) *Depelli**. ◆ **3.** (D'une plaie) *Consanescere, o**. ◆ **4.** (Fig.) Se guérir de ses défauts, *vitia exuĕre.*

guérison, f. **1.** *Sanatio, onis,* f. (Santé) *Salus, utis,* f. ◆ **2.** (Fig.) *Sanatio.*

guérissable, adj. *Sanabilis, e.*

guérite, f. *Specula, ae,* f.

guerre, f. **1.** *Bellum, i,* n. (Métier) *Militia, ae,* f. Nous aurons la —, *depugnabitur;* être en — avec, *bellare cum;* se faire la —, *bellare inter se;* se préparer à la —, *bellum parare;* déclarer la —, *bellum indicĕre** (*alicui*); amener la —, *bellum movēre*;* porter la —, *bellum inferre** (*in,* acc.); conduire la —, *bellum agĕre*;* terminer la —, *bellum conficere, io*;* en temps de paix et en temps de —, *belli domique;* subir la loi de la —, *hostilia pati, tor*;* homme de —, *militaris vir,* m.; faire la — (comme soldat), *militare;* impropre à la —, *imbellis, e;* compagnon de —, *commilito, onis,* m.; costume de —, *sagum, i,* n.; en costume de —, *sagatus, a, um;* petite — (exercices), *pugnae simulacra, orum,* npl. ◆ **2.** (Fig.) *Bellum.* Être en — avec, *inimicitias gerĕre* cum;* faire la — à ses passions, *impetus animi comprimĕre*;* faire la — aux mots, *verba aucupari;* de — lasse, *fatigatus, a, um.*

guerrier, ère, adj. et nom m. et f. *Bellicus, a, um. Bellator, oris,* m. *Bellatrix, icis,* f. Emboucher la trompette —, *bellicum canĕre*.*

guerroyer, intr. **1.** *Bellare* (*cum*). *Bellum gerere, o** (*cum*). ◆ **2.** (Fig.) Qui aime à —, *pugnax, acis.*

guet, m. **1.** Faire le —, *excubare*;* le mot du —, *tessera, ae,* f. ◆ **2.** (Fig.) Avoir l'œil au guet, *vigilare.*

guet-apens, m. *Insidiae, arum,* fpl.

guêtre, f. *Pero, onis,* m.

guetter, tr. *Observare.*

gueule, f. *Os, oris,* n.

gueux, euse, adj. et nom m. et f. **1.** Indigent. *Inops, opis.* ◆ **2.** Scélérat. *Sceleratus, a, um.*

gui, m. *Viscum, i,* n.

guichet, m. *Portula, ae,* f.

guichetier, m. (*Carceris*) *janitor, oris,* m.

guide, m. *Dux, ducis,* m. f. *Rector, oris,* m. En prenant pour — la nature, *naturā duce.*

guide, f. *Habenae, arum,* fpl.

guider, tr. **1.** *Ducere, o**. ◆ **2.** (Un cheval, un vaisseau) *Moderari* (*equum, navem*). ◆ **3.** (Fig.) *Regere, o**. Se laisser — par, *regi** (*re* ou *ab aliquo*); *sequi** (acc.).

guigner, tr. **1.** *Limis oculis intueri, eor**. ◆ **2.** (Fig.) *Captare.*

guilleret, ette, adj. *Hilarulus, a, um.*

guillotine, f. *Securis, is,* f.

guimauve, f. *Althaea, ae,* f.

guindé, ée, adj. *Affectatus, a, um.*

guinder (se), r. *Se attollěre*.*

guingois, m. De —, *oblique; transversus, a, um.*

guirlande, f. *Seria, orum,* npl.

guise, f. *Mos, moris,* m. A ma —, *meo modo.* En — de, *pro* (abl.).

gymnase, m. *Gymnasium, ii,* n. *Palaestra, ae,* f.

gymnastique, adj. *Gymnasticus, a, um.* La —, *palaestra, ae,* f.

gynécée, f. *Gynaeceum, i,* n.

H

habile, adj. **1.** Savant. *Peritus, a, um* (gén.); *Callidus* (gén.). ◆ **2.** Inventif. *Sollers, ertis.* ◆ **3.** Prompt. *Strenuus.* ◆ **4.** Capable de. *Idoneus, a, um* (dat.; *ad*, acc.; *qui*, subj.).

habilement, adv. **1.** Adroitement. *Affabre. Scite.* ◆ **2.** Savamment. *Perite. Callide. Apte.* ◆ **3.** Promptement. *Expedite.*

habileté, f. *Sollertia, ae,* f.

habillement, m. *Vestitus, us,* m. *Vestimentum, i,* n.

habiller, tr. **1.** *Vestire.* Cette robe m'habille bien, *haec stola me decet*.* ◆ **2.** (Fig.) Critiquer. *Vellicare.*

S'HABILLER, r. *Vestiri. Induĕre vestem.*

habit, m. *Vestis, is,* f. Habit de guerre, *militaris ornatus,* m.

habitable, adj. *Habitabilis, e.*

habitant, ante, m. et f. *Incola, ae,* m. f. Habitant d'une ville, *civis, is,* m. f.; — de Rome, *urbanus;* — de la campagne, *paganus.*

habitation, f. **1.** *Habitatio, onis,* f. ◆ **2.** Maison. *Domicilium, ii,* n. *Domus, us,* f.

habiter, tr. et intr. **1.** *Habitare* (acc.; ou *in*, abl.; abl. seul des noms de villes et de petites îles; locatif). *Incolere, o** (acc.). Qui habite près de, *accola, ae,* m. (gén.); habiter avec, *domicilium habēre* cum;* habité (populeux), *frequens, entis.* ◆ **2.** (Fig.) *Considere, o*.*

habitude, f. (Manière d'être) *Habitus, us,* m. (Coutume) *Consuetudo, inis,* f. (Expérience, commerce) *Usus, us,* m. Avoir l' — de, *solēre** (inf.); qui a l' — de, *assuetus, a, um* (abl. ou inf.); qui n'a pas l' — de, *insuetus* (gén.); être fidèle à ses —, *consuetudinem servare;* l' — de la parole, *dicendi exercitatio, onis,* f.

habituel, elle, adj. *Consuetus, a, um.* C'est —, *hoc vulgo evenire solet*.*

habituellement, adv. *Plerumque.*

habituer, tr. *Assuefacere, io** (à, abl. ou inf.).

S'HABITUER, r. *Assuescere, o** (à, abl. ou inf.).

hâbleur, m. *Jactans, antis,* m.

hache, f. *Securis, is,* f. Donner un coup de — à, *securim infligĕre** (dat.).

hacher, tr. **1.** *Concīdere, o*.* (En parlant de la grêle) *Contundere, o*.* ◆ **2.** Tailler en pièces. *Caedere, o*.* ◆ **3.** (Fig.)

Style haché, *caesa oratio*, f.
hachereau, m. et **hachette**, f. *Securicula, ae*, f.
hachis, m. *Minutal, alis*, n.
hagard, arde, adj. *Trux, trucis.*
haie, f. **1.** *Saepes, is*, f. Clore d'une —, *saepire**. ◆ **2.** (Fig.) File. *Ordo, inis*, m.
haillon, m. *Pannus, i*, m. En —, *pannosus, a, um.*
haine, f. *Odium, ii*, n. Qui a de la — pour, en — de, *infensus, a, um* (dat.); exciter la haine (pers.), *invidiam facĕre, io** (dat.); (ch.) *invidiosum esse* (dat.); j'ai pris la vie en —, *taedet* me vitae.*
haineux, euse, adj. *Ad odium proclivis, e. Infestus, a, um* (dat.).
haïr, tr. *Odisse*. Alieno animo esse* (*in*, acc.). (Ch.) *Abhorrere, eo** (*ab*). Être haï (pers.), *odio esse* (dat.); *invisum esse* (dat.); (ch.) *odiosum esse* (dat.).
haïssable, adj. *Invidiosus, a, um.*
hâle, m. *Calor* (*oris*, m.) *solis.*
haleine, f. *Anima, ae*, f. *Halitus, us*, m. Prendre ou reprendre haleine (propre et fig.), *respirare;* tout d'une —, *uno spiritu;* (fig.) *uno tenore;* être hors d' —, *exanimatum esse;* mettre hors d' —, *anhelitum movēre*;* hors d' —, *anhelans, antis;* qui a l' — forte, *foetidus, a, um;* avoir l' — vineuse, *vinum redolēre*;* longue —, *pertinax spiritus*, m.; — courte, *spiritus angustus*, m.; de longue — (fig.) *longus, a, um;* tenir qqn en —, *intentum tenēre* aliquem.*
haler, tr. *Trahere, o*.*
hâler, tr. *Colorare.* Hâlé, *adustus, a, um.*
haleter, intr. *Anhelare.*
halle, f. *Forum, i*, n.
hallebarde, f. *Gaesum, i*, n.
hallier, m. *Dumetum, i*, n.
hallucination, f. *Alucinatio, onis*, f. Avoir des —, *alucinari.*
halo, m. *Corona, ae*, f.
halte, f. *Sessio, onis*, f. *Mora, ae*, f. Faire —, *consistĕre*;* sans faire —, *continenter;* commander la —, *constituĕre agmen;* halte là! *sta! state!*
hameau, m. *Viculus, i*, m.
hameçon, m. *Hamus, i*, m.
hampe, f. *Hastile, is*, n.
hanche, f. *Coxendix, icis*, f. *Coxa, ae*, f. Les poings sur la —, *ansatus, a, um.*
hangar, m. *Taberna, ae*, f. (Pour le blé) *Nubilarium, ii*, n.
hanter, tr. *Uti* (*or**) *multum* (*aliquo*).
happer, tr. *Corripere, io*.*
haquenée, f. *Asturco, onis*, m.
harangue, f. *Contio, onis*, f. *Oratio, onis*, f.
haranguer, tr. *Contionari* (*ad* ou *apud*). *Dicere, o** (*ad* ou *apud*). *Loqui, or** (*ad* ou *apud*).
harasser, tr. *Defatigare. Frangere, o*.*
harceler, tr. **1.** *Lacessere, o*.* ◆ **2.** (Fig.) *Fatigare.*
hardes, fpl. **1.** *Vestitus, us*, m. ◆ **2.** (En mauvaise part) *panni, orum*, mpl.
hardi, ie, adj. **1.** Courageux

Fortis, e. ◆ **2.** Audacieux. *Audax, acis.* Être assez — pour, *audēre** (inf.).

hardiesse, f. **1.** Courage. *Fortitudo, inis,* f. ◆ **2.** Assurance. *Confidentia, ae,* f. ◆ **3.** Imprudence. *Audacia, ae,* f. Donner de la — à, *addĕre* animum* (dat.); — de style, *licentia, ae,* f.

hardiment, adv. **1.** *Fortiter.* ◆ **2.** *Audacter. Libere.* (Sans crainte de se tromper) *Sine dubio.*

hareng, m. *Aringus, i,* m.

hargneux, euse, adj. *Pugnax, acis.* Humeur —, *pugnacitas, atis,* f.

haricot, m. *Phaselus, i,* m. f.

haridelle, f. *Equus strigosus,* m.

harmonie, f. **1.** (Musique) (Accord) *Concentus, us,* m. (Mélodie) *Harmonia, ae,* f. ◆ **2.** (Style) *Numerus, i,* m. Qui manque d' —, *inconditus, a, um.* ◆ **3.** (Fig.) Accord. *Concordia, ae,* f. *Consensio, onis,* f. Être en — avec, *consentire** (dat. ou *cum,* abl.); qui n'est pas en — avec, *contrarius* (dat.); qui vivent en bonne —, *concordissimi.*

harmonieusement, adv. **1.** *Modulate.* ◆ **2.** *Numerose.* ◆ **3.** *Apte.*

harmonieux, euse, adj. **1.** *Canorus, a, um* ◆ **2.** *Numerosus.* ◆ **3.** *Concors, ordis.* Former un tout —, *inter se concinĕre**.

S'HARMONISER, r. *Consentire* inter se.* S' — avec, *consentire** (dat. ou *cum,* abl.).

harnacher, tr. *Sternere, o*.*

harnais, m. **1.** Armure. *Arma, orum,* npl. ◆ **2.** Équipage. *Ornamenta, orum,* npl.

harpe, f. *Harpa, ae,* f.

harpie, f. **1.** *Harpyia, ae,* f. ◆ **2.** (Fig.) *Furia, ae,* f.

harpon, m. *Harpago, onis,* m.

hasard, m. **1.** Cas fortuit. *Casus, us,* m. ◆ **2.** Sort aveugle. *Fors* (abl. *forte*), f. ◆ **3.** Volonté divine. *Fortuna, ae,* f. Qui arrive par —, *fortuitus, a, um;* au —, *temere;* aller au —, *latius vagari;* qui se fait au —, *turbulentus;* prendre au —, *sortiri;* à tout —, *quemcumque sors tulerit* casum.* ◆ **4.** Chance. *Alea, ae,* f. Jeu de —, *alea.* ◆ **5.** Risque. *Casus. Discrimen, inis,* n.

hasarder, tr. **1.** *In discrimen adducere, o*.* (Essayer) *Experiri*.* ◆ **2.** Hasardé, *inconsultus, a, um;* métaphore —, *audax translatio,* f.

SE HASARDER, r. *Periculum adire, eo*.* Se — à, *audere, eo** (inf.).

hasardeux, euse, adj. **1.** Hardi. *Audax, acis.* ◆ **2.** Dangereux. *Periculosus, a, um.*

hase, f. *Lepus, oris,* f.

hâte, f. *Festinatio, onis,* f. *Properatio, onis,* f. En —, *festinanter;* en toute —, *quam celerrime;* à la —, *citatim; raptim;* faire à la —, *levi brachio agĕre*;* j'ai — de, *nihil mihi longius est quam* (inf.).

hâter, tr. *Accelerare. Maturare.* Hâter le pas, *gradum addere, o*.*

SE HÂTER, r. **1.** *Festinare.* ◆ **2.**

Prendre les devants. *Properare.* ◆ **3.** Marcher vite. *Accelerare* (*iter*). ◆ **4.** Loc. div. Se hâter de, *properare* (inf.); je me suis hâté d'écrire, *properans scripsi*;* sans se —, *cunctanter.*

hâtif, ive, adj. *Praecox, ocis. Maturus, a, um.*

hâtivement, adv. *Mature.*

hausse, f. **1.** *Fulmentum, i,* n. ◆ **2.** (Fig.) Hausse des prix, *annona carior;* les denrées sont en —, *annonae ingravescunt*.*

haussement, m. D'épaules, *umerorum allevatio, onis,* f.

hausser. I. Tr. **1.** *Tollere, o*. Extollere, o*.* Se hausser, *se erigĕre*.* ◆ **2.** (Fig.) Hausser les épaules (devant), *fastidire* (acc.); — la voix, *vocem intendĕre*.* ◆ **3.** Augmenter. *Augere, eo*.* ◆ **II.** Intr. *Crescere, o*.*

1. haut, aute, adj. **1.** (Dimension) *Altus, a, um.* Haut de taille (pers.), *celsus;* (ch.), *procerus.* ◆ **2.** (Position) *Summus, a, um. Superior, ius.* Qui tient le haut bout de la table, *qui accumbit* summus;* la tête —, *erectus; celsus*; avoir la — main dans les affaires publiques, *rei publicae praeesse*;* la — mer, *altum, i,* n. ◆ **3.** (Son) *Acutus, a, um. Clarus.* Crier à — voix, *vociferari.* ◆ **4.** (Fig.) (Éminent) *Altus.* (Noble, fier) *Excelsus. Elatus.* (Considérable) *Magnus. Summus.* Le plus — point, *summum, i,* n.; au plus — point, *maxime;* les — personnages, ceux qui sont en — lieu, *proceres, um,* mpl.; la — éloquence, *grandis oratio,* f.; — en couleur, *rubicundus.*

2. haut, adv. **1.** (Sans mouv.) *Alte.* (Avec mouv.) *In altum.* Mener un cheval — la main, *habenas adducĕre*.* ◆ **2.** A haute voix. *Clare.* ◆ **3.** A un prix élevé. Monter —, *magno stare*.* ◆ **4.** (Fig.) *Alte.*

3. haut, m. **1.** Hauteur. *Altitudo, inis,* f. Tomber de son —, *concidere* (*o**). Le prendre de haut, *superbe loqui* (*or**). Regarder de haut, *despicere* (*io**). ◆ **2.** Sommet. *Summum, i,* n. *Summus, a, um.* Se jeter du — d'un mur, *se de muro dejicere* (*io**)*;* du — en bas, *sursum deorsum.* ◆ **3.** En haut, loc. adv. (Sans mouv.) *Sublime. In excelso.* (Avec mouv.) *Sursum.* D'en haut, *desuper;* qui vient d'en haut, *supernus, a, um;* d'en haut (du ciel), *de supero; caelestis, e.* Par en haut, *superne.*

hautain, aine, adj. *Ferox, ocis. Elatus, a, um.* Airs —, *contumacia, ae,* f.

hautainement, adv. *Trociter. Elate.*

hautement, adv. *Libere.* Dire —, *praedicare; clamare.*

hauteur, f. **1.** (Dimension; position). *Altitudo, inis,* f. Voler à une grande —, *per sublime volare;* à la — du camp, *e regione castrorum.* ◆ **2.** Eminence. *Tumulus, i,* m. Les hauteurs, *loca editiora,* npl. ◆ **3.** (Fig.) Rang élevé.

Altitudo. Magnitudo, inis, f. (Orgueil) *Ferocia, ae*, f. Être à la — de la sagesse de qqn, *prudentiam alicujus assequi**; son courage est à la — de sa puissance, *animus par est potestati;* (qui n'est) pas à la — de, *infra* (acc.); traiter qqn avec —, *superbe aliquem habēre**.
haut-le-cœur. Nausée. *Nausea, ae*, f.
haut-le-corps, m. **1.** Bond. *Saltus, us*, m. ◆ **2.** Tressaillement. *Exsultatio, onis*, f.
hâve, adj. *Exsanguis, e.*
havre, m. *Portus, us*, m.
havresac, m. *Sacciperium, ii*, n.
hé! interj. *Heus! Eho!*
heaume, m. *Cassis, idis*, f.
héberger, tr. *Hospitio excipere, io**.
hébéter, tr. **1.** Rendre stupide. *Hebetem reddere, o**. ◆ **2.** Rendre interdit. *Obstupefacere, io**.
hébreu, m. et **hébraïque**, adj. *Hebraeus, a, um.* En —, *Hebraice.*
hécatombe, f. *Hecatombe, es*, f.
hein! interj. *Hem!*
hélas! interj. *Heu! Eheu!* Faire de grands —, *ejulare.*
héler, tr. *Vocare.*
hélice, f. *Helix, icis*, f.
Hélicon. *Helicon, onis*, m.
héliotrope, m. *Heliotropium, ii*, n.
hellénique, adj. *Graecus, a, um.*
hémicycle, m. *Hemicyclium, ii*, n.
hémine, f. *Hemina, ae*, f.
hémisphère, f. *Hemisphaerium, ii*, n.
hémisphérique, adj. *Semirotundus, a, um.*
hémistiche, m. *Hemistichium, ii*, n.
hémoptysie, f. *Sanguinis rejectio, onis*, f.
hémorragie, f. *Sanguinis profluvium, ii*, n. *Haemorrhagia, ae*, f.
hennir, intr. *Hinnire.*
hennissement, m. *Hinnitus, us*, m.
hépatique, adj. *Hepaticus, a, um.*
héraut, m. *Praeco, onis*, m. — d'armes, *fetialis, is*, m.
herbage, m. *Herba, ae*, f. (Légumes) *Holus, eris*, n. (Pâturage) *Pascua, orum*, npl.
herbe, f. **1.** *Herba, ae*, f. ◆ **2.** Légume. *Olus, eris*, n. ◆ **3.** Brin d'—, *herbula, ae*, f.; pousser de l'—, *herbescere**; marché aux —, *forum olitorium.* ◆ **4.** (Fig.) Manger son blé en —, *rem praeconsumĕre**; couper l'— sous les pieds à qqn, *eximĕre* alicui ex manu manubrium;* grammairien en —, *futurus grammaticus.*
herbeux, euse, et **herbu, ue**, adj. *Herbidus, a, um.*
herbier, m. *Botanicum, i*, n.
herboriste, m. *Herbarius, ii*, m.
Hercule. *Hercules, is*, m. D'—, *Herculeus, a, um.*
hère, m. Pauvre —, *egens, entis*, m.
héréditaire, adj. *Hereditarius, ii*, m. Biens —, *patrimonium, ii*, n.; vice —, *avitum malum,*

n.; lié par une amitié —, *ab stirpe socius.*

héréditairement, adv. *Hereditate.*

hérédité, f. (Droit) *Capacitas, atis*, f. (Bien) *Hereditas, atis*, f.

hérésie, f. **1.** *Haeresis, eos* (acc., *im*; abl., *i*), f. ◆ **2.** (Fig.) *Absurda res*, f.

hérétique, adj. *Haereticus, a, um.*

hérisser, tr. **1.** Dresser (les cheveux). *Erigere, o*.* Hérissé, *horridus, a, um;* se hérisser, être hérissé, *horrēre*.* ◆ **2.** Garnir (de pointes). *Asperare.* Hérissé. *Hirsutus, a, um.* ◆ **3.** (Fig.) La mer se hérisse, *mare horrescit*;* hérissé de difficultés, *difficultatibus obstructus.*

hérisson, m. *Ericius, ii*, m. (De châtaigne) *Echinus, i*, m.

héritage, m. **1.** *Hereditas, atis*, f. ◆ **2.** Bien patrimonial. *Heredium, ii*, n. Recueillir des —, *hereditates obire, eo*;* acceptation d'un —, *cretio, onis*, f. ◆ **3.** (Fig.) Qui est un — de famille, *patrius, a, um.*

hériter, tr. et intr. **1.** *Hereditatem adire, eo*.* — de qqn, *hereditatem capĕre (io*) ab aliquo;* — des biens, *heredem esse bonis;* faire —, *heredem relinquĕre*;* hérité, *hereditate relictus, a, um.* ◆ **2.** (Fig.) *Heredem esse* (gén.). *Accipere, io** (acc.).

héritier, ière, m. et f. *Heres, edis*, m. et f. (Fils et fille) *Filius, ii*, f. *Filia, ae*, f. Instituer un —, *aliquem heredem facĕre, io*;* être — de tout, d'une partie, pour moitié, un tiers, un quart, *heredem esse ex asse, ex parte, ex dimidiā parte, ex triente, ex quadrante.*

hermès, m. *Hermes, ae*, m.

hermétiquement, adv. Boucher —, *oblinere, o*.*

hermine, f. *Mus Ponticus*, m.

herminette, f. *Ascia, ae*, f.

hernie, f. *Hernia, ae*, f. *Ramex, icis*, m.

héroïne, f. **1.** *Herois, idis*, f. ◆ **2.** (Fig.) Femme héroïque. *Femina fortis.* ◆ **3.** Personnage féminin principal dans une œuvre. *Femina quae primas* (s.-e. *partes*) *agit.*

héroïque, adj. *Heroicus, a, um.* Actions —, *fortiter facta*, npl.

héroïquement, adv. *Viriliter. Fortiter.*

héroïsme, m. *Incredibilis fortitudo*, f. *Animus fortis*, m. Traits d'—, *virilia, ium*, npl.

héron, m. *Ardea, ae*, f.

héros, m. **1.** Fils d'un dieu. *Heros, ois*, m. (Fig.) Caton, mon —, *heros ille noster Cato.* ◆ **2.** Homme brave. (*Fortis*) *vir*, m. ◆ **3.** Personnage principal. *Praecipua persona*, f. *Auctor* (*oris*, m.) *rerum.*

herse, f. 1. *Occa, ae*, f. ◆ **2.** Grille. *Cataracta, ae*, f.

herser, tr. *Occare.*

hésitation, f. **I.** De la langue. *Haesitantia, ae*, f. ◆ **II.** (Fig.) **1.** Embarras. *Haesitatio, onis*, f. ◆ **2.** Indécision. *Dubitatio, onis*, f. ◆ **3.** Calcul. *Cunctatio, onis*, f.

hésiter, intr. **1.** (En parlant) *Haesitare.* ◆ **2.** (Fig.) Être irrésolu : (par embarras) *haerere, eo*;* (par indécision) *dubitare;* (par calcul) *cunctari.* Hésitant, *incertus, a, um;* hésiter sur, *incertum habēre* quid* (subj.); — à, *dubitare* ou *morari* (inf.); ne pas — à, *non cunctari quin* (subj.); il n'y a point à — : il faut..., *nihil est dubitationis quin* (subj.); hésitant si... ou si..., *incertus utrum* (subj.) *an* (subj.); faire — qqn, *aliquem tenere* suspensum;* en hésitant, *dubitanter;* sans hésiter, *non dubitanter; audacter.*

hêtre, m. *Fagus, i,* f. De —, *faginus, a, um.*

heur, m. V. BONHEUR. Il n'y a qu'— et malheur en ce monde, *modo sic, modo sic.*

heure, f. *Hora, ae,* f. (Moment) *Tempus, oris,* n. Une demi-heure, *semihora, ae,* f.; une — et demie, *sesquihora, ae,* f.; trois quarts d'—, *dodrans horae;* à la sixième heure (midi), *horā sextā;* pendant une —, *horam;* quelle — est-il? *quota hora est?* regarder l' —, *horas inspicĕre, io*;* demander l'—, *horas quaerĕre** (*ab*); toutes les six —, *senis horis;* il change à toute —, *mutatur in horas;* l'— favorable, *tempestivitas, atis,* f.; et à pareille —, *et quidem id temporis;* à l'—, *tempore;* tout à l'— (passé), *modo;* (futur), *jam;* sur l'—, *ex tempore;* de bonne —, *mature; non sero;* à la bonne —! *bene est!*

heureusement, adv. **1.** *Prospere. Fauste.* **2.** (Par bonheur, avec succès) *Feliciter.* Répondre assez —, *non absurde respondēre*.*

heureux, euse, adj. **I.** (Pers.) **1.** Content. *Beatus, a, um.* ◆ **2.** Chanceux. *Fortunatus.* ◆ **3.** A qui tout réussit. *Felix, icis.* Être — de ou que, *gaudere** (prop. inf. ou *quod,* indic. ou subj.); je me trouve trop — que, *satis habeo** (prop. inf. ou *quod,* indic. ou subj.); rendre —, *fortunare;* vie —, *vita beata,* f.; quand ma position était —, *in bonis rebus.* ◆ **II.** (Ch.) Favorable. *Felix. Faustus, a, um. Secundus. Prosperus.* Heureuse conjoncture, *opportunitas, atis,* f.; il est — que, *bene est quod* (indic.). ◆ **III.** Excellent. *Bonus, a, um. Egregius.* Faire une — réponse, *argute respondēre*.*

heurt, m. *Conflictus, us,* m.

heurter. I. Tr. **1.** *Offendere, o*.* — la tête contre le mur, *impingĕre* caput adverso parieti;* se heurter (l'un contre l'autre), *collidi, or*.* ◆ **2.** (Fig.) *Offendĕre*.* (Style) —, *fragosus, a, um.* ◆ **II.** Intr. et SE HEURTER, r. *Offendĕre ** (dat.). Heurter à la porte, *pulsare ostium.*

hiatus, m. *Hiatus, us,* m. Produire un —, *hiare.*

hibou, m. **1.** *Bubo, onis,* m. f. ◆ **2.** (Fig.) *Solivagus, a, um.*

hideusement, adv. *Deformiter.*

hideux, euse, adj. (Difforme) *Deformis, e.* (Dégoûtant) *Foedus, a, um. Taeter, tra, trum.* (Indécent) *Turpis, e.*

hièble, m. *Ebulum, i,* n.
hier, adv. **1.** *Heri.* D'—, *hesternus, a, um;* hier soir, *heri vesperi.* ◆ **2.** Récemment. *Modo.*
hiérarchie, f. *Ordo, inis,* m. En suivant la —, *ordinatim.*
hiérophante, m. *Hierophanta, ae,* m.
hilarité, f. *Hilaritas, atis,* f. Exciter l'—, *risum movēre*.*
hippodrome, m. *Hippodromos, i,* m.
hippopotame, m. *Hippopotamus, i,* m.
hirondelle, f. *Hirundo, inis,* f.
hisser, tr. *Attollere, o*. Erigere, o*.*
histoire, f. **1.** *Rerum gestarum descriptio, onis,* f. *Historia, ae,* f. (Chroniques) *Annales, ium,* mpl. L'— des temps anciens, *antiquitatis memoria;* notre —, *historia rerum nostrarum;* dans toute l'—, *post hominum memoriam;* l'— rapporte, *memoriae proditum* est* (prop. inf.). ◆ **2.** Récit. *Historia. Fabula, ae,* f. ◆ **3.** (Fig.) C'est toute une —, *sunt multa;* faire des —, *fabulari;* — que tout cela! *fabulae!*
historien, m. *Qui res gestas describit.* Les historiens de Rome, *qui res romanas scripserunt.*
historiette, f. *Fabella, ae,* f.
historique, adj. *Historicus, a, um.*
historiquement, adv. *Historice.*
histrion, m. *Histrio, onis,* m.
hiver, m. *Hiems, emis,* f. En —, *hieme;* on est en —, *hiemat.*
hivernage, m. *Hiematio, onis,* f.
hivernal, ale, adj. *Hiemalis, e. Hibernus, a, um.*
hiverner, intr. *Hiemare. Hibernare.*
ho! interj. *Hem!*
hochement, m. — de tête (refus), *renutus, us,* m.
hocher, tr. *Quatere, io*;* — la tête, *renuere, o.*
hochet, m. **1.** *Crepitaculum, i,* n. ◆ **2.** (Fig.) *Oblectamentum, i,* n.
holà! interj. *Heus! Ohe!* Mettre le —, *(rixam) sedare.*
holocauste, m. *Holocaustum, i,* n.
homard, m. *Astacus, i,* m.
homélie, f. *Homilia, ae,* f.
Homère. *Homerus, i,* m. D' —, *Homericus, a, um.*
1. homicide, adj. **1.** Meurtrier. *Homicida, ae,* m. *Interfectrix, icis,* f. ◆ **2.** (Ch.) *Letalis, e.*
2. homicide, m. Meurtre. *Homicidium, ii,* n.
hommage, m. **1.** *Obsequium, ii,* n. Rendre — à (qqn), *verēri** (acc.); (louer) *comprobare* (acc.). ◆ **2.** (Pl.) *Officium, ii,* n. *Salus, utis,* f. Présenter ses — à, *salutare* (acc.). ◆ **3.** Honneur rendu à la divinité. *Cultus, us,* m. Rendre — à, *adorare* (acc.). ◆ **4.** Offrande. *Donaria, iorum,* npl. Faire — d'un livre à qqn, *dedicare librum alicui.*
hommasse, adj. f. *Virago, inis,* f.
homme, m. **1.** Être humain; individu. *Homo, inis,* m. Tout — qui, *quicumque;* beaucoup

d'—, *multi;* aucun —, *nemo, neminis* (le gén. et l'abl., inusités à l'époque classique, sont remplacés par *nullius, nullo*), m.; petit —, *homuncio, onis*, m.; *homunculus, i*, m.; je rencontre un —, *occurrit* mihi quidam;* notre —, *hic;* comme un seul —, *uno impetu.* ◆ **2.** (Par rapport au sexe et à l'âge). *Vir, viri*, m. Voix d'—, *vox virilis;* honnête —, *vir probus;* il est — à, *is est qui* (subj.); — de guerre, *bellator, oris*, m.; — de peine, *operarius, ii*, m.; l'âge d'—, *virilitas, atis*, f.; ce n'est pas un —, *mulier est;* homme (mari), *maritus, i*, m.; homme (soldat), *miles, itis*, m.; nos —, *nostri*, mpl.; on combat d'— à —, *vir cum viro congreditur*.*

homogène, adj. *Ejusdem naturae.*

homologuer, tr. *Confirmare.*

honnête, adj. **1.** Probe. *Probus, a, um. Bonus.* ◆ **2.** Bienséant. *Honestus, a, um. Decorus.* (Chaste) *Pudicus.* Il n'est pas — de, *non decet** (inf.). ◆ **3.** Modéré. *Honestus, a, um. Justus.* ◆ **4.** Bien élevé. *Urbanus, a, um. Humanus.* Tu es bien —, *benigne dicis* !*

honnêtement, adv. **1.** *Honeste. Recte.* ◆ **2.** *Decenter.* ◆ **3.** *Urbane. Humanissime.*

honnêteté, f. **1.** Probité. *Probitas, atis*, f. (Honorabilité) *Honestas, atis*, f. ◆ **2.** *Integritas, atis*, f. *Decorum, i*, n. ◆ **3.** *Urbanitas, atis*, f. *Humanitas*, f.

honneur, m. **1.** Honnêteté. *Honestas, atis*, f. (Dignité) *Liberalitas, atis*, f. (Chasteté) *Pudicitia, ae*, f. Homme d'—, *vir honestus;* être fidèle à l'—, *honeste vivĕre* ;* contraire à l'—, *inhonestus, a, um;* homme sans —, *homo nequam;* sur l'—, *medius Fidius;* qui a des sentiments d'—, *liberalis, e;* sauver l'—, *dedecus avertĕre* ;* femme sans —, *impudica femina*, f. ◆ **2.** Bonne renommée. *Fama, ae*, f. *Existimatio, onis*, f. (Gloire) *Honos, oris*, m. *Gloria, ae*, f. Perdre qqn d'—, *famā spoliare aliquem;* être jaloux de son —, *dignitatem tuēri* ;* perdu d'—, *infamis, e;* faire — à, *honori esse* (dat.); l'— de la république, *decus rei publicae;* faire à qqn — de, *tribuĕre aliquid alicui;* se faire — de qqch., *aliquid honori sibi ducĕre* ;* tenir à — de, *rem sibi decus facĕre* (*io**); être en —, *vigēre* ;* avec —, *honeste.* ◆ **3.** Marque de respect. *Honos.* (A l'égard des dieux) *Cultus, us*, m. Pour lui faire —, *officii causā;* se lever en l'— de qqn, *assurgĕre* alicui;* faire — à ses engagements, *respondere* ;* rendre — aux dieux, *deos colĕre* ;* la place d'—, *primus locus;* faire à qqn les — de chez soi, *rite aliquem hospitio accipĕre, io*.* ◆ **4.** (Pl.) Dignités. *Honores, um*, mpl. *Munera, um*, npl. Recherche des —, *ambitio, onis*, f.; revêtu d'— publics, *honoribus auctus;* qui a passé par les —, *honoratus.*

honnir, tr. *Infamare.*

honorabilité, f. *Integritas, atis,* f. *Honestas, atis,* f.

honorable, adj. **1.** *Honestus, a, um.* Mener une vie —, *sancte vivĕre*;* sous un prétexte —, *specie honoris;* faire une retraite —, *honeste cedĕre*.* ◆ **2.** Magnifique. *Elegans, antis. Lautus, a, um.*

honorablement, adj. **1.** *Honeste.* ◆ **2.** Magnifiquement. *Laute.*

honoraire, adj. *Honorarius, a, um.*

honoraires, mpl. *Merces, edis,* f.

honorer, tr. **1.** Rendre honneur à. *Honorare* (de, abl.). (Les dieux) *Colere, o*.* ◆ **2.** (Montrer de l'estime à) *Colĕre*. Observare, o*.* ◆ **3.** (Être honorable pour) *Ornare. Esse laudi* (dat.).

S'HONORER, r. *Se honestare. Laudem consequi, or*.* S'— de, *gloriari* (*re, de aliquo,* ou prop. inf.).

honorifique, adj. *Honorarius, a, um.* A titre —, *verbo tenus.*

honte, f. **1.** Confusion. *Pudor, oris,* m. *Verecundia, ae,* f. Rougir de —, *erubescĕre*;* j'ai — de, *me pudet** (gén. ou inf.); je le dis à ma —, *pudet* me dicĕre;* faire — à qqn (être un sujet de honte), *rubori esse alicui;* (reprocher) *probris increpare* aliquem.* ◆ **2.** Déshonneur. *Dedecus, oris,* n. *Turpitudo, inis,* f. (Oubli de la chasteté) *Probrum, i,* n. Être couvert de —, *infamiā flagrare;* honte à Caton! *o turpem Catonem!* être la — de, *dedecori esse* (dat.); quelle —! *pro pudor!*

honteusement, adv. *Turpiter. Flagitiose.*

honteux, euse, adj. **1.** Qui a honte. *Pudens, entis.* (Timide) *Verecundus, a, um.* ◆ **2.** Déshonorant. *Turpis, e. Foedus, a, um.* Action —, *flagitium, ii,* n.; ne trouvez-vous pas — de? *non pudet** (inf.)? faire une fin —, *cum ignominiā mori* (*ior**).

hôpital, m. *Valetudinarium, ii,* n.

hoquet, m. *Singultus, us,* m.

horde, f. **1.** *Nomades, um,* mpl. ◆ **2.** (Fig.) *Grex, gregis,* m.

horizon, m. **1.** *Horizon, ontis,* (acc., *onta*), m. *Caelum, i,* n. ◆ **2.** (Fig.) Étendre l'— (de qqch), *proferre* fines* (gén.).

horizontal, ale, adj. *Directus, a, um. Aequilibris, e.*

horizontalement, adv. *Directe.*

horloge, f. *Horologium, ii,* n.

hormis, prép. *Praeter* (acc.).

horoscope, m. *Horoscopos, i,* m. Fournir un —, *horoscopare.*

horreur, f. **1.** Frisson. *Horror, oris,* m. Être saisi d'—, *horrescere, o*; horrere, eo*;* faire — à, *horrore perfundĕre** (*aliquem*). ◆ **2.** Effroi religieux. *Horror.* Être saisi d'—, *exhorrescĕre* metu.* ◆ **3.** Aversion. *Odium, ii,* n. — de la guerre, *bellandi fuga,* f.; avoir en —, *detestari;* devenir un objet d'—, *in odium pervenire*.* ◆ **4.** Chose horrible. *Malum, i,* n. *Monstrum, i,* n. (Atrocité)

Foeditas, atis, f. Des —, *res atrocissimae*, fpl. ; faire des —, *infanda facĕre, io**; horreur! *infandum!*

horrible, adj. *Horribilis, e.* (Laid) *Deformis, e.* (Honteux) *Foedus, a, um. Turpis, e.* (Cruel) *Atrox, ocis.* (Extrême) *Ingens, entis.* Souffrances —, *acerrimi dolores*, mpl.

horriblement, adv. **1.** *Foede.* ◆ **2.** Extrêmement. *Maxime.*

hors, prép. **1.** *Extra* (acc.). S'élancer — du camp, *e castris erumpĕre**; être — de terre, *eminere* ex terrā;* — de la maison (sans mouv.), *foris;* (avec mouv.), *foras;* — de son pays, *peregre;* être — de son pays, *peregrinari.* ◆ **2.** (Fig.) *Extra* (acc.). (Excepté) *Praeter* (acc.). Être — de soi, *furĕre**; être — d'affaire, *salvum esse;* être — d'état de, *non posse**; il n'est pas — de propos de..., *non alienum est* (inf.).

hors-d'œuvre, m. **1.** Accessoire. *Embolium, ii*, n. C'est un —, *non erat his locus.* ◆ **2.** Mets. *Oblectamenta, orum*, npl.

hospice, m. (D'orphelins) *Orphanotropheum, i*, n.

hospitalier, ière, adj. *Hospitalis, e.*

hospitalité, f. *Hospitium, ii*, n. Donner l'— à, *hospitio accipĕre, io** (acc.); s'unir par les liens de l'—, *hospitium facĕre* (*io**) *cum.*

hostie, f. *Hostia, ae*, f.

hostile, adj. *Hostilis, e.* (Contraire) *Inimicus, a, um. Infestus.* Avoir des intentions —, *male cogitare.*

hostilement, adv. *Hostiliter. Inimice.*

hostilité, f. **1.** Les —, *hostilia, ium*, npl. Cesser les —, *absistĕre* bello.* ◆ **2.** Disposition hostile. *Infensus animus*, m.

hôte, esse, m. et f. **1.** Qui donne ou reçoit l'hospitalité. *Hospes, itis*, m. f. *Hospita, ae*, f. ◆ **2.** Hôtelier, hôtelière. *Caupo, onis*, m. *Caupona, ae*, f.

hôtel, m. **1.** Maison. *Aedes, ium*, fpl. *Domus, us*, f. Maître d'—, *promus, i*, m. ◆ **2.** Hôtellerie. *Deversorium, ii*, n. (Auberge) *Caupona, ae*, f.

houblon, m. *Lupus salictarius*, m.

houe, f. *Pastinum, i*, n.

houer, tr. *Pastinare.*

houle, f. *Aestus, us*, m.

houlette, f. *Pedum, i*, n.

houleux, euse, adj. *Undans, antis.*

houppe, f. *Apex, icis*, m.

houppelande, f. *Lacerna, ae*, f.

hourra, m. *Ingens clamor*, m.

houspiller, tr. **1.** *Mulcare.* ◆ **2.** (Fig.) *Increpare**.

housse, f. *Operimentum, i*, n. *Stragulum, i*, n.

houssine, f. *Flagellum, i*, n.

houx, m. *Acrifolium, ii*, n. *Ruscus, i*, f.

hoyau, m. *Ligo, onis*, m. *Bidens, entis*, m.

huche, f. *Alveolus, i*, m.

hucher, tr. *Sibilo evocare.*

huée, f. *Sibilus, i*, m. *Clamor, oris*, m.

huer, tr. *Sibilare. Explodere, o**.

huile, f. **1.** *Oleum, i*, n. Relatif à l'—, *olearius, a, um;* manger (un légume) à l'—, *ex oleo edĕre** (acc.). ◆ **2.** (Fig.) Jeter de l'— sur le feu, *camino addĕre* oleum.*

huiler, tr. *Oleo ungere, o**.

huileux, euse, adj. **1.** De la nature de l'huile. *Oleaceus, a, um.* ◆ **2.** Graissé. *Unctus.*

huis, m. v. PORTE. Jugement à — clos, *tacitum judicium,* n.

huissier, m. **1.** Introducteur. *Admissionalis, is,* m. ◆ **2.** Près d'un tribunal. *Praeco, onis,* m. ◆ **3.** Près d'un magistrat. *Apparitor, oris,* m.

huit. *Octo.* Par —, *octoni, ae, a;* — fois, *octiens;* — fois plus, *octuplus, a, um;* litière portée par — hommes, *octophoron, i,* n.

huitaine. f. — de jours, *hebdomas, adis,* f.

huitième. I. Adj. *Octavus, a, um.* Les soldats de la — légion, *octavani, orum,* mpl. ◆ **II.** Nom m. *Octava pars,* f.

huitièmement, adv. *Octavo.*

huître, f. *Ostrea, ae,* f. Banc d'—, *ostrearium, ii,* n.

humain, aine, adj. **1.** Qui concerne l'homme. *Humanus, a, um.* Le genre —, *genus humanum,* n.; *homines, um,* mpl.; les connaissances —, *scientia rerum.* ◆ **2.** Sensible à la pitié. *Humanus.* Dépouiller tout sentiment —, *exuĕre hominem.*

humainement, adv. **1.** *Humanis rationibus.* ◆ **2.** Avec bonté. *Humane.*

humaniser, tr. **1.** Civiliser. *Excolere, o**. ◆ **2.** Adoucir. *Mitigare.*

humanité, f. **1.** Nature humaine. *Humanitas, atis,* f. *Humana natura,* f. ◆ **2.** Les hommes. *Gens humana,* f. *Homines, um,* mpl. ◆ **3.** Bonté. *Humanitas.*

humble, adj. **1.** Bas. *Humilis, e.* — condition, *humilis locus,* m. ◆ **2.** Qui s'humilie. *Demissus, a, um. Submissus.*

humblement, adv. **1.** *Tenuiter.* ◆ **2.** *Demisse. Submisse.*

humecter, tr. *Madefacere, io**. S'— le gosier, *guttur colluĕre.* S'—, *madescĕre*;* (boire), *uvescĕre*;* humecté, *madidus, a, um;* être humecté, *madēre**.

humer, tr. *Haurire**. *Sorbere, eo**.

humeur, tr. **1.** Substance fluide. *Umor, oris,* m. (D'une plaie) *Sanies, ei,* f. ◆ **2.** Disposition d'esprit. (Naturelle) *Natura, ae,* f. *Ingenium, ii,* n. (Actuelle) *Animus, i,* m. *Libido, inis,* f. Je ne suis pas d'— à, *non is sum qui* (subj.); être toujours de même —, *sibi constare*;* bonne —, *hilaritas, atis,* f.; de bonne —, *hilaris, e;* mauvaise —, *morositas, atis,* f.; de mauvaise —, *morosus, a, um;* humeur (colère), *stomachus, i,* m.; qui a de l'—, *stomachans, antis;* donner de l'— à, *stomachum movēre** (dat.); prendre de l'— contre, *stomachari cum;* avec —, *iracunde;* sans —, *aequo animo;* je ne suis guère en — de plaisanter, *nec jocandi locus est.*

humide, adj. (Naturellement) *Umidus, a, um.* (Par accident) *Madidus*. Être —, *humēre*; madēre**.

humidité, f. *Umor, oris*, m. *Mador, oris*, m. Se couvrir d'—, *humescĕre**.

humiliant, ante, adj. *Ignominiosus, a, um. Turpis, e.*

humiliation, f. **1.** Action. *Humilitas, atis*, f. ◆ **2.** Chose. *Contumelia, ae*, f.

humilier, tr. *Deprimere, o*. Submittere, o**.

humilité, f. **1.** *Humilitas, atis*, f. ◆ **2.** Retenue. *Verecundia, ae*, f. En toute —, *demisse.*

hune, f. *Carchesium, ii*, n.

Huns. *Hunni, orum*, mpl. Des —, *Hunnicus, a, um.*

huppe, f. **1.** Oiseau. *Upupa, ae*, f. ◆ **2.** Touffe de plumes. *Apex, icis*, m.

hure, f. (*Apri*) *caput, itis*, n.

hurlement, m. *Ululatus, us*, m.

hurler, intr. *Ululare.* — contre, *allatrare* (acc.); — avec les loups, *cum insanientibus insanire.*

hutte, f. *Mapale, is*, n. (ordin. au pl. : *ia, ium*).

hyacinthe, f. (Plante) et m. (Pierre précieuse). *Hyacinthus, i*, m.

hydraulique, adj. *Hydraulicus, a, um.* Orgue —, *hydraulus, i*, m.

hydre, f. *Hydra, ae*, f.

hydromel, m. *Hydromeli, itis*, n. *Mulsum, i*, n.

hydropique, adj. *Hydropicus, a, um.*

hydropisie, f. *Hydropisis, is*, f.

hyène, f. *Hyaena, ae*, f.

hygiène, f. *Corporis cura, ae*, f.

Hymen et **Hyménée** m. **1.** Divinité des mariages. *Hymenaeus, i*, m. ◆ **2.** Mariage. *Conjugium, ii*, n. Faire entendre des chants d'hyménée, *hymenaeum canĕre**.

Hymette. *Hymettus, i*, m. De l'—, *Hymettius, a, um.*

hymne, m. et f. *Carmen, inis*, n. *Hymnus, i*, m.

hyperbole, f. *Superlatio, onis*, f.

hyperbolique, adj. *Superlatus, a, um.*

hypocondriaque, adj. *Melancholicus, a, um.*

hypocondrie, f. *Atra* (*ae*) *bilis*, (*is*), f.

hypocrisie, f. (*Virtutis*) *simulatio, onis*, f.

hypocrite, adj. **1.** (Ch.) *Simulatus, a, um. Fictus. Falsus.* ◆ **2.** (Pers.) *Versutus, a, um. Veterator, oris*, m.

hypocritement, adv. *Veteratorie. Ficto sermone.*

hypothèque, f. *Hypotheca, ae*, f. Prendre — sur un domaine, *praedium pignori accipere, io**; libre d'—, *solutus, a, um.*

hypothéquer, tr. *Obligare* (*rem*).

hypothèse, f. *Argumentum, i*, n. *Circumjectura, ae*, f. Dans cette —, *quo posito.*

hysope, f. *Hyssopum, i*, n.

I

iambe, m. *Iambus, i,* m.
iambique, adj. *Iambicus, a, um.*
ibis, m. *Ibis, is* ou *idis* (acc. *im*), f.
ici, adv. **1.** Sens local. (Sans mouv.) *Hic.* (Avec mouv.) *Huc.* D'ici, *hinc.* ◆ **2.** Sens temporel. *Hic.* Jusqu'ici, *hactenus;* d'ici là, *interim;* d'ici à qqs jours, *post aliquot dies.* ◆ **3.** (Fig.) *Hic. Hoc loco.* **4.** ◆ ICI-BAS, loc. adv. *In terris.* Les choses d'ici-bas, *res humanae,* fpl.
idéal, ale, adj. Parfait. *Summus, a, um. Optimus.* ◆ Nom m. *Forma, ae,* f. *Species, ei,* f. L' — de la perfection, *optimum, i,* n.; réaliser l' —, *formam optimi exprimĕre*;* mon —, *id quod volo*.*
idée, f. **1.** Idéal. *Forma, ae,* f. ◆ **2.** Notion. *Species, ei,* f. *Notio, onis,* f. ◆ **3.** Pensée. *Cogitatio, onis,* f. ◆ **4.** Fond d'un ouvrage littéraire. *Sententiae, arum,* fpl. ◆ **5.** Opinion. *Existimatio, onis,* f. ◆ **6.** Invention. *Inventum, i,* n. ◆ **7.** Esprit, volonté. *Mens, mentis,* f. *Animus, i,* m. ◆ **8.** LOC. DIV. Se faire l'— de, *intellegere** (acc. ou *quid,* subj.); quelle — as-tu là-dessus? *quid tibi videtur*?* c'est mon —, *ita existimo;* a-t-on — de cela? *hocine credibile est?* il me vient une —, ou il me vient à l'— (que), *venit* mihi in mentem* (prop. inf.); suggérer une —, *cogitationem injicĕre, io*;* c'est chez moi une — fixe, *mihi haerent* illa;* dis-moi tes — sur l'amitié, *dic mihi quid sentias* de amicitiā;* chasse ces — noires, *frontem exporge*;* l'abondance des —, *rerum copia,* f.; avoir bonne, mauvaise — de qqn, *bene, male existimare* (ou *sentire**) *de aliquo;* qui a une haute — de soi-même, *bene sibi fidens, entis;* on a eu l'— de, *inventum* est* (inf.); on conserve l'— de ses souffrances, *cui dolet*, meminit*;* quelle —! *somnium!* j'avais dans l'— que, *suspicabar* (prop. inf.); avoir les — saines, *sanae mentis esse;* concevoir l'— de (faire), *inducĕre* in animum ut* (subj.); donner l'— de, *excitare ad;* changer d'—, *sententiam mutare;* qu'il fasse à son —, *faciat* quod velit*.*
identifier, tr. Assimiler. *Assimilare. Aequare.* S'— avec, *personam* (*alicujus*) *induĕre.*

identique, adj. *Idem, eadem, idem. Unus, a, um. Unus et idem.*
identiquement, adv. *Aeque.*
identité, f. *Identitas, atis,* f.
ides, fpl. *Idus, uum,* fpl.
idiome, m. *Lingua, ae,* f.
idiot, ote, adj. **1.** *Male sanus, a, um.* ◆ **2.** Sot. *Stultus.* Un —, *idiota, ae,* m.
idolâtre, adj. **1.** *Idololatres, ae,* m. *Deorum cultor, oris,* m.; *cultrix, icis,* f. ◆ **2.** (Fig.) *Amator, oris,* m.
idolâtrer, tr. (Fig.) *Adamare.*
idolâtrie, f. *Idololatria, ae,* f.
idole, f. **1.** *Idolum, i,* n. ◆ **2.** (Fig.) Pompée, mon —, *Pompeius, nostri amores;* être l'— de qqn, *esse in oculis alicui.*
idylle, f. *Idyllium, ii,* n.
if, m. *Taxus, i,* f. D'if, *taxicus, a, um; taxeus.*
ignare, adj. *Illitteratus, a, um. Plane rudis, e.*
igné, ée, adj. *Igneus, a, um.*
ignoble, adj. *Abjectus, a, um. Sordidus.*
ignoblement, adv. *Abjecte.*
ignominie, f. *Ignominia, ae,* f. *Opprobrium, ii,* n.
ignominieusement, adj. *Turpiter.*
ignominieux, euse, adj. *Ignominiosus, a, um. Probrosus.*
ignorance, f. **1.** D'une chose. *Ignoratio, onis,* f. L'— des lieux, *locorum inscientia, ae,* f.; dans l'— de ce qui se passait, *inscius quid gereretur*;* par —, *per ignorantiam.* ◆ **2.** D'une science, de toute connaissance. *Inscitia, ae,* f.
ignorant, ante, adj. **1.** Qui ne sait pas une chose. *Inscius, a, um* (gén.). *Ignarus.* ◆ **2.** Qui ignore une science, un art. *Imperitus, a, um* (gén.). *Rudis, e* (gén. ou *in,* abl.). En —, *inscite.* ◆ **3.** Qui n'a pas d'instruction. *Indoctus, a, um. Illitteratus.* En —, *indocte;* être un —, *litteras nescire.*
ignorer, tr. **1.** Une chose. *Ignorare.* Laisser —, *celare* (acc.); ignoré, *ignotus, a, um.* ◆ **2.** Une science, un art. *Nescire. Alienum esse (in re).*
il, pron. m. 3ᵉ pers. Ne se traduit pas.
île, f. *Insula, ae,* f.
Iliade. *Ilias, ados* (acc. *ada*), f.
illégal, ale, adj. *Injurius, a, um.*
illégalement, adv. *Contra legem.*
illégalité, f. *Injuria, ae,* f.
illégitime, adj. *Illicitus, a, um.*
illégitimité, f. *Vitium, ii,* n.
illettré, ée. *Illitteratus, a, um.*
illicite, adj. *Vetitus, a, um.*
illimité, ée, adj. *Infinitus, a, um.*
illumination, f. *Illustratio, onis,* f. *Lumina, um,* npl.
illuminer, tr. **1.** *Illustrare.* ◆ **2.** (Fig.) (*Menti*) *lumen praeferre, fero*.* Illuminé (visionnaire), *fanaticus, a, um.*
illusion, f. (Des sens) *Ludibrium, ii,* n. (De l'esprit) *Error, oris,* m. (Du sommeil) *Visa, orum,* npl. Faire — (à), *fallere, o** (acc.); se faire —, *halucinari;* si je ne me fais —, *nisi me fallo*.*

illusoire, adj. *Fallax, acis. Vanus, a, um.*
illustration, f. **1.** *Claritas, atis,* f. ◆ **2.** Marque d'honneur. *Ornamentum, i,* n.
illustre, adj. *Clarus, a, um. Praeclarus.* Être —, *florēre*.*
illustrer, tr. **1.** *Illustrare. Nobilitare.* ◆ **2.** Éclaircir. *Explanare.*
S'ILLUSTRER, r. *Illustrari. Nobilitari.* S'— par, *praestare** (abl.).
îlot, m. *Insula, ae,* f.
ilotes, mpl. *Ilotae, arum,* mpl.
image, f. **1.** *Imago, inis,* f. ◆ **2.** Ressemblance. *Simulacrum, i,* n. ◆ **3.** Idée. *Species, ei,* f. ◆ **4.** Métaphore. *Translatio, onis,* f. Offrir l'— de, *efficĕre (io*) speciem* (gén.).
imaginable, adj. *Cogitabilis, e.* Par tous les moyens —, *omni modo.*
imaginaire, adj. *Commenticius, a, um. Falsus.*
imagination, f. **1.** Faculté. *Mens, mentis,* f. *Animus, i,* m. En —, *cogitatione;* se représenter par l'—, *animo fingĕre** (acc.). ◆ **2.** Fécondité d'esprit. *Ingenium, ii,* n. ◆ **3.** Image. *Species, ei,* f. ◆ **4.** Invention. *Excogitatio, onis,* f. *Commentum, i,* n. ◆ **5.** Chimère. *Somnium, ii,* n.
imaginer, tr. **1.** Se représenter. *Cogitare.* ◆ **2.** Inventer. *Excogitare. Comminisci, or*.* On imagina de, *inventum* est* (inf.).
S'IMAGINER, r. Croire. *Fingere, o** (acc. ou prop. inf.). Plus difficile qu'on ne s'imagine, *opinione asperius;* on ne peut s'imaginer combien, *incredibile est quam* (subj.).
imbécile, adj. **1.** Dont la raison est faible. *Delirus, a, um.* ◆ **2.** Sot. *Stultus, a, um.*
imbécillité, f. **1.** *Mentis alienatio, onis,* f. ◆ **2.** Sottise. *Stultitia, ae,* f.
imberbe, adj. *Imberbis, e.*
imbiber, tr. *Imbuere, o.* S'—, *madefieri*;* imbibé, *madidus, a, um.*
imbibition, f. *Mador, oris,* m.
imbroglio, m. *Tricae, arum,* fpl. (Dans une comédie) *Nodus, i,* m.
imbu, ue, adj. *Imbutus, a, um* (abl.).
imitable, adj. **1.** Qui peut être imité. *Imitabilis, e.* ◆ **2.** Qui doit être imité. *Imitandus, a, um.*
imitateur, trice, m. et f. *Imitator, oris,* m. *Imitatrix, icis,* f.
imitation, f. *Imitatio, onis,* f. A l'— de, *ad exemplum* (gén.).
imiter, tr. *Imitari.* (Un exemple) *Sequi, or*.* Imité ou qui imite, *factícius, a, um.*
immaculé, ée, adj. *Immaculatus, a, um.*
immanent, ente, adj. *Insitus, a, um.*
immanquable, adj. *Certus, a, um.*
immanquablement, adv. *Certo.*
immatériel, elle, adj. *Corporis expers, ertis.*
immédiat, ate, adj. **1.** (Sens local) *Proximus, a, um.* ◆

2. (Sens temporel) *Praesens, entis.*

immédiatement, adv. **1.** (Sens local) *Proxime.* — après, *proxime* (acc.). ◆ **2.** (Sens temporel) *Protinus.* — après, *protinus ab.*

immémorial, ale, adj. *Antiquissimus, a, um.*

immense, adj. *Immensus, a, um. Ingens, entis.*

immensément, adv. *Infinite.* — riche, *divitiis affluens, entis.*

immensité, f. **1.** *Immensitas, atis,* f. ◆ **2.** (Fig.) *Vastitas, atis,* f.

immerger, tr. *Demergere, o*.*

immeuble, adj. *Immobilis, e.*

imminent, ente, adj. *Instans, antis.* Être —, *imminēre*.*

immiscer (s'), r. *Se interponĕre** (dat.).

immixtion, f. *Intercessio, onis,* f.

immobile, adj. **1.** *Immobilis, e.* Rester —, *stare*;* (en parlant de troupes) *sedēre*.* ◆ **2.** — (de surprise, d'effroi). *Attonitus, a, um.* Être —, *stupēre*.*

immobilité, f. **1.** *Immobilitas, atis,* f. ◆ **2.** (Fig.) *Inertia, ae,* f.

immodéré, ée, adj. *Immoderatus, a, um. Nimius.*

immodérément, adv. *Immoderate. Praeter modum.*

immodeste, adj. *Impudens, entis.*

immodestie, f. *Impudentia, ae,* f.

immolation, f. *Immolatio, onis,* f.

immoler, tr. **1.** *Immolare.* ◆ **2.** (Fig.) *Mactare.* — qqch. à qqn, *condonare rem alicui.*

S'IMMOLER, r. **1.** *Devovēre* se pro* (abl.). ◆ **2.** (Fig.) *Cedĕre, o** (dat.).

immonde, adj. *Immundus, a, um.*

immondice, f. *Purgamenta, orum,* npl.

immoral, ale, adj. *Inhonestus, a, um. Turpis, e.*

immoralité, f. *Pravum ingenium,* n. *Mores perditi,* mpl. *Morum depravatio, onis,* f.

immortaliser, tr. *Immortalem reddĕre* memoriam (alicujus). Immortalitati mandare (rem).*

S'IMMORTALISER, r. *Immortalitatem assequi, or*.*

immortalité, f. *Immortalitas, atis,* f.

immortel, elle. **I.** Adj. *Immortalis, e.* ◆ **II.** Nom m. Les Immortels (les dieux). *Dii immortales.*

immortelle, f. Plante. *Helichrysos, i,* m.

immuable, adj. *Immutabilis, e.*

immunité, f. *Immunitas, atis,* f.

impair, aire, adj. *Impar, aris.*

impalpable, adj. *Tenuis, e.*

impardonnable, adj. *Nullā veniā dignus, a, um.*

imparfait, aite, adj. *Imperfectus, a, um.*

imparfaitement, adv. *Imperfecte.*

impartial, ale, adj. *Aequus, a, um. Aequabilis, e.*

impartialement, adv. *Aeque. Aequabiliter.*

impartialité, f. *Aequitas, atis*, f. *Aequabilitas, atis*, f.
impasse, f. **1.** *Angiportus, us*, m. ◆ **2.** (Fig.) On est dans une —, *res explicari non potest**.
impassibilité, f. **1.** *Indolentia, ae*, f. ◆ **2.** Absence d'émotion. *Rigor* (*oris*, m.) *animi*.
impassible, adj. **1.** Qui ne peut souffrir. *Impatiens, entis*. ◆ **2.** Qui ne s'émeut pas. *Lentus, a, um*. Rester —, *non commovēri**.
impatiemment, adv. **1.** Avec peine. *Aegre*. ◆ **2.** Avec désir. *Avidissime. Vehementer*.
impatience, f. **1.** *Impatientia, ae*, f. ◆ **2.** Colère. *Stomachus, i*, m. *Bilis, is*, f. ◆ **3.** Désir. *Cupiditas, atis*, f. — de revoir qqn, *desiderium alicujus*.
impatient, ente, adj. **1.** Qui ne peut souffrir. *Impatiens, entis* (gén.). ◆ **2.** (Irascible) *Iracundus, a, um*. ◆ **3.** Qui désire. *Cupidus* ou *avidus* (gén.). Être — de, *avēre** (inf.); *gestire* (inf.).
impatientant, ante, adj. *Odiosus, a, um*.
impatienter, tr. *Bilem commovere, eo** (dat.).
S'IMPATIENTER, r. **1.** *Moram non ferre, fero**. ◆ **2.** Se fâcher. *Stomachari* (*re* ou *cum aliquo*). *Subirasci, or** (*alicui*).
impénétrable, adj. **1.** *Impenetrabilis, e*. ◆ **2.** (Fig.) Qu'on ne peut découvrir. *Reconditus, a, um*. Être —, *latēre**. ◆ **3.** Qui dissimule. *Tectus*.
impératrice, f. *Augusta, ae*, f.
imperceptible, adj. **1.** *Qui* (*quae, quod*) *effugit* sensus*. ◆ **2.** *Exiguus, a, um*.
imperceptiblement, adv. **1.** *Obscure*. ◆ **2.** (Fig.) *Sensim*.
imperfection, f. *Vitium, ii*, n.
impérial, ale, adj. *Imperatorius, a, um*.
impérieusement, adv. *Arroganter*.
impérieux, euse, adj. *Imperiosus, a, um. Arrogans, antis*. Circonstances —, *necessitates, um*, fpl.
impérissable, adj. *Aeternus, a, um*.
impéritie, f. *Imperitia, ae*, f.
imperméable, adj. *Impervius, a, um*.
impertinemment, adv. *Petulanter*.
impertinence, f. **1.** Sottise. *Insulsitas, atis*, f. (Pl.) *Ineptiae, arum*, fpl. ◆ **2.** Insolence. *Petulantia, ae*, f.
impertinent, ente, adj. **1.** Sot. *Insulsus, a, um. Ineptus*. ◆ **2.** Insolent. *Petulans, antis*.
imperturbable, adj. *Imperturbatus, a, um*. Mémoire —, *memoria fidelis*.
imperturbablement, adv. *Quietissime*. Savoir —, *fideliter tenēre**.
impétrant, m. *Impetrator, oris*, m.
impétueusement, adv. **1.** *Impetu magno*. ◆ **2.** (Fig.) *Vehementer*.
impétueux, euse, adj. *Vehemens, entis*.
impétuosité, f. *Impetus, us*, m.

impie, adj. *Impius, a, um.* (Criminel) *Nefandus.*
impiété, f. *Impietas, atis,* f. Avec —, *impie.* (Action impie) *Nefas,* n. indécl.
impitoyable, adj. *Immisericors, ordis.*
impitoyablement, adv. *Acerbe.*
implacable, adj. *Implacabilis, e.*
implanter, tr. *Inserere, o*.* S'IMPLANTER, r. *Radices agĕre, o*.*
implicite, adj. *Tacitus, a, um.*
implicitement, adv. *Tacite.*
impliquer, tr. **1.** (Pers.) *Implicare*;* — dans, *implicare** (dat.). ◆ **2.** (Ch.) *Continere, eo*.* — contradiction, *pugnare.*
implorer, tr. *Implorare. Flagitare.*
impoli, ie, adj. *Inurbanus, a, um.*
impoliment, adv. *Rustice.*
impolitesse, f. *Inhumanitas, atis,* f. Une —, *illiberale facinus,* n.
impolitique, adj. *Inscitus, a, um.*
impopulaire, adj. *Populo invisus, a, um.*
impopularité, f. *Offensio popularis,* f. *Invidia, ae,* f.
importance, f. **1.** *Momentum, i,* n. *Pondus, eris,* n. L' — de l'affaire, *magnitudo causae,* f.; dans une affaire de cette —, *in hāc tantā re;* de peu d'—, *parvus, a, um;* attacher de l'— à, *magnum putare (aliquid); magni facĕre, io* (rem);* attacher peu d'— à, *neglegĕre** (acc.); d'—, *vehementer.* ◆ **2.** Haute position. *Amplitudo, inis,* f. Avoir de l'—, *vigēre*;* sans —, *levis, e;* se donner des airs d'—, *efferre* se insolentius;* avec un ton d'—, *superbe.*
important, ante, adj. **1.** (Ch.) *Gravis, e. Magnus, a, um.* Si —, *tantus;* si peu —, *tantulus;* le point —, *summa, ae,* f.; l'— est de, *caput est* (inf.). ◆ **2.** (Pers.) *Gravis.* Un personnage —, *amplus homo;* un —, *superbus.* Faire l'important, *gravem agere* (o*).
importation, f. *Invectio, onis,* f.
importer. I. Tr. *Importare.* ◆ **II.** Intr. Il importe à, que, *interest** ou *refert** (*alicujus, meā, ad rem;* inf.); *pertinet* (*ad rem*). Qu'—, *quid refert?* que m'—, *quid ad me?* n'— qui, *quilibet; quivis;* n'— où (sans mouv.), *ubicumque;* (avec mouv.), *quocumque.*
importun, une, adj. *Gravis, e. Incommodus, a, um.* Un —, *interpellator, oris,* m.; chasse les —, *abīge* muscas.*
importunément, adv. *Importune.*
importuner, tr. *Obtundĕre, o*.* (En parl. de solliciteurs) *Interpellare.*
importunité, f. *Incommoditas, atis,* f.
imposant, ante, adj. *Gravis, e. Augustus, a, um.*
imposer. I. Tr. **1.** *Imponere, o*.* ◆ **2.** Frapper d'un impôt. *Imponĕre* vectigal* (dat.). *Onerare tributo* (acc.). (Peuple) imposé, *vectigalis, e.* ◆ **II.** Intr. (Fig.) *Imponĕre*.* **Pour**

—, *ad ostentationem*. En — à (tromper), *imponĕre** (dat.); *verba dare** (dat.); *decipĕre, io** (acc.).
S'IMPOSER, r. *Se intrudĕre**.
imposition, f. **1.** *Impositio, onis*, f. ◆ **2.** V. IMPÔT.
impossibilité, f. Je suis dans l' — de, *nequeo** (inf.).
impossible, adj. *Qui (quae, quod) fieri non potest**. *Impossibilis, e*. Faire l' — pour, *omnia facĕre (io*) ut* (subj.).
imposte, f. *Incumba, ae*, f.
imposteur, adj. et nom m. *Fallax, acis*.
imposture, f. *Fallacia, ae*, f. *Fraus, dis*, f.
impôt, m. **1.** Que paie chaque citoyen. *Tributum, i*, n. ◆ **2.** Que paie l'ensemble d'un peuple. *Vectigal, alis*, n. Payer, lever l'—, *pendĕre**, *exigĕre** *tributum* ou *vectigal;* exempter d'—, *tributo liberare;* exempt d'—, *immunis, e*.
impotent, ente, adj. *Debilis, e*.
impraticable, adj. *Invius, a, um*.
imprécation, f. *Exsecratio, onis*, f. Faire des — contre, *exsecrari* (acc.).
imprégner, tr. *Inficere, io**. S'— de, *imbibĕre* (acc.).
imprenable, adj. *Inexpugnabilis, e*.
impression, f. **1.** Empreinte. *Signum, i*, n. *Vestigium, ii*, n. Recevoir une —, *imprimi, or**. ◆ **2.** Sensation. *Sensus, us*, m. Recevoir l' — de, *sentire** (acc.). ◆ **3.** (Fig.) Sentiment. Faire — sur, *movēre** (acc.); recevoir une —, *movēri**; sous l'— de la peur, *terrore coactus, a, um;* cacher ses —, *sensus abdĕre**.
impressionnable, adj. *Mollis, e*.
impressionner, tr. *Movere, eo**.
imprévoyance, f. *Imprudentia, ae*, f.
imprévoyant, ante, adj. *Improvidus, a, um*.
imprévu, ue, adj. *Improvisus, a, um*. *Inopinatus*.
imprimer, tr. **1.** Faire une empreinte. *Imprimere, o** (dans, *in*, abl.). ◆ **2.** (Fig.) — un mouvement à, *agĕre** (acc.); — (dans l'esprit), *imprimĕre in animo*. ◆ **3.** — un livre, *typis exscribĕre (o*)*. Faire —, *typis mandare*.
imprimerie, f. **1.** Métier. *Typographica ars, artis*, f. ◆ **2.** Atelier. *Typographica officina, ae*, f.
imprimeur, m. *Typographus, i*, m.
improbité, f. *Improbitas, atis*, f.
improductif, ive, adj. *Sterilis, e*.
impromptu. **I.** Adv. *Ex tempore*. ◆ **II.** Nom m. *Schedium, ii*, n. Faire un —, *versus ex tempore fundĕre**.
impropre, adj. **1.** *Inhabilis, e* (dat.). ◆ **2.** Mots —, *aliena verba*, npl.
improprement, adj. *Improprie*.
improuver, tr. *Improbare*.

improvisation, f. *Subita oratio,* f.
improviser, tr. **1.** *Dicere* (*o**) *ex tempore.* ◆ **2.** Faire à la hâte. *Subito facere, io**.
improviste (à l'), loc. adv. *Improviso.* Prendre à l'—, *imparatum (aliquem) adoriri**.
imprudemment, adv. *Imprudenter. Incaute.*
imprudence, f. *Temeritas, atis,* f. Commettre une —, *aliquid inconsulte facĕre, io**.
imprudent, ente, adj. **1.** (Pers.) *Inconsultus, a, um. Incautus.* ◆ **2.** (Ch.) *Inconsideratus.*
impudemment, adv. *Impudenter.*
impudence, f. *Impudentia, ae,* f. *Procacitas, atis,* f. — de langage, *improbissima verba,* npl.
impudent, ente, adj. *Impudens, entis. Procax, acis.* L'—! *quod os!*
impudeur, f. *Procacitas, atis,* f.
impudicité, f. *Impudicitia, ae,* f.
impudique, adj. *Impudicus, a, um.*
impudiquement, adv. *Obscene.*
impuissance, f. *Imbecillitas, atis,* f. *Impotentia, ae,* f. L'— de leurs coups, *vani ictus.*
impuissant, ante, adj. *Impotens, entis.* (Ch.) *Vanus, a, um.*
impulsion, f. *Impulsio, onis,* f. *Impulsus, us,* m. Donner l'— à, *protrudĕre** (acc.); (fig.) *auctorem esse* (dat.); sous l'— de César, *Caesare auctore;* obéir aux — des sens, *sensibus movēri**.
impunément, adv. *Impune. Sine suā pernicie.*
impuni, ie, adj. *Impunitus, a, um. Inultus.* Ton action ne restera pas —, *haud impune feceris**.
impunité, f. *Impunitas, atis,* f. Avoir l'—, *impune ferre** (acc.).
impur, ure, adj. **1.** *Impurus, a, um.* ◆ **2.** Impudique. *Obscenus.*
impureté, f. **1.** *Spurcitia, ae,* f. Impureté du sang, *sanies, ei,* f. ◆ **2.** (Fig.) *Impuritas, atis,* f.
imputable, adj. *Tribuendus, a, um* (dat.).
imputation, f. Accusation. *Criminatio, onis,* f. *Crimen, inis,* n.
imputer, tr. *Tribuere, o;* — à qqn une faute, *conferre* culpam in aliquem;* — qqch. à mal, *dare* crimini aliquid.*
inabordable, adj. **1.** *Importunus, a, um.* ◆ **2.** (Fig.) Homme —, *homo rari aditus.*
inacceptable, adj. *Minime accipiendus, a, um.*
inaccessible, adj. **1.** *Invius, a, um.* Lieux —, *loca impedita,* npl. ◆ **2.** (Fig.) Homme —, *homo rari aditus;* être — à la faveur, *gratiā numquam movēri**.
inaccoutumé, ée, adj. *Insolitus, a, um.*
inachevé, ée, adj. *Imperfectus, a, um.*
inactif, ive, adj. *Iners, ertis. Segnis, e.*
inaction, f. *Inertia, ae,* f.

Desidia, ae, f. Être dans l'—, *cessare; quiescĕre**.

inadmissible, adj. *Minime accipiendus, a, um.*

inadvertance, f. *Inconsiderantia, ae,* f. Par —, *per imprudentiam.*

inaliénable, adj. *Qui (quae, quod) abalienari non potest**. Être —, *non in mancipatum venire**; (regarder) comme un bien —, *velut suum et perpetuum.*

inaltérable, adj. *Incommutabilis, e. Incorruptus, a, um.* Amitié —, *amicitia perpetua,* f.

inamovible, adj. *Perpetuus, a, um.*

inanimée, ée, adj. *Inanimus, a, um. Inanimatus.* (Froid) *Lentus, a, um.*

inanité, f. *Inanitas, atis,* f.

inanition, f. *Inedia, ae, f.* Tombant d'—, *inediā fessus.*

inaperçu, ue, adj. **1.** *Invisus, a, um.* ◆ **2.** (Fig.) *Occultus.* Passer —, *praetervolare.*

inappétence, f. *Fastidium ciborum,* n.

inapplication, f. *Incuria, ae,* f.

inappliqué, ée, f. *Oscitans, antis. Parum attentus, a, um.*

inappréciable, adj. *Inaestimabilis, e.*

inapte, adj. *Inhabilis, e* (dat. ou *ad,* acc.).

inaptitude, f. *Inscientia, ae,* f.

inarticulé, ée, adj. *Implicatus, a, um.* Sons —, *inconditae voces.*

inassouvi, ie, adj. *Nondum saturatus, a, um.*

inattaquable, adj. *Inexpugnabilis, e.*

inattendu, ue, adj. *Inexspectatus, a, um.*

inattentif, ive, adj. *Oscitans, antis. Non attentus, a, um.*

inattention, f. *Indiligentia, ae,* f. Avec —, *oscitanter.*

inauguration, f. *Dedicatio, onis,* f.

inaugurer, tr. **1.** *Inaugurare.* ◆ **2.** (Fig.) *Aperire**.

inavouable, adj. *Erubescendus, a, um.*

incalculable, adj. **1.** *Innumerabilis, e.* ◆ **2.** (Fig.) *Maximus, a, um.*

incandescent, ente, adj. *Candens, entis.* Être —, *candefieri**.

incantation, f. *Incantamentum, i,* n.

incapable, adj. (— de.) **1.** *Inhabilis, e* (dat. ou *ad,* acc.). — de porter un fardeau, *impar ferendo oneri;* être — de, *non posse** (inf.); *non eum esse qui* (subj.). ◆ **2.** Inhabile. *Imperitus, a, um.*

incapacité, f. *Inscitia, ae,* f. Être dans l'— de, *non posse** (inf.).

incarcération, f. *Inclusio, onis,* f.

incarcérer, tr. *In carcerem conjicere, io**.

incarnat, ate. I. Adj. *Roseus, a, um.* ◆ **II.** Nom m. *Rubor, oris,* m.

incarnation, f. *Incarnatio, onis,* f.

incarner (s'), r. **1.** *Incarnari.* ◆ **2.** (Fig.) C'est la malice incarnée, *in eo mirifica est improbitas.*

incartade, f. **1.** Insulte. *Contumelia, ae,* f. Faire une — à, *injuriam facere, io** (dat.). ◆ **2.** Extravagance. *Stultitia, ae,* f. Faire des —, *desipere, io**.

incendiaire, adj. **1.** *Incendiarius, a, um.* ◆ **2.** (Fig.) *Seditiosus.*

incendie, f. **1.** *Incendium, ii,* n. Par l'— et le meurtre, *igni et caedibus;* allumer un —, *incendium facĕre, io*;* être la proie d'un —, *ardēre*; conflagrare.* ◆ **2.** (Fig.) *Incendium. Deflagratio, onis,* f.

incendier, tr. **1.** *Incendere, o*. Inflammare.* ◆ **2.** Détruire par le feu. *Exurere, o*.*

incertain, aine, adj. *Incertus, a, um. Dubius.*

incertitude, f. **1.** Dans les choses. *Incertum, i,* n. Dans cette —, *quae cum essent incerta.* ◆ **2.** Dans l'esprit. *Dubium, ii,* n. ◆ **3.** Irrésolution. *Haesitatio, onis,* f. Dans l'incertitude de, *incertus quid* (subj.).

incessamment, adv. **1.** *Assidue. Sine ullā intermissione.* ◆ **2.** Bientôt. *Continuo. Jam jam. Propediem.*

incessant, ante, adj. *Perpetuus, a, um.*

inceste, m. *Incestus, us,* m.

incestueux, euse, adj. *Incestus, a, um.*

incidemment, adv. *Obiter.*

incident, m. *Casus, us,* m. *Res, rei,* f.

incinérer, tr. *Incendere, o*.*

incise, f. *Incisum, i,* n.

inciser, tr. *Incidere, o*.*

incisif, ive, adj. **1.** Dents —, *dentes medii,* mpl. ◆ **2.** (Fig.) *Mordax, acis.*

incision, f. *Incisura, ae,* f.

incitation, f. *Incitatio, onis,* f. A l'— de, *incitante* (abl.).

inciter, tr. *Incitare* (à, *ad*).

incivil, ile, adj. *Inurbanus, a, um.*

incivilement, adv. *Inurbane. Rustice.*

incivilité, f. *Rusticitas, atis,* f.

inclémence, f. *Inclementia, ae,* f. L'— de l'hiver, *hiemis saevitia, ae,* f.

inclément, ente, adj. *Inclemens, entis.*

inclinaison, f. — (du sol). *Dejectus, us,* m.

inclination, f. **1.** *Inclinatio, onis,* f. — de tête, *nutus, us,* m. ◆ **2.** (Fig.) *Inclinatio. Propensio, onis,* f. *Studium, ii,* n. Avoir de l'— pour qqch., *studēre** (dat.); avoir de l'— pour qqn, *amare* (acc.); suivre son —, *suis studiis obsequi,* (*or**).

incliner. I. Tr. *Demittere, o*.* — la tête (dire oui), *annuĕre.* Incliné, *declivis, e;* la tête —, *pronus, a, um.* ◆ **II.** Intr. **1.** *Inclinare. Vergere, o*.* ◆ **2.** (Fig.) *Propendere, eo** (*in aliquem*). *Delabi, or** (*ad*). — à, *adduci* (*or**) *ut* (subj.).

S'INCLINER, r. (Fig.) Céder par respect. *Cedere, o** (dat.). — (devant qqn), *obsequi** (dat.); *fasces submittĕre** (dat.).

inclus, use, adj. *Inclusus, a, um.*

incognito, adv. *Incognitus, a, um.*

incohérence, f. *Discrepantia, ae,* f.

incohérent, ente, adj. *Non cohaerens, entis. Discrepans, antis.*

incomber, intr. *Pertinere, eo (ad). Incumbere, o** (dat.).

incombustible, adj. Être —, *igne confici nequire**.

incommode, adj. *Molestus, a, um. Incommodus.*

incommoder, tr. **1.** Être incommode. *Incommodare* (dat.). ◆ **2.** Rendre un peu malade. *Offendere, o**. Être — par le froid, des pieds, *laborare frigore, ex pedibus.*

incommodité, f. **1.** *Molestia, ae,* f. *Incommodum, i,* n. ◆ **2.** Indisposition. *Offensa, ae,* f. *Incommodum.*

incomparable, adj. *Singularis, e.*

incomparablement, adv. *Longe.* — plus clair, *permulto clarior.*

incompatibilité, f. **1.** D'humeur. *Animorum disjunctio, onis,* f. ◆ **2.** Entre les choses. *Repugnantia, ae,* f. Les —, *repugnantia, ium,* npl.

incompatible, adj. *Dissentaneus, a, um.* (Ch.) Être —, *repugnare;* être — avec, *discrepare* ab.*

incompétent, ente, adj. **1.** (Jur.) Se déclarer —, *rem rejicere (io*) ad (aliquem).* ◆ **2.** (Fig.) *Rudis, e.* Être — dans, *non multum intellegĕre* in* (abl.).

incomplet, ète, adj. *Imperfectus, a, um. Mancus.*

incomplètement, adv. *Imperfecte.*

incompréhensible, adj. **1.** *Qui (quae, quod) comprehendi non potest.* ◆ **2.** Très difficile à concevoir. *Involutus, a, um.* Un homme —, *mirabiliter moratus.*

incompris, ise, adj. *Non intellectus, a, um.*

inconcevable, adj. *Incredibilis, e.*

inconciliable, adj. V. INCOMPATIBLE.

inconduite, f. *Perditi mores,* mpl.

incongru, ue, adj. *Incongruens, entis.*

incongruité, f. *Incongruentia, ae,* f. Faire beaucoup d'—, *multa proterve facere, io**.

incongrûment, adv. *Incongrue.*

inconnu, ue, adj. *Ignotus, a, um.* (Non célèbre) *Ignobilis, e.* (Nouveau) *Inauditus, a, um.*

inconséquence, f. *Inconstantia, ae,* f. Dire des —, *inconstanter loqui**.

inconséquent, ente, adj. *Inconstans, antis.* Être —, *non sibi constare**.

inconsidéré, ée, adj. *Inconsideratus, a, um. Inconsultus.*

inconsidérément, adv. *Inconsiderate. Inconsulte.*

inconsistance, f. *Inconstantia, ae,* f.

inconsistant, ante, adj. *Inconstans, antis.*

inconsolable, adj. Être — de,

*molestissime ferre** (acc.); (en parl. de la douleur) *consolatione nihil levari.*
inconsolablement, adv. *Insolabiliter.*
inconsolé, ée, adj. *Luctu continuo implexus, a, um.*
inconstance, f. *Inconstantia, ae*, f. *Mobilitas, atis*, f. L'— de la fortune, *fortunae varietas*, f.
inconstant, ante, adj. *Mutabilis, e. Mobilis.*
incontestable, adj. *Minime dubius, a, um.* Il est — que, *non est controversia quin* (subj.); *constat* (prop. inf.).
incontestablement, adv. *Certo.* — le premier, *facile* ou *longe princeps.*
incontesté, ée, adj. *Omnibus perspicuus, a, um. Haud dubius.*
incontinent, adv. *Continuo.*
inconvenance, f. *Indecentia, ae*, f. Que d'inconvenances tu as faites après boire, *quam in vino immodestus fuisti!*
inconvenant, ante, adj. **1.** (Ch.) *Indecorus, a, um.* D'une manière —, *indecore.* ◆ **2.** (Pers.) *Immodestus, a, um.*
inconvénient, m. *Incommodum, i*, n. Ne le fais pas si tu y vois qq. —, *nec id incommodo tuo feceris*;* attirer à qqn des —, *exhibēre* alicui molestiam;* il n'y a pas d'— à, *non incommodum videtur** (inf.); sans —, *non incommode.*
incorporation, f. *Accessio, onis*, f.
incorporer, tr. **1.** *Miscere, eo** (à, *cum*, abl.). ◆ **2.** (Fig.) *Ascribere, o** (dans, *in*, acc.).
s'incorporer, r. (à). *Coalescere, o** (dat.).
incorrect, ecte, adj. *Mendosus, a, um.*
incorrectement, adv. *Mendose.*
incorrection, f. *Vitium, ii*, n. *Mendum, i*, n.
incorrigible, adj. *Inemendabilis, e.*
incorruptible, adj. *Incorruptus, a, um. Integer, gra, grum.*
incrédule, adj. *Incredulus, a, um.*
incrédulité, f. *Incredulitas, atis*, f.
incriminer, tr. *Insimulare.* — les intentions de qqn, *animum alicujus improbare.*
incroyable, adj. *Incredibilis, e. Mirus, a, um.* Il me paraît — que, *miror si* (subj.).
incroyablement, adv. *Incredibiliter.*
incrustation, f. (Croûte; objet incrusté). *Crusta, ae*, f.
incruster, tr. (Art.) *Inserere, o**. Incrusté de marbre, *marmoratus, a, um.*
incubation, f. *Incubatio, onis*, f.
inculpation, f. *Criminatio, onis*, f. *Crimen, inis*, n.
inculper, tr. *Incusare.* L'inculpé, *reus, i*, m.
inculquer, tr. *Imprimere, o** (*aliquid in animis*). *Inculcare* (*aliquid animis* [dat.]).
inculte, adj. *Incultus, a, um.*
incurable, adj. *Insanabilis, e.*
incurie, f. *Incuria, ae*, f.
incursion, f. *Incursio, onis*, f. Faire une — dans, *incursare* (acc.).
Inde. *India, ae*, f. De l'—, *Indus, a, um.*

indébrouillable, adj. *Inexplicabilis, e.*
indécemment, adv. **1.** *Indecore.* ◆ **2.** *Obscene.*
indécence, f. **1.** *Indecentia, ae,* f. ◆ **2.** *Obscenitas, atis,* f. Des —, *obscena dicta* ou *facta,* npl.
indécent, ente, adj. **1.** Qui est contre les bienséances. *Indecorus, a, um.* ◆ **2.** Qui est contre la pudeur. *Obscenus, a, um.*
indéchiffrable, adj. **1.** *Inexplicabilis, e.* ◆ **2.** Impénétrable. *Tectus, a, um.*
indécis, ise, adj. *Incertus, a, um. Dubius.*
indécision, f. *Dubitatio, onis,* f. *Dubium, ii,* n.
indéfini, ie, adj. *Interminatus, a, um.*
indéfiniment, adv. *Infinite.* Et ainsi —, *et usque ad infinitum.*
indélébile, adj. **1.** *Indelebilis, e.* ◆ **2.** (Fig.) *Aeternus, a, um.*
indélicat, ate, adj. *Illiberalis, e.*
indélicatement, adv. *Illiberaliter.*
indélicatesse, f. *Mens illiberalis,* f. (Action) *Illiberale facinus,* n.
indemne, adj. *Incolumis, e.*
indemniser, tr. *Damnum resarcire*. Damnum praestare* (*alicui*). Indemnisé, *indemnis, e.*
indemnité, f. *Indemnitas, atis,* f. (Frais) *Sumptus, us,* m. Ils ont reçu une —, *his satisfactum est.*
indépendamment, adv. *Libere.* — des avantages, *sepositis commodis.*
indépendance, f. *Libertas, atis,* f. Avec —, *libere.*
indépendant, ante, adj. *Liber, era, erum.* Être —, *esse sui juris;* indépendant de (pers.) *solutus* (*ab*)*;* (ch.) *separatus ab.*
indescriptible, adj. *Inenarrabilis, e.*
indestructible, adj. *Indissolubilis, e.*
indéterminé, ée, adj. **1.** *Infinitus, a, um. Incertus.* ◆ **2.** (Irrésolu) *Incertus.*
index, m. **1.** Table. *Index, icis,* m. ◆ **2.** Doigt. *Index.*
indication, f. *Significatio, onis,* f.
indice, m. *Indicium, ii,* n. *Signum, i,* n. Être un indice que, *testari* (prop. inf.).
indicible, adj. *Ineffabilis, e.*
indifféremment, adv. **1.** *Promiscue. Aeque.* ◆ **2.** Avec indifférence. *Lente.*
indifférence, f. **1.** *Lentitudo, inis,* f. ◆ **2.** Froideur. *Neglegentia, ae,* f.
indifférent, ente, adj. **I.** (Ch.) **1.** Ni bon, ni mauvais. *Indifferens, entis, Medius, a, um.* ◆ **2.** (Sans importance) *Minimi momenti;* cela est —, *nihil interest*;* il n'est pas — de, *magni refert* (inf.). ◆ **3.** (Qui touche peu) *Vilis, e. Alienus, a, um* (*ab*)*;* cela m'est —, *nihil ad nos.* ◆ **II.** (Pers.) **1.** Qui n'a pas de préférence. *Indifferens** (sur, *circa,* acc.). ◆ **2.** Insensible. *Neglegens, entis* (*in re*)*;* être — à, *neglegĕre** (acc.); n'être pas — à l'argent, *movēri pecuniā.* (Insouciant) *Lentus, a, um.*

indigence, f. *Inopia, ae*, f. *Egestas, atis*, f.

indigène, m. **1.** (Pers.) *Indigena, ae*, m. ◆ **2.** (Ch.) *Vernaculus, a, um.*

indigent, ente, adj. *Inops, is. Egens, entis.*

indigeste, adj. **1.** *Stomacho gravis, e.* ◆ **2.** (Fig.) *Inconditus, a, um.*

indigète, adj. *Indiges, etis.*

indignation, f. *Indignatio, onis*, f. *Ira, ae*, f. L'— publique, *invidia, ae*, f.; avec —, *indigne;* voir avec —, *iniquo animo ferre**; soulever l'— publique (en parl. d'un acte), *invidiam habēre**.

indigne, adj. *Indignus, a, um* (abl. ou *qui*, subj.).

indignement, adv. **1.** *Indigne.* ◆ **2.** Honteusement. *Turpiter.*

indigner, tr. *Incendere, o**. *Indignationem movēre, eo** (*alicui*).

S'INDIGNER, r. *Indignari* (de, acc., ou *quod*, indic. ou subj.); s'— contre, *suscensēre** (dat.).

indignité, f. *Indignitas, atis*, f. *Indignum facinus*, n.

indigo, m. *Indicum, i*, n.

indiquer, tr. **1.** Désigner. *Demonstrare.* ◆ **2.** Être signe de. *Indicare.* ◆ **3.** Fixer. — un jour, *diem dicĕre, o**.

indirect, ecte, adj. *Obliquus, a, um.*

indirectement, adv. *Oblique.*

indisciplinable, adj. *Effrenatus, a, um.*

indiscipline, f. *Licentia, ae*, f.

indiscipliné, ée, adj. *Contumax, acis. Solutus, a, um.*

indiscret, ète, adj. **1.** Sans retenue. *Intemperans, antis.* Faire une demande —, *impudenter postulare;* être —, *molestum esse* (dat.). ◆ **2.** Qui ne sait point garder un secret. *Infidelis, e.* Être —, *perfluere, o**.

indiscrètement, adv. **1.** *Intemperanter.* ◆ **2.** Étourdiment. *Temere.*

indiscrétion, f. **1.** *Intemperantia, ae*, f. ◆ **2.** *Garrulitas, atis*, f. ◆ **3.** Parole indiscrète. *Aliquid temere effutitum.*

indiscutable, adj. *Haud dubius, a, um.*

indispensable, adj. *Necessarius, a, um.*

indisposer, tr. **1.** Irriter. *Alienare* (*aliquem ab aliquo*). Être indisposé contre, *alieno esse animo in* (acc.). ◆ **2.** Indisposé (un peu malade). *Offensus, a, um.* Être —, *minus valēre**.

indisposition, f. **1.** *Offensa, ae*, f. ◆ **2.** Légère maladie. *Offensio, onis*, f.

indissolubilité, f. **1.** (Fig.) *Stabilitas, atis*, f.

indissoluble, adj. **1.** *Indissolubilis, e.* ◆ **2.** (Fig.) *Stabilis, e.*

indistinct, incte, adj. *Indistinctus, a, um. Obscurus.*

indistinctement, adv. **1.** *Obscure.* ◆ **2.** (Fig.) *Promiscue. Aeque.*

individu, m. *Caput, itis*, n. *Persona, ae*, f. Un —, *quidam;* tout — qui, *quicumque;* les —, *singuli;* la société et les —, *et populi et privati.*

individualité, f. *Natura propria*, f.
individuel, elle, adj. *Singularis, e.* (Propre à chacun) *Proprius, a, um.*
individuellement, adv. *Singulariter. Viritim.* Pris —, *singuli, ae, a.*
indivis, ise, adj. *Indivisus, a, um.*
indivisible, adj. *Individuus, a, um.*
indocile, adj. *Indocilis, e.*
indocilité, f. *Contumacia, ae,* f.
indolence, f. **1.** *Segnitia, ae,* f. ◆ **2.** Apathie. *Lentitudo, inis,* f. Avec —, *segniter.*
indolent, ente, adj. *Segnis, e. Lentus, a, um.*
indomptable, adj. *Indomitus, a, um.*
indompté, ée, adj. *Indomitus, a, um.*
indu, ue, adj. *Injurius, a, um.* A une heure —, *intempestive.*
indubitable, adj. *Minime dubius, a, um.*
indubitablement, adv. *Sine dubio.*
induction, f. *Inductio, onis,* f.
induire, tr. (Pousser à). *Inducere, o** (à, *in* ou *ad*, acc.; *ut*, subj.).
indulgence, f. *Indulgentia, ae,* f.; — pour (qqn), *obsequium in* (acc.); porté à l'—, *ad ignoscendum propensus, a, um;* implorer l'— de, *veniam petĕre* ab;* avec —, *leniter.*
indulgent, ente, adj. *Indulgens, entis. Lenis, e.* Être — à, *indulgēre** (dat.); *obsequi** (dat.).
indûment, adv. *Injuriā.*
industrie, f. **1.** Habileté. *Sollertia, ae,* f. *Industria, ae,* f. Mettre son — à, *insumĕre* laborem in* (acc.): vivre d'—, *aeruscare;* chevalier d'—, *furax, acis,* m. ◆ **2.** Profession mécanique. *Ars, artis,* f. Exercer une —, *artificium tuēri*.*
industrieusement, adv. *Artificiose.*
industrieux, euse, adj. *Sollers, tis. Artificiosus, a, um.*
inébranlable, adj. **1.** *Inconcussus, a, um.* ◆ **2.** (Fig.) *Firmus, a, um.* Rester —, *movēri non posse*;* être — dans sa résolution, *in proposito permanēre*.*
inébranlablement, f. *Firmiter.*
inédit, ite, adj. *Ineditus, a, um.*
ineffable, adj. *Ineffabilis, e.*
ineffaçable, adj. **1.** *Indelebilis, e.* ◆ **2.** (Fig.) *Aeternus, a, um.*
inefficace, adj. *Inefficax, acis.*
inefficacité, f. *Vanitas, atis,* f.
inégal, ale, adj. **1.** Raboteux. *Inaequabilis, e. Asper, era, erum.* ◆ **2.** Qui n'est point égal. *Inaequabilis. Dispar, aris.* ◆ **3.** Changeant. *Inaequalis, e. Mobilis.*
inégalement, adv. *Inaequaliter.*
inégalité, f. **1.** *Iniquitas, atis,* f. — d'un terrain, *asperitates, um,* fpl. ◆ **2.** *Inaequalitas, atis,* f. ◆ **3.** Style plein d'—, *oratio non constans,* f.
inélégance, f. *Indecentia, ae,* f. *Inconcinnitas, atis,* f.
inélégant, ante, adj. *Inelegans, antis.*

inénarrable, adj. *Inenarrabilis, e.*
inepte, adj. **1.** Inapte. *Inhabilis, e* (dat.). ◆ **2.** Sot. *Ineptus, a, um.*
ineptement, adv. *Inepte.*
ineptie, f. *Insulsitas, atis,* f. Des —, *ineptiae, arum,* fpl.
inépuisable, adj. *Perennis, e. Inexhaustus, a, um.*
inerte, adj. *Iners, ertis.*
inertie, f. *Inertia, ae,* f.
inespéré, ée, adj. *Insperatus, a, um.*
inespérément, adv. *Praeter spem.*
inestimable, adj. *Inaestimabilis, e.*
inévitable, adj. *Qui (quae, quod) vitari non potest*. Necessarius, a, um.*
inévitablement, adv. *Necessario.*
inexact, acte, adj. **1.** Faux. *Falsus, a, um.* ◆ **2.** Négligent. *Indiligens, entis.*
inexactement, adv. **1.** *Falso.* ◆ **2.** *Indiligenter.*
inexactitude, f. **1.** *Falsum, i,* n. ◆ **2.** *Indiligentia, ae,* f.
inexcusable, adj. *Inexcusabilis, e.* Être —, *excusationem non habēre*.*
inexercé, ée, adj. *Inexercitatus, a, um.*
inexorable, adj. *Inexorabilis, e* (*in,* acc.). Qui n'est pas —, *exorabilis, e.*
inexpérience, f. *Imperitia, ae,* f.
inexpérimenté, ée, adj. *Imperitus, a, um. Rudis, e.*
inexpiable, adj. *Inexpiabilis, e.*
inexplicable, adj. *Inexplicabilis, e.*
inexploré, ée, adj. *Inexploratus, a um.*
inexprimable, adj. **1.** *Inenarrabilis, e.* ◆ **2.** (Fig.) *Incredibilis, e.*
inexpugnable, adj. *Inexpugnabilis, e.*
inextinguible, adj. *Inexstinguibilis, e.* Rire —, *risus maximi,* mpl.
inextricable, adj. *Inenodabilis, e.*
infaillible, adj. **1.** Qui ne peut se tromper. *Errore immunis, e.* ◆ **2.** Certain. *Certus, a, um. Certissimus.*
infailliblement, adv. *Certo.*
infamant, ante, adj. *Ignominiosus, a, um.* Peine —, *ignominia, ae,* f.
infâme, adj. **1.** *Infamis, e. Famosus, a, um.* ◆ **2.** Avilissant. *Flagitiosus, a, um.* D'une manière —, *flagitiose.*
infamie, f. *Infamia, ae,* f. *Ignominia, ae,* f. Noter qqn d'—, *ignominiā notare aliquem;* couvrir d'—, *ignominiam inferre** (*alicui*); se couvrir d'—, *turpitudinis notam subire, eo*.* (Action infâme) *Flagitium, ii,* n.
infanterie, f. *Peditatus, us,* m. *Pedites, um,* mpl. Servir dans l'—, *pedibus merēri*.*
infatigable, adj. **1.** (Ch.) *Infatigabilis, e.* ◆ **2.** (Pers.) *Impiger, gra, grum.*
infatuer (s'), r. — de qqn, *in oculis ferre* aliquem;* s'— (d'une opinion), *mirifice amplexari (sententiam);* être infatué de soi-même, *se mirari.*

infécond, onde, adj. *Infecundus, a, um.*

infect, ecte, adj. *Foetidus, a, um.*

infecter, tr. **1.** *Corrumpere, o*. Inficere, io*.* ◆ **2.** Par contagion. *Coinquinare.*

infection, f. **1.** Odeur. *Foetor, oris,* m. ◆ **2.** Corruption. *Corruptio, onis,* f.

inférer, tr. *Inferre, fero*. Colligere, o*.*

inférieur, eure, adj. **1.** *Inferus, a, um.* ◆ **2.** (Fig.) *Inferior, ius.* — à son père, *inferior patre* ou *quam pater;* les classes —, *tenuiores,* mpl.; de qualité tout à fait —, *deterrimus;* les —, *humiliores,* mpl.

inférieurement, adv. *Infra. Inferius.*

infériorité, f. — numérique, *paucitas, atis,* f.; — du rang, *tenuitas,* f.; avouer son —, *dare* manus.*

infernal, ale, adj. **1.** *Infernus, a, um.* ◆ **2.** (Fig.) *Furialis, e.*

infester, tr. *Infestare.* — les mers, *mare infestum habēre*;* infesté, *infestus, a, um.*

infidèle, adj. **1.** (Pers.) *Infidelis, e. Infidus, a, um.* Être —, *in fide non stare*;* serviteur —, *servus furax,* m. ◆ **2.** (Ch.) *Levis, e.* Rapport —, *nuntius falsus,* m.

infidèlement, adv. **1.** *Infideliter.* ◆ **2.** *Falso.*

infidélité, f. **1.** (Pers.) *Infidelitas, atis,* f. (Manque de probité) *Nequitia, ae,* f. ◆ **2.** (Ch.) *Vanitas, atis,* f.

infiltrer (s'), r. **1.** *Permanare.* ◆ **2.** (Fig.) *Serpere, o* (per,* acc.).

infime, adj. *Infimus, a, um.*

infini, ie. **I.** Adj. *Infinitus, a, um. Immensus.* ◆ **II.** Nom m. *Infinitum, i,* n. A l'—, *in immensum;* être divisible à l'—, *infinite secari posse*.*

infiniment, adv. **1.** *Infinite.* ◆ **2.** (Fig.) — plus clair, *permulto clarior;* plaire —, *egregie placēre*.*

infinité, f. **1.** *Infinitas, atis,* f. ◆ **2.** Espace. *Immensitas, atis,* f. ◆ **3.** Nombre. *Innumerabilitas, atis,* f. ◆ **4.** (Fig.) Une — de, *innumeri, ae, a.*

infirme, adj. *Debilis, e. Infirmus, a, um.*

infirmer, tr. *Infirmare. Rescindere, o*.*

infirmerie, f. *Valetudinarium, ii,* n.

infirmier, ière, m. et f. *Aegrorum minister, tri,* m.; *ministra, ae,* f.

infirmité, f. **1.** *Infirmitas, atis,* f. *Vitium, ii,* n. ◆ **2.** (Fig.) *Imbecillitas, atis,* f.

inflammable, adj. *Ad exardescendum facilis, e.*

inflammation, f. *Inflammatio, onis,* f.

infléchir (s'), r. *Sinuari.*

inflexibilité, f. (Fig.) *Durities (ei,* f.) *animi.*

inflexible, adj. (Fig.) *Implacabilis, e.* D'une rigidité —, *ferreus, a, um.*

inflexiblement, adv. *Obstinate.*

inflexion, f. De voix. *Flexio, onis,* f.

infliger, tr. *Irrogare (rem alicui).* — à qqn un châtiment pour qqch., *poenas rei ab aliquo expetĕre**.

influence, f. **1.** Action. *Vis, vis*, f. *Momentum, i*, n. Avoir beaucoup d'— sur, *multum posse* in* (abl.); *plurimum valēre* in* (abl.); avoir peu d'— sur, *haud magni momenti esse in* (abl.). ◆ **2.** Ascendant. *Auctoritas, atis*, f. *Gratia, ae*, f. *Pondus, eris*, n. Avoir de l'— sur, *auctoritate valēre* apud* (acc.); le souvenir de son père a de l'— sur lui, *est pondus in memoriā patris apud eum.*

influencer, tr. *Impellere, o**. Esprit influencé par, *animus praeoccupatus* (*re* ou *ab aliquo*).

influent, ente, adj. *Potens, entis. Gravis, e. Gratiosus, a, um.*

influer, intr. *Momentum facere, io** (sur qqch., *alicujus rei*). Ne pas — sur, *nihil momenti habēre* ad.*

information, f. **1.** Enquête judiciaire. *Quaestio, onis*, f. ◆ **2.** Recherches. *Indagatio, onis*, f. Aller aux —, *inquisitum ire* (*eo**); prendre des —, *percontari* (*aliquid ex* ou *ab aliquo; aliquem de aliquo* ou *de re*).

informe, adj. *Informis, e. Rudis, e.*

informé, m. Renvoyer un accusé jusqu'à plus ample —, *ampliare reum.*

informer. I. Intr. *Quaerere, o** (*de re*). — contre, *inquirĕre* in* (acc.). ◆ **II.** Tr. *Certiorem facere, io** (*aliquem rei* ou *de re*). Être informé de qqch. par qqn, *certiorem fieri* rei* ou *de re per aliquem*; être bien —, *compertum habēre** (*aliquid*).

S'INFORMER, r. *Quaerere, o** (*rem ex* ou *ab aliquo*). *Percontari* (*aliquid ex* ou *ab aliquo; aliquem de aliquo* ou *de re*).

infortune, f. *Infelicitas, atis*, f. *Calamitas*, f.

infortuné, ée, adj. *Infelix, icis. Miser, era, erum.*

infraction, f. *Transgressio, onis*, f.

infranchissable, adj. *Insuperabilis, e.*

infructueusement, adv. *Frustra.*

infructueux, euse, adj. **1.** *Infructuosus, a, um.* ◆ **2.** (Fig.) *Irritus, a, um.*

infus, use, adj. *Insitus, a, um.*

infuser, tr. et **faire —**. *Macerare.*

infusion, f. *Maceratio, onis*, f. Une — de laser, *dilutum laser*, n.

ingambe, adj. *Expeditus, a, um.*

ingénier (s'), r. S'— pour trouver, *excogitare* (acc.).

ingénieur, m. (Militaire) *Munitor, oris*, m. (Civil) *Machinator, oris*, m.

ingénieusement, adv. *Ingeniose. Sollerter.*

ingénieux, euse, adj. **1.** (Pers.) *Ingeniosus, a, um* (*ad*, gérond.) *Sollers, ertis.* ◆ **2.** (Ch.) *Artificiosus, a, um.* Pensées —, *sententiae acutae* ou *concinnae*, fpl.

ingéniosité, f. *Sollertia, ae*, f.

ingénu, ue, adj. **1.** De condition libre. *Ingenuus, a, um.* ◆ **2.** Naïf. *Simplex, icis.*

ingénuité, f. *Simplicitas, atis,* f.

ingénument, adv. *Simpliciter.*

ingérer, tr. *Infundere, o*.* S'—, r. (dans), *se interponĕre** (dat.).

ingouvernable, adj. *Qui (quae, quod) regi non potest*.*

ingrat, ate, adj. **1.** Sans reconnaissance. *Ingratus, a, um* (*in,* acc.). *Beneficii immemor, oris.* ◆ **2.** Infructueux. *Ingratus.* Mémoire —, *dura memoria,* f.; (sujet) —, *jejunus, a, um.*

ingratitude, f. *Ingratus animus,* m. Payer d'—, *gratiam non referre** (dat.); avec —, *ingrate.*

ingrédient, m. *Elementa, orum,* npl. *Medicamen, inis,* n.

inguérissable, adj. *Insanabilis, e.*

ingurgiter, tr. *Absorbere, eo*.*

inhabile, adj. *Imperitus, a, um* (gén.). *Inhabilis, e* (dat. ou *ad rem*).

inhabilement, adv. *Imperite.*

inhabileté, f. *Imperitia, ae,* f.

inhabitable, adj. *Inhabitabilis, e.*

inhabité, ée, adj. *Desertus, a, um.* Maison —, *vacua domus;* contrée entièrement —, *regio omni cultu vacans.*

inhérent, ente, adj. *Infixus, a, um.* Être — à, *inhaerēre** (dat. ou *in,* abl.).

inhospitalier, ère, adj. *Inhospitalis, e.*

inhumain, aine, adj. *Inhumanus, a, um.*

inhumainement, adv. *Inhumane.*

inhumanité, f. *Inhumanitas, atis,* f. Des —, *infanda, orum,* npl.

inhumation, f. *Humatio, onis,* f.

inhumer, tr. *Humare.*

inimaginable, adj. *Incredibilis, e.*

inimitable, adj. *Inimitabilis, e.*

inimitié, f. *Inimicitiae, arum,* fpl. Encourir des —, *inimicitias suscipĕre, io*.*

inintelligence, f. *Stultitia, ae,* f.

inintelligent, ente, adj. *Stultus, a, um.*

inintelligible, adj. *Involutus, a, um.*

ininterrompu, ue, adj. *Continuus, a, um.*

inique, adj. *Iniquus, a, um.*

iniquement, adv. *Inique.*

iniquité, f. *Iniquitas, atis,* f. (Action inique) *Injuria, ae,* f.

initiation, f. *Initiatio, onis,* f.

initiative, f. **1.** D'une loi. *Praerogativa, ae,* f. ◆ **2.** Prendre l'— (de), *praeoccupare* (acc.).

initier, tr. *Initiare.* Initié aux sciences, *doctrinis institutus.*

injecter, tr. *Infundere, o** (dans, *in,* acc.).

injection, f. *Infusio, onis,* f. Une — de vin, *infusum vinum,* n.

injonction, f. *Jussum, i,* n.

injure, f. **1.** Injustice. Dommage. *Injuria, ae,* f. Faire — à, *laedĕre** (acc.). ◆ **2.** Outrage. *Contumelia, ae,* f. ◆

3. En paroles. *Convicium, ii,* n. *Maledictum, i,* n. Faire — à qqn, *contumeliam imponĕre* alicui;* dire des — à, *maledicta conjicĕre (io*) in* (acc.).

injurier, tr. *Maledicere, o** (dat.). Celui qui injurie, *conviciator, oris,* m.

injurieusement, adv. *Contumeliose.*

injurieux, euse, adj. **1.** Nuisible. *Injuriosus, a, um.* ◆ **2.** Offensant. *Contumeliosus, a, um.*

injuste, adj. *Injustus, a, um. Injuriosus.*

injustement, adv. *Injuste. Injuriose.*

injustice, f. **1.** *Injustitia, ae,* f. ◆ **2.** Acte injuste. *Injuria, ae,* f. Commettre une —, *injuriam facĕre, io*;* c'est une — de, *injuriosum est* (inf.).

injustifiable, adj. *Inexcusabilis, e.*

inné, ée, adj. *Innatus, a, um. Insitus.*

innocemment, adv. **1.** Sans crime. *Innocenter.* ◆ **2.** Naïvement. *Inscite.*

innocence, f. **1.** Non culpabilité. *Innocentia, ae,* f. ◆ **2.** Honnêteté. *Sanctitas, atis,* f. ◆ **3.** Chasteté. *Pudicitia, ae,* f. ◆ **4.** Simplicité. *Inscitia, ae,* f.

innocent, ente, adj. **1.** Sans crime. *Innocens, entis. Insons, ontis.* Être —, *culpā vacare.* ◆ **2.** Sans malice. *Innocens. Sanctus, a, um.* ◆ **3.** Chaste. *Pudicus, a, um.* ◆ **4.** Simple. *Simplex, icis.* ◆ **5.** Borné. *Tardus, a, um.*

innombrable, adj. *Innumerabilis, e.*

innovation, f. *Res novae,* fpl. Faire une —, *aliquid ex antiquo movēre*.*

innover, tr. *Mutare.*

inobservation, f. *Neglectio, onis,* f.

inoccupé, ée, adj. **1.** (Pers.) *Otiosus, a, um.* Être —, *vacare.* ◆ **2.** (Ch.) *Vacuus, a, um.* Vie —, *otiosa vita,* f.

inodore, adj. *Inodorus, a, um.*

inoffensif, ive, adj. *Innoxius, a, um.* Plaisanterie —, *lenis jocus,* m.

inondation, f. *Inundatio, onis,* f. *Proluvies, ei,* f.

inonder, tr. **1.** *Inundare.* Être inondé. *Stagnare.* ◆ **2.** Mouiller abondamment. *Perfundere, o*.* Inondé, *respersus, a, um;* — de sueur, *sudore madens, entis.* ◆ **3.** (Fig.) Être — de, *redundare* (abl.); inondé, *obsessus, a, um.*

inopiné, ée, adj. *Inopinatus, a, um.*

inopinément, adv. *Inopinato. Repente.*

inopportun, une, adj. *Intempestivus, a, um.* D'une manière —, *intempestive.*

inouï, ïe, adj. *Inauditus, a, um. Novus.*

inqualifiable, adj. *Inaestimabilis, e.*

inquiet, ète, adj. **1.** Agité. *Inquies, etis.* ◆ **2.** Soucieux. *Sollicitus, a, um.* ◆ **3.** Anxieux. *Anxius.* Être —, *anxio ani-*

mo esse; très —, *perturbatus;* soins —, *sollicitudo, inis,* f.

inquiétant, ante, adj. *Metuendus, a, um.*

inquiéter, tr. **1.** Tourmenter. *Vexare. Lacessere, o*.* N'être pas inquiété dans la possession, *permanēre* in possessione.* ◆ **2.** Troubler. *Sollicitare. Conturbare.* ◆ **3.** Préoccuper. *Movēre, eo*.* Cela ne m'inquiète pas. *Id non laboro.*

S'INQUIÉTER, r. **1.** Devenir inquiet. *Angi, or* (re* ou *de re).* ◆ **2.** Se mettre en peine de. *Curare (rem* ou inf.). *Laborare (de re).*

inquiétude, f. **1.** Inconstance d'humeur. *Inquietus animus,* m. ◆ **2.** Souci. *Sollicitudo, inis.* f. *Cura, ae,* f. ◆ **3.** Anxiété. *Angor, oris,* m. Être dans l'—, *sollicitari;* avec —, *anxie;* concevoir de l'— pour, *angorem capĕre, io* (pro,* abl.); sois sans —, *bono animo es;* tirer d'—, *sollicitudinem demĕre** (dat.).

inquisiteur, m. *Inquisitor, oris,* m. *Quaesitor,* m.

inquisition, f. *Inquisitio, onis,* f.

insaisissable, adj. *Lubricus, a, um.*

insalubre, adj. *Insalubris, e.*

insalubrité, f. *Gravitas, atis,* f.

insatiabilité, f. **1.** *Insatietas, atis,* f. ◆ **2.** (Fig.) *Insatiabilis cupiditas,* f.

insatiable, adj. *Insaturabilis, e. Insatiabilis, e.*

insatiablement, adv. *Insaturabiliter.*

inscription, f. *Inscriptio, onis,* f.

inscrire, tr. **1.** *Inscribere, o** (sur, *in,* abl.). ◆ **2.** Inscrire sur les registres, *tabulis mandare;* inscrit, *ascriptus (in,* acc.); se faire —, *profitēri** ou *nomen profitēri.*

S'INSCRIRE, r. *Nomen scribere, o*.* S'— en faux contre, *infitiari* (acc.).

insecte, m. *Insectum, i,* n. *Bestiola, ae,* f.

insensé, ée, adj. *Insanus, a, um.* Être —, *insanire.*

insensibilité, f. **1.** *Stupor, oris,* m. ◆ **2.** Inhumanité. *Inhumanitas, atis,* f.

insensible, adj. **1.** (Sens passif) *Insensibilis, e.* Mort —, *mors sine sensu;* avec des pertes —, *non apparentibus damnis.* ◆ **2.** (Sens actif) *Sensu carens, entis.* Être — à la douleur, *carēre omni sensu doloris.* ◆ **3.** Qui n'éprouve aucun sentiment. *Durus, a, um;* je suis devenu —, *obdurui*;* être — à la gloire, *non gloriā movēri*;* faut-il que tu sois — pour, *o te ferreum qui* (subj.).

insensiblement, adv. Peu à peu. *Sensim.* Venir —, *obrepere, o*.*

inséparable, adj. **1.** (Ch.) *Individuus, a, um.* — de, *conjunctus cum (re);* être — de, *inhaerēre** (dat.). ◆ **2.** (Pers.) *Conjunctissimus, a, um* (dat.).

inséparablement, adv. *Conjunctissime.*

insérer, tr. *Inducere, o*.* — qqch. dans (un discours), *intexĕre* aliquid in causā; includĕre* aliquid orationi.*

insertion, f. *Interjectus, us*, m. On ordonna l'— du décret aux registres, *decretum consignari placuit**.

insidieusement, adv. *Insidiose*. (En paroles) *Captiose*.

insidieux, euse, adj. **1.** *Insidiosus, a, um*. ◆ **2.** En paroles. *Captiosus*.

1. insigne, adj. **1.** (En bonne part) *Insignis, e. Praestans, antis*. ◆ **2.** (En mauv. part) *Magnus, a, um. Summus*.

2. insigne, m. *Insigne, is*, n.

insignifiant, ante, adj. *Inanis, e*.

insinuant, ante, adj. *Blandus, a, um*. Manières —, *comitas, atis*, f.

insinuation, f. **1.** Adresse à insinuer. *Insinuatio, onis*, f. ◆ **2.** Chose insinuée. *Obliqua insectatio*, f.

insinuer, tr. **1.** *Inserere, o** (dans, *in*, acc.). ◆ **2.** (Fig.) *Infundere, o** (dans, dat. ou *in*, acc.).

S'INSINUER, r. *Se insinuare* (dans, *in*, acc.). (Un sentiment) s'insinue dans les esprits, *influit* in animos*.

insipide, adj. *Insulsus, a, um*.

insistance, f. *Perseverantia, ae*, f. Avec —, *perseveranter;* nier avec —, *pernegare*.

insister, intr. **1.** Demander avec instance. *Instare**. — auprès de qqn pour, *instare* alicui ut* (subj.). ◆ **2.** S'arrêter sur un sujet. *Commorari* (*in re*). Je n'— pas, *omitto* haec;* sans —, *obiter*.

insociable, adj. *Insociabilis, e. Difficilis*.

insolation, f. *Insolatio, onis*, f.

insolemment, adv. *Petulanter*. Parler —, *arrogantius loqui**.

insolence, f. **1.** Orgueil. *Arrogantia, ae*, f. ◆ **2.** Manque de respect. *Protervitas, atis*, f. Des —, *verba petulantia*, npl.

insolent, ente, adj. **1.** Orgueilleux. *Arrogans, antis*. ◆ **2.** Qui manque de respect. *Petulans, antis. Protervus, a, um*. ◆ **3.** Des fortunes —, *potentiae non ferendae*.

insolite, adj. *Insolitus, a, um*.

insoluble, adj. **1.** *Qui (quae, quod) non dissolvitur**. ◆ **2.** (Fig.) *Inenodabilis, e*.

insolvabilité, f. Déclarer son —, *bonam copiam ejurare*.

insolvable, adj. Être —, *non esse solvendo*.

insomnie, f. *Insomnia, ae*, f. *Vigilia, ae*, f. Avoir des —, *somnum capĕre non posse**.

insondable, adj. *Inscrutabilis, e*.

insouciance, f. *Incuria, ae*, f. *Socordia, ae*, f. Avec —, *neglegenter*.

insouciant, ante, et **insoucieux, euse**, adj. *Socors, ordis* (gén.). *Neglegens, entis*.

insoumis, ise, adj. *Indomitus, a, um*. (Indocile) *Contumax, acis*.

insoumission, f. *Contumacia, ae*, f.

inspecter, tr. *Inspicere, io**.

inspecteur, m. *Curator, oris*, m.

inspection, f. **1.** Action. *Inspectio, onis*, f. ◆ **2.** Fonction. L'— des eaux, *aquarum cura*, f.
inspiration, f. **1.** *Spiritus, us*, m. ◆ **2.** (Fig.) Souffle divin. *Afflatus, us*, m. (Suggestion) *Instinctus, us*, m. Par une — du ciel, *diis ducibus; divinitus;* sous l'— de sa passion, *impulsu libidinum;* suivant les — de ton amitié, *ut amor tuus fert**.
inspirer, tr. **1.** *Inspirare.* ◆ **2.** (Fig.) Remplir d'un souffle divin. *Afflare.* ◆ **3.** Faire agir. *Ducere, o**. ◆ **4.** Suggérer. *Injicere, io**. *Afferre, fero**. — confiance, *fidem facĕre, io*;* être mal —, *male consulĕre**.
S'INSPIRER, r. (de). *Duci, or** (abl.). *Sequi, or** (acc.). S'— des circonstances, *consilium ex tempore capĕre, io**.
instabilité, f. *Mobilitas, atis*, f. — d'esprit, *levitas, atis*, f.
instable, adj. **1.** *Mutabilis, e.* ◆ **2.** (Fig.) *Mobilis, e.*
installation, f. Équipement. *Instrumentum, i*, n.
installer, tr. **1.** Un magistrat. *Collocare.* Être installé dans une charge, *magistratum capĕre, io**. ◆ **2.** Une maison. *Instruĕre, o**.
S'INSTALLER, r. **1.** S'établir. *Sedem collocare.* ◆ **2.** Se bien placer. *Se componĕre**.
instamment, adv. *Vehementer.* Demander —, *efflagitare.*
instance, f. **1.** *Flagitatio, onis*, f. Sur mes —, *efflagitatu meo;* faire — (auprès de), *obsecrare* (acc.); refuser qqch. aux — de, *instanti negare aliquid.* ◆ **2.** (Jur.) *Judicium, ii*, n. *Dica, ae*, f.
instant, ante, adj. Imminent. *Instans, antis.*
instant, m. **1.** Temps très court. *Temporis punctum, i*, n. Je n'ai pas un — de repos, *nec partem ullam capio* quietis;* c'est l'affaire d'un —, *fit* ad punctum temporis;* sans perdre un —, *haud cunctanter;* un instant! *mane, mane*;* je ne l'ai vu qu'un —, *eum tantum vidi*;* dans un —, *brevi;* il n'y a qu'un —, *modo;* un — auparavant, *paulo ante;* à tout —, *omni tempore;* d'un —, *brevis, e;* dès l'— **que, où,** *simul ac* (indic.); *quando* (indic.); quand nous touchons à nos derniers —, *cum mors appropinquat.* ◆ **2.** Temps. *Tempus, oris*, n. Consacrer tous ses — à, *omne suum studium collocare in* (abl.); pour l'—, *in praesenti;* à l'—, *statim;* à l'— même du meurtre, *in ipso maleficio;* en cet — (-ci), *nunc;* en cet — (-là), *tunc;* on voyait l'— où, *jam prope erat ut* (subj.). ◆ **3.** Temps favorable. *Tempus* (*opportunum*). Je crois que ce sera l'— propice, *mihi videtur* maturum fore.*
instantané, ée, adj. **1.** Court. *Brevis, e.* ◆ **2.** Soudain. *Subitus, a, um.*
instantanément, adv. *Puncto temporis. E vestigio.*
instar (à l') de, loc. prép. *Instar* (gén.). *Modo* (gén.).
instigateur, m. *Auctor, oris*, m.
instigation, f. *Instinctus, us*,

m. A ton —, *impulsu tuo; instigante te.*

instinct, m. **1.** *Impetus, us,* m. *Natura, ae,* f. ◆ **2.** Intelligence des animaux. *Sollertia, ae,* f.

instinctif, ive, adj. *Naturaliter insitus, a, um* (dat.).

instinctivement, adv. *Naturā.*

instituer, tr. *Constituere, o. Instituere, o.*

instituteur, m. **1.** Créateur. *Conditor, oris,* m. ◆ **2.** Maître d'école. *Magister, tri,* m.

institution, f. **1.** Création. *Institutio, onis,* f. ◆ **2.** Désignation (d'un héritier). *Nuncupatio, onis,* f. ◆ **3.** Chose instituée. *Institutum, i,* n. ◆ **4.** Éducation. *Institutio, onis,* f. *Disciplina, ae,* f.

instructeur, m. (Milit.) *Monitor, oris,* m.

instructif, ive, adj. *Qui (quae, quod) docet*.*

instruction, f. **1.** Action d'instruire. *Institutio, onis,* f. (Leçon) *Documentum, i,* n. ◆ **2.** Explication, commission. *Mandatum, i,* n. Demander des —, *mandata poscĕre*; suivre ses —, *mandata conficĕre, io*; d'après les — reçues, *ad praescriptum.* ◆ **3.** Action de s'instruire. *Doctrina, ae,* f. *Disciplina, ae,* f. (Connaissances acquises) *Litterae, arum,* fpl. *Artes liberales,* fpl. Un peu d'—, *litterulae, arum,* fpl.; acquérir de l'—, *discĕre*; sans —, *indoctus, a, um.* ◆ **4.** (Jur.) *Inquisitio, onis,* f. Juge d'—, *inquisitor, oris,* m.

instruire, tr. **1.** Enseigner une science à qqn. *Docere, eo* (aliquem scientiam).* Faire — (un enfant), *tradĕre* magistris (puerum)*; l'expérience t'a instruit, *usus te erudivit;* instruit dans, *eruditus, a, um* (abl.). ◆ **2.** Dresser (un animal). *Instituere, o** (à, *ad*). Instruit, *condocefactus.* ◆ **3.** Informer. *Docēre. Monēre, eo* (aliquem rei* ou *de re*). *Admonēre, eo** (*aliquem rei* ou *de re*). ◆ **4.** (Jur.) *Cognoscere, o**. Sans — le procès, *incognitā causā.*

S'INSTRUIRE, r. *Discĕre, o** (de, acc.). S'— par un exemple, *capĕre (io*) documentum ex* (abl.).

instrument, m. **1.** *Instrumentum, i,* n. ◆ **2.** (De musique) *Organum, i,* n. (A cordes) *Fides, ium,* fpl. Jouer d'un — à cordes, *canĕre* fidibus.* ◆ **3.** (Fig.) *Instrumentum, i,* n. *Minister, tri,* m.

instrumental, ale, adj. *Organicus, a, um.* Musique —, *symphonia, ae,* f.

insu, m. A l'— de son collègue, *insciente collegā.*

insubordination, f. *Licentia, ae,* f.

insubordonné, ée, adj. *Contumax, acis.*

insuccès, m. **1.** *Offensio, onis,* f. ◆ **2.** D'un candidat. *Repulsa, ae,* f. ◆ **3.** D'une armée. *Detrimentum, i,* n. *Incommodum, i,* n.

insuffisamment, adv. *Non satis.*

insuffisance, f. *Exiguitas, atis,* f. *Infirmitas, atis,* f.

insuffisant, ante, adj. *Exiguus, a, um. Infirmus.*
insuffler, tr. *Inspirare.*
insulaire, m. *Insulanus, i,* m.
insultant, ante, adj. *Contumeliosus, a, um.*
insulte, f. **1.** Attaque. *Impetus, us,* m. ◆ **2.** Outrage. *Contumelia, ae,* f. (A une femme) *Probrum, i,* n.
insulter, tr. et intr. **1.** Attaquer. *Impetum facĕre, io** (*in,* acc.). ◆ **2.** Outrager. *Insultare* (dat.). *Illudere, o** (dat.). (En paroles) *Maledicere, o** (dat.).
insulteur, m. *Conviciator, oris,* m.
insupportable, adj. **1.** (Ch.) *Intolerabilis, e. Intolerandus, a, um.* ◆ **2.** (Pers.) *Odiosus, a, um. Non ferendus, a, um.*
insupportablement, adv. *Intoleranter. Odiose.*
insurgé, ée, adj. *Seditiosus, a, um.*
insurger (s'), r. *Rebellionem facere, io*. Rebellare.*
insurmontable, adj. *Inexsuperabilis, e. Inexpugnabilis, e.*
insurrection, f. *Rebellio, onis,* f.
insurrectionnel, elle, adj. *Seditiosus, a, um.*
intact, acte, adj. **1.** *Intactus, a, um. Incolumis, e.* ◆ **2.** (Fig.) *Integer, gra, grum.*
intangible, adj. **1.** *Intactilis, e. Qui (quae quod) tangi non potest**. ◆ **2.** (Fig.) *Sacer, cra, crum.*
intarissable, adj. *Perennis, e.*
intégral, ale, adj. *Solidus, a, um.*
intégralement, adv. *Ex toto. Omnino.*
intégralité, f. *Solidum, i,* n.
intégrant, ante, adj. Elles sont parties — du sujet, *inhaerent* in rei naturā.*
intègre, adj. *Integer, gra, grum. Incorruptus, a, um.*
intégrité, f. *Integritas, atis,* f. *Sanctitas, atis,* f. Avec —, *integre; incorrupte.*
intellectuel, elle, adj. *Intellegibilis, e.* Les biens —, *bona quae in animo versantur.*
intelligence, f. **1.** La faculté de comprendre. *Intellegentia, ae,* f. ◆ **2.** L'esprit (en tant qu'il conçoit). *Mens, mentis,* f.; — vive, *mentis acies,* f.; avoir de l'—, *cor habēre*;* avec —, *sagaciter;* plein d'—, *ingeniosus, a, um;* (*vir*) *magni consilii;* qui a l'— lente, *tardus;* faiblesse d'—, *infirmitas consilii.* ◆ **3.** L'action de concevoir. *Intellegentia. Comprehensio, onis,* f. Avoir l'— de, *comprehendĕre* animo* (acc.). ◆ **4.** Accord. *Concordia, ae,* f. En bonne —, *concorditer;* vivant en parfaite —, *concordissimi.* ◆ **5.** Communication. *Consensio, onis,* f. Être d'—, *consentire** (avec, *cum*); avoir des — dans la place, *elicĕre (io*) aliquos ad proditionem.*
intelligent, ente, adj. **1.** Pourvu d'intelligence. *Rationabilis, e.* ◆ **2.** Qui a beaucoup d'intelligence. *Intellegens, entis. Ingeniosus, a, um.* Être —, *sapere, io*.* ◆

3. Habile (pers. et ch.). *Callidus, a, um.*
intelligible, adj. **1.** Qu'on peut percevoir. A voix —, *clarā voce.* ◆ **2.** Qu'on peut concevoir. *Qui (quae, quod) in cogitationem cadit*.* ◆ **3.** Aisé à concevoir. *Clarus, a, um. Dilucidus.*
intelligiblement, adv. **1.** *Clare.* ◆ **2.** *Intellegibiliter.* ◆ **3.** *Clare. Dilucide.*
intempérance, f. *Intemperantia, ae,* f. Livré à l' —, *ventri deditus, a, um;* — de langue, *linguae procacitas, atis,* f.
intempérant, ante, adj. *Intemperans, antis.*
intempérie, f. *Intemperies, ei,* f.
intempestif, ive, adj. *Intempestivus, a, um. Alienus.*
intempestivement, adv. *Intempestive. Non loco.*
intendance, f. *Procuratio, onis,* f. *Cura, ae,* f.
intendant, m. *Procurator, oris,* m. *Curator, oris,* m. Être — des subsistances, *praeesse* annonae.*
intense, adj. *Ingens, entis. Acer, cris, cre.*
intensité, f. *Vis, vis,* f. Perdre de son —, *remittĕre*.*
intenter, tr. (Un procès). *Intendere, o* (litem alicui).*
intention, f. **1.** *Voluntas, atis,* f. *Consilium, ii,* n. Dans quelle —? *quo animo?* j'ai l'— de, *mihi in animo est* (inf.); l'— m'est venue de, *consilium cepi** (inf.); dans l'— de, *eo consilio ut* (subj.); avec —, *consulto;* sans —, *imprudens, entis;* se conformer aux — de qqn, *morem gerĕre* alicui;* c'est contre leur — qu'ils ont donné, *inviti dederunt*;* à bonne —, *benevole;* mauvaises —, *voluntas aliena;* avoir de mauvaises —, *male cogitare;* avec des — criminelles, *maleficii causā;* prêter à qqn de mauvaises —, *suspiciose dicĕre* de aliquo;* avec des — hostiles, *infesto animo.* ◆ **2.** A L'INTENTION DE, loc. prép. *Causā (meā, tuā, alicujus).*
intentionné, ée, adj. **1.** Qui a un projet. Être bien (ou mal) —, *bene* (ou *male*) *cogitare.* ◆ **2.** — pour. *Animatus, a, um (in,* acc.). Être bien (ou mal) — pour, *esse bono* (ou *alieno*) *animo in* (acc.).
intercaler, tr. *Interponere, o* (rem rebus).*
intercéder, intr. — (pour). *Deprecari (pro,* abl.). — auprès de, — pour obtenir (la grâce de qqn), *(alicujus vitam) deprecari ab.*
intercepter, tr. *Intercipere, io*. Intercludere, o*.* — la lumière du soleil, *soli officĕre, io*.*
intercesseur, tr. *Deprecator, oris,* m.
intercession, f. *Deprecatio, onis,* f.
interdiction, f. *Interdictio, onis,* f. *Interdictum, i,* n.
interdire, tr. **1.** Défendre. *Interdicere, o* (alicui re* ou *de re). Prohibere, eo* (aliquem re).* S'— qqch, *abstinēre* se aliquā re.* ◆ **2.** Ôter à qqn la disposition de ses biens. *A re*

*familiari removēre** (*aliquem*). ◆ **3.** Frapper d'étonnement. *Percellĕre, o**. Interdit, *obstupefactus, a, um;* être —, *obstupescere, o**.

interdit, m. *Interdictum, i,* n. Frapper d'—, *interdicere, o** (*alicui*).

intéressant, ante, adj. **1.** Important. *Utilis, e.* Être —, *ad rem pertinēre**. ◆ **2.** Captivant. *Ad delectationem aptus, a, um.* ◆ **3.** Sympathique. *Gratiosus, a, um.* Figure —, *commendatior vultus.*

intéressé, ée, adj. **1.** Qui a intérêt à. La république est — à, *ad rem publicam pertinet** (inf.); ma liberté est —, *libertas mea agitur*;* intéressé (dans une affaire), *consors, ortis* (*in*, abl.). ◆ **2.** Fait en vue d'un intérêt; attaché à ses intérêts. *Quaestuosus, a, um.*

intéresser, tr. **1.** Donner part à. *Asciscere, o**. — qqn à ses affaires, *adjungĕre* aliquem ad suas rationes.* ◆ **2.** Concerner. *Pertinere, eo** (*ad*). ◆ **3.** Captiver. *Detinere, eo**. ◆ **4.** Inspirer de l'intérêt à. *Curae esse* (*alicui*). *Tangere, o** (*aliquem*).

S'INTÉRESSER, r. **1.** *Participem fieri** (*in re*). ◆ **2.** Porter de l'intérêt à. *Favere, eo** (dat.). *Curare* (acc.).

intérêt, m. **1.** Avantage. *Commodum, i,* n. — général, *communis utilitas,* f.; — particulier, *utilitas* (*mea, nostra,* etc...); avoir soin des — de, *commodis* (*alicujus*) *servire;* ne consulter que son —, *referre* omnia ad utilitatem suam;* mettre (qqn) dans ses —, *ad causam suam adjungĕre** (*aliquem*); être lésé dans ses —, *injuriam pati, ior*;* abandonner les — de qqn, *alicui deesse*;* aller contre ses —, *minus commode sibi consulĕre*;* dans mon —, *meā causā;* travailler dans l'— des autres, *aliis laborare;* il est dans l'— de, *interest** (gén. ou *meā*); il y va de ton —, *tua res agitur*;* il y a — à, *interest** (inf.); il est d'un grand —, *refert* magni;* il est de l'— de tous que, *expedit omnibus* (inf.); nous n'avons aucun — à, *nihil ad nos attinet** (inf.); quel — as-tu à? *quid attinet* (inf.)? dans quel —, *quem ad finem?* ◆ **2.** (Pl.) Affaires. *Res, rei,* f. *Negotia, iorum,* npl. Être chargé des — de, *procurare negotia* (gén.); discussion d'—, *pecuniaria res,* f. ◆ **3.** Part de bénéfice. *Pars, partis,* f. (Revenu) *Usura, ae,* f. *Fenus, oris,* n. Donner à qqn un — dans, *in partem* (gén.) *vocare aliquem;* qui a un — (dans), *socius, ii,* m. (gén.); prêter de l'argent à —, *pecuniam fenerari;* tirer —, *fenus ducĕre*;* payer l'—, *fenus dare*;* — à 6 %, *semisses, ium,* fpl.; — simples, *perpetuum fenus;* — composés, *fenus renovatum.* ◆ **4.** Considération du profit. *Avaritia, ae,* f. Par —, *commodi causā; spe quaestus;* être conduit par l'— à, *pretio adduci* ad;*

qui agit par —, *mercennarius, a, um;* fait par —, *venalis, e;* sans —, *gratis;* fait sans —, *gratuitus, a, um.* ◆ **5.** Sympathie. *Studium, ii,* n. *Voluntas, atis,* f. Montrer de l'— à, *benevolentiam conferre* erga* (acc.).; l'— que vous me portez, *vestra erga me voluntas;* qui porte de l'— à, *propensus ad* (acc.); prendre — au sort malheureux de qqn, *dolēre* aliquem;* exciter l'—, *conciliare sibi studia;* avec —, *studiose.* ◆ **6.** Attention. *Exspectatio, onis,* f. ◆ **7.** Charme. *Jucunditas, atis,* f. Trouver un grand — dans, *capĕre* (*io**) *magnam voluptatem ex;* chose sans —, *res frigidissima,* f.; plein d'—, *jucundus, a, um.*

1. intérieur, eure, adj. *Interior, ius. Intimus, a, um.*

2. intérieur, m. **1.** *Interior pars,* f. A l'—, dans l'—, *introrsus;* qui est à l'— des terres, *mediterraneus, a, um;* à l'— de la ville, *intra muros.* ◆ **2.** (Fig.) *Interiora, um,* npl. ◆ **3.** La maison. *Privata domus,* f. Le charme de l'—, *domesticarum rerum delectatio, onis,* f.

intérieurement, adv. **1.** *Intus.* ◆ **2.** (Fig.) *Intimo corde.*

intérim, m. **1.** Dans l'—, *interim.* ◆ **2.** Administration par —, *fiduciaria opera,* f.

interjection, f. *Interjectio, onis,* f.

interlocuteur, m. *Collocutor, oris,* m.

interloquer, tr. *Conturbare.*

intermède, m. *Embolium, ii,* n.

intermédiaire. I. Adj. *Medius, a, um.* ◆ **II.** Nom m. **1.** Entremise. *Opera, ae,* f. Par l'— de, *per* (acc.). ◆ **2.** Celui qui s'entremet. *Internuntius, ii,* m. (Dans le commerce) *Transactor, oris,* m.

interminable, adj. *Infinitus, a, um. Longissimus.*

intermittent, ente, adj. Fièvre —, *febris recidiva,* f.; fontaine —, *fons interquiescens,* m.

international, ale, adj. Droit —, *jus* (*juris,* n.) *gentium.*

interne, adj. *Interior, ius.*

interner, tr. *Includere, o*.*

interpellation, f. *Interpellatio, onis,* f.

interpeller, tr. *Interpellare.*

interposer, tr. *Interponere, o*.*

interprétation, f. *Interpretatio, onis,* f. *Explanatio,* f.

interprète, m. *Interpres, etis,* m. Les yeux sont les — de l'âme, *animi indices oculi sunt.*

interpréter, tr. *Interpretari.* — en bonne, en mauvaise part, *in bonam, in malam partem accipĕre, io*;* — diversement, *in diversum trahĕre*.*

interrègne, m. *Interregnum, i,*n.

interrogation, f. *Interrogatio, onis,* f. *Percontatio,* f.

interrogatoire, m. *Interrogatio, onis,* f. *Quaestio,* f.

interroger, tr. **1.** (D'autorité) *Interrogare* (*aliquem rem* ou *de re.*) ◆ **2.** Par curiosité. *Percontari* (*aliquem de re*). *Sciscitari* (*rem aliquem*). ◆ **3.** (Fig.) Consulter. *Consulere, o** (acc.). S'—, *secum loqui*.*

interrompre, tr. **1.** *Interrum-*

*pere, o**. Non interrompu, *perpetuus, a, um.* ◆ **2.** (Fig.) Suspendre. *Interrumpĕre. Intermittere, o**. ◆ **3.** Empêcher de parler. *Interpellare. Obloqui, or** (dat.). Sans être interrompu, *silentio.*

S'INTERROMPRE, r. *Desistere, o**.

interrupteur, m. *Interpellator, oris*, m.

interruption, f. **1.** Cessation. *Intermissio, onis*, f. — de travail, *cessatio, onis*, f.; sans —, *continenter*, adv.; qui se fait sans —, *continens, entis;* faire sans —, *perpetuare.* ◆ **2.** Action d'interrompre celui qui parle. *Interpellatio, onis*, f.

interstice, m. *Commissura, ae*, f. *Rima, ae*, f.

intervalle, m. **1.** (Espace) *Intervallum, i*, n. *Spatium, ii*, n. Il y a un — entre ceci et, *distat* hoc ab;* à peu d'— de la ville, *propius urbem;* dans l'— se trouve un chemin, *interest* via;* situé dans l'—, *interjectus, a, um.* ◆ **2.** (Temps). *Spatium*, n. *Intervallum temporis.* L'— d'un jour, *dies intermissus unus;* il y eut 40 ans d'intervalle, *quadraginta anni interfuerunt*;* dans l'—, *interim;* après un —, *interposito spatio;* par —, *interdum;* sans —, *continuo.* ◆ **3.** (Musique). *Intervallum.*

intervenir, intr. **1.** S'immiscer dans. *Se immiscēre** (dat.). — dans les études de qqn, *intervenire* discenti;* faire —, *interponĕre** (acc.); *adhibēre** (acc.). ◆ **2.** Se porter médiateur. *Se interponĕre**. ◆ **3.** Survenir. *Intercedere, o**.

intervention, f. *Interventus, us*, m. Sans l'— de ceux qui, *sine iis qui.*

intervertir, tr. *Invertere, o**.

intestat, adj. *Intestatus, a, um.*

1. intestin, ine, adj. **1.** *Intestinus, a, um.* ◆ **2.** (Fig.) *Domesticus, a, um.*

2. intestin, m. *Intestinum, i*, n. — grêle, *lactes, ium*, fpl.; avoir une maladie d'—, *ex intestinis laborare.*

intime, adj. **1.** Intérieur. *Intimus, a, um.* Connaître la nature — d'une chose, *rem penitus cognoscere*;* les pensées —, *occulta, orum*, npl.; j'ai l'— conviction, *mihi persuasissimum est.* ◆ **2.** Très uni avec qqn. *Intimus.* Ami —, *familiaris, is*, m.; ami — de Brutus, *qui multum utitur* Bruto.*

intimement, adv. **1.** *Arte.* ◆ **2.** *Familiarissime.*

intimer, tr. **1.** (Un ordre) *Denuntiare* (*alicui ut*, subj.). ◆ **2.** Appeler en justice. *In jus vocare.* L'intimé, *reus, i*, m.

intimidation, f. *Terror, oris*, m.

intimider, tr. *Terrere, eo**. *Percellere, o**. *Pavidum aliquem facere, io**.

intimité, f. Amitié. *Familiaritas, atis*, f. Vivre dans l'— de qqn, *cum aliquo familiarissime vivĕre*;* admettre dans son —, *recipĕre* (*io**) *in familiaritatem suam;* s'introduire dans l'— de qqn, *venire* in familiaritatem alicujus.*

intituler, tr. **1.** *Inscribĕre, o**. ◆ **2.** (Fig.) S'—, *nomen praetendĕre**.

intolérable, adj. *Intolerabilis, e. Non ferendus, a, um.*
intolérance, f. n. Répulsion pour certains mets. *Fastidium, ii,* n. ◆ **2.** (Fig.) *Alienae opinionis oppressio, onis,* f.
intolérant, e, adj. *Alienae opinionis oppressor, oris,* m.
intolérablement, adv. *Intoleranter.*
intonation, f. *Sonus* (m.) *vocis; modus* (m.) *vocis.*
intraitable, adj. *Asper, era, erum.*
intransigeance, f. *Pervicacia, ae,* f.
intransigeant, e, adj. *Pervicax, acis.*
intrépide, adj. **1.** *Impavidus, a, um. Fortis, e.* ◆ **2.** (Fig.) *Insignis, e.*
intrépidement, adv. **1.** *Impavide. Fidenti animo.* ◆ **2.** (Fig.) *Vehementer.*
intrépidité, f. *Fortitudo, inis,* f.
intrigant, ante, adj. *Ambitiosus, a, um.*
intrigue, f. **1.** (Manœuvre) *Ambitio, onis,* f. (Pl.) *Occultae artes,* f. (Contre qqn) *Occultae insidiae,* fpl. ◆ **2.** (Cabale) *Factio, onis,* f. ◆ **3.** (Affaire louche) *Tricae, arum,* fpl. ◆ **4.** (Amour) *Consuetudo, inis,* f. ◆ **5.** (Action d'une pièce) *Nodus, i,* m.
intriguer. I. Intr. *Ambire* (auprès de, acc.). — contre qqn, *fallaciam alicui intendere, o*.* ◆ **II.** Tr. *Intricare.* Je suis fort —, *anxio et sollicito animo sum.*
S'INTRIGUER, r. *Contendere, o** (pour, *ut,* subj.).

intrinsèque, adj. *Proprius, a, um. Intimus, a, um.* Par sa force —, *per se.*
introducteur, m. *Admissionalis, is,* m.
introduction, f. **1.** Action d'introduire qqn. *Introductio, onis,* f. (Qqch.) *Inductio, onis,* f. ◆ **2.** (Fig.) *Interpositio, onis,* f. ◆ **3.** Préliminaire. *Prooemium, ii,* n. *Praefatio, onis,* f.
introduire, tr. **1.** Faire entrer qqn. *Introducere, o*. Immittere, o*.* — qqn au sénat, *senatum alicui dare*.* ◆ **2.** (Fig.) — (dans un dialogue). *Inducere, o*.* ◆ **3.** Faire entrer qqch. *Importare* (*rem in,* acc.). (Marchandises) *Invehĕre*.* (Le bec, les doigts, etc...) *Insere͂re** (dans, *in,* acc.). ◆ **4.** (Fig.) (Une idée dans un écrit) *Intexĕre* (dans, *in,* acc.). (Un usage) *Introducĕre* ou *inducĕre** (dans, *in,* acc.).
S'INTRODUIRE, r. **1.** (Pers.) *Se immittere* (*in,* acc.). Chercher à s'— auprès de, *aditum quaerĕre** (*ad,* acc.). ◆ **2.** (Ch.) *Se insinuare.* ◆ **3.** (Fig.) *Illabi, or** (*in,* acc.).
introuvable, adj. *Qui* (*quae, quod*) *non potest* reperiri.*
intrus, use, adj. *Profanus, a, um.*
intuition, f. *Animi contuitus, us,* m. L'— de la vérité, *visio veri;* avoir l'— de, *intuēri** (acc.).
inusité, ée, adj. *Insolitus, a, um. Insolens, entis.*
inutile, adj. *Inutilis, e* (dat.). *Supervacaneus, a, um.* Être —, *nihil prodesse** (dat.); il

ne sera pas — de, *non alienum erit* (inf.); devenir —, *ad nihil recĭdĕre*;* rendre les lois —, *leges irritas facĕre, io*;* hommes inutiles à eux-mêmes et aux autres, *qui nec sibi nec alteri prosunt*.*
inutilement, adv. *Frustra.* Se donner — de la peine, *operam perdĕre*.*
inutilité, f. **1.** Manque d'utilité. *Vanitas, atis.* f. ◆ **2.** Défaut d'emploi. *Otium, ii,* n. ◆ **3.** Chose inutile. *Supervacua, orum,* npl. *Nugae, arum,* fpl.
invalide, adj. *Infirmus, a, um.* Les soldats —, *causarii, iorum,* mpl.
invalider, tr. *Rescindĕre, o*.*
invariable, adj. *Immutabilis, e. Constans, antis.*
invariablement, adv. *Constanter.*
invasion, f. *Irruptio, onis,* f.
invective, f. *Maledictum, i,* n. *Convicium, ii,* n.
invectiver, intr. (Contre) *Insectari* (acc.). *Invehi, or** (*in,* acc.).
invendable, adj. *Invendibilis, e.*
invendu, ue, adj. *Invenditus, a, um.*
inventaire, m. *Recognitio, onis,* f. Faire l'— de, *recognoscĕre** (acc.).
inventer, tr. **1.** Découvrir. *Excogitare.* ◆ **2.** Supposer. *Fingĕre, o*. Comminisci, or*.*
inventeur, trice, m. et f. *Inventor, oris,* m. *Inventrix, icis,* f.
inventif, ive, adj. *Fecundus, a, um.*
invention, f. **1.** Faculté. *Inventio, onis,* f. *Ingenium, ii,* n. ◆ **2.** Action. *Inventio,* f. *Excogitatio, onis,* f. ◆ **3.** Objet. *Inventum, i,* n. ◆ **4.** (Fig.) Fiction. *Commentum, i,* n.
inverse, adj. *Contrarius, a, um.* En sens —, *contrarie;* faire l'—, *in contraria agi*.*
investigateur, m. *Investigator, oris,* m. *Inquisitor, oris,* m.
investigation, f. *Investigatio, onis,* f. *Indagatio, onis,* f.
investir, tr. **1.** Revêtir. *Augere, eo** (*aliquem honore*). — qqn de sa confiance, *fidem habēre* alicui.* ◆ **2.** Cerner. *Circumsedēre, eo*. Circuire, eo*.* ◆ **3.** Placer de l'argent. *Conlocare* (*pecuniam*).
investissement, m. **1.** *Obsidio, onis,* f. ◆ **2.** Argent placé. *Conlocata pecunia* (*ae*), f.
investiture, f. *Investitura, ae,* f.
invétéré, ée, adj. **1.** *Inveteratus, a, um.* ◆ **2.** (Fig.) *Diutinus, a, um.*
invétérer (s'), r. *Inveterascere, o*.*
invincible, adj. *Invictus, a, um.*
invinciblement, adv. **1.** *Invincibiliter.* ◆ **2.** (Fig.) *Necessarie. Maxime.*
inviolabilité, f. *Sanctitas, atis,* f. L'— du serment, *juris jurandi religio,* f.
inviolable, adj. *Sanctus, a, um.*
inviolablement, adv. *Sancte.*
invisible, adj. **1.** Qu'on ne peut voir. *Invisus, a, um.* Être —, *latēre*;* devenir —, *evanescĕre*.* ◆ **2.** Qui se cache. *Abstrusus, a, um.* Rester —, *in occulto se continēre*.*

invisiblement, adv. *Occulte.*
invitation, f. *Invitatio, onis,* f. Sur l'— de, *invitatu* (gén.); *invitatus, a, um* (*ab*, abl.); accepter l'— de son frère, une — à dîner, *promittĕre* ad fratrem, ad cenam.*
inviter, tr. **1.** *Invitare* (à, *ad*). ◆ **2.** Engager. (Pers.) *Invitare. Incitare.* (Ch.) *Hortari. Allicere, io**.
invocation, f. **1.** *Invocatio, onis,* f. *Imploratio, onis,* f. ◆ **2.** Aux Muses. *Precatio, onis,* f.
involontaire, adj. *Non voluntarius, a, um.*
involontairement, adv. *Non sponte. Invitus, a, um.*
invoquer, tr. **1.** *Invocare. Appellare.* ◆ **2.** (Fig.) *Evocare. Obtestari.*
invraisemblable, adj. *Non veri similis, e. Incredibilis.*
invraisemblance, f. **1.** Défaut de vraisemblance. *Nulla species veri.* ◆ **2.** Chose invraisemblable. *Incredibile, is,* n.
invulnérable, adj. *Invulnerabilis, e.*
Ionie. *Ionia, ae,* f. D'—, *Ionicus, a, um.* ◆ Les Ioniens, *Iones, um,* mpl.
Iphigénie. *Iphigenia, ae,* f.
irascible, adj. *Iracundus, a, um.*
iris, m. *Iris, iris* ou *iridis,* (acc. *irim*, abl. *iri*), f.
irisé, ée, adj. *Iricolor, oris.*
Irlande. *Hibernia, ae,* f. D'—, *Hibernius, a, um.*
ironie, f. *Ironia, ae,* f.
ironique, adj. (Pers.) *Irrisor, oris,* m. (Ch.) *Simulatus, a, um.*
ironiquement, adv. *Per ludibrium.*
irréalisable, adj. *Vanus, a, um.*
irréconciliable, adj. *Implacabilis, e.*
irrécusable, adj. *Certissimus, a, um.*
irréfléchi, ie, adj. *Inconsultus, a, um.*
irréflexion, f. *Inconsiderantia, ae,* f. *Temeritas, atis,* f. Avec —, *inconsiderate.*
irréfutable, adj. *Firmissimus, a, um.*
irrégularité, f. **1.** Manque de proportion. *Enormitas, atis,* f. ◆ **2.** Manque d'uniformité. L'— du pouls, *inaequabilis venarum percussus,* m. ◆ **3.** Défaut de conformité aux règles. *Vitium, ii,* n.
irrégulier, ère, adj. **1.** *Enormis, e.* ◆ **2.** *Inconditus, a, um. Inaequabilis, e.* ◆ **3.** *Vitiosus, a, um.* Dont l'élection est —, *vitio creatus.* ◆ **4.** (Fig.) Qui n'a pas de règle. *Varius, a, um.* (Dissolu) *Dissolutus, a, um.*
irrégulièrement, adv. **1.** Hors de la proportion. *Enormiter.* ◆ **2.** Sans ordre. *Inordinate.* ◆ **3.** Hors de la règle. *Vitiose.*
irréligieux, ieuse, adj. *Impius, a, um.*
irréligion, f. *Irreligio, onis,* f. *Impietas, atis,* f.
irrémédiable, adj. *Insanabilis, e.*
irréparable, adj. *Irrevocabilis, e. Insanabilis, e.*
irréparablement, adv. Perdre —, *amittĕre* omnino* ou *penitus.*

irrépréhensible, adj. et
irréprochable, adj. *Integer, gra, grum. Omni culpā carens, entis.* Être —, *a culpā abesse**.
irréprochablement, adv. *Integre.*
irrésistible, adj. *Cui nullā vi resisti potest*. Invictus, a, um.*
irrésolu, ue, adj. *Incertus, a, um. Animo pendens, entis.* Être —, *dubitare; haerēre*;* je suis — sur ce que, *incertum habeo* quidnam* (subj.).
irrésolution, f. *Dubitatio, onis,* f. Fixer l'— de qqn, *eximĕre dubitationem alicui*;* par ses —, *dubitando.*
irrespectueux, euse, adj.,
irrévérent, ente, adj. et
irrévérencieux, euse, adj. *Irreverens, entis.*
irrévérence, f. *Irreverentia, ae,* f.
irrévocable, adj. *Immutabilis, e. Ratus, a, um.*
irrévocablement, adv. *Certo.* Je suis — décidé à, *certum est decretumque* (inf.).
irrigation, f. *Irrigatio, onis,* f.
irriguer, tr. *Rigare.*
irritabilité, f. *Iracundia, ae,* f.
irritable, adj. *Irritabilis, e. Iracundus, a, um.*
irritant, ante, adj. **1.** Substances —, *calefacientia, ium,* npl. ◆ **2.** (Fig.) *Asper, era, erum.*
irritation, f. **1.** (Méd.) *Inflammatio, onis,* f. ◆ **2.** (Fig.) *Ira, ae,* f.
irriter, tr. **1.** (Méd.) *Irritare. Exasperare.* ◆ **2.** (Fig.) Exciter. *Incendere, o*. Augere, eo*.* ◆ **3.** Mettre en colère. *Irritare. Incendĕre. Stomachum movere, eo** (dat.). — contre, *incitare in* (acc.).
S'IRRITER, r. **1.** (Contre) *Irasci, or** (dat.). ◆ **2.** (Fig.) *Stomachari* (abl.; *quod,* indic. ou subj.).
irruption, f. *Irruptio, onis,* f. Faire — dans, *irrumpĕre in* (acc.).
isabelle, adj. *Aureus, a, um.*
isolement, m. *Sejunctio, onis,* f. *Solitudo, inis,* f.
isolément, adv. *Separatim. Singillatim.*
isoler, tr. *Separare. Segregare. Secernere, o*.* S'—, *secedĕre*;* isolé, *secretus, a, um* (*ab*); (adj.) *solus, a, um;* (individus) —, *singuli, ae, a;* isolé (qui vit seul), *solitarius, a, um.*
issu, ue, part. *Ortus, a, um. Oriundus* (de : nom de l'ancêtre, *ab,* abl.; nom du père, de la mère, de la famille, abl. avec ou sans *ex*). Être — de qqn, *esse ab aliquo;* cousin, cousine — de germain, *sobrinus, i,* m.; *sobrina, ae,* f.
issue, f. **1.** Ouverture, sortie. *Exitus, us,* m. Route sans —, *iter invium;* ouvrir une —, *viam patefacere, io*;* fermer les —, *viam intercludĕre*; effugia praecludĕre*;* à l'issue des comices, de la séance (du sénat), *comitiis confectis; misso senatu.* ◆ **2.** (Fig.) Moyen de sortir d'une affaire. *Exitus.* La situation est sans —, *res explicari non potest*.* ◆ **3.** Résultat. *Exitus. Eventus, us,*

m. (On verra) l'— de tout cela, *quem ad modum cecĭderit* tota res;* avoir une heureuse —, *prospere evenire*;* avoir une — fâcheuse, *minus succedĕre**.

isthme, m. *Isthmus, i,* m.

Italie, f. *Italia, ae,* f. D'—, *Italus, a, um; Italicus.*

itinéraire, m. **1.** Chemin. *Iter, itineris,* n. ◆ **2.** Carte, description. *Itinerarium, ii,* n.

ivoire, m. *Ebur, oris,* n. D'— *eburneus, a, um.*

ivraie, f. *Lolium, ii,* n.

ivre, adj. **1.** *Ebrius, a, um. Temulentus, a, um.* Un peu —, *ebriolus, a, um;* ivre-mort, *vino sopitus;* être —, *madēre* vino;* chanceler comme un homme —, *ex vino vacillare.* ◆ **2.** (Fig.) *Ebrius.* Ivre de joie, *laetitiā elatus.*

ivresse, f. **1.** *Ebrietas, atis,* f. *Vinolentia, ae,* f. Fureur de l'—, *vinolentus furor,* m.; dans l'—, *in vino;* dissiper l'—, *crapulas amovēre**. ◆ **2.** (Fig.) Une certaine — de l'âme, *impotentia quaedam animi;* être dans l'— du plaisir, *magnā voluptate bacchari.*

ivrogne, adj. et nom m. et **ivrognesse,** f. *Ebriosus, a, um. Vinosus. Bibulus. Potator, oris,* m. *Vinosa, ae,* f.

ivrognerie, f. *Ebriositas, atis,* f. *Vinolentia, ae,* f. S'adonner à l'—, *perpotare**.

J

jabot, m. *Ingluvies, ei,* f.
jacasser, intr. *Garrire.*
jachère, f. *Vervactum, i,* n. Être en —, *interquiescĕre*.*
jacinthe, f. *Hyacinthus, i,* m.
Jacques. *Jacobus, i,* m.
jactance, f. *Vaniloquentia, ae,* f. *Ostentatio, onis,* f. Plein de —, *jactans, antis.*
jadis, adv. *Quondam. Olim. Prius.* Le temps —, *praeteritum tempus,* n.
jaillir, intr. **1.** *Exsilire*.* (Eau) *Emanare.* (Feu) *Emicare*.* Faire — (des sources), de la boue (sur qqn), une étincelle, *exprimĕre* (aquas); luto opplēre (aliquem); ignem elicĕre, io*.* ◆ **2.** (Fig.) Faire — la vérité, *verum exprimĕre*.*
jaillissant, ante, adj. *Saliens, entis.*
jaillissement, m. *Emissio, onis,* f.
jais, m. *Gagates, is,* m.
jalon, m. *Pertica, ae,* f.
jalonner, tr. *Dimetari.*
jalouser, tr. *Invidere, eo** (dat.). *Obtrectare* (dat.).
1. jalousie, f. (Envie) *Invidia, ae,* f. (Dénigrante) *Obtrectatio, onis,* f. Par —, *obtrectandi causā;* être tourmenté par la —, *invidiā aestuare.*
2. jalousie, f. (Treillis de fenêtres) *Cancelli, orum,* mpl.
jaloux, ouse, adj. **1.** Envieux. *Invidus, a, um* (dat.). ◆ **2.** Plein d'émulation. *Aemulus, a, um* (gén. ou dat.). ◆ **3.** Attaché à. *Tenax, acis* (gén.). *Retinens, entis* (gén.). ◆ **4.** Désireux de. *Cupidus* (gén.). Je suis — de, *cupio** (acc. ou inf.).
jamais, adv. **1.** A une époque quelconque. *Umquam.* ◆ **2.** En aucun temps. *Numquam.* Avez-vous jamais entendu? *Num audiveritis aliquandò?* autant que —, *ita ut cum maxime;* à —, *in perpetuum;* au grand —, *omnino numquam.*
jambage, m. (De porte) *Postis, is,* m.
jambe, f. **1.** *Crus, uris,* n. Petite —, *crusculum, i,* n. Se casser la —, *crus frangĕre*;* j'ai de bonnes —, *sum pedibus mobilis;* courir à toutes —, *currĕre* strenue;* jouer des —, *se in pedes conjicĕre (io*);* être ferme sur ses —, *firmiter insistĕre*.* ◆ **2.** (Fig.) Il n'a plus de —, *cessant pedes;* couper bras et —, *omnem spem praecīdĕre*.*
jambières, fpl. *Ocreae, arum,* fpl.
jambon, m. (De devant) *Peta-*

sio, onis, m. (De derrière) *Perna, ae*, f.
Janicule. *Janiculum, i*, n.
jante, f. *Canthus, i*, m.
janvier, m. *Januarius, ii*, m. De —, *Januarius, a, um.*
japper, intr. *Latrare.*
jaquette, f. *Tunica, ae*, f.
jardin, m. *Hortus, i*, m. Petit —, *hortulus, i*, m.; — potager, *holitorius hortus*, m.; de —, *hortensis, e.*
jardinage, m. Art. *Hortorum cultus, us*, m. ◆ **2.** Produit. *Hortensia, iorum*, npl.
jardiner, intr. *Hortum colere, o*.*
jardinier, ière, m. f. *Holitor, oris*, m. *Horti cultor, oris*, m. ou *cultrix, icis*, f.
jargon, m. *Inquinatus* (*i*) *sermo* (*onis*), m.
jargonner. Intr. **1.** Crier (en parl. de l'oie). *Gingrire.* ◆ **2.** (Fig.) Parler un jargon. *Inquinate loqui*.* ◆ **II.** Tr. *Effutire.*
jarre, f. *Obba, ae*, f. (Pour l'eau) *Hydria, ae*, f.
jarret, m. **1.** *Poples, itis*, m. N'avoir pas le — solide, *pedibus non valēre*.* ◆ **2.** (Des animaux) *Suffrago, inis*, f.
jars, m. *Anser, eris*, m.
jaser, intr. **1.** Crier (oiseaux). *Pipilare.* ◆ **2.** Babiller. *Garrire.* On jasera, *multus erit sermo;* faire —, *in fabulis esse.*
jaseur, euse, adj. *Garrulus, a, um.*
Jason. *Iason, onis*, m.
jaspe, m. *Iaspis, idis*, f.
jaspé, ée, adj. *Iaspideus, a, um.*
jatte, f. **1.** *Sinus, i*, m. (De bois) *Alveus, i*, m. ◆ **2.** Cul-de-jatte. *Trunci corporis homo, inis*, m.
jauger, tr. *Dimetiri*.*
jaunâtre, adj. *Sufflavus, a, um.*
jaune. I. Adj. (D'or) *Flavus, a, um.* (Safran) *Croceus, a, um.* (Orange) *Luteus, a, um.* Être —, *flavēre*.* ◆ **II.** Nom m. Jaune d'œuf. *Vitellus, i*, m.
jaunir. I. Tr. *Flavo colore* (*aliquid*) *tingere, o*.* ◆ **II.** Intr. **1.** *Flavescere, o*.* ◆ **2.** Par l'effet de la jaunisse. *Bile suffundi, or*.*
jaunisse, f. *Arquatus morbus*, m. Qui a la —, *arquatus, a, um.*
javeler, tr. *Manipulatim componere, o*.*
javeline, f. *Hasta, ae*, f.
javelle, f. *Manipulus, i*, m.
javelot, m. *Pilum, i*, n. Soldat armé du —, *jaculator, oris*, m.; lancer le —, *jaculari.*
je, pron. pers. 1re pers. (Ne se traduit que s'il est emphatique). *Ego, mei.*
Jean. *Joannes, is*, m.
Jeanne. *Joanna, ae*, f.
Jérusalem. *Hierosolyma, orum*, npl. Habitant de —, *Hierosolymita, ae*, m.
jet, m. **1.** Action de jeter. *Jactus, us*, m. Armes de —, *missilia, ium*, npl.; jet d'eau, *silanus, i*, m. ◆ **2.** Action de couler le métal. *Fusura, ae*, f. (Fig.) Un premier —, *adumbratio, onis*, f.; d'un seul —, *uno tenore.* ◆ **3.** Pousse. *Surculus, i*, m.
jetée, f. *Moles, is*, f.
jeter, tr. **1.** Pousser loin de soi. *Jacere, io*.* Jeter çà et

là, *dispergĕre**; jeter dans, *conjicĕre, io** (*in*, acc.); — une pierre à qqn, *impingĕre* lapidem alicui;* — d'en haut, *dejicĕre, io** (du haut de, *de* ou *ex*); — bas son fardeau, *onus deponĕre**; — sous, *subjicĕre, io**; — devant, *objicĕre, io**; — un javelot par-dessus un mur, *murum jaculo trajicĕre, io**; — entre, *interjicĕre, io**; — bas, à terre, *abjicĕre, io**; — à bas (son cavalier), *equitem effundĕre**; — à bas (une statue, une maison), *dejicĕre**; *evertĕre**; — dehors, à la porte, *ejicĕre* (*io**) *domo* ou *foras;* — en prison, *in carcerem conjicĕre**; — (un navire) sur, *ejicĕre* (*navem*) *in* (acc.); — une armée dans, *inducĕre* exercitum in* (acc.). ◆ **2.** Rejeter. *Abjicĕre**. (Fig.) — l'argent pour, *profundĕre* pecunias in* (abl. du gér.). ◆ **3.** Répandre. *Effundĕre, o**. (Fig.) — feu et flamme, *excandescĕre**. ◆ **4.** Jeter les fondements, *fundamenta jacĕre**; — un pont, *pontem injicĕre, io**. ◆ **5.** (Fig.) Jeter un cri, *clamorem edĕre**; — de la poudre aux yeux de (qqn), *fucum facere, io** (*alicui*); — qqch. à la tête de qqn, *objicĕre* aliquid alicui*; — ses yeux sur, *oculos conjicĕre in* (acc.); — la faute sur, *culpam conferre* in* (acc.); — des doutes sur qqch., *in dubium vocare* (*aliquid*); — l'odieux sur qqn, *invidiam facĕre* alicui;* — la crainte dans, *incutĕre* (*io**) *timorem* (dat.); — dans la misère, *ad inopiam redigĕre**; le sort en est jeté, *alea jacta est*.

SE JETER, r. **1.** Se porter en avant. *Se immittĕre** (*in*, acc.); se — au cou, *in collum invadĕre**; se — à la tête des gens (fig.), *se ingerĕre** (dat.). ◆ **2.** Se — sur (attaquer). *Incurrĕre** (*in*, acc.). *Irruĕre* (*in*, acc.). ◆ **3.** (Fig.) Se — dans le danger, *in periculum se inferre**; se — entre les bras de, *confugĕre* (*io*) *ad;* se — dans la conjuration, *accedere* ad facinus*. ◆ **4.** Se — dans (en parl. d'un cours d'eau). *Influere, o** (*in*, acc.).

jeu, m. **1.** Divertissement. *Ludus, i*, m. (Badinage) *Jocus, i*, m. (Jeu de hasard) *Alea, ae*, f. Jeu de dés, *talarius ludus*, m.; pertes de —, *aleatoria damna*, npl.; maison de —, *talarius locus*, m. ◆ **2.** (Fig.) Être en —, *agi**; jeux d'esprit, *argutiae, arum*, fpl.; se livrer à des — d'esprit, *eludĕre* ingenio;* un — de mots, *litterarum mutatio, onis*, f. ◆ **3.** Moquerie. *Ludibrium, ii*, n. Se faire un jeu de, *ludĕre** (abl.); c'est un jeu de, *ludus est* (inf.). ◆ **4.** (Pl.) *Ludi, orum*, mpl. Donner des —, *ludos facĕre, io**. ◆ **5.** (D'un acteur) *Actio, onis*, f. (D'un musicien) *Ars, artis*, f. ◆ **6.** (D'un organe) *Motus, us* m. Avoir trop de jeu, *labare*. (Fig.) Mettre tout en jeu, *omnia contendĕre**.

jeudi, m. *Feria quinta*, f. *Dies* (*ei*, m. f.) *Jovis*.

jeun (à), loc. adv. **1.** Qui n'a pas mangé. *Jejunus, a, um.* ◆ **2.** Qui n'a pas bu. *Siccus*.

jeune, adj. **1.** Enfant (jusqu'à 6 ans) *Infans, antis*. (De 7 à 16 ans) *Puer, eri*, m. *Puella, ae*, f. (De 17 à 24 ans) *Adulescens, entis*. (Adulte) *Juvenis, is*. De jeune homme, *juvenilis, e;* en jeune homme, *juveniliter;* plus jeune, ou le plus jeune de deux, *natu minor;* le plus jeune, *natu minimus*. ◆ **2.** (Animal) *Tener, era, erum*. (Arbre) *Novellus, a, um*. ◆ **3.** Nouveau. *Novus*. Un jeune soldat, *novus miles*, m.

jeûne, m. *Jejunium, ii*, n. *Inedia, ae*, f.

jeûner, intr. *Jejunium servare. Cibo se abstinēre**.

jeunesse, f. **1.** Age. (De 17 à 24 ans) *Adulescentia, ae*, f. (Après 24 ans) *Juventus, utis*, f. Plein de —, *florens aetate*. ◆ **2.** Les jeunes gens. *Juventus, utis*, f. ◆ **3.** Déesse. *Juventas, atis*, f.

joie, f. (Contentement) *Gaudium, ii*, n. (Avec manifestations extérieures) *Laetitia, ae*, f. Transport de —, *laetitia exsultans;* causer de la — à qqn, *afficĕre* (*io**) *gaudio aliquem;* tu me combleras de — si, *pergratum mihi feceris**, *si* (indic.); être dans la —, *laete agĕre*;* tressaillir de —, *exsultare;* voir avec beaucoup de joie, *vehementer laetari* (abl.; prop. inf.; *quod*, indic. ou subj.).

joindre. I. Tr. Unir. **1.** *Jungere, o*. Conjungere, o** (à, dat. ou *cum*, abl.). ◆ **2.** Ajouter. *Addere, o*. Adjungere, o*;* (à, dat. ou *ad*, acc.). ◆ **3.** Atteindre. *Assequi, or*. Convenire** (*aliquem*). ◆ **II.** Intr. *Cohaerere, eo**.

SE JOINDRE, r. **1.** *Conjungi, or*. Cohaerere, eo**. (Fig.) *Se conjungĕre** (dat. ou *cum*, abl.). ◆ **2.** *Adjungi, or** (*ad*). *Accedĕre, o** (*ad*). ◆ **3.** Se rencontrer. *Convenire**, intr.; (pour se battre) *conferre* pedem*.

joint, m. **1.** *Commissura, ae*, f. ◆ **2.** (Fig.) Chercher le —, *ansam quaerĕre**.

jointure, f. *Commissura, ae*, f.

joli, ie, adj. **1.** (Pers.) *Bellus, a, um. Pulchellus*. J'ai été un — garçon, *fui bellus*. ◆ **2.** (Ch.) *Bellus. Venustus. Concinnus*.

joliment, adv. *Belle. Pulchre*.

jonc, m. *Juncus, i*, m. *Scirpus, i*, m. De —, *junceus, a, um;* lieu où pousse le —, *juncetum, i*, n.; panier de —, *sirpea, ae*, f.; — marin, épineux, grand —, *juncus marinus, acutus, mariscus*, m.

jonchée, f. Faire une —, *spargĕre* humum* (*foliis*).

joncher, tr. *Sternere, o*. Consternere, o**.

jonction, f. *Junctio, onis*, f. Faire sa — (milit.), *se conjungĕre**.

jongleur, m. *Histrio, onis*, m.

jonquille, f. *Narcissus, i*, m. f.

joubarbe, f. *Aizoon, i*, n.

joue, f. *Genae, arum,* fpl.

jouer. I. Intr. **1.** Se divertir. *Ludere, o**. En jouant, *per ludum;* jouer à la paume, *ludĕre pilā;* — au plus fin (fig.), *dolo contendĕre**. ◆ **2.** Tirer des sons d'un instrument. *Canere, o**. Jouer de la lyre, *fidibus canĕre;* jouer un air, *canĕre* aliquid.* ◆ **3.** Être en mouvement. *Movēri**. Jouer des mains, *pugnis certare;* faire — tous les ressorts (fig.), *omnem machinam adhibēre**. ◆ **II.** Tr. **1.** Risquer au jeu. *Ludĕre** (acc.). — une bague contre, *ludĕre anulum in* (acc.). (Fig.) *In aleam dare**. ◆ **2.** Se divertir aux dépens de qqn. Jouer un tour (à qqn), *ludificare* (acc.); *ludos facĕre, io** (dat.). ◆ **3.** Représenter, exécuter. *Agere, o**. Jouer un rôle, *agĕre partes;* — la comédie *in scaenam prodire, eo*;* cesser de —, *a scaenā se removēre*;* faire — une pièce, *docēre* fabulam;* — le bon citoyen (fig.), *bonum civem ludĕre*;* il joue la folie, *simulat se furĕre.*

SE JOUER, r. (de). *Ludere, o** (acc.). Se — à (attaquer), *lacessere, o** (acc.).

jouet, m. **1.** *Crepundia, iorum,* npl. ◆ **2.** (Fig.) *Ludibrium, ii,* n. Être le — de qqn, *ludibrio esse alicui;* être le — des flots, *fluctibus jactari.*

joueur, euse, m. f. **1.** Qui joue à un jeu. *Lusor, oris,* m. (De profession) *Aleator,* m. Être un —, *aleae indulgēre**. ◆ **2.** Joueur de lyre. *Fidicen, inis,* m. *Citharoedus, i,* m. *Fidicina, ae,* f. *Psaltria, ae,* f. — de flûte. *Tibicen, inis,* m. *Tibicina, ae,* f.

joufflu, ue, adj. *Bucculentus, a, um.*

joug, m. **1.** *Jugum, i,* n. Mettre (les bœufs) au —, *jugo jungĕre* (boves).* ◆ **2.** (Fig.) *Jugum. Servitus, utis,* f. Faire passer sous le —, *sub jugum mittĕre*;* mettre sous le —, *subigĕre*;* tenir sous le —, *servitute oppressum tenēre** (acc.); délivrer du —, *jugum servitutis repellĕre* ab;* être sous le — de la matière, *servire corpori.*

jouir, intr. **1.** Avoir l'usage de. *Frui, or** (abl.). Jouir des honneurs, *uti* honoribus;* — des droits communs, *communia jura tenēre*;* — de la paix, *pace potiri.* ◆ **2.** Se plaire à. *Delectari* (abl.). *Gaudere, eo** (abl.). Jouir de qqn, *frui* aliquo.*

jouissance, f. **1.** Usage. *Usus, us,* m. — d'un droit, *juris licentia, ae,* f. Avoir la — de, *potiri** (abl. ou gén.); *usum habēre** (gén.); entrer en — de, *possidēre** (acc.). ◆ **2.** Plaisir. *Fructus, us,* m. *Voluptas, atis,* f.

jour, m. **1.** Lumière du soleil. *Dies, ei,* m. f. au sg., m. au pl. *Lux, lucis,* f. *Sol, solis,* m. Le point du —, *diluculum, i,* n.; il fait —, *lucet*;* il commence à faire —, *lucescit*;* grand —, *multus dies;* avant le —, *ante* *solis ortum;* jusqu'au —, *in lucem;* au —, *ortā luce;* avec le —, *cum sole;* pendant le —, *die; interdiu;* en plein —, *luce palam;* le — baisse, *advesperascit*;* au déclin du —, *die jam inclinato;* plus clair que le —, *clarior luce;* lieu où il fait grand —, *locus illustris* ou *clarus;* voir le — (vivre), *lucem aspicĕre, io*;* dans un — favorable, *in bono lumine;* à contre-jour, *in obliquo lumine;* sans —, *obscurus, a, um,* ◆ **2.** Au grand —, *palam;* paraître au grand —, *in lucem procedĕre*;* produire au grand —, *in lucem proferre*;* jeter du — sur, *lumen adhibēre** (dat.); présenter sous un — avantageux, *in melius referre*;* mettre au — (un livre), *edĕre**; par un beau —, *tempestate serenā;* les — (d'un tableau), *lumina, um,* npl. ◆ **3.** Ouverture. (Fenêtres) *Lumina, um,* npl. (Fente) *Rima, ae,* f. Être à —, *perlucēre*;* se faire — (fig.), *emergĕre*;* se faire — l'épée à la main, *ferro sibi iter aperire*;* donner — (à faire qqch), *ansam dare** (gén. du gér.). ◆ **4.** Espace de temps. *Dies.* Le milieu du —, *meridies, ei,* m.; bien avant dans le —, *ad multum diem;* passer le — avec qqn, *diem conterĕre* cum aliquo;* employer tout le — à se disputer, *altercatione diem consumĕre*;* de jour, *diurnus, a, um;* être à qqs — de marche de, *paucorum dierum iter abesse* ab;* jour et nuit, *die ac nocte; dies et noctes;* en un jour et une nuit, *die et nocte;* deux —, *biduum, i,* n.; trois —, *triduum,* n.; quatre —, *quatriduum,* n.; le — d'avant les ides, *pridie idus;* trois ou quatre — avant, *triduo aut quatriduo ante*; il y a 2, 3 —, *nudius tertius; nudius quartus;* il y a 30 —, *abhinc triginta diebus* ou *dies;* peu de — après, *post paucos dies; paucis post diebus;* sous peu de —, *propediem; jam jamque;* tous les —, *quotidie;* il n'était pas un — sans, *nullus erat dies quin* (subj.); tous les deux —, *alterno quoque die* ou *tertio quoque die;* de — en —, *in dies;* remettre de — en —, *diem de die ducĕre*;* prendre — avec, *diem constituĕre* (dat.); le — fixé, *status dies;* le premier — du mois, *calendae, arum,* fpl.; le — anniversaire de la naissance, *natalis dies;* — de fête, *dies festus;* qui ne dure qu'un —, *brevis, e.* ◆ **5.** Époque. *Tempus, oris,* n. (Vie) *Aetas, atis,* f. De nos —, *nostra aetate;* il viendra un — où, *erit illud tempus cum* (indic.); qq. — (passé), *quondam;* (à venir), *aliquando;* passer ses — avec, *aetatem agĕre* cum;* de longs —, *multi dies;* sur la fin de ses —, *exactā aetate;* au péril de mes —, *mei capitis periculo;* sauver les

— de qqn, *esse saluti alicui.*

journal, m. **1.** *Ephemeris, idis,* f. ◆ **2.** Procès-verbal des actes publics. *Acta, orum,* npl. ◆ **3.** De commerce. *Perscriptio, onis,* f.

1. journalier, ère, adj. **1.** *Quotidianus, a, um.* ◆ **2.** (Fig.) Changement. *Levis, e.*

2. journalier, m. *Opera, ae,* f. *Operarius, ii,* m.

journée, f. **1.** Jour. *Dies, ei,* m. f. au sg., m. au pl. Pendant une bonne partie de la —, *ad multum diem.* ◆ **2.** Ce qui se fait en un jour. (Travail) *Opera, ae,* f. (Salaire du travail) *Diurna merces,* f. (Chemin) *Iter* (*itineris,* n.) *unius diei. Justum iter.* A grandes —, *itineribus maximis.* ◆ **3.** Bataille. *Dies. Pugna, ae,* f.

journellement, adv. *Quotidie. Singulis diebus.*

joute, f. *Pugna, ae,* f. *Certamen, inis,* n.

jouter, intr. *Certare.*

jouvenceau, m. *Adulescentulus, i,* m. *Puer, eri,* m.

jouvencelle, f. *Puella, ae,* f.

jovial, ale, adj. *Hilaris, e. Festivus, a, um.*

jovialement, adv. *Hilariter.*

jovialité, f. *Festivitas, atis,* f.

joyau, m. *Aurum, i,* n. *Gemma, ae,* f.

joyeusement, adv. *Laete.*

joyeusetés, f. *Facetiae, arum,* fpl.

joyeux, euse, adj. *Laetus, a, um. Hilaris, e.*

jubilation, f. *Festivitas, atis,* f.

jubilé, m. *Jubilaeus* (*i*) *annus* (*i*), m.

jucher, intr. *Insidere, eo**.

SE JUCHER, r. *Insidere, o**.

juchoir, m. *Sedile, is,* n.

judaïque, adj. *Judaicus, a, um.*

judicature, f. *Judicatus, us,* m.

judiciaire, adj. *Judicialis, e. Judiciarius, a, um.* Poursuite —, *actio, onis,* f.

judiciairement, adv. *Judiciali jure.* Poursuivre —, *in jus vocare;* vendre des biens —, *bona proscribĕre**.

judicieusement, adv. *Considerate. Prudenter.*

judicieux, euse, adj. **1.** (Pers.) *Consideratus, a, um.* Être —, très —, *sapĕre, io*; esse magni consilii.* ◆ **2.** (Ch.) *Prudens, entis.*

juge, m. *Judex, icis,* m. Bon —, mauvais — du mérite, *justus rerum aestimator; dignitatis iniquus judex;* je t'en fais —, *dijudica;* nommer des —, *judices constituĕre* (*de re*); être — dans une affaire, *causam cognoscĕre*;* appeler devant les —, *in judicium vocare;* être porté devant les —, *in judicium pervenire*;* juge d'instruction, *quaesitor, oris,* m.; juge du combat, *arbiter* (*tri,* m.) *pugnae;* prendre pour —, *aliquem arbitrum* ou *judicem sumĕre**.

jugement, m. **1.** Faculté de juger. *Judicium, ii,* n. Avec —, *prudenter;* sans —, *male sanus, a, um;* défaut de —, *pravitas, atis,* f. ◆ **2.** Avis.

Sententia, ae, f. Porter un — sur, *judicare de;* s'en rapporter au — de qqn, *sumĕre* aliquem arbitrum;* soumettre au — de qqn, *approbare alicui;* faire un — téméraire, *temere suspicari.* ◆ **3.** (Jur.) Action de juger. *Judicium.* Le jour du —, *dies cognitionis;* mettre qqn en —, *in jus vocare aliquem;* sans —, *incognitā causā;* avant le —, *indictā causā.* ◆ **4.** Sentence. *Judicium. Sententia.* Rendre un —, *judicium ferre*, facĕre (io*)* ou *dare*;* se soumettre au —, *judicium accipĕre, io*;* exécuter un —, *judicatum facĕre;* protester contre un —, *judicatum negare.*

juger, tr. et intr. **1.** Émettre un avis; penser. *Judicare* (*de aliquo; rem* ou *de re*). *Existimare* (*de*). Juger (entre (deux objets), *dijudicare* (*inter*, acc.); — de qqn d'après, *metiri* aliquem ex* (abl.); tu peux — par là combien, *ex eo colligĕre poteris* quantum* (subj.); autant que j'en puis —, *quantum intellego*;* tu en jugeras, *tu videbis*;* c'est aux autres à en —, *aliorum sit judicium;* j'ai jugé à propos de, *visum* est mihi* (inf.); *placitum* est ut* (subj.). ◆ **2.** Conjecturer. *Conjicere, io** (de, *ex;* que, prop. inf.). Juger par, *augurari ex* (abl.). ◆ **3.** (Jur.) Rendre un jugement. *Judicare. Cognoscĕre, o** (*rem* ou *de re*). Juger en premier ressort, *praejudicare* (*rem*); — en dernier ressort, *judicio statuĕre de;* — en faveur de qqn, *adjudicare causam alicui;* — (comme arbitre) entre, *disceptare inter* (acc.).

jugère, m. *Jugerum, i*, n. (Pl. *jugera, um, ibus*).

Juifs, mpl. *Judaei, orum*, mpl. *Hebraei, orum*, mpl.

juillet, m. *Mensis Quintilis*, ou *Julius*, m. De —. *Quintilis, e. Julius, a, um.*

juin, m. *Junius mensis*, m. De —. *Junius, a, um.*

jujube, m. *Ziziphum, i*, n.

jumeau, elle, adj. *Geminus, a, um. Gemellus, a, um.*

jument, f. *Equa, ae*, f.

Junon. *Juno, onis*, f.

jupe, f. et **jupon**, f. *Castula, ae*, f.

Jupiter. *Juppiter, Jovis*, m.

Jura. *Jura, ae*, m. Du —, *Jurensis, e.*

jurement, m. **1.** Serment. *Jus jurandum, juris jurandi*, n. ◆ **2.** et **juron**, m. Imprécation. *Exsecratio, onis*, f.

jurer, tr. et intr. **1.** Affirmer par serment. *Jurare. Jure jurando firmare* (*aliquid*). Jurer le faux, *falsum jurare;* — par, *jurare per* (acc.); — qu'on est malade, qu'on n'a pas reçu un dépôt, *jurare morbum; abjurare creditum;* faire — qqn, *obstringĕre* aliquem religione.* ◆ **2.** Promettre par serment. *Jurare.* Jurer fidélité à qqn, *jurare in verba alicujus;* jurer de, *jurare* (prop. inf. au fut.). ◆ **3.** Prendre à témoin. *Jurare* (acc.). J'en jure les dieux, *testor deos;* il jure ses grands dieux que, *firmissime asseverat* (prop. inf. au fut.). ◆ **4.** Blasphémer. *Impie loqui, or*. Maledicta in Deum proferre, fero*.* ◆ **5.** Être disparate ou discordant. *Inter se abhorrēre*. Absonum (am, um) esse.*

juridiction, f. *Jurisdictio, onis,* f.

juridique, adj. *Legitimus, a, um.*

juridiquement, adv. *Legitime. Jure ac judicio.*

jurisconsulte, m. et **juriste,** m. *Juris consultus, i,* m. *Juris peritus, i,* m. Habile —, *juris peritissimus.*

jurisprudence, f. **1.** La science du droit. *Juris civilis scientia, ae,* f. ◆ **2.** Le droit. *Jus civile,* n.

jury, m. *Judices, um,* mpl.

jus, m. (De viande) *Jus, juris,* n. (D'un végétal) *sucus, i,* m.

jusant, m. *Mare refluens,* n.

jusque, prép. **1.** *Usque.* Jusqu'à, *usque ad;* s'étendre jusqu'à, *contingĕre** (acc.); jusqu'à ce point (que), *usque adeo* (*ut,* subj.); c'est bien jusqu'ici, *hoc recte dumtaxat;* jusqu'à présent, *hactenus; adhuc;* jusque-là, *ad id tempus;* jusqu'à ce que, *donec* (indic. ou subj.); fouetter jusqu'à ce que la mort s'ensuive, *caedĕre* verberibus ad necem;* jusqu'à son retour, *donec rediit*;* jusques à quand? *quousque?* ◆ **2.** Même. *Etiam.* Tous jusqu'au dernier, *omnes ad unum.*

jusquiame, f. *Hyoscyamus, i,* m.

1. juste, adj. **1.** (Pers.) *Justus, a, um* (envers, *in,* acc.); se montrer — envers qqn, *praebēre* se justum alicui;* esprit —, *rectum ingenium,* n. ◆ **2.** (Ch.) Conforme à l'équité. *Aequus, a, um.* Cause —, *bona causa;* châtiment —, *poena legitima;* comme il est —, *ut par est;* le — (la justice), *aequum, i,* n.; *rectum, i,* n. ◆ **3.** Conforme aux règles. *Aptus, a, um.* Le — prix, *certum pretium;* un son —, un son qui n'est pas —, *sonus rectus, absurdus;* un soulier trop —, *minor pede calceus.* ◆ **4.** Conforme à la vérité. *Verus, a, um.* Parler en termes —, *apte dicĕre*;* au juste (loc. adv.), *certum.*

2. juste, adv. **1.** *Recte.* Tu as deviné —, *rem acu tetigisti*.* ◆ **2.** Tout juste. *Certo. Plane.*

justement, adv. **1.** Avec justice. *Juste. Jure.* Accuser —, *vere accusare.* ◆ **2.** Avec justesse. *Recte.* ◆ **3.** Précisément. *Commodum.*

justesse, f. Exactitude. *Veritas, atis,* f. Parler avec —, *apte dicĕre*;* la — des pensées, *prudentia, ae,* f.; manquer de —, *falsi aliquid continēre*.*

justice, f. **1.** Vertu de celui qui est juste; qualité de ce qui est juste. *Justitia, ae,* f. *Aequitas, atis,* f. Pratiquer la —, *aequitate uti*;* la — divine et humaine, *divina atque humana jura,* npl.; faire

— à tout le monde, *suum cuique tribuĕre;* suivant la —, *aequitate;* c'est — de, *jus est* (inf.); avoir la — pour soi, *habēre* justiorem causam.* ◆ **2.** (Jur.) Pouvoir de faire droit à chacun. *Judicium, ii,* n. Rendre la —, *jus dicĕre*;* vendre la —, *venalem jurisdictionem habēre*;* trafic de la —, *nundinatio* (*onis,* f.) *juris;* demander —, *injuriam queri*;* obtenir —, *jus suum obtinēre*.* ◆ **3.** (Fig.) Tu ne rends pas — à Caton, *non recte judicas de Catone.* ◆ **4.** Tribunaux. *Judices, um,* mpl. Par voie de —, *judicio;* recourir à la —, *litem deferre* ad forum; jus experiri*;* poursuivre en —, *in judicium vocare;* comparaître devant la —, *in jus adire* (*eo**); échapper à la —, *judicium fugere, io*;* des repris de —, *damnati, orum,* mpl. ◆ **5.** Peine. Faire — de, *poenam expetĕre* ab* (*aliquo*); (fig.) *delēre** (acc.).

justiciable, m. Je suis votre —, *reus sum legibus vestris.*

1. justicier, tr. *Supplicio afficere, io*.*

2. justicier, m. *Vindex, icis,* m.

justification, f. **1.** (D'une pers.) *Purgatio, onis,* f. *Defensio, onis,* f. ◆ **2.** (D'une ch.) *Probatio, onis,* f.

justifier, tr. **1.** (Pers.) *Purgare. Culpā liberare.* Se — devant qqn, *se purgare alicui.* ◆ **2.** (Ch.) *Probare. Comprobare.* Pour — ma conduite à vos yeux, *ut vobis rationem facti mei probem.*

juteux, euse, adj. *Sucosus, a, um. Jurulentus.*

juvénile, adj. *Juvenilis, e.*

juxtaposer, tr. *Apponere, o*.*

juxtaposition, f. *Contactus, us,* m.

K

kermès, m. **1.** Animal. *Vermiculus, i,* m. ◆ **2.** Couleur. *Coccum, i,* n. Chêne —, *ilex, icis,* f.

kilogramme, m. D'un — *bilibris, e.*

kiosque, m. *Trichila, ae,* f.

kyrielle, f. *Series, ei,* f.

kyste, m. *Tunica, ae, f.*

L

la. **1.** art. f. (ne se traduit pas). ◆ **2.** Pr. f., V. ELLE.

là, adv. **I.** SENS LOCAL : **1.** (Sans mouv.) *Ibi.* Là (où je suis), *hic;* là (où tu es), *istic;* ici, là, *hic, illic;* là-même, *ibidem;* être là, *adesse*; praesto esse;* les choses en étaient là, *res erat eo jam loci;* mais restons-en là, *sed hactenus.* ◆ **2.** (Avec mouv.) *Illuc. Eo.* Çà et là, *huc et illuc;* jusque-là, *hactenus.* ◆ **3.** De là. *Inde. Illinc.* Il suit de là que, *exinde sequitur** (prop. infin. ou *ut,* subj.). ◆ **4.** Par là. *Illac.* Par-ci, par-là, *passim;* par là il est devenu puissant, *his rebus convaluit*.* ◆ **5.** Là-haut, *in edito.* Là-bas, *procul;* quand j'arrive là-bas, *cum illo advenio*.* Là-dedans (sans mouv.), *intus;* (avec mouv.), *intro.* Là-dessus, *super;* (fig.) *hāc de re;* (alors), *tum.* Là-dessous : il y a là-dessous qq. piège, *fraus subest*.* ◆ **6.** (Particule de précision). Ce...-là, celui-là, *ille, illa, illud.* ◆ **II.** SENS TEMPOREL. A partir de là, *inde; jam tum.* A qq. temps de là, *interjecto spatio.* Jusque-là, *adhuc.* D'ici là, *interim.* ◆ **III.** Interjection. *Ergo. Nempe.* Là, tu le vois devant toi, *ecce adest*;* là, dis-moi, *eho, dic* mihi.*

labeur, m. *Labor, oris,* m.

laboratoire, m. *Officina, ae,* f.

laborieusement, adv. *Operose. Cum labore.*

laborieux, euse, adj. **1.** (Pers.) *Industrius, a, um. Impiger, gra, grum.* ◆ **2.** (Ch.) *Laboriosus. Operosus.*

labour, m. (A la charrue) *Aratio, onis,* f. (A la houe) *Fossio, onis,* f. Bœuf de —, *bos aratorius.*

labourable, adj. *Arabilis, e.*

labourage, m. **1.** Action. *Aratio, onis,* f. ◆ **2.** Art de labourer. *Agricultura, ae,* f.

labourer, tr. **1.** (A la charrue) *Arare. Subigere, o*.* (A la houe) *Fodere, io*. Pastinare.* ◆ **2.** (Fig.) (Fendre) *Sulcare.* (Racler) *Verrere, o*.* (Prendre de la peine) *Laborare. Sudare.*

laboureur, m. *Arator, oris,* m. *Agricola, ae,* m.

labyrinthe, m. **1.** *Labyrinthus, i,* m. ◆ **2.** (Fig.) *Laquei, orum,* mpl.

lac, m. *Lacus, us,* m.

lacer, tr. *Vincire*.*

lacérer, tr. *Lacerare. Conscindere, o*.*

lacet, m. *Laqueus, i,* m.

lâche, adj. **1.** Non tendu.

Laxus, a, um. Remissus. Ventre —, *alvus soluta,* f. ◆ **2.** (Fig.) Style —, *dissoluta oratio,* f. ◆ **3.** Sans vigueur. *Ignavus, a, um. Segnis, e.* Vie —, *ignavia, ae,* f.; rendre —, *effeminare.* ◆ **4.** Sans courage. *Ignavus. Imbellis, e.* ◆ **5.** Vil. *Abjectus, a, um.* (Ch.) *Turpis, e.*

lâchement, adv. **1.** Sans concision. *Ignave.* ◆ **2.** Sans vigueur. *Languide.* ◆ **3.** Sans courage. *Ignave.* ◆ **4.** Honteusement. *Turpiter.*

lâcher, tr. **1.** Détendre. *Remittere, o*.* Lâcher la bride, ou la main à, *dare* frenos* (dat.); — pied, *cedĕre*;* faire — pied, *movēre* gradu (aliquem).* ◆ **2.** Laisser aller. *Emittere, o*.* Lâcher prise, *captum amittĕre*;* — (un mot, une épigramme), *mittĕre*; immittĕre*.* ◆ **3.** Se lâcher en propos injurieux contre qqn, *petulantius invehi* in aliquem.*

lâcheté, f. **1.** Vice. *Ignavia, ae,* f. ◆ **2.** Action basse. *Flagitium, ii,* n.

lacis, m. *Laquei, orum,* mpl.

laconique, adj. *Breviloquens, entis. Laconicus, a, um.*

laconiquement, adv. *Paucis verbis.*

laconisme, m. (*Laconica, ae*) *brevitas, atis,* f.

lacs, m. *Laqueus, i,* m.

lacté, ée, adj. *Lacteus, a, um.* La voie —, *lacteus orbis,* m.

lacune, f. *Rima, ae,* f. Il y a une —, *aliqua desunt*.*

ladre, adj. **1.** Lépreux. *Leprosus, a, um.* ◆ **2.** Avare. *Tenax, acis.* Un vieux —, *parcissimus senex,* m.

ladrerie, f. **1.** Lèpre. *Leprae, arum,* fpl. ◆ **2.** Maladie des porcs. *Struma, ae,* f. ◆ **3.** Avarice. *Tenacitas, atis,* f. *Sordes, ium,* fpl.

lai, laie; laïc et **laïque,** adj. *Laicus, a, um.*

laid, de, adj. **1.** Physiquement. *Deformis, e.* (Repoussant) *Foedus, a, um.* Temps bien —, *tempestas spurcissima,* f. ◆ **2.** Moralement. *Turpis, e. Taeter, tra, trum.*

laideron, m. f. *Pithecium, ii,* n.

laidement, adv. *Turpiter.*

laideur, f. **1.** (Phys.) *Deformitas, atis,* f. ◆ **2.** (Mor.) *Turpitudo, inis,* f.

laie, f. *Sus (suis) fera (ferae),* f.

lainage, m. **1.** Toison. *Vellus, eris,* n. ◆ **2.** Étoffe. *Lanitium, ii,* n.

laine, f. *Lana, ae,* f. De —, *laneus, a, um;* qui porte de la —, *lanatus;* le travail de la —, *lanificium, ii,* n.

laineux, euse, adj. *Lanosus, a, um.*

lainier, m. *Lanarius, ii,* m.

laisse, f. *Lorum, i,* n. Mener en — (fig.) *regĕre*.*

laisser, tr. *Relinquere, o*.* Laisse-moi (tranquille), *sine* me;* — tenir les comices, *comitia haberi sinĕre*;* — échapper, (*de manibus*) *amittĕre** (acc.); — tomber, *dimittĕre** (acc.); je ne veux point — passer cela, *non sinam*;* — voir ses alarmes, *osten-*

dĕre metum;* — dire, *sermones sustinēre*;* — des légions à Brindes, *legiones Brundisii ponĕre*;* je vous — le soin de ma réputation, *vobis committo* existimationem meam;* il — aux juges à conjecturer, *judicibus conjecturam facĕre permittit*;* ne rien — à qqn, *nihil reliqui alicui facĕre, io*;* du temps m'a été laissé pour, *spatium habuimus* ad* (gér.); laisser à qqn une maison de campagne, *praedium alicui tradĕre*;* — son armée à l'abandon, *deserĕre* exercitum;* — loin derrière soi, *procul a se relinquĕre;* — de côté le chagrin, *maerorem deponĕre*;* je ne laisserai pas de bien faire, *non absistam* bene facĕre.*

SE LAISSER, r. *Sinĕre* se* (inf.). *Pati* (*ior**) *se* (inf.). Se — vaincre, *vinci*;* se — glisser, *labi*;* se — tromper, *decipi, ior*; falli*.*

laisser-aller, m. *Facilitas, atis,* f. Qui a trop de —, *neglegens, entis.*

lait, m. *Lac, lactis,* n. Frère, sœur de —, *collactaneus, i,* m.; *collactanea, ae,* f.; petit-lait, *serum, i,* n.

laitage, m. *Lac, lactis,* n. *Lactantia, ium,* npl. Se nourrir de —, *lacte vivĕre*.*

laiterie, f. *Lactaria cella,* f.

laiteux, euse, adj. **1.** Qui a un suc semblable au lait. *Lactens, entis.* ◆ **2.** Couleur de lait. *Lacteus, a, um.*

laitier, m. *Lactarius, ii,* m.

laitière. I. Adj. *Lactarius, a, um.* ◆ **II.** Nom f. *Lactaria, ae,* f.

laiton, m. *Orichalcum, i,* n.

laitue, f. *Lactuca, ae,* f.

lambeau, m. **1.** D'étoffe. *Pannus, i,* m. Mettre en —, *conscindĕre*.* ◆ **2.** (Fig.) Mettre en —, *macerare;* les — d'un poète, *disjecti membra poetae.*

lambin, m. *Cessator, oris,* m.

lambiner, intr. *Lente agĕre, o*.*

lambris, m. *Intestinum opus,* n. (De plafond) *Lacunar, ris,* n.

lambruche et **lambrusque,** f. **1.** *Labrusca* (*ae*) *vitis* (*is*), f. ◆ **2.** (Fig.) Grappe. *Labruscum, i,* n.

lame, f. **1.** *Lamina, ae,* f. Petite —, *lamella, ae,* f. (D'épée) *Ligula, ae,* f. ◆ **2.** Vague. *Fluctus, us,* m.

lamentable, adj. *Miserabilis, e.* Sur un ton —, *queribundā voce.*

lamentablement, adv. *Miserabiliter.*

lamentation, f. *Lamentatio, onis,* f. *Lamenta, orum,* npl.

lamenter. I. Tr. *Lamentari* (acc.). ◆ **II.** Intr. et SE LAMENTER, r. *Lamentari.* Se — sur, *deplorare* (acc. ou *de,* abl.).

lamie, f. *Lamia, ae,* f.

lampadaire, m. Lustre. *Lychnuchus, i,* m.

lampe, f. *Lucerna, ae,* f. Mettre de l'huile dans la —, *lumini oleum instillare;* travailler à la —, *lucubrare.*

lamper, tr. *Sorbere, eo*.*

lamproie, f. *Murena, ae,* f.

lance, f. **1.** *Lancea, ae,* f. *Hasta,*

ae, f. Petite —, *lanceola, ae*, f. ◆ **2.** (Fig.) Rompre une — (avec qqn), *digladiari.*

lancer, tr. **1.** *Jacere, io*. Conjicere, io**. Lancer des traits, *tela emittĕre** (*in*, acc.); — un javelot par-dessus un mur, *murum jaculo trajicĕre, io*;* — un cheval, *equum admittĕre*;* lancer de la cavalerie contre, *equites immittĕre* in* (acc.); — un vaisseau, *navem deducĕre**. ◆ **2.** (Fig.) — (des paroles contre qqn), *conjicere, io** (*verba in*, acc.); — (un reproche), *objicere, io** (acc.); — des regards à, *aspicĕre, io** (acc.); mal — une affaire, *initia* (*rei*) *male ponĕre**.

SE LANCER, r. **1.** *Se jacĕre* (*io**) (*in*, acc.). *Se conjicĕre* (*io**). *Irruere, o**. ◆ **2.** (Fig.) *Se immittĕre**. Se — dans la carrière poétique, *se in versum conjicĕre*;* alors tu pourras te —, *nabis sine cortice.*

lancette, f. *Scalpellum, i*, n. (De vétérinaire) *Sagitta, ae*, f.

lancier, m. *Lancearius, ii*, m.

lande, f. *Tesqua, orum*, npl.

langage, m. *Sermo, onis*, m. *Oratio, onis*, f. Douceur du —, *suaviloquentia, ae*, f.; tenir un — digne, *sonum dignissimum fundĕre*;* tenir le — d'un allié, *oratione sociorum uti**.

lange, m. **1.** *Pannus, i*, m. *Fascia, ae*, f. ◆ **2.** (Fig.) Dans les —, *in cunabulis.*

langoureux, euse, adj. *Languidulus, a, um.* Des vers —, *mollia carmina*, npl.

langouste, f. *Locusta, ae*, f.

langue, f. **1.** Organe du goût. *Lingua, ae*, f. Tirer la —, *linguam ejicĕre, io*;* âpre à la —, *gustu aspero;* — de terre (fig.), *lingua.* ◆ **2.** Organe de la parole. *Lingua.* Sur le bout de la —, *in labris primoribus;* il se mordit la —, *paenituit* eum* (inf.); je jette ma — aux chiens, *non adsequor;* n'avoir plus de —, *obmutescere*;* retenir sa —, *linguam continēre*;* — de vipère! *excetra* (*ae*, f.)! faire taire les mauvaises —, *sermones restinguĕre*;* échapper aux méchantes —, *linguas hominum vitare.* ◆ **3.** Langage. *Lingua. Sermo, onis*, m. Apprendre la — grecque, *Graecas litteras discĕre*;* enseigner la langue latine, *latine docēre*;* parler, savoir la — grecque, *Graece loqui*; Graece scire;* bien manier sa —, *bene loqui*; scribĕre* commode;* faire des fautes de —, *inquinate loqui**.

languette, f. *Ligula, ae*, f.

langueur, f. **1.** (Phys.) *Languor, oris*, m. *Tabes, is*, f. Avoir une maladie de —, *morbo marcescĕre**. ◆ **2.** (Mor.) *Languor. Torpedo, inis*, f.

languir, intr. *Languere, eo*. Languescere, o**. Languir dans le malheur, *in calamitate tabescĕre*;* — dans l'inaction, *otio languēre;* faire — qqn, *aliquem trahĕre*;* pour ne pas te faire —, *ne diutius pendeas*;* la conversation languit, *sermo moritur*;* l'affaire languit, *res* *procrastinatur;* ne pas languir, *calēre**.

languissamment, adv. *Languide.*

languissant, ante, adj. *Languens, entis. Languidus a, um.* Devenir —, *languescēre*;* santé —, *valetudo infirma;* style —, *enervata oratio.*

lanière, f. *Lorum, i,* n.

lanterne, f. *Laterna, ae,* f.

lanterner. I. Intr. *Muginari.* ◆ **II.** Tr. *Extrahere, o*.*

laper, tr. *Lambere, o*.*

lapidaire, m. Ouvrier. *Gemmarius, ii,* m.

lapider, tr. *Lapidibus appetĕre** ou *caedĕre*. Lapidare.*

lapin, m. *Cuniculus, i,* m. Abondant en —, *cuniculosus, a, um.*

lapis-lazuli, m. *Lapis caeruleus,* m.

laps, m. (De temps) *Temporis spatium* ou *intervallum,* n.

laquais, m. *Pedisequus, i,* m.

larcin, m. *Furtum, i,* n.

lard, m. *Laridum* ou *lardum, i,* n.

larder, tr. **1.** *Laridum (carni) inserere, o*.* ◆ **2.** (Fig.) Percer de coups. *Confodere, io*.* ◆ **3.** Déchirer en paroles. *Lacerare.*

lardon, m. **1.** *Frustum (i,* n.) *laridi.* ◆ **2.** (Fig.) Sarcasme. *Convicium, ii,* n. Lancer un — contre qqn, *infligĕre* verbum in aliquem.*

lare, m. *Lar, laris,* m.

1. large, adj. **1.** *Latus, a, um.* Être — de quatre doigts, *patēre* quattuor digitos.* ◆ **2.** Étendu. *Amplus, a, um.* ◆ **3.** Lâche. *Laxus, a, um.* ◆ **4.** Libéral. *Largus, a, um.*

2. large, m. **1.** Largeur. *Latitudo, inis,* f. Au large, *laxe;* être au —, *vagari libere;* (être dans l'opulence) *laute vivĕre*;* se mettre au —, *longe lateque se pandĕre*.* ◆ **2.** La haute mer. *Altum, i,* n. Prendre le —, *altum petĕre*;* (fig.) *aufugĕre, io*.*

largement, adv. **1.** *Laxe.* ◆ **2.** Abondamment. *Large. Ample.* Boire —, *perpotare.* ◆ **3.** Richement. *Laute.* ◆ **4.** Libéralement. *Laxius.*

largesse, f. **1.** *Donum, i,* n. *Munus, eris,* n. ◆ **2.** (Pl.) *Largitio, onis,* f. Faire des —, *largiri* (acc.); qui fait des —, *largitor, oris,* m.

largeur, f. **1.** *Latitudo, inis,* f. En —, *in latitudinem.* ◆ **2.** Ampleur. *Magnitudo, inis,* f.

larguer, tr. *Laxare.*

larme, f. **1.** *Lacrima, ae,* f. Un torrent de —, *lacrimarum vis,* f.; verser des —, *lacrimas effundĕre*;* tout en —, *multis cum lacrimis;* verser des — sur, *lacrimas praebēre** (dat.); tirer des — à, *lacrimas conciliare* (gén.); *fletum movēre** (dat.); qui fait verser des —, *flebilis, e;* en faisant verser des —, *miserabiliter;* retenir ses —, *lacrimas tenēre*;* sécher ses —, *lacrimas supprimĕre*; modum lugendi facĕre, io*;* rire aux —, *risu emori, ior*;* la ville est toute en —, *totā urbe fit* fletus.* ◆ **2.** Suc de certains arbres. *Lacrimae,* fpl.

Stilla, ae, f. ◆ 3. Petite quantité d'un liquide. *Gutta, ae,* f. *Paululum, i,* n.

larmier, m. *Corona, ae,* f.

larmoiement, m. *Lacrimatio, onis,* f.

larmoyant, ante, adj. *Lacrimabundus, a, um.* ◆ 2. (Fig.) Qui fait pleurer. *Flebilis, e.*

larmoyer, int. *Lacrimare.*

larron, larronnesse, m. f. *Fur, furis,* m. f.

larve, f. 1. *Vermiculus, i,* m. ◆ 2. (Pl.) Génies malfaisants. *Larvae, arum,* fpl.

larynx, m. *Animae canalis, is,* m.

las, lasse, adj. 1. *Fessus, a, um. Defessus.* Las de marcher, *de viā fessus;* — d'attendre, *exspectando fessus;* je suis — de la vie, *taedet* me vitae;* de guerre lasse, *fatigatus, a, um.* ◆ 2. Las! Interj. *Heu!*

lascif, ive, adj. 1. (Pers.) *Libidinosus, a, um. Protervus.* ◆ 2. (Ch.) *Protervus. Improbus.*

lascivement, adv. *Improbe.*

lasciveté, f. *Protervitas, atis,* f.

lasser, tr. 1. *Fatigare.* ◆ 2. (Fig.) *Defatigare. Taedium afferre** (dat.).

SE LASSER, r. 1. *Fatigari.* ◆ 2. (Fig.) Je me lasse de, *me taedet** (gén.); ne pas se — de lire, *non satiari posse* legendo;* et il ne se lasse pas de parler de toi, *nec tui mentionem intermittit*.*

lassitude, f. 1. *Lassitudo, inis,* f. *Defatigatio, onis,* f. ◆ 2. (Fig.) *Taedium, ii,* n.

latent, ente, adj. *Latens, entis. Occultus, a, um.*

latéral, ale, adj. La partie —, *latus, eris,* n.

latéralement, adv. *A latere.*

laticlave, m. *Latus (i) clavus, i,* m.

latin, ine, adj. et n. 1. *Latinus, a, um.* La langue latine, *Latina lingua,* f. En latin, *Latine.* ◆ 2. (Fig.) Il y perd son —, *non habet* quo se vertat*.*

latinité, f. *Latinitas, atis,* f.

latitude, f. 1. (Géogr.) *Latitudo, inis,* f. Les différentes —, *inclinationes caeli.* ◆ 2. Extension. Avoir plus de —, *latius patēre*.* ◆ 3. Liberté. *Licentia, ae,* f. Laisser trop de —, *majorem libertatem largiri.* ◆ 4. Délai. *Spatium, ii,* n. Je te donne assez de — pour payer, *diem statuo satis laxam.*

latomie, f. *Lautumiae, arum,* fpl.

Latone. *Latona, ae,* f.

latrie, f. *Latria, ae,* f.

latrines, fpl. *Latrina, ae,* f.

latte, f. *Regula, ae,* f.

laudatif, ive, adj. *Laudativus, a, um.*

laurier, m. 1. *Laurus, i* et *us,* f. (Feuille, couronne) *Laurea, ae,* f. De —, *laureus, a, um;* orné de —, *laureatus.* ◆ 2. (Fig.) *Laurus. Laurea. Palma, ae,* f. Cueillir des —, *palmam ferre*.* ◆ 3. Laurier-rose, *nerium, ii,* n.; *rhododendron, i,* n. Laurier-tin, *tinus, i,* f.

lavage, m. *Lavatio, onis,* f.

lavande, f. *Stoechas, adis,* f.

lavandière, f. *Lotaria, ae*, f.
lave, f. *Ignium rivi, orum*, mpl.
lavement, m. **1.** Lavage. *Lavatio, onis*, f. ◆ **2.** Remède. *Clyster, eris*, m. Prendre un —, *clystere uti**.
laver, tr. **1.** *Lavare**. *Abluere, o*. ◆ **2.** (Fig.) Je m'en lave les mains, *extra culpam sum;* laver une tache, *eluĕre maculam;* — un outrage, *turpitudinem delēre;* laver la tête à qqn, *increpare* aliquem*.
laveur, euse, m. et f. *Lotor, oris*, m. *Lotaria, ae*, f.
lavoir, m. *Lavatorium, ii*, n.
laxatif, ive, adj. *Mollis, e*.
lazzi, m. *Mimicus jocus*, m. Des —, *ineptiae, arum*, fpl.
le. I. Art. m. (ne se traduit pas). ◆ **II.** Pr. m. v. IL. ◆ **III.** Pr. neutre. Cela. *Id. Illud*. (Souvent explétif) : je le crois, *credo**; on le dit, *ferunt**; aussi grand qu'il le paraît, *tantus quantus videtur**; l'emporter sur, *praestare** (dat.).
lécher, tr. **1.** *Lambere, o**. *Lingere, o**. ◆ **2.** Polir. *Expolire*.
leçon, f. **1.** Enseignement. *Institutio, onis*, f. *Disciplina, ae*, f. Donner des — de qqch. à qqn, *docēre* aliquem rem; instituĕre aliquem ad* (gér.); recevoir des — de qqn, *docēri** ou *discĕre ab;* aller entendre les — de qqn, *audire aliquem;* suivre les — de, *frequenter audire* (acc.). Leçon (d'un professeur), *lectio, onis*, f. Leçon (dictée), *dictata, orum*, npl. Leçon (à apprendre), *ediscenda, orum*, npl. Leçon (de choses), *documentum, i*, n. ◆ **2.** Avertissement. *Praeceptio, onis*, f. *Praeceptum, i*, n. Faire la — à, *monēre** (acc.); à qui l'on a fait la —, *instructus, a, um;* donner une — aux autres, *alios objurgare*.
lecteur, trice, m. et f. **1.** *Lector, oris*, m. *Lectrix, icis*, f.; les lecteurs de Cicéron, *qui Ciceronem legunt*. ◆ **2.** (A haute voix) *Recitator, oris*, m.
lecture, f. *Lectio, onis*, f. (A haute voix) *Recitatio, onis*, f. Lecture fréquente des poètes, *poetarum pertractatio*, f. A la — de la lettre, *litteris lectis*.
légal, ale, adj. *Legitimus, a, um*. L'ordre —, *leges, um*, fpl.; demander le consulat dans l'âge —, *petĕre* consulatum anno suo*.
légalement, adv. *Legitime. Lege*. Condamné —, *judicio damnatus, a, um*.
légalité, f. *Leges, um*, fpl. Se conformer à la —, *lege agĕre**.
légataire, m. et f. *Heres, edis*, m. f. — universel, *heres ex asse*.
légation, f. *Legatio, onis*, f.
légende, f. *Fabula, ae*, f.
léger, ère, adj. **1.** Peu lourd, peu dense. *Levis, e. Tenuis, e*. ◆ **2.** Agile. *Levis. Pernix, icis*. Troupes —, *levis armatura*, f. ◆ **3.** (Fig.) Inconstant. *Levis. Mobilis, e*. A la légère. *Temere*. ◆ **4.** (Style) *Levis. Tenuis*. Poésies légères, *lusus*, mpl.
légèrement, adv. **1.** *Leviter. Tenuiter*. ◆ **2.** *Celeriter*. ◆ **3.** *Temere*. S'engager — (dans

une affaire), *se projicĕre* (*io**) *in* (acc.).
légèreté, f. **1.** *Levitas, atis*, f. (Finesse) *Tenuitas, atis*, f. ◆ **2.** *Pernicitas, atis*, f. ◆ **3.** (Fig.) *Levitas. Mobilitas, atis*, f. (Imprudence) *Temeritas, atis*, f.
légion, f. **1.** *Legio, onis*, f. ◆ **2.** (Fig.) Troupe. *Turba, ae*, f. Par légions, *catervatim*.
légionnaire, adj. *Legionarius, a, um*.
législateur, m. *Legum lator* ou *scriptor, oris*, m. Être —, *leges scribĕre** ou *instituĕre*.
législation, f. *Leges, um*, fpl.
légitime, adj. **1.** Qui est selon la loi. *Legitimus, a, um. Justus*. ◆ **2.** Juste, honnête. *Justus. Aequus, a, um*.
légitimement, adv. **1.** *Legitime. Juste*. ◆ **2.** *Honeste*.
légitimer, tr. **1.** (Un enfant) *Agnoscere, o**. ◆ **2.** Justifier. *Justum facere, io** (acc.).
légitimité, f. La — d'une demande, *aequa postulatio*, f.
legs, m. *Legatum, i*, n.
léguer, tr. **1.** *Legare. Testamento relinquĕre, o**. ◆ **2.** (Fig.) *Relinquĕre. Tradĕre, o**.
légume, m. *Holus, eris*, n. Assaisonner des —, *herbas condire;* marchand de —, *holitor, oris*, m.
légumineuse, f. *Legumen, inis*, n.
lémures, mpl. *Lemures, um*, mpl.
lendemain, m. *Posterus* (ou *a*) *dies*, m. f. Remettre au —, *procrastinare;* ne pas songer au —, *vivĕre* in diem;* le —, *postero die;* le — matin, *postero mane;* le — de mon départ, *postero die quam discessi**.
lénifier, tr. *Lenire*.
lénitif, ive, adj. *Mitigatorius, a, um*. Un —, *lenimentum, i*, n.
lent, lente, adj. **1.** (Pers.) *Tardus, a, um*. Lent à partir, à juger, *tardus in decedendo, ad judicandum*. ◆ **2.** (Ch.) *Tardus. Spissus, a, um*. A pas —, *spisse;* maladie —, *diuturnus morbus*. ◆ **3.** (Fig.) *Tardus. Hebes, etis*. Rendre l'intelligence plus —, *mentem obtundĕre**.
lente, f. *Lens, lendis*, f., m. au pl.
lentement, adv. *Tarde*. En marchant —, *pedetentim;* couler —, *leniter fluĕre**.
lenteur, f. **1.** *Tarditas, atis*, f. — de la prononciation, *tractus* (*us*, m.) *verborum*. ◆ **2.** (Pl.) Retards. *Tarditas. Mora, ae*, f. A force de —, *omni morā*.
lentille, f. *Lens, lentis*, f. *Lenticula, ae*, f.
lentisque, m. *Lentiscus, i*, f.
léopard, m. *Pardus, i*, m.
lèpre, f. **1.** *Leprae, arum*, fpl. ◆ **2.** (Fig.) La — de l'usure, *tabes fenoris*.
lépreux, euse, adj. *Leprosus, a, um*.
lequel, laquelle. I. Pr. rel. **1.** *Qui, quae, quod*. N'importe —, *quilibet; quivis*. ◆ **2.** (En parl. de deux) *Uter, tra, trum*. N'importe —, *utervis; uterlibet;* lequel commanderait à l'autre, *uter utri imperaret*. ◆ **II.** Pr. interrog.

1. *Quis? Quisnam?* 2. (En parl. de deux) *Uter?*

es. I. Art. m. et f. pl. (Ne se traduit pas). ◆ II. Pr. m. et f. pl. 3e p. V. IL.

lèse-majesté, f. Procès pour crime de —, *majestatis actio, onis,* f.

léser, tr. *Laedere, o**. *Offendere, o**. Être lésé, *aliquid detrimenti capěre, io**.

lésine, f. *Sordes, ium,* fpl.

lésiner, intr. *Sordere, eo**.

lésion, f. 1. Blessure. *Injuria, ae,* f. *Vulneratio, onis,* f. ◆ 2. Préjudice. *Detrimentum, i,* n. *Damnum, i,* n.

lessive, f. *Lavatio, onis,* f. Eau de —, *lixivia, ae,* f.

lest, m. *Saburra, ae,* f.

leste, adj. 1. *Alacer, cris, cre.* J'ai le pied —, *sum pedibus mobilis.* ◆ 2. (Fig.) (Hardi) *Intemperans, antis.* (Inconvenant) *Indecorus, a, um.* (Obscène) *Subobscenus, a, um.*

lestement, adv. 1. *Expedite.* ◆ 2. (Fig.) (Avec dextérité) *Dexterius.* (Sans retenue) *Procaciter.*

lester, tr. 1. *Saburrare.* ◆ 2. (Fig.) Lesté d'un bon dîner, *saburratus, a, um.*

léthargie, f. 1. *Veternus, i,* m. *Lethargus, i,* m. Tombé en —, *pressus lethargo.* ◆ 2. (Fig.) *Veternus.* Sors de ta —, *tu te exsuscita.*

léthargique, adj. 1. *Lethargicus, a, um.* ◆ 2. (Fig.) *Veternosus.*

lettre, f. 1. De l'alphabet. *Littera, ae,* f. Apprendre ses —, *elementa prima discěre**. ◆ 2. Sens littéral. *Scriptum, i,* n. *Verbum, i,* n. Prendre au pied de la —, *scriptum sequi**; suivant la — et non suivant l'esprit, *verbis, non re;* s'écarter de la —, *a verbis receděre**; à la —, *ex scripto; ad verbum;* traduire à la —, *verbum pro verbo reddere**. ◆ 3. Lettre missive. *Litterae, arum,* fpl. *Epistula, ae,* f. Écrire — sur —, *in scripto crebriorem esse;* entretenir avec qqn un commerce de —, *per litteras cum aliquo colloqui**; ils m'ont remis une — de toi, *litteras a te reddiderunt**; ce sont pour moi — closes (fig.), *mihi tenebrae sunt.* ◆ 4. Acte écrit. *Litterae. Codicillus, i,* m. Lettre de crédit, *perscriptio, onis,* f.; — de change, *(pecuniae) permutatio, onis,* f. ◆ 5. (Pl.) Belles-lettres. *Litterae. Humanitas, atis,* f. *Studia, iorum,* npl. Les gens de —, *philologi, orum,* mpl.

lettré, ée, adj. *Litteratus, a, um. Litteris eruditus.*

leur. I. Pr. pers. V. IL. ◆ II. Adj. et pr. poss. 3e pers. V. SON.

leurre, m. 1. *Illex, icis,* f. ◆ 2. (Fig.) *Illecebrae, arum,* fpl.

leurrer, tr. *Illicere, io**.

levain, m. 1. *Fermentum, i,* n. ◆ 2. (Fig.) *Semen, inis,* n.

levant. I. Adj. m. Soleil —, *sol oriens,* m. ◆ II. Nom m. 1. *Oriens, entis,* m. *Solis ortus, us,* m. Du — au couchant, *ab oriente ad occidentem.* ◆ 2.

Les contrées orientales. *Orientis solis partes, ium*, fpl.

levé, m. **1.** (D'un plan) *Graphis, idis*, f. ◆ **2.** Voter par assis et —, *sedendo et surgendo suffragium ferre**. ◆ **3.** (Mus. et poét.) *Arsis, is* (acc., *in*), f.

levée, f. **1.** (De boucliers) *Incursio, onis*, f. **2.** (D'un cadavre) *Elatio, onis*, f. **3.** (D'une récolte) *Perceptio, onis*, f. ◆ **4.** (D'un impôt) *Exactio, onis*, f. ◆ **5.** (De troupes) *Delectus, us*, m. Faire une —, *delectum habēre*;* — extraordinaires, *evocationes hominum*, fpl. ◆ **6.** (D'une séance) (*Coetus*) *dimissio, onis*, f. ◆ **7.** (D'un siège) *Dimissa oppugnatio*, f. ◆ **8.** Chaussée. *Moles, is*, f.

1. lever. I. Tr. **1.** Hausser, dresser. *Tollere, o*. Extollere, o**. ◆ **2.** (Fig.) Lever la main sur qqn, *intentare ictus in aliquem;* — la tête, *magnifice incedĕre*;* — le pied (fuir), *aufugere, io*;* (en parl. d'un banquier), *foro cedĕre**. ◆ **3.** Enlever. *Tollĕre. Removere, eo**. Lever le camp, *castra movēre*;* — le siège, la séance, *obsessionem, coetum dimittĕre*;* — une difficulté, *nodum expedire;* — les scrupules, *religionem solvĕre*;* — un corps mort, *efferre* mortuum*. ◆ **4.** Ramasser. *Tollĕre. Legere, o**. Lever un tribut, *tributum exigĕre*;* — des soldats, *militem colligĕre**. ◆ **II.** Intr. **1.** Pousser. *Exire, eo**. ◆ **2.** Fermenter. *Fermentari*. ◆ **3.** Faire lever, *fermentare* (acc.).

SE LEVER, r. **1.** Se mettre debout. *Surgere, o*. Exsurgere, o**. Se — de son siège, de table, *de sellā, a cenā surgĕre;* se — ensemble, *consurgĕre**, se — devant qqn, *assurgĕre* alicui;* faire — qqn, *suscitare aliquem;* (du lit ou du gîte), *excitare aliquem*. ◆ **2.** Commencer à paraître* (astres) ou à souffler (vent). *Oriri**.

2. lever, m. **1.** *Surrectio, onis*, f. Dès son —, *ubi surrexit*;* au — du rideau, *aulaeo misso*. ◆ **2.** (D'un astre) *Ortus, us*, m. Au — du soleil, *ortā luce*.

levier, m. **1.** *Vectis, is*, m. ◆ **2.** (Fig.) *Stimulus, i*, m.

lévite, m. *Levites, ae*, m. De —, *leviticus, a, um*.

levraut, m. *Lepusculus, i*, m.

lèvre, f. **1.** *Labrum, i*, n. (Ordint. *Labra, orum*, npl.). *Labia, iorum;* npl. Petite —, *labellum, i*, n.; lèvres pendantes, *demissa labia;* qui a de grosses —, *labeo, onis*, m.; mouvement des —, *oris pressus, us*, m.; toucher du bout des —, *primoribus labris gustare;* approcher de ses —, *admovēre* ad os;* dans le cœur..., sur les —, *in pectore..., in linguā;* j'ai ce nom sur le bord des —, *nomen versatur mihi in labris primoribus;* se mordre les —, *labra sua mordēre**. ◆ **2.** (Fig.) Lèvre d'une plaie. *Ora, ae*, f.

levrette, f. *Vertraha, ae*, f.

lévrier, m. *Vertragus, i*, m.

levure, f. *Cervisiae spuma, ae,* f.
lexique, m. *Glossarium, ii,* n.
lézard, m. *Lacertus, i,* m. *Lacerta, ae,* f.
lézarde, f. *Rima, ae,* f.
lézarder (se), r. *Rimas agere, o**. Lézardé, *rimosus, a, um.*
liaison, f. **1.** *Junctio, onis,* f. ◆ **2.** (Fig.) (Entre des propositions, des affaires) *Conjunctio, onis,* f. ◆ **3.** Amitié. *Conjunctio. Consuetudo, inis,* f. *Necessitas, atis,* f. Il n'y avait pas de — entre nous, *mihi nihil erat cum illo;* former une — avec, *societatem contrahĕre* cum;* rompre une ancienne —, *veterem conjunctionem dirimĕre**. (Pl.) *Amicitiae, arum,* fpl. *Necessitudines, um,* fpl. ◆ **4.** Liaison amoureuse, *amor, oris,* m.
liant, ante. I. Adj. Affable. *Comis, e.* ◆ **2.** Nom m. *Comitas, atis,* f.
liard, m. **1.** *Teruncius, ii,* m. ◆ **2.** (Fig.) Perdre jusqu'à son dernier —, *perdĕre* omnia ad assem.*
liasse, f. *Fasciculus, i,* m.
Liban. *Libanus, i,* m.
libation, f. **1.** *Libatio, onis,* f. *Libamentum, i,* n. Faire des — en l'honneur des dieux, *libare diis aliquid.* ◆ **2.** (Fig.) *Perpotationes, um,* fpl. Faire d'amples —, *perpotare.*
libelle, m. (*Famosus, i*) *libellus, i,* m.
libeller, tr. *Conscribĕre, o**.
libéral, ale, adj. **1.** Digne d'un homme libre. *Liberalis, e.* Qui a reçu une éducation —, *liberaliter educatus, a, um.* ◆ **2.** Qui donne largement. *Munificus, a, um. Largus.*
libéralement, adv. **1.** *Liberaliter.* ◆ **2.** *Munifice. Large.* Qui prête —, *benignus ad commodandum.*
libéralité, f. **1.** Penchant à donner. *Liberalitas, atis,* f. *Largitas, atis,* f. ◆ **2.** Don. *Donum, i,* n. *Munus, eris,* n. Libéralités, *largitio, onis,* f.
libérateur, trice, m. f. *Liberator, oris,* m. *Libertatis vindex, icis,* m. f.
libération, f. *Liberatio, onis,* f.
libérer, tr. *Liberare* (de, abl.); — du service militaire, *exauctorare;* se — d'une dette, *nomen solvĕre**.
liberté, f. **1.** Civique. *Libertas, atis,* f. Avoir toute sa —, *esse sui juris;* donner la — (à un esclave), *libertatem dare* (*alicui*)*;* (à un prisonnier), *liberare* (*aliquem*) *custodiā.* ◆ **2.** Politique. *Libertas.* Rendre la — (à un peuple), *in libertatem vindicare* (acc.). ◆ **3.** Morale. *Liberum arbitrium,* n. La — (d'action), *libertas; potestas, atis,* f.; *facultas, atis,* f.; j'ai la — de (faire), *habeo* potestatem* (*faciendi*); je n'ai plus la — de, *non jam mihi licet** (inf.); donner à qqn la — de, *potestatem facĕre* (*io**) *alicui* (gén. du gér.); ne pas laisser à qqn la — de, *non sinĕre** (prop. inf.); en pleine —, *libere.* ◆ **4.** Loisir. *Otium, ii,* n. Avec une entière — d'esprit, *animo vacuo;* si j'avais toute ma — d'esprit, *si mei compos*

essem. ◆ **5.** Hardiesse. *Libertas verborum.* Parler avec —, *libere loqui*.* ◆ **6.** Licence. *Libertas. Licentia, ae,* f. Prendre toutes les —, *omnia sibi permittĕre*;* prendre des — avec, *liberius agere cum;* j'ai pris la — de t'écrire, *sumpsi* hoc mihi ut ad te scriberem*.* ◆ **7.** Aisance. *Mobilitas, atis,* f. Qui a la — de ses mouvements, *expeditus, a, um.*

libertin, ine, adj. *Libidinosus, a, um.*

libertinage, m. **1.** *Libido, inis,* f. *Flagitia, iorum,* npl. ◆ **2.** D'imagination. *Lascivia, ae,* f.

libraire, m. *Bibliopola, ae,* m.

librairie, f. *Libraria taberna,* f.

libre, adj. **1.** Socialement. *Liber, era, erum.* De condition —, *ingenuus, a, um;* — ou enchaîné, *solutus aut vinctus.* ◆ **2.** Politiquement. *Liber.* Vivre —, *libere agĕre*;* si la république était —, *si res publica sui juris ac mancipii esset.* ◆ **3.** Moralement. *Liber.* Je suis — de, *mihi liberum est* (inf.); — choix, *soluta eligendi optio,* f.; avec un esprit entièrement —, *animo integro ac libero;* libre de crainte, de toute affaire, *metu liber; negotiis vacuus;* libre d'impôts, *immunis, e.* ◆ **4.** Oisif. *Liber. Vacuus, a, um. Solutus, a, um.* Être —, *vacare;* être — d'esprit, *vacare animo;* instants —, *vacua tempora,* npl. ◆ **5.** Hardi. *Liber.* Être — dans ses propos, *licenter garrire.* ◆ **6.** Licencieux. *Liber.* Vie trop —, *dissoluti mores,* mpl. ◆ **7.** Aisé. *Liber. Solutus, a, um.* ◆ **8.** Ouvert, vide. *Expeditus, a, um.* Le chemin est —, *patet* iter;* avoir la mer —, *mare liberum habēre*;* terrain —, *aperti campi,* mpl.; maison —, *inanis domus,* f.; la maison est —, *vacat domus;* laissant le champ —, *dato libero spatio;* (fig.) *concedens* (à, dat.). ◆ **9.** Non marié. *Caelebs, ibis.* (Jeune fille) qui reste —, *non nupta.*

librement, adv. **1.** En homme libre. *Libere.* ◆ **2.** Sans contrainte ou sans obstacle. *Libere. Solute.* On a pu —, *solutum fuit* (inf.). ◆ **3.** Spontanément. *Ultro.* ◆ **4.** Hardiment. *Libere. Ingenue.* Parler —, *liberā linguā uti*.* ◆ **5.** Licencieusement. *Improbe.*

1. lice, f. **1.** Carrière. *Curriculum, i,* n. ◆ **2.** (Fig.) Entrer en — contre, *concurrĕre* cum.*

2. lice, f. Chienne. *Canis, is,* f.

licence, f. **1.** Permission. *Facultas, atis,* f. ◆ **2.** Dérogation aux règles. *Licentia, ae,* f. ◆ **3.** Liberté excessive. *Licentia.* (Contre les mœurs) *Libido, inis,* f. S'abandonner à la —, *lascivire;* avec —, *effrenate.*

licenciement, m. *Dimissio, onis,* f.

licencier, tr. *Dimittere, o*.*

licencieusement, adv. *Obscene.*

licencieux, euse, adj. *Protervus, a, um.*

licite, adj. *Legitimus, a, um.*

licorne, f. *Monoceros, otis,* m.

licou, m. *Capistrum, i,* n.

Mettre un — à, *incapistrare* (acc.).

licteur, m. *Lictor*, *oris*, m.

lie, f. **1.** *Faex*, *faecis*, f. ◆ **2.** (Fig.) *Faex*. Dans la — du peuple, *apud sordem urbis*.

liège, m. **1.** Chêne-liège. *Suber*, *eris*, n. ◆ **2.** Écorce. *Suberis cortex*, *icis*, m. f.

lien, m. **1.** *Vinculum*, *i*, n. (D'osier) *Vimen*, *inis*, n. (De bois) *Catena*, *ae*, f. ◆ **2.** (Fig.) *Vinculum*. Les liens du sang, *vincula propinquitatis;* par les — les plus forts, *summā necessitudine;* les — de l'amitié, *amicitiae nodus*, *i*, m.; rompre les — de l'amitié, *amicitiam praecīdere**; pour resserrer les — d'une alliance, *firmandae societatis causā;* les — du corps, *corporis vincula* ou *compedes*, fpl.

lier, tr. **1.** Serrer avec un lien. *Colligare*. *Vincire**. Lier à, *alligare ad;* fou à —, *constringendus*. ◆ **2.** (Fig.) Livrer qqn pieds et poings liés, *vinctum constrictumque aliquem tradĕre*;* — les mains à qqn, *impedire aliquem;* — la langue, *linguam praecludĕre** ou *astringĕre**. ◆ **3.** Réunir. *Coagmentare*. *Conglutinare*. Lier des mots ensemble, *verba jungĕre**; être lié, *cohaerēre**. ◆ **4.** Engager. On lie conversation, *sermo oritur*;* lier amitié avec, *amicitiam jungĕre* cum*. ◆ **5.** Rendre amis. *Conjungĕre*, *o**. Lié (par l'amitié ou la parenté), *conjunctus* (dat. ou *cum*, abl.). ◆ **6.** Obliger. *Obligare*. *Constringĕre*, *o**. — par un serment, *obligare sacramento*.

SE LIER, r. **1.** Se réunir. *Cohaerescere*, *o**. *Cohaerere*, *eo** (*cum*). ◆ **2.** Devenir ami. *Se copulare cum*. *Amicitiam jungĕre* cum*. ◆ **3.** Faire alliance. *Jungĕre* societatem*. ◆ **4.** S'obliger. *Se obligare*. *Se obstringere**. Se — envers qqn, *obstringĕre fidem suam alicui*.

lierre, m. *Hedera*, *ae*, f.

lieu, m. **1.** Sens local. *Locus*, *i*, m. (pl. : *loca*, *orum*, n.). En qq. — que (sans mouv.), *ubicumque;* (avec mouv.), *quocumque;* qui connaît les —, *locorum sciens;* être sur les —, *interesse** (*in*, abl.); faire une descente sur les —, *in rem praesentem venire*;* — étroit, *angustiae* (*arum*, fpl.) *loci;* dans un — sec, *in sicco;* dans un — découvert, *in aperto;* dans un — sûr, *in tuto;* le — de sa résidence, *domicilium*, *ii*, n.; changer de —, *mutare sedem*. ◆ **2.** Sens temporel. *Locus*. En temps et —, *tempore;* ce n'est pas le — de raconter, *nunc non est locus narrandi;* s'il y a —, *si fuerit occasio;* il n'y a pas — de, *non est quod* (subj.); j'ai — de, *possum** (inf.); *habeo* quod* (subj.); donner — à, *locum* ou *ansam dare** (dat.); donner — de, *dare* locum* (gén. du gér.) ou *ansas ad* (acc. du gér.); avoir —, *fieri*; evenire**. ◆ **3.** (Fig.) Place. *Locus*. En premier —, *primo;* tenir — de père à qqn, *esse alicui parentis numero* ou *in parentis loco;*

au — de, *pro* (abl.); au — de (faire), *cum non* (subj.); *non modo non* (indic.), *sed;* au — que toi, *at contra tu.* ◆ **4.** Origine. *Locus.* De fort bon —, *natus illustri loco;* je tiens cela de bon —, *id certis auctoribus compĕri**. ◆ **5.** Lieux communs. *Loci, orum,* mpl.

lieue, f. *Leuca, ae,* f. Cela est à cent — de ma pensée, *longe aliter sentio**.

lieutenant, m. **1.** Du général. *Legatus, i,* m. ◆ **2.** Du centurion. *Optio, onis,* m.

lièvre, m. **1.** *Lepus, oris,* m. Lever un —, *leporem excitare.* ◆ **2.** (Fig.) On ne peut courir deux — à la fois, *utrumque simul agi non potest**; c'est là que gît le —, *in hoc rei cardo vertitur**.

ligament, m. *Habena, ae,* f.

ligature, f. *Vinctura, ae,* f.

lignage, m. *Stirps, pis,* f.

ligne, f. **1.** Trait. *Linea, ae,* f. Tracer une —, *lineam ducĕre**; les — du visage, *lineamenta, orum,* npl. En droite —, *rectis lineis.* ◆ **2.** (Fig.) — de conduite, *ratio, onis,* f.; *via, ae,* f.; suivre la même — de conduite, *tenēre** *idem institutum;* s'écarter de la — du devoir, *ab officio recedĕre**. ◆ **3.** Rangée. *Ordo, inis,* m. Ligne d'écriture, *versus, us,* m.; ne pas écrire une seule —, *nullam litteram scribĕre**; mettre en — de compte, *rationem habēre** (*rei*); la première — (de bataille), *prima acies,* f.; ranger l'armée sur trois —, *triplicem aciem instituĕre;* déployer ses —, *aciem explicare**; sur toute la —, *totā acie;* être en —, *primario loco esse.* ◆ **4.** (Fig.) Mettre qqn ou qqch. en première —, *primas alicui deferre**; mettre sur la même — que, *in aequo ponĕre* (*aliquem alicui; aliquid alicui rei*); hors —, *longe ante alios.* ◆ **5.** Lignes de défense. *Munimenta, orum,* npl. — de circonvallation, *vallum, i,* n.; — d'approche, *opera, um,* npl.; — de communication, *via, ae,* f. ◆ **6.** Cordeau. *Linea. Amussis, is* (acc. *im*), f. Ligne (pour la pêche), *linea;* jeter sa —, *lineam mittĕre**; pêcher à la —, *piscem hamo capĕre, io**. ◆ **7.** Généalogie. *Linea.* — collatérale, *transversa linea.* ◆ **8.** Ligne (équinoxiale). *Circulus aequinoctialis,* m.

lignée, f. *Proles, is,* f.

ligue, f. *Societas, atis,* f.

liguer, tr. *Consociare.*

SE LIGUER, r. **1.** (États). *Foederari. Societatem facere, io**. ◆ **2.** (Particuliers) *Conjungĕre** *sese* (*cum*). Tout le monde se ligue contre moi, *omnia mihi infesta et inimica sunt.*

Ligurie. *Liguria, ae,* f. De —, *Ligus, uris,* m. f. *Ligusticus, a, um.*

limace, f. *Cochlea* (*nuda*), f.

limaçon, m. *Cochlea, ae,* f.

limaille, f. *Scobis, is,* f.

limande, f. *Passer, eris,* m.

limbe, m. Bord. *Limbus, i,* m.

limbes, mpl. *Limbus, i,* m.

lime, f. *Lima, ae,* f.

limer, tr. **1.** *Limare.* ◆ **2.** (Fig.) *Limare. Elimare.*
limier, m. *Canis, is,* m.
limitation, f. (De temps) *Temporis circumscriptio, onis,* f. Sans — de temps, *ad infinitum tempus.*
limite, f. **1.** (Sens local) *Terminus, i,* m. *Fines, ium,* mpl. Fixer les —, *fines terminare;* avoir pour —, *continēri** (abl.); servir de — à, *definire* (acc.); reculer les — d'un Etat, *fines imperii propagare.* **2.** (Sens temporel) *Spatium, ii,* n. ◆ **3.** (Fig.) *Terminus. Fines. Modus, i,* m. Tracer les — d'une ch., *constituěre fines* (*rei*); étroites —, *angustiae, arum,* fpl.; dépasser la —, *modum exceděre*;* la dernière —, *extremum, i,* n.; dans la — de son pouvoir, *pro suā facultate.*
limiter, tr. **1.** *Terminare. Finire.* ◆ **2.** (Fig.) *Terminos* (gén.) *circumscribere, o** ou *definire.* Se —, *certos fines sibi constituěre;* limité par le temps, *temporis angustiis inclusus, a, um.*
limitrophe, adj. *Finitimus, a, um* (dat.). Être — de, *pertinēre* ad.*
limon, m. Bourbe. *Limus, i,* m. *Lutum, i,* n.
limoneux, euse, adj. *Limosus, a, um.*
limpide, adj. **1.** *Perlucidus, a, um.* Être —, *perlucēre*.* ◆ **2.** (Fig.) Style —, *oratio liquida* ou *perlucens.*
limpidité, f. (Des eaux) (*Aquarum*) *liquor, oris,* m.
lin, m. *Linum, i,* n. *Carbasus, i,* m. f. (pl. : *a, orum,* n.). Fil de —, *linum;* de —, *linteus, a, um; carbaseus;* tissu de —, *linteum, i,* n.
linceul, m. *Sindon, onis,* f.
linéaire, adj. *Linearis, e.*
linéament, m. *Lineamentum, i,* n.
linge, m. *Linteum, i,* n. De —, *linteus, a, um.*
lingère, f. *Sarcinatrix, icis,* f.
lingot, m. **1.** (D'or) *Palaga, ae,* f. ◆ **2.** (Cuivre) en —, (*aes*) *grave.*
liniment, m. *Lenimentum, i,* n.
linon, m. *Carbasus, i,* m. f.; (pl. : *a, orum,* n.).
linot, otte, m. et f. **1.** *Linaria, ae,* f. ◆ **2.** (Fig.) Avoir une tête de linotte, *non sapěre, io*.*
linteau, m. *Supercilium, ii,* n. (D'une porte) *Limen* (*inis,* n.) *superum* (*i*).
lion, m. *Leo, onis,* m. De —, *leoninus, a, um.*
lionceau, m. *Leaenae catulus, i,* m.
lionne, f. *Leaena, ae,* f.
lippe, f. *Labea, ae,* f.
lippée, f. Franches —, *cibus alienus,* m.
lippu, ue, adj. *Labiosus, a,* ~~*um. Labeo*~~, *onis,* m.
liquéfaction, f. *Fusura, ae,* f.
liquéfier, tr. *Liquare. Liquefacěre, io*.*
SE LIQUÉFIER, r. *Liquari. Liquefieri*.*
liqueur, f. *Liquor, oris,* m.
liquide. I. Adj. **1.** *Liquidus, a, um.* ◆ **2.** (Fig.) De l'argent —, *pecunia expeditissima.* ◆ **II.**

Nom m. *Liquor, oris*, m. *Umor, oris*, m.
liquider, tr. *Expedire. Solvere, o**. — une banque, *argentariam exsolvĕre**. Se — avec qqn, *solvĕre** *alicui*.
lire, tr. **1.** *Legere, o**. — un livre, *librum evolvĕre**; — jusqu'au bout, *perlegĕre**; — à la hâte, *translegĕre**; — souvent, *lectitare;* j'ai lu dans, *legi** *apud* (acc.); enseigner à lire, *litteras docēre** (*aliquem*); lire à haute voix, *recitare; de scripto dicĕre**; lire à qqn, *alicui legĕre* ou *recitare.* ◆ **2.** (Fig.) Deviner. *Intellegĕre.* Lire dans le cœur (de qqn), *apertum pectus vidēre**; — dans l'avenir, *prospicĕre* (*io**) *futura;* tu aurais lu sur mon visage, *ex vultu perspicĕre potuisses**.
lis, m. *Lilium, ii*, n. Blanc comme un —, *niveus, a, um.*
liséré, m. *Limbus, i*, m.
liseron, m. *Convolvulus, i*, m.
liseur, m. Grand —, *helluo librorum.*
lisible, adj. *Lectu facilis, e.*
lisiblement, adv. *Luculente.*
lisière, f. **1.** D'une étoffe. *Limbus, i*, m. ◆ **2.** Pour enfant. *Fasciae, arum*, fpl. *Lorum, i*, n. ◆ **3.** (Fig.) Extrémité. *Ora, ae*, f.
lisse, adj. *Lēvis, e.*
lisser, tr. *Levigare. Polire.*
liste, f. **1.** *Libellus, i*, m. ◆ **2.** Des sénateurs, magistrats, etc. *Album, i*, n. ◆ **3.** De livres. *Index, icis*, m.
lit, m. **1.** Gîte. *Cubile, is*, n. ◆ **2.** Meuble. *Lectus, i*, m. Mettre au —, *collocare in lecto;* aller au —, *ire** *cubitum;* être au —, *cubare**; garder le —, *in lecto detinēri**; sortir du —, *surgĕre** *e lecto;* faire le —, *lectum sternĕre**; à son — de mort, *moriens, entis;* fils, fille du premier —, *privignus, i*, m.; *privigna, ae*, f. ◆ **3.** (Fig.) Couche, banc. *Cubile.* — de pierres, *corium, ii*, n.; faire un — de qqch., *substernĕre** (acc.). ◆ **4.** Lit (d'un fleuve). *Alveus, i*, m. Sortir de son —, *alveum relinquĕre**.
litanie, f. *Litania, ae*, f.
litharge, f. *Lithargyros, i*, m.
litière, f. **1.** Voiture. *Lectica, ae*, f. Petite —, *lecticula, ae*, f. — portée par 6, 8 hommes, *hexaphorum, i*, n.; *octophoron, i*, n.; aller en —, *lecticā ferri**. ◆ **2.** Paille. *Stramentum, i*, n. ◆ **3.** (Fig.) Faire — de, *calcare* (acc.).
litige, m. *Lis, litis*, f. En —, *litigiosus, a, um; controversus.*
littéraire, adj. *Litterarius, a, um.* Études —, *litterae, arum*, fpl.
littéralement, adv. *Ad verbum.* Traduire —, *verbum pro verbo reddĕre**.
littérateur, m. *Philologus, i*, m. *Litterarum peritus.*
littérature, f. *Litterae, arum*, fpl. Il avait beaucoup de —, *multae in eo erant litterae;* questions de —, *philologia, ae*, f.; la — grecque, *Graeca scripta*, npl.
littoral, m. *Ora, ae*, f. *Litus, oris*, n.

liturgie, f. *Liturgia, ae*, f.
liturgique, adj. Les paroles —, *sollemnia verba*, npl.
livide, adj. *Lividus, a, um*. Être —, *livēre**; devenir —, *livescĕre**.
lividité, f. *Livor, oris*, m.
livraison, f. **1.** Action de livrer. *Traditio, onis*, f. ◆ **2.** Fascicule. *Libellus, i*, m.
1. livre, m. **1.** *Liber, bri*, m. Petit —, *libellus, i*, m.; faire un —, *librum scribĕre**. ◆ **2.** Livre de comptes. *Codex, icis*, m. *Tabulae, arum*, fpl. *Libellus, i*, m.
2. livre, f. *Libra, ae*, f. *Pondo*, indécl. D'une —, *libralis, e*; de 2 —, *bilibris, e*; demi —, *selibra, ae*, f.: une — et demie, *sesquilibra, ae*, f.
livrer, tr. **1.** Remettre. *Tradere, o**. *Dedere, o**. (Par trahison) *Prodere, o**. Demander qu'on livre qqn, *deposcere* aliquem*. ◆ **2.** (Fig.) Livrer tout à qqn, *permittĕre alicui omnia*; — passage, *transitum dare**; — bataille, *proelium committĕre**; livré à lui-même, il est..., *solus per se est...*; ville livrée au pillage, *urbs relicta direptioni*; livré (à une occupation), *deditus* (dat.).
SE LIVRER, r. **1.** *Se dedĕre** (dat.). *Se permittĕre** (dat.). Se — aux regards de qqn, *dare* se in conspectum alicui*. ◆ **2.** Se trahir. *Se indicare*. ◆ **3.** Se confier. *Concredere, o** (dat.). ◆ **4.** S'abandonner à un sentiment, se consacrer à qqn ou à qqch. *Se dedĕre** (dat.). *Se dare** (dat.). *Se tradĕre** (dat.).
livret, m. *Libellus, i*, m.
lobe, m. **1.** *Fibra, ae*, f. ◆ **2.** De l'oreille, *auricula, ae*, f.
local, m. et **localité**, f. *Locus, i*, m.
locataire, m. et f. *Inquilinus, i*, m. *Conductor, oris*, m. *Inquilina, ae*, f.
location, f. *Locatio, onis*, f. Avoir qqch. en —, *aliquid conducti habēre**.
locution, f. *Locutio, onis*, f.
loge, f. **1.** *Cella, ae*, f. (Pour animaux) *Cavea, ae*, f. (De porcs) *Hara, ae*, f. ◆ **2.** (De théâtre) *Taberna, ae*, f. (Impériale) *Cubiculum, i*, n.
logement, m. *Habitatio, onis*, f. Avoir un très beau —, *magnifice habitare*; prendre un —, *domum conducĕre**; on lui prépara un —, *hospitium ei paratum est*; donner aux soldats des billets de —, *milites per hospitia dispergĕre**.
loger. **I.** Tr. *Hospitium praebere, eo** (dat.). *Hospitio accipere, io** (acc.). ◆ **II.** Intr. **1.** Habiter. *Habitare*. ◆ **2.** Séjourner temporairement. *Deversari*. Aller — chez, *devertĕre* ad*; maison où l'on loge, *deversorium, ii*, n.; celui qui loge dans une hôtellerie, *deversor, oris*, m.; loger à la belle étoile, *manēre* sub Jove*.
SE LOGER, r. **1.** Se — à grands frais, *magni habitare*. ◆ **2.** Se poster, entrer. *Insidere, eo** (acc. ou *in*, abl.).
logette, f. *Cellula, ae*, f.
logeur, euse, m. f. *Caupo*,

onis, m. *Caupona, ae*, f. *Stabularius, ii*, m. *Stabularia, ae*, f.

logique. **I.** Adj. *Dialecticus, a, um.* ◆ **II.** Nom f. *Dialectica, ae*, f.

logiquement, adv. *Dialectice.*

logis, m. *Domus, us*, f. Corps de —, *aedium membra*, npl.; rester au —, *privatim se tenēre**.

loi, f. **1.** Règle obligatoire. *Lex, legis*, f. Les lois, *jus, juris*, n.; cela a force de —, *id jus ratumque est;* faire des —, *leges condĕre*;* porter des — contre la brigue, *leges sancire* de ambitu;* présenter une —, *legem rogare;* publier une —, *legem figĕre*;* soutenir une —, *legem suadēre*;* rejeter un projet de —, *rogationem antiquare;* recourir à la — contre qqn, *lege agĕre* in aliquem;* en vertu de la —, *jure;* contrairement à la —, *contra legem;* il n'a ni foi ni —, *nulla fides pietasque ei;* qui est au-dessus des —, *exlex, legis;* mettre hors la —, *hostem judicare aliquem;* accordé par la —, fondé sur la —, *legitimus, a, um;* loi particulière ou d'exception, *privilegium, ii*, n. ◆ **2.** Autorité. *Lex. Imperium, ii*, n. Faire la — à, *leges imponĕre** (dat.); dicter des — à, *leges dicĕre** (dat.); ranger sous ses —, *in suam dicionem redigĕre*;* recevoir la — de qqn, *sub imperium alicujus cadĕre*;* conserver ses —, *potestatis suae manēre**. ◆ **3.** Loi naturelle. (Phys.) *Naturae foedus, eris*, n. (Mor.) *Naturae praescriptio, onis*, f. La mort est une — de la nature, *mors est necessitas naturae;* ce qui est contraire aux — de la nature, *quod natura non patitur**. ◆ **4.** Règle. *Lex. Regula, ae*, f. Les — de l'éloquence, *leges eloquentiae; rationes et praecepta dicendi;* je me suis fait une — de, *legem mihi statui* (inf.).

loin, adv. **1.** Sens local. (A qq. distance) *Procul.* (A longue distance) *Longe.* Être —, *longe abesse*;* aller plus —, *progredi* (*ior**) *ultra; longius discedĕre*;* il n'y a pas —, *non longa est via.* ◆ **2.** Sens temporel. Le châtiment n'est pas —, *instant* poenae;* remettre bien —, *in longinquum tempus differre*;* le temps est déjà — où, *jam diu factum* est cum* (indic.); voir — dans l'avenir, *in posterum longe prospicĕre, io**. De — en —, *interdum.* ◆ **3.** (Fig.) Aller trop —, *ultra modum progredi* (*ior**); j'irai plus —, *progrediar* longius;* aller — (s'élever), *honoribus procedĕre*;* (le malade) ne peut aller —, *in propinquo mors est;* laisser les autres — derrière soi, *omnes procul a se relinquĕre;* il ne le portera pas —, *haud impune illi erit;* son esprit est —, *peregre est animus.* ◆ **4.** Au loin, loc. adv. *Procul. Longe.* Se répandre au —, *longe late-*

*que se pandĕre**. ◆ 5. DE LOIN, loc. adv. *Procul. Longe.* Lancer de —, *eminus jacĕre, io**; du plus — qu'il me vit, *ut me conspexit**; exorde tiré de si —, *tam longe repetita principia;* reprendre les choses de —, *res repetĕre* ex alto;* prévoir de —, *longe providēre**; du plus — qu'il m'en souvienne, *quoad longissime potest* mens mea respicĕre**. ◆ 6. LOC. PRÉP. *Procul* (abl. avec ou sans *ab*). *Longe ab.* Qu'il y a — d'ici à, *quam longe est hinc in* (acc.); — d'ici! *apage!* Être — de son pays, *domo carēre**; — de tout témoin, *remotis arbitris;* nous sommes encore — de, *longe abest* tempus* (gén.); être — du danger, *abesse* periculo;* — de nous la complaisance, *assentatio procul amoveatur**. ◆ 7. LOIN DE (dev. un verbe), et LOIN QUE, loc. conj. Être — de, n'être pas — de, *longe abesse* ut* (subj.); *haud multum abesse quin* (subj.); je ne suis pas — de partager cette opinion, *labor* eo ut assentiar**; bien — de..., il..., *tantum abest* ut* (subj.)..., *ut* (subj.).

lointain, aine. I. Adj. *Longinquus, a, um.* ◆ **II.** Nom m. *Recessus, us,* m. Les — (en peinture), *prospectus, us,* m.

loir, m. *Glis, iris,* m.

Loire. *Liger, eris,* m.

loisible, adj. *Licitus, a, um.* Il lui est — de, *licet* ei* (inf.).

loisir, m. *Otium, ii,* n. Moments de —, *vacuum tempus,* n. Être de —, *vacare;* qui est de —, *otiosus, a, um;* consacrer ses — à, *otium suum consumĕre* in* (abl.); donner à qqn le — de, *dare* alicui spatium* (*faciendi* ou *ad faciendum*); si tu en as le —, *si vacabis;* à —, *otiose;* faire à —, *maturare.*

lombes, mpl. *Lumbi, orum,* mpl.

Londres. *Londinium, ii,* n.

long, gue, adj. **1.** Dans l'espace. *Longus, a, um.* Long de trois pieds, *longus tres pedes;* — cou, *procerum collum;* avoir les cheveux —, *esse promisso capillo;* avoir la vue longue, *longe videre**; amassé de longue main, *diu collectus;* en savoir plus long, *plus scire.* ◆ **2.** Dans le temps. *Longus. Diuturnus, a, um.* Longue durée, *diuturnitas, atis,* f.; faire de longs voyages, *longe lateque peregrinari;* longue conversation, *multus sermo,* m.; à la longue, *diuturnitate;* il trouve le temps long, *longinquum est illi;* être long à croître, *diu crescĕre**; long à apprendre, *tardus ad discendum;* long à se décider, *cunctans;* (syllabe) longue, *longa, ae,* f. ◆ **3.** Nom m. *Longitudo, inis,* f. Fendre en —, *in longitudinem diffindĕre**; passer sa main tout du — sur, *tractim tangĕre**; en — et en large, *longe lateque;* aller de — en large, *spatiari; transverso foro ambulare;* s'étendre tout de son —, *corpus sternĕre**.

◆ **4.** Loc. prép. Le long de. *Secundum* (acc.). *Propter* (acc.). Le — d'une corde, *per funem;* tout le — du jour, *toto die.* ◆ **5.** Loc. adv. Au long, tout au long. *Copiose. Fuse.* Écrire plus au —, *plura scribĕre**.

longanimité, f. *Clementia, ae,* f. Montrer de la —, *injurias lente ferre**.

longe, f. *Capulum, i,* n. Mener un cheval par la —, *loris equum ducĕre**.

longer, tr. *Ire* (*eo**) *praeter* (acc.). Ruisseaux qui — la forêt, *rivi prope silvas.*

longévité, f. *Longa vita,* f.

longtemps, adv. *Diu.* Plus —, *diutius;* très —, *diutissime; perdiu;* — d'avance, *longe ante;* — après, *multo post;* si —, depuis si —, *tamdiu;* si — après, *tanto post;* aussi — que, *tamdiu quamdiu;* le plus — que tu aurais pu, *quoad potuisses**; qui vit ou doit vivre —, *vitalis, e;* qui dure —, *diuturnus, a, um;* depuis —, *jam diu;* il y a —, *dudum; jam dudum;* il n'y a pas —, *nuper;* il y a — que, *jam dudum est cum* (indic.).

longuement, adv. **1.** V. Longtemps. ◆ **2.** Avec étendue. *Fuse.* Parler —, *multa dicĕre**; écrire plus —, *plura scribĕre**.

longuet, ette, adj. *Longulus, a, um.*

longueur, f. **1.** Dans l'espace. *Longitudo, inis,* f. (Le pays) s'étend en —, *patet** *in longitudinem;* une seule rue traverse la ville dans toute sa —, *in urbe una via perpetua est.* ◆ **2.** Dans le temps. *Longitudo. Diuturnitas, atis,* f. (Lenteur) *Mora, ae,* f. *Tarditas, atis,* f. Traîner en —, *ducĕre**; des longueurs (dans un ouvrage), *morae,* fpl.

loquace, adj. *Loquax, acis.*

loquacité, f. *Loquacitas, atis,* f.

loque, f. *Pannus, i,* m.

loquet, m. *Pessulus, i,* m.

lorgner, m. *Limis oculis intueri, eor**.

loriot, m. *Chlorion, onis,* m.

Lorraine. *Lotharingia, ae,* f. De —, *Lotharingus, a, um.*

lors, adv. v. alors. **1.** Dès —, *jam tum.* ◆ **2.** (Fig.) *Ergo;* depuis —, *exinde;* — de ton départ, *sub istā profectione;* — même que. V. lorsque.

lorsque, conj. **1.** Temporelle, marquant : *a*) le moment : *Quando* (indic.). *Cum* (indic., ou subj. si le verbe est à l'impf. ou au pl.-q.-pf.). Lorsque nous étions à souper, *cenantibus nobis.* *b*) La répétition : *Cum* (indic.). *Quotiens* (indic.). ◆ **2.** Causale. *Cum* (subj.). ◆ **3.** Concessive. *Cum* (subj.). Lors même que, *etiamsi* ou *etsi* (syntaxe de *si*).

losange, m. *Rhombus, i,* m.

lot, m. **1.** *Pars, partis,* f. Avoir pour —, *sortiri* (acc.). ◆ **2.** (Fig.) Destinée. *Sors, sortis,* f.

loterie, f. **1.** *Sors, sortis,* f. ◆ **2.** (Fig.) *Alea, ae,* f.

lotion, f. *Lotio, onis,* f.

lotir, tr. *Partiri.*

lotissement, m. *Partitio, onis,* f.

lotus, m. *Lotus, i,* f.

louable, adj. *Laudabilis, e. Laudandus, a, um.*

louablement, adv. *Laudabiliter.*

louage, m. (Par rapport au propriétaire) *Locatio, onis,* f. (Par rapport au locataire) *Conductio, onis,* f. De — (pris à —), *conductus, a, um;* (donné à —), *vectigalis, e.*

louange, f. *Laus, laudis,* f. Combler qqn de —, *laudibus efferre* aliquem;* recevoir des —, *laudibus affici, ior*;* chanter les — de, *canĕre* de virtutibus* (gén.).

louangeur, euse, m. et f. *Laudator, oris,* m. *Laudatrix, icis,* f.

louche, adj. **1.** *Strabo, onis,* m. *Strabus, a, um.* Un peu —, *paetulus, a, um;* yeux —, *perversi oculi.* ◆ **2.** (Fig.) *Ambiguus, a, um.*

loucher, intr. *Strabonem esse.*

1. louer, tr. **1.** Donner à louage. *Locare.* Celui qui se loue, *mercennarius, a, um.* ◆ **2.** Prendre à louage. *Conducĕre*.*

2. louer, tr. Donner des louanges à. *Laudare. Praedicare.* Louer qqn de qqch, *laudi dare* aliquid alicui;* — qqch., *probare aliquid.*

SE LOUER, r. *Gloriosius de se ipso praedicare.* Se — de qqn, *probare aliquem;* — de qq. ch., *gratulari sibi rem;* — de ce que, *quod* (indic.).

1. loueur, m. Qui donne à louage. *Locator, oris,* m.

2. loueur, euse, m. et f. Qui donne des louanges. *Laudator, oris,* m. *Laudatrix, icis,* f.

louis, m. *Aureus, i,* m.

loup, m. *Lupus, i,* m. A pas de —, *presso gradu;* quand on parle du —..., *lupus in fabulā;* tenir le — par les oreilles*, *tenēre lupum auribus;* les — ne se mangent pas entre eux, *canis caninam non est*.*

loup-cervier, m. *Cervarius (ii) lupus (i),* m.

loupe, f. Tumeur. *Ganglion, ii,* n.

lourd, de, adj. *Gravis, e.* Tous les corps —, *omnia pondera;* tête lourde, *caput gravatum;* parole —, *debilitas (atis,* f.) *linguae;* la tâche est trop — pour toi, *tanto impar es oneri;* lourd (d'esprit), *tardus, a, um; plumbeus.*

lourdaud, aude, adj. *Tardus, a, um. Bardus.*

lourdement, adv. **1.** *Graviter.* ◆ **2.** Lentement. *Tarde.* ◆ **3.** Grossièrement. *Insulse.* ◆ **4.** Grandement. *Magno opere.*

lourdeur, f. *Gravitas, atis,* f. (D'esprit) *Tarditas, atis,* f.

loutre, f. *Lutra, ae,* f.

louve, f. *Lupa, ae,* f.

louvoyer, intr. **1.** *Hinc atque hinc ad ventos obliqua transferre* vela.* ◆ **2.** (Fig.) Biaiser. *Tergiversari.*

loyal, ale, adj. **1.** (Pers.) *Sincerus, a, um. Probus.* ◆ **2.** (Ch.) *Probus, a, um.*

loyalement, adv. *Sincere. Aperte.*

loyauté, f. *Fides, ei,* f. *Probi-*

tas, atis, f. Sans —, *infidus, a, um*.
loyer, m. *Merces, edis*, f.
lubie, f. *Libido, inis*, f. *Prolubium, ii*, n.
lubricité, f. *Salacitas, atis*, f.
lubrifier, tr. *Lubricare*.
lubrique, adj. *Salax, acis. Petulans, antis*.
lubriquement, adv. *Proterve*.
lucarne, f. *Fenestella, ae*, f.
lucide, adj. *Dilucidus, a, um*.
lucidité, f. *Perspicuitas, atis*, f. Avec —, *dilucide*.
Lucifer. *Lucifer, eri*, m.
Lucine. *Lucina, ae*, f.
luciole, f. *Cicindela, ae*, f.
lucratif, ive, adj. *Quaestuosus, a, um*.
lucrativement, adv. *Quaestuose*.
lucre, m. *Lucrum, i*, n.
luette, f. *Uva, ae*, f.
lueur, f. **1.** *Lux, lucis*, f. Jeter une faible —, *sublucēre**; aux premières lueurs du jour, *primā luce*. ◆ **2.** (Fig.) Une — de, *quasi lumen aliquod* (gén.); de faibles —, *igniculi, orum*, mpl.; — d'espoir, *specula, ae*, f.
lugubre, adj. *Lugubris, e. Luctuosus, a, um*. Chant —, *nenia, ae*, f.; sur un air —, *flebilibus modis*.
lugubrement, adv. *Flebiliter*.
lui, pr. pers. V. IL. ◆ LUI-MÊME. *Ipse*.
luire, intr. **1.** *Lucere, eo*. Elucere, eo**. Commencer à —, *illucescĕre**; le jour commence à —, *lucescit**. ◆ **2.** (Corps poli) *Micare**. (Corps onctueux) *Nitere, eo**.
lumière, f. **1.** *Lux, lucis*, f. *Lumen, inis*, n. La — du jour, *dies*; répandre sa —, *lumen facĕre, io**; effets de —, *illustrata, orum*, npl.; approcher une —, *lumen admovēre** (dat.); aux —, *ad lumina*. ◆ **2.** (Fig.) La — de la raison, de la vérité, *lumen mentis; lux veritatis*; jeter de la — sur, *lumen adhibēre** (dat.); mettre en —, *proferre* in lucem*; je n'ai là-dessus aucune —, *nihil de hoc comperi**. ◆ **3.** La vue. (*Oculorum*) *lumina, um*, npl. Privé de la —, *amissis luminibus*. ◆ **4.** La vie. *Lux*. Priver de la —, *privare luce*. ◆ **5.** (Pl.) Intelligence. Connaissances. *Prudentia, ae*, f. Les — naturelles, *lumen naturae*; avoir beaucoup de —, *intelligentiam* ou *cor habēre**; avoir recours aux — de qqn, *consilio alicujus uti**; prêter le concours de ses —, *lucem consilii sui porrigĕre**; selon tes —, *pro tuā prudentiā*; les — de la science, *doctrina, ae*, f.; qui a des —, *cordatus, a, um*; qui a peu de —, *omnium rerum rudis, e*. ◆ **6.** Gloire. *Lumen. Decus, oris*, n. Il est la — du barreau, *elucet* in foro*.
lumignon, m. *Ellychnium, ii*, n.
luminaire, m. *Luminaria, ium*, npl.
lumineusement, adv. *Lucide*.
lumineux, euse, adj. **1.** *Clarus, a, um. Nitidus*. ◆ **2.** (Fig.) *Lucidus, a, um*.
lunaire, adj. *Lunaris, e*.
lunaison, f. *Lunaris ratio*, f.

lunatique, adj. *Lunaticus, a, um. Insolens, entis.*

lundi, m. *Lunae dies, ei,* m. f. *Feria secunda,* f.

lune, f. **1.** *Luna, ae,* f. Les phases de la —, *lunaris cursus,* m.; la nouvelle —, *luna nova;* le croissant de la —, *luna crescens;* un quartier de la —, *luna cava;* la pleine —, *luna plena;* le décours de la —, *luna insenescens;* premier jour de la —, *luna prima;* au clair de —, *ad lunam.* ◆ **2.** (Fig.) Fait en demi-lune, *lunatus, a, um;* prendre la — avec les dents, *in caelum ire* (*eo**).

Lupercales. *Lupercalia, ium,* npl.

lupin, m. *Lupinum, i,* n.

lustral, ale, adj. *Lustralis, e.*

lustration, f. *Lustratio, onis,* f.

1. lustre, m. **1.** Éclat. *Nitor, oris,* m. ◆ **2.** (Fig.) *Splendor, oris,* m. Jeter un — sur, *lucem afferre** (dat.); perdre son —, *obsolescĕre**. ◆ **3.** Chandelier suspendu. *Lychnuchus, i,* m.

2. lustre, m. Espace de cinq ans. *Lustrum, i,* n.

lustrer, tr. *Expolire.*

luth, m. *Cithara, ae,* f. Joueur, joueuse de —, *citharista, ae,* m.; *citharistria, ae,* f.; (s'accompagnant en chantant), *citharoedus, i,* m.

lutin. I. Nom m. *Larva, ae,* f. ◆ **II.** Adj. *Turbulentus, a, um.*

lutrin, m. *Analogium, ii,* n.

lutte, m. **1.** (Corps à corps) *Luctatio, onis,* f. (Combat) *Pugna, ae,* f. ◆ **2.** Débat. *Contentio, onis,* f. *Certamen, inis,* n. Les — de l'école, *palaestra, ae,* f.; entrer en — avec, *sibi certamen instituĕre cum;* être en — avec, *contendĕre* cum.* ◆ **3.** Opposition. *Pugna.* Ses passions sont en —, *discordant cupiditates;* il y a — entre le devoir et l'intérêt, *utilitas certat cum honestate.*

lutter, intr. **1.** *Luctari.* ◆ **2.** Combattre. *Pugnare* (*cum*). *Contendere, o*.* Lutter de vitesse, *certare cursu;* les vents luttent entre eux, *adversi venti confligunt*.*

lutteur, m. *Luctator, oris,* m. *Pugil, ilis* (abl. *ili*), m. Comme des —, *palaestrice.*

luxation, f. *Luxatura, ae,* f.

luxe, f. **1.** *Luxuria, ae,* f. Le — des riches, *lautitiae* (*arum,* fpl.) *locupletum;* le — de la table, *epularum sumptus, us,* m.; où il y a du —, qui aime le —, *lautus, a, um;* les industries de —, *elegantiora artificia;* avec —, *luxuriose; laute; sumptuose.* ◆ **2.** (Fig.) — d'expression, *orationis ubertas* (*atis,* f.) ou *divitiae, arum,* fpl.

luxer, tr. *Luxare.* Luxé, *luxus, a, um.*

luxure, f. *Impudicitia, ae,* f. *Nequitia, ae,* f.

luxuriance, f. *Luxuria, ae,* f.

luxuriant, ante, adj. *Luxuriosus, a, um.* Être —, *luxuriare.*

luxurieusement, adv. *Impudice.*

luxurieux, euse, adj. *Impudicus, a, um. Libidinosus.*

luzerne, f. *Medica, ae,* f.
Lycée. 1. Gymnase d'Athènes. *Lyceum, i,* n. ◆ **2.** Mont d'Arcadie. *Lycaeus, i,* m.
lynx, m. *Lynx, cis,* m. f. Yeux de —, *lyncei oculi.*
Lyon. *Lugdunum, i,* n. De — *Lugdunensis, e.*
lyre, f. *Lyra, ae,* f. *Fides, ium,* fpl. Jouer de la —, *fidibus uti** ou *canĕre*;* apprendre, enseigner à jouer de la —, savoir jouer de la —, *fidibus discĕre*, docēre*; fidibus scire;* joueur, joueuse de —, *fidicen, inis,* m.; *fidicina, ae,* f.
lyrique, adj. *Lyricus, a, um.*
lyrisme, m. *Lyricus modus,* m.

M

ma. V. MON.
Macédoine. *Macedonia, ae,* f. Les Macédoniens, *Macedones, um,* mpl.
macération, f. *Maceratio, onis,* f.
macérer. I. Tr. et faire —. *Macerare.* ◆ **II.** Intr. *Macerari.*
mâchefer, m. *Ferri scoria, ae,* f.
mâcher, tr. **1.** *Mandere. o*.* ◆ **2.** (Fig.) Mâcher tout à qqn, *praemandĕre* alicui.*
machinal, ale, adj. *Non voluntarius, a, um.*
machinalement, adv. *Sine industriā.*
machinateur, m. *Machinator, oris,* m.
machination, f. *Machinatio, onis,* f.
machine, f. **1.** *Machina, ae,* f. Mû par des —, *machinatus, a, um;* — de siège, *machinationes, um,* fpl.; — (pour projectiles), *tormenta, orum,* npl. ◆ **2.** (Fig.) La — humaine, *compages humana;* la — ronde, *machina mundi.* ◆ **3.** Invention. *Machina. Machinatio, onis,* f.
machiner, tr. *Machinari. Moliri.*
machiniste, m. *Machinator, oris,* m.
mâchoire, f. *Maxilla, ae,* f. *Mandibulum, i,* n. La — supérieure, *mala, ae,* f.; casser la — à qqn, *malas edentare alicui.*
maçon, m. *Structor, oris,* m.
maçonner, tr. **1.** Construire. *Exstruere, o*.* ◆ **2.** Murer. *Obstruere, o*.*
maçonnerie, f. *Structura, ae,* f. *Caementa, orum,* npl.
maculer, tr. *Maculare.*
madame, f. *Domina, ae,* f.
madré, ée, adj. **1.** Tacheté. *Maculosus, a, um.* ◆ **2.** Rusé. *Vafer, fra, frum.*
madrier, m. *Asser, eris,* m.
magasin, m. **1.** Dépôt. *Receptaculum, i,* n. Mettre en —, *condĕre*;* tirer du —, *promĕre*;* magasins de blé, *subsidia frumentaria,* npl.; — d'armes, *armamentarium, ii,* n. ◆ **2.** Boutique. *Taberna, ae,* f.
mage, m. *Magus, i,* m.
magicien, enne, m. et f. *Magus, i,* m. *Maga, ae,* f. *Veneficus, i,* m. *Venefica, ae,* f.
magie, f. **1.** *Magice, es,* f. ◆ **2.** (Fig.) *Illecebra, ae,* f. *Lenocinium, ii,* n.
magique, adj. **1.** *Magicus, a, um.* Baguette —, *virgula divina,* f. ◆ **2.** (Fig.) *Divinus, a, um.*
magister, m. *Magister, tri,* m.

magistral, ale, adj. *Magistralis, e. Egregius, a, um.*
magistralement, adv. *Egregie.*
magistrat, m. **1.** Officier civil. *Magistratus, us,* m. Les premiers —, *principes civitatis;* être —, *magistratum gerĕre**. ◆ **2.** Juge. *Judex, icis,* m.
magistrature, f. **1.** *Magistratus, us,* m. La première —, *imperium, ii,* n.; les hautes —, *summae potestates,* fpl. ◆ **2.** Le corps des magistrats. *Magistratus,* mpl. ◆ **3.** Le corps des juges. *Judices,* mpl.
magnanime, adj. *Magnanimus, a, um. Generosus.*
magnanimement, adv. *Animo magno.*
magnanimité, f. *Magnanimitas, atis,* f. *Animus magnus,* m.
magnétique, adj. *Magneticus, a, um.*
magnificence, f. **1.** *Magnificentia, ae,* f. (Pl.) *Lautitiae, arum,* fpl. ◆ **2.** (Fig.) Du style. *Splendor, oris,* m.
magnifique, adj. **1.** (Pers.) *Magnificus, a, um. Largus.* ◆ **2.** (Ch.) *Magnificus. Splendidus, a, um.*
magnifiquement, adv. *Magnifice. Splendide.* Recevoir —, *liberaliter accipĕre, io**.
mai, m. *Maius, i,* m. De —, *Maius, a, um.*
maigre. I. Adj. **1.** *Macer, cra, crum.* Cheval —, *strigosus equus.* ◆ **2.** (Fig.) (Grêle) *Gracilis, e.* (Petit) *Tenuis, e.* (Mince) *Exilis, e.* (Sec, en parl. du style) *Jejunus, a, um.* Faire — chère, *parce victitare.* ◆ **II.** Nom m. Le — (opposé à la graisse), *caro, carnis,* f.; (opposé à la viande), faire —, *abstinēre* carne.*
maigrelet et **maigret, ette,** adj. *Macellus, a, um. Tenuiculus.*
maigrement, adv. *Exiliter.*
maigreur, f. **1.** *Macies, ei,* f. ◆ **2.** (Fig.) *Gracilitas, atis,* f. ◆ **3.** Aridité. *Exilitas,* f.
maigrir. I. Intr. *Macescere, o**. ◆ **II.** Tr. *Emaciare.*
1. maille, f. **1.** Nœud. *Macula, ae,* f. ◆ **2.** (Pl.) *Hami, orum,* mpl. Cotte de —, *lorica conserta hamis.*
2. maille, f. Monnaie. Je n'ai ni sou ni —, *quadrans mihi nullus in arcā;* avoir — à partir avec qqn, *litigare cum aliquo.*
maillet, m. *Malleus, i,* m.
maillot, m. *Fasciae, arum,* fpl.
main, f. **1.** *Manus, us,* f. La — droite, *dextera, ae,* f.; la — gauche, *sinistra, ae,* f.; à — droite (sans mouv.), *dexterā;* (avec mouv.), *ad dexteram;* à — gauche (sans mouv.), *sinistrā;* (avec mouv.), *sinistrorsus;* le creux de la —, *palma manus;* ouvrir la —, *explicare* manum;* fermer la —, *pugnum facĕre, io*;* lever les — au ciel, *supinas manus ad caelum tendĕre*;* tendre la —, *manum porrigĕre*;* tendre ses —, *manus tendĕre;* battre des —, *manibus plaudĕre*;* ta —, je te prie, *cedo dexteram;* serrer

la —, *prensare manus;* remettre entre les — de, *tradĕre** (dat.); porter la — sur, *manum injicĕre, io** (dat.); lever la — sur, *intentare manus in* (acc.); mettre la — sur, *manus admovēre** (dat.); (rencontrer), *assequi** (acc.); de — en —, *inter manus; per manus;* de la — à la —, *de manu in manum;* à —, *manualis, e;* qui n'a qu'une —, *unimanus, a, um;* avoir sous la —, *habēre* in promptu*; être sous la —, *praesto esse;* être sous la — de qqn, *ad nutum* (*alicujus*) *praesto esse;* tomber sous la —, *in manus incidĕre*;* donner les — à, *assentire** (dat.); se donner la —, *inter se contingĕre*;* (fig.) *consentire;* à — jointes, *suppliciter;* en — sûres, *recte*; *tuto;* avoir la — heureuse, *rem bene gerĕre*;* (on dit que) les rois ont les — longues, *longas regibus esse manus;* avoir le cœur sur la —, *beneficium esse;* elle reçut de première —, *prima excepit*;* sous —, *occulte;* de longue —, *jam dudum; longe.* ◆ **2.** Symbole de la force. *Manus.* Avoir les armes à la —, *arma tenēre*;* mettre l'épée à la —, *gladium destringĕre*;* l'épée à la —, *cum ferro;* les armes à la —, *vi et armis;* se donner la mort de sa propre —, *sibi manus afferre*;* en venir aux —, *ad manus pervenire*;* coup de —, *repentinus impetus*, m.; tenter un coup de — sur une ville, *urbem tentare.* ◆ **3.** Symbole du travail. *Manus.* De — d'homme, *manu;* mettre la — à l'œuvre, *incipĕre, io*;* mettre la dernière — à, *perficĕre, io** (acc.); se faire la — à, *manum formare ad;* une lettre de sa —, *ipsius manu epistula;* missive d'une belle —, *tabellae lepidā manu conscriptae.* ◆ **4.** Symbole de l'autorité. *Manus.* Tenir la —, rendre la — (à un cheval), *frena manu ducere*; lora remittere*;* lâcher la — à qqn, *dare* frenos alicui;* on nous a forcé la —, *hoc facĕre* inviti coacti* sumus;* tenir la — à qqch., *curare aliquid;* haut la —, *valenter;* notre salut est entre leurs —, *in eorum potestate nostra sita* est salus;* être sous — de qqn, *in moderatione alicujus esse;* remettre aux — de qqn la direction d'une affaire, *permittĕre* negotium alicui;* se mettre entre les — de qqn, *se alicui dedĕre*;* laisser échapper des —, *emittĕre* de manibus;* prêter serment entre les — des consuls, *in consulum verba jurare.* ◆ **5.** Assistance. *Manus. Auxilium, ii*, n. Prêter la — à qqn, *adjuvare* aliquem;* prendre en — la cause de, *causam suscipĕre, io** (gén.). ◆ **6.** Mariage. *Matrimonium, ii*, n. Aspirer à la — d'une jeune fille, *virginem petĕre*;* donner à qqn la — de sa fille, *in matrimonium dare* filiam alicui.* ◆ **7.** Grappin. *Manus.*

main-d'œuvre, f. *Manupretium, ii*, n.

main-forte, f. *Praesidium, ii,* n. Prêter — à, *auxilio esse* ou *manus commodare* (dat.).
mainmise, f. *Manus injectio, onis,* f.
maint, te, adj. *Multi, ae, a.* Maintes fois, *saepe;* mainte et mainte fois, *etiam atque etiam.*
maintenant, adv. *Nunc.* Dès —, *jam nunc.*
maintenir, tr. **1.** *Destinare. Continere, eo*.* ◆ **2.** (Fig.) *Tenere, eo*. Retinere, eo*.* Maintenir dans le devoir, *in officio continēre.* ◆ **3.** Soutenir. *Tenēre*. Contendere, o*.*
SE MAINTENIR, r. **1.** Rester. *Permanere, eo*.* ◆ **2.** Tenir bon. *Stare*.*
maintien, m. **1.** Conservation. *Conservatio, onis,* f. Le — du droit, *salus juris.* ◆ **2.** Contenance. *Habitus, us,* m.
maire, m. *Major, oris,* m.
mais. I. Conj. marquant : **1.** L'opposition. *Sed* (après une prop. nég.). *Verum. At. Nunc* (après un irréel). Non seulement..., mais encore, *non solum..., sed etiam;* mais, au contraire, *at vero.* ◆ **2.** La différence. *Vero* ou *autem* (après le premier mot). ◆ **3.** La gradation. *Sed. Et. At.* (Apporte) deux massues, mais de bonnes, *duas clavas, sed probas.* ◆ **4.** L'étonnement. *At.* Mais tu murmures? *at etiam mussitas?* ◆ **II.** Adv. Je n'en puis mais (fig.), *non meum vitium est;* qui n'en peut mais, *immeritus, a, um.*
maïs, m. *Zea, ae,* f.
maison, f. **1.** Bâtiment. *Domus, us,* f. *Aedes, ium,* fpl. A la — (sans mouv.), *domi;* (avec mouv.), *domum;* recevoir qqn dans sa —, *domum suam* ou *in domum suam aliquem recipĕre, io*;* fréquenter la — de, *ventitare domum* (gén.); de la —, *domesticus, a, um;* de — en —, *per domos;* — de campagne, *villa, ae,* f. ◆ **2.** Ménage. *Domus. Domesticae res,* fpl. Tenir sa —, *curare domum;* avoir un grand train de —, *laute vivĕre*;* maître de —, *herus, i,* m.; *dominus, i,* m.; maîtresse de —, *domina, ae,* f.; les gens de la —, *domestici, orum,* mpl. ◆ **3.** Famille et domestiques. *Domus. Familia, ae,* f. Ma —, *mei, orum,* mpl.; un grand ami de la —, *homo familiarissimus.* ◆ **4.** Race. *Familia, ae,* f. *Genus, eris,* n. De grande —, *illustri genere natus, a, um.*
maisonnée, f. *Familia, ae,* f.
maisonnette, f. *Aediculae, arum,* fpl.
maître, m. **I.** (Sens général) Celui qui a l'autorité. *Dominus, i,* m. Être —, *dominari;* être — de, *tenere** (acc.); (fig.) *imperare* (dat.).; être — absolu, *summam potestatem habēre*;* avoir un —, *esse in imperio;* se rendre — de, *potiri* (abl., gén. ou acc.); — de soi, *compos mentis;* qui n'est pas — de soi, *impotens animi;* être — des événements, *regĕre* casus;* être — de (faire), *posse** (inf.); laisser qqn — de faire, *permittĕre* alicui*

*facĕre**. ◆ **II.** (Sens particuliers) **1.** Chef de maison. *Herus, i,* m. *Dominus. Pater familias, patris familias,* m. ◆ **2.** Propriétaire. *Dominus.* Qui n'a pas de —, *vacuus, a, um;* être sans —, *vacare.* ◆ **3.** Chef. Maître de la cavalerie, *magister equitum.* ◆ **4.** Professeur. *Magister, tri,* m. — d'éloquence, *dicendi magister;* avoir qqn pour —, *discere* apud aliquem; esse auditorem alicujus;* (apprendre) sans —, *citra docentem;* — d'école, *ludi magister.* ◆ **5.** Supérieur dans qq. art. *Peritus, a, um* (gén.). *Artifex, icis,* Maîtres dans l'art de la parole, *dicendi artifices;* fait de main de —, *fabrefactus, a, um;* se donnant pour — dans l'art, *artem professus*;* — vaurien, *magnus nebulo;* (en lui les ennemis) avaient trouvé leur —, *superior fuit;* petit —, *trossulus, i,* m.

maîtresse, f. *Domina, ae,* f. Maîtresse de maison, *domina; hera, ae,* f.; *mater familias, matris familias,* f.; — (d'école), *magistra, ae,* f.

maîtriser, tr. *Imperare* (dat.). *Moderari* (acc. et dat.). — un incendie, *flammam sedare;* se laisser — par, *parere** (dat.).

majesté, f. *Majestas, atis,* f. *Dignitas, atis,* f. La — de l'expression, *gravitas verborum.*

majestueusement, adv. *Magnifice.*

majestueux, euse, adj. *Augustus, a, um. Magnificus.*

majeur, eure, adj. **1.** Plus grand. *Major, jus.* ◆ **2.** Très grand. *Magnus, a, um.* Force —, *vis magna,* f. ◆ **3.** En âge de jouir de ses droits. Devenir —, *in tutelam suam venire**.

majorité, f. **1.** *Major pars,* f. A une faible —, *paucis sententiis.* ◆ **3.** V. MAJEUR.

majuscule, adj. Lettres —, *litterae grandes,* fpl.

1. mal, adv. **1.** Défectueusement. *Male. Vitiose.* Mal fait, *deformis, e;* (le costume) ne me va pas trop —, *satis me decet*;* elle n'est pas —, *haud mala est;* parler —, *loqui* inquinate;* (ouvrages) — écrits, *scripta deterius;* tu t'y es — pris, *imperite exorsus* es;* je comprenais —, *non satis intellegebam*;* ils étaient — à l'aise pour combattre, *non satis commode pugnare poterant*;* — à propos, *intempestive;* pas — de chemin, *aliquantum viae;* se — porter *aegrotare;* il est très —, *in praecipiti est;* se trouver —, *animo linqui**. ◆ **2.** Contrairement à la morale. *Male. Perperam.* Il a — agi, *non fecit* belle;* choses — acquises, *improbe parta*;* — faire, *perperam facĕre, io*;* se conduire — avec, *male agĕre* cum.* ◆ **3.** Fâcheusement. *Male.* L'affaire va —, *male res se habet*;* tu le prends —, *non recte accipis*;* il ne sera pas — de, *non alienum est* (inf.); ne pas tomber trop —, *non incommode accidĕre*;* — traité par la fortune, *offensus fortunā;*

il s'est — trouvé de sa clémence, *illi clementia malo fuit.* ◆ **4.** Hostilement. *Male.* Parler — de qqn, *male dicĕre* alicui;* penser — de qqn, *malam opinionem habēre* de aliquo;* prendre — (qqch.), *in malam partem accipĕre, io** (*aliquid*)*;* — disposé envers, *male animatus in* (acc.); être — avec, *in odio esse* (dat.); se mettre — avec qqn, *alienare a se aliquem.*

2. mal, m. *Malum, i,* n. Qui fait le — pour le —, *gratuito malus, a, um;* songer à —, *male cogitare;* changer en —, *deterius aliquid facĕre, io*;* faire du — à (qqn), *malum inferre** (dat.); *nocere** (dat.); sans faire aucun mal, *sine maleficio;* qui n'a aucun —, *incolumis, e;* vouloir du — à (qqn), *male velle* alicui;* dire du — de qqn, *male dicĕre* alicui;* prendre qqch. en —, *male interpretari aliquid;* endurer tous les maux, *ultima pati, ior*;* n'y a-t-il pas du — à? *nonne inutile est* (inf.)? — de tête, *capitis dolor;* les maux les plus cruels, *corporis cruciatus,* mpl.; j'ai — au pied, à l'estomac, *doleo* pede; laboro stomacho;* faire du — à l'estomac, *stomachum offendĕre*;* causer des maux de tête, *capitis dolorem movere*;* la blessure ne fait pas de —, *vulnus non dolet*;* se faire du —, *noxam capĕre, io*;* gagner du —, *morbum concipĕre, io*;* — de mer, *nausea, ae,* f.; le — (que l'on se donne), *labor, oris,* m.; se donner du —, *laborare;* j'ai du — à m'en passer, *careo* aegre* ou *invitus;* qui se donne du —, *operosus, a, um.*

malade, adj. **1.** *Aeger, gra, grum. Aegrotus, a, um.* Être —, *aegrotare; morbo laborare;* être légèrement —, *levi morbo impediri;* tomber —, *in morbum cadĕre*;* rendre —, *morbo afficĕre, io*;* faire le —, *simulare aegrum.* ◆ **2.** (Fig.) Qui a l'esprit —, *animo aeger;* cerveau —, *mota mens;* la république est bien —, *aegra et prope deposita est res publica.*

maladie, f. **1.** *Aegrotatio, onis,* f. (Le mal même) *Morbus, i,* m. Avoir une —, *in morbo esse;* être atteint d'une —, *morbo tentari;* causer des —, *morbos efficĕre, io*;* guérir une —, *morbum depellĕre*;* guérir d'une —, *ex morbo recreari.* ◆ **2.** (Fig.) Maladie de l'âme. *Morbus mentis.*

maladif, ive, adj. *Morbosus, a, um.* Complexion maladive, *corpus morbidum;* être —, *esse infirmis viribus.*

maladivement, adv. *Morbide.*

maladresse, f. *Sinisteritas, atis,* f. *Imperitia, ae,* f. Faire des —, *imperite agere*.*

maladroit, te, adj. **1.** *Inscitus, a, um.* ◆ **2.** (Fig.) *Incallidus, a, um.*

maladroitement, adv. **1.** *Male.* ◆ **2.** (Fig.) *Incallide.*

malaise, m. *Offensio, onis,* f. Éprouver du —, *aliquid offensae sentire*.*

malaisé, ée, adj. *Operosus, a, um.*
malaisément, adv. *Operose.*
malappris, ise, adj. *Rusticus, a, um.*
malavisé, ée, adj. *Inconsideratus, a, um.*
malbâti, ie, adj. *Illepidus, a, um.*
mâle, adj. **1.** *Masculus, a, um.* ◆ **2.** (Fig.) *Virilis, e.* ◆ **3.** Nom m. *Mas, maris,* m.
malédiction, f. *Exsecratio, onis,* f.
maléfice, m. *Veneficium, ii,* n.
malencontreusement, adv. *Intempestive.*
malencontreux, euse, adj. *Intempestivus, a, um.*
malentendu, m. *Error, oris,* m.
malfaisance, f. *Maleficentia, ae,* f.
malfaisant, ante, adj. *Maleficus, a, um.*
malfaiteur, m. *Homo maleficus,* m. *Latro, onis,* m.
malgré. I. Prép. **1.** (Qqn) *Invitus, a, um. Nolens, entis.* Les retenir — eux, *eos invitos retinere**. ◆ **2.** (Qqch.) Malgré son innocence, *quamquam abest* a culpā;* — mon silence, *etiam tacente me;* — l'ordre du général, *contra imperium ducis.* ◆ **II.** Malgré que, loc. conj. Malgré que tu en aies, *etiamsi nolis*;* malgré qu'ils en aient, *illis invitissimis.*
malheur, m. **1.** Événement fâcheux. *Casus, us,* m. ◆ **2.** Revers. *Calamitas, atis,* f. ◆ **3.** Désastre. *Clades, is,* f. ◆ **4.** Événement funeste. *Malum, i,* n. Un — n'arrive jamais seul, *aliud ex alio malum;* éprouver un —, *calamitatem accipĕre, io*;* éprouver bien des —, *calamitates haurire*;* par —, *accĭdit* ut* (subj.); c'est un petit — de, *non est tanti quod* (inf.); causer un —, *aliquid mali ferre*;* aucun — n'est arrivé à Scipion, *nihil male Scipioni accĭdit*;* s'il lui arrivait — (s'il venait à mourir), *si quid ei humanitus accĭdisset;* il t'arrivera —! *vapulabis!* — aux vaincus! *vae victis!* ◆ **5.** Adversité. *Miseria, ae,* f. *Fortuna adversa,* f. Le — des temps, *temporum iniquitas;* pour le — de, *ad perniciem* (gén.); supporter le — avec constance, *ferre* sapienter casus adversos;* être dans le —, *in miseriā versari;* tomber dans le —, *in miserias incĭdĕre*;* faire le — de qqn, *esse malo alicui;* le — a voulu que, *accĭdit* perincommode quod* (indic.).
malheureusement, adv. **1.** *Calamitose.* ◆ **2.** Pitoyablement. *Misere.* ◆ **3.** Fâcheusement. *Perincommode.*
malheureux, euse. I. Adj. **1.** *Infelix, icis. Miser, era, erum.* Que je suis —, *me miserum!* être — (à la guerre), *rem male gerĕre*;* faire une fin —, *miserabiliter emori, ior*.* ◆ **2.** Funeste. *Miser. Calamitosus, a, um.* ◆ **3.** Qui porte malheur. *Tristis, e.* Événement —, *casus adversus;* issue —, *tristis exitus;* combat —, *mala*

pugna. ◆ **4.** Mauvais. *Malus, a, um.* Un — manteau, *misellum pallium;* un — Grec, *Graeculus.* ◆ **II.** Nom m. Le —! *O perditum hominem!*

malhonnête, adj. **1.** (Pers.) *Improbus, a, um.* (Ch.) *Inhonestus.* ◆ **2.** Incivil. *Inurbanus, a, um.*

malhonnêtement, adv. **1.** *Improbe.* ◆ **2.** *Inhumaniter.*

malhonnêteté, f. **1.** *Improbitas, atis,* f. ◆ **2.** *Inhumanitas, atis,* f.

malice, f. **1.** Inclination à nuire. *Malitia, ae,* f. Sans y entendre —, *simpliciter.* ◆ **2.** Disposition à plaisanter. *Festivitas, atis,* f. ◆ **3.** Plaisanterie. *Jocus, i,* m.

malicieusement, adv. **1.** *Male.* ◆ **2.** *Festive. Jocose.*

malicieux, euse, adj. **1.** *Malus, a, um.* ◆ **2.** Plaisant. *Jocosus.* ◆ **3.** Fin. *Argutus, a, um.*

malignement, adv. *Male.*

malignité, f. **1.** (Pers.) *Malitia, ae,* f. ◆ **2.** (Ch.) *Inutilitas, atis,* f.

malin, igne, adj. **1.** Méchant, nuisible. (Pers.) *Malitiosus, a, um. Maleficus.* (Ch.) *Nocens, entis.* ◆ **2.** Fin. (Pers.) *Astutus, a, um.* (Ch.) *Argutus.* ◆ **3.** Habile. *Sollers, ertis.* Ils font les —, *se cautos putant.* ◆ **4.** Difficile. *Arduus, a, um.*

malingre, adj. *Morbosus, a, um.*

malintentionné, ée, adj. **1.** *Malevolus, a, um.* ◆ **2.** Méditant un mauvais coup. *Male cogitans, antis.*

malle, f. *Arca, ae,* f.

malléable, adj. **1.** *Ductilis, e.* ◆ **2.** (Fig.) *Tractabilis, e.*

malmener, tr. *Mulcare.*

malotru, m. *Homo agrestis,* m.

malpropre, adj. *Immundus, a, um.*

malpropreté, f. *Sordes, ium,* fpl.

malsain, aine, adj. *Insalubris, e.*

malséant, te, adj. *Indecorus, a, um.*

Malte. *Melita, ae,* f. De —, *Melitensis, e.*

maltraiter, tr. **1.** Traiter rudement. *Male habere, eo*. Male accipere, io*.* ◆ **2.** Frapper. *Mulcare. Pulsare.* ◆ **3.** Endommager. *Laedere, o*.* ◆ **4.** Outrager en paroles. *Male verbis accipĕre.*

malveillance, f. *Malevolentia, ae,* f. Incendie dû à la —, *incendium oblatum.*

malveillant, ante, adj. *Malevolus, a, um* (dat. ou *in,* acc.). Être — pour, *alieno animo esse in* (acc.); propos —, *iniqui sermones.*

malversation, f. *Peculatus, us,* m. Commettre des —, *peculatum facĕre, io*.*

maman, f. *Mamma, ae,* f.

mamelle, f. *Mamma, ae,* f. Qui est à la —, *lactens, entis.*

mamelon, m. Colline. *Tumulus, i,* m.

manant, m. **1.** Campagnard. *Paganus, i,* m. ◆ **2.** (Fig.) Homme grossier. *Homo rusticus,* m.

1. manche, m. *Manubrium, li,*

n. Jeter le — après la cognée, *abjicĕre* (*io**) *hastas*.

2. manche, f. *Manica, ae,* f. Qui a des —, *manicatus, a, um;* avoir qqn dans sa — (fam.), *habēre* aliquem suum.*

mancheron, m. *Stiva, ae,* f.

manchot, ote, adj. *Mancus, a, um.*

mandat, m. **1.** Mission. *Mandatum, i,* n. Remplir, ne pas remplir son —, *rem mandatam gerĕre, neglegĕre**. ◆ **2.** Effet de commerce. *Tessera, ae,* f.

mandataire, m. *Procurator, oris,* m.

mander, tr. **1.** Faire savoir. *Nuntiare. Significare.* ◆ **2.** Faire venir. *Accire.* — par lettres, *litteris evocare.*

manège, m. **1.** Champ de course (pour chevaux) *Hippodromus, i,* m. (Pour chars) *Trigarium, ii,* n. ◆ **2.** Roue. *Machina, ae,* f. ◆ **3.** (Fig.) *Artificium, ii,* n.

mânes, mpl. *Manes, ium,* mpl. Offrir un sacrifice aux — de qqn, *inferias alicui afferre**.

mangeable, adj. *Edulis, e. Esculentus, a, um.*

mangeoire, f. *Alveus, i,* m.

1. manger, tr. **1.** *Edere* ou *esse, edo**. Manger qqch. avec son pain, *adhibere* aliquid ad panem;* — (se nourrir de), *vesci, or** (abl.); (animaux) *pasci, or** (abl.). — avidement, *vorare* (acc.); *helluari;* qui n'a rien mangé, *jejunus, a, um;* hôte qui mange peu, *hospes non multi cibi;* donner qqch. à manger (à un animal), *objicĕre, io*;* (à qqn) *apponĕre**. ◆ **2.** Absolt. *Cibum capessĕre**. (Faire un bon repas) *Epulari.* Donner à — à qqn, *cenam dare* alicui;* — souvent dehors, *foris cenitare;* salle à —, *cena, ae,* f. ◆ **3.** (Fig.) Dépenser follement. *Comedere, o*. Consumere, o**. (Miner) *Exedere, o**. Manger la consigne, *imperium bibĕre*;* — ses mots, *verba devorare.*

2. manger, m. *Cibus, i,* m.

mangeur, m. **1.** Gros —, *edax, acis; helluo, onis,* m. ◆ **2.** (Fig.) Dissipateur. *Decoctor, oris,* m.

maniable, adj. *Tractabilis, e.*

maniaque, adj. *Furiosus, a, um.*

manie, f. **1.** Folie. *Furor, oris,* m. ◆ **2.** Tic. *Mala consuetudo,* f. ◆ **3.** Passion. *Insania, ae,* f. *Libido, inis,* f.

maniement, m. **1.** *Tractatio, onis,* f. ◆ **2.** (Fig.) *Administratio, onis,* f.

manier, tr. **1.** *Attrectare.* (Un outil) *Tractare.* (Un cheval) *Moderari.* ◆ **2.** (Fig.) *Tractare.*

manière, f. **1.** *Modus, i,* m. *Ratio, onis,* f. Manière d'être, *habitus, us,* m.; — de parler, *dicendi genus;* — de voir, *opinio, onis,* f.; à ma —, *more meo;* à la — de, *more* ou *modo* ou *ritu* (gén.); d'une — étonnante, *mirum in modum;* d'une — convenable, *apte;* de la même —, *simili viā;* d'une autre —, *aliā ratione;* de toute —, *quoquo modo res se habet*;* en qq. —, d'aucune —, *quo-*

dam modo; nullo modo; de —que, *ita ut* (subj.); de quelle —, *quomodo;* une — de guerre, *bellum quoddam;* par — de passe-temps, *otii consumendi* causā.* ◆ **2.** Style. *Stilus, i,* m. *Dicendi genus, eris,* n. ◆ **3.** (Pl.) Bonnes —, *urbanitas, atis,* f.; — douces, *affabilitas, atis,* f. Faire des manières, *putidius agĕre*.*

maniéré, ée, f. *Nimis exquisitus, a, um.*

manifestation, f. *Significatio, onis,* f.

1. manifeste, adj. *Manifestus, a, um. Perspicuus.* Il est — que, *liquet** (prop. inf.).

2. manifeste, m. *Libellus, i,* m.

manifestement, adv. *Manifesto.*

manifester, tr. *Significare. Declarare. Proferre*.*

SE MANIFESTER, r. **1.** (Pers.) *Apparere, eo*.* ◆ **2.** (Ch.) *Erumpere, o*. Prodi, or*.*

manigance, f. *Artificium, ii,* n.

manigancer, tr. *Machinari.*

manipule, m. *Manipulus, i,* m. Par —, *manipulatim.*

manivelle, f. *Machina, ae,* f. Tourner une —, *machinam circumrotare.*

1. manne, f. Panier. *Sirpea, ae,* f.

2. manne, f. Nourriture. *Manna,* n. (indécl.).

mannequin, m. Effigie humaine. *Pila, ae,* f. *Simulacrum, i,* n.

1. manœuvre, m. *Bajulus, i,* m.

2. manœuvre, f. **1.** *Administratio, onis,* f. ◆ **2.** (Milit.) *Exercitium, ii,* n. ◆ **3.** (Navale) *Nautica ministeria,* npl. (Des rameurs) *Remigatio, onis,* f. Arrêter la —, *inhibĕre*.* ◆ **4.** (Fig.) *Artificia, iorum,* npl. Par des — secrètes, *occulte.*

manœuvrer. I. Tr. *Administrare. Movere, eo*.* ◆ **II.** Intr. **1.** (Milit.) *Decurrere, o*.* Faire —, *exercēre*.* ◆ **2.** (Navire) *Navigare.* (Matelots) *Navem agĕre*.* (Rameurs) *Remigare.* ◆ **3.** (Fig.) *Moliri.* — habilement dans une affaire, *rem prudenter gerĕre*.*

manque, m. *Defectus, us,* m. *Inopia, ae,* f. (Par) — de, *propter inopiam* (gén.).

manquement, m. **1.** Manque. *Defectus, us,* m. — de foi, *violatio fidei.* ◆ **2.** Faute. *Culpa, ae,* f.

manquer. I. Tr. *Praetermittere, o*.* Manquer l'occasion, *tempori deesse*;* — son coup (fig.), *operam perdere*;* je ne te manquerai pas, *haud sic auferes*.* ◆ **II.** Intr. Être absent. *Abesse, sum*.* (Faire défaut) *Deesse, sum** (dat.). (Ne point venir quand on est demandé) *Non comparere, eo*;* ne pas —, *praesto esse.* (Défaillir) *Deficĕre, io** (acc.); le cœur lui a manqué pour, *non ausus* est* (inf.). (Disparaître) *Recedere, o** (*e vitā*). (Pécher) *Peccare.* (Tomber) *Cadere, o*.* (S'affaisser) *Subsidere, o*;* (Échouer) *Frustra esse;* faire —, *evertere, o** (acc.). ◆ **III.** Manquer à. (Être une privation pour) *Desiderari* (*ab*). (Ne pas faire ce qu'on doit) *Offendĕre** (*aliquem*). *Deesse** (*officio suo*); — à sa foi, *fallĕre**; faire — qqn à son devoir, *de fide deducĕre* aliquem*; — à la loi, *contra legem facĕre, io**; — à soi-même, *sibi deesse**; sans — à son devoir, *salvo officio*. ◆ **IV.** Manquer de. **1.** — d'une chose. *Carere, eo** (abl.). (D'une chose nécessaire) *Egere, eo** (gén. ou abl.). (D'une chose urgente) *Indigere, eo** (gén. ou abl.). (D'une chose qu'on a eue) *Privari* (abl.). Ils manquent de cervelle, *cerebrum non habent**; je ne manque pas de griefs, *crimina mihi suppetunt**; manquer de parole, *fidem fallĕre**; qui manque de, *expers, pertis* (gén.); *inops, opis* (abl. ou gén.). **2.** — de faire (omettre). *Praetermittere, o** (acc.). Manquer de suivre un conseil, *omittĕre* consilium*; — de venir, *non venire**. **3.** (Risquer) Il manqua de faire. *Paulum afuit* quin* (subj.); j'ai manqué de dire, *paene dixi**.

mansarde, f. (Fenêtre) *Fenestrula, ae,* f. (Chambre) *Cenaculum, i,* n.

mansuétude, f. *Mansuetudo, inis,* f.

manteau, m. **1.** *Pallium, ii,* n. *Paenula, ae,* f. (De général) *Paludamentum, i,* n. Vêtu d'un —, *paenulatus, a, um.* ◆ **2.** (Fig.) Sous le —, *furtim; clam.* Sous le — de, *per speciem* (gén.); *nomine* (gén.).

mantille, f. *Pallula, ae,* f.

manuel, elle. I. Adj. Travail —, *opus, eris,* n. ◆ **II.** Nom m. *Enchiridion, ii,* n.

manuellement, adv. *Manu.*

manufacture, f. *Fabrica, ae,* f.

manuscrit, ite. I. Adj. *Scriptus, a, um.* ◆ **II.** Nom m. *Codex, icis,* m. *Autographum, i,* n.

mappemonde, f. *Orbis terrarum descriptio, onis,* f.

maquereau, m. *Scomber, bri,* m.

maquignon, m. **1.** *Jumentarius, ii,* m. ◆ **2.** (Fig.) *Mango, onis,* m.

marais, m. **1.** *Palus, udis,* f. De —, couvert de —, *paluster, tris, tre.* ◆ **2.** Jardin. *Hortus, i,* m.

marasme, m. *Tabes, is,* f.

marâtre, f. **1.** *Noverca, ae,* f. ◆ **2.** (Fig.) *Mater infesta,* f.

maraud, m. *Nebulo, onis,* m.

maraude, f. *Praedatio, onis,* f.

marauder, intr. *Praedari.*

maraudeur, m. *Praedator, oris,* m.

marbre, m. *Marmor, oris,* n. De —, *marmoreus, a, um;* (fig.) *saxeus.*

marbrier, m. *Marmorarius, ii,* m.

marbrière, f. *Marmorum lapicidinae, arum,* fpl.

marc, m. (Résidu). *Faex, faecis,* f. Marc de raisin, *vinacea, ae,* f.

marcassin, m. *Porculus, i,* m.

1. marchand, de, m. f. (Qui achète) *Emptor, oris,* m. (Qui achète et revend) *Mercator, oris,* m. *Propola, ae,* m. *Negotiatrix, icis,* f. Être —, *mercaturas facĕre, io**; courir tous les —, *circum tabernas concursare.*

2. marchand, de, adj. **1.** (De bon débit) *Vendibilis, e.* ◆ **2.** Places marchandes, *commercia, iorum,* npl.; vaisseau —, *oneraria, ae,* f.

marchander, tr. **1.** Demander le prix de qqch. *Rogitare.* ◆ **2.** Contester sur le prix. *De pretio contendĕre**. ◆ **3.** (Fig.) Ménager. *Parcere, o** (dat.). Sans —, *sine cunctatione.*

marchandise, f. **1.** *Merx, mercis,* f. ◆ **2.** Trafic. *Mercatura, ae,* f. Faire métier et — de, *habēre** *quaestui* (acc.).

marche, f. **1.** *Ingressus, us,* m. Se mettre en — vers, *iter habēre** (*in,* acc.); précipiter sa —, *iter maturare;* trois jours de —, *tridui via.* ◆ **2.** — (de troupes). *Iter, itineris,* n. Armée en —, *agmen, inis,* n.; inquiéter la — de l'ennemi, *hostium agmen aggredi, ior**; se mettre en —, *signa tollĕre**; donner l'ordre de la —, *iter pronuntiare;* arrêter la —, *signa sustinere**; ouvrir, fermer la —, *ire** *primum* (*am, um*); *agmen cogĕre**; à — forcées, *maximis itineribus.* ◆ **3.** Défilé. *Processio, onis,* f. *Pompa, ae,* f. ◆ **4.** Mouvement (des ch. ou du discours). *Cursus, us,* m. ◆ **5.** Manière d'agir. *Via, ae,* f. (Voir) la — à suivre, *quid fieri conveniat**. ◆ **6.** Degré d'escalier. *Gradus, us,* m. Né sur les — du trône, *in spem paterni regni genitus.*

marché, m. **1.** (Place) *Forum, i,* n. (Port) *Emporium, ii,* n. (Assemblée) *Nundinae, arum,* fpl. (Vente) *Mercatus, us,* m. ◆ **2.** Convention. *Pactio, onis,* f. Faire —, *pacisci, or**; passer un — pour l'enlèvement de statues, *statuas demoliendas locare* (en parl. de celui qui paie); *conducĕre** (en parl. de l'entrepreneur); par-dessus le —, *insuper.* ◆ **3.** Prix. *Pretium, ii,* n. Le bon —, *vilitas, atis,* f.; à bon —, *parvo;* qui est à bon —, *vilis, e;* faire bon — de (fig.), *non parcĕre** (dat.).

marchepied, m. *Gradus, us,* m.

1. marcher, intr. **1.** *Ingredi, ior**. *Incedere, o**. Tout en marchant, *in itinere;* marcher devant, *praeire** (dat.); — après, *subsequi** (acc.); — de front, *pariter ferre** *gradum;* — droit (fig.), *recta sequi**. ◆ **2.** — sur. *Insistere, o** (dat.); — sur les pas de qqn, *insistĕre** *vestigiis alicujus;* — sur des charbons ardents, *incedĕre** *per ignes;* — sur des épines, *in praecipiti tempore esse;* — sur le pied à qqn, *offendĕre** *aliquem.* ◆ **3.** — à ou vers. *Pergere, o** (*in,* acc.). *Iter habere, eo** (*ad* ou *in,* acc.). Marcher à la mort, *ad mortem gradi, ior**; — aux honneurs, *ad honores niti**; — droit au fait, *ad eventum festinare;* nous marchons à la guerre, *res spectat ad castra.* ◆ **4.** — contre (milit.). *Ire ad* ou *contra* (acc.). ◆ **5.** (Fig.) Avancer. *Ire**. *Procedere, o**. Le temps —, *tempus fugit**; l'affaire —, *res est in cursu;* l'affaire ne — pas, *res impedita jacet**; (qq. ch.) ne — pas, *res claudicat;* l'affaire n'a pas marché, *res in integro est;* faire — de front, *simul agĕre** (acc.).

2. marcher, m. *Ingressus, us,* m.

marcheur, euse, m. f. *Agilis, e. Expeditus, a, um.*

marcotte, f. *Malleolus, i,* m.

mardi, m. *Martis dies, ei,* m. f. *Feria tertia,* f.

mare, f. *Piscina, ae,* f.

marécage, m. *Palustria, ium,* npl.

marécageux, euse, adj. *Paluster, tris, tre.*

marée, f. **1.** *Aestus, us,* m. A la — haute, *pleno aestu;* à la basse —, *aestu reverso;* il va contre vent et — (fig.), *ei omnia infesta atque inimica sunt.* ◆ **2.** Poisson de mer non salé. *Pisces, ium,* mpl.

marge, f. *Margo, inis,* m. f. Donner de la — (fig.), *dare* spatium.*

margelle. *Puteal, alis,* n.

marguerite, f. **1.** Fleur. *Bellis, idis,* f. ◆ **2.** Perle. *Margarita, ae,* f.

mari, m. *Maritus, i,* m. Avoir qqn pour —, *tenēre* alicujus matrimonium.*

mariage, m. **1.** *Matrimonium, ii,* n. *Conjugium, ii,* n. Demander en —, *uxorem sibi poscĕre** (*aliquam*); promettre sa fille en —, *filiam alicui despondēre**; donner sa fille en —, *filiam alicui in matrimonium dare**; contracter —, *matrimonium contrahĕre**; arranger un —, *nuptias conficĕre, io**; contrat de —, *tabulae nuptiales,* fpl.; casser un —, *matrimonium dissolvĕre**; fils ou fille d'un premier —, *privignus, i,* m.; *privigna, ae,* f. ◆ **2.** Noces. *Nuptiae, arum,* fpl. ◆ **3.** Dot. *Matrimonium, ii,* n. Que l'on apporte en —, *dotalis, e.*

Marie. *Maria, ae,* f.

marié, ée, m. f. Jeune —, *novus nuptus,* m.; *nova nupta,* f.

marier, tr. **1.** — sa fille à, *collocare filiam* (*alicui*); être marié, *uxorem habēre**; être mariée à, *jungi** (dat.); non marié, *caelebs, ibis;* non mariée, *non nupta.* ◆ **2.** (Fig.) *Maritare. Jungere, o**.

SE MARIER, r. **1.** *Matrimonio jungi, or**. ◆ **2.** Prendre femme. *Uxorem ducĕre** (*aliquam*). ◆ **3.** Prendre un mari. *Nubere, o** (*alicui* ou *cum aliquo*). Qui a trouvé à se marier, *virum nacta**. ◆ **4.** (Fig.) *Conjungi, or** (*cum*).

marieur, euse, m. f. *Nuptiarum conciliator, oris,* m.; *conciliatrix, icis,* f.

marin, ine. I. Adj. *Marinus, a, um.* ◆ **II.** Nom m. *Classiarius, ii,* m.

marine, f. **1.** Choses concernant la navigation sur mer. *Res nauticae,* f. ◆ **2.** Flotte. *Classis, is,* f. — marchande, *onerariae, arum,* fpl. ◆ **3.**

Tableaux. *Naves (ium) pictae*, fpl.

mariner, tr. et faire —. *Condire (in aceto)*.

marinier, m. *Nauta, ae*, m.

marionnette, f. *Citeria, ae*, f. Tu n'es qu'une —, *duceris* ut nervis alienis mobile lignum*.

marital, ale, adj. *Maritalis, e*. Puissance —, *manus, us*, f.

maritime, adj. *Maritimus, a, um*.

marjolaine, f. *Amaracus, i*, m. f.

marmelade, f. *Liquamen, inis*, n.

marmite, f. *Olla, ae*, f.

marmiton, m. *Sublingio, onis*, m.

marmot, m. *Pusio, onis*, m.

marmotter, tr. *Muttire*.

marmotteur, m. *Submussus, i*, m.

marne, f. *Marga, ae*, f.

maroquin, m. *Parthica pellis*, f.

marotte, f. (Fig.) *Libido, inis, f*.

maroufle, m. *Nebulo, onis*, m.

marquant, ante, adj. *Insignis, e*.

marque, f. **1**. *Nota, ae*, f. *Signum, i*, n. Faire une — à, *notam apponĕre** (dat.). ◆ **2**. Flétrissure. *Stigma, atis*, n. Marques des coups de fouet, *vibices, um*, fpl. ◆ **3**. Signe qu'on apporte en naissant. *Naevus, i*, m. ◆ **4**. Caractère distinctif. *Insigne, is*, n. ◆ **5**. Indice. *Signum*. Marques d'affection, *notae amoris*; des gens de —, *illustres viri*.

marquer. **I**. Tr. **1**. *Notare. Signare*. ◆ **2**. Laisser une trace. *Insignire*. ◆ **3**. Fixer. *Indicere*, o*. A la place marquée, *certo loco*. ◆ **4**. Indiquer. *Significare*. — (à qqn) de l'affection, *amorem suum testificari (alicui)*; une bienveillance marquée, *perspectissima benevolentia*. ◆ **II**. Intr. *Nobilitari. Insignem esse*.

marqueter, tr. *Variare*. Marqueté, *varius, a, um*.

marqueterie, f. *Vermiculatum opus*, n.

marquise, f. Auvent. *Prothyra, orum*, npl.

marri, ie. *Dolens, entis*.

marron, m. **1**. *Castanea, ae*, f. Je tire les marrons du feu, *ego apros occido*, sed alter utitur* pulpamento*. ◆ **2**. Couleur —, *color fuscus*, m.

marronnier, m. *Castanea, ae*, f.

Mars. **1**. Dieu. *Mars, Martis*, m. De —, *Martius, a, um*. ◆ **2**. Mois. *Martius (mensis)*, m. Du mois de —, *Martius*.

Marseille. *Massilia, ae*, f. De —, *Massiliensis, e*.

marteau, m. *Malleus, i*, m. Je suis entre l'enclume et le —, *hāc urget* lupus, hāc canis;* se mettre martel en tête pour, *exercēri* (de)*.

martelé, ée, adj. *Malleatus, a, um*.

martial, ale, adj. *Bellicus, a, um*.

martinet, m. **1**. Oiseau. *Apus, apodis*, m. ◆ **2**. Fouet. *Flagrum, i*, n.

martin-pêcheur, m. *Alcyon, onis*, f.
martre, f. *Mus silvestris*, m.
martyr, yre, m. f. *Martyr, yris*, m. f. Être le — de (fig.), *cruciari ab.*
martyre, m. **1.** *Martyrium, ii*, n. ◆ **2.** (Fig.) *Cruciatus, us*, m.
martyriser, tr. *Cruciare.*
masculin, ine, adj. *Masculinus, a, um.*
masque, m. **1.** *Persona, ae*, f. ◆ **2.** Personne masquée. *Personatus, a, um.* ◆ **3.** (Fig.) *Persona. Species, ei*, f. Sous le — de, *specie* (gén.); prendre le — de l'honnêteté, *personam viri boni suscipĕre, io**. Jeter le masque, *alienae personae gerendae finem facere.*
masquer, tr. **1.** Couvrir d'un masque, *personam capiti* (*alicujus*) *adjicĕre, io**; se —, *personam induĕre;* masqué, *personatus, a, um.* ◆ **2.** Dérober à la vue. *Officere, io** (dat.). ◆ **3.** (Fig.) Cacher. *Tegere, o**. Masquer ses sentiments, *fronte occultare sententiam.*
massacre, m. *Caedes, is*, f. *Strages, is*, f.
massacrer, tr. **1.** *Trucidare. Caedere, o**. (Du gibier) *Dejicere, io**. ◆ **2.** (Fig.) *Corrumpere, o**.
massacreur, m. *Interfector, oris*, m.
massage, m. *Tractatus, us*, m.
masse, f. **1.** *Massa, ae*, f. *Moles, is*, f. (Poids) *Pondus, eris*, n. (La totalité d'une chose) *Corpus, oris*, n. *Summa, ae*, f. En —, *generatim;* (fig.) *in commune.* ◆ **2.** Grande quantité. *Copia, ae*, f. *Vis, vis*, f. (D'hommes) *Turba, ae*, f. En —, *catervatim; uno grege;* les —, *multitudo, inis*, f.; *plebs, ebis*, f. ◆ **3.** Fonds d'argent. Mettre de l'argent à la —, *pecuniam in commune ferre**.
masser, tr. **1.** Réunir en masse. *Cogere, o**. ◆ **2.** Frictionner. *Fricare**.
masseur, euse, m. f. *Tractator, oris*, m. *Tractatrix, icis*, f.
1. massif, ive, adj. *Solidus, a, um. Crassus.*
2. massif, m. **1.** De maçonnerie. *Solidum, i*, n. ◆ **2.** D'arbres. *Silvula, ae*, f.
massivement, adv. *Solide.*
massue, f. *Clava, ae*, f.
mastic, m. **1.** Résine. *Mastiche, es*, f. ◆ **2.** Pâte. *Lutum, i*, n.
masure, f. *Casula, ae*, f.
1. mat, te, adj. *Surdus, a, um.* (Teint) *Fuscus.*
2. mat, m. (Échecs) *Incitae, arum*, fpl. Faire qqn échec et —, *aliquem ad incitas redigĕre**.
mât, m. *Malus, i*, m.
matamore, m. *Miles gloriosus*, m.
matelas, m. *Culcita, ae*, f.
matelot, m. *Nauta, ae*, m.
mater, tr. *Ad incitas redigere, o**.
mâter, tr. *Malo instruere, o**.
matériaux, mpl. **1.** *Materia, ae*, f. ◆ **2.** (Fig.) *Materia. Silva, ae*, f.

matériel, elle, adj. **1.** *Corporeus, a, um. Corporalis, e.* ◆ **2.** (Fig.) Grossier. *Pinguis, e.*

matériel, m. *Instrumentum, i,* n.

matériellement, adv. **1.** *Corporaliter.* ◆ **2.** (Fig.) *Re ipsā.* ◆ **3.** Grossièrement. *Crasse.*

maternel, elle, adj. *Maternus, a, um.* Langue —, *sermo patrius,* m.

maternellement, adv. *Pie.*

maternité, f. *Maternum nomen,* n. *Maternus animus,* m.

mathématicien, m. *Mathematicus, i,* m. Un —, *homo a pulvere.*

mathématique. I. Adj. *Mathematicus, a, um.* ◆ **II.** Nom fpl. *Mathematica, orum,* npl.

matière, f. **1.** *Materia, ae,* f. (Opposée à l'esprit) *Corpus, oris,* n. Être enfoncé dans la —, *se corpori addicĕre*.* ◆ **2.** (Fig.) Sujet. *Materia. Res, rei,* f. Fournir une riche — à l'orateur, *copiam dicendi suppeditare;* entrer en —, *rem aggredi, ior*;* entrée en —, *aditus ad causam.* ◆ **3.** Occasion. *Materia. Ansa, ae,* f. Fournir — à, *ansas dare** (gén.). ◆ **4.** En — de. *De* (abl.) En — de loyauté, *in fide.*

matin, m. *Mane,* n. indécl. *Matutinum, i,* n. Au —, de bon —, *mane; multo mane;* si —, de très grand —, *tam mane; ante lucem;* ce —, *hodie mane;* demain —, *cras mane;* le lendemain —, *postero mane;* le — des ides, *mane idibus.*

mâtin, m. *Molossus, i,* m.

matinal, ale, et **matineux, euse,** adj. *Matutinus, a, um.*

matinée, f. *Mane,* n. indécl. Les —, *matutina tempora;* faire la grasse —, *in medios dormire dies.*

matois, se, adj. *Vafer, fra, frum.*

matricule, m. *Index, icis,* m.

matrimonial, ale, adj. *Conjugalis, e.*

matrone, f. *Matrona, ae,* f.

mâture, f. *Mali, orum,* mpl.

maturité, f. **1.** *Maturitas, atis,* f. Dans la — de l'âge, *aetate confirmatā.* ◆ **2.** Sagesse. *Prudentia, ae,* f. Avec —, *judicio.*

maudire, tr. **1.** *Exsecrari* (acc. ou *in,* acc.) Maudit, *devotus, a, um;* (fatal) *exsecrandus; sacer, cra, crum;* la soif maudite de l'or, *auri sacra fames;* (mauvais) *deterrimus.* ◆ **2.** Réprouver. *Perdĕre, o*.* Maudit, *reprobus, a, um.*

maugréer, intr. *Stomachari.*

mausolée, m. *Mausoleum, i,* n.

maussade, adj. **1.** (Pers.) *Morosus, a, um.* ◆ **2.** (Ch.) *Invenustus.* ◆ **3.** (Écrits) *Insulsus.*

mauvais, aise, adj. *Malus, a, um.* Faire un — dîner, *nequiter cenare;* — vin, *vappa, ae,* f.; un — manteau, *misellum pallium,* n.; — air, *caelum maleficum,* n.; —

temps, *caeli intemperies*, f.; — qualité (d'une ch.), *malitia, ae*, f.; style pas —, *tolerabilis oratio;* — orateur, *rabula, ae*, m.; — plaisant, *male salsus;* — loi, *vitiosa lex*, f.; tirer une — conséquence, *vitiose conclудĕre**; — excuse, *excusatio minime accipienda**; trouver — qqch., *offendi** *re; rem moleste ferre**; faire un — usage de, *abuti** (abl.); prendre de — mesures, *perverse consulĕre**; faire un — marché, *male emĕre**; avoir une — réputation, *male audire;* prendre du — côté, *interpretari male;* tirer d'un — pas, *ex periculo extrahĕre**; les plus — temps (de la république), *difficillima tempora;* le — parti, *causa deterior;* de — foi, *malitiose;* — vie, *vita flagitiosa;* avoir de — desseins contre qqn, *nefarie cogitare de vitā alicujus;* un — regard, *truces oculi;* sentir —, *male olēre**.

mauve, f. *Malva, ae*, f. De —, *malvaceus, a, um.*

maxime, f. **1.** Principe. *Sententia, ae*, f. *Effatum, i*, n. ◆ **2.** Règle de conduite. *Praeceptum, i*, n. *Institutum, i*, n.

maximum, n. Le — de la peine, *poenae gravissimae*, fpl.

me, pr. V. MOI.

Méandre, m. **1.** Fleuve. *Maeander, dri*, m. ◆ **2.** (Pl.) (Fig.) Sinuosités. *Maeander, dri*, m. *Ambages, is*, f.

mécanicien, m. *Machinator, oris*, m.

mécanique. **I.** Adj. *Machinalis, e.* ◆ **II.** Nom f. **1.** (Science) *Machinalis scientia*, f. ◆ **2.** Machine. *Machina, ae*, f. A —, *machinatus, a, um.*

mécanisme, m. *Machinatio, onis*, f.

Mécène. *Maecenas, atis*, m.

méchamment, adv. *Improbe.*

méchanceté, f. *Malitia, ae*, f. *Nequitia, ae.* (Cruauté) *Feritas, atis*, f. (Parole méchante) *Maledictum, i.* (Action méchante) *Maleficium, ii*, n. Faire une —, *malitiose aliquid facere, io**.

méchant, ante, adj. *Malus, a, um. Improbus.*

mèche, f. **1.** De lampe. *Ellychnium, ii*, n. ◆ **2.** Pour mettre le feu. *Igniarium, ii*, n. ◆ **2.** (Fig.) J'ai éventé la —, *id subolet** *mihi.*

mécompte, m. *Frustratio, onis*, f.

méconnaissable, adj. Être —, *dignosci non posse**.

méconnaître, tr. **1.** *Ignorare.* ◆ **2.** Désavouer. *Negare.* ◆ **3.** Nier. *Infitiari.* ◆ **4.** Ne pas tenir compte de. *Neglegere, o**. Se — (se tromper sur son propre compte), *sibi arrogare;* (se déprécier) *se deprimere.*

mécontent, ente, adj. *Offensus, a, um* (dat.). Être — (de qqn, de qqch.), *offendi** (*in aliquo; re*); être — de ce que, *aegre ferre** (prop. inf.).

mécontentement, m. *Offensio, onis*, f. *Offensa, ae*, f.

mécontenter, tr. *Offendere, o** (*acc.*).

mécréant, m. *Incredulus, a, um.*
médaille, m. *Numisma, atis, n.*
médecin, m. *Medicus, i,* m. De —, *medicus, a, um.*
médecine, f. **1.** Art. *Medicina, ae,* f. ◆ **2.** Remède. *Medicamen, inis,* n.
médiateur, m. *Internuntius, ii,* m. Se rendre —, *se interponĕre*.*
médiation, f. *Interventus, us,* m. Par sa —, *eo deprecatore.*
médical, ale, adj. Concernant la médecine. *Medicinalis, e.* ◆ **2.** Propre à guérir. *Medicus, a, um.*
médicament, m. *Medicamentum, i,* n.
médicamenter, tr. *Medēri, eor*.* Se —, *remediis uti*.*
médicinal, ale, adj. *Medicatus, a, um.*
médiocre, adj. *Mediocris, e.* Très —, *tenuis, e.*
médiocrement, adv. **1.** *Mediocriter.* ◆ **2.** Peu. *Parum.*
médiocrité, f. *Mediocritas, atis,* f. Une — (homme sans talent), *ingenium hebetius.*
médire, intr. *Rodere, o** (acc.). *Carpere, o** (acc.).
médisance, f. *Obtrectatio, onis,* f. Une —, *maledictum, i,* n.
médisant, ante, adj. *Maledicus, a, um.*
méditatif, ive, adj. *Cogitabundus, a, um.*
méditation, f. *Meditatio, onis,* f. *Cogitatio, onis,* f.
méditer, tr. *Cogitare* (*rem, de re* ou inf.). *Meditari* (*rem*).
Méditerranée (Mer). *Mare Mediterraneum,* n. *Mare nostrum,* n.
méfait, m. *Maleficium, ii,* n. *Improbum factum,* n.
méfiance, f. *Suspicio, onis,* f.
méfiant, ante, adj. *Suspiciosus, a, um.*
méfier (se), r. *Diffidere, o** (dat.).
mégarde, f. Par —, *per imprudentiam; inscienter.*
mégissier, m. *Coriarius, ii,* m.
meilleur, eure, et **le —,** comp. et superl. de BON. V. BON.
mélancolie, f. **1.** Bile noire. *Melancholia, ae,* f. ◆ **2.** Tristesse. *Atra bilis,* f.
mélancolique, adj. *Melancholicus, a, um. Maestus, a, um.*
mélancoliquement, adv. *Flebiliter.*
mélange, m. **1.** *Admixtio, onis,* f. (Dosé) *Temperatio, onis,* f. (De races) *Colluvio, onis,* f. Sans —, *sincerus, a, um;* — de gravité et de modestie, *mixta modestiae gravitas.* ◆ **2.** (Pl.) Recueil. *Collectanea, orum,* npl.
mélanger, tr. *Miscere, eo** (*rem rei* ou *ad rem*).
mêlée, f. *Proelium, ii,* n. *Acies, ei,* f. Au fort de la —, *conserto* proelio;* se jeter dans la —, *in medios hostes se immittĕre*.*
mêler, tr. **1.** *Miscere, eo*.* ◆ **2.** (Fig.) *Miscere. Jun-*

*gere, o**. ◆ **3.** Mêlé à, de. *Mixtus* (dat.; abl.). ◆ **4.** Embrouiller. *Turbare.* ◆ **5.** Impliquer dans. *Implicare.* SE MÊLER, r. **1.** *Miscēri**. ◆ **2.** Se — à ou de (s'immiscer dans), *se inserĕre** (dat.); (s'occuper de) *curare* (acc.).

mélèze, m. *Larix, icis,* f.

mélisse, f. *Melisphyllum, i,* n.

mélodie, f. **1.** *Modus, i,* m. Une —, *melos,* n. ◆ **2.** Harmonie du style. *Modulatio, onis,* f.

mélodieusement, adv. *Modulate.*

mélodieux, euse, adj. *Modulatus, a, um. Dulcis, e.*

melon, m. *Melopepo, onis,* m.

membrane, f. *Membrana, ae,* f.

membraneux, euse, adj. *Membranaceus, a, um.*

membre, m. **1.** *Membrum, i,* n. ◆ **2.** (Fig.) *Pars, partis,* f. (De phrase) *Membrum.*

membru, ue, adj. *Lacertosus, a, um.*

1. même, adj. **1.** Marquant l'identité. *Idem, eadem, idem. Unus, a, um.* (L'égalité) *Idem. Aequalis, e.* (La similitude) *Idem. Similis, e.* Au — endroit (sans mouv.) *ibidem;* (avec mouv.) *eodem;* être toujours le —, *se aequabilem praebēre**; le — que, *idem qui ac* ou *atque.* ◆ **2.** (Après un pron. ou un nom) *Ipse, sa, sum.* Nous-mêmes, *nosmet;* ils se nuisent à eux-mêmes, *sibi ipsi nocent**; aime-le pour lui-même, *eum suo nomine dilige**; de moi-même, *meā sponte.* ◆ **3.** (Après le nom) *Merus, a, um.* Le vainqueur qui était la modération —, *victor quo nihil erat moderatius.*

2. même, adv. *Etiam.* Et —, *immo; quin etiam;* pas —, *ne... quidem;* si —, quand —, *etsi; etiamsi.*

3. même, m. **1.** Revenir au —, *eodem pertinēre**. ◆ **2.** A MÊME. Puiser à — la source, *haurire* a fonte;* être à — de, *posse**; mettre (qqn) à — de, *facĕre, io** (*alicui*) *facultatem* (gén. du gér.). ◆ **3.** DE MÊME. *Item.* Il en est de — pour un vaisseau, *eadem navigii ratio est;* tout de —, *nihilo minus.* ◆ **4.** De même que. *Ut. Velut. Perinde ac.* De — que si, *quasi;* de — que..., de — ... *quem ad modum..., ita....*

1. mémoire, f. **1.** Faculté. *Memoria, ae,* f. Bonne, mauvaise —, *memoria egregia, hebes;* confier à sa —, *memoriae mandare;* graver dans sa —, *memoriae defigĕre**; conserver dans sa —, *memoriā tenēre**; remettre en —, *in memoriam reducĕre**; réciter de —, *memoriter narrare.* ◆ **2.** Souvenir. *Memoria. Recordatio, onis,* f. Rappeler qqch. à la —, *memoriam rei redintegrare;* en — de, *propter memoriam* (gén.). ◆ **3.** Tradition. *Memoria.* De — d'homme, *post hominum memoriam.* ◆ **4.** Réputation posthume.

Memoria. Fama, ae, f. A la — de, *memoriae* (gén.).

2. mémoire, m. **1.** *Libellus, i*, m. ◆ **2.** (Pl.) *Commentarii, iorum*, mpl. *Annales, ium*, mpl.

mémorable, adj. *Memorabilis, e.*

mémorablement, adv. *Insigniter.*

Memphis. *Memphis, is* (acc. *im*, abl. *i*), f.

menaçant, ante, adj. *Minax, acis; minitabundus, a, um.* D'un air —, *torve.*

menace, f. *Minae, arum*, fpl.

menacer, tr. **1.** *Minari* (*rem alicui*); — (qqn) du poignard, *intentare sicam* (*in aliquem*); menacé, *periclitans, antis.* ◆ **2.** Être imminent. *Imminere, eo** (dat.). — ruine, *labare.*

Ménade, f. *Maenas, adis*, f.

ménage, m. **1.** Gouvernement domestique. *Domestica res*, f. ◆ **2.** Famille et serviteurs. *Familia, ae*, f. *Domus, us*, f. ◆ **3.** Les époux. *Conjugium, ii*, n. ◆ **4.** Mobilier. *Supellex, ectilis*, f.

ménagement, m. **1.** Précaution. *Temperatio, onis*, f. Avec —, *moderate;* sans —, *immodice.* ◆ **2.** Soin. *Cura, ae*, f. ◆ **3.** Égards. *Verecundia, ae*, f. ◆ **4.** Douceur. *Humanitas, atis*, f. Avec —, *remisse.*

1. ménager, tr. **1.** Qqn. (Avoir des égards pour) *Fovere, eo*. Parcere, o** (dat.). — la chèvre et le chou, *utramque partem fovēre**. ◆ **2.** Qqch. (En user avec soin ou économie) *Parcere**. Ménage tes expressions, *tempera linguae;* ménager sa santé, *valetudini indulgēre**. ◆ **3.** Préparer, réserver. *Praeparare.* Ménager un espace, *de industriā spatium relinquĕre**; — un rapprochement entre, *componĕre* gratiam inter* (acc.).
SE MÉNAGER, r. **1.** Avoir soin de sa santé. *Sibi parcĕre**. ◆ **2.** Se réserver. *Servare se.*

2. ménager, ère, adj. *Parcus, a, um.*

ménagère, f. *Major* (*oris*, f.) *domus.*

ménagerie, f. *Ferae captivae*, fpl.

mendiant, ante, m. f. *Mendicus, i*, m. *Mendica, ae*, f.

mendicité, f. *Mendicitas, atis*, f.

mendier, tr. **1.** *Mendicare.* ◆ **2.** (Fig.) *Corrogare. Captare.*

menée, f. *Machina, ae*, f. Menées dangereuses, *insidiae, arum*, fpl.

mener, tr. **1.** Conduire. *Ducere, o**. (Par terre ou par eau) *Vehere, o**. ◆ **2.** Gouverner, diriger. *Regere, o*. Gubernare.* Mener une chose à terme, *rem ad exitum perducĕre**; — droit à la vérité, *dirigĕre* ad veritatem.* ◆ **3.** Traiter. *Tractare.* ◆ **4.** Passer (le temps). *Traducere, o*. Agere, o**. ◆ **5.** Tracer (une ligne). (*Lineam*) *ducĕre**.

ménétrier, m. *Fidicen, inis*, m.

meneur, m. **1.** *Rector, oris*, m.

◆ 2. (Fig.) *Dux, ducis*, m. *Caput, itis*, n.
menotte, f. 1. Petite main. *Manicula, ae*, f. ◆ 2. (Pl.) Liens. *Manicae, arum*, fpl.
mensonge, m. et **menterie**, f. *Mendacium, ii*, n. *Falsum, i*, n. (Fiction) *Fabula, ae*, f.
mensonger, ère, adj. *Falsus, a, um. Fictus.*
mensongèrement, adv. *Falso.*
mensuel, elle, adj. *Menstruus, a, um.*
mensuellement, adv. *Singulis mensibus.*
mental, ale, adj. Aliénation mentale, *dementia, ae*, f.; approbation —, *tacita assensio*, f.
mentalement, adv. *Secum.*
menteur, euse, adj. *Mendax, acis. Vanus, a, um.*
menthe, f. *Mentha, ae*, f.
mention, f. *Mentio, onis*, f.
mentionner, tr. *Commemorare.* Mentionné ci-dessus, *supra dictus, a, um.*
mentir, intr. *Mentiri. Ementiri* (à qqn, *alicui* ou *apud aliquem;* en qqch., *in re* ou *de re*). Sans —, *ne quid mentiar.*
menton, m. *Mentum, i*, n.
mentonnière, f. *Buccula, ae*, f.
menu, ue. I. Adj. *Minutus, a, um. Tenuis, e.* Le — peuple, *plebecula, ae*, f. ◆ **II.** Adv. *Minute. Minutim.* ◆
◆ **III.** Nom m. Par le —, *singillatim.* Le — d'un repas, *singulae dapes.*
menuiser, tr. *Dolare.*
menuiserie, f. (Art) *Fabrica materiaria*, f. (Ouvrage) *Intestinum opus*, n.
menuisier, m. *Lignarius faber*, m.
méphitique, adj. *Pestilens, entis.*
méprendre (se), r. *Falli, or*. Errare.*
mépris, m. *Contemptio, onis*, f. Etre pour tous un objet de —, *despectui esse omnibus;* s'exposer au — de qqn, *venire* in contemptionem alicui;* traiter qqn avec le dernier —, *conculcare aliquem;* au — des lois, *contra leges.*
méprisable, adj. *Contemnendus, a, um.*
méprisant, ante, adj. *Fastidiosus, a, um* (*in*, acc.). D'un air —, *contemptim.*
méprise, f. *Error, oris*, m. *Lapsus, us*, m. Il y a eu —, *in hoc erratum est;* par —, *per errorem.*
mépriser, tr. *Contemnere, o*. Despicere, io*.*
mer, f. *Mare, is*, n. Sur —, *mari;* se rendre par — à Syracuse, *Syracusas navigare;* voyage par —, *navigatio, onis*, f.; la haute —, *altum, i*, n.; traverser la —, *transmittĕre** (*mare*); une bonne —, *mare tutum;* mal de —, *nausea, ae*, f.; avoir le mal de —, *nauseare;* ce n'est pas la — à boire, *nihil negotii est.*
mercantile, adj. Profession —, *quaestus, us*, m.
mercenaire. I. Adj. **1.** *Meritorius, a, um.* ◆ **2.** Vénal.

Mercennarius, a, um. ◆ **II.** Nom m. **1.** Ouvrier. *Mercennarius, ii,* m. ◆ **2.** Soldat. *Mercede conductus miles,* m.

1. merci, f. Crier —, *implorare misericordiam.* Se mettre à la — de qqn, *se permittĕre* alicui;* se rendre à —, *se credĕre* victori;* être à la — de qqn, *obnoxium esse alicui;* être à la — de la tempête, *adversā tempestate jactari;* recevoir à sa —, *in deditionem accipĕre, io*;* mettre à la — de qqn, *ad arbitrium alicujus adducĕre*.*

2. merci, m. *Gratiae, arum,* fpl. Dire — à qqn, *gratias alicui agĕre*.*

mercredi, m. *Mercurii dies, ei,* m. f. *Feria quarta,* f.

Mercure. 1. Dieu. *Mercurius, ii,* m. ◆ **2.** Planète. *Mercurii stella, ae,* f. ◆ **3.** Métal. *Vivum argentum,* n.

mère. I. Nom f. *Mater, tris,* f. *Parens, entis,* f. Mère de famille, *mater familias.* ◆ **II.** Adj. Tige mère. *Stirps, pis,* f.; la mère patrie, *metropolis, is* (acc., *im*), f.

méridien, m. *Meridianus circulus,* m.

méridienne, f. *Meridiatio, onis,* f. Faire la —, *meridiare.*

méridional, ale, adj. *Australis, e.*

merise, f. *Cornocerasum, i,* n.

merisier, m. *Cornocerasus, i,* f.

méritant, ante, adj. *Bene meritus, a, um.*

mérite, m. **1.** Droit à la sanction. *Meritum, i,* n. Donner à chacun selon son —, *pro dignitate cuique tribuĕre.* ◆ **2.** Titre à la reconnaissance. *Gratia, ae,* f. *Laus, laudis,* f. Faire à qqn un — de, *laudi dare* alicui;* se donner le — de, *gloriari* (*re* ou *in re*); tu en auras tout le —, *tua fuerit laus.* ◆ **3.** Titre à l'estime. *Virtus, utis,* f. *Laus.* (Homme) de —, *praestans, antis.* ◆ **4.** (Ch.) *Virtus. Laus.* Le — d'un arbre, *virtus arboris.*

mériter. I. Intr. Bien — de. *Bene mereri* (*eor**) *de.* ◆ **II.** Tr. *Merere, eo** (acc.). *Promereri, eor** (acc.). Comme il le mérite, *pro dignitate;* sans l'avoir mérité, *immerito;* mérité, *justus, a, um.* ◆ **2.** — de ou que. *Merēri ut* (subj.); — de ne pas, *merēri ne* (subj.).

méritoire, adj. *Laudabilis, e.*

méritoirement, adv. *Laudabiliter.*

merle, m. **1.** *Merula, ae,* f. ◆ **2.** (Fig.) Un — blanc, *alba avis,* f.

merluche, f. *Merula, ae,* f.

merveille, f. *Miraculum, i,* n. *Portentum, i,* n. O — ! *mirabile visu* ou *dictu!* C'est — si ou que, *mirum si;* promettre monts et —, *maria montesque pollicēri*;* à —, *praeclare!*

merveilleusement, adv. **1.** *Mire. Mirifice.* ◆ **2.** Très bien. *Mire.*

merveilleux, euse. I. Adj. **1.** *Mirus, a, um. Mirificus* ◆

2. Excellent. *Mirabilis, e.* ◆ **II.** Nom m. *Admirabilitas, atis,* f. *Monstra, orum,* npl.

mes. V. MON.

mésalliance, f. *Impar connubium,* n. (En parl. d'une femme) *Enuptio, onis,* f.

mésallier, tr. *Cum impari jungere*.* Se — (en parl. d'une femme), *enubĕre, o*.*

mésange, f. *Merops, opis,* m.

mésaventure, f. *Casus, us,* m.

mésestimer, tr. *Despicere, io*. Neglegere, o*.*

mésintelligence, f. *Discordia, ae,* f. *Dissensio, onis,* f. Être en —, *discordare; dissidēre*.*

mesquin, ine, adj. **1.** *Sordidus, a, um.* ◆ **2.** (Fig.) *Exiguus, a, um.*

mesquinement, adv. **1.** *Illiberaliter.* ◆ **2.** (Fig.) *Minute.*

mesquinerie, f. **1.** *Sordes, ium,* fpl. ◆ **2.** (Fig.) *Humilitas, atis,* f.

message, m. *Mandatum, i,* n. *Nuntius, ii,* m.

messager, ère. I. Nom m. et f. *Nuntius, ii,* m. *Nuntia, ae,* f. ◆ **II.** Adj. *Nuntius, a, um.*

messe, f. *Missa, ae,* f.

messéant, ante, adj. *Indecorus, a, um.*

messeoir, impers. *Dedecēre, dedecet** (à, acc.; de, inf.).

Messie, m. *Messias, ae,* m.

Messine. *Messana, ae,* f. De —, *Messanensis, e.*

mesurable, adj. *Mensurabilis, e.*

mesurage, m. *Mensio, onis,* f.

mesure, f. **1.** Unité de mesure. *Mensura, ae,* f. *Modus, i,* m. Avoir deux poids et deux —, *non eādem trutinā pensare.* ◆ **2.** Dimension, quantité. *Demensio, onis,* f. *Modus.* Prendre la — de, *metiri** (acc.).; donner la — de (fig.), *esse argumentum* (gén.); bonne —, *auctarium, ii,* n. ◆ **3.** (Musique et poésie) *Numerus, i,* m. En —, avec —, *numerose;* battre la —, *modos dare*;* qui a de la —, *numerosus, a, um.* ◆ **4.** (Fig.) Limites. *Modus. Finis, is,* m. Dans la — de ses forces, *pro viribus.* (Modération) *Modus. Modestia, ae,* f. Avoir de la —, *modum tenēre*;* avec —, *modice;* sans —, *sine modo;* outre —, *praeter modum.* ◆ **5.** (Escrime) Distance, position, (par suite) moyen. Se mettre en —, *se parare;* il se met en — d'achever, *parat perficĕre*;* une —, *consilium, ii,* n.; *ratio, onis,* f.; prendre ses — pour, *se instruĕre* ut* (subj.). ◆ **6.** A MESURE QUE, au fur et à mesure que. *Ut* (indic.). Non pas tous à la fois, mais à —, *non omnes simul, sed subinde pauci.*

mesurer, tr. **1.** *Metiri** (*rem re*). ◆ **2.** Proportionner. *Aptare.* Mesurer sa dépense sur, *sumptum accommodare ad.* ◆ **3.** Régler avec sagesse. *Moderari* (acc.). Mesuré, *modestus, a, um;* peu mesuré, *immodicus.*

SE MESURER, r. (En parl. de

deux armées) *Decertare.* Se — avec, *contendĕre* cum.*

mesureur, m. *Mensor, oris,* m.

mésuser, tr. *Abuti, or* (de,* abl.).

métairie, f. *Praedium, ii,* n. Petite —, *praediolum, i,* n.; exploiter une —, *villicari.*

métal, m. *Metallum, i,* n.

métallique, adj. *Metallicus, a, um.*

métallurgie, f. *Fabrica, ae,* f.

métamorphose, f. **1.** *Transfiguratio, onis,* f. *Metamorphosis, is,* f. ◆ **2.** (Fig.) *Mutatio, onis,* f.

métamorphoser, tr. *Vertere, o*. Mutare.*

métaphore, f. *Translatio, onis,* f.

métaphoriquement, adv. *Per similitudinem.*

métayer, ère, m. f. *Villicus, i,* m. *Villica, ae,* f.

métempsycose, f. *Transfiguratio, onis,* f. *Migratio, onis,* f.

météore, m. Météore lumineux, *stella, ae,* f.

métèque, m. *Metoecus, i,* m.

méthode, f. **1.** Procédé. *Ratio, onis,* f. *Via, ae,* f. ◆ **2.** Ordre. *Ordo, inis,* m. *Distinctio, onis,* f. Avec —, *distincte.* ◆ **3.** Livre. *Methodice, es,* f.

méthodique, adj. **1.** (Pers.) *Dispositus, a, um.* ◆ **2.** (Ch.) *Distinctus.*

méthodiquement, adv. *Ratione. Distincte.*

méticuleux, euse, adj. *Meticulosus, a, um.*

métier, m. **1.** Profession. *Ars, artis,* f. *Artificium, ii,* n. Le — de la guerre, *militia, ae,* f. ◆ **2.** (Fig.) Faire — de, *profiteri** (acc.). ◆ **3.** Machine. Métier de tisserand. *Textrinum, i,* n. ◆ **4.** (Fig.) Remettre des vers sur le —, *incudi reddĕre* versus.*

mètre, m. Mesure d'un vers. *Metrum, i,* n.

métrique. I. Adj. *Metricus, a, um.* ◆ **II.** Nom f. *Metrice, es,* f.

métropole, f. *Metropolis, is* (acc., *im*), f.

mets, m. *Cibus, i,* m.

mettre, tr. **1.** Placer. *Ponere, o*. Collocare.* Mettre dans, *immittĕre* (*in,* acc.); — hors de, *educĕre* ex;* — près de, contre, *admovēre** (dat.); — sur, *imponĕre* (dat.); — à terre, *deponĕre*;* — devant les yeux, *anteponĕre*;* — devant, *praeponĕre** (dat.); — à part, *seponĕre*;* — après, *postponĕre** (dat.); — à, *aptare* (dat.); — en danger, *periculum inferre** (dat.). ◆ **2.** Employer. *Ahdibere, eo*.* Y — du sien, *de suo afferre*;* — son application à, *insumĕre laborem in* (acc.). ◆ **3.** Disposer. Mettre en ordre. *Disponĕre*.* ◆ **4.** Causer. *Afferre, fero*.* — le désordre dans, *tumultum injicĕre, io** (*in,* acc., au sens propre; dat., au sens fig.). ◆ **5.** Envoyer. *Mittere, o*. Tradere, o*.* — dans une école, *in ludum mittĕre.* ◆ **6.**

Réduire à. *Adducere, o**. ◆ **7.** Revêtir. — (à qqn) une tunique, *inducĕre* tunicam* (*alicui*); — (soi-même) un vêtement, *indui veste* ou *induĕre vestem*. ◆ **8.** Supposer. *Fingere, o**.

SE METTRE, r. **1.** Se placer, être placé. *Se collocare. Collocari.* Se — du côté de, *favēre** (dat.). ◆ **2.** Se constituer dans tel état. Se — debout, *stare**; se — bien avec qqn, *gratiam alicujus inire* (*eo**); se — à l'abri, *se tuēri**; se — à la diète, *abstinēre** ◆ **3.** Se mettre à, commencer. *Aggredi, ior**. *Adoriri**. Se — à parler, *ad dicendum aggredi*; il se mit à, *coepit** (inf.). ◆ **4.** S'habiller. *Vestiri.*

meuble. I. Adj. Terre —, *soluta terra*, f.; biens —, *res mobiles*, fpl. ◆ **II.** Nom m. *Ornamentum, i*, n. Les meubles, *supellex, ectilis*, f.

meubler, tr. *Instruere, o**.

meuglement, m. *Mugitus, us*, m.

meugler, intr. *Mugire.*

meule, f. **1.** De moulin. *Mola, ae*, f. ◆ **2.** A aiguiser. *Aquaria* (*ae*) *cos* (*cotis*), f. ◆ **3.** De foin. *Meta, ae*, f.

meulière, adj. Pierre —, *molaris lapis*, m.

meunier, m. *Pistor, oris*, m.

meurtre, m. *Caedes, is*, f. *Nex, necis*, f.

meurtrier, ère. I. Adj. *Mortifer, era, erum.* ◆ **II.** Nom m. *Interfector, oris*, m.

meurtrir, tr. *Sugillare. Contundere, o**.

meurtrissure, f. *Sugillatio, onis*, f. *Livor, oris*, m.

meute, f. *Turba canum.*

miasmes, mpl. *Foetores, um*, mpl.

miaulement, m. *Felina vox*, f.

miauler, intr. *Felire.*

miche, f. *Offa, ae*, f.

micocoulier, m. *Celthis, is* (acc., *im*), f.

midi, m. **1.** Le milieu du jour. *Meridies, ei*, m. Chercher — à quatorze heures, *nodum in scirpo quaerĕre**. ◆ **2.** Le sud. *Meridies. Auster, tri*, m. Du —, *australis, e*; le vent du —, *auster*; au —, *meridianā regione*; exposé au —, *ad meridiem vergens**. ◆ **3.** Les pays du midi. *Meridianus orbis*, m.

mie, f. *Panis mollia, ium*, npl.

miel, m. *Mel, mellis*, n. De —, *mellus, a, um.*

miellé, ée, adj. *Mellitus, a, um.* Vin —, *mulsum, i*, n.

mielleusement, adv. *Blande.*

mielleux, euse, adj. **1.** *Mellitus, a, um.* ◆ **2.** (Fig.) *Blandus. Blandiloquus.*

mien, enne. I. Adj. et le —, pr. poss. *Meus, a, um.* ◆ **II.** Nom m. **1.** *Meum, i*, n. ◆ **2.** Les miens (mes parents), *Mei, orum*, mpl.

miette, f. **1.** De pain. *Panis mica, ae*, f. ◆ **2.** Petit morceau. *Massula, ae*, f. Mettre en —, *in particulas diducĕre**. ◆ **3.** Restes. *Analecta, orum*, npl.

1. mieux. 1. Adv. comp. de BIEN. V. BIEN. On ne peut —, *optime*; se porter —, *convalescĕre* ex morbo;* à qui — —, *certatim.* ◆ **2.** Plus. *Magis. Plus.* Aimer — que, *malle** (inf.) *quam* (inf.); *anteponĕre** (*rem rei*)*;* il vaut — que, *melius est* (inf.) *quam* (inf.); bien —, *immo.*

2. mieux, m. Le —. *Optimum.* Le — est de, *praestat** (inf.); il n'y a rien de —, *nihil est commodius;* de leur —, *quoquo modo possunt*;* tout est pour le —, *bene est;* je suis au — avec lui, *mihi cum illo magna gratia est;* il y a du — dans l'état de Tiron, *Tironi melius est;* le — du monde, au —, *perbene.*

mignard, arde, adj. **1.** Mignon. *Delicatus, a, um.* ◆ **2.** Affecté. *Putidus.*

mignardement, adv. **1.** *Delicate.* ◆ **2.** *Putide.*

mignardise, f. *Deliciae, arum,* fpl.

mignon, onne. I. Adj. *Delicatus, a, um. Venustulus.* ◆ **II.** Nom m. Mon —, *deliciae, arum,* fpl; *deliciolae, arum,* fpl.

migraine, f. *Hemicrania, ae,* f.

migration, f. *Migratio, onis,* f.

mijaurée, f. Faire la —, *se putidius gerĕre*.*

mijoter, tr. *Lente coquere, o*.*

mil, adj. V. MILLE.

mil, m. *Milium, ii,* n.

milan, m. *Milvus, i,* m.

milice, f. *Militia, ae,* f.

milieu, m. **1.** (Sens local) *Medium, ii,* n. *Medius, a, um.* Au milieu du forum (sans mouv.), *in medio foro;* il prend Servius par le — du corps, *medium arripit* Servium;* placé au —, *interjectus, a, um;* rompre par le —, *interrumpĕre**; au — de la foule, *in turbā.* ◆ **2.** (Sens temporel) *Medium. Medius.* Au — d'un festin, *inter cenam;* au — d'une si grande prospérité, *in tantā felicitatĕ.* ◆ **3.** (Fig.) *Medium. Mediocritas, atis,* f. Tenir un certain —, *medium quiddam tenēre*;* garder un juste —, *adhibēre* modum rebus;* je puis garder le —, *possum* esse medius.*

militaire. I. Adj. *Militaris, e.* Science —, *scientia rei militaris;* gloire —, *gloria bellica;* tribun —, *tribunus militum.* ◆ **II.** Nom m. *Miles, itis,* m.

militairement, adv. *Militariter.* Occuper —, *praesidiis occupare.*

militer, intr. *Favere, eo** (dat.).

1. mille, adj. et **millier,** m. **1.** *Mille,* adj. n. indécl.; pl. *milia, ium,* nom npl. Mille cavaliers, *mille equites;* deux mille cavaliers, *duo milia equitum;* mille fois, *miliens.* ◆ **2.** (Fig.) Un nombre infini. *Sescenti, ae, a.*

2. mille, m. Mesure itinéraire. *Milliarium, ii,* n. *Mille passuum.*

millet, m. *Milium, ii,* n.

milliaire, adj. *Milliarius, a, um.*

millième, adj. *Millesimus, a, um.* Un —, *millesima pars*, f.
million, m. *Miliens mille.* Un — de sesterces, *deciens centena milia.*
mime, m. (Pièce ou acteur). *Mimus, i*, m.
mimique. I. Adj. *Mimicus, a, um.* ◆ **2.** Nom f. Par la mimique, *gestu.*
minable, adj. *Miser, era, erum.*
minauder, intr. *Os distorquere, eo* *.
minauderies, fpl. *Vultus argutiae, arum*, fpl.
mince, adj. *Exilis, e. Tenuis, e.*
1. mine, f. **1.** Air. *Vultus, us*, m. *Os, oris*, n. Avoir bonne —, *nitere**; avoir la — d'un honnête homme, *prae se speciem boni viri ferre**; mauvaise — (d'un malheureux), *misera species*; faire bonne, triste — à qqn, *excipĕre* (*io**) *aliquem benigno, malo vultu.* ◆ **2.** Apparence. *Species, ei*, f. *Frons, frontis*, f. Faire — d'avoir peur, *timorem simulare;* en faisant — de lui porter secours, *per speciem auxilii ferendi**. ◆ **3.** (Pl.) Grimaces. *Vultus argutiae, arum*, fpl.
2. mine, f. **1.** Cavité souterraine (d'où l'on extrait les métaux). *Fodina, ae*, f. *Metalla, orum*, npl. *Vena, ae*, f. Exploiter des — d'argent, *argentum fodĕre, io**. ◆ **2.** Galerie. *Cuniculus, i*, m. Pratiquer des —, *agĕre* cuniculos.*
3. mine, f. Poids. Mesure. *Mina, ae*, f.

miner, tr. **1.** *Suffodere, io**. *Cavare.* ◆ **2.** (Fig.) Épuiser. *Exedere, o**. Être miné par le chagrin, *maerore confici, tor**. ◆ **3.** Détruire lentement. *Labefacere, io**. Se —, *tabescere, o**.
minerai, m. *Metallum, i*, n.
minéral. I. Adj. Eaux —, *aquae medicatae*, fpl. ◆ **II.** Nom m. *Inanimae res*, fpl.
Minerve. *Minerva, ae*, m.
mineur, re, adj. **1.** Plus petit. *Minor, minus.* ◆ **2.** Qui n'a pas atteint sa majorité. *Pupillus, i*, m. *Pupilla, ae*, f. De —, *pupillaris, e.*
mineur, m. Qui travaille aux mines. *Fossor, oris*, m.
miniature, f. *Minuta pictura*, f.
minime, adj. *Minimus, a, um.*
ministère, m. (Fonction) *Munus, eris*, n. (Aide) *Opera, ae*, f.
ministre, m. *Minister, tri*, m.
minium, m. *Minium, ii*, n.
minois, m. *Facies, ei*, f.
minorité, f. **1.** Nombre. *Pauci, ae, a.* ◆ **2.** Age. *Anni pupillares*, mpl. Pendant sa —, *dum is pupillus est.*
minuit, m. *Media nox*, f.
minuscule, adj. Lettres —, *litterae minutae*, fpl.
minute, f. **1.** Temps. En une —, *puncto temporis.* ◆ **2.** Original d'un acte. *Authenticae tabulae*, fpl.
minutie, f. **1.** Des —, *minuta quaedam*, npl. ◆ **2.** Soin des petites choses. *Minutior cura*, f.

minutieusement, adv. *Minutius.*
minutieux, se, adj. **1.** (Pers.) *Scrupulosus, a, um.* ◆ **2.** (Ch.) *Minutus.*
mi-parti, ie, adj. *Mixtus, a, um.*
miracle, m. **1.** *Miraculum, i,* n. ◆ **2.** (Fig.) *Prodigium, ii,* n. *Monstrum, i,* n.
miraculeusement, adv. *Miraculo.*
miraculeux, euse, adj. *Portentosus, a, um.*
mirer, tr. **1.** Viser. *Collineare.* ◆ **2.** (Fig.) *Speculari.*
Se mirer, r. *In speculum inspicere, io*.*
miroir, m. *Speculum, i,* n.
miroiter, intr. *Resplendere, eo*.*
mise, f. **1.** — en liberté, *manumissio, onis,* f.; — en vente, *auctio, onis,* f.; — en jugement, *judicium, ii,* n.; — en scène, *apparatus spectaculi.* ◆ **2.** Enchère. *Indicatio, onis,* f. ◆ **3.** Enjeu. *Pignus, oris,* n. ◆ **4.** (Fig.) La menace n'était pas de —, *ratio non erat minari.* ◆ **5.** Manière de se vêtir. *Vestitus, us,* m.
misérable, adj. **1.** Malheureux. *Miser, era, erum. Infelix, icis.* ◆ **2.** Pauvre. *Egens, entis.* ◆ **3.** Fâcheux, triste. *Miserandus, a, um.* ◆ **4.** Méchant. *Nequam,* indécl. *Improbus, a, um.* ◆ **5.** Méprisable. *Turpis, e.* ◆ **6.** Mauvais. *Malus, a, um. Miser.*
misérablement, adv. *Misere. Miserabiliter.*
misère, f. **1.** État malheureux. *Miseria, ae,* f. *Aerumna, ae,* f. ◆ **2.** Pauvreté. *Egestas, atis,* f. ◆ **3.** Peine. *Molestia, ae,* f. Faire des — à qqn, *molestiam exhibēre* alicui.* ◆ **4.** Bagatelle. *Nugae, arum,* fpl.
miséricorde, f. **1.** Pitié. *Misericordia, ae,* f. ◆ **2.** Pardon. *Venia, ae,* f.
miséricordieux, euse, adj. *Misericors, ordis.*
missel, m. *Missale, is,* n.
mission, f. Charge. *Provincia, ae,* f. *Munus, eris,* f. Remplir une —, *obire (eo)* negotium;* — diplomatique, *legatio, onis,* f.
missive, f. *Epistula, ae,* f.
mistral, m. *Circius, ii,* m.
mitaine, f. *Manicae, arum,* fpl.
mite, f. *Vermiculus, i,* m.
mitiger, tr. *Mitigare.*
mitoyen, yenne, adj. *Medius, a, um.*
mitre, f. *Mitra, ae,* f.
mitré, ée, adj. *Mitratus, a, um.*
mixte, adj. *Mixtus, a, um.*
mixtion, f. *Mixtura, ae,* f. *Permixtio, onis,* f.
mixtionner, tr. *Miscere, eo*. Permiscere, eo*.*
mobile. I. Adj. **1.** *Mobilis, e.* ◆ **2.** (Fig.) *Mutabilis, e. Levis, e.* ◆ **II.** Nom m. *Momentum, i,* n.
mobilier, ère. I. Adj. Objets —, *res moventes,* fpl. ◆ **II.** Nom m. *Supellex, ectilis,* f.
mobilité, f. *Mobilitas, atis,* f.
1. mode, m. *Modus, i,* m.

2. mode, f. **1.** Manière d'agir. *Modus, i,* m. *Mos, moris,* m. A la — des Grecs, *Graeco more.* ◆ **2.** Goût public. *Mos. Usus, us,* m. Être à la —, *florēre*; passer de —, *obsolescĕre*.*

modèle, m. **1.** *Exemplar, aris,* n. ◆ **2.** (Fig.) *Exemplum, i,* n. Prendre qqn pour —, *aliquem ad imitandum deligĕre*.*

modeler, tr. **1.** *Fingere, o*. Effingere, o*.* Modeler en argile, *fingĕre ex argillā.* ◆ **2.** (Fig.) — sur, *fingĕre ad.*

modeleur, m. *Plastes, ae,* m.

modérateur, trice, m. f. *Moderator, oris,* m. *Moderatrix, icis,* f.

modération, f. **1.** *Moderatio, onis,* f. *Modus, i,* m. Avec —, *modeste;* sans —, *immoderate.* ◆ **2.** Adoucissement (d'une peine). *Laxamentum, i,* n.

modérément, adv. *Moderate. Modeste.*

modérer, tr. *Moderari* (acc. ou dat.). *Temperare* (dat. ou acc.). Modéré, *modestus, a, um; modicus.*

SE MODÉRER, r. *Se reprimĕre*. Sibi constituĕre modum.*

moderne, adj. *Recens, entis.* Les —, *recentiores, um,* mpl.

modeste, adj. **1.** Sans orgueil. *Verecundus, a, um.* ◆ **2.** Décent. *Pudicus.* ◆ **3.** Modéré. *Modestus.* ◆ **4.** Modique. *Modicus. Tenuis, e.*

modestement, adv. **1.** Sans orgueil. *Verecunde.* ◆ **2.** Sans faste. *Modeste.*

modestie, f. *Modestia, ae,* f. *Verecundia, ae,* f.

modicité, f. *Tenuitas, atis,* f.

modification, f. *Mutatio, onis,* f.

modifier, tr. *Mutare.*

modique, adj. *Modicus, um. Exiguus.*

modiquement, adv. *Modice.*

modulation, f. *Modulatio, onis,* f.

moduler, tr. *Modulari.*

moelle, f. *Medulla, ae,* f. (au pl. en général).

moelleusement, adv. *Molliter.*

moelleux, euse. I. Adj. *Mollis, e.* ◆ **II.** Nom m. *Lenitas, atis,* f.

moellon, m. *Caementum, i,* n.

mœurs, fpl. *Mores, um,* mpl. Qui a de bonnes —, *probus, a, um;* corruption des —, *nequitia, ae,* f.; qui a de mauvaises —, *dissolutus.*

moi, pr. V. JE. Vous et —, *ego et tu;* quant à —, *ego vero;* moi-même, *ego ipse; egomet;* c'est à — de, *meum est* (prop. inf.).

moindre, et le —, compar. et superl. de PETIT; v. PETIT. La — chose, *quaelibet res;* s'il y avait eu le — retard, *si tantulum morae fuisset.*

moine, m. *Monachus, i,* m. *Coenobita, ae,* m.

moineau, m. *Passer, eris,* m.

moins, adv. et nom m. **1.** *Minus.* Beaucoup —, *multo minus;* — de, *minus* (gén.) (avec un nom de ch. qui ne se comptent ni ne se mesurent); *minor, nus* (avec un nom de ch. qui se mesurent); *paucio-res, a* (avec un nom de ch. qui se comptent); — que, *minus quam;* moitié —, *minus dimidio;* qui a — de vingt ans, *minor viginti annis;* en — de rien, *puncto temporis;* en — de quatorze ans, *intra annos quattuordecim;* ni plus ni —, *nihilo minus;* rien — que, *nihil minus quam;* de — en —, *minus minusque;* être — courageux que qqn, *virtute cedĕre* alicui;* — âgé, *minor.* ◆ 2. LE MOINS. Le parti le — triste, *quod minime miserum est;* le — âgé, *minimus natu;* pas le — du monde, *minime gentium;* être en —, *deesse*.* ◆ 3. AU MOINS. (Pour le moins) *Minimum.* (Du moins) *Saltem.* ◆ 4. A MOINS QUE OU DE. *Nisi* (indic. ou subj.). ◆ 5. MOINS, prép. *Praeter* (acc.). Moins un, *praeter unum.*

mois, m. *Mensis, is,* m.

Moïse. *Moses, is,* m.

moisir, tr. *Situ operire*.* Se —, *mucescĕre*;* moisi, *mucidus, a, um.*

moisissure, f. *Mucor, oris,* m.

moisson, f. (Récolte) *Messis, is,* f. (Céréales sur pied) *Seges, etis,* f.

moissonner, tr. 1. *Metere, o*.* ◆ 2. (Fig.) *E medio tollere, o*.*

moissonneur, tr. *Messor, oris,* m.

moite, adj. *Uvidus, a, um.*

moiteur, m. *Uvor, oris,* m.

moitié, f. *Dimidium, ii,* n. *Dimidia pars,* f. La — du mois, *mensis dimidiatus;* par —, *bipartito;* — plus petit, *dimidio minor;* mettre qqn de — dans une affaire, *communicare rem cum aliquo;* à — plein, *semiplenus, a, um;* me voici à — chemin, *iter jam medium teneo*.*

molaire, f. *Dens molaris,* m.

môle, m. *Moles, is,* f.

molécule, f. *Particula, ae,* f. *Corpusculum, i,* n.

molester, tr. *Vexare.*

mollement, adv. *Molliter.* (Sans sévérité) *Leniter.*

mollesse, f. *Mollitudo, inis,* f. (Manque d'énergie) *Mollitia, ae,* f. *Lentitudo, inis,* f. (Vie efféminée) *Mollities, ei,* f.

mollet, m. *Sura, ae,* f.

mollir, intr. 1. *Mollescere, o*.* ◆ 2. (Fig.) Faiblir. *Remitti, or*.* ◆ 3. Lâcher pied. *Labare.*

mollusques, mpl. *Mollia, ium,* npl.

moment, m. 1. Instant. *Punctum* (*i,* n.) *temporis.* ◆ 2. Temps. *Tempus, oris,* n. Au —, *recenti re;* pour le —, *in praesentiā.* ◆ 3. Occasion. *Tempus. Opportunum tempus.* Ce n'est pas le — de plaisanter, *non jocandi locus est.*

momentané, ée, adj. *Brevis, e.*

momentanément, adv. *Aliquantisper.*

mon, ma, adj. poss. *Meus, a, um.*

monacal, ale, adj. *Monachicus, a, um.*

monarchie, f. *Regnum, i,* n.

monarchique, adj. Le gouvernement —, *regnum, i,* n.; *reges, um,* mpl.
monarque, m. *Rex, regis,* m.
monastère, m. *Monasterium, ii,* n.
monastique, adj. *Monasterialis, e.*
monceau, m. *Acervus, i,* m.
mondain, aine, adj. *Mundanus, a, um.*
mondanité, f. *Vanitates, um,* fpl.
1. **monde,** m. 1. Univers. *Mundus, i,* m. *Universum, i,* n. ◆ 2. Terre. *Orbis terrarum. Orbis, is,* m. Personne au —, *nemo in terris;* le mieux du —, *optime;* faire tout au —, *nihil intentatum relinquĕre*;* venir au —, *nasci*;* mettre au —, *progignĕre*.* ◆ ◆ 3. Hommes. *Homines, um,* mpl. Tout le —, *omnes;* devant tout le —, *palam;* chose connue de tout le —, *res pervulgata;* place couverte de —, *forum frequens;* ainsi va le —, *sic vivitur*;* dans le tumulte du —, *in turbā;* le beau —, *elegantiores, um,* mpl. ◆ 4. Troupe. *Manus, us,* f. (Soldats) *Milites, um,* mpl.; en perdant beaucoup de —, *multā cum caede suorum.* (Domestiques) *Familia, ae,* f. *Servi, orum,* mpl. Son —, *sui, orum,* mpl.
2. **monde,** adj. Pur. *Mundus, a, um.*
monder, tr. *Mundare.*
monétaire, adj. *Monetalis, e.*
moniteur, m. *Monitor, oris,* m.
monnaie, f. 1. Argent monnayé. *Pecunia, ae,* f. Monnaie de cuivre, *aes, aeris, n.;* — d'argent, *argentum (signatum),* n.; (pièce), *nummus, i,* m.; battre —, *pecuniam facĕre, io*;* fausse —, *adulterin nummi,* mpl. ◆ 2. Bâtiment où l'on bat monnaie. *Moneta, ae,* f. ◆ 3. (Fig.) Rendre à qqn la — de sa pièce, *paria paribus respondēre*.*
monnayage, m. *Moneta, ae,* f.
monnayer, tr. *Signare.*
monnayeur, m. *Monetarius, ii,* m.
monologue, m. *Soliloquium, ii,* n.
monopole, m. *Monopolium, ii,* n.
monosyllabe, m. *Monosyllabus, a, um.*
monotone, adj. 1. *Monotonus, a, um.* ◆ 2. (Fig.) *Odiosus, a, um.*
monotonie, f. (Fig.) *Similitudo, inis,* f.
monseigneur et **monsieur,** m. *Dominus, i,* m.
monstre, m. 1. *Monstrum, i,* n. *Portentum, i,* n.; — affreux, *belua immanis,* f. ◆ 2. (Fig.) Monstre de cruauté. *Monstrum. Portentum.* — de laideur. *Simius, ii,* m. *Simia, ae,* f.
monstrueusement, adv. 1. *Monstruose.* ◆ 2. (Fig.) *Magnopere.*
monstrueux, euse, adj. 1. *Monstruosus, a, um. Por-*

tentosus. ◆ **2.** Énorme. *Immanis, e.*

monstruosité, f. *Deformitas, atis,* f. Une —, *monstrum, i,* n.

mont, m. et **montagne,** f. *Mons, montis,* m. Chaîne de —, *jugum, i,* n.

montagnard, arde, adj. *Montanus, a, um.*

montagneux, euse, adj. *Montuosus, a, um.*

montant, ante. I. Adj. Chemin —, *clivus, i,* m. ◆ **II.** Nom m. **1.** Pièce de bois. *Scapus, i,* m. Le — d'une porte, *postis, is,* m. ◆ **2.** — (d'un compte). *Summa, ae,* f.

montée, f. **1.** *Clivus, i,* m. **2.** Action de monter. *Ascensus, us,* m.

monter. I. Intr. **1.** S'élever. *Scandere, o** (intr. et tr.). *Ascendere, o** (intr. et tr.). Monter sur une montagne, *montem ascendĕre;* — sur un vaisseau, *conscendĕre* navem.* ◆ **2.** (Fig.) *Se erigĕre**; — sur le trône, *in regnum pervenire*;* faire — qqn (en dignité), *provehĕre* aliquem;* — à la tête, *caput tentare;* — à (un prix), *pervenire* ad;* faire — les prix, *pretia efferre*;* — en graines, *in semen exire (eo)*;* — (végétaux, eaux), *crescĕre;** son arrogance monta à un tel excès que, *eo insolentiae processit* ut* (subj.). ◆ **II.** Tr. **1.** Gravir, être porté sur. *Ascendere, o** (acc.). Monter un cheval, *equum ascendĕre;* — un vaisseau, *navem administrare.* ◆ **2.** (Fig.) Porter en haut. *Tollere, o*. Efferre, fero*.* ◆ **3.** Accroître. *Augere, eo*.* ◆ **4.** Tendre une corde (de lyre), *nervum torquēre*;* (fig.) monter la tête à qqn, *animum alicujus accendĕre*;* se — la tête, *inflammari;* très monté, *incensus, a, um.* ◆ **5.** Pourvoir d'un cheval, *equum attribuĕre (alicui).* ◆ **6.** Pourvoir du nécessaire. — une maison, *domum instruĕre*.* ◆ **7.** Monter la garde, *excubias agĕre*.*

monticule, m. *Tumulus, i,* m.

montre, f. Parade. *Ostentatio, onis,* f. *Venditatio, onis, f.* Faire — de, *ostentare* (acc.).

montrer, tr. **1.** Faire voir. *Ostendere, o*.* (Indiquer) *Monstrare.* ◆ **2.** (Fig.) (Laisser voir) *Ostendĕre. Patefacere, io*.* (Donner des marques de) *Ostendĕre. Praestare*.* ◆ **3.** Prouver. *Demonstrare.* (Enseigner) *Docēre, eo*.* Montrer à lire, *docēre litteras.*

SE MONTRER, r. **1.** (Pers.) *In conspectum prodire, eo*.* (Ch.) *Apparere, eo*.* ◆ **2.** Se — tel qu'on est, *indicare se;* se — crédule, *se praebēre* credulum.* ◆ **3.** Se manifester. *Significari. Se proferre (fero*).*

montueux, euse, adj. *Montuosus, a, um.*

monture, f. *Jumentum, i,* n.

monument, m. *Monumentum, i,* n.

moquer, tr. et intr. et **se moquer** de, r. **1.** Railler. *Deridere, eo** (acc.). ◆ **2.**

Mépriser. *Neglegere, o**. Je m'en moque, *quam hoc non curo!*

moquerie, f. *Irrisio, onis,* f. *Irrisus, us,* m. Objet de —, *ludibrium, ii,* n.; être en butte aux —, *derisui esse.*

moqueur, euse, adj. et nom m. f. *Irrisor, oris,* m. *Cavillatrix, icis,* f. Humeur moqueuse, *cavillatio, onis,* f.

moral, ale. I. Adj. **1.** Qui concerne les mœurs. *Moralis, e.* ◆ **2.** Qui a des mœurs. *Bene moratus, a, um.* ◆ **3.** Qui concerne l'âme. Perfection —, *animi perfectio,* f. ◆ **II.** Nom m. *Mens, mentis,* f. Relever le — de qqn, *bonum animum facĕre (io*) alicui.* ◆ **III.** Nom f. **1.** Science. *Moralis pars philosophiae,* f. ◆ **2.** Règles de conduite. *Mores, um,* mpl. *Disciplina, ae,* f. ◆ **3.** Réprimande. Tu lui feras la —, *illum objurgabis.*

moralement, adv. **1.** Honnêtement. *Honeste. Recte.* ◆ **2.** Par rapport à l'âme. *Animo.*

moraliser, tr. *Ad frugem compellĕre** (acc.).

moraliste, m. *Vivendi praeceptor, oris,* m. *Magister (tri,* m.) *officii.*

moralité, f. **1.** Mœurs. *Mores, um,* mpl. ◆ **2.** Leçon. *Affabulatio, onis,* f.

morbide, adj. *Morbidus, a, um.*

morceau, m. **1.** *Pars, partis,* f. (D'un corps brisé) *Fragmentum, i,* n. (D'un aliment) *Frustum, i,* n. En —, *assulatim.* ◆ **2.** Mets. *Cibus, i,* m. Un bon —, *pulmentum, i,* n. ◆ **3.** Passage d'auteur. *Locus, i,* m. (pl. *loci*). Morceaux choisis, *eclogarii* (*loci*). ◆ **4.** Œuvre d'art. *Opus, eris,* n.

morceler, tr. *In partes dividere, o**.

morcellement, m. *Divisio, onis,* f.

mordant, ante, adj. *Mordax, acis.*

mordicus, adv. *Mordicus. Firmissime.*

mordre. I. Tr. et intr. *Mordere, eo** (acc.). Faire mordre la poussière à, *sternĕre** (acc.). ◆ **II.** Intr. (Fig.) Critiquer. *Rodere, o** (acc.).

morfondre (se), r. *Algere, eo**.

morgue, f. (Orgueil) *Superbia, ae,* f. *Fastidium, ii,* n. Avoir de la —, *superbire.*

moribond, de, adj. *Moribundus, a, um.*

morne, adj. *Tristis, e. Maestus, a, um.*

morose, adj. *Morosus, a, um. Difficilis, e.*

mors, m. *Frenum, i,* n. (pl. *frena, orum,* n. et mieux *freni, orum,* m.). Prendre le — aux dents, *consternari;* (fig.) *irasci**.

morsure, f. *Morsus, us,* m.

1. mort, f. **1.** *Mors, mortis,* f. (Mort naturelle) *Obitus, us,* m. *Decessus, us,* m. A l'article de la —, *in extremo spiritu;* mettre la — dans l'âme à qqn (fig.), *exanimare aliquem.* ◆ **2.** Mort violente.

Mors. Nex, necis, f. Mourir de — violente, *occumbĕre* mortem;* affronter la —, *mortem oppetĕre*;* mettre à —, *mortem inferre** (dat.); être blessé à —, *mortiferum vulnus accipere, io**. ◆ **3.** Peine capitale. *Mors. Nex. Supplicium, ii*, n. Condamner à —, *damnare capite* ou *capitis;* livrer à la —, *ad mortem dare**. ◆ **4.** Mort volontaire. *Mors voluntaria*, f. Se donner la —, *mortem sibi consciscĕre**. ◆ **5.** Mort civile. *Capitis deminutio, onis*, f. ◆ **6.** Fin (des ch.). *Mors. Interitus, us*, m.

2. **mort, te**, part. *Mortuus, a, um.* (De mort violente) *Interfectus. Occisus.* Demi-mort, *semianimus;* mort civilement, *capite deminutus;* je suis un homme mort! *Perii*!* mort de faim, *enectus fame;* plus mort que vif, *exanimatus;* être ivre-mort, *madide madĕre*;* eau morte, *aqua stans;* ville morte, *urbs vasta;* ne pas y aller de main morte, *non perfunctorie verberare.*

mortalité, f. **1.** Condition des mortels. *Mortalitas, atis*, f. ◆ **2.** Grand nombre de morts. *Strages, is*, f. *Pestilentia, ae*, f.

mortel, elle. I. Adj. **1.** Qui cause la mort. *Mortifer, era, erum. Exitialis, e.* Donner un coup — à, *conficĕre, io** (acc.). ◆ **2.** Qui hait profondément. Ennemi —, *capitalis inimicus.* ◆ **3.** Ennuyeux. *Gravis, e.* ◆ **4.** Extrême. *Summus, a, um.* ◆ **5.** Sujet à la mort. *Mortalis, e.* (Humain) *Humanus, a, um.* ◆ **II.** Nom m. *Mortalis, is*, m. Un faible —, *homuncio, onis*, m.

mortellement, adv. **1.** *Mortifere. Mortaliter.* ◆ **2.** (Fig.) S'ennuyer —, *taedio languescĕre**.

mortier, m. **1.** Sable et chaux. *Mortarium, ii*, n. *Arenatum, i*, n. ◆ **2.** Vase. *Mortarium, ii*, n.

mortifiant, ante, adj. *Contumeliosus, a, um.*

mortification, f. **1.** (De la chair) (*Carnis*) *crucifixio, onis*, f. ◆ **2.** (Fig.) Procédé pénible. *Contumelia, ae*, f.

mortifier, tr. **1.** (Sa chair) (*Carnem*) *crucifigĕre, o**. ◆ **2.** (Fig.) *Mordere, eo**. César en fut très mortifié, *Caesar haec tulit* graviter.*

mortuaire, adj. *Mortualis, e.*

morue, f. *Gadus, i*, m.

morveux, euse, adj. *Muculentus, a, um.* Petit —, *frustum pueri.*

mosaïque, f. *Tessellae, arum*, fpl.

mosaïste, m. *Tessellarius, ii*, m.

mot, m. Terme. *Vocabulum, i*, n. *Vox, vocis*, f. (Parole) *Verbum, i*, n. (Sentence) *Dictum, i*, n. Mot à mot, *ad verbum;* mot pour mot, *iisdem verbis;* pas un mot de paix, *nulla mentio pacis;* encore un mot, *illud extremum ;* qqs mots, *pauca*, npl; en peu de mots, *breviter*; en un mot, *quid multa?* qui ne dit mot, *tacitus, a, um;* à ces mots, *his dictis;* se donner le mot, *consentire**; mot d'ordre, *signum, i,* n.; c'est mon dernier mot, *non pote minoris;* un mot d'écrit, *litterulae, arum,* fpl.

moteur, m. Instigateur. *Instigator, oris,* m. *Auctor, oris,* m.

motif, m. *Incitamentum, i,* n. *Causa, ae,* f. Pour bien des —, *multis nominibus;* pour ce —, *ideo;* pour quel —? *quare?* avoir des — pour, *habēre* quod* (subj.); il n'y a pas de — pour, *non est quod* (subj.); sans —, *sine causā.*

motion, f. Proposition. *Relatio, onis,* f.

motiver, tr. **1.** Donner les motifs de. *Causam adjicere, io** (dat.). ◆ **2.** Servir de motif à. *Probare* (acc.).

motte, f. *Gleba, ae,* f.

mou, molle, adj. **1.** *Mollis, e. Tener, era, erum.* ◆ **2.** (Fig.) *Mollis. Delicatus, a, um.* Devenir mou, *languescere**.

mouchard, m. *Index, icis,* m.

mouche, f. *Musca, ae,* f.

moucher, tr. *Emungere, o**.

moucheron, m. *Culex, icis,* m.

moucheté, ée, adj. *Maculatus, a, um.*

mouchettes, fpl. *Emunctoría, iorum,* npl.

mouchoir, m. *Sudarium, ii,* n. (De cou) *Strophium, ii,* n.

moudre, tr. *Molere, o**. Moulu de fatigue, *ruptus, a, um.*

moue, f. Faire la —, *frontem adducĕre**.

mouette, f. *Gavia, ae, f.*

mouillage, m. *Statio, onis,* f.

mouiller, tr. **1.** *Madefacere, io. Aspergere, o**. Mouillé, *madidus, a, um;* être —, *madere, eo**. ◆ **2.** Mouiller l'ancre, et mouiller, intr. *Ancoras jacere, io**.

moulage, m. *Plastice, es,* f.

1. moule, m. *Forma, ae,* f.

2. moule, f. *Mitulus, i,* m.

mouler, tr. **1.** *Ducere, o**. *Fingere, o**. Mouler qqn en bronze, *ducĕre aliquem aere;* — en cire, *fingĕre e cerā.* ◆ **2.** Se — sur qqn (fig.), *ad habitum alicujus figurari.*

mouleur, m. *Fictor, oris,* m.

moulin, m. *Mola, ae,* f. *Pistrinum, i,* n. Faire venir l'eau à son moulin, *aliquid corradĕre**.

moulure, f. *Torus, i,* m.

mourant, ante, adj. **1.** (Pers.) *Moriens, entis. Moribundus, a, um.* Être —, *abesse* propius a morte.* ◆ **2.** (Ch.) D'une main —, *deficiente manu;* voix —, *vox intermortua.* ◆ **3.** (Fig.) — de soif, *siti enectus, a, um.*

mourir, intr. et SE MOURIR, r. **1.** *Mori, ior*. Interire, eo**. (De mort violente) *Perire, eo**. Mourir de mort naturelle, *naturā occĭdere*;* — de maladie, *morbo exstingui*;* si je venais à —, *si quid mihi evenerit**; faire —, *tollere*; absumĕre*;* (de mort violente) *necare*; occīdĕre*; interficĕre, io*;* se laisser —

de faim, *fame necari**. ◆ **2.** (Fig.) Souffrir beaucoup. — de faim, *fame premi**; — de rire, *risu emori**.

mouron, m. *Corchorus, i*, m.

1. mousse, f. **1.** Plante. *Muscus, i*, m. Couvert de —, *muscosus, a, um*. ◆ **2.** Écume. *Spuma, ae*, f.

2. mousse, m. *Nauta puer*, m.

mousser, intr. *Spumare*.

mousseux, euse, adj. *Spumans, antis*.

moustache, f. *Mystax, acis*, m.

moût, m. *Mustum, i*, n.

moutarde, f. *Sinapis, is* (acc. *im*, abl. *i*), f. Faire monter la — au nez, *bilem movēre** (*alicui*).

mouton, m. *Vervex, ecis*, m. Troupeau de —, *ovillus grex, gregis* m.

mouture, f. *Pistura, ae*, f.

mouvant, ante, adj. *Mobilis, e*. *Instabilis, e*.

mouvement, m. **1.** *Motus, us*, m. Mettre en —, *movēre** (acc.); qui est sans —, *immotus, a, um*. ◆ **2.** — (d'une foule) *Motus*. *Concursatio, onis*, f. Quand toute la ville est en —, *trepidante totā civitate*. — (d'une troupe) *Motus*. Faire un — en avant, *progredi, ior**; *castra movēre**. ◆ **3.** Agitation de l'âme. (*Animi*) *motus*. De son propre —, *suā sponte*; — du style, *orationis impetus, us*, m.

mouvoir, tr. *Movere, eo**.

moyen, enne, adj. **1.** (Position) *Medius, a, um*. ◆ **2.** Valeur. *Mediocris, e*.

moyen, m. **1.** *Ratio, onis*, f. *Via, ae*, f. Par tous les —, *omni modo; per fas et nefas*; tenter tous les —, *experiri* omnia*; trouver qq. — de résister, *aliquam resistendi viam reperire**; il n'y a pas — de tergiverser, *non est locus ad tergiversandum*; donner le — de, *ansas dare* ad*. ◆ **2.** Entremise. *Opera, ae*, f. Par le — de Pison, *per Pisonem*. ◆ **3.** (Pl.) Possibilités. *Facultates, um*, fpl. Avec nos propres —, *Marte nostro*; chacun selon ses —, *pro suā quisque facultate*. ◆ **4.** Capacité intellectuelle. *Cor, cordis*, n. Qui a des —, *cordatus, a, um*; qui est sans —, *tardus, a, um*.

moyennant, prép. — cela, *sub eā condicione*; — l'assistance des dieux, *diis juvantibus**.

moyenne, f. *Medietas, atis*, f.

moyeu, m. *Modiolus, i*, m.

mue, f. *Vernatio, onis*, f.

muer, intr. *Vernare*. Tr. *Mutare*.

muet, ette, adj. **1.** *Mutus, a, um*. ◆ **2.** Qui se tait. *Mutus*. *Tacitus, a, um*. Rester —, *obmutescere, o**.

mufle, m. *Rostrum, i*, n.

mugir, intr. *Mugire*. *Boare*.

mugissement, m. *Mugitus, us*, m.

muid, m. **1.** Mesure. *Modius, ii*, m. ◆ **2.** Tonneau. *Cadus, i*, m.

1. mule, f. (Animal) *Mula, ae*, f.

2. mule, f. (Pantoufle) *Crepida, ae*, f.

mulet, m. **1.** (De jument)

Mulus, i, m. (D'ânesse) *Hinnus, i,* m. ◆ **2.** Poisson. *Mugil, ilis,* m.

muletier, m. *Mulio, onis,* m.

mulot, m. *Musculus, i,* m.

multiple, adj. *Multiplex, icis.*

multiplication, f. *Multiplicatio, onis,* f. (Des animaux) *Proventus, us,* m.

multiplicité, f. *Multitudo, inis,* f. *Copia, ae,* f.

multiplier, tr. **1.** *Multiplicare.* **2.** Propager. *Propagare.* ◆ **3.** Accroître. *Augere, eo*.* ◆ **4.** (Fig.) Se — (être partout), *nusquam deesse*.*

multitude, f. *Multitudo, inis,* f. *Turba, ae,* f.

municipal, ale, adj. *Municipalis, e.* Conseil —, *ordo, inis,* m.

municipe, m. *Municipium, ii,* n.

munificence, f. *Munificentia, ae,* f. *Largitas, atis,* f.

munir, tr. **1.** Fortifier. *Munire.* ◆ **2.** Pourvoir. *Instruere, o*. Ornare;* (de, abl.).

SE MUNIR, r. **1.** Se garantir. *Se defendĕre*.* ◆ **2.** Se pourvoir de. *Parare* (acc.).

munition, f. *Commeatus, us,* m.

mur, m. et **muraille,** f. *Murus, i,* m. (De maison) *Paries, etis,* m. (De clôture) *Maceria, ae,* f. (De ville) *Moenia, ium,* npl. Qui est hors des —, *suburbanus, a, um.*

mûr, mûre, adj. *Maturus, a, um.* Age —, *aetas jam firmata,* f.

mural, ale, adj. *Muralis, e.*

mûre, f. *Morum, i,* n.

mûrement, adv. *Considerate. Prudenter.*

murène, f. *Murena, ae,* f.

murer, tr. **1.** *Muro circumdare** (acc.). ◆ **2.** Boucher. *Inaedificare. Obstruere, o*.*

murex, m. *Murex, icis,* m.

mûrier, m. *Morus, i,* f.

mûrir. I. Tr. **1.** *Mitigare. Maturare.* ◆ **2.** (Fig.) *Coquere, o*. Cogitare.* Mûri par l'âge, *maturus animo.* **II.** Intr. *Maturescere, o*.*

murmure, m. **1.** Bruit confus. *Fremitus, us,* m. *Susurrus, i,* m. ◆ **2.** Plainte. *Conquestio, onis,* f. Sans —, *nullo gemitu; aequo animo.* ◆ **3.** — (Des animaux) *Vox, vocis,* f. *Sonus, i,* m. (De la mer) *Murmur, uris,* n.

murmurer. I. Intr. et tr. *Mussare. Mussitare* (acc.). — favorablement, *admurmurare.* ◆ **II.** Intr. **1.** (Oiseaux) *Garrire.* ◆ **2.** (Eaux) *Murmurare.* ◆ **3.** (Vent) *Susurrare. Fremere, o*.*

musard, arde, adj. *Cessator, oris,* m. *Cessatrix, icis,* f.

musc, m. *Muscus, i,* m.

muscade, f. *Nux moschata,* f.

muscat, m. Raisin —, *apiana uva,* f.

muscle, m. *Musculus, i,* m. *Torus, i,* m.

musculeux, euse, adj. *Musculosus, a, um. Torosus.*

Muse, f. *Musa, ae,* f.

museau, m. **1.** *Rostrum, i,* n. ◆ **2.** Visage (en mauv. part) *Os, oris,* n.

musée, m. *Museum, i,* n.
museler, tr. *Capistrare.*
muselière, f. *Capistrum, i,* n.
muser, intr. *Muginari.*
musical, ale, adj. *Musicus, a, um.*
musicalement, adv. *Modulate.*
musicien, enne, m. f. *Musicus, i,* m. *Musica, ae,* f.
musique, f. (Art) *Musica, ae,* f. (Concert) *Modi, orum,* m. pl. *Harmonia, ae,* f. — instrumentale, *symphonia, ae,* f.; morceau de — *modi, orum,* mpl.; — vocale d'ensemble, *concentus, us,* m.
mutation, f. *Mutatio, onis,* f.
mutilation, f. *Truncatio, onis,* f.
mutiler, tr. *Mutilare. Truncare.* — d'un membre, *membrum amputare (alicui).*
mutin, ne, adj. (Entêté) *Pervicax, acis.* (Rebelle) *Seditiosus, a, um.* (Éveillé) *Alacer, cris, cre.*
mutiner (se), r. *Tumultuari.*
mutinerie, f. *Seditio, onis,* f.
mutisme, m. **1.** État d'un muet. *Mutum os,* n. ◆ **2.** Silence. *Taciturnitas, atis,* f.
mutuel, elle, adj. *Mutuus, a, um.*
mutuellement, adv. *Mutuo. Invicem.* S'aimer —, *inter se amare.*

myope, adj. *Myops, opis. Lusciosus, a, um.*
myosotis, m. *Myosotis, idis,* f.
myriade, f. *Myrias, adis,* f. Une — de, *innumeri, ae, a.*
myrrhe, f. *Murra, ae,* f. De —, *murrinus, a, um.*
myrte, m. *Murtus, i,* f. De —, *murteus, a, um.*
mystère, m. **1.** *Mysteria, iorum,* n. pl. Célébrer les —, *mysteria facĕre, io*;* initier qqn aux —, *sacris initiare aliquem;* un — (chrétien), *mysterium, ii,* n. ◆ **2.** (Fig.) Chose cachée. *Arcanum, i,* n. Les — de la nature, *res occultae,* f. pl.; faire — de, *occultare* (acc.); sans —, *aperte.*
mystérieusement, adv. *Tecte. Occulte.*
mystérieux, euse, adj. **1.** *Occultus, a, um. Arcanus.* ◆ **2.** Qui fait mystère de tout. *Reconditus.*
mystificateur, m. *Derisor, oris,* m.
mystification, f. *Ludificatio, onis,* f.
mystifier, tr. *Ludificare.*
mystique, adj. *Mysticus, a, um.*
mystiquement, adv. *Mystice.*
mythe, m. *Mythos, i,* m.
mythologie, f. *Fabulae, arum,* f. pl.
mythologique, adj. *Fabularis, e.*

N

nacelle, f. *Cymba, ae,* f.
nacre, f. (Coquille). *Concha margaritifera,* f.
nage, f. **1.** A la —, *natando;* traverser à la —, *tranare;* se sauver à la —, *enare;* gagner à la —, *annare* (acc.). ◆ **2.** (Fig.) Être en —, *aestuare.*
nageoire, f. *Pinna, ae,* f.
nager, intr. **1.** *Nare. Natare.* ◆ **2.** (Fig.) Nager dans l'abondance, *circumfluĕre* omnibus copiis;* — dans la joie, *perfundi* laetitiā;* — entre deux eaux, *utrosque parietes linĕre*.*
nageur, m. *Natator, oris,* m.
naguère, adv. *Nuper. Modo.*
Naïade, f. *Naias, adis,* f.
naïf, ïve, adj. *Ingenuus, a, um. Simplex, icis.*
nain, ne, m. f. **1.** *Pumilus, i,* m. *Pumilio, onis,* m. et f. ◆ **2.** (Fig.) Arbres nains, *arbores pumiliones.*
naissance, f. **1.** Action de naître. *Ortus, us,* m. Muet de —, *naturā mutus;* jour de —, *dies natalis.* ◆ **2.** Extraction. *Ortus. Locus, i,* m. D'une — très illustre, *natus summo loco;* — obscure, *generis humilitas,* f. ◆ **3.** Commencement. *Ortus. Origo, inis,* f. Prendre —, *oriri*; nasci*.* Donner — à, *gignĕre** (acc.).
naître, intr. **1.** Venir au monde. *Nasci, or*. Oriri*.* ◆ **2.** Commencer. *Nasci (ex). Exoriri*.* ◆ **3.** Faire naître. *Gignere, o*. Parere, io*. Facere, io*.* Faire — (un sentiment), *movēre** (acc.).
naïvement, adv. *Ingenue.*
naïveté, f. **1.** *Simplicitas, atis,* f. *Ingenuitas, atis,* f. ◆ **2.** Sottise. *Stultitia, ae,* f.
nantir, tr. — (qqn de qqch.), *arraboni (aliquid alicui) relinquĕre*.* Se — de, *praecipĕre, io** (acc.); nanti de, *instructus, a, um* (abl.).
nantissement, m. *Pignus, oris,* n. *Fiducia, ae,* f. *Arrabo, onis,* m.
Naples. *Neapolis, is,* f. De —, *Neapolitanus, a, um.*
nappe, f. **1.** *Mantele, is,* n. *Mappa, ae,* f. ◆ **2.** (Fig.) Une — d'eau, *agmen aquarum.*
Narbonne. *Narbo, onis,* m.
narcisse, m. *Narcissus, i,* m. f.
narcotique, adj. *Somnificus, a, um.*
nard, m. *Nardus, i,* f.
narguer, tr. *Illudere, o** (dat.).
narine, f. *Naris, is,* f.
narquois, oise, adj. *Vafer, fra, frum.*

narrateur, m. *Narrator, oris*, m.
narration, f. *Narratio, onis*, f.
narrer, tr. *Narrare.*
nasal, ale, adj. Les fosses —, *nares, ium*, fpl.
naseaux, mpl. *Nares, ium*, fpl.
nasiller, intr. *Balbā de nare loqui*.*
nasse, f. *Nassa, ae*, f.
natal, ale, adj. *Natalis, e.*
natation, f. *Natatio, onis*, f.
natif, ive, adj. **1.** *Nativus, a, um.* ◆ **2.** Natif de. *Natus. Ortus. Oriundus* (abl. avec ou sans *ex*).
nation, f. *Natio, onis*, f. *Gens, gentis*, f. Au nom de la nation, *publice.*
national, ale, adj. *Publicus, a, um.* L'intérêt —, *utilitas communis.*
nationalité, f. *Nomen civitatis.* Laisser aux vaincus leur —, *jura, leges victis relinquĕre*.*
nativité, f. **1.** *Nativitas, atis*, f. ◆ **2.** (Astrol.) *Natalicia sidera*, npl.
natte, f. *Teges, etis*, f.
natter, tr. *Torquere, eo*.*
naturalisation, f. et **naturalité**, f. **1.** Action. *Civitatis donatio, onis*, f. ◆ **2.** État. *Civitas, atis*, f.
naturaliser, tr. *Civitate donare* (acc.). Naturalisé, *ascriptus civis.*
naturaliste, m. *Physicus, i*, m.
nature, f. **1.** L'univers. *Natura, ae*, f. *Rerum natura.* ◆ **2.** L'essence et les lois des êtres. *Natura.* Payer le tribut à la —, *naturae concedĕre*.* ◆ **3.** Complexion, constitution d'un être. *Natura.* (Caractère de l'homme) *Ingenium, ii*, n. *Indoles, is*, f. Avoir une — triste, *naturā tristi esse.* ◆ **4.** Espèce. *Natura. Genus, eris*, n. Ils définissent sa —, *quale id sit definiunt;* de cette —, *ejus modi;* de — à, *is* (*ea, id*) *qui* (*quae, quod*) (subj.). ◆ **5.** Réalité (en art.) Rendre exactement la —, *imitari veritatem.* ◆ **6.** Objet (opposé à *argent*). *Res, rei*, f. Payer en —, *emĕre* compensatione mercium.*
1. naturel, elle, adj. **1.** Relatif à la nature. *Naturalis, e.* Les sciences —, *physica, orum*, npl. ◆ **2.** Inné. *Naturalis. Nativus, a, um. Innatus.* C'est un sentiment —, *natura insitum* est.* ◆ **3.** Vrai. *Naturalis. Nativus. Sincerus, a, um.* ◆ **4.** Conforme à la raison. *Consentaneus, a, um.*
2. naturel, m. **1.** Caractère. *Natura, ae*, f. *Indoles, is*, f. ◆ **2.** Simplicité. *Veritas, atis*, f. Plein de —, *simplex, icis; nudus, a, um.* ◆ **3.** Les — (les indigènes). *Populares, ium*, mpl.
naturellement, adv. **1.** Conformément à la nature. *Naturā.* ◆ **2.** Par sa nature. *Suopte ingenio.* ◆ **3.** Simplement. *Simpliciter.*
naufrage, m. **1.** *Naufragium, ii*, n. Faire —, *navem evertĕre*.* ◆ **2.** (Fig.) *Naufragium. Clades, is*, f.
naufragé, ée, adj. *Naufragus, a, um.*

nauséabond, onde, adj. *Nauseosus, a, um.*

nausée, f. *Nausea, ae,* f. Avoir la —, *nauseare.*

nautique, adv. *Nauticus, a, um.*

nautonier, m. *Nauta, ae,* m.

naval, ale, adj. *Navalis, e.* Forces —, *classis, is,* f.

navet, m. *Napus, i,* m.

navette, f. **1.** Vase. *Turibulum, i,* n. ◆ **2.** (De tisserand) *Radius, ii,* m. ◆ **3.** (Fig.) Faire la —, *ultro citroque commeare.*

navigable, adj. *Navigabilis, e.*

navigateur, m. *Navigator, oris,* m. (Marin) *Nauta, ae,* m.

navigation, f. *Navigatio, onis,* f. *Cursus, us,* m. Pendant la —, *in navigando;* l'art de la —, *res nauticae,* fpl.

naviguer, intr. *Navigare. Vela dare*.*

navire, m. *Navis, is,* f. *Navigium, ii,* n. Petit —, *navicula, ae,* f; — de transport, *oneraria, ae,* f.; — marchand, *corbita, ae,* f.; patron de —, *nauarchus, i,* m.

navrant, ante, adj. *Luctuosus, a, um.*

navrer, tr. (Fig.) *Torquere, eo*.* Navré, *luctu afflictus*.*

ne, nég.; **ne... pas; ne... point... 1.** *Non.* Ne... pas du tout, *minime;* et ne... pas, *nec; neque;* ne... jamais, *numquam;* je ne sais, *nescio;* si... ne pas, *nisi* (indic. ou subj.); ne... pas même, *ne... quidem.* ◆ **2.** Ne (avec une interrogation) *Nonne.* Ne (dans une complét. au subj. ou une finale) *Ne* (subj.); pour ne pas, *ne* (subj.); je crains qu'il ne vienne, qu'il ne vienne pas, *timeo* ne veniat*, ne non veniat*.* ◆ **3.** Ne (dans une défense) *Ne* (subj. parf. à la 2ᵉ pers.; subj. prés. à la 1ʳᵉ et à la 3ᵉ pers.). *Noli*, nolite* (infinitif). Ne... et ne..., *ne... neve* (ou *neu*). ◆ **4.** Ne... que (seulement). *Non... nisi. Solum. Tantum.* ◆ **5.** Ne, explétif quand la phrase contient déjà un mot négatif. Il n'absout ni ne condamne, *neque absolvit* neque damnat.*

né, née, part. et adj. **1.** *Natus, a, um. Ortus.* Être ennemis nés, *naturā inimicos esse.* ◆ **2.** Né pour. *Natus* (dat. ou *ad,* acc.). ◆ **3.** Bien né (origine), *ingenuus, a, um;* (éducation), *liberalis, e.*

néanmoins, conj. *Nihilo minus.*

néant, m. **1.** *Nihilum, i,* n. ◆ **2.** (Fig.) *Vanitas, atis,* f. (Rien) *Nihil,* n. indécl.

nébuleux, euse, adj. **1.** *Nebulosus, a, um.* ◆ **2.** (Fig.) Sombre. *Nubilus, a, um.*

1. nécessaire, adj. *Necessarius, a, um.* Il est — que, *necesse est* (inf.; subj.; *ut,* subj.); plus qu'il n'est —, *ultra quam satis est.*

2. nécessaire, m. **1.** *Quae opus sunt. Res necessariae,* fpl. ◆ **2.** Homme empressé. Faire le —, *operam suam venditare.*

nécessairement, adv. *Necessario.*

nécessité, f. **1.** *Necessitas, atis,* f. *Necessitudo, inis,* f. En cas de —, *si necesse sit;* se soumettre à la —, *necessitati servire.* ◆ **2.** Pauvreté. *Inopia, ae,* f.

nécessiter, tr. *Poscere, o**. Nécessité par les circonstances, *necessarius, a, um.*

nécessiteux, euse, adj. *Inops, opis.*

nectar, m. *Nectar, aris,* n. De —, *nectareus, a, um.*

nef, f. **1.** (De navire) *Navis, is,* f. ◆ **2.** (D'un édifice) *Spatium mediae basilicae.*

néfaste, adj. *Nefastus, a, um. Funestus.*

nèfle, f. *Mespilum, i,* n.

néflier, m. *Mespilus, i,* f.

négatif, ive. 1. Adj. *Negans, antis.* ◆ **2.** Nom f. *Negatio, onis,* f.

négation, f. *Negatio, onis,* f.

négativement, adv. *Negative.*

négligemment, adv. *Neglegenter. Indiligenter.*

négligence, f. **1.** *Neglegentia, ae,* f. *Indiligentia, ae,* f. ◆ **2.** Dans la mise. *Squalor, oris,* m.

négligent, ente, adj. *Neglegens, entis.*

négliger, tr. *Neglegere, o**. *Omittere, o**. (Mise ou style) négligé, *incultus, a, um.*

SE NÉGLIGER, r. **1.** *Dormitare.* ◆ **2.** Dans sa toilette. *Squalere, eo**.

négoce, m. *Negotiatio, onis,* f. *Mercatura, ae,* f.

négociant, m. *Negotiator, oris,* m. *Mercator, oris,* m.

négociateur, trice, m. f. *Conciliator, oris,* m. *Conciliatrix, icis,* f.

négociation, f. **1.** *Conciliatio, onis,* f. ◆ **2.** Affaire. *Res, rei,* f.

négocier. I. Intr. Faire le négoce. *Negotiari.* ◆ **II.** Tr. Traiter une affaire. *Tractare* (acc.). *Agere, o** (*de,* abl.).

nègre, négresse, m. f. *Aethiops, opis,* m. *Aethiopissa, ae,* f.

neige, f. *Nix, nivis,* f.

neiger, impers. Il neige, *ningit**.

neigeux, euse, adj. *Nivalis, e. Niveus, a, um.*

nénie, f. *Nenia, ae,* f.

nenni, adv. *Non.*

nénufar, m. *Nymphaea, ae,* f.

néophyte, m. f. *Neophytus, i,* m. *Neophyta, ae,* f.

Neptune. *Neptunus, i,* m. De —, *Neptunius, a, um.*

Nérée. *Nereus, i,* m.

Néréides, fpl. *Nereides, um,* fpl.

nerf, m. **1.** *Nervus, i,* m. Attaque de —, *nervorum contractio, onis,* f. ◆ **2.** (Fig.) *Nervi, orum,* mpl. Qui manque de —, *enervatus, a, um.*

Néron. *Nero, onis,* m.

nerveux, euse, adj. **1.** Le système —, *nervi, orum,* mpl. ◆ **2.** Qui a de bons nerfs (propre et fig.). *Nervosus, a, um.* ◆ **3.** Qui a les nerfs irritables, *nervis dolens, entis.*

net, nette, adj. **1.** Propre. *Mundus, a, um.* Mettre au

—, *transcribĕre**. ◆ **2.** Libre. *Purus, a, um. Vacuus.* Faire table —, *mensam detergĕre**. ◆ **3.** Poli. *Politus, a, um. Nitidus.* ◆ **4.** Clair. *Clarus, a, um. Dilucidus.* ◆ **5.** Pur. *Integer, gra, grum.* Avoir les mains —, *manus ab alieno abstinēre**. ◆ **6.** Adv. *Aperte.* Refuser tout —, *negare pulchre.*

nettement, adv. **1.** Proprement. *Munditer.* ◆ **2.** (Fig.) Clairement. *Distincte. Lucide.* ◆ **6.** V. NET.

netteté, f. **1.** *Munditia, ae,* f. ◆ **2.** (Fig.) *Claritas, atis,* f.

nettoiement et **nettoyage,** m. *Purgatio, onis,* f.

nettoyer, tr. **1.** *Mundare. Purgare.* ◆ **2.** Rendre libre. *Purgare.* ◆ **3.** *Nitidare.* Nettoyé, *detersus, a, um.*

SE NETTOYER, r. **1.** *Sordes deponere, o*.* **2.** (Fig.) S'éclaircir. Le ciel se nettoie, *disserenat.*

1. neuf, adj. num. *Novem,* indécl. Par —, *noveni, ae, a;* — fois, *noviens;* neuvième, *nonus, a, um;* neuvièmement, *nono.*

2. neuf, neuve, adj. **1.** *Recens, entis. Novus, a, um.* Remettre à —, *resarcire**. ◆ **2.** Non employé. *Novus. Insolens, entis.* ◆ **3.** Novice. *Rudis, e. Novus.*

neutraliser, tr. *Irritum facere, io**. Se —, *commori (ior)**.

neutralité, f. *Medium, ii,* n. Qui garde la —, *otiosus, a, um.*

neutre, adj. **1.** *Medius, a, um.* ◆ **2.** (Gr.) Le genre —, *genus neutrum,* n.

neveu, m. *Nepos, otis,* m.

nez, m. *Nasus, i,* m. Qui a un long —, *nasutus, a, um;* mener qqn par le bout du —, *ductare aliquem labiis;* fermer la porte au — de qqn, *excludĕre* aliquem;* tirer les vers du —, *expiscari aliquid;* mettre le — dans, *se immiscere* (dat.); au — de, *ante oculos* (gén.).

ni, conj. *Nec. Neque.* Ni plus ni moins, *nihilo minus;* ni plus ni moins que si, *perinde ac si* (subj.).

niable, adj. *Infitiandus, a, um.*

niais, aise, adj. *Insulsus, a, um.*

niaisement, adv. *Stulte.*

niaiser, intr. *Ineptire.*

niaiserie, f. **1.** *Insulsitas, atis,* f. ◆ **2.** Chose niaise. *Ineptiae, arum,* fpl. ◆ **3.** (Pl.) Bagatelles. *Nugae, arum,* fpl.

1. niche, f. **1.** De statue. *Columbarium, ii,* n. ◆ **2.** De sépulture. *Loculus, i,* m. ◆ **3.** De chien. *Loculamentum, i,* n.

2. niche, f. Espièglerie. *Ludus, i,* m. Faire des — à qqn, *ludificare aliquem.*

nichée, f. *Pullatio, onis, f.*

nicher. 1. Intr. *Nidulari.* ◆ **2.** Tr. *Abdere, o**.

nid, m. *Nidus, i,* m.

nièce, f. *Fratris* ou *sororis filia, ae,* f.

nielle, f. *Robigo, inis,* f.

nier, tr. *Negare. Infitiari.*

nigaud, aude, adj. *Insulsus, a, um.*
Nil. *Nilus, i,* m.
nimbe, m. *Nimbus, i,* m.
Ninive. *Ninive, es,* f.
nipper, tr. *Instruere, o*.*
nippes, f. pl. *Vestis, is,* f.
nique, f. *Sanna, ae,* f. Faire la — à, *subsannare* (acc.).
niveau, m. **1.** Instrument. *Libra, ae,* f. De —, *ad libram;* être de — avec, *esse pari lineā cum;* au — du sol, *juxta terram;* qui est de —, *aequus, a, um; planus;* mettre de —, *coaequare.* ◆ **2.** (Fig.) Égalité. *Aequalitas, atis,* f. Atteindre le — de, *adaequare* (acc.); se mettre au — de, *se exaequare cum.*
niveler, tr. **1.** Mesurer. *Librare.* ◆ **2.** Égaliser. *Aequare.*
niveleur, m. *Librator, oris,* m.
nivellement, m. *Libratio, onis,* f.
noble, adj. **1.** *Nobilis, e. Generosus, a, um.* ◆ **2.** (Fig.) *Generosus. Liberalis, e.*
noblement, adv. *Elate.*
noblesse, f. **1.** *Nobilitas, atis,* f. Titres de —, *tituli, orum,* mpl. ◆ **2.** (Fig.) *Ingenuitas, atis,* f. *Elatio, onis,* f.
noce, f. *Nuptiae, arum,* fpl.
nocher, m. *Navita, ae,* m.
nocturne, adj. *Nocturnus, a, um.*
Noël. *Nativitas* (*atis,* f.) *Domini.*
nœud, m. **1.** *Nodus, i,* m. Défaire un —, *nodum expedire;* rompre les — de l'amitié, *praecīdĕre* amicitiam.* ◆ **2.** Nœud (d'une tige, des doigts). *Articulus, i,* m.
noir, noire. I. Adj. **1.** *Ater, tra trum. Niger, gra, grum.* (Livide) *Lividus, a, um.* (Sale) *Sordidus, a, um.* (Obscur) *Obscurus, a, um.* ◆ **2.** (Fig.) (Sombre) *Ater.* (Atroce) *Taeter, tra, trum.* ◆ **II.** Nom m. **1.** Couleur. *Nigrum, i,* n. *Atrum, i,* n. Passer du blanc au — (fig.), *mobili animo esse.* ◆ **2.** Deuil. Vêtu de —, *atratus, a, um.* ◆ **3.** Nègre. *Aethiops, opis,* m.
noirâtre, adj. *Nigricans, antis. Subniger, gra, grum.*
noiraud, aude, adj. *Fuscus, a, um.*
noirceur, f. **1.** *Nigritia, ae,* f. ◆ **2.** Lividité. *Livor, oris,* m. ◆ **3.** (Fig.) *Atrocitas, atis,* f. Des —, *maleficia, iorum,* npl.
noircir. I. Tr. **1.** *Denigrare. Fuscare.* Noirci, *atratus, a, um.* ◆ **2.** (Fig.) *Inquinare.* ◆ **II.** Intr. et SE NOIRCIR, r. **1.** *Nigrescere, o*.* ◆ **2.** (Temps) *Nubilare.* ◆ **3.** (Fig.) *Se inquinare* (abl.).
noise, f. *Jurgium, ii,* n. Chercher — à qqn, *jurgio aliquem lacessĕre*.*
noisetier, m. *Corylus, i,* f.
noisette, f. *Abellana, ae,* f.
noix, f. *Nux, nucis,* f.
nom, m. **1.** (Des personnes) *Nomen, inis,* n. (Des choses) *Vocabulum, i,* n. J'ai — lion *ego nominor leo;* tirer son — de, *nomen ducĕre* ex;* qui n'a pas reçu de —, *vacans nomine;* sans —, *novus, a, um;* au — de qqn (de la part de), *nomine*

alicujus; (en considération de), *per aliquem.* ◆ **2.** Titre. *Nomen.* ◆ **3.** Noblesse. *Nobilitas, atis,* f. ◆ **4.** Souvenir, réputation. *Nomen.* Faire vivre le — (de qqn), *nominis memoriam consecrare;* se faire un —, *gloriam adipisci*.*

nomade, adj. *Vagus, a, um.* Les Nomades, *Nomades, um,* mpl.

nombre, m. **1.** *Numerus, i,* m. Au — de trois, *tres numero;* un petit — de, *pauci, ae, a;* un très grand —, *plurimi, ae, a;* en grand —, *frequenter;* le sénat en —, *frequens senatus;* qui n'est pas en —, *infrequens.* ◆ **2.** Multitude. *Multitudo, inis,* f. *Vis, vis,* f. Nombre de..., *multi, ae, a.* ◆ **3.** Classe. *Numerus.* Être au — de, *esse in* ou *ex numero* (gén.); mettre au — de, *in numerum* (gén.) *referre*;* être mis au — de, *in numero* (gén.) *reponi*; numero* (gén.) *habēri*.* ◆ **4.** Cadence du vers ou de la prose. *Numerus.*

nombrer, tr. *Numerare.*

nombreux, euse, adj. **1.** *Multus, a, um. Frequens, entis.* Peu —, *pauci, ae, a.* ◆ **2.** Cadencé. *Numerosus, a, um.*

nombril, m. *Umbilicus, i,* m.

nomenclateur, m. *Nomenclator, oris,* m.

nomenclature, f. *Nomenclatura, ae,* f.

nominal, ale, adj. Faire l'appel —, *per nomina citare.*

nominalement, adv. *Nomine. Verbo.*

nomination, f. *Nominatio, onis,* f. *Creatio, onis,* f. Droit de —, *cooptatio, onis,* f.

nominativement et **nommément,** adv. *Nominatim. Nomine.*

nommer, tr. **1.** Imposer un nom à. *Nomine nuncupare* (acc.). *Nominare.* ◆ **2.** Dire le nom de. *Nominare. Appellare.* ◆ **3.** Choisir pour un emploi. *Designare. Facere, io*.* Nommer qqn à une charge, *mandare alicui magistratum;* juges nommés, *judices editi;* à point nommé, *opportune.*

SE NOMMER, r. **1.** Dire son nom. *Nomen suum profiteri*.* ◆ **2.** Avoir nom. *Nominari.* Cette maladie se nomme avarice, *ei morbo nomen est avaritia* ou *avaritiae.*

non, adv. *Non.* Oh non! *Immo.* Dire non, *negare;* je ne dis pas non, *assentio*;* pourquoi non? *quidni?* ou non? (interrog. dir.) *annon;* (interrog. indir.) *necne.* Qu'il le veuille ou non, *velit* nolit*.* ◆ Non que, *non quod* (subj.). Non seulement... mais encore, *non solum... sed etiam; non modo... sed etiam;* non pas même, *ne... quidem.*

nonce, m. *Nuntius, ii,* m.

nonchalamment, adv. *Segniter.* (Mollement) *Molliter.*

nonchalance, f. *Segnities, ei,* f. (Mollesse) *Mollitia, ae,* f.

nonchalant, ante, adj. *Segnis, e.* Être —, *languere, eo*.*

nones, fpl. *Nonae, arum,* fpl.

nonne, f. *Nonna, ae,* f.

nonobstant, prép. (Tourner par une prop. concessive ou un abl. abs.). Nonobstant

son innocence, *quamquam abest* a culpā;* nonobstant mon silence, *etiam tacente me.*
nonpareil, eille, adj. *Incomparabilis, e.*
nord, m. *Septemtriones, um,* mpl. Du —, *septemtrionalis, e;* vent du —, *septemtrio, onis,* m.; vent du nord-est, *caecias, ae* (acc. *an*), m.; vent du nord-ouest, *caurus, i,* m.
noria, f. *Tympanum, i,* n.
normal, ale, adj. *Normalis, e. Justus, a, um.*
nos, adj. poss. V. NOTRE.
nostalgie, f. *Patriae desiderium, ii,* n.
notable, adj. *Insignis, e.* Les —, *principes, um,* mpl.
notablement, adv. *Insigniter.*
notaire, m. *Tabellio, onis,* m.
notamment, adv. *In primis.*
notation, f. *Notatio, onis,* f.
note, f. **1.** Écriture. *Nota, ae,* f. Prendre — de, *subscrībĕre** (acc.). ◆ **2.** Annotation. *Annotatio, onis,* f. ◆ **3.** Mémoire de commerce. *Ratio, onis,* f. ◆ **4.** (État) *Subscriptio, onis,* f. ◆ **5.** Appréciation. *Nota.* Note du censeur, *censoria notatio;* — d'infamie, *nota;* bonne —, *commendatio, onis,* f. ◆ **6.** (De musique) *Vox, vocis,* f. *Sonus, i,* m.
noter, tr. *Notare.* Noter dans sa mémoire, *memoriae mandare;* — d'infamie, (*ignominiā*) *notare.*
notice, f. *Descriptio, onis,* f.
notification, f. *Significatio, onis,* f.
notifier, tr. *Indicere, o*. Significare.*
notion, f. *Notio, onis,* f. *Notitia, ae,* f.
notoire, adj. *Notus, a, um.*
notoirement, adv. *Manifesto.*
notoriété, f. *Notitia, ae, f.* Être de — publique, *constare*.*
notre, adj. poss. et **nôtre**, pr. poss. *Noster, tra, trum.*
nouer, tr. *Nodare. Nectere, o*.*
noueux, euse, adj. *Nodosus, a, um.* Qui n'est pas —, *enodis, e.*
nourrice, f. *Nutrix, icis,* f.
nourrir, tr. **1.** *Nutrire. Alere, o*.* (Des animaux) *Pascere, o*.* Bien nourri, *nitidus, a, um.* ◆ **2.** Élever. *Educere, o*. Instituere, o*.* ◆ **3.** Entretenir. *Alere, o*. Fovere, eo*.* ◆ **4.** Servir d'aliment à. *Sustentare.*
SE NOURRIR, r. *Vesci, or** (abl.). *Ali** (abl.).
nourrissage, m. *Educatio, onis,* f. *Pastio, onis,* f.
nourrissant, ante, adj. *Validus, a, um.* Peu —, *levis, e.*
nourrisseur, m. *Pecuarius, ii,* m.
nourrisson, m. *Alumnus, i,*m.
nourriture, f. **1.** *Cibus, i,* m. *Esca, ae,* f. (Des animaux) *Pabulum, i,* n. ◆ **2.** Action de nourrir. *Nutricatus, us,* m.
nous, pr. pers. 1re pers. *Nos, nostri* (poss.) et *nostrum* (partitif). Nous-mêmes, *nosmet;* avec nous, *nobiscum.*
nouveau, elle, adj. **1.** *Novus, a, um.* ◆ **2.** Récent. *Recens, entis.* ◆ **3.** Inaccoutumé. *Novus. Insolens, entis.* ◆ **4.** Inexpérimenté. *Novus. Rudis, e.* ◆ **5.** Nouveau-né, *infans, antis;*

nouveau venu, *adventicius, a, um;* de nouveau, *ab integro; iterum.*

nouveauté, f. **1.** *Novitas, atis,* f. ◆ **2.** Chose nouvelle. *Novum, i,* n. ◆ **3.** Innovations dans l'Etat. *Res novae,* fpl.

nouvelle, f. **1.** *Nova res,* f. Quelle —? *quid novi?* avoir des — de, *cognoscĕre* de;* demander des — de, *quaerĕre* de.* ◆ **2.** Annonce. *Nuntius, ii,* m. *Rumor, oris,* m. *Fama, ae,* f. A cette —, *quo audito;* à la — que, *audito* (prop. inf.). ◆ **3.** Bruits. *Rumores.* Semer des —, *sermones dispergĕre*.*

nouvellement, adv. *Nuper. Modo.*

nouvelliste, m. *Famigerator, oris,* m.

novateur, m. *Rerum novarum molitor, oris,* m.

novembre, m. *November, bris,* m. De —, *November, bris, bre.*

novice. I. Adj. *Rudis, e* (gén.). *Novus, a, um.* ◆ **II.** Nom. *Novicius, ii,* m.

noyau, m. *Nucleus, i,* m.

noyer, tr. **1.** *In aquam mergere, o*.* ◆ **2.** (Fig.) Inonder. *Inundare.* Être noyé dans le sang, *sanguine redundare.* ◆ **3.** Noyer ses soucis dans le vin, *vino curas pellĕre*;* — son vin d'eau, *dilutius potare.*

SE NOYER, r. **1.** *Demergi* in aquā.* ◆ **2.** (Fig.) Se — dans le vin, *vino obruĕre se*.*

noyer, m. *Nux, nucis,* f. *Juglans, andis,* f.

nu, nue, adj. **1.** *Nudus, a, um.* Nu-tête, *capite aperto;* à moitié nu, *seminudus;* épée —, *gladius strictus.* ◆ **2.** (Fig.) Sans ornements. *Simplex, icis. Jejunus, a, um.* ◆ **3.** Sans déguisement. *Nudus.* ◆ **4.** Mettre à —, *nudare;* (fig.) *patefacĕre, io*.*

nuage, m. **1.** *Nubes, is,* f. *Nimbus.* Petit —, *nubecula, ae,* f. ◆ **2.** (Fig.) Ce qui offusque la vue. *Nubes. Caligo, inis,* f. ◆ **3.** Tristesse. *Nubes.*

nuageux, euse, adj. *Nebulosus, a, um. Nubilus.*

nuance, f. *Varietas, atis,* f. *Discrimen, inis,* n.

nuancer, tr. *Variare. Distinguere, o*.* Nuancé, *varius, a, um.*

nubile, adj. *Nubilis, e.*

nudité, f. *Nuditas, atis,* f. Des —, *nudae effigies,* fpl.

nue, f. **1.** *Nubes, is,* f. ◆ **2.** (Fig.) Porter aux —, *ad caelum tollĕre*.*

nuée, f. **1.** *Nubes, is,* f. ◆ (Fig.) Multitude. *Nubes. Multitudo, inis,* f.

nuire, intr. *Nocere, eo** (dat.). *Obesse, sum** (dat.). Sans — à nos intérêts, *sine detrimento nostro.*

nuisible, adj. *Noxius, a, um.*

nuit, f. **1.** *Nox, noctis,* f. La — vient, *advesperascit*;* à l'entrée de la —, *sub noctem;* il fait —, *nox est;* bien avant dans la —, *multā nocte;* passer la —, *pernoctare;* marches de —, *nocturna itinera.* ◆ **2.** (Fig.) Obscurité. *Tenebrae, arum,* fpl. Qui se perd dans la — des temps, *vetustate obsoletus, a, um.*

nul, nulle, adj. **1.** *Nullus, a, um* (nég.). *Ullus, a, um* (semi-nég.) Nul homme, *nemo* (gén. *nullius*, abl. *nullo*); nul autre, *nemo alius;* nulle part, *nusquam*. ◆ **2.** Sans valeur. *Irritus, a, um.* ◆ **3.** Sans importance. *Inanis, e.* ◆ **4.** Sans capacité. *Nullus.*

nullement, adv. *Nequaquam.*

nullité, m. **1.** *Vitium, ii,* n. ◆ **2.** Incapacité. *Inertia, ae,* f.

numéraire, m. *Nummi, orum,* mpl.

numéral, ale, adj. *Numeralis, e.*

numération, f. *Numeratio, onis,* f.

numéro, m. *Numerus, i,* m. *Nota, ae,* f.

numéroter, tr. *Numero* (ou *numeris*) *signare.*

Numidie. *Numidia, ae,* f. De —, *Numidicus, a, um;* les Numides, *Numidae, arum,* mpl.

nuptial, ale, adj. *Nuptialis, e.*

nuque, f. *Cervices, um,* fpl.

nutritif, ive, adj. *Validus, a, um.*

nutrition, f. *Alimonium, ii,* n.

nymphe, f. *Nympha, ae,* f.

O

ô, interj. *O* (voc. ou acc.). *Pro* (nom. voc. ou acc.).

obéir, intr. **1.** Acte. *Oboedire.* ◆ **2.** État. *Parere, eo* (dat.).

obéissance, f. **1.** Action. *Oboedientia, ae*, f. ◆ **2.** État. Être sous l'— de, *esse in dicione* (gén.); réduire sous son —, *redigĕre* in suam dicionem.*

obéissant, ante, adj. *Oboediens, entis* (dat.). *Obsequens, entis* (dat.).

obélisque, m. *Obeliscus, i*, m.

obérer, tr. *Aere alieno obruere, o**.

obèse, adj. *Obesus, a, um.*

obésité, f. *Obesitas, atis*, f.

objecter, tr. *Objicere, io**. On objectera, *dicet* aliquis.*

objection, f. *Objecta, orum*, npl. Faire des —, *contra dicĕre**.

objet, m. **1.** Chose. *Res, rei*, f. ◆ **2.** Matière, sujet. *Materia, ae*, f. *Res.* Avoir pour —, *versari in* (abl.). ◆ **3.** Terme de l'action. *Res.* Les objets de mes plus chères affections, *res mihi carissimae;* — de risée, *ludibrium, ii*, n.; — de regret, *desiderium, ii*, n.; être un — de haine pour, *odio esse* (dat.). ◆ **4.** But. *Propositum, i*, n. *Finis, is*, m. Pour cet —, *ad hanc rem.*

obligation, f. **1.** Droit. *Obligatio, onis*, f. Souscrire une —, *subsignare* (acc.). ◆ **2.** Devoir. *Officium, ii*, n. Remplir une —, *officio suo fungi*;* manquer à son —, *officio suo deesse**. ◆ **3.** Lien de reconnaissance. *Gratia, ae*, f. Avoir des — à qqn, *obligatum esse beneficiis alicujus.* ◆ **4.** Nécessité. *Necessitas, atis*, f.

obligatoire, adj. *Necessarius, a, um.*

obligeamment, adv. *Officiose.*

obligeance, f. *Humanitas, atis*, f.

obligeant, ante, adj. **1.** (Pers.) *Officiosus, a, um.* ◆ **2.** (Ch.) *Comis, e.*

obliger, tr. **1.** Lier. *Obligare. Tenere, eo**. ◆ **2.** Forcer. *Cogere, o** (à, *ad*, acc.; inf.). ◆ **3.** Rendre service à. *Bene mereri, eor** (*de*). *Adjuvare**. Obligé, *obligatus, a, um* (*alicui*); je te suis obligé de, *ago* gratias tibi pro* (*re*) ou *qui* (*feceris**); je te serai obligé, *amabo te;* être l'obligé de qqn, *debēre* gratiam alicui.* ◆ **4.** Plaire. *Juvare**.

oblique, adj. *Obliquus, a, um.*

obliquement, adv. *Oblique.*

obliquer, intr. — à droite, *retorquēri* ad dexteram.*

oblitérer, tr. *Oblitterare.*

oblong, gue, adj. *Oblongus, a, um.*

obole, f. **1.** *Obolus, i,* m. ◆ **2.** (Fig.) *Teruncius, ii,* m.
obscène, adj. *Obscenus, a, um. Immundus.*
obscénité, f. *Obscenitas, atis,* f.
obscur, ure, adj. **1.** *Obscurus, a, um.* ◆ **2.** (Fig.) Inintelligible. *Obscurus. Caecus, a, um.* ◆ **3.** Inconnu. *Obscurus. Ignobilis, e.*
obscurcir, tr. **1.** *Obscurare.* ◆ **2.** (Fig.) — (la vue, l'esprit) *Obcaecare.* ◆ **3.** Rendre inintelligible. *Obcaecare.* ◆ **4.** Ternir. *Obscurare.*
obscurcissement, m. **1.** *Obscuratio, onis,* f. ◆ **2.** (Fig.) — (de la vue) *Obscuritas, atis.* (De l'esprit) *Caligo, inis,* f.
obscurément, adv. *Obscure.*
obscurité, f. **1.** Absence de lumière. *Tenebrae, arum,* fpl. ◆ **2.** Brouillard. *Caligo, inis,* f. ◆ **3.** Ombrage. *Opacitas, atis,* f. ◆ **4.** Ombre. *Umbra, ae,* f. ◆ **5.** (Fig.) Défaut de clarté. *Obscuritas, atis,* f. ◆ **6.** Absence de notoriété. *Obscuritas. Ignobilitas, atis,* f.
obsécration, f. *Obsecratio, onis,* f.
obséder, tr. *Obsidēre* aures (alicujus).* Qui obsède les autres, *aliis molestus, a, um.* Être obsédé par un souci, *haec cura me circumstat.*
obsèques, fpl. *Exsequiae, arum,* fpl.
obséquieusement, adv. *Obsequenter.*
obséquieux, euse, adj. *Obsequiosus, a, um.*
observateur, trice, m. f. **1.** Qui regarde. *Speculator, oris,* m. *Speculatrix, icis,* f. ◆ **2.** Qui garde. *Observans, antis* (gén.).
observation, f. **1.** Contemplation. *Observatio, onis,* f. ◆ **2.** Surveillance. *Speculatio, onis,* f. Envoyer en —, *mittĕre* explorare.* ◆ **3.** Remarque (écrite). *Annotatio, onis,* f. ◆ **4.** Reproche. *Exprobratio, onis,* f. Cette observation est méritée, *illud jure dicitur.* ◆ **5.** Respect. *Observantia, ae,* f. — de sa parole, *fides, ei,* f.; — du devoir, *religio officii;* — des jours de fête, *festorum dierum ratio.*
observatoire, m. *Specula, ae,* f.
observer, tr. **1.** Regarder. *Observare.* (Avec soin) *Perspicere, io*.* ◆ **2.** Épier. *Speculari.* ◆ **3.** Remarquer. *Animadvertere, o*.* ◆ **4.** Exécuter. *Observare. Servare.*
s'OBSERVER, r. Être circonspect. *Dicta factaque sua circumspicĕre (io*).* Qui s'observe, *cautus, a, um.*
obsession, f. *Incommoditas, atis,* f.
obstacle, m. **1.** *Obex, icis,* m. f. ◆ **2.** (Fig.) *Impedimentum, i,* n. Faire — à, *impedimento esse* (dat.); *obesse** (dat.); mettre — à, *obstare** (dat.); rencontrer un —, *impediri;* sans —, *nullo negotio.*
obstination, f. *Pervicacia, ae,* f.
obstinément, adv. *Obstinate.*
obstiner, tr. *Incendere, o*.* S'— à, *perseverare in* (abl.). Obstiné, *obstinatus, a, um; pertinax, acis,*
obstruer, tr. *Obstruere, o*.*

obtempérer, intr. *Obtemperare* (dat.).
obtenir, tr. *Impetrare. Consequi, or** (de, *ab*; que, *ut*, subj.).
obtention, f. *Impetratio, onis*, f.
obtus, use, adj. **1.** *Obtusus, a, um.* ◆ **2.** (Fig.) *Hebes, etis.*
obvier, intr. *Occurrere, o** (dat.).
occasion, f. **1.** Moment favorable. *Occasio, onis*, f. *Opportunitas, atis*, f. Par la même —, *simul.* ◆ **2.** Temps. *Tempus, oris*, n. En aucune —, *nullo loco.* ◆ **3.** Sujet. *Locus, i*, m. *Ansa, ae*, f. Fournir des — de reproche, *dare* ansas ad reprehendendum**.
occasionnellement, adv. *Forte.*
occasionner, tr. *Efficere, io**.
occident, m. *Occidens, entis*, m.
occidental, ale, adj. *Occidentalis, e.*
occiput, m. *Occipitium, ii*, n.
occulte, adj. *Latens, entis. Occultus, a, um* .
occupation, f. *Occupatio, onis*, f. *Negotium, ii*, n. Faire son — de, *omne studium collocare in* (abl.).
occuper, tr. **1.** (Un lieu) *Occupare. Tenere, eo**. (Habiter) *Habitare* (acc. ou *in*, abl.). Qui n'est pas occupé, *vacuus, a, um.* ◆ **2.** (Le temps) *Occupare.* ◆ **3.** (Qqn) *Occupare.* (Tenir attentif) *Detinere, eo**. Occupé à faire, *occupatus in faciendo**; occupé d'autres choses, *aliud agens**.
s'OCCUPER, r. **1.** Travailler à. *Occupatum esse in* (abl.). *Consulere, o** (dat.). Je m'occupe de, *mihi in animo est* (inf.). ◆ **2.** Traiter de. *Agere, o** (*de*, abl.). ◆ **3.** Se soucier de. *Curare* (acc.).
occurrence, f. *Casus, us*, m. Suivant l'—, *pro re natā.*
océan, m. *Oceanus, i*, m.
octobre, m. *October, bris*, m. D'—, *october, bris, bre.*
octogénaire, adj. *Octoginta annos natus, a, um.*
octroi, m. **1.** Concession. *Concessio, onis*, f. ◆ **2.** Impôt. *Portorium, ii*, n.
octroyer, tr. *Concedere, o**.
oculaire, adj. Témoin —, *oculatus testis*, m.
oculiste, m. *Medicus ocularius*, m.
ode, f. *Carmen, inis*, n.
odeur, f. **1.** *Odor, oris*, m. Odeur forte, *nidor, oris*, m.; avoir une —, *redolēre*; olēre**. ◆ **2.** (Fig.) Être en bonne, mauvaise —, *bene, male audire.*
odieusement, adv. *Indigne. Taetre.*
odieux, euse. I. Adj. *Invisus, a, um.* Être — à, *esse odio* (dat.); (cette chose) est odieuse, *invidiam habet**; se rendre — à qqn, *in odium venire** (*alicui*); rendre qqn —, *odium concitare in aliquem.* ◆ **II.** Nom m. *Invidia, ae*, f.
odorant, ante, et **odoriférant, ante**, adj. *Odoratus, a, um.*
odorat, m. *Odoratus, us*, m.
Odyssée. *Odyssea, ae*, f.
œil, m. **1.** Organe de la vue. *Oculus, i*, m. Fermer les —, *connivere, eo**; ouvrir les — sur, *animum attendĕre* ad;*

dessiller les — à, *admonēre** (acc.); cela saute aux —, *id est luce clarius;* n'avoir des — que pour, *in oculis ferre** (acc.); pour tes beaux —, *tuā causā;* en un clin d'—, *puncto temporis.* ◆ **2.** Regard. *Oculus. Visus, us,* m. Jeter les — sur, *oculos conjicĕre* (*io**) *in* (acc.); sous les —, *in conspectu;* avoir l'— au guet, *esse in speculis;* avoir sous les —, *cernĕre* oculis;* exposer à tous les —, *in medium proferre*.* ◆ **3.** Intelligence. *Oculi* (*mentis*). *Animus, i,* m. Mettre sous les —, *proponĕre** (*aliquid alicui*); avoir l'— à, *attendĕre** (acc.); qui a du coup d'—, *perspicax, acis;* du premier coup d'—, *primā specie;* voir de bon—, *aequis oculis vidēre*.*

œillade, f. *Nictus, us,* m.

œillère, f. *Operimentum, i,* n.

œsophage, m. *Gula, ae,* f.

œuf, m. *Ovum, i,* n. Blanc d'—, *ovi albumen, inis,* n.; jaune d'—, *vitellus, i,* m.

œuvre, f. et m. *Opus, eris,* n. Mettre la main à l'—, *rem aggredi, ior*;* à l'—, *eia age!* mettre en —, *uti** (abl.); (avoir recours à) *adhibēre** (acc.); exécuteur des hautes œuvres, *carnifex, icis,* m.

offensant, ante, adj. *Contumeliosus, a, um.*

offense, f. **1.** (De fait) *Injuria, ae,* f. *Offensio, onis,* f. ◆ **2.** (En paroles) *Contumelia, ae,* f.

offenser, tr. *Laedere, o*. Offendere, o*.* S'— de, *ad contumeliam accipere, io*.*

offenseur, m. *Qui injuriam fecit*. Injuriosus in* (acc.).

offensif, ive. I. Adj. Armes —, *tela, orum,* npl. ◆ **II.** Nom f. Prendre l'—, *aggredi, ior** (acc.).

offertoire, m. *Offertorium, ii,* n.

office, m. *Officium, ii,* n. *Munus, eris,* n. Faire l'— de, *fungi* officio* (gén.); les bons — qu'il m'a rendus, *magna ejus in me officia* ou *merita;* rendre un bon, un mauvais — à, *bene, male merēri* de;* arbitre nommé d'—, *honorarius arbiter.*

office, f. *Cellarium, ii,* n.

officiel, elle, adj. *Publicus, a, um.*

officiellement, adv. *Publice.*

officier, m. **1.** (Civil) *Minister, tri,* m. ◆ **2.** (Militaire) *Praepositus, i,* m.

officieusement, adv. *Officiose.*

officieux, euse, adj. *Officiosus, a, um. Comis, e.*

officine, f. *Officina, ae,* f.

offrande, f. *Donum, i,* n. *Donaria, iorum,* npl.

offre, f. **1.** (Action) *Oblatio, onis,* f. ◆ **2.** (Chose) *Oblatum, i,* n.

offrir, tr. *Offerre, fero*. Praebere, eo*.* Offrir le combat, *copiam pugnandi dare*;* — un prix pour un parc, *licēri* hortos;* — aux yeux de qqn, *proponĕre* oculis alicujus;* — l'occasion, *ansam dare*;* s'— à la pensée de, *occurrĕre** (dat.).

offusquer, tr. **1.** Empêcher de voir. *Officere, io** (dat.). ◆ **2.** Empêcher d'être vu. *Obscurare* (acc.). ◆ **3.** (Fig.) Offus-

quer l'esprit, *luminibus mentis officĕre**. ◆ **4.** Porter ombrage à. *Offendere, o** (acc.).
oh ! *O!*
oie, f. *Anser, eris,* m. D'—, *anserinus, a, um.*
oignon, m. **1.** Plante. *Cepa, ae,* f. ◆ **2.** Bulbe. *Bulbus, i,* m.
oindre, tr. *Ungere, o** (de, abl.).
oiseau, m. *Avis, is,* f. *Volucris, is,* f. Chasse aux —, *aucupium, ii,* n.; à vol d'—, *rectā regione.*
oiseleur, m. *Auceps, cupis,* m.
oiseux, euse, adj. *Otiosus, a, um.*
oisif, ive, adj. *Otiosus, a, um.* Être —, *otiari; cessare;* un —, *cessator, oris,* m.
oisillon, m. *Avicula, ae,* f.
oisiveté, f. *Cessatio, onis,* f. *Otium, ii,* n.
oison, m. *Anserculus, i,* m.
oléagineux, euse, adj. *Oleaceus, a, um.*
oligarchie, f. *Optimatium dominatus, us,* m.
olivaie, f. *Olivetum, i,* n.
olivâtre, adj. *Oleagineus, a, um.*
olive, f. *Olea, ae,* f. *Oliva, ae,* f. Huile d'—, *oleum, i,* n.
olivier, m. *Olea, ae,* f. *Oliva, ae,* f. D' —, *oleagineus, a, um.*
Olympe, m. *Olympus, i,* m.
olympiade, f. *Olympias, adis,* f.
Olympie. *Olympia, ae,* f.
olympique, adj. Jeux —, *Olympia, iorum,* npl.
ombrage, m. **1.** *Umbracula, orum,* npl. ◆ **2.** (Fig.) Défiance. *Suspicio, onis,* f. Porter — à, *offendĕre** (acc.); prendre de l'—, *subdiffidĕre**.
ombrager, tr. *Opacare.* Ombragé. *Obumbratus, a, um; opacus.*
ombrageux, euse, adj. **1.** (Animaux) *Trepidus, a, um.* ◆ **2.** (Pers.) *Suspiciosus, a, um.*
ombre, f. **1.** *Umbra, ae,* f. A l'—, *sub umbrā.* (Obscurité) *Tenebrae, arum,* fpl. (Ombrage) *Umbra. Umbracula, orum,* npl. A l'— de, *in umbraculis* (gén.). ◆ **2.** (Fig.) L'ombre (des morts). *Umbra. Simulacrum, i,* n. (Apparence) *Umbra. Species, ei,* f. Pas l'— de, *ne umbram quidem* (gén.); sous — de, *sub umbrā* (gén.). (Obscurité, silence) *Tenebrae.* (Rester) dans l'—, *in tenebris.* (Protection) *Tutela, ae,* f. A l'— de, *sub tutelā* (gén.).
ombrelle, adj. *Umbella, ae,* f.
ombreux, euse, adj. *Umbrosus, a, um. Opacus.*
Ombrie, f. *Umbria, ae,* f.
omettre, tr. *Omittere, o*. Praetermittere, o*.*
omission, f. *Praetermissio, onis,* f. Des —, *praeterita, orum,* npl.
omnipotence, f. *Omnipotentia, ae,* f.
omoplate, f. Les —, *scapulae, arum,* fpl.
on et **l'on,** pron. indéf. Se rend par un sujet général : on s'instruit, *homines discunt*;* par la 3e pers. du pl. : on dit, *aiunt*;* par le passif : on combat, *pugnatur;* par la 2e pers. du subj. : on eût cru, *crederes**.

onagre, m. *Onager, gri*, m.
once, f. (Poids) *Uncia, ae*, f.; 2 —, *sextans, antis*, m.; 3 —, *triens, entis*, m.; 4 —, *quadrans*, m.; 5 —, *quincunx, uncis*, m.; 6 —, *semis, is*, m.; 7 —, *septunx*, m.; 8 —, *bes, bessis*, m.; 9 —, *dodrans*, m.; 10 —, *dextans*, m.; 11 —, *deunx*, m.; 12 —, *libra, ae*, f.; demi-once, *semuncia*, f.; une — et demie, *sescuncia*, f.; d'une —, *uncialis, e*.
oncle, m. **1.** (Paternel) *Patruus, i*, m. ◆ **2.** (Maternel) *Avunculus, i*, m.
onction, f. *Unctio, onis*, f.
onctueux, euse, adj. **1.** *Unguinosus, a, um*. ◆ **2.** (Fig.) *Miserabilis, e*.
onde, f. *Unda, ae*, f.
ondé, ée, adj. *Undatus, a, um*.
ondée, f. *Nimbus, i*, m.
ondoyer, intr. *Undare. Fluctuare*.
ondulation, f. *Undula, ae*, f.
onduler, intr. *Undare*.
onduleux, euse, adj. *Undatus, a, um*.
onéreux, euse, adj. *Gravis, e*.
ongle, m. *Unguis, is*, m.
onglée, f. J'ai l'—, *manus algent**.
onguent, m. *Malagma, atis*, n.
onyx, m. *Onyx, ychis* (acc. *ycha*), m.
onze, adj. num. *Undecim*, indécl. Par —, *undeni, ae, a;* — fois, *undeciens;* onzième, *undecimus, a, um;* un onzième, *undecima pars*, f.
opale, f. *Opalus, i*, m.
opaque, adj. *Obscurus, a, um. Caecus*.
opération, f. **1.** *Opus, eris*, n. ◆ **2.** (Chirurgicale) *Manus curatio, onis*, f.; faire une —, *manum afferre** ◆ **3.** (Militaire) *Motus, us*, m. ◆ **4.** (Mathématique) *Ratio, onis*, f.
opérer. I. Tr. **1.** *Agere, o*. Efficere, io**. ◆ **2.** (Chir.) *Curare manu*. ◆ **3.** (Milit.) *Agĕre*. ◆ **II.** Intr. (Méd.) Être efficace. *Operari. Valere, eo**.
S'OPÉRER, r. Avoir lieu. *Fieri, fio**.
ophtalmie, f. *Lippitudo, inis*, f. Atteint d'—, *lippus, a, um*.
opime, adj. Dépouilles —, *opima spolia*, npl.
opiner, intr. *Sententiam dicere, o**.
opiniâtre, adj. *Pertinax, acis*.
opiniâtrement, adv. *Pertinaciter*.
S'OPINIÂTRER, r. *Perseverare*.
opiniâtreté, f. *Pertinacia, ae*, f. — irréductible, *pervicacia, ae*, f.
opinion, f. **1.** Avis. *Sententia, ae*, f. Mon — est telle : *mihi placet** (inf.); dans mon —, *meo judicio;* c'est l'— générale, *inter omnes constat** (inf.); être de même —, *idem sentire*;* être de l'— de, *assentire** (dat.). ◆ **2.** Estime. *Opinio, onis*, f. *Existimatio, onis*, f. Avoir une bonne — de, *bene aestimare de*. ◆ **3.** Attente. *Opinio. Existimatio*.
opium, m. *Opium, ii*, n.
opportun, une, adj. *Opportunus, a, um*. Revenir en temps —, *suo tempore redire**.

opportunité, f. *Opportunitas, atis*, f.
opposé, ée, adj. *Adversus, a, um* (à, dat).
opposer, tr. **1.** *Opponere, o**. *Objicere, io**. — la force à la force, *vim vi repellěre*;* — de la résistance, *repugnare.* ◆ **2.** (Fig.) (Objecter) *Objicěre.* ◆ **3.** Mettre en parallèle. *Componere, o**.
s'OPPOSER, r. **1.** *Adversari* (dat.). S'— à ce que, *repugnare quominus* (subj.). ◆ **2.** (Légalement) *Intercedere, o** (dat. ou *ne*, subj.). Rien ne s'— à ce que, *nihil intercedit quominus* (subj.). ◆ **3.** (Ch.) *Obstare** (dat. ou *ne*, subj.). Ne pas s'— à ce que, *non obstare quominus* (subj.).
opposite, m. A l'—, *e regione;* être l'— de, *pugnare cum.*
opposition, f. **1.** Obstacle. *Impedimentum, i*, n. Malgré l'— du sénat, *repugnante senatu;* sans —, *nullo dissentiente**. ◆ **2.** Désaccord. *Dissensio, onis*, f. *Discidium, ii*, n. Être en — avec, *dissiděre* ab.* (Choses) en —, *inter se contraria* ou *pugnantia.*
oppresser, tr. **1.** *Suffocare.* ◆ **2.** (Fig.) *Conficere, io**.
oppresseur, m. *Tyrannus, i*, m.
oppression, f. **1.** *Suffocatio, onis*, f. ◆ **2.** (Fig.) *Oppressio, onis*, f. *Vexatio, onis*, f.
opprimer, tr. *Opprimere, o**. *Vexare.*
opprobre, m. *Dedecus, oris*, n. *Opprobrium, ii*, n.
opter, tr. *Optare.*
option, f. *Optio, onis*, f.
optique, f. *Optice, es*, f.
opulence, f. *Opulentia, ae*, f. Nager dans l'—, *fluěre* luxu.*
opulent, ente, adj. *Opulentus, a, um.*
opuscule, m. *Opusculum, i*, n.
1. or, m. **1.** Métal. *Aurum, i*, n. D'—, *aureus, a, um;* mine d'—, *aurifodina, ae*, f. ◆ **2.** Monnaie. *Aurum signatum*, n. Une pièce d'—, *aureus, i*, m. ◆ **3.** (Fig.) *Aurum.* Tout cousu d'—, *bene nummatus;* valoir son pesant d'—, *auro contra constare*;* à prix d'—, *pretio;* qui vaut de l'—, *aureus.*
2. or, conj. *Atqui. Vero* (après le premier mot). Or çà, *age porro!*
oracle, m. **1.** *Oraculum, i*, n. ◆ **2.** (Fig.) (Parole) *Oraculum.* (Personne) *Vates, is*, m.
orage, m. **1.** *Tempestas, atis*, f. (Sur mer) *Procella, ae*, f. Pluie d'—. *Nimbus, i*, m. ◆ **2.** (Fig.) Troubles civils. *Tempestas. Procella.* ◆ **3.** Troubles de l'âme. *Turbidi motus animi.* ◆ **4.** Colère. *Ira, ae*, f.
orageux, euse, adj. **1.** *Procellosus, a, um.* ◆ **2.** (Fig.) *Turbidus, a, um.*
oraison, f. *Oratio, onis*, f.
oral, ale, adj. Donner un enseignement —, *praecepta traděre*;* tradition —, *fama, ae*, f.
oralement, adv. *Verbo*
orange, f. *Malum aureum*, n.
orangé, ée, adj. *Flammeus, a, um.*
oranger, m. *Aurea* (*ae*) *malus* (*i*), f.
orateur, m. *Orator, oris*, m.

1. oratoire, adj. *Oratorius, a, um.* L'art —, *ratio dicendi.*
2. oratoire, m. *Oratorium, ii*, n.
oratoirement, adv. *Oratorie.*
orbite, f. *Orbis, is*, m.
orchestre, m. **1.** Partie du théâtre. *Orchestra, ae*, f. ◆ **2.** Musiciens. *Symphonia, ae*, f.
1. ordinaire, adj. **1.** Régulier. *Ordinarius, a, um.* ◆ **2.** Accoutumé. *Consuetus, a, um.* ◆ **3.** Médiocre. *Mediocris, e.* Un homme —, *unus de multis.*
2. ordinaire, m. **1.** Coutume. *Consuetudo, inis*, f. *Mos, moris*, m. Comme à l'—, *ut fieri* solet*; ut fit;* contre l'—, *praeter consuetudinem.* ◆ **2.** Nourriture habituelle. *Victus, us*, m.
ordinairement, adv. *Plerumque. Vulgo.*
ordination, f. *Ordinatio, onis*, f.
ordonnance, f. **1.** Disposition. *Ordo, inis*, m. *Ratio, onis*, f. ◆ **2.** Prescription. *Edictum, i*, n. Par — de, *jussu* (gén.). ◆ **3.** — de médecin. *Praeceptum, i*, n. Faire une —, *curationem praescribĕre*.*
ordonnateur, m. *Instructor, oris*, m.
ordonner. I. Tr. **1.** Disposer. *Componĕre, o*. Instruere, o*.* ◆ **2.** Prescrire. *Jubere, eo*. Edicere, o*.* — à qqn de, *jubēre aliquem* (prop. inf.); — (un médicament), *indicĕre*.* ◆ **3.** Conférer les ordres sacrés à. *Ordinare* (acc.). ◆ **II.** Intr. *Statuere, o* (*rem* ou *de re*).
ordre, m. **1.** Disposition. *Ordo, inis*, m. Mettre en —, *ordine disponĕre*;* qui est en —, *compositus, a, um;* avec —, *ordine;* suivre un —, *ordinem conservare;* sans —, *confusus, a, um;* — de bataille, *ordinatio, onis*, f.; en bon —, *ordinatim;* — chronologique, *ordo aetatum.* ◆ **2.** Discipline. *Ordo. Ratio, onis*, f. Mettre — à ce que, *comparare ut* (subj.); l'— public, *pax civilis.* ◆ **3.** Classe. *Ordo.* De second —, *minor, minus;* — d'architecture, *genus, eris*, n. ◆ **4.** Commandement. *Jussum, i*, n. Exécuter les —, *mandata conficere, io*;* par l'— de, *jussu* (gén.); sans mon —, *injussu meo;* avoir sous ses —, *imperare* (dat.); être aux — de, *praesto esse* (dat.); mot d'—, *tessera, ae*, f.; mettre à l'— de l'armée, *pronuntiare.* ◆ **5.** Les ordres sacrés. *Sacri ordines*, mpl.
ordure, f. *Sordes, ium*, fpl.
ordurier, ière, adj. *Obscenus, a, um.*
oreille, f. *Auris, is*, f. *Auricula, ae*, f. Le bout de l'—, *auricula infima;* — dure, *aures hebetiores;* rompre les —, *obtundĕre* aures;* dire à l'—, *dicĕre ad aurem;* prêter l'— à, *aurem praebēre** (dat.); fermer l'— à, *surdis auribus esse ad.* Dormir sur ses deux oreilles, *dormire in utramvis aurem.*
oreiller, m. *Pulvinus, i*, m.
oreillons, mpl. *Parotis, idis*, f.
orfèvre, m. *Aurifex, icis*, m.
orfèvrerie, f. *Auri fabricatio, onis*, f. Travaux d'—, *factum aurum*, n.

orfraie, f. *Ossifraga, ae*, f.
organe, m. **1.** Un —, *pars corporis*, f.; les — des sens, *sensus*, mpl. ◆ **2.** Voix. *Vox, vocis*, f. ◆ **3.** (Fig.) *Interpres, etis*, m. Par l'— de, *per* (acc.).
organisation, f. **1.** (Du corps) *Constitutio, onis*, f. ◆ **2.** (De la société) *Temperatio, onis*, f.
organiser, tr. **1.** *Constituere, o.* ◆ **2.** Préparer. *Praeparare.*
organiste, m. *Organarius, ii*, m.
orge, f. *Hordeum, i*, n. D'—, *hordeaceus, a, um.*
orgelet, m. *Hordeolus, i*, m.
orgie, f. **1.** Fêtes bachiques. *Orgia, iorum*, npl. ◆ **2.** Excès de table. *Perpotatio, onis*, f.
orgue, m. *Organum, i*, n.
orgueil, m. *Superbia, ae*, f.
orgueilleusement, adv. *Superbe.*
orgueilleux, euse, adj. *Superbus, a, um* (de, abl.); être —, *superbire** (abl.).
orient, m. *Oriens, entis*, m.
oriental, ale, adj. *Orientalis, e.*
orienter (s'), r. (Fig.) Se reconnaître. *Se invenire**.
orifice, m. *Os, oris*, n.
originaire, adj. *Oriundus, a, um. Ortus.* (Abl. avec ou sans *ex*).
originairement, adv. *A principio.*
original, ale. **I.** Adj. **1.** Non imité. *Novus, a, um.* ◆ **2.** (Bizarre) *Varius, a, um.* ◆ **II.** Nom m. *Exemplar, aris*, n.
originalement, adv. *Nove.*
originalité, f. **1.** *Novitas, atis*, f. ◆ **2.** Bizarrerie. *Varietas, atis*, f.
origine, f. **1.** Commencement. *Origo, inis*, f. *Principium, ii*, n. Devoir son — à, *oriri* ab;* reprendre à l'—, *repetĕre* a principio.* ◆ **2.** Extraction. *Genus, eris*, n. *Stirps, stirpis*, f. Germains d'—, *orti a Germanis.*
originel, elle, adj. *Ingenitus, a, um.*
originellement, adv. *Naturā.*
oripeau, m. (Fig.) *Bracteae, arum*, fpl.
Orléans. *Genabum, i*, n.
orme et **ormeau**, m. *Ulmus, i*, f. D'—, *ulmeus, a, um.*
orne, m. *Ornus, i*, f. D'—, *orneus, a, um.*
ornement, m. **1.** *Ornamentum, i*, n. *Ornatus, us*, m. ◆ **2.** (Fig.) *Ornamentum. Decus, oris*, n. Faire l'— de, *ornare* (acc.); sans —, *inornatus, a, um.*
orner, tr. **1.** *Ornare. Exornare.* ◆ **2.** (Fig.) — (son esprit), *excolĕre**.
ornière, f. *Orbita, ae*, f.
oronge, f. *Boletus, i*, m.
Orphée. *Orpheus, ei*, m.
orphelin, ine, m. f. *Orbus, i*, m. *Orba, ae*, f.
orteil, m. *Digitus, i*, m. Le gros —, *pollex, licis*, m.
orthodoxe, adj. *Orthodoxus, a, um.*
orthographe, f. *Orthographia, ae*, f.
ortie, f. *Urtica, ae*, f.
ortolan, m. *Miliaria* (*avis*), f.
os, m. *Os, ossis*, n. D'—, *osseus, a, um;* rompre les — à, *exossare* (acc.).
oscillation, f. *Oscillatio, onis*, f.
osciller, intr. *Jactari.*

osé, ée, adj. *Audax, acis.*
oseille, f. *Rumex, icis,* m. f.
oser, tr. et intr. *Audere, eo**.
oseraie, f. *Viminetum, i,* n.
osier, m. *Vimen, inis,* n. *Siler, eris,* m.
Osiris. *Osiris, is,* m.
osselet, m. *Ossiculum, i,* n.
ossements, mpl. *Ossa, ium,* npl.
osseux, euse, adj. *Osseus, a, um.*
ossuaire, m. *Ossarium, ii,* n.
ostensible, adj. *Apertus, a, um.*
ostensiblement, adv. *Palam.*
ostentation, f. *Ostentatio, onis,* f. Faire — de, *ostentare* (acc.).
ostracisme, m. *Ostracismus, i,* m.
otage, m. *Obses, idis,* m. f.
ôter, tr. **1.** *Tollere, o** (de ou à, *ex* ou *ab*). *Removere, eo** (de ou à, *ex*). ◆ **2.** — (un vêtement) *Exuere, o** ◆ **3.** (Fig.) *Auferre, fero** (*rem alicui*). *Detrahere, o** (à, dat.).
S'ÔTER, r. *Se movēre** (*loco*). Ote-toi de là, *hinc te amove**.
ou, conj. et **ou bien. 1.** (Marque l'alternative dans l'idée) *Aut.* (Dans l'expression) *Vel. Ve* (enclitique). Ou si, *sive; seu.* ◆ **2.** Dans une interrog. double. *An.* ◆ **3.** Ou non, *annon* (dans une interrog. dir.); *necne* (dans une interrog. indir.).
où, adv. interrog. et relat. **1.** (Sans mouv.) *Ubi.* Où que ce soit, *ubivis;* il fut un temps où, *fuit tempus cum* (indic.). ◆ **2.** (Avec mouv.) *Quo.* Partout où, *quoquo* (indic.). ◆ **3.** D'où. *Unde.* D'où il est clair que, *ex quo intellegi potest** (prop. inf.). ◆ **4.** Par où. *Quā.*
ouais! interj. *Ehem!*
oubli, m. **1.** *Oblivio, onis,* f. Faire tomber dans l'—, *obruere, o* (acc.). ◆ **2.** Mépris. *Neglectio, onis,* f.
oublier, tr. **1.** *Oblivisci, or** (gén., *rem,* ou inf.). ◆ **2.** Omettre. *Praetermittere, o** (acc.). ◆ **3.** Négliger. *Neglegere, o** (acc.).
S'OUBLIER, r. **1.** Ne pas songer à soi. *Oblivisci** *sui.* ◆ **2.** Se démentir. *A se ipso discedĕre**. ◆ **3.** Manquer à ses devoirs. *Ab officio discedĕre**. ◆ **4.** Manquer de modération. *Efferri**.
oublieux, euse, adj. *Obliviosus, a, um.* — de, *neglegens, entis* (gén.).
ouest, m. *Occidens, entis,* m.
oui, adv. **1.** *Etiam. Vero.* Oui sans doute, *sane quidem.* Est-ce là ce que tu dis? Oui. *Id dicis? Id.* Dire —, faire signe que —, *annuĕre;* il dit tantôt — tantôt non, *modo ait**, *modo negat.* ◆ **2.** (Hors du dialogue) *Ne* ou *nae.*
ouï-dire, m. *Fama, ae,* f.
ouïe, f. **1.** *Auditus, us,* m. Perdre l'—, *obsurdescere, o**. ◆ **2.** (Pl.) *Branchiae, arum,* fpl.
ouïr, tr. *Audire.* Je lui ai ouï-dire, *ex illo audivi.*
ouragan, m. (*Ventorum turbo, inis,* m.
ourdir, tr. **1.** *Ordiri**. *Texere, o**. ◆ **2.** (Fig.) *Exordiri**. *Moliri**.

ours, se, m. f. *Ursus, i,* m. *Ursa, ae,* f. D'—, *ursinus, a, um;* la Grande Ourse, *Helice, es* (acc. *en*), f.; la Petite Ourse, *Cynosura, ae,* f.

ourson, m. *Ursae catulus, i,* m.

outarde, f. *Otis, idis,* f.

outil, m. *Instrumentum, i,* n.

outrage, m. *Contumelia, ae,* f. *Ignominia, ae,* f. Faire — à, *contumeliam imponĕre** (dat.); accabler d'—, *contumeliosissime maledicĕre** (dat.).

outrageant, ante, et **outrageux, euse,** adj. *Contumeliosus, a, um.*

outrager, tr. **1.** (De fait) *Violare. Laedere, o*.* ◆ **2.** (En paroles) *Maledicere, o** (dat.).

outrageusement, adv. *Contumeliose.*

outrance, f. A —, *extra modum;* combattre à —, *acerrime decertare.*

1. outre. I. Prép. *Ultra* (acc.); — mesure, *praeter modum.* ◆ **II.** Adv. *Ultra.* Passer —, *ultra progredi*.* ◆ **III.** Loc. adv. **1.** En outre. *Praeterea.* ◆ **2.** D'outre en outre. Percer d'— en —, *transfigĕre*.*

2. outre, f. *Uter, tris,* m.

outrecuidance, f. *Arrogantia, ae,* f.

outrecuidant, ante, adj. *Arrogans, antis.*

outre-mer, loc. adv. *Trans mare.* D' —, *transmarinus, a, um.*

outrepasser, tr. *Praetergredi, ior*.*

outrer, tr. **1.** Exagérer. *Exagerare.* Outré, *immoderatus, a, um; nimius.* ◆ **2.** Offenser. *Exasperare.* Outré de colère, *irā incensus.*

ouvert, erte, part. et adj. **1.** *Apertus, a, um.* Avoir la bouche —, *hiare;* à bras —, *effuse;* dans un lieu —, *in aperto.* ◆ **2.** (Fig.) (Intelligent) *Acutus, a, um.* (Franc) *Apertus. Ingenuus, a, um.* A cœur —, *ex animo.* ◆ **3.** Commencé. *Initus, a, um. Inceptus.*

ouvertement, adv. *Aperte.*

ouverture, f. **1.** (Action) *Apertio, onis,* f. ◆ **2.** (Trou) *Apertura, ae,* f. Petite —, *foramen, inis,* n. ◆ **3.** (Fig.) (Expédient) *Via, ae,* f. (Confidence) *Confessio, onis,* f. (Proposition) *Mentio, onis,* f. (Commencement) *Initium, ii,* n.

ouvrable, adj. Jour —, *dies profestus,* m.

ouvrage, m. *Opus, eris,* n.

1. ouvrier, ière, adj. **1.** Jour —, *dies profestus,* m. La classe —, *operae, arum,* fpl. ◆ **2.** (Fig.) Cheville —, *cardo, inis,* m.

2. ouvrier, ière, m. f. *Opifex, ficis,* m. *Operarius, ii,* m. *Operaria, ae,* f.

ouvrir, tr. **1.** *Aperire*.* Ouvrir la main, *manum expandĕre*;* — à qqn l'entrée de, *dare* alicui aditum in* (acc.); — sa maison à qqn, *recipĕre* (*io**) *aliquem tecto;* — l'esprit (à qqn), *acuĕre mentem* (gén. ou dat.); s'— une issue, *sibi exitum parĕre* (*io**). ◆ **2.** (Fig.) *Aperire*.* Ouvrir son cœur ou s'— à qqn, *sensus suos*

aperire alicui;* — une école, *aperire* ludum;* — la campagne, *bellum suscipere, io*;* s'— (commencer), *incipere, io**.
ovale, adj. *Ovalus, a, um.*
ovation, f. **1.** Cérémonie romaine. *Ovatio, onis,* f. Qui obtient l'—, *ovans, antis.* ◆ **2.** (Fig.) Acclamations. *Favor, oris,* m.
ovine, adj. f. *Ovillus, a, um.*
ozène, m. *Ozaena, ae,* f.

P

pacage, m. *Pascua, orum,* npl.
pacificateur, m. *Pacificator, oris,* m.
pacification, f. *Pacificatio, onis,* f.
pacifier, tr. *Pacare. Pacem conciliare inter* (acc.).
pacifique, adj. **1.** Qui aime la paix. *Pacificus, a, um.* ◆ **2.** Tranquille. *Pacatus, a, um.*
pacifiquement, adv. *Placide.*
pacotille, f. **1.** *Species, erum,* fpl. ◆ **2.** (Fig.) Objets de —, *quisquiliae, arum,* fpl.; de —, *vilis, e.*
pacte, m. *Pactio, onis,* f. *Pactum, i,* n.
pactiser, intr. **1.** Faire un pacte. *Pacisci, or*.* ◆ **2.** Transiger. *Transigere, o*.*
Pactole. *Pactolus, i,* m.
Padoue. *Patavium, ii,* n. De —, *Patavinus, a, um.*
paganisme, m. *Gentilitas, atis,* f.
1. page, f. *Pagina, ae,* f.
2. page, m. *Puer, eri,* m.
païen, ienne. I. Adj. *Gentilis, e.* ◆ **II.** Nom m. *Paganus, i,* m.
1. paillasse, f. *Tomentum, i,* n.
2. paillasse, m. *Sannio, onis,* m. *Stupidus, i,* m.
paillasson, m. *Storea,* f.
paille, f. *Palea, ae,* f.
paillette, f. *Palea, ae,* f.; — d'or, *auri mica, ae,* f.
pain, m. **1.** *Panis, is,* m. ◆ **2.** (Fig.) Nourriture. *Victus, us,* m.
pair. I. Adj. m. *Par, paris.* De —, *ex aequo;* faire aller de —, *exaequare* (*aliquem alicui*). ◆ **II.** Nom m. **1.** Hors de —, *singularis, e.* ◆ **2.** (Titre) Les pairs. *Pares, tum,* mpl.
paire, f. *Par, paris,* n. *Bini, ae, a.* Une — de ciseaux, *forfex, ficis,* m. f.; les deux font la —, *invenit* patella operculum.*
paisible, adj. **1.** *Placidus, a, um.* ◆ **2.** Où l'on est en paix. *Placatus, a, um.*
paisiblement, adv. *Placide. Quiete.*
paître. I. Tr. Faire paître. *Pascere, o*.* ◆ **II.** Tr. et intr. Brouter; se nourrir de. *Pasci, or** (abl.).
paix, f. **1.** (Entre les États) *Pax, pacis,* f. *Otium, ii,* n. Traité de —, *pax; pactio, onis,* f. ◆ **2.** (Entre les citoyens) *Pax. Concordia, ae,* f. Rétablir la — dans l'État, *pacem conciliare inter cives;* faire la — avec, *pacificari* (*cum*). ◆ **3.** (Fig.) Calme. *Otium. Quies,*

etis, f. Ne laisser à qqn ni — ni trêve, *exagitare aliquem;* en — avec soi-même, *quietus animo;* la — de l'âme, *animi pax.*

pal, m. *Paxillus, i*, m.

1\. **palais**, m. (Édifice) *Aedes magnificae*, fpl.; — royal, *regia, ae*, f.; — de justice, *forum, i*, n.

2\. **palais**, m. (Partie de la bouche, goût.) *Palatum, i*, n.

Palatin (Mont). *Palatinus mons*, m.

pâle, adv. *Pallidus, a, um.*

palefrenier, m. *Agaso, onis*, m.

Palerme. *Panhormus, i*, f. De —, *Panhormitanus, a, um.*

Palestine. *Palaestina, ae*, f. De la —, *Palaestinus, a, um.*

palestre, f. *Palaestra, ae*, f. Maître de —, *palaestrita, ae*, m.

palet, m. *Discus, i*, m.

pâleur, f. *Pallor, oris*, m.

palinodie, f. *Palinodia, ae*, f.

pâlir. I. Tr. *Pallorem offundere, o** (dat.). ◆ **II.** Intr. **1.** *Pallescere, o*. Exalbescere, o*.* ◆ **2.** (Fig.) *Hebescere, o*. Consenescere, o*.* Faire — qqch., *obscurare aliquid.*

palis, m. *Palus, i*, m.

palissade, f. *Vallum, i*, n.

palissader, tr. *Vallare.*

palladium, m. **1.** *Palladium, ii*, n. ◆ **2.** (Fig.) *Tutela, ae*, f.

palliatif, ive, adj. Remède —, *lenimentum, i*, n.

pallier, tr. **1.** *Lenire.* ◆ **2.** (Fig.) Soulager. *Levare.* ◆ **3.** Excuser. *Colorare.*

pallium, m. *Pallium, ii*, n.

1\. **palme**, f. *Palma, ae*, f.

2\. **palme**, m. *Palmus, i*, m. Long d'un —, *palmeus, a, um.*

palmette, f. *Palma, ae*, f.

palmier, m. *Palma, ae*, f. De —, *palmeus, a, um.*

palombe, f. *Palumbes, is*, m. f.

palpable, adj. **1.** *Tractabilis, e.* ◆ **2.** (Fig.) *Manifestus, a, um.*

palper, tr. *Palpari.*

palpitation, f. *Palpitatio, onis*, f.

palpiter, intr. *Palpitare.*

pâmer, intr. et **se pâmer**, r. *Defici, ior*.* — de rire, *risu emori, ior*.*

pâmoison, m. *Defectio, onis*, f.

pamphlet, m. *Famosus libellus*, m.

pampre, m. *Pampinus, i*, m.

pan, m. **1.** De vêtement. *Lacinia, ae*, f. ◆ **2.** De mur. *Pars, partis*, f. (*muri*).

Pan. *Pan, Panis* (acc. *Pana*), m.

panacée, f. *Panchrestum medicamentum*, n.

panache, f. *Crista, ae*, f.

Panathénées, fpl. *Panathenaica, orum*, npl.

pancrace, m. *Pancratium, ii*, n.

panégyrique, m. **1.** *Laudatio, onis*, f. ◆ **2.** Louange. *Praeconium, ii*, n.

panégyriste, m. *Laudator, oris*, m.

panetier, m. *Triticarius, ii*, m.

panetière, f. *Panarium, ii*, n.

panier, m. *Sporta, ae*, f. Petit —, *sportula, ae*, f.

panique, f. *Lymphaticus metus*, m. *Subitus terror*, m. Les Romains étant pris de panique, *perfusis vano timore Romanis.*

panneau, m. **1.** Pièce de bois. *Tympanum, i*, n. ◆ **2.** Filet. *Laquei, orum*, mpl. ◆ **3.** (Fig.) Donner dans le —, *in laqueos se induĕre*.*

pansage, m. *Curatura, ae*, f.
panse, f. *Venter, tris*, m.
pansement, m. **1.** Pansage. *Curatura, ae*, f. ◆ **2.** (Méd.) *Curatio, onis*, f.
panser, tr. *Curare.*
pansu, ue, adj. *Ventriosus, a, um.*
pantalon, m. *Bracae, arum*, fpl.
Panthéon, m. *Pantheum, i*, n.
panthère, f. *Panthera, ae*, f.
1. pantomime, m. (Acteur) *Pantomimus, i*, m.
2. pantomime, f. **1.** (Art) *Scaenica demonstratio*, f. ◆ **2.** Comédie) *Canticum, i*, n. *Pantomimus, i*, m.
pantoufle, f. *Solea, ae*, f. En —, *soleatus, a, um.*
paon, m. *Pavo, onis*, m. Paonne, *pavo femina*, f.; paonneau, *pullus pavoninus*, m.
papa, m. *Pater, tris*, m.
pape, m. *Papa, ae*, m.
papetier, m. *Chartarius, ii*, m.
papier, m. **1.** *Charta, ae*, f. De —, *chartaceus, a, um;* mettre sur le —, *mandare litteris.* ◆ **2.** Billet (de commerce). *Syngrapha, ae*, f. ◆ **3.** (Pl.) Documents. *Tabulae, arum*, fpl.
papillon, m. *Papilio, onis*, m.
papyrus, m. *Papyrus, i*, f.
Pâque et **Pâques**, f. *Pascha, ae*, f.
paquebot, m. *Actuaria, ae*, f.
pâquerette, f. *Bellis, idis*, f.
paquet, m. **1.** *Fascis, is*, m. Petit —, *fasciculus, i*, m. ◆ **2.** Bagage. *Sarcina, ae*, f. Faire ses —, *sarcinas colligĕre**.
par, prép. **I.** (Sens local) A travers. *Per* (acc.). Par la fenêtre, *per fenestram;* partir par la voie Aurélienne, *Aureliā viā proficisci*;* jeter par terre, *ad terram affligĕre*;* par terre et par mer, *terrā marique.* ◆ **II.** (Sens temporel) Pendant. Abl. de la question QUANDO. *Per* (acc.). Par une pluie battante, *maximo imbri;* à la même époque, *per idem tempus.* ◆ **III.** (Sens fig.) marque: **1.** L'agent. *Ab.* Être accusé par qqn, *accusari ab aliquo.* ◆ **2.** L'entremise. *Per. Ex. Ab.* Informer qqn par des messages, *facere* (*io**) *aliquem certiorem per nuntios;* je saurai par Pompée, *ex Pompeio sciam;* je l'ai appris par un ami, *id audivi ab* ou *ex amico;* jurer par, *jurare per.* ◆ **3.** Le moyen. Abl. Par des flatteries, *blanditiis.* ◆ **4.** La cause. Abl. Accablé par les souffrances, *doloribus oppressus;* par colère, *per iram;* par crainte, *propter metum;* par ostentation, *ostentationis causā.* ◆ **5.** La partie. Abl. Je tiens le loup par les oreilles, *teneo* lupum auribus;* commencer par, *ordiri* ab;* se terminer par, *concludi** (abl.); ils finirent par être chassés, *ad extremum expulsi* sunt.* ◆ **6.** La distribution. *In* (acc.). Par tête, *in singulos homines;* par ordre, *per ordinem;* deux par deux, *bini, ae, a.* ◆ **IV.** (Explétif) Viens par ici, *accede* huc;* par trois fois, *ter.* ◆ **V.** Loc. prép. De —. De par le roi, *jussu regis.*
parabole, f. *Parabola, ae*, f.

parachever, tr. *Absolvere, o**.
parade, f. **1.** Montre. *Ostentatio, onis*, f. Lit de —, *solium, ii*, n.; faire — de, *ostentare* (acc.). ◆ **2.** Faux-semblant. *Simulatio, onis*, f. En faisant — d'amitié, *per simulationem amicitiae*. ◆ **3.** Revue (de troupes). *Decursus, us*, m. ◆ **4.** Esquive (d'un coup). *Declinatio, onis*, f.
parader, intr. *Sese ostentare*.
paradis, m. **1.** *Paradisus, i*, m. ◆ **2.** (Fig.) Tu ne l'emporteras pas en —, *id non inultum auferes**. ◆ **3.** Oiseau de —, *apus, odis*, m.
paradoxal, ale, adj. *Inopinatus, a, um*.
paradoxe, m. *Paradoxon, i*, n.
parage, m. **1.** *Locus, i*, m. *Tractus, us*, m. ◆ **2.** (Fig.) De haut —, *summo loco*.
paraître, intr. **1.** *Apparere, eo**. — devant qqn, *venire* in conspectum alicujus;* faire — de l'orgueil, *praebēre* se superbum;* laisser — sa crainte, *metum ostenděre*;* faire — (un livre), *eděre**. ◆ **2.** (Fig.) Se faire remarquer. *In oculis esse*. Vouloir —, *velle* conspici**. ◆ **3.** Sembler. *Videri, eor**. Leur mort paraît heureuse, *illorum mors beata videtur;* plus qu'il ne paraît, *praeter speciem;* en paraissant (faire), *per speciem* (gén. du gér.); comme il paraît, *ut videtur*.
parallèle. I. Adj. *Parallelus, a, um*. ◆ **II.** Nom m. Comparaison. *Collatio, onis*, f. Mettre en —, *conferre**.
parallèlement, adv. *Tractu pari*.
paralyser, tr. *Debilitare*. Paralysé, *debilis, e;* — les efforts de, *comprimĕre* conatus* (gén.).
paralysie, f. *Debilitas, atis*, f. *Paralysis, is*, f.
paralytique, adj. *Debilis, e. Paralyticus, a, um*.
parapet, m. *Lorica, ae*, f.
paraphrase, f. *Paraphrasis, is* (acc. *im*, abl. *i*), f.
parasite. I. Nom m. *Parasitus, i*, m. ◆ **II.** Adj. *Inutilis, e*.
parasol, m. *Umbella, ae*, f.
parc, m. **1.** *Consaeptus ager*, m. ◆ **2.** Pour la chasse ou les troupeaux. *Saeptum, i*, n. ◆ **3.** (D'agrément) *Horti, orum*, mpl. ◆ **4.** (A poissons) *Vivaria, iorum*, npl.
parcelle, f. *Particula, ae*, f.
parce que, conj. *Quia* (indic.). *Quod* (indic. ou subj.).
parchemin, m. *Membrana, ae*, f. De —, *membraneus, a, um*.
parcimonie, f. *Parsimonia, ae*, f.
parcimonieux, euse, adj. *Praeparcus, a, um*.
parcourir, tr. *Percurrere, o*. Lustrare*. (Un sujet) *Exsequi, or**. (Un livre) *Cursim legere**.
parcours, m. *Iter, itineris*, n.
pardon, m. *Venia, ae*, f. Pardon! *parcite*!* pas de —, *cave* ignoscas*;* je t'en demande — (formule de politesse), *pace tuā;* pardon! (pour contredire), *immo!*
pardonnable, adj. *Ignoscendus, a, um*.
pardonner, intr. et tr. **1.** *Ignoscere, o** (dat.; *quod*, indic.

ou subj.). Pardonner un crime, *scelus condonare.* ◆ **2.** Épargner. *Parcere, o** (dat.). ◆ **3.** Permettre. *Concedere, o** (acc.).

pareil, eille, adj. **1.** *Par, paris. Similis, e.* Sans —, *unicus, a, um;* rendre la pareille, *par pari referre**. ◆ **2.** Tel. *Talis, e. Hujus modi.*

pareillement, adj. *Pariter.*

parent, te, m. f. **1.** Les — (le père et la mère). *Parentes, um* ou *ium,* mpl. ◆ **2.** De la même famille. *Propinquus, i,* m. *Cognatus, i,* m. *Propinqua, ae,* f. *Cognata, ae,* f. ◆ **3.** Allié. *Affinis, is,* m. f.

parenté, f. **1.** Par le sang. *Cognatio, onis,* f. *Propinquitas, atis,* f. ◆ **2.** Par alliance. *Affinitas, atis,* f. ◆ **3.** Tous les parents. *Cognatio.*

parenthèse, f. *Interpositio, onis,* f. Par —, *obiter.*

parer. I. Tr. **1.** Apprêter. *Ornare.* ◆ **2.** Éviter un coup. *Declinare. Vitare.* ◆ **3.** Garantir de. *Protegĕre** (*aliquem ab*). ◆ **II.** Intr. Parer à. *Occurrere, o** (dat.).

paresse, f. **1.** *Pigritia, ae,* f. *Desidia, ae,* f. ◆ **2.** Lenteur. *Segnitia, ae,* f. ◆ **3.** Loisir. *Otium, ii,* n.

paresser, intr. *Cessare.*

paresseusement, adv. *Pigre.*

paresseux, euse, adj. **1.** *Piger, gra, grum.* ◆ **2.** Lent. *Segnis, e.*

parfaire, tr. **1.** Achever. *Perficere, io**. ◆ **2.** Compléter. *Explere, eo.*

parfait, aite, adj. *Perfectus, a, um. Absolutus.*

parfaitement. I. Adv. *Perfecte.* **II.** Parfaitement! *Optime!*

parfois, adv. *Interdum.*

parfum, m. **1.** Odeur. *Odor, oris,* m. ◆ **2.** Substance. *Aroma, atis,* n. ◆ **3.** Liquide. *Unguentum, i,* n.

parfumer, tr. **1.** Exhaler un parfum dans. *Odorare* (acc.). Parfumé (qui exhale un parfum), *suavis, e.* ◆ **2.** Oindre de parfums. *Unguentis ungĕre**.

parfumerie, f. (Magasin) *Myropolium, ii,* n.

parfumeur, m. *Unguentarius, ii,* m. *Myropola, ae,* m.

pari, m. *Sponsio, onis,* f.

parier, intr. et tr. *Sponsionem facere, io**. — une génisse, *vitulam deponĕre**; il y a gros à — que, *veri simile est* (prop. inf.).

pariétaire, f. *Parietaria, ae,* f.

Paris. *Lutetia, ae,* f. Les Parisiens, *Parisii, iorum,* mpl.

parité, f. *Aequalitas, atis,* f.

1. parjure, adj. *Perjurus, a, um.*

2. parjure, m. *Perjurium, ii,* n.

parjurer (se), r. **1.** Violer un serment. *Fidem violare.* ◆ **2.** Faire un faux serment. *Pejerare.*

parlant, ante, adj. **1.** *Loquens, entis.* ◆ **2.** (Fig.) Yeux —, *arguti oculi.* ◆ **3.** Ressemblant. *Vivus, a, um.*

parlementaire, m. Envoyé. *Caduceator, oris,* m. *Legatus, i,* m.

parlementer, intr. *Agere, o** (*de*).

1. parler. I. Intr. **1.** *Loqui, or**.

*Dicĕre, o**. Qui ne parle pas (muet; enfant), *infans, antis;* parler peu, *parce uti* verbis;* — à tort et à travers, *garrire;* faire — qqn (forcer qqn à —), *verbum elicĕre* (*io**) *ex aliquo;* (prêter des paroles à qqn), *loquentem aliquem inducĕre*;* — comme tout le monde, *usitate loqui;* langue parlée, *sermo, onis,* m. ◆ **2.** Parler de, *loqui de* (abl.); c'est de Platon que tu veux —, *Platonem videlicet dicis*;* bien, mal — de, *bene, male dicĕre* (dat.); on ne parle que de toi, *versaris in ore omnium;* entendre — de qqch., *audire de re;* faire — de soi, *dare* se in sermonem;* je ne parle pas de, *omitto** (acc.); *praetereo** (acc.); mais assez parlé, *sed hactenus.* ◆ **3.** Parler à, *alloqui** (acc.); — à soi-même, *secum reputare;* — au peuple, *contionari;* finir de —, *perorare.* ◆ **4.** Parler avec, *colloqui** (*cum*)*;* demander à parler à (ou avec) qqn, *convenire* aliquem velle*.* ◆ **5.** Parler pour ou contre. Parler pour qqn, *dicĕre* pro* (abl.); *causam dicĕre pro;* parler pour une loi, *legem suadēre*;* parler violemment contre qqn, *invehi* in aliquem.* ◆ **6.** (Fig.) Cela parle, ne parle pas en ma faveur, *hoc a me est; hoc contra me est.* ◆ **II.** Tr. *Loqui* (acc.). *Eloqui** (acc.). Parler latin, *Latine loqui;* — très bien le latin, *optime uti* linguā Romanā;* ne — que guerres, *merum bellum loqui.*

2. parler, m. **1.** Accent. *Os, oris,* n. ◆ **2.** Action de parler. *Locutio, onis,* f. Avoir le — bref, *presse loqui*.*

parleur, euse, m. f. *Loquax, acis.* Beau —, *disertus, a, um;* qui fait le beau —, *putidus.*

parloir, m. *Salutatorium, ii,* n.

parmi, prép. *Inter* (acc.). *In* (abl.). *Ex* (abl.).

Parnasse. *Parnassus, i,* m.

parodie, f. *Ridicula imitatio,* f.

parodier, tr. *Perverse imitari.*

paroi, f. *Paries, etis,* m. (D'un vase) *Latus, eris,* n.

paroisse, f. *Parochia, ae,* f.

paroissien, m. *Parochianus, i,* n.

parole, f. **1.** Mot. *Verbum, i,* n. En peu de —, *brevi;* amadouer par de belles —, *blando sermone delenire;* en —, *verbo;* payer de —, *verba dare** (dat.); — (remarquable), *dictum, i,* n. ◆ **2.** Faculté et action de parler. *Sermo, onis,* m. *Vox, vocis,* f. La — lui manqua, *vox eum defecit*;* porter la —, *verba facĕre, io*;* donner la — à, *dicendi potestatem facĕre* (dat.); plus vite que la —, *dicto citius;* qui a la — facile, *disertus, a, um.* ◆ **3.** Art de parler. *Oratio, onis,* f. Parole correcte, *pura oratio;* talent de la —, *facundia, ae,* f.; art de la —, *dicendi ars,* f. ◆ **4.** Assurance, promesse. *Fides, ei,* f. Jurer sur la — de, *jurare in verba* (gén.); sur la — d'Aristide, *auctore Aristide;*

sur ma —, *mehercule;* donner sa —, *fidem dare*;* tenir —, *fidem servare;* manquer à sa —, *fidem fallĕre*.*

paroxysme, m. *Impetus, us,* m.

Parque, f. *Parca, ae,* f.

parquer, tr. *Claudĕre, o*.*

parquet, m. *Coaxatio, onis,* f.

parqueter, tr. *Coaxare.* Parqueté, *tabulatus, a, um.*

parrain, m. *Patrinus, i,* m.

parricide. **I.** Nom m. f. **1.** Celui qui tue son père. *Parricida, ae,* m. f. ◆ **2.** Celui qui tue sa mère. *Matricida, ae,* m. f. ◆ **3.** Meurtre du père. *Parricidium, ii,* n. ◆ **4.** Meurtre de la mère. *Matricidium, ii,* n. ◆ **II.** Adj. *Impius, a, um.*

parsemer, tr. *Conspergere, o** (de, abl.).

part, f. **1.** Portion. *Pars, partis,* f. Avoir — à, *partem habēre* in* (abl.); *participem esse* (gén.); prendre — à un meurtre, *interesse* in caede;* je prends — à ta douleur, *doleo* dolore tuo* ou *dolorem tuum;* faire — de qqch. à qqn, *participare rem cum aliquo;* (informer) *facĕre* (*io**) *aliquem certiorem rei* ou *de re;* pour sa —, *pro parte;* pour ma —, *ego vero.* ◆ **2.** Côté. *Pars. Locus, i,* m. Qq. part (sans mouv.), *alicubi;* (avec mouv.), *quoquam.* Qq. — que (avec mouv.), *quoquo* (indic.); autre — (sans mouv.), *alibi;* (avec mouv.), *alio;* d'autre —, *aliunde;* d'une — ..., d'autre — ..., *hinc, illinc;* prendre en bonne —, *accipĕre* (*io*)* *in bonam partem;* de la — de, *ab* (abl.); de ta —, *tuo nomine.* ◆ **3.** Loc. div. De part et d'autre, *utrimque;* de toutes parts, *undique;* percer de part en part, *transfodĕre, io*;* à part (séparément), *seorsum;* (excepté), *praeter* (acc.); tirer à —, *seducĕre*;* plaisanterie à part, *remoto joco;* (un homme) à part, *eximius, a, um;* à part soi, *tacite; secum.*

partage, m. **1.** Action de partager. *Partitio, onis,* f. *Divisio, onis,* f. Être admis au —, *in partem vocari.* ◆ **2.** Portion. *Pars, partis,* f. Recevoir en —, *sortiri* (acc.); tomber en —, *obvenire** (dat.); (fig.) *obtingĕre** (dat.). ◆ **3.** Séparation. Point de —, *divortium, ii,* n. ◆ **4.** Diversité d'opinions. *Dissensio, onis,* f.

partagé, ée, adj. **1.** *Partitus, a, um.* ◆ **2.** Différent. *Variatus, a, um.* ◆ **3.** Irrésolu. *Districtus, a, um.*

partageant, m. *Particeps, ipis,* m.

partager, tr. **1.** Diviser. *Dividere, o** (en, *in*, acc.). ◆ **2.** Distribuer. *Partiri* (*rem inter*). ◆ **3.** Prendre ou donner part de, *partiri* (avec, *cum*); qui partage le sort (de qqn), *fortunarum socius;* faire — (à qqn qqch.), *participem facĕre, io** (*aliquem rei*). ◆ **4.** (Fig.) — l'avis de qqn, *sententiam alicujus sequi*;* ne pas — (un avis), *abesse* ab;* faire — (un avis) à qqn, *perducĕre** (*aliquem*) *ad.* ◆ **5.** Tenir divisé. *Distrahere, o**. **6.** (Fig.) Se —, *dissidĕre**.

partance, f. *Cursus, us,* m. Navire en —, *proficiscens navis.*

partant, adv. *Ideo.*

parterre, m. **1.** *Areola, ae,* f. ◆ **2.** D'un théâtre. *Orchestra, ae,* f.

Parthes. *Parthi, orum,* mpl.

parti, m. **1.** Faction. *Partes, ium,* fpl. (Milit.) *Manus, us,* f. Être du — de, *partes tenēre** (gén.); le bon —, *boni,* mpl.; esprit de —, *cupiditas, atis,* f.; prendre — pour (fig.), *causam sustinēre** (*alicujus*); *stare* ab* (*aliquo*). ◆ **2.** Détermination. *Consilium, ii,* n. Prendre le — de, *consilium capĕre* (*io**) *ut* (subj.); — pris, *propositum, i,* n.; prendre son — de, *aeque ferre** (acc.). ◆ **3.** Condition. *Condicio, onis,* f. Faire à qqn un mauvais —, *male mulcare aliquem.* ◆ **4.** Mariage. Chercher un —, *condicionem quaerĕre*.* ◆ **5.** Profit. *Utilitas, atis,* f. Tirer — de, *uti** (abl.).

partial, ale, adj. *Iniquus, a, um.*

partialité, f. *Studium, ii,* n. Avec —, *cupide.*

participant, ante, adj. *Particeps, ipis* (gén.).

participation, f. *Communicatio, onis,* f.

participer, intr. *Participare* (acc.).

particularité, f. *Species, ei,* f. Les —, *adjuncta, orum,* npl.

particule, f. *Particula, ae,* f.

particulier, ère. I. Adj. **1.** Individuel. *Singularis, e. Peculiaris, e.* — à, *proprius, a, um* (gén. ou dat.). ◆ **2.** Qui appartient à des particuliers. *Privatus, a, um.* ◆ **3.** Secret. *Secretus, a, um.* ◆ **II.** Nom m. **1.** Individu. *Privatus, i,* m. ◆ **2.** Intérieur. Dans le —, *in privato.* ◆ **III.** Loc. adv. En particulier. **1.** Séparément. *Privatim.* ◆ **2.** Sans témoins. *Secreto.* Prendre en —, *sevocare.* ◆ **3.** Surtout. *In primis.*

particulièrement, adv. **1.** Spécialement. *Proprie.* ◆ **2.** Surtout. *Praecipue.*

partie, f. **1.** Division. *Pars, partis,* f. Diviser en deux —, *bipartire;* en deux —, *bipartito;* en —, *partim;* en grande —, *magnā ex parte;* faire — de, *continēri** (abl.); une —, une autre, *partim, partim;* une bonne — (des hommes), *multi;* la plus grande —, *plerique, pleraeque, pleraque.* ◆ **2.** (Jur.) Adversaire. *Pars.* Se porter — contre, *subscribĕre* in* (acc.); prendre à — le juge, *judicem compellare.* ◆ **3.** (Musique) *Partes, ium,* fpl. ◆ **4.** Lutte. *Certamen, inis* n. Quitter la —, *abjicere* (*io**) *hastas.* (Jeu) *Alea, ae,* f. Faire une — de dés, *ludĕre aleā;* gagner, perdre une —, *vincĕre*; perdĕre*.* ◆ **5.** Divertissement en commun. Partie de table, *comissatio, onis,* f.; — de plaisir, *deliciae, arum,* fpl.

partiel, elle, adj. *Particularis, e.*

partiellement, adv. *Ex parte.*

partir, intr. **1.** (Pers.) *Proficisci, or** (de, abl. avec ou sans *ab* ou *ex* selon les règles de la question UNDE); (pour, acc. avec ou sans *in* ou *ad* selon les règles de la question QUO); faire —, *dimittĕre, o**. ◆ **2.** (Ch.) *Exire, eo**. ◆ **3.** (Fig.) *Proficisci.* A partir de, *ab* ou *ex* (abl.).

partisan, m. *Fautor, oris,* m. Être le — de, *stare* ab; favēre** (dat.); trouver des — (fig.), *probari* (dat.).

partout, adv. *Ubique.* Partout où (sans mouv.), *ubicumque;* (avec mouv.), *quocumque.* De —, *undique.*

parure, f. **1.** Élégance. *Cultus, us,* m. ◆ **2.** Ornement. *Ornatus, us,* m.

parvenir, intr. **1.** *Pervenire, io**. Parvenir à, *pervenire ad.* ◆ **2.** (Fig.) *Assequi** (acc. ou *ut,* subj.); parvenu à un âge avancé, *aetate provectus, a, um.* ◆ **3.** Atteindre les honneurs, la richesse. *Grassari.* Faire — qqn, *provehĕre* aliquem;* un parvenu, *homo novus,* m.; (en mauv. part) *repentinus homo,* m.

parvis, m. *Pronaus, i,* m.

1. pas, m. **1.** Marche. *Gradus, us,* m. *Passus, us,* m. A pas lents, *gradu placido;* pas à pas, *sensim;* faux pas, *lapsus, us,* m.; faire un faux pas, *labi*;* faire un pas en arrière, *retrocedĕre*;* au pas, *presso pede;* au pas de course, *cursu.* **2.** (Fig.) De ce pas (immédiatement), *e vestigio;* à pas feutrés, *caute;* mettre qqn au pas, *ad officium reducĕre* aliquem.* ◆ **3.** Mesure. *Passus.* Trois mille pas, *tria milia passuum;* c'est à un pas, *proximum est;* ne pas quitter qqn d'un pas, *digitum non discedĕre* ab aliquo.* ◆ **4.** Empreinte du pied. *Vestigium, ii,* n. Suivre les pas de qqn, *vestigia alicujus persequi*;* marcher sur les pas de qqn (fig.), *vestigiis alicujus ingredi, ior**. ◆ **5.** Priorité. Avoir le pas sur, *antecedĕre** (dat. ou acc.); céder le pas (fig.), *concedĕre** (*alicui re, de re* ou *in re*). ◆ **6.** Passage étroit. *Saltus, us,* m. ◆ **7.** (Fig.) Position critique. *Discrimen, inis,* n. Tomber dans un mauvais pas, *incidĕre in salebras;* se trouver dans un mauvais pas, *haerēre in salebrā;* se tirer d'un mauvais pas, *emergĕre* de vadis.* ◆ **8.** Seuil. *Limen, inis,* n.

2. pas, adv. Ne pas. *Non.* Pas du tout, *minime.* Pas d'hésitation, *cunctatio absit**.

pascal, ale, adj. *Paschalis, e.*

passable, adj. *Mediocris, e.*

passablement, adv. *Mediocriter.*

passage, m. **1.** Action de passer. *Transitus, us,* m. (Par eau) *Trajectio, onis,* f. Lieu de —, *deversorium, ii,* n.; au passage, *ex itinere.* ◆ **2.** Lieu par où l'on passe. *Iter, itineris,* n. *Via, ae,* f. (Pour entrer) *Aditus, us,* m. (*in,* acc.). (Pour sortir) *Exitus, us,* m. Se trouver sur le —

de, *esse obvium* (dat.); accorder le — sur ses terres, *viam dare* per fundum suum;* prendre — à bord, *navem sumĕre**. ◆ **3.** Endroit (Pl. *loci, orum*); — d'un auteur. *Locus, i,* m.

passager, ère. I. Adj. *Fugitivus, a, um.* ◆ **II.** Nom m. *Vector, oris,* m.

passant, ante. I. Part. Par où l'on passe. *Celeber, bris, bre.* ◆ **II.** Nom m. Les —, *praetereuntes,* mpl. Passant! (dans les inscriptions), *viator!*

passe, f. **1.** Canal. *Portus fauces, ium,* fpl. ◆ **2.** Passe d'armes. *Armorum certamen, inis,* n.

passé, m. **1.** *Tempus praeteritum,* n. ◆ **2.** D'un homme. *Vita ante acta,* f.

passe-droit, m. *Injuria, ae,* f.

passement, m. *Segmentum, i,* n.

passementier, m. *Segmentarius, ii,* m.

passe-passe, m. Tours de —, *praestigiae, iarum,* fpl.

passeport, m. *Diploma, atis,* n.

passer. I. Intr. **1.** Aller. *Transire, eo**. Passer outre, *praeterire, eo** (acc.); — devant, *praegredi, ior** (dat.); — avant, *praestare** (dat.); par où j'ai passé, *quā iter feci*;* laisser —, *transmittĕre** (acc.); — par bien des épreuves, *multa pati*;* il en passera par où l'on voudra, *omnia faciet*;* (cela) me passe par l'esprit, *occurrit* mihi;* — légèrement (sur un sujet), *praestringĕre** (acc.); mais passons, *sed haec omittamus*;* en passant, *quasi praeteriens, euntis.* ◆ **2.** Aller d'un lieu à un autre. *Transire** (*e loco in locum*). Passer à l'ennemi, *transire* ad hostem;* faire passer son armée, *traducĕre* exercitum* (*e loco in locum*); — de vie à trépas, *excedĕre* vitā;* — (d'un sujet à un autre), *transire* ab... ad...* ◆ **3.** (Sens temporel) S'écouler. *Effluere, o**. Laisser — un mois, *transmittĕre* mensem.* (Changer, devenir) *Fieri, fio*;* passé maître, *artifex.* (Mourir) *Interire, eo**. (Cesser) *Abire, eo**. *Desinere, o**. ◆ **4.** Être transmis en héritage. *Obvenire** (dat.). ◆ **5.** Être admis. *Recipi, ior*;* la loi ayant passé, *lege acceptā.* ◆ **6.** Être pardonné. *Abire, eo*;* passe pour cela, *esto.* ◆ **7.** Être passable. *Ferendum esse.* ◆ **8.** Passer pour. *Haberi, eor**. *Dici, or**. Il passe pour un architecte distingué, *bellus dicitur architectus;* il se fait — pour un de ceux-là, *se unum ex iis facit**. ◆ **II.** Tr. **1.** Traverser. *Transire** (acc.); — (une montagne), *transcendĕre** (acc.); — (l'eau), *transmittĕre** (acc.). ◆ **2.** Dépasser. *Transire**. *Praeterire** (acc.); — son chemin, *pergĕre* iter;* — les bornes (fig.), *modum transire*;* cela passe mon intelligence, *hoc non assequor*;* — qqn (l'emporter sur lui), *superare* (acc.). ◆ **3.** Employer (le temps). *Traducĕre** (à, abl.). ◆ **4.** Omettre. *Praeterire**. *Omittĕre, o**. Pardonner. *Conce-*

*dĕre, o** (*aliquid alicui*). ◆ **5.** Transporter. *Transvehere, o**. — des soldats au-delà du fleuve, *trajicere* (*io**) *milites flumen*. Faire circuler. *Tradere, o**; — la coupe à qqn, *tradere alicui poculum;* — à la ronde, *circumferre** (acc.). ◆ **6.** Introduire. — à qqn son javelot au travers du corps, *trajicere* (*io**) *aliquem pilo*. ◆ **5.** LOC. DIV. — au feu, *igni spectare;* — qqn par les verges, *virgis caedĕre aliquem;* — en revue, *persequi**; — un contrat, *pactionem facere* (*io**) *cum;* — au crible, *cribro incernĕre**; — (un liquide), *colare;* j'en passerai mon envie, *libidinem explebo.* SE PASSER, r. **1.** Avoir lieu. *Agi, or**. *Geri, or**. Pendant que cela se passait, *dum haec geruntur*. ◆ **2.** Se passer de. *Non egere, eo** (abl.). *Negle-gere, o** (acc.).

passereau, m. *Passer, eris,* m.

passe-temps, m. *Oblectatio, onis,* f. *Oblectamentum, i,* n.

passeur, m. *Lintrarius, ii,* m.

passible, adj. *Obnoxius, ii* (dat.).

passif, ive, adj. **1.** *Passibilis, e.* ◆ **2.** Qui n'agit point. *Iners, ertis.* (Gram.) Le —, *passivum verbum.*

passion, f. **1.** Souffrance. *Passio, onis,* f. ◆ **2.** Mouvement de l'âme. *Affectus, us,* m. *Motus, us,* m. (Appétit sensuel) *Libido, inis,* f. (Amour) *Amor, oris,* m. (Partialité) *Studium, ii,* n. (Colère) *Iracundia, ae,* f. Sans —, *mente tranquillā;* dompter ses —, *cupiditates coercēre**; avoir la — de, *ardēre* studio* (gén.).

passionné, ée, adj. *Vehemens, entis.* — pour, *studiosissimus, a, um* (gén.).

passionnément, adv. *Ardenter. Vehementer.*

passionner, tr. *Accendere, o**. SE PASSIONNER, r. *Exardescere, o** Se — pour (qqn), *flagrare amore* (gén.); se — pour (qqch.), *exardescĕre ad.*

passivement, adv. *Passive.*

passoire, f. *Colum, i,* n.

pasteur, m. *Pastor, oris,* m.

pastille, f. *Pastillus, i,* m.

pastoral, ale, adj. *Pastoralis, e.*

pâte, f. *Farina ex aquā subacta**.

pâté, m. **I.** Mets. *Artocreas, atis,* n. ◆ **II.** (Fig.) **1.** Pâté de maisons. *Insula, ae,* f. ◆ **2.** Tache d'encre. *Macula, ae,* f.

pâtée, f. *Turunda, ae, f.*

patelin. I. Nom m. *Palpator, oris,* m. ◆ **II.** Adj. Un ton —, *blanda vox,* f.

pateliner, intr. et tr. *Palpari* (dat.).

patène, f. *Patena, ae,* f.

patent, ente, adj. *Manifestus, a, um.*

patère, f. *Patera, ae,* f.

paterne, adj. *Subdulcis, e.*

paternel, elle, adj. *Paternus, a, um. Patrius.* Oncle —, *patruus, i,* m.

paternellement, adv. *Patrie.*

paternité, f. *Paternum nomen,* n.

pâteux, euse, adj. **1.** *Glutino-*

sus, a, um. ◆ **2.** (Fig.) Langue —, *lingua inexplanata.*
pathétique. **I.** Adj. *Miserabilis, e.* ◆ **II.** Nom m. *Miseratio, onis,* f.
pathétiquement, adv. *Miserabiliter.*
patibulaire, adj. Fourche —, *Patibulum, i,* n.; mine —, *improbior facies,* f.
patiemment, adv. *Patienter. Aequo animo.*
1. patience, f. **1.** (Vertu). *Patientia, ae,* f. *Tolerantia, ae,* f. Prendre en —, *ferre* patienter.* ◆ **2.** Persévérance. *Perseverantia, ae,* f.
2. patience, f. (Plante) *Lapathum, i,* n.
atient, ente. **I.** Adj. *Patiens, entis.* ◆ **II.** Nom m. *Cubans, antis,* m.
patienter, intr. *Obdurare.* (Attendre) *Exspectare.*
pâtir, intr. *Laborare.*
pâtisserie, f. *Pistorium opus,* n.
pâtissier, m. *Pistor, oris,* m.
pâtre, m. *Pastor, oris,* m.
patriarcal, ale, adj. *Patriarchalis, e.*
patriarche, m. *Patriarcha, ae,* m.
patriciat, m. *Patriciatus, us,* m.
patricien, adj. *Patricius, a, um.*
patrie, f. *Patria, ae, f.* De la —, *patrius, a, um.*
patrimoine, m. *Patrimonium, ii,* n.
patrimonial, ale, adj. *Patrius, a, um.*
patriote, m. *Patriae amans, antis.*
patriotisme, m. *Patriae caritas, atis,* f.
patron, onne, m. f. **1.** Protecteur. *Patronus, i,* m. *Patrona, ae,* f. ◆ **2.** Chef des matelots. *Nauarchus, i,* n. ◆ **3.** Modèle. *Exemplar, aris,* n.
patronage, m. *Patrocinium, ii,* n.
patronner, tr. *Favere, eo** (dat.).
patrouille, f. **1.** *Excubiae, arum,* fpl. ◆ **2.** Le corps de soldats qui l'exécutent. *Vigiliae, arum,* fpl.
patrouiller, intr. *Agĕre* vigilias.*
patte, f. *Pes, pedis,* m. Petite —, *crusculum, i,* n.; qui marche à quatre —, *quadrupes, pedis.*
pâturage, m. *Pascua, orum,* npl.
pâture, f. *Pastus, us,* m.
pâturer, intr. *Pasci, or*.*
Pau. *Palum, i,* n.
Paul. *Paulus, i,* m.
paume, f. **1.** Le dedans de la main. *Palma, ae,* f. ◆ **2.** Jeu. *Pila, ae,* f.
paupière, f. *Palpebra, ae,* f.
pause, f. **1.** *Intermissio, onis,* f. Faire une —, *morari.* ◆ **2.** Silence. *Interspiratio, onis,* f. *Morae, arum,* fpl. Faire une —, *interquiescĕre*.*
pauvre, adj. **1.** Sans fortune. *Pauper, eris. Inops, opis.* Un — (un mendiant), *mendicus, i,* m.; une pauvresse, *mendica, ae,* f. ◆ **2.** (Fig.) Peu abondant. *Inops.* ◆ **3.** (Chétif)

Malus, a, um. ◆ **4.** (Malheureux) *Miser, era, erum.*

pauvrement, adv. *Tenuiter.*

pauvret, ette, adj. *Pauperculus, a, um. Misellus.*

pauvreté, f. **1.** *Paupertas, atis,* f. *Inopia, ae,* f. **2.** ◆ (Fig.) (Du sol) *Exilitas, atis,* f. ◆ **3.** (Pl.) Niaiseries. *Ineptiae, arum,* fpl.

pavage, m. *Stratura, ae,* f.

pavaner (se), r. *Se jactare.*

pavé, m. *Stratura, ae,* f. Un —, *lapis, idis,* m.

paver, tr. *Sternere, o*.*

paveur, m. *Silicarius, ii,* m.

pavillon, m. **1.** Tente. *Tabernaculum, i,* n. ◆ **2.** Corps de logis. *Aedium membrum, i,* n. ◆ **3.** Étendard. *Vexillum, i,* n. Baisser — devant qqn, *submittĕre fasces alicui.*

pavois, m. *Scutum, i,* n.

pavoisé, ée, adj. Vaisseau —, *vittata navis,* f.

pavot, m. *Papaver, eris,* n.

paye, f. **1.** (Des soldats) *Stipendium, ii,* n. ◆ **2.** (Des ouvriers) *Merces, edis,* f.

payement, m. *Pensio, onis,* f. *Solutio, onis,* f.

payer, tr. et intr. **1.** Payer qqch. (Une dette) *Solvere, o** (acc.); n'avoir pas de quoi —, *non esse solvendo.* (Un achat) *Pretium solvĕre (rei). Emere, o* (rem).* (Une somme) *Pendere, o*;* — comptant, *numerare.* ◆ **2.** (Fig.) — qqch. de sa vie, *mercari vitā aliquid;* — le tribut de la nature, *naturae concedĕre*.* ◆ **3.** Payer qqn. (Un créancier) *Satisfacere, io** (dat.). *Pecuniam numerare* (dat.). Se faire —, *pecuniam auferre*.* (Un salarié) *Conducere, o** (acc.); se faire — pour ses leçons, *mercede docēre*;* qui se fait —, *venalis, e.* ◆ **4.** (Fig.) Payer qqn. de retour, *vicem exsolvĕre*;* — qqn. de ses bienfaits, *beneficia solvere* alicui.* ◆ **5.** (Fig.) Expier. *Poenas luĕre** (gén.). Payer de sa tête, *capite poenas solvĕre;* — pour les coupables, *poenas pro nocentibus pendĕre*.* ◆ **6.** Payer d'audace, *abundare audaciā;* — de sa personne, *strenue rem agere, o*;* — de mots, *docta dicta pro datis dare*.*

SE PAYER, r. **1.** S'indemniser. *Sibi referre* mercedem.* Se — de (raisons), *accipere, io** (acc.). ◆ **2.** Être payé (tel prix). *Constare** (abl.).

payeur, m. Bon —, *bonum nomen,* n.; officier —, *tribunus aerarius,* m.

pays, m. **1.** Contrée. *Regio, onis,* f. En — étranger, *peregre;* je suis en — de connaissance (fig.), *res in meo foro vertitur*.* ◆ **2.** Patrie. *Patria, ae,* f. Dans son — (sans mouv.), *domi;* (avec mouv.), *domum;* du même —, *popularis, e* (dat.); les gens de notre —, *nostrates,* mpl.

paysage, m. *Prospectus, us,* m.

paysan, ne, m. f. *Rusticus, i,* m. *Agrestis femina,* f. De —, *rusticus, a, um.*

péage, m. *Portorium, ii,* n.

peau, m. **1.** *Cutis, is,* f. ◆ **2.** Dépouille. *Pellis,* f.

peaussier, m. *Pellio, onis,* m.

peccadille, f. *Levius peccatum*, n.
1. pêche, f. Fruit. *Persicum*, *i*, n.
2. pêche, f. Action de pêcher et produit de la pêche. *Piscatus*, *us*, m.
péché, m. *Peccatum*, *i*, n.
pécher, intr. **1.** *Peccare. Delinquere, o**. ◆ **2.** Être défectueux. *Claudicare.*
1. pêcher, intr. et tr. *Piscari* (acc.). — à la ligne, *hamo piscari;* — au filet, *rete jacĕre, io**.
2. pêcher, m. *Persicus*, *i*, f.
pécheur, pécheresse, m. f. *Peccator*, *oris*, m. *Peccatrix*, *icis*, f.
pêcheur, euse, m. f. *Piscator*, *oris*, m. *Piscatrix*, *icis*, f.
pécore, f. *Pecus*, *udis*, f.
pectoral, ale, adj. *Pectoralis*, *e*.
péculat, m. *Peculatus*, *us*, m.
pécule, m. *Peculium*, *ii*, n.
pécuniaire, adj. *Pecuniarius*, *a*, *um*.
pédagogie, f. *Institutio*, *onis*, f.
pédagogue, m. *Paedagogus*, *i*, m.
pédant. I. Nom m. *Paedagogus*, *i*, m. ◆ **II.** Adj. D'un ton —, *arroganter*.
pédantesque, adj. *Affectatus*, *a*, *um*.
pédantisme, m. *Affectata* (*ae*) *eruditio* (*onis*), f.
pédestre, adj. *Pedestris*, *e*.
pédestrement, adv. *Pedibus.*
Pégase, m. *Pegasus*, *i*, m.
peigne, m. *Pecten*, *inis*, m.
peigner, tr. *Pectere*, *o**. Se —, *capillum comĕre**.
peignoir, m. *Involucrum*, *i*, n.
peindre, tr. **1.** Couvrir de couleur. *Colorare.* ◆ **2.** Représenter. *Pingere*, *o**. Il se fit —, *pingi se voluit**. ◆ **3.** (Fig.) *Depingere*, *o**.
SE PEINDRE, r. **1.** *Inficere* (*io**) *se** (abl.). ◆ **2. 3.** *Se pingere**. *Exprimi*, *or**. ◆ **4.** (Fig.) Paraître. *Eminere*, *eo**.
peine, f. **I. 1.** Châtiment. *Poena*, *ae*, f. Frapper d'une —, *poenā afficĕre*, *io** (acc.); subir une —, *poenas luĕre**; condamner à la — de mort, *damnare capite* ou *capitis;* sous — de mort, *propositā morte.* ◆ **2.** Souffrance. *Macror*, *oris*, m. (Misère) *Aerumnae*, *arum*, fpl. (Souci) *Cura*, *ae*, f. Faire de la — à, *dolorem afferre** (dat.); éprouver de la —, *maerēre**; voir avec — que, *aegre ferre** *quod* (indic. ou subj.); il avait de la — à s'en aller, *invitissime discessit**; être en — de, *sollicitum esse de;* ne pas se mettre en — de, *non curare* (acc. ou inf.); tirer de —, *curā liberare.* ◆ **3.** Travail. *Labor*, *oris*, m. Avec —, *aegre;* à grand'peine, *multo labore;* avoir de la —, *sudare;* cela en vaut la —, *operae pretium est;* chose qui donne beaucoup de —, *res magni laboris;* ce n'était pas la — de, *haud erat sane quod* (subj.); — à apprendre, *discendi difficultas*, f.; j'ai de la — à, *vix teneor** *quin* (subj.); hommes de —, *operae*, fpl. ◆ **II.** LOC. ADV. A peine. *Vix.* A — éveillé, *semisomnus;*

à — si j'ai vu, *vidi* tantum;* à — ..., que, *vixdum..., cum* (indic.); *simul ac* (indic.).

peiner. **I.** Tr. *Angere, o*.* *Dolorem afferre, fero** (dat.). Peiné, *maestus, a, um;* être peiné de, *dolēre** (*rem, re, de aliquo*). ◆ **II.** Intr. **1.** Peiner à. (Répugner à) *Abhorrere, eo** (*ab*). ◆ **2.** Se fatiguer. *Laborare. Sudare.*

peintre, m. (En bâtiments) *Colorator, oris,* m. (Artiste) *Pictor, oris,* m.

peinture, f. **1.** Métier. *Infectio, onis,* f. (Art.) *Pictura, ae,* f. ◆ **2.** Couleur. *Color, oris,* m. **3.** Tableau. *Pictura. Imago, inis,* f. ◆ **4.** (Fig.) Description. *Pictura. Descriptio, onis,* f. Faire la — de, *describĕre** (acc.).

pelage, m. *Pili color, oris,* m. — fauve, *fulva pellis,* f.

pêle-mêle. **I.** Adv. *Permixte. Promiscue.* Mettre —, *permiscēre**. ◆ **II.** Nom m. *Confusio, onis,* f.

peler, tr. **1.** Oter la peau. *Cutem adimere, o** (dat.). Pelé (fruit), *decoriatus, a, um;* (arbre), *delibratus.* ◆ **2.** Oter le poil. *Glabrare.* Pelé, *glaber, bra, brum.*

pèlerine, f. *Mantum, i,* n.

pélican, m. *Pelicanus, i,* m.

pelisse, f. *Pellita vestis,* f.

pelle, f. **1.** *Pala ae,* f. ◆ **2.** — à feu. *Vatillum, i,* n. ◆ **3.** (Fig.) Remuer l'argent à la — *modio nummos metiri**.

pelletier, m. *Pellio, onis,* m.

pellicule, f. *Membrana, ae,* f.

Péloponnèse. *Peloponnesus, i,* f.

pelote, f. *Pilula, ae,* f.

peloter, tr. Mettre en pelote. *In orbes glomerare.*

peloton, m. **1.** Petite pelote. *Pilula, ae,* f. ◆ **2.** Troupe. *Globus, i,* m.

pelotonner (se), r. *Conglobare se.*

pelouse, f. *Gramen, inis,* n.

pelte, f. *Pelta, ae,* f.

peluche, f. *Gausapa, ae,* f.

pelure, f. *Cutis, is,* f.

pénal, ale, adj. *Poenalis, e.*

pénalité, f. *Poenae, arum,* fpl.

pénates, m. *Penates, ium,* mpl.

penaud, aude, adj. *Attonitus, a, um.*

1. penchant, ante, adj. **1.** Incliné. *Devexus, a, um.* ◆ **2.** Qui décline. *Inclinatus, a, um.*

2. penchant, m. **1.** Pente. *Declivitas, atis,* f. Sur le — des collines, *per declive.* ◆ **2.** Déclin de l'âge. *Aetatis flexus, us,* m. ◆ **3.** Goût. *Propensio, onis,* f. *Studium, ii,* n. Qui a du — pour, *propensus, a, um* (*ad*). *Proclivis, e* (*ad*). Avoir du — pour, *propendĕre** (*ad*).

pencher. **I.** Tr. *Inclinare.* ◆ **II.** Intr. **1.** Être incliné. *Inclinari.* Penché, *declivis, e;* penché en avant, *pronus, a, um.* ◆ **2.** (Fig.) Faire — la balance, *habēre* quidquam momenti.* ◆ **3.** Aller en pente. *Vergere, o**. ◆ **4.** Avoir du goût pour. *Inclinari in* (acc.).

SE PENCHER, r. (En avant) *Prominere, eo**.

pendable, adj. C'est un cas —, *capitale est.*

pendaison, f. *Suspendium, ii*, n.

1. pendant, m. (D'oreilles) *Inaures, ium*, fpl.

2. pendant. I. Prép. *Per* (acc.). Pendant plusieurs mois, *multos menses;* — ce temps, *interea;* — le dîner, *inter cenam; cenantibus* (*nobis*)*;* — qq. temps, *aliquantisper.* ◆ **II.** Pendant que. *Dum* (indic. prés.). *Cum* (indic.).

pendard, arde, m. f. *Furcifer, eri*, m. *Furcifera, ae*, f.

pendre. I. Intr. *Pendere, eo** (à ou de, *ab* ou *ex*, abl.) ◆ **II.** Tr. *Suspendere, o**. Je n'ai plus qu'à me —, *res mihi ad restim redit**.

pène, m. *Pessulus, i*, m.

pénétrable, adj. *Pervius, a, um.*

pénétrant, ante, adj. **1.** *Penetrabilis, e.* ◆ **2.** Vif. *Acer, cris, cre. Sagax, acis.*

pénétration, f. Sagacité. *Acumen, inis*, n. *Sagacitas, atis*, f.

pénétrer. I. Intr. **1.** *Penetrare* (*in*, acc.) ◆ **2.** (Fig.) *Illabi, or**. Faire — dans l'esprit, *inculcare alicui* (*rem*). ◆ **II.** Tr. **1.** Entrer dans. *Penetrare* (*in*, acc.). *Permeare* (acc.). ◆ **2.** Approfondir. *Perspicere, io**. *Introspicere, io**. — la pensée, le cœur, *introspicĕre mentem.* ◆ **3.** Pénétrer de. *Imbuere, o* (*aliquem re*); pénétré d'horreur, *perfusus horrore.*

pénible, adj. **1.** Où il y a de la peine. *Laboriosus, a, um.* ◆ **2.** Affligeant. *Acerbus, a, um. Gravis, e.*

péniblement, adv. *Laboriose.*

péninsule, f. *Paeninsula, ae*, f.

pénitence, f. *Paenitentia, ae*, f.

pénitent, ente, adj. *Paenitens, entis.*

pensant, ante, adj. *Cogitationis particeps, cipis.* Un être —, *mens, mentis*, f. Bien —, *prudens, entis.*

1. pensée, f. **1.** Faculté et action de penser. *Cogitatio, onis*, f. Venir à la — de, *occurrĕre** (dat.); par la —, *cogitando.* ◆ **2.** Objet de la pensée. *Cogitatio. Cogitatum, i*, n. Toutes ses —, *omnia quae sentit**; je vais expliquer ma —, *dicam* quid intellegam**. ◆ **3.** Fond du discours. *Sententia, ae*, f. L'abondance des —, *rerum copia*, f. ◆ **4.** Dessein. *Mens, mentis*, f. *Voluntas, atis*, f. J'ai conçu la — de, *cogito* (inf.); *mihi est in animo* (inf.). ◆ **5.** Opinion. *Sententia, ae*, f. *Sensus, us*, m. Je dirai toute ma —, *dicam* quod sentio**. ◆ **6.** Souvenir. *Recordatio, onis*, ◆ **7.** Prévision. *Praesensio, onis*, f.

2. pensée, f. (Fleur) *Melinum genus violae.*

penser. I. Intr. **1.** *Cogitare* (*de aliquo, de re, ad rem* ou *rem*). Pense à (faire), *memineris** (inf.); faire penser à, *commonēre** (*aliquem*) *de;* plus tôt qu'on n'avait pensé, *celerius opinione;* qui arrive sans qu'on y pense, *inopinatus, a, um;* penser en soi-même, *secum cogitare;* sans y —, *inconsulto; imprudens, entis;* l'art de —, *ratio disserendi.* ◆ **2.** Juger. *Arbitrari. Sentire**. Penser bien ou mal de qqn, *bene* ou *male existimare de aliquo;* je pense que, *arbitror* (prop. inf.); *censeo** (prop. inf.). ◆ **3.** Aviser à. *Curare* (acc.). *Providere, eo** (dat.). Penser à soi, *sibi cavēre**; — (à faire), *cogitare* (inf.); *in animum inducĕre** (inf.). ◆ **4.** Manquer de (faire). Il pensa être tué, *paene interiit**. ◆ **II.** Tr. **1.** Avoir dans l'esprit. *Cogitare* (acc.). *Sentire** (acc.). ◆ **2.** Croire. *Arbitrari* (acc.). *Putare* (acc.). Qu'en penses-tu? *quid tibi videtur*?* Suivant ce que j'en pense, *meā quidem sententiā.*

penseur, m. *Vir accerrimo ingenio.*

pensif, ive, adj. *In cogitatione defixus, a, um.*

pension, f. **I.** Payement annuel. *Annuum, i,* n. Payer une — à qqn, *annua alicui praestare**. ◆ **II.** École. *Paedagogium, ii,* n.

pensionnaire. I. Adj. *Beneficiarius, a, um.* ◆ **II.** Nom m. Élève. *Alumnus, i,* m.

pensum, m. *Pensum, i,* n.

pente, f. *Declivitas, atis,* f. *Clivus, i,* m. Qui est en —, *declivis, e;* en — douce, *leniter acclivis.*

Pentecôte, f. *Pentecoste, es,* f.

pénultième, adj. *Proximus* (*a, um*) *a postremo.*

pénurie, f. *Penuria, ae,* f. *Inopia, ae,* f.

pépin, m. *Granum, i,* n. *Semen, inis,* n.

pépinière, f. *Seminarium, ii,* n.

péplum, m. *Peplum, i,* n.

perçant, ante, adj. *Acutus, a, um.*

perce, f. Mettre en —, *perforare.*

percement, m. *Terebratio, onis,* f. — de routes, *munitio* (*onis,* f.) *viarum.*

percepteur, m. *Exactor, oris,* m.

perceptible, adj. *Qui* (*quae, quod*) *percipi potest**.

perception, f. Action de percevoir. *Perceptio, onis,* f. (Des impôts) *Exactio, onis,* f.

percer. I. Tr. **1.** Faire une ouverture à. *Perforare.* — une muraille, *parietem perfodĕre, io**; — de flèches, *configĕre* sagittis;* se — de son glaive, *incumbĕre* in gladium;* — une route, *viam aperire.* ◆ **2.** (Fig.) — le cœur, *cor findĕre**. ◆ **3.** Passer à travers. *Transire,* (*eo**) *per.* Percer les rangs ennemis, *per medios hostos perrumpĕre**. ◆ **4.** (Fig.) Deviner. *Perspicere, io**. ◆ **II.** Intr. **1.** Se frayer un chemin. *Penetrare.* ◆ **2.** (Fig.) Se manifester. *Eminere, eo**. Laisser —, *praeferre** (acc.) ◆ **3.** Faire son chemin dans le monde. *Ad honores ascendĕre, o**.

percevoir, tr. *Percipere, io**. (Les impôts) *Exigere, o**.

1. perche, f. (Branche et mesure) *Pertica, ae,* f.

2. perche, f. (Poisson) *Perca, ae,* f.

percher, intr. *Insidere, eo** (sur, abl.); SE PERCHER, r. *Insidere, o** (sur, abl.).

perchoir, m. *Sedile, is,* n.

perclus, use, adj. *Membris captus, a, um.*

perdition, f. *Perditio, onis,* f.

perdre, tr. **1.** Causer la perte de qqn. *Perdere, o*. Pessum dare*.* Je suis perdu, *perii*;* perdre qqn de réputation, *famā spoliare aliquem;* perdu de dettes, d'honneur, *perditus aere alieno; infamis, e;* perdre qqn dans l'esprit de, *criminari aliquem apud.* (Corrompre) *Corrumpĕre, o*.* ◆ **2.** Laisser échapper (sa fortune). *Disperdere, o*.* (Son temps) *Perdĕre.* Perdre le temps en préparatifs, *diem consumĕre* apparando;* faire — à qqn sa journée, *diem corrumpĕre alicui;* temps perdu, *amissum tempus.* (L'occasion) *Amittere, o*.* ◆ **3.** Se voir priver de. *Amittere, o*. Perdĕre*.* — volontairement, *jacturam facĕre, io** (gén.); sans rien —, *sine damno;* — (des hommes à la guerre), *deperdere, o*;* le peuple n'y perd rien, *populus suum servat;* faire — qqch. à qqn, *adimĕre* rem alicui.* ◆ **4.** (Fig.) — la tête, *turbari;* — l'espoir, *spem dimittĕre*.* ◆ **5.** Se dépouiller de. *Ponere, o*. Exuere, o.* — de sa sévérité, *remittĕre* aliquid de severitate*.* ◆ **6.** Ne pas obtenir. Perdre un procès, *perdĕre litem; causā cedĕre*;* — une bataille, *vinci*;* cause perdue, *amissa causa,* f.; on ne perd pas à (faire), *operae pretium est* (inf.); sans y perdre, *commode.* ◆ **7.** Ne pas retrouver. Perdre son chemin, *errare;* — qqn (dans la foule), *aberrare ab aliquo;* — de vue (oublier), *omittere, o*; dimittere, o*.*

SE PERDRE, r. **1.** Périr. *Se ipsum perdĕre*.* (Ch.) *Perire, eo*.* ◆ **2.** Se corrompre. *Corrumpi, or*.* ◆ **3.** S'égarer. *Deerrare.* ◆ **4.** (Fig.) Je m'y perds, *haereo*.* ◆ **5.** Disparaître. *Evanescere, o*.*

perdreau, m. *Perdicis pullus, i,* m.

perdrix, f. *Perdrix, icis,* f.

père, m. **1.** *Pater, tris,* m. Père de famille, *pater familias,* m.; de père en fils, *gente;* — adoptif, *pater adoptivus;* — nourricier, *papa, ae,* m. ◆ **2.** (Pl.) Ancêtres. Nos —, *patres, um,* mpl.; *majores, um,* mpl. ◆ **3.** (Fig.) Fondateur. *Parens, entis,* m.

pérégrination, f. *Peregrinatio, onis,* f.

péremptoire, adj. *Firmissimus, a, um.*

péremptoirement, adv. *Praecise.*

perfection, f. **1.** Achèvement. *Confectio, onis,* f. ◆ **2.** Qualité suprême. *Perfectio, onis,* f. Atteindre son degré de —, *absolvi*;* la — morale, *perfecta cumulataque virtus,* f.; tes —, *tuae virtutes;* qui a toutes les —, *omni laude cumulatus, a, um.*

perfectionnement, m. *Perfectio, onis,* f. — moral, *progressio ad virtutem.*

perfectionner, tr. **1.** *Perficere, io*.* ◆ **2.** (Moralement) *Meliorem (melius) facere, io*.*

perfide, adj. *Perfidus, a, um.*

perfidement, adv. *Perfidiose. Dolose.*
perfidie, f. *Perfidia, ae,* f. *Dolus, i,* m.
perforer, tr. *Perforare.*
Pergame. *Pergama, orum,* npl.
Périclès. *Pericles, is,* m.
péricliter, intr. *Periclitari.*
péril, m. *Periculum, i,* n. Au péril de, *periculo* (gén.).
périlleusement, adv. *Periculose.*
périlleux, euse, adj. *Periculosus, a, um.*
période, f. **1.** Révolution d'un astre. *Spatium, ii,* n. ◆ **2.** Espace de temps fixe. *Periodus, i,* f. ◆ **3.** Phrase. *Periodus, i,* f. ◆ **4.** m. Le point le plus haut. *Culmen, inis,* n. ◆ **5.** m. et f. Espace de temps indéterminé. *Spatium, ii,* n.
périodicité, f. *Reversio, onis,* f.
périodique, adj. **1.** Qui revient à temps marqués. *Status, a, um. Certus.* ◆ **2.** Style —, *oratio conclusa.*
périodiquement, adv. **1.** Qui revient à date fixe. *Statis temporibus.* ◆ **2.** En phrases périodiques. *Concluse.*
péripatéticien, enne, adj. *Peripateticus, a, um.*
péripétie, f. *Subita commutatio,* f. Les — de la guerre, *varia belli fortuna,* f.
périphrase, f. *Circuitio, onis,* f.
périple, m. *Periplus, i,* m.
périr, intr. **1.** (Pers.) *Perire, eo*. Occidere, o*.* Faire —, *occidere, o** (acc.). ◆ **2.** (Ch.) *Interire, eo*. Deperire, eo*.* Faire —, *corrumpere, o** (acc.).
périssable, adj. *Caducus, a, um.*
péristyle, m. *Peristylum, i,* n.
perle, f. *Margarita, ae,* f.
perlé, adj. Orné de perles. *Bacatus, a, um.*
permanence, f. *Constantia, ae,* f. Se tenir en — à, *habitare* (*in,* abl.; abl. seul des noms de villes et de petites îles; locatifs *ruri, domi*).
permanent, ente, adj. *Constans, antis.*
perméable, adj. *Penetrabilis, e.* Être — à, *transmittĕre** (acc.).
permettre, tr. *Permittere, o*.* — de, *concedere, o** (*ut,* subj.); je ne permettrai point, *non sinam** (prop. inf.); je me suis permis de, *mihi sumpsi* ut* (subj.); il m'est permis de, *mihi licet** (inf. ou subj.); non permis, *vetitus, a, um;* il est permis (loisible) de, *liberum est* (inf.).
permission, f. *Potestas, atis,* f. *Licentia, ae,* f. Donner à qqn la — de, *facere* (*io**) *alicui potestatem* (gén.); avec la — de, *permissu* (gén.); avec ta — (formule de politesse), *pace tuā;* sans la — de, *injussu* (gén.).
permutation, f. *Mutatio, onis,* f.
permuter, intr. *Mutare* (acc.).
pernicieusement, adv. *Perniciose.*
pernicieux, euse, adj. *Perniciosus, a, um. Exitiosus.*
péroraison, f. *Peroratio, onis,* f.
perpendiculaire, adj. *Perpendicularis, e.*

perpendiculairement, adv. *Ad perpendiculum.*
perpétrer, tr. *Perpetrare.*
perpétuel, elle, adj. *Perpetuus, a, um. Perennis, e.*
perpétuellement, adv. *Perpetuo.*
perpétuer, tr. *Perpetuare.* Se —, *permanere, eo*.*
perpétuité, f. *Perpetuitas, atis,* f. A —, *in perpetuum.*
perplexe, adj. *Anxius, a, um. Sollicitus.*
perplexité, f. *Sollicitudo, inis,* f.
perquisition, f. *Inquisitio, onis,* f.
perron, m. *Gradus, uum,* mpl.
perroquet, m. et **perruche**, f. *Psittacus, i,* m.
perruque, f. *Capillamentum, i,* n.
perruquier, m. *Ciniflo, onis,* m. *Tonsor, oris,* m.
pers, se, adj. *Caesius, a, um.*
Perse. *Persis, idis,* f. De —, *Persicus, a, um;* les Perses, *Persae, arum,* mpl.
persécuter, tr. **1.** *Vexare.* ◆ **2.** (Fig.) *Urgere, eo*. Persequi, or*.*
persécuteur, trice, m. f. *Vexator, oris,* m. *Vexatrix, icis,* f.
persécution, f. *Vexatio, onis,* f.
persévérance, f. *Perseverantia, ae,* f. *Constantia, ae,* f. Avec —, *constanter.*
persévérant, ante, adj. *Constans, antis.*
persévérer, intr. *Perseverare. Perstare*.*
persiflage, m. *Ludibrium, ii,* n.
persifler, tr. *Deridere, eo** (acc.).
persifleur, m. *Irrisor, oris,* m.
persil, m. *Petroselinon, i,* n.
persistance, f. **1.** (Pers.) *Constantia, ae,* f. Avec —, *constanter.* ◆ **2.** (Ch.) *Pertinacia, ae,* f.
persister, intr. (Pers.) *Perstare** (à, inf.). (Ch.) *Permanere, eo*.*
personnage, m. **1.** Rôle. *Persona, ae,* f. Faire un — (fig.), *personam gerĕre*.* ◆ **2.** Personne. *Persona. Vir, viri,* m. Le plaisant —! *Festivum caput!* les premiers —, *proceres, um,* mpl.
personne. I. Nom f. **1.** Individu. *Persona, ae,* f. Une — libre, *liberum caput,* n.; une — de la famille, *aliquis de familiā;* je rencontre une —, *occurrit* mihi quidam;* la première — venue, *quilibet;* qqs —, *nonnulli, orum,* mpl.; une jeune —, *puella, ae,* f. ◆ **2.** Corps. *Persona. Corpus, oris,* n. *Caput, itis,* n. Nos —, *corpora nostra,* npl.; autour de sa —, *circa se;* en —, *ipse, a, um.* ◆ **II.** Pr. indéf. m. **1.** (Semi-nég.) Qqn. *Aliquis.* Y a-t-il — qui? *Ecquis?* (Aussi patriote) que —, *quam qui maxime* ou *quam quisquam.* ◆ **2.** (Nég.) Personne ne. *Nemo* (gén. *nullius,* abl. *nullo*), m. *Nullus.* Et — ne, *neque quisquam;* il n'est — qui ne, *nemo est qui non* (subj.); *nemo non* (indic.); — de plus malheureux que moi, *nihil me infortunatius.*

personnel, elle. I. Adj. *Proprius, a, um* (gén. ou dat.). ◆ **II.** Nom m. *Ministerium, ii,* n.

personnellement, adv. *Proprie.* J'agirai —, *agam* per me ipse.*

personnifier, tr. — des êtres inanimés, *muta quaedam loquentia inducĕre*.* ◆ Personnifié. *Merus, a, um.* Le vainqueur qui était la modération personnifiée, *victor quo nihil erat moderatius.*

perspective, f. **1.** *Prospectus, us,* m. ◆ **2.** (Fig.) *Spes, spei,* f. Montrer en —, *proponĕre** (*rem alicui*); avoir en —, *proponĕre* oculis suis.*

perspicace, adj. *Perspicax, acis.*

perspicacité, f. *Perspicacitas, atis,* f. *Acumen, inis,* n.

persuader, tr. **1.** (Qqch. à qqn) *Persuadere, eo** (*rem alicui*); (que, prop. inf.); (de, *ut,* subj.). ◆ **2.** (Qqn de) *Fidem facere, io** (*rei, alicui*). SE PERSUADER, r. ou ÊTRE PERSUADÉ. *Persuasum habere, eo** (prop. inf.).

persuasif, ive, adj. **1.** (Pers.) *Ad persuadendum concinnus, a, um.* ◆ **2.** (Ch.) *Ad persuadendum accommodatus, a, um.*

persuasion, f. *Persuasio, onis,* f.

perte, f. **1.** Ruine, mort. *Pernicies, ei,* f. *Exitium, ii,* n. *Funus, eris,* n. Perte douloureuse pour les siens, *funus luctuosum suis.* Causer la — de qqn, *exitio esse alicui;* courir à sa —, *in perniciem incurrĕre*;* être à deux doigts de sa —, *in extremum discrimen adduci*.* (D'une armée; échec) *Clades, is,* f. Ils firent qqs —, *paucos ex suis deperdiderunt*;* avec —, *cum detrimento.* ◆ **2.** Dommage. *Damnum, i,* n. Éprouver une —, *detrimentum accipĕre, io*;* réparer ses —, *damna resarcire*;* profits et —, *fenus et stipendium,* n.; la — de ses biens, *rei familiaris jactura, ae,* f.; — de temps, *tempus amissum;* la — de qqn, *obitus, us,* m.; en pure perte, *irritus, a, um; vanus.*

pertinemment, adv. *Apte.*

pertinent, ente, adj. *Aptus, a, um.*

perturbateur, trice, m. f. *Turbator, oris,* m. *Perturbatrix, icis,* f. *Turbulentus, a, um.*

perturbation, f. *Perturbatio, onis,* f.

pervenche, f. *Vincapervinca, ae,* f.

pervers, se, adj. *Pravus, a, um.*

perversité, f. *Pravitas, atis,* f.

pervertir, tr. *Pervertere, o*.* Perverti. *Depravatus, a, um.*

pesamment, adv. **1.** *Graviter.* ◆ **2.** (Fig.) *Crasse.*

pesant, ante. I. Adj. **1.** Lourd. *Gravis, e.* ◆ **2.** Alourdi. *Gravatus, a, um.* ◆ **3.** Lent. *Tardus.* ◆ **II.** Nom m. Valoir son — d'or, *auro contra constare*.*

pesanteur, f. **1.** *Gravitas, atis,* f. ◆ **2.** Lenteur. *Tarditas, atis,* f.

pesée, f. *Pensio, onis,* f.

peser. I. Tr. **1.** Vérifier le

poids de. *Appendere, o**. ◆ 2. (Fig.) Examiner. *Perpendere, o**. ◆ II. Intr. 1. Être pesant. *Pendere, o**. Peser dix livres, *pendĕre decem libras*. ◆ 2. Peser à. *Onerare* (acc.). ◆ 3. (Fig.) *Gravem esse* (*alicui*). ◆ 4. Peser sur. *Inniti, or** (dat.). (Fig.) *Incumbere, o** (dat. ou *in*, acc.).

peseur, m. *Pensor, oris,* m.

peson, m. *Statera, ae,* f.

peste, f. et **pestilence,** f. 1. *Pestilentia, ae,* f. ◆ 2. (Fig.) Peste de toi! *apage sis!* (Cette) —! *pestis, is,* f.

pester, intr. *Stomachari* (contre, *cum,* abl.).

pestiféré, ée, adj. *Pestifer, era, erum.*

pestilentiel, elle, adj. *Pestilens, entis.*

pétale, m. *Folium, ii,* n.

pétillement, m. *Crepitus, us,* m.

pétiller, intr. 1. *Crepitare.* ◆ 2. (Fig.) — de joie, *exsultare gaudio.*

1. petit, te, adj. 1. (Volume) *Parvus, a, um.* Plus —, *minor;* très —, *minimus.* (Taille) *Pusillus, a, um. Parvulus.* (Diminutif) *Parvus. Pusillus.* Une — ferme, *villula, ae* f.; un — domaine, *praediolum, i,* n. ◆ 2. (Fig.) De basse condition. *Humilis, e. Tenuis.* (Mesquin) *Minutus, a, um.* Petit esprit, *animus pusillus,* m.; être —, *humiliter sentire**. ◆ 3. (Quantité) Peu considérable. *Exiguus, a, um. Tenuis.* Un — nombre de, *pauci, ae, a.* ◆ 4. Léger. *Levis, e.* — espérance, *spes tenuis.* ◆ 5. Petit-fils, petit-neveu, etc..., V. FILS, NEVEU, etc...

2. petit. I. Nom m. 1. (Animal). *Partus, us,* m. (De mammifère) *Catulus, i,* m. (D'oiseau) *Pullus, i,* m. ◆ 2. (Enfant) *Filiolus, i,* m. *Filiola, ae,* f. ◆ 3. Les petits (les petites gens). *Tenuiores, um,* mpl. ◆ 4. Ce qui est petit. *Parva, orum,* npl. Rome en petit, *quasi pusilla Roma.* ◆ Loc. adv. Petit à petit. *Paulatim.*

petitement, adv. 1. *Exigue.* ◆ 2. (Fig.) *Humiliter.*

petitesse, f. 1. Caractère de ce qui est petit. *Parvitas, atis,* f. *Exiguitas, atis,* f. ◆ 2. Bassesse morale. *Animus pusillus, i,* m. Une —, *sordes, ium,* fpl. ◆ 3. *Tenuitas, atis,* f. ◆ 4. Faiblesse. *Imbecillitas, atis,* f.

pétition, f. *Libellus, i,* m.

pétrifier, tr. 1. *In lapidem cogere, o**. Se —, *in lapidem concrescĕre**. ◆ 2. (Fig.) *Exanimare.* Je suis pétrifié, *lapideus sum.*

pétrin, m. 1. *Magis, idis,* f. ◆ 2. (Fig. et fam.) Être dans le —, *versari in lubrico.*

pétrir, tr. *Subigere, o**.

pétulance, f. *Petulantia, ae,* f.

pétulant, ante, adj. *Petulans, antis.*

peu, nom m. et adv. **I.** PEU. *Non multum.* (Trop peu) *Parum* (n. indécl.). C'est peu pour lui de, *parum habet* (inf.); si peu que ce soit, *tantulum;*

qui se contente de peu, *contentus parvo;* peu de chose, *parva res;* à peu près, *ferme*; peu à peu, *paulatim; sensim.* ◆ **2.** Peu de (avec un nom sg.) *Parum* (gén.). *Parvus, a, um.* Peu de temps, *exiguum tempus;* depuis peu (de temps), *nuper;* pendant peu (de temps), *parum diu;* pour peu de temps, *in breve tempus;* sous peu, *mox;* peu avant, *paulo ante;* peu après, *paulo post;* peu après que, *non multo postquam.* (Avec un nom pl.) *Pauci, ae, a.* Peu de gens. *Pauci.* ◆ **3.** Peu (Avec un adj. ou un adv.) *Parum.* (Avec un verbe ordinaire) *Parum. Non multum.* (Avec un verbe d'estime) *Parvi.* (Avec un verbe de prix) *Parvo.* Pour peu que, *si paulum* (subj.). ◆ **II.** Un peu. **1.** Un peu de (devant un subst.) *Paulum* (gén.). *Aliquid* (gén.). Un peu de temps, *temporis aliquid;* pendant un peu de temps, *paulisper; parumper.* ◆ **2.** Un peu (devant un adj. ou un adv. au positif) *Paulum. Leviter.* Un peu obscur, *subobscurus;* un peu après, *paulo post;* un peu au-delà, *paulo ultra.* (Devant un adj. ou un adv. au comparatif) *Paulo.* Un peu plus librement, *paulo liberius;* un peu plus, *paulo magis;* un peu plus de (suivi d'un nom pl.), *paulo plures;* (suivi d'un nom au sg.), *plusculum* (gén.); un peu trop, *paulo nimium;* un peu autrement, *paulo secus.* ◆ **3.** (Devant un verbe) *Paulum. Aliquantum. Paululum.* L'emporter un peu sur, *paulo antecedĕre** (dat.); s'irriter un peu, *subirasci, or**.

peuplade, f. *Gens, gentis,* f.

peuple, m. **1.** Les habitants d'un pays. *Populus, i,* m. ◆ **2.** (Race) *Gens, gentis,* f. ◆ **3.** (Branche de la race) *Natio, onis,* f. ◆ **4.** Les citoyens d'un État. *Populus. Cives, civium,* mpl. ◆ **5.** Les classes inférieures. *Vulgus, i,* n. (A Rome) *Plebs, plebis,* f. Un homme du —, *unus de multis;* le menu —, *plebecula, ae,* f. ◆ **6.** La foule. *Turba, ae,* f.

peupler, tr. *Frequentare.* Peuplé, *frequens, entis;* non peuplé, *incultus, a, um.*

peuplier, m. *Populus, i,* f. De —, *populeus, a, um.*

peur, f. **1.** Prévision du mal. *Metus, us,* m. ◆ **2.** Malaise. *Timor, oris,* m. ◆ **3.** Épouvante. *Formido, inis,* f. ◆ **4.** Fuite. *Fuga, ae,* f. ◆ **5.** Loc. div. Avoir peur de, *metuĕre (ab aliquo* ou *rem);* avoir — que, *timēre** ou *metuĕre ne* (subj.); faire — à, *timorem incutĕre, io** (dat.); de — que, *ne* (subj.).

peureux, euse, adj. *Timidus, a, um. Pavidus.*

peut-être, adv. *Fortasse. Forsitan* (suivi d'un verbe au subj. prés. ou pf.). Peut-être que, *nisi forte* (indic.).

phalange, f. **1.** Corps d'infanterie. *Phalanx, angis,* f. ◆ **2.** Os. *Articulus, i,* m.

pharaon, m. *Pharao, onis*, m.
phare, m. *Pharus, i*, f.
Pharisiens, mpl. *Pharisaei, orum*, mpl.
pharmacie, f. **1.** Art. *Medicamentaria ars*, f. ◆ **2.** Boutique. *Medicamentaria officina*, f.
pharmacien, m. *Pharmacopola, ae*, m.
Pharsale. *Pharsalus, i*, f.
phase, f. **1.** Les — de la lune, *lunae articuli*, mpl. ◆ **2.** (Fig.) *Momenta, orum*, npl.
Phénicie. *Phoenice, es*, f. Les Phéniciens, *Phoenices, um*, mpl. De Phénicie, *Phoeniceus, a, um*.
phénix, m. **1.** *Phoenix, icis*, m. ◆ **2.** (Fig.) *Rara avis*, f.
phénomène, m. **1.** *Res, rei*, f. Les — astronomiques, *phaenomena, orum*, npl. ◆ **2.** Chose surprenante. *Res mirabilis*, f. ◆ **3.** Personne extraordinaire. *Rara avis*, f.
philanthropie, f. *Humanitas, atis*, f.
philanthropique, adj. *Humanus, a, um*.
Philippe. *Philippus, i*, m.
philologue, m. *Philologus, i*, m.
philosophe, m. **1.** *Philosophus, i*, m. ◆ **2.** Sage. *Sapiens, ientis*, m.
philosopher, intr. *Philosophari*.
philosophie, f. *Philosophia, ae*, f. *Sapientia, ae*, f.
philosophique, adj. *Philosophicus, a, um*.
philosophiquement, adv. **1.** *Philosophice*. ◆ **2.** (Fig.) *Lente*.
philtre, m. Breuvage magique. *Poculum, i*, n.
phoque, m. *Phoca, ae*, f.
phrase, f. *Sententia, ae*, f.
phraseur, euse, m. f. *Putidus, a, um*.
Phrygie. *Phrygia, ae*, f. De —, *Phryx, ygis*.
phtisie, f. *Tabes, is*, f.
phtisique, adj. *Phthisicus, a, um*.
physicien, m. *Physicus, i*, m.
physionomie, f. *Vultus, us*, m.
physique. **I.** Adj. **1.** Corporel. *Naturalis, e*. ◆ **2.** Relatif aux propriétés des corps. *Physicus, a, um*. ◆ **II.** Nom. **1.** m. *Corporis habitus, us*, m. **2.** f. Les sciences physiques. *Physica, ae*, f.; *physica, orum*, npl.
physiquement, adv. *Physiologice*.
piaffer, intr. **1.** *Se arrectum tollĕre**. ◆ **2.** (Fig.) *Efferri**.
piauler, intr. **1.** *Pipire*. ◆ **2.** (Fig.) *Ejulare*.
pic, m. **1.** (Instrument) *Dolabra, ae*, f. ◆ **2.** (Oiseau) *Picus, i*, m. ◆ **3.** (Montagne) *Cacumen, inis*, n. A pic, *in praeceps; praeruptus, a, um*.
picotement, m. *Punctio, onis*, f.
picoter, tr. *Pungere, o**.
picoteries, f. pl. Railleries. *Aculei, orum*, mpl.
pie. **I.** Nom f. **1.** *Pica, ae, f*. ◆ **2.** (Fig.) *Garrula, ae*, f. ◆ **II.** Adj. *Bicolor, oris*.

pièce, f. **1.** Une partie. *Pars, partis*, f. (D'une chose brisée) *Fragmentum, i*, n. — d'étoffe, *pannus, i*, m.; emporter la — (fig.), *lacerare aliquem;* mettre en — (qqch.), *conscindĕre*; comminuĕre;* (qqn), *discerpĕre*;* (fig.) *lacerare;* s'en aller en —, *collabefieri*;* tailler en — (une armée), *caedĕre*; concīdĕre**. ◆ **2.** Un tout. Pièce de bétail, *caput, itis*, n.; ils se vendent un denier —, *singuli denariis veneunt*;* — de bois, *trabs, bis*, f.; — de terre, *ager, agri*, m.; — de vin, *cadus, i*, m.; tout d'une —, *continens, entis;* (fig.) *rigidus, a, um*. ◆ **3.** Chambre. *Conclave, is*, n. Les — (d'une maison), *membra, orum*, npl. ◆ **4.** (Litt. et Art) *Opus, eris*, m. (Pièce de théâtre) *Fabula, ae*, f. Faire jouer une —, *fabulam dare*;* représenter une —, *fabulam agĕre**. ◆ **5.** Pièces de procès. *Instrumentum, i*, n. *Tabulae, arum*, fpl. ◆ **6.** Pièce de monnaie. *Nomisma, atis*, n. — de billon, *as, assis*, m.; d'argent, *nummus, i*, m.; d'or, *aureus, i*, m.

pied, m. **1.** *Pes, pedis*, m. De la tête aux —, *a capite usque ad calcem;* pied-bot, *scaurus, a, um;* à coups de —, *calcibus;* à trois —, *tripes, edis;* empreinte du —, *vestigium, ii*, n.; aller à —, *ingredi, ior*;* voyager à —, *pedibus iter facĕre, io*;* mettre le — dans, *pedem ponĕre* in* (abl.); mettre le — hors de la maison, *pedem domo efferre*;* mettre — à terre, *desilire* ad pedes;* prendre —, *insidĕre** (*in*, abl.); perdre — (dans l'eau), *mergi* in aquam;* à — sec, *in arido;* passer à — sec, *sicco alveo transire, eo*;* valet de —, *pedisequus, i*, m.; de plain- —, *in plano;* fouler aux —, *calcare; obterĕre*;* mettre sur —, *concitare;* remettre sur —, *excitare;* (un malade) *ex morbo relevare;* avoir un — dans la fosse, *non longe abesse* a sepulturā;* avoir un — chez qqn, *valēre* apud aliquem;* être en —, *regnare;* être sur —, *stare*;* être sur un tel — avec qqn que, *adeo esse cum aliquo ut* (subj.); sur le même —, *eodem loco;* lever le —, *in pedes se dare*;* (faire faillite), *decoquĕre*;* prendre — (qq. part), *consistĕre*;* lâcher —, *referre* pedem;* faire lâcher —, *gradu movēre*;* de — ferme, *stabili gradu*. ◆ **2.** (Fig.) Pied (de table), *pes;* au — de la montagne, *sub montis radicibus;* le — de l'autel, *infima ara;* mettre au — du mur, *ad incitas redigĕre*;* au — de la lettre, *ad verbum;* — (d'un arbre), *stirps, pis*, f.; au — du chêne, *ad imam quercum*. ◆ **3.** Mesure. *Pes*. Un demi-pied, *semipes;* un pied et demi, *sesquipes;* d'un demi-pied, *semipedalis, e;* une Rome au petit —, *quasi pusilla Roma*. ◆ **4.** Élément de vers. *Pes*.

pied-à-terre, m. *Deversoriolum, i*, n.
piédestal, m. *Basis, is* (acc. *in*, abl. *i*), f.
piège, m. **1.** *Pedica, ae*, f. *Plaga, ae*, f. ◆ **2.** (Fig.) *Insidiae, arum*, fpl. Faire tomber dans un —, *in insidias agĕre**.
pie-grièche, f. *Pica graeca*, f.
pierraille, f. *Carbunculus, i*, m.
pierre, f. *Lapis, idis*, m. (Petite —) *Lapillus, i*, m. (Grosse —) *Saxum, i*, n. (Rocher) *Petra, ae*, f. De —, *lapideus, a, um; saxeus;* — de taille, *saxum quadratum;* ne pas laisser — sur —, *a fundamentis disjicĕre, io*;* — à aiguiser, *cos, cotis*, f.; — à feu, *silex, icis*, m.; — précieuse, *gemma, ae*, f.; (calcul de la vessie) *lapillus.*
Pierre. *Petrus, i*, m.
pierreries, fpl. *Gemmae, arum*, fpl. Orné de —, *gemmeus, a, um.*
pierreux, euse, adj. *Lapidosus, a, um; saxosus.*
piété, f. *Pietas, atis*, f.
piétinement, m. *Trepidatio, onis*, f.
piétiner, intr. *Pedibus argutari.* Piétiner sur, *inculcare* (acc.); cheval qui piétine, *equus trepidans.*
piéton, m. *Pedes, itis*, m.
pieu, m. *Vallus, i*, m.
pieusement, adv. *Pie.*
pieux, euse, adj. *Pius, a, um.*
pigeon, m. *Columba, ae*, f. *Columbus, i*, m.
pigeonnier, m. *Columbarium, ii*, n.
pignon, m. *Fastigium, ii*, n.
pilastre, m. *Parastas, stados*, f.
pile, f. **1.** Amas. *Strues, is*, f. *Acervus, i*, m. ◆ **2.** Pilier. *Pila, ae*, f. ◆ **3.** Revers d'une pièce. *Navis, is*, f. Tirer à — ou face, *sortiri.*
piler, tr. *Tundere, o**.
pilier, m. **1.** *Pila, ae*, f. (De justice) *Palus, i*, m. ◆ **2.** (Fig.) *Columen, inis*, n. — (de cabaret, de prison, etc...), *inquilinus, i*, m. (gén.).
pillage, m. *Direptio, onis*, f. Vivre de —, *rapto vivĕre**.
pillard, arde. I. Adj. *Praedabundus, a, um.* ◆ **II.** Nom m. *Praedo, onis*, m.
piller. I. Intr. *Praedari.* ◆ **II.** Tr. **1.** *Diripere, io**. *Compilare.* **2.** (Fig.) — (un auteur), *furari ab; compilare aliquid ab.*
pilon, m. *Pilum, i*, n.
pilote, m. *Gubernator, oris*, m.
pilotis, m. *Sublicae, arum*, fpl.
pilule, f. **1.** *Pilula, ae*, f. ◆ **2.** (Fig.) Dorer la — à qqn, *fucum alicui facĕre, io**.
piment, m. *Capsium, ii*, n.
pin, m. *Pinus, us* et *i*, f. Pomme de —, *pinea nux*, f.
pinacle, m. *Fastigium, ii*, n.
pince, f. **1.** Levier. *Vectis, is*, m. ◆ **2.** Tenailles. *Forceps, ipis*, m. f. ◆ **3.** (Fig.) De homard. *Forceps.*
pinceau, m. *Penicillus, i*, m.
pincée, f. Une — de, *quan-*

*tum tribus digitis comprehendi potest** (gén.).

pincer. **I.** Tr. **1.** (La peau) *Vellicare.* (En parl. du froid) *Mordere, eo**. Lèvres pincées, *labia compressa.* ◆ **2.** Presser (en gén.). *Stringere, o**. ◆ **3.** — les cordes de la lyre, *impellĕre** *pollice chordas.* ◆ **II.** Intr. — de la lyre, *citharam tentare.*

pincette, f. **1.** Pour le feu. *Forceps, ipis,* m. f. ◆ **2.** Petite pince. *Volsella, ae,* f.

Pindare. *Pindarus, i,* m.

pinson, m. *Fringilla, ae,* f.

pintade, f. *Africana gallina,* f.

pioche, f. *Ligo, onis,* m.

piocher, tr. **1.** *Fodere, io**. ◆ **2.** (Fig.) *Sudare.*

pion, m. **1.** Pièce du jeu d'échecs. *Calculus, i,* m. ◆ **2.** (Fig.) Damer le — à qqn, *aliquem vincĕre**.

pionnier, m. *Fossor, oris,* m.

pipeau, m. **1.** Flûte. *Stipula, ae,* f. ◆ **2.** Gluau. *Viscatum, i,* n.

piper, tr. **1.** Prendre à la pipée. *Fallĕre** *visco.* ◆ **2.** (Fig.) *Illicere, io**.

piquant, m. **1.** *Aculeus, i,* m. ◆ **2.** (Fig.) *Sal, salis,* m.

pique, f. **1.** Arme. *Hasta, ae,* f. ◆ **2.** Brouille. *Jurgium, ii,* n.

pique-nique, m. *Symbolae, arum,* fpl.

piquer, tr. **1.** *Pungere, o**. Piquer des deux, *concitare calcaribus equum.* ◆ **2.** Être piquant au goût. *Mordere, eo**. Piquant, *mordax, acis; asper, era, erum.* ◆ **3.** (Fig.) Exciter. *Acuere, o.* Piquant (spirituel) *salsus, a, um;* (agréable) *lepidus, a, um.* ◆ **4.** Irriter. *Pungĕre**. Piquant, *asper.*

SE PIQUER, r. **1.** S'offenser de. *Indignari* (acc.). ◆ **2.** Prétendre à. *Jactare* (acc.). Se — d'être grammairien, *se profitēri** *grammaticum.*

piquet, m. **1.** Pieu. *Hastile, is,* n. ◆ **2.** Troupe. *Statio, onis,* f.

piquette, f. *Villum, i,* n.

piqueur, m. *Subsessor, oris,* m.

piqûre, f. **1.** *Punctus, us,* m. (D'insecte) *Foramen, inis,* n. ◆ **2.** (Fig.) *Vellicatio, onis,* f.

pirate, m. *Pirata, ae,* m. De —, *piraticus, a, um.*

piraterie, f. *Piratica, ae,* f.

pirogue, f. *Linter, tris* (gén. pl. *trium*), f.

pirouette, f. **1.** *Turbo, binis,* m. ◆ **2.** De cheval. *Gyrus, i,* m.

pirouetter, intr. *Circumagi, or**.

pis, et **pire,** adj., comp. de mauvais. *Pejor, jus.* Le pire. *Pessimus, a, um.* De mal en pis, *in deterius;* qui pis est, *quod majus est;* le pis aller, *spes novissima,* f. V. MAUVAIS.

piscine, f. *Piscina, ae,* f.

pisé, m. *Lutum, i,* n.

pistache, f. *Pistacium, ii,* n.

piste, f. Trace. *Vestigium, ii,* n. Suivre à la — (le gibier), *indagare* (acc.); (un homme) *sequi** (*aliquem*) *vestigiis;* (une chose) *odorari* (acc.).

piston, m. *Ambulatilis* (*is*) *fundulus* (*i*), m.
pitance, f. *Diaria, iorum*, npl.
piteusement, adv. *Miserabiliter.*
piteux, euse, adj. *Miserabilis, e.*
pitié, f. **1.** *Miseratio, onis*, f. Exciter la —, *misericordiam movēre*;* tu me fais —, *me tui miseret*;* avoir — de, *misereri** (gén.). ◆ **2.** Dédain. Prendre en —, *despicere, io** (acc.).
piton, m. **1.** Clou. *Fibula, ae,* f. ◆ **2.** Pointe de montagne. *Vertex, icis*, m.
pitoyable, adj. **1.** Compatissant. *Misericors, ordis.* ◆ **2.** Digne de pitié. *Miserabilis, e.* ◆ **3.** Méprisable. *Miser, era, erum.*
pitoyablement, adv. *Miserabiliter.*
pittoresque, adj. *Graphicus, a, um. Amoenus.* Faire une description — de, *pingere, o** (acc.).
pituite, f. *Pituita, ae*, f.
pivert, m. *Picus, i*, m.
pivoine, f. *Paeonia, ae*, f.
pivot, m. *Cardo, inis*, m.
placard, m. **1.** Affiche. *Libellus, i*, m. ◆ **2.** Armoire. *Riscus, i*, m.
placarder, tr. *Proscribere, o*.*
place, f. **1.** Espace. *Locus, i*, m. (pl. *a, orum*, npl.). *Sedes, is*, f. Changer de —, *mutare sedem;* quitter la —, *e medio recedĕre*;* sur —, *ilico;* laissé sur la —, *stratus, a, um;* prendre —, *considĕre*;* prendre la — de, *succedĕre* in locum* (gén.); mis à la —, *suppositus, a, um;* avoir peu de — (pour s'asseoir), *anguste sedēre*;* faire —, *decedĕre*.* ◆ **2.** Place publique. *Platea, ae*, f. — du marché, *forum, i*, n. ◆ **3.** Place forte. *Oppidum, i*, n. ◆ **4.** (Fig.) Rang. *Locus. Ordo, inis*, m. Avoir la première —, *primario loco esse;* remettre à sa —, *in ordinem cogĕre*.* ◆ **5.** Fonction. *Locus. Munus, eris*, n. Avoir une —, *potestatem gerĕre*;* donner une — à qqn, *constituĕre aliquem in munere;* ôter sa — à qqn, *ex officio aliquem amovēre*;* un homme en —, *potestas, atis*, f.
placer, tr. **1.** Mettre dans un lieu. *Collocare. Ponere, o*.* Placer sur, *imponere, o*;* — sous, *supponĕre*;* — près, *admovēre*;* — devant, *praeponĕre*;* — après, *postponĕre*;* — en face, *opponĕre*;* — entre, *interjicĕre, io*.* (Tous ces verbes ont leur rég. dir. à l'acc.; leur rég. indir. peut être au dat.). ◆ **2.** Placer (de l'argent). *Ponĕre. Collocare.* ◆ **3.** Marier. *Collocare.* ◆ **4.** Donner un emploi à qqn. *Collocare* (*aliquem in munere*).
placet, m. *Libellus, i*, m.
plafond, m. *Camera, ae*, f. *Tectum, i*, n.
plage, f. *Litus, oris*, n.
plagiaire, m. *Plagiarius, ii*, m.
plagiat, m. *Furtum, i*, n.

plaider, intr. et tr. **1.** *Litigare* (intr.). Plaider une cause, *causam agĕre**; — pour qqn, *causam dicĕre* pro aliquo;* — contre qqn, *causam agĕre contra aliquem.* ◆ **2.** (Fig.) — pour, *litigare pro* (abl.).

plaideur, m. *Litigator, oris*, m.

plaidoirie, f. et **plaidoyer**, m. *Actio, onis*, f. *Oratio, onis*, f.

plaie, f. *Plaga, ae*, f. *Vulnus, eris*, n.

plaignant, m. *Postulator, oris*, m.

plain, ne, adj. *Aequus, a, um. Planus.* De plain-pied, *in plano.*

plaindre, tr. **1.** *Misereri, eor** (gén.). *Miserari* (acc.). Qui est à —, *miserandus, a, um.* ◆ **2.** Ménager. *Parcere, o** (dat.).

SE PLAINDRE, r. *Queri, or*. Gemere, o**. Se plaindre de qqch., de qqn que, *queri de re, cum aliquo*, prop. inf.; avoir à se — de qqn, *in aliquo offendĕre**.

plaine, f. *Campus, i*, m. *Planities, ei*, f.

plainte, f. **1.** Gémissement. *Questus, us*, m. ◆ **2.** Mécontentement. *Querimonia, ae*, f. ◆ **3.** Plainte en justice. *Querela, ae*, f. Déposer une —, *injuriam queri**.

plaintif, ive, adj. *Queribundus, a, um.*

plaintivement, adv. *Flebiliter.*

plaire, intr. *Placere, eo** (dat.). Il me plaît de, *mihi placet* (inf.); plaise à Dieu que! *utinam* (subj. prés.)! Plût à Dieu que! *utinam!* (subj. impf. ou pl.-q.-pf.). Ce qu'à Dieu ne plaise! *quod dii prohibeant*!*

SE PLAIRE, r. *Sibi placēre**. Se — à qqch., à faire, *delectari re* ou *in re, facĕre** ou *in faciendo.*

plaisamment, adv. *Facete.*

plaisance, f. Maison de —, *villa, ae*, f.

plaisant, ante. I. Adj. **1.** Agréable. *Jucundus, a. um.* ◆ **2.** Divertissant. *Facetus, a, um.* ◆ **II.** Nom m. *Ridiculus, i*, m. Faire le —, *scurrari;* mauvais —, *male salsus.*

plaisanter, intr. et tr. *Jocari* (*in*, acc.). Pour —, *per jocum.*

plaisanterie, f. *Jocus, i*, m. (pl. *joci*, m. et *joca*, n.). *Facetiae, arum*, fpl.

plaisir, m. **1.** Agrément. *Voluptas, atis*, f. Causer du —, *voluptati esse;* j'y trouve du —, *id gratum habeo*;* je trouve un — infini à, *mihi suavissimum est* (inf.); j'ai un grand — à lire, *lego* libentissime;* avec —, *grate;* chercher le —, *voluptatem sequi**. ◆ **2.** Volonté. *Voluntas, atis*, f. Si c'est ton bon —, *si libet**. ◆ **3.** Faveur. *Gratia, ae*, f. *Officium, ii*, n. Faire un — à qqn., *gratificari alicui;* tu me fais — en me disant que, *bene narras* (prop. inf.); fais-moi ce —, *amabo te.*

plan, ane. I. Adj. *Planus, a, um.* ◆ **II.** Nom m. **1.** Surface plane. *Plana dimensio,*

f. ◆ **2.** Dessin. *Forma, ae,* f. ◆ **3.** Dessin d'un ouvrage. *Forma. Ratio, onis,* f. ◆ **4.** Projet détaillé. *Ratio, onis,* f. Mon — de vie, *mea ratio,* f.

planche, f. **1.** *Axis, is,* m. *Tabula, ae,* f. ◆ **2.** De jardin. *Area, ae,* f.

plancher, m. *Contabulatio, onis,* f.

planchette, f. *Axiculus, i,* m.

planer, intr. **1.** Voler. *Librare se.* ◆ **2.** (Fig.) *Consistere, o** (*in,* abl.).

planète, m. *Planeta, ae,* m. *Stella vaga,* f.

plant, m. *Planta, ae,* f.

plantation, f. **1.** Action de planter. *Satio, onis,* f. ◆ **2.** Arbres plantés. *Plantarium, ii,* n.

plante, f. **1.** Végétal. *Planta, ae,* f. ◆ **2.** Partie inférieure du pied. *Planta, ae,* f. *Vestigium, ii,* n.

planter, tr. **1.** *Serere, o*.* ◆ **2.** Emplanter. *Conserere, o*.* Champ planté d'arbres, *ager arboribus consitus*.* ◆ **3.** Enfoncer en terre. *Figere, o*.* ◆ **4.** (Fig.) Planter là (qqn), *deserere, o** (*aliquem*); être planté, rester planté, *stare*; perstare*.*

planteur, m. *Consitor, oris,* m.

planton, m. *Stator, oris,* m.

plantureux, euse, adj. *Copiosus, a, um.*

plaque, f. *Lamina, ae,* f.

plaquer, tr. Recouvrir de. *Inducere, o** (*rem re*). Plaqué d'argent, *argento opertus, a, um.*

plastron, m. *Pectorale, is,* n.

1. plat, ate, adj. **1.** *Planus, a, um.* Le — de la main, *palma, ae,* f. ◆ **2.** (Fig.) (Sans grâce) *Insulsus, a, um.* (Bas) *Abjectus.*

2. plat, m. *Patina, ae,* f. De métal) *Lanx, lancis,* f.

platane, m. *Platanus, i,* f.

plateau, m. **1.** *Discus, i,* m. ◆ **2.** D'une balance. *Lanx, lancis,* f. ◆ **3.** (Géogr.) *Jugum, i,* n.

plate-bande, f. *Pulvinus, i,* m.

plate-forme, f. **1.** Toit plat. *Stratum* (*i,* n.) *fastigii.* ◆ **2.** Estrade. *Tribunal, alis,* n.

platement, adv. **1.** Sans grâce. *Rustice.* ◆ **2.** Bassement. *Abjecte.*

platitude, f. **1.** Manque de grâce. *Jejunitas, atis,* f. Des —, *inficetiae, arum,* fpl. ◆ **2.** Bassesse. *Humilitas, atis,* f. Des —, *sordes, ium,* fpl.

Platon. *Plato, onis,* m.

platonicien, enne, adj. *Platonicus, a, um.*

plâtras, m. *Rudus, eris,* n.

plâtre, m. *Gypsum, i,* n.

plâtrer, tr. **1.** *Gypsare.* ◆ **2.** (Fig.) Paix plâtrée, *pax conficta,* f.

plâtrière, f. *Gypsi fodina, ae,* f.

plausible, adj. *Probabilis, e.*

plausiblement, adv. *Probabiliter.*

plèbe, f. *Plebs, ebis,* f.

plébéien, enne, adj. *Plebeius, a, um.*

plébiscite, m. *Plebis scitum, i,* n.

plectre, m. *Plectrum, i,* n.

Pléiades, fpl. *Pleiades, um*, fpl.

plein, ne. I. Adj. **1.** *Plenus, a, um* (gén.). A moitié —, *semiplenus.* (Repu) *Epulis refertus, a, um.* ◆ **2.** Pris en son milieu. *Medius, a, um.* La — mer, *medium mare*, n.; *altum, i*, n.; en — jour, *luce;* en — nuit, *multā nocte;* on était en — hiver, *erat hiems summa.* ◆ **3.** Entier. *Plenus.* Plein pouvoir, *summa potestas*, f.; de son — gré, *sponte.* ◆ **II.** Nom m. *Plenum, i*, n. Le trop-plein, *redundatio, onis*, f.; en —, *in medio.* ◆ **III.** Adv. Tout plein. *Plene.*

pleinement, adv. *Plene.*

plénipotentiaire, adj. Envoyer des —, *legatos cum auctoritate mittĕre**.

plénitude, f. *Plenitudo, inis*, f.

pléonasme, m. *Verborum redundantia, ae*, f.

pléthore, f. *Redundatio, onis*, f.

pleurer. I. Intr. *Lacrimare. Flere, eo.* Faire — qqn, *in fletum aliquem adducĕre**. ◆ **II.** Tr. (et Pleurer sur) *Lugere, eo** (acc.).

pleurésie, f. *Lateris dolor, oris*, m.

pleureur, m. *Plorator, oris*, m. Pleureuse (à gages), *praefica, ae*, f.

pleurs, fpl. *Lacrimae, arum*, fpl. *Fletus, us*, m. (Avec sanglots) *Ploratus, us*, m.

pleuvoir, impers. **1.** *Pluere, it** (impers.). Il pleut des pierres, *pluit lapidibus.* ◆ **2.** (Fig.) Les pierres commencent à pleuvoir, *undique lapides jaci coepti** *sunt;* faire — les coups, *verbera ingerĕre**.

pli, m. **1.** D'étoffe. *Ruga, ae*, f. ◆ **2.** De vêtement. *Sinus, us*, m. ◆ **3.** De terrain. *Flexus, us*, m. ◆ **4.** Jointure d'un membre. *Flexus.* ◆ **5.** Lettre. *Epistula, ae*, f. ◆ **6.** (Fig.) Les plis et les replis du cœur, *animi recessus*, mpl.

pliable, adj., et **pliant, ante**, adj. *Flexibilis, e.*

pliage, f., et **pliement**, m. *Plicatura, ae*, f.

plier, et **ployer. I.** Tr. **1.** *Plicare**. ◆ **2.** Courber. *Flectere, o**. Plier les voiles, *vela legĕre**; — bagage, *sarcinas colligĕre**. ◆ **II.** Intr. **1.** S'infléchir. *Flecti**. Plier sous le faix, *oneri succumbĕre**. ◆ **2.** (Fig.) *Esse imparem oneri.* ◆ **3.** Reculer. *Inclinari.* Faire —, *pellere, o** (acc.).

SE PLIER, r. (à). *Se fingĕre** *ad. Servire* (dat.).

Pline. *Plinius, ii*, m.

plisser, tr. *Corrugare.* Plissé. *Rugosus, a, um.*

plomb, m. *Plumbum, i*, n. De —, *plumbeus, a, um;* fil à —, *perpendiculum, i*, n.; donner à — sur, *insistĕre** (dat.).

plomber, tr. *Plumbare.* Plombé, *plumbatus, a, um;* (couleur de plomb) *livens, entis.*

plombier, m. *Plumbarius, ii*, m.

plongeon, m. Oiseau aquatique. *Mergus, i*, m. Faire le —, *mergĕre** *se in aquam.*

plonger. I. Tr. *Mergere, o**

(dans, *in*, acc. ou abl.). Plonger le poignard dans, *defigĕre* sicam in* (abl.); être plongé dans la douleur, *in luctum detrudi**; plongé dans le sommeil, *oppressus* somno.* ◆ **II.** Intr. **1.** (Pers.) *Se mergĕre**. (Sous l'eau) *Urinari.* ◆ **2.** (Ch.) *Submergi, or**. ◆ **3.** (Fig.) *Descendere, o**.

plongeur, m. *Urinator, oris,* m.

pluie, f. *Pluvia, ae,* f. (D'averse) *Imber, bris,* m.

plumage, m. *Plumae, arum,* fpl.

plume, f. **1.** *Pluma, ae,* f. (Grosse plume) *Penna, ae,* f. (Duvet) *Plumula, ae,* f. De —, *plumeus, a, um.* ◆ **2.** Plume pour écrire. *Calamus, i,* m. ◆ **3.** (Fig.) Auteur. Une bonne —, *luculentus scriptor,* m.

plumer, tr. **1.** *Pennas eripere, io** (dat.) ◆ **2.** (Fig.) — qqn, *aliquem argento emungĕre**.

plumet, m. *Penna, ae,* f.

plupart (la), f. *Plerique, pleraeque, pleraque.* La — du temps, *plerumque.*

pluralité, f. *Major pars,* f.

pluriel, elle, adj. *Pluralis, e.*

plus. I. Adv. et nom m. **1.** *Plus.* (Avec un nom sg.) *plus* (gén.); (avec un nom pl.) *plures, a;* (avec un adj. ou un adv.) compar. de l'adj. ou de l'adv., ou *plus* devant le positif; (avec un verbe) *magis;* (avec un verbe d'estime ou de prix) *pluris.* En plus de paroles, *pluribus verbis;* un peu — de peine, *plusculum negotii;* sans — de façons, *haud cunctanter;* en —, *insuper;* être en —, *superesse*;* tout au —, *summum;* si ce n'est —, *aut plus;* qui — est, *quin etiam;* de —, *amplius;* (formule de transition) *tum etiam;* de — en —, *magis magisque;* tant et —, *plus quam satis est;* — que ou — de, *plus* (abl. ou *quam*); — de cent citoyens, *amplius centum cives;* — d'une fois, *non semel;* maintenant — que jamais, *nunc cum maxime;* plus ... plus, *quo ... eo;* ne ... plus, *non amplius; non jam;* il n'y a — qu'à, *relinquitur* ut* (subj.). ◆ **2.** Le plus. (Avec un nom sg.) *plurimum* (gén.); (avec un nom pl.) *plurimi, ae, a;* (avec un adj. ou un adv.) superl. de l'adj. ou de l'adv., ou *maxime* devant le positif; (avec un verbe) *maxime* ou *plurimum;* (avec un verbe d'estime) *plurimi* ou *maximi;* (avec un verbe de prix) *plurimo.* Le plus possible, *quam maxime.* ◆ **II.** Conj. *Et. Praeterea.*

plusieurs, adj. pl. *Plures, a.* Plusieurs fois, *non semel.*

Pluton. *Pluto, onis,* m.

plutôt, adv. *Potius.* Ou plutôt, *immo;* plutôt que, *potiusquam* (ind.); plutôt que de, *potiusquam* (subj.); plutôt mourir qu'être esclave, *mori satius est quam servire.*

pluvial, ale, adj. *Pluvialilis, e.*
pluvieux, euse, adj. *Pluvius, a, um.*
Pô. *Padus, i,* m.
poche, f. **1.** *Sinus, us,* m. Payer de sa —, *annumerare de suo.* ◆ **2.** Jabot. *Ingluvies, ei,* f.
pocher, tr. *Sugillare.*
1. poêle, f. *Sartago, inis,* f.
2. poêle, m. *Hypocaustum, i,* n.
poêlon, m. *Pultarius, ii,* m.
poème, m. *Poema, atis,* n. *Carmen, inis,* n.
poésie, f. **1.** Art d'écrire en vers. *Ars poetarum.* Mot utilisé en poésie, *apud poetas usurpatum verbum.* ◆ **2.** Ouvrage en vers. V. POÈME. ◆ **3.** Charme, grâce. V. ces mots.
poète, m. *Poeta, ae,* m.
poétesse, f. *Poetria, ae,* f.
poétique. I. Adj. *Poeticus, a, um.* ◆ **II.** Nom f. *Poetice, es,* f.
poétiquement, adv. *Poetice.*
poids, m. **1.** Pesanteur. *Gravitas, atis,* f. (Masse) *Moles, is,* f. (Force de pression) *Pondus, eris,* n. (Fardeau) *Onus, eris,* n. Peser de tout son — (sur), *totis viribus incumbĕre** (*in*, acc.); succomber sous le —, *onere opprimi**. ◆ **2.** Poids (à peser). *Pondus. Pondo* (indécl.). Être du — de 80 livres, *pendĕre* pondo octoginta;* acheter au —, *pondere emĕre**; au — de l'or, *auro;* avec — et mesure, *rationibus subductis.* ◆ **3.** (Fig.) Importance. *Pondus. Momentum, i,* n. *Auctoritas, atis,* f. Être d'un grand —, *plurimum valēre*;* être de peu de poids, *haud magni momenti esse.*
poignant, ante, adj. Douleur —, *aegritudo premens.*
poignard, m. *Pugio, onis,* m. (A lame recourbée) *Sica, ae,* f.
poignarder, tr. *Pugione percutere, io**.
poignée, f. **1.** *Pugnus, i,* m. A —, *plenis manibus;* — de main, *manus inter se complexae*;* donner une — de main, *dexteras interjungĕre**. ◆ **2.** Manche. *Manubrium, ii,* n. (D'épée) *Capulus, i,* m. ◆ **3.** Troupe. *Manus, us,* f.
poignet, m. *Carpus, i,* m.
poil, m. **1.** *Pilus, i,* m. (Poil follet) *Lanugo, ginis,* f. (Poil des animaux) *Villus, i,* m. (Des étoffes) *Pexitas, atis,* f. A rebrousse-poil, *contra pilum.* ◆ **2.** Couleur. *Color, oris,* m.
poilu, ue, adj. *Pilosus, a, um.* (Animal) *Villosus.*
poinçon, m. *Acumen, inis,* n. (Pour écrire) *Graphium, ii,* n. (Pour marquer les monnaies) *Forma, ae,* f.
poindre, intr. **1.** (Plantes) *Enasci, or**. ◆ **2.** (Jour) *Illucescere, o**.
poing, m. *Pugnus, i,* m. Fermer le —, *pugnum facĕre, io*;* se battre à coups de —, *pugnis certare.*
point, m. **1.** *Punctum, i,* n.

Point de côté, *lateris dolor*, m.; au — du jour, *primā luce;* — cardinaux, *regiones caeli quattuor;* — de vue, *prospectus, us*, m. ◆ **2.** (Fig.) A mon — de vue, *meā sententiā;* — culminant, *vertex, icis*, m.; donner un — d'appui à, *fulcire** (acc.); se trouver à — nommé, *praesto esse.* ◆ **3.** Lieu. *Pars, partis*, f. (État) *Locus, i*, m. De tout —, *omni ex parte;* les choses en étaient à ce — que, *res erat eo jam loci ut* (subj.); au — que, *adeo ut* (subj.); jusqu'à ce —, *eatenus.* ◆ **4.** Instant. *Temporis punctum*, n. Je suis sur le — de faire, *in eo sum ut faciam*; facturus sum;* à —, *tempore.* ◆ **5.** Sujet. *Locus. Res, rei*, f. Division d'un discours. *Punctum. Caput, itis*, n. Point par point, *articulatim;* sur ce —, *hac de re.* ◆ **6.** Point important. *Summa, ae*, f. ◆ **7.** Ne... point. *Non.*

pointe, f. **1.** *Acumen, inis*, n. (D'un végétal) *Aculeus, i*, m. (D'une montagne) *Vertex, icis*, m. Tailler en —, *acuĕre;* sur la — des pieds, *suspenso gradu.* ◆ **2.** (Fig.) Faire une — vers, *divertĕre** *ad;* à la — du jour, *primo diluculo;* — (mot piquant), *acumen.*

pointer, tr. **1.** Diriger vers. *Dirigere, o**. ◆ **2.** Marquer un point. *Puncto notare.*

pointilleux, euse, adj. *Spinosus, a, um.*

pointu, ue, adj. *Acutus, a, um.*

poire, f. *Pirum, i*, n.

poireau, m. *Porrum, i*, n.

poirier, m. *Pirus, i*, f.

pois, m. *Pisum, i*, n.

poison, m. *Venenum, i*, n.

poisser, tr. *Picare.*

poisseux, euse, adj. *Lentus, a, um.*

poisson, m. *Piscis, is*, m. Petit —, *pisciculus, i*, m.

poissonneux, euse, adj. *Pisculentus, a, um.*

poissonnier, m. *Piscarius, ii*, m.

poitrail, m. *Pectus, oris*, n.

poitrinaire, adj. *Phthisicus, a, um.*

poitrine, f. *Pectus, oris*, n.

poivre, m. *Piper, eris*, n.

poivrer, tr. *Piper aspergere, o** (dat.). Poivré, *piperatus, a, um.*

poix, f. *Pix, picis*, f. De —, *piceus, a, um.*

polaire, adj. L'étoile —, *polus, i*, m.

pôle, m. *Polus, i*, m. *Vertex, icis*, m.

polémique, f. *Contentio, onis*, f.

poli, ie. I. Adj. **1.** Lisse. *Politus, a, um.* ◆ **2.** Brillant. *Fulgens, entis.* Être —, *nitere**. ◆ **3.** (Fig.) Travaillé. *Politus. Nitidus, a, um.* ◆ **4.** Civilisé. *Expolitus, a, um. Humanus.* ◆ **5.** Qui a de la politesse. *Urbanus, a, um. Comis, e.* ◆ **II.** Nom. **1.** *Nitor, oris*, m. *Levor, oris*, m. ◆ **2.** (Fig.) Donner le dernier — à, *perpolire* (acc.).

police, f. *Rei publicae tempe-*

ratio, onis, f. Agent de —, *conquaestor, oris*, m.
policer, tr. (*Ad humanitatem*) *excolere, o**.
poliment, adv. *Comiter*.
polir, tr. *Polire. Expolire*.
polissage, m. *Politura, ae*, f.
polisseur, m. *Politor, oris*, m.
polissoir, m. *Dens, dentis*, m.
politesse, f. *Comitas, atis*, f. (Élégance) *Urbanitas, atis*, f. Une —, *officium, ii*, n.; faire des — à, *comiter accipĕre, io** (acc.); dire des — à, *blande appellare* (acc.); les — échangées, *salute acceptā redditāque;* brûler la — à qqn., *evadĕre**.
politique. I. Adj. 1. *Politicus, a, um*. ◆ 2. Rusé. *Callidus, a, um*. ◆ 3. Nom m. *Pragmaticus homo*, m. Un politique retors, *veterator, oris*, m. ◆ II. Nom f. 1. Art. *Rerum civilium scientia, ae*, f. ◆ 2. Conduite. *Calliditas, atis*, f.
politiquement, adv. 1. *Ex civili ratione*. ◆ 2. Habilement. *Callide*.
pollen, m. *Pulvis, eris*, m.
Pologne. *Polonia, ae*, f. Les Polonais, *Poloni, orum*, mpl.
poltron, m. *Ignavus, a, um*.
poltronnerie, f. *Ignavia, ae*, f.
polygame, m. Les Indiens sont —, *singulis Indis plures solent* esse nuptae*.
polygone. I. Adj. *Polygonius, a, um*. ◆ II. Nom m. *Polygonum, i*, n.
polype, m. *Polypus, i*, m.
pommade, f. *Unguentum, i*, n.
pommader, tr. *Ungere, o**.
pomme, f. 1. Fruit. *Malum, i*, n. ◆ 2. (Fig.) (De pin) *Pinea, ae*, f. (De terre) *Solanum tuberosum*, n. ◆ 3. Boule. *Bulla, ae*, f.
pommelé, ée, adj. *Guttatus, a, um*.
pommeraie, f. *Malarium, ii*, n.
pommier, m. *Malus, i*, f.
Pomone. *Pomona, ae*, f.
pompe, f. 1. Magnificence. *Pompa, ae*, f. *Apparatus, us*, m. ◆ 2. Machine. *Antlia, ae*, f.
Pompée. *Pompeius, ii*, m.
pomper, tr. 1. *Antliā tollere, o**. *Exhaurire**. ◆ 2. (Fig.) *Bibere, o**.
pompeusement, adv. *Magnifice*.
pompeux, euse, adj. *Magnificus, a, um*.
ponce, f. Pierre —. *Pumex, icis*, m.
poncer, tr. *Pumicare*.
ponction, f. *Paracentesis, is*, f.
ponctualité, f. *Sedulitas, atis*, f.
ponctuation, f. *Interpunctio, onis*, f.
ponctuel, elle, adj. *Sedulus, a, um*.
ponctuellement, adv. *Sedulo*.
ponctuer, tr. *Interpungere, o**.
pondération, f. *Aequus animus*, m.
pondre, tr. et intr. (*Ova*) *edere, o**.
pont, m. 1. *Pons, pontis*, m.

Petit —, *ponticulus, i*, m. — sur pilotis, *pons sublicius;* pont volant, *ratis, is*, f.; faire un — de bateaux, *jungĕre* naves;* ponts et chaussées, *pontes et viae.* ◆ **2.** Pont (de navire). *Tabulatum, i*, n.
Pont. *Pontus, i*, m.
ponte, f. *Fetura, ae*, f.
ponté, ée, adj. Navire —, *navis tecta*, f.
Pont-Euxin. *Pontus Euxinus*, m.
pontife, m. *Pontifex, icis*, m. Le grand —, *pontifex maximus*, m.
pontifical, ale, adj. *Pontificalis, e.*
pontificat, m. *Pontificatus, us*, m.
pont-levis, m. *Pons levatilis*, m.
ponton, m. *Ponto, onis*. m.
populace, f. *Plebecula, ae*, f. *Popellus, i*, m.
populaire, adj. **1.** Du peuple ou qui plaît au peuple. *Popularis, e.* ◆ **2.** Être —, *esse in gratiā.* Répandu dans le peuple. *Vulgaris, e.*
populariser, tr. Répandre. *Vulgare.*
popularité, f. *Populi favor, oris*, m.
population, f. **1.** Nombre d'habitants. *Multitudo* (*inis*, f.) *hominum.* ◆ **2.** Habitants. *Homines, um*, mpl. *Cives, ium*, mpl. *Plebs, plebis*, f.
populeux, euse, adj. *Celeber, bris, bre.*
porc, m. *Sus, suis*, m. *Porcus, i*, m. Petit —, *porculus, i*, m.; de —, *porcinus, a, um*; viande de —, *suilla, ae*, f.
porcelaine, f. *Porcellana, ae*, f.
porc-épic, m. *Hystrix, icis*, f.
porche, m. *Pronaon, i*, n.
porcher, m. *Subulcus, i*, m.
pores, mpl. *Spiramenta, orum*, npl. Par tous les —, *per omnes vias.*
poreux, euse, adj. *Pumicosus, a, um.*
porphyre, m. *Porphyrites, ae*, m.
port, m. **1.** Démarche. *Incessus, us*, m. ◆ **2.** Transport. *Vectura, ae*, f. ◆ **3.** Port de mer. *Portus, us*, m. (Ville) *Urbs maritima*, f. ◆ **4.** (Fig.) Refuge. *Portus.*
portail, m. *Janua, ae*, f.
portant. I. Part. A bout —, *comminus.* ◆ **II.** Adj. Bien —, *valens, entis;* mal —, *invalidus, a, um.*
portatif, ive, adj. *Expeditus, a, um.*
porte, f. **1.** De ville. *Porta, ae*, f. ◆ **2.** De maison. *Janua, ae*, f. ◆ **3.** D'appartement. *Ostium, ii*, n. ◆ **4.** De derrière. *Posticum, i*, n. ◆ **5.** A deux battants. *Valvae, arum*, fpl. *Fores, ium*, fpl. Frapper à la —, *fores pulsare;* mettre à la —, *foras excludĕre*.* ◆ **6.** (Fig.) A la —, aux portes de, *in proximo; in limine* (gén.).
porte-clef, m. *Clavicularius, ii*, m.
porte-crayon, m. *Graphiarium, ii*, n.

porte-drapeau, m. *Signifer, eri,* m.

portée, f. **1.** Tous les petits nés ensemble. *Fetus, us,* m. ◆ **2.** Distance. A la — d'un trait, *ad teli jactum;* venir à —, *sub ictum venire*;* avoir à — de la main, *ad manum habēre*;* être à —, *praesto esse.* ◆ **3.** Capacité. *Captus, us,* m. A la — de, *accommodate ad intellegentiam* (gén.); au-dessus de notre —, *procul a nostrā cognitione.* ◆ **4.** Étendue. *Longitudo, inis,* f. ◆ **5.** (Fig.) *Vis, vis,* f. Sentir toute la — (d'un mot), *vidēre* quid valeat* (verbum).*

portefaix, m. *Bajulus, i,* m.

portefeuille, m. *Scrinium, ii,* n.

portemanteau, m. **1.** Valise. *Vidulus, i,* m. ◆ **2.** Garde-robe. *Arca vestiaria,* f.

porter. I. Tr. **1.** Avoir sur soi; soutenir. *Ferre, fero*.* Porter sur ses épaules, *umeris sustinēre*;* porter dans son cœur (fig.), *in oculis ferre;* — de la haine à qqn, *gerĕre* odium in aliquem.* ◆ **2.** Transporter. *Portare.* — par eau, *subvehĕre*;* — en terre, *efferre*;* — la guerre dans, *bellum inferre** (dat. ou *in,* acc.); — qqn au ciel (fig.), *ferre* in caelum aliquem;* — une affaire devant qqn, *rem deferre* ad aliquem;* — en compte, *in rationes referre*.* ◆ **3.** Diriger. Porter la main à, *manum admovēre** (dat.); — ses regards, *intendĕre* aciem;* — un coup, *ictum infligĕre*.* ◆ **4.** Pousser; exciter. *Agere, o*.* Porter son cheval en avant, *equum incitare*;* — au crime, *impellĕre* ad scelus;* — à (faire), *inducĕre* ut* (subj.). ◆ **5.** Supporter. *Ferre. Pati, ior*.* Porter impatiemment, *aegre ferre;* — la peine de, *poenas ferre* (gén.). ◆ **6.** Produire. *Ferre. Afferre, fero*.* Porter des fruits, *fructum afferre;* — préjudice, *ferre incommodum;* — malheur à, *exitio esse* (dat.). ◆ **7.** (Divers) Porter une loi, *legem ferre;* — la parole, *verba facĕre, io*;* — un jugement, *sententiam ferre;* le traité portait que, *pacto convenit* ut* (subj.); l'un portant l'autre (fig.), *peraeque;* — (mesurer), *tenēre** (acc.). ◆ **II.** Intr. **1.** Poser sur. *Incumbere, o** (dat. ou *in,* acc.). — à faux (fig.), *falsum esse.* ◆ **2.** Porter son fruit. *Partum ferre.* ◆ **3.** Atteindre. *Non frustra accĭdĕre*;* — au cerveau, *tentare caput;* où porte ce discours? *quorsum haec pertinent*?*

SE PORTER, r. **1.** Avoir une disposition pour. *Ferri** (*ad*). Porté à, *propensus ad.* ◆ **2.** Se porter pour, *ferre* se pro;* se — fort pour qqn, *de altero affirmare;* se — (candidat), *petĕre** (*magistratum*). ◆ **3.** Être dans tel état de santé. *Se habēre*.* Se bien —, *valēre*;* se mal —, *non bene se habēre*.*

porteur, se, m. f. *Gestator, oris,* m. *Gestatrix, icis,* f. (De litière) *Lecticarius, ii,*

m. (D'une nouvelle) *Nuntius, ii*, m.

portier, ière, m. f. *Janitor, oris*, m. *Janitrix, icis*, f.

portion, f. *Pars, partis*, f. *Portio, onis*, f.

portique, m. *Porticus, us*, f.

portrait, m. **1.** Tableau. *Imago, inis*, f. Faire le — de, *pingĕre* simulacrum* (gén.). ◆ **2.** Personne ressemblant à une autre. *Effigies, ei*, f. Être tout le — de, *faciem exhibēre** (gén.). ◆ **3.** Description. *Effigies*. Faire le — de, *describere, o** (acc.).

Portugal. *Lusitania, ae*, f. Du —, *Lusitanus, a, um.*

pose, f. **1.** Action de poser. *Positura, ae*, f. ◆ **2.** Attitude. *Habitus, us*, m.

posément, adv. *Sedate.*

poser. I. Tr. *Collocare. Ponere, o**. Posé, *positus, a, um;* (grave) *sedatus.* ◆ **II.** Intr. **1.** Poser sur. *Incumbere, o** (dat. ou *in*, acc.). ◆ **2.** S'arrêter. *Residere, eo**.

SE POSER, r. **1.** *Considere, o**. ◆ **2.** (Fig.) Se bien —, *praeclare consistĕre;* se poser comme chef, *ducem se profitēri**.

positif, ive, adj. Certain. *Certus, a, um.*

position, f. **1.** *Situs, us*, m. (Lieu) *Locus, i*, m. ◆ **2.** (Fig.) *Status. Condicio, onis*, f. Position gênée, *angustiae, arum*, fpl.; dans ma triste —, *in pessimis rebus*; être en — de, *eum esse qui* (subj.).

positivement, adv. *Certe.*

posséder, tr. **1.** Avoir à soi. *Possidere, eo**. ◆ **2.** Connaître. *Tenere, eo**. ◆ **3.** Maîtriser (en parl. d'une passion). *Occupare.* Possédé de désirs pervers, *captus* pravis cupidinibus;* possédé (du démon), *habens* daemonium.*

SE POSSÉDER, r. Être maître de soi. *Sui compotem esse. Animo moderari.* Ne plus se —, *de potestate exire, eo*;* ne pas se — de joie, *laetitiā efferri**.

possesseur, m. *Possessor, oris* m.

possession, f. **1.** *Possessio, onis*, f. Entrer en —, *in possessionem venire*;* rentrer en — de, *recuperare* (acc.). ◆ **2.** (Pl.) Biens. *Possessiones, um*, fpl. *Bona, orum*, npl. ◆ **3.** Possession diabolique. *Energema, atis*, n.

possibilité, f. *Facultas, atis*, f. S'il y a —, *si ullo modo potest* fieri.*

possible, adj. Être —, *fieri* posse*;* il ne lui était pas — de rester, *nulla illi manendi facultas erat;* autant que —, *ut* ou *quoad facultas fert*;* le plus —, *quam maxime;* le plus tôt —, *quam citissime* (*potest**); le moins —, *minime;* j'ai toute l'amitié — pour, *vehementer diligo** (acc.); faire tout son — pour, *omnia facĕre* (*io**) *ut* (subj.).

1. poste, m. **1.** Troupe. *Statio, onis*, f. ◆ **2.** Place fixée à un soldat. *Praesidium, ii*, n. *Locus, i*, m. Rester à son —, *suo loco se continēre**. ◆ **3.** (Fig.) Fonction. *Munus, eris*, n.

2. poste, f. *Cursus publicus,* m. Cheval de —, *veredus, i,* m.; voiture de —, *carpentum, i,* n.

poster, tr. *Ponere, o**. *Collocare.* Se — dans ou sur, *occupare* (acc.).

postérieur, eure, adj. *Posterior, ius* (à, abl. ou *quam*).

postérieurement, adv. *Posterius.*

postérité. f. **1.** Enfants. *Liberi, orum,* mpl. ◆ **2.** Ages futurs. *Posteritas, atis,* f. *Posteri, orum,* mpl. Transmettre à la —, *memoriae tradĕre**.

posthume, adj. *Postumus, a, um.*

postiche, adj. *Falsus, a, um. Fictus.*

postillon, m. *Veredarius, ii,* m.

postulant, m. *Candidatus, i,* m. *Petitor, oris,* m.

postuler, tr. *Postulare.*

posture, m. *Status, us,* m. Être en bonne — dans le monde, *florēre** *auctoritate.*

pot, m. **1.** *Vas, vasis,* n. Pot au lait, *sinus, i,* m.; pot à vin, *amphora, ae,* f.; pot de chambre, *matula, ae,* f. ◆ **2.** (Fig.) Pot-de-vin. *Corollarium, ii,* n.

potable, adj. *Potulentus, a, um.*

potage, m. *Intrita, ae,* f.

potager, ère, adj. Plantes —, *holera, um,* npl.; jardin —, *holitorius hortus,* m.

poteau, m. *Palus, i,* m.

potelé, ée, adj. *Teres, etis.*

potence, f. *Patibulum, i,* n.

potentat, m. *Rerum omnium potens, entis. Princeps, cipis,* m.

poterie, f. *Figulina, orum,* npl.

potier, m. *Figulus, i,* m. Terre à —, *lutum, i,* n.

potion, f. *Potio, onis,* f.

potiron, m. *Pepo, onis,* m.

pou, m. *Pediculus, i,* m.

pouah! interj. *Phui!*

pouce, m. **1.** *Pollex, icis,* m. Mettre les — (fig.), *manus dare**. ◆ **2.** Mesure. *Uncia, ae,* f.

poudre, f. **1.** *Pulvis, eris,* m. Jeter de la — aux yeux de (fig.), *facĕre* (*io**) *fucum* (*alicui*); mettre en —, *concerpĕre**. ◆ **2.** Poudre à canon. *Pulvis sulfureus.* ◆ **3.** (Fig.) Tirer sa — aux moineaux, *oleum perdĕre**; qui n'a pas inventé la —, *hebeti ingenio;* mettre le feu aux —, *incendium concitare.*

poudreux, euse, adj. *Pulverulentus, a, um.*

pouffer, intr. *Risu dissilire**.

Pouille. *Apulia, ae,* f.

pouilleux, euse, adj. *Pediculosus, a, um.*

poulailler, m. **1.** *Gallinarium, ii,* n. ◆ **2.** Au théâtre. *Ultima* (*ae*) *cavea* (*ae*), f.

poulain, m. *Equulus, i,* m.

poule, f. **1.** *Gallina, ae,* f. De —, *gallinaceus, a, um.* **2.** (Fig.) Poule mouillée, *turturilla, ae,* f.; avoir la chair de —, *exhorrescĕre**.

poulet, ette, m. f. *Pullus, i,* m. *Gallinula, ae,* f.

pouliche, f. *Equula, ae,* f.

poulie, f. *Trochlea, ae,* f.

poulpe, m. *Polypus, i,* m.
pouls, m. *Pulsus, us,* m. Tâter le —, *venam tangĕre**.
poumon, m. *Pulmo, onis,* m. De toute la force de ses —, *vi summā vocis.*
poupe, f. *Puppis, is* (acc. *im,* abl. *i*), f.
poupée, f. *Pupa, ae,* f.
poupon, onne, m. f. *Pullus, i,* m. *Pupus, i,* m. *Pupa, ae,* f.
pour, prép. marquant : **1.** L'attribution et l'intérêt. Datif. *Pro* (abl.). Il est glorieux pour moi, *mihi gloriosum est*; chacun moissonne pour soi, *sibi quisque metit*;* parler pour Cotta, *pro Cottā dicĕre*;* être pour César, *partes Caesaris tenere*;* soutenir le pour et le contre, *in utramque partem disserĕre**. ◆ **2.** Le but. *Ad* (acc.). *In* (acc.). Chose bonne pour l'usage, *res ad usum apta*; partir pour l'exil, *proficisci* in exsilium.* (Devant un verbe) *Ad* (*faciendum*). (*Faciendi*) *causa. Ut* (*faciat*). Pour vous exhorter, *vestri adhortandi causā.* Pour que, *ut* (subj.); pour ne pas, pour que ne pas, *ne* (subj.); je suis trop grand pour, *major sum quam pro* (abl.), *quam ut* (subj.); être pour (faire qqch.), *in eo esse ut* (subj.). ◆ **3.** La cause. *Ob* (acc.). *Propter* (acc.). Pour cela, *ob hoc;* pour de justes motifs, *justis de causis;* pour soi-même, *propter se;* condamner pour crime, *damnare sceleris.* (Devant un verbe) *Quia* (indic.). *Quod* (indic. ou subj.). Pour être de l'avis d'un sage, il n'y a pas lieu de rougir, *non est quod te pudeat* sapienti assentientem**. ◆ **4.** La considération. (A l'égard de) *In* (acc.). *Erga* (acc.). L'amour des chiens pour leur maître, *amor canum in dominos.* (Eu égard à) *Pro* (abl.). Pour son temps, *ut illis temporibus;* pour ce qui me regarde, *quod ad me attinet*;* pour moi, je..., *ego vero;* pour Dieu, *per deos!* ◆ **5.** La durée ou l'échéance. *In* (acc.). Inviter pour le lendemain, *in posterum diem invitare;* pour toujours, *in perpetuum.* ◆ **6.** La substitution; la compensation. *Pro* (abl.). Il fut puni pour son compagnon, *pro socio subiit* poenas;* mot pour mot, *ad verbum;* payer pour la voiture, *pro vecturā solvĕre*;* je te le laisse pour cent sesterces, *habe* tibi centum nummis.* ◆ **7.** La qualité. *Pro* (abl.). *Ut.* Tu auras cela pour récompense, *hoc tibi praemio erit;* tenir pour certain, *pro certo habēre*;* passer pour, *habēri;* prendre pour femme, *ducĕre* uxorem* (*aliquam*)*;* il eut pour maître Lysis, *praeceptorem habuit* Lysim.* ◆ **8.** La concession. *Quamvis* (subj.). Pour rustique qu'il soit, *quantumvis rusticus sit;* pour peu qu'il possède, *quantulumcumque possidet**.
pourboire, m. *Mercedula, ae,* f.
pourceau, m. *Porcus, i,* m.
pourchasser, tr. **1.** *Persequi,*

*or**. ◆ **2.** Rechercher. *Sequi, or**.

pourfendre, tr. *Medium dividere, o** (*aliquem*).

pourparler, m. *Colloquium, ii,* n. Entrer en —, *venire* in colloquium.*

1. pourpre, m. **1.** Coquillage. *Murex, icis,* m. ◆ **2.** Couleur. *Purpura, ae,* f.

2. pourpre, f. Étoffe. *Purpura, ae,* f.

3. pourpre, adj. et **pourpré, ée,** adj. **1.** *Purpureus, a, um.* ◆ **2.** (Fig.) *Rubicundus, a, um.*

pourquoi. I. Conj. *Cur. Quare.* Je désire savoir —, *scire cupio* quae causa sit cur* (subj.); sans savoir —, *sine causā;* c'est —, voilà —, *itaque; quare; quam ob rem.* ◆ **II.** Adv. interrog. *Cur? Quare?* — donc? *Quid ita?* — pas? *quidni?* ◆ **III.** Nom m. Le —, *causa, ae,* f.

pourrir. I. Tr. *Putrefacere, io**. ◆ **II.** Intr. et SE POURRIR, r. *Putrescere, o**.

pourriture, f. *Corruptio, onis,* f.

poursuite, f. **1.** *Consectatio, onis,* f. On envoya à leur —, *missi* sunt qui eos sequerentur**. ◆ **2.** (Fig.) Brigue. *Petitio, onis,* f. ◆ **3.** Procédure. *Quaestio, onis,* f. *Actio, onis,* f. Exercer des — contre, *crimen inferre** (dat.).

poursuivant, m. **1.** *Persecutor, oris,* m. ◆ **2.** Prétendant. *Procus, i,* m.

poursuivre, tr. **1.** *Persequi, or**. *Insequi, or**. ◆ **2.** En justice. *Judicio persequi**. Être poursuivi, *esse in crimine;* poursuivre qqn pour concussion, *postulare aliquem de pecuniā repetundā.* ◆ **3.** (Fig.) Importuner. *Instare** (dat.). ◆ **4.** Continuer. *Persequi**. Je poursuis, *pergam* ad reliqua.*

pourtant, adv. *Tamen.*

pourtour, m. *Circuitus, us,* m. *Ambitus, us,* m.

pourvoi, m. *Appellatio, onis,* f.

pourvoir. I. Intr. *Providere, eo** (à qqch., *rei, rem* ou *de re*). ◆ **II.** Tr. **1.** (De choses nécessaires) *Instruĕre, o** (de, abl.). ◆ **2.** (De choses superflues) *Ornare* (de, abl.). ◆ **3.** Marier. *Collocare* (acc.).

SE POURVOIR, r. **1.** Se fournir de. *Providere, eo**. ◆ **2.** Faire appel. *Appellationem interponere, o**.

pourvoyeur, m. *Peni procurator, oris,* m.

pourvu que, conj. *Dum* (subj.). *Dum modo* (subj.). Pourvu que ne... pas, *modo ne* (subj.).

pousse, f. **1.** Action de pousser. *Germinatio, onis,* f. ◆ **2.** Branche. *Stilus, i,* m.

poussée, f. *Impetus, us,* m.

pousser. I. Tr. **1.** Déplacer. *Pellere, o**. (En avant) *Propellere, o**. *Impellere, o**. Pousser à bout, *incendĕre* ;* — l'affaire à ce point que, *deducĕre* rem huc ut* (subj.); — qqn aux honneurs, *provehĕre* aliquem ad honores.* ◆ **2.** (Fig.) Exciter. *Impellĕre* (à, *ad*, gér. ou *ut*, subj.). *Incitare.* (Presser) *Urgere, eo**. ◆ **3.**

Produire. *Mittere, o**. Pousser des feuilles, *folia emittĕre**. ◆ 4. Proférer. *Mittĕre**. *Fundere, o**. Pousser des cris, *clamorem edĕre**. ◆ II. Intr. 1. Se diriger. *Pergere, o**. Pousser plus loin, *longius procedĕre**. ◆ 2. Croître. *Prodire, eo**. *Exire, eo**. Laisser — sa barbe, *barbam promittĕre**.

SE POUSSER, r. (Dans le monde) *Se proferre**.

poussière, f. *Pulvis, eris*, m. Mordre la —, *humum ore mordēre**.

poussif, ive, adj. *Anhelus, a, um.*

poussin, m. *Pullus, i*, m.

poutre, f. *Trabs, bis*, f.

1. pouvoir, intr. et tr. *Posse, possum** (acc.). (Avoir la force) *Valere, eo** (*ad*, gér.). Je ne peux pas, *nequeo** (inf.); je ne peux m'empêcher de, *non possum non* (inf.); *facĕre non possum quin* (subj.); n'en pouvoir plus, *deficĕre, io**; pouvoir beaucoup, *pollēre**; je n'en puis mais (fig.), *non est in meā potestate;* il se peut, *fieri potest**. Un homme on ne peut plus sot, *stultissimus homo.*

2. pouvoir, m. 1. Faculté d'agir. (Physique) *Facultas, atis*, f. (Moral) *Potestas, atis*, f. Avoir le — de, *posse** (inf.); il n'est plus en mon — de, *non est integrum mihi* (inf.); avec pleins —, *cum liberis mandatis.* ◆ 2. Droit de commander. *Potestas.* Le souverain —, *imperium, ii*, n.; être au — de, *esse in dicione* (gén.). ◆ 3. Ascendant. *Auctoritas, atis*, f. Avoir un grand — sur, *multum valēre* apud* (acc.).

prairie, f. *Pratum, i*, n.

praticable, adj. 1. Faisable. *Qui fieri potest**. ◆ 2. Où l'on peut passer. *Pervius, a, um.* ◆ 3. Sociable. *Facilis, e.*

praticien, m. 1. Du droit. *Pragmaticus, i*, m. ◆ 2. De la médecine. *Medicinae artis peritus.*

pratique. I. Adj. Art —, *ars activa*, f.; homme —, *actuosus, i*, m. ◆ II. 1. Nom f. *Usus, us*, m. Mettre en —, *usurpare.* ◆ 2. (Pl.) Menées. *Artes, ium*, fpl. ◆ 3. Clients. *Assueti emptores*, mpl.

pratiquer, tr. 1. *Exercere, eo**. ◆ 2. Exécuter. *Efficere, io**. ◆ 3. Fréquenter. *Uti, or** (abl.). ◆ 4. Suborner. *Sollicitare* (acc.).

pré, m. *Pratum, i*, n.

préalablement, adv. *Prius.*

préambule, m. *Praefatio, onis*, f.

précaire, adj. *Precarius, a, um.*

précairement, adv. *Precario.*

précaution, f. *Cautio, onis*, f. User de —, *praecavēre**; avec —, *caute;* sans —, *incaute.*

précautionné, ée, adj. *Cautus, a, um.*

précautionner (se), r. *Providere, eo**. Se — contre, *cavēre* ab.*

précédemment, adv. *Antea.*

précédent, ente. I. Adj. *Superior, ius.* ◆ II. Nom m. *Ante facta, orum*, npl. Les — (d'un homme), *ante acta vita;* servir de —, *locum dare**.

précéder, tr. **1.** Marcher devant. *Praegredi, ior** (acc.). ◆ **2.** Exister avant. *Praecurrere, o** (dat.). Ceux qui nous ont précédés, *superiores, um,* mpl.

précepte, m. *Praeceptum, i,* n.

précepteur, m. *Praeceptor, oris,* m.

prêcher, tr. *Praedicare.*

précieusement, adv. *Diligentissime.*

précieux, euse, adj. **1.** D'un grand prix. *Pretiosus, a, um.* Plus — que, *pluris quam.* ◆ **2.** Affecté. *Urbanior, ius. Putidus, a, um.*

précipice, m. **1.** *Praeceps, ipitis,* n. ◆ **2.** (Fig.) Tomber dans le —, *ruĕre.*

précipitamment, adv. **1.** *Festinanter.* ◆ **2.** Étourdiment. *Inconsulte.*

précipitation, f. *Festinatio, onis,* f. ◆ **2.** Étourderie. *Inconsiderantia, ae,* f. Sans —, *mature.*

précipiter, tr. **1.** *Praecipitare* (de, *ex*). ◆ **2.** Renverser. *Dejicere, io**. ◆ **3.** Hâter. *Maturare.* Se — (courir), *irruĕre.* ◆ **4.** (Fig.) *Properare;* précipité (fait à la hâte), *properatus, a, um; praeceps, ipitis.*

précis, ise. I. Adj. **1.** *Certus, a, um.* ◆ **2.** Exact. *Exactus.* En termes —, *diserte.* ◆ **II.** Nom m. *Epitoma, ae,* f.

précisément, adv. *Certo. Plane.* Oui —, *scilicet;* — lorsque, *cum maxime* (indic.); — le jour où, *eo ipso die quo* (indic.); — cette année-là, *eo potissimum anno.*

préciser, tr. *Pro certo affirmare. Subtiliter exsequi, or**.

précision, f. *Subtilitas, atis,* f.

précité, ée, adj. *Praedictus, a, um.*

précoce, adj. *Praecox, ocis. Praematurus, a, um.*

précocité, f. *Maturitas praecox,* f.

préconçu, ue, adj. Opinion —, *praejudicata opinio,* f.

préconiser, tr. *Laudibus efferre, fero**.

précurseur. I. Nom m. *Praecursor, oris,* m. ◆ **II.** Adj. *Praenuntius, a, um.*

prédécesseur, m. *Decessor, oris,* m. Nos —, *majores, um,* mpl.

prédestination, f. *Praedestinatio, onis,* f.

prédestiner, tr. *Praedestinare.*

prédicateur, m. *Praedicator, oris,* m.

prédication, f. *Praedicatio, onis,* f.

prédiction, f. **1.** *Praedictio, onis,* f. ◆ **2.** Chose prédite. *Praedicta, orum,* npl.

prédilection, f. *Praecipuus amor,* m. Avoir une — pour, *eximie diligĕre** (acc.).

prédire, tr. **1.** Par inspiration. *Praedicere, o**. *Vaticinari.* ◆ **2.** Par conjecture. *Augurari.*

prédominant, ante, adj. *Praecipuus, a, um.*

prédominer, intr. *Praevalere, eo**.

prééminence, f. *Praestantia, ae,* f.

prééminent, ente, adj. *Praestans, antis.*

préface, f. *Praefatio, onis*, f.

préfecture, f. *Praefectura, ae*, f.

préférable, adj. *Potior, ius.* Il est — de, *satius est* (inf.).

préférablement, adv. *Potissimum.* Préférablement à, *prae* (abl.).

préférence, f. *Praejudicium, ii*, n. *Primae* (ou *priores*) *partes*, fpl. Donner la — à, *primas deferre** (dat.); de —, *potissime.*

préférer, tr. *Anteponere, o** (*aliquem* ou *rem alicui*). Préférer (faire), *melius habēre** (inf.); *malle* *(inf.).

préfet, m. *Praefectus, i*, m.

préjudice, m. *Damnum, i*, n. *Detrimentum, i*, n. A notre —, *nostro incommodo;* sans — des droits, *salvo jure.*

préjudiciable, adj. *Detrimentosus, a, um. Noxius.*

préjudicier, intr. *Detrimentum afferre** (dat.). *Detrimento esse* (dat.).

préjugé, m. **1.** Jugement antérieur. *Praejudicium, ii*, n. ◆ **2.** Opinion préconçue. *Praeceptio, onis*, f. ◆ **3.** Opinion fausse. *Falsa opinio*, f.

préjuger, tr. **1.** *Praejudicare.* ◆ **2.** Prévoir. *Conjicere, io**.

prélasser (se), r. *Magnifice incedere, o**.

prélat, m. *Praesul, ulis*, m.

prélever, tr. *Praecipere, io**. *Detrahere, o** (sur, *de*).

préliminaire. I. Adj. Exercice —, *praelusio, onis*, f. ◆ **II.** Nom m. Ces — une fois réglés, *his praeparatis;* après ces — de paix, *tali condicione propositā.*

prélude, m. **1.** *Praecentio, onis*, f. ◆ **2.** (Fig.) *Primitiae, arum*, fpl.

préluder, intr. *Proludere, o**.

prématuré, ée, adj. *Immaturus, a, um.*

prématurément, adv. *Praemature.*

préméditation, f. *Cogitatio, onis*, f. Avec —, *cogitate.*

préméditer, tr. *Cogitare.* Prémédité, *praecogitatus, a, um.*

prémices, fpl. *Primitiae, arum*, fpl.

premier, ière, adj. *Primus, a, um.* (En parl. de deux) *Prior, ius.* (Antérieur) *Pristinus.* Homme du — mérite, *vir primarius;* le — à s'exposer, *in periculo princeps;* au — jour, *primo quoque tempore;* les — citoyens, *principes, um*, mpl.; nombre —, *incompositus numerus.*

premièrement, adv. *Primum. Primo.*

premier-né, m. *Primogenitus, i*, m.

prémunir, tr. *Tueri, eor**.

prenable, adj. *Expugnabilis, e.*

prendre. I. Tr. **1.** *Capere, io**. Prendre qqn par la main, *prehendĕre* aliquem manu;* — (qqch.) dans la main, *sumĕre** (*aliquid*) *in manus;* — rapidement, *rapĕre, io*; arripere, io*;* — à la dérobée, *subripere, io*;* — au tas, *ex acervo tollere*;* — qqch. à qqn, *furari aliquid alicui;* — une ville, *urbe potiri, ior*; urbem occupare;* — qqn (l'emmener), *abducere* aliquem;* — à part, *seducere*, o*;* — sur le fait, *deprehendere, o**. ◆ **2.** Loc. DIV. Prendre sous sa protection, *recipere* (*io**) *in fidem;* — une affaire par tous les bouts, *rem omnibus ex partibus pertentare;* j'ai pris la liberté d'écrire, *sumpsi* hoc mihi, ut scriberem*;* prendre la robe prétexte, *sumĕre praetextam;* — les devants, *praeoccupare;* être pris de tous côtés, *undique tenēri*;* être pris d'un accès de goutte, *dolore podagrae corripi, ior*;* prendre de la nourriture, *cibum capessĕre*;* — bien ou mal, *accipĕre* (*io**) *in bonam, in malam partem;* — sur soi (qqch.), *excipĕre, io*; suscipĕre, io*;* (se commander) *sibi imperare;* — qqch. à cœur, *habēre aliquid curae;* combien prend-il pour transporter? *quanti vehit*?* il prit cela pour la somme de, *id emit* tanti;* — la mer, *navigare;* — femme, *uxorem ducĕre*;* il prit le parti de, *statuit* (inf.); prendre beaucoup dans Névius, *multa a Naevio sumĕre;* — exemple sur, *formare se in mores* (gén.); — qqs moments, *sumĕre aliquid temporis;* — des précautions, *cautionem adhibēre*;* — feu, *ignem concipĕre, io*;* — racine, *radices agĕre*;* — en amitié, *necessitudinem conjungĕre* cum;* — (qqn de telle ou telle façon), *habēre*; tractare;* — pour, *putare pro* (abl.); pour qui me prends-tu? *qualem esse me ducis*?* Prendre qqch. en considération, *rationem alicujus rei habēre.* ◆ **II.** Intr. **1.** Jeter une racine. *Prehendere, o**. ◆ **2.** Se coaguler. *Spissari.* ◆ **3.** Se diriger. *Ire, eo**. Prendre par la voie Appienne, *viā Appiā iter facĕre, io**. ◆ **4.** Survenir. L'envie m'en a pris, *cepit* me desiderium rei;* qu'est-ce qui te prend? *quid istuc?* ◆ **5.** Le prendre de haut, *ferociter loqui*;* cela ne pouvait pas —, *illa ferenda* non fuerunt;* bien nous en prend de, *agitur* praeclare si.*

SE PRENDRE, r. **1.** Être pris. *Capi, ior**. ◆ **2.** Être bu. *Bibi.* ◆ **3.** Être mangé. *Edi.* ◆ **4.** Être usité. *Usurpari.* ◆ **5.** Se — à un désir, *capi* (abl.). ◆ **6.** S'attacher à, *prensare* (acc.). ◆ **7.** Commencer à, *coepisse** (inf.). ◆ **8.** Attaquer, *lacessere** (acc.); l'esprit ne sait où se —, *animus non habet* quid sequatur**. ◆ **9.** S'en — à, *accusare* (acc.). ◆ **10.** S'y — (commencer), *aggredi, ior** (acc.).

preneur, m. **1.** (De villes) *Expugnator, oris,* m. ◆ **2.** (D'oiseaux) *Auceps, cupis,* m. ◆ **3.** (A loyer) *Conductor, oris,* m.

prénom, m. *Praenomen, inis,* n.

préoccupation, f. Souci. *Cura, ae,* f. C'est l'objet de toutes mes —, *nihil aliud curo.*

préoccuper, tr. *Animum* (gén.) *defigere, o*. Sollicitare* (acc.).

SE PRÉOCCUPER, r. *Curare* (acc.).

préparateur, m. *Instructor, oris,* m.
préparatif, m. *Paratus, us,* m.
préparation, f. **1.** Action de préparer. *Apparatio, onis,* f. ◆ **2.** (De se préparer) *Praeparatio, onis,* f. ◆ **3.** Drogue. *Medicamentum, i,* n.
préparatoire, adj. *Praeparatorius, a, um.*
préparer, tr. *Parare.* (Méditer) *Cogitare.*
SE PRÉPARER, r. **1.** *Se parare* (*ad*). Se — à (faire), *parare* (inf.); je me préparais à te répondre, *ego quid contradicerem* mecum ipse meditabar.* ◆ **2.** Être prochain. *Impendere, eo*.*
prépondérance, f. *Principatus, us,* m.
prépondérant, ante, adj. *Praevalens, entis.*
préposer, tr. *Praeficere, io** (à, dat.). Préposé, *praepositus, a, um.*
préposition, f. *Praepositio, onis,* f.
prérogative, f. **1.** *Praerogativa, ae,* f. ◆ **2.** (Fig.) *Jus, juris,* n.
près. I. Adv. **1.** *Prope.* Plus —, *propius;* tout —, *proxime.* ◆ **2.** De près. *Ex propinquo.* Suivre de —, *subsequi*.* ◆ **3.** A peu près. *Prope. Fere.* A peu de chose —, *haud multo secus;* à cela — que, *tantum quod* (indic.). ◆ **II. 1. Près** et **près de,** prép. *Prope* (acc.). *Juxta* (acc.). Plus — de la terre, *propius a terris;* tout — de l'Italie, *proxime Italiam;* se tenir — du lit, *assistĕre* lecto.* ◆ **2.** Environ. *Circiter* (acc.). *Prope* (acc.). ◆ **3.** Sur le point de. Il est — de (faire), *prope est ut* (subj.); *in eo est ut* (subj.).
présage, m. **1.** *Augurium, ii,* n. *Auspicium, ii,* n. (Mauvais) *Omen, inis,* n. Qui est de bon —, *faustus, a, um;* qui est de mauvais —, *obscenus.* ◆ **2.** Conjecture. *Praesensio, onis,* f. Tirer un —, *ominari.*
présager, tr. **1** *Portendere, o*.* ◆ **2.** Pressentir. *Augurari.*
presbytère, m. *Curia, ae,* f.
prescience, f. *Praecognitio, onis,* f.
prescription, f. **1.** *Praescriptio, onis,* f. *Praescriptum, i,* n. ◆ **2.** (Jur.) *Usucapio, onis,* f.
prescrire, tr. **1.** *Praescribere, o*. Jubere, eo*.* ◆ **2.** (Jur.) *Usucapere, io*.* Se —, *intercĭdĕre*.*
préséance, f. *Primae* (*partes*), fpl. Avoir la —, *praesidere, eo*.*
présence, f. *Praesentia, ae,* f. En — de, *coram* (abl.). Jouir de sa —, *eo frui, or*;* — d'esprit, *praesens animus,* m.
1. présent, ente, adj. **1.** Sens local. *Praesens, entis.* Être —, *adesse*; interesse*;* être — (à l'esprit), *ante oculos versari;* avoir — à la mémoire, *in promptu habēre*.* ◆ **2.** Sens temporel. *Praesens. Instans, antis.* La situation —, *quod adest*.* ◆ **3.** (Fig.) Avoir l'esprit —, *praesenti animo esse.*
2. présent, m. **1.** Le temps actuel. *Praesens* (*tempus*), n. A —, *in praesenti;* pour le —,

in praesens; jusqu'à —, *etiamnum.* ◆ **2.** Cadeau. *Munus, eris,* n. (Entièrement libre) *Donum, i,* n. Petit —, *munusculum, i,* n.; faire un — à, *munus dare** ou *largiri* (dat.).
présentable, adj. *Decens, entis.*
présentement, adv. *Nunc.*
présenter, tr. **I.** Qqch. **1.** Tendre. *Porrigere, o**. ◆ **2.** Offrir, exposer. *Offerre, fero**. ◆ **3.** Opposer. *Opponere, o** (qqch. à qqn, *rem alicui*). ◆ **II.** Qqn. Introduire auprès de. *Tradere, o** (*aliquem alicui*).
SE PRÉSENTER, r. **1.** Apparaître. *Adesse**. ◆ **2.** Survenir. *Incĭdere, o**. Se — à l'esprit, *occurrĕre* animo.*
préservateur, trice, adj. *Tutela, ae,* f.
préservatif, m. *Tutamentum, i,* n.
préservation, f. *Tuitio, onis,* f.
préserver, tr. *Tueri, eor** (de, *ab*). Que les dieux nous en préservent, *dii averruncent.*
SE PRÉSERVER, r. *Cavere, eo** (de, *ab*).
présidence, f. Avoir la —, *praesidēre** (dat.).
président, m. *Praeses, idis,* m.
présider, intr. et tr. *Praesidere, eo** (dat.). *Praeesse, sum** (dat.).
présomptif, ive, adj. L'héritier — de la couronne, *is ad quem hereditas regni pertinet**.
présomption, f. **1.** Conjecture. *Conjectura, ae,* f. ◆ **2.** Orgueil. *Confidentia, ae,* f.
présomptueusement, adv. *Confidenter.*
présomptueux, euse, adj. *Confidens, entis.*
presque, adv. *Fere. Ferme. Paene.*
presqu'île, f. *Paeninsula, ae,* f.
pressant, ante, adj. *Instans, antis.*
presse, f. **1.** Foule. *Turba confertissima,* f. ◆ **2.** Hâte. *Festinatio, onis,* f. ◆ **3.** Machine. *Prelum, i,* n.
pressentiment, m. *Praesensio, onis,* f.
pressentir, tr. **1.** Prévoir. *Praesentire**. *Praesagire.* ◆ **2.** Sonder. *Tentare.*
presser. I. Tr. **1.** Serrer. *Premere, o**. *Comprimere, o**; — contre, *applicare* ad;* — l'ennemi, *hostibus instare**. ◆ **2.** Hâter. *Instare** (dat.). *Urgere, eo** (acc.). Presser son cheval, *equum concitare;* — le pas, *gradum addĕre**. ◆ **3.** Exciter. *Urgēre**. Presser qqn de, *sollicitare aliquem ut* (subj.). ◆ **4.** Tourmenter. *Urgēre**. Être pressé par la faim, *fame urgēri.* ◆ **II.** Intr. **1.** Presser sur. *Incumbere, o** (dat. ou *in,* acc.). ◆ **2.** Être urgent. *Instare**. *Urgēre**. Courir au plus pressé, *quod instat agĕre*;* il n'eut rien de plus pressé que de, *nihil antiquius habuit* quam* (inf.).
SE PRESSER, r. **1.** (Les uns les autres) *Stipari.* ◆ **2.** Se hâter. *Properare* (pour, inf.). En se pressant, *festinanter;* sans se presser, *otiose.*

pression, f. *Pressura, ae,* f.
pressoir, m. *Torculum, i,* n. Mettre sous le —, *prelo preměre**.
pressurage, m. *Pressura, ae,* f.
pressurer, tr. **1.** *Exprimere, o**. ◆ **2.** (Fig.) *Conculcare.*
prestance, f. *Dignitas, atis,* f.
prestation, f. *Praestatio, onis,* f. (De serment) *Sacramentum, i,* n.
preste, adj. *Alacer, cris, cre.*
prestement, adv. *Strenue.*
prestesse, f. *Agilitas, atis,* f.
prestidigitateur, m. *Praestigiator, oris,* m.
prestige, m. *Praestigiae, arum,* fpl.
prestigieux, euse, adj. *Praestigiosus, a, um.*
présumer, intr. et tr. *Conjicere, io** (acc.). Bien — de, *bene existimare de;* trop — de soi, *sibi confiděre**.
présure, f. *Coagulum, i,* n.
1. prêt, prête, adj. **1.** (Pers.) *Paratus, a, um.* — à, *paratus ad;* — à faire, *paratus ad faciendum** ou *facěre.* ◆ **2.** (Ch.) *Expeditus, a, um.*
2. prêt, m. **1.** Action de prêter. *Commodatio, onis,* f. ◆ **2.** Argent prêté. *Mutuum, i,* n. Faire à qqn un — d'argent, *mutuam pecuniam dare* alicui;* — à intérêt, *fenus, fenoris,* n.
prétendant, m. *Petitor, oris,* m. (A la main d'une femme) *Procus, i,* m.
prétendre. I. Intr. Aspirer à. *Sibi assuměre** (acc.). Prétendre que, *contenděre* ut* (subj.); il prétend (faire), *conatur* (inf.); que prétend-il? *quid sibi vult*?* ◆ **II.** Tr. Soutenir. *Contendere, o** (acc. ou prop. inf.).
prétendu, ue. I. Adj. *Habitus, a, um. Creditus.* De — dieux, *commenticii dii.* ◆ **II.** Nom m. *Procus, i,* m.
prétentieux, euse, adj. **1.** (Ch.) *Putidus, a, um.* ◆ **2.** (Pers.) *Ambitiosus.*
prétention, f. **1.** Droit qu'on s'arroge. *Postulatio, onis,* f. Avoir des — à, *appetere** (acc.); avoir la — d'être sage, *sibi sapientiam arrogare;* sans —, *simpliciter.* ◆ **2.** Dessein. *Consilium, ii,* n.
prêter. I. Tr. **1.** *Commodare. Dare* mutuum (am).* Prêter à intérêt, *fenerari* (acc.). ◆ **2.** (Fig.) Donner. *Praebere, eo*. Dare*.* ◆ **3.** Attribuer. *Accommodare.* ◆ **II.** Intr. **1.** Donner prise à. *Locum dare** (dat.). ◆ **2.** Céder. *Produci, or**.
SE PRÊTER, r. (à). *Se accommodare ad.*
prêteur, euse, m. f. *Creditor, oris,* m. *Creditrix, icis,* f.
préteur, m. *Praetor, oris,* m. Ancien —, *praetorius, ii,* m.
1. prétexte, m. *Causa, ae,* f. *Nomen, inis,* n. J'ai pris pour — que, *hoc causae sumpsi* quod;* sous — de, *nomine* (gén.); sous — que, (*ob eam causam*) *quod* (subj.).
2. prétexte, f. *Toga praetexta,* f.
prétexter, tr. *Causari.*
prétoire, m. *Praetorium, ii,* n.

prétorien, enne, adj. *Praetorius, a, um.*

prêtre, m. *Sacerdos, otis,* m.

prêtresse, f. *Sacerdos, otis,* f.

prêtrise, f. *Sacerdotium, ii,* n.

préture, f. *Praetura, ae,* f.

preuve, f. **1.** *Argumentum, i,* n. *Ratio, onis,* f. Servir de —, *indicio esse.* ◆ **2.** Marque. *Indicium, ii,* n. C'est une — que, *quae signo sunt* (prop. inf.); faire — de, *dare* speciem* (gén.); faire ses —, *dare* sui documentum.*

prévaloir, intr. *Vincere, o*. Plus valere, eo*.* Ces mœurs ont prévalu, *haec disciplina increbruit*.*

SE PRÉVALOIR, r. (de). *Niti, or** (abl.). Se prévalant de son talent, *fretus ingenio.*

prévaricateur, m. *Praevaricator, oris,* m.

prévarication, f. *Praevaricatio, onis,* f.

prévariquer, intr. *Praevaricari.*

prévenance, f. *Officium, ii,* n.

prévenant, ante, adj. *Officiosus, a, um.*

prévenir, tr. **1.** Devancer. *Praevertere, o** (*aliquem*). ◆ **2.** Anticiper. *Anticipare* (acc.). ◆ **3.** Avoir lieu avant. *Praecurrere, o** (acc.). ◆ **4.** Empêcher. *Occurrere, o** (dat.). Prévenu, *impeditus, a, um.* ◆ **5.** S'emparer de l'esprit de. *Praeoccupare animum* (gén.). Être prévenu pour ou contre, *invidēre* aut favēre** (dat.). ◆ **6.** Informer. *Certiorem facere, io** (*aliquem rei* ou *de re.*) ◆ **7.** Être prévenu (accusé) de. *Accusari* (gén.).

prévention, f. **1.** Opinion. *Praeceptio, onis,* f. Prévention favorable, *favor, oris,* m.; — défavorable, *invidia, ae,* f. ◆ **2.** Accusation. *Crimen, inis,* n.

prévenu, m. *Reus, i,* m.

prévision, f. *Augurium, ii,* n. Contre toute —, *praeter opinionem.*

prévoir, tr. **1.** Savoir. *Prospicere, io*. Praevidere, eo*.* ◆ **2.** Pourvoir à. *Providere, eo** (acc.). Qui n'a rien prévu, *imparatus, a, um.*

prévôt, m. *Praepositus, i,* m.

prévoyance, f. *Providentia, ae,* f. *Provisio, onis,* f. Avec —, *providenter;* sans —, *improvide.*

prévoyant, ante, adj. *Providus, a, um.*

Priam. *Priamus, i,* m.

Priape. *Priapus, i,* m.

prier, tr. **1.** *Orare. Rogare.* (Les dieux) *Precari* (de, *ut,* subj.); — qqn de nous donner qqch., *precari aliquid ab aliquo.* ◆ **2.** Inviter. *Invitare* (à, *ad*).

prière, f. *Preces, um,* fpl. Prières instantes, *obsecratio, onis,* f.; — publiques, *supplicatio, onis,* f.; à ta —, *rogatione tuā;* à la — de qqn, *ex commendatione alicujus;* voir ses — exaucées, *precibus aliquid assequi*.*

primaire, adj. Éducation —, *prima litterarum elementa,* npl.

primauté, f. *Principatus, us,* m.

prime. I. Adj. De — abord, *primo.* ◆ **II.** Nom f. Récompense. *Praemium, ii,* n.

primer, intr. *Primario loco esse.*

primeur, f. Les —, *nova poma,* npl.

primevère, f. *Primula* (*ae,* f.) *veris.*

primitif, ive, adj. *Principalis, e.*

primitivement, adv. *Primitus.*

primogéniture, f. *Primogenita, orum,* npl. Par ordre de —, *ordine aetatis.*

primordial, ale, adj. *Primordialis, e.*

prince, m. *Princeps, ipis,* m.

princesse, f. *Regia virgo* ou *mulier,* f.

principal, ale. I. Adj. *Praecipuus, a, um.* Les — citoyens, *principes, um,* mpl. ◆ **II.** Nom m. **1.** Le point principal, *caput, itis,* n. ◆ **2.** (Capital) *Caput.*

principalement, adv. *Praecipue. Praesertim.*

principauté, f. *Principatus, us,* m.

principe, m. **1.** Commencement. *Principium, ii,* n. Dès le —, *ab initio.* ◆ **2.** Cause. *Causa, ae,* f. *Origo, inis,* f. Principes constitutifs (des choses), *principia,* npl. ◆ **3.** Point de départ d'un système ou d'une déduction. *Effatum, i,* n. Posons en — que, *positum hoc sit* (prop. inf.). ◆ **4.** Préceptes d'un art. *Ratio, onis,* f. ◆ **5.** (Pl.) Règles de conduite. *Institutum, i,* n. Principes de morale, *bene vivendi ratio;* il avait pour — de, *hoc habebat* ut* (subj.); homme à —, *propositi tenax.*

printanier, ière, adj. *Vernus, a, um.*

printemps, m. *Ver, veris,* n. Au commencement du —, *vere primo;* le — de la vie, *aetatis flos,* m.

priorité, f. Avoir la — (de date), *vetustate praestare*;* (de rang) *priorem esse.*

prise, f. **1.** Action de prendre. *Captus, us,* m. Prise de corps, *comprehensio, onis,* f.; lâcher —, *captum* (*aliquem*) *amittĕre*;* — à partie, *compellatio, onis,* f.; — (d'une ville), *expugnatio, onis,* f.; prise d'eau, *dejectus, us,* m. ◆ **2.** Ce qu'on prend. (Butin) *Praeda, ae,* f. (Pincée) *Trium digitorum captus, us,* m. ◆ **3.** Moyen de prendre. *Ansa, ae,* f. Donner —, *ansas dare*;* le chagrin a prise (sur moi), *aegrimoniae locus est.* ◆ **4.** Combat. *Pugna, ae,* f. Être aux — avec, *congredi* (*ior**) *cum;* mettre aux — qqn avec, *componĕre* aliquem cum;* — de bec, *jurgium ii,* n.; avoir une —, *rixari.*

prisée, f. *Aestimatio, onis,* f.

priser, tr. *Aestimare.* Priser peu, *parvi ducĕre*.*

SE PRISER, r. **1.** S'apprécier soi-même. *Se metiri*.* ◆ **2.** S'estimer. Se — beaucoup, *se suspicĕre* (*io**). ◆ **3.** Être prisé, *esse in pretio.*

priseur, m. *Rerum aestimator, oris*, m. Commissaire —, *censitor, oris*, m.

prison, m. *Carcer, eris*, m. *Custodia, ae*, f.

prisonnier, m. **1.** *Vinctus, i*, m. Prisonniers pour dettes, *nexi* ob aes alienum.* ◆ **2.** De guerre. *Captivus, i*, m. Faire —, *capĕre, io** (acc.).

privation, f. *Privatio, onis*, f. Des —, *inopia, ae*, f.

privauté, f. *Familiaritas summa* ou *nimia*, f.

privé, ée, adj. **1.** Privé de. *Orbatus, a, um* (abl.). *Orbus* (abl.). ◆ **2.** Apprivoisé. *Cicur, uris.* ◆ **3.** Particulier. *Privatus, a, um.*

privément, adv. *Privatim.*

priver, tr. **1.** *Privare. Orbare;* (de, abl.). Se — de, *se privare* (abl.); *abstinēre** (abl.). ◆ **2.** Apprivoiser. *Mansuefacere, io**.

privilège, m. **1.** *Privilegium, ii*, n. ◆ **2.** (Fig.) *Munus, eris*, n. *Laus, laudis*, f.

privilégié, ée, adj. **1.** *Privilegio munitus, a, um.* ◆ **2.** (Fig.) Génies —, *beneficio ingenii praestantes.*

prix, m. **1.** Valeur marchande. *Pretium, ii*, n. Charger qqn à prix fait d'exécuter une statue, *locare alicui statuam faciendam;* se charger à — fait, *conducĕre*;* mettre à — la tête de qqn, *proscribĕre* aliquem;* mis à —, *pretio addictus, a, um*;* à quel —? *quanti addictus?* d'un grand —, *pretiosus, a, um;* bas —, *vilitas, atis*, f.; à bas —, *parvo*; qui est à bas —, *vilis, e*; à tout —, *quanti quanti.* ◆ **2.** Valeur morale. *Pretium, ii*, n. Attacher beaucoup de — à, *magni aestimare* (acc.); à tout —, *quoquo modo;* acheter au — de son sang, *sanguine parĕre, io**. ◆ **3.** Récompense, châtiment. *Merces, edis*, f. *Praemium, ii*, n. *Poena, ae*, f. Pour — de, *pro* (abl.); au — de (en comparaison de), *prae* (abl.).

probabilité, f. *Veri similitudo, inis*, f. *Probabilitas, atis*, f.

probable, adj. *Veri similis, e.*

probablement, adv. *Veri similiter.* Mais — (ironique), *credo**.

probe, adj. *Probus, a, um.*

probité, f. *Probitas, atis*, f. *Integritas, atis*, f.

problématique, adj. *Dubius, a, um.*

problème, m. *Quaestio, onis*, f.

procédé, m. *Ratio, onis*, f. Bons — (envers qqn), *officium, ii*, n.; mauvais —, *injuriae, arum*, fpl.

procéder, intr. **1.** (De) *Oriri** (*ab* ou *de*). ◆ **2.** (A) *Agere, o** (acc.). ◆ **3.** (Envers) *Se gerĕre**.

procédure, f. **1.** (Jur.). Manière de procéder. *Judiciorum formulae, arum*, fpl. ◆ **2.** Instruction. *Inquisitio, onis*, f.

procédurier, m. *Litigator, oris*, m.

procès, m. *Lis, litis*, f. Faire un — à, *litem inferre** (dat.);

être en —, *lege agĕre**; être en procès avec, *litigare cum* (abl.); — criminel, *judicium capitis*, n.

processif, ive, adj. *Litigiosus, a, um.*

procession, f. *Pompa, ae,* f.

processionnellement, adv. *Continuato agmine.*

procès-verbal, m. *Perscriptio, onis,* f.

prochain, aine. I. Adj. **1.** (Sens local) *Vicinus, a, um.* ◆ **2.** (Sens temp.) *Proximus, a, um.* Être —, *impendēre**. ◆ **II.** Nom m. *Alter, erius,* m. *Alii, iorum,* mpl.

prochainement, adv. *Mox. Brevi.*

proche. I. Adj. **1.** (Sens local) *Vicinus, a, um.* ◆ **2.** (Sens temp.) *Propinquus, a, um.* Être —, *imminēre**; le moment est — où, *in eo jam res est ut* (subj.). ◆ **II.** Nom m. Proche et proche parent. *Propinquus, i,* m. Les —, *proximi, orum,* mpl. ◆ **III.** Adv. *Prope.* De — en —, *per continua*; (fig.) *paulatim.* ◆ **IV.** Prép. *Prope* (acc.).

proclamation, f. *Pronuntiatio, onis,* f.

proclamer, tr. **1.** *Pronuntiare.* ◆ **2.** (Fig.) *Profiteri, eor**.

proconsul, m. *Proconsul, ulis,* m. Il était —, *pro consule erat.*

proconsulaire, adj. *Proconsularis, e.*

proconsulat, m. *Proconsulatus, us,* m.

procréer, tr. *Procreare.*

procuration, f. *Delegatio, onis,* f.

procurer, tr. *Praebere, eo**. Se —, *parare; quaerere, o**.

procureur, m. **1.** Délégué. *Procurator, oris,* m. ◆ **2.** Avoué. *Advocatus, i,* m.

prodigalité, f. *Profusio, onis,* f. Faire des —, *largiri.*

prodige, m. **1.** *Prodigium, ii,* n. *Portentum, i,* n. ◆ **2.** (Fig.) — d'audace, *miraculum audaciae;* passer pour un —, *in miraculo esse.*

prodigieusement, adv. **1.** *Prodigialiter.* ◆ **2.** Extrêmement. *Mirifice.*

prodigieux, euse, adj. **1.** *Portentosus, a, um.* ◆ **2.** Remarquable. *Mirus.*

prodigue, adj. *Prodigus, a, um. Profusus* (gén.). Un —, *nepos, otis,* m.; être — de son bien, *largius suo uti**.

prodiguer, tr. *Prodigere, o**. *Profundere, o**. Se —, *se largiri.*

productif, ive, adj. *Fructuosus, a, um.*

production, f. **1.** Action de produire. *Procreatio, onis,* f. ◆ **2.** Présentation. *Editio, onis,* f. ◆ **3.** Ce qui est produit. *Fetus, us,* m. Les — du sol, *terrae fruges,* fpl.

produire, tr. **1.** Faire naître. *Generare. Gignere, *.* ◆ **2.** Rapporter. *Afferre, fero**. (*Fructum*) *edere, o**. ◆ **3.** Composer. *Parere, io**. *Edere, o**. ◆ **4.** Causer. *Efficere, io**. ◆ **5.** Montrer. *Prodere, o**. ◆ **6.** Présenter qqn. *Producere, o**.

SE PRODUIRE. r. **1.** Paraître. *Prodire, eo**. ◆ **2.** Se faire une réputation. *Ad laudem pervenire**. ◆ **3.** Avoir lieu. *Nasci, or**. *Fieri, fio**.

produit, m. **1.** Fruit. *Fetus, us*, m. (De la terre) *Fructus, us*, m. *Fruges, um*, fpl. ◆ **2.** Revenu. *Fructus* ◆ **3.** (Fig.) Résultat. L'air est le produit de l'eau vaporisée, *ex aquarum vapore fit aer.*

proéminence, f. *Prominentia, ae*, f.

proéminent, ente, adj. *Prominens, entis.* Être —, *prominere**.

profanateur, m. *Sacrilegus, i*, m.

profanation, f. *Piaculum, i*, n.

profane, adj. **1.** *Profanus, a, um.* ◆ **2.** (Fig.) Ignorant. *Rudis, e.*

profaner, tr. **1.** *Violare. Polluere, o.* ◆ **2.** (Fig.) *Pervulgare.*

proférer, tr. *Proferre, fero**.

professer, tr. **1.** *Profiteri, eor**. ◆ **2.** Exercer. *Exercere, eo**.

professeur, m. *Magister, tri*, m. — d'éloquence, *dicendi magister.*

profession, f. **1.** Déclaration. *Professio, onis*, f. Faire — de, *prae se ferre** (acc.). ◆ **2.** Emploi. *Ars, artis*, f. La — des armes, *militia, ae*, f.; joueur de —, *aleator, oris*, m.

profil, m. *Obliqua imago*, f.

profit, m. Avantage. *Lucrum, i*, n. *Commodum, i*, n. Petit —, *quaesticulus, i*, m. Donner du —, *usum afferre**; tirer — de, *lucrum* ou *fructum facĕre (io*) ex*; mettre à — une occasion, *occasionem arripĕre, io**; faire tourner qqch. à son —, *convertĕre* aliquid in rem suam*; il y a — à, *expedit* (inf.).

profitable, adj. *Fructuosus, a, um.*

profiter, intr. **1.** (De) *Fructum capere (io*) ex. Uti, or** (abl.). ◆ **2.** (A) *Prodesse, prosum** (dat.). ◆ **3.** Se développer; faire des progrès. *Proficere, io**.

profond, de, adj. **1.** *Profundus, a, um. Altus.* ◆ **2.** (Fig.) (Retiré) *Solus, a, um.* (Caché) *Reconditus.* (Qui pénètre fort avant) *Altus.* (Extrême) *Summus.*

profondément, adv. **1.** *Penitus.* ◆ **2.** (Fig.) *Maxime.* Dormir —, *artius dormire.*

profondeur, f. **1.** *Altitudo, inis*, f. (Largeur) *Latitudo, inis*, f. Sur plusieurs rangs de —, *pluribus introrsus ordinibus.* ◆ **2.** (Fig.) Mystère. *Secreta, orum*, npl. ◆ **3.** Pénétration. *Animi acies, ei*, f.

profusion, f. *Profusio, onis*, f. Avec —, *effuse.*

progéniture, f. *Fetus, uum*, mpl.

programme, m. *Index, icis*, m.

progrès, m. **1.** *Progressus, us*, m. Faire des —, *progredi, ior**. ◆ **2.** Dans les études. *Profectus, us*, m. Faire des —, *proficĕre, io**.

progressif, ive, adj. Le mouvement — des astres, *siderum incessus, us,* m.
progression, f. **1.** *Incessus, us,* m. ◆ **2.** (Math. ou rhét.) *Progressio, onis,* f.
progressivement, adv. *Paulatim.*
prohiber, tr. *Vetare*. Prohibere, eo*.*
prohibitif, ive, adj. *Prohibitorius, a, um.*
prohibition, f. *Prohibitio, onis,* f.
proie, f. *Praeda, ae,* f. Oiseau de —, *accipiter, tris,* m.; devenir la — de qqn, *in praedam alicujus cedĕre*;* devenir la — des flammes, *flammis absumi*;* en — à, *captus, a, um* (abl.); être en — à la faim, *fame urgēri*.*
projectile, m. *Missile, is,* n.
projet, m. *Consilium, ii,* n. Former le — de, *consilium capĕre, io** (gén. du gér.).
projeter, tr. **1.** Jeter en avant. *Projicere, io*.* Se —, *prominēre*.* ◆ **2.** Former un projet. *Meditari.*
prolétaire, m. *Proletarius, ii,* m.
prolixe, adj. *Verbosus, a, um.*
prolixement, adv. *Verbosius.*
prolixité, f. *Redundantia, ae,* f.
prologue, m. *Prologus, i,* m.
prolongation, f. et **prolongement,** m. *Productio, onis,* f.
prolonger, tr. **1.** (Sens local) *Continuare. Proferre, fero*.* ◆ **2.** (Sens temp.) *Continuare. Producere, o*.*
promenade, f. *Ambulatio, onis,* f. Faire un tour de —, *ambulationem conficĕre, io*.*
promener, tr. **1.** Qqn. *Circumducere, o*.* ◆ **2.** Qqch. et (fig.) *Circumferre, fero*.*
SE PROMENER, r. **1.** *Ambulare.* ◆ **2.** (Fig.) *Vagari.* Va te —! *apage te a me!* Envoyer — (qqn), *diris devovēre* (aliquem);* (qqch.) *calcem impingĕre** (dat.).
promeneur, euse, m. f. *Ambulator, oris,* m. *Ambulatrix, icis,* f.
promenoir, m. *Tecta ambulatiuncula,* f.
promesse, f. **1.** *Promissio, onis,* f. ◆ **2.** Chose promise. *Promissum, i,* n. Tenir sa —, *promissum facĕre, io*;* être lié par une —, *promisso tenēri*.* ◆ **3.** Obligation par écrit. *Syngrapha, ae,* f.
Prométhée. *Prometheus, ei,* m.
promettre, tr. **1.** *Polliceri, eor*. Promittere, o*.* (Solennellement) *Spondere, eo*.* (Sur l'honneur) *Jus jurandum dare*.* (De faire) *se facturum esse.* Se —, *sibi sperare.* ◆ **2.** Annoncer. *Promittĕre*.* — beaucoup, *facĕre (io*) magnam sui exspectationem.*
promontoire, m. *Promunturium, ii,* n.
promoteur, m. *Princeps, cipis,* m.
promotion, f. *Provectus, us,* m.
promouvoir, tr. *Provehere, o*.*
prompt, te, adj. **1.** Rapide. *Velox, ocis.* ◆ **2.** Qui agit

sans tarder. *Promptus, a, um.* ◆ 3. Immédiat. *Subitus, a, um.*

promptement, adv. *Cito.*

promptitude, f. 1. *Celeritas, atis,* f. Avec toute la — possible, *ocius.* ◆ 2. (Pl.) Brusqueries. *Impotentia, ae,* f.

promulgation, f. *Promulgatio, onis,* f.

promulguer, tr. *Promulgare.*

prôner, tr. *Magno opere laudare.*

prôneur, m. *Praeco, onis,* m.

prononcé, m. *Pronuntiatio, onis,* f.

prononcer. I. Tr. 1. Articuler. *Enuntiare.* Prononcé (certain), *certus, a, um;* (bien marqué) *expressus.* ◆ 2. Débiter. *Pronuntiare. Proferre, fero*.* — un discours, *orationem habēre*; dicĕre*.* ◆ II. Intr. Décider. *Statuere, o.*

SE PRONONCER, r. Se —, *se aperire*;* ne pas se —, *se ab assensu sustinēre*.*

prononciation, f. *Pronuntiatio, onis,* f. Défaut de —, *vocis vitium, ii,* n.

pronostic, m. 1. *Prognosticum, i,* n. ◆ 2. (Fig.) *Conjectura, ae,* f.

pronostiquer, tr. 1. *Augurari.* ◆ 2. Être un signe de. *Portendere, o** (acc.).

propagateur, m. *Propagator, oris,* m.

propager, tr. 1. Multiplier. *Propagare.* ◆ 2. Répandre. *Propagare. Diffundere, o*.*

propension, f. (Fig.) *Inclinatio, onis,* f.

prophète, m. *Propheta, ae,* m. *Vates, is,* m.

prophétesse, f. *Prophetissa, ae,* f.

prophétie, f. *Prophetia, ae,* f. *Vaticinatio, onis,* f.

prophétique, adj. *Propheticus, a, um.* Par une inspiration —, *divinitus.*

prophétiquement, adv. *Prophetice.*

prophétiser, tr. *Prophetare. Vaticinari.*

propice, adj. 1. *Propitius, a, um. Favens, entis.* ◆ 2. (Ch.) Favorable. *Secundus, a, um.*

proportion, f. 1. Rapport des parties. *Proportio, onis,* f. (Dimension) *Demensio, onis,* f. ◆ 2. (Fig.) Convenance. *Convenientia, ae,* f. En —, à —, *pro ratā parte;* en — de, *pro ratione* (gén.); à — que, *quo* (compar.), *eo* (compar.).

proportionné, ée, part. et adj. Corps bien —, *habilis figura corporis;* — à, *consentaneus, a, um* (dat.).

proportionnel, elle, adj. *Demensus, a, um* (*ad*).

proportionnellement, adv. *Pro portione.*

proportionner, tr. *Proportionem servare.* — le fardeau aux forces, *onus aptare viribus.*

propos, m. I. 1. Résolution; sujet. *Propositum, i,* n. J'ai le ferme — de, *mihi deliberatum et constitutum est* (inf.); de — délibéré, *consulto;* à quel — dis-tu cela? *quorsum* *haec pertinent**? à tout —, *semper;* à — de la douleur, *cum ageretur* de dolore;* à —! *hem!* ◆ 2. Parole. *Sermo, onis,* m. *Rumores, um,* mpl. Tenir de mauvais — sur, *maledice contumelioseque dicĕre* de.* ◆ II. À PROPOS, loc. adv. *Opportune. Tempestive.* Fort à —, *peropportune;* mal à —, *intempestive;* il est à — de, *expedit* (inf.); *non alienum est* (inf.); si tu le juges à —, *si tibi videtur*;* il n'est pas à — de, *non hic est locus ut* (subj.). ◆ III. Nom m. *Opportunitas, atis,* f. Parler avec à-propos, *apte dicĕre*;* manquer d'à-propos, *intempestivum esse.*

proposer, tr. 1. Mettre devant les yeux. *Proponere, o*. Offerre, fero*.* ◆ 2. Mettre en avant. *In medium afferre, fero*.* Proposer une loi, *legem rogare;* je propose de, *censeo** (prop. inf. ou *ut,* subj.).

SE PROPOSER, r. (de). *Sibi proponĕre* ut* (subj.).

proposition, f. 1. Action de proposer (une loi). *Rogatio, onis,* f. ◆ 2. Chose proposée. *Condicio, onis,* f. Faire une —, *condicionem dare** ou *ferre*.* ◆ 3. (Gr.) *Enuntiatum, i,* n.

1. propre, adj. 1. Qui appartient à qqn. *Proprius, a, um.* Écrire de sa — main, *suā manu scribĕre*;* par ma — volonté, *meā sponte;* c'est un mérite qui t'est —, *id est proprie tuum;* nom —, *nomen proprium;* termes —, *propria et certa rerum vocabula.* ◆ 2. Même. *Ipse, a, um.* Ses — préceptes, *ipsa praecepta.* ◆ 3. Propre à. (Pers.) *Idoneus, a, um* (dat. ou *ad*). (Ch.) *Aptus* (dat. ou *ad*). ◆ 4. Nettoyé. *Purgatus, a, um. Mundus.*

2. propre, m. *Proprium, ii,* n.

proprement, adv. 1. *Proprie.* L'honnêteté — dite, *honestum quod proprie vereque dicitur*;* à — parler, *verum ut loquamur*.* ◆ 3. *Apte. Recte.* ◆ 4. *Munditer. Pure.*

propret, ette, adj. *Mundulus, a, um.*

propreté, f. *Munditia, ae,* f.

propréteur, m. *Pro praetore.*

propriétaire, m. f. *Dominus, i,* m. *Domina, ae,* f. Être — de, *possidēre** (acc.).

propriété, f. 1. (Droit) *Mancipium, ii,* n. (Chose) *Res, rei,* f. (Biens) *Possessiones, um,* fpl. *Bona, orum,* npl. ◆ 2. Caractère propre. *Proprietas, atis,* f. *Vis propria,* f. ◆ 3. — du langage. *Proprietas.*

prorata, m. Au —, *pro ratā parte.*

prorogation, f. *Prolatio, onis,* f. Accorder une —, *diem prorogare.*

proroger, tr. *Prorogare. Proferre, fero*.*

prosaïque, adj. *Pedestris, e.*

prosateur, m. Les —, *prosarum scriptores,* mpl.

proscripteur, m. *Proscriptor, oris,* m.

proscription, f. *Proscriptio, onis*, f.
proscrire, tr. **1.** *Proscribere, o**. ◆ **2.** Prohiber. *Prohibere, eo**. *Vetare**.
prose, f. (*Soluta*) *oratio*, f.
prosélyte, m. **1.** *Proselytus, i*, m. ◆ **2.** (Fig.) *Fautor, oris*, m.
Proserpine. *Proserpina, ae*, f.
prosodie, f. *Prosodia, ae*, f.
prospectus, m. *Libellus, i*, m.
prospère, adj. **1.** Favorable. *Favens, entis.* ◆ **2.** Florissant. *Prosper, era, erum. Secundus, a, um.*
prospérer, intr. *Florere, eo**. Faire —, *fortunare* (acc.).
prospérité, f. *Felicitas, atis*, f. *Secundae res*, fpl.
prosterner (se), r. *Humi procumbere, o**. Se — devant qqn, *procumbĕre ad pedes* (gén.); prosterné devant qqn, *stratus ad pedes* (gén.); être prosterné aux pieds de, *jacere* ad pedes* (gén.).
prostituer, tr. *Prostituere, o.*
protecteur, trice. I. Nom m. f. *Defensor, oris*, m. *Patronus, i*, m. *Patrona, ae*, f. ◆ **II.** Adj. Puissance protectrice, *tutela, ae*, f.
protection, f. *Praesidium, ii*, n. Avec la — des dieux, *diis juvantibus**; prendre sous sa —, *recipere* (*io**) *in fidem suam.*
protégé, m. *Cliens, entis*, m.
protéger, tr. **1.** *Tegere, o**; — contre, *munire ab* (abl.). ◆ **2.** (Fig.) *Tueri, eor** (contre, *ab*). Protégé contre, *tutus ab* (abl.).
protestation, f. **1.** Assurance. *Asseveratio, onis*, f. ◆ **2.** Réclamation. *Repetitio, onis*, f.
protester, intr. **1.** Assurer. *Affirmare.* Je proteste que, *aio** (prop. inf.); je proteste que ne pas, *nego* (prop. inf.). ◆ **2.** Réclamer. *Reclamare* (contre ou auprès de qqn, dat.).
prototype, m. *Archetypum, i*, n. *Exemplar, aris*, n.
protubérance, f. *Tuber, eris*, n.
proue, f. *Prora, ae*, f.
prouesse, f. *Facta egregia*, npl.
prouver, tr. **1.** Faire la preuve de. *Probare. Confirmare*; — que, *demonstrare* (prop. inf.). (Témoigner) *Ostendere, o**. ◆ **2.** Être la preuve de. *Declarare. Argumento esse.* Cela prouve que, *hoc fidem facit** (prop. inf.); ce raisonnement ne prouve rien, *nullum id argumentum est.* ◆ **3.** Prouvé (certain). *Exploratus, a, um.* Il est prouvé que, *constat** (prop. inf.).
Provence. *Provincia, ae*, f.
provenir, intr. *Oriri** (*ex*).
proverbe, m. *Proverbium, ii*, n. *Adagium, ii*, n. Être passé en —, *in proverbio esse*; comme dit le —, *ut aiunt**.
proverbial, ale, adj. *Proverbialis, e.*
Providence, f. *Divina* (*ae*) *Providentia* (*ae*), f.
provigner, tr. *Propagare.*
provin, m. *Propago, inis*, f.

province, f. *Provincia, ae,* f.
provincial, ale, adj. et nom. *Provincialis, e.*
provision, f. **1.** *Copia, ae,* f. *Vis, vis,* f. Provisions de bouche, *penus, us,* f. ou *i,* m.; — de route, *viaticum, i,* n.; faire des — de fruits, *fructus reponĕre*;* faire ses — de route, *viaticum congerĕre*;* faire ses — de blé, *rem frumentariam providēre*;* faire — de, *comparare* (acc.). ◆ **2.** (Fig.) Faites — de courage contre, *animis parati estote ad.* ◆ **3.** (Jur.) Par —, *interim.*
provisoire, adj. Envoi en jouissance —, *vindiciae, arum,* fpl; commandement —, *fiduciarium imperium,* n.; c'est du —, *haec sunt ad tempus.*
provisoirement, adv. En attendant. *Interim.*
provocateur, trice, m. f. *Provocator, oris,* m. *Provocatrix, icis,* f.
provocation, f. *Provocatio, onis,* f. Sans —, *ultro.*
provoquer, tr. **1.** Défier. *Provocare. Lacessere, o*.* ◆ **2.** Causer. *Movere, eo*.*
proximité, f. *Propinquitas, atis,* f. *Vicinia, ae,* f. A —, *in propinquo.*
prude, adj. *Verecundus, a, um. Efferus.*
prudemment, adv. *Prudenter. Caute.*
prudence, f. *Prudentia, ae,* f. *Consilium, ii, n.*
prudent, ente, adj. *Prudens, entis. Cautus, a, um.*
pruderie, f. *Verecundia, ae,* f.
prune, f. *Prunum, i,* n.
prunelle, f. **1.** Fruit. *Prunum silvestre,* n. ◆ **2.** De l'œil. *Pupilla, ae,* f.
prunier, m. *Prunus, i,* f.
prurit, m. *Pruritus, us,* m.
prytanée, m. *Prytaneum, i,* n.
psalmiste, m. *Psalmista, ae,* m.
psalmodie, f. *Psalmodia, ae,* f.
psalmodier, intr. *Psallere, o*.*
psaume, m. *Psalmus, i,* m.
psautier, m. *Psalterium, ii,* n.
Ptolémée. *Ptolemaeus, i,* m.
puant, ante, adj. *Foetidus, a, um. Putidus.*
puanteur, f. *Foetor, oris,* m.
pubère, adj. *Puber, eris.*
puberté, f. *Pubertas, atis,* f.
1. public, ique, adj. **1.** *Publicus, a, um. Communis, e.* Il est dans l'intérêt —, *e republicā est;* place —, *platea, ae,* f.; *forum, i,* n. ◆ **2.** Divulgué. *Pervulgatus, a, um. Notus.* Devenir —, *percrebescĕre*;* rendre —, *proferre* in medium.*
2. public, m. *Vulgus, i,* n. *Homines, um,* mpl. En —, *in publico; palam;* paraître en —, *in publicum prodire, eo*;* parler en —, *ad populum dicĕre*.*
publicain, m. *Publicanus, i,* m.
publication, f. **1.** D'une loi. *Promulgatio, onis,* f. ◆ **2.** D'un livre. *Editio, onis,* f.
publicité, f. *Notitia, ae,* f.

La chose a eu de la —, *res notuit* omnibus;* donner de la — à, *pervulgare* (acc.); recevoir de la —, *in luce collocari.*

publier, tr. **1.** Une loi. *Promulgare.* ◆ **2.** Un livre. *Edere, o*.* ◆ **3.** Proclamer. *Pronuntiare.* ◆ **4.** Divulguer. *Vulgare.*

publiquement, adv. *Palam.*

puce, f. *Pulex, icis*, m.

pudeur, f. **1.** *Verecundia, ae*, f. *Pudor, oris*, m. Avoir de la —, *verēri*;* sans —, *impudens, entis.* ◆ **2.** Chasteté. *Pudicitia, ae*, f. Sans —, *impudicus, a, um.*

pudibond, onde, adj. *Pudibundus, a, um.*

pudicité, f. *Pudicitia, ae*, f.

pudique, adj. *Pudicus, a, um. Castus.*

pudiquement, adv. *Pudice. Caste.*

puer, intr. *Foetere, eo*. Putere, eo*.* Puer le vin, *putēre mero.*

puéril, ile, adj. *Puerilis, e.*

puérilement, adv. *Pueriliter.*

puérilité, f. *Futilitas, atis*, f. *Puerilitas, atis*, f.

pugilat, m. *Pugilatus, us*, m. Athlète au —, *pugil, ilis*, m.

puîné, ée, adj. *Natu minor, oris.*

puis, adv. *Deinde.*

puisard, m. *Compluvium, ii*, n.

puiser, tr. *Haurire** (à ou dans, *ex*).

puisque, conj. *Quando* (indic.). *Quoniam* (indic.). *Cum* (subj.).

puissamment, adv. **1.** Avec puissance. *Potenter.* ◆ **2.** Avec force. *Vehementer.*

puissance, f. **1.** *Potestas, atis*, f. (De faire) *Facultas, atis*, f. (Domination) *Potentia, ae*, f. Puissance suprême, *imperium, ii*, n.; être en la — de, *esse in potestate alicujus;* avoir de la —, *opibus valēre*;* soumettre à sa —, *redigĕre* in suam dicionem.* ◆ **2.** État. *Regnum, i*, n. ◆ **3.** Haut personnage : les —, *potestates.* ◆ **4.** Action (d'une substance). *Vis, vis*, f.

puissant, ante, adj. *Potens, entis.* Très —, *pollens*; être —, *valēre*;* être très —, *pollēre*;* — (de corps), *validus, a, um.*

puits, m. *Puteus, i*, m. Un — de science (fig.), *pereruditus, a, um.*

pulluler, intr. *Pullulare.*

pulpe, f. *Cartilago, inis*, f.

pulsation, f. *Pulsus, us*, m.

pulvériser, tr. **1.** *Conterere, o*.* ◆ **2.** (Fig.) *Abolere, eo*.*

punaise, f. *Cimex, icis*, m.

punique, adj. *Punicus, a, um.*

punir, tr. **1.** Qqn ou qqch. *Punire.* Punir de mort, *supplicium sumĕre* de (aliquo);* — de la prison, d'exil, *multare (aliquem) vinculis, exsilio.* ◆ **2.** Être puni. *Puniri. Plecti, or*. Poenas dare*.* Être — de mort, *supplicium solvĕre*;* être — d'un crime, *scelus expiare;* être — de sa négligence, *neglegentiā plecti*.*

punissable, adj. *Puniendus, a, um. Castigandus.*

punition, f. *Poena, ae*, f. *Animadversio, onis*, f.

1. pupille, m. f. Enfant mineur. *Pupillus, i*, m. *Pupilla, ae*, f. De —, *pupillaris, e.*

2. pupille, f. De l'œil. *Pupilla, ae*, f.

pupitre, m. *Pluteus, i*, m.

pur, pure, adj. **1.** Sans mélange. *Sincerus, a, um.* (Fig.) *Merus.* Vin —, *merum, i*, n.; de — mensonges, *mera mendacia*; la — vérité, *simplex veritas.* ◆ **2.** Non souillé. *Purus, a, um.* (Fig.) *Innocens, entis. Castus.*

purée, f. *Puls, pultis*, f.; — de fèves, *fabacea, ae*, f.

purement, adv. **1.** *Mere. Sincere.* (Fig.) Nier — et simplement, *verbo negare.* ◆ **2.** *Munditer.* (Fig.) *Pure. Caste.*

pureté, f. **1.** *Sinceritas, atis*, f. *Puritas, atis*, f. — de l'air, *serenitas, atis*, f. ◆ **2.** (Fig.) *Innocentia, ae*, f. *Castitas, atis*, f. ◆ **3.** — du langage, *purus sermo*, m.

purgatif, ive, adj. *Purgativus, a, um.*

purgation, f. *Purgatio, onis*, f.

purgatoire, m. *Purgatorium, ii*, n.

purge, f. *Medicamentum* (*i*) *deductorium* (*ii*), n.

purger, tr. *Purgare.*

purification, f. **1.** *Purgatio, onis*, f. ◆ **2.** Religieuse. *Expiatio, onis*, f. *Purificatio, onis*, f.

purifier, tr. **1.** *Purgare.* Se — de ses souillures, *sordes eluĕre.* ◆ **2.** Religieusement. *Expiare. Lustrare.*

purpurin, ine, adj. *Purpureus, a, um.*

purulent, ente, adj. *Purulentus, a, um.*

pus, m. *Pus, puris*, n. *Sanies, ei*, f.

pusillanime, adj. Esprit —, *pusillus animus*, m.

pusillanimité, f. *Pusillus animus*, m. Avec —, *timido animo*; sans —, *non demisse.*

pustule, f. *Pustula, ae*, f. Couvert de — *pusulosus, a, um.*

putois, m. *Feles, is*, f.

putréfaction, f. *Tabes, bis*, f.

putréfier, tr. *Putrefacere, io**.
SE PUTRÉFIER, r. *Putrefieri, fio**. *Putrescere, o**.

pyramidal, ale, adj. *Fastigatus, a, um.*

pyramide, f. *Pyramis, idis*, f. *Meta, ae*, f.

Pyrénées. *Pyrenaei montes*, mpl.

pyrrhique, f. *Pyrrhicha, ae*, f.

Pyrrhon. *Pyrrho, onis*, m.

pyrrhonien, enne, adj. *Pyrrhonius, a, um.*

Pythagore. *Pythagoras, ae*, m.

pythagoricien, enne, adj. *Pythagoreus, a, um.*

Pythie. *Pythia, ae*, f.

pythique, adj. *Pythius, a, um.* Les jeux —, *Pythia, iorum*, npl.

pythonisse, f. **1.** *Pythia, ae*, f. ◆ **2.** (Fig.) *Pythonissa, ae*, f.

Q

quadragénaire, adj. *Quadragenarius, a, um.*
quadrangulaire, adj. *Quadrangulus, a, um.*
quadrature, f. *Quadratura, ae*, f.
quadrige, m. *Quadrigae, arum*, f. pl. Cocher de —, *quadrigarius, ii*, m.
quadrilatère, m. *Quadrum, i*, n.
quadrupède, adj. et nom m. *Quadrupes, edis*, adj. et nom m.
quadruple. **I.** Adj. *Quadruplex, plicis.* ◆ **II.** Nom m. *Quadruplum, i*, n. Au —, *quadruplicato.*
quadrupler. **I.** Tr. *Quadruplicare.* ◆ **II.** Intr. *Quadruplicari.*
quai, m. *Crepido, inis*, f.
qualification, f. *Nomen, inis*, n.
qualifier, tr. *Nominare.* Qualifié (noble), *nobilis, e.*
qualité, f. **1.** Manière d'être. *Qualitas, atis*, f. Bonne — (d'une chose), *bonitas, atis*, f.; bonnes — (du corps) *corporis bona*, npl.; (de l'âme) *virtutes, um*, f. pl.; mauvaise —, *vitium, ii*, n. ◆ **2.** Noblesse. *Nobilitas, atis*, f. (Un homme) de —, *generosus.* ◆ **3.** Mérite (d'un ouvrage). *Laus, laudis*, f. ◆ **4.** Titre. *Titulus, i*, m. *Nomen, inis*, n. En — de, *ut;* en — de dictateur, *dictator;* j'avais — pour le faire, *jure feci*.*
quand. **I.** Adv. *Quando.* (Interrog.) *Quando?* Jusques à — ? *quousque?* depuis —? *quamdiu?* ◆ **II.** Conj. **1.** Temporelle. (Marquant le moment) *Quando* (indic.). *Cum* (indic., ou subj. si impf.). (Marquant la répétition) *Cum* (indic.). ◆ **2.** Causale. *Cum* (subj.). ◆ **3.** Concessive. Quand. Quand même. Quand bien même. *Cum* (subj.). *Licet* (subj. prés. ou pf.). Quand même (en tout cas), *utique.*
quant à, loc. prép. *De* (abl.). Quant à moi, *ego vero.*
quantième, adj. *Quotus, a, um.*
quantité, f. *Quantitas, atis*, f. (Mesure) *Modus, i*, m. (Abondance) *Copia, ae*, f. *Vis, vis*, f. Une petite — de, *paululum* (gén.); — de gens, *multi*, mpl.
quarantaine, f. **1.** Quarante. *Quadraginta*, indécl. ◆ **2.** Quarante ans. Qui a passé la —, *annos natus magis quadraginta.*
quarante, adj. numér. *Quadraginta*, indécl. Par —, *qua-*

drageni, ae, a; — fois, *quadragiens;* quarantième, *quadragesimus, a, um;* le quarantième de, *quadragesima pars* (gén.).

quart, arte. I. Adj. *Quartus, a, um.* Fièvre —, *quartana (febris),* f. ◆ **II.** Nom m. *Quarta pars,* f. Une livre et un —, *libra et quadrans;* trois — d'heure, *dodrans horae;* un demi-quart, *octava pars.*

quarteron, m. *Quadrans, antis,* m.

quartier, m. **1.** Quart. *Quadra, ae,* f. Quartiers de rochers, *saxa, orum,* npl.; mettre en —, *distrahĕre* (aliquem);* — de la lune, *cava luna* (v. LUNE). ◆ **2.** Division d'une ville. *Regio, onis,* f. *Vicus, i,* m. Par tous les — de la ville, *vicatim.* ◆ **3.** Caserne ou campement. *Castra, orum,* npl. Établir ses —, *stativa castra facĕre, io*;* — d'été, *aestiva, orum,* npl., — d'hiver, *hiberna, orum,* npl.; légion qui est dans ses — d'hiver, *legio hiberna;* — général, *principia, iorum,* npl. ◆ **4.** Vie sauve. Faire —, *vitam dare*;* demander —, *vitam poscĕre*;* sans —, *omnibus caesis*.*

quasi, adv. *Fere. Quasi.*

quatorze, adj. numér. *Quattuordecim,* indécl. Quatorzième, *quartus decimus.*

quatrain, m. *Tetrasticha, on,* npl.

quatre, adj. numér. *Quattuor,* indécl. Par —, *quaterni, ae, a;* — fois, *quater;* quatrième, *quartus, a, um;* le quatrième de, *quarta pars* (gén.); pour la quatrième fois, *quartum;* quatrièmement, *quarto.*

quatre-vingts, adj. numér. *Octoginta.* Par —, *octogeni, ae, a;* quatre-vingts fois, *octogiens;* quatre-vingtième, *octogesimus, a, um;* quatre-vingt-dix, *nonaginta;* par quatre-vingt-dix, *nonageni, ae, a;* quatre-vingt-dixième, *nonagesimus;* quatre-vingt-dix fois, *nonagiens.*

que. I. PRON. **1.** Relat. : régime d'un verbe tr., ou sujet réel d'un verbe impers. *Qui, quae, quod* (au cas voulu par sa fonction). (V. QUI). Ce qu'il fallait, *quae opus erant;* à ce qu'il paraît, *videtur*.* ◆ **2.** Interrog. : régime, attr. ou sujet réel. *Quis, quae, quid?* (V. QUI). Qu'est-ce? *quid est?* qu'est-il besoin? *quid attinet*?* Je ne sais que dire, *quid dicam* nescio.* ◆ **II.** ADV. **1.** Pourquoi. *Quid? Cur?* Que viens-tu accuser les autres? *quid est quod tu alios accuses?* que ne? *cur non?* ◆ **2.** Combien. *Quam* (devant un adj. ou un adv. au positif); *quanto* (devant un adj. ou un adv. au compar.); *quantum* (devant un verbe ordinaire); *quanti* (devant un verbe d'estime ou de prix). Que de, *quantum* (devant un nom de choses qui ne se comptent ni ne se mesurent); *quantus, a, um* (devant un nom de choses qui se mesurent); *quam multi, ae, a,* ou *quot,* indécl. (devant un nom de choses qui se comptent). Que de fois! *quotiens!* ◆ **III.** Conj. **1.** Dans une prop. volitive. Subj. ou impér. Qu'il sorte! *exeat** ! ◆ **2.** Dans une prop. optative. Subj. avec ou sans *utinam.* ◆ **3.** Dans une prop. complétive: v. Syntaxe des complétives. La raison nous apprend que Dieu existe, *ratio docet* Deum esse;* aie soin que je sache, *cura ut sciam*; je crains qu'il ne vienne, *timeo* ne veniat**. ◆ **4.** Dans une consécutive. *Ut* (subj.). Il ne se passe pas un jour qu'il ne vienne, *nullus dies est quin veniat**. ◆ **5.** Dans une temporelle. Il nous apporta une lettre que nous étions à table, *cenantibus nobis epistulam tulit**. Du temps que, *cum* (indic., ou subj. si impf.); avant que, *antequam* (indic. ou subj.); il n'y a pas longtemps que, *haud diu est cum* (indic.); il y a longtemps que, *jam dudum;* jusqu'à ce que, *dum* ou *donec* (indic. ou subj.); dès que, *ubi* (indic.), etc... ◆ **6.** Dans une causale. C'est que, *quod* (indic.); non que, *non quod* (subj.); non pas que ne, *non quin* (subj.); habitué que je suis, *nos utpote qui soleamus** (inf.). ◆ **7.** Dans une conditionnelle. Que si, *quod si;* si... et que..., *si... et...* Que (si ce n'est), *nisi;* que puis-je faire que pleurer? *quid possum* aliud quam flēre?* Ne... que, *non... nisi; tantummodo; solum.* Si j'étais que de lui, *si in eodem loco essem.* ◆ **8.** Après un compar. : l'abl. (si le premier terme est au nom. ou à l'acc.), ou *quam* (et le cas voulu par la fonction). Fille plus belle que sa mère, *filia pulchrior matre* ou *quam mater;* ils sont plus nombreux que je n'avais cru, *plures sunt quam putaram;* plus tard qu'on ne s'y attendait, *serius spe omnium;* le plus près qu'il peut, *quam proxime potest* ;* le même que, *idem atque* ou *qui;* autre que, *alius atque;* tel que, *talis qualis.* ◆ **9.** Explétif. C'est une erreur que de croire, *errat qui putat;* voilà que, *ecce;* apparemment que, *videlicet;* (telle chose arriverait) qu'il ne faudrait pas s'en étonner, *non erit mirandum si* (subj.).

quel, quelle, adj. **1.** Interrog. *Qui, quae, quod?* (De quelle nature) *Qualis, e?* (Marquant le rang et le nombre) *Quotus, a, um?* Quelle heure est-il? *Quota hora est?* ◆ **2.** Exclamatif. (En quel état!) *Qui, quae, quod! Qualis, e!* (Quel grand!) *Quantus, a, um!* ◆ **3.** Quel... que, adj. rel. indéf. *Quicumque, quaecumque, quodcumque. Qualiscumque, qualecumque.* Quel qu'il soit, *quicumque is est.* Tel quel, *qualiscumque.*

quelconque, adj. indéf. *Quilibet, quaelibet, quodlibet.*

quelque. I. Adj. **1.** Indéf. *Aliqui* (ou *aliquis*), *aliqua, aliquod. Quispiam, quaepiam, quodpiam.* Qqs hommes, *non nulli;* qqch., *aliquid; non* *nihil;* qq. loisir, *aliquid otii;* j'ai reçu qqs lettres, *accepi* aliquot epistulas;* si qq. dieu, *si quis deus;* si je fais qqch. qui te plaise, *si quid facio* quod tibi placeat*;* qq. part (sans mouv.), *alicubi;* (avec mouv.) *aliquo.* ◆ **2.** Relat. indéf. Quelque... que. *Quicumque, quaecumque, quodcumque.* Par qq. moyen que ce soit, *quācumque ratione;* qq. part que tu sois, *ubicumque eris;* en qq. lieu que (tu ailles), *quocumque* (indic.); en qq. temps que ce soit, *quoquo tempore.* ◆ **II.** Adv. **1.** A peu près. *Fere. Propemodum.* Pendant qq. 20 jours, *aliquos viginti dies.* ◆ **2.** Quelque ... que (devant un adj. ou un adv.). *Quantumvis* (subj.). *Quamvis* (subj.). Qq. grand que, *quantuscumque* (indic.); qq. petit que, *quantuluscumque* (indic.).

quelquefois, adv. *Non numquam. Aliquando.*

quelqu'un, une, pron. indéf. **1.** *Quidam, quaedam, quiddam.* ◆ **2.** (Plus indéterminé) *Aliquis, aliqua, aliquid.* ◆ **3.** (Plus indéterminé encore) *Quis, quae* ou *qua, quid.* Si qqn, *si quis;* supposons qu'il soit venu qqn, *venit quis;* qqns, *non nulli,* mpl.

quémander. I. Intr. *Mendicare.* ◆ **II.** Tr. *Corrogare.*

quémandeur, euse, m. f. *Mendicus, i,* m. *Mendica, ae,* f.

qu'en dira-t-on, m. *Rumor, oris,* m.

quenouille, f. *Colus, us,* f.

quenouillée, f. *Pensum, i,* n.

querelle, f. (Entre particuliers) *Rixa, ae,* f. *Jurgium, ii,* n. (Entre peuples) *Certamen, inis,* n. (— littéraire) *Controversia, ae,* f. Épouser la — de qqn, *partes alicujus sequi*.*

quereller, tr. **1.** *Jurgio aliquem lacessere, o*.* Se —, *altercari; jurgio contendĕre*.* ◆ **2.** Gronder. *Objurgare.*

querelleur, euse, adj. *Perpugnax, acis.* Humeur —, *pugnacitas, atis,* f.

quérir, tr. Envoyer —, *arcessere, o** (acc.).

questeur, m. *Quaestor, oris,* m. De —, *quaestorius, a, um.*

question, f. **1.** Interrogation. *Interrogatio, onis,* f. *Percontatio, onis,* f. Questions, *rogata, orum,* npl. ◆ **2.** Objet de débat. *Quaestio, onis,* f. L'affaire en —, *res de quā agitur*;* ceci n'est pas la —, *nihil ad rem;* mettre en —, *anquirĕre*;* mettre en — si, *habēre* dubitationem an* (subj.); mettre hors de —, *e medio pellĕre*;* il est — d'une affaire importante, *magna res agitur*;* trancher la —, *controversiam dirimĕre*.* ◆ **3.** Torture. *Quaestio.* Mettre à la —, *quaestionem habēre* de;* (fig.) *torquēre** (acc.); être mis à la —, *torquēri*.*

questionner, tr. *Interrogare* (*aliquem, rem* ou *de re*). *Sciscitari* (*rem ex aliquo*).

questionneur, m. *Percontator, oris,* m.

questure, f. *Quaestura, ae,* f.

quête, f. **1.** Chasse. *Vestigatio, onis,* f. ◆ **2.** Recherche. Se mettre en — de, *exquirĕre** (*aliquid*). ◆ **3.** Demande d'aumônes. *Stips, ipis,* f.

quêter, tr. **1.** Chasser. *Indagare* (acc.). ◆ **2.** (Fig.) Rechercher. *Venari.* ◆ **3.** Recueillir de l'argent. (*Stipem*) *cogere, o**. Quêté, *corrogatus, a, um.*

quêteur, m. *Stipis coactor, oris,* m.

queue, f. **1.** *Cauda, ae,* f. ◆ **2.** (Fig.) Tirer le diable par la —, *miseris modis vivĕre*;* (n'avoir) ni queue ni tête, *nec caput nec pedes.* ◆ **3.** D'une comète. *Coma, ae,* f. D'une robe. *Sinus, us,* m. D'un fruit. *Petiolus, i,* m. ◆ **4.** Extrémité. *Extremitas, atis,* f. — d'une troupe, *agmen novissimum;* prendre en —, *a tergo circumvenire** (acc.); marcher à la —, *agmen cogĕre*;* placés à la —, *ultimi;* la — de l'hiver, *extrema hiems.*

qui. I. PRON. REL. *Qui, quae, quod.* Lui qui disait, *qui aiebat*;* avec qui, *cum quo* et *quocum;* il n'est personne qui ne, *nemo est quin* (subj.); c'est moi qui, *egomet;* voilà qui est mieux, *rectius hoc est;* qui que tu sois (indéf.), *quisquis es;* qui... qui..., *alii... alii.* ◆ **II.** PRON. INTERROG. *Quis* (identité) ou *qui* (nature), *quae, quid?* Considère qui tu es, *qui sis considera;* je ne sais —, *nescio quis;* qui donc? *quisnam?* à qui mieux mieux, *certatim.*

quiconque, pr rel. indéf. *Quicumque, quaecumque, quodcumque. Quisquis* (nom. m. sg.); *quidquid* (nom. et acc. n. sg.); *quoquo* (abl. m. et n.).

quiétude, f. *Tranquillitas, atis,* f. *Quies, etis,* f.

quille, f. **1.** De navire. *Carina, ae,* f. ◆ **2.** Jeu. *Metula, ae,* f.

quinconce, m. *Quincunx, uncis,* m.

quinquagénaire, adj. *Quinquaginta annos natus, a, um.*

quinquennal, ale, adj. *Quinquennalis, e.*

quintal, m. *Centumpondium, ii,* n.

Quinte-Curce. *Quintus Curtius,* m.

quintessence, f. **1.** *Subtilissimus* (*i*) *sucus* (*i*), m. ◆ **2.** (Fig.) La — des choses, *flores rerum.*

quinteux, euse, adj. *Morosus, a, um.*

Quintilien. *Quintilianus, i,* m.

quintuple, adj. *Quintuplex, icis.*

quinzaine, f. **1.** Quinze. *Quindecim.* ◆ **2.** Quinze jours. *Semestrium, ii,* n.

quinze, adj. numér. *Quindecim.* Par —, *quini deni, quinae denae, quina dena;* quinze fois, *quindeciens;* quinzième, *quintus decimus;* le quinzième de, *quinta decima pars* (gén.).

quiproquo, m. *Error, oris,* m.

Quirinal. *Quirinalis mons,* m.

quittance, f. *Apocha, ae,* f. Donner —, *accepto liberare.*

quitte, adj. **1.** *Liberatus, a, um* (abl.). Tenir — de, *remittĕre** (*rem alicui*). ◆ **2.** (Fig.)

Être quitte envers qqn, *gratiam alicui retlulisse**.

quitter, tr. **1.** S'éloigner de. *Relinquere, o**. Quitter la ville, *discedĕre* ex* ou *ab urbe;* — son pays, *emigrare domo;* — son poste, *loco cedĕre*;* c'est ainsi que nous nous sommes quittés, *ita discessimus*;* quitter le bon chemin, *de viā decedĕre**. ◆ **2.** Laisser aller. *Dimittere, o**. *Amittere, o**. Quitter les honneurs, *missos facĕre* (*io**) *honores;* en quittant tout, *omissis* omnibus rebus;* quitter tout (pour), *omnia posthabēre** (dat.). ◆ **3.** Oter ce que l'on a sur soi. *Ponere, o**. (Fig.) — son droit, *jus suum deserĕre**. ◆ **4.** Tenir quitte. *Levare* (*aliquem re*).

qui-vive? *Quis homo?* Être sur le —, *cavēre**.

quoi. I. PRON. REL. *Quod,* n. (V. QUI). Voilà à quoi je me plais, *his ego rebus delector;* sans quoi, *alioquin; sin aliter.* ◆ **II.** PRON. IND. Quoi... que. *Quodcumque.* Quoi que ce soit, *quidvis;* quoi qu'il en soit, *quidquid est;* quoi qu'il arrive, *quodcumque accĭderit**. ◆ **III.** PRON. INTERROG. *Quid?* (V. QUI). Je ne sais quoi, *nescio quid;* y a-t-il de quoi...? *quid est cur* (subj.); à quoi bon? *quorsum istuc?* à quoi bon avoir (fait telle ch.)? *quid attinuit** (inf.)? mais à quoi bon tant de paroles? *sed quid multa?* Eh quoi! *quid?*

quoique, conj. marquant la concession. *Quamquam* (indic.). *Cum* (subj.).

quolibet, m. *Cavillatio, onis,* f.

quote, adj. Quote-part, *rata pars,* f.; pour sa quote-part, *pro suā parte.*

quotidien, enne, adj. *Quotidianus, a, um.*

quotidiennement, adv. *Quotidie.*

quotient, m. *Quota pars,* f.

quotité, f. *Pars, partis,* f.

R

rabâcher, tr. *Oggannire. Recantare.*

rabais, m. *Imminutio, onis,* f. Mettre au —, *infimis pretiis locare.*

rabaisser, tr. **1.** *Deprimere, o**. ◆ **2.** Déprécier. *Imminuere, o.*

SE RABAISSER, r. *De se detrahĕre**.

rabattre. I. Tr. **1.** Abaisser. *Deprimere, o**. ◆ **2.** (Le gibier) *Exigere, o**. ◆ **II.** Tr. et intr. Diminuer. *Remittere, o** (acc.). — d'une somme, *remittĕre de summā;* — de son propre orgueil, *remittĕre spiritus;* — l'orgueil de qqn, *superbiam alicujus contundĕre**.

SE RABATTRE, r. *Se convertĕre* (*in,* acc.). *Devenire** (*ad*).

rabbin, m. *Rabbi,* m. indécl.

râble, m. *Lumbus, i,* m.

rabot, m. *Runcina, ae,* f.

raboter, tr. *Runcinare.*

raboteux, euse, adj. *Asper, era, erum. Scaber, bra, brum.*

rabougrir, intr. et SE RABOUGRIR, r. *Retorrescere, o**. Rabougri, *retorridus, a, um.*

rabrouer, tr. *Respuere, o.*

racaille, f. *Populi faex, faecis,* f.

raccommodage, m. *Refectio, onis,* f.

raccommodement, m. *Reconciliatio* (*onis,* f.) *gratiae.*

raccommoder, tr. **1.** *Reficere, io**. *Sarcire**. ◆ **2.** (Fig.) *Componere, o**. *Reconciliare.*

SE RACCOMMODER, r. *In gratiam reconciliari* (*cum*).

raccommodeur, euse, m. f. *Sarcinator, oris,* m. *Sarcinatrix, icis,* f.

raccourci, ie, adj. *Brevis, e.* Par un chemin —, *breviore viā;* en —, *breviter.*

raccourcir, tr. *Contrahere, o**.

raccourcissement, m. *Contractio, onis,* f.

raccrocher, tr. *Inuncare.* Se — à, *prensare* (acc.).

race, f. **1.** Famille. *Gens, gentis,* f. ◆ **2.** Ascendance. *Genus, eris,* n. *Stirps, stirpis,* f. ◆ **3.** Descendance. *Proles, is,* f. *Soboles, is,* f. *Progenies, ei,* f. ◆ **4.** Espèce. *Genus.* ◆ **5.** Génération. Les races futures, *posteri,* mpl. ◆ **6.** Classe ou catégorie. *Genus. Natio, onis,* f.

rachat, m. *Redemptio, onis,* f.

racheter, tr. *Redimere, o**. Racheter un défaut par l'abondance, *vitium copiā compensare.*

racine, f. **1.** *Radix, icis,* f. ◆ **2.** Souche. *Stirps, stirpis,* f. Prendre —, *radicari;* (fig.) *radices agĕre*;* arracher jusqu'aux —, *a radicibus subruĕre.*

racler, tr. **1.** *Radere, o*.* ◆ **2.** (Fig.) — le gosier, *fauces exasperare.*

racloir, m. *Radula, ae,* f.

racloire, f. *Rutellum, i,* n.

raclure, f. *Rasura, ae,* f.

racoler, tr. *Conscribere, o*. Contrahere, o*.*

racoleur, m. *Conquisitor, oris,* m.

raconter, tr. *Narrare.* (Tout au long) *Enarrare.* On raconte que, *ferunt** (prop. inf.).

raconteur, m. *Narrator, oris,* m.

racornir, tr. *Durare.* Se —, *durescĕre*.*

racornissement, m. *Duritia, ae,* f.

rade, f. *Statio, onis,* f.

radeau, m. *Ratis, is,* f.

radiation, f. **1.** Action de rayer. *Litura, ae,* f. ◆ **2.** Émission de rayons. *Radiatio, onis,* f.

radical, ale, adj. *Totus, a, um.* Vice —, *vitium ingenitum.*

radicalement, adv. *Radicitus. Penitus.*

radicelle, f. *Radicula, ae,* f.

radié, ée, adj. *Radiatus, a, um.*

radieux, euse, adj. **1.** Rayonnant. *Radians, antis.* ◆ **2.** (Fig.) Joyeux. *Renidens, entis.*

radis, m. *Raphanus, i,* m. f.

radotage, m. et **radoterie**, f. *Deliramenta, orum,* npl.

radoter, intr. *Delirare.*

radoteur, euse, m. f. *Delirus, a, um.*

radouber, tr. *Reficere, io*.*

radoucir, tr. *Mitigare.*

radoucissement, m. **1.** Diminution. *Remissio, onis,* f. ◆ **2.** Apaisement. *Mitigatio, onis,* f.

rafale, f. *Turbo, inis,* m.

raffermir, tr. *Firmare.*

raffermissement, m. *Confirmatio, onis,* f.

raffinage, m. *Excoctio, onis,* f.

raffinement, m. **1.** Soin minutieux. *Subtilitas, atis,* f. ◆ **2.** Soin exagéré. *Sollertia, ae,* f.

raffiner. I. Tr. *Excoquere, o*.* ◆ **II.** Intr. et fig. Raffiner sur, *subtilius quaerĕre** (acc.); raffiné, *exquisitus, a, um.*

raffoler, intr. (de). *Perdite amare* (acc.); (ch.) *studio rei trahi*.*

rafler, tr. *Corradere, o*.*

rafraîchir, tr. **1.** *Refrigerare.* ◆ **2.** Refaire. *Reficere, io*.* ◆ **3.** (Fig.) — la mémoire, *memoriam refricare*.*

SE RAFRAÎCHIR, r. **1.** *Refrigescere, o*.* ◆ **2.** Boire frais. *Potu se recreare.*

rafraîchissant, ante, adj. *Refrigeratorius, a, um.*

rafraîchissement, m. **1.** *Refrigeratio, onis,* f. ◆ **2.** Boisson fraîche, v. RAFRAÎCHIR.

ragaillardir, tr. *Recreare. Exhilarare.*

rage, f. **1.** Délire furieux. *Rabies, ei,* f. Atteint de la —, *rabidus, a, um.* ◆ **2.** Douleur violente. *Dolor acrior,*

m. ◆ **3.** Passion violente. *Insania, ae,* f. (Colère) *Rabies. Furor, oris,* m. Transporté de —, *rabiosus;* faire —, *bacchari.*

rager, intr. *Subringi, or*.*

rageur, euse, adj. *Stomachosus, a, um.*

ragoût, m. *Pulmentum, i,*

raide, adj. **1.** *Rigidus, a, um.* Être —, *rigēre*.* ◆ **2.** A pic. *Praeruptus, a, um. Arduus.* ◆ **3.** (Fig.) Sévère. *Durus, a, um.*

raideur, f. **1.** *Rigor, oris,* m. ◆ **2.** Pente. *Ascensus arduus,* m.

raidillon, m. *Clivulus, i,* m.

raidir, tr. *Contendere, o*.* SE RAIDIR, r. *Rigescere, o*.* Se — contre (fig.), *obsistĕre** (dat.); raidi, *rigens, entis.*

raie, f. **1.** Ligne. *Linea, ae,* f. *Sulcus, i,* m. (Étoffe) à raies, *virgatus, a, um.* ◆ **2.** Poisson. *Raia, ae,* f.

raifort, m. *Raphanus, i,* m. f.

railler, tr. et SE RAILLER, r. *Ridere, eo** (acc.). *Illudere, o** (acc. ou dat.). Raillé, *derisus, a, um;* en raillant, *per jocum.*

raillerie, f. *Risus, us,* m. *Irrisio, onis,* f. Prêter à la —, *risus facĕre, io*;* sans —, *remoto joco.*

railleur, euse, adj. et nom m. f. *Cavillabundus, a, um. Cavillator, oris,* m. Humeur —, *festivitas, atis,* f.

raisin, m. *Uva, ae,* f.

raisiné, m. *Defrutum, i,* n.

raison, f. **1.** L'intelligence humaine. *Ratio, onis,* f. *Mens, mentis,* f. Dès qu'il a eu l'âge de —, *cum primum sapĕre coepit*;* avoir sa —, *esse suae mentis;* contraire à la —, *a ratione aversus, a, um;* parler —, *sapienter dicĕre*.* ◆ **2.** Droit naturel. *Ratio. Aequum, i,* n. Avec —, *jure; merito;* à tort ou à —, *sive hoc recte sive non recte;* avoir —, *recte facĕre* (*io**) ou *probe dicĕre*;* tu as — de (faire), *bene facis quod* (indic.); comme de —, *ut par est;* plus que de —, *plus aequo;* entendre —, *facile ferre*;* mettre à la —, *perdomare*;* je me suis fait une —, *contudi* animum.* ◆ **3.** Satisfaction. *Satisfactio, onis,* f. (Compte) *Ratio.* Demander —, *res repetĕre*;* rendre ou faire —, *satisfacere, io** (dat.); rendre — de, *rationem reddĕre** (gén.); demander à qqn — de, *ab aliquo reposcĕre* rationem* (gén.). ◆ **4.** Preuve; cause. *Ratio.* Raison solide, *argumentum firmissimum;* pour cette —, *eā de causā;* par la — que, *propter hanc causam quod* (indic.); pour quelle —? *quare?* donner qqch. pour —, *causari* (acc.); la — en est simple, *videlicet;* j'ai des — pour, *habeo* quod* (subj.); il n'y avait pas de — pour, *nihil erat quod* (subj.); ce n'est pas une — pour que, *non continuo;* à plus forte —, *multo magis;* (après une prop. nég.) *nedum* (subj.); raison de plus, *tanto magis;* — de plus pour ne pas le jalouser, *tanto magis ne invideris**. ◆ **5.** Proportion. *Ratio.* En — de, *pro* (abl.).

raisonnable, adj. **1.** Doué de raison. *Rationis particeps, cipis. Rationalis, e.* ◆ **2.** Conforme à la raison. (Pers.) *Sanus, a, um. Aequus.* (Ch.) *Aequus. Justus.*

raisonnablement, adv. **1.** *Prudenter.* ◆ **2.** Équitablement. *Recte.* ◆ **3.** Convenablement. *Commode.*

raisonnement, m. **1.** Faculté. *Ratio, onis,* f. ◆ **2.** Action. *Ratiocinatio, onis,* f. ◆ **3.** Argument. *Argumentum, i,* n.

raisonner, intr. **1.** Faire usage de la raison. *Ratione uti, or**. ◆ **2.** Faire un raisonnement. *Argumentari. Disputare* (*de re*). ◆ **3.** Répondre par de mauvaises raisons. *Responsare.*

raisonneur, m. **1.** *Ratiocinator, oris,* m. ◆ **2.** Qui répond par de mauvaises raisons. *Contumax, acis.*

rajeunir. I. Tr. *Renovare.* ◆ **II.** Intr. *Repuerascere, o**.

rajeunissement, m. *Renovatio, onis,* f.

rajuster, tr. *Reconcinnare.*

râle et **râlement,** m. *Singultus, us,* m.

ralentir, tr. **1.** *Tardare. Retardare.* ◆ **2.** (Fig.) *Remittere, o**.

ralentissement, m. *Cessatio, onis,* f.

râler, intr. *Singultare animam.*

ralliement, m. *Conventus, us,* m. Signe de —, *signum, i,* n.

rallier, tr. **1.** *Recolligere, o**. *In unum contrahere, o**. Se —, *in unum coire* (*eo**); (troupes) *se recipĕre* (*io**). ◆ **2.** (fig.) — qqn à sa cause, *suum aliquem reddĕre**; se — à l'opinion de qqn, *in alicujus sententiam ire* (*eo**).

rallumer, tr. *Rursus incendere, o**; (fig.) — la guerre, *bellum renovare* ou *redintegrare.*

ramage, m. *Cantus, us,* m. Le — des oiseaux, *avium concentus, us,* m.

ramas, m. **1.** *Congeries, ei,* f. ◆ **2.** D'hommes. *Colluvies,* f.

ramasser, tr. **1.** *Colligere, o**. *Cogere, o** ◆ **2.** (Fig.) Ramassé (trapu), *quadratus, a, um.*

SE RAMASSER, r. **1.** Se rassembler. *Se congregare. Coire, eo**. ◆ **2.** (Fig.) Se replier sur soi-même. *Conglobari.*

rame, f. *Remus, i,* m. Faire aller à la —, *remis propellĕre**; faire force de —, *remis contendĕre**; navire à 2, 3, 4 rangs de —, *biremis, is,* f.; *triremis,* f.; *quadriremis,* f.

rameau, m. *Ramus, i,* m. Le dimanche des Rameaux, *Palmarum dies,* m. f.

ramée, f. *Rami, orum,* mpl.

ramener, tr. *Reducere, o**. Ramener la concorde, *concordiam reconciliare;* — sa main, *manum detrahĕre**; — ses cheveux, *revocare deficientem** *capillum a vertice.*

ramer, intr. *Remigare.*

rameur, m. *Remex, igis*, m.
ramier, m. Pigeon. *Palumbes, is*, m. f.
ramification, f. *Pars, partis*, f.
ramifier (se), r. *Se findĕre** (*in partes*).
ramilles, fpl. *Surculi, orum*, mpl.
ramollir, tr. *Mollire.*
ramollissement, m. **1.** *Mollities, ei*, f. ◆ **2.** (Fig.) *Senium, ii*, n.
rampant, ante, adj. **1.** *Repens, entis.* ◆ **2.** (Fig.) *Humilis, e.*
rampe, f. *Clivus, i*, m.
ramper, intr. **1.** *Repere, o*. Serpere, o*.* ◆ **2.** (Fig.) *Se submittĕre**. (En parl. d'un auteur) *Serpĕre* humi.*
ramure, f. *Rami, orum*, mpl.
rance, adj. *Rancidus, a, um.*
rancir, intr. *Rancescere, o*.* Ranci, *rancidus, a, um.*
rançon, f. *Redemptio, onis*, f. *Pretium, ii*, n. Payer la — de (qqn), *redimĕre** (acc.).
rançonner, tr. *Expilare.*
rancune, f. *Ira, ae*, f.
rancuneux, euse, et **rancunier, ière**, adj. *Memor, oris.*
rang, m. **1.** Alignement. *Ordo, inis*, m. Par —, *ordinatim;* le premier —, *frons, frontis*, f.; le dernier —, *extrema acies*, f.; se mettre sur les — pour (fig.), *petĕre** (acc.); je suis sorti de vos —, *ortus* sum e vobis.* ◆ **2.** Place. *Locus, i*, m. Être au premier —, *principem locum obtinēre*;* ceux qui sont aux premiers —, *principes;* dans un — élevé, *in excelso;* du dernier —, *infimus, a, um;* mettre (qqch.) au — de, *habēre** (*aliquid*) *in* (abl.); mettre au — des dieux, *in numerum deorum referre*;* mettre sur le même — que, *eodem loco habēre* quo.* ◆ **3.** Condition élevée. *Locus. Dignitas, atis*, f. Avoir un —, *esse in aliquo numero;* garder son —, *tenēre* dignitatis gradum;* déchu de son —, *gradu depulsus*.*
rangé, ée, adj. **1.** Qui a de l'ordre dans ses affaires. *Compositus, a, um. Frugi* (indéclin.). ◆ **2.** Dans ses actions. *Sanctus.*
rangée, f. *Ordo, inis*, m.
rangement, m. *Instructio, onis*, f.
ranger, tr. **1.** Mettre dans un certain ordre. *Disponere, o*.* Ranger une armée en bataille, *aciem instruĕre*;* en bataille rangée, *justo proelio.* ◆ **2.** Mettre en ordre. *Componere, o*.* ◆ **3.** Mettre au nombre de. *Reponere, o** (*in numerum* ou *in numero*). ◆ **4.** Amener à. Ranger sous sa domination, *in dicionem suam redigĕre*.*

SE RANGER, r. **1.** Se mettre dans un certain ordre. *Instrui, or*.* ◆ **2.** Se mettre de côté. Se — devant qqn, *decedĕre* alicui de viā.* ◆ **3.** Se mettre sous (la domination de qqn). (*In dicionem alicujus*) *concedĕre*.* ◆ **4.** Mettre de l'ordre dans sa conduite. *Recipĕre* (*io**) *se ad frugem bonam.*

ranimer, tr. **1.** Rendre la vie à. *Revocare a morte* (acc.). ◆ **2.** Rendre le mouvement. *Reficere, io**. ◆ **3.** (Fig.) *Exsuscitare. Excitare.* Se —, *recreari.*

rapace, adj. *Rapax, acis.*

rapacité, f. **1.** *Aviditas, atis,* f. ◆ **2.** (Fig.) *Rapacitas, atis,* f.

râpe, f. *Scobina, ae,* f.

râper, tr. *Radere, o**. Râpé (usé), *obsoletus, a, um.*

rapetisser, tr. *Minuere, o.*

rapide, adj. **1.** *Velox, ocis.* ◆ **2.** Impétueux. *Rapidus, a, um.* ◆ **3.** En pente. *Praeceps, cipitis.*

rapidement, adv. **1.** *Velociter.* ◆ **2.** Impétueusement. *Rapide.* ◆ **3.** En peu de temps. *Cito.*

rapidité, f. **1.** *Velocitas, atis,* f. ◆ **2.** Impétuosité. *Rapiditas, atis,* f. (D'un fleuve) *Vis, vis,* f. ◆ **3.** Promptitude d'action. *Celeritas, atis,* f.

rapiécer, tr. *Sarcire**.

rapine, f. **1.** Action ou habitude de voler. *Rapina, ae,* f. ◆ **2.** Objet volé. *Praeda, ae,* f. Vivre de —, *vivĕre* rapto.*

rapiner, intr. *Rapere, io** (acc.). *Suppilare* (acc.).

rappel, m. **1.** *Revocatio, onis,* f. ◆ **2.** A la mémoire. *Repetitio, onis,* f.

rappeler, tr. *Revocare.* Rappeler à la mémoire, *memoriam* (*rei*) *renovare;* — à sa mémoire, *repetĕre* memoriā* (acc.); — (de vive voix) un bienfait, *beneficium commemorare;* il rappelle comment, *refert* ut* (subj.).

SE RAPPELER, r. *Recolere, o** (*rem*). Se — le temps de son enfance, *memoriam pueritiae recordari;* je me rappelle que, *memini** (prop. inf.).

rapport, m. **1.** Revenu. *Reditus, us,* m. *Fructus, us,* m. Terre d'un excellent —, *ager fructuosissimus,* m. ◆ **2.** Récit. *Narratio, onis,* f. Faire un — (sur), *referre** (acc.); au — de Théophraste, *ut ait* Theophrastus.* ◆ **3.** Relation. *Ratio, onis,* f. En — avec, *pro* (abl.). (Convenance) *Cognatio, onis,* f. Avoir du — avec, avoir — à, *pertinēre* ad;* n'avoir nul — avec, *non attingĕre** (acc.); — de goûts, *studiorum cognatio,* f. (Considération) *Ratio.* Par — à, *quod attinet* ad;* sous tous les —, *ex omni parte.* ◆ **4.** Relations. *Commercium, ii,* n. Rapports intimes, *consuetudo, inis,* f.; avoir qqs — avec, *communicare cum* (abl.).

rapporter, tr. **1.** *Referre, fero**. On rapporte que, *memorant* (prop. inf.). ◆ **2.** Produire un revenu. *Reddere, o**. *Afferre, fero**. ◆ **3.** Annuler. *Antiquare* (acc.).

SE RAPPORTER, r. **1.** Être conforme. *Congruere, o. Convenire**. Ce qui se rapporte à, *quod pertinet* ad.* ◆ **2.** S'en — à. *Se voluntati* (*alicujus*) *permittĕre**. *Credere, o** (dat.).

Je m'en rapporte à toi, *tu id videbis**.

rapporteur, m. **1.** *Delator, oris*, m. ◆ **2.** Dans un débat. *Relator, oris*, m.

rapprendre, tr. *Iterum discere, o**.

rapprochement, m. **1.** *Admotio, onis*, f. ◆ **2.** Comparaison. *Collatio, onis*, f. ◆ **3.** Réconciliation. (*Gratiae*) *reconciliatio, onis*, f.

rapprocher, tr. **1.** *Admovēre, eo** (de, dat.). Rapproché, *propinquus, a, um* (dat.). ◆ **2.** Comparer. *Conferre, fero** (*rem rei* ou *cum re*). ◆ **3.** Réconcilier. *In gratiam reducĕre**.

SE RAPPROCHER, r. **1.** *Propius venire**. Se — de qqn, *propius aliquem accedĕre**. ◆ **2.** Se réconcilier. *In gratiam redire, eo**. ◆ **3.** Être semblable. *Accedere, o** (*ad*). Qui se rapproche de, *propinquus, a, um* (dat.); qui se rapproche le plus de, *proximus* (dat.).

rapsode, m. *Homerista, ae*, m.

rapsodie, f. *Rhapsodia, ae*, f.

rapt, m. *Raptus, us*, m.

râpure, f. *Ramenta, orum*, npl.

rare, adj. *Rarus, a, um.* Ce fait est —, *id insolenter evenit**.

rarement, adv. *Raro.*

rareté, f. *Raritas, atis*, f. (Chose rare) *Rarum visu.*

ras, rase. I. Adj. **1.** Qui a le poil coupé. *Rasus, a, um.* ◆ **2.** Plat. *Aequus, a, um.* En rase campagne (sans mouv.), *in plano;* (avec mouv.) *in planum;* faire table rase de (fig.), *excutere, io** (acc.). ◆ **3.** Rempli. *Cumulatus, a, um.* ◆ **II.** Nom m. Au ras du sol, *summo solo.*

rasade, f. *Poculum, i*, n.

raser, tr. **1.** *Radere, o**. Se —, *barbam radĕre;* se faire —, *radi.* ◆ **2.** (Fig.) Démolir. *Diruere, o. Solo aequare.* ◆ **3.** Effleurer. *Radĕre. Stringĕre, o**.

rasoir, m. *Novacula, ae*, f.

rassasiement, m. *Satietas, atis*, f.

rassasier, tr. *Satiare. Saturare.*

rassemblement, m. *Concursus, us*, m. *Conventus, us*, m.

rassembler, tr. **1.** Assembler de nouveau. *Recolligere, o**. ◆ **2.** Assembler. *Cogere, o**. (Fig.) *Colligere, o**.

SE RASSEMBLER, r. *Congregari. Convenire**.

rasseoir, tr. **1.** *Reponere, o**. ◆ **2.** (Fig.) *Componere, o**. *Sedare.* Esprit rassis, *mens bene composita.*

SE RASSEOIR, r. **1.** *Rursus sedere, eo**. ◆ **2.** (Fig.) *Residere, o**.

rasséréner, tr. **1.** *Serenare.* Se —, *enitescere, o**. ◆ **2.** (Fig.) Rasséréner le visage, *vultum reficere, io**.

rassurer, tr. *Firmare.* Rassuré (qui n'a plus de crainte) *confirmatior.*

SE RASSURER, r. (Fig.) *Se confirmare. Se erigĕre**.

rat, m. *Mus, muris*, m. De —, *murinus, a, um.*
ratatiner (se), r. *Retorrescere, o**. Ratatiné, *retorridus, a, um.*
rate, f. *Lien, lienis*, m.
râteau, m. *Rastrum, i*, n. *Rastellus, i*, m.
râtelier, m. **1.** *Faliscae, arum*, fpl. ◆ **2.** Dentier. *Dentium ordo, inis*, m.
ratière, f. *Muscipulum, i*, n.
ratification, f. *Approbatio, onis*, f.
ratifier, tr. *Approbare. Ratum (am, um) habere, eo**.
ration, f. *Diaria, iorum*, npl.
rationnel, elle, adj. *Rationalis, e.*
rationnellement, adv. *Rationaliter.*
ratisser, tr. *Radere, o**. *Deradere, o**.
ratissoire, f. *Rallum, i*, n.
ratissure, f. *Ramenta, orum*, npl.
raton, m. *Musculus, i*, m.
rattacher, tr. **1.** *Revincire**. ◆ **2.** (Fig.) *Conjungĕre, o**. Se — à, *conjungi* cum* (abl.).
rattraper, tr. **1.** Ressaisir. *Retrahere, o**. — (qqch. qui tombe), *excipere, io**. ◆ **2.** Rejoindre. *Assequi, or**.
rature, f. *Litura, ae*, f.
raturer, tr. *Interlinere, o**. *Delere, eo.*
rauque, adj. *Raucus, a, um.*
ravage, m. *Populatio, onis*, f.
ravager, tr. **1.** (Territoire) *Vastare.* (Populations) *Populari.* ◆ **2.** (Fig.) *Vāstare.*
ravageur, m. *Vastator, oris*, m. *Populator, oris*, m.
ravaler, tr. **1.** Avaler de nouveau. *Resorbere, eo**. ◆ **2.** Rabaisser. *Abjicere, io**. *Deprimere, o**. ◆ **3.** Crépir. *Trullissare.*
ravaudage, m. *Sartura, ae*, f.
ravauder, tr. *Sarcire**.
ravaudeur, euse, m. f. *Sarcinator, oris*, m. *Sarcinatrix, icis*, f.
rave, f. *Rapum, i*, n.
Ravenne. *Ravenna, ae*, f.
ravin, m. *Sinus, us*, m.
ravine, f. *Eluvies, ei*, f.
ravir, tr. **1.** Enlever. *Eripere, io**. *Auferre, fero**. (Par violence) *Rapere, io**. ◆ **2.** Élever. *Raptare.* ◆ **3.** (Fig.) Charmer. *Delectare.* Ravi d'admiration, *magnā admiratione affectus, a, um;* ravi de joie, *laetitiā gestiens, entis;* je suis ravi que, *valde gaudeo** (prop. inf.; ou *quod*, indic. ou subj.).
RAVISER, (se), r. *Sententiam mutare.*
ravissant, ante, adj. **1.** *Rapax, acis.* ◆ **2.** (Fig.) *Amoenissimus.*
ravissement, m. (Fig.) *Gestiens laetitia*, f. Être dans le —, *in caelo esse.*
ravisseur, m. *Raptor, oris*, m. *Ereptor, oris*, m.
ravitaillement, m. *Commeatus, us*, m.
ravitailler, tr. *Commeatus importare* (*in*, acc.).
raviver, tr. Raviver le feu, *ignem adjuvare*;* — la douleur, *dolorem renovare.*

SE RAVIVER, r. (Fig.) *Recrudescere, o**.
ravoir, tr. *Recuperare.*
rayer, tr. **1.** *Lineis distinguere, o**. Rayé, *virgatus, a, um.* ◆ **2.** Effacer. *Delere, eo.* Rayé, *oblitus, a, um;* rayé du nombre des vivants, *rebus humanis ereptus.*
rayon, m. **1.** De lumière. *Radius, ii,* m. (Fig.) Un — de, *quasi lumen aliquod* (gén.). ◆ **2.** De circonférence. *Radius.* ◆ **3.** De cire. *Favus, i,* m. ◆ **4.** De bibliothèque. *Pegma, atis,* n.
rayonnant, ante, adj. **1.** *Radians, antis. Radiatus, a, um.* ◆ **2.** (Fig.) — de joie, *renidens, entis.*
rayonnement, m. *Radiatio, onis,* f.
rayonner, tr. **1.** *Radiare.* ◆ **2.** (Fig.) — de joie, *renidere, eo**. ◆ **3.** Aller de côté et d'autre. *Circumferri, feror**.
rayure, f. *Virgae, arum,* fpl.
re, préfixe marquant la répétition de l'action, peut se traduire par *iterum* accompagnant le verbe simple.
réaction, f. *Repulsus, us,* m. (Changement d'état) *Mutatio, onis,* f.
réagir, intr. *Contra facere, io**. *Relidere, o** (acc.). *Repercutere, io** (acc.).
réalisation, f. *Effectus, us,* m.
réaliser, tr. *Efficere, io**.
SE RÉALISER, r. *Fieri**.
réalité, f. *Res, rei,* f. En —, *re verā.*
rébarbatif, ive, adj. *Asper, era, erum.*
rebâtir, tr. *Restituere, o. Reficere, io**.
rebattre, tr. **1.** Rebattre les oreilles, *aures obtundĕre**. ◆ **2.** Rebattu, *tritus, a, um.*
rebelle, adj. *Turbulentus, a, um.* Les —, *seditiosi,* mpl.; — à la raison, *rationis impatiens, entis.*
rébellion, f. *Seditio, onis,* f.
rebondi, ie, adj. **1.** *Obesus, a, um.* ◆ **2.** (Fig.) *Teres, teretis.*
rebondir, intr. *Resilire**. Faire —, *reverberare* (acc.).
rebondissement, m. *Recussus, us,* m. (ne s'emploie qu'à l'abl. sg.). *Repercussus,* m.
rebord, m. *Ora, ae,* f.
rebours, m. **1.** Le — du papier, *inversa charta,* f.; à —, *retro;* qui est à —, *praeposterus, a, um.* ◆ **2.** (Fig.) Le contraire. Au —, *ex contrario;* au — de, *adversus* (acc.); prendre au —, *in contrarium trahĕre**.
rebrousse-poil (à), loc. adv. *Contra pilum.*
rebrousser, intr. et tr. — chemin, *recedere, o**.
rebuffade, f. *Repulsa, ae,* f.
rebut, m. **1.** Action. *Fastidium, ii,* n. ◆ **2.** Objet. *Rejectanea, orum,* npl. Mettre au —, *rejicere, io**. ◆ **3.** (Fig.) Le — du peuple, *faex* (*faecis,* f.) *populi;* — de la nature, *caenum, i,* n.
rebutant, ante, adj. *Fastidiosus, a, um.*
rebuter, tr. **1.** Renvoyer. *Fastidire. Respuere, o.* Rebuté, *repulsus, a, um.* ◆ **2.** Décou-

rager. *Frangere, o**. ◆ 3. Choquer. *Offendere, o**.

SE REBUTER, r. *Deterrēri* (*a* ou *de proposito*).

récalcitrant, ante, adj. *Contumax, acis*. Se montrer —, *calcitrare*.

récapitulation, f. *Collectio, onis*, f. *Enumeratio*, f.

récapituler, tr. *Colligere, o**. *Enumerare*.

recel, m. *Receptio, onis*, f.

recéler, tr. 1. *Occulere, o**. *Celare*. ◆ 2. (Fig.) Renfermer. *Abscondere, o**.

recéleur, euse, m. f. *Receptor, oris*, m. *Receptrix, icis*, f.

récemment, adv. *Nuper*. Tout —, *nuperrime; modo*.

recensement, m. *Recensio, onis*, f. *Census, us*, m. Faire le —, *censum habēre**.

recenser, tr. *Censere, eo**.

récent, ente, adj. *Recens, entis*.

réceptacle, m. *Receptaculum, i*, n.

réception, f. 1. *Acceptio, onis*. f. ◆ 2. Accueil. *Hospitium, ii*, n. Faire une bonne — à, *accipĕre* (*io**) *liberaliter* (acc.); — solennelle, *admissio, onis*, f.; salle de —, *salutatorium cubile*, n. ◆ 3. Admission dans un corps. *Cooptatio, onis*, f.

recette, f. 1. Argent reçu. *Acceptum, i*, n. Livre de —, *accepti tabulae*, fpl.; porter en —, *ferre* acceptum*. ◆ 2. Charge de receveur. *Argentaria coactio*, f. ◆ 3. Formule. *Ratio, onis*, f. ◆ 4. De remède. *Remedium, ii*, n. *Medicina, ae*, f. ◆ 5. Moyen. *Ars, artis*, f.

recevable, adj. *Probabilis, e*, m.

receveur, m. *Coactor, oris*, m.

recevoir, tr. I. Qqch. 1. *Accipĕre, io**. ◆ 2. Recueillir; subir. *Excipĕre, io**. ◆ 3. Emprunter. *Accipĕre*. *Mutuari*. ◆ 4. Agréer. *Admittere, o**. *Probare*. Recevoir un châtiment, *poenas solvĕre**; — une excuse, *excusationem accipĕre;* reçu (reconnu), *habitus, a, um;* (établi), *receptus*. ◆ II. Qqn. 1. *Recipere, io**. *Admittĕre*. ◆ 2. Accueillir. *Excipĕre**. *Accipĕre**. Recevoir à sa table, *recipĕre ad epulas;* ils sont reçus à coups de verges, *verberibus accipiuntur*. Déclarer apte après examen. *Probare*.

rechange, m. De —, *supervacaneus, a, um*.

réchapper, intr. *Liberari* (abl. avec ou sans *ab* ou *ex*).

recharger, tr. 1. *Iterum onerare*. ◆ 2. Attaquer de nouveau. *Proelium renovare*.

réchaud, m. *Foculus, i*, m.

réchauffer, tr. 1. *Refovere, eo** ◆ 2. (Fig.) *Calefacere, io**. C'est du réchauffé, *illa vulgaria sunt*.

SE RÉCHAUFFER, r. *Recalescere, o**.

rechausser, tr. (un arbre). *Aggerare* (*arborem*).

rêche, adj. *Asper, era, erum*.

recherche, f. 1. *Investigatio, onis*, f. *Indagatio, onis*, f. Être à la — de, *quaerĕre** (acc.); faire des —, *investigare*. ◆ 2. (Fig.) Enquête;

étude. *Quaestio, onis,* f. Faire la — de, *inspicere, io** (acc.). ◆ 3. Soin excessif. (De la parure) *Munditiae, arum,* fpl. (Du langage) *Affectatio, onis,* f. Avec —, *putide;* sans —, *simpliciter.*

recherché, ée, adj. **1.** Non commun. *Quaesitus, a, um.* ◆ **2.** Soigné avec excès. (Toilette) *Mundior, ius.* (Langage) *Quaesitus. Affectatus, a, um.* Orateur —, *orator putidus.*

rechercher, tr. **1.** Chercher avec soin. *Conquirere, o*.* ◆ **2.** Chercher à atteindre. *Prosequi, or*. Captare.* ◆ **3.** Faire une enquête sur. *Inquirere, o** (*in,* acc.). ◆ **4.** Désirer voir ou connaître. *Appetere, o*.* Être recherché, *in pretio esse.* ◆ **5.** (En mariage) *Ambire* (acc.).

rechigner, intr. *Caperare.* Rechigné, *morosus, a, um;* en rechignant, *invitus, a, um;* sans rechigner, *ultro.*

rechute, f. **1.** Faire une —, *recĭdĕre** (*in morbum*). ◆ **2.** (Fig.) *relabi** (*in,* acc.).

récidiver, intr. *Iterum delinquere, o*.*

récif, m. *Brevia, ium,* npl.

récipient, m. *Excipulum, i,* n.

réciprocité, f. *Vicis* (gén. f.). User de —, *vicem praestare*;* — de bons offices, *officiorum vicissitudo, inis,* f.

réciproque. **I.** Adj. *Mutuus, a, um.* ◆ **II.** Nom f. *Reflexio, onis,* f.

réciproquement, adv. *Mutuo. Invicem.*

récit, m. *Narratio, onis,* f. (Historique) *Fama, ae,* f. (Fabuleux) *Fabula, ae,* f. Faire le — de, *narrare* (acc.).

récitation, f. *Declamatio, onis,* f.

réciter, tr. *Ex memoriā exponere, o*. Recitare.*

réclamation, f. **1.** Protestation. *Intercessio, onis,* f. ◆ **2.** Revendication. *Petitio, onis,* f.

réclame, f. *Praeconium, ii,* n.

réclamer. **I.** Intr. Protester. *Intercedere, o*. Reclamitare.* ◆ **II.** Tr. **1.** Revendiquer. *Repetere, o*.* ◆ **2.** Implorer. *Rogare.* ◆ **3.** Avoir besoin de. *Poscere, o*.* ◆ **4.** Se — de, *appellare* (acc.).

reclus, use, m. f. *Reclusus, i,* m. *Reclusa, ae,* f.

recoin, m. *Angulus, i,* m. *Latebra, ae,* f.

recoller, tr. *Reglutinare.*

récolte, f. **1.** Action de récolter. (*Fructuum*) *perceptio, onis,* f. ◆ **2.** Ce qu'on récolte. (Céréales) *Fruges, um,* fpl. *Messis, is,* f. ◆ **3.** (Fig.) Une bonne — de, *copia, ae,* f. (gén.).

récolter, tr. *Percipere, io*.* (Des céréales) *Demetere, o*.*

recommandable, adj. *Probabilis, e.* Un homme très —, *spectatissimus vir,* m.

recommandation, f. **1.** *Commendatio, onis,* f. Lettre de —, *commendaticiae litterae.* ◆ **2.** Estime. *Existimatio, onis,* f. ◆ **3.** Prescription. *Mandatum, i,* n. *Monitum, i,* n.

recommander, tr. **1.** Prier qqn d'être favorable à; rendre recommandable. *Commendare* (*aliquem alicui*). Se — (de qqn ou par qqch.), *commendari* (*ab aliquo, re*) ◆ **2.** Donner mandat ou conseil. *Mandare. Monere, eo**. (De, *ut*, subj.).

recommencement, m. *Redintegratio, onis*, f.

recommencer. I. Tr. *Redintegrare. Renovare.* ◆ **II.** Intr. **1.** (Pers.) *Rursus incipere, io** (inf.); il faut —, *de integro est faciendum**. ◆ **2.** (Ch.) *Redintegrari;* — de plus belle, *recrudescĕre**.

récompense, f. **1.** Salaire. *Merces, edis*, f. ◆ **2.** Prime. *Praemium, ii*, n. Comme —, *mercedis loco.*

récompenser, tr. **1.** *Remunerari* (acc.). ◆ **2.** Punir. *Poenas repetĕre** (*ab*); être récompensé, *plecti**.

recomposer, tr. **1.** (*Dissoluta*) *componere, o**. ◆ **2.** — (un ouvrage), *rescribĕre** (acc.).

réconciliateur, tr. (*Gratiae*) *reconciliator, oris*, m.

réconciliation, f. (*Gratiae*) *reconciliatio, onis*, f.

réconcilier, tr. *Reconciliare.* Se —, *in gratiam reconciliari;* se — avec, *in gratiam redire* (*eo**) *cum* (abl.).

reconduire, tr. *Deducere, o**.

réconfort, m. **1.** *Auxilium, ii*, n. ◆ **2.** (Fig.) *Levamen, inis*, n.

réconforter, tr. **1.** *Confirmare.* ◆ **2.** (Fig.) *Levare.*

reconnaissable, adj. *Cognitu facilis, e.* — à, *insignis* (abl.).

reconnaissance, f. **1.** *Agnitio, onis*, f. ◆ **2.** Vérification. *Recognitio, onis*, f. *Probatio, onis*, f. ◆ **3.** Exploration milit. *Exploratio, onis*, f.; pousser une —, *explorare* (acc.). ◆ **4.** Aveu. *Confessio, onis*, f. ◆ **5.** Reçu. *Syngrapha, ae*, f. ◆ **6.** Gratitude. *Gratia, ae*, f. *Gratus animus*, m. Avoir de la — pour qqn, *gratiam referre* alicui;* acquitter une dette de —, *beneficia solvĕre*;* avec —, *grato animo;* en — de, *pro* (abl.).

reconnaissant, ante, adj. *Gratus, a, um* (envers qqn, *erga aliquem*).

reconnaître, tr. **1.** *Recognoscere, o**. ◆ **2.** Connaître. *Agnoscere, o**. ◆ **3.** Explorer. *Cognoscere, o**. *Explorare.* ◆ **4.** Découvrir. *Intellegere, o**. ◆ **5.** Admettre, avouer. *Agnoscĕre. Confiteri, eor**. Reconnaître l'autorité de, *parēre** (dat.); reconnu, *notus, a, um;* il est reconnu que, *constat** (prop. inf.). ◆ **6.** Être reconnaissant de. *Remunerari.* Reconnaître un bienfait, *gratiam referre**.

SE RECONNAÎTRE, **r. 1.** Reprendre ses sens. *Se recipĕre* (*io**). ◆ **2.** Se retrouver (dans un portrait) *Se agnoscĕre**. (Dans un lieu) *Locum agnoscĕre**. ◆ **3.** Être reconnaissable. *Noscitari.* Cela se reconnaît, *quod apparet**.

reconquérir, tr. *Recipere, io**.

reconstruction, f. *Refectio, onis*, f.

reconstruire, tr. *Restituere, o.*

recopier, tr. *Transcribĕre, o**.

recoucher, tr. *Stratis reponere, o**. Se —, *recubare**.

recoudre, tr. *Resuere, o.*

recouper, tr. *Resecare**.

recourber, tr. *Recurvare. Inflectere, o**. Recourbé, *curvatus, a, um.*
recourir, intr. **1.** *Recurrere, o**. ◆ **2.** (Fig.) *Confugere, io** (à, *ad*). — aux prières, *preces adhibēre**.
recours, m. **1.** *Perfugium, ii*, n. ◆ **2.** Pourvoi. *Recursus, us*, m.
recouvrement, m. *Recuperatio, onis*, f. — de l'impôt, *tributi confectio*, f.
recouvrer, tr. **1.** *Recuperare.* ◆ **2.** De l'argent. *Recipere, io**.
recouvrir, tr. *Tegere, o**.
récréatif, ive, adj. *Festivus, a, um.*
récréation, f. *Animi relaxatio, onis*, f. *Oblectamentum, i*, n.
récréer, tr. *Oblectare. Recreare.*
récrier (se), r. **1.** *Exclamare.* ◆ **2.** Protester. *Reclamare* (dat.).
récrimination, f. *Criminis relatio, onis*, f.
récriminer, intr. *Crimen* (*in aliquem*) *retorquere, eo**. — contre, *respondēre** (dat.).
récrire, tr. Répondre. *Rescribere, o**.
recroqueviller (se), r. *In semet convolvi**.
recru, ue, adj. *Exhaustus, a, um.*
recrue, f. Soldat nouvellement enrôlé. *Tiro, onis*, m.
recrutement, m. *Supplementum, i*, n. *Delectus, us*, m.
recruter, tr. *Supplere, eo. Complere, eo.*
recruteur, m. *Conquisitor, oris*, m.
rectangle, adj. *Orthogonius, a, um.*
rectifier, tr. *Corrigere, o**. *Emendare.*
rectitude, f. Rectitude d'esprit, *recta ratio*, f.
reçu, m. *Apocha, ae*, f.
recueil, m. *Excerpta, orum*, npl.
recueillement, m. Prier avec —, *in prece totum esse.*
recueillir, tr. **1.** Récolter. *Percipere, io**. ◆ **2.** Ramasser ce qui tombe ou s'échappe. *Excipere, io**. ◆ **3.** Rassembler ce qui est dispersé. *Colligere, o**. ◆ **4.** Compiler. *Excerpere, o**. — les suffrages, *sententias exquirĕre**. ◆ **5.** Accueillir chez soi. *Domum suam recipĕre, io**. SE RECUEILLIR, r. *Se colligĕre**.
recuire, tr. *Recoquere, o**.
recul, m. et **reculade**, f. **1.** *Retrocessus, us*, m. ◆ **2.** (Fig.) *Regressus, us*, m.
reculé, ée, adj. Lointain. *Remotus, a, um.* Depuis l'antiquité la plus —, *ab ultimā antiquitate;* la postérité la plus —, *infinita posteritas*, f.
reculer. I. Tr. **1.** Pousser en arrière. *Removere, eo**. ◆ **2.** Étendre. *Proferre, fero**. ◆ **3.** Différer. *Differre, fero**. **II.** Intr. **1.** et SE RECULER, r. Aller en arrière. *Regredi, ior**. *Recedere, o**. Faire —, *reprimĕre** (acc.). ◆ **2.** Lâcher pied. *Refugere, io**. *Repelli, or**. Recevoir (un choc) sans —, *stabili gradu excipĕre, io**; faire — (l'ennemi), *propellĕre** (acc.). ◆ **3.** (Fig.)

Différer. *Tergiversari.* Ne pas — devant le danger, *nullum periculum recusare;* il n'y a plus à —, *nec (tibi) integrum est.*

reculons (à), loc. adv. *Recessim.* (Fig.) *Retro.* Aller à —, *reciprocari.*

récupérer, tr. *Recuperare.*

récurer, tr. *Mundare.*

récusation, f. *Rejectio, onis,* f.

récuser, tr. *Rejicere, io*. Recusare.*

SE RÉCUSER, r. *Se excusare.*

rédacteur, m. *Conscriptor, oris,* m.

rédaction, f. *Perscriptio, onis,* f. *Conscriptio, onis,* f.

reddition, f. **1.** *Deditio, onis,* f. ◆ **2.** D'un compte. *Redditio, onis,* f.

redemander, tr. **1.** Demander de nouveau. *Iterum petere, o*.* ◆ **2.** Demander son bien. *Repetere, o*. Reposcere, o*.*

Rédempteur, m. *Redemptor, oris,* m.

rédemption, f. *Redemptio, onis,* f.

redevable, adj. *Obligatus, a, um.* Être — à, *debēre** (dat.).

redevance, f. *Vectigal, alis,* n.

redevenir, intr. *Iterum fieri, fio*.* — soi-même, *redire (eo*) ad se.*

redevoir, tr. *Reliquari.*

rédiger, tr. *Conscribere, o*. Scribere, o*.*

redire, tr. **1.** *Iterare.* ◆ **2.** Après un autre. *Referre, fero*.* ◆ **3.** Révéler. *Efferre, fero*.* ◆ **4.** Trouver à — à, *reprehendĕre* (acc.).

redite, f. *Iteratio, onis,* f.

redondance, f. *Redundantia, ae,* f.

redondant, ante, adj. *Redundans, antis.*

redonner, tr. **1.** *Redonare.* **2.** (Fig.) *Reddere, o*.*

redoublement, m. *Geminatio, onis,* f. Avec un — d'ardeur, *acrius.*

redoubler. I. Tr. **1.** *Geminare.* ◆ **2.** Réitérer. *Duplicare.* ◆ **3.** Redire. *Iterare.* ◆ **4.** Augmenter. *Duplicare. Augere, eo*.* Au pas redoublé, *pleno gradu.* ◆ **II.** Intr. **1.** *Augeri, eor*.* ◆ **2.** Redoubler de, *intendĕre** (acc.); — d'efforts, *intentius niti*;* — d'intensité, *ingravescĕre*.*

redoutable, adj. *Formidolosus, a, um.*

redoute, f. *Castellum, i,* n.

redouter, tr. *Formidare.* Se faire — (de), *metum incutĕre, io** (dat.).

redressement, m. *Correctio, onis,* f. — des torts, *coercitio, onis,* f.

redresser, tr. **1.** *Corrigere, o*. Subrigere, o*.* ◆ **2.** Remettre sur pied. *Restituere, o.* ◆ **3.** (Fig.) *Corrigĕre*. Emendare.*

SE REDRESSER, r. **1.** *Resurgere, o*. Se erigĕre*.* ◆ **2.** (Fig.) *Magnifice incedĕre*.*

redresseur, m. *Corrector, oris,* m.

réduction, f. **1.** Diminution. *Deminutio, onis,* f. ◆ **2.** Prise. *Expugnatio, onis,* f.

réduire, tr. **1.** Diminuer. *Contrahere, o*. Minuere, o.* (Par la cuisson) *Decoquere, o*.* ◆ **2.** Émietter, pulvériser.

*Resolvĕre, o**. — une luxation, *ossa componĕre**. ◆ 3. Contraindre. *Redigere, o** (à, *ad*); en être réduit à la honte de, *in eam turpitudinem venire* ut* (subj.); — à, *cogĕre** (inf.); — en, *cogĕre in* (acc.). ◆ 4. Soumettre. *Domare**. Réduire en sa puissance, *redigĕre* in suam dicionem;* être réduit, *vi parēre cogi*;* réduit en esclavage, *in servitutem redactus, a, um.*

SE RÉDUIRE, r. 1. Se restreindre. *Se artare.* ◆ 2. Changer d'état. *Resolvi, or** (*in*, acc.). ◆ 3. Aboutir (à). *Recĭdere, o** (*ad*).

réduit, m. *Cella, ae,* f.

réédifier, tr. *Restituere, o.*

réel, elle, adj. *Verus, a, um.*

réélire, tr. *Reficere, io*. Continuare.*

réellement, adv. *Re ipsā.*

réexpédier, tr. *Remittere, o**.

refaire, tr. 1. *Reficere, io**. ◆ 2. Recommencer. *Instaurare.*

réfectoire, m. *Cenaculum, i,* n.

référer. I. Tr. Attribuer. *Referre, fero** (à, *ad*). ◆ II. Intr. En — à, *referre** (*rem ad*).

SE RÉFÉRER, r. 1. Avoir rapport à. *Spectare ad.* ◆ 2. S'en — à, *sumĕre** (*aliquem*) *arbitrum.*

refermer, tr. *Claudere, o**.

réfléchir, tr. 1. Renvoyer. *Remittere, o**. Réfléchi, *repercussus, a, um.* ◆ 2. Penser. *Cogitare.* — à ou sur, *secum reputare* (acc.); — aux moyens de, *secum reputare quem ad modum* (subj.); — que, *cogitare* (prop. inf.); après avoir bien réfléchi, *cogitate;* sans réfléchir, *inconsiderate;* soin réfléchi, *circumspectio, onis,* f.; réfléchi (qui réfléchit), *gravis, e.* (Gram.) *Reciprocus.*

reflet, m. *Repercussus, us,* m. — du vin, *vini nitor,* m.; produire des —, *vibrare.*

refléter, tr. *Reddere, o**. *Repercutere, io**.

SE REFLÉTER, r. 1. *Relucere, eo**. ◆ 2. (Fig.) *Redundare* (*in*, acc.). *Perlucere, eo** (*in*, abl.).

refleurir, intr. 1. *Reflorescere, o**. ◆ 2. (Fig.) *Revirescere, o*;* faire —, *revocare* (acc.).

réflexion, f. 1. *Repercussus, us,* m. ◆ 2. *Cogitatio, onis,* f. *Meditatio.* Une —, *sententia, ae,* f.; en faisant ces —, *haec reputans;* défaut de —, *inconsiderantia, ae,* f.

refluer, intr. 1. *Refluere, o**. ◆ 2. (Fig.) *Redundare.*

reflux, m. *Aestus reciprocatio, onis,* f. ou *decessus, us* m. Le — se produit, *mare reciprocatur.*

refondre, tr. 1. *Resolvere, o**. ◆ 2. (Fig.) *Mutare.*

réformateur, trice, m. f. *Emendator, oris,* m. *Emendatrix, icis,* f.

réforme, f. 1. Correction. *Correctio, onis,* f. ◆ 2. Conversion. *Morum mutatio, onis,* f. Réformes politiques, *novae res,* fpl. ◆ 3. Licenciement des troupes. *Missio, onis,* f.

reformer, tr. *Restituere, o.*

réformer, tr. **1.** Corriger. *Corrigere, o**. *Emendare.* ◆ **2.** Mettre à la réforme. *Exauctorare. Mittere, o**.
refoulement, m. *Repercussus, us*, m.
refouler, tr. **1.** Faire reculer. *Summovere, eo**; (l'ennemi) *Repellere, o**. *Arcere, eo**.
réfractaire, adj. **1.** *Contumax, acis* (*in*, acc.). ◆ **2.** (Milit.) Être —, *ad delectum non respondēre**.
réfracter, tr. *Refringere, o**.
réfraction, f. *Refractio, onis*, f.
refrain, m. **1.** *Intercalaris* (*is*) *versus* (*us*), m. ◆ **2.** (Fig.) *Cantilena, ae*, f.
réfréner, tr. *Frenare. Coercere, eo**.
refroidir. I. Tr. **1.** *Refrigerare.* ◆**2.** (Fig.) *Restinguere, o**; refroidi, *languidior, ius.* ◆ **II.** Intr. et SE REFROIDIR, r. **1.** *Refrigerari.* ◆ **2.** (Fig.) *Refrigescere, o**.
refroidissement, m. **1.** *Refrigeratio, onis*, f. Prendre un —, *refrigescĕre**. ◆ **2.** (Fig.) *Frigus, oris*, n. *Alienatio, onis*, f. (*ab*).
refuge, m. **1.** *Refugium, ii*, n. ◆ **2.** (Fig.) *Perfugium, ii*, n.
réfugié, m. *Perfuga, ae*, m.
réfugier (**se**), r. *Confugere, io** (*ad aliquem; in rem*). Réfugié, *fugitivus, a, um*.
refus, m. *Recusatio, onis*, f. Essuyer un —, *repulsam referre**; malgré le — de Néron, *repugnante Nerone*.
refuser, tr. **1.** Ne pas accepter. *Recusare.* (Avec dédain) *Respuere, o.* Refuser de, *nolle** (inf.). ◆ **2.** Ne pas accorder. *Abnuere, o. Negare.* Refuser de, *nolle** (inf.); se — qqch., *temperare a re.* Tu ne seras pas refusé, *haud repulsus abibis**.
SE REFUSER, r. (à). *Recusare* (acc.). *Nolle** (inf.).
réfutation, f. *Refutatio, onis*, f.
réfuter, tr. *Refutare. Confutare.* — victorieusement, *revincĕre**.
regagner, tr. **1.** *Recipere, io**. *Recuperare.* ◆ **2.** Retourner à. *Repetere, o** (acc.). *Redire, eo** (*in* ou *ad*, acc.; acc. seul des noms de villes et de petites îles, de *rus* et de *domus*).
regain, m. *Fenum chordum*, n.
régal, m. *Epulae, arum*, fpl.
régaler, tr. *Epulas dare** (dat.). Régalé, *epulatus, a, um*.
SE RÉGALER, r. *Opipare epulari.*
regard, m. **1.** *Aspectus, us*, m. Regard vif, *acies oculorum*, f.; du premier —, *primo aspectu;* jeter ses — sur, *oculos conjicĕre* (*io**) *in* (acc.); lever les — vers le ciel, *caelum suspicĕre, io**; exposer aux —, *in medio ponĕre**; attirer tous les —, *omnium oculos convertĕre* ad se;* (ch.) *conspici, ior**. ◆ **2.** En — de, *in conspectu* (gén.).
regardant, ante, adj. *Attentus, a, um* (*in re*).
regarder, tr. **1.** Jeter les yeux sur. *Aspicere, io**. *Intueri, eor**. Regarder derrière

soi, *respicĕre, io**; — en haut, *suspicĕre, io**; — dedans, *introspicĕre, io**; — en bas, *despicĕre, io**; — à l'entour, *circumspicĕre, io**. ◆ **2.** Considérer. *Inspicere, io**. Regarder avec mépris, *despicĕre**; — avec admiration, *suspicĕre**; — de près, *perspicĕre, io**; regardez à vos intérêts, *consulite* vobis;* j'y regarderai à deux fois, *curabitur;* — comme, *habēre*; ducĕre**; — comme un père, *habēre patris loco;* — comme une infamie, *nefas habēre.* ◆ **3.** Être vis-à-vis de; (fig.) concerner. *Spectare* (*ad*).

régence, f. *Tutela, ae,* f.

régénérer, tr. **1.** *Regenerare.* ◆ **2.** (Fig.) *Restituere, o.*

régent, m. *Regni procurator, oris,* m.

régenter, tr. *Temperare* (acc.).

régicide, m. **1.** Meurtre. *Regis caedes, is,* f. ◆ **2.** Meurtrier. *Regis occisor, oris,* m.

régie, f. *Procuratio, onis,* f.

regimber, intr. *Calcitrare.*

régime, m. **1.** De vie. *Victus, us,* m. Un grand —, *continentia in victu.* ◆ **2.** Politique. *Civitatis forma, ae,* f. Le — populaire, *popularis civitas,* f.

régiment, m. **1.** *Legio, onis,* f. ◆ **2.** (Fig.) *Caterva, ae,* f.

région, f. *Regio, onis,* f. Les — supérieures, *superiora, um,* npl.

régir, tr. *Regere, o**. — les affaires de qqn. *Procurare.*

régisseur, m. *Procurator, oris,* m.

registre, m. *Tabulae, arum,* fpl. *Codex, icis,* m. — publics, *acta, orum,* npl.

règle, f. **1.** *Regula, ae,* f. ◆ **2.** (Fig.) *Regula. Norma, ae,* f. Prendre le devoir pour — de conduite, *consilia officio moderari;* se faire une — de conduite de, *ita instituĕre ut* (subj.); conforme à la —, *legitimus, a, um;* sans —, *incondite;* contre la —, *prave;* tracer les — (d'un art), *praecepta ponĕre**; — générale, *in universum aestimanti.*

règlement, m. **1.** Réglementation. *Ordinatio, onis,* f. — de compte, *commentarii, iorum,* mpl. ◆ **2.** Règle de conduite. *Institutum, i,* n. ◆ **3.** Prescription. *Praescriptum, i,* n. Par un — du préteur, *praetoris jussu.*

réglementaire, adj. *Legitimus, a, um.*

réglementer, tr. *Constituere, o. Ordinare.*

régler, tr. **1.** *Lineas ducere, o** (*in,* abl.). ◆ **2.** (Fig.) *Constituere, o. Gubernare.* (Restreindre) *Coercere, eo**. Régler des affaires, *negotia expedire; rem conficere, io**; — sa vie sur, *dirigĕre* vitam ad;* se — sur, *se regĕre* ad;* — des comptes avec, *rationes conficĕre* (*io**) *cum;* une loi a réglé que, *lege cautum* est ut* (subj.); conduite réglée, *probi mores,* mpl; à des heures —, *certis temporibus.*

réglisse, f. *Glycyrriza, ae,* f.

règne, m. **1.** *Regnum, i,* n. Sous le règne de Romulus, de la volupté; *regnante Romulo;*

libidine dominante. ◆ **2.** (Fig.) Le règne animal, végétal, minéral, *animalia, ium,* npl.; *gignentia, ium,* npl.; *inanima, orum,* npl.

régner, intr. **1.** *Regnare.* — sur les cœurs, *animos permulcēre*;* — au barreau, *in foro florēre*;* régnant (dominant), *praecipuus, a, um;* (répandu) *vulgatus.* ◆ **2.** (Fig.) Être. *Exsistere, o*. Esse, sum*.* ◆ **3.** Être placé le long de. *Porrigi, or*.*

regorger, intr. *Redundare* (abl.). *Abundare* (abl.).

regret, m. **1.** *Desiderium, ii,* n. ◆ **2.** Déplaisir. *Molestia, ae,* f. ◆ **3.** Repentir. *Paenitentia, ae,* f. ◆ **4.** Pl. (Plaintes) *Questus, us,* m. A —, *aegre; invitus, a, um;* sans —, *aequissimo animo.*

regrettable, adj. *Desiderandus, a, um.*

regretter, tr. **1.** *Desiderare.* J'ai regretté que, *dolui** (prop. inf.); faire — qqn, *desiderium alicujus facĕre, io*;* ne pas —, *aequo animo carēre** (*re*). ◆ **2.** Se repentir. (*Me*) *paenitet** (de, gén. ou inf.).

régulariser, tr. (Un compte) *Expungere, o** (*rationes*).

régularité, f. **1.** *Ordo, inis,* m. ◆ **2.** (Fig.) *Sanctitas, atis,* f.

régulateur, trice, m. f. *Moderator, oris,* m. *Moderatrix, icis,* f.

régulier, ière, adj. **1.** *Compositus, a, um.* ◆ **2.** Exact. *Ordinatus.* Cours —, *cursus ordinatus,* m.; combat —, *justum proelium,* n.; élection —, *justa comitia,* npl. ◆ **3.** (Fig.) *Honestus, a, um.* Mener une conduite —, *constanter vivĕre*.*

régulièrement, adv. *Ad amussim. Constanter.*

réhabiliter, tr. *Infamiam levare* (*alicujus*).

rehaussement, m. *Elatio, onis,* f.

rehausser, tr. **1.** *Tollere, o*.* ◆ **2.** (Fig.) Faire paraître davantage. *Illustrare.* ◆ **3.** Vanter. *Efferre, fero*.*

rein, m. **1.** *Renes, um,* mpl. ◆ **2.** Lombes. *Lumbi, orum,* mpl. Casser les — (à qqn), *lumbos fuste dolare;* presser l'ennemi l'épée dans les —, *hostis tergo inhaerēre*.*

reine, f. *Regina, ae,* f.

réintégration, f. *Restitutio, onis,* f.

réintégrer, tr. *Restituere, o* (dans, *in,* acc.).

réitérer, tr. *Iterare.*

rejaillir, intr. **1.** *Resilire, io*.* ◆ **2.** (Fig.) *Redundare* (sur, *ad* ou *in,* acc.).

rejaillissement, m. *Recussus, us,* m. (ne s'emploie qu'à l'abl. sg.).

rejet, m. **1.** Action de repousser qqch. *Rejectio, onis,* f. ◆ **2.** Nouvelle pousse. *Regerminatio, onis,* f. Les —, *novae virgae,* f. pl.

rejeter, tr. **1.** Jeter de nouveau. *Iterum jacere, io*.* ◆ **2.** Repousser. *Rejicere, io.* Rejeter sur, *transferre** (*in aliquem* ou *ad rem*). ◆ **3.** Différer. *Rejicere, io*. Proferre, fero*.* ◆ **4.** Vomir. *Ejicere, io*.*

SE REJETER, r. (sur). **1.** Se

convertĕre (*in*, acc.). ◆ **2.** S'excuser sur. *Causari* (*aliquid*).

rejeton, m. **1.** *Virga, ae,* f. *Planta, ae,* f. Avoir des —, *fruticari.* ◆ **2.** (Fig.) *Soboles, is,* f.

rejoindre, tr. **1.** Réunir. *Conglutinare.* Se —, *coire, eo*.* ◆ **2.** Atteindre. *Assequi, or*.* Aller — qqn, *proficisci* ad aliquem;* se —, *convenire*.*

réjouir, tr. *Delectare. Hilarare.*

SE RÉJOUIR, r. **1.** (Intérieurement) *Gaudere, eo*.* (Extérieurement) *Laetari.* Se — de, *gaudēre** (*re,* prop. inf.; *quod,* indic. ou subj); *laetari* (*re, in re, de re;* prop. inf.; *quod,* indic. ou subj.). ◆ **2.** Se divertir. *Se oblectare.*

réjouissance, f. *Deliciae, arum,* fpl. *Festivitas, atis,* f. Faire des —, *feriari;* lieu de —, *festivus locus.*

réjouissant, ante, adj. *Festivus, a, um. Jucundus.*

1. relâche, m. **1.** Cessation du travail. *Laxamentum, i,* n. Donner du — à, *relaxare* (acc.); avoir du —, *conquiescĕre*;* sans —, *sine ullā intermissione; pertinaciter.* ◆ **2.** Interruption d'un mal, d'une peine. *Requies, ei,* f. Sans —, *assiduus, a, um; sempiternus.*

2. relâche, f. *Statio, onis,* f.

relâchement, m. **1.** *Remissio, onis,* f. ◆ **2.** Dans le travail. *Laxamentum, i,* n. ◆ **3.** Dans les mœurs. *Mollitia, ae,* f.

relâcher. I. Tr. **1.** Détendre. *Remittere, o*.* ◆ **2.** Élargir. *Emittere, o** (*de custodiā*). ◆ **3.** Laisser aller. *Restituere, o. Remittĕre** (de, *ex*); — qqch. de son droit, *de jure suo cedĕre*.* ◆ **II.** Intr. Faire relâche. *Appellere, o** (*ad*).

SE RELÂCHER, r. **1.** Se détendre. *Laxari.* ◆ **2.** S'adoucir. *Mitescere, o*.* ◆ **3.** — de ou sur. *Remittĕre** (acc. ou *ex,* abl.). ◆ **4.** S'affaiblir. *Laxari.* Mœurs relâchées, *soluti mores.*

relais, m. *Statio, onis,* f.

relancer, tr. **1.** (Le gibier) *Agitare.* ◆ **2.** Poursuivre. *Persequi, or*. Agitare.* ◆ **3.** (Fig.) Aller — qqn chez lui, *interpellare aliquem.*

relater, tr. *Referre, fero*.*

relatif, ive, adj. (à). *Pertinens, entis* (*ad*). Être — à, *pertinēre* ad.* (Gram.) *Relativus.*

relation, f. **1.** Rapport entre les ch. *Relatio, onis,* f. ◆ **2.** Rapports entre les pers. *Usus, us,* m. — d'amitié, *necessitas, atis,* f.; — de voisinage, *vicinitatis conjunctio, onis,* f.; avoir des — avec, *aliquid rationis habēre* cum;* entrer en — avec, *consuetudines facĕre* (*io**) *cum.* ◆ **3.** Récit. *Narratio, onis,* f.

relativement, adv. **1.** *Relative.* ◆ **2.** — à, *quod attinet* ad.*

relaxer, tr. *Remittere, o*.*

relayer, tr. *Excipere, io*.* Se —, *vices variare.*

relégation, f. *Relegatio, onis,* f.

reléguer, tr. **1.** *Relegare.* ◆ **2.** (Fig.) *Rejicere, io** (dans, *in,* acc.).

relevé, m. *Ratio, onis,* f.

relèvement, m. *Restitutio, onis*, f.

relever. I. Tr. **1.** Remettre debout. *Extollere, o*. Sublevare.* (Rebâtir) *Reficere, io*. Restituere, o.* ◆ **2.** Exhausser. *Elevare.* (Trousser) *Attollere, o*. Succingere, o*.* ◆ **II.** (Fig.). **1.** Remettre en état. *Erigere, o*. Redintegrare.* ◆ **2.** Rendre piquant. *Condire.* Relevé, *acutus, a, um.* (Rendre plus éclatant) *Illustrare.* — l'éclat d'une ch., *splendidiorem rem facĕre, io*;* relevé, *nobilis, e; sublimis, e.* (Embellir) *Ornare.* ◆ **3.** Faire valoir. *Laudare. Laudando augere, eo** (acc.). ◆ **4.** Signaler. *Deprehendere, o*.* (En mauv. part) *Reprehendere, o*.* ◆ **III. 1.** Riposter. Relever qqn, *corripere* (*io**) *aliquem;* — des mots, *regerĕre* convicia.* ◆ **2.** Remplacer. *Succedere, o** (*in locum alicujus*). ◆ **3.** Libérer. *Liberare* (de, abl. avec ou sans *ab* ou *ex*). ◆ **4.** — des comptes, *rationes conficĕre, io*.* ◆ **IV.** Intr. **1.** Relever de maladie. *Ex morbo convalescĕre*.* ◆ **2.** Relever (de qqn). *Pendere, eo** (*ex aliquo*). Ne — de personne, *sui mancipii esse.*

SE RELEVER, r. **1.** Se remettre debout. *Assurgere, o*.* **2.** (Fig.) *Excitari. Se erigĕre*.* ◆ **3.** Aller en montant. *Assurgĕre*.*

relief, m. **1.** *Emblema, atis*, n. En —, *ectypus, a, um;* tailler en —, *exscalpĕre*;* être en —, *exstare*.* ◆ **2.** (Fig.) Éclat. *Splendor, oris*, m. Donner du — à, *ornare* (acc.); *insigniorem* (*ius*) *facĕre, io*.* ◆ **3.** (Pl.) Restes. *Reliquiae, arum*, fpl.

relier, tr. **1.** Lier de nouveau. *Religare.* ◆ **2.** Réunir. *Continuare.* ◆ **3.** — un livre, *compaginare* (*chartas*); relié, *conglutinatus, a, um.*

relieur, m. *Glutinator, oris*, m.

religieusement, adv. **1.** *Pie.* ◆ **2.** Ponctuellement. *Fideliter.*

religieux, euse. I. Adj. **1.** *Religiosus, a, um. Sacer, cra, crum.* Scrupule —, *religio, onis*, f. ◆ **2.** Pieux. *Pius, a, um.* ◆ **3.** Scrupuleux. *Fidelissimus, a, um.* ◆ **II.** Nom m. f. *Monachus, i*, m. *Monacha, ae*, f.

religion, f. **1.** *Religio, onis*, f. ◆ **2.** Foi. *Fides, ei*, f. ◆ **3.** Vie religieuse. *Monachatus, us*, m.

reliquaire, m. *Solium, ii*, n.

reliquat, m. *Reliquum, i*, n.

relique, f. *Reliquiae, arum*, fpl.

relire, tr. *Relegere, o*. Revolvere, o*.*

reluire, intr. *Relucere, eo*. Refulgere, eo*.*

remaniement, m. *Refectio, onis*, f.

remanier, tr. *Reficere, io*. Retractare.*

remarier, tr. — sa fille, *filiam iterum nuptum collocare.*

SE REMARIER, r. *Ad alias nuptias migrare.*

remarquable, adj. *Conspicuus, a, um. Insignis, e.*

remarquablement, adv. *Insignite.*

remarque, f. **1.** *Notatio, onis,* f. ◆ **2.** Note. *Animadversio, onis,* f.

remarquer, tr. **1.** Observer. *Animadvertere, o*. Observare.* — que, *intellegĕre** (prop. inf.); faire — à qqn, *aliquem admonēre** (gén.; *de,* abl.; prop. inf.); remarqué, *notatus, a, um.* ◆ **2.** Distinguer. *Discernere, o*. Deprehendere, o*.* Se faire —, *conspici, ior*;* n'être pas remarqué, *obscurari;* passer sans se faire —, *praetervolare.*

rembarquer, tr. *In navem rursus imponere, o*.*

SE REMBARQUER, r. *Ad navem regredi, ior*.*

remblai, m. *Terrae conjectus, us,* m.

remblayer, tr. *Exaggerare.*

remboursement, m. *Solutio, onis,* f.

rembourser, tr. *Renumerare. Solvere, o*.*

rembrunir, tr. **1.** *Infuscare.* ◆ **2.** (Fig.) Front rembruni, *obducta frons.*

remède, m. *Remedium, ii,* n. *Medicina, ae,* f. Être employé comme —, *esse remedio* (dat.); administrer un —, *medicinam adhibēre** (dat.); qui est sans —, *insanabilis, e;* apporter — à (fig.), *medēri* *(dat.).

remédier, intr. *Mederi, eor** (dat.).

remémorer, tr. *In memoriam reducere, o*.*

SE REMÉMORER, r. *Recordari* (*rem*).

remerciement, m. *Gratiarum actio, onis,* f.

remercier, tr. **1.** *Gratias agere, o** (*alicui;* de ce que, *quod,* indic. ou subj.). ◆ **2.** Refuser. *Gratiam facĕre, io** (de qqch., *de re*). Je te remercie, *benigne.*

remettre, tr. **1.** Replacer. *Reponere, o** (dans, *in,* acc.). *Restituere, o.* — (un vêtement), *resumere*;* — dans la bonne voie, *reducĕre* in viam;* — sur pied, *reducĕre ad salutem;* — bien des amis brouillés, *in gratiam reducĕre distractos;* — les forces, *vires reficere, io*;* (rassurer) *animum addere** (dat.). ◆ **2.** Livrer. (Un objet dû) *Reddere, o*.* — de la main à la main, *tradĕre*.* ◆ **3.** Confier. *Reponĕre** (chez, *in,* abl.; *apud,* acc.). *Committere, o*.* ◆ **4.** Faire grâce de. *Remittere, o*.* ◆ **5.** Différer qqch. *Differre, fero** (à, *in,* acc.). ◆ **6.** Ajourner qqn. *Remorari* (acc.). *Moram facere, io** (dat.). ◆ **7.** Reconnaître qqn. *Agnoscere, o*.*

SE REMETTRE, r. **1.** Reprendre sa position. *Se reponĕre** (*in,* acc.). (Ch.) *Reponi*.* ◆ **2.** Reprendre ses forces. *Recreari.* ◆ **3.** Reprendre son calme. *Se colligĕre*.* ◆ **4.** Se — à. *Repetere, o** (acc.). Se — à courir, *renovare rursus cursum.* ◆ **5.** S'en — à. *Se committĕre** (dat.).

réminiscence, f. *Recordatio, onis*, f.

remise, f. **1.** Livraison. *Traditio, onis*, f. ◆ **2.** Abandon. *Remissio, onis*, f. Faire une — sur une somme, *ex summā pecuniae demĕre**. ◆ **3.** Délai. *Dilatio, onis*, f.

rémission, f. **1.** Diminution. *Remissio, onis*, f. ◆ **2.** Pardon. *Venia, ae*, f.

remmener, tr. *Reducere, o**.

remonter. I. Intr. **1.** Monter de nouveau. *Rursus scandĕre, o**. — sur l'eau (ch.), *emergĕre**. ◆ **2.** Aller en arrière. *Recurrere, o** (*ad*). (Fig.) *Repetere, o**. — à l'origine du droit, *a fonte juris ortum repetĕre**. ◆ **3.** S'élever. *Ascendere, o**. ◆ **II.** Tr. **1.** Remonter le courant, *contra aquam remigare* ou *natare;* (en bateau) *subire* (*eo**) *adversum flumen*. ◆ **2.** Remettre au complet. *Supplere, eo*. ◆ **3.** Fournir qqn de. *Instruere, o** (*aliquem re*). ◆ **4.** (Rétablir les affaires de qqn) *Reficere, io**. ◆ **5.** Redonner du courage à. *Animum augere, eo** (*alicui*).

SE REMONTER, r. **1.** Rétablir ses affaires. *Recreari*. ◆ **2.** Se rassurer. *Se colligĕre**. ◆ **3.** Acquérir ce qui manque. *Se instruĕre** (abl.).

remontrance, f. *Monitum, i*, n.

remontrer, tr. Avertir. *Monere, eo**. En — à, *docēre** (acc.).

remordre, tr. **1.** *Remordere, eo**. ◆ **2.** Mordre en retour. *Morsu repetĕre** (acc.).

remords, m. *Conscientiae angor, oris*, m. *Conscientia, ae*, f.

remorquer, tr. *Remulco deducere, o** ou *trahere, o**.

remorqueur, m. *Remulcum, i*, n.

rémouleur, m. *Cotiarius, ii*, n.

remous, m. *Vertex, icis*, m.

rempart, m. **1.** *Munimentum, i*, n. ◆ **2.** (Fig.) *Propugnaculum, i*, n.

remplaçant, m. *Vicarius, ii*, m.

remplacement, m. *Suffectio, onis*, f. Nommer en —, *sublegĕre** (acc.).

remplacer, tr. **1.** Prendre la place de. *Succedere, o** (*in locum alicujus*). ◆ **2.** (Fig.) *Tenēre** *locum* (*alicujus*). ◆ **3.** Mettre à la place de. *Sufficere, io** (*aliquem in locum alicujus*).

remplir, tr. **1.** Emplir de nouveau. *Replere, eo*. ◆ **2.** Emplir. *Implere, eo. Explere, eo*. ◆ **3.** Occuper (le temps). *Eximere, o**. *Occupare*. ◆ **4.** Accomplir. *Explere, eo. Praestare**. — un devoir, *officium explēre* ou *exsequi**.

remplissage, m. *Explementum, i*, n.

remporter, tr. **1.** Emporter. *Referre, fero**. *Reportare*. ◆ **2.** Obtenir. *Ferre, fero**. *Obtinere, eo**. — une victoire, *victoriam reportare* (*ab*).

remuant, ante, adj. *Inquies, etis*.

remuement, m. **1.** *Jactatio, onis*, f. ◆ **2.** (Fig.) *Turba, ae*, f.

remuer. I. Tr. **1.** Agiter. *Jactare*. — la tête, *caput commo-*

*vĕre**. ◆ **2.** Retourner (la terre). *Vertere, o**. ◆ **3.** (Fig.) Émouvoir. *Movere, eo**. *Commovere, eo**. ◆ **4.** Soulever. *Sollicitare*. ◆ **II.** Intr. et SE REMUER, r. *Se movēre**. Ne pas —, *desidēre**.

rémunérateur, m. *Qui remuneratur* (dép.); *qui mercedem (praemium) dat*.

rémunération, f. *Remuneratio, onis*, f.

rémunérer, tr. *Remunerari*.

renaissance, f. *Renovatio, onis*, f.

renaître, intr. **1.** *Renasci, or**. ◆ **2.** (Végét. et fig.) *Reviviscere, o**. Faire — l'espérance, *spem facĕre, io** (*alicui*). ◆ **3.** Recommencer. *Resurgere, o**. (Fig.) *Revocari*. Faire —, *excitare* (acc.).

renard, m. *Vulpes, is*, f. De —, *vulpinus, a, um*.

renchérir. I. Tr. *Caritatem inferre, fero** (dat.). ◆ **II.** Intr. **1.** *Ingravescere, o**. ◆ **2.** (Fig.) *Augere, eo** (sur, acc.). Tu as su — sur leur perfidie, *eos scelere vicisti**.

rencontre, f. **1.** Action de rencontrer. *Occursus, us*, m. Aller à la — de, *ire* obviam* (dat.); vêtements de —, *scruta, orum*, npl.; — de (deux objets), *concursio, onis*, f. ◆ **2.** Choc (de deux objets). *Conflictus, us*, m. (De deux troupes) *Conflictio, onis*, f. *Proelium, ii*, n. A la première —, *primo congressu*. ◆ **3.** (Fig.) Conjoncture. *Casus, us*, m. Par —, *forte;* par une heureuse —, *opportune*.

rencontrer, tr. **1.** Trouver sur son chemin. *Offendere, o**. Ce qu'on rencontrera, *quod sors obtulerit**. ◆ **2.** Trouver. *Invenire**.

SE RENCONTRER, r. **1.** Se trouver face à face. *Occurrere, o** (avec, dat.). ◆ **2.** Se heurter. (Ch.) *Collidi, or**. (Troupes) *Confligere, o**. ◆ **3.** Aboutir au même point. *Concurrere, o**. ◆ **4.** Se trouver. *Occurrĕre**. Un homme s'est rencontré qui, *inventus* est qui* (subj.); s'il se rencontre que, *si quā fortunā acciderit* ut* (subj).

rendement, m. *Proventus, us*, m.

rendez-vous, m. **1.** C'était le lieu du —, *is datus* erat locus;* donner un — à, *locum praestituĕre* (dat.); au —, *in praedicto loco*. ◆ **2.** Lieu de réunion. *Receptaculum, i*, n.

rendormir (se), r. *Repetĕre* somnum*.

rendre, tr. *Reddere, o**. Rendre un bienfait, *gratiam referre** (dat.); — amour pour amour, *amori respondēre* amore;* — qqn à son ancien état, *restituĕre aliquem;* être rendu à soi-même, *revocare se ad se;* — l'âme, *edĕre* spiritum;* geste qui rend bien la pensée, *gestus verba exprimens*;* je ne saurais — (exprimer), *nequeo* verbis consequi;* — mot pour mot, *ad verbum exprimĕre*;* — des oracles, *oracula edĕre*;* un son, *sonum facĕre, io*;* les armes, *arma* *tradĕre**; — (une place), *dedĕre**; — service, *beneficium conferre* (*in*, acc.); — (lâcher), *remittĕre**; — éloquent, *disertum facĕre, io**; rendu (épuisé), *defessus, a, um.*

SE RENDRE, r. **1.** Aller. *Se conferre**. Se — en foule, *concurrĕre**; rendu, *delatus, a, um.* (Ch.) *Ferri, feror**. ◆ **2.** Se livrer. *Se dedĕre**. (Fig.) *Cedere, o** (dat.). ◆ **3.** Devenir. *Se efficere* (*io**). *Fieri, fio**. Se — maître de, *potiri* (abl., gén. ou acc.).

rênes, fpl. **1.** *Habenae, arum,* fpl. ◆ **2.** (Fig.) Les — de l'État, *gubernaculum rei publicae*; tenir les — de l'empire, *tenēre* clavum imperii.*

renfermé, m. *Situs, us,* m.

renfermer, tr. **1.** *Includere, o**. *Concludere, o**. ◆ **2.** Faire entrer. *Cogere, o**.

SE RENFERMER, r. Se — chez soi, *domi se continēre**; se — dans de certaines bornes, *sibi aliquem modum constituĕre.*

renflement, m. *Tumor, oris,* m.

renfler, intr. *Crescere, o**. Renflé, *turgescens, entis; convexus, a, um.*

renflouer, tr. (*Navem*) *arenā detrahere, o**.

renfoncer, tr. Cacher. *Premere, o**.

renforcer, tr. *Firmare. Confirmare.*

renfort, m. **1.** *Subsidium, ii,* n. ◆ **2.** (Fig.) *Accessio, onis,* f. A grand — d'eau, *aquae multitudine.*

renfrogné, ée, adj. Mine —, *vultus adductus,* m.

rengager. I. Tr. Rengager le combat, *proelium redintegrare.* **II.** Intr. *Militiam resumere, o**.

rengainer, tr. *In vaginam recondere, o** (acc.).

rengorger (se), r. *Magnifice se efferre**. Qui se rengorge, *resupinus, a, um.*

reniement, m. *Negatio, onis,* f.

renier, tr. *Abdicare. Aspernari.*

renne, m. *Tarandus, i,* m.

renom, m. *Fama, ae,* f. (Ch.) *Laus, laudis,* f. Avoir du —, *nomen habēre**; avoir un bon, un mauvais —, *bene, male audire.*

renommée, f. **1.** Réputation. *Fama, ae,* f. ◆ **2.** Le bruit public. *Fama. Rumor, oris,* m.

renommer, tr. **1.** Nommer de nouveau à. *Reficere, io**. *Continuare.* ◆ **2.** Nommer avec éloge. *Ferre* insigni laude* (acc.). Renommé, *nobilitatus, a, um; nobilis, e*; être renommé (ch.), *laudari.*

renoncement, m. et **renonciation**, f. *Abdicatio, onis,* f. *Cessio, onis,* f.

renoncer, intr. *Repudiare* (acc.). *Abjicere, io** (acc.). *Omittere, o** (acc.). — au barreau, *a judiciis causisque discedĕre**; faire — qqn à, *revocare aliquem ab*; — à défendre qqn, *defendere aliquem desistĕre**; — à qqn, *abdicare aliquem*; — (abs.), *cedĕre**; *dare* manus.*

renoncule, f. *Ranunculus, i,* m.

renouer, tr. (Fig.) *Renovare.* Renouer amitié, et renouer (abs.), *in gratiam redire, eo**.

renouveau, m. *Ver, veris*, n.
renouveler, tr. *Renovare;* — son attention, *se reficĕre* (*io**).
renouvellement, m. et **rénovation**, f. *Renovatio, onis*, f. *Instauratio, onis*, f.
renseignement, m. *Indicium, ii*, n. Prendre des —, *percontari.*
renseigner, tr. *Certiorem facere, io** (*aliquem rei* ou *de re*).
rente, f. *Reditus, us*, m.
rentrée, f. **1.** *Regressus, us*, m. ◆ **2.** Après la — des récoltes, *post condita frumenta.*
rentrer. **I.** Intr. **1.** *Regredi, ior**. — chez soi, *domum redire, eo*;* faire —, *redigĕre*; reducĕre*;* rentrant sous terre (fig.), *animo confusus, a, um;* rentrer en soi-même, *se colligĕre*;* — dans son bon sens, *se recipĕre* (*io**)*;* — en possession de, *recuperare* (acc.); — en grâce, *redire* in gratiam.* ◆ **2.** (En parl. de l'argent) *Recipi, ior**. Faire —, *exigĕre** (acc.). ◆ **3.** (Fig.) *Pertinere, eo** (*ad*). Cela rentre dans mes attributions, *illa res ad meum officium pertinet.* ◆ **II.** Tr. **1.** *Inferre, fero**. *Recondere, o**. ◆ **2.** Rentrer le cou, *contrahĕre* collum;* — ses larmes, *devorare lacrimas.*
renverse (**à la**), loc. adv. Tombé à la —, *resupinus, a, um.* Tomber à la —, *resupinari.*
renversement, m. **1.** *Eversio, onis*, f. ◆ **2.** Dérangement. *Turbatio, onis*, f.
renverser, tr. **1.** Jeter par terre. *Prosternere, o**. *Evertere, o**. ◆ **2.** Faire pencher en arrière. *Resupinare.* ◆ **3.** Retourner. *Invertere, o**. ◆ **4.** Verser. *Effundere, o**. ◆ **5.** (Fig.) Troubler. *Turbare. Confundere, o**.
SE RENVERSER, r. **1.** Tomber. *Labi, or**. ◆ **2.** Se pencher en arrière. *Resupinari.* Qui se —, *supinus, a, um.*
renvoi, m. *Dimissio, onis*, f. Ajournement. *Dilatio, onis*, f.
renvoyer, tr. **1.** *Remittere, o**. Renvoyer la balle, *pilam retorquēre**. ◆ **2.** Adresser ailleurs qqn ou qqch. *Rejicere, io** (à, *ad*). ◆ **3.** Ajourner. *Rejicere* (à, *in*, acc.). ◆ **4.** Réfléchir, répercuter. *Reddere, o**.
réorganisation, f. *Instauratio, onis*, f.
réorganiser, tr. *Reficere, io**.
repaire, m. **1.** *Cubile, is*, n. *Latibulum, i*, n. ◆ **2.** (Fig.) *Receptaculum, i*, n.
repaître, tr. *Pascere, o**. Repaître sa vue de, *pascĕre* oculos* (abl.).
SE REPAÎTRE, r. Se — de, *pasci, or** (abl.).
répandre, tr. **1.** Verser. *Effundere, o**. ◆ **2.** Disperser. *Dispergere, o**. ◆ **3.** Publier. *Disseminare.* Faire —, *edĕre**.
SE RÉPANDRE, r. **1.** Couler. *Diffundi, or**. Se — autour de, *circumfundĕre** (acc.). ◆ **2.** Sortir de ses limites. *Excurrere, o**. ◆ **3.** Se disperser; se propager. *Fundi, or**. Se — dans la campagne, *se in agros effundĕre**. ◆ **4.** S'ébruiter. *Emanare.* Un bruit se répand, *rumor serpit**. ◆ **5.**

Se — en invectives contre, *maledicta congerĕre* in* (acc.); se — en menaces, *minas jactare;* se — en plaintes, *multa queri**.

réparable, adj. *Emendabilis, e.*

reparaître, intr. **1.** *Iterum* ou *rursus apparere, eo**. ◆ **2.** Revenir. *Redire, eo**. (Fig.) *Revertere, o**.

réparateur. I. Nom m. *Refector, oris,* m. ◆ **II.** Adj. Un sommeil —, *somnus recreator corporum.*

réparation, f. **1.** *Refectio, onis,* f. *Restitutio, onis,* f. ◆ **2.** (Fig.) Satisfaction. *Satisfactio, onis,* f. Faire — à, *satisfacere, io** (dat.); poursuivre qqn en — d'un dommage, *de injuriā petĕre* aliquem.*

réparer, tr. **1.** Refaire. *Reficere, io**. *Restituere, o.* ◆ **2.** Compenser. *Resarcire**. *Exsarcire**. Réparé, *compensatus, a, um.* ◆ **3.** Effacer. *Delere, eo. Tollere, o**. (Une faute) *Corrigere, o**.

reparler, intr. *Iterum loqui, or**.

repartie, f. Faire une fine —, *acute respondere**.

repartir. I. Intr. *Denuo proficisci, or**. ◆ **II.** Tr. Répondre. *Respondēre, eo**.

répartir, tr. *Partiri. Distribuere, o.*

répartiteur, m. **1.** *Distributor, oris,* m. ◆ **2.** De l'impôt. *Peraequator, oris,* m.

répartition, f. **1.** *Partitio, onis,* f. *Distributio, onis,* f. ◆ **2.** De l'impôt. *Peraequatio, onis,* f.

repas, m. *Cibus, i,* m. (Du matin) *Jentaculum, i,* n. (De midi) *Prandium, ii,* n. (Du soir) *Cena, ae,* f. Léger —, *cenula, ae,* f.; — d'apparat, *epulae, arum,* fpl.; — de sacrifice, *dapes, um,* fpl.; prendre son —, *cibum capĕre, io*;* assister à un grand —, *convivari.*

repassage, m. *Acutela, ae,* f.

repasser. I. Intr. *Redire, eo**. — par le même chemin, *redire viam.* ◆ **II.** Tr. **1.** Traverser. — la mer, *renavigare.* ◆ **2.** Transporter. *Reportare.* ◆ **3.** Affiler. *Acuere, o.* Pierre à —, *cos, cotis,* f. ◆ **4.** (Fig.) Reviser. *Recognoscere, o**. ◆ **5.** Se rappeler. *Recogitare. Reputare.*

repenser, intr. *Recogitare (de).*

repentir, m. *Paenitentia, ae,* f. Le — d'une faute, *peccati dolor, oris,* m.

repentir (se), r. Je me — de, *me paenitet** (gén.; inf. ou *quod,* subj.). Dont on se repentira, *paenitendus, a, um.*

répercussion, f. *Repulsus, us,* m.

répercuter, tr. *Reddere, o**. *Remittere, o**.

repère, m. Point de —, *signum, i,* n.

répertoire, m. *Repertorium, ii,* n.

répéter, tr. **1.** Redire. (Ce qu'on a dit soi-même) *Iterare. Repetere, o**. Se —, *eadem iterum dicĕre**. (Ce qui a été dit) *Reddere, o**. (Une leçon) *Decantare.* (Ce qu'on a appris) *Referre, fero**. ◆ **2.** Répercuter. (Un son) *Recantare.* (La lumière) *Reddĕre**. ◆ **3.** Se — (avoir lieu de nouveau). *Iterari.*

répétiteur, m. *Hypodidascalus, i,* m. *Paedagogus, i,* m.

répétition, f. *Iteratio, onis,* f.

repeupler, tr. — une ville, *urbem novis incolis augēre**.

SE REPEUPLER, r. *Stirpem edĕre**.

répit, m. **1.** *Requies, etis,* f. ◆ **2.** (Jur.) Délai. *Dilatio, onis,* f.

replacer, tr. *Reponere, o**. *Restituere, o.*

replanter, tr. *Reserere, o**.

replet, ète, adj. *Corpulentus, a, um.*

repli, m. *Sinus, us,* m. (Fig.) *Recessus, us,* m.

replier, tr. *Reflectere, o**. *Replicare**.

SE REPLIER, r. **1.** Se plier. *Se revolvĕre**. ◆ **2.** (Fig.) Se — sur soi-même, *in seipso verti**. ◆ **3.** Battre en retraite. *Cedere, o**. *Regredi, ior**. Faire —, *revocare* (acc.).

réplique, f. *Responsio, onis,* f. *Responsum, i,* n. Il resta sans —, *obmutuit**.

répliquer, tr. *Respondere, eo**.

replonger, tr. *Remergere, o**.

repolir, tr. *Perpolire.*

répondant, m. *Praes, praedis,* m. *Auctor, oris,* m.

répondre, tr. et intr. **1.** Répondre à qqn. *Respondere, eo** (*aliquid alicui*). (Par écrit) *Rescribere, o** (*aliquid alicui*). Répondre que, *respondēre** ou *rescribĕre** (prop. inf.). ◆ **2.** Répondre à qqch. (Réfuter) *Respondĕre** (*contra* ou *ad*, acc.). (Répéter un cri, un chant) *Respondēre* (à, dat.). *Recanere, o** (*aliquid*). *Reddere, o** (*vocem, clamorem*). (Murmurer) *Responsare.* ◆ **3.** Être en rapport avec qqch. *Respondēre** (dat. ou *ad*, acc.). Ne pas — à l'attente, *opinionem fallĕre**. (Communiquer) *Pertinere, eo** (*ad*). ◆ **4.** Se porter caution. *Spondere, eo** (pour, *pro*, abl.). — de qqn, *fidem de aliquo dare*;* je t'en réponds, *ego tibi confirmo;* tu en réponds, *tu suscipis*;* répondre de ou que, *praestare** (prop. inf.).

SE RÉPONDRE, r. **1.** Chanter ou parler alternativement. *Alternis dicere, o**. *Alterna canere, o**. ◆ **2.** (Fig.) Correspondre. *Consonare**. *Convenire**. Dont les cœurs se répondent, *concordissimi, ae, a.*

répons, m. *Responsorium, ii,* n.

réponse, f. **1.** *Responsio, onis,* f. *Responsum, i,* n. Faire une — *responsum reddĕre**. ◆ **2.** Réfutation. *Refutatio, onis,* f.

reporter, tr. **1.** *Reportare. Referre, fero**. ◆ **2.** Transporter. *Transferre, fero**.

SE REPORTER, r. (Fig.) **1.** *Revolvi, or** (*ad*). ◆ **2.** (Ch.) *Verti, or** (*in*, acc.).

repos, m. **1.** *Quies, etis* f. ◆ **2.** Intervalle. *Intervallum, i,* n. ◆ **3.** Inaction, repos durable. *Otium, ii,* n. *Cessatio, onis.* f. Se tenir en —, *quiescere, o**. ◆ **4.** Sommeil. *Quies. Somnus, i,* m. Prendre du —, *capĕre* (*io**) *quietem* ou *somnum.* ◆ **5.** Tranquillité d'esprit. *Quies.* Vivre en —, *animo quieto vivĕre**; laisse-moi en —, *sine**

modo; mettre l'esprit en —, *tranquillare animum.*

reposer. **I.** Tr. **1.** Poser. *Reponere, o**. Reposer sa vue sur, *oculos defigĕre* in* (acc.). ◆ **2.** Donner du repos à. *Recreare* (acc.). ◆ **II.** Intr. **1.** *Quiescere, o**. (Ch.) *Requiescere, o**. ◆ **2.** Reposer sur. *Niti, or** (*in*, abl.). Tout l'espoir de la république repose sur vous, *omnis spes rei publicae in vobis est.*

SE REPOSER, r. **1.** Se poser. *Insidere, o**. ◆ **2.** Cesser d'agir. *Requiescere, o**. *Conquiescere, o** (de, *ex*); faire — qqn de, *reficere* (*io**) *aliquem ab* (abl.). ◆ **3.** Dormir. *Quiescere, o**. Aller se —, *ire* (*eo**) *ad quietem.* ◆ **4.** (Fig.) Se reposer sur. *Niti, or** (*in*, abl.). Qui se repose sur, *fretus, a, um* (abl.); se — sur qqn du soin de, *committere alicui ut* (subj.).

reposoir, m. *Reclinatorium, ii*, n.

repoussant, ante, adj. *Foedus, a, um.*

repousser. **I.** Tr. **1.** *Rejicere, io**. *Removere, eo**. ◆ **2.** L'ennemi. *Repellere, o** ◆ **3.** (Fig.) *Rejicere**. ◆ **II.** Intr. **1.** Être repoussant. *Alienare* (acc.). ◆ **2.** Croître de nouveau. *Renasci, or**.

répréhensible, adj. *Reprehendendus, a, um.*

reprendre. **I.** Tr. **1.** Prendre de nouveau. *Resumere, o**. ◆ **2.** Recouvrer. *Recuperare. Recipĕre, io**. — ses sens, *se recipĕre.* ◆ **3.** Continuer. *Repetere, o**. Reprendre le chemin de la ville, *repetĕre urbem;* — ses études, *repetĕre studia;* — de haut (fig.), *alte repetĕre* (acc.); — (une pièce, la rejouer), *reponĕre** (acc.). ◆ **4.** Blâmer. *Reprehendere, o**. — vivement, *increpare**. ◆ **II.** Intr. **1.** Recommencer. Quand les affaires reprendront, *cum res agentur**. ◆ **2.** Recommencer à parler; répondre. *Suscipere, io**. Reprit-il, *inquit**. ◆ **3.** Se remettre. *Convalescere, o**.

SE REPRENDRE, r. **1.** Sans s'y — à deux fois, *uno ictu; uno tenore.* ◆ **2.** Se rétracter. *Se reprehendĕre**. (En parlant) *Se revocare.*

représailles, fpl. *Ultio, onis*, f. Par —, *ulciscendi* studio.*

représentant, m. *Vicarius, ii*, m. (D'un particulier) *Procurator, oris*, m. Être le — de, *gerere* personam* (gén.).

représentation, f. **1.** Image. *Effigies, ei*, f. ◆ **2.** Représentations théâtrales. *Scenici ludi*, mpl. Donner une —, *fabulam dare**; donner des —, *ludos facere, io**. ◆ **3.** Parade. *Ostentatio, onis*, f. Être en —, *in scaenā esse.* ◆ **4.** Remontrance. *Monitio, onis*, f. Faire des — à, *monēre** (acc.).

représenter. **I.** Tr. **1.** Exhiber. *Exhibere, eo**. ◆ **2.** Être l'image de. *Referre, fero**. *Imitari.* ◆ **3.** Figurer (par le pinceau, le ciseau, la parole). *Effingere, o**. ◆ **4.** Jouer (une pièce). *Agere, o** (*fabulam*). Faire — une pièce, *fabulam docēre**. ◆ **5.** Remontrer. *Admonere, eo**

(*aliquem rei*, *de re* ou prop. inf.). ◆ **6.** Tenir la place de. *Vicarium* (*am*, *um*) *esse* (gén.). ◆ **7.** Être le signe de. *Valere*, *eo** (*pro*, abl.). ◆ **8.** Refléter. *Reddere*, *o**. ◆ **II.** Intr. **1.** Avoir des dehors convenables. *Speciem habere*, *eo**. ◆ **2.** Faire de la dépense. *Laute vivere*, *o**.

SE REPRÉSENTER, **r. I. 1.** Paraître de nouveau. *Comparere*, *eo**. ◆ **2.** Se dépeindre. *Se fingĕre** (comme, acc.). ◆ **3.** Revenir en mémoire. *Animo objici*, *ior**. ◆ **II. 1.** Rendre présent à son esprit. *Proponĕre* sibi* ou *oculis*. Je me représente le peuple, *vidēre mihi videor* populum*. ◆ **2.** Se souvenir. *Memoriam renovare* (gén.).

répression, f. *Animadversio*, *onis*, f.

réprimande, f. *Reprehensio*, *onis*, f. *Castigatio*, *onis*, f.

réprimander, tr. *Reprehendere*, *o**. *Objurgare*.

réprimer, tr. *Reprimĕre*, *o**.

reprise, f. **1.** Recouvrement. *Recuperatio*, *onis*, f. ◆ **2.** Recommencement. A plusieurs —, *identidem;* à deux —, *semel iterumque*.

réprobation, f. *Vituperatio*, *onis*, f.

reprochable, adj. *Reprehendendus*, *a*, *um*.

reproche, m. *Vituperatio*, *onis*, f. *Objurgatio*, *onis*, f. — cruel, *convicium*, *ii*, n.; qui n'a aucun — à se faire, *nullius culpae sibi conscius*, *a*, *um;* de —, *objurgatorius*, *a*, *um*.

reprocher, tr. *Objicere*, *io** (*aliquid alicui*). *Exprobrare* (*aliquid*). — à qqn de, *reprehendĕre* aliquem quod* (indic. ou subj.); se — une faute, *peccati se insimulare;* n'avoir rien à se —, *culpā vacare;* bienfait reproché, *exprobratio beneficii;* reprocher un témoin, *refutare testem*.

reproduction, f. **1.** (Des animaux) *Procreatio*, *onis*, f. (Des plantes) *Regerminatio*, *onis*, f. ◆ **2.** Copie. *Exemplum*, *i*, n. ◆ **3.** Répétition. *Iteratio*, *onis*, f.

reproduire, tr. **1.** Produire. (Animaux) *Procreare*. (Plantes) *Progenerare*. ◆ **2.** Copier. *Exscribere*, *o**. — fidèlement, *perscribĕre**. ◆ **3.** Imiter. *Exprimere*, *o**. ◆ **4.** Présenter de nouveau. *Exhibere*, *eo**. *Reddere*, *o**. ◆ **5.** Refléter. *Reddĕre**.

SE REPRODUIRE, **r. 1.** (Animaux) *Propagari*. (Plantes) *Regerminare*. ◆ **2.** Avoir lieu de nouveau. *Renasci*, *or**. *Denuo fieri*, *fio**.

réprouver, tr. *Improbare*. *Reprobare*. Réprouvé (de Dieu), *reprobus*, *a*, *um*.

reptile, m. *Repens animal*, n.

repu, ue, adj. Rassasié. *Satur*, *ura*, *urum*.

républicain, aine, adj. **1.** Etat —, *civitas popularis*, f. ◆ **2.** Partisan de la forme républicaine, *amicus rei publicae*.

république, f. **1.** État. *Res publica*, *rei publicae*, f. ◆ **2.** Forme de gouvernement. *Leges*, *um*, fpl.

répudiation, f. *Repudium, ii*, n.
répudier, tr. *Repudiare*.
répugnance, f. **1.** (Pour qqn) *Alienatio, onis*, f. Éprouver de la — pour, *alieno animo esse ab*. ◆ **2.** (Pour qqch.) *Fastidium, ii*, n. Avoir de la — pour, *fastidium habēre* ad;* j'ai de la — à dire, *refugit* animus dicere;* sans —, *non invitus, a, um*.
répugnant, ante, adj. *Fastidiosus, a, um*.
répugner, intr. **1.** Être opposé à. *Pugnare cum* (abl.). ◆ **2.** Éprouver de la répugnance pour. *Abhorrere, eo** (*ab*). Répugner à transcrire, *gravari perscribĕre*. ◆ **3.** Inspirer de la répugnance à. *Alienare* (acc.). Il me répugne de t'avertir, *refugio* a te admonendo*.
répulsion, f. **1.** *Repulsus, us*, m. ◆ **2.** (Fig.) *Alienatio, onis*, f.
réputation, f. *Fama, ae*, f. *Existimatio, onis*, f. (Ch.) *Nomen, inis*, n. Perdre qqn de —, *famam alicujus laedĕre*;* perdu de —, *famosus, a, um;* se faire une —, *famam consequi. or*;* être en —, *nomen habēre*;* faire la — de qqn, *famam conficĕre* (*io**) *alicui*.
réputer, tr. *Habere, eo**. *Existimare*.
requérir, tr. **1.** Prier. *Rogare*. *Quaerere, o** (*ab aliquo, ut*, subj.). ◆ **2.** Sommer. *Mandare* (*alicui, ut*, subj.). ◆ **3.** Demander. *Postulare*. ◆ **4.** (Fig.) *Poscere, o**. Age requis, *justa* ou *legitima aetas*, f.
requête, f. Demande. *Postulatio, onis*, f. *Libellus, i*, m. A la — de, *postulatu* (gén.); maître des —, *a libellis*.
requin, m. *Squalus, i*, m.
réquisition, f. *Postulatio, onis*, f. Faire une — de (vaisseaux), *imperare* (*naves*).
rescrit, m. *Rescriptum, i*, n.
réseau, m. **1.** *Reticulum, i*, n. ◆ **2.** (Fig.) *Laquei, orum*, mpl.
réséda, m. *Reseda, ae*, f.
réserve, f. **1.** Action de mettre de côté. *Sepositio, onis*, f. Mettre en —, *seponĕre*;* troupes de —, *subsidium, ii*, n.; *subsidiarii, iorum*, mpl. ◆ **2.** Exception. *Exceptio, onis*, f. A la — d'une, *praeter unam; unā exceptā;* à la — du général, *extra ducem;* sans —, *totus, a, um*. ◆ **3.** Retenue. *Modestia, ae*, f. (Timidité) *Verecundia, ae*, f. Sans —, *immodeste; effrenate*.
réservé, ée, adj. **1.** Excepté. *Exceptus, a, um*. ◆ **2.** Discret. *Modestus, a, um. Verecundus*.
réserver, tr. Mettre de côté. *Reservare* (pour, dat. ou *ad*, acc.). *Seponere, o** (pour, *in*, acc.).
SE RÉSERVER, r. (pour). *Servare se* (*ad*).
réservoir, m. *Conceptaculum, i*, n. *Lacus, us*, m. (Pour le poisson) *Piscina, ae*, f.
résidence, f. *Sedes, is*, f.
résider, intr. **1.** *Habitare* (acc.; abl. avec ou sans *in* selon les règles de la question UBI; locatif). *Manere, eo** (abl. avec

ou sans *in* selon les règles de la question UBI; locatif). ◆ **2.** (Fig.) *Positum* esse* (*in*, abl.).

résidu, m. *Faex, faecis,* f.

résignation, f. **1.** Cession. *Cessio, onis,* f. ◆ **2.** Patience. *Perpessio, onis,* f. *Patientia, ae,* f. Avec —, *aequo animo.*

résigné, ée, adj. *Patiens, entis.*

résigner, tr. *Se abdicare* (abl.). SE RÉSIGNER, r. (à). *Aequo animo ferre** (acc.). Se — à ce que, *non recusare quin* (subj.).

résiliation, f. *Rescissio, onis,* f.

résilier, tr. *Rescindere, o*.*

résine, f. *Resina, ae,* f.

résineux, euse, adj. *Resinosus, a, um.*

résipiscence, f. *Resipiscentia, ae,* f. Venir à —, *resipiscĕre*;* être amené à —, *ad sanitatem perduci*.*

résistance, f. **1.** D'un corps. *Offensio, onis,* f. ◆ **2.** (A une attaque) *Defensio, onis,* f. ◆ **3.** Opposition morale. *Impedimentum, i,* n. Je n'y oppose aucune —, *per me licet*.*

résistant, ante, adj. *Durus, a, um.*

résister, intr. **1.** *Reniti, or** (à, dat.). ◆ **2.** *Resistĕre, o** (à, dat.). ◆ **3.** *Resistere*. Obsistĕre, o** (à, dat.). Ne pas — à qqn, *obsequi* voluntati alicujus.* ◆ **4.** (Fig.) *Resistĕre*.* Ne pas — aux attraits du plaisir, *vinci* a voluptate;* — aux fatigues, *labores sustinēre*;* — (continuer d'être), *durare.*

résolu, ue, adj. Hardi. *Promptus, a, um. Audax, acis.*

résolument, adv. *Confidenter. Audacter.*

résolution, f. **1.** Décomposition. *Solutio, onis,* f. ◆ **2.** Cassation. *Rescissio, onis,* f. ◆ **3.** Dessein. *Consilium, ii,* n. *Propositum, i,* n. Prendre la — de, *capere (io*) consilium* (gén. du gér.; inf.; ou *ut*, subj.). ◆ **4.** Fermeté. *Fidentia, ae,* f. *Animus firmus,* m.

résonance, f. *Resonantia, ae,* f.

résonner, intr. *Resonare** (de, abl.).

résoudre, tr. **1.** Décomposer. *Dissolvere, o*. Resolvere, o*.* ◆ **2.** (Fig.) Casser. *Rescindere, o*.* ◆ **3.** Décider. *Explicare*.* — une difficulté, *expedire nodum;* — qqch., de ou que, et se — à, *decernĕre** ou *constituĕre* (acc.; inf.; *ut*, subj.). ◆ **3.** Déterminer (qqn). *Impellere, o** (*aliquem, ad; ut*, subj.). J'y suis bien résolu, *deliberatum est mihi;* résolu à tout souffrir, *paratus omnia perpeti;* je suis bien résolu à, *statutum ac deliberatum habeo** (inf.).

respect, m. **1.** Envers qqn. *Reverentia, ae,* f. (Extérieur) *Observantia, ae,* f. (Marques de respect) *Officium, ii,* n. Mon — pour toi, *mea in te observantia;* se lever par — pour qqn, *assurgĕre* alicui;* rendre ses — à, *colĕre** ou *venerari* (acc.). ◆ **2.** (Envers qqch.) *Verecundia, ae,* f. Inspirer du —, *venerationem habēre*.* ◆ **3.** (Fig.) Considération pour. *Ratio, onis,* f. Sans — pour le devoir, *misso* officio.* ◆ **4.** Garantir le — des personnes, *servare corpora inviolata;* tenir en —, *continēre*;* — humain, *frontis infirmitas, atis,* f.

respectable, adj. **1.** *Venerandus, a, um.* ◆ **2.** Important. *Robustus.*

respecter, tr. **1.** Porter du respect à (qqn). *Vereri, eor*. Venerari.* (A qqch.) *Colere, o*.* Se —, *decorum servare.* ◆ **2.** Avoir égard à. *Observare. Rationem habere, eo** (gén.). — la loi, *servare legem;* faire — son droit, *jus suum tenere*.* ◆ **3.** Épargner. *Parcere, o** (dat.).

respectivement, adv. *Invicem. Mutuo.*

respectueusement, adv. *Verecunde.*

respectueux, euse, adj. *Venerabundus, a, um.* Très — à mon égard, *observantissimus mei.*

respirable, adj. *Spirabilis, e.*

respiration, f. **1.** *Respiratio, onis,* f. *Spiritus, us,* m. Retenir sa —, *animam continere*;* couper la — à, *exanimare* (acc.). ◆ **2.** Pauses. *Interspiratio, onis,* f. Suivant l'étendue de la —, *ad spiritum vocis.*

respiratoire, adj. *Spiritalis, e.* Organes —, *spirandi meatus, us,* mpl.

respirer. I. Intr. **1.** Aspirer. *Respirare.* ◆ **2.** Aspirer et expirer. *Respirare. Spiritum ducere, o*.* ◆ **3.** Vivre. *Spirare.* (Être) qui respire, *animalis, e;* respirant à peine, *vix vivus, a, um.* ◆ **4.** (Fig.) Avoir qq. relâche. *Respirare. Interquiescere, o*.* ◆ **5.** — après (qqch.). *Aspirare ad.* ◆ **II.** Tr. **1.** Aspirer (l'air). *Ducere, o*. Haurire*.* Respirer une odeur, *odorem naribus trahĕre*.* ◆ **2.** Annoncer. *Spirare* (acc.). *Anhelare* (acc.). *Prae se ferre, fero** (acc.). ◆ **3.** Désirer vivement. *Aspirare ad.*

resplendir, intr. *Collucere, eo*. Splendere, eo*.*

resplendissant, ante, adj. *Splendidus, a, um.*

resplendissement, m. *Fulgor, oris,* m.

responsabilité, f. *Praestatio, onis,* f. Prendre sur soi la — de, *praestare** (acc.); j'en prends la —, *in me recipio*.*

responsable, adj. *Obnoxius, a, um.* Être — envers, *rationem debēre** (dat.).

ressaisir, tr. **1.** *Reprehendere, o*.* ◆ **2.** (Fig.) *Recuperare.* ◆ **3.** Se —. *Se colligĕre*.*

ressasser, tr. Répéter. *Iterare.* Sujet bien ressassé, *trita** (*ae*) *res* (*rei*).

ressemblance, f. *Similitudo, inis,* f.

ressemblant, ante, adj. *Similis, e.*

ressembler, intr. **1.** *Similem* (*e*) *esse* (gén. ou dat.). ◆ **2.** En parl. d'un portrait. *Imitari veritatem.* ◆ **3.** (Fig.) Cela ne me ressemble pas, *id abhorret* a meis moribus.*

ressentiment, m. *Dolor, oris,* m. *Ira, ae,* f. Avoir du — de qqch., *graviter ferre* aliquid;* étouffer son —, *simultates deponĕre*.*

ressentir, tr. *Percipere, io**. *Sentire**. Ressentir vivement un refus, *repulsam aegre ferre**.
SE RESSENTIR, r. (de). **1.** Éprouver les suites de. *Referre** (acc.). ◆ **2** (Éprouver qq. bien) *Percipere, io** (acc.).◆ **3.** (Éprouver du ressentiment) *Graviter ferre** (acc.).
resserrement, m. *Contractio, onis*, f.
resserrer, tr. **1.** Serrer davantage. *Contrahere. o**. ◆ **2.** Abréger. *Constringere, o**. *Coartare.* ◆ **3.** Remettre de côté. *Recondere, o**.
ressort, m. **1.** Élasticité. *Intentio, onis*, f. ◆ **2.** Force. *Vis, vis*, f. ◆ **3.** Pièce motrice. *Machinatio, onis*, f. A —, *organicus, a, um.* ◆ **4.** (Fig.) *Machina, ae*, f. Faire jouer tous les —, *omnes machinas adhibēre**. ◆ **5.** Étendue d'une juridiction. *Jurisdictio, onis*, f. Juger en premier —, *praejudicare.* ◆ **6.** Attributions. *Officium, ii*, n. *Munus, eris*, n.
ressortir, intr. **1.** Sortir de nouveau. *Exire, eo**. ◆ **2.** Être saillant. *Eminere, eo**. Faire — une circonstance, *rem illustrare.* ◆ **3.** Ressortir de. *Apparere, eo**. Comme il ressort de, *ut intellegi potest* ex.* ◆ Ressortir à. *Pertinere, eo** (*ad*).
ressource, f. **1.** *Subsidium, ii*, n. *Ops* (inusité), *opis*, f. Sans —, *omni spe salutis orbatus, a, um;* avec nos propres —, *marte nostro;* fécond en —, *consilii plenus.* ◆ **2.** (Pl.) *Facultates, um*, fpl. Autant que nos — le permettent, *pro nostrā copiā.*
ressouvenir (se), r. *Reminisci, or** (*rei, rem*, ou *de aliquo*).
ressuer, tr. *Exsudare.*
ressusciter. I. Tr. **1.** *Ad vitam revocare.* ◆ **2.** (Fig.) *Renovare.* ◆ **II.** Intr. *Reviviscere, o**.
restant, ante, adj. **1.** Qui ne part pas. *Manens, entis.* ◆ **2.** Qui survit. *Superstes, stitis.* ◆ **3.** Qui est de reste. *Reliquus, a, um.*
restaurant, m. *Popina, ae*, f.
restaurateur, tr. **1.** Celui qui répare. *Refector, oris*, m. ◆ **2.** Traiteur. *Caupo, onis*, m.
restauration, f. **1.** *Refectio, onis*, f. ◆ **2.** (Fig.) Au sujet de la — des Tarquins, *de Tarquiniis in regnum restituendis.*
restaurer, tr. **1.** *Reficere, io**. Se —, *cibo vires reficĕre.* ◆ **2.** Un roi. *In regnum restituere, o.*
reste, m. **1.** *Reliquum, i*, n. *Reliquus, a, um.* ◆ **2.** D'un repas; d'un mort. *Reliquiae, arum*, fpl. Et le —, *et cetera;* de —, *plus quam satis est;* être de —, *superare; superesse*;* pour le —, *quod superest*;* au —, du —, *ceterum;* être en — (avec qqn), *concedĕre** (*alicui*); ne pas attendre son —, *se subripĕre* (*io**).
rester, intr. **1.** *Manere, eo**. (S'attarder) *Morari.* Rester chez soi, *tenēre* se domi;* — debout, *stare*;* faire —, *relinĕre** (acc.); il resta muet,

*obmutuit**; rester tranquille, *quiescĕre**; — sans résultat, *nihil proficĕre* (*io**). ◆ **2.** Être de reste. *Restare**. *Superesse**. ◆ **3.** Impers. Il reste onze, *undecim supersunt**; il nous — des discours, *exstant* orationes*; il (me) — à, *superest* ut* (subj.).

restituer, tr. *Restituere, o. Reddere, o**.

restitution, f. *Restitutio, onis*, f.

restreindre, tr. **1.** *Circumscribere, o**. ◆ **2.** (Fig.) *Contrahere, o**.

SE RESTREINDRE, r. **1.** *Modum retinere, eo**. ◆ **2.** Borner ses dépenses. *Se artare.*

restriction, f. *Exceptio, onis*, f. *Correctio, onis*, f.

résultat, m. *Effectus, us*, m. *Exitus, us*, m. Le — est que, *quo factum* est ut* (subj.); n'avoir aucun —, *nihil proficĕre* (*io**); avoir un mauvais —, *male evenire**.

résulter, intr. *Fieri, fio**. D'où il résulte que, *ex quo efficitur* ut* (subj.).

résumé, m. *Summa, ae*, f. En —, *in summā*.

résumer, tr. *Breviter contrahere, o** ou *complecti, or**. Pour me —, *ut breviter contraham summam.*

résurrection, f. *Resurrectio, onis*, f.

rétablir, tr. *Reficere, io**. *Restituere, o*. Rétablir sur le trône, *reducĕre* regem*; — la santé de qqn, *sanare aliquem*; — le combat, *restituĕre pugnam.*

SE RÉTABLIR, r. **1.** Remettre ses affaires. *Rem restituere, o*. ◆ **2.** Sa santé. *Recreari.*

rétablissement, m. **1.** *Refectio, onis*, f. ◆ **2.** (Fig.) *Restitutio, onis*, f. Pour son — (santé), *ad salutem corporis*; — d'un roi, *regis reductio, onis*, f.

retard, m. *Mora, ae*, f. *Dilatio, onis*, f. Être en —, *cunctari*; éprouver qq. —, *habēre* aliquid morae*; — (d'un débiteur), *retentio, onis*, f.

retardataire, adj. *Lentus, a, um.*

retarder, **I.** Tr. **1.** Mettre obstacle à. *Tardare. Moram afferre, fero** (dat.). ◆ **2.** Différer. *Differre, fero**. *Prolatare.* ◆ **II.** Intr. *Cunctari.*

retenir, tr. **1.** Arrêter; occuper; charmer. *Tenere, eo**. *Retinere, eo**. ◆ **2.** Maintenir. *Continere, eo**. ◆ **3.** Attacher. *Revincire**. ◆ **4.** S'approprier. *Retentare. Amplecti, or**. ◆ **5.** Prélever. *Detrahere, o** (sur, *de*). ◆ **6.** Réserver. *Reservare.* ◆ **7.** S'assurer par précaution. *Prospicere, io**. ◆ **8.** Garder le souvenir de. *Memoriā retinēre* (acc.). *Meminisse** (gén.).

SE RETENIR, r. **1.** *Se sustinēre**. Se — aux rochers, *saxa manibus prensare*; se — (de), *sibi temperare*; *temperare* (*ab*, abl.; *ne* ou *quin*, subj.). ◆ **2.** Rester dans la mémoire. *Inhaerescere* in mentibus.*

retentir, intr. **1.** Renvoyer un son. *Personare**. *Resonare** (de, *ab*). ◆ **2.** Produire un son. *Sonare**. *Strepere, o** (de, abl.). Faire — les louanges de, *praedicare laudes* (gén.).

retentissement, tr. **1.** *Repercussus, us*, m. ◆ **2.** (Fig.) *Fama, ae*, f. Avoir du — chez, *pervagari apud* (acc.).

retenu, ue, adj. Qui a de la réserve. *Moderatus, a, um.*

retenue, f. **1.** Prélèvement. *Praecipuum, i*, n. (Math.) *Retentio, onis*, f. ◆ **2.** (Fig.) Modération. *Modestia, ae*, f. *Moderatio, onis*, f. Avec —, *moderate;* sans —, *immoderate;* parler sans aucune —, *liberius loqui**. ◆ **3.** Maintien chaste. *Verecundia, ae*, f. Qui n'a pas de —, *protervus, a, um.*

rétiaire, m. *Retiarius, ii*, m.

réticence, f. *Dissimulatio, onis*, f. User de —, *dissimulare (aliquid); de re tacēre**.

rétif, ive, adj. *Asper, era, erum.*

retiré, ée, adj. **1.** Solitaire. Vie —, *solitudo, inis*, f.; *recessus, us*, m.; qui vit —, *solitarius, a, um.* ◆ **2.** Peu fréquenté. Lieu —, *locus abditus*, m.; dans un lieu — (sans mouv.), *in abdito.*

retirer, tr. **1.** Tirer à soi. *Retrahere, o**. (Rappeler) *Revocare.* — de prison, *eximĕre* e vinculis* ◆ **2.** (Fig.) Reprendre. *Recipere, io**. — son avis, *a sententiā suā discedĕre**. ◆ **3.** Recueillir. (Qqn) *Excipere, io**. (Un profit) *Recipĕre**. *Capere, io** (de, *ex*).

SE RETIRER, r. **1.** *Recedere, o** (de, *ab* ou *ex*). Se — sans bruit, *se subducĕre*;* se — devant qqn (fig.), *decedĕre* alicui;* se — du monde, *secedĕre*;* se — qq. part (s'y réfugier), *recedĕre* in locum;* (s'y établir) *abire* (*eo**) *in locum.* ◆ **2.** (Ch.) La chaleur s'est retirée du corps, *reliquit* corpus calor vitalis;* (le fleuve) se retire, *recedit*;* (l'étoffe) se retire, *contrahitur**.

retomber, intr. **1.** *Recĭdere, o** (sur, *in*, acc.). — malade, *incĭdĕre* in morbum de integro; recĭdĕre;* laissant — sa toge, *effuso* sinu.* ◆ **2.** Retomber sur. *Recĭdĕre** (*in*, acc.). *Redundare* (*ad* ou *in*, acc.). ◆ **3.** (Fig.) Faire — l'odieux sur, *invidiam rejicere* (*io**) *ad.*

retordre, tr. (Fig.) Donner du fil à —, *curas dare**.

retors, se, adj. (Fig.) *Versutus, a, um.*

retoucher, tr. **1.** *Retractare.* ◆ **2.** (Fig.) *Recognoscĕre, o**. *Emendare.*

retour, m. **1.** Tours et —, *flexus, uum*, mpl. ◆ **2.** Action de revenir. *Reditus, us*, m. (D'exil) *Restitutio, onis*, f. Être de — de, *rediisse* ex* (abl.); qui est de —, *redux, ucis;* faire — à, *redire* (*eo**) *ad;* — au bien, *morum mutatio*, f.; faire un — sur, *se referre* ad;* au — du printemps, *vere novo.* ◆ **3.** Vicissitude. *Vicissitudo, inis*, f. Avoir des —, *retro volvi*;* sans —, *funditus.* ◆ **4.** Réciprocité. *Vices* (dat., *vicibus*), fpl. Payer de —, *gratiam* *referre** (dat.); *respondēre** (dat.).

retourner. **I.** Tr. **1.** *Invertere, o**. ◆ **2.** Labourer. *Vertere, o**. ◆ **3.** Remuer. *Movēre, eo**. ◆ **4.** (Fig.) — les yeux, *oculos retorquere**; — la tête, *respicĕre, io**. ◆ **II.** Intr. **1.** Aller en arrière. *Regredi, ior**. *Redire* (*eo**) *viam*. ◆ **2.** Aller de nouveau. *Redire**. *Reverti, or**. (Par mer) *Renavigare* (*in*. acc.). ◆ **3.** (Fig.) Ne pas savoir de quoi il retourne, *quid agatur* nescire*.

SE RETOURNER, r. **1.** (Pour voir) *Respicere, io**. ◆ **2.** (Fig.) De quel côté me —? *quo me nunc vertam*?* ◆ **3.** S'en —. *Abire, eo**. *Cedere, o**.

retracer, tr. Décrire; évoquer. *Effingere, o**.

SE RETRACER, r. (Qqch.) *Recolere, o** (acc.).

rétraction, f. *Retractatio, onis*. f.

rétracter, tr. *Retractare.*

SE RÉTRACTER, r. *Dicta retexĕre, o**. *Revocare se.*

retraite, f. **1.** Action de se retirer. Faire —, *loco cedĕre** ◆ **2.** (Milit.) *Receptus, us*, m. Sonner la —, *receptui canĕre**; battre en —, *se recipĕre* (*io**); (fig.) *abscedĕre**; couper la — à, *intercipĕre, io** (acc.). ◆ **3.** Solitude. *Secessus, us*, m. *Solitudo, inis*, f. (Lieu) *Recessus, us*, m. ◆ **4.** Refuge. *Receptaculum, i*, n. ◆ **5.** Congé. *Missio, onis*, f. Prendre sa — (pour un gladiateur), *rudem accipĕre, io**; mettre à la —, *missionem dare** (dat.).

retraité, ée, adj. *Dimissus, a, um.*

retranché, ée, adj. *Munitus, a, um.* Camp —, *vallum, i*, n.

retranchement, m. **1.** Travaux de défense. *Munitio, onis*, f. *Vallum, i*, n. ◆ **2.** Suppression. *Detractio, onis*, f.

retrancher, tr. **1.** (Un camp) *Munire vallo fossāque* (acc.). ◆ **2.** Oter. *Detrahere, o** (de, *ex* ou *de*). *Tollere, o**.

SE RETRANCHER, r. **1.** *Vallum facere* (*io**), *exstruĕre** ou *ducĕre**. ◆ **2.** (Fig.) Se — derrière. *Confugere, io** (*ad*). *Excusare* (acc.).

rétrécir, tr. *Coartare.* Rétréci, *angustior, ius.*

rétrécissement, m. *Coartatio, onis*, f.

retremper, tr. **1.** *Relingere, o**. ◆ **2.** (Le fer) *Recoquere, o**. ◆ **3.** (Fig.) *Renovare.*

rétribuer, tr. *Mercedem tribuere, o** (*alicui*).

rétribution, f. *Merces, edis*, f.

rétrograde, adj. Mouvement —, *recessio, onis*, f.

rétrograder, intr. *Retrocedere, o**. *Pedem referre, fero**.

retrousser, tr. *Succingere, o**. Retroussé, *succinctus, a, um*; museau retroussé, *rostrum resupinum.*

retrouver, tr. **1.** *Reperire**. ◆ **2.** Recouvrer. *Recuperare. Recipere, io**. ◆ **3.** Rejoindre. *Offendere, o**. Aller —, *redire, eo** (*ad*). ◆ **4.** (Fig.) Reconnaître. *Agnoscere, o**.

SE RETROUVER, r. Se — dans

le même état, *in eodem statu esse;* s'y retrouver, *se invenire**; se — (n'être point perdu), *comparēre**.

rets, m. *Rete, is,* n. *Plagae, arum,* fpl.

réunion, f. **1.** Rapprochement. *Commissura, ae,* f. ◆ **2.** Rassemblement. *Conjunctio, onis,* f. ◆ **3.** Assemblée. *Conventus, us,* m. *Coetus, us,* m. — secrète, *conventiculum, i,* n.

réunir, tr. **1.** Joindre (une chose à une autre). *Jungere, o** (*rem rei* ou *cum re*). (Deux choses) *Conjungere, o**. ◆ **2.** Convoquer. *Congregare. Cogere, o**. ◆ **3.** Rendre amis. *Jungĕre**. ◆ **4.** Réunir tous les suffrages, *omne ferre** *punctum.*

SE RÉUNIR, r. **1.** Se joindre. *Conjungi, or**. ◆ **2.** Mêler leurs eaux. *Confluere* (*o**), *in unum.* ◆ **3.** Venir ensemble. *Convenire**. *Congregari. Cogi, or**.

réussir, intr. **1.** (Pers.) *Procedere, o**. (Ch.) *Evenire**. ◆ **2.** Bien — (pers.), *procedĕre**; (ch.) *succedĕre**; — à, *efficĕre* (*io**) *ut* (subj.). ◆ **3.** (Végétaux) *Provenire**.

réussite, f. **1.** Issue. *Exitus, us,* m. ◆ **2.** Succès. *Successus, us,* m. ◆ **3.** Non-réussite. *Offensio, onis,* f.

revanche, f. Prendre sa —, *referire**; prendre sa — d'une défaite, *hosti acceptam cladem reddĕre**; en —, *rursus.*

rêve, m. *Somnium, ii,* n. Faire des —, *vidĕre** *somnia.*

revêche, adj. *Asper, era, erum.*

réveil, m. *Expergefactio, onis,* f. A son —, *experrectus, a, um.*

réveiller, tr. **1.** *Expergefacere, io**. *Excitare.* ◆ **2.** (Fig.) *Excitare.*

SE RÉVEILLER, r. **1.** *Expergisci, or**. ◆ **2.** (Fig.) *Commoveri, eor**. (Renaître) *Renovari.*

révélateur, trice, m. f. **1.** *Proditor, oris,* m. *Proditrix, icis,* f. ◆ **2.** D'un crime. *Index, icis,* m.

révélation, f. **1.** *Indicium, ii,* n. ◆ **2.** La — divine, *revelatio, onis,* f.

révéler, tr. **1.** *Patefacere, io**. *Indicare.* ◆ **2.** Un secret. *Vulgare. Efferre, fero**. ◆ **3.** Un coupable. *Prodere, o**. ◆ **4.** Ses sentiments. *Proferre.* ◆ **5.** Être un indice. *Indicare. Ostendĕre, o**.

SE RÉVÉLER, r. **1.** (Pers.) *Sese ostendĕre**. ◆ **2.** (Ch.) *Patescere, o**.

revenant, m. *Larva, ae,* f. Les —, *lemures, um,* mpl.

revendeur, m. *Scrutarius, ii,* m.

revendication, f. *Vindicatio, onis,* f.

revendiquer, tr. *Sibi vindicare. Repetere, o**.

revendre, tr. **1.** *Revendere, o**. Être revendu, *revēnire, eo**. ◆ **2.** (Fig.) En — à qqn, *verba dare** *alicui.*

revenir, intr. **1.** *Redire, eo**. *Reverti, or**. Faire —, *reducĕre** (acc.); — sur l'eau, *emergĕre**. ◆ **2.** (Fig.) — à la vie, *reviviscĕre**; — d'une maladie, *convalescĕre**; — à soi, *resipiscĕre**; — de sa frayeur, *ex timore se recreare;* je n'en reviens pas, *satis mirari nequeo**; — sur une décision, *consilium mutare;* faire — (qqn) d'une opinion, *de sententiā deducĕre** (*aliquem*); — à la mémoire, *observari animo.* ◆ **3.** Repousser. *Recrescere, o**. ◆ **4.** Échoir. *Redire** (de, *ex;* à, *ad*). Il m'en revient cet avantage que, *quod bonum mihi redundat ut* (subj.). ◆ **5.** Coûter. *Constare** (à, abl. ou gén. de prix). ◆ **6.** Être rapporté. *Deferri** (*ad*). ◆ **7.** Plaire. *Arridere, eo**. *Placere, eo**. ◆ **8.** Loc. div. Cela revient au même, *haec eodem recĭdunt**; tout cela revient à dire, *omnia haec verba huc redeunt**; que, *ut* et le subj.

revenu, m. **1.** *Reditus, us,* m. *Quaestus, us,* m. ◆ **2.** De l'Etat. *Vectigalia, ium,* npl.

rêver, tr. et intr. *Somniare.* ◆ **2.** Être en délire. *Delirare.* ◆ **3.** Être en dehors de la réalité. *Somniare. Desipere, io**. ◆ **4.** Être distrait. *Alias res agere, o**. ◆ **5.** Méditer. *Meditari. Cogitare* (acc.). Ne rêver que gloire, *totā mente ad laudem incumbĕre**.

réverbération, f. *Repercussio, onis,* f.

reverdir, intr. *Revirescere, o**.

révérence, f. **1.** *Reverentia, ae,* f. *Veneratio, onis,* f. ◆ **2.** Inclination. *Salutatio, onis,* f. Faire la — à, *salutare* (acc.).

révérencieux, euse, adj. *Venerabundus, a, um.*

révérend, de, adj. *Reverendus, a, um.*

révérer, tr. *Venerari.*

rêverie, f. **1.** *Meditatio, onis,* f. ◆ **2.** (Pl.) *Somnia, iorum,* npl.

revers, m. **1.** *Aversa pars,* f. Le — de la main, *aversa manus,* f. ◆ **2.** (Fig.) Revers de fortune. *Casus, us,* m. *Adversae res,* fpl. ◆ **3.** Défaite. *Clades, is,* f.

reverser, tr. *Refundere, o**.

revêtement, m. **1.** Placage. *Crusta, ae,* f. ◆ **2.** Mur de —, *lorica, ae,* f.

revêtir, tr. **1.** Revêtir qqn ou qqch. *Vestire* (de, abl.). ◆ **2.** Couvrir. *Tegere, o**. ◆ **3.** (Fig.) *Ornare.* Revêtir de plâtre, *crustare gypso;* — d'or, *inducĕre** *aurum* (dat.); — d'une charge, *munus deferre** (dat.); revêtu d'un commandement, *imperio affectus, a, um.* ◆ **4.** Endosser (un habit). *Sibi induĕre* (acc.). ◆ **5.** (Fig.) *Inducere, o**.

rêveur, euse, adj. **1.** Pensif. *In cogitatione defixus, a, um.* ◆ **2.** Extravagant. *Somnians, antis.*

revirement, m. *Commutatio, onis,* f.

reviser, tr. **1.** *Recognoscere, o**. ◆ **2.** Collationner. *Conferre, fero**.

revision, f. *Recognitio, onis,* f.

revivre, intr. **1.** *Reviviscere, o**. Faire —, *revocare* (acc.) *a morte ad vitam.* ◆ **2.** (Fig.)

Retrouver la force. *Reviviscĕre*;* faire —, *recreare* (acc.). ◆ **3.** Se renouveler. *Renovari;* faire —, *renovare* (acc.). ◆ **4.** Une fille en qui il semblait —, *filia quae mores ejus referebat**.

révocation, f. *Abrogatio, onis,* f.

1. revoir, tr. **1.** Voir de nouveau. *Revisere, o**. ◆ **2.** Reviser. *Recognoscere, o**.

2. revoir, m. Au — (formule de congé), *vale* (sg.); *valete* (pl.); (non pas adieu, mais) au —, *utinam te mox revisam*!*

revoler, intr. *Revolare.*

révoltant, ante, adj. *Invidiosus, a, um.*

révolte, f. *Seditio, onis,* f.

révolté, ée, adj. **1.** *Rebellis, e.* Les —, *seditiosi,* mpl. ◆ **2.** (Fig.) Nous sommes — si, *indignamur si.*

révolter, tr. **1.** *Ad rebellandum incitare.* ◆ **2.** (Fig.) Indigner. *Stomachum movĕre, eo** (dat.). *Animos offendĕre, o**.

SE RÉVOLTER, r. **1.** *Rebellionem facere, io**. *Rebellare.* Se — contre qqn, *ab aliquo desciscĕre**. ◆ **2.** (Fig.) *Repugnare* (*contra,* acc.).

révolu, ue, adj. *Exactus, a, um.*

révolution, f. **1.** (Astron.) *Conversio, onis,* f. Accomplir sa —, *circuitum efficĕre, io**. ◆ **2.** Changement. *Mutatio, onis,* f. (Dans un État) *Rerum mutatio.* Préparer une —, *studēre* novis rebus;* faire une —, *res commutare;* en —, *turbatus, a, um.* ◆ **3.** Émotion brusque. Causer une — à, *permovēre** (acc.).

révolutionnaire, adj. *Turbulentus, a, um.*

révoquer, tr. **1.** (Qqch.) *Rescindere, o**. ◆ **2.** (Qqn.) *Loco movere, eo** (acc.). ◆ **3.** Révoquer en doute, *in dubium vocare.* On ne peut — en doute que, *non potest* dubitari quin* (subj.).

revue, f. **1.** *Recognitio, onis,* f. Passer en —, *recognoscĕre*;* (dans son esprit) *recolĕre*;* (dans le discours) *enumerare.* ◆ **2.** (Milit.) *Decursus, us,* m. Passer en — son armée, *exercitum lustrare* ou *recensēre**.

rez-de-chaussée, m. *Pede plana, orum,* npl. Au —, *in plano loco.*

rhéteur, m. *Rhetor, oris,* m.

rhétorique, f. *Rhetorica, ae,* f.

Rhin. *Rhenus, i,* m. Du —, *Rhenanus, a, um.*

rhinocéros, m. *Rhinoceros, otis,* m.

Rhodes. *Rhodus, i,* f. De —, *Rhodius, a, um.*

Rhône. *Rhodanus, i,* m.

rhubarbe, f. *Rhecoma, ae,* f.

rhumatisme, m. *Dolor, oris,* m.

rhume, m. *Pectoris pituitae, arum,* fpl. *Tussis, is,* f. (De cerveau) *Gravedo, inis,* f.

riant, ante, adj. **1.** *Ridens, entis. Laetus, a, um.* ◆ **2.** Agréable à la vue. *Jucundus, a, um. Amoenus.* ◆ **3.** Agréable à l'esprit. *Festivus.*

ribambelle, f. *Agmen, inis,* n.

ribote, f. *Crapula, ae,* f.

ricanement, m. *Cachinnatio, onis*, f.
ricaner, intr. *Cachinnare.*
ricaneur, m. *Cachinno, onis*, m.
richard, m. *Homo pecuniosissimus*, m.
riche, adj. **1.** (Pers.) *Dives, divitis. Locuples, etis.* ◆ **2.** (Fig.) *Abundans, antis. Refertus, a, um.* Riche en vertus, *ornatus virtutibus.* Être — en, *abundare* (abl.). ◆ **3.** (Ch.) *Opulentus, a, um. Copiosus.* ◆ **4.** (Fig.) *Opimus.* (En parl. de la langue) *Copiosus.*
richement, adv. *Copiose.*
richesse, f. **1.** Abondance de biens. *Divitiae, arum*, fpl. *Copiae, arum*, fpl. ◆ **2.** Beauté des récoltes. *Ubertas, atis*, f. ◆ **3.** Objet. *Pretium, ii*, n. ◆ **4.** Richesse du style. *Copia, ae*, f. *Ubertas, atis.*
ricin, m. *Ricinus, i*, m.
ride, f. *Ruga, ae*, f.
rideau, m. **1.** *Velum, i*, n. ◆ **2.** (Fig.) Se tenir derrière le —, *se tegĕre**. ◆ **3.** De théâtre. *Aulaeum, i*, n.
rider, tr. *Rugas facere, io** (dat.). Rider son front, *frontem contrahĕre**. Se —, *rugas cogĕre**. Ridé, *rugosus, a, um.*
1. ridicule, adj. *Ridiculus, a, um. Deridendus.*
2. ridicule, m. **1.** Un —, *deridiculum, i*, n. ◆ **2.** Le —, *derisus, us*, m.
ridiculement, adv. *Ridicule. Insulse.*
ridiculiser, tr. *Ludere, o*. Deridere, eo**.
rien, m. **1.** Qqch. *Aliquid.* Un —, *parva res*, f. Des —, *nugae, arum*, fpl. ◆ **2.** Sens négatif (avec ou sans nég.). *Nihil* (nom. et acc.), n. *Nulla res*, f. Et —, *neque quidquam;* — au monde, *nihil omnino;* — n'a pu m'empêcher de, *facĕre non potui* quin* (subj.); n'y a-t-il plus —? *num quid praeterea?* je n'en ferai —, *non faciam*;* je n'en sais —, *nescio;* en —, *minime; nihil;* n'avoir — à faire, *vacare negotiis;* l'intérêt n'est — pour moi, *praemia apud me minimum valent*;* il n'y a — que, *haud diu est quam* (indic.); il n'a tenu à — que, *non longe afuit* quin* (subj.); être créé de —, *de nihilo fieri*;* cela se réduit à — (fig.), *id ad nihil recĭdit*;* — qu'en paroles, *verbo tenus;* pour —, *gratis; gratuitus, a, um;* (sans but) *temere;* (sans résultat) *frustra;* compter pour —, *pro nihilo ducĕre*;* si peu que —, *tantulum;* moins que —, *minus nihilo;* en moins de —, *dicto citius;* (homme) de —, *humilis.*
rieur, m. **1.** *Risor, oris*, m. ◆ **2.** Moqueur. *Cavillator, oris*, m.
rigide, adj. **1.** *Rigidus, a, um.* ◆ **2.** (Fig.) *Severus, a, um.*
rigidement, adv. *Severe.*
rigidité, f. **1.** *Rigor, oris*, m. ◆ **2.** (Fig.) *Severitas, atis*, f.
rigole, f. *Canaliculus, i*, m.
rigoureusement, adv. **1.** *Se-*

vere. ◆ **2.** Exactement. *Restricte.* ◆ **3.** Incontestablement. *Certo.*

rigoureux, euse, adj. **1.** (Pers.) *Severus, a, um.* ◆ **2.** (Ch.) *Acerbus, a, um.* (Température) *Asper, era, erum.* ◆ **3.** Exact (Pers.) *Diligens, entis.* (Ch.) Droit —, *summum jus;* argument —, *necessaria argumentatio.*

rigueur, f. **1.** (Pers.) *Severitas, atis,* f.; — extrême, *atrocitas, atis,* f.; user de — envers, *adhibēre* severitatem in* (acc.); loi de —, *lex atrox.* ◆ **2.** (Ch.) *Severitas. Acerbitas, atis,* f. (De la température) *Saevitia, ae,* f. *Rigor, oris,* m. ◆ **3.** Exactitude. Le droit dans toute sa —, *summum jus,* n.; à la —, *restricte.*

rime, f. **1.** *Homoeoteleuton, i,* n. ◆ **2.** (Pl.) Vers. *Versus, um,* mpl. ◆ **3.** (Fig.) N'avoir ni — ni raison, *communi sensu plane carēre*.*

rimer. **I.** Intr. *Similiter desinere, o*.* ◆ **II.** Tr. *Versibus scribere, o*.*

rimeur, m. *Poeta, ae,* m.

rincer, tr. *Colluere, o.*

ripaille, f. *Comissatio, onis,* f. Faire —, *comissari.*

riposte, f. *Responsio, onis,* f. Être prompt à la —, *paratissime respondēre*.*

riposter, intr. *Respondere, eo*. Referire*.*

1. rire, intr. **1.** *Ridere, eo** (à, dat.); à la vue de, *rem* ou *de re*). Rire aux éclats, *cachinnari;* ne pouvoir s'empêcher de —, *risum vix continēre*;* faire —, *risum movēre** (dat.); qui fait —, *lepidus, a, um.* ◆ **2.** Se réjouir. *Gaudere, eo*.* ◆ **3.** Se divertir. *Delectari.* ◆ **4.** Badiner. *Jocari;* pour —, *jocans, antis; jocandi causā;* sans —, *extra jocum;* qui a le mot pour —, *salsus, a, um.* ◆ **5.** Rire de et se rire de, r. Se moquer de. *Ridēre** (acc.). Faire — de soi, *esse ludibrio;* je me ris de tes menaces, *verbis non moveor* tuis.*

2. rire, et **ris,** m. *Risus, us,* m. Éclat de —, *cachinnus, i,* m.

risée, f. *Risus, us,* m. Être un objet de —, la — de, *deridēri** (*ab*); *esse ludibrio* (dat.).

risible, adj. *Ridiculus, a, um.*

risque, m. *Periculum, i,* n. *Discrimen, inis,* n. Courir un —, *in aleam ire, eo*;* courir des —, *periclitari;* à tes — et périls, *tuo periculo;* ne courir aucun —, *in tuto esse.*

risquer, tr. **1.** Mettre en danger. *In discrimen adducere, o*.* ◆ **2.** Courir le risque de. *Periculum* (*rei*) *adire, eo*.* Risquer de, *committĕre* ut* (subj.); il risqua d'être tué, *haud multum afuit* quin interficeretur*.*

se risquer, r. *Periculum adire, eo*.* Se — à, *committĕre* ut* (subj.).

rit et **rite,** m. *Ritus, us,* m. Selon les —, *rite;* contraire aux —, *nefastus, a, um.*

rivage, m. **1.** De la mer. (Ligne) *Litus, oris,* n. (Zone) *Ora, ae,* f. ◆ **2.** D'une rivière, d'un lac. *Ripa, ae,* f.
rival, ale, m. f. *Aemulus, i,* m. *Aemula, ae,* f. Douceur pour laquelle tu n'as point de —, *suavitas quā tibi nemo par est.*
rivaliser, intr. *Aemulari* (dat.). *Contendere, o** (*cum*). — de, *decertare* (abl.).
rivalité, f. *Aemulatio, onis,* f.
rive, f. *Ripa, ae,* f. Sur la —, *juxta ripam.*
river, tr. **1.** *Retundere, o** ◆ **2.** (Fig.) River son clou à qqn, *retundĕre* aliquem.*
riverain, m. *Fluminis accola, ae,* m. *Rivalis, is,* m.
rivière, f. *Flumen, inis,* n. Petite —, *amniculus, i,* m.
rixe, f. *Rixa, ae,* f. Avoir une —, *rixari.*
riz, m. *Oryza, ae,* f.
robe, f. **1.** (De femme) *Stola, ae,* f. (De prêtre) *Laena, ae,* f. (Toge) *Toga, ae,* f. ◆ **2.** Homme de —, *forensis, is,* m.; la — (le clergé), *qui sunt in clero.* ◆ **3.** Poil d'un animal. *Color, oris,* m. ◆ **4.** Enveloppe de qqs légumes. *Siliqua, ae,* f.
robinet, m. *Epistomium, ii,* n. *Silanus, i,* m.
robuste, adj. *Robustus, a, um. Validus.* Devenir —, *roborari.*
roc, m. *Saxum, i,* n.
rocailleux, euse, adj. *Asper, era, erum.* Chemin —, *salebrae, arum,* fpl.
roche, f. **1.** *Petra, ae,* f. ◆ **2.** (Fig.) Homme de la vieille —, *homo antiquā fide.*
rocher, m. *Rupes, is,* f. (Dans la mer) *Scopulus, i,* m. De —, *saxeus, a, um.*
rocheux, euse, adj. *Saxosus, a, um.*
rôder, intr. *Circumcursare.*
rôdeur, m. *Obambulator, oris,* m.
rodomontade, f. *Vaniloquentia, ae,* f.
Rogations, fpl. *Rogationes, um,* fpl.
rogaton, m. *Semesa obsonia,* npl.
rogner, tr. *Recidere, o**.
rognon, m. *Renes, um,* mpl.
rognure, f. *Segmen, inis,* n.
rogue, adj. *Arrogans, antis.*
roi, m. **1.** *Rex, regis,* m. De —, *regius, a, um;* en —, *regie.* ◆ **2.** (Fig.) Être heureux comme un —, *regnare;* le peuple-roi (les Romains), *populus imperator omnium gentium.*
roitelet, m. **1.** Petit roi. *Regulus, i,* m. ◆ **2.** Oiseau. *Trochilus, i,* m.
rôle, m. **1.** Feuillet. *Charta, ae,* f. ◆ **2.** Liste. *Index, icis,* m. A tour de —, *vicissim; invicem.* ◆ **3.** De théâtre. *Persona, ae,* f. *Partes, ium,* fpl. Jouer un —, *partes agĕre*;* (fig.) *personam gerĕre**.
rôlet, m. **1.** *Secundae partes,* fpl. ◆ **2.** (Fig.) Il est au bout de son —, *non habet* quo se vertat**.
romain, aine, adj. *Romanus, a, um.*

roman, m. (*Commenticia*) *fabula,* f.
romanesque, adj. *Commenticius, a, um.*
romarin, m. *Ros marinus, roris marini,* m.
Rome. *Roma, ae,* f.
rompre. I. Tr. **1.** *Rumpere, o*. Frangere, o*.* (Par le milieu) *Interrumpere, o*.* (Une ligne de bataille) *Perrumpere, o*. Perfringere, o*.* Rompre la tête à qqn, *obtundĕre* aliquem;* — un entretien, *colloquium dirimĕre*;* étudier à bâtons rompus, *intermittĕre* studia;* être rompu de fatigue, *lassitudine confici, ior*.* ◆ **2.** (Fig.) Faire cesser des relations. *Dirumpere, o*. Dissolvere, o*.* (Arrêter) *Perrumpĕre*.* (Dompter) *Frangĕre*.* Rompre les chiens, *canes eludĕre*;* — à la fatigue, *opere assuefacĕre, io*;* rompu aux affaires, *in rebus gerendis exercitatus, a, um.* ◆ **II.** Intr. **1.** Être rompu. *Rumpi, or*.* ◆ **2.** Rompre avec. *Alienari* (*ab*). *Discedere, o** (*ab*).
Romulus. *Romulus, i,* m.
ronce, f. **1.** *Rubus, i,* m. ◆ **2.** (Fig.) *Spinae, arum,* fpl. *Dumeta, orum,* npl.
1. rond, de, adj. *Rotundus, a, um.* Pieu —, *teres palus;* faire un compte —, *summam rotundare;* c'est un homme tout —, *simplicis animi est.*
2. rond, m. *Orbis, is,* m. Petit —, *orbiculus, i,* m.; en —, *in orbem;* se mettre en —, *conglobari.*
ronde f. **1.** (Milit.) Faire sa —, *vigilias circumire, eo*;* officier de —, *circitor, oris,* m. ◆ **2.** Danse. Danser une —, *saltatorium orbem versare; catenas ludĕre*.* ◆ **3.** A la —, *circumcirca.* Verser à boire à la —, *circumferre* merum.*
rondelet, ette, adj. *Crassus, a, um.*
rondelle, f. *Orbiculus, i,* m.
rondement, adv. **1.** Promptement. *Strenue.* ◆ **2.** Franchement. *Simpliciter.*
rondeur, f. **1.** *Rotunditas, atis,* f. ◆ **2.** (Fig.) Franchise. *Simplicitas, atis,* f.
ronflant, ante, adj. *Canorus, a, um.* Style —, *magniloquentia, ae,* f.
ronflement, m. **1.** *Ronchus, i,* m. ◆ **2.** (Fig.) — du vent. *Stridor, oris,* m.
ronfler, intr. *Stertere, o*.*
ronger, tr. **1.** *Rodere, o*. Erodere, o*.* ◆ **2.** Corroder. *Corrodere, o*.* ◆ **3.** (Fig.) *Exedere, o*.* Je me ronge le cœur, *angor* animo;* être rongé de dettes, *fenore laborare.*
rongeur, adj. **1.** *Rosor, oris,* m. ◆ **2.** (Fig.) *Tabificus, a, um.* Soucis —, *edaces curae,* fpl.
roquette, f. *Eruca, ae,* f.
rosaire, m. *Rosarium, ii,* n.
rosat, adj. *Rosaceus, a, um. Rosatus.*
rose. I. Nom f. *Rosa, ae,* De —, *roseus, a, um.* ◆ **II.** Adj. *Roseus, a, um.* La couleur —, le —, *roseus color,* m.
rosé, ée, adj. *Roseus, a, um.*
roseau, m. *Arundo, inis,* f. De —, *arundineus, a, um;*

lieu planté de —, *arundinetum, i*, n.
rosée, f. *Ros, roris*, m. La — tombe, *rorat;* couvert de —, *roscidus, a, um.*
roseraie, f. *Rosarium, ii*, n.
rosier, m. *Rosetum, i*, n. *Rosa, ae*, f.
rosse, f. *Cantherius, ii*, m.
rosser, tr. *Tundere, o**. Rossé, *verberatus, a, um;* être —, *vapulare.*
rossignol, m. **1.** *Luscinia, ae*, f. *Luscinius, ii*, m. Petit —, *lusciniola, ae*, f. ◆ **2.** Fausse clef. *Adultera clavis*, f.
rostral, ale, adj. *Rostratus, a, um.*
rostres, mpl. *Rostra, orum*, npl.
rotation, f. *Rotatio, onis*, f. Imprimer à qqch. un mouvement de —, *libratum aliquid rotare.*
rôt et **rôti**, m. *Assa caro*, f. *Assum, i*, n.
rôtir. **I.** Tr. **1.** *Assare.* ◆ **2.** (Fig.) *Torrere, eo**. ◆ **II.** Intr. et SE RÔTIR, r. *Torreri**.
rôtisseur, m. *Assator, oris*, m.
rotonde, f. *Tholus, i*, m.
rotondité, f. *Rotunditas, atis*, f.
rotule, f. *Patella, ae*, f.
roture, f. **1.** Condition sociale. *Ignobilitas, atis*, f. ◆ **2.** Les roturiers. *Plebitas, atis*, f.
roturier, ière, adj. *Ignobilis, e.*
rouage, m. *Machinatio, onis*, f.
rouan, adj. *Scutulatus, a, um.*
roucoulement, m. *Murmur, uris*, n.
roucouler, intr. *Gemere, o**.

roue, f. *Rota, ae*, f. Faire la —, *rotare.*
roué, m. *Veterator, oris*, m.
rouelle, f. *Rotula, ae*, f.
rouer, tr. *Rotare.* Rouer de coups, *tundere**; roué de coups, *plagis confectus, a, um;* roué de fatigue, *fatigatione resolutus.*
rouerie, f. *Dolus, i*, m.
rouge, adj. *Ruber, bra, brum.* Fer —, *candens ferrum;* se fâcher tout —, *non leviter excandescĕre*;* la mer —, *mare Rubrum.*
rouge, m. **1.** *Ruber color*, m. D'un — ardent, *rutilus, a, um;* — minéral, — (fard), *rubrica, ae*, f. ◆ **2.** Rougeur. *Rubor, oris*, m.
rougeâtre, adj. *Subruber, bra, brum.*
rougeaud, de, adj. *Rubicundus, a, um.*
rouge-gorge, m. *Erithacus, i*, m.
rougeole, f. *Boa, ae*, f.
rouget, m. Poisson. *Rubellio, onis*, f.
rougeur, f. *Rubor, oris*, m.
rougir. **I.** Tr. *Rubefacere, io**. Rougir de son sang, *sanguine respergĕre*;* ne faire que — son eau, *merum infuscare.* ◆ **II.** Intr. *Rubere, eo**. Rougir de, *erubescĕre** (*in re;* inf.); (*me*) *pudet** (gén.; inf.); cela me fait —, *hoc pudori est mihi.*
rouille, f. *Robigo, inis*, f.
rouiller, tr. *Robiginem obducere, o** (dat.). Rouillé. *Robiginosus, a, um.*
SE ROUILLER, r. **1.** *Robiginem*

*trahĕre**. ◆ **2.** (Fig.) *Torpescere, o**.

rouir, tr. *Macerare.*

roulade, f. (*In cantu*) *flexiones, um*, fpl.

roulant, ante, adj. **1.** *Volubilis, e.* Chemin —, *via plana;* tour —, *mobilis turris*, f. ◆ **2.** (Fig.) C'est chez lui un feu — de plaisanteries, *facetiis fluit**.

rouleau, m. **1.** Paquet. Rouleau de papier, *chartarum scapus, i*, m. ◆ **2.** Cylindre. *Cylindrus, i*, m. ◆ **3.** Machine à transporter les fardeaux. *Scutula, ae*, f.

roulement, m. **1.** *Versatio, onis*, f. ◆ **2.** Bruit. *Murmur, uris*, n. ◆ **3.** Succession. *Vices* (dat. *vicibus*), fpl.

rouler. I. Tr. **1.** *Volvere, o*. Versare.* ◆ **2.** Plier. *Involvere, o**. ◆ **3.** (Fig.) Méditer. *Volvĕre*. In mente agitare.* ◆ **II.** Intr. **1.** *Volvi, or**. Faire — des rochers, *saxa devolvĕre*;* faire — un char, *currum rapere, io**. ◆ **2.** Sur mer. *Fluctuare.* ◆ **3.** Errer. *Errare.* ◆ **4.** (Fig.) Rouler sur. *Verti in* (abl.). *Versari in* (abl.).

SE ROULER, r. **1.** *Versare se. Volvi**. ◆ **2.** (Ch.) *Convolvi**.

roulette, f. *Rotula, ae*, f.

roulis, m. *Volutatio, onis*, f.

roupie, f. *Stiria, ae*, f.

roussâtre, adj. *Fulvaster, tra, trum.*

rousseur, f. *Rufus color*, m. Tache de —, *lentigo, inis*, f.; qui a des taches de —, *lentiginosus, a, um.*

roussir. I. Tr. **1.** *Rufare.* ◆ **2.** En brûlant. *Amburere, o**. ◆ **II.** Intr. *Rufescere, o**.

route, f. **1.** *Via, ae*, f. Grand-route, *via lata;* — fréquentée, *via trita;* ouvrir une —, *viam munire.* ◆ **2.** Voyage. *Iter, itineris*, n. Être en —, *esse in viā;* faire —, *ire, eo*; contendĕre*; iter facĕre, io*;* faire — par mer, *navigare;* se mettre en —, *in viam se dare*;* provisions, frais de —, *viaticum, i*, n.; route de terre, *pedestre iter;* — de mer, *maritimus cursus.* ◆ **3.** (Fig.) Ouvrir à qqn la — des honneurs, *alicui ad honores aditum dare*;* suivre la bonne —, *rectum sequi*;* faire fausse —, *errare.*

routier, m. (Fig.) Un vieux routier, *veterator, oris*, m.

routine, f. **1.** *Usus, us*, m. ◆ **2.** (Péjor.) *Trita via*, f.

routinier, ière, adj. Habitude —, *irrationalis usus;* être —, *usu procedĕre**.

rouvre, m. *Robur, oris*, n.

rouvrir, tr. **1.** *Recludere, o**. ◆ **2.** (Fig.) — (une blessure), *rescindĕre**.

roux, rousse, adj. *Rufus, a, um.* Un peu —, *subrufus;* yeux —, *ravidi oculi.*

royal, ale, adj. *Regalis, e. Regius, a, um.*

royalement, adv. *Regie.*

royaliste, m. *Regis fautor, oris*, m.

royaume, m. *Regnum, i*, n.

royauté, f. *Regnum, i*, n. *Regia* (*ae*) *potestas* (*atis*), f.

ruade, f. **1.** *Calcitratus, us*, m. ◆ **2.** (Fig.) *Insectatio, onis*, f.

ruban, m. *Fascia, ae*, f.

Petit —, *fasciola, ae,* f.; orné de —, *villatus, a, um.*
rubicond, de, adj. *Rubicundus, a, um.*
rubis, m. *Carbunculus, i,* m.
rubrique, f. *Rubrica, ae,* f.
ruche, f. *Alveare, is,* n.
rucher, m. *Alvarium, ii,* n.
rude, adj. **1.** *Asper, era, erum.* Être — envers soi-même, *duriter se habēre*;* d'une pente fort —, *arduo ascensu;* — combat, *proelium acre.* ◆ **2.** Grossier. *Rusticus.* ◆ **3.** Tu as affaire à — partie, *est tibi gravis adversaria constituta.*
rudement, m. **1.** Avec rudesse. *Dure. Duriter.* ◆ **2.** Avec violence. *Vehementer.*
rudesse, f. *Asperitas, atis,* f.
rudiment, m. *Rudimentum, i,* n.
rudimentaire, adj. *Inchoatus, a, um.*
rudoyer, tr. *Male habere, eo*.*
1. rue, f. *Vicus, i,* m. *Via, ae,* f. De — en —, *vicatim;* ramasser une injure qui traîne dans les —, *maledictum accipere (io*) ex trivio.*
2. rue, f. (Plante). *Ruta, ae,* f.
ruelle, f. *Angiportus, us,* m.
ruer, intr. *Calcitrare.*
SE RUER, r. *Irruere, o*.*
rugir, intr. *Fremere, o*.*
rugissement, m. *Fremitus, us,* m.
rugosité, f. *Ruga, ae,* f. *Asperitas, atis,* f.
rugueux, euse, adj. *Rugosus, a, um. Scaber, bra, brum.*
ruine, f. **1.** *Ruina, ae,* f. Tomber en —, *corruĕre;* menacer —, *labare.* ◆ **2.** (Fig.) *Ruina. Exitium, ii,* n. ◆ **3.** Perte de la fortune. *Ruina. Perditae res,* fpl. Causer la — de, *perdĕre** (acc.); être sur le penchant de sa —, *praecipitare;* être la — de, *perniciei esse* (dat.).
ruiner, tr. **1.** Démolir. *Diruere, o.* ◆ **2.** Ravager. *Vastare.* ◆ **3.** Perdre. *Pessum dare*. Perdere, o*.* ◆ **4.** Causer la perte de la fortune de. *Evertĕre* bonis (aliquem).* ◆ **5.** (Fig.) Épuiser. *Exhaurire*.* Santé ruinée, *perdita valetudo.*
SE RUINER, r. **1.** Tomber en ruine. *Collabi, or*.* ◆ **2.** Dissiper sa fortune. *Rem dissipare.* Se — en, *profundĕre* divitias in* (acc.). ◆ **3.** (Fig.) Se perdre. *Corruere, o.*
ruineux, euse, adj. **1.** Qui menace ruine. *Ruinosus, a, um.* ◆ **2.** Qui amène la ruine. *Damnosus, a, um.*
ruisseau, m. *Rivus, i,* m. Petit —, *rivulus, i,* m.; de — *rivalis, e.*
ruisseler, intr. *Diffluere, o*.* Ruisseler de, *manare* (abl.).
rumeur, f. **1.** Murmure. *Convicium, ii,* n. *Clamor, oris,* m. Être en —, *tumultuari.* ◆ **2.** Renommée. *Rumor, oris,* f. *Fama, ae,* f.
ruminer, tr. **1.** *Ruminare* (acc.). ◆ **2.** (Fig.) *Concoquere, o** (acc.).
rupture, f. **1.** *Abruptio, onis,* f. ◆ **2.** (Fig.) D'un accord. *Violatio, onis,* f. ◆ **3.** D'une amitié. *Alienatio, onis,* f. *Abruptio.*

rural, ale, adj. *Rusticus, a, um.*
ruse, f. **1.** Finesse malicieuse. *Astutia, ae,* f. ◆ **2.** Moyen. *Dolus, i,* m. User de —, *dolo contendĕre**; par —, *dolo; fraude;* — de guerre, *stratagema, atis,* n.
rusé, ée, *Astutus, a, um. Dolosus.*
ruser, intr. *Frustrari.* — avec qqn, *arte aggredi* (*ior**) *aliquem.*
rusticité, f. *Rusticitas, atis,* f.
rustique, adj. *Rusticus, a, um. Rusticanus.*
rustiquement, adv. *Rustice.*
rustre, adj. *Rusticus, a, um.*
rythme, m. *Numerus, i,* m.
rythmé, ée, adj. *Numerosus a, um.*

S

sa, adj. poss. f. V. SON.
sabbat, m. *Sabbatum, i,* n.
Sabin, ine, adj. *Sabinus, a, um.*
sable, m. *Arena, ae,* f. *Sabulum, i,* n. Grain de —, *arenula, ae,* f.
sabler, tr. **1.** *Arenam spargere, o** (*in,* abl.). ◆ **2.** (Fig.) Boire d'un trait. *Ebibere, o*.*
sableux, euse, adj. *Arenatus, a, um.*
sablière et **sablonnière,** f. *Arenaria, ae,* f.
sablonneux, euse, adj. *Sabulosus, a, um.*
sabord, m. *Columbarium, ii,* n.
sabot, m. **1.** Chaussure. *Sculponeae, arum,* fpl. ◆ **2.** Du cheval. *Ungula, ae,* f. ◆ **3.** Jouet. *Turbo, inis,* m.
sabre, m. **1.** Recourbé. *Acinaces, is,* m. ◆ **2.** Droit. *Gladius, ii,* m. ◆ **3.** (Fig.) — de bois, *plumbeus gladius.*
sabrer, tr. **1.** *Gladio percutere, io*.* ◆ **2.** (Fig.) — une affaire, *levi brachio agĕre* rem.*
1. sac, m. **1.** Poche. *Saccus, i,* m. ◆ **2.** De cuir. *Culleus, i,* m. ◆ **3.** Cul-de-sac. *Fundula, ae,* f.
2. sac, m. Pillage. *Direptio, onis,* f.
saccade, f. *Succussus, us,* m.
saccadé, ée, adj. (Fig.) *Fractus, a, um.*
saccager, tr. *Diripere, io*.*
sacerdoce, m. *Sacerdotium, ii,* n.
sacerdotal, ale, adj. *Sacerdotalis, e.*
sachet, m. *Sacculus, i,* m.
sacoche, f. *Sacciperium, ii,* n.
sacramentel, elle, adj. Formule —, *sollemnia verba,* npl.
sacre, m. *Consecratio, onis,* f.
sacré, ée, adj. *Sacer, cra, crum. Sacrosanctus, a, um.*
sacrement, m. *Sacramentum, i,* n.
sacrer, tr. **1.** Consacrer. *Inaugurare. Consecrare.* ◆ **2.** Blasphémer. *Impia verba proferre, fero*.*
sacrificateur, m. *Immolator, oris,* m. *Sacrificator, oris,* m.
sacrifice, m. **1.** *Sacrificium, ii,* n. *Sacra, orum,* npl. — expiatoire, *piaculum, i,* n.; — agréable aux dieux, *litatio, onis,* f.; offrir un — agréable aux dieux, *litare.* ◆ **2.** (Fig.) *Jactura, ae,* f. Faire le — de, *facĕre* (*io**) *jacturam* (gén.).
sacrifier, intr. et tr. **1.** *Immolare* (acc.). ◆ **2.** (Fig.) Faire des concessions à. *Cedĕre**

(dat.). ◆ 3. Renoncer à. *Projicere, io** (acc.). — qqch. à qqn., *donare* (*rem alicui*); sacrifier qqs hommes pour s'emparer d'un poste, *locum idoneum paucorum jacturā capere, io**.

SE SACRIFIER, r. **1.** *Se devovēre** (pour, *pro*, abl.). ◆ **2.** (Fig.) Se consacrer tout entier à. *Omnes curas impendĕre** (dat.).

sacrilège. I. Adj. *Sacrilegus, a, um.* ◆ **II.** Nom m. **1.** Acte. *Sacrilegium, ii,* n. *Nefas,* n. indécl. ◆ **2.** Auteur. *Sacrilegus, i,* m.

sacrilègement, adv. *Sacrilege.*

sacripant, m. *Nebulo, onis,* m.

sacristain, tine, m. f. *Sacrarius, ii,* m. *Sacraria, ae,* f.

sacristie, f. *Sacrarium, ii,* n.

safran, m. *Crocus, i,* m. De —, couleur de —, *croceus, a, um;* (teint) *luteus.*

sagace, adj. *Sagax, acis.*

sagacité, f. *Sagacitas, atis,* f. Avec —, *sagaciter.*

sage, adj. **I.** (Pers.) **1.** *Sapiens, entis.* Être —, *sapere, io**. ◆ **2.** Qui a sa raison. *Sanus, a, um.* ◆ **3.** Chaste. *Pudicus.* ◆ **II.** (Ch.) *Sapiens. Cautus, a, um.*

sage-femme, f. *Obstetrix, icis,* f.

sagement, adv. *Sapienter.* (Chastement) *Pudice.*

sagesse, f. **1.** *Sapientia, ae,* f. *Prudentia, ae,* f. *Consilium, ii,* n. ◆ **2.** Modération. *Temperantia, ae,* f. ◆ **3.** Pudeur. *Pudicitia, ae,* f.

1. sagittaire, m. *Arcitenens, entis,* m.

2. sagittaire, f. *Sagitta, ae,* f.

saie, f. *Sagum, i,* n.

saignant, ante, adj. *Sanguinolentus, a, um.*

saignée, f. **1.** *Sanguinis detractio, onis,* f. ◆ **2.** Pli du coude. *Brachii flexus, us,* m. ◆ **3.** Rigole. *Incile, is,* n.

saignement, m. (*Sanguinis*) *profluvium, ii,* n. — de nez, *profluvium narium* ou *e naribus.*

saigner. I. Tr. **1.** *Sanguinem mittere, o** (au bras, *ex brachio*). ◆ **2.** (Fig.) — une province, *sanguinem mittĕre* provinciae;* il s'est saigné pour moi, *totum se ille in me profudit**. ◆ **II.** Intr. **1.** *Sanguinem fundere, o**. Il saigne du nez, *illi fluit* sanguis e naribus.* ◆ **2.** (Fig.) *Refugĕre, io**. Le cœur te saignera si, *tibi erit cordolium si.*

saillant, ante, adj. **1.** *Projectus, a, um. Eminens, entis.* ◆ **2.** (Fig.) *Insignis, e.*

saillie, f. **1.** Mouvement. *Impetus, us,* m. ◆ **2.** Éminence. *Eminentia, ae,* f. ◆ **3.** (Fig.) Trait d'esprit. *Sal, salis,* m. *Jocus, i,* m.

saillir, intr. **1.** Sortir vivement. *Emicare**. ◆ **2.** Être en saillie. *Eminere, eo**. *Projici, ior**.

sain, saine, adj. **1.** Bien portant. *Sanus, a, um.* ◆ **2.** En bon état. *Integer, gra, grum.* Sain et sauf, *incolumis, e.* ◆ **3.** Jouissant de ses facultés. *Sanus.* Être — d'esprit, *animo valēre**. ◆ **4.** Salubre. *Salubris, e.*

saindoux, m. *Arvina, ae,* f.

sainement, adv. **1.** *Salubriter.* ◆ **2.** (Fig.) *Recte.*

sainfoin, m. *Onobrychis, idis,* f.

saint, te, adj. *Sanctus, a, um. Sacer, cra, crum.*

saintement, adv. *Sancte.*

sainteté, f. *Sanctitas, atis,* f.

saisie, f. *Manus injectio, onis,* f. Droit de —, *jus hastae;* opérer une —, *bona proscribĕre**.

saisir, tr. **1.** Prendre vivement. *Corripere, io**. ◆ **2.** Mettre la main sur. *Prehendere, o**. *Capere, io**. ◆ **3.** (Jur.) Opérer une saisie. *Capĕre**. Saisir le sénat d'une affaire, *referre* rem ad senatum.* ◆ **4.** (Fig.) S'emparer de qqn. *Invadere, o**. *Arripere, io**. Saisir d'effroi, *percellĕre**; être saisi de pitié, *misericordiā capi**. ◆ **5.** Percevoir, comprendre. *Percipere, io**. Ce que j'ai mal saisi, *quae parum accepi**.

SE SAISIR, r. (de). **1.** *Occupare* (acc.). *Apprehendere, o** (acc.). ◆ **2.** (Jur.) Se — d'une affaire, *cognitionem excipĕre, io**.

saisissant, ante, adj. **1.** Sensation. *Acer, cris, cre.* ◆ **2.** Émotion. *Admirandus, a, um.*

saisissement, m. **1.** Sensation de froid. *Praestrictio, onis,* f. ◆ **2.** Émotion, trouble. *Stupor, oris,* m.

saison, f. **1.** *Tempus, oris,* n. En toute —, *omni tempore anni;* semer dans la —, *serĕre* tempestive;* qui est de —, *tempestivus, a, um;* hors de —, *intempestive; praeposterus, a, um.* ◆ **2.** Age de la vie. *Aetas, atis,* f.

salade, f. *Acetaria, iorum,* npl. *Holus, eris,* n.

salaire, m. *Merces, edis,* f.

salaison, f. **1.** *Salsura, ae,* f. ◆ **2.** (Pl.) Viandes salées. *Salsamentum, i,* n. *Salita, orum,* npl.

salamandre, f. *Salamandra, ae,* f.

Salamine. *Salamis, inis,* f. De —, *Salaminius, a, um.*

salant, adj. Marais —, *salinariae areae,* fpl.

salarier, tr. *Conducere, o**.

sale, adj. **1.** *Immundus, a, um.* ◆ **2.** (Fig.) *Sordidus, a, um. Foedus.*

salement, adv. *Spurce.*

Salente. *Salentum, i,* n. De —, *Salentinus, a, um.*

saler, tr. *Salire.* Salé, *salsus, a, um.*

Salerne. *Salernum, i,* n. De —, *Salernitanus, a, um.*

saleté, f. **1.** *Squalor, oris,* m. ◆ **2.** Ordures. *Sordes, ium,* fpl. ◆ **3.** (Fig.) *Sordes.*

salien, adj. Prêtres —, *Salii, iorum,* mpl.

salière, f. *Salinum, i,* n. Petite —, *salillum, i,* n.

salin, ine, adj. *Salinarius, a, um.*

saline, f. *Salinae, arum,* fpl.

salir, tr. *Inquinare.*

SE SALIR, r. **1.** *Sordescere, o**. ◆ **2.** (Fig.) *Se contaminare.*

salissant, ante, adj. *Immundus, a, um.*
salive, f. *Saliva, ae*, f.
salle, f. *Aedes, ium*, fpl. *Conclave, is*, n. Salle à manger. *Cenaculum, i*, n.; *triclinium, ii*, n.; la — du sénat, *curia, ae*, f.; toute la —, *universus concessus.*
salmigondis, m. **1.** *Pulmentum, i*, n. ◆ **2.** (Fig.) *Farrago, inis*, f.
salmis, m. *Pulmentum, i*, n.
salon, m. *Exedra, ae*, f. Petit —, *exedrium, ii*, n.; dans les —, *in circulis.*
salpêtre, m. *Nitrum, i*, n.
salsifis, m. *Tragopogon, onis*, m.
saltimbanque, m. *Petaurista, ae*, m.
salubre, adj. *Salubris, e.*
salubrité, f. *Salubritas, atis*, f.
saluer, tr. **1.** *Salutare.* ◆ **2.** Faire ses compliments à. *Salutem dicĕre** (dat.).
salut, m. **1.** Conservation. *Salus, utis*, f. Devoir son — à qqn, *stare* per* (acc.). ◆ **2.** Salutation. *Salutatio, onis*, f. *Salus.* Rendre à qqn son —, *resalutare* (acc.). Salut! *salve; salvete;* (en tête d'une lettre) *salutem; s. d.*
salutaire, adj. **1.** *Salubris, e.* ◆ **2.** Utile. *Salutaris, e.*
salutairement, adv. **1.** *Salubriter.* ◆ **2.** Utilement. *Salutariter.*
salutation, f. **1.** *Salutatio, onis*, f. ◆ **2.** De plusieurs. *Consalutatio, onis*, f.
salve, f. Salve d'applaudissements, *maximus plausus*, m.
Samarie. *Samaria, ae*, f. De —, *Samaritanus, a, um.*
samedi, m. *Saturni dies, ei*, m. f. *Sabbatum, i*, n.
Samnium. *Samnium, ii*, n. Samnite. *Samnis, itis*, m.
Samos. *Samos, i*, f.
Samothrace. *Samothracia, ae*, f.
sanctification, f. *Sanctificatio, onis*, f.
sanctifier, tr. *Sacrare. Sanctificare.*
sanction, f. **1.** Peine. *Sanctio, onis*, f. ◆ **2.** Approbation. *Assensus, us*, m.
sanctionner, tr. *Sancire*.*
sanctuaire, m. *Adytum, i*, n. *Sacrarium, ii*, n.
sandale, f. *Solea, ae*, f. (Pour femmes) *Sandalium, ii*, n. Chaussé de —, *soleatus, a, um.*
sang, m. *Sanguis, inis*, m. (Versé) *Cruor, oris*, m. De —, *sanguineus, a, um;* victoire qui coûta beaucoup de —, *cruenta victoria;* mettre en —, *cruentare;* (frapper) jusqu'au —, *sic ut multus e visceribus sanguis exeat*;* se baigner dans le —, *se sanguine explēre;* être uni à qqn par les liens du —, *sanguine conjungi* alicui;* prince du —, *rex, regis*, m.; de — royal, *genere regio natus.*
sang-froid, m. *Animi praesentia, ae*, f. Conserver son —, *adesse* animo;* de —, *sedatus, a, um; placide;* per-

dre son —, *de potestate exire, eo**.

sanglant, ante, adj. **1.** *Cruentus, a, um.* Mort —, *nex, necis*, f. ◆ **2.** (Fig.) *Acerbus, a, um.*

sangle, f. **1.** *Fascia, ae*, f. ◆ **2.** De lit. *Instita, ae*, f.

sanglier, m. *Aper, apri*, m. De —, *aprinus, a, um.*

sanglot, m. *Singultus, us*, m.

sangloter, intr. *Singultare.*

sangsue, f. *Sanguisuga, ae*, f. *Hirudo, inis*, f.

sanguin, ine, f. **1.** *Sanguinalis, e.* ◆ **2.** Tempérament. *Sanguinosus, a, um.* ◆ **3.** Couleur. *Sanguineus, a, um.*

sanguinaire, adj. *Sanguinarius, a, um.*

sanguine, f. *Rubrica, ae*, f.

sanguinolent, ente, adj. *Sanguinolentus, a, um. Cruentus.*

sanie, f. *Sanies, ei*, f.

sanitaire, adj. Par mesure —, *salubritatis causā.*

sans, prép. **1.** DEVANT UN NOM OU UN PRONOM. *Sine* (abl.). *Nullo, nullā* (abl.). Un homme sans domicile, *homo sine sede;* sans danger, *nullo periculo;* non sans beaucoup de travail, *multo labore;* sans témoins, *remotis* arbitris;* qui est sans raison, *expers rationis;* sans mesure, *immoderate;* sans bornes, *infinitus, a, um;* sans mon ordre, *injussu meo;* sans plus, *non amplius;* sans lui, *nisi ille fuisset;* sans cela, *ni ita se res haberet*;* sans quoi, *sin aliter; sin minus.* ◆ **2.** DEVANT UN INFINITIF et SANS QUE, loc. conj. *Neque. Nisi.* Sans parler de, *ut omittam** (acc.); sans mentir, je l'ignore, *ne vivam* si scio;* sans être poursuivi, *nullo insequente*;* (condamner qqn) sans l'entendre, *indictā* causā;* sans manquer au devoir, *salvo officio;* sans plaisanter, *remoto* joco;* il ne se passe pas un jour sans qu'il vienne, *dies nullus est quin veniat*;* sans que le général l'ait ordonné, *injussu imperatoris;* sans que j'en parle, *me tacente;* sans que cela paraisse, *furtim;* sans compter (qqn ou qqch.), *praeter* (acc.).

santé, f. **1.** *Valetudo, inis*, f. (Bonne) *Valetudo. Sanitas, atis*, f. Être en bonne —, *valēre*;* en bonne —, *sanus, a, um;* mauvaise —, *valetudo incommoda.* ◆ **2.** Boire à la santé de qqn, *propinare alicui;* à ma — et à la vôtre! *bene mihi, vobis!*

Saône. *Arar, Araris* (acc., *im;* abl., *e*), m.

sape, f. *Suffossio, onis*, f.

saper, tr. **1.** *Subruere, o.* ◆ **2.** (Fig.) *Convellere, o**.

saphir, m. *Sappirus, i*, f. De —, *sappirinus, a, um.*

Sapho. *Sappho, us* (acc. et abl., *o*), f.

sapide, adj. *Sapidus, a, um.*

sapin, m. *Abies, etis*, f. De —, *abiegnus, a, um.*

sarcasme, m. *Convicium, ii*, n. *Contumelia, ae*, f. Lancer des — contre, *increpare** (acc.).

sarcastique, adj. *Aculeatus, a, um. Contumeliosus.*
sarcelle, f. *Querquedula, ae,* f.
sarclage, m. *Saritio, onis,* f.
sarcler, tr. *Sarire*.*
sarcleur, m. *Sartor, oris,* m.
sarcloir, m. *Runco, onis,* m.
sarcophage, m. *Sarcophagus, i,* m.
Sardaigne. *Sardinia, ae,* f. De —, *Sardus, a, um.*
sardine, f. *Sarda, ae,* f.
sarment, m. *Sarmentum, i,* n.
Sarrasins. *Saraceni, orum,* mpl.
sas, m. *Incerniculum, i,* n.
sasser, tr. **1.** *Incernere, o*.* ◆ **2.** (Fig.) *Examinare.*
Satan. *Satanas, ae,* m.
satanique, adj. *Diabolicus, a, um.*
satellite, m. *Satelles, itis,* m.
satiété, f. *Satietas, atis,* f.
satin, m. *Lubricum sericum,* n.
satiner, tr. *Polire.*
satire, f. **1.** *Satira, ae,* f. ◆ **2.** Critique. *Obtrectatio, onis,* f.
satirique, adj. *Famosus, a, um. Mordax, acis.*
satiriquement, adv. *Maledice.*
satiriser, tr. *Vellicare.*
satisfaction, f. **1.** *Satisfactio, onis,* f. ◆ **2.** D'un besoin. *Expletio, onis,* f. ◆ **3.** Contentement. *Gaudium, ii,* n.
satisfaire, tr. et intr. **1.** Faire ce qu'on doit. *Satisfacere, io** (*alicui de re*). *Praestare** (*rem*). Se —, *injuriam ulcisci*.* ◆ **2.** Un besoin. *Explere, eo* (acc.). ◆ **3.** Contenter. (*Alicui*) *probari.* ◆ **4.** Satisfait, *contentus, a, um* (abl.); je suis satisfait que, *me juvat** (prop. inf.); être satisfait de qqch., *aliquid gratum habēre*; se —, explēre animum.*
satisfaisant, ante, adj. *Gratus, a, um.*
satrape, m. *Satrapes, ae* (acc., *em*), m.
satrapie, f. *Satrapea, ae,* f.
saturer, tr. *Saturare.*
saturnales, fpl. *Saturnalia, ium,* npl.
Saturne. *Saturnus, i,* m. De —, *Saturnius, a, um.*
satyre, m. *Satyrus, i,* m. De —, *Satyricus, a, um.*
sauce, f. *Jus, juris,* n.
saucière, f. *Capedo, inis,* f.
saucisse, f. *Lucanica, ae,* f.
saucisson, m. *Botulus, i,* m.
sauf, sauve. I. Adj. *Salvus, a, um.* Sain et —, *incolumis, e; integer, gra, grum;* promettre la vie —, *pollicēri* incolumitatem;* laisser la vie — à, *parcēre** (dat.). ◆ **II.** Prép. **1.** Sauf l'affection, *salvā pietate;* — le respect que je te dois, *pace tuā;* — erreur, *nisi quid me fallit*.* ◆ **2.** Excepté. *Praeter* (acc.). — la violence, *vi exceptā;* — que, *excepto quod* (subj.).
sauf-conduit, m. *Diploma, atis,* n. Donner un —, *fidem dare*.*
sauge, f. *Salvia, ae,* f.
saugrenu, ue, adj. *Insulsus, a, um.*

saule, f. *Salix, icis*, f. De —, *saligneus, a, um.*
saumâtre, adj. *Amarus, a, um.*
saumon, m. *Salmo, onis*, m.
saumure, f. *Muria, ae*, f.
saunier, m. *Salarius, ii*, m.
saupoudrer, tr. *Conspergere, o** (de, abl.).
saussaie, f. *Salictum, i*, n.
saut, m. *Saltus, us*, m. Ne faire qu'un — d'ici chez, *currĕre* ad.*
saute, f. Saute de vent, *mutati venti*, mpl.
sauter. **I.** Intr. **1.** *Salire**. ◆ **2.** De joie. *Exsultare.* Sauter par-dessus, *transilire** (acc.); — sur, *insilire** (*in*, acc.); — de, *desilire** (*de*); — hors de, *exsilire* (abl.); — en arrière, *resilire**; faire — dans le Tibre, *dejicĕre* (*io**) *in Tiberim;* — (d'un sujet à un autre), *transire, eo** ou *transcurrĕre** (à, *in*, acc.). ◆ **3.** S'élancer sur. *Invadere, o** (*in*, acc.). — au cou de qqn, *in collum alicujus invadere** ◆ **4.** (Fig.) — aux yeux, *ante oculos positum* esse.* ◆ **5.** Sortir violemment. *Erumpere, o**. ◆ **6.** Voler en éclats. *Effringi, or**. ◆ **7.** Faire — une serrure, *claustra revellere**; faire — un mur, *murum subruere;* faire — la cervelle à qqn, *cerebrum dispercutere, io**. ◆ **II.** Tr. **1.** *Transilire** (acc.). ◆ **2.** Omettre. *Praetermittere, o**.
sauterelle, f. *Locusta, ae*, f.
sauteur, m. *Petaurista, ae*, m.
sautiller, intr. *Subsilire**. *Subsultare.* En sautillant, *subsultim.*
sauvage, adj. **1.** *Ferus, a, um.* ◆ **2.** Inhabité. *Desertus, a, um. Incultus.*
sauvageon, m. *Arbor fera*, f.
sauvagerie, f. *Feritas, atis*, f.
sauvegarde, f. *Clientela, ae*, f. *Tutela, ae*, f. Être sous la — de, *esse in clientelā* (gén.).
sauvegarder, tr. *Tutari* (acc.).
sauver, tr. *Servare* (de, *ex*). Sauvé, *salvus, a, um;* sauver du danger, *eripĕre* (*io**) *ex periculo;* — de l'enfer, *salvare;* — son crédit, *auctoritatem suam tuēri**; — de l'oubli, *ab oblivione vindicare;* — d'un déshonneur, *ab infamiā avertĕre** (*aliquem*); sauve-qui-peut, *quisque fugā salutem petat**.
SE SAUVER, r. **1.** *Periculum effugere, io**. ◆ **2.** Sauver son âme. *Salvare animam suam.* ◆ **3.** S'enfuir. *Fugere, io** (de, *ex*). *Effugere, io** (acc.). ◆ **4.** (Milit.) *Fugam capere, io**. ◆ **5.** Faire — qqn, *emittĕre* (acc.); se — auprès de, *confugere* (*io**) *ad.*
sauveur, m. *Servator, oris*, m.; *qui liberavit* (acc.). Le Sauveur (Christian.) *Salvator, oris*, m.
savamment, adv. **1.** *Docte.* ◆ **2.** En connaissance de cause. *Scienter.*
savant, ante, adj. **1.** *Doctus, a, um.* ◆ **2.** Informé. *Certior, ius.*

savetier, m. *Veteramentarius* (*ii*) *sutor* (*oris*), m.
saveur, f. *Sapor, oris,* m. *Gustus, us,* m.
Savoie. *Sapaudia, ae,* f. De —, *Sapaudus, a, um.*
1. savoir, tr. **1.** Connaître. *Scire* (acc.; prop. inf.). *Nosse, novi** (acc.). Ne pas —, *nescire;* je ne sais si, *haud scio an* (subj.); ne sachant que faire, *incertus quid agat*;* sans le savoir, *insciens, entis; inscius, a, um; imprudens, entis;* je ne sais qui, *nescio quis;* à savoir, *scilicet;* savoir le latin, *scire latine* (*loqui*); savoir à fond, *callēre** (acc.); il ne sait plus parler, *dedidicit* loqui;* il s'agit de savoir si nous vivrons ou si..., *agitur* victurine simus an...*; savoir par cœur, *memoriā tenēre*;* je le sais de bonne source, *id certis auctoribus comperi*;* que je sache, *quod sciam;* on sait que, *constat** (prop. inf.); ne rien savoir sur qqn, *de aliquo ignorare;* faire savoir, *certiorem facĕre, io** (*aliquem, rei* ou *de re*). ◆ **2.** Pouvoir. *Posse, possum*.* On ne saurait dire, *dici non potest*;* ne savoir que critiquer, *nec quidquam posse nisi carpĕre;* je ne saurais guère m'empêcher de, *vix teneor* quin* (subj.); on ne saurait croire combien, *credibile non est quantum* (subj.). SE SAVOIR, r. S'ébruiter. *Emanare. Notescere, o*.*
2. savoir, m. *Scientia, ae,* f. *Eruditio, onis,* f.
savoir-faire, m. *Sollertia, ae,* f. Qui a du —, *sollers, ertis.*
savoir-vivre, m. *Urbanitas, atis,* f.
savon, m. *Sapo, onis,* m.
savourer, tr. *Gustare.*
savoureux, euse, f. *Suavis, e.*
saxifrage, f. *Saxifragia, ae,* f.
sayon, m. *Sagum, i,* n. Vêtu du —, *sagatus, a, um.*
sbire, m. *Minister, tri,* m.
scabreux, euse, adj. **1.** *Asper, era, erum.* ◆ **2.** (Fig.) *Lubricus, a, um.*
scalpel, m. *Scalpellum, i,* n.
scandale, m. **1.** *Scandalum, i,* n. ◆ **2.** Mauvais exemple. *Malum exemplum,* n. ◆ **3.** Indignation. *Invidia, ae,* f.
scandaleusement, adv. *Flagitiose.*
scandaleux, euse, adj. *Foedus, a, um.*
scandaliser, tr. *Offendere, o*.* SE SCANDALISER, r. *Offendi, or*.*
scapulaire, m. *Scapulare, is,* n.
scarabée, m. *Scarabeus, i,* m.
sceau, m. **1.** *Signum, i,* n. *Sigillum, i,* n. Briser le — d'une lettre, *resignare litteras.* ◆ **2.** (Fig.) Confié sous le — du secret, *fidei commissus, a, um.*
scélérat, ate, adj. *Scelestus, a, um. Sceleratus.*
scélératesse, f. *Nequitia, ae,* f.
scellé, m. *Signum, i,* n. Apposer les —, *omnia obsignare.*
sceller, tr. **1.** *Obsignare.* ◆ **2.** Fixer avec du fer, du

plomb. *Ferruminare. Plumbare.* ◆ **3.** (Fig.) *Confirmare.*

scène, f. **1.** Partie du théâtre. *Scaena, ae,* f. *Proscaenium, ii,* n. La mise en —, *spectaculi apparatus, us,* m. ◆ **2.** Action. *Fabula, ae,* f. ◆ **3.** Décoration. *Ornatio, onis,* f. ◆ **4.** (Fig.) Spectacle. *Spectaculum, i,* n. ◆ **5.** Action. *Res, rei,* f. ◆ **6.** Démêlé. *Jurgium, ii,* n. Faire des —, *turbam dare*.*

scénique, adj. *Scaenicus, a, um.*

scepticisme, m. *Pyrrhonis praecepta, orum,* npl.

sceptique, adj. *Pyrrhonius, a, um.*

sceptre, m. **1.** *Sceptrum, i,* n. ◆ **2.** (Fig.) Royauté. *Regnum, i,* n. ◆ **3.** Supériorité. *Principatus, us,* m.

schismatique, adj. *Schismaticus, a, um.*

schisme, m. *Schisma, atis,* n.

sciatique, f. *Ischias, adis* (acc., *ada*), f.

scie, f. *Serra, ae,* f. Petite —, *serrula, ae,* f.

sciemment, adv. *Scienter. Sciens, entis.*

science, f. **1.** Connaissance. *Cognitio, onis,* f. ◆ **2.** Connaissances. *Scientia, ae,* f. *Doctrina, ae,* f.

scientifique, adj. Les recherches — sur la nature, *quae de naturā sunt quaesita*.*

scier, tr. *Serrare. Secare*.*

scierie, f. *Serratrina, ae,* f.

scieur, m. Scieur de long, *materiarum sector, oris,* m.

scinder, tr. *Scindere, o*.*

scintillation, f. *Fulgor, oris,* m.

scintiller, intr. *Scintillare. Micare*.*

scion, m. *Surculus, i,* m.

scission, f. *Discidium, ii,* n.

sciure, f. *Scobis, is,* f.

scolaire, adj. *Scholaris, e.*

scolastique, adj. *Scholasticus, a, um.*

scombre, m. *Scomber, bri,* m.

scorie, f. *Scoria, ae,* f.

scorpion, m. *Scorpio, onis,* m.

scribe, m. *Scriba, ae,* m.

scrupule, m. **1.** Poids. *Scripulum, i,* n. ◆ **2.** Inquiétude de conscience. *Religio, onis,* f. *Scrupulus, i,* m. Le sénat eut des — à ce sujet, *ejus rei religio tenuit* senatum;* probité portée jusqu'au —, *summa probitas;* se faire — de, *religioni habēre** (inf.); qui a des —, *religiosus, a, um.*

scrupuleusement, adv. *Diligenter.*

scrupuleux, euse, adj. *Religiosus, a, um. Diligens, entis.*

scrutateur. I. Nom m. **1.** *Investigator, oris,* m. ◆ **2.** D'un vote. *Diribitor, oris,* m. ◆ **II.** Adj. *Sagax, acis.*

scruter, tr. *Perscrutari. Investigare.* — les cœurs, *mentes introspicĕre, io*.*

scrutin, m. Scrutin secret, *tabella, ae,* f.; *occulta suffragia,* npl.; après le —, *tabellā datā.*

sculpter, tr. *Sculpere, o*.*

Sculpter dans, *exsculpĕre* ex.*
sculpteur, m. *Sculptor, oris,* m.
sculpture, f. **1.** Art. *Sculptura, ae,* f. ◆ **2.** Œuvre. *Ficta imago,* f.
Scylla. *Scylla, ae,* f.
Scythie. *Scythia, ae,* f. Scythe, *Scythes, ae,* m. De Scythie, *Scythicus, a, um.*
se, pr. V. SOI.
séance, f. **1.** Droit de —, *sedendi jus, juris,* n.; prendre —, *sedēre*.* ◆ **2.** Réunion. *Concilium, ii,* n. Le sénat ne peut pas tenir —, *senatus habēri non potest*;* lever la —, *dimittĕre* coetum (senatum, judicium,* etc...).
séant, ante. I. Adj. *Decens, entis.* ◆ **II.** Nom m. Être sur son —, *sedēre*.*
seau, m. *Situla, ae,* f.
sébile, f. *Alveus, i,* m.
sec, sèche, adj. **1.** *Siccus, a, um. Aridus.* Être —, devenir —, *arescĕre*;* qui a le gosier —, *siccus;* boire —, *vinum meracius sumĕre*;* tirer les vaisseaux à —, *naves in aridum subducĕre*;* feuilles sèches, *folia arida;* mettre à — (une rivière), *exhaurire** (acc.); ma bourse est à sec, *deficit* crumena;* joues sèches, *macilentae malae;* nourrice sèche, *assa nutrix;* manger son pain —, *siccum panem esse*.* ◆ **2.** (Fig.) Sans ornements. *Aridus. Jejunus, a, um.* ◆ **3.** Insensible. *Durus, a, um;* D'un ton sec, *asperius;* refuser tout —, *praecise negare.*
sécateur, m. *(Curvus, i) cultellus, i,* m.
sèche ou **seiche**, f. *Sepia, ae,* f.
sèchement, adv. **1.** *In sicco.* ◆ **2.** (Fig.) Sans ornements. *Jejune.* ◆ **3.** Durement. *Asperius.*
sécher. I. Tr. *Siccare.* ◆ **II.** Intr. et SE SÉCHER, r. **1.** *Siccari.* ◆ **2.** Se flétrir. *Marcescere, o*.* ◆ **3.** (Fig.) — de chagrin, *macerari;* — d'envie, *tabescere*.*
sécheresse, f. **1.** *Siccitas, atis,* f. ◆ **2.** Dureté. *Duritia, ae,* f. *Frigus, oris,* n.
second, de. I. Adj. *Secundus, a, um.* (En parlant de deux seulement) *Alter, era, erum. Posterior, ius.* Un second moi-même, *alter ego;* une — fois, *secundo;* en — lieu, *post illa.* ◆ **II.** Nom m. *Adjutor, oris,* m. Sans —, *summus et singularis (vir);* être en —, *secundum (am, um) esse.*
secondaire, adj. *Secundarius, a, um.* Rôle —, *secundae (partes),* fpl.
secondairement, adv. *Quādam ex parte.*
seconde, f. En une —, *parvo momento.*
secondement, adv. *Secundo.*
seconder, tr. **1.** *Adjuvare** (acc.). *Adesse, adsum** (dat.). ◆ **2.** Favoriser. *Favere, eo** (dat.).
secouer, tr. **1.** *Succutere, io*. Jactare.* ◆ **2.** Tourmenter. *Vexare.* ◆ **3.** Faire tomber. *Excutere, io*.* ◆ **4.** (Fig.)

Exciter. *Exercere, eo*. Excitare.*

SE SECOUER, r. **1.** *Se jactare.* ◆ **2.** (Fig.) Se réveiller. *Expergisci, or*.*

secourable, adj. *Salutaris, e. Officiosus, a, um.*

secourir, tr. **1.** De ses forces. *Auxiliari* (dat.). ◆ **2.** De ses ressources. *Opitulari* (dat.). ◆ **3.** (Milit.) *Succurrere, o** (dat.). *Ferre* subsidium* (dat.).

secours, m. **1.** *Auxilium, ii,* n. ◆ **2.** Renfort. *Subsidium, ii,* n. Avec le — du ciel, *Deo juvante*;* venir au — de, *subsidio venire** (dat.); envoyer du —, *subsidia submittĕre* auxilio;* donner un — à qqn, *pecuniam subministrare alicui.* ◆ **3.** (Ch.) *Auxilium.* Sans le — de la nature, *nihil adjuvante* naturā;* être d'un grand — à, *multum juvare** (acc.).

secousse, f. **1.** *Quassatio, onis,* f. *Jactatio, onis,* f. ◆ **2.** (Fig.) Dans l'État. *Motus, us,* m. ◆ **3.** Dans l'âme. *Commotio, onis,* f.

1. secret, ète, adj. **1.** *Secretus, a, um. Arcanus.* Tenir —, *tacitum (am, um) tenēre*;* en —, *in occulto.* ◆ **2.** Qui sait se taire, *arcanus, a, um; tectus.*

2. secret, m. **1.** Ce qui est secret. *Arcanum, i,* n. *Secretum, i,* n. Confier ses — à, *arcana committĕre** (dat.); révéler un —, *arcanum proferre*;* les secrets de la nature, *naturae arcana* ou *occulta.* ◆ **2.** Moyen. *Ars, artis,* f. S'il avait le — de, *si habeat* hanc vim ut* (subj.). ◆ **3.** Lieu. *Solitudo, inis,* f. Chercher le —, *occulta quaerĕre*.* ◆ **4.** Prison. Tenir qqn au —, *seorsum in custodiā habēre* aliquem.* ◆ **5.** Discrétion. *Fides, ei,* f. Garder le —, *rem tacēre*.*

secrétaire, m. **1.** Scribe. *Scriba (ab epistulis),* m. ◆ **2.** Meuble. *Armarium, ii,* n.

secrétariat, m. *Tabularium, ii,* n.

secrètement, adv. *Secreto. Occulte.*

sectaire, m. *Sectator, oris,* m.

sectateur, m. *Assectator, oris,* m. Ses —, *qui ab eo sunt.*

secte, f. *Secta, ae,* f. *Schola, ae,* f.

section, f. **1.** Coupe. *Sectura, ae,* f. ◆ **2.** Division. *Pars, partis,* f.

sectionner, tr. *Discribĕre, o** (*in,* acc.).

séculaire, adj. **1.** Qui se fait de siècle en siècle. *Saecularis, e.* ◆ **2.** Très âgé. *Annosus, a, um.*

séculier, ière, adj. *Saecularis, e.*

sécurité, f. *Securitas, atis,* f. *Securus animus,* m. En —, *tuto;* plein de —, *securus, a, um.*

sédentaire, adj. *Sedentarius, a, um.* Être —, *domi sedēre*.*

séditieusement, adv. *Sediliose.*

séditieux, euse, adj. *Seditiosus, a, um.*

sédition, f. *Seditio, onis,* f. *Turbae, arum,* fpl.

séducteur, trice. I. Nom. *Corruptor, oris*, m. *Corruptrix, icis*, f. ◆ **II.** Adj. *Blandus, a, um.*
séduction, f. **1.** *Corruptela, ae*, f. ◆ **2.** Attrait. *Illecebrae, arum*, fpl. *Blandimenta, orum*, n. pl.
séduire, tr. **1.** Tromper. *Decipere, io**. ◆ **2.** Suborner. *Corrumpere, o**. Chercher à —, *sollicitare.* ◆ **3.** Charmer. *Allicere, io**.
séduisant, ante, adj. *Blandus, a, um.*
seigle, m. *Secale, is*, n.
seigneur, m. *Dominus, i*, m. Les grands —, *principes, um*, mpl.; le Seigneur, *Dominus.*
seigneurial, ale, adj. *Dominicus, a, um.*
seigneurie, f. **1.** Autorité. *Dominium, ii*, n. ◆ **2.** Titre. Votre —, *magnitudo tua*, f.
sein, m. **1.** *Pectus, oris*, n. *Sinus, us*, m. Donner le —, *mammam dare**; déposer son secret dans le — de, *mentem deponĕre** *in gremio* (gén.) ou *in* (abl.). ◆ **2.** (Fig.) L'intérieur. *Gremium, ii*, n. Sortir du — de la terre, *e terrā exoriri**; vivre au — des plaisirs, *voluptatibus affluĕre**; au — de la ville, *mediā in urbe.*
1. seine, f. *Sagena, ae*, f.
2. Seine. *Sequana, ae*, m.
seing, m. *Chirographum, i*, n.
seize, adj. num. *Sedecim.* Seizième. *Sextus decimus;* le seizième, *sexta decima pars*, f.; seize fois, *sedeciens.*
séjour, m. **1.** *Mansio, onis*, f. Long —, *permansio, onis*, f. ◆ **2.** Repos au cours d'un voyage. *Quies, quietis*, f. ◆ **3.** Lieu où l'on s'arrête. *Sedes, is*, f.
séjourner, intr. *Manere, eo**. *Morari.*
sel, m. **1.** *Sal, salis*, m. Gros sel, *integri sales;* sel marin, *sales marini;* sel gemme, *sal fossilis;* grain de sel, *mica salis;* mine de sel, *salifodina, ae*, f.; de sel, *salarius, a, um.* ◆ **2.** (Fig.) *Sal* et *sales.* Qui a du sel, *salsus, a, um;* plein de —, *persalsus.*
selle, f. **1.** Siège de bois. *Sella, ae*, f. Aller à la —, *desidĕre**. (Déjections) *Alvi dejectio, onis*, f. ◆ **2.** (De cheval) *Ephippium, ii*, n. Sauter en —, *in equum insilire**; être très bien en —, *equo optime uti**.
seller, tr. *Sternere, o**.
sellette, f. *Subsellium, ii*, n. Mettre qqn sur la —, *reum aliquem facĕre, io**.
sellier, m. *Ephippiarius, ii*, m.
selon, prép. *Secundum* (acc.). *Pro* (abl.). Agir selon ses forces, *agĕre** *pro viribus;* selon le désir de, *ex sententiā* (gén.); selon moi, *meā sententiā;* selon les physiciens, *ut physici docent**; selon que, *prout;* c'est selon, *dubium est.*
semailles, fpl. **1.** *Sementis, is*, f. ◆ **2.** Grains semés. *Semina, um*, npl. Faire les —, *sementem facĕre, io**.
semaine, f. *Hebdomas, adis*, f.
semblable, adj. *Similis, e* (gén. ou dat.). Tout à fait

—, *persimilis, e;* être — à soi-même, *sibi constare*;* nos —, *similes nostri;* faire du bien à ses —, *hominibus consulĕre**.

semblablement, adv. *Similiter.*

semblant, m. *Species, ei,* f. Faire — d'être malade, *simulare languorem* ou *aegrum;* il fit — d'être fou, *furĕre se simulavit.*

sembler, intr. *Videri, eor**. Que t'en semble? *Quid tibi videtur?* Il m'a semblé bon de, *visum est mihi* (inf.); ce me semble, *ut quidem videor;* il me semble que, *mihi videtur* (*rem esse*) ou (*res*) *mihi videtur* (*esse*); à ce qu'il me semble, *sicut mihi videtur.*

semelle, f. *Solum, i,* n. Reculer d'une —, *e loco cedĕre**.

semence, f. *Semen, seminis,* n.

semer, tr. **1.** *Serere, o**. ◆ **2.** Jeter çà et là. *Spargere, o**. ◆ **3.** Ensemencer. *Conserere, o** (de, abl.). ◆ **4.** (Fig.) *Sternere, o** (de, abl.). Semé de, *sparsus, a, um* (abl.); *refertus* (abl.).

semestre, m. *Semestre spatium, ii,* n.

semestriel, elle, adj. *Semestris, e.*

semeur, m. *Semens, entis,* m. *Sator, oris,* m.

semi, préfixe. V. DEMI. Semi-circulaire. *Semicirculus, a, um.*

sémillant, ante, adj. *Petulans, antis.*

séminaire, m. *Seminarium, ii,* n.

semis, m. *Semina, um,* npl.

semoir, m. *Satoria, ae,* f.

semonce, f. *Objurgatio, onis,* f.

sempiternel, elle, adj. *Sempiternus, a, um.*

sénat, m. *Senatus, us,* m. Du —, *senatorius, a, um;* les décrets du —, *senatus consulta, orum,* npl.; la salle du —, *curia, ae,* f.

sénateur, m. *Senator, oris,* m. Les —, *Patres, um,* mpl.

sénatorial, ale, et **sénatorien, ienne,** adj. *Senatorius, a, um.*

sénatusconsulte, m. *Senatus consultum, i,* n.

sénéchal, ale, m. f. *Senescallus, i,* m. *Senescalla, ae,* f.

sénéchaussée, f. *Senescallia, ae,* f.

sénevé, m. *Sinapis, is* (acc., *im,* abl., *i*), f.

sénile, adj. *Senilis, e.*

sens, m. **1.** (Extérieurs) *Sensus, us,* m. Tomber sous les sens, *sub sensum cadĕre*;* les plaisirs des —, *corporis voluptates;* n'écouter que les —, *corpori servire.* ◆ **2.** (Sens intime) *Sensus.* Reprendre ses —, *recipĕre* (*io**) *se.* ◆ **3.** Jugement. *Consilium, ii,* n. Le bon —, *sanitas, atis,* f.; qui a son bon —, *sanus, a, um;* perdre le —, *de ratione exire, eo*;* en dépit du bon —, *stulte.* ◆ **4.** Avis. *Sententia, ae,* f. A mon —, *meo judicio;* abonder dans le — de qqn, *alicui assentire**. ◆ **5.** Signification. *Sensus.* Le — d'un mot, *vis vocabuli;* avoir deux —, *duas res significare;* qui a un double —, *ambiguus, a, um.* ◆ **6.** Direction. *Pars, partis,* f. Changer les objets de —, *rerum situs mutare;* mettre — dessus dessous, *pervertĕre** (acc.); (fig.) *perturbare* (acc.); dans les deux —, *in utramque partem;* en tout — (sans mouv.), *longe lateque;* (avec mouv.) *quoquoversus;* aller en — contraire, *in contraria abire, eo*;* (écrire) en ce —, *in hanc sententiam;* en ce — que, *in eam partem ut* (subj.).

sensation, f. *Sensus, us,* m. Faire — sur, *commovēre** (acc.).

sensé, ée, adj. *Sanus, a, um. Prudens, entis.*

sensément, adv. *Prudenter.*

sensibilité, f. **1.** Physique. *Sensus, us,* m. ◆ **2.** Morale. *Mollitudo, inis,* f. Il est d'une telle — que, *humanitate tantā est ut* (subj.).

sensible, adj. **I.** Qui fait une impression. **1.** Sur les sens. *Sensibilis, e.* Les objets —, *ea quae sub sensus subjecta* sunt;* — au toucher, *tractabilis, e.* (Important) *Notabilis, e.* Perte — (d'un objet), *jactura magna;* différence peu —, *exigua differentia.* ◆ **2.** Sur l'âme. *Gravis, e.* Tu me feras un plaisir —, *mihi gratissimum feceris*.* (Compréhensible) *Apertus, a, um.* Il est — pour tout le monde que, *ex quo facile intellegitur** (prop. inf.). ◆ **II.** Qui reçoit une impression. **1.** Physique. *Sentiens, entis.* Toucher l'endroit —, *ulcus tangĕre*.* ◆ **2.** Morale. Être — (à qqch. qui afflige), *movēri** (abl.); (à qqch. qui plaît) *delectari* (abl.); être — à la gloire, *gloriā duci*;* avoir le cœur —, *teneriore animo esse*.* ◆ **3.** De pitié. *Misericors, ordis. Affectus, a, um* (abl.).

sensiblement, adv. **1.** Perceptiblement. *Perspicue.* ◆ **2.** Beaucoup. *Admodum. Vehementer.*

sensitive, f. *Aeschynomene, es,* f.

sensualité, f. **1.** *Luxuria, ae,* f. ◆ **2.** De la table. *Cuppedia, ae,* f. ◆ **3.** (Pl.) *Voluptates, um,* fpl.

sensuel, elle, adj. **1.** (Pers.) *Voluptarius, a, um.* ◆ **2.** (Ch.) Les plaisirs —, *corporis voluptates;* les appétits —, *corporis faces;* vie —, *delicata et mollis vita.*

sensuellement, adv. *Delicate. Molliter.*

sentence, f. **1.** Maxime. *Sententia, ae,* f. *Dictum, i,* n. ◆ **2.** Jugement. *Sententia, ae,* f. *Judicium, ii,* n. Prononcer une —, *sententiam dicĕre*.*

sentencieusement, adv. *Sententiose.*

sentencieux, euse, adj. **1.** *Sententiosus, a, um.* ◆ **2.** Qui abonde en sentences. *Sententiis creber, bra, brum.* ◆ **3.** D'une gravité affectée. *Putidus, a, um.*

senteur, f. *Odor, oris,* m.

sentier, m. **1.** *Semita, ae,* f. ◆ **2.** (Fig.) *Via, ae,* f.

sentiment, m. **1.** Physique.

Sensus, us, m. Avoir le — de, *sentire** (acc.); perdre le —, *animo linqui*;* recouvrer le —, *animum recipĕre, io**. ◆ **2.** Moral. Affection. *Sensus. Animus, i*, m. Prendre les — d'un consul, *consulis animum habēre*;* le — d'amitié, d'amour, *amor, oris*, m.; avoir des — favorables pour, *bono animo esse in* (acc.); de beaux —, *quaedam generosa virtus;* c'est le — qui fait l'orateur, *pectus est quod disertos facit*;* prendre qqn par le —, *occupare aliquem affectibus.* ◆ **3.** Opinion. *Sensus.* Ses — sur la république, *ejus sensus de republicā;* être du — de qqn, *cum aliquo sentire*;* ne pas être du — de, *dissentire* ab;* mon — est que, *sic judico* (prop. inf.); selon mon —, *meo quidem animo;* selon le — des stoïciens, *ut stoicis placet**.

sentimental, ale, adj. *Tener, era, erum. Mollis, e.*

sentine, f. *Sentina, ae,* f.

sentinelle, f. **1.** Soldat. *Excubitor, oris,* m. Sentinelles de nuit, *vigiliae, arum*, fpl.; — avancée, *speculator, oris*, m. ◆ **2.** Fonctions. *Excubiae, arum*, fpl. Faire —, *excubare*;* (fig.) *excubare* animo.*

sentir, tr. **I.** Recevoir une impression. **1.** Physique. *Sentire**. Si le besoin s'en fait —, *si opus esse videbitur**. (Flairer) *Odorari* (acc.). *Ad nares admovere, eo** (acc.). Sentir de l'argent (fig.), *nummum olfacĕre, io*;* il aime qui ne peut le sentir, *amat cui odio ipse est.* ◆ **2.** Morale. *Sentire*. Percipere, io**. Sentir de la joie, *laetitiam capere, io** (*ex*). ◆ **3.** Se rendre compte de. *Intellegere, o*. Animadvertere, o**. Faire —, *ostendĕre** (acc.). (Pressentir) *Praesentire** (acc.). ◆ **II.** Produire une impression. **1.** Physique. (Odorat). *Olere, eo** (acc.). *Redolere, eo** (acc.). Sentir le safran, *crocum olēre*;* ne rien —, *nihil olēre*;* — mauvais, *male olēre*; foetēre*;* — bon, *bene olēre**. ◆ **2.** (Goût) *Sapere, io** (acc.). Sentir le safran, *crocum sapere**. ◆ **3.** (Fig.) *Redolēre** (acc.). Sentir l'étranger, *olēre* peregrinum.*

SE SENTIR, r. **1.** *Se sentire**. Ne pas se — mourir, *sine dolore interire, eo*;* je ne me sens pas de joie, *prae gaudio, ubi sim, nescio.* ◆ **2.** Se sentir de. *Sentire** (acc.).

seoir, intr. Convenir. *Decere, decet**. Il ne lui sied pas de, *minime eum decet* (inf.); il ne sied pas mal à, *non dedecet** (acc.).

séparable, adj. *Separabilis, e.*

séparation, f. **I.** (Ch.) **1.** *Disjunctio, onis,* f. *Sejunctio, onis,* f. ◆ **2.** Barrière. *Saepimentum, i*, n. ◆ **3.** Cloison. *Loculus, i*, m. ◆ **II.** (Pers.) **1.** *Discessus, us*, m. Notre —, *inter nos digressus, us*, m. ◆ **2.** Brouille. *Discidium, ii*, n.

séparément, adv. *Separatim. Seorsum.*

séparer, tr. **I.** Désunir. **1.** (Ch.) *Separare. Disjungere, o**. (Violemment) *Divellere, o**.

(Former une séparation entre) *Dividere, o**. ◆ **2.** (Pers.) *Sejungere, o*. Segregare.* (Violemment) *Abstrahere, o** (de, *ab*). Séparer des combattants, *dirimĕre* proelium* ou *infestas acies;* — des amis, *dissociare amicitias;* un seul point les sépare, *de re unā solum dissident**. ◆ **II.** Mettre à part. *Secernere, o*. Segregare* (de, *ab*). Séparés (les uns des autres), *diversi, ae, a.*

SE SÉPARER, r. **I.** (Ch.) **1.** *Dividi, or**. ◆ **2.** S'entr'ouvrir. *Dehiscere, o**. ◆ **3.** Former deux parties. *Diduci, or.* ◆ **II.** (Pers.) **1.** *Discedere, o** (de, abl.). ◆ **2.** (Fig.) Différer. *Dissidere, eo** (de, *ab* ou *cum*). ◆ **3.** Se brouiller. *Alienarī* (de, *ab*).

sept, adj. num. *Septem*, indécl. Par —, *septeni, ae, a;* — fois, *septiens;* septième, *septimus, a, um;* le septième, *septima pars*, f.; pour la septième fois, *septimum;* septièmement, *septimo;* âgé de sept ans, *septennis, e.*

septante, adj. num. *Septuaginta*, indécl.

septembre, m. *September, bris*, m. De —. *September, bris, bre.*

septénaire, adj. *Septenarius, a, um.*

septentrion, m. *Septemtriones, um*, mpl. Du —, *septemtrionalis, e.*

septuagénaire, adj. *Septuagenarius, a, um.*

sépulcral, ale, adj. **1.** *Sepulcralis, e.* ◆ **2.** (Fig.) Une face —, *cadaverosa facies;* une voix —, *fusca vox.*

sépulcre, m. *Sepulcrum, i*, n.

sépulture, f. **1.** Inhumation. *Sepultura, ae*, f. Donner la — à, *sepulturā afficĕre, io** (acc.); privé de —, *insepultus, a, um.* ◆ **2.** Tombe. *Locus sepulturae.* — de famille, *monumentum, i*, n.

séquelle, f. *Sequela, ae*, f. *Grex, gregis*, m.

séquestration, f. *Inclusio, onis*, f.

séquestre, m. **1.** Dépôt. *Sequestratio, onis*, f. *Sequestrum, i*, n. ◆ **2.** Dépositaire. *Sequester, tri* ou *tris*, m.

séquestrer, tr. **I.** (Qqch.) **1.** *In sequestro deponere, o**. ◆ **2.** (Fig.) *Seponere, o**. ◆ **II.** (Qqn.) *Ab hominibus relegare.* Se —, *in occulto se continēre**.

séraphin, m. *Seraphim*, npl. indécl.

serein, eine. I. Adj. *Serenus, a, um.* ◆ **II.** Nom m. *Vespertinus* (*i*) *ros* (*roris*), m.

sérénité, f. *Serenitas, atis*, f.

serf, serve, m. et f. *Servus, i*, m. *Serva, ae*, f.

sergent, m. Sous-officier. *Optio, onis*, m.

série, f. *Series, ei*, f. *Ordo, inis*, m.

sérieusement, adv. *Serio. Graviter.*

sérieux, euse. I. Adj. **1.** Grave. *Gravis, e. Severus, a, um.* (Ch.) *Serius, a, um.* ◆ **2.** Sincère. *Verus, a, um.* ◆ **II.** Nom m. *Gravitas, atis*, f. *Severitas, atis*, f. Prendre au —, *in* *serium vertĕre*;* tenir son —, *risum tenēre**.

seringue, f. *Clyster, eris,* m.

serment, m. **1.** *Jus jurandum, juris jurandi,* n. Prêter — à, *jurare in verba* (gén.); qui a prêté —, *juratus, a, um;* faire — (que telle chose est), *jurare* (prop. inf.); faire — (que l'on fera telle ch.), *jus jurandum dare** (prop. inf. fut.); faire prêter — à qqn, *adigĕre* aliquem jus jurandum;* faux —, *perjurium, ii,* n.; faire un faux —, *falsum jurare.* ◆ **2.** (Milit.) *Sacramentum, i,* n. Prêter —, *sacramentum dicĕre** (*apud aliquem*)*;* faire prêter —, *militiae sacramento obligare* (*aliquem*).

sermon, m. **1.** *Sacra* (*ae*) *contio* (*onis*), f. *Sermo, onis,* m. ◆ **2.** (Fig.) Remontrance. *Objurgatio, onis,* f.

sermonner, tr. *Objurgare.*

sermonneur, m. *Objurgator, oris,* m.

serpe, f. *Falx, falcis,* f.

serpent, m. *Serpens, entis,* m. et f. (De grande taille) *Anguis, is,* m. Petit —, *anguiculus, i,* m.

serpenter, intr. *Serpere, o**.

serpette, f. *Falcicula, ae,* f.

serpolet, m. *Serpyllum, i,* n.

serre, f. **1.** D'oiseau de proie. *Unguis, is,* m. ◆ **2.** Lieu clos où l'on renferme les plantes. *Clausum, i,* n.

serré, ée, adj. **1.** Compact. En troupe —, *confertā turbā.* ◆ **2.** Concis. *Pressus, a, um.* ◆ **3.** Avare. *Restrictus, a, um. Tenax, acis.*

serrer, tr. **1.** Presser. *Premere, o*. Astringere, o**. Serrer la bride, *habenas adducĕre*;* — les voiles, *vela contrahĕre*;* — qqn contre sa poitrine, *arte aliquem complecti*;* — les cœurs (fig.), *animos contrahĕre*;* se — le ventre, *ventrem coartare.* ◆ **2.** Rapprocher. *Densare.* Serrer les dents, *dentes comprimĕre*;* — les côtes (à qqn), *urgĕre* (*aliquem*). ◆ **3.** Poursuivre. *Premĕre**. Serrer de près, *urgĕre**. ◆ **4.** Mettre en réserve. *Reponere, o**. ◆ **5.** (Fig.) Rendre concis. *Premĕre*. Astringĕre**.
SE SERRER, r. **1.** Devenir plus serré. *Stipari. Densari.* (Fig.) *Contrahi, or**. ◆ **2.** Se rapprocher les uns des autres. *Se stipare. Se congregare.*

serrure, f. *Sera, ae,* f.

serrurier, m. *Clavicarius, ii,* m.

sertir, tr. *Includere, o** (dans, abl. ou dat.).

servage, m. *Servitus, utis,* f.

servante, f. *Ancilla, ae,* f.

serviable, adj. *Officiosus, a, um.*

service, m. **1.** Domesticité. *Famulatus, us,* m. Être au — de, *servire* (dat.); faire le — de la table, *ministrare;* les gens de —, *servi, orum,* mpl.; *famuli, orum,* mpl.; qu'y a-t-il pour ton —? *quid tibi vis*?* ◆ **2.** Assistance. *Opera, ae,* f. Il m'a été d'un grand —, *ille fuit mihi magno usui;* il est à ton —, *tibi praesto est;* je suis entièrement à ton —, *totus tuus sum;* rendre un — à, *bene* *facĕre, io** (dat.); pour les grands — que tu m'as rendus, *pro tuis in me maximis officiis;* qui aime à rendre —, *officiosus, a, um.* ◆ **3.** Fonctions particulières. *Munus, eris,* n. *Negotium, ii,* n. Les — de l'Etat, *rei publicae munera;* tu es de — à présent, *tuae sunt partes;* l'homme de —, *minister, tri,* m. ◆ **4.** Service militaire. *Militia, ae,* f. Être au —, *militare; merēre*;* quitter le —, *militiam ejurare;* libéré du —, *munere militiae vacans, antis;* exemption de —, *militiae vacatio, onis,* f.; temps de —, *stipendia, iorum,* npl.; qui a fini son temps de —, *militiā perfunctus, a, um*;* être de — (à tel poste), *in statione esse;* (de nuit) *excubare**. ◆ **5.** Services administratifs. *Administratio, onis,* f. Être chef d'un —, *toti negotio praeesse**. ◆ **6.** Plats servis ensemble. *Ferculum, i,* n. Le second —, *secunda mensa,* f. (Vaisselle) *Mensae vasa, orum,* npl. ◆ **7.** Office divin. *Res divinae,* fpl. Célébrer le — divin, *rebus divinis operam dare*;* — funèbre, *officium exsequiale.*

serviette, f. **1.** De table. *Mappa, ae,* f. ◆ **2.** De toilette. *Linteum, i,* n.

servile, adj. **1.** *Servilis, e.* ◆ **2.** (Fig.) *Humilis, e.*

servilement, adv. *Serviliter.*

servilité, f. *Humilitas, atis,* f.

servir, tr. et intr. **1.** Être domestique. *Famulari* (dat.). (Fournir qqn) Ce marchand me sert, *hoc mercatore utor**. ◆ **2.** Aider. *Prodesse, prosum** (dat.). *Adesse, adsum** (dat.). Me servir auprès de, *me adjuvare* apud* (acc.); — l'intérêt public, *utilitati hominum consulĕre**. ◆ **3.** (En parl. des ch.) Être utile à. *Prodesse** (dat.). *Proficere, io** (dat.). Servir à rendre la vie heureuse, *ad beatam vitam momentum habēre*;* ne — à rien ou de rien, *nihil prodesse*, proficĕre* (*io**) ou *valēre*;* il ne sert de rien de, *nihil attinet** (inf.); à quoi sert-il*? *quid refert** (inf.)? ◆ **4.** Être en usage. *Usui esse.* Servir de (faire fonction de), *esse pro* (abl.); — de guide à qqn, *praebēre* se ducem alicui.* ◆ **5.** Faire le service militaire. *Merere, eo*. Mereri, eor**. Servir dans la cavalerie, *equo merēre;* qui a servi avec, *commilito, onis,* m. ◆ **6.** Servir à table. *Ministrare.* Servir (un plat), *apponere, o** (*aliquid alicui*); table servie, *mensa posita;* table bien servie, *opipare paratum convivium.* ◆ **7.** Rendre un culte à. *Colere, o** (acc.). ◆ **8.** Faire la manœuvre de. *Administrare* (acc.). ◆ **9.** Payer à dates fixes. (*Annua*) *pendere, o** (*alicui*).

SE SERVIR, r. (de). *Uti, or** (abl.). *Adhibere, eo** (acc.).

serviteur, m. *Famulus, i,* m. Les —, *familia, ae,* f.; mes —, *mei, orum,* mpl.; de —, *famularis, e.*

servitude, f. **1.** *Servitus, utis,* f. ◆ **2.** (Jur.) Biens qui ont des —, *praedia serva;* qui n'a pas de —, *liber, era, erum.*

ses, adj. poss. pl. V. SON.
sésame, m. *Sesamum, i,* n.
session, f. *Conventus, us,* m.
sesterce, m. *Sestertius, ii,* m.; mille —, *sestertium, ii,* n.; trente mille —, *triginta sestertia;* un million de —, *deciens sestertium;* dix millions de —, *centiens sestertium* (s.-ent. *centena milia*).
setier, m. *Sextarius, ii,* m.
seuil, m. *Limen, inis,* n.
seul, le, adj. *Solus, a, um.* Qui vit —, *solitarius, a, um;* qui va —, *solivagus;* une seule et même chose, *unum et idem.* Un seul, *unus;* pas un seul, *nullus; nemo unus;* une seule fois, *semel;* la sagesse toute seule, *sapientia sola per se;* tout seul (par soi-même), *ipse per se;* (de soi-même) *ipse; ex se; sponte suā;* venir tout seul (fig.), *sequi*.*
seulement, adv. **1.** *Solum. Tantum. Tantummodo.* Alors —, *tum demum;* il songe — à fuir, *nihil nisi fugam agitat;* — en paroles, *verbo tenus;* non —, mais encore, *non solum* (ou *non modo*), *sed etiam;* vois —, *vide* modo;* tu arrives —? *advenis* modo?* ◆ **2.** Si seulement. *Dum modo* (subj.).
sève, f. *Sucus, i,* m.
sévère, adj. **1.** *Severus, a, um. Gravis, e.* ◆ **2.** Sans indulgence. *Asper, era, erum.*
sévèrement, adv **1.** *Severe.* ◆ **2.** Avec rigueur. *Aspere.*
sévérité, f. **1.** *Severitas, atis,* f. ◆ **2.** Rigueur. *Saevitia, ae,* f.
sévices, mpl. *Vis, vis,* f. *Injuriae, arum,* fpl.
sévir, intr. **1.** Maltraiter. *Mulcare* (acc.). ◆ **2.** Punir; ravager. *Saevire* (*in,* acc.).
sevrer, tr. **1.** *Removere, eo*.* Sevré, *depulsus lacte.* ◆ **2.** (Fig.) *Fraudare* (de, abl.).
sexagénaire, adj. *Sexagenarius, a, um.*
sexe, m. *Sexus, us,* m.
sexte, f. *Sexta hora,* f.
si. I. Conj. **1.** Conditionnelle. *Si.* (Marquant le fait : indic.; marquant la possibilité : subj. prés. ou pf.; marquant une hypothèse contraire à la réalité, dans le présent : subj. impf.; dans le passé : subj. pl.-q.-pf.). Je le puis, si je le veux, *possum* si volo*;* je le pourrais, si je le voulais (et il peut se faire que je le veuille), *possim si velim;* je le pourrais, si je le voulais, mais en fait (je ne veux pas), *possem si vellem, nunc* (*nolo**) ; je l'aurais pu si je l'avais voulu, *potuissem si voluissem.* Si ne pas, *si non* et *nisi.* Si, après *attendre, essayer* (= pour voir si), *si* (subj.). Si donc, que si, *quod si.* Si tu t'es trompé, c'est que tu ne m'as pas écouté, *errasti quia me non audisti.* ◆ **2.** Équivalant : à une comparative (de même que), *sicut* (indic.); à une concessive (quoique), *quamquam* (indic.). ◆ **3.** Introduisant une interrogation indirecte double : *utrum* (ou *-ne*) (subj.)... *an* (subj.); ou une interrog. indir. simple : *num* (subj.); *ne* (subj.); (après *haud scio, incertum est, dubito*) *an* (subj.); il leur demanda s'ils

étaient les envoyés, *quaesivit* essentne legati;* je me demande s'il vient, *dubito an veniat*;* vois si je t'estime, *vide* quanti sis apud me.* ◆ II. Adv. **1.** Tellement. *Adeo. Tam. Tantum.* Si bien que, *adeo ut* (subj.). ◆ **2.** Autant (avec un compar.). *Tam* (positif). Autant que, *tam... quam...* ◆ **3.** Si... que, quelque... que. *Quamvis* (subj.). ◆ **4.** Ainsi. *Sic.* Oui (réponse à une interrog. nég.). *Immo.*

sibylle, f. *Sibylla, ae,* f.

sibyllin, ine, adj. *Sibyllinus, a, um.*

sicaire, m. *Sicarius, ii,* m.

siccité, f. *Siccitas, atis,* f.

Sicile. *Sicilia, ae,* f. De —, *Siculus, a, um.*

sidéral, ale, adj. *Sideralis, e.*

Sidon. *Sidon, onis* (acc., *a*), f. De —, *Sidonius, a, um.*

siècle, m. *Saeculum, i,* n. Ces heures semblaient des —, *horae longae videbantur*.*

siège, m. **1.** Meuble pour s'asseoir. *Sedes, is,* f. (De cocher) *Sella, ae,* f. (Au tribunal; au théâtre) *Subsellium, ii,* n. ◆ **2.** Capitale; centre. *Sedes.* ◆ **3.** Investissement. *Obsidio, onis,* f. Faire le — de, *obsidēre** (acc.); être en état de —, *circumsedēri*;* lever le —, *obsidionem dimittĕre*;* faire lever le — de, *obsidione liberare* (acc.); lever le — (fig.), *facessĕre*.*

siéger, intr. *Sedere, eo*.*

sien, ienne, adj. et pr. poss. **1.** Se rapportant au sujet. *Suus, a, um.* ◆ **2.** Ne se rapportant pas au sujet. *Ejus.*

sieste, f. *Meridiatio, onis,* f. Faire la —, *meridiari.*

sieur, m. *Dominus, i,* m.

sifflant, ante, adj. *Sibilus, a, um.*

sifflement, m. *Sibilus, i,* m.

siffler, intr. et tr. **1.** *Sibilare* (acc.). ◆ **2.** (Fig.) Siffler un acteur, une pièce. *Explodere, o*. Sibilis excipere, io*.*

sifflet, m. *Fistula, ae,* f. Coup de —, *sibilus, i,* m.

signal, m. *Signum, i,* n. Donner le —, *significationem facĕre, io*;* donner le — de la retraite, *dare* signum receptui;* au premier —, *dato signo.*

signalement, m. Je n'ai pas son —, *non novi* hominis faciem;* donner le — de, *signare* (acc.).

signaler, tr. **1.** Donner avis de. *Significare.* ◆ **2.** Appeler l'attention sur. *Signare. Designare.* ◆ **3.** Rendre insigne. *Insignire.* Signalé, *insignis, e; praestans, antis.*

SE SIGNALER, r. *Enitere, eo*. Praestare*.*

signataire, m. *Signator, oris* m.

signature, f, **1.** *Subscriptio, onis,* f. ◆ **2.** (Au bas d'un effet de commerce) *Chirographum, i,* n. Ma — est bonne, *bonum nomen existimor.*

signe, m. **1.** *Signum, i,* n. Mettre un — à, *notam apponĕre* ad;* être — de, *significare* (acc.); sans que tu donnes — de vie (sans que tu écrives), *sine epistulā tuā;* faire des —, *significare;* faire — des yeux, *nictari;* obéir au moindre —, *ad nutum omnia agĕre*;* faire — que oui, *annuĕre;* faire — que non, *renuĕre.* ◆ **2.** Tache sur la peau. *Naevus, i,* m.

signer, tr. *Obsignare. Subscribere, o*.*

SE SIGNER, r. Faire le signe de la croix. *Se signare.*

significatif, ive, adj. *Significans, antis.* Être —, *significare;* d'une manière —, *significanter.*

signification, f. **1.** Sens. *Significatio, onis,* f. La — des mots, *in verbis subjecta sententia.* V. SENS. ◆ **2.** Notification. *Denuntiatio, onis,* f.

signifier, tr. **1.** Présenter un sens. *Significare. Sibi velle*.* Que signifie ce langage? *quid istuc verbi est?* ◆ **2.** Notifier. *Significare. Denuntiare.*

silence, m. **1.** *Silentium, ii,* n. Faire — et faire faire —, *silentium facĕre, io*;* garder un religieux —, *ore favēre*;* garder le — sur, *reticēre* de;* du —! (sg.), *tace*;* (pl.) *tacete; date silentium;* réduire qqn au —, *elinguem reddĕre* aliquem;* en —, *tacite;* (faire retraite) en silence, *tacito signo.* ◆ **2.** (Fig.) Passer sous —, *silentio transire, eo** (acc.); imposer — à sa colère, *iracundiam cohibēre*.*

silencieusement, adv. *Tacite. Silentio.*

silencieux, euse, adj. **1.** (Pers.) *Taciturnus, a, um.* Être —, *tacēre*.* ◆ **2.** (Ch.) *Tacitus, a, um.*

Silène. *Silenus, i,* m.

silex, m. *Silex, icis,* m. De —, *siliceus, a, um.*

silhouette, f. *Umbra, ae,* f. *Forma, ae,* f.

silique, f. *Siliqua, ae,* f.

sillage, m. *Sulcus, i,* m.

sillon, m. *Sulcus, i,* m. Tracer un —, *sulcum imprimĕre** ou *ducĕre*.*

sillonner, tr. *Sulcare. Exarare.*

silo, m. *Sirus, i,* m.

silure, m. *Silurus, i,* m.

silves, fpl. *Silvae, arum,* fpl.

silvestre, adj. *Silvestris, e.*

simagrée, f. *Vultus argutiae, arum,* fpl.

similaire, adj. *Similigenus, a, um.*

similitude, f. *Similitudo, inis,* f.

1. simple, adj. *Simplex, icis.* Qu'ils fassent cette — réflexion, *unum hoc cogitent;* pur et —, *purus, a, um;* un — particulier, *privatus vir;* une — brebis, *humilis agna;* cela est tout —, *res haud sane difficilis;* costume —, *humilis vestitus;* d'une manière —, *nullo apparatu;* homme —, *homo non malus.*

2. simple, m. **1.** Le — (l'unité). *Simplum, i,* n. ◆ **2.** Les — (plantes médicinales). *Herbae medicae,* fpl.

simplement, adv. **1.** Seulement. *Tantum.* Purement et —, *pure.* ◆ **2.** Sans ornement, sans déguisement. *Sim-*

p:iciter. ◆ 3. Niaisement. Incallide.
simplicité. f. 1. Unité. *Unitas, atis*, f. ◆ 2. Absence de recherche. *Modestia, ae*, f. (Du style) *Tenuitas, atis*, f. (*orationis*); avec —, *subtiliter*. ◆ 3. Simplesse. *Ingenuitas, atis*, f. ◆ 4. Naïveté. *Simplicitas, atis*, f. *Stupor, oris*, m.
simplifier, tr. (Une affaire). *Expedire.*
simulacre, m. *Simulacrum, i*, n.
simulation, f. *Simulatio, onis*, f.
simuler, tr. *Simulare.* En simulant la crainte, *cum simulatione timoris.*
simultanément, adv. *Simul.*
sinapisme, m. *Sinapismus, i*, m.
sincère, adj. *Sincerus, a, um.*
sincèrement, adv. *Sincere.*
sincérité, f. *Sinceritas, atis*, f. *Fides, ei*, f.
sinécure, f. *Segne* (*is*) *ministerium* (*ii*), n.
singe, m. *Simia, ae*, f. *Simius, ii*, m.
singer, tr. *Imitari.*
singerie, f. *Gesticulati motus*, mpl.
singulariser, tr. *Insignire.*
SE SINGULARISER, r. *Insigniri.*
singularité, f. Des —, *singularia, ium*, npl.
singulier, ière, adj. 1. Unique; particulier. *Singularis, e.* ◆ 2. Extraordinaire. *Singularis. Mirus, a, um.* ◆ 3. Bizarre. *Insolens, entis.*
singulièrement, adv. 1. Particulièrement. *Praecipue.* ◆ 2. Extraordinairement. *Singulariter. Maxime.* ◆ 3. Bizarrement. *Mirabiliter.*
sinistre, adj. 1. Funeste. *Infaustus, a, um.* ◆ 2. Qui annonce un malheur. *Sinister, tra, trum* ◆ 3. (Fig.) Sombre. *Trux, trucis.* ◆ 4. Méchant. *Infandus, a, um.*
sinistre, m. 1. En mer. *Naufragium, ii*, n. ◆ 2. Incendie. *Clades, is*, f.
sinon, conj. 1. S'il en est autrement. *Sin minus. Sin aliter.* ◆ 2. Si ce n'est. *Nisi.* Sinon que, *nisi quod.*
sinople, m. *Sinopis, idis*, f.
sinueux, euse, adj. *Flexuosus, a, um.*
sinuosité, f. *Sinus, us*, m. *Flexus, us*, m.
Sion. *Sion*, f. indécl.
siphon, m. *Diabetes, ae*, m.
sire, m. *Rex, regis*, m.
sirène, f. *Siren, enis*, f.
siroco, m. *Euronotus, i*, m.
sirop, m. *Aqua mulsa*, f.
siroter, tr. *Sorbillare.*
sis, sise, part. *Situs, a, um. Positus.*
sistre, m. *Sistrum, i*, n.
site, m. Emplacement. *Situs, us*, m. ◆ 2. Paysage. *Prospectus, us*, m.
sitôt. V. TÔT.
situation, f. 1. *Situs, us*, m. ◆ 2. (Fig.) Disposition de l'âme. *Animi status, us*, m. Telle est toujours la — du sage, *sapiens semper ita affectus* est.* ◆ 3. État des affaires. *Status, us*, m. Telle est notre —, *ita sunt res nostrae;* — fâcheuse, *angustiae, arum*, fpl.;

qui est dans une — modeste, *modicus facultatibus.*

situer, tr. **1.** *Ponere, o*.* Être situé au nord, *in septemtriones vergĕre** ◆ **2.** (Fig.) Cœur bien situé, *cor modeste situm.*

six, adj. num. *Sex,* indécl. Par six, *seni, ae, a;* — fois, *sexiens;* sixième, *sextus, a, um;* le sixième, *sextans, antis,* m.; pour la sixième fois, *sextum;* sixièmement, *sexto.*

Smyrne. *Smyrna, ae,* f. De —, *Smyrnaeus, a, um.*

sobre, adj. **1.** *Sobrius, a, um. Temperans, antis.* ◆ **2.** (Fig.) Sobre de. *Parcus, a, um* (*in,* abl.).

sobrement, adv. **1.** *Sobrie.* ◆ **2.** (Fig.) *Parce. Modice.*

sobriété, f. **1.** *Temperantia, ae,* f. *Frugalitas, atis,* f. ◆ **2.** (Fig.) Réserve. *Temperantia. Modus, i,* m.

sobriquet, m. *Cognomen, inis,* n.

soc, m. *Vomer, eris,* m.

sociabilité, f. *Communitas, atis,* f.

sociable, adj. **1.** *Congregabilis, e. Sociabilis, e.* ◆ **2.** De caractère aimable. *Facilis, e;* être —, *commodis esse moribus.*

social, ale, adj. *Civilis, e.*

société, f. **1.** *Societas, atis,* f. La — humaine, *generis humani societas;* la — civile, *civilis communitas, atis,* f.; les devoirs de la —, *vitae officia,* npl.; former une — avec, *societatem facĕre* (*io**) *cum.* ◆ **2.** Réunion. *Coetus, us,* m. (Corporative) *Collegium, ii,* n. Sociétés secrètes, *coetus occulti,* npl.; la bonne —, *coetus; circulus, i,* m.; le ton de la bonne —, *urbanitas, atis,* f. ◆ **3.** Fréquentation. *Societas. Commercium, ii,* n. Lier — avec, *consuetudinem facĕre* (*io**) *cum;* fuir la — des hommes, *homines fugĕre* (*io**); se plaire dans la — de qqn, *usu alicujus frui.**

socle, m. *Basis, is* (acc. *im,* abl. *e*), f.

socque, m. *Soccus, i,* m. Chaussé de —, *soccatus, a, um.*

Socrate. *Socrates, is,* m. De —, *Socraticus, a, um.*

Sodome. *Sodoma, ae,* f.

sœur, f. **1.** *Soror, oris,* f. ◆ **2.** Sœur de lait. *Collactanea, ae,* f. ◆ **3.** Religieuse. *Monacha, ae,* f.

sœurette, f. *Sororcula, ae,* f.

sofa ou **sopha,** m. *Longa cathedra,* f.

soi, pr. réfl. **1.** *Se, sui, sibi.* Prendre garde à soi, *sibi cavēre*;* avec soi, à part soi, *secum;* chez soi (sans mouv.), *domi;* (avec mouv.) *domum;* avoir un chez soi, *domicilium habēre*;* être toujours soi, *sibi constare*;* chose qui de soi est désirable, *res ex se* ou *per se expetenda*.* ◆ **2.** Soi-même. *Semet. Ipse* (*a, um*). En soi-même, *secum;* de soi-même, *ultro.* ◆ **3.** (Fig.) Garder son quant-à-soi, *dignitatem retinēre*.*

soi-disant. *Verbo.*

soie, f. **1.** *Bombyx, bicis,* m. f. *Sericum, i,* n. De —, *bombycinus, a, um; sericus;* ver à —, *bombyx.* ◆ **2.** Poil de certains animaux. *Seta, ae,* f.

soierie, f. *Serica, orum,* npl.

soif, f. **1.** *Sitis, is* (acc. *im,* abl. *i*), f. Avoir —, *sitire;* mourant de —, *siti enectus, a, um;* calmer la —, *sitim explēre.* ◆ **2.** (Fig.) *Sitis. Libido, inis,* f. Avoir — de, *sitire* (acc.); qui a — de, *avidus, a, um* (gén.).

soigner, tr. **1.** Donner des soins à qqn. *Curare.* ◆ **2.** Avoir soin de qqch. *Curare. Curae habere, eo** (*rem*). Soigner sa santé, *valetudini servire;* soigne ta santé, *cura ut valeas**. ◆ **3.** Faire avec soin. *Accurare* (acc.).

soigneusement, adv. *Accurate.*

soigneux, euse, adj. **1.** *Sedulus, a, um. Diligens, entis.* ◆ **2.** Soigneux de. *Curiosus, a, um* (gén.).

soin, m. **1.** *Cura, ae,* f. Prendre soin de, *curare* (acc. ou *ut,* subj.); ne pas prendre — de, *neglegĕre** (acc.); sans —, *indiligenter;* tu y emploieras tous tes —, *omnem diligentiam adhibebis**; manque de —, *indiligentia, ae,* f.; le — d'une affaire, *negotii gestio, onis,* f.; avoir le — d'une ch., *administrare rem;* charger qqn du — de (faire), *committĕre* alicui ut* (subj.); libre de —, *curis liber.* ◆ **2.** (Pl.) Attentions. *Officia, iorum,* npl. Être aux petits — pour, *colĕre** (acc.).

soir, m. et **soirée,** f. *Vesper, eris* (acc. *erum,* abl. *ere,* abl. adv. *eri*), m. *Vespera, ae,* f. Qui se fait le —, *serotinus, a, um;* le —, *vespere; sero;* hier —, *heri vesperi;* c'est le —, *advesperascit**; au commencement de la soirée, *primo vespere.*

soit. 1. *Esto. Fiat.* Eh bien —! *sane!* Soit (supposons), *esto;* tant — peu, *tantulum.* ◆ **2.** Conj. Soit... soit..., *sive... sive...; seu... seu...*

soixante, adj. num. *Sexaginta,* n. indécl. Par —, *sexageni, ae, a;* — fois, *sexagiens;* soixantième, *sexagesimus, a, um;* le soixantième, *sexagesima pars,* f.; soixante-dix, *septuaginta,* n. indécl.

sol, m. *Solum, i,* n. *Terra, ae,* f.

solaire, adj. *Solarius, a, um.* Cadran —, *solarium, ii,* n.

soldat, m. *Miles, itis,* m. Nos —, *nostri,* mpl.; de —, *militaris, e;* être —, *militare;* jeune —, *tiro, onis,* m.; vieux —, *veterani, orum,* mpl.; simple —, *gregarius miles.*

soldatesque, f. *Vulgus, i,* n. *Milites, um,* mpl.

1. solde, f. Paye des soldats. *Stipendium, ii,* n. Prendre à sa —, *mercede conducĕre**.

2. solde, m. *Exsolutio, onis,* f. Recevoir mon —, *reliqua mea accipere* (*io**).

solder, tr. **1.** Donner une solde à. *Stipendium praestare** (dat.). ◆ **2.** S'acquitter envers. *Absolvere, o** (*aliquem*). ◆ **3.** Acquitter (un compte). *Exsolvere, o**. Soldé, *persolutus, a, um.*

sole, f. **1.** Dessous du pied du cheval. *Solea, ae,* f. ◆ **2.** Poisson. *Solea, ae,* f.

solécisme, m. *Soloecismus, i,* m.

soleil, m. *Sol, solis,* m. Au lever du —, *simul cum sole;* au — couchant, *sole occidente;* se promener au —, *in sole ambulare;* se mettre devant le — de qqn, *officĕre* (*io**) *apricanti;* se chauffer au —, *apricari;* qui a reçu un coup de —, *solatus, a, um.*

solennel, elle, adj. **1.** *Sollemnis, e.* ◆ **2.** Pompeux. *Magnificus, a, um.* ◆ **3.** Emphatique. *Turgidus.*

solennellement, adv. *Sollemniter.*

solennisation, f. *Celebratio, onis,* f.

solenniser, tr. *Celebrare.*

solennité, f. **1.** *Sollemne, is,* n. La — des jeux, *ludorum celebratio, onis,* f. ◆ **2.** Pompe. *Pompa, ae,* f.

solidaire, adj. (Jur.) *Obnoxius, a, um.*

solidairement, adv. (Jur.) S'engager —, *spondēre*.*

solidarité, f. (Jur.) *Soliditas, atis,* f.

solide, adj. **1.** *Solidus, a, um.* Peu —, *infirmus, a, um;* — sur ses pieds, *stabilis, e;* troupes —, *firmior miles.* ◆ **2.** (Fig.) *Solidus. Firmus, a, um.* Devenir —, *firmari;* conviction peu —, *fluctuans sententia;* esprit —, *animus firmus* ou *stabilis.*

solidement, adv. **1.** *Firmiter. Firme.* ◆ **2.** Judicieusement. *Recte.*

solidifier, tr. *Cogere, o*. Solidare.*

solidité, f. **1.** *Firmitas, atis,* f. ◆ **2.** Des troupes. *Stabilitas, atis,* f. ◆ **3.** (Fig.) Gravité. *Stabilitas. Prudentia, ae,* f.

soliloque, m. *Soliloquium, ii,* n.

solitaire, adj. **1.** (Pers.) *Solitarius, a, um.* Un —, *anachoreta, ae,* m. ◆ **2.** (Ch.) *Solus, a, um. Desertus.*

solitude, f. *Solitudo, inis,* f.

solive, f. *Tignum, i,* n.

soliveau, m. *Tigillum, i,* n.

sollicitation, f. *Sollicitatio, onis,* f. *Flagitatio, onis,* f. A ta —, *te instante.*

solliciter, tr. **1.** (Qqn) *Sollicitare* (à, *ad,* acc., ou *ut,* subj.) ◆ **2.** (Qqch.) *Efflagitare* (acc. ou *ut,* subj.).

solliciteur, euse, m. f. *Flagitator, oris,* m. *Flagitatrix, icis,* f.

sollicitude, f. **1.** Soin. *Sedulitas, atis,* f. Amitié pleine de —, *officiosa amicitia;* ta — à mon égard, *tua erga me officia.* ◆ **2.** Souci. *Sollicitudo, inis,* f.

solo, m. *Monodia, ae,* f.

Solon. *Solon, onis,* m.

solstice, m. *Solstitium, ii,* n. Solstice d'été, (*aestivum*) *solstitium;* — d'hiver, *hiemale solstitium; bruma, ae,* f.

soluble, adj. **1.** *Solubilis, e.* ◆ **2.** (Fig.) (Le problème) est —, *expediri potest*.*

solution, f. **1.** Séparation. *Dissolutio, onis,* f. Il y a — de continuité dans la marche des affaires, *interrumpitur* tenor rerum.* ◆ **2.** Dénouement d'une difficulté. *Explicatio, onis*, f. Donner une — à, *explicare** (acc.). ◆ **3.** Résultat d'une affaire. *Exitus, us*, m.

solvabilité, f. *Soliditas, atis*, f.

solvable, adj. Débiteur —, *idoneus debitor*, m.; être —, *solvendo esse.*

sombre, adj. **1.** *Obscurus, a, um.* ◆ **2.** Foncé. *Fuscus.* ◆ **3.** (Fig.) *Tristis, e.*

sombrer, intr. *Deprimi, or**. Faire —, *deprimĕre** (acc.).

sommaire. I. Adj. *Brevis, e.* ◆ **II.** Nom m. *Summa, ae*, f.

sommairement, adv. *Summatim. Breviter.*

sommation, f. *Denuntiatio, onis*, f. Faire à qqn — de payer. *appellare aliquem de pecunia,*

1. somme, f. **1.** Addition. *Summa, ae*, f. Faire la —, *addĕre** (acc.); en —, *in summā.* ◆ **2.** Quantité. *Summa, ae*, f. Grosse —, *pecunia magna;* pour une — très faible, *nummo.*

2. somme, f. Charge. *Sarcina, ae*, f. *Onus, oneris*, n. Bête de —, *jumentum, i*, n.

3. somme, m. *Somnus, i*, m. Achever son —, *edormire.*

sommeil, m. **1.** *Somnus, i*, m. Dormir d'un profond —, *dormire arte;* plongé dans le —, *somno oppressus, a, um;* pendant le —, *per somnum;* le — éternel, *somnus sempiternus.* ◆ **2.** Repos. *Quies, etis*, f. ◆ **3.** Envie de dormir. Je tombe de —, *somnus urget* me.*

sommeiller, intr. **1.** *Dormitare.* ◆ **2.** (Fig.) *Dormitare. Languere, eo**.

sommelier, ière, m. f. *Dispensator, oris*, m. *Dispensatrix, icis*, f.

sommer, tr. *Edicere, o** (*rem alicui*). Sommer qqn de, *alicui denuntiare ut* (subj.); — qqn de partir, *exturbare aliquem.*

sommet, m. **1.** *Summum, i*, n. ◆ **2.** D'une montagne. *Culmen, inis*, n. ◆ **3.** D'un édifice. *Fastigium, ii*, n. ◆ **4.** D'un arbre. *Cacumen, inis*, n. Le — de la tête, *vertex, icis*, m. ◆ **5.** (Fig.) *Fastigium. Summus, a, um.*

sommier, m. **1.** Matelas de crin. *Culcita, ae*, f. ◆ **2.** Cheval de somme. *Jumentum, i*, n.

sommité, f. **1.** *Summum, i*, n. ◆ **2.** (Fig.) Les —, *dignitates, um*, fpl.

somnambule, adj. *Per somnum ambulans, antis.*

somnambulisme, m. *Noctisurgium, ii*, n.

somnifère, adj. *Somnifer, era, erum.*

somnolence, adj. *Sopor, oris*, m.

somnolent, ente, adj. *Semisomnus, a, um.*

somptuaire, adj. *Sumptuarius, a, um.*

somptueusement, adv. *Magnifice.*

somptueux, euse, adj. *Magnificus, a, um. Lautus.*

somptuosité, f. *Magnificentia, ae,* f. *Lautitiae, arum,* fpl.

1. son, sa, ses, adj. poss. de la 3e pers. du sg. ◆ **1.** Renvoyant au sujet grammatical ou logique de la prop. simple, ou de la prop. principale, si la prop. subordonnée représente la pensée de ce sujet. *Suus, a, um.* ◆ **2.** Signifiant *son propre;* accompagnant *quisque;* uni (avec l'objet possédé) au possesseur par *cum. Suus.* ◆ **3.** Dans tous autres cas. *Ejus.* ◆ **4.** Ne se traduit pas quand le possesseur est évident. Ménager ses forces, *parcĕre* viribus;* par ses propres forces, *propriis viribus.*

2. son, m. (Bruit). *Sonus, i,* m. Son perçant, *stridor, oris,* m.; — éclatant, *fragor, oris,* m.; au — de la flûte, *ad tibicinem.*

3. son, m. Poudre roussâtre venant du grain moulu. *Furfur, uris,* m.

sonde, f. **1.** De marine. *Catapirates, ae,* m. *Bolis, idis,* f. ◆ **2.** Médicale. *Specillum, i,* n.

sonder, tr. **1.** Chercher à savoir. *Tentare.* ◆ **2.** (Méd.) *Specillo tentare.*

songe, m. *Somnium, ii,* n. *Visum, i,* n. Faire un —, *somniare;* en —, *in somniis.*

songer, tr. et intr. **1.** Faire un songe. *Somniare* (acc.). ◆ **2.** Penser à. *Cogitare* (*rem* ou *de aliquo*). Cela me fait — que, *hoc admoneor* ut* (subj.); — à sa réputation, *famae suae consulĕre*;* ne — qu'à soi, *consilium sibi capĕre* (*io**); ne — à rien, *nihil curare;* qui ne songe pas à ce qu'il fait, *inconsideratus, a, um;* songe bien à une chose, c'est que, *sic habeto** (prop. inf.); il ne songe qu'à fuir, *nihil spectat nisi fugam;* songe à me rendre, *vide* ut mihi reddas*.* ◆ **3.** Méditer (un projet). *Cogitare* (*rem* ou *de re; facĕre* ou *de re faciendā*). Je songerai à défendre, *in animum inducam* defendĕre;* ne — qu'à (faire), *nihil aliud agĕre* nisi ut* (subj.).

sonnant, te, adj. *Tinnulus, a, um.* Espèces sonnantes, *nummi, orum,* mpl.

sonner, tr. et intr. **1.** Rendre un son. *Sonare** (acc.). Personne ne sonne mot, *nemo verbum facit*;* faire —, *sonare** (acc.). ◆ **2.** Annoncer en sonnant. Sonner la charge, *canĕre* bellicum;* — la retraite, *receptui canĕre*.* ◆ **3.** (Fig.) La dernière heure est sonnée, *venit* summa dies.*

sonnette, f. *Tintinnabulum, i,* n.

sonore, adj. *Sonans, antis. Canorus, a, um.*

sonorité, f. *Sonoritas, atis,* f.

sophisme, n. *Sophisma, atis,* n. *Captiones, um,* fpl.

sophiste, m. *Sophistes, ae,* m.

sophistique, adj. *Sophisticus, a, um.*

sophistiquer, tr. **1.** *Cavillari.*

◆ 2. Frelater. *Adulterare.*
soporifère, et **soporifique,** adj. *Somnifer, era, erum.*
sorbe, f. *Sorbum, i,* n.
sorbier, m. *Sorbus, i,* n.
sorcellerie, f. *Fascinatio, onis,* f.
sorcier, ière, m. f. *Incantator, oris,* m. *Maleficus, i,* m. *Divina, ae,* f.
sordide, adj. *Sordidus, a, um.*
sordidement, adv. *Sordide.*
sordidité, f. *Sordes, ium,* fpl.
sornette, f. *Nugae, arum,* fpl. Dire des —, *nugari.*
sort, m. **1.** Destin. *Fatum, i,* n. (Destinée de chacun) *Condicio, onis,* f. Si le — avait ordonné que, *si fatum fuit* (prop. inf.); il eut le même —, *eamdem fortunam tulit*;* prononcer sur le — de qqn, *de aliquo statuĕre.* ◆ **2.** Procédé de divination. *Sors, sortis,* f. Par la voie du —, *sortito;* tirer au —, *ducĕre* sortes;* tirer au — qqch., *sortiri rem;* tirage au —, *sortitio, onis,* f.; *sortitus, us,* m.; s'en remettre au —, *rem ad sortem revocare;* le — en est jeté, *alea jacta* est.* ◆ **3.** Maléfice. *Fascinatio, onis,* f. Jeter un — sur qqn, *fascinare* (acc.).
sortable, adj. *Idoneus, a, um. Decens, entis.*
sorte, f. **1.** Espèce. *Species, ei,* f. *Genus, eris,* n. De cette —, *ejus modi;* digne de toute — de louanges, *omni laude dignus, a, um;* une — de guerre, *bellum quoddam.* ◆ **2.** Manière. *Modus, i,* m. Si tu agis de la —, *si quid ejus modi facies*;* en qq. —, *quodam modo;* de — que, en — que, *ita ut* (subj.); faire en — que, *curare ut* (subj.).
sortie, f. **1.** Action de sortir. *Egressus, us,* m. (Fin) *Exitus, us,* m. (Milit.) *Eruptio, onis,* f.; faire une —, *erumpĕre*.* A la — de l'enfance, *extremā pueritiā.* ◆ **2.** Exportation. *Exportatio, onis,* f. ◆ **3.** (Fig.) Attaque. *Insectatio, onis,* f. Faire une — contre qqn, *in aliquem invehi*.*
sortilège, m. *Veneficium, ii,* n. *Cantio, onis,* f.
1. sortir. I. Intr. **1.** *Exire, eo*. Egredi, ior*.* Sortir brusquement, *excurrĕre*;* — de table, *a mensā surgĕre*;* laisser —, *emittĕre** (acc.; de, *de* ou *ex*); faire —, *extrudĕre** (acc.); faire — (ses troupes, sa flotte), *educĕre** (acc.); faire — du feu (d'un caillou), *ignem elicĕre, io*;* — de l'eau, *exstare* aquā.* ◆ **2.** (Fig.) Orateur qui sortait du commun, *qui non fuit orator e multis ;* — du bon chemin, *decedĕre* de viā;* — de la mémoire, *memoriā dilabi*;* sorti de charge, *recens e provinciā;* — de ses habitudes, *a consuetudine abstrahi*;* sortir de l'enfance, *excedĕre* e pueris;* — de maladie, *e morbo evadĕre*;* — (d'une difficulté), *se expedire* (*ab*); il n'y a pas moyen d'en —, *explicari res non potest*;* yeux qui sortent de la tête, *eminentes oculi.* ◆ **3.** Sortir

de (être issu de). *Esse ab* (*aliquo*). Sorti d'une famille de chevaliers, *ortus* equestri loco;* tout ce qui est sorti de ma plume, *quidquid composui**. ◆ **II.** Tr. Faire sortir. *Educere, o*. Efferre, fero*.* (D'une cachette) *Promere, o** (de, *ex*).

2. sortir, m. Au — de... je..., *cum exissem* e...;* au — du consulat, *ex consulatu;* au — de l'adolescence, *extremā pueritiā.*

sot, sotte, adj. *Stultus, a, um.* Demeurer —, *stupēre**.

sottement, adv. *Stulte.*

sottise, f. **1.** *Stultitia, ae,* f. Les sottises des rois, *quidquid delirant reges.* ◆ **2.** Lourdeur d'esprit. *Stupiditas, atis,* f. ◆ **3.** Action, parole de sot. *Ineptiae, arum,* fpl. ◆ **4.** Mauvais procédés. *Offensio, onis,* f. Faire une — à, *offendĕre* (acc.).

sou, m. *As, assis,* m. Jusqu'au dernier —, *ad libellam;* sou à sou, *unciatim.*

soubassement, m. *Stereobates, ae,* m. *Substructio, onis,* f.

soubresaut, m. *Succussus, us,* m. Par —, *subsultim.*

soubrette, f. *Pedisequa, ae,* f.

souche, f. **1.** *Stipes, stipitis,* m. ◆ **2.** (Fig.) D'une race. *Stirps, stirpis,* f.

1. souci, m. **1.** Soin. *Cura, ae,* f. ◆ **2.** Inquiétude. *Sollicitudo, inis,* f. ◆ **3.** Prendre — de, *curam agĕre** (*alicujus*)*; curae habēre** (*aliquid*)*;* donner du — à, *curam afferre** (dat.); vivre sans —, *otiose vivĕre*;* être accablé de —, *curis affici, tor*;* se créer des —, *sibi sollicitudines struĕre**.

2. souci, m. (Fleur). *Caltha, ae,* f.

soucier (se), r. (de). *Curare* (acc.). *Laborare* (*de re*). Ne pas se — de, *neglegĕre** (acc.); *non curare* (*facere* ou *de re faciendā*).

soucieux, euse, adj. *Sollicitus, a, um.*

soucoupe, f. *Scutella, ae,* f.

soudain, aine. I. Adj. *Repentinus, a, um.* ◆ **II.** Adv. et

soudainement. *Subito. Repente.*

soudaineté, f. *Impetus, us,* m.

souder, tr. **1.** *Ferruminare.* ◆ **2.** (Fig.) Se —, *coalescere, o**.

soudoyer, tr. **1.** *Mercede conducere, o** (acc.). ◆ **2.** Payer. *Emere, o**.

soudure, f. **1.** Composition à souder. *Ferrumen, inis,* n. ◆ **2.** Action de souder. *Ferruminatio, onis,* f. ◆ **3.** Endroit où deux pièces sont soudées. *Coagmentum, i,* n.

souffle, m. **1.** *Anima, ae,* f. *Flatus, us,* m. ◆ **2.** Respiration. *Spiritus, us,* m. Rendre le dernier —, *efflare ultimum halitum.* ◆ **3.** Vent. *Spiritus. Flatus.* ◆ **4.** (Fig.) Inspiration. *Spiritus. Instinctus, us,* m.

souffler. I. Intr. **1.** *Flare.* ◆ **2.** Respirer avec effort. *Anhelare.* Souffler dans une flûte, *tibiam inflare;* prendre le temps de —, *interquiescĕre**. ◆ **II.** Tr. Souffler le feu, *ignem conflare;* — la discorde, *discordiam concitare;* — (à qqn ce qu'il a à dire), *suggĕrere**

(*rem alicui*); *admonēre* (*aliquem rei* ou *de re*); ne pas souffler mot, *non hiscere**.

soufflet, m. **1.** Instrument. *Follis, is*, m. ◆ **2.** Gifle. *Colaphus, i*, m. *Alapa, ae*, f. (Fig.) *Contumelia, ae*, f.

souffleter, tr. *Alapam ducere, o** (dat.).

souffleur, m. (Fig.) *Monitor, oris*, m.

souffrance, f. **1.** (Physique) *Dolor, oris*, m. *Aegritudo, inis*, f. (Vive) *Cruciatus, us*, m. Les — de la guerre, *belli incommoda*. ◆ **2.** (Morale) *Dolor. Angor, oris*, m. ◆ **3.** (Ch.) Rester en —, *languescĕre**.

souffrant, ante, adj. Être —, *languēre**.

souffre-douleur, m. *Plagipatida, ae*, m.

souffreteux, euse, adj. **1.** *Languens, entis*. ◆ **2.** Misérable. *Miser, era, erum*.

souffrir. I. Intr. **1.** (Physiquement) *Dolēre, eo**. (Cruellement) *Cruciari*. Souffrir des yeux, *dolēre* ab oculis*; il souffre du pied, *pes illi dolet*; — d'une maladie, *laborare* (abl.); faire —, *cruciare* (acc.). ◆ **2.** Subir un dommage. (Pers.) *Vexari*. (Ch.) *Laborare* (abl.). Faire —, *offendere, o** (acc.). ◆ **3.** (Moralement) *Dolēre**. *Pati, ior**. (Cruellement) *Perdolere, eo**. *Angi, or**. Souffrir de voir (inf.), *aegre ferre** (prop. inf.). ◆ **II.** Tr. **1.** Endurer; supporter. *Pati, ior** (acc.). *Ferre, fero** (acc.). Souffert, *toleratus, a, um*; souffrir avec peine, *graviter ferre** (*rem* ou prop. inf.); ne pouvoir — qqn, *aliquem non ferre**; je ne puis — la foule, *odi* celebritatem*. ◆ **2.** Tolérer. *Pati**. *Ferre**. *Sinere, o**. Souffre que je me justifie, *sine* me expurgem*; souffrir d'être accusé, *reum esse scire*. ◆ **3.** (Ch.) Admettre. *Ferre**. *Recipere, io**.

SE SOUFFRIR, r. Être souffert. *Ferri**. *Tolerari*. Je ne puis pas me — moi-même, *totus mihi displiceo**.

soufre, m. *Sulphur, uris*, n. De —, *sulphureus, a, um*.

soufrer, tr. *Sulphure suffire*. Soufré, *sulphuratus, a, um*.

soufrière, f. *Sulphuraria, ae*, f.

souhait, m. *Votum, i*, n. *Optatum, i*, n. A tes —, *cupio* omnia quae vis*; à —, *ex sententiā*; qui a tout à —, *omnium rerum abundans, antis*.

souhaitable, adj. *Optabilis, e*.

souhaiter, tr. *Optare* (*rem* ou *ut*, subj.). *Cupere, io** (acc.; inf. ou prop. inf.). (Ardemment) *Exoptare*. Ne — rien tant que, *nihil malle* quam* (inf.); — du mal à qqn, *male precari alicui*.

souiller, tr. **1.** *Inquinare*. ◆ **2.** (Fig.) *Polluere, o*. *Inficere, io** (de, abl.).

SE SOUILLER, r. *Se contaminare* (abl.).

souillure, f. *Macula, ae*, f. *Labes, is*, f. Laver une —, *labem delēre*.

soûl, soûle. I. Adj. 1. *Satur, ura, urum.* ◆ 2. Ivre. *Ebrius, a, um.* ◆ 3. (Fig.) *Saturatus, a, um.* ◆ II. Nom m. Tout son —, *usque ad satietatem;* qui a dormi son —, *somno satiatus.*

soulagement, m. *Levatio, onis,* f. *Levamentum, i,* n.

soulager, tr. 1. *Levare.* Soulager qqn, *levare aliquem;* soulager qqn dans son travail, *levare laborem alicui.* ◆ 2. Faire du bien à. *Opitulari* (dat.).

SE SOULAGER, r. 1. *Levari. Levare laborem.* ◆ 2. Se — sur qqn (se mettre en colère contre lui), *stomachum erumpĕre* in aliquem.*

soulèvement, m. 1. Révolte. *Motus, us,* m. *Tumultus, us,* m. Exciter des — dans l'Etat, *motum afferre* rei publicae.* ◆ 2. Indignation. *Indignatio, onis,* f.

soulever, tr. 1. *Tollere, o*.* Soulever la mer, *mare movĕre*;* — le cœur, *stomacho fastidia movēre*.* ◆ 2. (Fig.) Révolter. *Concitare.* Chercher à —, *sollicitare* (acc.). ◆ 3. Indigner. *Indignationem movere, eo*.* ◆ 4. Faire naître. *Excitare.* Soulever une question, *rem in quaestionem vocare.*

SE SOULEVER, r. 1. S'élever. *Se levare. Tolli, or*.* ◆ 2. (Fig.) Se révolter. *Rebellare. Cooriri** (contre, *in,* acc.). ◆ 3. S'indigner. *Indignari* (contre qqch., *aliquid*).

soulier, m. 1. *Calceamentum, i,* n. ◆ 2. A tige. *Calceus, i,* m. ◆ 3. De soldat. *Caligula, ae,* f. ◆ 4. Bas; de femme. *Soccus, i,* m. ◆ 5. De paysan. *Carbatina, ae,* f. ◆ 6. Petit —, *calceolus, i,* m. ◆ 7. Loc. div. Mettre des — à qqn, *calceos inducĕre* alicui;* mettre ses —, *calceos inducĕre*.*

soumettre, tr. 1. *Subigere, o*.* ◆ 2. (Fig.) Faire dépendre. *Subjicere, io*.* Soumettre son opinion à celle d'autrui, *obsequi* alicui.* ◆ 3. Proposer qqch. à l'examen de. *Deferre, fero** (*rem ad*).

SE SOUMETTRE, r. 1. *Se subjicĕre** (*alicui*). ◆ 2. (Fig.) Obéir. *Parere, eo** (dat.). *Obtemperare* (dat.). Soumis, *oboediens, entis* (dat.).; soumis à la mort, *morti obnoxius, a, um.* ◆ 3. Subir. *Subire, eo** (acc.). *Accipere, io*. Non recusare* (inf.).

soumission, f. 1. *Deditio, onis,* f. Faire sa —, *in deditionem venire*;* recevoir la — de, *in deditionem accipere, io** (acc.). ◆ 2. (Fig.) Disposition à obéir. *Obsequium, ii,* n. Faire acte de —, *facĕre* (*io**) *imperatum;* avec —, *submisse.*

soumissionner, tr. *Redimere, o*.*

soupape, f. *Clypeus, i,* m.

soupçon, m. 1. *Suspicio, onis,* f. Porter ses — sur, *suspicionem adjungĕre* ad* (acc.); inspirer des —, *suspicionem dare*;* détourner un — sur qqn, *suspicionem conferre* in* *aliquem;* être en butte aux —, *in suspicione poni*;* être hors de —, *suspicione carēre*;* mettre à l'abri du —, *a suspicione vindicare.* ◆ **2.** (Fig.) Un — de. *Suspicio* (gén.). Un — de vin, *exiguum vini;* un — de fièvre, *febricula, ae,* f.

soupçonner, tr. **1.** *Suspicere, io*. Suspicari.* Être soupçonné de, *suspicionem habēre** (gén.). ◆ **2.** Conjecturer. *Suspicari* (acc. ou prop. inf.). Faire —, *conjecturam afferre*;* qui ne soupçonne rien de cela, *imprudens, entis;* chose qu'on ne soupçonne pas, *necopinata res.*

soupçonneux, euse, adj. *Suspiciosus, a, um.*

soupe, f. *Intrita, ae,* f. — au lait, *panis ex lacte.*

1. souper, intr. *Cenare.*

2. souper, m. *Cena, ae,* f.

soupeser, tr. *Manu exigere, o** (acc.).

soupir, m. *Suspirium, ii,* n. Le dernier —, *extremus* (*i*) *spiritus* (*us*), m.; rendre le dernier —, *extremum spiritum effundĕre*.*

soupirail, m. *Spiraculum, i,* n.

soupirer, intr. **1.** *Suspirare. Gemere, o*.* ◆ **2.** (Fig.) Soupirer après (qqch.), *expetĕre** (*aliquid*).

souple, adj. **1.** *Flexibilis, e.* ◆ **2.** (Fig.) Docile. *Tractabilis, e.* ◆ **3.** Qui se plie aux circonstances. *Versutus, a, um. Versipellis, e.*

souplesse, f. **1.** *Mollitia, ae,* f. ◆ **2.** (Fig.) Souplesse d'esprit. *Ingenii dexteritas, atis,* f. ◆ **3.** Soumission. *Obsequium, ii,* n.

source, f. **1.** *Fons, fontis,* m. De —, *fontanus, a, um;* prendre sa —, *profluĕre* ex.* ◆ **2.** (Fig.) Origine. *Fons. Origo, inis,* f. Être une — de, *gignĕre** (acc.); *continēre** (acc.); *esse* (dat.); prendre sa — dans, *oriri** (*ab, de* ou *ex*). ◆ **3.** Auteur (d'un bruit). *Auctor, oris,* m. ◆ **4.** Textes originaux. *Monumenta, orum,* npl.

sourcier, m. *Aquilex, egis* (ou *icis*), m.

sourcil, m. *Supercilium, ii,* n.

sourciller, intr. **1.** *Frontem contrahere, o*.* ◆ **2.** (Fig.) Sans —, *tranquillo animo.*

sourcilleux, euse, adj. Front —, *frons attractior,* f.

sourd, sourde, adj. **1.** (Pers.) *Surdus, a, um.* Devenir —, *obsurdescĕre*.* ◆ **2.** (Fig.) *Surdus.* Oreilles sourdes à, *aures clausae ad.* ◆ **3.** (Ch.) *Surdus.* Voix —, *vox fusca.* ◆ **4.** (Fig.) *Occultus, a, um.* Par de sourdes menées, *occulte.*

sourdement, adv. En secret. *Occulte.*

sourdine, f. A la —, *furtim.*

sourdre, intr. *Scaturire.*

souriceau, m. *Musculus, i,* m.

souricière, f. *Muscipulum, i,* n.

1. sourire, intr. *Arridere, eo** (à, dat.).
2. sourire, m. *Risus, us*, m.
souris, f. *Sorex, icis*, m.
sournois, se, adj. *Tectus, a, um.*
sous, prép. **I.** Sens local. *Sub* (sans mouv., abl.; avec mouv., acc.). Mis —, *subjectus, a, um* (dat.); — les yeux, *sub oculis;* être — la main, *esse sub manu* ou *prae manu;* tomber — la main, *venire* in manus.* ◆ **II.** Sens temporel. (Du temps de) Abl. absolu. Sous le règne de Romulus, *regnante Romulo;* sous ma questure, *me quaestore.* (Dans le délai de) *Intra* (acc.). *Post* (acc.). Sous peu, *propediem.* ◆ **III.** Sens fig. **1.** Dépendance. *Sub.* Sous ton commandement, *te duce.* ◆ **2.** Accompagnement. *Cum* (abl.). Être — les armes, *esse in armis;* — une apparence de, *per simulationem* (gén.); — prétexte de, *sub nomine* (gén.). ◆ **3.** Moyen. Abl. Faire périr — le bâton, *fusti necare*.* ◆ **4.** Sous le rapport de, *quod attinet* ad;* sous tous les rapports, *ex omni parte.*
sous-chef, m. Être —, *vicem praefecti praestare*.*
souscripteur, m. *Collator, oris*, m.
souscription, f. **1.** Signature. *Subscriptio, onis*, f. ◆ **2.** Cotisation. *Collatio, onis*, f.
souscrire. I. Tr. Signer. *Subscribere, o** (acc.). *Scribendo adesse, sum** (dat.). ◆ **II.** Intr. **1.** Approuver. *Assentire** (dat.). ◆ **2.** Apporter sa part à une cotisation, *stipem conferre, fero** (dat.).
sous-diacre, m. *Subdiaconus, i*, m.
sous-entendre, tr. **1.** *Intellegere, o*.* Cela est sous-entendu, *haec tacite fiunt*.* ◆ **2.** (Gr.) *Subaudire.* On sous-entend (tel mot), *simul auditur.*
sous-maître, m. *Pro magistro. Hypodidascalus, i*, m.
sous-officier, m. *Optio, onis*, m.
sous-ordre, m. Être en —, *esse secundarum partium.*
sous-préfet, m. *Subpraefectus, i*, m.
soussigné, ée, part. *Infra scriptus, a, um.* Je — Titius déclare avoir reçu. *Titius scripsi* me accepisse.*
sous-sol, m. *Inferius solum*, n.
soustraction, f. **1.** Vol. *Detractio, onis*, f. ◆ **2.** (Arithm.) *Substractio, onis*, f.
soustraire, tr. **1.** Dérober. *Subtrahere, o*. Subripere, io*.* ◆ **2.** Éloigner. *Subducere, o** (à, dat.). *Removere, eo*.* Soustraire aux regards, *subdūcĕre* oculis (rem); abdūcĕre* ab oculis (aliquem);* — au danger, *eripĕre (io*) periculo* ou *ex periculo;* se — à, *se eripĕre (io*).* ◆ **3.** (Arithm.) *Deducere, o** (de, *de*).
soutane, f. *Tunica talaris*, f.
soutenable, adj. *Probabilis, e.*

soutenir, tr. **1.** Empêcher de tomber. *Sustinere, eo**. Soutenir (qqn) qui tombe, *labentem excipĕre, io*;* soutenu (pr. et fig.), *sublevatus, a, um; fultus.* ◆ **2.** Aider. *Sustinēre*. Sustentare.* (Milit.) *Succurrere, o** (dat.). (Sustenter) *Sustentare* (acc.). ◆ **3.** (Fig.) Donner du courage à. *Sustentare.* ◆ **4.** Défendre. *Sustinēre*. Tueri, eor*.* Soutenir son droit, *jus suum tenēre*.* ◆ **5.** Conserver. *Sustinēre*. Servare.* Soutenir son rôle, son rang, *personam, ordinem tuēri*;* soutenu (qui se soutient), *constans, antis.* ◆ **6.** Supporter. *Sustinēre*. Ferre, fero*.* Soutenir le choc, *impetum sustinēre** ou *ferre*.* ◆ **7.** Affirmer. *Contendere, o** (acc. ou prop. inf.).

SE SOUTENIR, r. **1.** *Se sustinēre*.* Se soutenant à peine (ivre), *vacillans, antis;* se soutenir sur l'eau, *aquā sustinēri*.* ◆ **2.** S'alimenter. *Se sustentare.* ◆ **3.** Prolonger sa vie. *Vitam sustentare.* ◆ **4.** Durer. *Permanere, eo*.* ◆ **5.** Être défendu. *Defendi*.*

souterrain, aine. I. Adj. *Subterraneus, a, um.* Chemin —, *cuniculus, i,* m. ◆ **II.** Nom m. *Specus, us,* m. *Cuniculus, i,* m.

soutien, m. **1.** *Adminiculum, i,* n. ◆ **2.** (Fig.) *Praesidium, ii,* n. *Firmamentum, i,* n. Être le — de, *sublevare* (acc.).

soutirer, tr. **1.** *Liquare.* ◆ **2.** Dépouiller de. *Emungere, o** (*re aliquem*).

souvenir, m. *Memoria, ae,* f. *Recordatio, onis,* f. Le — m'en revient, *id venit* in mentem;* perdre le — de, *memoriam deponĕre** (gén.); effacer le — de, *memoriam expellĕre** (gén.).; rappeler le — de, *memoriam excitare* (gén.); rappeler un événement au — de qqn, *revocare animum alicujus ad eventus memoriam;* transmettre le — de qqch., *prodĕre* aliquid memoriae;* un — de, *monumentum* (gén.).

souvenir (se), r. **1.** *Meminisse** (gén. ou *rem;* prop. inf. au prés. ou au pf.). Qui se souvient, *memor, oris* (gén.); faire — de, *memoriam afferre** (gén.); se — d'un bienfait, *memoriam beneficii tenēre*; memorem esse beneficii.* ◆ **2.** Avoir égard à. *Curare* (acc.). Il ne s'est pas souvenu des sentiments d'humanité, *omisit* humanitatem.*

souvent, adv. *Saepe. Crebro.* Comme il arrive —, *ut fieri solet*;* faire —, *factitare;* pas —, *raro;* le plus —, *plerumque.*

souverain, aine. I. Adj. **1.** *Summus, a, um.* ◆ **2.** Très efficace. *Praecipuus.* **II.** Nom m. f. *Dominator, oris,* m. *Dominatrix, icis,* f. *Rex, regis,* m. *Regina, ae,* f.

souverainement, adv. *Summe.* Juger —, *judicium summum habēre*.*

souveraineté, f. **1.** Autorité. *Dominatio, onis,* f. *Dominatus, us,* m. Exercer la —, *summo cum imperio esse.* ◆ **2.** Pays. *Regnum, i,* n.

soyeux, euse, adj. *Mollis, e.*

spacieusement, ad. *Laxe.*

spacieux, euse, adj. *Vastus, a, um. Latus.*

Sparte. *Sparta, ae,* f. De —, *Spartanus, a, um;* les Spartiates, *Spartiatae, arum,* mpl.

sparterie, f. *Spartum, i,* n.

spasme, m. *Spasmus, i,* m.

spatule, f. *Spatha, ae,* f.

spécial, ale, adj. Particulier. *Proprius, a, um* (à, dat.). *Peculiaris, e* (à, dat.).

spécialement, adv. *Proprie. Praesertim.*

spécialiste, m. f. Les —, *periti, orum,* mpl.

spécialité, f. Connaissances spéciales. *Peritia, ae,* f.

spécieux, euse, adj. *Speciosus, a, um.*

spécifier, tr. *Designare.* Sans rien — (en bloc), *per saturam.*

spécifique, adj. (Méd.) *Proprius, a, um. Praecipuus, a, um.*

spécimen, m. *Specimen, inis,* n.

spectacle, m. **1.** *Spectaculum,i,* n. Être en —, *spectaculo esse; conspici, ior*;* donner en —, *spectaculum facĕre, io* (aliquem).* ◆ **2.** Représentation théâtrale. *Spectaculum. Ludi, orum,* mpl.

spectateur, trice, m. f. *Spectator, oris,* m. *Spectatrix, icis,* f. Les —, *spectantes, ium,* mpl.; être —, *spectare.*

spectre, m. *Simulacrum, i,* n.

spéculateur, m. (En banque). *Manceps, cipis,* m.

spéculation, f. **1.** En banque, en affaires. *Negotiatio, onis,* f. ◆ **2.** Observation des astres. *Contemplatio, onis.* ◆ **3.** Théorie pure. *Cogitatio, onis,* f. *Ratio, onis,* f.

spéculer. I. Tr. Observer les astres, *Contemplari.* ◆ **II.** Intr. **1.** Méditer. *Meditari.* ◆ **2.** Faire des calculs de commerce. *Quaestum instituere, o. Negotiari* (intr.) ◆ **3.** (Fig.) Spéculer sur, *quaestui habēre* (aliquid).*

sphère, f. **1.** *Sphaera, ae,* f. ◆ **2.** Cercle. *Orbis, is,* m. ◆ **3.** (Fig.) Rester dans sa —, *locum suum tenēre*.*

sphérique, adj. *Globosus, a, um.*

sphinx, m. *Sphinx, sphingis* (acc. *a,* gén. pl. *um*), f.

spirale, f. *Spira, ae,* f. En —, *in cochleam.*

spiritualité, f. *Spiritualitas, atis,* f. *Natura simplex,* f.

spirituel, elle, adj. **1.** Immatériel. *Incorporalis, e.* ◆ **2.** Mystique. *Spiritualis, e.* ◆ **3.** Qui a de l'esprit. *Acutus, a, um.* Mots —, *sales, ium,* mpl.

spirituellement, adv. Avec esprit. *Ingeniose. Acute.*

splendeur, f. *Splendor, oris,* m.

splendide, adj. **1.** (Ch.) *Splendidus, a, um. Lautus.* ◆ **2.** (Pers.) *Magnificus, a, um.*

splendidement, adv. *Splendide. Magnifice.*

spoliateur, trice, m. f. *Spoliator, oris,* m. *Spoliatrix, icis,* f.
spoliation, f. *Spoliatio, onis,* f.
spolier, tr. *Spoliare* (de, abl.).
spondée, m. *Spondeus, i,* m.
spongieux, euse, adj. *Spongiosus, a, um.*
spontané, ée, adj. *Spontaneus, a, um.* Notre âme a un mouvement —, *mens movetur* ipsa per sesè.*
spontanéité, f. *Voluntas, atis,* f.
spontanément, adv. *Sponte.*
sportule, f. *Sportula, ae,* f.
squelette, m. *Ossa, ium,* npl. *Larva, ae,* f.
st! interj. *Heus!*
stabilité, f. *Stabilitas, atis,* f.
stable, adj. *Stabilis, e. Firmus, a, um.*
stade, m. *Stadium, ii,* n.
stagnant, ante, adj. Eau —, *aqua stagnans,* f.
stagnation, f. **1.** *Statio, onis,* f. ◆ **2.** (Fig.) *Cessatio, onis,* f.
stance, f. *Stropha, ae,* f.
station, f. *Statio, onis,* f.
stationnaire, adj. Rester —, *haerere, eo*.*
stationnement, m. *Statio, onis,* f.
stationner, intr. *Stare*.*
statistique, f. *Rationarium, ii,* n.
statuaire, 1. m. *Statuarius, ii,* m. *Fictor, oris,* m. ◆ **2.** f. *Statuaria ars,* f.
statue, f. **1.** En pied. *Statua, ae,* f. ◆ **2.** En buste. *Signum, i,* n. Exécuter en bronze la — de qqn, *ducĕre* aere aliquem;* dresser à qqn une —, *statuam ponĕre* alicui.*
statuer, intr. et tr. *Statuere. o* (acc.). Statuer sur, *decernĕre* de.*
statuette, f. *Sigillum, i,* n.
statu quo. Rester dans le —, *eodem stare* statu.*
stature, f. *Statura, ae,* f.
statut, m. *Decretum, i,* n.
stèle, f. *Stela, ae,* f.
sténographe, m. *Notarius, ii,* m.
sténographie, f. *Notae, arum,* fpl.
sténographier, tr. *Notare.* — un discours, *quae dicuntur celeritate scribendi persequi*.*
stérile, adj. **1.** *Sterilis, e. Infecundus, a, um.* ◆ **2.** (Fig.) *Inops, opis.* ◆ **3.** Inutile. *Sterilis. Inanis, e.*
stérilité, f. **1.** *Sterilitas, atis,* f. ◆ **2.** (Fig.) *Inopia, ae,* f.
stigmate, m. *Stigma, atis,* n. *Nota, ae,* f.
stigmatiser, tr. **1.** *Stigmata impŏnere, o** (*alicui*). ◆ **2.** (Fig.) *Notam inurere, o** (*alicui*).
stimulant, ante. I. Adj. *Acer, cris, cre.* ◆ **II.** Nom m. *Calcar, aris,* n. *Stimulus, i,* m.
stimuler, tr. *Stimulare. Excitare.*
stipendier, tr. **1.** *Mercede conducere, o*.* ◆ **2.** (Fig.) *Emere, o*.*
stipulation, f. *Stipulatio, onis,* f.

stipuler, tr. *Stipulari. Pacisci, or**.
stoïcien, enne, adj. *Stoicus, a, um.*
stoïcisme, m. **1.** *Stoicorum disciplina, ae,* f. ◆ **2.** Austérité. *Duritia, ae,* f.
stoïque, adj. *Stoicus, a, um. Austerus.*
stoïquement, adv. *Stoice. Austero modo.*
strangulation, f. *Suffocatio, onis,* f.
stratagème, m. *Stratagema, atis,* n.
stratège, m. *Strategus, i,* m.
stratégie, f. *Strategica, orum,* npl.
stratégique, adj. Opérations —, *strategica, orum,* npl.; route —, *militaris via,* f.
strict, cte, adj. **1.** (Ch.) *Strictus, a, um.* ◆ **2.** (Pers.) *Severus, a, um.*
strigile, m. *Strigilis, is,* f.
strophe, f. *Stropha, ae,* f.
structure, f. **1.** *Structura, ae,* f. ◆ **2.** Du corps humain. *Compages, is,* f. (*corporis*). ◆ **3.** (Fig.) D'un discours. *Structura.* ◆ **4.** D'une phrase. *Constructio, onis,* f. (*verborum*).
stuc, m. *Marmoratum, i,* n. *Tectorium, ii,* n.
studieusement, adj. *Accurate.*
studieux, euse, adj. **1.** (Pers.) *Studiosus, a, um.* ◆ **2.** (Ch.) *Litteratus, a, um.*
stupéfaction, m. **1.** *Torpor, oris,* m. ◆ **2.** (Fig.) *Stupor, oris,* m.
stupéfait, aite, adj. *Stupefactus, a, um.* Être —, *stupēre**.
stupéfier, tr. *Obstupefacere, io**.
stupeur, f. *Torpor, oris,* m. ◆ (Fig.) *Stupor, oris,* m.
stupide, adj. *Stupidus, a, um. Stolidus.*
stupidement, adv. *Stulte.*
stupidité, f. *Stupiditas, atis,* f.
style, m. **1.** Poinçon. *Stilus, i,* m. ◆ **2.** Manière d'écrire. *Stilus. Oratio, onis,* f. Avoir tel ou tel —, *dicĕre** ou *scribĕre** (suivi d'un adv.). ◆ **3.** En architecture. *Genus, generis,* n.
styler, tr. *Instituere, o.*
stylet, m. *Pugio, onis,* m.
Styx. *Styx, Stygis,* f. Du —, *Stygius, a, um.*
su, m. Au su et au vu de tout le monde, *scientibus omnibus.*
suaire, m. *Sindon, onis,* f.
suave, adj. *Suavis, e.*
suavité, f. *Suavitas, atis,* f.
subalterne, adj. *Inferior, ius.*
subdiviser, tr. *Dividere, o**.
subdivision, f. *Subdivisio, onis,* f.
subir, tr. **1.** (Pers.) *Subire, eo**. *Pati, ior**. Subir qqn, *ferre** *aliquem.* ◆ **2.** (Ch.) *Recipere, io**. Subir un changement, *mutari.*
subit, ite, adj. *Subitus, a, um. Repentinus.*
subitement, adv. *Repentino.*
subjuguer, tr. **1.** *Subigere, o**. *Domare**. ◆ **2.** (Fig.) *Subigere.*

sublime, adj. *Altus, a, um. Elatus.*
sublimement, adv. *Sublate.*
sublimité, f. *Altitudo, inis*, f.
submerger, tr. *Mergere, o** (*in aquam*). Submergé, *submersus, a, um.*
submersion, f. *Submersio, onis*, f.
subordination, f. *Oboedientia, ae*, f.
subordonner, tr. *Subjicere, io** (à, dat.).
suborner, tr. *Subornare.*
suborneur, m. *Corruptor, oris*, m.
subreptice, adj. *Furtivus, a, um.*
subrepticement, adv. *Furtive.*
subrogation, f. *Substitutio, onis*, f.
subroger, tr. *Subrogare.*
subséquent, ente, adj. *Insequens, entis.*
subside, m. *Tributum, i*, n. Des —, *opes, um*, fpl.
subsidiaire, adj. *Secundarius, a, um.*
subsidiairement, adv. *Secundo.*
subsistance, f. *Victus, us*, m. Les —, *annona, ae*, f.
subsister, intr. **1.** *Stare*. Manere, eo*.* ◆ **2.** Vivre. *Vivere, o**. Faire —, *alĕre** (acc.).
substance, f. **1.** (Philos.) *Substantia, ae*, f. *Natura, ae*, f. ◆ **2.** Matière. *Corpus, corporis*, n. *Res, rei*, f. ◆ **3.** Ce qu'il y a de meilleur dans une chose. *Sucus, i*, m. S'engraisser de la — du peuple, *rei publicae sanguine saginari.* ◆ **4.** (Fig.) L'essentiel d'un discours. *Summa, ae*, f. En —, *summatim.*
substantiel, elle, adj. **1.** (Philos.) *Substantialis, e.* ◆ **2.** Nourrissant. *Valens, entis.* ◆ **3.** (Fig.) *Plenus, a, um.*
substituer, tr. **1.** (Pers.) *Substituere, o* (à qqn, *pro aliquo; in locum alicujus; alicui*). Être substitué à qqn; se substituer à qqn, *succedĕre* in locum alicujus.* ◆ **2.** (Ch. *Subjicere, io** (à, *pro*, abl.).
substitution, f. **1.** *Successio, onis*, f. ◆ **2.** (Jur.) *Substitutio, onis*, f.
subterfuge, m. *Effugium, ii*, n. User de —, *tergiversari.*
subtil, ile, adj. **1.** (Objet) *Tenuis, e.* ◆ **2.** (Sens) *Acer, cris, cre.* ◆ **3.** (Esprit) *Tenuis. Argutus, a, um.* ◆ **4.** Adroit. *Callidus, a, um.*
subtilement, adv. **1.** Finement. *Tenuiter.* ◆ **2.** Adroitement. *Callide.*
subtiliser. **I.** Tr. **1.** *Extenuare.* ◆ **2.** Tromper. *Ludificare.* ◆ **II.** Intr. *Perplexari.*
subtilité, f. **1.** D'un objet. *Tenuitas, atis*, f. ◆. **2.** Des sens. *Sagacitas, atis*, f. ◆ **3.** De l'esprit. *Acumen, inis*, n. Des —, *argutiae, arum*, fpl. ◆ **4.** Adresse. *Sollertia, ae*, f.
subvenir, intr. **1.** (A qqn.) *Subvenire** (dat.). *Opitulari* (dat.). ◆ **2.** (A qqch.) *Sustentare* (acc.). — aux frais, *sumptus suppeditare.*
subvention, f. Fournir une —, *pecuniam suppeditare.*
subversif, ive, adj. Langage

—, *oratio sediliosa* ou *capitalis.*
subversion, f. *Eversio, onis,* f.
suc, m. *Sucus, i,* m.
succéder, intr. **1.** (Pers.) *Succedere, o** (à, *in locum alicujus*). ◆ **2.** (Ch.) *Excipere, io** (acc.). Plaisirs qui se succèdent, *perpetuae voluptates;* faire — les guerres aux guerres, *serĕre* bella ex bellis.*
succès, m. **1.** Résultat. *Exitus, us,* m. ◆ **2.** Résultat heureux. *Successus, us,* m. Avoir du —, *proficĕre, io*;* avec —, *feliciter; prospere;* sans —, *male.* ◆ **3.** Victoire. *Bene gestae res,* fpl. Remporter un —, *rem bene gerĕre*.*
successeur, m. *Successor, oris,* m.
successif, ive, adj. *Continuus, a, um.*
succession, f. **1.** Suite. *Series, ei,* f. *Ordo, inis,* m. — alternée, *vicissitudines, um,* fpl. ◆ **2.** Transmission des hérédités. *Successio, onis,* f. ◆ **3.** Héritage. *Hereditas, atis,* f.
successivement, adv. *Vicissim.*
succinct, cte, adj. *Brevis, e. Pressus, a, um.*
succinctement, adv. *Breviter. Presse.*
succomber. Intr. **1.** *Succumbere, o** (à, dat.). ◆ **2.** Avoir le dessous. *Opprimi, or** ◆ **3.** Mourir. *Occumbere, o*.*
succulent, ente, adj. *Sucosus, a, um.*
succursale, adj. **1.** (Église) *Ecclesia minor,* f. ◆ **2.** (Magasin) *Taberna minor,* f.
sucement, m. *Suctus, us,* m.
sucer, tr. **1.** *Sugere, o*.* ◆ **2.** (Fig.) Sucer l'argent de qqn, *emungĕre* aliquem argento.*
suçoir, m. *Rostrum, i,* n.
sucre, m. *Saccharon, i,* n.
sucrer, tr. **1.** *Saccharo temperare.* Sucré (doux), *praedulcis, e.* ◆ **2.** (Fig.) Faire la sucrée, *fastidire.*
sucreries, fpl. *Dulcia, ium,* npl.
sud, m. *Meridies, ei,* f. *Auster, tri,* m. Du —, *australis, e;* vent du —, *auster, tri,* m.
sud-est, m. Vent du —, *euronotus, i,* m.
sud-ouest, m. Vent du —, *libs, libis,* m.
suer. **I.** Intr. *Sudare.* Faire —, *sudorem movēre*.* ◆ **II.** Tr. Suer du sang, *sudare sanguine;* suer sang et eau, *desudare;* homme qui sue le vice, *tot vitiis inquinatus.*
sueur, m. *Sudor, oris,* m. A force de sueurs, *multo sudore ac labore.*
suffète, m. *Suffes, etis,* m.
Suèves. *Suevi, orum,* mpl.
suffire, intr. **1.** (A qqn) *Sufficere, io** (dat.). ◆ **2.** (A qqch.) *Suppetere, o** (dat.). Il suffit, *satis est* (de ou que, inf.).
suffisamment, adv. *Satis.*
suffisance, f. **1.** *Quod satis est.* ◆ **2.** (Fig.) *Arrogantia, ae,* f.
suffisant, ante, adj. **1.** (Ch.) *Satis aptus, a, um* (*ad*). *Justus.* ◆ **2.** (Pers.) *Arrogans, antis.*
suffocant, ante, adj. *Suffocabilis, e.*
suffocation, f. *Suffocatio, onis,* f.
suffoquer. **I.** Tr. *Suffocare.*

Exanimare. ◆ **II.** Intr. **1.** *Suffocari.* ◆ **2.** (Fig.) Suffoquer de dépit, *dirumpi* dolore.*
suffrage, m. *Suffragium, ii,* n. Donner son — à, *suffragari* (dat.); refuser son — à, *refragari* (dat.); obtenir les — (d'une tribu), *tribum ferre*;* (fig.) *probari* (*alicui*).
suggérer, tr. *Injicere, io** (à, dat.).
suggestion, f. *Impulsus, us,* m.
suicide, m. *Mors voluntaria,* f.
suicider (se), r. *Manus sibi afferre*.*
suie, f. *Fuligo, inis,* f.
suif, m. *Sebum, i,* n.
suintement, m. *Sudor, oris,* m.
suinter, intr. *Sudare.*
Suisse. *Helvetia, ae,* f. De —, *Helveticus, a, um;* les Suisses, *Helvetii, iorum,* mpl.
suite, f. **1.** Ceux qui suivent. *Comitatus, us,* m. Suite nombreuse, *stipatio, onis,* f.; qui n'a pas de —, *incomitatus, a, um;* marcher à la — de, *sequi** (acc.). ◆ **2.** Ce qui suit. *Consequentia, ium,* npl. A la — de, *post* (acc.); *sub* (acc.); la — de mon discours, *reliqua oratio;* dans la —, *posterius.* ◆ **3.** Conséquence. *Consequentia, ae,* f. *Exitus, us,* m. La — de cela fut que, *quo factum* est ut* (subj.); donner — à, *persequi** (acc.); par — de, *ex.* ◆ **4.** Succession. *Series, ei,* f. *Ordo, inis,* m. La — des faits, *continuatio rerum;* une — de revers, *continua incommoda,* npl.; de —, *ex ordine;* dix jours de —, *per decem continuos dies;* trois ans de —, *per triennium deinceps;* tout de — (sans interruption), *sine ullā intermissione;* (sur-le-champ) *continuo; protenus;* et ainsi de —, *et deinceps;* ce seront des propos sans —, *sermo non cohaerebit*;* qui n'a pas d'esprit de —, *inconstans, antis.*
suivant, ante. I. Adj. *Sequens, entis.* ◆ **II.** Nom m. f. *Comes, comitis,* m. f.
suivant, prép. *Pro* (abl.). *Ex* (abl.). Selon moi, *meā sententiā.* Selon que, *prout* (indic.).
suivre, tr. **1.** Marcher après qqn. *Sequi, or*. Sectari.* Suivre longtemps, *persequi*;* ne pouvoir pas — les autres, *relinqui* a ceteris.* (Accompagner) *Comitari.* (Suivre des yeux) *Observare.* (Être attentif) Suivez-moi bien, *adestote* omnes animis.* ◆ **2.** Marcher dans (un chemin). *Sequi** (*viam*). Suivre le rivage, *secundum mare iter facere* (*io**); — les traces de son père (fig.), *patris vestigiis ingredi* (*ior**); — un projet, *consilium persequi*.* ◆ (Fig.) **3.** S'attacher à. (Qqn) *Sequi*.* Suivre le parti de Pompée, *Pompeium sequi*; partes Pompeii tenēre*.* (Qqch.) *Diligenter curare.* Suivre une affaire, *negotium curare;* — la carrière des armes, *arma exercēre*;* — le forum, *in foro quotidie versari;* — les leçons de, *frequenter audire* (acc.). ◆ **4.** Se laisser aller à. *Obsequi, or** (dat.). Suivre le courant, *flumini obsequi*;* — la raison, *ratione duci.* Se conformer à.

*Sequi**. Suivre une coutume, *morem tenēre**; ne pas — (un conseil), *omittĕre** (*consilium*). (Être conforme à) *Consentire** (*cum*). ◆ **5.** Venir après. *Insequi, or**. *Excipere, io**. L'année qui suit, *annus insequens;* comme suit, *hoc modo.* ◆ **6.** Il suit de là que, *sequitur** (prop. infin.. ou *ut*, subj.).

SE SUIVRE r. **1.** Se succéder. Les siècles se suivent, *aetas succedit** *aetati;* faire —, *continuare* (acc.). ◆ **2.** Être cohérent. *Cohaerere, eo**.

sujet, ette. I. Adj. *Obnoxius, a, um* (dat.). ◆ **II.** Nom m. **1.** (Pers.) Les — (d'un roi), *parentes, ium,* mpl.; ses —, *sui, orum,* mpl.; un — (un homme), *homo, hominis,* m.; un excellent —, *adulescens optimus;* un mauvais —, *nebulo, onis,* m. ◆ **2.** (Ch.) *Materia, ae,* f. (De tableau) *Argumentum, i,* n. Être le — de toutes les conversations, *esse in sermone omnium;* sortir de son —, *a proposito egredi, ior**; je reviens à mon — *ad rem redeo**. ◆ **3.** Motif. *Causa, ae,* f. Être un — d'effroi, *terrori esse* (dat.); si l'on a — de se réjouir, *si est ullus gaudendi locus;* je n'ai pas — de, *non habeo** *quod* (subj.); sans —, *sine causā;* à quel —? *quamobrem?* ◆ **4.** Sauvageon greffé ou à greffer. *Planta, ae,* f.

sujétion, f. *Servitus, utis,* f. Vivre dans la —, *aliunde pendĕre**.

sulfate, m. Sulfate de cuivre. *Sory, eos* (abl. *y*), n.

sulfureux, euse, adj. *Sulphurosus, a, um.*

1. superbe, adj. **1.** Orgueilleux. *Superbus, a, um.* ◆ **2.** Magnifique. *Magnificus. Lautus.* ◆ **3.** Très beau. *Pulcherrimus.*

2. superbe, f. *Superbia, ae,* f.

superbement, adv. **1.** Orgueilleusement. *Superbe.* ◆ **2.** Magnifiquement. *Magnifice.*

supercherie, f. *Fallacia, ae,* f. *Dolus, i,* m. Par —, *dolo malo.*

superficie, f. **1.** *Superficies, ei,* f. ◆ **2.** (Fig.) *Prima species,* f. *Cortex, icis,* m. f.

superficiel, elle, adj. **1.** *Summus, a, um.* ◆ **2.** (Fig.) Connaissance —, *cognitio inchoata;* esprit —, *ingenium levissimum.*

superficiellement, adv. **1.** *In summo.* ◆ **2.** (Fig.) *Strictim.*

superflu, ue. I. Adj. **1.** *Supervacuus, a, um.* ◆ **2.** (Fig.) *Irritus, a, um.* ◆ **II.** Nom m. *Supervacuum, i,* n.

superfluité, f. *Nimium, ii,* n. Des —, *supervacua, orum,* npl.; (dans le discours) *redundantia, ae,* f.

supérieur, eure. I. Adj. **1.** *Superior, ius.* ◆ **2.** (Fig.) Plus considérable. *Major, majus.* ◆ **3.** Qui l'emporte sur tous. *Praestans, antis. Egregius, a, um.* ◆ **II.** Nom m. *Superior, oris,* m.

supérieurement, adv. **1.** *Egregie.* ◆ **2.** Très bien. *Perbene.*

supériorité, f. *Praestantia, ae,* f. *Excellentia, ae,* f. Avoir la —, *ceteris praestare**; avoir la — en qqch., *ceteris antecellĕre** *re* ou *in re.*

superlatif, ive, adj. *Superlativus, a, um.*
superposer, tr. *Superponere, o*.*
superposition, f. *Impositio, onis,* f.
superstitieusement, adv. *Superstitiose.*
superstitieux, euse, adj. **1.** (Pers.) *Religiosus, a, um.* ◆ **2.** (Ch.) *Superstitiosus, a, um.*
superstition, f. **1.** *Superstitio, onis,* f. (Pratiques) *Religiones, um,* fpl. ◆ **2.** (Fig.) Scrupule d'exactitude. *Religio, onis,* f.
supplanter, tr. *Deturbare (aliquem de).*
suppléant, m. *Vicarius, ii,* m.
suppléer. I. Tr. **1.** (Qqch.) *Supplere, eo (rem).* ◆ **2.** (Qqn) *Partes suscipere, io* (alicujus);* se faire —, *vicarium expedire sibi.* ◆ **II.** Intr. Suppléer à ce qui manque du côté de la fortune, *rei familiaris lacunam explēre.*
supplément, m. **1.** Complément. *Complementum, i,* n. ◆ **2.** Ce qu'on donne en sus. *Appendix, icis,* f. Envoyer un — de troupes, *submittĕre* exercitus.*
supplémentaire, adj. *Extraordinarius, a, um. Supervacaneus.*
suppliant, ante, adj. *Supplex, icis.*
supplication, f. **1.** Prières publiques. *Supplicatio, onis,* f. ◆ **2.** Prière. *Obsecratio, onis,* f.
supplice, m. **1.** *Poena, ae,* f. *Supplicium, ii,* n. Subir un —, *expendĕre* poenas;* faire subir un — à qqn, *poenas ab aliquo repetĕre*; supplicio aliquem coercēre*;* livrer au —, *mittĕre* ad mortem.* ◆ **2.** (Fig.) *Angor, oris,* m. *Animi cruciatus, us,* m. Être au —, *angi, or*; cruciari.*
supplicier, tr. *Supplicium sumere, o* (de aliquo).* Être supplicié, *cruciari; excruciari;* les corps des suppliciés, *animadversorum corpora.*
supplier, tr. *Obsecrare* (acc.). *Obtestari* (dat.). Je vous supplie de, de ne pas, *vos oro atque obtestor ut* (subj.), *ne* (subj.).
supplique, f. *Supplex (icis) libellus (i),* m.
support, m. *Fultura, ae,* f. *Adminiculum, i,* n.
supportable, adj. **1.** (Ch.) *Tolerabilis, e. Tolerandus, a, um.* ◆ **2.** (Pers.) *Ferendus, a, um.*
supportablement, adv. *Tolerabiliter.*
supporter, tr. **1.** Soutenir. *Sustinere, eo*.* ◆ **2.** Souffrir. *Pati, ior*. Ferre, fero*.* ◆ **3.** Endurer patiemment. *Tolerare. Perpeti, ior*.* Supporté, *exanilatus, a, um.* Supporter qqn, *ferre* aliquem.* ◆ **4.** Être à l'épreuve de. *Pati*. Sufferre, fero*.*
supposable, adv. *Credibilis, e.*
supposer, tr. **1.** Poser le cas. *Fingere, o*.* Supposé qu'il ait pu, *fac* eum potuisse.* ◆ **2.** Présumer. *Suspicari.* ◆ **3.** Impliquer. *Continere, eo*.* ◆ **4.** Présenter comme vrai ce

qui est faux. *Fingĕre**. *Supponere, o**.

supposition, f. **1.** Dans cette —, *quo posito**; faire une —, *fictam rem ponĕre**. ◆ **2.** *Conjectura, ae*, f. ◆ **3.** *Suppositio, onis*, f.

suppôt, m. Partisan. *Satelles, itis*, m. *Canis, is*, m.

suppression, f. *Abolitio, onis*, f. Après la — du sénat, *senatu sublato**.

supprimer, tr. **1.** Empêcher de paraître, retirer. *Supprimere, o**. ◆ **2.** Passer sous silence. *Praeterire, eo**. *Praetermittere, o**. ◆ **3.** Retrancher. *Detrahere, o** (de, *de* ou *ex*). ◆ **4.** Abolir. *Tollere, o**.

suppuration, f. *Suppuratio, onis*, f.

suppurer, intr. *Suppurare*.

supputation, f. *Computatio, onis*, f.

supputer, tr. *Numerare*.

suprématie, f. **1.** *Priores* (ou *primae*) *partes*, fpl. ◆ **2.** Puissance. *Imperium, ii*, n.

suprême, adj. **1.** *Summus, a, um*. ◆ **2.** Dernier. *Supremus*.

suprêmement, adv. *Summe*.

1. sur, prép. **I.** Sens local . **1.** (Sans mouv.) *In* (abl.). *Super* (abl. et acc.). *Supra* (acc.). Sur terre et sur mer, *terrā marique;* être sur ses pieds, *stare**. ◆ **2.** (Avec mouv.) *In* acc.). *Super* (acc.). Frapper sur une enclume, *incudem tundĕre*;* se précipiter sur qqn, *ruĕre in aliquem*. ◆ **3.** Près de. *Propter* (acc.). Sur la rive, *juxta ripam;* sur le Rhône, *ad Rhodanum flumen;* ils habitaient sur le chemin, *in viā habitabant*. ◆ **II.** Sens temporel. **1.** (Date) Sur le soir, *sub vesperum;* sur le coup de minuit, *mediā fere nocte;* sur la fin de la cinquième année, *quinto anno exeunte*;* sur l'heure, *extemplo;* être sur son départ, *ad iter se parare*. ◆ **2.** (Succession) *Super* (acc.). Cavaliers envoyés coup sur coup, *eques alius super alium missus*;* faire faute sur faute, *aliud ex alio peccare;* écrire coup sur coup, *crebrius litteras mittĕre**. ◆ **III.** Sens fig. **1.** (Supériorité) *Ex* (abl.). Remporter une victoire sur, *victoriam referre* ex;* prendre une ville sur, *urbem capĕre* (*io**) *ex* ou *ab;* régner sur les nations, *gentibus imperare;* l'emporter sur, *praestare** (dat.). ◆ **2.** (Soustraction) *De* (abl.). *Ex* (abl.). Retrancher sur le capital, *deducĕre* de capite;* un jour sur deux, *tertio quoque die*. ◆ **3.** (Conséquence) *Ob* (acc.). *Ex* (abl.). Sur ton invitation, *invitatu tuo;* sur un motif sérieux, *gravi de causā;* sur la nouvelle de cette bataille, *hac pugnā nuntiatā*. ◆ **4.** (Relation) *Super* (abl.). *De* (abl.). Mais c'en est trop sur ce chapitre, *sed hac super re nimis;* le bruit qui court sur son compte, *de illo fama;* faire des vers sur, *versibus scribĕre* de;* une épigramme sur Roscius, *epigramma in Roscium;* je n'hésite pas sur ce que nous devons faire, *non dubito quid nobis agendum* sit.* ◆ **5.** (Manière, partie) *In* (acc.). Coucher sur le ventre, *cubare* in ventrem;* s'élevant sur la pointe du pied, *in digitos arrectus*;* (être battu) sur le dos, *per terga;* rester sur le flanc, *jacēre**. ◆ **6.** (Accompagnement) *Cum* (abl.). Porter une arme sur soi, *esse cum telo;* n'avoir pas d'argent sur soi, *pecuniam prae manu non habēre**. ◆ **7.** (Affirmation) Sur mon honneur, *me dius fidius;* sur ma vie, *ita vivam*; moriar** (*si*, subj.); sur sa parole, *juratus, a, um.*

2. sur, sure, adj. *Acidus, a, um.*

sûr, sûre, adj. **I.** (Ch.) **1.** Sans danger. *Tutus, a, um.* ◆ **2.** Qui ne trompe pas. *Fidus, a, um;* à coup sûr, *sine dubio.* ◆ **3.** Ferme. *Certus, a, um;* pied peu sûr, *gradus instabilis.* ◆ **4.** Certain. *Exploratus, a, um. Perspectus;* tenir pour sûr, *habēre pro explorato.* ◆ **II.** (Pers.) **1.** En qui l'on peut se fier. *Fidelis, e.* ◆ **2.** Qui n'a pas de doute. *Certus, a, um* (de, *de*, abl.); sois bien sûr que, *sic habeto** (prop.inf.); sûr de ses troupes, *militi fidens, entis.*

surabondamment, adv. *Satis superque.*

surabondance, f. *Redundantia, ae,* f.

surabondant, ante, adj. *Redundans, antis. Nimius, a, um.*

surabonder, intr. *Superesse, sum**.

suranné, ée, adj. *Obsoletus, a, um.*

surcharge, f. **1.** *Gravius* (*ioris*) *onus* (*oneris*), n. ◆ **2.** Mots écrits sur d'autres mots. *Interpositio, onis,* f.

surcharger, tr. **1.** *Onerare.* (Fig.) *Premere, o**. ◆ **2.** *Interponere, o**.

surcroît, m. *Accessio, onis,* f. Pour — de malheur, *illud accedit* incommodum.*

surdité, f. *Surditas, atis,* f.

sureau, m. *Sambucus, i,* f.

sûrement, adv. **1.** *Tuto.* ◆ **2.** Certainement. *Certo.*

suréminent, ente, adj. *Praestantissimus, a, um.*

surenchérir, intr. *Contra liceri, eor**.

sûreté, f. **1.** Absence de danger. Rendre la — aux mers, *mare tutum praestare*;* pour sa — personnelle, *praesidii sui causā;* pourvoir à sa propre —, *sibi praecavēre*;* lieu de —, *tutus locus;* être en —, *tuto esse;* en —, *tuto; tutus, a, um.* ◆ **2.** (Fig.) En — de conscience, *salvā religione.* ◆ **3.** (Pl.) Caution, précaution. *Cautio, onis,* f. Prendre ses —, *cautionem adhibēre*;* il faut prendre ses —, *praecauto opus est;* je prends mes — de ce côté, *hunc locum munio.* ◆ **4.** Fermeté. *Stabilitas, atis,* f. (Fig.) — de goût, *judicium subtile.*

surexciter, tr. **1.** *Stimulare.* ◆ **2.** (Fig.) *Exacerbare.*

surface, f. **1.** *Summum, i,* n. *Summus, a, um.* Toute la — de la terre, *orbis terrae.* ◆

2. (Fig.) Apparence. *Species, ei*, f. *Cortex, icis*, m. f.
surfaire, tr. *Pluris aequo indicare* (*merces*).
surgeon, m. *Surculus, i*, m.
surgir, intr. 1. *Surgere, o**. ◆ 2. (Fig.) *Exsistere, o**.
surhumain, aine, adj. Un courage —, *animo super humanam naturam evectus, a, um.*
surintendance, f. *Praefectura, ae*, f.
surintendant, m. *Praefectus, i*, m.
sur-le-champ, loc. adv. *Ilico. Extemplo.* Exécuter —, *repraesentare.*
surlendemain, m. Le —, *perendie; perendinā die.*
surmonter, tr. 1. *Superare.* ◆ 2. Surmonter une chose d'une autre, *superponĕre* rem rei.*
surnager, intr. *Fluitare.*
surnaturel, elle, adj. 1. *Supra naturam humanam excedens, entis.* ◆ 2. Extraordinaire. *Prope divinus, a, um.*
surnaturellement, adv. *Divinitus.*
surnom, m. *Cognomen, inis*, n.
surnommer, tr. *Cognominare.* Il est surnommé le sage, *ei sapienti cognomen est; cognomen habet* sapientis; sapiens usurpatur.*
surnuméraire, adj. *Supernumerarius, a, um.*
surpasser, tr. 1. *Excedere, o**. ◆ 2. (Fig.) *Superare. Praestare** (dat.). (En qqch., *re*). — l'intelligence de l'homme, *majus esse quam ut hominis ratio consequi possit**. ◆ 3. Étonner. *Percellere, o**.
surplis, m. *Superpelliceum, i*, n.
surplomber, intr. *Nutare.*
surplus, m. *Reliquum, i*, n. *Reliquus, a, um.* Au —, *quod superest*; ceterum.*
surprenant, ante, adj. *Mirus, a, um.* Il n'est pas — que, *minime mirandum est si.*
surprendre, tr. 1. Prendre sur le fait. *Deprehendere, o**. (Prendre à l'improviste) *Opprimere, o**. Il se laissa —, *oppressus est* (*ab hoste*) *incautus.* ◆ 2. (Fig.) Tromper qqn. *Capere, io**. (Se procurer qqch.) *Furari. Expiscari.* ◆ 3. Étonner. *Percellere, o**. Je suis surpris que, *miror* (prop. inf.; *quod* ou *cur*, subj.; *si*, indic.).
surprise, f. 1. *Insidiae, arum*, fpl. Par —, *insidiose;* — (dans les mots), *captio, onis*, f. ◆ 2. Étonnement. *Admiratio, onis*, f. Je ne reviens pas de ma —, *hoc satis mirari nequeo**. ◆ 3. Chose imprévue. *Res insperata* ou *necopinata*, f.
sursaut, m. S'éveiller en —, *somno excuti, ior*;* réveillé en —, *repente e somno excitatus, a, um.*
surseoir, intr. *Supersedere, eo** (à, abl.). Surseoir à une affaire, *rem differre**.
sursis, m. *Procrastinatio, onis*, f. Demander un —, *paucos dies sibi postulare.*
1. **surtout**, adv. *In primis.* Maintenant —, *nunc cum maxime;* — si, *et maxime si.*
2. **surtout**, m. 1. Vêtement. *Amiculum, i*, n. *Diplois, idis*,

f. ◆ 2. Pièce de vaisselle. *Repositorium, ii*, n.

surveillance, f. *Custodia, ae*, f.

surveillant, ante, m. f. *Custos, odis*, m. f.

surveiller, tr. *Speculari. Custodire.* Surveiller notre conduite, *quid agamus* animadvertĕre*;* — l'exécution des statues, *praeesse statuis faciendis.*

survenant, ante, adj. *Superveniens, entis.* Les —, *interventores, um*, mpl.

survenir, intr. **1.** (Pers.) *Intervenire*.* ◆ **2.** (Ch.) Arriver tout à coup. *Intervenire*. Intercedere, o*. Accĭdere, o*.* Les accidents survenus, *quae accĭderunt*.* ◆ **3.** Arriver de surcroît. *Supervenire*.*

survivant, ante, adj. *Superstes, stitis.*

survivre, intr. *Superesse, sum** (dat.). La reconnaissance survit au bienfait, *post rem manet* gratia.*

sus, adv. **1.** Courir sus à qqn, *impetum facere* (*io**) *in aliquem.* ◆ **2.** En sus, loc. adv. *Praeterea.* ◆ **3.** En sus de, loc. prép. *Praeter* (acc.). Être en sus, *superare.* ◆ **4.** Sus. Interj. *Age! agite!*

susceptibilité, f. *Animus mollis ad suscipiendam offensionem.* Blesser les — de qqn, *animum offendĕre* alicujus.*

susceptible, adj. **1.** Capable de. *Capax, acis* (gén.). *Obnoxius, a, um* (dat.). Lieu — de, *locus aptus ad.* ◆ **2.** Porté à s'offenser. *Iracundus, a, um.*

susciter, tr. **1.** *Suscitare.* ◆ **2.** (Fig.) *Gignere, o*. Afferre, fero*.* Susciter une guerre, *bellum excitare;* — des embarras, *negotium facessĕre*.*

suscription, f. *Nominis inscriptio, onis*, f.

susdit, dite, adj. *Supradictus, a, um.*

suspect, cte, adj. **1.** (Pers.) *Suspectus, a, um* (de, gén.). **2.** (Ch.) *Suspiciosus, a, um.*

suspecter, tr. *Suspicere, io*. Suspicari** (acc. ou prop. inf.).

suspendre, tr. **1.** *Suspendere, o** (à, *ab* ou *ex*). Suspendu, *appensus, a, um;* être suspendu, *pendēre*.* ◆ **2.** (Fig.) *Intermittere, o*.* Suspendre son assentiment, son jugement, *assensum, judicium continēre*;* — qqn, *ex officio amovēre* aliquem.*

suspens (en), loc. adv. **1.** (Pers.) *In incerto.* Être, rester en —, (*animo*) *pendēre*;* qui est en —, *suspensus, a, um;* tenir en —, *suspensum tenēre** (*aliquem*). ◆ **2.** (Ch.) *Suspensus, a, um.* Être, rester en —, *haerēre*.*

suspension, f. (Fig.) *Intermissio, onis*, f.

suspicion, f. *Suspicio, onis*, f.

sustenter, tr. *Sustentare.*

suture, f. *Sutura, ae*, f.

svelte, adj. *Gracilis, e.*

sveltesse, f. *Gracilitas, atis*, f.

Sybaris. *Sybaris, is* (acc. *im*, abl. *i*), f. De —, *Sybaritanus, a, um.*

Sybarite, m. **1.** Les —, *Sybaritae, arum*, mpl. ◆ **2.** (Fig.) *Voluptarius, ii*, m. *Epicuri de grege porcus, i*, m.

sycomore, f. *Sycomorus, i*, f.
sycophante, m. *Sycophanta, ae*, m.
syllabe, f. *Syllaba, ae*, f. Ne pas prononcer une —, *verbum nullum facĕre, io**; — par —, *syllabatim*.
syllogisme, m. *Syllogismus, i*, m.
sylvain, m. *Silvanus, i*, m.
symbole, m. **1.** *Signum, i*, n. ◆ **2.** Formulaire. *Symbolum, i*, n.
symétrie, f. **1.** *Convenientia, ae*, f. Faire —, *quadrare*. ◆ **2.** Dans le style. *Concinnitas, atis*, f. Donner de la — à son style, *orationem quadrare*.
symétrique, adj. **1.** *Conveniens, entis*. Être — avec, *respondēre** (dat.). ◆ **2.** Dans le style. *Par, paris*.
symétriquement, adv. *Ordine*.
sympathie, f. *Convenientia, ae*, f. Avoir de la — avec, *esse cognatum, am, um* (dat.); la — naturelle des âmes, *mentis cum mentibus conjunctio, onis*, f.; se sentir de la — pour qqn, *inclinatione voluntatis propendēre* in* (acc.).
sympathiser, intr. *Concordare* (*cum*). *Convenire** (*cum*). Ne pas — avec, *dissidēre* ab* ou *cum*.
symphonie, f. *Symphonia, ae*, f.
symptôme, m. *Symptoma, atis*, n. *Signum, i*, n.
synagogue, f. *Synagoga, ae*, f.
syncope, f. (Méd.) *Defectio, onis*, f.
syndic, m. *Syndicus, i*, m.
synode, m. *Synodus, i*, f.
synonyme, adj. *Cognominatus, a, um*. Termes —, *verba idem significantia*.
Syracuse. *Syracusae, arum*, fpl. De —, *Syracusanus, a, um*.
Syrie. *Syria, ae*, f. De —, *Syrus, a, um*.
syrinx, f. *Fistula, ae*, f.
Syrtes. *Syrtes, ium*, fpl.
systématique, adj. Ordre —, *ratio, onis*, f.
systématiquement, adv. *Ratione*.
système, m. **1.** Un tout. Le — du monde, *rerum universitas, atis*, f. ◆ **2.** Méthode. *Ratio, onis*, f. ◆ **3.** Corps de doctrine. *Ratio. Institutum, i*, n. — philosophique, *philosophiae disciplina, ae*, f.; *ratio; schola, ae*, f.; tout votre — s'écroule, *jacent* omnia vestra;* je me suis fait un — d'envoyer, *institui mittĕre;* — de gouvernement, *rei publicae disciplina* ou *constitutio*, f.; *civitas, atis*, f.

T

ta, adj. poss. f. V. TON.
tabellion, m. *Libellio, onis,* m.
tabernacle, m. *Tabernaculum, i,* n.
tablature, f. Donner de la — à, *exhibēre* negotium* (dat.).
table, f. **1.** *Mensa, ae,* f. Petite —, *mensula, ae,* f.; mettre la —, *mensam sternĕre*;* servir à —, *ministrare;* se mettre à —, *decumbĕre*;* dîner à la — de, *accubare* apud* (acc.); être à —, *cubare*;* tenir — ouverte, *epulas edĕre*;* tenir —, *pergraecari;* à —, *inter cenam;* propos de —, *convivii dicta, orum,* npl.; excès de —, *ganea, ae,* f. ◆ **2.** Plaque. *Tabula, ae,* f. Table des matières, *index, icis,* m.; — de Pythagore, *abacus, i,* m. ◆ **3.** (Fig.) Tu es une — rase, *nudum ac molle lutum es.*
tableau, m. **1.** Planche noircie. *Tabula, ae,* f. ◆ **2.** Tableau de peinture. *Tabula (picta). Tabella, ae,* f. Faire des —, *tabulas pingĕre*.* ◆ **3.** Description. *Descriptio, onis,* f. *Pictura, ae,* f. Faire le — de, *pingĕre** (acc.); *effingĕre** (acc.). ◆ **4.** (Fig.) Spectacle. *Spectaculum, i,* n. ◆ **5.** Image. *Imago, inis,* f. ◆ **6.** Liste. *Album, i,* n.
tabletier, m. *Eborarius, ii,* m.
tablette, f. **1.** Étagère. *Tabulatum, i,* n. ◆ **2.** Lame de pierre, de marbre, etc. *Tabula, ae,* f. ◆ **3.** (Pl.) Feuillets pour écrire. *Tabulae, arum,* fpl.
tabouret, m. *Pulvinus, i,* m.
tache, f. **1.** *Macula, ae,* f. ◆ **2.** (Fig.) *Macula. Labes, is,* f. *Nota, ae,* f. C'est une — de, *flagitium est* (inf.); vie sans —, *vita integerrime acta*.*
tâche, f. *Pensum, i,* n. *Officium, ii,* n. Avoir fait sa —, *justa reddĕre*;* prendre à — de, *conari* (inf.).
tacher, tr. *Maculare.*
tâcher, intr. *Conari* (inf.). *Niti, or** (inf. ou *ut,* subj.). Tâcher d'attirer qqn dans son parti, *aliquem in partem suam sollicitare.*
tâcheron, m. *Operum magister, tri,* m.
tacheté, ée, adj. *Maculatus, a, um. Distinctus.*
tacheter, tr. *Distinguere, o*.*
tacite, adj. *Tacitus, a, um.*
tacitement, adv. *Tacite.*
taciturne, adj. *Taciturnus, a, um.*
taciturnité, f. *Taciturnitas, atis,* f.
tact, m. **1.** *Tactio, onis,* f. *Tactus, us,* m. ◆ **2.** (Fig.) *Ju-*

dicium, ii, n. Choisir avec —, *intellegenter legĕre**.

tacticien, m. *Rei militaris peritus, i*, m.

tactique, f. **1.** *Res militaris*, f. ◆ **2.** (Fig.) *Ratio, onis*, f. *Via, ae*, f.

Tage. *Tagus, i*, m.

taie, f. (Tache) *Albugo, inis*, f.

taillade, f. *Caesa, ae*, f.

taillader, tr. *Concīdere, o**.

taillandier, m. *Falearius, ii*, m.

taillant, m. Tranchant. *Acies, ei*, f.

taille, f. **1.** Tranchant. *Acies, ei*, f. Frapper de —, *caesim ferire** (acc.). ◆ **2.** Coupe. *Caesura, ae*, f. Pierre de —, *lapis quadratus*. (Des arbres) *Putatio, onis*, f. Pendant la —, *in exputando*. (Méd.) *Sectio, onis*, f. ◆ **3.** Stature. *Statura, ae*, f. Haute —, *proceritas, atis*, f.; — moyenne, *statura justa*, f.; (animal) de forte —, *vastus, a, um;* être de — à lutter contre, *parem esse* (dat.). ◆ **4.** Buste. Taille fine, *gracilitas corporis;* se serrer la —, *vincto corpore esse*. ◆ **5.** Impôt. *Vectigal, alis*, n.

tailler. **I.** Tr. **1.** *Caedere, o**. *Secare**. (Un arbre) *Amputare*. (Creuser) *Excīdere, o** (dans, *in*, abl.). ◆ **2.** (Méd.) *Exsecare**. ◆ **3.** Couper en plusieurs pièces. *Concīdere, o**. ◆ **4.** (Fig.) Tailler en pièces (l'ennemi), *caedĕre*; concīdĕre;* — des croupières à, *in fugam dare** (acc.); — de la besogne (créer des embarras) à, *molestiam exhibēre** (dat.). ◆ **II.** Intr. Tailler dans le vif, *resecare* de vivo*.

tailleur, euse, m. f. **1.** De pierres. *Lapicida, ae*, m. ◆ **2.** D'habits. *Vestifex, icis*, m. *Vestifica, ae*, f.

taillis, m. *Caedua (ae) silva (ae)*, f.

tailloir, m. *Abacus, i*, m.

taire, tr. *Tacere, eo** (*rem* ou *de re*). *Celare* (*aliquem de re* ou *aliquem aliquid*).

SE TAIRE, r. **1.** *Tacere, eo**. *Silere, eo**. ◆ **2.** Cesser de parler. *Conticescere, o**. Se — devant qqn, *os tacitum alicui praebēre*;* en se taisant, *tacite;* faire — (qqn), *reprimĕre** (acc.); (une foule) *silentium* ou *audientiam facĕre, io*;* (des bruits) (*sermones*) *reprimĕre*;* (ses appétits) (*appetitiones*) *cohibēre**.

talent, m. **1.** Poids et monnaie. *Talentum, i*, n. ◆ **2.** Capacité naturelle. *Ingenium, ii*, n. *Facultas, atis*, f. Qui a du —, *ingeniosus, a, um*. ◆ **3.** Habileté. *Ars, artis*, f. Avoir du — pour, *callēre** (*rem*); de —, *bellus, a, um;* le — militaire, *scientia rei militaris;* qui a le — de la parole, *dicendi peritus, a, um;* avec —, *perite;* fait avec —, *egregius, a, um;* le premier —, *princeps ingenii;* un — militaire de premier ordre, *vir in laude bellicā egregius*.

talion, m. *Talio, onis*, f.

talisman, m. *Amuletum, i*, n.

talon, m. **1.** *Talus, i*, m. *Calx, calcis*, f. ◆ **2.** De la chaussure. *Talus*.

talonner, tr. *Instare** (dat.).
talonnière, f. *Talaria, ium,* npl.
talus, m. *Declive, is,* n.
tamaris, m. *Tamarice, es,* f.
tambour, m. *Tympanum, i,* n. Décamper sans — ni trompette, *tacito agmine abire, eo*;* joueur, joueuse de —, *tympanista, ae,* m.; *tympanistria, ae,* f.
tambouriner, intr. *Tympana pulsare. Tympanizare.*
tamis, m. *Incerniculum, i,* n.
tamiser, tr. *Incernere, o*. Excernere, o*.*
tampon, m. *Obturamentum, i,* n.
tamponner, tr. Mettre un tampon à. *Obturare.*
tan, m. *Cortex, icis,* m. f.
tancer, tr. *Increpare*.*
tanche, f. *Tinca, ae,* f.
tandis que, conj. **1.** Pendant le temps que. *Dum* (indic. prés.). *Donec* (indic.). *Quoad* (indic.). *Cum* (indic.; subj. impf.). ◆ **2.** Au lieu que. *Cum* (subj.).
tangage, m. (*Navis*) *jactatio, onis,* f.
tangible, adj. *Tractabilis, e.* Être —, *sub tactum cadĕre*.*
tanière, f. *Latibulum, i,* n.
tanné, ée, adj. Couleur du tan. *Rufulus, a, um.*
tanner, tr. **1.** *Cortice coria perficere, io*.* ◆ **2.** (Fig.) Je lui tannerai le cuir de la belle façon, *ejus ludificabo corium probe.* ◆ **3.** Importuner. *Obtundere, o** (acc.).
tanneur, m. *Coriarius, ii,* m.
tant, adv. **1.** Avec un nom. Tant de : (avec un nom de ch. qui ne se mesurent ni ne se comptent) *tantum* (gén.); (avec un nom de ch. qui se mesurent) *tantus, a, um;* (avec un nom de ch. qui se comptent) *tot* (indécl.); *tam multi, ae, a.* Tant de fois, *totiens;* tant soit peu, *tantulum* (gén.); en tant que, *utpote;* il devait tant, *tantum debuit*.* ◆ **2.** Avec un verbe (ordinaire) *Tantum.* (D'estime ou de prix) *Tanti.* (De supériorité) *Tanto.* ◆ **3.** (Loc. conj.). Tant que (aussi longtemps que) *quamdiu* (indic.); *quoad* (indic.); (à tel point que) *tantum ut* (subj.); (autant que) *tantum quantum* (indic.); je ne crains rien tant que, *nihil magis metuo quam* (acc., ou *ne,* subj.); tant s'en faut que..., que..., *tantum abest* ut* (subj.)... *ut* (subj.); si tant est, *si modo* (indic.); tant y a que, *quidquid est.* ◆ **4.** Loc. adv. : Tant soit peu, *parumper;* tant mieux, *optime;* tant et plus, *satis superque.*
tante, f. **I. 1.** (Paternelle) *Amita, ae,* f. ◆ **2.** (Maternelle) *Matertera, ae,* f. ◆ **II.** Grand-tante. **1.** *Proamita, ae,* f. ◆ **2.** *Promatertera, ae,* f.
tantôt, adv. **1.** Bientôt. *Modo.* ◆ **2.** Naguère. *Modo.* ◆ **3.** Tantôt.., tantôt..., *modo... modo...*
taon, m. *Asilus, i,* m.
tapage, m. **1.** *Strepitus, us,* m. Faire du —, *convicium facere, io*.* ◆ **2.** Reproches bruyants. *Clamitatio, onis,* f.
tapageur, euse, adj. *Turbulentus, a, um.*

tape, f. *Alapa, ae,* f.
taper. I. Tr. *Pulsare.* **II.** Intr. Taper du pied, *supplodĕre* pedem*
tapinois (en), loc. adv. *Furtim.*
tapir (se), r. *Se colligĕre*.* Tapi, *latitans, antis.*
tapis, m. **1.** *Tapes, etis,* m. (De lit) *Stragula (ae) vestis (is),* f. ◆ **2.** (Fig.) Tapis de verdure, *gramen, inis,* n. Cette question est mise sur le —, *res in quaestione versatur.*
tapisser, tr. *Vestire.*
tapisserie, f. **1.** Ouvrage. *Polymita, orum,* npl. ◆ **2.** Tentures, tableaux. *Textilia, ium,* npl. *Peripetasma, atis,* n. *Aulaeum, i,* n.
tapissier, m. *Polymitarius (ii) artifex (ficis),* m.
taquiner, tr. *Molestum esse* (dat.).
tard. I. Adj. et nom m. *Serus, a, um. Tardus.* Sur le —, *sero;* il est trop — pour résister, *sero resistimus*;* demain au plus —, *summum cras.* ◆ **II.** Adv. *Sero. Tarde.* Plus —, *posterius;* trop —, *serius;* tôt ou —, *serius ocius;* il se fait —, *advesperascit*.*
tarder, intr. **1.** *Morari. Cunctari.* Sans —, *sine morā;* tarder à, *morari* (inf.); ne pas — à, *non morari quin* (subj.); j'avais tardé à venir, *sero veneram*.* ◆ **2.** Il me tarde de, *nihil mihi longius est quam ut* (subj.) ou *quam dum* (subj.).
tardif, ive, adj. *Serus, a, um.*
tardivement, adv. *Sero.*
tare, f. **1.** Déchet. *Intertrimentum, i,* n. ◆ **2.** (Fig.) Défaut. *Vitium, ii,* n. ◆ **3.** Poids. *Pondus, eris,* n.
tarer, tr. *Corrumpere, o*.* Taré, *vitiatus, a, um;* (fig.) *perditus; infamis, e.*
targuer (se), r. *Superbire* (de, abl.). *Profiteri, eor** (acc.).
tarière, f. *Terebra, ae,* f.
tarif, m. *Taxatio, onis,* f.
tarir. I. Tr. *Exhaurire*. Siccare.* ◆ **II.** Intr. *Siccari.* (Complètement) *Exarescere, o*.* (Fig.) *Arescere, o*.* Il ne tarit pas sur l'éloge..., *est multus in laudando...*
Tarpéien (Mont). *Tarpeius (ii) mons (montis),* m.
Tarquin. *Tarquinius, ii,* m.
Tartare. *Tartarus, i,* m. (pl. *a, orum,* n.).
tarte, f. *Scriblita, ae,* f.
tartre, m. *Robigo, inis,* f.
tas, m. *Acervus, i,* m.
tasse, f. *Cantharus, i,* m.
tassement, m. *Depressio, onis,* f.
tasser, tr. *Aggerare. Construere, o*.* Tassé, *densatus, a, um;* se —, *subsidĕre*.*
tâter, tr. et intr. **1.** Manier. *Tractare* (acc.). ◆ **2.** Goûter. *Gustare* (acc.). ◆ **3.** (Fig.) *Tentare* (acc.)
tâtonnement, m. (Hésitation) *Haesitatio, onis,* f. Après bien des —, *multa tentando;* sans —, *sine dubitatione.*
tâtonner. Intr. **1.** *Iter praetentare.* ◆ **2.** (Fig.) *Haesitare.*
tâtons (à), loc. adv. **1.** *Praetentatu.* ◆ **2.** (Fig.) *Dubitanter.*
tatouer, tr. *Notis persignare.*
taudis, m. *Cellula, ae,* f.
taupe, f. *Talpa, ae,* f.

taureau, m. *Taurus, i,* m. Jeune —, *juvencus, i,* m.

taux, m. **1.** Tarif. *Taxatio, onis,* f. ◆ **2.** Intérêt. *Usura, ae,* f.

taverne, f. *Caupona, ae,* f.

taxation, f. *Taxatio, onis,* f. *Aestimatio, onis,* f.

taxe, f. Tarif. *Taxatio, onis,* f. ◆ **2.** Impôt. *Tributum, i,* n. ◆ **3.** La part de l'impôt de chacun. *Census, us,* m.

taxer, tr. **1.** Tarifer (une denrée). *Pretium imponere, o** ou *constituere, o* (dat.). ◆ **2.** Soumettre (qqn) à un impôt, *tributum indicĕre** (dat.). Je me taxe à, *confero** (acc.). ◆ **3.** Accuser. *Insimulare* (de, gén.).

te, pr. pers. V. TU.

technique. I. Adj. *Arti* (ou *artis*) *proprius, a, um.* ◆ **II.** Nom f. *Ars, artis,* f. *Ratio, onis,* f.

teigne, f. **1.** Du cuir chevelu. *Porrigo, inis,* f. ◆ **2.** Insecte. *Tinea, ae,* f.

teigneux, euse, adj. **1.** *Porriginosus, a, um.*

teindre, tr. *Inficere, io*. Tingere, o*.*

teint, m. *Color, oris,* m. (Rouge) *Rubor, oris,* m.

teinte, f. *Color, oris,* m. Une légère — de rusticité, *subagreste quiddam.*

teinture, f. **1.** Substance. *Medicamen, inis,* n. ◆ **2.** Action. *Tinctura, ae,* f. ◆ **3.** (Fig.) *Color, oris,* m. Avoir une — de, *leviter cognovisse** (acc.); qui a une — des belles lettres, *litteris tinctus, a, um.*

teinturerie, f. *Tingentium officinae, arum,* fpl.

teinturier, m. *Infector, oris,* m.

tel, telle, adj. marquant : **1.** La qualité. *Talis, e. Hic, haec, hoc. Ejus modi.* Tel que (comparaison) *talis qualis;* (conséquence) *talis ut* (subj.); *is ut* (subj.); de telle sorte que, *ita ut* (subj.); tel quel, *qualiscumque;* un homme tel qu'Aquilius, *Aquilius talis vir.* ◆ **2.** L'identité. Tel ou tel, *hic atque ille;* tel qui mériterait d'être puni est récompensé, *sunt qui mercedem consequantur*, poenā digni;* mais, dira tel ou tel, *at enim, inquiet* aliquis.*

tellement. I. Adv. *Tam* (devant un adj.). *Tanto* (devant un compar., un superl. ou un verbe de supériorité). *Tantum* (devant un verbe ordin.). *Tanti* (dev. un verbe d'estime ou de prix). *Adeo.* ◆ **II.** Loc. conj. Tellement que, *adeo ut* (subj.); *tantum ut* (subj.). ◆ **III.** Loc. adv. Tellement quellement, *qualitercumque.*

téméraire, adj. **1.** *Temerarius, a, um. Inconsultus.* ◆ **2.** Sans preuves. *Levis, e.*

témérairement, adv. **1.** *Inconsulte.* ◆ **2.** Sans preuves. *Temere.*

témérité, f. *Temeritas, atis,* f. Avoir la — de, *non dubitare* (inf.).

témoignage, m. *Testimonium, ii,* n. Rendre —, *testimonium dare*;* le — d'une bonne conscience, *conscientia bona;* je puis me rendre ce — que, *mihi sum conscius* (prop. inf.);

servir de —, *testimonio* ou *documento esse;* — de bienveillance, *benevolentiae signa;* en — de, *ad fidem* (gén.).

témoigner, intr. et tr. *Testari* (acc.). *Testificari* (acc.). Témoigner sa ou de la bienveillance, *benevolentiam declarare;* — publiquement une chose, *profitēri** (acc.).

témoin, m. **1.** *Testis, is,* m. Prendre à —, *testari* (*aliquem*). ◆ **2.** (Fig.) (Pers.) *Testis, is,* m. f. Être — de, *vidēre** (acc.); *adesse** (dat.). ◆ **3.** (Ch.) *Documentum, i,* n. Être —, *documento esse; testari* (acc.); *declarare* (acc.).

tempe, f. *Tempus, oris,* n.

tempérament, m. **1.** Méthode. *Temperamentum, i,* n. ◆ **2.** Complexion. *Corporis natura, ae,* f. Force de —, *corporis firmitas, atis,* f.; fortifier le —, *vires confirmare;* par —, *suopte ingenio.*

tempérance, f. *Temperantia, ae,* f.

tempérant, ante, adj. *Temperans, antis.*

température, f. *Temperies, ei,* f. Changement de —, *caeli mutationes,* f. pl.; degré de —, *calor, oris,* m.; — froide, *frigus, oris,* n.

tempéré, ée, adj. **1.** *Temperatus, a, um.* La saison —, *temperies, ei,* f.; hiver —, *mollis hiems.* ◆ **2.** (Rhét.) Le genre —, *dicendi genus temperatum.*

tempérer, tr. **1.** *Temperare.* ◆ **2.** (Fig.) *Mitigare.*

tempête, f. **1.** Mauvais temps. *Tempestas, atis,* f. ◆ **2.** Bourrasque sur mer. *Procella, ae,* f. ◆ **3.** Tourbillon. *Turbo, inis,* m. Être battu de la —, *adversā tempestate jactari.* ◆ **4.** (Fig.) *Tempestas, atis,* f. État agité par la —, *turbulenta res publica.*

tempêter, intr. *Vociferari. Tumultuari.*

tempétueux, euse, adj. *Procellosus, a, um.*

temple, m. **1.** Enceinte. *Templum,* i, n. *Fanum, i,* n. ◆ **2.** Édifice. *Aedes, is,* f. Élever un — à l'Espérance, *Spem consecrare.*

temporaire, adj. *Temporarius, a, um.*

temporairement, adv. *In tempus.*

temporel, elle, adj. *Temporalis, e.*

temporellement, adv. *Temporaliter.*

temporisation, f. *Cunctatio, onis,* f.

temporiser, intr. *Cunctari.*

temporiseur, m. *Cunctator, oris,* m.

temps, m. **1.** *Tempus, oris,* n. Autant de — que, *tamdiu quamdiu;* pendant un peu de —, *paulisper;* pendant peu de —, *non diu;* en très peu de —, *parvo momento;* en moins de — qu'il n'en faut pour le dire, *dicto citius;* sous peu de —, *brevi* (*tempore*); il y a très peu de —, *nuper;* tout le —, *omne tempus;* en aucun —, *numquam;* pour un —, *in tempus;* qq. — après, *aliquanto post;* en qq. — que ce soit, *quovis tempore;* de — à autre, *identidem;* la plupart du —, *plerumque;* en même —, *uno tempore, simul;* pendant ce —, *interea;* à —, *tempore;* avec le —, *tempore; vetustate;* le — calma la douleur, *dolor morā finitus est;* passer son — (à), *tempus consumĕre** (*in re*); tuer le —, *nugari;* sans perdre de —, *sine morā;* perdre le —, *tempus perdĕre**; perdre son —, *operam perdĕre**; gagner du —, *tempus terĕre**; — libre, *otium, ii,* n.; avoir du — à soi, *vacuum esse;* si tu en as le —, *si fuerit otium;* j'ai le — d'écrire, *otium mihi est scribendi;* prendre le — de la réflexion, *sumĕre* spatium ad cogitandum;* laisser le — de, *relinquĕre* spatium ad;* accorder du — aux créanciers, *moram facĕre* (*io*)* *creditoribus;* prendre le —, *morari;* qui prend son —, *cunctator, oris,* m. ◆ **2.** Époque. *Tempus. Aetas, atis,* f. De tout —, *ex aeterno tempore;* de notre —, *aetate nostra;* par le — qui court, *per hos annos;* le plus grand homme de tous les —, *omnis memoriae princeps;* qui a vécu du — de, *aequalis, e* (gén. ou dat.); du — de nos pères, *patrum memoriā;* dès les premiers — de la vie, *ab ineunte* aetate;* c'est là l'esprit de notre —, *sic vivitur**; vers ce temps-là, *id temporis;* il fut un — où, *fuit cum* (indic. ou subj.); jusqu'à ce —, *hactenus;* dans les derniers —, *superioribus temporibus;* le beau — de la vie, *florens aetas;* se donner du bon —, *dare* se jucunditati;* fixer le — de l'échéance, *diem statuĕre;* au — fixé, *rato tempore.* ◆ **3.** Circonstances. *Tempus.* O —, ô mœurs! *o tempora, o mores!* Dans ces — de malheur, *tam misero tempore;* le — presse, *properato opus est;* prendre le — comme il vient, *tempori cedĕre**; selon le —, *ex tempore;* — favorable, *tempus idoneum;* en — utile, *suo tempore;* il est — encore, *in integro res est;* il est — de, *tempus est* (inf.); — défavorable, *tempus alienum;* prendre mal son — pour venir, *intempestive adesse;* ce n'est pas le — de, *locus non est* (gén. du gér.); il n'est plus — de préparer le remède quand, *sero medicina paratur cum.* ◆ **4.** État du ciel. *Caelum, i,* n. Beau —, *serenitas caeli;* par un beau —, *sereno caelo;* — calme, *tranquillitas, atis,* f.; par un gros —, *aspero mari.* ◆ **5.** Division de la durée (métrique, musique, grammaire). *Tempus.* Le — fort, *ictus, us,* m. Temps d'arrêt, *intermissio, onis,* f.

tenable, adj. Ils estimaient que la place n'était pas —, *oppidum ab se tenēri non posse judicabant;* la situation n'était pas —, *illa ferenda* non erant.*

tenace, adj. *Tenax, acis.*

ténacité, f. *Obstinatio, onis,* f. *Pertinacia, ae.*

tenaille, f. *Forceps, cipis,* m. f.

tenant, m. Les tenants et les aboutissants (de la métairie), *quae juncta* sunt (villae)*; (d'une affaire) *quod adjunctum* est (negotio)*; être tout d'un — avec, *continentem esse* (dat.).

tendance. f. **1.** *Nutus, us,* m. ◆ **2.** (Fig.) *Propensio, onis,* f. — naturelle à la vertu, *virtutis indoles, is,* f.

tendon, m. *Nervus, i,* m.

tendre, adj. *Tener, era, erum. Mollis, e.* Tendre épouse, *uxor amans;* un vert tendre, *viridis lenitas, atis,* f.

tendre. I. Tr. **1.** Tirer sur. *Tendere, o** (acc.). Tendre un arc, *arcum intenděre**. ◆ **2.** Étendre. *Tenděre*. Intendere*, o.* Tendre les voiles, *vela panděre**. ◆ **3.** Couvrir. Tendre qqch. de, *velare (rem re).* ◆ **4.** Présenter. *Tenděre*. Porrigere, o*.* Tendre la gorge, *cervicem praebēre**. ◆ **II.** Intr. Aller vers. *Tenděre* (ad).* Où tend ce chemin? *quo via ducit*?* Tendre à la gloire, *ad gloriam niti**. Où tend ce discours? *Quorsum haec pertinent* ?* Le malade tend vers sa fin, *aeger est in praecipiti.*

tendrement, adv. *Amanter.* Je t'aime —, *mihi carissimus es.*

tendresse, f. *Caritas, atis,* f. *Amor, oris,* m. Mots de —, *blanditiae, arum,* fpl.

tendreté, f. *Teneritas, atis,* f.

tendron, m. **1.** Bourgeon. *Cyma, ae,* f. ◆ **2.** De vigne. *Caprea, ae,* f.

ténèbres, fpl. *Tenebrae, arum,* fpl.

ténébreux, euse, f. **1.** *Obscurus, a, um.* ◆ **2.** (Fig.) *Tenebricosus, a, um. Obscurus.*

1. teneur, m. Teneur de livres, *tabularius, ii,* m.

2. teneur, f. *Forma, ae,* f. *Summa, ae,* f. La — (d'une lettre), *sententia (litterarum).*

tenir. I. Tr. **1.** Fixer. *Tenere, eo** (acc.). Tenir ses troupes dans le camp, *continēre* copias in castris;* — une chose secrète, *rem comprimĕre*;* — sa tête, *continēre* caput;* tenant la tête baissée, *demisso* capite;* tenir la main à qqch., *habēre* aliquid curae;* tenir en échec (une armée), *detinēre*;* je ne te tiendrai pas plus longtemps, *non te diutius tenebo*;* — en bride, *coercēre*;* — en suspens, *tenēre* suspensum (aliquem);* — sa maison fermée à l'honneur, *habēre* domum clausam pudori;* avoir peine à — ses armes, *male sustinēre* arma;* se tenir, se tenir par la main, *inter se jungi*;* (fig.) être tenu d'obéir aux lois, *legibus obstringi**. ◆ **2.** Avoir. *Habēre, eo**. Tenir à la main, *tenēre* manu* ou *in manu* ou *in manibus;* tiens, prends, *accipe*; tibi habe*;* faire — (qqch. à qqn), *mittĕre* (aliquid alicui* ou *ad aliquem);* de qui nous tenons ce talent, *a quo id accepimus*;* tiens, attrape, *en tibi;* tiens! (allons!), *age;* (étonnement) *hem; quid?* tiens certainement, *immo certe;* il en tient (il est frappé), *habet*;*

tenir (en souveraineté un pays), *obtinēre** (acc.); (lieu) tenu (par l'ennemi), *occupatus, a, um;* tenir le lit, *in lecto esse;* — la mer, *navigare;* je leur ai tenu lieu de père, *his in locum patris successi*;* — auberge, *cauponam exercēre**. ◆ **3.** Savoir. Je tiens, *comperi*; accepi** (de, *ab*); tenir le sens de, *tenēre** (acc.); *intellegĕre** (acc.); je tiens le mot de l'énigme, *rem perspexi*;* tenir qqn pour mort, *habēre* aliquem mortuum;* — pour certain, *pro certo habēre** (*rem* ou prop. inf.); tiens-toi cela pour dit, *hoc sic habeto**. ◆ **4.** Exécuter. *Tenēre*. Praestare**. Tenir ses engagements, *stare* conventis;* — son serment, *jus jurandum conservare;* promesse tenue, *promissum ratum;* tenir les comices, *comitia habēre*;* le marché se tenait, *nundinae erant;* tenir les états, *conventus agĕre*;* — un discours, *habēre* orationem* ou *verba;* — des propos, *loqui*;* — sa route, *cursum tenēre*;* — des registres, *tabulas asservare;* — un compte, *rationem conficĕre, io*;* celui qui tient les écritures, *a rationibus;* — registre de, *in commentarios referre** (acc.); bien tenu (en bon état), *bene cultus, a, um.* ◆ **5.** Contenir (une quantité). *Continere, eo*. Capere, io**. ◆ **II.** Intr. **1.** Être fixé. *Cohaerere, eo** (à, *cum*). *Inhaerere, eo** (à, dat). Tenir aux dieux par le sang, *tenēri* deorum agnatione;* — au cœur à qqn, *cordi esse alicui.* ◆ **2.** Résister. *Stare*. Consistere, o**. Tenir contre, *sustinēre** (acc.); qui tient bon, *firmus, a, um;* ne pas —, *cedĕre*;* — bon (fig.), *perstare*;* n'y pouvoir —, *vix durare posse*;* je n'y tiens plus, *vix contineor**. ◆ **3.** Tenir à. (Être attaché à) *Tenēre** (acc.). Qui tient à la vie, *vitae cupidus, a, um;* tenir à son avis, *in sententiā manēre*;* je tiens à cela, *id mihi cordi est;* je tiens à savoir, *scire studeo**. (Dépendre de) *Pendere, eo** (abl. ou *ex*). Ce qui tenait à son âge, *quod erat aetatis;* il ne tient qu'à toi de, *tibi licet** (inf.); il ne tint à rien que, *prope factum* est ut* (subj.). ◆ **4.** Tenir de. *Similem esse* (gén. ou dat.). Tenir de la philosophie, *habēre* aliquantum a physicis.* ◆ **5.** Tenir pour. *Stare* pro* (abl.). Tenir pour qqn, *partes alicujus tenēre**. ◆ **6.** Durer, valoir. *Stare**. ◆ **7.** Être contenu. *Continēri**. Tenir dans une seule maison, *unā domo capi, ior**.

SE TENIR, r. **1.** Être dans telle position. *Stare**. Se — à cheval, *haerēre* in equo;* se — auprès de la table, *consistĕre* ad mensam;* faire — droit (un objet), *erectum constituĕre;* se — à la maison, *domo se tenēre*, se retinēre domi;* se — assis, *sedēre*;* se — debout, *stare*;* se — couché, *cubare*; jacēre*;* se — coi, *quiescĕre*;* se — sur ses gardes, *cavēre** (*ab*); afin que tu te tiennes pour averti, *ne forte sis nescius.* ◆ **2.** Se tenir à. *Stare** (*re* ou *in re*). Se tenir à la crinière, *jubā sublevari;* s'en — à la lettre, *scriptum sequi*;* savoir à quoi s'en —, *scire quid ejus sit.* ◆ **3.** Se tenir de. *Se tenēre**. Se tenir de rire, *continēre* risum;* se — de citer des exemples, *se continēre* ab exemplis;* je ne puis me — de, *continēri nequeo* quin* (subj.); je me tiens à quatre pour ne pas, *vix me contineo* quin* (subj.).

tenon, m. *Clavicula, ae,* f.

tension, f. **1.** *Intentio, onis,* f. ◆ **2.** (Fig.) — d'esprit, *animi intentio.*

tentacule, m. *Cornicula, orum,* npl.

tentant, ante, adj. *Lenocinans, antis.*

tentateur, m. **1.** *Impulsor, oris,* m. ◆ **2.** Le diable. *Tentator, oris,* m.

tentation, f. **1.** Envie. *Cupido, inis,* f. ◆ **2.** Impulsion vers le mal. *Tentatio, onis,* f.

tentative, f. **1.** *Inceptum, i,* n. Faire une — inutile, *frustra conari.* ◆ **2.** Démarches. *Sollicitatio, onis,* f.

tente, f. **1.** De soldats. *Tabernaculum, i,* n. Dresser la tente, *tabernaculum ponĕre**. ◆ **2.** De général. *Praetorium, ii,* n. ◆ **3.** De théâtre. *Velum, i,* n.

tenter, tr. Qqch. **1.** *Tentare.* ◆ **2.** Faire l'expérience de. *Experiri**. ◆ **3.** Entreprendre. *Aggredi, ior**. Tenter de, *tentare* (inf. ou *ut,* subj.); *conari* (inf.). ◆ **4.** Tenter qqn, chercher à séduire. *Tentare.* ◆ **5.** Exciter la convoitise de. *Sollicitare.* Je suis tenté de croire, *adducor* ut credam**.

tenture, f. *Peripetasma, atis,* n. *Vela, orum,* npl.

ténu, ue, adj. *Tenuis, e.*

tenue, f. **1.** Maintien. *Status, us,* m. Qui n'a pas de —, *levis, e.* ◆ **2.** Costume. *Cultus, us,* m. ◆ **3.** Après la — des états, *conventibus peractis;* tout d'une —, *continenter.*

ténuité, f. *Tenuitas, atis,* f.

térébinthe, f. *Terebinthus, i,* f.

térébenthine, f. *Resina* (*ae*) *terebenthina* (*ae*), f.

tergiversation, f. *Tergiversatio, onis,* f.

tergiverser, intr. *Tergiversari.*

terme, m. **1.** Borne. *Terminus, i,* m. Mettre un — à, *finem constituĕre* (dat.); avoir un —, *exitum habēre**. ◆ **2.** Date préfixée. *Tempus, oris,* n. *Dies, ei,* f. Payer au —, *pecuniam ad diem solvĕre**. ◆ **3.** Mot. *Verbum, i,* n. En — formels, *distincte;* aux — de la loi, *ex lege.* ◆ **4.** État des affaires ou des relations. *Locus, i,* m. Être en bons —, en mauvais — avec, *conjunctissimum esse cum; alieno animo esse ab;* moyen —, *media via,* f.; *medium, ii,* n.

terminaison, f. *Exitus, us,* m.

terminer, tr. **1.** Limiter. *Terminare. Definire.* ◆ **2.** Achever. *Absolvere, o**. *Perficere, io**. — une affaire, *rem conficĕre, io*;* — un débat, *controversiam dirimĕre*;* laisser une chose sans la —, *rem inchoatam relinquĕre*;* — (en finir avec), *perficĕre, io** (*de*); — un discours, *finem dicendi facere, io*; perorare;* travaux terminés, *acti labores.*

SE TERMINER, r. Avoir telle fin, telle extrémité ou telle désinence. *Desinere, o** (en, *in*, acc.).

termite, m. *Tarmes, itis,* m.

ternaire, adj. *Ternarius, a, um.*

terne, adj. **1.** *Decolor, oris. Hebes, etis.* ◆ **2.** (Style) *Parum clarus, a, um.*

ternir, tr. **1.** *Infuscare. Hebetare.* Se —, *hebescĕre**. ◆ **2.** (Fig.) *Inquinare. Maculare.*

terrain, m. **1.** Espace de terre. *Locus, i,* m. *Spatium, ii,* n. Laisser sur le —, *in proelio desiderare* (acc.); quitter le —, *loco excedĕre*; perdre du —, *regredi, ior*; gagner du —, *progredi, ior**. ◆ **2.** (Fig.) Sonder le —, *iter explorare;* disputer le — à, *obsistĕre* (dat.); connaître parfaitement le —, *usum rerum percallescĕre**; être sur le — de qqn, *esse in regno alicujus.* ◆ **3.** Sol. *Terra, ae,* f. *Solum, i,* n. Terrain gras, *solum pingue.*

terrasse, f. **1.** *Agger, eris,* m. ◆ **2.** Promenade. *Ambulatio, onis,* f. ◆ **3.** Balcon. *Pergula, ae,* f.

terrassement, m. *Agger, eris,* m. Faire des — sur, *aggerare* (acc.).

terrasser, tr. Jeter à terre. *Prosternere, o**. Terrasser (un adversaire), *de statu dejicere, io**.

terrassier, m. *Lacunarius, ii,* m.

terre, f. **I. 1.** Élément. *Terra, ae,* f. Terre à potier, *argilla, ae,* f.; fait de —, *fictilis, e;* — cuite, *testa, ae,* f.; tas de —, *agger, eris,* m. ◆ **2.** Sol. *Terra. Solum, i,* n. *Humus, i,* f. A —, *humi;* qui est sous —, *subterraneus, a, um;* mettre en —, *humare;* jeter (qqn) à —, *prosternĕre** (acc.); mettre pied à terre, *descendĕre ex equo;* faire mettre pied à — (à qqn), *ad pedes deducĕre** (*equitem*); sur la —, *in terris;* être sur la —, *inter homines esse;* de —, *terrenus, a, um;* faire rentrer sous — (fig.), *percellĕre** (acc.); ne pas laisser tomber à —, *excipĕre, io** (acc.). ◆ **3.** Sol cultivé. *Terra. Ager, agri,* m. *Arvum, i,* n. Les biens de la —, *fruges, um,* fpl.; les — cultivées, *arva, orum,* npl.; les — ensemencées, *segetes, um,* fpl. ◆ **II.** Planète. **1.** *Terra. Orbis* (*is,* m.) *terrae.* Les extrémités de la —, *ultimae terrae.* ◆ **2.** Continent. *Terra.* Sur — et sur mer, *terrā marique;* combats sur — et sur mer, *pedestres navalesque pugnae;* de —, *terrestris, e;* prendre —, *in terram egredi, ior*; mettre à —, *exponĕre** (acc.); perdre —, *in aquam mergi*; entre ciel et —, *inter terras et caelum;* remuer ciel et —, *miscēre* caelum ac terras;* l'esprit attaché à la —, *humi defixa mens;* je ne tiens pas à la —, de joie, *in caelo sum.* ◆ **3.** Région. *Terra. Regio, onis,* f. ◆ **4.** Territoire. *Fines,* *ium*, mpl. *Ager, agri*, m. ◆ **5.** Propriétés. *Ager. Praedium, ii*, n. Un fonds de —, *fundus, i*, m.; petite —, *agellus, i*, m.; je serai à ma — de Formies, *nos in Formiano erimus.* ◆ **III.** L'humanité. *Terra. Humanum (i) genus (eris)*, n. *Homines, um*, mpl. Tout l'argent de la —, *pecunia tanta quanta sit in terris.*

terre-plein, m. *Terrenum, i*, n.

terrestre, adj. *Terrestris, e.*

terreur, f. *Terror, oris*, m. Remplir de —, *terrorem inferre** (dat.).

terrible, adj. *Terribilis, e.* Combat —, *proelium atrox;* — bavard, *importunus locutor.*

terriblement, adv. **1.** *Formidolose.* ◆ **2.** Extrêmement. *Mirum in modum.*

terrier, m. *Cavum, i*, n. *Cuniculus, i*, m.

terrifier et **terroriser,** tr. *Terrere, eo**.

terrine, f. *Gaulus, i*, m.

territoire, m. *Fines, ium*, mpl. *Ager, agri*, m.

territorial, ale, adj. *Territorialis, e.*

terroir, m. *Terra, ae*, f. *Humus, i*, f. *Solum, i*, n.

tertre, m. *Tumulus, i*, m.

tes, adj. poss. V. TON.

tesson, m. *Testa, ae*, f.

test, m. **1.** De tortue. *Cortex, icis*, m. f. ◆ **2.** De mollusque ou de crustacé. *Testa, ae*, f. ◆ **3.** Épreuve. *Periculum, i*, n.

testacé, ée, adj. *Testaceus, a, um.*

testament, m. *Testamentum, i*, n.

testamentaire, adj. *Testamentarius, a, um.*

testateur, trice, m. f. *Testator, oris*, m. *Testatrix, icis*, f.

tester, intr. *Testari.*

testimonial, ale, adj. *Testimonialis, e.*

tétanos, m. *Tetanus, i*, m.

têtard, m. *Gyrinus, i*, m.

tête, f. **1.** *Caput, capitis*, n. Qui a une grosse tête, *capito, onis*, m.; le derrière de la —, *vertex, icis*, m.; casser la — à qqn d'un coup de pierre, *excutĕre (io*) lapide cerebrum alicuī;* tendre la —, *cervices dare*;* être suspendu au-dessus de la —, *cervicibus impendēre*;* mal de —, *cephalaea, ae* (acc. *an*), f.; *capitis dolor, oris*, m.; donner des maux de —, *capitis dolores facĕre, io*;* — blanche, *cani, orum*, mpl; — en désordre, *capillus passus;* la — haute, *erectus, a, um;* se jeter — baissée, *caecum et praecipitem ferri*;* rompre la — à, *obtundĕre** (acc.); laver la — à, *reprehendĕre** (acc.); porter à la —, *caput tentare;* qui a la — fêlée, *temerarius, a, um;* crier à tue-tête, *latrare;* ce sont deux — dans le même bonnet, *concordissimi sunt;* — (de cerf), *cornu, u*, n. ◆ **2.** (Fig.) Intelligence; caractère. *Animus, i*, m. *Mens, mentis*, f. N'ayant que cela dans la —, *in hāc cogitatione defixus, a, um;* passer par la —, *venire* in mentem (alicui);* mets-toi dans la —, *sic habeto*;* ayant toute sa —, *sanā mente;* faire perdre la — à, *mentem exturbare* (gén.); perdre la —, *desipĕre, io** ; (se troubler), *turbari;* je n'ai pas la — à moi, *non sum apud me;* homme de —, *vir magni consilii;* à — reposée, *sedato animo;* il lui mit en — de, *in istam spem (eum) induxit* ut* (subj.); j'ai dans la — de, *mihi in animo est* (inf.); à sa —, *ad arbitrium suum;* je n'en fais qu'à ma —, *meo remigio rem gero*;* se monter la —, *animo effervescĕre*;* des coups de —, *calidiora consilia;* montrer de la —, *constanter se gerĕre*;* faire mauvaise —, *contumaciter se gerĕre.* ◆ **3.** Partie antérieure. *Frons, frontis,* f. En —, *a fronte;* faire ou tenir — à, *resistĕre** (dat.); *sustinēre** (acc.); marcher en —, *praecedĕre*; antecedĕre** (acc.); être à la —, *primas (partes) agĕre*; praeesse** (dat.); mettre qqn à la — de, *praeficĕre (io*) aliquem (alicui rei);* se mettre à la —, *ducem se praebēre*;* mettre son nom en — d'un livre, *libello nomen suum inscribĕre*;* — de pont, *primus pontis aditus.* ◆ **4.** Partie supérieure ou principale. *Caput.* Tête (de marteau), *rostrum, i,* n. ◆ **5.** Personne. *Caput.* En vouloir à la — de, *vitam petĕre** (gén.); risquer sa —, *capitis periculum adire (eo*);* payer (une faute) de sa —, *capite puniri;* combattre pour sa —, *dimicare de capite suo;* où il y va de la —, *capitalis, e;* sauver sa —, *salutem expedire;* drôle de —, *festivum caput;* les principales —, *primores, um,* mpl.; par —, *in singulos homines.*

tête-à-tête, m. *Colloquium, ii,* n. En —, *solus cum solo.*

téter, tr. *Mammam sugere, o*.* Donner à —, *mammam dare*;* qui tète encore, *lactens, entis.*

têtière, f. *Frontalia, ium,* npl.

tétradrachme, m. *Tetradrachmum, i,* n.

tétrarchie, f. *Tetrarchia, ae,* f.

tétrarque, m. *Tetrarches, ae,* m.

têtu, ue, adj. *Pertinax, acis.*

Teutons. *Teutones, um,* mpl.

texte, m. **1.** *Scriptum, i,* n. S'en tenir au —, *verbum sequi*.* ◆ **2.** Sujet. *Propositum, i,* n.

textile, adj. C'est une matière —, *texitur*.*

textuellement, adv. *Syllabatim. Ad verbum.*

texture, f. *Textura, ae,* f.

thaumaturge, m. *Praestigiator, oris,* m.

thé, m. *Thea, ae,* f.

théâtral, ale, adj. *Theatralis, e. Scaenicus, a, um.*

théâtralement, adv. *Scaenice.*

théâtre, m. **1.** *Theatrum, i,* n. *Scaena, ae,* f. Pièce de —, *fabula, ae,* f.; coup de —, *scaena;* décorations de —, *spectaculi apparatus, uum,* mpl. ◆ **2.** La poésie dramatique. *Scaena.* ◆ **3.** Les pièces d'un auteur. *Fabulae, arum,* fpl. ◆ **4.** (Fig.) *Theatrum. Scaena.* Le — de la guerre, *belli sedes, is,* f.; *locus belli gerendi.*

Thébaïde. *Thebais, idis,* f.

Thèbes. *Thebae, arum,* fpl.

De — (d'Égypte), *Thebaeus, a, um;* (de Béotie) *Thebanus, a, um.*
thème, m. **1.** Sujet. *Propositum, i,* n. *Argumentum, i,* n. ◆ **2.** ◆ (Astr.) *Thema, atis,* n. *Natalicia sidera,* npl.
Thémis. *Themis, idis,* f.
Thémistocle. *Themistocles, is* et *i* (acc., *em*), m.
théologie, f. *Theologia, ae,* f.
théologien, m. *Theologus, i,* m.
théologique, adj. *Theologicus, a, um.*
théorème, m. *Theorema, atis,* n.
théorie, f. *Ratio, onis,* f. En —, *ratione;* la pratique vient à l'appui de la —, *usus doctrinam confirmat.*
théorique, adj. *Rationalis, e. Doctrinalis, e.*
théoriquement, abl. *Ratione. Arte.*
thérapeutique, f. *Medendi ratio, onis,* f.
thermes, mpl. *Thermae, arum,* fpl.
Thermopyles. *Thermopylae, arum,* fpl.
thésauriser, intr. *Pecunias coacervare.*
thèse, f. *Thesis, is* (acc. *in,* abl. *i*), f. *Propositum, i,* n.
Thessalie. *Thessalia, ae,* f. De —, *Thessalus, a, um; Thessalicus.*
Thétis. *Thetis, idis,* f.
thon, m. *Thynnus, i,* m.
Thrace. *Thracia, ae,* f. De —, *Thracius, a, um.* Les Thraces, *Thraces, um,* mpl.
thuriféraire, m. *Turiferarius, ii,* m.
thuya, m. *Thya, ae,* f.
thym, m. *Thymum, i,* n.
thyrse, m. *Thyrsus, i,* m.
tiare, f. *Tiara, ae,* f.
tibia, m. *Tibia, ae,* f.
Tibre. *Tiberis, is* (acc. *im,* abl. *i*), m.
Tibur. *Tibur, uris,* n.
tiède, adj. **1.** *Tepidus, a, um.* Être —, *tepēre**; devenir — (s'échauffer), *tepescĕre**; (se refroidir) *defervescĕre**. ◆ **2.** (Fig.) *Frigidus, a, um.*
tièdement, adv. (Fig.) *Frigide.*
tiédeur, f. **1.** *Tepor, oris,* m. ◆ **2.** (Fig.) *Languor, oris,* m.
tiédir, intr. *Tepescere, o**. Laisser —, *tepefacĕre, io**.
tien, tienne, adj. et pr. poss. *Tuus, a, um.* Le tien, *tuum, i,* n.; les tiens, *tui, orum,* mpl.
tierce, f. **1.** (Musique) *Trite, es,* f. ◆ **2.** (Escrime) *Tertiae manus,* fpl. ◆ **3.** (Liturgie) *Tertia hora,* f.
tiercelet, m. *Accipiter, tris,* m.
tiers, erce. I. Adj. *Tertius, a, um.* ◆ **II.** Nom m. (Ch.) *Tertia pars,* f. (Pers.) *Alius, ius,* m. Être en tiers dans, *tertium ascribi** (dat.).
tige, f. **1.** *Caulis, is,* m. ◆ **2.** Tronc. *Stipes, itis,* m. ◆ **3.** (Fig.) *Stirps, stirpis,* f.
tigre, m., **tigresse,** f. *Tigris, is* et *idis,* m. f.
Tigre. *Tigris, is* et *idis,* m.
tigré, ée, adj. *Tigrinus, a, um.*
tillac, m. *Fori, orum,* mpl.
tilleul, m. *Tilia, ae,* f.
timbale, f. (Tambour) *Tympanum, i,* n.

timbalier, m. *Tympanotriba, ae*, m.
timbre, m. **1.** Cloche. *Cymbalum, i*, n. ◆ **2.** Son. *Tinnitus, us*, m. ◆ **3.** Son de la voix. *Sonus, i*, m. ◆ **4.** Marque. *Sigillum, i*, n.
timide, adj. **1.** *Timidus, a, um.* ◆ **2.** Réservé. *Verecundus.*
timidement, adv. **1.** *Timide.* ◆ **2.** Avec réserve. *Verecunde.*
timidité, f. **1.** *Timiditas, atis*, f. ◆ **2.** Réserve. *Verecundia, ae*, f.
timon, m. **1.** De charrette. *Temo, onis*, m. ◆ **2.** De gouvernail. *Gubernaculum, i*, n.
Timon. *Timon, onis*, m.
timonier, m. *Gubernator, oris*, m.
timoré, ée, adj. *Meticulosus, a, um. Infirmus.*
tintamarre, m. *Strepitus, us*, m. *Turba, ae*, f.
tintement, m. *Tinnitus, us*, m.
tinter, intr. *Tinnire.*
tintouin, m. **1.** *Tinnitus, us*, m. ◆ **2.** (Fig.) *Molestia, ae*, f. Donner du — à, *negotium facessĕre** (dat.).
tirage, m. **1.** *Tractus, us*, m. ◆ **2.** — au sort, *sortitio, onis*, f.; *sortitus, us*, m.
tiraillement, m. *Vexatio, onis*, f. — d'estomac, *stomachi spasmi, orum*, mpl.
tirailler, tr. **1.** *Vexare.* ◆ **2.** (Fig.) *Distrahere, o**.
tirailleur, m. En —, *disperso milite.*
tire, f. A tire-d'aile, *citatiore volatu.*
tirelire, f. *Loculi, orum*, mpl.
tirer. I. Tr. (parfois avec ellipse du compl. d'obj. dir.). **1.** Mouvoir vers soi. *Trahere, o**. Tirer en arrière, *retrahĕre**; — les cheveux, *crines lacerare;* — à l'écart (qqn), *seducĕre** (acc.); si chacun tirait de son côté, *si alii alio trahant* res;* après cela il n'y a plus qu'à — l'échelle, *nihil supra;* se faire — l'oreille, *repugnare;* — au sort, *sortiri* (acc.); — en longueur, *ducĕre** (acc.); — de l'eau des puits, *trahĕre* aquam ex puteis;* — une corde, *extendĕre* funem;* qui a le visage tiré, *macie torridus, a, um;* tirer de l'argent de son coffre, *aurum ex armario promĕre*;* — de terre, *effodĕre, io** (acc.); — l'épée, *gladium destringĕre*;* — la langue, *linguam ejicĕre, io*;* — (du feu, des sons), *elicĕre, io** (acc.); — des larmes à qqn, *lacrimas alicui excitare;* — son épingle du jeu, *se expedire;* — (qqch) de l'obscurité, *ex tenebris eruĕre* (acc.); (exorde) tiré par les cheveux, *altius petitum;* tiré à quatre épingles, *totus de capsulā.* ◆ **2.** Faire sortir (qqn) de. *Educere, o**. *Abducere, o**. Tirer un prêtre de l'autel, *detrahĕre* sacerdotem ab aris;* — de prison, *e carcere emittĕre*;* — d'embarras, *eruĕre difficultate;* — d'un danger, *periculo liberare;* — d'erreur, *ab errore levare.* ◆ **3.** Extraire. *Exprimere, o**; (le suc d'une fleur) *flore sucum.* ◆ **4.** (Fig.) *Capere, io** (de, *ex*). Tirer de l'argent de qqn, *exprimĕre**

pecuniam ab aliquo; — (de l'argent) de ces marchandises, *ex iis mercibus* (*pecuniam*) *recipĕre* (*io*)*; — (de qqn un secret), *elicĕre, io**; — avantage de, *fructum capĕre* (*io**) *ex;* — raison, *injurias persequi**; — sa source de, *profluĕre* ex;* — son origine de, *originem deducĕre* ab;* — ses exemples de, *sumĕre* exempla ab;* — une conjecture de, *conjecturam trahĕre* ex.* ◆ **5.** Tracer. *Ducere, o**. Tirer au cordeau, *lineare;* — ses plans, *consilium intendĕre*;* le portrait de qqn, — qqn, *effingĕre* lineamenta oris alicujus;* — une copie de qqch., — qqch., *exscribĕre* rem.* ◆ **II.** Tr. et intr. **1.** Viser. Tirer un but avec une flèche, *collineare sagittam aliquo;* — les oiseaux au vol, *aves excipĕre* (*io*)*. ◆ **2.** Lancer. *Emittere, o** (*telum*). *Jacere, io** (acc.). Tirer de l'arc, *tendĕre* arcum;* — sur qqn, *jaculis incessĕre* aliquem;* — sur qqn à bout portant (fig.), *invehi* in aliquem.* ◆ **III.** Intr. **1.** Aller. *Abire, eo**. ◆ **2.** Tendre à. *Spectare in.* Tirer en longueur, *trahi, or**; — à sa fin, *ad effectum spectare.* ◆ **3.** Tirer sur (une couleur). *Vergere, o** (*ad* ou *in*, acc.). Tirer sur le blanc, *candicare;* qui tire sur le noir, *subniger, gra, grum.*

SE TIRER, r. **1.** Sortir de. *Se expedire* (abl.). Se — d'un mauvais pas (fig.), *emergĕre* de vadis.* ◆ **2.** S'acquitter de. *Fungi, or** (abl.). Se bien — de son rôle, *personam susceptam recte gerĕre**. ◆ **3.** Être extrait de. *Arcessi**.

tireur, m. (D'arc). *Sagittarius, ii*, n.

tisane, f. *Sorbitio, onis*, f. — d'orge, *ptisana, ae*, f.

tison, m. **1.** *Titio, onis*, f. Tison embrasé, *torris, is*, m.; avoir toujours le nez sur les —, *apud carbones assidēre**. ◆ **2.** (Fig.) Tison de discorde, *belli fax, facis*, f.

tissage, m. *Textura, ae*, f.

tisser, tr. *Texere, o**.

tisserand et **tisseur**, m. *Textor, oris*, m.

tissu, e. I. Partic. *Textus, a, um.* ◆ **II.** Nom m. **1.** *Textile, is*, n. Défaire un —, *retexĕre* aliquid.* ◆ **2.** (Fig.) *Contextus, us*, m.

tissure, f. *Contextus, us*, m.

titan. *Titan, anis*, m.

titre, m. **1.** D'un ouvrage. *Inscriptio, onis*, f. ◆ **2.** D'un personnage. *Titulus, i*, m. *Nomen, inis*, n. Donner à qqn le titre de, *aliquem nominare* (acc.). ◆ **3.** Pièce authentique. *Syngrapha, ae*, f. (Droit) *Jus, juris*, n. ◆ **4.** Loc. div. Titre à régner, *jus regni;* à ce —, *hoc nomine;* à — égal, *aequo jure;* à juste —, *jure; merito;* à — d'hôte, *tamquam hospes;* à titre de bienfait, *pro beneficio; in beneficii loco.* ◆ **5.** Recommandation. *Commendatio, onis*, f. Être un — de gloire, *laudi esse;* faire de qqch. un — d'honneur, *aliquid dare* laudi.* ◆ **6.** Titre d'un alliage. *Aeraria (ae) ratio (onis)*, f.

tituber, intr. *Titubare.*

toast, m. *Propinatio, onis*, f. Porter un — à qqn, *propinare alicui* ou *propinare salutem alicui.*

tocsin, m. Sonner le —, *populum aere ciere, eo*.*

toge, f. *Toga, ae*, f. Petite —, *togula, ae*, f.; — prétexte, *praetexta, ae*, f.; vêtu de la —, *togatus, a, um;* vêtu de la — prétexte, *praetextatus.*

toi, pr. pers. V. TU.

toile, f. **1.** *Tela, ae*, f. Toile de lin, *linteum, i*, n. En —, *linteus, a, um*; — d'araignée, *araneum, i*, n.; *aranea, ae*, f. ◆ **2.** Rideau de théâtre. *Aulaeum, i*, n. (Toile de fond) *Siparium, ii*, n. ◆ **3.** Tableau. *Tabula, ae*, f. ◆ **4.** (Pl.) Pièges. *Plagae, arum*, fpl.

toilette, f. **1.** Action de se parer. *Exornatio, onis*, f. Faire sa —, *se ornare* ou *fingĕre*;* objets de —, *ornamenta, orum*, npl. ◆ **2.** Ajustement ; parure. *Cultus, us*, m. La — des femmes, *muliebres munditiae*, fpl.

toiser, tr. **1.** *Metiri*.* ◆ **2.** (Fig.) *Oculo metiri*.*

toison, m. *Vellus, eris*, n. *Lana, ae*, f. Le bélier à — d'or, *auratus aries.*

toit, m. **1.** *Tectum, i*, n. ◆ **2.** Maison. *Tectum. Domus, us*, f.

toiture, f. *Tectum, i*, n.

tôle, f. *Ferri lamina, ae*, f.

tolérable, adj. *Tolerabilis, e.*

tolérance, f. *Tolerantia, ae*, f. *Patientia, ae*, f. Avec —, *patienter.*

tolérant, ante, adj. *Patiens, entis. Indulgens.*

tolérer, tr. *Tolerare. Ferre, fero*.*

tombe, f. et **tombeau,** m. **1.** *Sepulcrum, i*, n. ◆ **2.** Tertre. *Tumulus, i*, m. ◆ **3.** Monument. *Monumentum, i*, n. Mettre au —, *condĕre* in sepulcro; sepelire*.* ◆ **4.** (Fig.) Mort. *Mors, mortis*, f. Jusqu'au —, *usque ad extremum spiritum.* ◆ **5.** Destruction. *Pernicies, ei*, f.

tombée, f. A la — de la nuit, *sub vesperum.*

tomber, intr. **1.** *Cadere, o*.* (En glissant) *Labi, or*.* Brusquement) *Ruere, o. Corruere, o.* (En avant) *Procumbere, o*.* Tomber du haut de, *decĭdĕre** (abl.); — de cheval, *ex equo cadĕre*;* — (blessé), *concĭdĕre*;* faire — (qqn), *dejicĕre, io** (acc.); (qqch.), *evertĕre** (acc.); les cheveux tombent, *capilli fluunt*;* — en ruines, *corruĕre;* qui —, est près de —, *caducus, a, um;* — des mains, *excĭdĕre* de manibus;* tombé des mains, *delapsus* de manibus;* il laissa tomber de son bec le fromage, *emisit* ore caseum;* ne pas laisser — à terre, *excipĕre, io** (acc.). ◆ **2.** Tomber sur. *Irruere, o (in, acc.). Invadere, o** (acc.). Tomber sur qqn qui ne s'y attend pas, *imparatum aliquem adoriri*;* — sur qqn à bras raccourcis, *lentā manu caedĕre* aliquem;* (fig.) *insectari aliquem;* les soupçons tombent sur lui, *recĭdit* in eum suspicio.* ◆ 3. Tomber dans, sous. Tomber dans la mer (en parlant d'un fleuve), *in mare influĕre*.* Tomber au milieu de, *incĭdĕre** (dat.); il nous tombe tout à coup, *nobis obrepit*;* nous vous sommes tombés à contretemps, *molesti vobis intervenimus*;* je ne pouvais pas mieux tomber, *accĭdĕre opportunius nihil potuit*.* Tomber au pouvoir de, *cadĕre* sub imperium* (gén.); — dans les mains de, *incĭdĕre* in manus* (gén.); faire — dans un piège, *per dolum capĕre, io** (acc.); — dans la misère, *incĭdĕre* in miserias;* — deux fois dans la même faute, *iterum peccare;* — dans le ridicule, *risus facĕre, io*;* — sous les sens, *cadĕre* in sensum;* — sous les yeux, *incurrĕre* in oculos;* — dans la corruption, *prolabi, or*.* ◆ 4. Déchoir; dépérir; succomber. Tomber du faîte, *decĭdĕre* ex astris;* il est bien tombé, *jacet*;* (une comédie) tombe, *cadit*;* faire — une comédie, *comoediam exigĕre*;* — en langueur, *in languorem incĭdĕre*;* — malade, *incĭdĕre* in morbum;* — de lassitude, *lassitudine deficĕre, io*;* Carthage tomba, *Carthago corruit;* les États tombent par la discorde, *discordiā res dilabuntur*;* le vent —, *ventus remittit*;* la fièvre tombe, *decedunt* febres;* la conversation tombe, *sermo moritur*;* laisser — une accusation, *crimen abolēre*.* ◆ 5. Échoir, arriver. Thyrrhenus tomba au sort, le sort tomba sur Thyrrhenus, *sors Thyrrhenum contigit*;* tomber à un autre propriétaire, *alium dominum sortiri;* — à une époque, *incurrĕre* in tempus;* — ce jour-là, *in eamdem diem cadĕre*;* — bien pour, *contingĕre** (dat.); — d'accord, *consentire*.*

tombereau, m. *Plaustrum, i,* n.

tome, m. *Tomus, i,* m. *Volumen, inis,* n.

1. ton, ta, tes, adj. poss. *Tuus, tua, tuum.*

2. ton, m. **1.** (Musique) Son. *Sonus, i,* m. (Intervalle) *Tonus, i,* m. Donner le — à qqn, *praeire (eo*) alicui.* ◆ **2.** Manière de parler. *Sermo, onis,* m. *Oratio, onis,* f. Ton soutenu, *tenor, oris,* m.; hausser le —, *vocem tollĕre*;* d'un — superbe, *superbe;* faire baisser le — (à qqn), *retundĕre* superbiam.* ◆ **3.** Manières. *Mos, moris,* m. Le bon —, *urbanitas, atis,* f.; de bon —, *urbanus, a, um;* de mauvais —, *rusticus.* ◆ **4.** Teinte. *Color, oris,* m.

tondeur, m. *Tonsor, oris,* m.

tondre, tr. *Tondere, eo*.*

tonne, f. et **tonneau,** m. *Dolium, ii,* n. C'est un — (un ivrogne), *amphora est.*

tonnelet, m. *Doliolum, i,* n.

tonnelier, m. *Cuparius, ii,* m. *Dolarius, ii,* m.

tonnelle, f. *Trichila, ae,* f.
tonner, intr. *Tonare**.
tonnerre, m. **1.** *Tonitrus, us,* m. Coup de —, *tonitruum, i,* n. ◆ **2.** Foudre. *Fulmen, inis,* n. ◆ **3.** (Fig.) Coup de —, *fulmen.*
tonsure, f. *Tonsura, ae,* f.
tonte, f. **1.** *Tonsura, ae,* f. ◆ **2.** (Laine) *Lanitium, ii,* n.
topaze, f. *Topazus, i,* f.
toper, intr. Tope ! *Esto !*
topique. I. Adj. *Idoneus, a, um.* ◆ **II.** Nom mpl. *Topica, orum,* npl.
topographie, f. *Geographia, ae,* f. *Regionum descriptio, onis,* f.
toqué, ée, adj. Cerveau —, *mota mens,* f.
torche, f. *Taeda, ae,* f. *Fax, facis,* f.
torcher, tr. *Detergere, eo**.
torchis, m. *Lutum paleatum,* n.
torchon, m. *Peniculus, i,* m.
tordre, tr. *Torquere, eo**. Se — la bouche, *os sibi distorquēre**.
torpeur, f. **1.** *Torpor, oris,* m. ◆ **2.** (Fig.) *Socordia, ae,* f. Être plongé dans la —, *torpēre**.
torpille, f. Poisson. *Torpedo, inis,* f.
torréfier, tr. *Torrere, eo**.
torrent, m. *Torrens, entis,* m. Un — de larmes, *vis lacrimarum.*
torride, adj. *Torridus, a, um.*
tors, torse, adj. *Obtortus, a, um.*
torsade, f. *Dracunculus, i,* m.
torse, m. *Truncus, i,* m.
tort, m. **1.** Erreur. *Culpa, ae,* f. Avoir —, *peccare;* il eut — de le dire, *illud male dixit*;* on a — de, *vitiosum est* (inf.); rejeter le — sur, *culpam transferre* in* (acc.); à —, *falso;* non à —, *recte;* à tort et à travers, *temere.* ◆ **2.** Injustice. *Injuria, ae,* f. (envers, *in,* acc.). Si j'ai qq. — envers toi, *si quid in te peccavi;* donner — à, *accusare* (acc.); à —, *injuriā;* à — ou à raison ? *jure an injuriā?* se plaindre à —, *falso queri**. ◆ **3.** Dommage. *Injuria. Damnum, i,* n. Qui fait — à, *injuriosus, a, um* (*in,* acc.); sans faire — à personne, *nemini nocens, entis;* faire — de qqch. à qqn, *detrahĕre* aliquid alicui;* faire — à la réputation de, *famam detrahĕre** (gén.).
torticolis. I. Nom m. *Cervicis rigores, um,* mpl. ◆ **II.** Adj. *Obstipus, a, um.*
tortiller. I. Tr. *Torquere, eo**. ◆ **II.** Intr. (Fig.) *Tricari.* Sans — (fam.), *missis* ambagibus.*
tortu, ue, adj. *Varus, a, um. Distortus, a, um.*
tortue, f. *Testudo, inis,* f. De —, *testudineus, a, um.*
tortueusement, adv. *Perplexe.*
tortueux, euse, adj. **1.** *Flexuosus, a, um.* ◆ **2.** (Fig.) *Tortuosus, a, um.*
tortuosité, f. *Flexus, us,* m.
torture, f. **1.** *Tormentum, i,* n. *Cruciatus, us,* m. ◆ **2.** Épreuve judiciaire. *Tormenta, orum,* npl. *Quaestio, onis,* f. Mettre à la —, *torquēre** (acc.). ◆ **3.** (Fig.) Douleur physique ou morale. *Cruciatus.* ◆ **4.** Contention d'esprit.

Mettre son esprit à la —, *se torquēre**.

torturer, tr. *Torquere, eo**. *Cruciare.*

tôt. I. Adv. *Mature. Cito.* Pas assez tôt, *serius;* plus tôt, *citius;* cet ordre n'était pas plus — donné que, *vix hoc erat bene imperatum cum* (indic.); qui vient trop —, *immaturus, a, um;* au plus —, *quam primum.* ◆ **II.** Loc. conj. Sitôt que, *statim ut* (indic.).

total, ale. I. Adj. *Totus, a, um.* ◆ **II.** Nom m. *Summa, ae,* f.

totalement, adv. *Omnino. Prorsus.*

totalité, f. *Totum, i,* n. *Solidum, i,* n. La — de, *totus, a, um;* en —, *numero.*

touchant, ante, adj. *Miserabilis, e.*

touchant, prép. *De* (abl.). *Super* (abl.).

touche, f. **1.** Épreuve de l'or. *Probatio, onis,* f. Pierre de —, *coticula, ae,* f.; (fig.) *obrussa, ae,* f. ◆ **2.** Manière d'un peintre. *Penicillus, i,* m. *Manus, us,* f.

toucher, m. *Tactio, onis,* f. *Tactus, us,* m.

toucher, tr. et intr. **1.** Mettre la main sur. *Tangere, o** (acc.). Toucher souvent, *tractare* (acc.); — longtemps, *pertractare;* — du bout des doigts, *attingĕre* extremis digitis;* touche là, *cedo* dextram;* — du doigt, *manu tentare;* faire — du doigt qqch. (fig.), *oculis subjicĕre* (*io**) *aliquid;* — à, *attingĕre** (acc.). ◆ **2.** Frapper. *Percutere, io** (acc.). (Jouer d'un instrument) *Tangĕre**. Je toucherais cette corde (fig.), *illum locum attingerem*;* toucher la corde sensible, *ulcus tangĕre**. (Essayer avec la pierre de touche) *Probare* (acc.). ◆ **3.** Toucher à (entamer). *Attingere, o** (acc.). Ne pas — à, *manus abstinēre** (*ab*, abl.); défense d'y —, *non licet* ungulas injicĕre;* ne pas — au capital, *nihil detrahĕre* de vivo;* (argent) auquel on n'a pas touché, *illibatus, a, um;* sans toucher aux lois, *nihil contra leges faciens**. ◆ **4.** (Fig.) — légèrement un sujet, *praestringĕre* rem;* il en toucha un mot, *de hoc pauca disseruit*;* dès que j'eus touché aux affaires publiques, *ut primum rem publicam attigi**. ◆ **5.** Recevoir (de l'argent). *Tangĕre** (acc.). *Accipere, io** (acc.). N'avoir pu encore — un sou, *nummum adhuc nullum auferre potuisse**. ◆ **6.** Intéresser; faire impression sur. *Tangĕre**. *Movere, eo** (acc.). Cela me touche, *ad me hoc attinet*;* toucher le cœur de qqn, *misericordiam alicui commovēre*;* être touché du sort ou des malheurs de qqn, *dolēre* alicujus vicem* ou *rebus adversis.* ◆ **7.** (Marine) Toucher le fond, *sidere, o**. Toucher (aborder), *attingĕre** (acc.). ◆ **8.** Être proche de. (Dans l'espace) *Tangĕre* (acc.). *Contingere, o** (acc.). Qui touche à, *finitimus, a, um; proximus* (dat.). (Dans le temps) *Appropinquare.* — à sa fin, *in exitu esse;* nous touchons au temps, *non longe ab eo tempore absumus**. ◆ **9.** (Fig.) Être apparenté à. *Cognatione attingĕre** (acc.).

SE TOUCHER, r. Être contigu. *Inter se contingĕre**. Les extrêmes se touchent, *extrema concurrunt**.

touffe, f. *Crista, ae,* f. (De cheveux) *Vertex, icis,* m. *Cirrus, i,* m. — de plumes, *plumeus apex.*

touffu, ue, adj. *Densus, a, um.*

toujours, adv. *Semper.* Pour —, *in perpetuum;* — est-il que, *tamen.*

Toulouse. *Tolosa, ae,* f. De —, *Tolosanus, a, um.* Les Toulousains, *Tolosates, ium,* mpl.

toupie, f. *Turbo, inis,* m.

1. tour, m. **1.** Mouvement circulaire. *Conversio, onis,* f. *Circulus, i,* m. *Orbis, is,* m. A — de bras, *excusso* lacerto;* en un — de main, *expedite;* le — de toute la Sicile, *totius Siciliae circuitus, us,* m.; faire le — de, *circuire, eo** (acc.); (parcourir) *peragrare* (acc.); *obire, eo** (acc.); faire un — de promenade, *ambulationem conficĕre, io**. ◆ **2.** — d'adresse. *Praestigiae, arum,* fpl. Faiseur de —, *ludius, ii,* m. (Ruse) *Dolus, i,* m. Jouer des — à qqn, *ludos alicui facĕre, io*;* qui sait beaucoup de —, *versutus, a, um;* (cela) te jouera un mauvais —, *te paenitebit**. ◆ **3.** Tournure (d'une affaire). *Ratio, onis,* f. (Voyons) le — que prennent les choses, *quo loci sit res;* prendre un mauvais —, *male vertĕre**. (Du style) — donné aux pensées, *conformationes sententiarum;* plaisanteries d'un — agréable, *lepos facetiarum;* donner un nouveau — à ses paroles, *versare verba.* ◆ **4.** Rang successif. *Vices* (dat. *vicibus*), fpl. Parler à son —, *loco dicĕre**; à — de rôle, *invicem.* ◆ **5.** Machine. *Tornus, i,* m. Fait au — (fig.), *affabre factus, a, um.* (Armoire à pivot) *Rota, ae,* f.

2. tour, f. *Turris, is* (acc. *im,* abl. *i*), f.

tourbe, f. *Turba, ae,* f.

tourbillon, m. **1.** *Turbo, inis,* m. ◆ **2.** D'eau. *Vertex, icis,* m.

tourbillonner, intr. *Verti, or**.

tourelle, f. *Turricula, ae,* f.

tourment, m. **1.** *Cruciatus, us,* m. ◆ **2.** (Fig.) *Tormentum, i,* n. ◆ **3.** Contrariété. *Sollicitudo, inis,* f. Causer du — à, *sollicitare* (acc.).

tourmentant, ante, adj. *Molestus, a, um.*

tourmenter, tr. **1.** *Cruciare. Torquere, eo**. ◆ **2.** Harceler. *Vexare.*

SE TOURMENTER, r. **1.** *Se afflictare.* Se — de, *angi* re* ou *de re.* ◆ **2.** S'agiter. *Trepidare.*

tournant, ante. **I.** Adj. Escalier —, *cochlea, ae,* f. ◆ **II.** Nom m. *Flexus, us,* m. *Anfractus, us,* m.

tournée, f. *Concursatio, onis,* f. Faire une — *concursare;*

faire une — dans sa province, *provinciam obire, eo**.

tourner. I. Tr. **1.** Mouvoir en rond. *Circumagere, o**. *Versare.* Tourner la main, *manum convertĕre**; faire — la tête (appeler l'attention), *oculos inflectĕre**; — la tête (se détourner), *oculos deflectĕre**; — le dos, *vertĕre* se;* faire — le dos à, *in fugam convertĕre** (acc.). ◆ **2.** Diriger vers. *Convertere, o** (*ad* ou *in*, acc.). Tourner les yeux vers, *oculos adjicĕre* (*io**) *ad* ou *in* (acc.); — ses pas vers, *iter convertĕre* ad;* — ses armes contre, *arma vertĕre* in* (acc.); — son esprit vers, *mentem suam flectĕre* ad;* — (qqch.) à son profit, *in rem suam convertĕre** (acc.). ◆ **3.** Changer. *Vertere, o**. *Mutare.* — un reproche en louange, *convertĕre* crimen in laudem.* (Déranger la tête à qqn) *mentem exturbare.* (Traduire) *Convertĕre**. ◆ **4.** Faire le tour de. *Circuire, eo**. Tourner le bas de la montagne, *per infima montis circumire, eo**; — l'ennemi, *hostem circumire** ou *circumvenire**. ◆ **5.** Façonner au tour. *Tornare.* ◆ **6.** (Fig.) Bien — ses phrases, *concinne dicĕre**; bien tourné (élégant), *concinnus, a, um;* esprit mal tourné, *pravae mentis homo.* ◆ **II.** Intr. **1.** Se mouvoir en rond. *Circumagi, or**. *Se convertĕre**. — autour de, *circumire* (*eo**) (acc.); — autour du pot, *tricari.* ◆ **2.** Se diriger vers. *Flecti, or** (*ad*). *Iter flectere, o** (*ad*). — à gauche, *se flectĕre* sinistrorsus;* faire — des chevaux, *equos flectĕre**; faire — un char, *currum vertĕre**; pour — court (fig.), *ne longum faciam**; — du côté de (qqn), *causam complecti* alicujus.* ◆ **3.** Changer. *Verti, or**. *Mutari.* (Avoir le vertige) ceux à qui la tête tourne, *vertigine laborantes;* la tête me tourne, *mentis non sum compos.* ◆ **4.** Tendre à. *Vergere, o** (*in*, acc.). — en, *verti* in* (acc.); les revenus tournent en dépenses, *fructus abeunt* in sumptus.* ◆ **5.** Aboutir à. *Vertere** (*in*, acc.). *Evadere, o**. Tourner bien (ch.), *in bonum vertĕre**; — mal (ch.), *male vertĕre**; — à, *valēre* ad;* — contre, *noxae esse* (dat.). ◆ **6.** Se gâter. *Corrumpi, or**. Vin tourné, *vappa, ae,* f.; faire — le sang à qqn, *confundĕre* animum alicujus.* ◆ **7.** (On verra) de quoi il tourne, *illud cujus modi sit.*

SE TOURNER, r. *Se vertĕre**. — vers, *se convertĕre* ad;* il ne sait de quel côté se —, *nescit quo se vertat**; se — en, *se vertĕre* in* (acc.); *converti* in* (acc.).

tournesol, m. *Heliotropium, ii,* n.

tourneur, m. *Tornator, oris,* m.

tournoi, m. *Torneamentum, i,* n. *Armorum lusus, us,* m.

tournoiement, m. *Vertigo, inis,* f.

tournoyer, tr. *Circumagi, or**.

*Gyros ducere, o**. — de tous côtés, *errare huc et illuc;* en **tournoyant**, *flexuose;* faire tournoyer, *circumagĕre* (acc.).

ournure, f. **1.** Maintien. *Habitus, us,* m. Qui a bonne —, *concinnus, a, um.* ◆ **2.** Forme donnée à un objet. *Figura, ae,* f. ◆ **3.** (Fig.) La — d'une affaire, *negotii figura;* (voir) quelle — cela prendra, *haec quorsum evasura* sint.*

tourte, f. *Scriblita, ae,* f.

tourtereau et **tourterelle**, m. f. *Turtur, uris,* m. f.

tourtière, f. *Clibanus, i,* m.

Toussaint, f. *Festum (i,* n.) *omnium Sanctorum.*

tousser, intr. *Tussire.* Faire —, *tussim movēre*.*

1. tout, toute, adj. **1.** Groupe tous les individus d'une même espèce. *Omnis, e.* (Pl. collectif) *Omnes, ia.* Tous ensemble, *cuncti, ae, a;* tous sans exception, *universi, ae, a;* tous jusqu'au dernier, *omnes ad unum.* (Sg. distributif : chaque) *Omnis. Quisque, quaeque, quodque* (adj.) et *quidque* (pron.) En toute chose, *in unāquāque re;* tout autre, *quivis;* tous les jours, *singulis diebus;* tous les ans, *quot annis;* tous deux, *ambo.* (Sg. indéfini : quiconque) Tout homme qui, *quicumque;* à tout hasard, *quodcumque acciderit*.* ◆ **2.** Groupe toutes les parties d'un même corps. *Totus, a, um. Cunctus, a, um.* Tout un jour, *dies integer;* tout à ces pensées, *totus in illis;* Hirtius est tout à toi, *Hirtius est tuus;* une vie toute de plaisir, *conferta voluptatibus vita;* tout le monde, *omnes homines.*

2. tout, m. **1.** Toutes choses. *Omnia, ium,* npl. En —, *in omnibus rebus;* il est tout pour eux, *eum in oculis ferunt*;* tout ce qui, *quidquid;* tout ce que vous pourrez réunir de soldats, *quodcumque militum contrahĕre poteritis*;* tout ce que je sais, c'est que..., *unum scio* (prop. inf.); à tout prendre, *in summā;* en tout, *omnino;* pas du tout, *minime;* rien du tout, *nulla res una;* après tout, *ad summam*; avant tout, *in primis.* ◆ **2.** Le tout. *Totum, i,* n. *Summa, ae,* f. Le tout est de, *totum in eo est si,* (subj.); former un tout, *cohaerēre**; risquer le tout pour le tout, *dare* summam rerum in aleam;* se tromper du tout au tout, *vehementer errare.*

3. tout, adv. **1.** *Omnino. Prorsus.* (Se rend aussi par le superlatif de l'adj. ou de l'adv., ou ne se rend pas du tout). Tout entier, *totus, a, um;* tout seul, *solus;* tout autre, *longe alius;* tout de même, *pariter;* tout à fait, *omnino;* pas du tout, *minime;* tout à coup, *repente;* tout à l'heure (bientôt), *mox;* (naguère) *nuper;* tout à côté, *proxime;* tout le long de la mer, *secundum mare;* tout droit, *rectā viā.* ◆ **2.** Tout

... que, *quamvis* (subj.). Je ne crains pas un rhéteur, tout éloquent qu'il puisse être, *non timeo* rhetorem quamvis eloquentem.* ◆ **3.** Tout en (part. prés.). Se rend par le gér. abl., s'il marque le moyen : dire la vérité tout en riant, *ridendo dicĕre* verum;* par le part. prés., s'il marque seulement la simultanéité : j'écoute tout en grondant, *frendens audio.*

toutefois, adv. *Nihilo minus.* (En tête de phrase) *Verumtamen.*

toute-puissance, f. *Summa* (*ae*) *potestas* (*atis*), f.

tout-puissant, ante, adj. *Praepotens, entis.* Être —, *omnia posse*.*

toux, f. *Tussis, is* (acc. *im*), f.

trabée, f. *Trabea, ae,* f.

tracas, m. **1.** Désordre. *Motus, us,* m. ◆ **2.** Embarras. *Negotium, ii,* n. Tracas domestiques, *domesticae tricae,* fpl.; avoir des —, *esse in molestiis;* donner du —, *negotium facessĕre** (dat.).

tracasser. I. Intr. **1.** S'agiter. *Satagere, o*.* ◆ **2.** Susciter des tracasseries. *Turbare.* ◆ **II.** Tr. Tourmenter. *Vexare. Sollicitare.*

tracasserie, f. **1.** Chicane. *Calumnia, ae,* f. ◆ **2.** Contestation. *Controversia, ae,* f.

tracassier, ière, adj. *Perpugnax, acis. Molestus, a, um.*

trace, f. *Vestigium, ii,* n. Marcher sur les — de qqn, *vestigia alicujus persequi, or*.*

tracé, m. *Descriptio, onis,* f.

tracer, tr. **1.** Dessiner. *Describere, o*.* ◆ **2.** Écrire. *Scribere, o*.* ◆ **3.** (Fig.) Décrire. *Effingere, o*.*

trachée- artère, f. *Arteria, ae,* f.

traction, f. *Tractio, onis,* f.

tradition, f. **1.** Livraison. *Traditio, onis,* f. ◆ **2.** Transmission orale. *Memoria, ae,* f. La — rapporte que, *memoriae traditum* est* (prop. inf.). ◆ **3.** Coutume antique. *Mos, moris,* m.

traditionnel, elle, adj. *A majoribus traditus, a, um. Sollemnis, e.*

traditionnellement, adv. *Sollemniter.*

traducteur, m. *Interpres, etis,* m.

traduction, f. *Translatio, onis,* f.

traduire, tr. **1.** Faire comparaître. *Diem dicere, o** (*alicui*). — en justice, *in jus vocare* (acc.); — en justice pour concussion, *postulare* (*aliquem*) *de pecuniis repetundis;* traduit en justice pour, *postulatus, a, um* (*de*). ◆ **2.** Faire passer d'une langue dans une autre. *Vertere, o** (de, *de;* en, *in,* acc.). Traduire d'un auteur, *transferre* ab.* ◆ **3.** Expliquer. *Expromere, o*.*

trafic, m. *Mercatura, ae,* f.

trafiquant, m. *Negotiator, oris,* m.

trafiquer, intr. **1.** *Negotiari.* ◆ **2.** (Fig.) *In quaestum conferre, fero** (acc.).

tragédie, f. **1.** *Tragoedia, ae,* f. ◆ **2.** (Fig.) *Miserabilis (is) casus (us),* m.

tragédien, m. *Tragoedus, i,* m.

tragi-comédie, f. *Tragicomoedia, ae,* f.

tragique, f. **1.** *Tragicus, a, um.* ◆ **2.** (Fig.) *Miserabilis, e.*

tragiquement, adv. *Misere.*

trahir, tr. **1.** *Prodere, o*.* ◆ **2.** (Milit.) *Deficere, io* (ab).* ◆ **3.** Tromper. *Fallere, o** (acc.).

SE TRAHIR, r. **1.** Agir contre soi-même. *Sese deserĕre*.* ◆ **2.** Découvrir son secret. *Se indicare.*

trahison, m. **1.** *Proditio, onis,* f. ◆ **2.** (Milit.) *Defectio, onis,* f. Par —, *insidiis.* ◆ **3.** Haute trahison, *perduellio, onis,* f.

train, m. **1.** Allure. *Gradus, us,* m. Aller bon —, *festinare.* ◆ **2.** Conduite. Train de vie, *vivendi cursus, us,* m. Il est en — de, *instituit* (inf.); se mettre en —, *se movĕre*;* on se mit en — de lancer des vases, *vasa conjici coepta* sunt;* mettre en — (en joie), *in laetitiam evocare* (acc.). ◆ **3.** Marche des affaires. *Cursus, us,* m. L'affaire est en —, *res est in cursu;* mettre une affaire en —, *rem instituĕre;* quel que soit le — des affaires, *quomodocumque res se habet*.* ◆ **4.** Suite (de bêtes de somme). *Commeatus, us,* m. Le train des équipages. *Fabri, orum,* mpl. (De domestiques) *Comitatus, us,* m. Mener grand —, *laute vivĕre*;* mener un — modeste, *mediocri familiā uti, or*.* (De bois flottants) *Ratis, is,* f. ◆ **5.** Dans l'animal : la partie de derrière, *clunes, ium,* fpl.; la partie de devant) *priores pedes,* mpl.

traînard, m. Les —, *morantes, ium,* mpl.

traîneau, m. *Traha, ae,* f.

traînée, f. *Tractus, us,* m.

traîner. I. Tr. **1.** Tirer après soi. *Trahere, o*.* (Animaux) *Vehere, o*.* Traîner loin de, *abstrahere* de;* — vers, à, *ducĕre ad* ou *in,* acc.; — au supplice, *ad supplicium rapĕre, io*.* ◆ **2.** Traîner en longueur. *Trahĕre*. Ducĕre*.* ◆ **II.** Intr. **1.** Pendre à terre. *Fluere, o*.* (Être hors de sa place) *Jacere, eo*.* Ne rien laisser —, *collocare suo quidque loco.* (Être banal) *Tritum esse.* ◆ **2.** Être languissant. (Pers.) *Languere, eo*.* (Ch.) *Frigere, eo*.* ◆ **3.** Rester en arrière. (Pers.) *Morari.* (Ch.) *Haerere, eo*.* ◆ **4.** Traîner sur les syllabes, *tractim dicĕre*.*

SE TRAÎNER, r. Ramper; marcher à grand'peine. *Repere, o*.*

traire, tr. *Mulgere, eo** (acc.).

trait, m. **1.** Action de tirer. (Bête) de trait, *jugalis, e.* (Longe pour tirer) *Lorum, i,* n. ◆ **2.** Ce qu'on avale d'un seul coup. *Haustus, us,* m. Boire d'un —, *potu uno haurire*;* tout d'un — (fig.), *uno tenore.* ◆ **3.** Ligne. *Tractus, us,* m. (Coup de crayon) *Linea, ae,* f. (Pl. Lignes du visage) *Lineamenta, orum,* npl. (Fig.) *Signum, i,* n. Le trait caractéristique de la vertu, *proprium virtutis.* ◆ **4.** Arme de jet. *Telum, i,* n. (Fig.) Traits mordants, *aculei, orum,* mpl. ◆ **5.** Beaux passages d'un discours. *Lumina, um,* npl. Traits d'esprits, *sales,* mpl. ◆ **6.** Action. *Factum, i,* n. Beau —, *facinus pulcherrimum;* c'est là (de ta part) un — d'ami, *amice facis*.* ◆ **7.** Rapport. Avoir — à, *pertinēre* ad; respicĕre* (*io**) *ad.* ◆ **8.** Verset. *Tractus, us,* m.

traitable, adv. *Tractabilis, e. Facilis, e.*

traite, f. **1.** Action de traire. *Mulctus, us,* m. ◆ **2.** Commerce d'esclaves. La — des noirs, *Afrorum mercatura, ae,* f. ◆ **3.** Chemin. *Iter, itineris,* n. Une bonne —, *longulum iter;* tout d'une —, *continenti cursu.* ◆ **4.** Lettre de change. *Permutatio, onis,* f.

traité, m. **1.** Ouvrage didactique. *Liber, bri,* m. Composer un — de, *scribĕre* de.* ◆ **2.** Convention entre États. *Foedus, eris,* n. (D'alliance) *Societas, atis,* f. ◆ **3.** Convention entre l'État et un entrepreneur. *Redemptura, ae,* f.

traitement, m. **1.** Faire à qqn de bons, de mauvais —, *benigne, male accipĕre* (*io**) *aliquem;* il craignait un — plus sévère, *graviora metuebat.* ◆ **2.** (Méd.) *Curatio, onis,* f. ◆ **3.** Salaire. *Stipendium, ii,* n.

traiter. **I.** tr. **1.** Qqn. *Tractare. Habere, eo*. Agĕre, o** (*cum*). Traiter qqn en ou comme, *tractare aliquem ut* (acc.)*; habēre* aliquem pro* (abl.); traiter de, *vocare* (acc.). ◆ **2.** Recevoir. *Accipere, io*.* Celui qui traite, *epuli dominus, i,* m. ◆ **3.** Donner ses soins. (A qqn) *Curare* (acc.). (A une maladie) *Medēri** (dat.). ◆ **4.** Manipuler qqch. *Tractare* (acc.). ◆ **II.** Tr. et intr. Discourir sur. *Tractare* (acc.). *Agĕre** (*de*). Livre qui traite de, *liber qui est de;* manière de traiter un sujet, *rei tractatio, onis,* f. ◆ **III.** Intr. **1.** Discuter; négocier. *Agĕre** (*de*). ◆ **2.** Faire un traité. *Pacisci, or*.* Traiter avec, *pactionem facĕre* (*io**) *cum; transigĕre* cum.*

traiteur, m. *Caupo, onis,* m.

traître, esse, adj. et nom. **1.** (Pers.) *Proditor, oris,* m. *Insidiator,* m. En —, *per insidias.* ◆ **2.** (Ch.) *Insidiosus, a, um.*

traîtreusement, adv. *Perfidiose.*

trajet, m. **1.** Par mer. *Trajectus, us,* m. ◆ **2.** Par terre. *Iter, itineris,* n.

tramail, m. *Funda, ae,* f.

trame, f. **1.** *Subtemen, inis,* n. ◆ **2.** (Fig.) La — de la vie, *curriculum vitae;* trame (complot), *consilium, ii,* n.

tramer, tr. **1.** *Subtemen inserere, o** (*in,* acc.). ◆ **2.** Machiner. *Moliri* (acc.). *Meditari* (acc.).

tramontane, f. **1.** (Vent) *Septemtrio, onis,* m. ◆ **2.** (Étoile) *Polus, i,* m. ◆ **3.** (Fig.) Perdre la —, *turbari.*

tranchant, ante. I. Adj. **1.** Affilé. *Acutus, a, um.* ◆ **2.** Éclatant. *Refulgens, entis.* ◆ **3.** Hardi. *Confidens, entis.* ◆ **II.** Nom m. *Acies, ei,* f. A deux —, *biceps* ou *anceps, cipitis.*

tranche, f. (D'aliment) *Ofella, ae,* f. Couper par —, *concīdere, o** (acc.).

tranchée, f. **1.** *Fossa, ae,* f. Ouvrir une —, *fossam ducĕre**. ◆ **2.** (Pl.) Douleurs d'entrailles. *Tormina, um,* npl.

trancher. I. Tr. **1.** Couper. *Secare**. *Caedere, o**. Tranchons le mot (fig.), *vel potius; immo.* ◆ **2.** Décider. *Decīdere, o**. *Dirimere, o**. Trancher la question, *quaestionem profligare.* ◆ **II.** Intr. **1.** (Pers.) Trancher court ou net, *praecīdĕre*;* — de (se comporter en), *agĕre** (acc.); *partes sumĕre** (gén.). ◆ **2.** (Ch.) Ressortir. *Eminere, eo**.

tranchet, m. *Crepidarius (ii) cultellus, i,* m.

tranquille, adj. *Tranquillus, a, um. Placatus.* Se tenir —, *quiescĕre**.

tranquillement, adv. *Placide.*

tranquilliser, tr. *Tranquillare.* Se —, *acquiescĕre*; sedari.*

tranquillité, f. **1.** *Tranquillitas, atis,* f. ◆ **2.** (Fig.) Paix. *Pax, pacis,* f. ◆ **3.** Repos. *Quies, etis,* f. ◆ **4.** Calme de l'âme. *Tranquillitas.*

transaction, f. *Pactio, onis,* f. *Transactio,* f. Faire une —, *pacisci, or**.

transalpin, ine, adj. *Transalpinus, a, um.*

transcendance, f. *Excellentia, ae,* f.

transcendant, ante, adj. *Eximius, a, um. Excellens, entis.*

transcription, f. *Perscriptio, onis,* f. *Exemplum, i,* n.

transcrire, tr. *Transcribere, o**. *Referre, fero**.

transe, f. *Sollicitudo, inis,* f. Être dans les —, *in metu esse; angi, or**.

transférer, tr. *Transferre, fero**.

transfert, m. *Translatio, onis,* f.

transfiguration, f. *Transfiguratio, onis,* f.

transfigurer (se), r. *Se transfigurare.*

transformation, f. *Conversio, onis,* f.

transformer, tr. *Vertere, o**. *Mutare.* Se — en bête, *ex homine in beluam se convertĕre**.

transfuge, m. *Perfuga, ae,* m.

transfusion, f. *Transfusio, onis,* f.

transgresser, tr. *Violare.* — les lois, *leges perrumpĕre**.

transgresseur, m. *Violator, oris,* m.

transgression, f. *Violatio, onis,* f.

transiger, intr. *Transigere, o** (sur, acc.). — avec son devoir, *officium prodĕre*;* sans

— avec le devoir, *salvo officio.*

transir, tr. (En parl. du froid) *Mordere, eo** (acc.). Être transi de froid, *gelu torpēre**; je fus transi de peur, *cohorrui**.

transition, f. *Transitus, us,* m.

transitoire, adj. **1.** *Temporalis, e.* ◆ **2.** Qui passe. *Fugitivus, a, um.*

translation, f. *Translatio, onis,* f.

transmettre, tr. *Tradere, o**.

transmigration, f. *Migratio, onis,* f.

transmission, f. *Traditio, onis,* f.

transparence, f. *Perluciditas, atis,* f.

transparent, ente, adj. *Perlucidus, a, um.*

transpercer, tr. **1.** *Transfigere, o**. *Transfodere, io**. ◆ **2.** (Fig.) — le cœur, *cor findĕre**.

transpiration, f. *Sudor, oris,* m.

transpirer, intr. **1.** *Exspirare.* Suer. *Sudare.* ◆ **2.** (Fig.) Etre divulgué. *Emanare.*

transplantation, f. *Translatio, onis,* f.

transplanter, tr. **1.** *Transferre, fero**. ◆ **2.** (Fig.) *Traducere, o**.

transport, m. **1.** *Asportatio, onis,* f. (Par voiture) *Vectio, onis,* f. Frais de —, *vectura, ae,* f.; bâtiment de —, *navis vectoria,* f.; moyen de —, *vehiculum, i,* n. ◆ **2.** Cession. *Cessio, onis,* f. (D'une propriété) *Translatio, onis,* f. ◆ **3.** Mouvement passionnel. *Impetus, us,* m. — de colère, *irae fervor, oris,* m.; d'admiration, *summa admiratio.*

transportable, adj. *Vectabilis, e.*

transporter, tr. **1.** *Transportare. Transferre, fero**. ◆ **2.** (Fig.) Faire retomber sur. *Transferre** (à, *ad* ou *in*, acc.). ◆ **3.** Attribuer. *Delegare* (à, dat.). ◆ **4.** Agiter de passion. *Rapere, io**. Transporté de joie, *laetitiā elatus, a, um;* être transporté de colère, *irā efferri**.

SE TRANSPORTER, r. Aller. *Se conferre**.

transposer, tr. *Transponere, o**. — ses mots, *verba trajicĕre, io**.

transposition, f. (De mots) *Verborum trajectio, onis,* f.

transrhénan, ane, adj. *Transrhenanus, a, um.*

transvasement, m. *Transfusio, onis,* f.

transvaser, tr. *Transfundere, o**.

transversal, ale, adj. *Transversus, a, um.*

transversalement, adv. *Transverse.*

trappe, f. *Cochlea, ae,* f. (Piège) *Fovea, ae,* f.

trapu, ue, adj. *Compactus, a, um. Quadratus.*

travail, m. **1.** Action de travailler. *Labor, oris,* m. ◆ **2.** Activité. *Industria, ae,* f. ◆ **3.** Soin. *Opera, ae,* f. ◆ **4.** Ouvrage. *Opus, operis,* n. Les travaux forcés, *metalla, orum*, npl.

travailler. **I.** Intr. **1.** *Laborare* (à, *in re* ou *de re; ut*, subj.). ◆ **2.** Fermenter. *Fermentari*. (Se déjeter) *Se torquēre**. *Vitium facere, io**. ◆ **II.** Tr. **1.** *Elaborare* (*rem*). (La terre) *Subigere, o** (acc.). (Un livre) *Perpolire* (acc.). — son style, *orationem formare*. ◆ **2.** Tourmenter. *Vexare. Exercere, eo**. Ce soin me travaille, *me illa cura angit*;* se — l'esprit, *animo laborare; animo angi**. ◆ **3.** Exciter à la révolte. *Sollicitare*.

travailleur, euse. **I.** Adj. *Industrius, a, um*. ◆ **II.** Nom m. **1.** *Operarius, ii*, m. ◆ **2.** (Milit.) *Munitor, oris*, m.

travers, m. **1.** Largeur d'un corps. *Latitudo, inis*, f. Un — de doigt, *transversus unguis;* en —, *transverse; oblique;* mis en —, *transversus, a, um;* à —, au — de, *per* (acc.); voir au — de, *cernĕre* per* (acc.); à — les ennemis, *per medios hostes;* de —, *perverse*; *prave*; avoir les yeux de —, *esse perversis oculis;* regarder de —, *torve aspectare;* homme qui a l'esprit de —, *pravae mentis homo*. ◆ **2.** Bizarrerie d'esprit. *Pravitas, atis*, f.

traverse, f. **1.** Pièce de bois. *Transversaria, iorum*, npl. ◆ **2.** Chemin de —, *trames, itis*, m. ◆ **3.** (Fig.) Obstacle. *Labor, oris*, m. *Discrimen, inis*, n. ◆ **4.** A la — *ex adverso;* se jeter à la —, *obstare** (dat.).

traversée, f. *Trajectio, onis*, f. Faire une —, *navigare*.

traverser, tr. **1.** Passer d'un côté à l'autre. *Transire, eo** (acc.). *Transgredi, ior** (acc.). — à la nage, *tranare* (acc.); faire — le fleuve à ses troupes, *copias flumen traducĕre**. ◆ **2.** Couper en deux. *Dividere, o**. ◆ **3.** Percer de part en part. *Transfigere, o** (acc.). ◆ **4.** (Fig.) — l'esprit, *occurrere, o**. ◆ **5.** Mettre obstacle à. *Impedire* (acc.).

traversin, m. *Cervical, alis*, n.

travestir, tr. **1.** Se —, *vestem mutare;* se — en, *induĕre vestitum* (gén.); travesti, *personatus, a, um*. ◆ **2.** Altérer. *Deformare*.

travestissement, m. *Vestis mutatio, onis*, f.

trébucher, intr. **1.** *Pede labi, or**. ◆ **2.** (Fig.) *Praecipitari* (*ex*).

trébuchet, m. **1.** Piège. *Pedica, ae*, f. ◆ **2.** Balance. *Trutina, ae*, f.

trèfle, m. *Trifolium, ii*, n.

treillage et **treillis**, m. *Cancelli, orum*, mpl.

treille, f. *Pergula, ae*, f.

treillisser, tr. *Cancellare*.

treize, adj. num. *Tredecim*, indécl. *Decem et tres;* treize fois, *tredeciens;* treizième, *tertius decimus;* treizièmement, *tertio decimo*.

tremble, m. *Populus* (*i*) *tremula* (*ae*), f.

tremblement, m. **1.** *Tremor*,

oris, m. ◆ **2.** De terre. *Terrae motus, us*, m.

trembler. intr. *Tremere, o**. Tremblant, *tremulus, a, um;* (qui a peur) *tremebundus, a, um*; trembler pour, *pertimescĕre* de;* faire —, *terrēre** (acc.); — que, *extimescĕre* ne* (subj.).

trembleur, euse, adj. *Pavidus, a, um.*

tremblotant, ante, adj. *Tremulus, a, um.*

trémière, f. Rose —, *alcea, ae,* f.

trémoussement, m. *Trepidatio, onis,* f.

trémousser, intr. et SE TRÉMOUSSER, r. *Trepidare.* — de l'aile, *alis plaudĕre**.

trempe, f. **1.** *Instinctio, onis,* f. ◆ **2.** (Fig.) *Habitus, us,* m. De cette —, *ex eo genere.*

tremper. **I.** Tr. **1.** Mouiller. *Madefacere, io**. — dans, *mergĕre* in* (acc. ou abl.); trempé, *madidus, a, um;* tremper le vin, *vinum temperare.* ◆ **2.** Donner la trempe au fer. *Temperare* (acc.). ◆ **II.** Intr. **1.** Rester dans un liquide. *Madescere, o**. Faire — dans l'eau, *macerare* (acc.). ◆ **2.** (Fig.) Tremper dans. *Interesse** (*in*, abl.). Qui trempe dans, *particeps, cipis* (gén.).

trente, adj. num. *Triginta,* indécl. Par —, *triceni, ae, a;* — fois, *triciens;* trentième, *tricesimus, a, um.*

trépan, m. *Terebra, ae,* f.

trépanation, f. *Terebratus, us,* m.

trépaner, tr. *Terebrare.*

trépas, m. *Mors, mortis,* f.

trépasser, intr. *Decedere* (*o**) *de vitā. Mori, ior**.

trépidation, f. *Tremor, oris,* m.

trépied, m. *Tripus, odis,* m.

trépignement, m. *Supplosio* (*onis,* f.) *pedis.* — de joie, *exsultatio, onis,* f.

trépigner, intr. *Pedem supplodere, o**. — de joie, *tripudiare.*

très, adv. Se rend par le superlatif ou par *maxime.*

trésor, m. **1.** *Thesaurus, i,* m. ◆ **2.** Lieu ou le trésor est renfermé. *Arca, ae,* f. ◆ **3.** Trésor public. *Aerarium, ii,* n. (Du prince) *Fiscus, i,* m. Aux frais du —, *publice.* ◆ **4.** (Pl.) Richesses. *Gazae, arum,* fpl. *Divitiae, arum,* fpl. *Opes, um,* fpl. ◆ **5.** (Fig.) *Thesaurus.* O mon —, *lux nostra.*

trésorier, m. *Arcarius, ii,* m. *Dispensator, oris,* m.

tressaillement, m. *Horror, oris,* m.

tressaillir, intr. *Perhorrescere, o**. — de joie, *exsultare gaudio.*

tresse, f. *Funiculus, i,* m. — de cheveux, *torti crines,* mpl.

tresser, tr. *Torquere, eo**. *Nectere, o**.

tréteau, m. **1.** *Fulmentum, i,* n. ◆ **2.** (Pl.) Théâtre. *Pulpitum, i,* n.

treuil, m. *Machina, ae,* f.

trêve, f. **1.** *Indutiae, arum,* fpl. ◆ **2.** (Fig.) Cessation. *Cessatio, onis,* f. *Remissio, onis,* f. Sans —, *sine ullā* *intermissione;* faire — à, *parcĕre* (dat.); *mittĕre** (acc.).

triage, m. *Selectio, onis,* f.

triaires, mpl. *Triarii, iorum,* mpl.

triangle, m. *Triangulum, i,* n.

triangulaire, adj. *Triangulus, a, um.*

tribu, f. *Tribus, us,* f. Par —, *tributim.*

tribulation, f. *Labores, um,* mpl. *Res adversae,* fpl.

tribun, m. *Tribunus, i,* m.

tribunal, m. *Tribunal, alis,* n. Les —, *forum, i,* n.; devant les —, *in judiciis.*

tribunat, m. *Tribunatus, us,* m.

tribune, f. *Suggestus, us,* m. La — aux harangues, *rostra, orum,* npl.

tribunitien, enne, adj. *Tribunicius, a, um.*

tribut, m. *Tributum, i,* n. *Vectigal, alis,* n.

tributaire, adj. *Vectigalis, e.*

tricherie, f. *Fraus, fraudis,* f.

tricolore, adj. *Tricolor, oris.*

tricot, m. *Scutula, ae,* f.

trident, m. *Tridens, entis,* m.

triennat, m. *Triennium, ii,* n.

trier, tr. *Deligere, o*.*

triglyphe, m. *Triglyphus, i,* m.

trimestre, m. *Trimestre* (*is*) *spatium* (*ii*), n.

trimestriel, elle, adj. *Trimestris, e.*

tringle, f. *Regula, ae,* f.

Trinité, f. *Trinitas, atis,* f.

trio, m. **1.** *Triga, ae,* f. ◆ **2.** (Mus.) *Tricinium, ii,* n.

triomphal, ale, adj. *Triumphalis, e.*

triomphateur, m. *Triumphator, oris,* m.

triomphe, m. **1.** *Triumphus, i,* m. Arc de —, *arcus, us,* m. ◆ **2.** Victoire. *Triumphus. Victoria, ae,* f. ◆ **3.** (Fig.) Le — de l'éloquence est de, *summa laus eloquentiae est* (inf.).

triompher, intr. **1.** Recevoir le triomphe. *Triumphare* (pour, *de* ou *ex*). ◆ **2.** Vaincre. *Vincere, o** (acc.). ◆ **3.** L'emporter sur (qqn). *Praestare* (dat.). ◆ **4.** Surmonter un obstacle. *Superare* (acc.). ◆ **5.** Exceller. *Triumphare. Excellere, o*.* ◆ **6.** Être joyeux. *Gaudio triumphare.* ◆ **7.** Être fier. *Gloriari* (*re* ou *de aliquo*).

tripe, f. *Exta, orum,* npl.

triple, adj. *Triplex, icis.*

triplement, adv. *Ter.*

tripler, tr. *Triplicare* (acc.).

tripot, m. *Talarius* (*ii*) *locus* (*i*), m.

trirème, f. *Triremis, is,* f.

trisaïeul, eule, m. f. *Abavus, i,* m. *Abavia, ae,* f.

triste, adj. **I.** (Pers.) **1.** Affligé. *Maestus, a, um.* Être —, *maerere*.* ◆ **2.** Maussade. *Tristis, e.* ◆ **3.** Souffrant. *Aeger, gra, grum.* ◆ **II.** (Ch.) **1.** *Tristis, e.* ◆ **2.** Funèbre. *Luctuosus, a, um.* ◆ **3.** Sombre. *Nubilus, a, um.* ◆ **4.** Insuffisant. *Miser, era, erum.*

tristement, adv. *Maeste. Miserabiliter.*

tristesse, f. **I.** (Pers.) **1.** *Maeror, oris,* m. ◆ **2.** Mélancolie. *Tristitia, ae,* f. ◆ **II.** (Ch.) *Tristitia, ae,* f.

triton, m. *Triton, onis*, m.
triturer, tr. *Conterere, o**.
triumvir, m. *Triumvir, viri*, m.
triumviral, ale, adj. *Triumviralis, e.*
triumvirat, m. *Triumviratus, us*, m.
trivial, ale, adj. *Pervulgatus, a, um.*
trivialement, adv. *Sordide.*
trivialité, f. *Humilitas, atis*, f. Des —, *sordes, ium*, fpl.; ce sont des —, *haec pervulgata sunt.*
Troade. *Troas, adis*, f.
troc, m. *Permutatio, onis*, f.
troène, m. *Ligustrum, i*, n.
trogne, f. *Rubicundum* (*i*) *os* (*oris*), n.
Troie. *Troja, ae*, f. De —, *Trojanus, a, um.*
trois, adj. num. *Tres, ia.* Par —, *trini, ae, a;* — fois, *ter;* troisième, *tertius, a, um;* troisièmement, *tertio;* pour la troisième fois, *tertium.*
trombe, f. *Turbo, inis*, m.
trompe, f. **1.** De chasse. *Aes* (*aeris*) *recurvum* (*i*), n. ◆ **2.** Trompette. *Tuba, ae*, f. ◆ **3.** D'éléphant. *Proboscis, idis*, f. ◆ **4.** D'insecte. *Rostrum, i*, n.
tromper, tr. **1.** *Fallere, o**. ◆ **2.** Séduire. *Decipere, io**. ◆ **3.** Se jouer de. *Deludere, o**. ◆ **4.** Faire tort à. *Fraudare.* ◆ **5.** (Fig.) *Fallĕre**. — l'espérance, *spem frustrari;* — ses peines en buvant, *vino fallĕre* curas.*
SE TROMPER, r. **1.** *Se fallĕre**. ◆ **2.** Être dans l'erreur. *Falli**. *Errare.* Se — sur un mot, *verbo aberrare;* qui s'est trompé, *lapsus, a, um.*
tromperie, f. *Fallacia, ae*, f. *Fraus, fraudis*, f.
trompette, f. **1.** Droite. *Tuba, ae*, f. ◆ **2.** Recourbée. *Lituus, i, m.* ◆ **3.** Cornet. *Bucina, ae*, f. Sonner de la —, *inflare tubam;* au son de la —, *classico.* ◆ **4.** Emboucher la —, *bellicum canere**. Une — (un nouvelliste), *bucinator, oris*, m; *cymbalum mundi.*
trompette, m. *Tubicen, inis*, m. *Liticen, inis*, m. *Bucinator, oris*, m.
trompeur, euse, adj. *Fallax, acis. Dolosus, a, um.* Un —, *veterator, oris*, m.
tronc, m. **1.** *Truncus, i*, m. ◆ **2.** Coffre à aumônes. *Gazophylacium, ii*, n.
tronçon, f. **1.** *Fragmentum, i*, n. ◆ **2.** De membre. *Trunculus, i*, m.
trône, m. **1.** *Solium, ii*, n. ◆ **2.** (Fig.) *Regnum, i*, n. Être sur le —, *regnare;* placer qqn sur le —, *regem constituĕre aliquem;* chassé du —, *regno pulsus, a, um.*
trôner, intr. *Regnare.*
tronquer, tr. **1.** *Truncare.* ◆ **2.** (Fig.) *Mutilare.* Tronqué, *curtus, a, um.*
trop. I. Adv. *Nimis. Nimium.* Charge trop lourde, *gravius onus;* trop de confiance, *nimia fiducia;* être de trop, *superesse*;* rien de trop, *ne quid nimis* (s.-ent. *sit*); trop grand pour, *major quam pro* (abl.), ou *quam ut* (subj.);

je ne l'approuve pas trop, *non nimium probo;* pas trop frais, *parum recens.* ◆ **II.** Nom m. *Nimium, ii,* n.

trope, m. *Tropus, i,* m.

trophée, m. **1.** *Tropaeum, i,* n. ◆ **2.** (Fig.) *Praemium, ii,* n. Faire — de, *agĕre* triumphum ex.*

tropical, ale, adj. *Tropicus, a, um.*

tropique, m. *Solstitialis* (*is*) *circulus* (*i*), m.

trop-plein, m. *Supervacuum, i,* n.

troquer, tr. *Permutare.*

trot, m. *Tolutilis* (*is*) *gradus* (*us*), m.

trotter, intr. *Tolutim ire, eo*.*

trottoir, m. *Margo, inis,* m. f.

trou, m. **1.** *Cavus, i,* m. (Petit trou) *Foramen, inis,* n. (Grand trou dans la terre) *Hiatus, us,* m. ◆ **2.** (Fig.) Boucher un — (une dette), *aes alienum dissolvĕre*;* boire comme un —, *perpotare;* un petit — (petite ville), *oppidulum, i,* n.

1. trouble, adj. *Turbidus, a, um.* Vue —, *obscurior acies,* f.; voir —, *caecutire.*

2. trouble, m. **1.** Désordre. *Turba, ae,* f. ◆ **2.** Soulèvement. *Tumultus, us,* m. ◆ **3.** Brouille. *Discidium, ii,* n. ◆ **4.** Agitation de l'âme. *Motus, us,* m. *Conturbatio, onis,* f.

troublé, ée, adj. **1.** *Turbatus, a, um.* ◆ **2.** Obscurci. *Conturbatus.* ◆ **3.** En désordre. *Tumultuosus.* ◆ **4.** Inquiet. *Conturbatus, a, um. Commotus.*

troubler, tr. **1.** Rendre trouble. *Turbare.* ◆ **2.** Obscurcir. *Conturbare.* ◆ **3.** Mettre du désordre dans. *Perturbare. Permiscere, eo*.* ◆ **4.** Jeter le trouble dans l'esprit de. *Turbare. Conturbare. Commovere, eo*.* Sans se —, *placide.* ◆ **5.** Empêcher. *Interpellare. Obturbare.*

trouée, f. **1.** Dans un bois. *Arborum dejectus, us,* m. ◆ **2.** Dans une armée. *Eruptio, onis,* f.; faire une —, *perrumpĕre** (acc.). ◆ **3.** Ouverture. *Fenestra, ae,* f.

trouer, tr. *Forare. Perfodere, io*.*

troupe, f. **1.** *Turba, ae,* f. *Grex, gregis,* m. Par —, *gregatim.* ◆ **2.** (Milit.) *Manus, us,* f. (Pl. : armée) *Copiae, arum,* fpl. — en marche, *agmen, inis,* n.

troupeau, m. **1.** *Grex, gregis,* m. ◆ **2.** De gros animaux. *Armentum, i,* n. ◆ **3.** De petits animaux. *Pecus, oris,* n.

trousse, f. **1.** Faisceau. *Fascis, is,* m. ◆ **2.** (Fig.) Être aux — de, *instare** (dat.).

trousseau, m. *Vestis, is,* f.

trousser, tr. **1.** Qqch. *Colligere, o*.* Troussé (vêtement), *collectus, a, um;* (pers.) *succinctus, a, um.* ◆ **2.** (Fig.) Trousser une affaire, *rem expedire;* bien troussé, *concinnus, a, um.*

trouvaille, f. *Inventio, onis,* f. *Inventum, i,* n.

trouver, tr. **1.** Rencontrer. *Invenire*.* (Après recherche) *Reperire*.* Aller — qqn, *adire* (*eo**) ou *convenire* aliquem;*

trouvant une occasion favorable, *occasionem nactus.* ◆ **2.** Surprendre. *Deprehendere, o**. — qqn mort, *mortuum aliquem invenire**. ◆ **3.** Inventer. *Invenire**. *Excogitare.* Je ne trouve rien, *nihil mihi venit* in mentem;* trouver un moyen de salut, *reperire* sibi salutem.* ◆ **4.** Se procurer. *Sumere, o**. — pour de l'argent, *aere parare.* ◆ **5.** Avoir. *Habere, eo**. Je ne trouve rien à t'écrire, *nihil habeo* quod scribam*;* les autres doivent trouver grâce auprès de nous, *ceteris venia danda* est;* si dans ces temps-ci on peut — à se réjouir, *si est nunc ullus gaudendi locus;* — son compte, *commodum adipisci*;* on trouve des gens qui, *reperiuntur* qui* (indic. ou subj.); trouver de l'agrément à qqch., *gratum aliquid habēre**. ◆ **6.** Reconnaître. *Cognoscere, o**. J'ai trouvé qu'au fond ce n'était rien, *repperi* re ipsā nihil esse.* ◆ **7.** Juger. *Ducere, o**. Trouver qqn avare, *existimare aliquem avarum;* je trouve que, *censeo** (prop. inf.); trouver bon (approuver), *approbare* (acc.); (consentir à) *assentire** (dat.); — mauvais, *improbare* (acc.); *nolle** (prop. inf.).

SE TROUVER, r. **1.** Être présent. *Adesse, sum** (dat.). *Versari* (*in*, abl.). Il se trouva que, *forte evenit* ut* (subj.); si cela se trouve, *si res ita fert**. ◆ **2.** Être dans tel ou tel état. *Esse. Versari.* Se — bien (qq. part), *non incommode esse;* se — bien, *belle se habēre*;* il s'est bien trouvé de cela, *cecĭdit* belle;* on se trouve bien de, *expedit* (inf.). ◆ **3.** Se juger. *Sibi vidēri**.

truelle, f. *Trulla, ae,* f.

truffe, f. *Tuber, eris,* n.

truie, f. *Scrofa, ae,* f. *Sus, suis* (dat.-abl. pl., *subus*), f.

truite, f. *Tructus, i,* m.

tu, toi, te, pr. pers. 2e pers. *Tu, tui.* C'est à toi de, *tuum est* (inf.).

tuant, ante, adj. **1.** Pénible. *Laboriosissimus, a, um.* ◆ **2.** Ennuyeux. *Odiosus, a, um.*

tube, m. *Tubus, i,* m.

tubercule, m. *Tuberculum, i,* n.

tuer, tr. **1.** *Occīdere, o**. *Interficere, io**. Se laisser —, *recipĕre* (*io**) *ferrum.* (Des végétaux) *Enecare**. ◆ **2.** Accabler de chagrin. *Exanimare.* (De fatigue) *Frangere, o**. (D'ennui) *Obtundere, o** ◆ **3.** Détruire. *Perdere, o**. Tuer le crédit de qqn, *gratiam convellĕre* alicujus;* — le temps, *tempus terĕre**.

SE TUER, r. **1.** *Se interimĕre** ◆ **2.** (Fig.) Se — de travail, *frangĕre* se laboribus.* ◆ **3.** Se donner beaucoup de peine. *Desudare.*

tuerie, f. *Strages, is,* f.

tue-tête (à), loc. adv. *Cum magno clamore.*

tueur, m. *Interfector, oris,* m.

tuf, m. *Tofus, i,* m.

tuile, f. *Tegula, ae,* f.

tuméfier, tr. *Tumefacere, io**. Se —, *tumescĕre**.

tumeur, f. *Tumor, oris*, m.
tumulte, m. **1.** Désordre. *Turba, ae*, f. (Avec bruit) *Strepitus, us*, m. — populaire, *populi motus, us*, m. ◆ **2.** (Fig.) Le — des passions, *perturbationes animi;* être dans le — des affaires, *negotiis obrui**.
tumultueusement, adv. *Turbulente.*
tumultueux, euse, adj. *Tumultuosus, a, um.*
tumulus, m. *Tumulus, i*, m.
tunique, f. *Tunica, ae*, f. En —, *tunicatus, a, um.*
turban, m. *Torulus, i*, m.
turbot, m. *Rhombus, i*, m.
turbulence, f. *Inquietus* (*i*) *animus* (*i*), m.
turbulent, ente, adj. *Tumultuosus, a, um.* Être —, *tumultuari.*
Turcs. *Turcae, arum*, mpl.
turlupin, m. *Scurra, ae*, m.
turlupinade, f. *Scurrilis* (*is*) *jocus* (*i*), m.
turlupiner. I. Intr. *Scurrari.* ◆ **II.** Tr. **1.** Se jouer de qqn. *Ludificari* (acc.). ◆ **2.** Agacer. *Irritare.*
turpitude, f. *Turpitudo, inis*, f. Des —, *flagitia, iorum*, npl.
turquoise, f. *Aerizusa, ae*, f.
tussilage, m. *Tussilago, inis*, f.
tutélaire, adj. *Praeses, idis*, m.
tutelle, f. **1.** *Tutela, ae*, f. ◆ **2.** (Fig.) Dépendance. *Potestas, atis*, f. Tenir en —, *in manu habēre** (acc.). ◆ **3.** Protection. *Praesidium, ii*, n.
tuteur, trice, f. **1.** D'un mineur. *Tutor, oris*, m. *Tutrix, icis*, f. ◆ **2.** D'un interdit. *Curator, oris*, m. ◆ **3.** D'un arbre. *Praesidium, ii*, n.
tuyau, m. **1.** *Fistula, ae*, f. ◆ **2.** D'une plume, *Caulis, is*, m. ◆ **3.** (Fig.) Glisser qqch. dans le — de l'oreille, *ad aurem dicĕre**.
tympaniser, tr. *Exagitare.*
type, m. *Exemplum, i*, n.
Tyr. *Tyrus, i*, f. De —, *Tyrius, a, um.*
tyran, m. *Tyrannus, i*, m. Être —, *regnare.*
tyrannicide, m. **1.** Meurtre. *Tyrannicidium, ii*, n. ◆ **2.** Meurtrier. *Tyrannicida, ae*, m.
tyrannie, f. **1.** *Tyrannis, idis*, f. ◆ **2.** (Fig.) Oppression. *Regnum, i*, n. (Ch.) *Dominatio, onis*, f.
tyrannique, adj. **1.** *Tyrannicus, a, um.* ◆ **2.** (Fig.) *Imperiosus, a, um.*
tyranniquement, adv. **1.** *Tyrannice.* ◆ **2.** (Fig.) *Impotenter.*
tyranniser, tr. *Dominari* (*in*, acc.). *Vexare* (acc.).

U

ulcère, m. *Ulcus, eris*, n.

ulcérer, tr. **1.** *Ulcerare.* ◆ **2.** (Fig.) *Exulcerare.*

ulcéreux, euse, adj. *Ulcerosus, a, um.*

ultérieur, eure, adj. (Sens local) *Ulterior, ius.* (Sens temporel) *Posterior, ius.*

ultérieurement, adv. (Sens temporel) *Posterius.*

Ulysse. *Ulysses, is*, m.

un. I. Adj. num. *Unus, a, um.* Un seul, *unus;* tous sans en excepter un seul, *omnes ad unum;* pas un, *nemo;* un des deux, *alteruter, tra, trum;* une fois, *semel;* un à un, *singuli, ae, a.* ◆ **II.** Adj. indéf. **1.** Ne se traduit généralement pas. *Quidam, quaedam, quoddam.* ◆ **2.** Plus indéterminé. *Aliquis, aliqua, aliquod.* Un certain, *quidam;* un quelconque, *quivis, quaevis, quodvis.* ◆ **III.** Pron. L'un... l'autre. (S'il s'agit de deux) *Unus... alter.* (S'il s'agit de plus de deux) *Alius... alius.* Ils se regardaient les uns les autres, *inter se aspiciebant*;* l'un après l'autre, *ordine.* ◆ **IV.** Nom m. *Unus, ius*, m. Ne faire qu'un, *unum esse;* c'est tout un, *idem utique est.*

unanime, adj. *Unanimus, a, um.*

unanimement, adv. *Omnium consensione.*

unanimité, f. *Omnium consensus, us*, m. A l'—, *omnium suffragiis.*

unième, adj. num. *Unus, a, um.*

uniforme. I. Adj. *Unius modi. Unus, a, um.* Cours —, *constans cursus, us*, m. ◆ **II.** Nom m. *Militaris (is) ornatus (us)*, m. Quitter l'—, *militiam ejurare.*

uniformément, adv. *Uno modo.*

uniformité, f. *Aequabilitas, atis*, f. *Similitudo, inis*, f.

uniment, adv. **1.** Uniformément. *Uno modo.* ◆ **2.** Simplement. *Simpliciter.*

union, f. **1.** Jonction. *Junctio, onis*, f. — de deux natures, *cohaerentes naturae.* ◆ **2.** Concorde. *Conjunctio, onis*, f. Vivre dans une étroite — avec, *conjunctissime vivĕre* (cum).* ◆ **3.** Mariage. *Conjunctio. Conjugium, ii*, n. ◆ **4.** (Ch.) Convenance. *Convenientia, ae*, f.

unique, adj. **1.** *Unicus, a, um. Singularis, e.* ◆ **2.** Extraordinaire. *Mirus, a, um.*

uniquement, adv. *Unice.*

unir, tr. **1.** *Jungere, o*. Conjungere, o** (*à*, dat. ou *cum*, abl.). Ils unissent leurs volontés, *voluntates suas copulant.* ◆ **2.** Marier. *Matrimonio conjungĕre** (acc.). ◆ **3.** Avoir en soi. *Jungere, o** (à, *cum*). Unir le profit à l'agrément, *miscere* utile dulci.* ◆ **4.** Aplanir. *Aequare.* Chemin uni, *via plana;* uni (sans aspérités), *lēvis, e;* (non orné) *nudus, a, um;* (uniforme) *aequabilis, e;* (franc) *apertus, a, um.*

s'UNIR, r. **1.** (Pers.) Faire alliance. *Jungi, or*. Sociari.* S' — d'amitié, *amicitiam conjungĕre** (*cum*). ◆ **2.** (Ch.) Exister ensemble. *Conjungi, or*. Commisceri, eor** (*cum*).

unisson, m. **1.** *Concentus, us,* m. ◆ **2.** (Fig.) A l'—, *uno animo;* se mettre à l'— de qqn, *concinĕre* cum aliquo.*

unité, f. **1.** *Unitas, atis,* f. ◆ **2.** Accord. *Consensus, us,* m.

univers, m. **1.** *Universum, i,* n. *Mundus, i,* m. ◆ **2.** La terre. *Universa* (*ae*) *terra* (*ae*), f. ◆ **3.** L'humanité. *Humanum* (*i*) *genus* (*eris*), n.

universalité, f. *Universitas, atis,* f.

universel, elle, adj. *Universus, a, um.*

universellement, adv. *Universe.*

université, f. *Universitas, atis,* f.

urbain, aine, adj. *Urbanus, a, um.*

urbanité, f. Qui a de l'—, *urbanus, a, um.*

urgence, f. *Necessitas, atis,* f. S'il y a —, *si res urget** ou *poscit*.*

urgent, te, adj. *Instans, antis.* Être —, *imminēre*; instare*.*

urne, f. *Urna, ae,* f. Petite —, *urnula, ae,* f.

us, m. *Mos, moris,* m.

usage, m. **1.** Habitude individuelle ou coutume collective. *Mos, moris,* m. *Consuetudo, inis,* f. Comme c'est l'—, *ut solet*;* c'est mon —, *ita soleo*;* c'est l'— de faire, *mos est facĕre, faciendi* ou *ut faciant;* conforme à l'—, *usitatus, a, um;* contre l'—, *praeter consuetudinem;* passer d'—, *obsolescĕre.* ◆ **2.** Action de se servir d'une ch. *Usus, us,* m. *Usurpatio, onis,* f. Pour notre —, *nostrā causā;* faire un mauvais — de, *abuti** (abl.); mettre tout en —, *omnia experiri*;* qui a perdu l'— de ses membres, *membris captus, a, um;* qui a l'— de toutes ses facultés, *integris sensibus;* les animaux, qui n'ont pas l'— de la parole, *ferae, orationis expertes;* droit d'— (sur une ch. ou un esclave), *usura, ae,* f. ◆ **3.** Pratique. *Usus. Exercitatio, onis,* f. Qui a un long — de la guerre, *usu bellorum exercitatus, a, um.* ◆ **4.** Emploi habituel des mots. *Usus. Consuetudo.* (Mot) qui n'est pas en —, *insolens, entis;* qui n'est plus en —, *obsoletus.* ◆ **5.** Pratique des devoirs de la société.

L'— du monde, *urbanitas, atis*, f.; qui a de l'—, *urbanus, a, um;* qui manque d'—, *inurbanus.*

1. user. **I.** Intr. *Uti, or** (abl.). User de remèdes, *remedia adhibēre*; — d'un mot de Solon, *Solonis dictum usurpare;* en — (à l'égard de), *se gerĕre** (*erga*, acc.). ◆ **II.** Tr. **1.** Consommer. *Consumere, o**. ◆ **2.** Diminuer par le frottement. *Deterere, o**. ◆ **3.** Détériorer. *Atterere, o**. Vêtements usés, *vestitus obsoletus;* usé de corps et d'esprit, *corpore et animo confectus.* ◆ **III.** (Fig.) Usé (banal), *tritus, a, um;* s'user, *senescĕre*; hebescĕre**.

2. user, m. *Usus, us,* m.

usine, f. *Officina, ae,* f.

usité, ée, adj. *Usitatus, a, um.*

ustensile, m. Ustensiles de ménage, *utensilia, ium,* npl.; *vasa, orum,* npl.

usuel, elle, adj. *Usitatus, a, um.*

usuellement, adv. *Vulgo.*

usufruit, m. *Usus* (*us*) *et fructus* (*us*), m. Avoir l'— de, *frui** (abl.).

usufruitier, ière, m. f. *Usufructuarius, a, um.*

usuraire, adj. *Feneratorius, a, um. Fenebris, e.*

usurairement, adv. *Fenerato.*

usure, f. **1.** Dépérissement des choses par l'usage. *Interrimentum, i,* n. ◆ **2.** Intérêt excessif de l'argent. *Usura, ae,* f. Écraser le peuple par l'—, *fenore plebem trucidare.* ◆ **3.** (Fig.) Rendre avec —, *majore mensurā reddĕre**.

usurier, ière, m. f. *Fenerator, oris,* m. *Feneratrix, icis,* f.

usurpateur, m. **1.** *Ereptor, oris,* m. ◆ **2.** Du pouvoir. *Tyrannus, i,* m.

usurpation, f. **1.** *Occupatio, onis,* f. ◆ **2.** Du pouvoir. *Tyrannis, idis,* f.

usurper, tr. *Occupare.* — le pouvoir, *occupare regnum* ou *tyrannidem;* champ usurpé, *furtivus campus.*

utile, adj. **I.** (Pers.) *Utilis, e. Salutaris, e.* Se rendre — à, *utilitati esse* (dat.); *prodesse** (dat.). ◆ **II.** (Ch.) **1.** Profitable. *Utilis. Commodus, a, um.* Être —, *proficere, io** (dat.); être — à l'État, *rei publicae conducĕre*; e re publicā esse.* ◆ **2.** Opportun. *Opportunus, a, um.* En temps —, *tempore.*

utilement, adv. **1.** *Utiliter. Commode.* ◆ **2.** A propos. *Opportune.*

utiliser, tr. *Uti, or** (abl.).

utilité, f. **1.** *Utilitas, atis,* f. ◆ **2.** Avantage personnel. *Commoditas, atis,* f. ◆ **3.** Profit. *Fructus, us,* m. Avoir de l'—, *esse usui;* quelle — de? *nihil attinet** (inf.). ◆ **4.** A propos. *Opportunitas, atis,* f.

V

va. Va-t'en, *abi**.
vacance, f. **1.** D'une dignité. *Intervallum, i,* n. ◆ **2.** Des assemblées, des classes. *Feriae, arum,* fpl.
vacant, te, adj. *Vacuus, a, um.*
vacarme, m. *Convicium, ii,* n. *Strepitus, us,* m.
vacation, f. Vacances. *Feriae, arum,* fpl.
vache, f. *Vacca, ae,* f.
vacher, m. *Bubulcus, i,* m.
vacherie, f. *Bubile, is,* n.
vacillant, ante, adj. *Vacillans, antis. Titubans, antis.*
vaciller, intr. **1.** *Vacillare.* ◆ **2.** (Fig.) Être irrésolu. *Titubare.*
vagabond, de, adj. *Vagus, a, um.*
vagabondage, m. *Vagandi mos, moris,* m.
vagabonder, intr. *Vagari.*
vagissement, m. *Vagitus, us,* m.
1. vague, adj. **1.** Vide. *Vacuus, a, um.* ◆ **2.** Imprécis. *Vagus, a, um. Incertus.*
2. vague, m. **1.** Espace vide. *Vacuum, i,* n. ◆ **2.** Manque de précision. Laisser dans le —, *in medio relinquĕre**.
3. vague, f. *Fluctus, us,* m. *Unda, ae,* f.
vaguement, adv. Je ne le sais que —, *de hoc mihi parum certum est.*
vaguer, intr. *Errare.*
vaillamment, adv. *Fortiter.*
vaillance, f. *Fortitudo, inis,* f.
vaillant, te, adj. *Strenuus, a, um. Fortis, e.*
vain, aine, adj. **1.** Qui ne produit rien. *Sterilis, e.* ◆ **2.** Inutile. *Inutilis, e. Vanus, a, um.* En vain, *frustra; nequiquam.* ◆ **3.** Frivole. *Vanus. Inanis.* ◆ **4.** Sans valeur. *Levis, e.* ◆ **5.** Orgueilleux. *Gloriosus, a, um.*
vaincre, tr. **1.** *Vincere, o*. Superare.* ◆ **2.** (Fig.) Se vaincre soi-même, *imperare sibi.* ◆ **3.** Fléchir. *Flectere, o**.
vainement, adv. *Frustra. Nequiquam.*
vainqueur, m. *Victor, oris,* m. Le vainqueur de la Trébie, *qui ad flumen Trebiam victoriam reportavit.*
vair, vaire, adj. *Varius, a, um.*
vaisseau, m. Navire. *Navis, is,* f. *Navigium, ii,* n. Vaisseaux (réunis), *classis, is,* f.; lancer un vaisseau, *navem deducĕre**.
vaisselle, f. *Vasa, orum,* npl. *Supellex, ectilis,* f.
val, m. *Vallis, is,* f. Courir

par monts et par vaux, *campos et montes peragrare.*
valable, adj. *Legitimus, a, um. Justus.*
valablement, adv. *Legitime. Rite.*
valet, m. *Famulus, i,* m.
valétudinaire, adj. *Morbosus, a, um.*
valeur, f. **1.** Prix. *Pretium, ii,* n. Estimer qqch. selon sa —, *bene aestimare aliquid;* mettre en — une terre, *agrum exercēre**; donner de la — à une ch., *pretium rei facĕre, io**; ch. de peu de —, *res parvi pretii.* (L'équivalent) *Par, paris,* n. *Tantumdem.* ◆ **2.** Importance. *Pondus, eris,* n. (D'un contrat, d'un mot) *Vis, vis,* f. Donner de la — à qqch., *auctoritatem rei dare**; n'attacher aucune — à qqch., *pro nihilo aliquid ducĕre**. ◆ **3.** Courage. *Virtus, utis,* f. *Fortitudo, inis,* f.
valeureusement, adv. *Fortiter.*
valeureux, euse, adj. *Fortis, e. Strenuus, a, um.*
valide, adj. **1.** Vigoureux. *Validus, a, um. Sanus.* ◆ **2.** Valable. *Legitimus, a, um.*
validement, adv. *Legitime.*
valider, tr. *Ratum (aliquid) habere, eo**.
validité, f. *Auctoritas, atis,* f.
valise, f. *Vidulus, i,* m.
vallée, f. *Vallis, is,* f.
vallon, m. *Vallicula, ae,* f.
valoir. I. Intr. **1.** Être d'un certain prix. *Valere, eo** (acc. ou *pro,* abl.). *Constare** (abl.). Valoir peu de chose, *constare** *parvo;* valoir davantage, *constare** *pluris;* valoir mieux que, *praestare** (dat.); il vaut mieux, *melius* ou *satius est* (inf.); faire valoir son droit, *jus suum tenēre**; faire valoir (donner du prix à), *commendare* (acc.); faire valoir (vanter le mérite de), *jactare* (acc.); *praedicare* (acc.). ◆ **2.** Rapporter. Personne n'a un champ qui vaille davantage, *agrum pretii majoris nemo habet**; faire valoir (tirer profit de), *exercēre** (acc.). ◆ **3.** Être l'équivalent de, tenir lieu de. *Valēre**. Cela vaut autant que si, *hoc perinde valet ac si.* ◆ **II.** Tr. Procurer. *Afferre, fero**.
vampire, m. *Strix, strigis,* f.
van, m. *Vannus, i,* f.
Vandales. *Vandali, orum,* mpl.
vanité, f. **1.** Inanité. *Inanitas, atis,* f. *Vanitas, atis,* f. ◆ **2.** Amour-propre. *Arrogantia, ae,* f. Tirer vanité de qqch., *gloriari re.*
vaniteux, euse, adj. *Gloriosus, a, um. Jactans, antis.*
vanner, tr. *Vannere, o**.
vannerie, f. *Vitilia, ium,* npl.
vanneur, m. *Ventilator, oris,* m.
vannier, m. *Viminarius, ii,* m.
vantail, m. *Valva, ae,* f.
vantard, de, adj. *Jactans, antis.*
vanter, tr. *Jactare. Praedicare.*
SE VANTER, r. **1.** *Se jactare. Se ostentare.* Se — de qqch., *gloriari re.* ◆ **2.** Se faire fort de. Vous vous vantiez de

prendre Rome, *Romam vos expugnaturos jactabatis.*
vanterie, f. *Venditatio, onis,* f.
vapeur, f. *Vapor, oris,* m.
vaporeux, euse, adj. *Fumidus, a, um.*
vaporisation, f. *Vaporatio, onis,* f.
vaporiser (se), r. *Vaporare.*
vaquer, intr. **1.** Être vacant. *Vacare. Cessare.* ◆ **2.** Vaquer à. *Operam dare** (dat.). Vaquer à ses affaires, *res suas obire, eo**.
varech, m. *Fucus, i,* m.
variabilité, f. *Varietas, atis,* f.
variable, adj. *Varius, a, um.*
variation, f. **1.** Changement. *Mutatio, onis,* f. *Varietas, atis,* f. ◆ **2.** Vicissitudes. *Inconstantia, ae,* f.
varice, f. *Varix, icis,* m. f. Qui a des varices, *varicosus, a, um.*
varié, ée, adj. **1.** *Distinctus, a, um.* ◆ **2.** De diverses couleurs. *Versicolor, oris.* ◆ **3.** Différent (l'un de l'autre). *Varius, a, um.*
varier. I. Tr. *Variare. Distinguere, o**. ◆ **II.** Intr. **1.** Être changeant. *Variare.* ◆ **2.** (Fig.) *Varium esse;* ne pas varier, *sibi constare**.
variété, f. **1.** Différence. *Varietas, atis,* f. ◆ **2.** Nuance. *Distinctus, us,* m. ◆ **3.** (Pl.) Espèces différentes. *Varietates, um,* fpl. *Genera, um,* npl.
1. vase, f. Boue. *Limus, i,* m. *Caenum, i,* n.
2. vase, m. Récipient. *Vas, vasis,* n. (pl. *vasa, orum*).
vaseux, euse, adj. *Limosus a, um.*
vassal, ale, m. f. *Cliens, entis,* m. *Clienta, ae,* f. *Vassalus, i,* m. *Vassala, ae,* f.
vaste, adj. **1.** *Amplus, a, um. Vastus.* ◆ **2.** (Fig.) *Magnus, a, um. Ingens, entis.*
vaurien, m. *Nebulo, onis,* m.
vautour, m. *Vultur, uris,* m.
vautrer (se), r. *Volutare se. Volutari.*
veau, m. *Vitulus, i,* m. De veau, *vitulinus, a, um.*
vedette, f. *Explorator, oris,* m.
végétal, le. I. Adj. Terre végétale, *humus, i,* f. ◆ **II.** Nom m. *Planta, ae,* f. Les végétaux, *gignentia, ium,* npl.
végétation, f. **1.** Action de végéter. *Germinatio, onis,* f. ◆ **2.** Plantes. *Gignentia, ium,* npl.
végéter, intr. **1.** Croître. *Germinare.* ◆ **2.** Vivre dans l'inaction. *Torpere, eo**.
véhémence, f. *Vis, vis,* f. *Impetus, us,* m.
véhément, te, adj. *Fervidus, a, um. Acer, acris, acre.*
véhicule, m. *Vehiculum, i,* n.
veille, f. **1.** Absence de sommeil. *Vigilia, ae,* f. *Vigiliae, arum,* fpl. ◆ **2.** (Pl.) Application à l'étude. *Lucubratio, onis,* f. ◆ **3.** Division romaine de la nuit. *Vigilia.* ◆ **4.** Le jour précédent. *Hesternus dies,* m. De la veille, *hesternus, a, um;* la veille au soir, *pridie vespere;* la veille de ce jour-là, *pridie ejus diei.* ◆ **5.** (Fig.) On est à la veille d'une guerre, *bellum imminet*;* à la veille

de l'hiver, *hieme appropinquante;* être à la veille de, *in eo esse ut* (subj.).

veillée. f. *Lucubratio, onis,* f.

veiller. I. Intr. **1.** *Pervigilare.* ◆ **2.** Prendre soin. *Attendere, o** (dat.). *Consulere, o** (dat.). ◆ **II.** Tr. Veiller un malade, *excubare* aegro.*

veilleur, m. *Excubitor, oris,* m.

veine, f. **1.** Canal sanguin. *Vena, ae,* f. Petite veine, *venula, ae,* f.; ouvrir la veine, *venam incīdĕre*;* s'ouvrir les veines, *venam abrumpĕre**. ◆ **2.** Génie poétique. *Vena.* ◆ **3.** Filon d'une mine. *Vena.*

veiné, ée, adj. *Venosus, a, um.*

vélites, mpl. *Velites, um,* mpl.

vélocité, f. *Velocitas, atis,* f.

velours, m. *Velutum, i,* n.

velouté, ée, adj. *Mollis, e.*

velu, ue, adj. **1.** Êtres. *Pilosus, a, um.* ◆ **2.** Étoffes. *Hirtus, a, um.*

venaison, f. *Caro ferina, carnis ferinae,* f.

vénal, le, adj. *Venalis, e.*

vénalité, f. *Venalitas, atis,* f.

venant, adj. *Veniens, ientis.* A tout venant, *uni cuilibet.* Dire à tout venant, *dictitare.*

vendable, adj. *Vendibilis, e.*

vendange, f. *Vindemia, ae,* f. Faire la vendange, *vindemiare.*

vendanger, tr. et intr. *Vindemiare (uvas).*

vendangeur, m. *Vindemiator, oris,* m.

vendeur, m., **euse,** et **eresse,** f. *Venditor, oris,* m. *Venditrix, icis,* f.

vendre, tr. **1.** *Vendere, o** Jardin à vendre, *venalis hortus.* ◆ **2.** Faire commerce de. *Vendere**. ◆ **3.** (Fig.) Trahir pour de l'argent. *Vendere**. *Prodere, o**.

SE VENDRE, r. **1.** Se livrer par des vues intéressées. *Sese venditare.* ◆ **2.** Être vendu, coûter. *Vēnire, eo**. Se vendre à prix d'or, *vēnire* auro.*

vendredi, m. *Veneris dies, ei,* m. f. *Feria sexta,* f.

vendu, ue, adj. Vénal. *Venalis, e.*

vénéfice, m. *Veneficium, ii,* n.

vénéneux, euse, adj. *Venenatus, a, um.*

vénérable, adj. *Venerandus, a, um.*

vénération, f. **1.** Pour les choses saintes. *Veneratio, onis,* f. ◆ **2.** Pour qqn ou qqch. *Veneratio. Reverentia, ae,* f. Avec vénération, *reverenter.*

vénérer, tr. *Venerari. Revereri, eor**.

vénerie, f. *Venatio, onis,* f.

Vénétie. *Venetia, ae,* f. Les Vénètes, *Veneti, orum,* mpl.

veneur, m. *Venator, oris,* m.

vengeance, f. *Ultio, onis,* f. Laisser (un outrage) sans —, *inultum (aliquid) relinquĕre**.

venger, tr. et SE VENGER de, r. *Ulcisci, or* (aliquem; rem).*

vengeur, vengeresse. I. Nom m. f. *Ultor, oris,* m. *Ultrix, icis,* f. ◆ **II.** Adj. *Vindex, icis.*

véniel, elle, adj. *Venialis, e.*

venimeux, euse, adj. *Venenatus, a, um.*

venin, m. *Venenum, i,* n. *Virus, i,* n.

venir, intr. *Venire**. On vient

en foule au prétoire, *concursus fit* in praetorium;* venir au-devant de, (*alicui*) *obviam ire* (*eo**)*;* — voir qqn, *ad aliquem adire* (*eo**)*;* aller et —, *huc et illuc cursitare;* faire —, *arcessĕre** (acc.); le premier venu, le dernier venu, *primus, a, um; extremus;* le premier venu (n'importe qui), *quilibet;* figues venues de Caunus, *caricae Cauno advectae;* l'hiver venait, *hiems appropinquabat;* s'il vient qq. malheur, *si quid adversi accĭderit*;* venir à l'esprit, *in mentem venire;* faire — une pensée, *injicere* (*io**) *cogitationem;* — aux oreilles de, *ad aures pervenire*;* — à bout de, *assequi, or** (acc.); en — à, *venire ad;* voilà où il voulait en —, *ibat* ad illud;* on allait en — aux mains, *res ad manus veniebat;* voyons où cela va en —, *videamus* quorsum hoc evadat*;* il en vint à ce degré de démence que, *eo vecordiae processit* ut* (subj.); j'en viens à espérer, *adducor* ut sperem;* — à bien, *prospere procedĕre*;* — à mal, *male vertĕre*;* — d'un bon cœur, *ab optimo animo proficisci*;* de là vient que, *ex quo fit* ut* (subj.); — au monde, *in vitam venire;* la raison leur vient tard, *sero sapiunt*;* (l'eau) qui leur venait au genou, *genu tenus alta;* la prévision d'un bien à venir, *opinio venturi boni;* il vient d'arriver, *modo venit;* je venais d'arriver lorsque, *tantum quod veneram cum* (indic.); se faire bien —, *plurimum gratiae consequi*;* bien venu de, *gratiosus* (dat.); se faire mal — de, *in offensionem cadĕre** (gén.); s'il vient à savoir que, *quod si rescierit* (prop. inf.); j'en viens à savoir, *jam scio.*

vent, m. **1.** *Ventus, i,* m. (Léger) *Aura, ae,* f. Il fait grand vent, *ventus saevit;* être battu (sur mer) par les vents, *jactari;* le vent étant tombé, *intermisso vento;* en plein —, *aperto caelo apertoque vento;* le nez au —, *elato capite;* le — du soufflet, *anima follis;* instrument (de musique) à vent, *inflatile instrumentum.* ◆ **2.** (Fig.) *Flatus, us,* m. Le — de la faveur populaire, *popularis aura;* avoir le — en poupe, *prospero flatu fortunae uti*;* qui tourne à tout —, *ventosus, a, um.* ◆ **3.** Émanation du corps, odeur. *Aura. Anima, ae,* f. ◆ **4.** (Fig.) Avoir — de qqch., *aliquid famā accipĕre, io*.*

vente, f. *Venditio, onis,* f. Mettre en —, *proponĕre** (*aliquid*) *venale; proscribĕre** (*aliquid*)*;* — par licitation, *licitatio, onis,* f.

venter, n. Il vente, *spirat ventus;* il ventait du nord, *fuere septemtriones venti.*

venteux, euse, adj. *Ventosus, a, um.*

ventouse, f. **I.** (Méd.) **1.** Vase. *Cucurbitula, ae,* f. ◆ **2.** Application de la ventouse. *Cucurbitatio, onis,* f. ◆ **II.** Prise d'air. *Spiramentum, i,* n.

ventre, m. **1.** *Venter, tris,* m.

◆ **2.** Bas-ventre. *Abdomen, inis*, n. ◆ **3.** De la mère, *uterus, i*, m. ◆ **4.** Intestins. *Alvus, i*, f. ◆ **5.** (Fig.) Ventre à terre, *equo citato; effuso cursu*. ◆ **6.** Estomac, gourmandise. *Venter*. Esclave de son —, *ventri deditus, a, um;* qui ne vit que pour son —, *natus abdomini suo*. ◆ **7.** Poitrine, esprit. *Pectus, oris*, n. Remettre le cœur au — (à qqn), *animum erigĕre** (gén.); tâcher de découvrir ce que qqn a dans le —, *abditos sensus exquirĕre* alicujus*.
ventricule, f. *Ventriculus, i*, m.
ventrière, f. *Cingula, ae*, f.
venue, f. **1.** Arrivée. *Adventus, us*, m. ◆ **2.** Croissance. *Incrementum, i*, n.
Vénus. *Venus, eris*, f. De —, *Venerius, a, um.*
vêpres, fpl. *Vesperae, arum*, fpl.
ver, m. **1.** *Vermis, is*, m. (Petit ver) *Vermiculus, i*, m. Ver de terre, *lumbricus, i*, m.; ver solitaire, *taenia, ae*, f.; ver à soie, *bombyx, ycis*, m. ◆ **2.** (Fig.) Vers rongeurs, *edaces curae*, fpl.; je lui ai tiré les vers du nez, *ab illo omnia expiscatus sum.*
véracité, f. *Fides, ei*, f.
verbal, ale, adj. Faire une promesse —, *verbo promittĕre**.
verbalement, adv. *Verbo.*
verbe, m. **1.** Parole. *Vox, vocis*, f. ◆ **2.** Partie du discours. *Verbum, i*, n. ◆ **3.** Le Verbe. *Verbum, i*, n.
verbeusement, adv. *Verbose.*
verbeux, euse, adj. *Verbosus, a, um.*
verbiage, m. *Loquacitas, atis*, f.
Vercingétorix. *Vercingetorix, igis*, m.
verdâtre, adj. *Subviridis, e.* Yeux —, *glauci oculi.*
verdeur, f. **1.** Du bois. *Umor, oris*, m. ◆ **2.** Du vin. *Asperitas, atis*, f. ◆ **3.** (Fig.) Du langage. *Acerbitas, atis*, f. ◆ **4.** Vigueur. *Viriditas, atis*, f.
verdict, m. *Sententia, ae*, f.
verdier, m. *Vireo, onis*, m.
verdir. I. Tr. *Viridare.* ◆ **II.** Intr. *Virescere, o**.
verdoyant, ante, adj. *Viridans, antis.*
verdure, f. *Viriditas, atis*, f. Se couvrir de — (arbre), *fronde virēre*;* (terre) *herbis convestiri.*
véreux, euse, adj. **I.** *Verminosus, a, um.* ◆ **II.** (Fig.) **1.** (Ch.) *Vitiosus, a, um.* ◆ **2.** (Pers.) *Non probus.*
verge, f. *Virga, ae*, f. *Virgula, ae*, f. Battre de —, *virgis caedĕre**.
verger, m. *Pomarium, ii*, n.
verglas, m. *Gelicidium, ii*, n.
vergogne, f. *Verecundia, ae*, f.
vergue, f. *Antenna, ae*, f.
véridique, adj. *Verax, acis.*
véridiquement, adv. *Vere.*
vérificateur, m. *Exactor, oris*, m.
vérification, f. *Probatio, onis*, f.
vérifier, tr. **1.** Examiner. *Recognoscere, o**. *Probare.* ◆ **2.** Être une preuve de. *Probare.*

véritable, adj. **1.** *Verus, a, um.* ◆ **2.** Non falsifié. *Germanus.*
véritablement, adv. *Vere. Re ipsā.*
vérité, f. **1.** *Veritas, atis,* f. ◆ **2.** Chose vraie. *Verum, i,* n. Dire la —, *dicere* verum;* c'est la —, *res sic se habet*.* ◆ **3.** Loc. div. En —, *vere; profecto;* à la —, *re verā; quidem* (se place le second mot).
verjus, m. **1.** Suc. *Omphacium, ii,* n. ◆ **2.** Raisin encore vert. *Uva acerba,* f.
vermeil, eille. I. Adj. *Roseus, a, um.* ◆ **II.** Nom m. *Argentum inauratum,* n.
vermillon, m. *Minium, ii,* n. Fardé de —, *miniatus, a, um.*
vermine, f. *Vermiculi, orum,* mpl. *Pediculi, orum,* mpl. Rongé de —, *pediculosus, a, um.*
vermisseau, m. *Vermiculus, i,* m.
vermouler (se), r. *Vermiculari.*
vermoulu, ue, adj. *Vermiculosus, a, um.*
vernir, tr. *Illinere, o*.*
vernis, m. **1.** De cire. *Cera, ae,* f. ◆ **2.** De gomme. *Cummis, is* (acc. *im,* abl. *i*), m. f. ◆ **3.** (Fig.) *Species, ei,* f. *Color, oris,* m. Qui a un — d'instruction, *litteris tinctus, a, um.*
vernisser, tr. (La poterie) *Cerare.*
verrat, m. *Verres, is,* m.
verre, m. **1.** *Vitrum, i,* n. De —, *vitreus, a, um.* ◆ **2.** — à boire. *Vitreum, i,* n. ◆ **3.** En général. *Poculum, i,* n. Petit —, *pocillum, i,* n.; le — en main, *in poculis;* boire un —, *poculum exhaurire*.*
verrerie, f. **1.** Art. *Ars vitrea,* f. ◆ **2.** Fabrique. *Vitreorum officina, ae,* f. ◆ **3.** Objets en verre. *Vitrea, orum,* npl.
verrier, m. *Vitri artifex, icis,* m.
verroterie, f. *Vitrea, orum,* npl.
verrou, m. *Pessulus, i,* m.
verrouiller, tr. *Pessulos obdere, o** (dat.).
verrue, f. *Verruca, ae,* f.
1. vers, m. *Versus, us,* m. Pièce de —, *carmen, inis,* n.; mettre en —, *versibus scribĕre*.*
2. vers, prép. **I.** (Sens local) **1.** (Avec mouv.) *Ad* (acc.). Vers l'Océan, *ad Oceanum versus.* ◆ **2.** (Sans mouv.) *Circa* (acc.). *Ad* (acc.). ◆ **II.** (Sens temporel) *Circa* (acc.). *Circiter* (acc.). Vers le soir, *ad vesperam.*
versant, m. *Latus, eris,* n.
versatile, adj. *Mutabilis, e.*
versatilité, f. *Mobilitas, atis,* f.
verse (à), loc. adv. *Urceatim.* Il pleut à —, *ruit imber.*
versé, ée, adj. Expérimenté. *Exercitatus, a, um* (*in,* abl.). *Peritus* (gén.).
Verseau, m. *Aquarius, ii,* m.
versement, m. *Numeratio, onis,* f. *Solutio, onis,* f.
verser. I. Tr. **1.** *Fundere, o*.* (Abondamment) *Profundere, o*.* Verser à boire, *pocula ministrare;* — des larmes, *lacrimas effundĕre*.* ◆ **2.** —

(de l'argent). *Numerare* (acc.). — au Trésor, *in aerarium referre** (acc.). ◆ **3.** Renverser. *Subvertere, o**. ◆ **II.** Intr. Être renversé. *Procumbere, o**.

verset, m. *Versus, us*, m.

versificateur, m. *Versificator, oris*, m.

versification, f. *Versificatio, onis*, f.

versifier. **I.** Intr. *Versificari*. ◆ **II.** Tr. *Versibus scribere, o** (acc.).

version, f. **1.** Manière de raconter un fait. *Traditio, onis*, f. ◆ **2.** Traduction. *Translatio, onis*, f.

verso, m. *Tergum, i*, n.

vert, verte. I. Adj. **1.** *Viridis, e*. ◆ **2.** Pas mûr. *Crudus, a, um. Immitis, e*. ◆ **3.** (Fig.) Sévère. *Acerbus*. ◆ **II.** Nom m. **1.** Couleur. *Viridis color*, m. ◆ **2.** Du vin. *Asperitas, atis*, f. ◆ **3.** Herbe. *Herba, ae*, f. Mettre au —, *in pascua mittĕre**. Se mettre au —, *rus secedere, o**.

vert-de-gris, m. *Aerugo, inis*, f.

vertèbre, f. *Vertebra, ae*, f.

vertement, adv. *Acerbe*.

vertical, ale, adj. *Rectus, a, um*.

verticalement, adv. *Rectā lineā. Ad perpendiculum*.

vertige, m. **1.** *Vertigo, inis*, f. ◆ **2.** (Fig.) *Amentia, ae*, f.

vertu, f. **1.** *Virtus, utis*, f. ◆ **2.** Droiture. *Probitas, atis*, f. ◆ **3.** Désintéressement. *Innocentia, ae*, f. ◆ **4.** Chasteté. *Pudicitia, ae*, f. Revenir à la —, *ab bonam frugem se recipĕre (io*)*; la — (les personnes vertueuses), *boni, orum*, mpl. ◆ **5.** Propriété d'une substance. *Vis, vis*, f. Qui a de la —, *efficax, acis*. ◆ **6.** En — de, *Ex* (abl.).

vertueusement, adv. *Honeste. Caste*.

vertueux, euse, adj. **I.** (Pers.) **1.** *Honestus, a, um. Bonus. Probus*. ◆ **2.** Chaste. *Castus*. ◆ **II.** (Ch.) *Honestus, a, um. Rectus*.

verve, f. *Impetus, us*, m. *Aestus, us*, m. Discours plein de —, *fervida oratio*.

verveine, f. *Verbena, ae*, f.

vesce, f. *Vicia, ae*, f.

vésicatoire, m. *Causticum, i*, n.

vésicule, f. **1.** *Vesica, ae*, f. ◆ **2.** Du fiel. *Vesicula, ae*, f.

vessie, f. *Vesica, ae*, f.

vestale, f. *Vestalis (is) virgo (inis)*, f.

veste, f. *Reno, onis*, m.

vestiaire, m. *Vestiarium, ii*, n.

vestibule, m. *Vestibulum, i*, n.

vestige, m. *Vestigium, ii*, n.

Vésuve. *Vesuvius, ii*, m.

vêtement, m. *Vestis, is*, f. *Vestimentum, i*, n. Changer de —, *mutare vestimentum* ou *vestem*.

vétéran, m. *Veteranus, i*, m.

vétérinaire. I. Adj. *Veterinarius, a, um*. ◆ **II.** Nom m. *Veterinarius, ii*, m.

vétille, f. *Nugae, arum*, fpl.

vétiller, intr. **1.** *Nugari*. ◆ **2.** Faire des difficultés. *Tricari*.

vétilleux, euse, adj. (Pers.)

Morosus, a, um. ◆ **2.** (Ch.) *Subtilis, e.*
vêtir, tr. **I.** Qqn. **1.** *Induere (o) vestem alicui* ou *aliquem veste.* ◆ **2.** Lui fournir les vêtements. *Vestimenta dare* alicui.* ◆ **II.** Qqch. et SE VÊTIR de, r. *Induĕre vestem* ou *se veste;* vêtu, *indutus, a, um* (de, abl.); bien —, *bene vestitus.*
véto, m. Le droit de —, *jus intercedendi;* je mets mon —, *veto*.*
vétusté, f. *Vetustas, atis,* f.
veuf, veuve. I. Adj. **1.** *Viduus, a, um. Uxore orbus, i,* m.; *viro privata, ae,* f. ◆ **2.** (Fig.) Privé de. *Orbatus* (abl.). ◆ **II.** Nom m. f. *Viduus, i,* m. *Vidua, ae,* f.
veuvage, m. *Viduitas, atis,* f.
vexant, ante, m. *Submolestus, a, um.*
vexation, f. *Vexatio, onis,* f. *Injuria, ae,* f.
vexatoire, adj. *Iniquus, a, um.*
vexer, tr. **1.** Tourmenter. *Vexare. Male habere, eo*.* ◆ **2.** Contrarier. *Molestum (am, um) esse* (dat.).
viable, adj. *Vitalis, e.*
viager, ère, adj. *In reliquam vitam. In perpetuum.*
viande, f. **1.** *Caro, carnis,* f. ◆ **2.** (Fig.) *Cibus, i,* m.
viatique, m. *Viaticum, i,* n.
vibration, f. *Vibratio, onis,* f.
vibrer, intr. *Vibrare.* Faire —, *impellĕre** (acc.).
vicaire, m. *Vicarius, ii,* m.
vice, m. **1.** *Vitium, ii,* n. ◆ **2.** Libertinage. *Libidines, um,* fpl. Se corriger de ses —, *vitia ponĕre*.* ◆ **3.** Le — (les gens vicieux), *improbi, orum,* mpl.
vice-amiral, m. *Classis subpraefectus, i,* m.
vice-président, m. *Vice praesidis.*
vice-roi, m. *Subregulus, i,* m.
vice versa. *Versā vice.*
vicier, tr. *Corrumpere, o*.*
vicieusement, adv. *Vitiose.*
vicieux, euse, adj. **I.** (Pers.) *Vitiosus, a, um. Pravus.* Rendre —, *depravare.* ◆ **II.** (Ch.) **1.** *Pravus, a, um.* Penchants —, *vitiositas, atis,* f. ◆ **2.** Défectueux. *Vitiosus.*
vicinal, ale, adj. *Vicinalis, e.*
vicissitude, f. *Vicissitudo, inis,* f. Les — des choses humaines, *varietates rerum;* les — de la guerre, *varia belli fortuna.*
victimaire, m. *Victimarius, ii,* m.
victime, f. **1.** *Victima, ae,* f. *Hostia, ae,* f. Immoler une —, *victimam caedĕre** ou *mactare.* ◆ **2.** (Fig.) Être — d'une injustice, *injuriam pati (ior*);* — de, *oppressus, a, um* (abl.); nous sommes — de notre négligence, *neglegentiā plectimur*;* ils furent — de leur folie, *suā stultitiā occīderunt*.*
victoire, f. **1.** *Victoria, ae,* f. Remporter la — sur, *victoriam ferre* (ex)* ou *reportare (ab);* — douteuse, *victoria incerta* ou *dubia;* après la —, *partā victoriā;* chanter —, *victoriam conclamare.* ◆ **2.** (Fig.) Remporter, donner la —, *palmam ferre*, dare*.*

victorieusement, adv. **1.** Parcourir —. *cum victoriā peragrare.* ◆ **2.** (Fig.) Répondre — (à des arguments), *dissolvĕre** (acc.).
victorieux, euse, adj. **1.** *Victor, oris*, m. *Victrix, icis*, f. ◆ **2.** (Fig.) *Superior, ius.*
victuaille, f. *Cibaria, iorum*, npl.
vidange, f. **1.** Action de vider. *Exinanitio, onis*, f. **2.** Immondices. *Purgamenta, orum*, npl. (Des fosses) *Stercus, oris*, n.
vide. I. Adj. *Vacuus, a, um. Inanis, e.* Être —, *vacare.* ◆ **II.** Nom m. **1.** *Vacuum, i*, n. *Inane, is*, n. Être emporté dans le —, *per inanitatem ferri**. ◆ **2.** (Fig.) *Inanitas, atis*, f. *Vanitas, atis*, f.
vider, tr. **1.** (Le contenant) *Exhaurire**. Ayant vidé la coupe, *epoto poculo.* ◆ **2.** Un animal. *Exenterare. Purgare.* ◆ **3.** Le contenu. *Deplere, eo. Effundere, o**. ◆ **4.** (Fig.) — les lieux, *abire, eo**; — (une affaire), *decīdere, o** (acc.).
SE VIDER, r. **1.** *Vacuefieri, fio**. ◆ **2.** (Fig.) Être décidé. *Decerni, or**.
vie, f. **I.** *Vita, ae*, f. Être plein de —, *vigēre**; exposer sa —, *in vitae discrimen adduci**; quitter la —, *de vitā discedere**; donner sa — pour, *profundĕre* vitam pro* (abl.); attenter à sa —, *vitam sibi manu exhaurire**; presque sans —, *semianimus, a, um;* sauver la — à, *servare* (acc.); laisser la — sauve à, *conservare* (acc.); rappeler à a —, *a morte excitare;* sur ma —, *ita vivam**; rendre la — à (fig.), *recreare* (acc.); tout le temps de la —, *omne aetatis tempus;* le déclin de la —, *aetas provecta;* passer sa —, *aetatem degĕre**; *vitam agĕre**; passer sa — à, *aetatem consumĕre* in* (abl.); la — passée, *ante acta vita;* toute sa — (passée), *dum vixit**; (à venir) *quoad vivet**. ◆ **II. 1.** Manière de vivre. *Vita, ae*, f. ◆ **2.** Conduite. *Mores, um*, fpl. ◆ **3.** Occupation. *Vitae genus, generis*, n. Mener une — paisible, *vitam placide traducĕre**; mener joyeuse —, *pergraecari;* avoir une — honorable, *caste vivĕre**; avoir une — scandaleuse, *flagitiosissimam vitam degĕre**; embrasser un genre de —, *viam vivendi ingredi* (*ior**). ◆ **III.** Nourriture. *Victus, us*, m. Gagner sa —, *victum quaerĕre**.
vieillard, m. *Senex, senis*, m. De —, *senilis, e.*
vieillerie, f. **1.** *Scruta, orum*, npl. ◆ **2.** (Fig.) Des —, *obsoleta, orum*, npl.
vieillesse, f. **1.** *Senectus, utis*, f. ◆ **2.** (Ch.) *Senectus. Vetustas, atis*, f.
vieilli, ie, adj. **1.** (Pers.) *Senex factus, a, um.* ◆ **2.** (Ch.) *Obsoletus, a, um.*
vieillir, intr. **1.** *Senescere, o**. ◆ **2.** (Ch.) *Veterascere, o**.
vieillot, otte, adj. *Vetulus, a, um.*
vielle, f. *Vitula, ae*, f.
vierge. I. Nom f. *Virgo, inis*, f. ◆ **II.** Adj. **1.** Terre —, *rudis terra*, f.; forêt —, *barbarica*

silva, f.; vigne —, *labrusca vitis*, f. ◆ **2.** (Fig.) Pur. *Illibatus, a, um.*

vieux et **vieil, vieille,** adj. **I.** (Pers.) **1.** *Vetus, eris. Aetate provectus, a, um.* Un —, *senex, is*, m.; une vieille, *anus, us*, f.; de vieux, de vieille, *senilis, e.* ◆ **2.** (En parlant de deux) Plus —, (*natu*) *major;* moins —, (*natu*) *minor.* ◆ **II.** ◆ **1.** (Ch.) *Vetus, eris.* ◆ **2.** Ancien. *Antiquus, a, um.* ◆ **3.** Usé. *Obsoletus.* ◆ **4.** Mots, auteurs. *Vetustus, a, um. Priscus.*

1. vif, vive, adj. **1.** Qui est en vie. *Vivus, a, um.* Plus mort que —, *semivivus.* ◆ **2.** Agile. *Impiger, gra, grum.* ◆ **3.** Ardent. *Acer, acris, acre.* ◆ **4.** Bouillant. *Calidus.* ◆ **5.** Irritable. *Iracundus.* Qui a l'esprit —, *ingenio promptus.* ◆ **6.** (Ch.) Brillant, intense. *Acer. Vehemens, entis.* Teint vif, *sanguine diffusus color;* style vif, *celeris oratio*, f.; plaisanteries trop —, *facetiae asperiores.* ◆ **7.** Eau vive, *viva aqua*, f. ◆ **8.** Loc. div. De — force, *vi; per vim;* de — voix, *praesens, entis; coram.*

2. vif, m. Jusqu'au vif, *ad vivum;* couper dans le —, *de vivo resecare*;* piquer au —, *pungĕre** (acc.).

vif-argent, m. *Vivum* (*i*) *argentum* (*i*), n. Il a du — dans les veines, *calidior est.*

vigie, f. *Proreta, ae*, m.

vigilamment, adv. *Vigilanter.*

vigilance, f. *Diligentia, ae*, f. *Cura, ae*, f. Tromper la — de ses gardes, *custodes fallĕre*.*

vigilant, ante, adj. *Vigilans, antis. Diligens, entis.*

vigile, f. *Vigiliae, arum*, fpl.

vigne, f. **1.** *Vitis, is*, f. ◆ **2.** Vignoble. *Vinea, ae*, f. Cep de —, *viticula, ae*, f.

vigneron, m. *Vitis cultor, oris*, m. *Vinitor, oris*, m.

vignoble, m. *Vinea, ae*, f.

vigoureusement, adv. *Contente. Vehementer.*

vigoureux, euse, adj. **1.** *Robustus, a, um.* (Végétaux) *Validus.* ◆ **2.** (Fig.) *Vividus.* (Style) *Vehemens, entis.*

vigueur, f. **I.** **1.** *Vires, ium*, fpl. Avoir de la —, *vigēre*;* prendre de la —, *se corroborare.* ◆ **2.** Impétuosité. *Vis, vis*, f. Avec —, *summā vi.* ◆ **II.** **1.** (Fig.) Force de l'esprit. *Robur, oris*, n. Je conserve toute ma — d'esprit, *animo vigemus*.* ◆ **2.** Énergie du style. *Vis. Nervi, orum*, mpl. Pensée sans —, *enervata sententia.* ◆ **3.** Usage constant. *Usus, us*, m. Être en —, *vigēre*;* qui n'est plus en —, *obsoletus, a, um.*

vil, vile, adj. **I.** *Vilis, e.* Vendre à — prix, *vendĕre* parvo pretio.* **II.** (Fig.) (Homme) vil, *sordidus, a, um.*

vilain, aine. I. Adj. **1.** Non noble. *Plebeius, a, um.* ◆ **2.** Laid. *Turpis, e.* ◆ **3.** Désagréable. *Ingratus, a, um.* ◆ **4.** Déshonnête. (Pers.) *Spurcus, a, um.* (Ch.) *Foedus.* ◆ **II.** Nom m. Paysan. *Rusticus, i*, m. *Villanus, a, um.*

vilainement, adv. *Turpiter.*
vilebrequin, m. *Terebra, ae,* f.
vilement, adv. *Abjecte.*
vilenie, f. *Sordes, ium,* fpl.
vileté, f. *Vilitas, atis,* f.
vilipender, tr. *Detrahere, o** (*de*). Être — partout, *omnium sermonibus vapulare.*
villa, f. *Praedium, ii,* n. *Villa, ae,* f. (Ma) — de Formies, *Formianum, i,* n.
village, m. *Vicus, i,* m. *Pagus, i,* m. De —, *vicanus, a, um;* demeurer au —, *rusticari;* qui sent un peu le —, *subagrestis, e;* fête de —, *paganalia, ium,* npl.
villageois, oise. I. Adj. *Paganus, a, m. Rusticanus.* ◆ **II.** Nom m. f. *Paganus, i,* m. *Rusticus, i,* m. *Agrestis femina,* f.
ville, f. **1.** *Urbs, urbis,* f. ◆ **2.** Ville fortifiée. *Oppidum, i,* n. ◆ **3.** Petite —, *oppidulum, i,* n. ◆ **4.** — maritime, *emporium, ii,* n. ◆ **5.** La — de Rome, *urbs Roma.* ◆ **6.** Habitant de la ville, *urbanus, a, um; oppidanus, a, um.* ◆ **7.** Dîner en ville, *cenare foris;* de — en —, *oppidatim.* ◆ **8.** Les habitants de la ville. *Civitas, atis,* f. *Cives, civium,* mpl.
vin, m. **1.** *Vinum, i,* n. Vin doux, *mustum, i,* n.; vin de raisins secs, *passum, i,* n.; vin cuit, *sapa, ae,* f.; vin mêlé de miel, *mulsum, i,* n.; vin pur, *merum, i,* n.; boire son vin pur, *meracius bibĕre*;* vin de Falerne, *Falernum vinum;* qui n'a pas bu de vin, *siccus, a, um;* c'est un sac à vin, *vinosissimus est;* pris de vin, *vino onustus;* avoir le vin éloquent, *disertum esse ad vinum;* qui est entre deux vins, *ebriolus;* marchand de vin, *caupo, onis,* m. ◆ **2.** (Fig.) Mettre de l'eau dans son vin, *sibi temperare;* pot-de-vin, *corollarium, ii,* n.
vinaigre, m. *Acetum, i,* n.
vinaigrer, tr. *Aceto condire.*
vindicatif, ive, adj. *Vindicandi cupidus, a, um.* Caractère —, *ulciscendi libido, inis,* f.
vindicte, f. *Animadversio, onis,* f. Livrer à la — publique, *tradĕre* ad carnificem.*
vineux, euse, adj. **1.** Qui sent le vin. *Vinosus, a, um.* ◆ **2.** Rouge. *Ruber, bra, brum.*
vingt, adj. num. *Viginti,* indécl. Par —, *viceni, ae, a;* — et un, *viginti unus, a, um;* — fois, *viciens;* vingtième, *vicesimus, a, um;* le vingtième, *vicesima pars,* f.; vingt et unième, *unus et vicesimus* ou *vicesimus primus*; quatre-vingts, *octoginta,* ind.; quatre-vingtième, *octogesimus, a, um.*
violacé, ée, adj. *Violaceus, a, um.*
violateur, m. *Violator, oris,* m. — d'un traité, *foedifragus, i,* m.
violation, f. *Violatio, onis,* f.
violemment, adv. **1.** Par violence. *Vi. Per vim.* ◆ **2.** Fortement. *Vehementer.*
violence, f. **1.** Force. *Vis, vis,* f. Faire — à, *vim alicui facĕre, io** ou *inferre*;* se faire — (fig.),

sibi temperare. ◆ **2.** Impétuosité. *Impetus, us,* m. *Violentia, ae,* f. Parler avec —, *dicĕre* atrociter;* la — de la tempête, *vis tempestatis;* la — des passions, *libidinum impetus.*

violent, ente, adj. **1.** *Violentus, a, um. Vehemens, entis.* Se montrer très —, *furenter irasci*;* gouvernement —, *impotentissimus dominatus;* mort —, *nex, necis,* f.; le vent devient plus —, *increbrescit* ventus.* ◆ **2.** Incroyable. *Mirus, a, um.*

violenter, tr. *Vim adhibere, eo** (dat). Être violenté, *cogi*.*

violer, tr. **1.** Violenter. *Vim adhibĕre, eo** (dat.). ◆ **2.** Profaner. *Polluere, o.* ◆ **3.** (Fig.) Enfreindre. *Violare.* Violer ses engagements, *fidem laedĕre** ou *frangĕre*;* sans — sa foi, *salvā fide.*

violet, ette. I. Adj. *Violaceus, a, um.* ◆ **II.** Nom m. *Viola, ae,* f.

violette, f. *Viola, ae,* f.

violier, m. *Leucoion, ii,* n.

viorne, f. *Viburnum, i,* n.

vipère, f. **1.** *Vipera, ae,* f. De —, *viperinus, a, um.* ◆ **2.** (Fig.) Langue de —, *vipera.*

virago, f. *Virago, inis,* f.

virement, m. **1.** — de bord, *circumactio, onis,* f. ◆ **2.** — (de fonds), *transcriptio, onis,* f.; faire un —, *nomina transcribĕre*.*

virer. I. Intr. *Versari.* — de bord, *navem flectĕre*.* ◆ **II.** Tr. *Torquere, eo*.*

Virgile. *Vergilius, ii,* m.

virginal, ale, adj. *Virginalis, e.*

virginité, f. *Virginitas, atis,* f.

virgule, f. *Subdistinctio, onis,* f.

viril, ile, adj. *Virilis, e.* Montrer un courage —, *virum se praebĕre*.*

virilement, adv. *Viriliter.*

virilité, f. **1.** *Virilitas, atis,* f. ◆ **2.** Age. *Virilis (is) aetas (atis),* f. ◆ **3.** Courage. *Virtus, utis,* f.

virtuose. m. *Peritus, a, um* (gén.).

virulence, f. *Virus, i,* n. *Acerbitas, atis,* f. Avec —, *acerbe.*

virulent, ente, adj. *Acerbus, a, um.*

virus, m. *Virus, i,* n.

vis, f. *Cochlea, ae,* f.

visage, m. **1.** *Facies, ei,* f. *Os, oris,* n. ◆ **2.** Physionomie. *Vultus, us,* m. ◆ **3.** Loc. div. A — découvert, *detectā fronte;* faire bon — à, *vultŭ benigno excipĕre, io** (acc.); faire mauvais — à, *oculis infestis conspicĕre, io** (acc.).

vis-à-vis, adv. et prep. *Contra* (acc.). *E regione* (dat.). Qui est — de, *oppositus, a, um* (dat.); *adversus, a, um* (dat.).

viscère, m. *Viscus, eris,* n.

visée, f. Dessein. *Consilium, ii,* n. Avoir de hautes —, *magna moliri.*

viser, tr. **1.** *Collineare. Destinare.* ◆ **2.** (Fig.) *Sibi proponere, o*. Contendere, o*.* ◆ **3.** Viser à (inf.), *spectare ut* (subj.); *studere, eo** (inf.).

visible, adj. **1.** *Aspectabilis, e. Apertus, a, um. In medio positus.* ◆ **2.** Disposé à recevoir. N'être pas —, *adiri non posse**. ◆ **3.** (Fig.) Évident. *Apertus, a, um.* Être —, *patēre*; in promptu esse.*

visiblement, adv. *Palam.*

visière, f. **1.** Visage caché par la —, *clausa galeā facies.* ◆ **2.** (Fig.) Rompre en — (à qqn), *repugnare* (dat.); (à qqch.) *abrumpĕre** (acc.).

vision, f. **1.** Action de voir. *Visus, us,* m. ◆ **2.** Apparition. *Visum, i,* n. ◆ **3.** (Fig.) Chimère. *Visio, onis,* f. Des —, *somnia, iorum,* npl.

visionnaire, adj. *Fanaticus, a, um.* Être —, *somniare.*

visitation, f. *Visitatio, onis,* f.

visite, f. **1.** *Salutatio, onis,* f. Rendre — à, *visĕre** (acc.); *salutare* (acc.). ◆ **2.** Visiteur. *Salutator, oris,* m. Recevoir les —, *salutationi se dare*;* il me vient beaucoup de —, *domus nostra celebratur.* ◆ **3.** Inspection. *Lustratio, onis,* f.

visiter, tr. **1.** *Invisere, o*. Convenire*.* Revenir —, *revisĕre** (acc.). ◆ **2.** Parcourir (un pays). *Lustrare. Obire, eo*.* ◆ **3.** Examiner. *Inspicere, io*.*

visiteur, m. **1.** *Salutator, oris,* m. ◆ **2.** Inspecteur. *Inspector, oris,* m.

visqueux, euse, adj. *Glutinosus, a, um. Lentus.*

visuel, elle, adj. Rayon —, *radii luminum nostrorum.*

vital, ale, adj. *Vitalis, e.* Souffle —, *animalis (is) spiritus (us),* m.

vitalité, f. *Vitalitas, atis,* f.

vite. I. Adj. *Velox, ocis. Pernix, icis.* ◆ **II.** Adv. **1.** Avec vitesse. *Velociter. Celeriter.* Aller —, *properare;* plus —, *citius;* au plus —, *quam celerrime.* ◆ **2.** En peu de temps. *Cito.*

vitesse, f. *Celeritas, atis,* f.

vitre, f. et **vitraux,** mpl. *Specularia, ium* et *iorum,* npl.

vitré, ée et **vitreux, euse,** adj. *Vitreus, a, um.*

vitrier, m. *Specularius, ii,* m.

vivace, adj. *Vivax, acis.* Un mal —, *inveteratum malum.*

vivacité, f. **1.** Agilité. *Petulantia, ae,* f. ◆ **2.** Ardeur. *Ardor, oris,* m. ◆ **3.** Irritabilité. *Iracundia, ae,* f. ◆ **4.** Éclat. *Nitor, oris,* m. ◆ **5.** Avec —, *acriter.*

vivandier, ière, m. f. *Lixa, ae,* m. *Focaria, ae,* f.

vivant, ante. I. Adj. *Vivus, a, um.* Un bon —, *festivum caput;* langue —, *lingua quae in usu est.* ◆ **II.** Nom m. Vie. *Vita, ae,* f. De mon —, *me vivo.*

vivat, m. Vivat! *Deus (te) servet!* Crier —, *feliciter acclamare (alicui).* Des —, *favor, oris,* m.

vivement, adv. **1.** *Vehementer.* ◆ **2.** D'une manière blessante. *Acriter.*

viveur, m. *Ganeo, onis,* m.

vivier, m. *Piscina, ae,* f.

vivifiant, ante, adj. *Vividus, a, um.*

vivifier, tr. *Vivificare.*

1. vivre, intr. *Vivere, o*.* Tant que je vivrai, *dum ero;* — un an, *annum vivĕre*;* cesser de —, *e vitā discedĕre*;* vive Alexandre! *Alexander, dii te servent!*

vivre dans le chagrin, *in dolore versari;* — à la campagne, *ruri habitare;* — avec qqn, *vitam degĕre* cum aliquo;* — en bonne intelligence avec, *concordissime vivere* cum;* être facile à —, *commodis esse moribus;* difficile à —, *difficilis, e;* il mourut comme il avait vécu, *ejus mors consentanea vitae fuit;* qui sait vivre, *urbanus, a, um;* vivre de fruits, *vitam pomis tolerare;* travailler pour —, *victum labore comparare;* qui vivent de leurs crimes, *qui scelere pascuntur*;* fournir de quoi vivre à, *alĕre** (acc.); — au jour le jour, *vivĕre* in horam ;* faire —, *sustinēre** (acc.); — dans l'histoire, *memoriā florēre*.*

2. vivre, m. **1.** *Victus, us,* m. ◆ **2.** (Pl.) *Victus. Cibaria, iorum,* npl. Manquer de —, *laborare a re frumentariā;* couper les — à, *intercludĕre* commeatum* (dat.).

vocabulaire, m. *Glossarium, ii,* n.

vocal, ale, adj. Musique —, *cantus, us,* m.; faire une prière —, *preces concipĕre, io*.*

vocation, f. *Studium, ii,* n. Se sentir une — pour, *esse studio incitato ad.*

vocifération, fpl. *Clamor, oris,* m. *Vociferatio, onis,* f.

vociférer, intr. *Vociferari.*

vœu, m. **1.** Promesse à Dieu, offrande, prière. *Votum, i,* n. Faire — d'offrir qqch. à, *vovēre* aliquid* (dat.); accomplir un —, *votum persolvĕre*;* d'après un —, *ex voto;* prononcer ses —, *vovēre*;* faire des — (prières), *vota facĕre, io*;* je ne puis que faire des —, *opto.* ◆ **2.** Souhait. *Votum.* Tous nos — sont pour toi, *tibi favemus*;* c'est là mon —, *mihi in optatis est;* ce qui est l'objet de nos —, *quod volumus*;* au gré de (tes) vœux, *ex sententiā;* suivant le — de la nature, *secundum naturam.*

vogue, f. *Auctoritas, atis,* f. *Gratia, ae,* f. Être en —, *vigēre*.*

voguer, intr. *Navigare.* Vogue la galère ! *alea jacta* est !*

voici, prép. et adv. *Ecce* (nom. ou acc.). *En* (nom. ou acc.). Me voici, *adsum*;* — le moment de, *tempus adest** (gén. du gér.); — ce qui en est, *ea res sic se habet*;* voici quelle est ma douleur, *hic est dolor meus;* — mon opinion, *ita censeo*;* — qu'il hésite, *haerēt* homo;* mais — venir le vieillard, *ecce autem hic adest* senex.*

voie, f. **1.** *Via, ae,* f. Suivre la bonne —, *rectum sequi*;* l'affaire est en bonne —, *res est in cursu;* — (du gibier), *vestigia, iorum,* npl.; mettre (qqn) sur la —, *commonstrare viam* (*alicui*); nous sommes à bout de —, *jam extrema sunt.* ◆ **2.** Voie d'eau. *Rima, ae,* f. ◆ **3.** Conduit du corps. *Via. Meatus, us,* m. ◆ **4.** Moyen de transport. *Vectura, ae,* f. Par — de terre et par — de mer, *terrā marique.* ◆ **5.** Charretée. *Vehes, is,* f. ◆ **6.** (Fig.) Moyen. *Via.* Par des

— honorables, *honestis rationibus;* tenter les — judiciaires, *experiri* jus;* — de fait, *injuriae, arum,* fpl.; *vis, vis,* f.; se porter à des — de fait contre, *vim adhibēre** (dat.).

voilà, prép. et adv. *Ecce* (nom. ou acc.). *En* (nom. ou acc.). Voilà ce que je crains, *illud vereor.* V. VOICI.

1. voile, m. **I.** *Velum, i,* n. (Des mariées) *Flammeum, i,* n. ◆ **II.** (Fig.) **1.** Ténèbres. *Tenebrae, arum,* fpl. ◆ **2.** Ce qui dérobe qqch. à la connaissance. *Velum.* Lever le — (qui cache une ch.), *in lucem proferre** (*aliquid*). ◆ **3.** Faux dehors. *Species, ei,* f. Sous le — de, *sub specie* ou *sub umbrā* (gén.).

2. voile, f. **1.** *Vela, orum,* npl. Aller à la —, *velificare;* mettre à la —, *vela panděre*;* faire —, *navigare;* faire — pour Rhodes, *Rhodum petěre*;* carguer les —, *vela contrahěre*;* toutes — au vent (fig.), *velis remisque.* ◆ **2.** Navire. *Navis, is,* f.

voilé, ée, adj. **1.** *Velatus, a, um.* (Obscur) *Nubilus, a, um.* ◆ **2.** (Fig.) Voix —, *vox fusca;* amour — (du nom d'amitié), (*amicitiae nomine*) *tectus amor;* d'une manière voilée, *tecte.*

voiler, tr. **1.** *Velare. Obvolvere, o*.* Se — le visage, *caput obnuběre*.* ◆ **2.** Obscurcir (le ciel). *Obscurare* (*caelum*). Voiler la voix, *vocem infuscare.* ◆ **3.** (Fig.) Cacher. *Celare.* (Dissimuler) *Velare. Tegere, o*.*

voilier, m. Navire fin —, *navis celerrima.*

voilure, f. *Vela, orum,* npl.

voir. I. Intr. **1.** Recevoir l'image des objets. *Videre, eo*.* — distinctement, *dispicere, io*;* il a vu de ses yeux, *praesens vidit;* y — mal, *parum vidēre*;* sans y —, *in tenebris;* on ne pouvait pas — à travers, *non perspici* poterat*;* — clair (fig.), *plurimum cerněre*; multum intellegěre** (*in re*); ce lieu voit sur la mer, *hic locus spectat mare* ou *ad mare.* ◆ **2.** Voir à (aviser à). *Vidēre** (acc.). *Providere, eo** (acc.). *Curare.* Voir à (inf.), *vidēre* ut* (subj.); voir à ne ... pas, *vidēre* ne* (subj.); voir à prendre un autre parti, *alium consilium vidēre*;* vois à en finir avec, *explica* de;* c'est à lui à voir, *ipse viderit;* plus tard je verrai, *post consulam*.* ◆ **II.** Tr. **1.** Percevoir par la vue. *Videre, eo** (acc.). *Cernere, o** (acc.). Je crois voir, *vidēre videor*;* beau à —, *ad aspectum praeclarus, a, um;* — le jour (vivre), *aspicěre* (*io**) *lucem;* je l'ai vu entrer, *vidi eum ingredientem; vidi eum ingredi;* Livius a vu Ennius, *Livius Ennio aequalis fuit;* on voit des hommes..., *vidēre licet* quosdam;* on voit des gens qui, *sunt qui* (indic. ou subj.); voir la fin de ses maux, *finem malorum reperire*;* on voit encore des lettres de..., *exstant* epistulae* (gén.); tu as vu en moi un conseiller, *tu me consiliario usus* es;* voir du pays, *peregrinari;* je n'ai pas vu Rome (depuis longtemps), *Romam omnino non accessi*.* ◆ **2.** Regarder. *Aspicere, io*. Intueri, eor*.* Voir le ciel, *suspicĕre (io*) caelum* ou *in caelum;* être vu d'un mauvais œil par tous, *infestis oculis omnium conspici (ior*);* voir tout par soi-même, *obire (eo*) per se omnia;* tu n'as rien à y voir, *haec ad te nihil attinent*.* ◆ **3.** Rendre visite à. *Invisere, o*. Vidēre*.* (Fréquenter) *Uti, or** (abl.). Aller — qqn, *adire (eo*) aliquem;* il est venu me voir, *ad me venit*;* je le vois fréquemment, *multum est nobiscum;* il les voyait très souvent, *cum illis unā aderat* frequens;* en cessant à peu près de se voir, *remissione usus;* éviter de — (qqn), *congressum (alicujus) fugĕre, io*.* ◆ **III.** (Fig.) **1.** Percevoir par un autre sens que la vue. *Experiri*.* Qui en a vu bien d'autres, *passus* graviora.* ◆ **2.** Connaître. *Vidēre*. Cernĕre*. Cognoscere, o*.* Voir en imagination, *vidēre* mente; cernĕre* animo;* voir parfaitement, *perspicere, io*;* voir le fond du cœur, *pectus apertum vidēre*;* voir le fond d'une affaire, *explorare totam rem;* voir tout de travers, *opinione falli*;* je ne vois pas pourquoi, *non video cur* (subj.); je vois à ton air ce que tu vas répondre, *de gestu intellego* quid respondeas*;* où il ne voit pas le mal, *in quibus peccari non putat;* voir juste sur, *sentire* vera de;* voir en qqn un ennemi, *habēre* aliquem pro hoste;* manière de voir, *opinio, onis,* f.; *sententia, ae,* f.; tu vois leur silence, *animadvertis* horum silentium;* il verra qui je suis, *sentiet* qui vir sim;* je vois maintenant ce que c'est que, *nunc scio quid sit...;* on voit bien clairement par là que, *ex quibus perspicuum est* (prop. inf.); j'ai vu dans Clitomaque que..., *legi* apud Clitomachum* (prop. inf.). ◆ **3.** Imaginer. *Vidēre*. Excogitare.* Et je ne vois que faire, *nec quid agam* invenio*;* il faut que je voie moyen à, *reperienda est via quā* (subj.); il ne voit quel parti prendre, *nescit quo se vertat*;* ne pas voir moyen de s'en tirer, *harum rerum exitum non vidēre*.* ◆ **4.** Considérer. *Vidēre*. Intuēri*. Inspicere, io*.* Voyez toute la stupidité de cet homme, *stuporem hominis attendite*;* mais vois un peu, *sed velim* consideres;* ne voir que, *respicĕre, io** (acc.); *curare* (acc.); voir de loin (dans l'avenir), *longe prospicĕre, io*;* je vois une guerre près d'éclater, *jam jamque video bellum.* ◆ **IV.** (Gall.) **1.** Faire voir. *Ostendere, o*. Exhibere, eo*.* Se faire voir, *in publicum prodire, eo*;* ne pas se faire voir, *conspectum hominum fugĕre, io*;*

comme Antiochus l'a fait voir, *ut docuit* Antiochus;* faire voir qu'on est..., *praebēre* se* (acc.).; faire voir que, *ostendĕre** (prop. inf.); laisser voir (un sentiment), *non obscure ferre** (acc.). ◆ **2.** (Explétif) Ils espèrent nous voir triompher, *sperant nos superiores fore;* voir ton souhait accompli, *votum tuum impetrare;* je l'ai ouvert pour voir s'il y avait, *solvi* si quid esset.* ◆ **3.** Voyons! Voyez! *Age! agite!* Voyons, qu'est-ce? *hem, quid est?* voyons, écoute, *quin audi;* voyez-vous, *scilicet; nempe.*

SE VOIR, r. **1.** (Explétif) Je me suis vu dans la nécessité, *mihi necesse fuit.* ◆ **2.** Être apparent. *Vidēri*. Conspici, ior*.* ◆ **3.** Être reconnaissable. *Eminere, eo*.* ◆ **4.** Se rencontrer, être. *Esse.* Comme cela se voit souvent, *ut fit*;* qui ne s'est jamais vu, *inusitatus, a, um.*

voire, adv. *Sane.* Voire même, *immo.*

voirie, f. *Receptaculum omnium purgamentorum urbis. Cloaca, ae,* f. Jeter un cadavre à la —, *insepultum projicĕre, io*.*

voisin, ine. I. Adj. **1.** (Sens local et fig.) *Vicinus, a, um.* ◆ **2.** (Sens temporel) *Propinquus.* ◆ **II.** Nom m. **1.** (Êtres) *Vicinus, i,* m. ◆ **2.** (Peuple) *Finitimi, orum,* mpl.

voisinage, m. **1.** *Vicinitas, atis,* f. ◆ **2.** Les voisins. *Vicini, orum,* mpl. ◆ **3.** Dans le —, *in proximo;* dans le — de, *circa* (acc.); du —, *proximus, a, um.*

voiture, f. **1.** (Pour les pers.) *Vehiculum, i,* n. *Raeda, ae,* f. ◆ **2.** (Pour les ch.) *Plaustrum, i,* n. Se promener en —, *gestari.* ◆ **3.** Charretée. *Vehes, is,* f. ◆ **4.** Prix du transport. *Vectura, ae,* f.

voiturer, tr. *Vehere, o*. Convehere, o*. Advehere, o*.*

voiturier, m. *Plaustrarius, ii,* m.

voix, f. **1.** *Vox, vocis,* f. A voix basse, *voce submissā;* je t'en parlerai de vive voix, *praesens tecum loquar*;* sans voix, *elinguis, e;* faire entendre sa voix, *vocem mittĕre*;* éclat de voix, *clamor, oris,* m.; à la voix de (à l'appel de), *accitu* (gén.). ◆ **2.** Ordre. *Imperium, ii,* n. (Conseil) *Consilium, ii,* n. (Prière) *Preces, um,* fpl. (Inspiration) Écouter la voix du devoir, *colĕre* officium;* étouffer la voix de la conscience, *comprimĕre* conscientiam.* ◆ **3.** Opinion collective. La voix du peuple, *vox populi;* la voix publique, *fama, ae,* f.; il n'y a qu'une voix (là-dessus), *una est vox omnium* (*hac de re*). ◆ **4.** Suffrage. *Suffragium, ii,* n. Aller aux voix, *suffragium inire, eo*;* donner sa voix à, *suffragari* (dat.); à l'unanimité des voix, *cunctis suffragiis.* ◆ **5.** (Gr.) *Vox.*

1. vol, m. (Des oiseaux) *Volatus, us,* m. Prendre son —, *evo-*

are; à vol d'oiseau, *rectā regione.*

2. vol, m. **1.** Action de s'approprier indûment le bien d'autrui. *Furtum, i,* n. ◆ **2.** — à main armée. *Latrocinium, ii,* n.

volage, adj. *Mobilis, e.*

volaille, f. *Aves, ium,* fpl. *Volatile* (*is*) *pecus* (*oris*), n. Marchand de —, *aviarius, ii,* m.

volant, ante, adj. **1.** *Volatilis, e.* ◆ **2.** Qu'on déplace à volonté. *Mobilis, e.*

volatile, m. *Volucre* (*is*) *animal* (*is*), n.

volcan, m. **1.** *Mons* (*montis*) *ignivomus* (*i*), m. (Telle montagne) est un —, *ardet*.* ◆ **2.** (Fig.) Nature impétueuse. *Aestus, us,* m. Nous marchons sur un —, *tument* negotia.*

volée, f. **1.** Vol. *Volatus, us,* m. Prendre la —, *evolare.* ◆ **2.** Bande d'oiseaux. *Grex, gregis,* m. ◆ **3.** (Fig.) Rang. *Ordo, inis,* m. De haute —, *illustris, e;* à la volée, *in transitu; cursim;* (inconsidérément) *temere;* recevoir une volée de coups de bâtons, *tergo plecti*.*

1. voler, intr. *Volare.* Voler vers, *advolare;* — au combat, *ruĕre in hostem;* faire — une tête, *caput demĕre*;* faire — la poussière, *suscitare pulverem.*

2. voler, tr. **1.** Qqch. *Furari* (*rem alicui* ou *ab aliquo*). (Avec violence) *Extorquere, eo** (acc.). Volé, *subreptus, a, um; furtivus;* il ne l'aura pas volé (fig.), *meritissimo ejus.* ◆ **2.** Qqn. (Le dépouiller) *Spoliare* (*aliquem re*).

voleter, intr. *Volitare.*

voleur, m. *Fur, furis,* m. (A main armée) *Latro, onis,* m.

volière, f. *Aviarium, ii,* n.

volige, f. *Tabula, ae,* f.

volontaire. **I.** (Ch.) **1.** *Voluntarius, a, um.* ◆ **2.** (Pers.) *Pertinax.* ◆ **II.** Nom m. Les —, *voluntarii, iorum,* mpl.

volontairement, adv. (*Meā*) *voluntate. Ultro.*

volonté, f. *Voluntas, atis,* f. Faire ses —, *sibi obtemperare;* de sa propre —, *ultro;* à —, *ad arbitrium;* dernières —, *voluntas suprema;* bonne —, (*secunda* ou *bona*) *voluntas; studium, ii,* n.; plein de bonne —, *pronus, a, um;* de bonne —, *ultro;* de mauvaise —, *repugnanter; invitus, a, um.*

volontiers, adv. **1.** *Sponte. Libenter. Libens, entis.* ◆ **2.** (Aisément) *Facile.*

volte, f. *Gyrus, i,* m.

volte-face, f. **1.** Faire —, *se circumvertĕre*;* (pour fuir) *terga dare*.* ◆ **2.** (Fig.) *fugere, io*.*

voltige, f. *Funis, is,* m.

voltiger, intr. (Voler) *Volitare.* (Chevaucher) *Obequitare.*

voltigeur, m. Les —, *concursatores milites,* mpl.

volubilité, f. De la parole. *Linguae mobilitas, atis,* f.

volume, m. **1.** Étendue. *Magnitudo, inis*, f. — de voix, *vocis sonus, i*, m. ◆ **2.** Livre. *Volumen, inis*, n.
volumineux, euse, adj. *Amplus, a, um*. Ouvrages —, *volumina magna*, npl.
volupté, f. *Voluptas, atis*, f.
voluptueusement, adv. *Molliter*.
voluptueux, euse, adj. **I.** (Pers.) *Voluptuarius, a, um*. ◆ **II.** (Ch.) **1.** *Mollis, e*. ◆ **2.** Qui exprime la volupté. *Tener, era, erum*.
vomir, intr. et tr. **1.** *Vomere, o** (acc.). *Eructare* (acc.). Envie de —, *nausea, ae*, f.; avoir envie de —, *nauseare*. ◆ **2.** (Fig.) *Evomere, o** (acc.). *Eructare* (acc.).
vomissement, m. *Vomitio, onis*, f. *Vomitus, us*, m.
vomitif, ive, adj. *Vomitorius, a, um*.
vorace, adj. *Edax, acis*. *Vorax, acis*.
voracité, f. *Edacitas, atis*, f. *Helluatio, onis*, f.
vos, adj. poss. V. VOTRE.
votant, adj. et nom m. *Suffragator, oris*, m.
votation, f. *Sententiae dictio, onis*, f.
vote, m. *Suffragium, ii*, n. *Sententia, ae*, f. Bulletin de —, *tabella, ae*, f.; recueillir les —, *sententias rogare*.
voter. I. Intr. *Suffragium ferre, fero**. (*Suffragia*) *sciscere, o**. Être appelé à —, *rogari*; — pour que, *censēre** *ut* (subj.); — pour qqch., *decernĕre* rem*; — pour qqn, *suffragari alicui*. ◆ **II.** Tr. *Decernere, o** (acc.).
votif, ive, adj. *Votivus, a, um*.
votre, adj. poss. et **le vôtre**, pr. poss. **1.** *Vester, tra, trum*. ◆ **2.** (Pl. pour sg.) *Tuus, a, um*.
vouer, tr. **1.** Consacrer. *Vovere, eo** (acc.). *Devovere, eo** (acc.). ◆ **2.** Employer. *Addicere, o** (à, dat.).
SE VOUER, r. **1.** *Se devovēre** (dat.). ◆ **2.** *Se addicĕre** (dat.). ◆ **3.** Avoir recours à. *Appellare* (acc.).
1. vouloir, intr. et tr. *Velle, volo** (acc.; inf.; subj. avec ou sans *ut*). Ne pas vouloir, *nolle** (acc.; inf.; subj.); ne pas — qqch., *respuĕre* (acc.); si l'on veut, *si videtur**; je le veux bien, *placet**; *esto*; tel que tu le veux, *secundum arbitrium tuum*; me trouvera ridicule qui voudra, *licet irrideat* si quis velit**; vouloir fortement, *pervelle**; *percupĕre, io**; ce qu'il voulait faire, *quae agĕre destinaverat*; tu offenses sans le vouloir, *invitus offendis**; que veut dire...? *quid sibi vult*...?* (ce mot) veut dire : promptement, *valet* cito*; (on voit) ce qu'ils veulent, *quid moliantur*; la loi veut, *lex jubet**; que les dieux le veuillent, *faxint* dii*; le malheur a voulu que, *ita tulit* casus ut* (subj.); tu veux de meilleures autorités, *locupletiores auctores quaeris**; la terre veut être arrosée, *terra aquari gaudet**; si le bien public le

voulait, *si rei publicae conducebat**; les uns voulaient qu'on se rendît, *pars deditionem censebat**; je veux (je suppose) qu'il l'ait pu, *facio* potuisse;* vouloir du bien, du mal à, *bene, male velle** (dat.); en vouloir à (rechercher), *petĕre** (acc.); (être en colère contre) *suscensēre** (dat.); l'âge voulu, *justa aetas;* bien voulu partout, *apud omnes gratiosus, a, um.*

2. vouloir, m. *Voluntas, atis,* f. Bon —, *studium, ii,* n.; mauvais —, *aliena voluntas.*

vous, pr. pers. 2e pers. **1.** *Vos, vestri* et *vestrum.* ◆ **2.** (Pl. pour sg.) *Tu, tui.*

voussoir, m. *Cuneus, i,* m.

voussure, f. *Circinatio, onis,* f.

voûte, f. **1.** *Camera, ae,* f. ◆ **2.** Arcade. *Fornix, icis,* m. ◆ **3.** Clef de —, *conclusura, ae,* f. ◆ **4.** (Fig.) La — céleste, *caeli convexa,* npl.

voûter, tr. **1.** *Camerare.* Voûté, *fornicatus, a, um.* ◆ **2.** (Fig.) Se — sous l'effet de l'âge, *annis incurvari;* voûté, *incurvus, a, um.*

voyage, m. *Iter, itineris,* n. Partir en —, *iter suscipĕre, io*;* en —, *in peregrinatione;* argent pour le —, *viaticum, i,* n.; — par mer, *cursus, us,* m.; après de longs —, *e longo errore;* bon —! *bene ambula et redambula!* souhaiter bon — à qqn (fig. et ironique), *viam perpetuam alicui precari.*

voyager, intr. *Iter facere, io** ou *conficere, io**; — au loin, *peregrinari;* — en Égypte, *Aegyptum lustrare;* — par mer, *navigare;* — en pensée, *animo vagari.*

voyageur, euse, m. f. *Viator, oris,* m. *Viatrix, icis,* f.

voyant, ante, adj. Éclatant. *Conspicuus, a, um.*

voyelle, f. *Vocalis, is* (*littera, ae*), f.

vrai, vraie, adj. **1.** Conforme à la vérité. *Verus, a, um.* Il est vrai, *fateor* quidem;* tant il est vrai que! *adeo!* n'est-il pas vrai que? *nonne?* s'il est vrai que, *si ita est ut* (subj.); il n'en est pas moins vrai que, *nihilo minus;* le vrai, *verum, i,* n.; *vera, orum,* npl.; à vrai dire, *ut verum loquar**; bien vrai, je n'en sais rien, *ne vivam* si scio.* ◆ **2.** Qui dit la vérité. *Verus. Verax, acis.* ◆ **3.** Qui est ce qu'on le dit être. *Verus. Germanus.* La vraie éloquence, *justa eloquentia;* un vrai coquin, *insigniter impudens;* de vrais Syllas, *meri Sullae.*

vraiment, adv. **1.** *Vere. Re verā.* ◆ **2.** (Pour affirmer fortement). *Profecto. Sane.* Oui —, *ita vero;* vraiment? *itane vero?*

vraisemblable, adj. *Veri similis, e.*

vraisemblablement, adv. *Probabiliter.*

vraisemblance, f. *Veri similitudo, dinis,* f.

vrille, f. **1.** *Terebra, ae,* f. ◆ **2.** (De vigne) *Clavicula, ae,* f.

1. vu, vue. I. Adj. Reçu.

Acceptus, a, um. ◆ **II.** Prép. *Pro ratione* (gén.). ◆ **III.** Loc. conj. Vu que, *quoniam* (indic.).

2. vu, m. Au vu et au su de tout le monde, *luce ac palam.*

vue, f. **1.** Sens. *Visus, us,* m. Avoir bonne vue, *clare oculis vidēre*; acriter vidēre*;* avoir la — trouble, *caligare;* perdre la —, *amittĕre oculos*;* qui a perdu la —, *oculis captus;* priver de la —, *oculis privare;* frapper la —, *oculos ferire*;* s'offrir à la —, *dare* se in conspectum* (gén.); je ne les ai pas perdus de —, *numquam ab oculis meis afuerunt*;* connaître de —, *de facie nosse** (acc.); perdre de — (fig.), *dimittĕre** (acc.); ne pas perdre de —, *respectare ad;* faire perdre de —, *abducĕre* ab;* à perte de —, *nimis longus, a, um.* ◆ **2.** Vision. Spectacle. *Aspectus, us,* m. *Spectaculum, i,* n. La — de la mer, *prospectus maris;* à première —, *primā specie;* à cette —, *quibus visis;* à la — de l'ennemi, *simul ac viderat* hostem;* à la — de tout le monde, *palam;* être en —, *esse sub oculis; esse in prospectu;* qui est en —, *spectabilis, e;* (fig.) *insignis, e; praeclarus, a, um;* mettre en — (fig.), *e tenebris in lucem vocare;* intercepter la —, *prospectum prohibēre*;* de la ville on avait — sur, *ex oppido erat despectus in* (acc.); placer un tableau dans son vrai point de —, *tabulam in bono lumine collocare;* point de — (fig.), *aspectus, us,* m.; considérer une chose au point de — de, *rem considerare ex;* — (fenêtre), *lumen, inis,* n. ◆ **3.** (Fig.) Intelligence. *Mentis acies, ei,* f. Vue sûre, *perspicuitas, atis,* f.; qui a une — pénétrante, *perspicax, acis;* porter ses — bien loin dans l'avenir, *in posterum longe prospicĕre, io*;* don de seconde —, *futuri divinatio, onis,* f. ◆ **4.** Dessin. *Propositum, i,* n. *Consilium, ii,* n. Avoir en — (qqch.), *spectare* (*rem*); *cogitare* (*de re*); avoir en — les intérêts de qqn, *prospicĕre* (*io**) *alicui;* en — de, *ob* (acc.); *ideo ut* (subj.); *causā* (gén. du gér.); avoir de grandes —, *alte spectare;* porter ses — sur, *tendĕre* ad; intendĕre*, in* (acc.); entrer dans les — de, *ad rationes* (*alicujus*) *se adjungĕre*;* faire entrer dans ses —, *ad suam sententiam perducĕre*.*

Vulcain. *Vulcanus, i,* m. De —. *Vulcanius, a, um.*

vulgaire. I. adj. **1.** Du peuple. *Vulgaris, e.* La langue —, *patrius sermo;* en style —, *populariter.* ◆ **2.** Trivial. Termes —, *verba abjecta;* âmes —, *sordidae mentes;* homme —, *unus de multis* ou *e multis.* ◆ **II.** Nom m. *Vulgus, i,* n. *Plebs, plebis* f. (La plupart) *Plerique,* mpl.

vulgairement, adv. *Vulgo.* (Trivialement) *Sordide.*

vulgarité, f. *Rusticitas, atis,* f.
vulnérable, adj. *Vulneri patens, entis.*
vulnéraire, adj. *Vulnerarius, a, um.*

X Y

Xénophon. *Xenophon, ontis,* m.
Xerxès. *Xerxes, is,* m.
xyste, m. *Xystus, i,* m.
y. **I.** Adv. En ce lieu. **1.** (Sans mouvement) *Hic* (là où je suis). *Istic* (là où tu es). *Illic; ibi* (là où il est). ◆ **2.** (Avec mouvement) *Huc. Istuc. Illuc* ou *eo* ou *illo.* ◆ **II.** Pron. pers. *Hic, iste, ille* ou *is* (au cas voulu par sa fonction). Je commence à ne pas m'y fier, *huic incipio* diffidere;* travaillez-y avec zèle, *in eam rem incumbe*.* ◆ **III.** Loc. div. J'y serai, *adero*;* on y a pourvu, *provisum* est;* qu'y faire? *Quid facias*?* Il n'y voit pas, *nihil cernit*;* tu y es, *habes*;* il y a (cf. AVOIR).
yeuse, f. *Ilex, ilicis,* f.

Z

zèbre, m. *Equus zebra,* m. *Onager, gri,* m.
zébré, ée, adj. *Tigrinus, a, um.*
zélateur, m. *Fautor, oris,* m. *Studiosus, a, um* (gén.).
zèle, m. *Studium, ii,* n. (pour qqn, *in aliquem*). Porter beaucoup de — dans (une affaire), *diligentiam adhibēre** (dat.); qui montre un — indiscret, *moleste sedulus, a, um;* avec —, *studiose;* en rivalisant de —, *certatim.*
zélé, ée, adj. *Sedulus, ă, um. Diligens, entis.* Zélé pour qqn., *officiosus in aliquem;* être — pour la vertu, *virtuti studēre*;* disciple —, *auditor frequens.*
zénith, m. *Caeli fastigium, ii,* n.

zéphyr, m. *Zephyrus, i,* m.
zéro, m. Un — (un homme sans valeur), *homo nullo numero.*
zeste, m. *Naucum, i,* n. Cela ne vaut pas un —, *non nauci facio**.
Zeuxis. *Zeuxis, is* ou *idis,* m.
zizanie, f. *Discordia, ae,* f.
zodiacal, ale, adj. *Zodiacus, a, um.*
zodiaque, m. **1.** *Signifer (eri) orbis (is),* m. *Zodiacus, i,* m. ◆ **2.** Signe du —, *signum, i,* n.
zone, f. **1.** Partie de la surface d'une sphère comprise entre deux parallèles. *Circulus, i,* m. ◆ **2.** Région du globe limitée par les tropiques et les cercles polaires. *Zona, ae,* f. ◆ **3.** Région du globe envisagée sous le point de vue du climat. *Regio, onis,* f. ◆ **4.** Territoire administratif. *Regio, onis,* f.

APPENDICE

VERBES LATINS

irréguliers, défectifs, etc.
qui ne se ramènent pas aux modèles simples suivants:

amo, *as*	*are*	*avi*	*atum*
deleo, *es*	*ēre*	*evi*	*etum*
statuo, *is*	*ĕre*	*i*	*tum.*
audio, *is*	*ire*	*ivi* ou *ii*	*itum.*

IND. PRÉS.	INF. PRÉS.	PARFAIT	SUPIN
Abdico, *is*	*ĕre*	*dixi.*	*dictum.*
Abdo, *is*	*ĕre*	*didi*	*ditum.*
Abduco, *is*	*ĕre*	*duxi*	*ductum.*
Abeo, *is*	*ire*	*ii* ou *ivi*	*itum.*
Abhorreo, *es*	*ēre.*	*horrui*	—
Abigo, *is*	*ĕre.*	*egi*	*actum.*
Abjicio, *is*	*ĕre.*	*jeci.*	*jectum.*
Abjungo, *is*	*ĕre*	*junxi*	*junctum.*
Abludo, *is*	*ĕre*	*lusi*	*lusum.*
Abolefacio, *is*	*ĕre*	*feci*	*factum.*
Aboleo, *es*	*ēre*	*olevi*	*olitum.*
Abolesco, *is*	*ĕre*	*olevi*	—
Aborior, *eris*	*iri*	*ortus sum*	—
Abrado, *is*	*ĕre*	*rasi*	*rasum.*
Abripio, *is*	*ĕre*	*ripui*	*reptum.*
Abrodo, *is*	*ĕre*	*rosi*	*rosum.*
Abrumpo, *is*	*ĕre*	*rupi*	*ruptum.*
Abscedo, *is*	*ĕre*	*cessi*	*cessum.*
Abscīdo, *is*	*ĕre*	*cīdi*	*cisum.*

IND. PRÉS.	INF. PRÉS.	PARFAIT	SUPIN
Abscindo, *is*	*ĕre*	*scĭdi*	*scissum.*
Abscondo, *is*	*ĕre*	*i*	*itum.*
Absilio, *is*	*ire*	*ii* et *ui*	—
Absisto, *is*	*ĕre*	*stiti.*	*stitum.*
Absolvo, *is*	*ĕre*	*solvi*	*solutum.*
Absorbeo, *es*	*ēre*	*sorbui*	*sorptum.*
Abstergeo, *es*	*ēre*	*tersi*	*tersum.*
Absterreo, *es*	*ēre*	*terrui*	*territum.*
Abstineo, *es*	*ēre*	*tinui*	*tentum.*
Absto, *as*	*are*	*stiti*	—
Abstraho, *is*	*ĕre*	*traxi*	*tractum.*
Abstrudo, *is*	*ĕre*	*trusi*	*trusum.*
Absum, *es*	*esse*	*afui*	—
Absumo, *is*	*ĕre*	*sumpsi*	*sumptum.*
Abutor, *eris*	*i*	*usus sum.*	
Accedo, *is*	*ĕre*	*cessi*	*cessum.*
Accendo, *is*	*ĕre*	*cendi*	*censum.*
Accenseo, *es*	*ēre*	—	*censum*
Accido, *is*	*ĕre*	*cīdi*	*cisum.*
Accido, *is*	*ĕre*	*cĭdi*	—
Accingo, *is*	*ĕre*	*cinxi.*	*cinctum.*
Accipio, *is*	*ĕre*	*cepi*	*ceptum.*
Accolo, *is*	*ĕre*	*colui*	*cultum.*
Accredo, *is*	*ĕre*	*credidi*	*creditum.*
Accresco, *is*	*ĕre*	*crevi*	*cretum.*
Accubo, *as*	*are*	*cubui*	*cubitum.*
Accumbo, *is*	*ĕre*	*cubui*	*cubitum.*
Accurro, *is*	*ĕre*	*curri*	*cursum.*
Aceo, *es*	*ēre*	—	—
Acesco, *is*	*ĕre*	*acui*	—
Acquiesco, *is*	*ĕre*	*quievi*	*quietum.*
Acquiro, *is*	*ĕre*	*quisivi* ou *ii*	*quisitum.*
Adaperio, *is*	*ire*	*aperui*	*apertum.*
Adaugeo, *es*	*ēre*	*auxi*	*auctum.*
Addico, *is*	*ĕre*	*dixi*	*dictum.*
Addisco, *is*	*ĕre*	*didici*	—
Addo, *is*	*ĕre*	*didi*	*ditum.*
Addoceo, *es*	*ēre*	*docui*	*doctum.*
Addormisco, *is*	*ĕre*	—	—
Adduco, *is*	*ĕre*	*duxi*	*ductum.*
Adedo, *is*	*ĕre*	*edi*	*esum.*
Adeo, *is*	*ire*	*ii* ou *ivi*	*itum.*

IND. PRÉS.	INF. PRÉS.	PARFAIT	SUPIN
Adesurio, *is*	*ire*	*ivi* et *ii*	—
Adhaereo, *es*	*ēre*	*haesi*	*haesum.*
Adhaeresco, *is*	*ĕre*	*haesi*	*haesum.*
Adhibeo, *es*	*ēre*	*hibui*	*hibitum.*
Adigo, *is*	*ĕre*	*egi*	*actum.*
Adimo, *is*	*ĕre*	*emi*	*emptum.*
Adipiscor, *eris*	*i*	*adeptus sum.*	
Adjaceo, *es*	*ēre*	*jacui*	—
Adjicio, *is*	*ĕre*	*jeci*	*jectum.*
Adjungo, *is*	*ĕre*	*junxi*	*junctum.*
Adjuvo, *as*	*are*	*juvi*	*jutum.*
Admetior, *iris*	*iri*	*mensus sum.*	
Admisceo, *es*	*ēre*	*miscui*	*mixtum.*
Admitto, *is*	*ĕre*	*misi*	*missum.*
Admonefacio, *is.*	*ĕre*	*feci*	*factum.*
Admoneo, *es*	*ēre*	*ui*	*itum.*
Admordeo, *es*	*ēre*	*mordi* ou *momordi*..	*morsum.*
Admoveo, *es*	*ēre*	*movi*	*motum.*
Admulceo, *es*	*ēre*	*mulsi*	*mulsum.*
Adoleo, *es*	*ēre*	*evi*	*ultum.*
Adolesco, *is*	*ĕre*	*olevi*	*ultum.*
Adoperio, *is*	*ire*	*perui*	*pertum.*
Adorior, *eris*	*iri*	*ortus sum.*	
Adrado, *is*	*ĕre*	*rasi*	*rasum.*
Adsum, *ades*	*adesse*	*adfui*	—
Adulescenturio, *is*	*ire*	—	—
Adurgeo, *es*	*ēre*	—	—
Aduro, *is*	*ĕre*	*ussi*	*ustum.*
Adveho, *is*	*ĕre*	*vexi*	*vectum.*
Advenio, *is*	*ire*	*veni*	*ventum.*
Advergo, *is*	*ĕre*	—	—
Adverro, *is*	*ĕre*	—	—
Adverto, *is*	*ĕre*	*verti*	*versum.*
Advesperascit	*ĕre*	*vesperavit*	—
Advolvo, *is*	*ĕre*	*volvi*	*volutum.*
Aegresco, *is*	*ĕre*	—	—
Affleo, *es*	*ēre*	—	—
Affrico, *as*	*are*	*fricui*	*fricatum.*
Affulgeo, *es*	*ēre*	*fulsi*	—
Aggero, *is*	*ĕre*	*gessi*	*gestum.*

IND. PRÉS.	INF. PRÉS.	PARFAIT	SUPIN
Agnascor, *eris*	*i*	*gnatus sum.*	
Agnosco, *is*	*ĕre*	*gnovi*	*gnitum.*
Ago, *is*	*ĕre*	*egi*	*actum.*
Aio, *is*	—	—	—
Algeo, *es*	*ēre*	*alsi*	*alsum.*
Allabor, *eris*	*i*	*lapsus sum.*	
Allambo, *is*	*ĕre*	—	—
Allego, *is*	*ĕre*	*legi*	*lectum.*
Allicio, *is*	*ĕre*	*lexi*	*lectum.*
Allido, *is*	*ĕre*	*lisi*	*lisum.*
Allino, *is*	*ĕre*	*levi*	*litum.*
Alloquor, *eris*	*i*	*locutus sum.*	
Allubesco, *is*	*ĕre*	—	—
Alluceo, *es*	*ēre*	*luxi*	—
Alludo, *is*	*ĕre*	*lusi*	*lusum.*
Alo, *is*	*ĕre*	*alui*	*alitum* et *altum.*
Amaresco, *is*	*ĕre*	—	—
Ambedo, *is*	*ĕre*	*edi*	*esum.*
Ambigo, *is*	*ĕre*	—	—
Amburo, *is*	*ĕre*	*ussi*	*ustum.*
Amicio, *is*	*ire*	*icui* et *ixi*	*ictum.*
Amitto, *is*	*ĕre*	*misi*	*missum.*
Amoveo, *es*	*ēre*	*movi*	*motum.*
Amplector, *eris*	*i*	*plexus sum*	
Ango, *is*	*ĕre*	*anxi*	—
Animadverto, *is*	*ĕre*	*verti*	*versum.*
Anquiro, *is*	*ĕre*	*quisivi*	*quisitum.*
Antecapio, *is*	*ĕre*	*cepi*	*captum* et *ceptum.*
Antecedo, *is*	*ĕre*	*cessi*	*cessum.*
Antecello, *is*	*ĕre*	—	—
Anteeo, *is*	*ire*	*ii* et *ivi*	*itum.*
Antefero, *fers*	*ferre*	*tuli*	*latum.*
Antegredior, *eris*	*i*	*gressus sum.*	
Antehabeo, *es*	*ēre*	*habui*	*habitum.*
Antemitto, *is*	*ĕre*	*misi*	*missum.*
Antepono, *is*	*ĕre*	*posui*	*positum.*
Antevenio, *is*	*ire*	*veni*	*ventum.*
Anteverto, *is*	*ĕre*	*verti*	*versum.*
Antisto, *as*	*are*	*stiti*	—
Aperio, *is*	*ire*	*perui*	*pertum*

IND. PRÉS.	INF. PRÉS.	PARFAIT	SUPIN
Apiscor, *eris*	*i*	*aptus sum.*	
Appareo, *es*	*ēre*	*parui*	*paritum.*
Appello, *is*	*ĕre*	*puli*	*pulsum.*
Appeto, *is*	*ĕre*	*ivi* et *ii*	*itum.*
Appingo, *is*	*ĕre*	*pinxi*	*pictum.*
Applaudo, *is*	*ĕre*	*plausi*	*plausum.*
Applico, *as*	*are*	*avi* et *ui*	*atum* et *itum.*
Appono, *is*	*ĕre*	*posui*	*positum.*
Apposco, *is*	*ĕre*	—	—
Apprehendo, *is*	*ĕre*	*prehendi*	*prehensum.*
Apprimo, *is*	*ĕre*	*pressi*	*pressum.*
Appromitto, *is*	*ĕre*	—	—
Arboresco, *is*	*ĕre*	—	—
Arceo, *es*	*ēre*	*ui*	—
Arcesso, *is*	*ĕre*	*ivi*	*itum.*
Ardeo, *es*	*ēre*	*arsi*	*arsum.*
Ardesco, *is*	*ĕre*	*arsi*	—
Arefacio, *is*	*ĕre*	*feci*	*factum.*
Areo, *es*	*ēre*	*arui*	—
Aresco, *is*	*ĕre*	*arui*	—
Arrepo, *is*	*ĕre*	*repsi*	*reptum.*
Arrideo, *es*	*ēre*	*risi*	*risum.*
Arrigo, *is*	*ĕre*	*rexi*	*rectum.*
Arripio, *is*	*ĕre*	*ripui*	*reptum.*
Arrodo, *is*	*ĕre*	*rosi*	*rosum.*
Ascendo, *is*	*ĕre*	*scendi*	*scensum.*
Ascisco, *is*	*ĕre*	*scivi*	*scitum.*
Ascribo, *bis*	*ĕre*	*scripsi*	*scriptum.*
Aspello, *is*	*ĕre*	*puli*	*pulsum.*
Aspergo, *is*	*ĕre*	*spersi*	*spersum.*
Aspicio, *is*	*ĕre*	*spexi*	*spectum.*
Assentio, *is*	*ire*	*sensi*	*sensum.*
Assentior, *iris*	*iri*	*sensus sum.*	
Assequor, *eris*	*i*	*secutus sum.*	
Assero, *is* (prétendre)	*ĕre*	*serui*	*sertum.*
Assero, *is* (semer)	*ĕre*	*sevi*	*situm.*
Assideo, *es*	*ēre*	*sedi*	*sessum.*
Assido, *is*	*ĕre*	*sedi*	*sessum.*
Assilio, *is*	*ire*	*silui*	—
Assisto, *is*	*ĕre*	*stiti*	*stitum.*
Assoleo, *es*	*ēre*	—	—

IND. PRÉS.	INF. PRÉS.	PARFAIT	SUPIN
Assuefacio, *is*	*ĕre*	*feci*	*factum.*
Assuesco, *is*	*ĕre*	*suevi*	*suetum.*
Assumo, *is*	*ĕre*	*sumpsi*	*sumptum.*
Assurgo, *is*	*ĕre*	*surrexi*	*surrectum.*
Asto, *as*	*are*	*stiti*	—
Astrepo, *is*	*ĕre*	*strepui*	*strepitum.*
Attendo, *is*	*ĕre*	*tendi*	*tentum.*
Attero, *is*	*ĕre*	*trivi*	*tritum.*
Attexo, *is*	*ĕre*	*texui*	*textum.*
Attineo, *es*	*ēre*	*tinui*	*tentum.*
Attingo, *is*	*ĕre*	*tigi*	*tactum.*
Attollo, *is*	*ĕre*	—	—
Attondeo, *es*	*ēre*	*tondi*	*tonsum.*
Attono, *as*	*are*	*tonui*	*tonitum.*
Attraho, *is*	*ĕre*	*traxi*	*tractum.*
Audeo, *es*	*ēre*	*ausus sum.*	
Aufero, *fers*	*ferre*	*abstuli*	*ablatum.*
Aufugio, *is*	*ĕre*	*fugi*	—
Augeo, *es*	*ēre*	*auxi*	*auctum.*
Augesco, *is*	*ĕre*	*auxi*	—
Auresco, *is*	*ĕre*	—	—
Aveho, *is*	*ĕre*	*vexi*	*vectum.*
Avello, *is*	*ĕre*	*velli* et *vulsi*	*vulsum.*
Aveo, *es*	*ēre*	—	—
Averro, *is*	*ĕre*	*i*	—
Averto, *is*	*ĕre.*	*verti*	*sum.*
Bibo, *is*	*ĕre.*	*i*	*itum.*
Bilbo, *is*	*ĕre*	—	—
Cado, *is*	*ĕre*	*cecĭdi*	*casum.*
Caedo, *is*	*ĕre*	*cecīdi*	*caesum.*
Calefacio, *is*	*ĕre*	*feci*	*factum.*
Caleo, *es*	*ēre*	*calui*	—
Calesco, *is*	*ĕre*	*calui*	—
Calleo, *es*	*ēre*	*callui*	—
Calveo, *es*	*ēre*	—	—
Calvesco, *is*	*ĕre*	—	—
Candefacio, *is*	*ĕre*	*feci*	*factum.*
Candeo, *es*	*ēre*	*candui*	—
Candesco, *is*	*ĕre*	—	—
Caneo, *es*	*ēre*	*canui*	—
Canesco, *is*	*ĕre*	*canui*	—
Cano, *is*	*ĕre*	*cecini*	*cantum*

IND. PRÉS.	INF. PRÉS.	PARFAIT	SUPIN
Canturio, *is*	*ire*	—	—
Capesso, *is*	*ĕre*	*ivi* ou *ii*	*itum.*
Capio, *is*	*ĕre*	*cepi*	*captum.*
Carbonesco, *is*	*ĕre*	—	—
Careo, *es*	*ēre*	*carui*	—
Carpo, *is*	*ĕre*	*carpsi*	*carptum.*
Caveo, *es*	*ēre*	*cavi*	*cautum.*
Cedo, *is*	*ĕre*	*cessi*	*cessum.*
Censeo, *es*	*ēre*	*censui*	*censum.*
Cerno, *is*	*ĕre*	*crevi*	*cretum.*
Cieo, *es*	*ēre*	*civi*	*citum.*
et dans les composés :			
cio, *is*	*ire*	*civi*	*citum.*
Cingo, *is*	*ĕre*	*cinxi*	*cinctum.*
Circumago, *is*	*ĕre*	*egi*	*actum.*
Circumamplector, *eris*	*i*	*plexus sum.*	
Circumcīdo, *is*	*ĕre*	*cīdi*	*cīsum.*
Circumcingo, *is*	*ĕre*	*cinxi*	*cinctum.*
Circumcludo, *is*	*ĕre*	*clusi*	*clusum.*
Circumcolo, *is*	*ĕre*	*colui*	*cultum.*
Circumcurro, *is*	*ĕre*	—	—
Circumdo, *as*	*are*	*dedi*	*datum.*
Circumduco, *is*	*ĕre*	*duxi*	*ductum.*
Circumeo, *is*	*ire.*	*ivi* et *ii*	*itum.*
Circumfero, *fers*	*ferre*	*tuli*	*latum.*
Circumfigo, *is*	*ĕre*	*fixi*	*fixum.*
Circumflecto, *is*	*ĕre*	*flexi*	*flexum.*
Circumfluo, *is*	*ĕre*	*fluxi*	*fluxum.*
Circumfodio, *is*	*ĕre*	*fodi*	*fossum.*
Circumfremo, *is*	*ĕre*	—	—
Circumfulgeo, *es*	*ĕre*	*fulsi*	*fulsum.*
Circumfundo, *is*	*ĕre*	*fudi*	*fusum.*
Circumgemo, *is*	*ĕre*	—	—
Circumgredior, *eris*	*i*	*gressus sum.*	
Circumjaceo, *es*	*ēre*	—	—
Circumjicio, *is*	*ĕre*	*jeci*	*jectum.*
Circumlambo, *is*	*ĕre*	—	—
Circumlavo, *as*	*are*	—	—
Circumlino, *is*	*ĕre*	—	*litum.*

IND. PRÉS.	INF. PRÉS.	PARFAIT	SUPIN
Circummitto, *is*	*ĕre*	*misi*	*missum.*
Circumnecto, *is*	*ĕre*	*nexui*	*nexum.*
Circumplaudo, *is.*	*ĕre*	—	—
Circumplector, *eris*	*i*	*plexus sum.*	
Circumpono, *is*	*ĕre*	*posui*	*positum.*
Circumrado, *is*	*ĕre*	*rasi*	*rasum.*
Circumrodo, *is*	*ĕre*	*rosi*	*rosum.*
Circumsaepio, *is.*	*ire*	*saepsi*	*saeptum.*
Circumscindo, *is.*	*ĕre*	—	—
Circumscribo, *is.*	*ĕre*	*scripsi*	*scriptum.*
Circumseco, *as*	*are*	*secui*	*sectum.*
Circumsedeo, *es*	*ēre*	*sedi*	*sessum.*
Circumsero, *is*	*ĕre*	—	—
Circumsido, *is*	*ĕre*	*sedi*	—
Circumsilio, *is*	*ire*	—	—
Circumsisto, *is*	*ĕre*	*stiti*	*stitum.*
Circumspergo, *is.*	*ĕre*	—	—
Circumspicio, *is*	*ĕre*	*spexi*	*spectum.*
Circumsto, *as*	*are*	*steti*	—
Circumstrepo, *is.*	*ĕre*	*strepui*	*strepitum.*
Circumstruo, *is*	*ĕre*	*struxi*	*structum.*
Circumtego, *is*	*ĕre*	—	*tectum.*
Circumtergeo, *es.*	*ēre*	—	—
Circumtono, *as*	*are*	*tonui*	—
Circumvado, *is*	*ĕre*	*vasi*	—
Circumvehor, *eris*	*i*	*vectus sum.*	—
Circumvenio, *is*	*ire*	*veni*	*ventum.*
Circumverto, *is*	*ĕre*	*verti*	*versum.*
Circumviso, *is*	*ĕre*	—	—
Circumvolvo, *is*	*ĕre*	*volvi*	*volutum.*
Clango, *is*	*ĕre*	—	—
Clareo, *es*	*ēre*	*clarui*	—
Claresco, *is*	*ĕre*	*clarui*	—
Claudo, *is*	*ĕre*	*clausi*	*clausum.*
Clueo, *es*	*ēre*	—	—
Coacesco, *is*	*ĕre*	*acui*	—
Coalesco, *is,*	*ĕre*	*alui*	*alitum.*
Coarguo, *is*	*ĕre*	*argui*	*argutum.*
Coemo, *is*	*ĕre*	*emi*	*emptum.*
Coeo, *is*	*ire*	*ivi* et *ii*	*itum.*
Coepi, *isti*	*isse*	—	*coeptum.*

IND. PRÉS.	INF. PRÉS.	PARFAIT	SUPIN
Coerceo, *es*	*ēre*	*ercui*	*ercitum.*
Cognosco, *is*	*ěre*	*gnovi*	*gnitum.*
Cogo, *is*	*ěre*	*coegi*	*coactum.*
Cohaereo, *es*	*ēre*	*haesi*	*haesum.*
Cohaeresco, *is*	*ěre*	—	—
Cohibeo, *es*	*ēre*	*hibui*	*hibitum.*
Cohorresco, *is*	*ěre*	*horrui*	—
Collabasco, *is*	*ěre*	—	—
Collabefio, *is*	*fieri*	*factus sum.*	
Collabor, *eris*	*i*	*lapsus sum.*	
Collido, *is*	*ěre*	*lisi*	*lisum.*
Colligo, *is*	*ěre*	*legi*	*lectum*
Collino, *is*	*ěre*	*levi*	*litum.*
Colliquesco, *is*	*ěre*	*liqui*	—
Colloquor, *eris*	*i*	*locutus sum.*	
Colluceo, *es*	*ēre*	—	—
Colludo, *is*	*ěre*	*lusi*	*lusum.*
Colo, *is*	*ěre*	*colui*	*cultum.*
Combibo, *is*	*ěre*	*bibi*	—
Comburo, *is*	*ěre*	*ussi*	*ustum.*
Comedo, *is*	*ěre*	*edi*	*esum.*
Commadeo, *es*	*ēre*	—	—
Commemini, *isti*	*isse*	—	—
Commereo, *es*	*ēre*	*merui*	*meritum.*
Commereor, *eris*	*ēri*	*meritus sum.*	
Commetior, *iris*	*iri*	*mensus sum.*	
Comminiscor, *eris*	*i*	*mentus sum.*	
Commisceo, *es*	*ēre*	*miscui*	*mixtum.*
Commiseresco, *is.*	*ěre*	—	—
Committo, *is*	*ěre*	*misi*	*missum.*
Commonefacio, *is.*	*ěre*	*feci*	*factum.*
Commonefio, *is*	*fieri*	*factus sum.*	
Commoneo, *es*	*ēre*	*monui*	*monitum.*
Commordeo, *es*	*ēre*	—	—
Commorior, *eris*	*i*	*mortuus sum.*	
Commoveo, *es*	*ēre*	*movi*	*motum.*
Como, *is*	*ěre*	*compsi*	*comptum.*
Compareo, *es*	*ēre*	*ui*	—
Compasco, *is*	*ěre*	*(pavi)*	*pastum.*
Comperio, *is*	*ire*	*peri*	*pertum.*
Compesco, *is*	*ěre*	*pescui*	*(pescitum).*
Competo, *is*	*ěre*	*ivi* ou *ii*	*itum.*

IND. PRÉS.	INF. PRÉS.	PARFAIT	SUPIN
Compingo, *is*.....	*ĕre*	*pegi*	*pactum.*
Complaceo, *es*....	*ēre*	*placui* et *placitus sum.*	
Complector, *eris*..	*i*	*plexus sum.*	
Complico, *as*.....	*are*........	*avi* ou *ui*......	*atum* ou *itum.*
Complodo, *is*.....	*ĕre*	*plosi*..........	*plosum.*
Compono, *is*.....	*ĕre*	*posui*	*positum.*
Comprehendo, *is*.	*ĕre*	*prehendi*	*prehensum.*
Comprimo, *is*....	*ĕre*	*pressi*.........	*pressum.*
Compromitto, *is*.	*ĕre*	*misi*	*missum.*
Compungo, *is*....	*ĕre*	*punxi*.........	*punctum.*
Computresco, *is*..	*ĕre*	*putrui*	—
Concalefacio, *is*..	*ĕre*	*feci*...........	*factum.*
Concalefio, *fis*....	*fieri*	*factus sum.*	
Concaleo, *es*......	*ēre*	*calui*	—
Concalesco, *is*....	*ĕre*	—...........	—
Concallesco, *is*...	*ĕre*	*callui*	—
Concedo, *is*......	*ĕre*	*cessi*........	*cessum.*
Concerpo, *is*.....	*ĕre*	*cerpsi*.........	*cerptum.*
Concĭdo, *is*.......	*ĕre*	*cĭdi*	—
Concīdo, *is*.......	*ĕre*	*cīdi*	*cisum.*
Concino, *is*.......	*ĕre*	*cinui*	—
Concipio, *is*......	*ĕre*	*cepi*	*ceptum.*
Concludo, *is*......	*ĕre*	*clusi*	*clusum.*
Concoquo, *is*.....	*ĕre*	*coxi*	*coctum.*
Concrebresco, *is*.	*ĕre*	*crebrui*	—
Concredo, *is*.....	*ĕre*	*credidi*	*creditum.*
Concrepo, *as*.....	*are*........	*crepui*	*crepitum.*
Concresco, *is*.....	*ĕre*	*crevi*	*cretum.*
Concupisco, *is*....	*ĕre*	*cupivi* et *ii*....	*cupitum.*
Concurro, *is*.....	*ĕre*	*curri*	*cursum.*
Concutio, *is*......	*ĕre*	*cussi*..........	*cussum.*
Condico, *is*.......	*ĕre*	*dixi*	*dictum.*
Condisco, *is*......	*ĕre*	*didici*	—
Condo, *is*........	*ĕre*	*didi*	*ditum.*
Condocefacio, *is*.	*ĕre*	*feci*...........	*factum.*
Condoceo, *es*.....	*ēre*	*docui*.........	*doctum.*
Condoleo, *es*.....	*ĕre*	*dolui*	—
Condolesco, *is*...	*ĕre*	*dolui*	—
Condormisco, *is*.	*ĕre*	*dormivi*.......	—
Conduco, *is*......	*ĕre*	*duxi*	*ductum.*
Confercio, *is*.....	*ire*	*fersi*	*fertum.*
Confero, *fers*....	*ferre*	*tuli*...........	*collatum.*

IND. PRÉS.	INF. PRÉS.	PARFAIT	SUPIN
Confervefacio, *is*	*ĕre*	—	—
Conferveo, *es*	*ēre*	*ferbui*	—
Confervesco, *is*	*ĕre*	*ferbui*	—
Conficio, *is*	*ĕre*	*feci*	*fectum*
Confido, *is*	*ĕre*	*fisus sum*	
Configo, *is*	*ĕre*	*fixi*	*fixum.*
Confindo, *is*	*ĕre*	*fidi*	*fissum.*
Confingo, *is*	*ĕre*	*finxi*	*fictum.*
Confiteor, *eris*	*ēri*	*fessus sum.*	
Confligo, *is*	*ĕre*	*flixi*	*flictum.*
Confluo, *is*	*ĕre*	*fluxi*	*fluxum.*
Confodio, *is*	*ĕre*	*fodi*	*fossum.*
Confremo, *is*	*ĕre*	*fremui*	—
Confrico, *as*	*are*	*fricui*	*fricatum.*
Confringo, *is*	*ĕre*	*fregi*	*fractum.*
Confugio, *is*	*ĕre*	*fugi*	*fugitum.*
Confulgeo, *es*	*ēre*	*fulsi*	—
Confundo, *is*	*ĕre*	*fūdi*	*fusum.*
Congemo, *is*	*ĕre*	*gemui*	—
Congero, *is*	*ĕre*	*gessi*	*gestum.*
Congredior, *eris*	*i*	*gressus sum.*	
Conjicio, *is*	*ĕre*	*jeci*	*jectum.*
Conjungo, *is*	*ĕre*	*junxi*	*junctum.*
Connecto, *is*	*ĕre*	*nexui*	*nexum.*
Connitor, *eris*	*i*	*nixus sum.*	
Conniveo, *es*	*ēre*	*nivi* ou *nixi*	—
Conqueror, *eris*	*i*	*questus sum.*	
Conquiesco, *is*	*ĕre*	*quievi*	*quietum.*
Conquiro, *is*	*ĕre*	*quisivi* et *ii*	*quisitum.*
Consaepio, *is*	*ire*	*saepsi*	*saeptum.*
Consanesco, *is*	*ĕre*	*sanui*	—
Conscendo, *is*	*ĕre*	*scendi*	*scensum.*
Conscindo, *is*	*ĕre*	*scidi*	*scissum.*
Conscisco, *is*	*ĕre*	*scivi*	*scitum.*
Conscribo, *is*	*ĕre*	*scripsi*	*scriptum.*
Conseco, *as*	*are*	*secui*	*sectum.*
Consenesco, *is*	*ĕre*	*senui*	—
Consentio, *is*	*ire*	*sensi*	*sensum.*
Consepelio, *is*	*ire*	*sepelivi* ou *ii*	*sepultum.*
Consequor, *eris*	*i*	*secutus sum.*	
Consero, *is* (lier)	*ĕre*	*serui*	*sertum.*

IND. PRÉS.	INF. PRÉS.	PARFAIT	SUPIN
Consero, *is* (semer)	*ĕre*	*sevi*	*situm.*
Consido, *is*	*ĕre*	*sedi*	*sessum.*
Consilesco, *is*	*ĕre*	*silui*	—
Consisto, *is*	*ĕre*	*stiti*	*stitum.*
Consono, *as*	*are*	*sonui*	—
Conspergo, *is*	*ĕre*	*spersi*	*spersum.*
Conspicio, *is*	*ĕre*	*spexi*	*spectum.*
Consplendesco, *is*	*ĕre*	—	—
Consterno, *is*	*ĕre*	*stravi*	*stratum.*
Consto, *as*	*are*	*stiti*	—
Constrepo, *is*	*ĕre*	*strepui*	*strepitum.*
Constringo, *is*	*ĕre*	*strinxi*	*strictum.*
Construo, *is*	*ĕre*	*struxi*	*structum.*
Constupeo, *es*	*ēre*	*stupui*	—
Consuadeo, *es*	*ēre*	*suasi*	*suasum.*
Consuefacio, *is*	*ĕre*	*feci*	*factum.*
Consuesco, *is*	*ĕre*	*suevi*	*suetum.*
Consulo, *is*	*ĕre*	*sului*	*sultum.*
Consumo, *is*	*ĕre*	*sumpsi*	*sumptum.*
Consurgo, *is*	*ĕre*	*surrexi*	*surrectum.*
Contabesco, *is*	*ĕre*	*tabui*	—
Contego, *is*	*ĕre*	*texi*	*tectum.*
Contemno, *is*	*ĕre*	*tempsi*	*temptum.*
Contendo, *is*	*ĕre*	*tendi*	*tentum.*
Contenebresco, *is*	*ĕre*	—	—
Contero, *is*	*ĕre*	*trivi*	*tritum.*
Conterreo, *es*	*ēre*	*terrui*	*territum.*
Contexo, *is*	*ĕre*	*texui*	*textum.*
Conticeo, *es*	*ĕre*	—	—
Conticesco, *is*	*ĕre*	*ticui*	—
Contineo, *es*	*ēre*	*tinui*	*tentum.*
Contingo, *is* (toucher)	*ĕre*	*tigi*	*tactum.*
Contingo, *is* (teindre)	*ĕre*	*tinxi*	—
Contorqueo, *es*	*ēre*	*torsi*	*tortum.*
Contorreo, *es*	*ēre*	*torrui*	—
Contradico, *is*	*ĕre*	*dixi*	*dictum.*
Contraho, *is*	*ĕre*	*traxi*	*tractum.*
Contrapono, *is*	*ĕre*	*posui*	*positum.*
Contremisco, *is*	*ĕre*	*tremui*	—

IND. PRÉS.	INF. PRÉS.	PARFAIT	SUPIN
Contremo, *is*	*ĕre*	—	—
Contrudo, *is*	*ĕre*	*trusi*	*trusum.*
Contueor, *eris*	*ēri*	*tuitus sum.*	
Contundo, *is*	*ĕre*	*tudi*	*tusum.*
Convalesco, *is*	*ĕre*	*valui*	—
Conveho, *is*	*ĕre*	*vexi*	*vectum.*
Convello, *is*	*ĕre*	*velli*	*vulsum.*
Convenio, *is*	*ĕre*	*veni*	*ventum.*
Convergo, *is*	*ĕre*	—	—
Converro, *is*	*ĕre*	*verri*	*versum.*
Converto, *is*	*ĕre*	*verti*	*versum.*
Convescor, *eris*	*i*	—	—
Convinco, *is*	*ĕre*	*vici*	*victum.*
Conviresco, *is*	*ĕre*	—	—
Conviso, *is*	*ĕre*	—	—
Convivo, *is*	*ĕre*	*vixi*	*victum.*
Convolvo, *is*	*ĕre*	*volvi*	*volutum.*
Convoveo, *es*	*ēre*	*vovi*	*votum.*
Cooperio, *is*	*ire*	*perui*	*pertum.*
Coorior, *eris*	*iri*	*ortus sum.*	
Coquo, *is*	*ĕre*	*coxi*	*coctum.*
Corrado, *is*	*ĕre*	*rasi*	*rasum.*
Correpo, *is*	*ĕre*	*repsi*	*reptum.*
Corrideo, *es*	*ēre*	—	—
Corrigo, *is*	*ĕre*	*rexi*	*rectum.*
Corripio, *is*	*ĕre*	*ripui*	*reptum.*
Corrumpo, *is*	*ĕre*	*rupi*	*ruptum.*
Crassesco, *is*	*ĕre*	—	—
Crebresco, *is*	*ĕre*	*crebrui*	—
Credo, *is*	*ĕre*	*credidi*	*creditum.*
Crepo, *as*	*are*	*crepui*	*crepitum.*
Cresco, *is*	*ĕre*	*crevi*	*cretum.*
Crucifigo, *is*	*ĕre*	*fixi*	*fixum.*
Crudesco, *is*	*ĕre*	*crudui*	—
Cubo, *as*	*are*	*cubui*	*cubitum.*
Cudo, *is*	*ĕre*	*cudi*	*cusum.*
Cupio, *is*	*ĕre*	*ivi* ou *ii*	*itum.*
Curro, *is*	*ĕre*	*cucurri*	*cursum.*
Debeo, *es*	*ēre*	*debui*	*debitum.*
Decedo, *is*	*ĕre*	*cessi*	*cessum.*
Decerno, *is*	*ĕre*	*crevi*	*cretum.*
Decerpo, *is*	*ĕre*	*cerpsi*	*cerptum.*

IND. PRÉS.	INF. PRÉS.	PARFAIT	SUPIN
Decet	*ēre*	*cuit*	—
Decīdo, *is*	*ĕre*	*cīdi*	—
Decīdo, *is*	*ĕre*	*cīdi*	*cīsum.*
Decipio, *is*	*ĕre*	*cepi*	*ceptum.*
Decoquo, *is*	*ĕre*	*coxi*	*coctum.*
Decresco, *is*	*ĕre*	*crevi*	*cretum.*
Decumbo, *is*	*ĕre*	*cubui*	*cubitum.*
Decurro, *is*	*ĕre*	*curri*	*cursum.*
Decutio, *is*	*ĕre*	*cussi*	*cussum.*
Dedecet	*ēre*	*decuit*	—
Dedisco, *is*	*ĕre*	*didici*	—
Dedo, *is*	*ĕre*	*didi*	*ditum.*
Dedoceo, *es*	*ēre*	*docui*	*doctum.*
Dedoleo, *es*	*ēre*	*dolui*	—
Deduco, *is*	*ĕre*	*duxi*	*ductum.*
Defendo, *is*	*ĕre*	*fendi*	*fensum.*
Defero, *fers*	*ferre*	*tuli*	*latum.*
Defervefacio, *is*	*ĕre*	*feci*	*factum.*
Defervesco, *is*	*ĕre*	*ferbui*	—
Defetiscor, *is*	*i*	*fessus sum.*	
Deficio, *is*	*ĕre*	*feci*	*fectum.*
Defigo, *is*	*ĕre*	*fixi*	*fixum.*
Defingo, *is*	*ĕre*	*finxi*	*fictum.*
Defiteor, *eris*	*ēri*	*fessus sum.*	
Deflecto, *is*	*ĕre*	*flexi*	*flexum.*
Defloresco, *is*	*ĕre*	*florui*	—
Defluo, *is*	*ĕre*	*fluxi*	*fluxum.*
Defodio, *is*	*ĕre*	*fodi*	*fossum.*
Defrico, *as*	*are*	*fricui*	*fricatum* ou *frictum.*
Defrigesco, *is*	*ĕre*	—	—
Defringo, *is*	*ĕre*	*fregi*	*fractum.*
Defugio, *is*	*ĕre*	*fugi*	—
Defundo, *is*	*ĕre*	*fudi*	*fusum.*
Defungor, *eris*	*i*	*functus sum.*	
Deglubo, *is*	*ĕre*	—	*gluptum.*
Dego, *is*	*ĕre*	*degi*	—
Degrandinat	*are*	—	—
Degredior, *eris*	*i*	*gressus sum.*	
Dehaurio, *is*	*īre*	*hausi*	*haustum.*
Dehisco, *is*	*ĕre*	*hivi* ou *hii*	—

IND. PRÉS.	INF. PRÉS.	PARFAIT	SUPIN
Dejicio, *is*	*ĕre*	*jeci*	*jectum.*
Delabor, *eris*	*i*	*lapsus sum.*	
Deligo, *is*	*ĕre*	*legi*	*lectum.*
Delingo, *is*	*ĕre*	*linxi*	—
Delino, *is*	*ĕre*	—	*litum.*
Delinquo, *is*	*ĕre*	*liqui*	*lictum.*
Deliquesco, *is*	*ĕre*	*licui*	—
Deliteo, *es*	*ēre*	*litui*	—
Deludo, *is*	*ĕre*	*lusi*	*lusum.*
Demadesco, *is*	*ĕre*	*madui*	—
Demereo, *es*	*ēre*	*merui*	*meritum.*
Demereor, *eris*	*ēri*	*meritus sum.*	
Demergo, *is*	*ĕre*	*mersi*	*mersum.*
Demetior, *iris*	*iri*	*mensus sum.*	
Demeto, *is*	*ĕre*	*messui*	*messum.*
Demitto, *is*	*ĕre*	*misi*	*missum.*
Demo, *is*	*ĕre*	*dempsi*	*demptum.*
Demordeo, *es*	*ēre*	*mordi*	*morsum.*
Demorior, *eris*	*i*	*mortuus sum.*	
Demoveo, *es*	*ēre*	*movi*	*motum.*
Demulceo, *es*	*ēre*	*mulsi*	*mulsum* et *mulctum.*
Denubo, *is*	*ĕre*	*nupsi*	*nuptum.*
Depango, *is*	*ĕre*	*(pegi)*	*pactum.*
Depasco, *is*	*ĕre*	*pavi*	*pastum.*
Depascor, *eris*	*i*	*pastus sum.*	
Depeciscor, *eris*	*i*	*pectus sum.*	
Depello, *is*	*ĕre*	*puli*	*pulsum.*
Dependo, *is*	*ĕre*	*pendi*	*pensum.*
Deperdo, *is*	*ĕre*	*didi*	*ditum.*
Depereo, *is*	*ire*	*ivi* ou *ii*	—
Depingo, *is*	*ĕre*	*pinxi*	*pictum.*
Deplango, *is*	*ĕre*	*planxi*	*planctum.*
Depono, *is*	*ĕre*	*posui*	*positum.*
Deposco, *is*	*ĕre*	*poposci*	—
Deprehendo, *is*	*ĕre*	*prehendi*	*prehensum.*
Deprimo, *is*	*ĕre*	*pressi*	*pressum.*
Depromo, *is*	*ĕre*	*prompsi*	*promptum.*
Dequeror, *eris*	*i*	*questus sum.*	
Derado, *is*	*ĕre*	*rasi*	*rasum.*
Derelinquo, *is*	*ĕre*	*liqui*	*lictum.*
Derepo, *is*	*ere*	*repsi*	—

IND. PRÉS.	INF. PRÉS.	PARFAIT	SUPIN
Derideo, *es*	*ēre*	*risi*	*risum.*
Derigesco, *is*	*ĕre*	*rigui*	—
Derigo, *is*	*ĕre*	*rexi*	*rectum.*
Deripio, *is*	*ĕre*	*ripui*	*reptum.*
Derodo, *is*	*ĕre*	*rosi*	*rosum.*
Descendo, *is*	*ĕre*	*scendi*	*scensum.*
Descisco, *is*	*ĕre*	*scivi* ou *scii*	*scitum.*
Describo, *is*	*ĕre*	*scripsi*	*scriptum.*
Deseco, *as*	*are*	*serui*	*sectum.*
Desenesco, *is*	*ĕre*	*senui*	—
Desero, *is*	*ĕre*	*ṡerui*	*sertum.*
Desideo, *es*	*ĕre*	*ṡedi*	*sessum.*
Desido, *is*	*ĕre*	*ṡedi*	—
Desilio, *is*	*ire*	*ṡilui* et *silii*	*sultum.*
Desino, *is*	*ĕre*	*sivi* et *sii*	*situm.*
Desipio, *is*	*ĕre*	*sipui*	—
Desisto, *is*	*ĕre*	*stiti*	*stitum.*
Desolvo, *is*	*ĕre*	*solvi*	*solutum.*
Despicio, *is*	*ĕre*	*spexi*	*spectum.*
Despondeo, *es*	*ēre*	*spondi*	*sponsum.*
Desterno, *is*	*ĕre*	*stravi*	*stratum.*
Destringo, *is*	*ĕre*	*strinxi*	*strictum.*
Destruo, *is*	*ĕre*	*struxi*	*structum.*
Desuefacio, *is*	*ĕre*	*feci*	*factum.*
Desuesco, *is*	*ĕre*	*suevi*	*suetum.*
Desum, *es*	*esse.*	*fui*	—
Desumo, *is*	*ĕre*	*sumpsi*	*sumptum.*
Desurgo, *is*	*ĕre*	*surrexi*	*surrectum.*
Detego, *is*	*ĕre*	*texi*	*tectum.*
Detepesco, *is*	*ĕre*	*tepui*	—
Detergeo, *es*	*ēre*	*tersi*	*tersum.*
Detero, *is*	*ĕre*	*trivi*	*tritum.*
Deterreo, *es*	*ēre*	*terrui*	*territum.*
Detexo, *is*	*ĕre*	*texui*	*textum.*
Detineo, *es*	*ēre*	*tinui*	*tentum.*
Detondeo, *es*	*ēre*	*tondi*	*tonsum.*
Detono, *as*	*are*	*ui*	—
Detorqueo, *es*	*ēre*	*torsi*	*tortum.*
Detraho, *is*	*ĕre*	*traxi*	*tractum.*
Detrudo, *is*	*ĕre*	*trusi*	*trusum.*
Detumesco, *is*	*ĕre*	*tumui*	—
Detundo, *is*	*ĕre*	*tudi*	—

IND. PRÉS.	INF. PRÉS.	PARFAIT	SUPIN
Deuro, *is*	*ĕre*	*ussi*	*ustum.*
Deveho, *is*	*ĕre*	*vexi*	*vectum.*
Devello, *is*	*ĕre*	*velli*	*vulsum.*
Devenio, *is*	*ire*	*veni*	*ventum.*
Deverto, *is*	*ĕre*	*verti*	*versum.*
Devincio, *is*	*ire*	*vinxi*	*vinctum.*
Devinco, *is*	*ĕre*	*vici*	*victum.*
Devolvo, *is*	*ĕre*	*volvi*	*volutum.*
Devoveo, *es*	*ēre*	*vovi*	*votum.*
Dico, *is*	*ĕre*	*dixi*	*dictum.*
Diduco, *is*	*ĕre*	*duxi*	*ductum.*
Differo, *fers*	*ferre*	*distuli*	*dilatum.*
Diffido, *is*	*ĕre*	*fisus sum.*	
Diffindo, *is*	*ĕre*	*fidi*	*fissum.*
Diffingo, *is*	*ĕre*	*finxi*	*fictum.*
Diffiteor, *eris*	*ēri*	—	—
Diffluo, *is*	*ĕre*	*fluxi*	*fluxum.*
Diffugio, *is*	*ĕre*	*fugi*	*fugitum.*
Diffundo, *is*	*ĕre*	*fudi*	*fusum.*
Digero, *is*	*ĕre*	*gessi*	*gestum.*
Dignosco, *is*	*ĕre*	*gnovi*	*gnotum.*
Digredior, *eris*	*i*	*gressus sum.*	
Dilabor, *eris*	*i*	*lapsus sum.*	
Diligo, *is*	*ĕre*	*lexi*	*lectum.*
Dilucesco, *is*	*ĕre*	*luxi*	—
Dimitto, *is*	*ĕre*	*misi*	*missum.*
Dimoveo, *es*	*ēre*	*movi*	*motum.*
Diribeo, *es*	*ēre*	—	*bitum*
Dirigo, *is*	*ĕre*	*rexi*	*rectum.*
Dirimo, *is*	*ĕre*	*emi*	*emptum.*
Diripio, *is*	*ĕre*	*ripui*	*reptum.*
Dirumpo, *is*	*ĕre*	*rupi*	*ruptum.*
Discedo, *is*	*ĕre*	*cessi*	*cessum.*
Discerno, *is*	*ĕre*	*crevi*	*cretum.*
Discerpo, *is*	*ĕre*	*cerpsi*	*cerptum.*
Discindo, *is*	*ĕre*	*scidi*	*scissum.*
Discingo, *is*	*ĕre*	*cinxi*	*cinctum*
Discludo, *is*	*ĕre*	*clusi*	*clusum.*
Disco, *is*	*ĕre*	*didici*	*(discitum).*
Discoquo, *is*	*ĕre*	*coxi*	*coctum.*
Discrepo, *as*	*are*	*avi* et *ui*	—
Discresco, *is*	*ĕre*	*crevi*	—

IND. PRÉS.	INF. PRÉS.	PARFAIT	SUPIN
Discribo, *is*	*ĕre*	*scripsi*	*scriptum.*
Discumbo, *is*	*ĕre*	*cubui*	*cubitum.*
Discurro, *is*	*ĕre*	*curri*	*cursum.*
Discutio, *is*	*ĕre*	*cussi*	*cussum.*
Disjicio, *is*	*ĕre*	*jeci*	*jectum.*
Disjungo, *is*	*ĕre*	*junxi*	*junctum.*
Dispando, *is*	*ĕre*	*pandi*	*pansum.*
Dispello, *is*	*ĕre*	*puli*	*pulsum.*
Disprdo, *is*	*ĕre*	*didi*	*ditum.*
Dispercutio, *is*	*ĕre*	—	—
Dispereo, *is*	*ire*	*ii*	—
Dispergo, *is*	*ĕre*	*spersi*	*spersum.*
Dispicio, *is*	*ĕre*	*spexi*	*spectum.*
Displiceo, *es*	*ĕre*	*plicui*	*plicitum.*
Displodo, *is*	*ĕre*	*plosi*	*plosum.*
Dispono, *is*	*ĕre*	*posui*	*positum.*
Dispungo, *is*	*ĕre*	*punxi*	*punctum.*
Dissaepio, *is*	*ire*	*saepsi*	*saeptum.*
Disseco, *as*	*are*	*secui*	*sectum.*
Dissentio, *is*	*ire*	*sensi*	*sensum.*
Dissero, *is* (disserter)	*ĕre*	*serui*	*sertum.*
Dissero, *is* (semer)	*ĕre*	*sevi*	*situm.*
Dissideo, *es*	*ēre*	*sedi*	—
Dissilio, *is*	*ire*	*silui*	*sultum.*
Dissolvo, *is*	*ĕre*	*solvi*	*solutum.*
Dissono, *as*	*are*	*sonui*	*sonitum.*
Dissuadeo, *es*	*ēre*	*suasi*	*suasum.*
Distendo, *is*	*ĕre*	*tendi*	*tentum* et *tensum.*
Disterno, *is*	*ĕre*	*stravi*	*stratum.*
Distero, *is*	*ĕre*	*trivi*	*tritum.*
Distineo, *es*	*ēre*	*tinui*	*tentum.*
Distinguo, *is*	*ĕre*	*stinxi*	*stinctum.*
Disto, *as*	*are*	—	—
Distorqueo, *es*	*ēre*	*torsi*	*tortum.*
Distraho, *is*	*ĕre*	*traxi*	*tractum.*
Distringo, *is*	*ĕre*	*strinxi*	*strictum.*
Ditesco, *is*	*ĕre*	—	—
Divello, *is*	*ĕre*	*velli*	*vulsum.*
Diverto, *is*	*ĕre*	*verti*	*versum.*
Divido, *is*	*ĕre*	*visi*	*visum.*

IND. PRÉS.	INF. PRÉS.	PARFAIT	SUPIN
Do, *das*	*are*	*dedi*	*datum.*
Doceo, *es*	*ēre*	*docui*	*doctum.*
Doleo, *es*	*ēre*	*dolui*	*(dolitum).*
Domo, *as*	*are*	*domui*	*domitum.*
Duco, *is*	*ĕre*	*duxi*	*ductum.*
Duresco, *is*	*ĕre*	*durui*	—
Ebibo, *is*	*ĕre*	*i*	*itum.*
Edico, *is*	*ĕre*	*dixi*	*dictum.*
Edisco, *is*	*ĕre*	*didici*	—
Edissero, *is*	*ĕre*	*serui*	*sertum.*
Edo, *edis* ou *es* (manger)	*edĕre* ou *esse*	*edi*	*esum.*
Edo, *is* (émettre)	*ĕre*	*didi*	*ditum.*
Edoceo, *es*	*ēre*	*docui*	*doctum.*
Edomo, *as*	*are*	*domui*	*domitum.*
Educo, *is*	*ĕre*	*duxi*	*ductum.*
Effero, *fers*	*ferre*	*extuli*	*elatum.*
Efferveo, *es*	*ēre*	—	—
Effervesco, *is*	*ĕre*	*ferbui*	—
Efficio, *is*	*ĕre*	*feci*	*fectum.*
Effingo, *is*	*ĕre*	*finxi*	*fictum.*
Effligo, *is*	*ĕre*	*flixi*	*flictum.*
Effloresco, *is*	*ĕre*	*florui*	—
Effluo, *is*	*ĕre*	*fluxi*	*fluctum.*
Effodio, is	*ĕre*	*fodi*	*fossum.*
Effringo, *is*	*ĕre*	*fregi*	*fractum.*
Effugio, *is*	*ĕre*	*fugi*	—
Effulgeo, *es*	*ēre*	*fulsi*	—
Effundo, *is*	*ĕre*	*fudi*	*fusum.*
Egeo, *es*	*ēre*	*egui*	—
Egero, *is*	*ĕre*	*gessi*	*gestum.*
Egredior, *eris*	*i*	*gressus sum.*	
Ejicio, *is*	*ĕre*	*jeci*	*jectum.*
Elabor, *eris*	*i*	*lapsus sum.*	
Elavo, *is*	*ĕre*	*lavi*	*lautum.*
Elicio, *is*	*ĕre*	*licui*	*licitum.*
Elido, *is*	*ĕre*	*lisi*	*lisum.*
Eligo, *is*	*ĕre*	*legi*	*lectum.*
Eloquor, *eris*	*i*	*locutus sum.*	
Eluceo, *es*	*ēre*	*luxi*	—
Eludo, *is*	*ĕre*	*lusi*	*lusum.*
Elugeo, *es*	*ēre*	*luxi*	—

IND. PRÉS.	INF. PRÉS.	PARFAIT	SUPIN
Emaneo, *es*	*ēre*	*mansi*	*mansum.*
Ematuresco, *is*	*ĕre*	*maturui*	—
Emereo, *es*	*ēre*	*merui*	*meritum.*
Emergo, *is*	*ĕre*	*mersi*	*mersum.*
Emetior, *iris*	*iri*	*mensus sum.*	
Emico, *as*	*are*	*micui*	—
Emineo, *es*	*ēre*	*minui*	—
Eminiscor, *eris*	*i*	*mentus sum.*	
Emitto, *is*	*ĕre*	*misi*	*missum.*
Emo, *is*	*ĕre*	*emi*	*emptum.*
Emorior, *eris*	*i*	*mortuus sum.*	
Emoveo, *es*	*ēre*	*movi*	*motum.*
Emulgeo, *es*	*ēre*	*mulsi*	*mulsum.*
Emungo, *is*	*ĕre*	*munxi*	*munctum.*
Enascor, *eris*	*i*	*natus sum.*	
Eneco, *as*	*are*	*necui*	*nectum.*
Eniteo, *es*	*ēre*	*nitui*	—
Enitor, *eris*	*i*	*nixus sum.*	
Enotesco, *is*	*ĕre*	*notui*	—
Eo, *is*	*ire*	*ivi* ou *ii*	*itum.*
Erado, *is*	*ĕre*	*rasi*	*rasum.*
Erepo, *is*	*ĕre*	*repsi*	*reptum.*
Erigo, *is*	*ĕre*	*rexi*	*rectum.*
Eripio, *is*	*ĕre*	*ripui*	*reptum.*
Erodo, *is*	*ĕre*	*rosi*	*rosum.*
Erubesco, *is*	*ĕre*	*rubui*	—
Erumpo, *is*	*ĕre*	*rupi*	*ruptum.*
Esurio, *is*	*ire*	*ivi* ou *ii*	—
Evado, *is*	*ĕre*	*vasi*	*vasum.*
Evalesco, *is*	*ĕre*	*valui*	—
Evanesco, *is*	*ĕre*	*vanui*	—
Eveho, *is*	*ĕre*	*vexi*	*vectum.*
Evello, *is*	*ĕre*	*velli*	*vulsum.*
Everro, *is*	*ĕre*	*verri*	*versum.*
Everto, *is*	*ĕre*	*verti*	*versum.*
Evincio, *is*	*ire*	*vinxi*	*vinctum.*
Evinco, *is*	*ĕre*	*vici*	*victum.*
Evolvo, *is*	*ĕre*	*volvi*	*volutum.*
Evomo, *is*	*ĕre*	*vomui*	*vomitum.*
Exalbesco, *is*	*ĕre*	*albui*	—
Exardesco, *is*	*ĕre*	*arsi*	*arsum.*
Exaresco, *is*	*ĕre*	*arui*	—

IND. PRÉS.	INF. PRÉS.	PARFAIT	SUPIN
Excandesco, *is*	*ĕre*	*candui*	—
Excedo, *is*	*ĕre*	*cessi*	*cessum.*
Excerno, *is*	*ĕre*	*crevi*	*cretum.*
Excerpo, *is*	*ĕre*	*cerpsi*	*cerptum.*
Excīdo, *is*	*ĕre*	*cīdi*	*cīsum.*
Excĭdo, *is*	*ĕre*	*cĭdi*	—
Excipio, *is*	*ĕre*	*cepi*	*ceptum.*
Excludo, *is*	*ĕre*	*clusi*	*clusum.*
Excolo, *is*	*ĕre*	*colui*	*cultum.*
Excoquo, *is*	*ĕre*	*coxi*	*coctum.*
Excresco, *is*	*ĕre*	*crevi*	*cretum.*
Excubo, *as*	*are*	*cubui*	*cubitum.*
Excudo, *is*	*ĕre*	*cudi*	*cusum.*
Excurro, *is*	*ĕre*	*curri*	*cursum.*
Excutio, *is*	*ĕre*	*cussi*	*cussum.*
Exedo, *edis*	*ĕre*	*edi*	*esum.*
Exeo, *is*	*ire*	*ivi* ou *ii*	*itum.*
Exerceo, *es*	*ēre*	*ercui*	*ercitum.*
Exhaurio, *is*	*ire*	*hausi*	*haustum.*
Exhibeo, *es*	*ēre*	*hibui*	*hibitum.*
Exhorresco, *is*	*ĕre*	*horrui*	—
Exigo, *is*	*ĕre*	*egi*	*actum.*
Eximo, *is*	*ĕre*	*emi*	*emptum.*
Exordior, *iris*	*iri*	*orsus sum.*	
Exorior, *eris*	*iri*	*ortus sum.*	
Expando, *is*	*ĕre*	*pandi*	*passum.*
Expavefacio, *is*	*ĕre*	*feci*	*factum.*
Expavesco, *is*	*ĕre*	*pavi*	—
Expello, *is*	*ĕre*	*puli*	*pulsum.*
Expendo, *is*	*ĕre*	*pendi*	*pensum.*
Expergefacio, *is*	*ĕre*	*feci.*	*factum.*
Expergiscor, *eris*	*i*	*perrectus sum.*	
Experior, *iris*	*iri*	*pertus sum.*	
Expeto, *is*	*ĕre*	*ivi* et *ii*	*itum.*
Expingo, *is*	*ĕre*	*pinxi*	*pictum.*
Explico, *as*	*are*	*avi* ou *ui*	*atum* et *itum.*
Explodo, *is*	*ĕre*	*plosi*	*plosum.*
Expono, *is*	*ĕre*	*posui*	*positum.*
Exporrigo, *is*	*ĕre*	*porrexi*	*porrectum.*
Exposco, *is*	*ĕre*	*poposci*	—
Exprimo, *is*	*ĕre*	*pressi*	*pressum.*
Expromitto, *is*	*ĕre*	*misi*	*missum.*

IND. PRÉS.	INF. PRÉS.	PARFAIT	SUPIN
Expromo, *is*	*ĕre*	*prompsi*	*promptum.*
Expungo, *is*	*ĕre*	*punxi*	*punctum.*
Exquiro, *is*	*ĕre*	*quisivi*	*quisitum.*
Exsarcio, *is*	*ire*	—	*(sartum).*
Exscalpo, *is*	*ĕre*	*scalpsi*	*scalptum.*
Exscindo, *is*	*ĕre*	*scidi*	*scissum.*
Exscribo, *is*	*ĕre*	*scripsi*	*scriptum.*
Exsculpo, *is*	*ĕre*	*sculpsi*	*sculptum.*
Exsequor, *eris*	*i*	*secutus sum.*	
Exsero, *is*	*ĕre*	*serui*	*sertum.*
Exsilio, *is*	*ire*	*silui*	*sultum.*
Exsisto, *is*	*ĕre*	*stiti*	*stitum.*
Exsolvo, *is*	*ĕre*	*solvi*	*solutum.*
Exsorbeo, *es*	*ēre*	*sorbui*	—
Exspergo, *is*	*ĕre*	—	—
Exsplendesco, *is*	*ĕre*	*splendui*	—
Exstinguo, *is*	*ĕre*	*stinxi*	*stinctum.*
Exsto, *as*	*are*	*stiti*	—
Exstruo, *is*	*ĕre*	*struxi*	*structum.*
Exsugo, *is*	*ĕre*	*suxi*	*suctum.*
Extendo, *is*	*ĕre*	*tendi*	*tensum* ou *tentum.*
Extergeo, *es*	*ēre*	*tersi*	*tersum.*
Extero, *is*	*ĕre*	*trivi*	*tritum.*
Exterreo, *es*	*ēre*	*terrui*	*territum.*
Extimesco, *is*	*ĕre*	*timui*	—
Extollo, *is*	*ĕre*	*extuli*	*elatum.*
Extorqueo, *es*	*ēre*	*torsi*	*tortum.*
Extraho, *is*	*ĕre*	*traxi*	*tractum.*
Extrudo, *is*	*ĕre*	*trusi*	*trusum.*
Extundo, *is*	*ĕre*	*tudi*	*tusum.*
Exuro, *is*	*ĕre*	*ussi*	*ustum.*
Fabrefacio, *is*	*ĕre*	*feci*	*factum.*
Facesso, *is*	*ĕre*	*i* ou *ivi*	*itum.*
Facio, *is*	*ĕre*	*feci*	*factum.*
Fallo, *is*	*ĕre*	*fefelli*	*falsum.*
Farcio, *is*	*ire*	*farsi*	*fartum.*
Fateor, *eris*	*ēri*	*fassus sum.*	
Fatisco, *is*	*ĕre*	—	—
Fatiscor, *eris*	*i*	—	—
Faveo, *es*	*ēre*	*favi*	*fautum.*
Ferio, *is*	*ire*	—	—

IND. PRÉS.	INF. PRÉS.	PARFAIT	SUPIN
Fero, *fers*	*ferre*	*tuli*	*latum.*
Fervefacio, *is*	*ĕre*	*feci*	*factum.*
Ferveo, *es*	*ēre*	*ferbui*	—
Fervesco, *is*	*ĕre*	—	—
Fideicommitto, *is.*	*ĕre*	*misi*	*missum.*
Fido, *is*	*ĕre*	*fisus sum.*	
Figo, *is*	*ĕre*	*fixi*	*fixum.*
Findo, *is*	*ĕre*	*fidi*	*fissum.*
Fingo, *is*	*ĕre*	*finxi*	*fictum.*
Fio, *fis*	*fieri*	*factus sum.*	
Flacceo, *es*	*ēre*	—	—
Flaccesco, *is*	*ĕre*	—	—
Flammesco, *is*	*ĕre*	—	—
Flaveo, *es*	*ēre*	—	—
Flavesco, *is*	*ĕre*	—	—
Flecto, *is*	*ĕre*	*flexi*	*flexum.*
Floreo, *es*	*ēre*	*florui*	—
Floresco, *is*	*ĕre*	—	—
Fluesco, *is*	*ĕre*	—	—
Fluo, *is*	*ĕre*	*fluxi*	*fluxum.*
Fodio, *is*	*ĕre*	*fodi*	*fossum.*
Foeteo, *es*	*ēre*	—	—
Foetesco, *is*	*ĕre*	—	—
Foveo, *es*	*ēre*	*fovi*	*fotum.*
Frango, *is*	*ĕre*	*fregi*	*fractum.*
Fremo, *is*	*ĕre*	*fremui*	*fremitum.*
Frendo, *is*	*ĕre*	—	*fresum.*
Frico, *as*	*are*	*fricui*	*frictum* et *fricatum.*
Frigeo, *es*	*ēre*	—	—
Frigesco, *is*	*ĕre*	*frixi*	—
Frigo, *is*	*ĕre*	—	*frictum.*
Frondeo, *es*	*ēre*	*frondui*	—
Frondesco, *is*	*ĕre*	—	—
Fruor, *eris*	*i*	*fruitus sum* ou *fructus sum.*	
Fugio, *is*	*ĕre*	*fugi*	*fugitum.*
Fulcio, *is*	*ire*	*fulsi*	*fultum.*
Fulgeo, *es*	*ēre*	*fulsi*	—
Fundo, *is*	*ĕre*	*fudi*	*fusum.*
Fungor, *eris*	*i*	*functus sum.*	
Furo, *is*	*ĕre*	—	—

IND. PRÉS.	INF. PRÉS.	PARFAIT	SUPIN
Gaudeo, *es*	*ēre*	*gavisus sum.*	
Gemo, *is*	*ĕre*	*gemui*	*gemitum.*
Gero, *is*	*ĕre*	*gessi*	*gestum.*
Gigno, *is*	*ĕre*	*genui*	*genitum.*
Glisco, *is*	*ĕre*	—	—
Glubo, *is*	*ĕre*	*glupsi*	*gluptum.*
Gradior, *eris*	*i*	*gressus sum.*	
Gravesco, *is*	*ĕre*	—	—
Habeo, *es*	*ēre*	*habui*	*habitum.*
Haereo, *es*	*ēre*	*haesi*	*haesum.*
Haeresco, *is*	*ĕre*	—	—
Haurio, *is*	*ire*	*hausi*	*haustum.*
Hebeo, *es*	*ēre*	—	—
Hebesco, *is*	*ĕre*	—	—
Hebetesco, *is*	*ĕre*	—	—
Herbesco, *is*	*ĕre*	—	—
Hercisco, *is*	*ĕre*	—	—
Hisco, *is*	*ĕre*	—	—
Horreo, *es*	*ēre*	*horrui*	—
Horresco, *is*	*ĕre*	*horrui*	—
Ignosco, *is*	*ĕre*	*gnovi*	*gnotum.*
Illabor, *eris*	*i*	*lapsus sum.*	
Illicio, *is*	*ĕre*	*lexi*	*lectum.*
Illido, *is*	*ĕre*	*lisi*	*lisum.*
Illino, *is*	*ĕre*	*levi*	*litum.*
Illuceo, *es*	*ēre*	—	—
Illucesco, *is*	*ĕre*	*luxi*	—
Illudo, *is*	*ĕre*	*lusi*	*lusum.*
Imbibo, *is*	*ĕre*	*i*	—
Immergo, *is*	*ĕre*	*mersi*	*mersum.*
Immineo, *es*	*ēre*	—	—
Immisceo, *es*	*ēre*	*miscui*	*mixtum.*
Immitto, *is*	*ĕre*	*misi*	*missum.*
Immorior, *eris*	*i*	*mortuus sum.*	
Immulgeo, *es*	*ēre*	—	—
Immutesco, *is*	*ĕre*	*mutui*	—
Impallesco, *is*	*ĕre*	*pallui*	—
Impasco, *is*	*ĕre*	—	—
Impello, *is*	*ĕre*	*puli*	*pulsum.*
Impendeo, *es*	*ēre*	—	—
Impendo, *is*	*ĕre*	*pendi*	*pensum.*
Impingo, *is*	*ĕre*	*pegi*	*pactum.*

IND. PRÉS.	INF. PRÉS.	PARFAIT	SUPIN
Implecto, *is*	*ĕre*	*plexi*	*plectum.*
Implico, *as*	*are*	(*avi*) et *ui*	*atum* ou *itum*
Impluo, *is*	*ĕre*	*i*	—
Impono, *is*	*ĕre*	*posui*	*positum.*
Imprimo, *is*	*ĕre*	*pressi*	*pressum.*
Imputresco, *is*	*ĕre*	*putrui*	—
Inalbeo, *es*	*ēre*	—	—
Inalbesco, *is*	*ĕre*	—	—
Inamaresco, *is*	*ĕre*	—	—
Inardesco, *is*	*ĕre*	*arsi*	—
Inaresco, *is*	*ĕre*	*arui*	—
Incalesco, *is*	*ĕre*	*calui*	—
Incalfacio, *is*	*ĕre*	—	—
Incandesco, *is*	*ĕre*	*candui*	—
Incanesco, *is*	*ĕre*	*canui*	—
Incedo, *is*	*ĕre*	*cessi*	*cessum.*
Incendo, *is*	*ĕre*	*cendi*	*censum.*
Incerno, *is*	*ĕre*	*crevi*	*cretum.*
Incesso, *is*	*ĕre*	*i* ou *ivi*	—
Incĭdo, *is* (tomber)	*ĕre*	*cĭdi*	—
Incīdo, *is* (tailler)	*ĕre*	*cīdi*	*cīsum.*
Incingo, *is*	*ĕre*	*cinxi*	*cinctum.*
Incipio, *is*	*ĕre*	*cepi*	*ceptum.*
Inclaresco, *is*	*ĕre*	*clarui*	—
Includo, *is*	*ĕre*	*clusi*	*clusum.*
Incolo, *is*	*ĕre*	*colui*	*cultum.*
Incoquo, *is*	*ĕre*	*coxi*	*coctum*
Increbresco, *is*	*ĕre*	*crebrui*	—
Increpo, *as*	*are*	*crepui*	*crepitum.*
Incresco, *is*	*ĕre*	*crevi*	*cretum.*
Incubo, *as*	*are*	*cubui*	*cubitum.*
Incumbo, *is*	*ĕre*	*cubui*	*cubitum.*
Incurro, *is*	*ĕre*	*curri*	*cursum.*
Incutio, *is*	*ĕre*	*cussi*	*cussum.*
Indico, *is*	*ĕre*	*dixi*	*dictum.*
Indigeo, *es*	*ēre*	*indigui*	—
Indipiscor, *eris*	*i*	*indeptus sum.*	
Indo, *is*	*ĕre*	*didi*	*ditum.*
Indolesco, *is*	*ĕre*	*dolui*	—
Induco, *is*	*ĕre*	*duxi*	*ductum.*
Indulgeo, *es*	*ēre*	*dulsi*	*dulsum.*
Induresco, *is*	*ĕre*	*durui*	—

IND. PRÉS.	INF. PRÉS.	PARFAIT	SUPIN
Ineo, *is*	*ire*	*ivi*	*itum.*
Infero, *fers*	*ferre*	*intuli*	*illatum.*
Infervesco, *is*	*ĕre*	*ferbui*	—
Inficio, *is*	*ĕre*	*feci*	*fectum.*
Infigo, *is*	*ĕre*	*fixi*	*fixum.*
Inflecto, *is*	*ĕre*	*flexi*	*flexum.*
Infligo, *is*	*ĕre*	*flixi*	*flictum.*
Influo, *is*	*ĕre*	*fluxi*	*fluxum.*
Infodio, *is*	*ĕre*	*fodi*	*fossum.*
Infrendeo, *es*	*ēre*	—	—
Infringo, *is*	*ĕre*	*fregi*	*fractum.*
Infulcio, *is*	*ire*	*fulsi*	*fultum.*
Infundo, *is*	*ĕre*	*fudi*	*fusum.*
Ingemisco, *is*	*ĕre*	*gemui*	—
Ingemo, *is*	*ĕre*	*gemui*	—
Ingero, *is*	*ĕre*	*gessi*	*gestum.*
Ingigno, *is*	*ĕre*	*genui*	*genitum.*
Ingravesco, *is*	*ĕre*	—	—
Ingredior, *eris*	*i*	*gressus sum.*	
Inhaereo, *es*	*ēre*	*haesi*	*haesum.*
Inhaeresco, *is*	*ĕre*	*haesi*	*haesum.*
Inhibeo, *es*	*ēre*	*hibui*	*hibitum.*
Inhorresco, *is*	*ĕre*	*horrui*	—
Injicio, *is*	*ĕre*	*jeci*	*jectum.*
Injungo, *is*	*ĕre*	*junxi*	*junctum.*
Innascor, *eris*	*i*	*natus sum.*	
Innecto, *is*	*ĕre*	*nexui*	*nexum.*
Innitor, *eris*	*i*	*nixus sum.*	
Innotesco, *is*	*ĕre*	*notui*	—
Innubo, *is*	*ĕre*	*nupsi*	*nuptum.*
Inolesco, *es*	*ĕre*	*olevi*	*olitum.*
Inquam, *is*	—	*it*	—
Inscendo, *is*	*ĕre*	*scendi*	*scensum.*
Inscribo, *is*	*ĕre*	*scripsi*	*scriptum.*
Insculpo, *is*	*ĕre*	*sculpsi*	*sculptum.*
Inseco, *as*	*are*	*secui*	*sectum.*
Insenesco, *is*	*ĕre*	*senui*	—
Insepelio, *is*	*ire*	*sepelivi*	*sepultum.*
Insequor, *eris*	*i*	*secutus sum.*	
Insero, *is* (semer)	*ĕre*	*sevi*	*situm.*
Insero, *is* (introduire)	*ĕre*	*serui*	*sertum.*

IND. PRÉS.	INF. PRÉS.	PARFAIT	SUPIN
Insideo, *es*	*ēre*	—	—
Insido, *is*	*ĕre*	*sedi*	*sessum.*
Insilio, *is*	*ire*	*silui*	*sultum.*
Insisto, *is*	*ĕre*	*stiti*	—
Insolesco, *is*	*ĕre*	—	—
Inspergo, *is*	*ĕre*	*spersi*	*spersum.*
Inspicio, *is*	*ĕre*	*spexi*	*spectum.*
Insterno, *is*	*ĕre*	*stravi*	*stratum.*
Instinguo, *is*	*ĕre*	*stinxi*	*stinctum.*
Insto, *as*	*are*	*stiti*	*(statum).*
Instrepo, *is*	*ĕre*	*strepui*	*strepitum.*
Instruo, *is*	*ĕre*	*struxi*	*structum.*
Insuesco, *is*	*ĕre*	*suevi*	*suetum.*
Insum, *es*	*esse*	*infui*	—
Insumo, *is*	*ĕre*	*sumpsi*	*sumptum.*
Insurgo, *is*	*ĕre*	*surrexi*	*surrectum.*
Intabesco, *is*	*ĕre*	*tabui*	—
Intego, *is*	*ĕre*	*texi*	*tectum.*
Intellego, *is*	*ĕre*	*lexi*	*lectum.*
Intendo, *is*	*ĕre*	*tendi*	*tentum.*
Intepesco, *is*	*ĕre*	*tepui*	—
Intercedo, *is*	*ĕre*	*cessi*	*cessum.*
Intercĭdo, *is*	*ĕre*	*cĭdi*	—
Intercīdo, *is*	*ĕre.*	*cīdi*	*cīsum.*
Intercipio, *is*	*ĕre*	*cepi*	*ceptum.*
Intercludo, *is*	*ĕre*	*clusi*	*clusum.*
Intercurro, *is*	*ĕre*	*curri*	*cursum.*
Interdico, *is*	*ĕre*	*dixi*	*dictum.*
Intereo, *is*	*ire*	*ii*	*itum.*
Interficio, *is*	*ĕre*	*feci*	*fectum.*
Interfio, *is*	*fieri*	*fectus sum.*	
Interfluo, *is*	*ĕre*	*fluxi*	*fluxum.*
Interimo, *is*	*ĕre*	*emi*	*emptum.*
Interjaceo, *es*	*ēre*	—	—
Interjicio, *is*	*ĕre*	*jeci*	*jectum.*
Interjungo, *is*	*ĕre*	*junxi*	*junctum.*
Interlabor, *eris*	*i*	*lapsus sum.*	
Interlego, *is*	*ĕre*	—	—
Interlino, *is*	*ĕre*	*levi*	*litum.*
Interloquor, *eris*	*i*	*loculus sum.*	
Interluceo, *es*	*ēre*	*luxi*	—
Intermisceo, *es*	*ēre*	*miscui*	*mixtum.*

IND. PRÉS.	INF. PRÉS.	PARFAIT	SUPIN
Intermitto, *is*....	*ĕre*	*misi*	*missum.*
Internosco, *is*...	*ĕre*	*novi*	*notum.*
Interpono, *is*.....	*ĕre*	*posui*	*positum.*
Interprimo, *is*...	*ĕre*	*pressi*.........	*pressum.*
Interpungo, *is*...	*ĕre*	*punxi*........	*punctum.*
Interquiesco, *is*..	*ĕre*	*quievi*........	*quietum.*
Intertraho, *is*....	*ĕre*	*traxi*.........	*tractum.*
Intervenio, *is*....	*ire*	*veni*..........	*ventum.*
Interverto, *is*....	*ĕre*	*verti*	*versum.*
Interviso, *is*.....	*ĕre*	*visi*..........	*visum.*
Intexo, *is*........	*ĕre*	*texui*	*textum.*
Intono, *as*.......	*are*........	*tonui*	*tonitum.*
Intorqueo, *es*....	*ēre*	*torsi*	*tortum.*
Intremisco, *is*...	*ĕre*	*tremui*........	—
Intremo, *is*......	*ĕre*	—...........	—
Introduco, *is*....	*ĕre*	*duxi*	*ductum.*
Introeo, *is*.......	*ire*	*ivi* et *ii*	*itum.*
Intromitto, *is*....	*ĕre*	*misi*	*missum.*
Introspicio, *is*...	*ĕre*	*spexi*	*spectum.*
Intueor, *eris*.....	*ēri*	*tuitus sum.*	
Intumesco, *is*....	*ĕre*	*tumui*........	—
Inungo, *is*.......	*ĕre*	*unxi*..........	*unctum.*
Inuro, *is*.........	*ĕre*	*ussi*	*ustum.*
Invado, *is*.......	*ĕre*	*vasi*	*vasum.*
Invalesco, *is*.....	*ĕre*	*valui*	—
Inveho, *is*.......	*ĕre*	*vexi*	*vectum.*
Invenio, *is*.......	*ire*	*veni*..........	*ventum.*
Inverto, *is*.......	*ĕre*	*verti*	*versum.*
Inveterasco, *is*...	*ĕre*	*veteravi*	—
Invideo, *es*......	*ēre*	*vidi*	*visum.*
Inviso, *is*........	*ĕre*	*visi*..........	*visum.*
Involvo, *is*.......	*ĕre*........	*volvi*	*volutum.*
Irascor, *eris*.....	*i*..	*iratus sum.*	
Irraucesco, *is*...	*ĕre*	*rausi*	—
Irrepo, *is*........	*ĕre*	*repsi*	*reptum.*
Irrideo, *es*.......	*ēre*	*risi*..........	*risum.*
Irrumpo, *is*.....	*ĕre*	*rupi*	*ruptum.*
Jaceo, *es*........	*ēre*	*jacui*	—
Jacio, *is*........	*ĕre*	*jeci*..........	*jactum.*
Jubeo, *es*........	*ēre*	*jussi*.........	*jussum.*
Jungo, *is*........	*ĕre*	*junxi*	*junctum.*
Juvo, *as*.........	*are*.......	*juvi*	*jutum.*

IND. PRÉS.	INF. PRÉS.	PARFAIT	SUPIN
Labefacio, *is*	*ĕre*	*feci*	*factum.*
Labefio, *is*	*fieri*	*factus sum.*	
Labor, *eris*	*i*	*lapsus sum.*	
Lacesso, *is*	*ĕre*	*ivi* ou *ii*	*itum.*
Laedo, *is*	*ĕre*	*laesi*	*laesum.*
Lambo, *is*	*ĕre*	*i*	*itum.*
Langueo, *es*	*ēre*	*langui*	—
Languesco, *is*	*ĕre*	*langui*	—
Lateo, *es*	*ēre*	*latui*	—
Latesco, *is*	*ĕre*	—	—
Lavo, *as*	*are*	*lavi*	*lautum.*
Lego, *is*	*ĕre*	*legi*	*lectum.*
Libet	*ēre*	*libuit* ou *libitum est.*	
Liceo, *es*	*ēre*	*licui*	*licitum.*
Liceor, *eris*	*ēri*	*licitus sum.*	
Licet	*ēre*	*licuit* ou *licitum est.*	
Lingo, *is*	*ĕre*	*linxi*	*linctum.*
Lino, *is*	*ĕre*	*levi* ou *livi*	*litum.*
Linquo, *is*	*ĕre*	*liqui*	(*lictum*).
Liquefacio, *is*	*ĕre*	*feci*	*factum.*
Liquefio, *fis*	*fieri*	*factus sum.*	
Liqueo, *es*	*ēre*	*licui*	—
Liquesco, *is*	*ĕre*	*licui*	—
Liveo, *es*	*ēre*	—	—
Livesco, *is*	*ĕre*	—	—
Loquor, *eris*	*i*	*locutus sum.*	
Luceo, *es*	*ēre*	*luxi*	—
Lucesco, *is*	*ĕre*	*luxi*	—
Ludo, *is*	*ĕre*	*lusi*	*lusum.*
Lugeo, *es*	*ēre*	*luxi*	*luctum.*
Luo, *is*	*ĕre*	*i*	—
Macesco, *is*	*ĕre*	—	—
Macresco, *is*	*ĕre*	*macrui*	—
Madefacio, *is*	*ĕre*	*feci*	*factum.*
Madefio, *is*	*fieri*	*factus sum.*	
Madeo, *es*	*ēre*	*madui*	—
Madesco, *is*	*ĕre*	*madui*	—
Maereo, *es*	*ēre*	—	—
Maledico, *is*	*ĕre*	*dixi*	*dictum.*
Malo, *mavis*	*malle*	*malui*	—

IND. PRÉS.	INF. PRÉS.	PARFAIT	SUPIN
Mando, *is*	*ĕre*	*mandi*	*mansum.*
Maneo, *es*	*ēre*	*mansi*	*mansum.*
Mansuefacio, *is*	*ĕre*	*feci*	*factum.*
Mansuefio, *is*	*fieri*	*factus sum.*	
Mansuesco, *is*	*ĕre*	*suevi*	*suetum.*
Manumitto, *is*	*ĕre*	*misi*	*missum.*
Marceo, *es*	*ēre*	*marcui*	—
Marcesco, *is*	*ĕre*	—	—
Maturesco, *is*	*ĕre*	*maturui*	—
Medeor, *eris*	*ēri*	—	—
Memini, *isti*	*isse*	—	—
Mereo, *es*	*ēre*	*merui*	*meritum.*
Mereor, *eris*	*ēri*	*meritus sum.*	
Mergo, *is*	*ĕre*	*mersi*	*mersum.*
Metior, *iris*	*iri*	*mensus sum.*	
Meto, *is*	*ĕre*	*messui*	*messum.*
Mico, *as*	*are*	*micui*	—
Misceo, *es*	*ēre*	*miscui*	*mixtum.*
Miseret	*ēre*	—	—
Misereor, *eris*	*ēri*	*misertus sum.*	
Mitesco, *is*	*ĕre*	—	—
Mitto, *is*	*ĕre*	*misi*	*missum.*
Mollesco, *is*	*ĕre*	—	—
Molo, *is*	*ĕre*	*molui*	*molitum.*
Moneo, *es*	*ēre*	*monui*	*monitum.*
Mordeo, *es*	*ēre*	*momordi*	*morsum.*
Morior, *eris*	*i*	*mortuus sum.*	
Moveo, *es*	*ēre*	*movi*	*motum.*
Mulceo, *es*	*ēre*	*mulsi*	*mulsum.*
Mulgeo, *es*	*ēre*	*mulxi* ou *mulsi*	*mulctum* ou *mulsum.*
Mutesco, *is*	*ĕre*	—	—
Nanciscor, *eris*	*i*	*nactus sum.*	
Nascor, *eris*	*i*	*natus sum.*	
Necto, *is*	*ĕre*	*nexui*	*nexum.*
Neglego, *is*	*ĕre*	*lexi*	*lectum.*
Nequeo, *is*	*ire*	*ivi* ou *ii*	*itum.*
Nigresco, *is*	*ĕre*	*nigrui*	—
Niteo, *es*	*ēre*	*nitui*	—
Nitesco, *is*	*ĕre*	—	—
Nitor, *eris*	*i*	*nixus sum.*	
Noceo, *es*	*ēre*	*nocui*	*nocitum.*

IND. PRÉS.	INF. PRÉS.	PARFAIT	SUPIN
Nolo, *non vis*	*nolle*	*nolui*	—
Nosco, *is*	*ĕre*	*novi*	*notum.*
Notesco, *is*	*ĕre*	*notui*	—
Nubo, *is*	*ĕre*	*nupsi*	*nuptum.*
Obardesco, *is*	*ĕre*	*arsi*	—
Obaresco, *is*	*ĕre*	*arui*	—
Obdo, *is*	*ĕre*	*didi*	*ditum.*
Obdormisco, *is*	*ĕre*	*dormivi*	—
Obduco, *is*	*ĕre*	*duxi*	*ductum.*
Obduresco, *is*	*ĕre*	*durui*	—
Obeo, *is*	*ire*	*ivi* ou *ii*	*itum.*
Obhaereo, *es*	*ēre*	—	—
Obhaeresco, *is*	*ĕre*	*haesi*	*haesum.*
Obirascor, *eris*	*i*	*iratus sum.*	
Objaceo, *es*	*ēre*	*jacui*	—
Objicio, *is*	*ĕre*	*jeci*	*jectum.*
Oblanguesco, *is*	*ĕre*	*langui*	—
Oblido, *is*	*ĕre*	*lisi*	*lisum.*
Oblino, *is*	*ĕre*	*levi*	*litum.*
Oblitesco, *is*	*ĕre*	*litui*	—
Obliviscor, *eris*	*i*	*oblitus sum.*	
Obloquor, *eris*	*i*	*locutus sum.*	
Obludo, *is*	*ĕre*	*lusi*	*lusum.*
Obmutesco, *is*	*ĕre*	*mutui*	—
Obnascor, *eris*	*i*	*natus sum.*	
Obnitor, *eris*	*i*	*nixus sum.*	
Obnubo, *is*	*ĕre*	*nupsi*	*nuptum.*
Oborior, *eris*	*iri*	*ortus sum.*	
Obrepo, *is*	*ĕre*	*repsi*	*reptum.*
Obrigesco, *is*	*ĕre*	*rigui*	—
Obrodo, *is*	*ĕre*	—	—
Obsaepio, *is*	*ire*	*saepsi*	*saeptum.*
Obsequor, *eris*	*i*	*secutus sum.*	
Obsero, *is*	*ĕre*	*sevi*	*situm.*
Obsideo, *es*	*ēre*	*sedi*	*sessum.*
Obsido, *is*	*ĕre*	*sedi*	*sessum.*
Obsisto, *is*	*ĕre*	*stiti*	—
Obsolefio, *is*	*fieri*	*factus sum.*	
Obsolesco, *is*	*ĕre*	*solevi*	*soletum.*
Obsorbeo, *es*	*ēre*	*sorbui*	—
Obsordesco, *is*	*ĕre*	*sordui*	—
Obsto, *as*	*ĕre*	*stiti*	(*statum*).

IND. PRÉS.	INF. PRÉS.	PARFAIT	SUPIN
Obstrepo, *is*	*ĕre*	*strepui*	*strepitum.*
Obstringo, *is*	*ĕre*	*strinxi*	*strictum.*
Obstruo, *is*	*ĕre*	*struxi*	*structum.*
Obstupefacio, *is*	*ĕre*	*feci*	*factum.*
Obstupesco, *is*	*ĕre*	*stupui*	—
Obsum, *es*	*esse*	*obfui*	—
Obsurdesco, *is*	*ĕre*	*surdui*	—
Obtego, *is*	*ĕre*	*texi*	*tectum.*
Obtendo, *is*	*ĕre*	*tendi*	*tentum.*
Obtexo, *is*	*ĕre*	*texui*	—
Obticeo, *es*	*ēre*	—	—
Obticesco, *is*	*ĕre*	*ticui*	—
Obtineo, *es*	*ēre*	*tinui*	*tentum.*
Obtingo, *is*	*ĕre*	*tigi*	—
Obtorpesco, *is*	*ĕre*	*torpui*	—
Obtorqueo, *es*	*ēre*	*torsi*	*tortum.*
Obtrudo, *is*	*ĕre*	*trusi*	*trusum.*
Obtueor, *eris*	*ēri*	—	—
Obtundo, *is*	*ĕre*	*tudi*	*tusum.*
Obvenio, *is*	*ire*	*veni*	*ventum.*
Obverto, *is*	*ĕre*	*verti*	*versum.*
Obvolvo, *is*	*ĕre*	*volvi*	*volutum.*
Occano, *is*	*ĕre*	*canui*	—
Occīdo, *is* (tuer)	*ĕre*	*cīdi*	*cīsum.*
Occĭdo, *is* (tomber)	*ĕre*	*cĭdi*	*casum.*
Occino, *is*	*ĕre*	*cinui*	—
Occipio, *is*	*ĕre*	*cepi*	*ceptum.*
Occludo, *is*	*ĕre*	*clusi*	*clusum.*
Occulo, *is*	*ĕre*	*cului*	*cultum.*
Occumbo, *is*	*ĕre*	*cubui*	*cubitum.*
Occurro, *is*	*ĕre*	*curri*	*cursum.*
Odi, *isti*	*isse*	—	—
Offendo, *is*	*ĕre*	*fendi*	*fensum.*
Offero, *fers*	*ferre*	*obtuli*	*oblatum.*
Officio, *is*	*ĕre*	*feci*	*fectum.*
Offulgeo, *es*	*ēre*	*fulsi*	—
Offundo, *is*	*ĕre*	*fudi*	*fusum.*
Oleo, *es*	*ēre*	*olui*	—
Olfacio, *is*	*ĕre*	*feci*	*factum.*
Omitto, *is*	*ĕre*	*misi*	*missum.*
Operio, *is*	*ire*	*perui*	*pertum.*
Oportet	*ēre*	*tuit*	—

IND. PRÉS.	INF. PRÉS.	PARFAIT	SUPIN
Opperior, *iris*....	*iri*	*pertus sum.*	
Oppeto, *is*.......	*ĕre*	*ivi* et *ii*......	*itum.*
Oppono, *is*.......	*ĕre*	*posui*	*positum.*
Opprimo, *is*.....	*ĕre*	*pressi*	*pressum.*
Ordior, *iris*......	*iri*	*orsus sum.*	
Orior, *eris*.......	*iri*	*ortus sum.*	
Ostendo, *is*......	*ĕre*	*tendi*	*tensum.*
Paciscor, *eris*....	*i*	*pactus sum.*	
Paenitet	*ēre*	*tuit*	—
Palleo, es........	*ēre*	*pallui*........	—
Pallesco, *is*......	*ĕre*	*pallui*........	—
Pando, *is*........	*ĕre*	*pandi*	*passum.*
Pango, *is*........	*ĕre*	*panxi* et *pepigi*.....	*pactum.*
Parco, *is*........	*ĕre*	*peperci*.......	*parsum.*
Pareo, *es*........	*ēre*	*parui*	*paritum.*
Pario, *is*.........	*ĕre*	*peperi*	*partum.*
Pasco, *is*........	*ĕre*	*pavi*	*pastum.*
Pascor, *eris*......	*i*	*pastus sum.*	
Patefacio, *is*.....	*ĕre*	*feci*	*factum.*
Patefio, *is*.......	*fieri*	*factus sum.*	
Pateo, *es*.........	*ēre*	*patui*.........	—
Patesco, *is*.......	*ere*	*patui*.........	—
Patior, *eris*......	*i*	*passus sum.*	
Pavefacio, *is*.....	*ĕre*	*feci*	*factum.*
Paveo, *es*........	*ēre*	*pavi*	—
Pavesco, *is*......	*ĕre*	—..........	—
Pecto, *is*.........	*ĕre*	*pexi*	*pexum.*
Pellicio, *is*.......	*ĕre*	*lexi*..........	*lectum.*
Pello, *is*.........	*ĕre*	*pepuli*	*pulsum.*
Pendeo, *es*.......	*ēre*	*pependi*	—
Pendo, *is*........	*ĕre*	*pependi*	—
Perago, *is*.......	*ĕre*	*egi*	*actum.*
Perbibo, *is*......	*ĕre*	*i*...........	—
Percalefacio, *is*..	*ĕre*	*feci*	*factum.*
Percalefio, *fis*....	*fieri*	*factus sum.*	
Percallesco, *is*...	*ĕre*	*callui*	—
Percello, *is*......	*ĕre*	*culi*	*culsum.*
Percīdo, *is*.......	*ĕre*	*cīdi*	*cīsum.*
Percipio, *is*......	*ĕre*	*cepi*	*ceptum.*
Percolo, *is*.......	*ĕre*	*colui*.........	*cultum.*
Percoquo, *is*.....	*ĕre*	*coxi*	*coctum.*

IND. PRÉS.	INF. PRÉS.	PARFAIT	SUPIN
Percrebresco, *is.*	*ĕre*	*crebrui*	—
Percrepo, *as*.....	*are*........	*crepui*	*crepitum.*
Percresco, *is*.....	*ĕre*	*crevi*	*cretum.*
Percudo, *is*......	*ĕre*	*cudi*	—
Percurro, *is*.....	*ĕre*	*curri*	*cursum.*
Percutio, *is*......	*ĕre*	*cussi*	*cussum.*
Perdisco, *is*......	*ĕre*	*didici*	—
Perdo, *is*........	*ĕre*	*didi*	*ditum.*
Perdoceo, *es*.....	*ēre*	*docui*.........	*doctum.*
Perdoleo, *es*.....	*ēre*	*dolui*	*dolitum.*
Perdomo, *as*.....	*are*........	*domui*	*domitum.*
Perduco, *is*......	*ĕre*	*duxi*	*ductum.*
Peredo, *is*.......	*ĕre*	*edi*...........	*esum.*
Pereo, *is*.........	*ire*	*ivi* ou *ii*	*itum.*
Perfero, *fers*.....	*ferre*	*tuli*	*latum.*
Perficio, *is*.......	*ĕre*	*feci*	*fectum.*
Perfigo, *is*.......	*ĕre*	*fixi*	*fixum.*
Perfluo, *is*.......	*ĕre*	*fluxi*	*fluxum.*
Perfodio, *is*......	*ĕre*	*fodi*	*fossum.*
Perfrico, *as*......	*are*........	*fricui*	*frictum.*
Perfrigesco, *is*...	*ĕre*	*frixi*	—
Perfringo, *is*.....	*ĕre*	*fregi*	*fractum.*
Perfruor, *eris*.....	*i*	*fruitus sum.*	
Perfugio, *is*......	*ĕre*	*fugi*..........	*fugitum.*
Perfundo, *is*.....	*ĕre*	*fudi*..........	*fusum.*
Perfungor, *eris* ...	*i*	*perfunctus sum.*	
Pergo, *is*........	*ĕre*	*perrexi*	*perrectum.*
Perhibeo, *es*.....	*ēre*	*hibui*.........	*hibitum.*
Perhorresco, *is*..	*ĕre*	*horrui*	—
Perimo, *is*.......	*ĕre*	*emi*..........	*emptum.*
Perlabor, *eris*....	*i*	*lapsus sum.*	
Perlateo, *es*......	*ēre*	*latui*	—
Perlego, *is*.......	*ĕre*	*legi*..........	*lectum.*
Perlino, *is*.......	*ĕre*	*levi*	*litum.*
Perluceo, *es*......	*ēre*	*luxi*	—
Permadefacio, *is.*	*ĕre*	*feci*	*factum.*
Permadesco, *is*..	*ĕre*	*madui*	—
Permaneo, *es*....	*ēre*	*mansi*	*mansum.*
Permaturesco, *is.*	*ĕre*	*maturui*	—
Permereo, *es*....	*ēre*	*merui*	*meritum.*
Permetior, *iris*...	*iri*	*mensus sum.*	
Permisceo, *es*....	*ēre*	*miscui*	*mixtum.*

IND. PRÉS.	INF. PRÉS.	PARFAIT	SUPIN
Permitto, *is*	*ĕre*	*misi*	*missum.*
Permoveo, *es*	*ēre*	*movi*	*motum.*
Permulceo, *es*	*ēre*	*mulsi*	*mulsum.*
Pernosco, *is*	*ĕre*	*novi*	*notum.*
Pernotesco, *is*	*ĕre*	*notui*	—
Perpello, *is*	*ĕre*	*puli*	*pulsum.*
Perpendo, *is*	*ĕre*	*pendi*	*pensum.*
Perpetior, *eris*	*i*	*pessus sum.*	
Perquiro, *is*	*ĕre*	*quisivi*	*quisitum.*
Perrepo, *is*	*ĕre*	*repsi*	*reptum.*
Perrodo, *is*	*ĕre*	*rosi*	*rosum.*
Perrumpo, *is*	*ĕre*	*rupi*	*ruptum.*
Perscindo, *is*	*ĕre*	*scidi*	*scissum.*
Perscribo, *is*	*ĕre*	*scripsi*	*scriptum.*
Persedeo, *es*	*ēre*	*sedi*	*sessum.*
Persequor, *eris*	*i*	*secutus sum.*	
Persido, *is*	*ĕre*	*sedi*	*sessum.*
Persisto, *is*	*ĕre*	(*stiti*)	—
Persolvo, *is*	*ĕre*	*solvi*	*solutum.*
Persono, *as*	*are*	*sonui*	*sonitum.*
Perspicio, *is*	*ĕre*	*spexi*	*spectum.*
Persterno, *is*	*ĕre*	*stravi*	*stratum.*
Persto, *as*	*are*	*stiti*	(*statum*).
Perstrepo, *is*	*ĕre*	*strepui*	*strepitum.*
Perstringo, *is*	*ĕre*	*strinxi*	*strictum.*
Perstruo, *is*	*ĕre*	*struxi*	*structum.*
Persuadeo, *es*	*ēre*	*suasi*	*suasum.*
Pertaedet	*ēre*	*taesum est.*	
Pertendo, *is*	*ĕre*	*tendi*	*tentum* et *tensum.*
Pertergeo, *es*	*ēre*	*tersi*	*tersum.*
Pertero, *is*	*ĕre*	*trivi*	*tritum.*
Perterreo, *es*	*ēre*	*terrui*	*territum.*
Pertexo, *is*	*ĕre*	*texui*	*textum.*
Pertimesco, *is*	*ĕre*	*timui*	—
Pertineo, *es*	*ēre*	*tinui*	—
Pertraho, *is*	*ĕre*	*traxi*	*tractum.*
Pertranseo, *is*	*ire*	*ivi* ou *ii*	*itum.*
Pertundo, *is*	*ĕre*	*tudi*	*tusum.*
Perungo, *is*	*ĕre*	*unxi*	*unctum.*
Perurgeo, *es*	*ēre*	*ursi*	—
Peruro, *is*	*ĕre*	*ussi*	*ustum.*

IND. PRÉS.	INF. PRÉS.	PARFAIT	SUPIN
Pervado, *is*	*ĕre*	*vasi*	*vasum.*
Perveho, *is*	*ĕre*	*vexi*	*vectum.*
Pervello, *is*	*ĕre*	*velli*	—
Pervenio, *is*	*ire*	*veni*	*ventum.*
Pervereor, *eris*	*ēri*	*itus sum.*	
Perverto, *is*	*ĕre*	*verti*	*versum.*
Pervideo, *es*	*ēre*	*vidi*	*visum.*
Pervigeo, *es*	*ēre*	*vigui*	—
Pervinco, *is*	*ĕre*	*vici*	*victum.*
Pervolo, *vis*	*velle*	*volui*	—
Pervolvo, *is*	*ĕre*	*volvi*	*volutum.*
Peto, *is*	*ĕre*	*ivi* ou *ii*	*itum.*
Piget	*ēre*	*piguit* et *pigitum est.*	
Pingo, *is*	*ĕre*	*pinxi*	*pictum.*
Pinguesco, *is*	*ĕre*	—	—
Placeo, *es*	*ēre*	*placui*	*placitum.*
Plaudo, *is*	*ĕre*	*plausi*	*plausum.*
Plecto, *is*	*ĕre*	*plexi*	*plexum.*
Plico, *as*	*are*	*avi* ou *ui*	*atum.*
Polleo, *es*	*ēre*	—	—
Polliceor, *eris*	*ēri*	*itus sum.*	
Polluceo, *es*	*ēre*	*luxi*	*luctum.*
Pono, *is*	*ĕre*	*posui*	*positum.*
Porrigo, *is*	*ĕre*	*rexi*	*rectum.*
Portendo, *is*	*ĕre*	*tendi*	*tentum.*
Posco, *is*	*ĕre*	*poposci*	—
Possideo, *es*	*ēre*	*sedi*	*sessum.*
Possido, *is*	*ĕre*	*sedi*	*sessum.*
Possum, *potes*	*posse*	*potui*	—
Posthabeo, *es*	*ēre*	*habui*	*habitum.*
Postpono, *is*	*ĕre*	*posui*	*positum.*
Postscribo, *is*	*ĕre*	*scripsi*	*scriptum.*
Poto, *as*	*are*	*avi*	*potatum* et *potum.*
Praebeo, *es*	*ēre*	*praebui*	*praebitum.*
Praecaveo, *es*	*ēre*	*cavi*	*cautum.*
Praecedo, *is*	*ĕre*	*cessi*	*cessum.*
Praecello, *is*	*ĕre*	—	—
Praecerpo, *is*	*ĕre*	*cerpsi*	*cerptum.*
Praecīdo, *is*	*ĕre*	*cīdi*	*cīsum.*
Praecingo, *is*	*ĕre*	*cinxi*	*cinctum.*
Praecino, *is*	*ĕre*	*cinui*	—

IND. PRÉS.	INF. PRÉS.	PARFAIT	SUPIN
Praecipio, *is*	*ĕre*	*cepi*	*ceptum.*
Praecludo, *is*	*ĕre*	*clusi*	*clusum.*
Praecognosco, *is.*	*ĕre*	*gnovi*	*gnitum.*
Praecolo, *is*	*ĕre*	*colui*	*cultum.*
Praeconsumo, *is.*	*ĕre*	*sumpsi*	*sumptum.*
Praecurro, *is*	*ĕre*	*cucurri* et *curri*	*cursum.*
Praedico, *is*	*ĕre*	*dixi*	*dictum.*
Praedisco, *is*	*ĕre*	*didici*	—
Praedoceo, *es*	*ēre*	*docui*	*doctum.*
Praedomo, *as*	*are*	*domui*	*domitum.*
Praeduco, *is*	*ĕre*	*duxi*	*ductum.*
Praeemineo, *es*	*ēre*	*minui*	—
Praeeo, *is*	*ire*	*ivi* ou *ii*	*itum.*
Praefero, *fers*	*ferre*	*tuli*	*latum.*
Praeficio, *is*	*ĕre*	*feci*	*fectum.*
Praefido, *is*	*ĕre*	*fisus sum.*	
Praefigo, *is*	*ĕre*	*fixi*	*fixum.*
Praefodio, *is*	*ĕre*	*fodi*	*fossum.*
Praefringo, *is*	*ĕre*	*fregi*	*fractum.*
Praefulcio, *is*	*ire*	*fulsi*	*fultum.*
Praefulgeo, *es*	*ēre*	*fulsi*	—
Praegero, *is*	*ĕre*	*gessi*	*gestum.*
Praegredior, *eris.*	*i*	*gressus sum.*	
Praehibeo, *es*	*ēre*	*hibui*	*hibitum.*
Praejacio, *is*	*ĕre*	*jeci*	*jactum.*
Praejuvo, *as*	*are*	*juvi*	*jutum.*
Praelabor, *eris*	*i*	*lapsus sum.*	
Praelego, *is*	*ĕre*	*legi*	*lectum.*
Praelino, *is*	*ĕre*	*levi*	*litum.*
Praeloquor, *eris*	*i*	*locutus sum.*	
Praeluceo, *es*	*ēre*	*luxi*	—
Praeludo, *is*	*ĕre*	*ludi*	*lusum.*
Praemando, *is*	*ĕre*	*mandi*	*mansum.*
Praemitto, *is*	*ĕre*	*misi*	*missum.*
Praemoneo, *es*	*ēre*	*monui*	*monitum.*
Praemordeo, *es*	*ēre*	*mordi*	*morsum.*
Praemorior, *eris.*	*i*	*mortuus sum.*	
Praenecto, *is*	*ĕre*	*nexui*	*nexum.*
Praeniteo, *es*	*ēre*	*nitui*	—
Praenosco, *is*	*ĕre*	*novi*	*notum.*
Praepono, *is*	*ĕre*	*posui*	*positum.*

IND. PRÉS.	INF. PRÉS.	PARFAIT	SUPIN
Praequeror, *eris.*	*i*	*questus sum.*	
Praerigesco, *is...*	*ĕre*	*rigui*	—
Praeripio, *is.....*	*ĕre*	*ripui*	*reptum.*
Praerumpo, *is...*	*ĕre*	*rupi*	*ruptum.*
Praescindo, *is* ...	*ĕre*	*scidi*	*scissum.*
Praescisco, *is....*	*ĕre*	*scivi*	*scitum.*
Praescribo, *is....*	*ĕre*	*scripsi*	*scriptum.*
Praeseco, *as....*	*are*	*secui*	*sectum.*
Praesepelio, *is...*	*ire*	*sepelivi*	*sepultum.*
Praesideo, *es*	*ēre*	*sedi*	*sessum.*
Praesto, *as*	*are*	*stiti*	*statum.*
Praestringo, *is...*	*ĕre*	*strinxi*	*strictum.*
Praestruo, *is*	*ĕre*	*struxi*	*structum.*
Praesum, *es.....*	*ĕsse*	*fui*	—
Praesumo, *is....*	*ĕre*	*sumpsi*	*sumptum.*
Praesurgo, *is....*	*ĕre*	*surrexi*	*surrectum.*
Praetendo, *is....*	*ĕre*	*tendi*	*tentum.*
Praeterago, *is* ...	*ĕre*	*(egi)*	*(actum).*
Praetercurro, *is* .	*ĕre*	*curri*	*cursum.*
Praeterduco, *is..*	*ĕre*	*duxi*	*ductum.*
Praetereo, *is*	*ire*	*ivi*	*itum.*
Praeterfero, *fers* .	*ferre*	*tuli*	*latum.*
Praetergredior, *eris*	*i*	*gressus sum.*	
Praeterlabor, *eris.*	*i*	*lapsus sum.*	
Praetermitto, *is* .	*ĕre*	*misi*	*missum.*
Praetero, *is......*	*ĕre*	*trivi*	*tritum.*
Praetersum, *es* ..	*esse*	*fui*	—
Praetervehor, *eris*	*i*	*vectus sum.*	
Praeterverto, *is..*	*ĕre*	—..........	—
Praetexo, *is*	*ĕre*	*texui*	*textum.*
Praetimeo, *es....*	*ēre*	*timui*	—
Praetingo, *is.....*	*ĕre*	*tinxi*	*tinctum.*
Praetorqueo, *es* ..	*ēre*	*torsi*	*tortum.*
Praeuro, *is......*	*ĕre*	*ussi*	*ustum.*
Praevaleo, *es*	*ēre*	*valui*	—
Praeveho, *is.....*	*ĕre*	*vexi*	*vectum.*
Praevello, *is.....*	*ĕre*	*velli* et *vulsi..*	—
Praevenio, *is*	*ire*	*veni*	*ventum.*
Praeverto, *is*	*ĕre*	*verti*	*versum.*
Praevideo, *es*	*ēre*	*vidi*	*visum.*

IND. PRÉS.	INF. PRÉS.	PARFAIT	SUPIN
Prandeo, *es*	*ēre*	*prandi*	*pransum.*
Prehendo, *is*	*ĕre*	*prehendi*	*prehensum.*
Premo, *is*	*ĕre*	*pressi*	*pressum.*
Procedo, *is*	*ĕre*	*cessi*	*cessum.*
Procingo, *is*	*ĕre*	*cinxi*	*cinctum.*
Procresco, *is*	*ĕre*	—	—
Procubo, *as*	*are*	*cubui*	*cubitum.*
Procudo, *is*	*ĕre*	*cudi*	*cusum.*
Procumbo, *is*	*ĕre*	*cubui*	*cubitum.*
Procurro, *is*	*ĕre*	*curri* et *cucurri*	*cursum.*
Prodeo, *is*	*ire*	*ii*	*itum.*
Prodico, *is*	*ĕre*	*dixi*	*dictum.*
Prodigo, *is*	*ĕre*	*egi*	*actum.*
Prodo, *is*	*ĕre*	*didi*	*ditum.*
Prodoceo, *es*	*ēre*	—	—
Produco, *is*	*ĕre*	*duxi*	*ductum.*
Profero, *fers*	*ferre*	*tuli*	*latum.*
Proficio, *is*	*ĕre*	*feci*	*fectum.*
Proficiscor, *eris*	*i*	*fectus sum.*	
Profiteor, *eris*	*ēri*	*fessus sum.*	
Profligo, *is*	*ĕre*	*flixi*	*flictum.*
Profluo, *is*	*ĕre*	*fluxi*	*fluxum.*
Profugio, *is*	*ĕre*	*fugi*	*fugitum.*
Profundo, *is*	*ĕre*	*fudi*	*fusum.*
Progero, *is*	*ĕre*	*gessi*	*gestum.*
Progredior, *eris*	*i*	*gressus sum.*	
Prohibeo, *es*	*ēre*	*hibui*	*hibitum.*
Projicio, *is*	*ĕre*	*jeci*	*jectum.*
Prolabor, *eris*	*i*	*lapsus sum.*	
Proloquor, *eris*	*i*	*locutus sum.*	
Proludo, *is*	*ĕre*	*lusi*	*lusum.*
Promereo, *es*	*ēre*	*merui*	*meritum.*
Promereor, *eris*	*ēri*	*meritus sum.*	
Promineo, *es*	*ēre*	*minui*	—
Promitto, *is*	*ĕre*	*misi*	*missum.*
Promo, *is*	*ĕre*	*prompsi*	*promptum.*
Promoveo, *es*	*ēre*	*movi*	*motum.*
Propello, *is*	*ĕre*	*puli*	*pulsum.*
Propendeo, *es*	*ēre*	*pendi*	*pensum.*
Propono, *is*	*ĕre*	*posui*	*positum.*
Prorepo, *is*	*ĕre*	*repsi*	*reptum.*

IND. PRÉS.	INF. PRÉS.	PARFAIT	SUPIN
Proripio, *is*	*ĕre*	*ripui*	*reptum.*
Prorumpo, *is*	*ĕre*	*rupi*	*ruptum.*
Proscindo, *is*	*ĕre*	*scidi*	*scissum.*
Proscribo, *is*	*ĕre*	*scripsi*	*scriptum.*
Proseco, *as*	*are*	*secui*	*sectum.*
Prosequor, *eris* ..	*i*	*secutus sum.*	
Prosero, *is* (faire sortir)	*ĕre*	*serui*	*sertum.*
Prosero, *is* (créer).	*ĕre*	*sevi*	*satum.*
Proserpo, *is*	*ĕre*	—..........	—
Prosilio, *is*	*ire*	*silui*	*sultum.*
Prospergo, *is*	*ĕre*	*spersi*	*spersum.*
Prospicio, *is*	*ĕre*	*spexi*	*spectum.*
Prosterno, *is*	*ĕre*	*stravi*	*stratum.*
Prosto, *as*	*are*	*stiti*	—
Prosumo, *is*	*ĕre*	*sumpsi*	*sumptum.*
Protego, *is*	*ĕre*	*texi*	*tectum.*
Protendo, *is*	*ĕre*	*tendi*	*tentum* ou *tensum.*
Protero, *is*	*ĕre*	*trivi*	*tritum.*
Proterreo, *es*	*ēre*	*terrui*	*territum.*
Protraho, *is*	*ĕre*	*traxi*	*tractum.*
Protrudo, *is*	*ĕre*	*trusi*	*trusum.*
Proveho, *is*	*ĕre*	*vexi*	*vectum.*
Provenio, *is*	*ire*	*veni*	*ventum.*
Provideo, *es*	*ēre*	*vidi*	*visum.*
Proviso, *is*	*ĕre*	—..........	—
Provivo, *is*	*ĕre*	*vixi*	—
Prurio, *is*	*ire*	—..........	—
Psallo, *is*	*ĕre*	*i*	—
Pubesco, *is*	*ĕre*	*pubui*	—
Pudet.	*ēre*	*puduit* et *puditum est.*	
Pungo, *is*	*ĕre*	*pupugi*	*punctum.*
Puteo, *es*	*ēre*	*putui*	—
Putesco, *is*	*ĕre*	—..........	—
Putrefacio, *is*	*ĕre*	*feci*	*factum.*
Putrefio, *is*	*fieri*	*factus sum.*	
Putresco, *is*	*ĕre*	*putrui*	—
Quaero, *is*	*ĕre*	*quaesivi*	*quaesitum.*
Quaeso	*ĕre*	*ivi* ou *ii*	—
Quatio, *is*	*ĕre*	—..........	*quassum.*
Queo, *is*	*ire*	*ivi* ou *ii*	*itum.*

IND. PRÉS.	INF. PRÉS.	PARFAIT	SUPIN
Queror, *eris*	*i*	*questus sum.*	
Quiesco, *is*	*ĕre*	*quievi*	*quietum.*
Rado, *is*	*ĕre*	*rasi*	*rasum.*
Rancesco, *is*	*ĕre*	—	—
Rapio, *is*	*ĕre*	*rapui*	*raptum.*
Recano, *is*	*ĕre*	—	—
Recalesco, *is*	*ĕre*	*calui*	—
Recedo, *is*	*ĕre*	*cessi*	*cessum.*
Recĭdo, *is*	*ĕre*	*recĭdi*	*(casum).*
Recīdo, *is*	*ĕre*	*recīdi*	*cīsum.*
Recino, *is*	*ĕre*	—	—
Recipio, *is*	*ĕre*	*cepi*	*ceptum.*
Recludo, *is*	*ĕre*	*clusi*	*clusum.*
Recognosco, *is*	*ĕre*	*gnovi*	*gnitum.*
Recolligo, *is*	*ĕre*	*legi*	*lectum.*
Recolo, *is*	*ĕre*	*colui*	*cultum.*
Recondo, *is*	*ĕre*	*condidi*	*conditum.*
Recoquo, *is*	*ĕre*	*coxi*	*coctum.*
Recresco, *is*	*ĕre*	*crevi*	*cretum.*
Recrudesco, *is*	*ĕre*	*crudui*	—
Recubo, *as*	*are*	*cubui*	*cubitum.*
Recumbo, *is*	*ĕre*	*cubui*	*cubitum.*
Recurro, *is*	*ĕre*	*curri*	*cursum.*
Recutio, *is*	*ĕre*	*cussi*	*cussum.*
Reddo, *is*	*ĕre*	*reddidi*	*redditum.*
Redeo, *is*	*ire*	*ivi*	*itum.*
Redhibeo, *es*	*ēre*	*hibui*	*hibitum.*
Redigo, *is*	*ĕre*	*egi*	*actum.*
Redimo, *is*	*ĕre*	*emi*	*emptum.*
Redoleo, *es*	*ēre*	*olui*	—
Reduco, *is*	*ĕre*	*duxi*	*ductum.*
Refello, *is*	*ĕre*	*felli*	—
Refercio, *is*	*ire*	*fersi*	*fertum.*
Refero, *fers*	*ferre*	*rettuli*	*relatum.*
Referveo, *es*	*ēre*	—	—
Refervesco, *is*	*ĕre*	—	—
Reficio, *is*	*ĕre*	*feci*	*fectum.*
Refigo, *is*	*ĕre*	*fixi*	*fixum.*
Refingo, *is*	*ĕre*	—	—
Reflecto, *is*	*ĕre*	*flexi*	*flexum.*
Refloresco, *is*	*ĕre*	*florui*	—
Refluo, *is*	*ĕre*	*fluxi*	*fluxum.*

IND. PRÉS.	INF. PRÉS.	PARFAIT	SUPIN
Refoveo, *es*	*ēre*	*fovi*	*fotum.*
Refrico, *as*	*are*	*fricui*	*(fricatum).*
Refrigesco, *is*	*ĕre*	*frixi*	—
Refringo, *is*	*ĕre*	*fregi*	*fractum.*
Refugio, *is*	*ĕre*	*fugi*	*fugitum.*
Refulgeo, *es*	*ēre*	*fulsi*	—
Refundo, *is*	*ĕre*	*fudi*	*fusum.*
Regero, *is*	*ĕre*	*gessi*	*gestum.*
Rego, *is*	*ĕre*	*rexi*	*rectum.*
Regredior, *eris*	*i*	*regressus sum.*	
Rejicio, *is*	*ĕre*	*jeci*	*jectum.*
Relabor, *eris*	*i*	*lapsus sum.*	
Relego, *is*	*ĕre*	*legi*	*lectum.*
Relido, *is*	*ĕre*	*lisi*	*lisum.*
Relinquo, *is*	*ĕre*	*liqui*	*lictum.*
Reluceo, *es*	*ēre*	*luxi*	—
Relucesco, *is*	*ĕre*	*luxi*	—
Remaneo, *es*	*ēre*	*mansi*	*mansum.*
Remergo, *is*	*ĕre*	—	—
Remetior, *iris*	*iri*	*mensus sum.*	
Reminiscor, *eris*	*i*	—	—
Remisceo, *es*	*ēre*	*miscui*	*mixtum.*
Remitto, *is*	*ĕre*	*misi*	*missum.*
Remordeo, *es*	*ēre*	*mordi*	*morsum.*
Removeo, *es*	*ēre*	*movi*	*motum.*
Remulceo, *es*	*ēre*	*mulsi*	*mulsum.*
Renascor, *eris*	*i*	*natus sum.*	
Renideo, *es*	*ēre*	—	—
Renitor, *eris*	*i*	*nixus sum.*	
Reor, *reris*	*rēri*	*ratus sum.*	
Repello, *is*	*ĕre*	*reppuli*	*repulsum.*
Rependo, *is*	*ĕre*	*pendi*	*pensum.*
Repercutio, *is*	*ĕre*	*cussi*	*cussum.*
Reperio, *is*	*ire*	*repperi*	*repertum.*
Repeto, *is*	*ĕre*	*ivi* et *ii*	*itum.*
Repo, *is*	*ĕre*	*repsi*	*reptum.*
Repono, *is*	*ĕre*	*posui*	*positum.*
Reposco, *is*	*ĕre*	—	—
Reprehendo, *is*	*ĕre*	*prehendi*	*prehensum.*
Reprimo, *is*	*ĕre*	*pressi*	*pressum.*
Repromitto, *is*	*ĕre*	*misi*	*missum.*
Repuerasco, *is*	*ĕre*	—	—

IND. PRÉS.	INF. PRÉS.	PARFAIT	SUPIN
Repungo, *is*	*ĕre*	(*pupugi* et *punxi*)	(*punctum*).
Requiesco, *is*	*ĕre*	*quievi*	*quietum*.
Requiro, *is*	*ĕre*	*quisivi*	*quisitum*.
Resarcio, *is*	*ire*	*sarsi*	*sartum*.
Rescindo, *is*	*ĕre*	*scidi*	*scissum*.
Rescisco, *is*	*ĕre*	*scivi* et *scii*	*scitum*.
Rescribo, *is*	*ĕre*	*scripsi*	*scriptum*.
Reseco, *as*	*are*	*secui*	*sectum*.
Resero, *is*	*ĕre*	*sevi*	—
Resideo, *es*	*ēre*	*sedi*	*sessum*.
Resido, *is*	*ĕre*	*sedi*	*sessum*.
Resilio, *is*	*ire*	*silui*	*sultum*.
Resipio, *is*	*ĕre*	—	—
Resipisco, *is*	*ĕre*	*sipui*	—
Resisto, *is*	*ĕre*	*stiti*	—
Resolvo, *is*	*ĕre*	*solvi*	*solutum*.
Resorbeo, *es*	*ēre*	—	—
Respergo, *is*	*ĕre*	*spersi*	*spersum*.
Respicio, *is*	*ĕre*	*spexi*	*spectum*.
Resplendeo, *es*	*ēre*	*splendui*	—
Respondeo, *es*	*ēre*	*spondi*	*sponsum*.
Restinguo, *is*	*ĕre*	*stinxi*	*stinctum*.
Resto, *as*	*are*	*stiti*	—
Resumo, *is*	*ĕre*	*sumpsi*	*sumptum*.
Resurgo, *is*	*ĕre*	*surrexi*	*surrectum*.
Retego, *is*	*ĕre*	*texi*	*tectum*.
Retendo, *is*	*ĕre*	*tendi*	*tentum* et *tensum*.
Retexo, *is*	*ĕre*	*texui*	*textum*.
Reticeo, *es*	*ēre*	*ticui*	—
Retineo, *es*	*ēre*	*tinui*	*tentum*.
Retingo, *is*	*ĕre*	—	—
Retorqueo, *es*	*ēre*	*torsi*	—
Retorresco, *is*	*ĕre*	—	*tortum*.
Retraho, *is*	*ĕre*	*traxi*	*tractum*.
Retrudo, *is*	*ĕre*	*trusi*	*trusum*.
Retundo, *is*	*ĕre*	*tudi*	*tusum*.
Revalesco, *is*	*ĕre*	*valui*	—
Reveho, *is*	*ĕre*	*vexi*	*vectum*.
Revello, *is*	*ĕre*	*velli*	*vulsum*.
Revendo, *is*	*ĕre*	—	—

IND. PRÉS.	INF. PRÉS.	PARFAIT	SUPIN
Reveneo, *is*	*ire*	*venii*	—
Revenio, *is*	*ire*	*veni*	*ventum.*
Revereor, *eris*	*ēri*	*veritus sum.*	
Revertor, *eris*	*i*	*versus sum.*	
Revincio, *is*	*ire*	*vinxi*	*vinctum.*
Revinco, *is*	*ĕre*	*vici*	*victum.*
Reviresco, *is*	*ĕre*	*virui*	—
Revivisco, *is*	*ĕre*	*vixi*	—
Revolvo, *is*	*ĕre*	*volvi*	*volutum.*
Revomo, *is*	*ĕre*	*vomui*	—
Rideo, *es*	*ēre*	*risi*	*risum.*
Rigeo, *es*	*ēre*	*rigui*	—
Rigesco, *is*	*ĕre*	*rigui*	—
Rodo, *is*	*ĕre*	*rosi*	*rosum.*
Rubefacio, *is*	*ĕre*	*feci*	*factum.*
Rubeo, *es*	*ēre*	*rubui*	—
Rufesco, *is*	*ĕre*	—	—
Rumpo, *is*	*ĕre*	*rupi*	*ruptum.*
Saepio, *is*	*ire*	*saepsi*	*saeptum.*
Salio, *is*	*ire*	*salui*	*saltum.*
Salveo, *es*	*ēre*	—	—
Sancio, *is*	*ire*	*sanxi*	*sanctum.*
Sapio, *is*	*ĕre*	*sapui*	—
Sarcio, *is*	*ire*	*sarsi*	*sartum.*
Sario, *is*	*ire*	*sarivi* ou *sarui*	*saritum.*
Satago, *is*	*ĕre*	—	—
Satisdo, *as*	*are*	*dedi*	*datum.*
Satisfacio, *is*	*ĕre*	*feci*	*factum.*
(Satisfio)	*fieri*	*factum est.*	
Scabo, *is*	*ĕre*	*i*	—
Scalpo, *is*	*ĕre*	*scalpsi*	*scalptum.*
Scando, *is*	*ĕre*	*scandi*	*scansum.*
Scateo, *es*	*ēre*	—	—
Scindo, *is*	*ĕre*	*scidi*	*scissum.*
Scisco, *is*	*ĕre*	*scivi*	*scitum.*
Scribo, *is*	*ĕre*	*scripsi*	*scriptum.*
Sculpo, *is*	*ĕre*	*sculpsi*	*sculptum.*
Secedo, *is*	*ĕre*	*cessi*	*cessum.*
Secerno, *is*	*ĕre*	*crevi*	*cretum.*
Secludo, *is*	*ĕre*	*clusi*	*clusum.*
Seco, *as*	*are*	*secui*	*sectum.*

IND. PRÉS.	INF. PRÉS.	PARFAIT	SUPIN
Sedeo, *es*	*ēre*	*sedi*	*sessum.*
Seduco, *is*	*ĕre*	*duxi*	*ductum.*
Sejungo, *is*	*ĕre*	*junxi*	*junctum.*
Seligo, *is*	*ĕre*	*legi*	*lectum.*
Senesco, *is*	*ĕre*	*senui*	—
Semoveo, *es*	*ēre*	*movi*	*motum.*
Sentio, *is*	*ire*	*sensi*	*sensum.*
Sepelio, *is*	*ire*	*sepelivi*	*sepultum.*
Sepono, *is*	*ĕre*	*posui*	*positum.*
Sequor, *eris*	*i*	*secutus sum.*	
Sero, *is* (lier)	*ĕre*	(*serui*)	*sertum.*
Sero, *is* (semer)	*ĕre*	*sevi*	*satum.*
Serpo, *is*	*ĕre*	*serpsi*	*serptum.*
Sido, *is*	*ĕre*	*sedi* ou *sidi*	*sessum.*
Sileo, *es*	*ēre*	*silui*	—
Sino, *is*	*ĕre*	*sivi*	*situm.*
Sisto, *is*	*ĕre*	*stiti* et *steti*	*statum.*
Soleo, *es*	*ēre*	*solitus sum.*	
Solvo, *is*	*ĕre*	*solvi*	*solutum.*
Sono, *as*	*are*	*sonui*	*sonitum.*
Sorbeo, *es*	*ēre*	*sorbui*	—
Sordeo, *es*	*ēre*	*sordui*	—
Sordesco, *is*	*ĕre*	*sordui*	—
Spargo, *is*	*ĕre*	*sparsi*	*sparsum.*
Sperno, *is*	*ĕre*	*sprevi*	*spretum.*
Splendeo, *es*	*ēre*	*splendui*	—
Splendesco, *is*	*ĕre*	*splendui*	—
Spondeo, *es*	*ēre*	*spopondi*	*sponsum.*
Spumesco, *is*	*ĕre*	—	—
Squaleo, *es*	*ēre*	*squalui*	—
Sterno, *is*	*ĕre*	*stravi*	*stratum.*
Sterto, *is*	*ĕre*	—	—
Sto, *as*	*are*	*steti*	*statum.*
Strepo, *is*	*ĕre*	*strepui*	*strepitum.*
Strideo, *es*	*ēre*	—	—
Stringo, *is*	*ĕre*	*strinxi*	*strictum.*
Struo, *is*	*ĕre*	*struxi*	*structum.*
Studeo, *es*	*ēre*	*studui*	—
Stupefacio, *is*	*ĕre*	*feci*	*factum.*
Stupefio, *is*	*fieri*	*factus sum.*	
Stupeo, *es*	*ēre*	*stupui*	—
Stupesco, *is*	*ĕre*	—	—

IND. PRÉS.	INF. PRÉS.	PARFAIT	SUPIN
Suadeo, *es*	*ēre*	*suasi*	*suasum.*
Subdo, *is*	*ĕre*	*didi*	*ditum.*
Subduco, *is*	*ĕre*	*duxi*	*ductum.*
Subeo, *is*	*ire*	*ivi* et *ii*	*itum.*
Subigo, *is*	*ĕre*	*egi*	*actum.*
Subinvideo, *es*	*ēre*	—	—
Subirascor, *eris*	*i*	*iratus sum.*	
Subjicio, *is*	*ĕre*	*jeci*	*jectum.*
Subjungo, *is*	*ĕre*	*junxi*	*junctum.*
Sublego, *is*	*ĕre*	*legi*	*lectum.*
Sublino, *is*	*ĕre*	*levi*	*litum.*
Subluceo, *es*	*ēre*	*luxi*	—
Submergo, *is*	*ĕre*	*mersi*	*mersum.*
Submitto, *is*	*ĕre*	*misi*	*missum.*
Submoneo, *es*	*ēre*	*monui*	*monitum.*
Subnecto, *is*	*ĕre*	*nexui*	*nexum.*
Suboffendo, *is*	*ĕre*	—	—
Suboleo, *es*	*ēre*	—	—
Subrepo, *is*	*ĕre*	*repsi*	*reptum.*
Subrideo, *es*	*ēre*	*risi*	*risum.*
Subrigo, *is*	*ĕre*	*rexi*	*rectum.*
Subringor, *eris*	*i*	—	—
Subripio, *is*	*ĕre*	*ripui*	*reptum.*
Subscribo, *is*	*ĕre*	*scripsi*	*scriptum.*
Subseco, *as*	*are*	*secui*	*sectum.*
Subsequor, *eris*	*i*	*secutus sum.*	
Subsido, *is*	*ĕre*	*sedi* et *sidi*	*sessum.*
Subsilio, *is*	*ire*	*silui*	—
Subsisto, *is*	*ĕre*	*stiti*	—
Substerno, *is*	*ĕre*	*stravi*	*stratum.*
Subsum, *es*	*esse*	*subfui*	—
Subterduco, *is*	*ĕre*	*duxi*	*ductum.*
Subterfugio, *is*	*ĕre*	*fugi*	—
Subtexo, *is*	*ĕre*	*texui*	*textum.*
Subtraho, *is*	*ĕre*	*traxi*	*tractum.*
Subveho, *is*	*ĕre*	*vexi*	*vectum.*
Subvenio, *is*	*ire*	*veni*	*ventum.*
Subverto, *is*	*ĕre*	*verti*	*versum.*
Subvolvo, *is*	*ĕre*	—	—
Succedo, *is*	*ĕre*	*cessi*	*cessum.*
Succendo, *is*	*ĕre*	*cendi*	*censum.*
Succīdo, *is*	*ĕre*	*cīdi*	*cīsum.*

IND. PRÉS.	INF. PRÉS.	PARFAIT	SUPIN
Succīdo, *is*	*ĕre*	*cīdi*	—
Succingo, *is*	*ĕre*	*cinxi*	*cinctum.*
Succresco, *is*	*ĕre*	*crevi*	*cretum.*
Succumbo, *is*	*ĕre*	*cubui*	*cubitum.*
Succurro, *is*	*ĕre*	*curri*	*cursum.*
Succutio, *is*	*ĕre*	*cussi*	*cussum.*
Suesco, *is*	*ĕre*	*suevi*	*suetum.*
Suffero, *fers*	*ferre*	*sustuli*	*sublatum.*
Sufficio, *is*	*ĕre*	*feci*	*fectum.*
Suffigo, *is*	*ĕre*	*fixi*	*fixum.*
Suffodio, *is*	*ĕre*	*fodi*	*fossum.*
Suffringo, *is*	*ĕre*	*fregi*	*fractum.*
Suffugio, *is*	*ĕre*	*fugi*	*fugitum.*
Suffulcio, *is*	*ire*	*fulsi*	*fultum.*
Suffundo, *is*	*ĕre*	*fudi*	*fusum.*
Suggero, *is*	*ĕre*	*gessi*	*gestum.*
Sugo, *is*	*ĕre*	*suxi*	*suctum.*
Sum, *es*	*esse*	*fui*	—
Sumo, *is*	*ĕre*	*sumpsi*	*sumptum*
Superbio, *is*	*ire*	—	—
Superfluo, *is*	*ĕre*	*fluxi*	—
Superfundo, *is*	*ĕre*	*fudi*	*fusum.*
Superjacio, *is*	*ĕre*	*jeci*	*jactum.*
Superpono, *is*	*ĕre*	*posui*	*positum.*
Supersedeo, *es*	*ēre*	*sedi*	*sessum.*
Supersterno, *is*	*ĕre*	*stravi*	*stratum.*
Supersto, *as*	*are*	*steti*	—
Supersum, *es*	*esse*	*fui*	—
Supervado, *is*	*ĕre*	—	—
Supervehor, *eris*	*i*	*vectus sum.*	
Supervenio, *is*	*ire*	*veni*	*ventum.*
Suppeto, *is*	*ĕre*	*ivi* et *ii*	*itum.*
Suppingo, *is*	*ĕre*	*pegi*	*pactum.*
Supplodo, *is*	*ĕre*	*plosi*	*plosum.*
Suppono, *is*	*ĕre*	*posui*	*positum.*
Suppudet,	*ēre*	(*puduit*)	—
Surgo, *is*	*ĕre*	*surrexi*	*surrectum.*
Suscenseo, *es*	*ēre*	*censui*	*censum.*
Suscipio, *is*	*ĕre*	*cepi*	*ceptum.*
Suspendo, *is*	*ĕre*	*pendi*	*pensum.*
Suspicio, *is*	*ĕre*	*spexi*	*spectum.*
Sustineo, *es*	*ēre*	*tinui*	*tentum.*

IND. PRÉS.	INF. PRÉS.	PARFAIT	SUPIN
Tabesco, *is*	*ĕre*	*tabui*	—
Tabeo, *es*	*ēre*	—	—
Taceo, *es*	*ēre*	*tacui*	—
Taedet.	*ēre*	*taeduit* ou *taesum est.*	
Tango, *is*	*ĕre*	*tetigi*	*tactum.*
Tardesco, *is*	*ĕre*	*tardui*	—
Tego, *is*	*ĕre*	*texi*	*tectum.*
Tendo, *is*	*ĕre*	*tetendi*	*tensum* ou *tentum.*
Teneo, *es*	*ēre*	*tenui*	*tentum.*
Tepefacio, *is*	*ĕre*	*feci*	*factum.*
Tepefio, *fis*	*fieri*	*factus sum.*	
Tepeo, *es*	*ēre*	—	—
Tepesco, *is*	*ĕre*	*tepui*	—
Tergeo, *es*	*ēre*	*tersi*	*tersum.*
Tero, *is*	*ĕre*	*trivi*	*tritum.*
Terreo, *es*	*ēre*	*terrui*	—
Texo, *is*	*ĕre*	*texui*	*textum.*
Timeo, *es*	*ēre*	*timui*	—
Tingo, *is*	*ĕre*	*tinxi*	*tinctum.*
Tollo, *is*	*ĕre*	*sustuli*	*sublatum.*
Tondeo, *es*	*ēre*	*totondi*	*tonsum.*
Tono, *as*	*are*	*tonui*	*tonitum.*
Torpeo, *es*	*ēre*	*torpui*	—
Torqueo, *es*	*ēre*	*torsi*	*tortum* et *torsum.*
Torreo, *es*	*ēre*	*torrui*	*tostum.*
Trado, *is*	*ĕre*	*didi*	*ditum.*
Traduco, *is*	*ĕre*	*duxi*	*ductum.*
Traho, *is*	*ĕre*	*traxi*	*tractum.*
Trajicio, *is*	*ĕre*	*jeci*	*jectum.*
Transcendo, *is*	*ĕre*	*scendi*	*scensum.*
Transcribo, *is*	*ĕre*	*scripsi*	*scriptum.*
Transcurro, *is*	*ĕre*	*curri* ou *cucurri*	*cursum.*
Transeo, *is*	*ire*	*ii* et *ivi*	*itum.*
Transfigo, *is*	*ĕre*	*fixi*	*fixum.*
Transfodio, *is*	*ĕre*	*fodi*	*fossum.*
Transfugio, *is*	*ĕre*	*fugi*	*fugitum.*
Transfundo, *is*	*ĕre*	*fudi*	*fusum.*
Transgredior, *eris*	*i*	*gressus sum.*	

IND. PRÉS.	INF. PRÉS.	PARFAIT	SUPIN
Transigo, *is*	*ĕre*	*egi*	*actum.*
Transilio, *is*	*ire*	*silui*	—
Transluceo, *es*	*ēre*	*luxi*	—
Transmitto, *is*	*ĕre*	*misi*	*missum.*
Transmoveo, *es*	*ēre*	*movi*	*motum.*
Transveho, *is*	*ĕre*	*vexi*	*vectum.*
Tremo, *is*	*ĕre*	*tremui*	—
Trudo, *is*	*ĕre*	*trusi*	*trusum.*
Tueor, *eris*	*ēri*	*tuitus sum.*	
Tumefacio, *is*	*ĕre*	*feci*	*factum.*
Tumeo, *es*	*ēre*	*tumui*	—
Tumesco, *is*	*ĕre*	*tumui*	—
Tundo, *is*	*ĕre*	*tutudi*	*tusum.*
Turgeo, *es*	*ēre*	—	—
Turgesco, *is*	*ĕre*	—	—
Ulciscor, *eris*	*i*	*ultus sum.*	
Umefacio, *is*	*ĕre*	—	—
Umeo, *es*	*ēre*	—	—
Umesco, *is*	*ĕre*	—	—
Ungo, *is*	*ĕre*	*unxi*	*unctum.*
Urgeo, *es*	*ēre*	*ursi*	—
Uro, *is*	*ĕre*	*ussi*	*ustum.*
Usucapio, *is*	*ĕre*	*cepi*	*captum.*
Utor, *eris*	*i*	*usus sum.*	
Uvesco, *is*	*ĕre*	—	—
Vacuefacio, *is*	*ĕre*	*feci*	*factum.*
Vacuefio, *is*	*fieri*	*factus sum.*	
Vado, *is*	*ĕre*	—	—
Valeo, *es*	*ēre*	*valui*	(*valitum*).
Valesco, *is*	*ĕre*	*valui*	—
Vanesco, *is*	*ĕre*	—	—
Vanno, *is*	*ĕre*	—	—
Vegeo, *es*	*ēre*	—	—
Veho, *is*	*ĕre*	*vexi*	*vectum.*
Vello, *is*	*ĕre*	*velli* ou *vulsi*	*vulsum.*
Vendo, *is*	*ĕre*	*didi*	*ditum.*
Veneo, *is*	*ire*	*ivi* ou *ii*	(*itum*).
Venio, *is*	*ire*	*veni*	*ventum.*
Vereor, *eris*	*ēri*	*itus sum.*	
Vergo, *is*	*ĕre*	*versi*	—
Verro, *is*	*ĕre*	*verri* ou *versi*	*versum.*
Verto, *is*	*ĕre*	*verti*	*versum.*

IND. PRÉS.	INF. PRÉS.	PARFAIT	SUPIN
Vescor, *eris*	*i*	—	—
Veterasco, *is*	*ĕre*	*veteravi*	—
Veto, *as*	*are*	*vetui*	*vetitum.*
Video, *es*	*ēre*	*vidi*	*visum.*
Vigeo, *es*	*ēre*	*vigui*	—
Vincio, *is*	*ire*	*vinxi*	*vinctum.*
Vinco, *is*	*ĕre*	*vici*	*victum.*
Vireo, *es*	*ēre*	*virui*	—
Viresco, *is*	*ĕre*	—	—
Viso, *is*	*ĕre*	*visi*	*visum.*
Vivesco, *is*	*ĕre*	*vixi*	—
Vivo, *is*	*ĕre*	*vixi*	*victum.*
Volo, *vis*	*velle*	*volui*	—
Volvo, *is*	*ĕre*	*volvi*	*volutum.*
Vomo, *is*	*ĕre*	*vomui*	*vomitum.*
Voveo, *es*	*ēre*	*vovi*	*votum.*

Imprimé en France par TARDY QUERCY S.A. - BOURGES
Dépôt légal : Février 1986
N° d'édition : 9119 - N° d'impression : 12739